JN436824

마하트마 간디의 도덕·정치사상 1

문명·정치·종교

나남
nanam

나남신서 1861

마하트마 간디의 도덕·정치사상 1
문명·정치·종교

2018년 1월 15일 발행
2018년 1월 15일 1쇄

엮은이_ 라가반 이예르
옮긴이_ 허우성
발행자_ 趙相浩

발행처_ (주) 나남
주소_ 10881 경기도 파주시 회동길 193
전화_ (031) 955-4601 (代)
FAX_ (031) 955-4555
등록_ 제 1-71호(1979.5.12)
홈페이지_ http://www.nanam.net
전자우편_ post@nanam.net

ISBN 978-89-300-8861-9
ISBN 978-89-300-8941-8 (세트)
책값은 뒤표지에 있습니다.

마하트마 간디의 도덕·정치사상 1

문명·정치·종교

라가반 이예르 엮음 | 허우성 옮김

나남
nanam

The Moral and Political Writings of Mahatma Gandhi : Civilization, Politics, and Religion
First Edition, Volume 1

일러두기

1. 영어 원전(*The Moral and Political Writings of Mahatma Gandhi*)에는 산스크리트어나 구자라트어 등이 나올 경우 그 해당 글의 말미에 미주의 형식으로 영어로 설명되어 있다. 한글 역《마하트마 간디의 도덕·정치사상》에서는 간략한 미주의 경우 각주로 처리했다. 〈용어해설〉에 등장하는 산스크리트어나 힌디어에 대한 간단한 설명도 각주로 처리하여 손쉬운 이해를 돕고자 했다.

2. 영어 원전을 번역하는 데 결정하기 어려웠던 문제의 하나는 존칭의 사용 여부였다. 편지에서 상대방이 간디를 바푸(아버지)로 부르는 경우 비칭체(卑稱體)를 사용했고 그 이외의 경우에는 경어체를 썼다. 연설이나 강연의 경우 모두 경어체로 처리했다. 여기에 'I'의 번역에 어려움이 있었다. 정중한 호칭을 요구하는 집단으로 추정되는 경우에만 '저'를 사용하고 대부분은 '나'를 유지했다. 독자와 문답을 주고받는 글은 질문과 답변을 모두 경어체로 처리했다.

3. 주와 〈용어해설〉에 대한 원칙은 다음과 같다. 원주는 따로 표시하지 않았고 역주는 〔역주〕로 표시했다. 단 원주를 역주로 보충해야 할 경우 각각 〔원주〕, 〔역주〕라는 말로 갈라서 표시했다. 서양인의 경우 그 인물이 누구인지 확인할 목적으로만 주를 간략하게 달았다. 인도 근대사나 간디와 관련이 깊은 인물이나 지명에 대해서는 보다 상세한 주를 달았다. 영어 원전 각 권의 말미에 〈용어해설〉이 붙어 있는데 내용상 대동소이하다. 그래서 역자는 공통의 〈용어해설〉을 만들어 각 권의 말미에 붙였다.

4. 영어 원전의 편집자는 모든 글에 대해서 그것이 최초로 쓰이거나 발표된 장소와 일시를 밝혀 두었다. 그것들이 분명한 경우(주로 편지에 해당)에는 편집자가 괄호 없이 그것을 밝혀 두고 있고, 추정치의 경우에는 괄호를 사용하고 있다. 역자도 그것을 따랐다.

5. 산스크리트어를 영어 알파벳으로 표기할 때 영어 원전을 따라서 일체의 발음 구별 부호를 생략했다.

6. 역자는 《간디전집》(*CWMG*, 90권)을 담고 있는 《마하트마 간디 전자책》(*Mahatma Gandhi E-book*, 전 98권, Mumbai, Gandhi Book Centre, 1999)을 입수할 수 있었다. 그래서 그 전자책을 번역 원전과 비교하기도 하고 그곳의 주를 참조하여 번역에 반영하기도 했다. 따라서 번역에서 언급된 《간디전집》은 모두 전자책을 본 것이지만, 전자책이 《간디전집》에 기초한 것이므로 간단히 《전집》으로 표기한다. 각 글의 말미에 전자책 《전집》 내의 출전을 밝혔으며, '《전집》 ○ : ○○'의 형식은 권과 번호를 나타낸다. 다만 《마하트마 간디의 도덕 · 정치사상》 1권, 2권, 3권의 엮은이 서문에 나오는 출전은 전부 《간디전집》(*CWMG*) (90권)을 가리킨다.

약어표기

CWMG 《간디전집》(*The Collected Works of Mahatma Gandhi*, 90권), 인도 정부 출판국
CW 전집 사무실 공문서 보관소, 뉴델리
G. 원래 구자라트어로 쓴 것이거나 말한 것
GN 간디 기념관과 도서관, 뉴델리
H. 원래 힌디어로 쓴 것이거나 말한 것
Hu. 원래 힌두스타니어로 쓴 것이거나 말한 것
MMU 이동용 축소 복사 필름, 간디 기념 재단과 박물관, 뉴델리
SN 사바르마티 박물관, 아메다바드
SWMG 《마하트마 간디의 연설과 저서》(*Speech and Writings of Mahatma Gandhi*), 나테산, 마드라스

1. 행동가 간디

간디는 참을 실현하려고 손발을 포함하여 온몸으로 행동했다. 그는 참의 실현이 단순히 말이나 글에 의해서도 아니고 무행위로 빠질 수 있는 명상이나 선정에 의해서도 아니며, 오로지 민중에 대한 봉사행위에 의해서만 가능하다고 보았다. 그는 진심으로 봉사하면서 신 또는 아트만을 실현하기 위해서, 홀로 있거나 집단 속에 있을 때 침묵하고 명상하고 예배하고 기도했다. 간디의 삶은 정중동, 아니 동중정(動中靜)의 삶이다.

간디는 인생의 목적이 민중에 대한 봉사라고 선언하고, 행위에서 무행위를 보고 무행위에서 행위를 보는 사람, 그가 진실한 요기이고 참된 카르마(행동)의 사람임을 믿었다. 증오의 한복판에서 사랑의 삶을 살아갔던 그는 스스로 카르마 요기의 모범이 되었다. 그는 도 닦는다 하고 고행하면서 세상을 버리려는 자에게 세상에 봉사하기 위해서만 세상에서 살아가는 자가 바로 진실한 구도자라 하고, 이 세상이 구도자를 위한 곳이 아니라는 생각은 정신적 나태를 드러내는 것이라고도 했다.

간디의 기도는 우주의 창조자요 유지자요 파괴자인 신으로 향한 기도였다. 간디는 신의 존재를 인간 이성이나 지성을 넘어서는 진리, 우주의 이법, 만물을 감싸는 힘으로 이해했다. 그에게 진실하고 완전한 종교는 하나뿐이지만, 그것이 인간이란 매체를 거치면서 다수가 되고, 모두 일정한 불완전함을 지니게 되었다고 본다. 간디에게는 진리가 곧 신이다. 그는 진리가 모든 인간과 인간이 사용하는 일체의 언어를 무한히 초월하지만 비폭력이 아니고는 단 한 걸음도 접근할 수 없다고 보았다. 진리가 간디를 포함한 모든 인간을 초월한다는 의미에서, 그리고 인간이 육신을 입고 있는 한 완전한 비폭력이 불가능하다는 의미에서 간디는 기도해야 했다. 그래서 그는 깨달음(묵티)에 대해서 말하는 것보다 귀의(박티) 안에서 시간 쓰기를 좋아했는데, 박티는 자기 한계의 고백, 자기포기, 다른 생명과의 일치를 위해서 절대자에게 귀의하는 태도이기 때문이다.

간디는 경전의 집필조차 거부했다. 스스로 고대의 위인과 감히 견줄 수 없다는 것도 이유의 하나였지만 세상이 갈망하는 것은 경전이 아니라 성실한 행동임을 알았기 때문이다. "내 삶은 그 자체가 메시지"[1](권 1, 22번)라고 했던 간디, 그의 글은 모두 자신의 행동에 대한 기술과 설명이었다. 그리고 간디는 진리와 비폭력이 책을 요구하지 않으며 행동만이 가장 위대한 현시이고, 그것들이 실천에 의해서만 보급될 수 있다고 보았다. 자신의 이름을 딴 간디봉사회 회원에게는 "책 쓰기에 바빠서 진짜 일이 손상당하지 않도록 하시오"라고 당부하기도 했다(권 3, 93번).

1 《마하트마 간디의 도덕 · 정치사상》.

간디는 하지만 진리와 비폭력을 전파하기 위해서는 말과 글이 꼭 필요하다고 보았고, 그래서 말이 많았고 엄청난 양의 글도 남겼다. 그는 사탸그라하 운동을 돕기 위해서 주간지를 발행하고, 인도의 방방곡곡에서 연설하고, 수많은 외국인과 편지를 주고받았다. 그의 사후 인도 정부가 영어로 출판한 《간디전집》은 98권 5만여 쪽 분량에 달하므로 아주 방대하다. 이번에 번역된 《마하트마 간디의 도덕·정치사상》은 《간디전집》의 30분의 1 정도에 해당된다. 그가 보낸 편지들의 수신자에는 정치가, 종교인, 법률가, 학자, 교육자, 사업가, 예술가, 노동자, 대학생 등이 포함되어 있다. 여기에 네루, 윈스턴 처칠, 타고르, 톨스토이, 로맹 롤랑도 들어 있다. 간디는 히틀러에게도 편지를 썼지만 배달되지는 못했다.

2. 진리와 세속

간디에게는 세속을 변화시키기 위한 행위를 동반하지 않는 명상이나 수행은 모두 정신적 방탕이고 순결(브라마차르야, 梵行) 계율의 정면 위반이다. 그리고 행위를 위한 적당한 장소는 히말라야 같은 곳이 아니라 봄베이나 캘커타와 같이 세속사가 일어나는 세속이었다. 다음의 한 대목을 보자.

> 진리의 길을 밟으면서 동시에 세속사 곧 프라브리티에서 떨어져 있는 일은 공화(空華)처럼 불가능한 일이네. 프라브리티에서 떨어져 나온 사람이 자신이 어떤 길을 따라가는지를 어떻게 알 수 있겠는가? 진리의 길을 밟는다는 것 자체가 프라브리티 안으로 들어감을 상정한다네. 프라브리티가 없다면 진리의 길을 밟을 기회도, 밟지 않을 기회

조차 없네. 거룩한 《기타》는 여러 시구에서 사람은 단 한순간도 프라브리티 없이 존재할 수 없다는 점을 분명히 했다네. 귀의자와 귀의자가 아닌 자와의 차이는 다음과 같다네. 즉, 귀의자는 최고선에 시선을 고정시킨 채 프라브리티 안에 남아 있는 자로서 프라브리티 안에 살면서도 결코 진리에 대한 고수를 포기하지 않으며 집착과 혐오를 약화시키는 자이고, 귀의자가 아닌 자는 프라브리티에 탐닉하고, 그의 목적을 추구하는 과정에 거짓 등의 악마적 행위로부터 멀리 떨어져 있으려고 노력조차 하지 않는 사람이라네. 이 세속사는 경멸의 시선으로 보아야 할 것은 아니네. 주님의 비전은 오로지 세속사를 통해서만 가능할 뿐이네. 미혹을 일으키는 세속사는 경멸의 시선으로 봐야 하고 언제나 피해야 할 일이라네. 이것은 나의 확고한 생각이며 경험이라네. (권 2, 358번)

이 대목은 간디가 형제라고 부른 동료에게 보낸 편지의 일부다. 간디에게 세속이나 세속사를 떠나서 진리를 추구하는 일은 공화나 신기루를 좇는 일이다. 세속에서가 아니라면 진리의 길을 밟을 기회조차, 아니 진리를 언급할 기회조차 없기 때문이다. 우리는 심지어 존재할 수조차 없다. 그래서 세속을 버리는 것은 진리추구를 아예 포기하는 일이다. 간디는 자신의 이런 생각을 《바가바드 기타》의 가르침으로 뒷받침하기도 했다. 그는 진실한 귀의자란 세속사를 실행하는 가운데 최고선을 실현하는 자라고 했다. 그리고 우리는 주님의 극히 작은 부분이나마 보려면 세속을 떠나서는 안 된다.

모든 종교는 자아실현의 길과 자기에 대한 지식을 가르쳐 준다. 그런데 간디에게는 "자아실현이나 자기지식은 우리가 모든 생명과 일치되기 전—신과 하나되기 전—까지는 불가능하다. 그와 같은 일치를 완수하는 일은 타인의 고통을 의도적으로 나누는 것, 그 고통을 제거하는 것을 포함한다."(권 1, 218번) 뭇 생명과 그들의 고통,

그리고 신을 외면하거나 도외시한다면 개인적 완성, 자아에 대한 지식, 진리추구도 모두 거짓이다. 그리고 무엇보다도 자아완성은 봉사를 통해서 얻어진다는 간디의 말을 수용하면(권 2, 25번), 자아가 완성되기를 기다려 봉사하려는 태도는 근본적으로 잘못이다. 봉사 없는 자아완성은 도대체 불가능하기 때문이다.

진리와 세속은 처음부터 같이 가는 것이므로, 정치와 경제 등의 세속과 세속의 역사를 떠난 자에게는 진리도 없고 진리추구의 역사도 없다. 이것이야말로 간디의 삶이 세상에 소리 높여 선포하는 메시지이다. 묵티 대신 박티를! 이 찬송은 완전한 비폭력이 불가능하다는 점을 인정한 위에 이타적 봉사행위를 요청하고 있다. 라마, 붓다, 하느님을 염송하면 소란하고 더러운 봄베이, 캘커타, 그리고 서울을 포함하여 못 갈 곳이 어디 있겠는가. 바로 거기가 유일무이한 진리의 구현 장소가 아닌가!

3. 간디와 붓다

간디는 힌두교 신자로 자처하면서도 자신을 이끈 여러 스승의 한 분으로 붓다를 주저 없이 꼽았다. 그에게 붓다는 인도에서 잊혀진 분이 아니라, 힌두교도 중의 힌두교도, 힌두교 안에 있는 최선의 것에 흠뻑 빠져 있었던 인물, 그리고 잡초가 무성하게 우거져 있는 가르침에 새 생명을 준 인물이었다. 불교가 표면상 인도 외부로 쫓겨났다고 하지만 정신은 인도에 그대로 남아 힌두교도가 주창하는 모든 원리에 새로운 힘을 부여했다(권 1, 165번). 불교가 인도를 떠나서 사방으로 퍼져 지구의 표면을 휩쓴 것을 두고, 간디는 자신이 불교도로 오해받을 위험을 감수하면서까지 힌두교의 승리로 부른다고 했다(권 1, 176번).

간디에게 붓다는 예수나 마호메트와 마찬가지로 공동선을 위해서 고통을 자초한 분, 숲에서 숲으로 방랑하면서 극단적인 더위와 추위를 감수하고 수많은 궁핍을 겪은 다음, 자아실현을 성취하고 민중 사이에서 영적 복리의 이념을 전파한 분이었다. 그래서 붓다의 자아실현과 진리추구는 민중의 복리와 불가분의 관계에 있었다. 간디에 따르면, 붓다는 자신이 살았던 참담한 시대의 개혁자였는데, 당시 눈먼 바라문은 이기적이어서 붓다를 거부했지만, 실천적 대중은 붓다가 자신들의 신앙을 앞장서서 주장하는 분임을 확인하고 그를 따랐으므로, 불교는 "대중의 이름으로 실천되는 힌두교"였다(권 1, 171번). 간디는 붓다를 비폭력 행동가의 한 사람으로 내세워 칭기즈칸, 히틀러, 무솔리니와 같은 폭력 행위자와 선명하게 대조하기도 했다(권 2, 269번). 붓다야말로 진리와 비폭력을 앞세워 당시 부패와 나태에 빠져 있는 바라문 계급을 내치고, 민중에게 지고의 행복을 선물했던 인물이었다.

간디는 당시의 아시아 불교에 대해서 경고를 마다하지 않았다. 그 내용은 불교도에게 결코 단 한순간이라도 나태하여 이웃에게 부담이 되어서는 안 된다는 것이었고, 이 경고를 무시하는 것은 아힘사라는 최초의 교훈을 범한다는 것이었다. 간디는 인도의 구도자와 마찬가지로 스리랑카, 미얀마, 티베트에 있는 불교 사원이 무지와 나태에 빠졌음을 비판했다(권 2, 77번). 간디의 눈에 비친 당시의 불교도는 기아 상태에 있는 민중의 운명에 관심이 없거나, 무지와 나태에 빠져 있어서 자신들의 개조 붓다의 가르침을 실천하지 못하고 있었던 셈이다. 이와 같은 무관심, 무지, 나태에 대한 비판은 동아시아 불교 전통에도 분명히 적용될 것이었다.

붓다 및 불교전통에 대한 간디의 이해에 따르면, 순결을 지키며 깨닫겠다는 일념으로 줄기차게 선수행하는 자는 자칫 정신적 방탕에 빠질 가능성, 즉 순결 계율을 위반하고 있을 가능성이 아주 높다. 마음공부라도 선정이 아니라, 일을 통해서 곧 오로지 민중에 대한 봉사행위를 통해서만 제대로 된다는 것이었다. 불교의 목적은 흔히 상구보리와 하화중생이란 구절로 표현된다. 그런데 이 구절이 불교도가 가야 할 길의 순서를 의미한다면 간디는 동의하지 않을 것이다. 왜냐하면 수행의 이상적 높이에 도달하기 전까지 봉사하기를 거부하는 것은 그 높이에 도달할 수 있는 가능성 자체를 차단하는 것이기 때문이다. 우리는 실제 봉사에 의해서, 그리고 봉사하며 실수할 위험을 감수함으로써 성장하기 때문이다. 누구라도 겸허한 마음으로 계속 봉사해야 하고, 봉사를 통해서 언젠가는 자기완성을 성취할 것임을 소망해야 한다는 것이다.

간디는 열반을 최고선으로 인정하면서도 그것을 소극적인 무행위가 아니라 생동적인 평화로 이해하고, 열반도 애타주의에 연결될 경우에만 의미가 있는 것으로 이해했다(권 1, 176번). 열반에 대한 이런 이해는 선정에의 탐닉이 순결 계율 위반이라는 그의 지적과 함께 동전의 양면을 이루고 있는 것으로 보인다. 현대의 한국불교가 간디를 별로 내세우지 않고 있는 이유는 민중을 섬기기보다는 고요함이나 구복을 부단히 강조하고 있기 때문일까, 아니면 신이나 아트만의 존재에 대한 간디의 믿음 때문일까? 간디가 파악하고 본받았던 붓다가 그분의 진면목에 가깝다면, 우리는 우리의 선불교 전통, 아니 동아시아 불교 전통을 통째로 힐문의 대상으로 삼고, 불교사 전체를 다시 써야 할 것이 아닌가? 우리는 행동가 붓다를 선실의 방장이나 종단의 장(長)쯤으로 유폐시킨 다음, 고요와 복 빌기 불교를 실천하고 있는 것이 아닌가? 한국의 불교사에서 간디와의 친화성을 찾을 수 있는 불교도는 동 속에서만 정을 찾고, 세속(생멸)에서만 참을 찾으려고 했던 원효와 만해 등이 아닐까? 간디의 시절보다 오늘날의 민중은 더 깨어 있고, 정치는 더욱 치열하게 우리 삶 속에 파고든다면, 우리는 정치, 경제, 사회 현실을 한순간이라도 도외시할 수 없을 것이므로 이런 질문을 던지지 않을 수 없다.

4. 종교와 정치

간디는 세속에서 정치·종교·경제·법률·문화·교육 등은 서로 얽혀 있다고 보았다. 하지만 그는 영국의 제국주의로부터 조국의 독립을 쟁취하는 일을 사탸그라하의 최우선 과제로 삼았으므로 정치 분야에서 가장 많이 활동한 셈이다. 스스로 성자라고 부르지도 않고 정치가의 기질이 자신을 지배한 적이 단 한 차례도 없다고 했던 간디이지만, 그가 한 모든 일은 자신에게는 정치라고 했고, 인도의 자치(스와라즈)를 얻기 위한 노력조차 해탈하기 위해서라고 했다. 그런데도 간디는 정치를 한없이 성가신 일로 보았고 자신이 정치를 털어 버릴 수 있다면 기뻐 춤출 것이라고 했다(권 1, 149번). 그렇다면 그는 왜 그토록 성가신 정치에 깊이 연루될 수밖에 없었을까? 그 이유는 크게 두 가지이다.

첫째, 진리가 삶의 모든 실제적인 측면에 적용될 수 있다는 그의 확신 때문이다. 그는 진리와 비폭력이 사람이 하는 모든 말, 행위와 거래 안에 구현되어야 한다는 신념을 갖고 있었다. 이 신념은 정치적 삶이 반드시 영화(靈化)되어야 한다는 '큰 말씀'으로 표현되었다. 간디는 이 말씀을 자신의 정치적 구루 고칼레에게 배웠다고 한다. 그리고 간디는 "정부의 정치 형태는 영적인 힘의 구체적 표현"이라고 보았고(권 1, 27번), 자신의 사명이 정치적인 것이더라도 그 뿌리는 영적이라고 확신했다. 그래서 만일 어떤 종교인이 정치와 역사를 헛것이라고 한다면, 그 종교인의 종교야말로 헛것이라고 해야 할 것이다. 둘째, 정치판을 차마 두고 볼 수 없었던 간디의 불인지심(不忍之心) 때문이다. 간디는 오늘날의 정치가 더 이상 왕들의 관심사가 아니라 사회의 최하층에까지 영향을 미친다고 하고(권 1, 135번), "민중이 약탈당하고 있는데 가만히 앉아 있을 수가 없습니다"라고도 했다(권 1, 152번).

간디는 자신의 정치참여에 대해서 "그것은 오늘날의 정치가 뱀의 똬리처럼 우리가 아무리 노력해도 빠져나올 수 없게끔 우리를 휘감고 있기 때문이었다"라는 말도 했다(권 1, 25번). 그는 1894년 25세의 나이에 남아프리카에서 공적 생활과 공공봉사에 투신한 뒤로 죽을 때까지 뱀과 같이 자신의 몸을 휘감고 있는 정치, 민중을 약탈하는 정치라는 뱀과 씨름했다. 그 씨름에는 정치도 거룩하게 되어야 한다는 확신과 정치에 대한 불인지심이 함께 작용하고 있었던 것이다.

5. 간디와 함석헌

함석헌(1901~1989) 선생님은 우리가 간디를 배워야 할 이유의 하나로 간디 사상에는 정치와 종교가 하나로 잘 조화되어 있기 때문이라고, 다시 말해서 정치 문제를 종교적으로 해결했기 때문이라고 하셨다. 역자가 함 선생님을 처음 뵌 것은 1973년 대학 3학년 때, 박정희 씨의 10월유신 반대 데모로 용산경찰서 유치장에 붙들려 들어가 29일간의 구류를 살고 나온 직후 박재순 선배님의 소개로 간 서울 신촌 봉원동 퀘이커 모임집에서였다. 그리고 1975년 무렵 다른 10여 명의 또래 청년들과 더불어 《바가바드 기타》를 영어 번역으로 공부했다. 《기타》의 시구를 함께 읽고 함 선생님께서 해설을 붙이시는 방식이었다. 선생님께서는 그것을 손질하고 보충하여 〈씨올의 소리〉에 연재하셨고, 생전에 책으로도 내셨다. 그리고 칠순이 훌쩍 넘어 《간디자서전》도 번역 · 출판하셨다. 용산 원효로 선생님 방에서 이마에 하얀 머리띠를 두르시고 번역에 열중하시던 모습이 지금도 눈에 선하다. 그런데 함 선생님은 "간디는 간디고, 나는 나야 하지"라는 말로 옮긴이의 말을 끝맺으셨다. 간디가 훌륭하여 배울 데가 많은 인물이지만 우리는 노력해도 그의 길을 다 따라갈 수는 없을 것이다. 그래도 탄식하거나 낙망해 보아야 소용없고, 주어진 여건에 따라서 당신에게 주어진 길을 가야 할 것이라는 취지로 이해할 수 있는 말이다. 그런데 이제 와서 생각해 보면 이런 말조차 아무나 할 수 있는 것은 아니다. 누가 감히 진리를 향한 간디의 정직하고 치열한 삶을 바라보면서 교만한 생각 조금도 없이 "간디는 간디고, 나는 나야 하지"라고 할 수 있을까?

역자는 함 선생님을 새삼스레 기억하면서 간디에 대해서 그분이 남기신 글 5편 중 4편을 골라 1권에 2편, 2권과 3권에 각각 1편씩을 붙여 해설로 삼으려고 한다. 이 역서의 출판을 계기로 평생토록 진리 구현을 위해서 노력했던 간디, 원효, 만해, 함석헌 등의 비교연구도 가능할 것이다. 물론, 단순한 비교연구보다는 제 2의 간디, 제 2의 원효, 제 2의 만해, 제 2의 함석헌과 같이 미물과 뭇짐승에서부터 민족을 거쳐서 마침내 전 세계에 봉사하는 자, 그 세계마저도 잘못되면 진리와 비폭력의 제단에 바쳐서 제사 지낼 수 있는 자가 출현하는 것이 인류의 역사에 훨씬 보탬이 되겠지만 말이다.

6. 비폭력과 문명비판

2000년 하반기부터 학교 수업과 관련된 공부 시간을 빼놓고는 거의 전적으로 간디 번역에 매달렸다. 주로 방학을 이용하며 어느덧 4년 가까이 흘렀다. 그리하여 2004년 이 책이 처음으로 빛을 보게 되었다. 그러나 역자로서 아쉬운 부분이 있었는데, 나남출판사의 조상호 회장님과 이자영 과장님의 적극적인 이해와 도움에 힘입어서, 13년 만에 다시 세상에 내놓게 되었다. 법률문서 및 물레와 직조를 설명하는 글 등, 역자에게 아주 생경한 글 안에 있는 전문용어를 정확히 번역해 내는 일, 그리고 셀 수도 없이 많은 문장 하나하나를 형용사나 부사 하나 놓치지 않고 번역하는 일은 결코 쉬운 작업이 아니어서 아직도 오역이나 놓친 단어와 구절이 있을까 봐 불안하다. 하지만 그보다 더 어려웠던 것은 그의 삶과 글을 똑바로 쳐다보는 일이었다. 그것들이 햇빛 내려쬐는 눈밭같이 눈부시게 정직하기 때문이다.

간디는 우리나라에 종종 왔다. 자서전이나 전기의 형태로 오다가 이번에는 선집의 모습으로 오는 셈이다. 이 선집은 종교적 가르침을 우리 시대에 발생하는 각종 이슈에 적용·실험한 사례집이라는 의미에서 현대의 경전이라고도 할 수 있다. 하지만 진리와 아힘사 실천에서 그가 보여주었던 엄격함과 정직함, 그리고 그 실천의 폭과 깊이로 말미암아, 이미 비천함과 경박함이 거의 극치에까지 와 버린 이 세상에서 그 경전의 내용이 전면적으로 실현되기는 거의 불가능할 것이다.

간디가 실천한 비폭력 강령의 폭과 깊이는, 그가 그 강령은 인간을 넘어서 송아지와 원숭이, 심지어 뱀에게도 당연히 적용되어야 한다고 믿었다는 점에서 분명히 보인다. 간디는 역시 하나의 피조물에 불과한 인간에게 다른 피조물들을 마음대로 처리할 수 있는 권리는 없다고 보았다. 하지만 그는 병든 송아지를 독극물로 안락사시킬 수밖에 없고, 소 우리에 침입한 뱀을 죽일 수밖에 없는 자신의 처지에 대해서 깊이 고뇌하고 인간의 삶에 내재해 있는 근원적인 폭력성을 절감하며, 바로 그 이유 때문에라도 우리는 더욱 겸손해야 한다는 진리를 깨달았다.

간디는 현대문명을 신랄하게 비판했다. 그 문명을 만끽하며 살아가는 우리는 간디의 문명비판을 머리로 납득하기가 어렵고 그 비판 정신에 따라서 살아가기는 더더욱 어렵다. 간디는《힌드 스와라즈》(권 1)에서 현대문명에 대해서 우리가 참기만 하면 저절로 파멸하고 말 문명이라고 단언했다. 현대문명이 소유와 향유에 대한 욕망을 전제하고 있으므로 가만둬도 망하고 말 문명이라는 저주에 가까운 말로 그것을 근본에서부터 전복하려고 했다. 이보다 더 무시무시한 말이 있을까? 진리와 비폭력의 이름으로 간디가 퍼부은 현대문명 비판은 하도 신랄하고 혹독해서 네루조차도 이를 외면했을 정도였다. 저주 같은 이 비판을 어떻게 감당해야 할까? 비판 내부의 오류를 찾아내서 그 비판을 거부하든지, 아니면 우리는 그의 소리를 경청하고 우리가 가는 길을 고쳐야 한다. 그것도 아니면 이대로 가다가 망할 수밖에 없다.

7. 선동가 간디

참의 실현! 간디는 참을 위해서 목숨 걸었고 수많은 동시대인을 불러내어 여기에 동참시켰으며 동참자들에게는 이 길을 가는 데 필수적인 인격적 자질을 철저하게 닦으라고 엄중히 요구했다. 많은 정치가, 종교인, 법률가, 학자, 선생 그리고 학생도 간디의 부름에 응하고 개인적 차원의 품성 함양을 요구받았다.

이제 누가 간디의 독자가 될 수 있을까? 아니 누가 간디를 읽어야 할까? 오늘날 우리나라에서 세상에 참을 실현함으로써 세상을 고치려는 사람들 모두, 다시 말해서 정치가 시민운동가와 자원봉사자를 비롯하여 세계와 국가에 봉사하려는 자들은 반드시 간디를 읽어야 한다. 간디의 삶이 보여준 지와 행의 합일, 우리는 그 합일을 위해서 투옥은 물론이고 목숨마저 버리겠다는 각오—히말라야 설산의 하얀 눈같이 순결하고 태양같이 뜨거운 각오—만이 정치와 시민운동의 개혁성과 지속성을 보장하고, 봉사를 올바르게 이끌어 준다는 점을 통렬히 자각해야 한다. "내 삶은 그 자체가 메시지"라는 간디의 말은 이런 각도에서도 깊이 새겨 봐야 한다. 만일 우리가 진리를 믿고 이에 따라서 행동한다면 우리의 삶 자체가 세상의 변화와 개혁을 위해서 가장 강력한 메시지가 될 것이기 때문이다.

간디는 행위에서 무행위를 찾았고, 생멸의 시간 속에서 진여의 영원을 보려고 했다. 그의 삶과 글은 맑은 마음과 눈으로 조용히 들여다보기만 해도 아주 선동적이어서 사람을 가만두지 않는다. 그 스스로 참을 실현하려고 온몸으로 움직인 행동가였기 때문이다. 그가 오늘날에도 선동하고 싶은 사람들은 아주 다양하고 광범위해서, 허위와 폭력 안에서 성찰 없이 무심코 살아가는 사람들 모두를 대상으로 삼을 것이다.

간디는 먼저 국가와 민족을 위한다고 동분서주하는 정치가들에게는, 그들이 명예욕과 물욕 그리고 자만심에 빠지기 쉽다 하고, 정치가란 직업 자체가 진실이란 덕은 지키기 어렵고 허풍 떨기는 아주 쉬운 직업이라고 일갈할 것이다. 무슨 값을 치르고서라도 부자 되는 길을 가르치려는 자본주의 경제 관료 및 학자에게는, 그 길이 부익부·빈익빈에의 길, 탐닉과 궁핍에의 길, 사악에의 길이 아니냐고 항변할 것이고, 사업가에게는 부의 축적이 불살생 원리의 정면 위반이라는 말로 가슴팍을 찌를 것이고, 파업 노동자에게는 너희 역시 부자가 되고 싶은 것이 아니냐고 반문할 것이며, 공산주의자에게는 공산사회의 수립 과정이 이미 폭력적이었다고 꼬집어 말할 것이다.

팍스 브리태니커든, 팍스 아메리카나든 강대국 주도의 세계 질서에 대해서는, 그것이 오만, 오류 그리고 무엇보다도 순전한 물리력에 근거한 것이 아니냐고 맨가슴으로 대들 것이다. '대한민국'이라고 외쳐대는 피 끓는 우리의 애국 청년에게는 진리의 제단 위에 자신과 가족은 물론 조국이나 민족마저 희생시킬 각오가 없다면, 그 외침은 조급함이나 허위의 소리이기 십상일 것이라고 충고할 것이다.

읽고 글쓰기로 자족하는 글쟁이에게는, 자신과 세상의 변화를 위해서는 지성만이 아니라 심정이 중요하며, 손이나 머리만이 아니라 온몸을 움직여야 할 것, 그렇지 않으면 세련된 위선에 빠지게 된다고 경고할 것이다. 철학이 동료들과 더불어 있는 일과 봉사하는 일에서 우리를 기쁘게 할 수 없다면 철학 공부는 모두 헛된 짓이라고 크게 꾸짖을 것이다(권 2, 141번).

실천할 생각도 없는 글쟁이가 글의 스타일이나 미문만을 추구한다면, 그는 속빈 강정에 달콤한 꿀을 바른 것같이 진실을 이중으로 호도하는 것이고, 결국 자신도 속이고 남도 속이게 된다. 무엇보다도 손과 머리의 분리에 근거한 사회적·경제적 분업을 믿지 않았던 간디에게, 글이나 그림 등에서 진리를 망각하고 아름다움만을 추구하는 일은, 일그러진 개인적 삶의 징표이면서, 동시에 이런 분업 자체를 가능하게 하는 현대문명의 실상, 다시 말해서 현대문명에 내재해 있는 허위와 폭력, 그리고 불평등을 감추는 일이라고 보았다.

말과 글로 진실을 호도하여 세상을 기만하는 부류에는 언론인들도 둘째가라면 서러워할 존재들이다. 이들은 매스 미디어가 휘두르는 폭력에 가까운 힘을 믿고 공명심에 취하여 자신들의 생각을 사실인 양 보도하면서, 세상을 어지럽히고 세상 사람들을 속이는 악마적 행위를 수시로 저지르고 있는 것이 아닌가?

세상을 바꾸려는 모든 개혁자는 진리, 비폭력, 무소유, 무외, 일체의 차별폐지 등의 도덕적 자질을 스스로 갖춘 만큼 세상을 바꿀 수 있다는 점을 명심해야 한다. 이런 자질을 일정 수준 이상 갖추지 않았다면 차라리 개혁을 단념하는 편이 낫다. 그렇지 않으면 세상은 더욱 어지럽게 되고 더 큰 혼란에 빠질 것이기 때문이다.

간디는 종교인들에게 고요에의 탐닉 대신 민중을 섬기고 그들에게 봉사하라고 권했다. 하지만 섬김과 봉사는 결코 민중에게 영합하는 것이 아니라, 진리와 비폭력의 잣대로 그들을 추궁·비판·계몽하는 일을 반드시 수반해야 한다. 민중을 질책하고 교육하는 일은 종교인과 비종교인을 불문하고 세상을 바꾸겠다는 모든 이들의 사명이 되어야 한다. 맞아 죽을 각오로 간디가 그렇게 했듯이….

우리가 지금 마음속 깊이 불안, 초조, 불만, 어둠을 느끼고 있다면, 이는 아트만, 불성, 일심(一心), 주님이 우리를 선동하고 있다는 증거이다. 먼저 참을 향해서 선동당하고 다음 순간 남을 선동하면서 평안을 구한다면 그가 참사람이다. 아, 우리 속의 영원한 선동가여! 인류의 역사상 가장 위대한 선동가들 가운데 한 사람이 여기 있다. 이 사람을 보라!

2017년 겨울
과천 가일 마을에서
허 우 성

마하트마 간디에 대한 방대한 문헌들이 급증하고 있음에도 불구하고 그의 핵심적인 글들을 모은 기록문서, 즉 쉽게 구할 수 있으면서도 일관된 기록문서가 지금까지 없었다. 간디는 평생 동안 자신이 편집했던 〈인디언 오피니언〉, 〈영 인디아〉, 〈하리잔〉과 〈나바지반〉이라는 주간지를 위해서 매주 기사를 썼다. 그는 남아프리카, 영국, 인도 및 세계 각지에서 편지를 보내는 모든 사람들에게 답장할 만큼 아주 양심적이어서 하루 최고 70통의 편지를 쓰기도 했는데 이런 일을 40여 년 동안이나 계속했다. 그가 보낸 엄청난 양의 편지가 그의 《전집》이 90권에 달하는 주된 이유이다(인도 정부는 간디 사후 곧바로 《전집》 발간사업에 착수했는데 이제 거의 완료되었다).[1] 그가 실제로 집필한 책들은 몇 권 되지도 않고, 그것들조차 단편적이고 결론을 분명히 내리지도 않았다. 이 범주에는 《힌드 스와라즈》, 《나의 진리실험 이야기》, 《남아프리카에서의 사탸그라하》, 《아슈람 실천 규율》이 있

1 〔역주〕 1999년 인도 정부 출판국은 98권에 달하는 《마하트마 간디 전자책》을 발간한 것을 보면 이 사업은 완료된 것으로 보인다. 《전자책》은 간디의 육성과 동영상까지 담고 있다.

으며, 여기에 《바가바드 기타》, 건설적 프로그램, 건강 관련 소책자들이 추가되었다. 간디라는 인물과 그의 영향력에 대한 대중적 지식의 원천에는 간디 자신의 미완성 자서전과 인기 있는 전기 몇 종이 있는데 이것들은 더러 오해를 낳기도 하였다. 그에 관한 선집들이 꽤 다수 출간된 것도 사실이지만, 대부분은 피상적이거나 단편적이어서 그의 사상의 풍요함을 크게 가리고 있다.

나는 옥스퍼드의 콜(G. D. H. Cole)과 플라머나츠(John Plamenatz)를 비롯한 제씨들의 제안을 받아들여 《전집》 2권이 채 나오기 전인 1956년, 미출간된 간디 저술에 대한 연구를 시작했다. 다행스럽게도 비노바 바베가 스와미나탄(K. Swaminathan) 교수를 설득하여 《전집》의 편집과 출간을 착수하도록 했다. 스와미나탄 교수는 이 부담스런 과업을 기꺼이 수행했고, 비범한 인내와 주도면밀함 그리고 조심성을 발휘하여 최근 이 과업을 완수해냈다. 나는 그로부터 큰 도움을 받아서 그의 사무실과 기타 여러 도서관에 있는 방대한 자료를 열람할 수 있었다. 그 덕분에 나는 《마하트마 간디의 도덕·정치사상》[2]을 완성하여 1973년 옥스퍼드대학에서 그것을 출판할 수 있었다.

나는 그 이후 간디에 대한 종전의 선집들이 간디를 아주 잘못 나타내고 있다는 점을 분명히 알게 되었다. 나는 《전집》 안에 있는 수 없이 많은 세세한 사항(그리고 찰나적 사항)으로부터 간디의 핵심적인 글을 구해내려고 했으며, 그 과정에서 간디 사상의 섬세함과 범위를 정당하게 다루자면 그의 전체 저술에서 최소한 3권 분량 정도를 끄집어내야 한다는 점을 깨달았다. 포괄적이고, 균형 있고, 쉽게 읽힐 수 있는 선집을 만들기 위해서 《전집》 한 권 한 권을 세밀히 살펴보

2 〔역주〕 이 책과 본 역서의 서명이 같게 되었다. 저자명을 밝히지 않은 것은 모두 본 역서를 가리킨다.

아야 했고 아주 엄정한 기준을 적용해야 했다. 그리고 선정된 자료들은 《전집》의 정본에 의존하면서도 소소한 변화가 필요했다. 나는 수록된 글 하나하나에 적합한 제목을 달아 주었고, 간디나 그의 동료들이 붙인 원제목은 각 글의 말미에 언급했다. 독자가 선집을 읽어가는 데에 불필요한 상세한 사항들로 방해받지 않도록 각주는 최소한으로 줄였다. 나는 간디 필생의 업적 전체에서 따온 정선된 글들을 기술적(記述的) 제목 아래 편집했다. 그것들은 수십 년에 걸쳐서 그의 사상이 정련(精鍊)되어 가는 과정을 보이면서도 그의 공약과 관점들의 바탕이 되는 일관성을 보인다.

이 3권으로 이뤄진 선집[3]은 인도 및 다른 나라에 살고 있는 다양한 민중이 20세기와 그 이후의 미래에 대해서, 의미 깊고 주목하지 않을 수 없는 간디의 기여를 보다 완전하고 보다 정당하게 평가하는 데에 도움이 될 수 있을 것이다.

1983년 10월 2일

라가반 이예르

감사의 말

《간디전집》(90권)의 사용을 허락해 준 나바지반 출판사에 감사드린다. 이 3권짜리 선집에 대해서 귀중한 제안을 해 주신 K. 스와미나탄 교수께 감사드린다. 이 책을 준비하는 데 관대한 도움을 주신 데 대해서 킬리안 코스트와 엘튼 홀 교수께 감사드리고, 출판을 위해서 자료를 준비해 준 루스 앨로트와 폴라 켈리께, 그리고 마지막으로 옥스퍼드대학 출판부 편집진에게 감사를 드린다.

---

3 〔역주〕 한글판 선집 《마하트마 간디의 도덕·정치사상》은 2004년에 6권으로 냈다가 2017년에 원서와 같이 3권으로 내게 되었다.

마하트마 간디*

함석헌

나는 꽃들을 사랑하지만 누가 묻기를 어느 꽃이 가장 아름다우냐 하면 대답을 못하고 "글쎄…" 하고 만다. 여러 가지 책을 감격을 가지고 읽지만 가장 좋은 책을 골라 추천하라면 역시 "글쎄…" 하다 마는 일이 많다. 인물에 대해서는 더욱 그렇다. 그런데 요새 누가 만일 추천을 해 달라고 청한다면, 그보다도 청이 오기 전에 내 편에서, 권하고 싶은 것은 간디의 자서전이다. 그것은 물론 내가 그 책을 지금 우리말로 번역하고 있기 때문이겠지만 또 더 깊이 반성해 봐도 그런 것만이 아닌 것이 있다.

나의 간디가 자라고 있다.

어느 사람의 생애는 아니 그럴까마는, 특히 간디의 일생은 마치 큰 나무의 자라나는 것을 보는 것 같다. 날 때에는, 모든 도토리가 꼭 같이 뵈는 도토리 알이듯이, 간디도 각별히 천재적인 점이 보이

---

* 이 글은 〈씨올의 소리〉, 1976년 10월호와 《咸錫憲全集》 7(《간디自敍傳》, 한길사, 1993)에 실린 글임을 밝혀 둔다. 또한 옮기는 과정에서 표준어 규정에 의거하여 약간의 수정을 가하였다.

어린 시절의 간디와 부모님 (1876)
간디는 바이샤 가문에서 주 수상인 아버지 카람찬드 간디와 어머니 푸틀리바이 간디 사이에서 3남 중 막내로 태어났다. 사진은 7세 무렵의 간디 (가운데) 와 어머니 (왼쪽), 아버지 (오른쪽) 의 모습이다.

지 않는다. 그런데 자람에 따라 점점 그것이 보통이 아닌 위대함을 보여준다.

태어난 가정환경도 좋기는 하지만 특별한 것은 없고, 거기 일어났던 일들도 보통 누구나 다 당하는 씨올적인 인생이지 무슨 큰 충격이나 감동을 준 것은 없다.

교육도 그때 인도 사회에서는 중류 이상이지만, 만났던 선생 중에 큰 인물이 있은 것도 아니고, 자기가 천재적으로 해낸 것도 아니었다. 성적은 자기 말대로 뛰어난 것도 아니었고, 처음부터 끝까지 학문적인 사람은 아니었다.

어른이 된 후에도 간디만이 홀로 당했던 무슨 극적인 사건은 없었고, 크게 한 일이 있다면 자기편에서 자진해서 의식적으로 노력해서 한 것이지, 비상한 운명적인 것이라 할 만한 것이 없다. 일생에 파란곡절이 많다면 많았고, 폭풍 속에 자라는 참나무같이 그것과 싸우는 데 따라 그 참나무적인 인격이 드러났지만, 그 기회란 우연히 밖에서 온 것이 아니라 스스로 나가서 만든 것이었다. 말하자면 마라톤 경주자가 당하는 바람이었다. 아니하는 다른 사람에게는 얼마든지 무사태평으로 지나갈 수 있는 일들이었다.

한마디로 해서 간디는 자기를 개발한 사람이다. 이 의미에서 "내가 한 것은 누구든지 할 수 있는 일이다" 한 그의 말은 그대로 옳은 말이다. 그렇기 때문에 자서전을 읽어 가노라면 꼭 소금을 집어먹는 것 같다. 언제든지 같은 맛이다. 같은 맛인데 싱거운 대목이 하나도 없다. 어떤 위대한 사람의 생애를 봐도 보통 때와 감격스러운 대목이란 것이 따로 있는데, 이것은 매주 연속적으로 게재했던 관계도 있겠지만, 어느 장을 봐도 거기 간디의 전면이 늘 들어 있고, 수식해서 쓰는 문구 한 마디도 없는데, 읽는 사람의 마음을 꼭 잡아 버린다. 그것은 쓴 사람이 그렇지 않고는 있을 수 없는 일이다. 내가 소금에 비하는 것은 이 때문이다. 각별한 맛을 내는 것 없는데 싱거운 대목은 하나도 없다. 늘 짜릿짜릿한 맛이다. 한 알 속에 전체가 들어 있다. 그렇기 때문에 자기 스스로 그것을 실험이라고 한다. 그에게는 시간마다가 비상시였단 말이다. 그러니 '참' 아니겠나?

놀랍다. 놀라운데, 놀라운 것을 해서 놀라운 것이 아니다. 놀라운 것이 없는 것을 놀랍게 했다는 말이다. 전쟁을 영웅적으로 싸운 것이 위대하다면 평일의 인생을 영웅적으로 싸운 것은 더 위대, 그야말로 참의미의 위대 아닌가?

내가 간디의 이름을 처음으로 들은 것은 아마 스물이 한둘 넘어서였을 것이다. 3·1 운동이 있었을 그 당시가 간디가 인도에서 사탸그라하 투쟁을 크게 전개하던 때이므로 우리나라에서도 그의 이름이 사람들 입에 많이 오르내렸다. 그래서 로맹 롤랑의 간디전을 읽은 것이 1924~25년일 것인데, 나는 그것을 퍽 다행한 일로 생각한다. 대체로 간디에 대한 내 마음이 일어나기를 그 책 때문에 됐었는데 그가 간디의 요점을 아주 잘 파악하고 있기 때문이다. 이제 오랜 세월이 지나 그 문구는 하나도 기억할 수 없으나 다만 한 가지, 간디는 외양으로는 분주한 정치활동을 하고 있으나 속살은 종교의 사람이다, 낮에는 활동을 하고 밤이면 종교라는 지하실에 내려가 내일의 활동을 위한 힘을 기르고 있다는 의미의 평을 했던 것만은 기억하고 있다.

사람은 나기는 물질적 존재로 나지만 나중에는 정신적 존재에까지 올라가야만 한다는 것이 힌두교의 올짬이라면, 인도 민족이 간디에게 마하트마라는 칭호를 준 것은 당연한 일이라 할 것이다. 간디 자신은 물론 그것을 아주 싫어했다. 참의 사람인 그가 그런 우상숭배적인 떠들썩을 좋아할 리가 없다. 그러나 역사를 굽어보는 견지에서 한다면 그것은 역시 인도 씨올의 자기 발견의 한 발걸음, 다소 빗나간 점이 있다 하더라도, 나아가는 한 발걸음이라 해야 할 것이다. 간디가 문제가 아니라, 사람을 통해서 나타나는 하나님의 모습을 보자는 노력이다. 본다기보다 조각해내는 한 끌질이라 해야 할 것이다. 힌두교의 신앙은 하나님은 이 세상이 타락되어 정의가 무너질 때마다 의인을 건지기 위해서 자기가 사람의 형상을 쓰고 온다고 믿어서 그 사람을 아바타르, 곧 화신(化身)이라고 한다. 그들은 간디에게서 그것을 봤던 것이다. '마하트마'란 '마하' 곧 '크다'는 말과 '아트만', 곧 '영혼' 혹은 '자아'라는 말을 합해서 만든 말인데 인도 역사에는 여러 마하트마가 있다. 민중에 의해서 불리어진 이름이지 어떤 제도에서 나온 지위가 아니다. 동양 말로는 대성(大聖)이라 해야 옳을 것이다. 간디의 본명은 모한다스인데 마하트마에 이르렀으니 m에서 M으로 올라간 것이다. 힌두교에서 인생의 목적이 self(小我)에서 Self(大我)

의 발견에까지 가야 한다는 그대로다.

그러면 간디를 마하트마에까지 올라가게 한 원동력은 무엇인가? 그것을 그는 '참'이라고 했다. 그래서 자서전의 제목을 《나의 진리실험 이야기》이라고 했다. 그 실험이라는 말이 중요하다. 자기 일생을 하나의 실험으로 보는 데 간디의 간디된 점이 있다. 실험하는 사람은 처음부터 하는 일의 목적이 분명히 정해져 있다. 얼마나 많은 사람이 재주도 있고, 의욕도 강하고, 맘성도 착하면서도, 일생을 그저 흐지부지로 없애 버리고 마는가? 그것은 목적의식이 부족해서 그런다. 간디는 그 점에서, 아주 투철하였다. 누가 시킨 것 아니라 스스로 나도 사람 노릇해야 할 것 아니냐 하는 생각이 강했다. 그것은 하면 있는 것이고 아니하면 없는 것이다. 조즉존 사즉실(操則存 捨則失)이라는 것이 그것이다. 어떻게 무엇을 하렵니까 물을 필요 없다. 생각하면 된다. 그렇기에 간디는 어려서부터 끝날까지 생각하는 사람이었다. 남이 못하는 놀라운 활동을 했다 해서 그저 쉽게 행동의 사람이라고만 해서는 안 된다. 생각은 없이 하는 행동은 껍데기의 행동이요, 속고 속이는 행동이요, 남을 죽이고 저도 망하는 행동이다. 이 세상은 행동이 부족해서 망하는 것이 아니라 생각이 부족함으로 망하는 것이다. 간디의 이루어 놓은 일만 보고 욕심을 내고 스스로 깊이 생각하지 않는 사람은 어리석은 사람이다.

목적이 있기 때문에 믿음이 있다. 간디는 믿었다. 무얼 믿었단 말인가? 이 우주 간에는 근본이 선한 의지가 꽉 차 있어서 그것이 생물 진화와 인간 역사를 다스리고 있다는 것을 믿은 것이다. 그러나 그 믿음은 세상에 흔한 욕심을 그대로 두고 도덕적으로 제 의무를 다할 생각은 없이, 어떤 마술적 힘을 얻어 행복한 자리에 가잔 그런 미신적인 것이 아니었다. 그렇기 때문에 그렇게 강하고도 겸손한 신앙의 사람이면서도 이른바 말하는 더구나도 인도에는 예로부터 많은 신통력이니 기적이니 하는 것을 한 번도 보여준 일이 없다. 그럴 뿐 아니라 매양 사탸그라하는 과학이라고 했다. 그랬기 때문에 그렇게 큰 영향력을 대중 위에 가지고 있으면서도 한 번도 그들을 기분에 도취시키거나 탈선시킨 일이 없다. 이 점은 크게 주의할 만한 점이다. 그야말로 씨올을 깨워서 올라가게 하는 참 지도자였지, 역대의 많은 지도자가 했던 것같이 씨올을 우롱한 사람이 아니었다. 그렇기 때문에 종교의 올짬은 도덕이라고 늘 강조했다.

그다음 하나 더 말한다면, 그를 몰아 총알에 쓰러지는 순간까지 지칠 줄을 모르고 그저 올라만 가게 한 것은 씨올에 대한 사랑이라는 점이다. 이른바 말하는 자선이니, 박애니 하는 그런 것이 아니다. 간디는 자기와 씨올의 구별이 없다. 자기가 곧 씨올이 돼서 하는 것이다. 그래서 아무도 감히 손을 대지 못하는 불가촉민 제도를 철폐할 것을 주장했고, 완전히는 못되었어도 적어도 제도상으로는 평등의 사회를 만드는 기초를 놓아 줄 수 있었다. 자서전을 읽어가며 놀랍고도 또 눈물로 감탄하지 않을 수 없는 것은 그저 페이지마다 사건마다, 씨올, 씨올, 봉사, 봉사로 옷의 실밥처럼 무늬가 놓여 있다는 점이다.

5억 인도의 씨올이 어딜 가 보아도 그를 각하, 지도자는 그만두고, 씨니, 선생님이니 하는 소리도 없이, 그저 '바푸'(아버지)라 부르니 그 얼마나 좋은가?

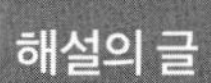

간디의 길*

함석헌

이만했으면

나는 이제 우리의 나갈 길은 간디를 배우는 것밖에 없다고 생각한다. 왜 그런가?

우리는 이제 우리 금새가 뻔해졌기 때문에 이 이상 더 스스로 속일 수가 없어졌다. 이대로는 무슨 재주를 부려도, 몇 번 되풀이해 봐도, 언제까지 기다려도, 살길이 열리지 못할 것이 분명해졌다.

이만했으면 일제시대 및 해방 후 10년 동안 우상처럼 기대해왔던 이른바 해외지사(海外志士)란 것이 어떤 것이었는지도 환해졌고, 대통령의 독재에 진저리가 나서 젊은 피를 뿌리고 바꾸어 세운 장면 내각의 역량도 인제 이만했으면 금새가 드러났고, 4·19 이후 그 좋은 기회를 가지고도 아무것도 한 것 없이 옥신각신하는 데 해를 지어 보

* 이 글은 〈사상계〉, 1961년 2월호와 《咸錫憲全集》 7(《간디自敍傳》, 한길사, 1993)에 실린 글임을 밝혀 둔다. 또한 옮기는 과정에서 표준어 규정에 의거하여 약간의 수정을 가하였다.

낸 민주당의 뱃속도 드러났고, 또 그것을 보고도 아무 혁신도 못하고, 일이 있을 때마다 '책임추궁'이라 '도각'(倒閣)이라 하는 소리만 커다랗게 지르다가 꿰진 풋볼 모양으로 푸시시하고 마는 야당이란 것도 그와 조금도 다를 것 없는 것이라는 것도 분명해졌다.

사실 4·19 후에 새로 생긴 일이 있다면 그것은 야당이 없어진 일이다. 서로 정권 다툼을 하는 당파가 없단 말은 아니다. 그러나 야당은 그저 싸워서만 야당이 아니요 민중의 받들어 줌이 있어야 할 것인데, 오늘에 정말 민중의 받들어 줌을 받는 정당이 어디 있나? 민중은 벌써 '그놈이 그놈'이란 판단을 내렸기 때문에 사실상 야당이란 것은 없다.

또 이만했으면 우리나라에 인물이 정말 없는 것도 드러났다. 4·19의 학생들이 여우를 쫓으려다가 호랑이를 깨워 일으킨 셈이 되어, 만나는 사람마다 붙잡고 '어떻게 할까요?'를 부르는데, 한 사람도 나서서 그들을 지도해 보려는 엄두를 내지 못했으니, 인물은 참 없는 것 아닌가? 깡패, 강력범이 매일같이 늘어만 가는데, 그것은 젊은 것들이 불룩거리는 기운을 어디 정당히 쓸 곳이 없어서 그리 되는 것인데, 그 물고 차는 상사마를 그저 무서워만 하고 욕만 했지, 감히 그놈을 잡아타고 한번 천리강산을 달려 볼 생각을 하는 자가 없었으니, 이 나라에 정말 정치가는 없는 것 아닌가?

젊은이는 갈기고 들부수기도 하지만, 그 실속은 사실을 믿고 싶어하는 것이요, 한 몸을 바쳐서 봉사하고 싶어하는 것이다. 갈기고 들부수는 것은 그 신뢰와 봉사의 대상이 없기 때문에 스스로 억제치 못해 하는 것이다. 그런데 그럴 만한 인물이 하나도 없으니 슬프지 않은가?

또 이만했으면 우리 언론의 힘이 어느 정도인 것도 드러났다. 관이

나 민을 가릴 것 없이, 말을 한다면 그저 '반공'이 그 최절정이요, 사실을 보도한다면 그저 이북에서는 어떻게 살기 어렵다는 것이니, 그것으로 민중의 마음이 하나가 되고 높아질 수 있을까? 그보다 높은 이상을 보여주는 것 없이 그저 아니라고만 하는 것이 무슨 힘이 있으며, 이북이 잘못 산다는 것이 무엇이 터럭만큼인들 이남의 잘한다는 증명이 될까? 대체 그런 말을 이북 동포를 정말 동포로 사랑하고 불쌍히 여기는 맘으로 하는 것일까? 그렇지 않으면 무의식적으로라도 우리의 무능 무성의를 가리고 변명하기 위해서 하는 것 아닐까? 이북이라면 적국처럼 생각하면서 무슨 통일을 바랄 수 있을까? 개인이거나 단체거나 남의 결점을 선전해서 겨우 제 위신을 유지해가는 것은 부끄러운 일이다. 우리말이 모두 빈말이다. 속에 알이 든 것이 없기 때문에 말이 빈말이다.

왜 우리 자신의 비판을 좀더 아프게 하지 않나? 이북은 공포정치인지 모르나 이남은 부패정치다. 칼로 사람을 죽이는 것과 독가스로 죽이는 것이 무엇이 서로 다를까? 이북에는 잘못된 이념이나마 정치이념이 있다. 여기는 도대체 이념이 없는 정치 아닌가? 그것이 언론인의 죄 아니고 무엇일까?

이만했으면, 해방 후 열다섯 해가 지나는 동안, 6·25도 겪어 보고, 이 정권 독재 밑에 신음도 해 보고, 4·19도 치러 보고 새 정부라고 만들어 이만큼 어물어물도 해 봤으면, 이제는 이 민족이 어느만큼 무지무력(無知無力)한 것이 뻔히 드러났다.

이러므로 이것을 이대로 두고는 문제 해결의 희망이 없다. 살길을 열려거든 이때까지 오던 모든 길을 버리고 근본에서 새로 새 길을 시작하여야 할 것인데, 그 새 길을 찾는 것은 간디가 보여준 길을 따라가는 데 있다는 말이다.

간디의 길

간디의 길이란 어떤 것인가?

그와 그를 따르는 사람들이 스스로 부른 대로 그것은 '사탸그라하'다, 진리파지(眞理把持)다, 참을 지킴이다. 또 세상이 보통 일컫는 대로 비폭력운동이다. 사나운 힘을 쓰지 않음이다. 혹 무저항주의란 말을 쓰는 수 있으나 그것은 오해를 일으키기 쉬운 이름이다. 간디는 옳지 않은 것에 대해서 저항하지 말자는 것이 아니다. 반대로 그는 죽어도 저항을 해 싸우자는 주의다. 다만 폭력 곧 사나운 힘을 쓰지 말자는 주의다. 그러므로 자세히 말하면 비폭력 저항주의다.

그럼 폭력이 아니면 무슨 힘인가? 혼의 힘이다. 사람들이 그를 높이어 '마하트마' 곧 위대한 혼이라 부르는 것은 이 때문이다.

혼의 힘을 가지고 모든 폭력 곧 물력으로 되는 옳지 않음을 싸워 이기자는 것이다. 혼, 곧 '아트만'은 저(自我)의 힘을 드러냄이다. 간디는 자기의 몇십 년 정치 투쟁의 목적은 저를 드러냄, 곧 하나님께 이름에 있다고 하였다.

인도 사상으로 하면 '아트만'은 곧 '브라만'이다. 절대다. 하나님이다. 그러므로 저를 드러냄, 곧 하나님에까지 이름이라고 하는 것이다. 그러므로 간디의 길은 밖으로는 정치인 동시에 안으로는 종교 즉 믿음이다.

간디의 길은 참의 길이기 때문에 아무 꾀나 술책이 없다. 선동이나 선전도 없다. 비밀이 없다. 대도직여발(大道直如髮)이다. 지극히 단순하고 간단한 것이다.

그러므로 누구나 할 수 있는 것이 그 길이다.

그러나 반드시 대중으로 하는 데모도 아니다. 그것은 혼자서도 하는 싸움이다.

인도의 실례

간디를 배워야 한다는 첫째 이유는 우리와 인도의 사정이 비슷한 점이 많기 때문이다. 오늘 우리나라의 문제가 어려운 것은, 이것이 역사적으로 여러 백 년 긴 세월을 두고 지치고 병든 민족이라는 데 있다. 더는 몰라도 적어도 우리는 임진왜란 이래 고난의 길만 걸어온 백성이다. 8년이나 되는 그 참혹한 전쟁을 겪고 나서 그 상처가 회복되기 시작도 못해서 병자호란이 또 있었으므로 그것이 거의 치명적인 상처가 되었다. 그 후에도 내란이 끊일 날이 없다가, 또 양란, 일청, 일로 하는 전쟁을 연거푸 겪었으므로 민중이 건전한 살림을 할 여유가 없었다. 게다가 사회의 지배계급은 밖으로 발전할 아무런 희망이 없고, 빨아먹는 대상은 오직 나라 안에서 있었을 뿐이므로 아랫 백성의 참혹한 모양은 다른 어느 나라에서보다 더 심했고, 그 가운데서 구차하게 살기를 다투어오는 동안에 가지가지의 고약한 성격이 생겨 버렸다. 세계 어느 민족에게서도 볼 수 없는 우리나라 독특으로 있는 당파 싸움, 팔자 철학, 앞을 내다보아 큰 계획을 할 줄 모르고 아주 그만그만으로 지나가 버리는 버릇, 빼젓하지 못하고 구차한 생각, 용기가 없고 아주 비겁한 버릇, 크게 하나를 이루지 못하고 서로 시기하고 음해하는 버릇, 이런 모든 것들이다. 가난과 무지와 타락, 이 세 가지 불행은 하필 우리나라만 아니라 세계 어느 나라에 있어서도 아랫 백성에게 언제나 붙어 있는 것이지만, 우리나라는 그 누구보다도 더 심히 그렇다.

이 점에서 인도는 우리와 같았다. 독립을 잃고 오랫동안 다른 민족의 지배 아래 있는 동안 인도인은 지칠 대로 지쳐서 살자는 의욕을 거의 잃어버린 사람들이었다. 그런데 그 다 죽은 시체 같은 민족에 새 정신을 불어넣어 그것을 하나로 통일하여 그 힘으로 손에 바늘 하나 든 것 없이 순전히 정신의 힘으로 영국의 세력을 몰아낸 것이 간디다. 그러니 배울 만하지 않은가?

나는 어려서 듣던 수수께끼의 하나를 지금도 잊지 못한다. 그것은 이런 것이다. "되선이 망하리라" 하면, "그런들 그러리, 그런들 그러리" 하는 것이 뭐냐? 하는 것인데, 이것은 연자방아를 두고 한 소리다. 그것이 돌아갈 때에 그 중대와 방틀이 비비우며 나는 소리를 '되선이 망하리라'로 새겨들은 것이요, 그다음 쌀을 붓노라고 풍구를 돌리면 덜커덕덜커덕 하는 소리가 나는 것을 "그런들 그러리, 그런들 그러리"로 새겨들은 것이다. 어려서는 우습게, 재미있게 들었던 소리, 지금에 와 고요히 그 뜻을 생각하면 밤중에 옷깃이 젖는 기막힌 소리지만, 여기 우리의 역사, 철학이 들어 있고 민중의 시가 들어 있다. 그 속에는 낙망·원망·비관, 구차한 소망이 들어 있다. 그리고 이것은 오늘날도 우리 민중의 혈관 속에 흐르고 있다. 이러므로 일이 어려운 것이다. 이것을 뿌리에서부터 뽑기 전에는 새 나라를 기대할 수는 없을 것이다. 그리고 그것은 간디가 인도 민중에게 한 것 같은, 깊은 속의 혼을 불러내는 진리 운동이 아니고는 될 수 없을 것이다.

정치와 종교

그다음 또 간디를 배우자는 이유의 하나는 그에게 있어서는 정치와 종교가 하나로 잘 조화되어 있기 때문이다. 다시 말하면 그는 정치 문제를 종교적으로 해결했다. 그것이 옳은 길이다.

오늘만 아니라 어느 시대도 역사는 결국 정치와 종교의 싸움이라고 할 수 있지만 오늘날은 더구나 그러하다. 인류가 오늘 당하는 고민은 종교를 무시하고 모든 문제를 정치적으로만 해결하려 했던 결과로 오는 것이다.

본래 맨 처음에 있어서 종교와 정치는 하나였다. 몸과 혼이 하나로 되어 있는 것이 사람이라면 종교와 정치가 하나인 것도 당연한 일이다. 그러나 인간이 안팎으로 발달함에 따라 종교와 정치는 분립하게 되었다. 그러나 본래 하나인 것이 발달로 인해서 분립을 하게 되면 거기 유기적인 통일이 있는 것이 당연한 일이다. 그러나 실지의 역사에서는 그렇지 않아 매양 충돌이 있었다. 혹은 종교가 정치까지를 차지하려 하기도 하고 반대로 정치가 종교까지를 차지하려 하기도 했다. 그 어느 때에도 폐단이 생긴다. 먼저 것의 실례는 중세기의 가톨릭이요, 뒤에 것은 19세기의 제국주의에서 볼 수 있다.

과학이 발달하는 것을 따라 물질주의 인생관이 퍼져나갔고 한편 민족주의가 성해감을 따라, 그것이 한데 합하여 침략적 제국주의가 유행하게 되자, 종교는 그 사이에 있어서 나라 법의 공인을 얻는 반면 인심의 지배권을 아주 정치에 넘겨주고 순전히 저 세상만을 위하는, 현실을 피하는 종교로 되어 버렸다. 그 결과 인생관은 점점 천박한 것이 되어 버렸고, 마침내는 큰 규모의 살벌적인 전쟁, 학살을 아무것도 아닌 것으로 여기고 꺼림 없이 하는 세상이 되어 버렸다.

그렇게 한 결과가 이제 와서는 그 물질주의 문명은 그 스스로 문제를 해결할 수 없는 데 빠져 버렸다.

그리하여 오늘 사람의 고민은 정치와 종교가 완전히 서로 딴 것이 되어 조화할 수 없이 되어 자아의 분열을 일으킨 데 있다. 오늘의 세계의 문제는 곧 정치와 종교가 얼크러져 반대하는 데서 오는 것이다. 그런데 그 가운데 있어서 간디가 몇백 년 압박 정치에서 산송장이 된 2억의 인도사람을 다른 것 아닌 다만 단순한 가슴속에 있는 단순한 종교심에 호소하여 불러일으켜, 세계에서 가장 큰 제국이었던 대영제국에 반항하여 그 억누르는 힘을 물리치고 자유하는 나라의 기초를 닦았다는 것은 인류 역사에서 크게 주의할 만한 일이다.

앞날의 세계와 간디의 길

간디를 배워야 하는 까닭의 또 하나는 앞날의 세계를 위한 평화 운동에 있다. 이제 인류는 극도로 발달해가는 무기로 인하여 전쟁을 아주 그만두느냐, 그렇지 않으면 전체가 아주 망해 버리느냐 하는 위기에 이르렀다. 이제 사랑이니 사해동포(四海同胞)니 하는 말은 몇천 년 전 성인들이 그것을 부르짖던 때와 그 뜻이 같은 정도가 아니다. 이제 세계 평화는 이상이 아니고 눈앞에서 급한 실지 문제가 되었다. 그러므로 전쟁을 어떻게 없애느냐 하는 것은 모든 나라 모든 민족이 다 같이 가지는 가장 크고 급한 문제다. 아직까지 큰 나라라는 나라들이 각각 제 이익이라는 생각을 떠나지 못하여 밑지지 않으려는 생각 때문에 현재의 지위를 희생함이 없이 일치하는 점에 이를 수 있을까 하여 주저하고 있으나, 문제는 종래 별 수 없이 간디가 열어 논

길을 택하는 수밖에 별다른 길이 없을 것이다.

우리나라의 문제는 세계의 문제다. 지금 우리는 세계 역사의 일선이다. 우리만이 유독 남보다 어려운 문제를 짊어지는 것은 지나간 시대의 우리 잘못의 결과이기도 하지만, 지금 문제의 의미는 거기서만 그치지 않는다. 쓰레기를 버리는 것은 으슥한 장소이기 때문에 했겠지만 집 전체의 깨끗 여부는 먼저 그 쓰레기를 치우는 데 있다. 우리는 세계의 하수구라고 나는 언제부터 말하여 온다. 세계의 죄악의 찌꺼기가 몰려나가는 곳이 우리라는 이 나라다. 인류 전체가 살아나기 위하여 시급히 치워 버려야 하는 쓰레기가 우리 연약한 등에 지워진 것이다. 남의 쓰레기까지 맡게 된 것은 본래 우리가 우리 마당을 깨끗이 해 두지 못했던 탓이었겠지만, 이제 우리가 전체에 대하여 가지는 지위는 매우 크게 되었다. 6·25 전쟁은 무엇인가? 그 세계의 쓰레기를 모아다 버린 것 아닌가? 이제 우리야말로 불의의 값을 내 등에 짐으로써 나와 저를 같이 살리자는 간디의 정신이 필요하게 되었다.

이제 나와 너의 구별이 없는 하나의 세계가 되어가고 있다. 우리가 그 새 시대의 아들이 나오는 산문(産門)이다. 지나가려는 시대의 모든 죄악 모든 모순의 역사적 찌꺼기를 우리가 싫다 말고 다 받아서 내보내야만 또 옥 같은 아들이 우리에게 나올 수 있다.

옛 길 새 길

간디의 길은 결코 새 길이 아니다. 예로부터 있던 길이다. 고도(古道)다. 맨 처음부터 있는 길이다. 공자의 길이요, 석가의 길이요, 예수의 길이다. 그러므로 간디는 자기의 혁명은 곧 맨 처음의 원리에 돌아가는 것이라고 했다. 옛부터 있은 길, 누가 낸 것 아니요 저절로 있는 자연의 길, 하나님의 길이다. 그렇기 때문에 누구나 그로 말미암아야 한다는 것이요, 또 할 수 있다.

그러나 그것은 새 길이다. 전에 아무도 하지 못했던 새 길이다. 그러므로 오늘의 길이다. 이웃을 사랑하라, 자기희생을 하라 하는 말이 전에 없었던 것은 아니다. 그러나 그것을 감히 단체로서, 나라로서, 해 보려고 한 일은 없었다. 개인으로서는 아무리 고상한 도덕이라도 나라에 들어가면 문제가 달랐다. 자기희생이 개인으로는 다시없이 높은 도덕이나 그것을 국가적으로 하면 죄로 알았다. 그러나 지난날의 도덕·종교의 힘없는 원인이 바로 여기 있었다. 나라라는 이름 아래 얼마나 많은 죄가 행하여졌고 얼마나 많은 선이 말살당했으며 교회라, 하나님이라 하는 이름 아래 개인으로는 도저히 허락될 수 없는 살인이 아름다운 덕으로 찬양이 된 일이 얼마나 많았던가? 이 때문에 개인으로는 수많은 갸륵한 눈물을 흘리게 하는 도덕·종교가 사회적으로는 아주 힘없이 온 것이다. 이제 여기 이 큰 모순의 바위에 큰 쇠망치를 내린 것이 간디다. 인제 저가 수염도 한 대 없는 조그만 알몸에 개짐 하나만을 차고 '사탸그라하' 운동을 나섰을 때 깨진 것은 대영제국이 아니고, 이 큰 인류 역사의 모순의 경계선이었다. 이제 선에 개인과 단체의 차별이 없어졌다. 개인의 경우만 아니라 단체에 있어서도 생명은 내버림으로만 얻어진다는 것이 진리임이 증명되었다. 저 조그만 사람으로 인하여 지나간 날에 인류를 한없이 속여오던 나라요, 교회요 하는 단체라는 우상이 깨어지고 말았다. 진리 앞에 개인도 단체도 없다. 이것은 인류 역사만 아니라 우주 전체의 정신이 자라나는 역사에서 큰 한 걸음을 내킨 것이라 하지 않을 수 없다. 이 우상이 아직은 채 거꾸러지지 않았고, 그 때문에 우리도 이 고난의 짐을 지는 것이지만 그는 이미 치명상을 입었다. 우리가 완전히 해방이 되는 것은 시간문제일 뿐이다.

간디의 장례식에서 네루는 "이 앞으로 인류가 1천 년을 두고 생각할 일이라" 했다 하지만, 1천 년이 되겠는지, 2천 년이 되겠는지 모르나, 아무튼 인류 앞에 지금 놓여진 길은 간디가 열어 놓은 좁고 험한, 그러나 큰 이 참의 길, 평화의 길이다.

마하트마 간디의 도덕·정치사상 1

문명·정치·종교

차 례

• 일러두기 5
• 약어표기 7
• 옮긴이 머리말 9
• 엮은이 머리말 25
• 해설의 글 _ 마하트마 간디 (함석헌) 29
• 해설의 글 _ 간디의 길 (함석헌) 35

I 서문 55

II 자신과 자신의 사명에 대한 간디의 말 75

1. 자신에 대하여 75
2. 성자인가 정치가인가? 120
3. 나의 사명 126
4. 주의들 148

Ⅲ 영향과 읽은 책 157

1. 나라싱 메타 157
2. 신지학(神智學) 166
3. 바가바드 기타 175
4. 소크라테스와 소로 208
5. 러스킨 213
6. 마치니 216
7. 톨스토이 218
8. 나오로지 243
9. 고칼레 247
10. 라즈찬드라 265
11. 읽은 책 286
12. 독서와 반성 350

Ⅳ 힌드 스와라즈, 현대문명과 도덕적 진보 357

1. 힌드 스와라즈 357
2. 힌드 스와라즈에 대하여 469
3. 문 명 494
4. 동양과 서양 547
5. 현대문명 554
6. 도덕적 진보와 물질적 진보 590

Ⅴ 정치와 종교 611

1. 정치와 종교 611
2. 정치권력 652
3. 정치와 사회 669

Ⅵ 종 교 729

1. 종교, 신비주의와 사회 729
2. 영적인 스승과 종교전통 756
3. 종교적 관용과 평등 841
4. 기도와 헌신 876

Ⅶ 신 903

• 간디연보 943
• 용어해설 953
• 찾아보기 963
• 약력 979

제 2 권 차 례 진리와 비폭력

• 해설의 글 _ 간디의 참모습 (함석헌)

I 서 문

II 인간 본성,
완전성과 역사

1. 인간 본성
2. 심정, 이성과 신앙
3. 완전성
4. 역 사
5. 낙관주의

III 원리와 서약

1. 윤리적 종교
2. 도 덕
3. 원리들
4. 서 약
5. 자기개혁

IV 양심, 영웅적 행위
그리고 겸손

1. 양 심
2. 내면의 소리
3. 영웅적 행위
4. 겸 손

V 사 탸

1. 절대적 진리와 상대적 진리
2. 진리와 미
3. 진리와 사랑
4. 진리추구
5. 진실(*Truthfulness*)
6. 무외(無畏)

VI 아힘사

1. 아힘사 — 비폭력의 힘
2. 힘사 — 폭력과 강요
3. 사랑과 자선
4. 비폭력의 기초들
5. 비폭력 훈련
6. 비폭력의 범위
7. 전쟁과 평화

VII 아슈람

1. 아슈람
2. 아슈람 규율
3. 실용적 지혜

• 부록: 용감한 일본병사

제 3 권 차 례

비폭력 저항과 사회변혁

• 해설의 글 _ 현대사의 조명탄 간디 (함석헌)

I 서 문

II 사탸그라하

1. 수동적 저항
2. 사탸그라하와 그 범위
3. 시민불복종
4. 비협조
5. 보이콧
6. 파 업
7. 단 식
8. 건설적 프로그램

III 스와라즈

1. 자 유
2. 스와라즈의 이상과 목표
3. 제국주의
4. 국민회의
5. 헌법 제정

Ⅳ 스와데시

1. 스와데시의 원리
2. 교 육
3. 여 성

Ⅴ 사르보다야

1. 나중에 온 이 사람에게도
2. 사르보다야
3. 야즈냐와 희생
4. 아파리그라하와 무소유
5. 권리와 의무
6. 평등과 착취
7. 신 탁
8. 산업주의와 기계
9. 사회개혁
10. 사회주의와 공산주의
11. 국가 없는 사회를 향하여

I

서 문*

모한다스 카람찬드 간디는 편안히 앉아 마하트마(위대한 혼)라는 칭호를 받아들이기에는 너무나 겸손했고 동시대인들이 선뜻 이해하기에는 너무나 솔직했다. 그는 다른 사람들이 자신과 자신의 이념을 왜곡하고 지나치게 단순화하는 것을 평생 지켜봐 왔다. 그는 끈질기게 자신의 이상을 피력하고 부연 설명함으로써 관심을 기울이는 사람은 누구나 이해할 수 있도록 했다. 정치 방면에서 간디는 민중의 마음을 감동시켜 그들 자신에 대한 신뢰, 그리고 사회변혁에 대해서 그 자신이 가진 변함없는 비전에 대한 신뢰를 일깨우기 위해서 노력했다. 동시에 그는 끈기 있는 동화작용이나 용기 있는 실험보다 논쟁을 더 선호하는 호전적 판디트들을 회피할 수 있었다. 놀라운 자기 비평 능력을 통해서, 다른 사람들이 보이는 복합적인 반응으로부터의 자유를 통해서 그리고 핵심에 대한 확고부동한 태도를 통해서, 간디는 막강한 힘과 엄격한 도덕성을 길렀다. 때로는 성인으로 숭앙

* 이 '서문'은 엮은이 라가반 이예르(Raghavan Iyer)의 글이다.

되고 때로는 선동자라는 비난을 받으며 그는 너무도 엄청난 영향력을 행사했으므로, 그 영향력을 평가하기에 아직은 시기상조다. 이미 겪었을지도 모르지만, 간디는 스스로 피하고 싶었던 운명, 즉 자신이 안전거리 바깥에서는 당대의 명물로 여겨지면서도 일상에서는 무시당하는 그런 운명을 결국 피하지 못하고, 자기정복이라는 숭고한 이미지를, 즉 도전적이고 잊을 수 없는 이미지를 인류에게 남겼다. 이 기억은 앞으로 수세기 동안 역사의 회랑을 아름답게 장식할 것이며, 근대적 삶에 대한 자기만족을 뒤흔들고 근대적 삶이 갖고 있는 무언의 가정들을 문제 삼는 일에 장기간 기여할 것이다.

간디는 복잡다단하게 얽히고설킨 정치와 종교의 세계 안에서 자유로이 움직였다. 그는 가능한 세계의 한계에 대한 신성불가침의 도그마에 도전하며 단순한 해결책을 용감하게 탐색했다. 간디는 일찍이 현대문명의 음란한 매력을 경험한 덕택에 그 영향이 음험(陰險)하다는 점을 단박에 천명할 수 있었고 그것의 불가피성을 부인할 수 있었다. 그는 스토아적인 수수방관의 자세로 물러서기보다는 이 세상 안에 끈질기게 살아남으면서, 비록 불완전한 개인이라도 정치를 정화하기 위해서, 참종교를 예시하기 위해서 노력할 수 있다는 점을, 그리고 그렇게 함으로써 상실된 인간성의 의미를 회복할 수 있다는 점을 보여주었다. 그는 모든 개인 안에 내재된 최고의 가능성을 항상 강경하게 요구함으로써 인간 상호작용의 성격을 고양하고 그 품질을 높였다.

무심한 독자라면 간디 저서의 범위에 놀랄지도 모른다. 간디는 글의 힘을 알았다(그의 전집은 방대한 책 90권에 달한다). 하지만 그는 포괄적 논문을 쓰지 않았고 최종적 이론들을 창안하지도 않았으며, 보통 말하는 문어체의 연마를 거부했다. 그는 대단히 명징(明澄)한 사상가로서 언제나 인류의 도덕적 변모를 위해서 헌신한 행위자 곧 카르마 요긴[1] 이었다. 그는 스스로 "행위가 나의 영역이다. 그리고 내 빛에 따라서 나의 의무로 이해한 것, 그리고 내 길에서 만나게 된 것을 실천한다. 내 모든 행위는 봉사의 정신에서 비롯된다"라고 단언했다.[2]

사상가로서 간디는 엄격하기보다는 유연했다. 남아프리카에서 벌인 투쟁 초기에, 사상의 기초들을 닦았던 간디는 그의 파란만장한 삶에서 문제가 발생하는 데 따라서 그 사상의 다양한 응용법을 갈고 닦았다. 시중(時中, *occasion*)에 대한 탁월한 감각 그리고 혼이 간절히 원한다면, 그 혼이 필요로 하는 것은 신이 주실 것이라는 확신 아래, 간디는 자신의 선언들의 속도와 범위를 조절하기 위해서 투고자들의 질문, 연설 약속들, 그리고 일상사의 요구 사항들을 이용했다. 간디는 준비가 되어 있지 않으면 절대로 다음 발걸음을 떼서는 안 될 것이라고 확신하고, 스스로 납득(納得)하게 되면 메시아라는 외투를 전혀 걸치지 않고 민중을 지도하려고 했다. 그는 재촉당하거나 떠밀려 가려고 하지 않았다. 대신 그는 자신의 내적 목소리가 길을 보여주기를 기다렸고, 그 목소리가 침묵을 지킬 때에는 대규모 운동을 정지시킨 적도 종종 있었다. 한번은 많은 사람이 조언을 달라고 외치자, 간디는 "나는 어둠 가운데 빛을 보기를 노력하고 있다"[3] 라고 함으로써 그의 과묵을 간단히 설명했다. 그는 기회주의자가 아니지만 기회를 포착하는 데 과오가 없었고, 편의주의를 취하지는 않았지만 능력 있는 지도자로 봉사했다.

---

1 〔역주〕 카르마 요가의 수행자를 의미한다.

2 〈하리잔〉(*Harijan*) (이하 〈하리잔〉으로 표기), 1946. 3. 3.

3 〈암리타 바자르 파트리카〉(*Amrita Bazar Patrika*) (이하 〈암리타 바자르 파트리카〉로 표기), 1924. 11. 7.

남아프리카 변호사 시절의 간디 (1906)

간디는 영국에서 변호사 자격을 획득했다. 그 이후 남아프리카로 건너가 그곳에 이주한 인도인들이 백인 지배계층으로부터 받는 인종차별에 충격을 받아 인종차별 반대투쟁과 인권운동에 뛰어든다.

간디는 분파적 숭배자집단의 창시에 대해서 아주 혐오했다. 주로 그 때문에 그는 자신의 글이 지니는 의미를 과대평가하기보다는 오히려 과소평가하는 경향이 있었다. 그는 마하트마라는 칭호를 경멸했듯이 간디주의(*Gandhism*) 같은 관념이라면 어떤 것도 자기 것으로 인정하지 않았다. 간디는 그의 자서전 《나의 진리실험 이야기》가 자신에 대한 유일무이한 설명이라고 하면서도 독자들을 무심히 초대해서 자신을 비상하게 정직한 사람으로, 하지만 자기 일에 몰두하는 사람으로 생각하도록 만들었다. 간디는 자신을 개척자적인 사회 실험에서 불완전한 표본을 대상으로 삼아 미진한 실험실 연구를 하고 있는 윤리학자로 생각했다. 그는 비범하고 불가능해 보이는 기준을 스스로 제시함으로써 전진해나간 보통 사람이었음을 강조한다. 간디는 여러 차례 《나의 진리실험 이야기》를 자서전으로 쓴 것이 절대 아니라고 했다. 그것은 오히려 1920년대 교도소에서 쓴 그의 인생에 대한 일련의 짤막한 수기(手記)로서 출발했는데 나중에 책의 형태로 발간된 것이었다. 이들 단편은 그것들 자체로 본다면 매우 섬세한 인격을 그려내고 있다. 하지만 그의 생애 마지막 25년은 물론 다루고 있지 않다. 3권의 시리즈로 된 이 선집이 증명하듯이 사려 깊은 독자라면 간디의 폭 넓은 편지, 주요 연설 그리고 주간 평론을 참조하여 간디에 대한 더욱 완성된 안목을 얻을 수 있을 것이다.

간디의 도덕적 정치적 통찰은 일련의 일관된 개념들에서 성장해온 것이다. 그는 그것들이 지닌 뉘앙스를 60년이 넘도록 탐구했다. 간디가 내성의 인간이 아니라 행동인이라는 주장조차 오해를 낳을 수 있다. 간디는 내부에서 출발하여 외부를 향해서 일했다. 그는 매일 기도를 통해서 반복하여 '내적 목소리'와 의논하고 자신의 동기를 정밀하게 조사하면서 일반적인 결론에 도달했다. 그런 다음 다른 사람의 견해를 조심스럽게 고려하면서 행동 노선을 결정했다. 이와 같이 파악하기 어렵고 정의할 수 없는 과정—이것을 간디는 '마음 휘젓기'[4]로 불렀는데—자체는, 건설적인 생각과 시의 적절한 행위는 분리될 수 없다는 그의 불굴의 확신에서 나왔다. 행위의 기술(技術)이 사유를 분명하게 하고 수정할 수 있는 반면, 혼을 찾는 성찰은 행위를 정화할 수 있다. 간디는 더 큰 선이 눈에 보이지 않는 경우에도 그 선에 대해서 충직(忠直)해야 함을 강조했다. 또한 이때 신뢰에서 솟아나는 견인불발도 함께 강조했다. 그런 신앙을 유지하는 일이 간디에게는 진정한 박티(귀의)였다. 그는 큰 선에 대해서 신앙을 유지하는 것이 반드시 세속사에 있어서 우유부단하게 되거나 미숙하게 되는 것은 아님을 입증했다. 간디는 우리가 세심한 부분에 날카로운 관심을 기울이더라도 당장의 결과에 대해서는 무관심할 수 있음을 입증했다. 사람은 부동의 확신에 기초하여 자신 있게 생각을 가다듬을 수 있고 행동을 재조정할 수 있다. 간디에게, 그 기초는 영적 진리, 즉 강렬한 탐구와 깊은 명상을 통해서 얻어진 영적 진리, 사탸(*satya*)와 아힘사(*ahimsa*)에 대한 기초적 공약으로부터 발전된 기술(技術)을 통해서 얻어진 영적 진리, 그리고 자기가 선택한 서약과 희생적 행위에 대한 도덕적 헌신을 통해서 얻어진 영적 진리였다.

간디는 모든 사람들이 같다고 생각하지는 않았지만 하나의, 초월적 신성에서 비롯된 존재라고 열렬히 믿었다. 간디는 저 신성한 근원을 정의할 수 없음을 인정하고, 그 근원에 대한 가장 훌륭한 표현을 사탸 곧 진리 안에서 찾았다. 신이 진리이고 진리가 신이다. 모

4 〔역주〕 신들의 바닷물(우유)을 휘저어 감로수를 얻은 신화(*samudra manthana*)에 빗대어 하는 말. 신들은 그 감로수를 마심으로써 불멸의 존재가 되었다고 한다. 이 신화를 상기시켜 준 이재숙 선생께 감사드린다.

든 사람들은 진리의 일부를 알 수 있고 드러낼 수 있기 때문에 (그러지 않고서는 인간이 살아갈 수 없지만), 신적 존재에 참여한다. 사람이 이런 확신을 품게 되면, 그는 보편적 형제애를 인정하지 않을 수 없게 되고, 진정한 관용과 상호 존중, 그리고 부단한 예의범절을 통해서 그 형제애를 실천하려고 한다. 만일 진리가 신이라면 사람은 일정 수준만큼은 성실해야 한다. 사람은 일정 정도의 내면적 진리 없이 절대로 존재할 수 없기 때문이다. 각 개인은 개인 사이에 불일치를 인정하면서도 진리 안에서 성장할 수 있는 능력과 거룩한 의무를 향유한다.

간디는 자신이 혼신의 힘을 다해서 추구하는 인생의 목표가 신을 진리로 추구하고 신에게 봉사하는 일이라고 말할 수 있었는데, 이 말은 조금도 과장이 아니었다. 간디는 해탈(목샤, *moksha*) 곧 영적 자유를 얻으려고 갈망하면서 그것이 위대한 학문이나 설교로는 얻을 수 없고 오직 포기와 자기통제(타파스차르야, *tapascharya*)[5]를 통해서만 얻을 수 있다는 입장을 견지했다. 자기통제는 행위를 통해서 얻어질 수 있었고, 간디가 자신의 일생을 바친 그 행위의 길은 짓밟힌 인간에 대한 봉사였다. 인류에 대한 봉사만이 영적 해방에 필수적인, 무관심적 자기통제를 낳을 수 있다. 신과 인류를 사랑하는 자들(*theophilanthropists*)이 세속적인 희망과 공포로부터 자신들을 해방시키면서, 아힘사와 사탸그라하의 사심 없는 구현을 통해서 인류의 비참함을 개선할 수 있을 것으로 간디는 믿었다. 간디는 자유가 아나사크티(*anasakti*) 곧 사심 없는 봉사 안에 있다고 느꼈다. 세상에는 세속정치나 외부의 힘에 의존하는 원리들이 존재한다. 그러나 간디는 그런 원리들의 신봉자가 결

---

5 〔역주〕 tapas는 열을, charya는 행위를 각각 의미하고, 복합어로서 고행을 의미한다. 이하 tapascharya는 자기통제, 자제 또는 고행으로 번역한다.

코 될 수 없다고 확신했다. 정치가 없으면 사회사업조차 불가능하고, 정치적 사업은 반드시 사회적·도덕적 진보의 용어로 판단되어야 한다. 그 진보는 이번에는 영적 갱생으로부터 분리될 수 없다.

간디는 문명이 도덕의 수월성(秀越性)을 돕는 것이며, 개인과 사회를 진리와 비폭력으로 다가가게 하는 것이라고 보았다. 참된 문명은 자아실현을 돕고 보편적 형제애를 기른다. 간디는 현대문명을 공공연히 비난했다. 그것이 혼을 키우는 수단이 되기보다는 오히려 그것 자체가 목적으로 간주되고 있다고 느꼈기 때문이다. 현대문명이 자랑하는 지적·기술적 업적들은 문명을 도덕적 복리에 대한 진정한 관심으로부터 철저하게 일탈시킨다. 그러한 문명 내부에 있는 '주의(主義)들'과 사회구조, 과학, 기계는 그 자체로 악은 아니지만, 현대문명에 널리 퍼져 있는 부패의 확산에 능동적으로 참여한다. 다만 참된 문명에서는 그것들 중 많은 것이 존재하지 않을 것이다. 현대문명은 소크라테스적 의미에서 병을 앓고 있다. 그것이 혼을 가리고 진리를 엄폐하기 때문이다. 톨스토이도 그렇게 생각했듯이 그것은 자유를 가장한 속박이다.

간디는 지구가 인간의 필요를 감당할 만큼 넉넉한 자원을 갖고 있지만 인간의 탐욕을 감당할 수는 없다고 주장했다. 그래서 그는 전 세계의 모든 곳에 사는 사람들이 보다 널리 부를 공유한다면, 모든 남녀노소가 적절히 먹을 수 있고, 편안하게 옷을 입고 거주할 수 있다고 생각했다. 간디는 자본주의의 만족할 줄 모르는 소유욕과 공산주의의 기계적 유물론을 함께 경멸하면서 현대문명의 토대 자체를 비난했다. 참된 정중한 행위(*civility*)[6]에 대한 간디의 관념에는, 영적·사회적 책무의 의미가 자연적 상호의존이라는 자발적 의미와 혼

---

6 〔역주〕 문명으로 번역할 수도 있다.

융되어 있다. 간디는 나아가서 사회제도와 정치 행위들이 결코 도덕에서 면제된 것이 아니라는 신념, 18세기 이래 줄기차게 침식당해온 이 신념을 받들었다. 간디는 사회제도가 개인의 심성을 형성하는 도덕적 가치의 가시적 표현이라고 느꼈기 때문이다. 따라서 먼저 그 도덕적 가치에 영향을 주지 않고서 제도를 바꾸는 것은 불가능하다. 현대문명은 여러 악이 얽히고설킨 복합적 조직체이므로, 그 체계 안에서 부분적이지만 점진적으로 개혁하고자 하는 어떤 계획도 항구적 치유책이 되지 못할 것이다. 간디는 사람이 아니라 체제를 파괴하기를 시도했다. 하지만 그는 개혁자들 스스로 혼을 상실하지 않으면서 '혼 없는 체제'를 파괴해야 한다고 주장했다.

간디는 부정(不正, *wrongs*)은 거부하면서도 부정을 저지른 자(*wrongdoers*)에게 욕설을 퍼붓지 않아야 한다고 믿었다. 따라서 간디는 인도에서 영국인이 저지른 실수 또는 범죄 행위에 대해서조차 영국인을 비난할 마음이 없었다. 그들 역시 상업적 문명의 불운한 희생자였다고 느꼈기 때문이다. 《힌드 스와라즈》의 주제는 현대문명이 가진 도덕의 부적합성과 사치스런 자만뿐 아니라 현대문명의 반역적이고 기만적인 자기파괴성이었다. 그는 "이 문명은 반종교이다", "그것이 유럽인을 사로잡고 있으며 그 안에 있는 자들은 반미치광이로 보인다"라고 하는 결론을 내렸다.[7] 하지만 그는 "인도의 불행에 책임이 있는 자는 영국인들이 아니라 현대문명에 굴종하고 있는 우리(*we*)"라고 덧붙였다.[8] 간디에게 있어서 깡패는 위선적 물질주의이고, 재판관은 집단 환각으로부터 자신을 자유롭게 한 자이고, 형 집행자는 우주를 통해서 반드시 평형을 이루고야마는 도덕법칙(카르마)이다.[9]

---

7 《힌드 스와라즈》 4장.

8 《힌드 스와라즈》의 구자라트어 판의 서문(1914. 5).

간디는 인류에 대한 자신의 느낌을 그저 뒷짐 지고 편하게 보존하기만 하지는 않았다. 그는 가난과 더러움을 직접 체험함으로써 깨달았다. 기아선상에서 살아가는 사람들에게 발견되는 절망적인 폭력도 알았다. 하지만 그는 힘차고 분명한 권위를 갖고서 인도의 농민을 여전히 칭송할 수 있었다.

> 당신이 그들에게 말을 건네고 그들이 말하기 시작하는 순간 당신은 그들의 입술에서 떨어지는 지혜를 발견할 것이다. 거친 표면 아래에서 당신은 영성의 풍부한 저수지를 발견할 것이다. … 인도 촌민들의 경우 조야한 껍질 아래 오래된 문화가 숨어 있다. 껍질을 제거하고 만성적 빈곤과 문맹을 없애 버려라. 그렇게 하면 당신은 문화의 자유 시민, 교양 있는 자유 시민이 취해야 할 모습 중 가장 세련된 표본을 갖게 된다.[10]

당대의 문명을 변혁하려는 간디의 열망은 그의 정치사상과 정치행위 안에 반영되어 있다. 문명이 그 자체로 목적이 아니듯이 정치 또한 그 자체로 목적이 아니다. 간디는 인도 전통을 불러내어 종교와 정치를 나눈 근대의 이분법을 거부했다. 하지만 간디는 '국가존재이유'(*raison d'état*)라는 관념을 완전히 없애는 일과 정치의 부패 성향에 맞서기를 희망하는 일에 있어서, 대다수의 인도 고대사상가들보다 더 멀리 나갔다. 모든 사람들이 일체의 요구를 내버리고 이상적 세계공동체의 '계몽된 무정부 상태'(*the enlightened anarchy*)를 실현하기를 원한다고 하더라도, 사람들의 관점·필요·욕구가 서로 다르기

---

9 더 상세한 점은 Iyer, Raghavan N., 《마하트마 간디의 도덕·정치사상》(*The Moral and Political Thought of Mahatma Gandhi*, Oxford University Press, 1973)의 2장, 3장을 볼 것.

10 〈하리잔〉, 1939. 1. 28.

때문에 정치는 필수적일 것이다. 그래서 간디는 우리가 정치를 간단히 배제할 수 없다는 점을 인정하고, 정치의 최고 원리가 강제적 권력이나 조작적 권력이 아니라 도덕적 사회적 진보라는 점을 보여줌으로써 정치의 정화를 추구했다.

간디는 국가와 사회에 대한 집단주의적 이론들을 거부했다. 그는 오직 개인만이 양심을, 즉 도덕적으로 정당한 힘을 행사할 수 있다고 논했다. 간디는 자신이 정치적 공직을 맡는 일, 그리고 정치적 공직을 맡은 동지들을 지지하는 일을 거부하고, 권력을 가족과 공동체 차원의 사회적 행위에서 나오는 부산물로 보았다. 그는 사탸그라하를 통해서 가정생활의 규칙을 정치 영역에까지 확장함으로써 종교적 가치를 정치 안에 도입하려고 했다. 그는 인류가 기초적 연속성을 지킬 수 있었던 것은 가정에서 혼의 힘을 희생적으로 행사한 덕택이라고 여겼으며, 동일한 힘이 보다 넓은 삶의 영역 안에 자각적으로 유지될 수 있다는 점을 확신했다. 사탸그라히(진리파지자) 곧 진리를 맹세한 개인이 정당하게 행사할 수 있는 유일한 힘은, 타인의 과오가 주는 고통을, 그리고 만인의 복지를 위한 고통을 감수할 수 있는 능력이다. 만인에는 가족·국가·세계가 모두 포함된다.

따라서 개인은 언제나 그 자신이 목적으로 대접받아야 하고, 사회제도는 언제나 더 큰 목적을 위한 수단으로 간주되어야 하고 교정 가능한 것이어야 한다. 사탸그라히가 사회 정의를 위해서 굳건히 서서 건설적 변화를 시작할 수 있으려면 정치에서 능동적이어야 한다. 그렇게 할 수 없을 경우에는 비협조를 실행해야 한다. 사람은 직접 고칠 수 없는 악에 대해서 최소한 동참하기를 거부할 수는 있다. 사탸그라히 자신이 전에 생각했던 것보다 더 많이 고칠 수 있음을 곧 발견한다고 해도 말이다. 간디는 이해(利害)가 충돌할 수 있음을 인정했다. 오히려 그 충돌에서 오는 힘사(폭력)를 완전히 제거하지는 못하지만 제한함으로써 그런 충돌을 해소할 수 있도록 아힘사를 전개했다. 간디는 한 걸음 더 나아가 권력정치에 내재해 있는 소모적 탐욕에 의해서 오염되지 않기를 바라는 모든 사회적·정치적 활동가들에게, 필수적 선결 요건으로서 자발적 가난을 권장했다. 그는 심지어 소유가 반(反)사회적이라고 주장했다. 그리고 정신적으로 소유를 포기했다는 진지한 망상 아래 실제 그것을 계속 소유하는 것으로는 불충분하다고 주장했다. 소유물은 그것을 필요로 하는 사람들의 처분에 맡겨야 한다고 믿었다. 더구나 공동체가 필수적 수요를 공급해줄 것이라고 믿었던 사람들은 참된 자유를 누릴 수 있게 되었다.

간디는 삶의 근원적 통일을 굳게 믿으면서 공적 영역과 사적 영역, 세속과 성(聖)(*secular and sacred*), 그리고 궁극적으로 정치와 종교 사이에 어떤 구획도 거부했다. 간디에게 종교는 영적 약속이다. 이 약속은 전면적인 것이지만 대단히 개인적인 것이며 삶의 모든 면을 파고드는 것이다. 간디는 신념보다 종교적 가치에 항상 더 많은 관심을 기울였다. 그는 공인된 도그마들에 대해서 형식적인 충성을 바치기보다는, 모든 종교가 공유한다고 보는 근본적 윤리에 더 관심이 있었다. 그 도그마들은 종교적 경험을 돕기보다는 오히려 방해하는 것이었기 때문이다. 그는 종교를 어떤 종류의 분파주의와 관련맺는 것을 단연코 거부했다. '주의'는 미성숙한 자들에게만 매력이 있다고 생각했다. 간디는 종교를 통해서 진리 자체 이외에 그 어떤 것도 추구하지 않았다. 그의 비전에서 각 혼은 신성의 바다에서 진흙탕 안으로 떨어진 물방울 하나를 닮고 있다. 신과의 동족성(同族性, *consanguinity*)을 경험하기 위해서, 개개의 혼은 혼에서 진흙을 제거해야 한다. 모든 참종교는 그 교리, 가정(假定) 또는 실천들이 무엇이든지 간에, 자기갱생이라는 희망을 현양(顯揚)하고 있다. 따라서 간디는 모든 참종교는 동등한 것이라고 평가했다. 사람들은 자신의 카르마 아래에서 특정 신앙 안에 태어난다. 간디는 탐구자들에게 신앙의 참의미를 발견하라고 정기적으로 충고했다. 하지만 진리를 서약한 구도자는 다른 사람들을 개종시키려는 행위를 금해야 한다. 그는 차라리 다른 사람들에게 그들 자신의 신앙이 주장하는 내외적 실천을 고양시킬 것을 격려해야 한다. 특정 전통, 특정인이 무한한 진리를 받아들이는 유일한 그릇이 될 수 없기 때문에, 상이한 종교들과 분파들이 발생하는 법이다.

간디는 자신이 마음으로는 기독교도·자이나교도·이슬람교도·불교도임을 인정하면서도 자신의 종교를 수용하는 일에 아무 어려움이 없었다. 특정 종교의 경전이 다른 종교 경전보다 한 개인에게 더 직접적으로 말할 수는 있다. 하지만 그 사실이 기독교의 성경을 받아들이면 회교의 《코란》을 거부해야 하는 이유는 될 수 없다고 생각했다. 《바가바드 기타》는 간디의 '영적 사전'이었다.[11] 하지만 그가 《기타》에 부단히 의지했다고 해서 다른 종교의 경전을 부정한 것은 아니다. 그는 《바가바드 기타》가 인도 전통에서 가장 접근하기 쉬운 경전이라고 생각했다. 《기타》는 신이 완전한 진리를 대표한다는 점에서, 그리고 불완전한 인간이 자신의 길이 무엇이든 그 길이 요청하는 계율을 따를 수 있고 신에게 가까이 갈 수 있다는 점을 확인해준다는 점에서 보편적 적용성을 지닌다. 간디는 지속적인 도움이 오직 내부에서, 즉 타파스차르야(고행)를 통해서 배운 것에서만 올 수

---

11 〔원주〕《기타용어해설집》(*Gitapadarthakosha*) 서문(〈하리잔반두〉(*Harijanbandhu*), 1936. 10. 25). (이하 〈하리잔반두〉로 표기). 〔역주〕 직역하면 《하리잔 형제들》이 된다.

있음을 느꼈다.

간디는 개인이 도덕적으로 사회적으로 그리고 영적으로 성숙하듯이 종교와 종교적 개념들도 인간의 경험을 통해서 성장한다고 보았다. 시간 안의 어떤 종교도 완전하다고 주장할 수 없고 어떤 공식화도 최종적일 수 없다. 그래서 간디는 힌두교의 분파적 불일치와 독단론을 자유롭게 비판하면서도, 힌두교가 자이나교와 불교를 포함한다고 말할 수 있었다. 조금도 생색내지 않으면서 말이다. 간디는 이슬람교도의 형제애를 찬양하였지만 일부 무슬림[12] 광신자들의 완고함을 공공연히 비난했다. 그는 기독교를 '박티 요가의 불타는 길'로서 현양하고, 산상수훈을 그 모범으로 현양했지만 대부분의 신학은 물리쳤다. 그 신학이란 것이 진정 명심해야 할 것과 실천되어야 할 것을 부당하게 설명하고 마는 경향이 있기 때문이었다. 간디는 붓다의 메시지에 비춰서 힌두교의 가치를 근본적으로 재해석했는데, 그의 재해석은 초기 불교 개혁이 퇴폐적인 인도에 끼친 윤리적 영향에 대한 때늦은 대응이긴 하지만 건설적인 것이었다.

이런 신념들이 옳다면 종교에는 궁극적으로 사제가 없을 것이다. 인간의 본성에 기도할 수 있는 능력이 내재해 있기 때문이다. 간디에게 기도와 철저한 귀의(박티)는 일종의 탄원이다. 가장 고귀하고 가장 순결한 탄원은 내면적 인간의 존재가 외부로 표현되어야 한다. 즉, 사람의 신구의(身口意)가 진리나 비폭력이라는 혼의 고갱이를 항상 좀 더 완전하게 표현해야 한다는 것이다. 사유에 진리가 있듯이 기도에는 신이 있다. 하지만 모든 제한된 개념을 초월하는 신과 진리는 이기적 간청을 용납할 수 없다. 기도는 설명할 수 없는 본성, 인간의 가장

12 〔역주〕 무슬림도 이슬람교도를 의미한다. 무슬림을 이슬람교도로 통일하지 않고 그대로 두기도 했다.

내밀한 본성으로 향하는 탄원이며, 자신의 존재와 힘의 원천이고, 자신의 능동적 삶의 시금석이다. 정치와 종교가 이론과 실천 사이의 간극을 메우려고 노력해야 하듯이, 기도 또한 인간의 참존재와 자신이 드러난 외면 사이의 골을 메워야 한다.

간디는 모든 종교들, 영적인 개조(開祖)들, 모범들에 대해서 심심한 존경을 표했지만, 이것들 중 어디에도 어떤 사람에게도 지고의 신적 완전성을 부여하기를 자제했다. 이런 태도는 신성에 대한 그의 관념에서 나왔다. 신은 어떤 인간에게도 낯설지 않다. 심지어 자신을 자신의 원천에서 떼어낼 위험에 직면한 무신론자에게조차 낯설지 않다. "신을 부정하는 일은 자살하는 것과 같다"고 간디는 믿었다.[13] 신적 존재가 각 개인 안에 양도할 수 없는 진리의 핵(核)으로서 반영되므로, 신은 가능한 인간 사유의 숫자만큼이나 많은 형상과 공식으로 나타날 것이다. 적어도 개인의 수만큼이나 많은, 신에 대한 정의가 존재하지만 신은 이 모든 것을 초월한다. 신은 이성과 상상의 경계를 넘어선 존재이므로 설명할 수도 묘사할 수도 없는 존재이며 형상도 특성도 없다. 간디는 신적 존재를 표현하는 데 사용되는—자신이 만든 공식까지 포함한—개념들과 이미지들이 엄청난 진리들이긴 하지만, 부분적 진리들의 편린으로부터 도출된 것에 불과하다고 여겼다. 이 이미지들은 보조 도구로 인간의 성장을 도울 수도 있다. 하지만 그것들은 도그마로서 분파주의와 폭력을 낳는 일이 많다. 그 이미지들은 보조로서 의무와 무집착(다르마와 바이라그야(*vairagya*))의 보편 종교를 양성할 수 있지만, 도그마로서는 권리와 특권들에 대한 모진 주장을 강화하는 경향이 있다. 간디에

13 《마하데브바이니 일기》(*Mahadevbhaini Diary*) (이하 《마하데브바이니 일기》) 권 1, 82면.

게 신에 대한 모든 개념들은 진리에 봉사하는 데 사용되어야 하는 방편에 불과하다.

간디는 그의 이념들과 이상들이 그것들이 갖고 있는 내재적 단순성 때문에 구체적으로 실현되기가 어렵다는 점을 알았다. 따라서 그는 그에게 조언을 구하는 모든 사람들에게 그것들을 분명히 설명하고 예증을 보여줄 수밖에 없음을 인정했다. 그렇게 하면 다른 사람들은 타파스를 통해서 이념과 이상을 흡수하고 자신들의 경우에 응용해야 할 것이다. 각각의 혼 안에는 영웅과 깡패가 서로 겨루고 있다. 도덕적으로 민감한 개인은 확고부동·인욕·온유·성숙으로 자기기만을 간파하는 것을 배워야만 한다. 그는 악을 발본색원(拔本塞源)하기 전에는 내적 빛이 엄폐되어 있음을 알아야 한다. 결과적으로 "강렬한 영성을 가진 사람은 말 한 마디 몸짓 하나 없어도 그를 본 적도 없고 그가 본 적도 없는 수백만 명의 마음을 감동시킬 수 있다."[14] 인간은 명상을 통해서 순수 사유의 지평을 얻을 수 있는데, 그 지평에서는 사유가 일차적이고 가장 강력한 행위가 된다. 간디는 이와 같이 확신대로 살아가는 길이 이루 형언(形言)할 수 없는 내적 희열뿐 아니라 희생적 고통을 가져다줄 것이라는 점을 확언했다.

1947년 78회째 생일, 간디 지지자들은 후하고 애정 어린 인사말을 그에게 쏟아부었다. 그때 간디는 최근 독립하여 급하게 분할된 조국의 폭력과 고통에 대해서만 생각하고 있었다.

> 나는 신의 목적이 나를 통해서만 성취될 수 있을 것이라고 생각할 만큼 허영심이 강한 사람은 아닙니다. 십중팔구 그것을 수행하기 위해서 더 적합한 연장이 사용될 것이고, 나는 강국이 아니라 약소국을

---

14 〈영 인디아〉(*Young India*) (이하 〈영 인디아〉로 표기), 1928. 3. 22.

대표하는 일에 더 어울렸을 것입니다. 더 순수하고 더 용기가 있고 더 멀리 내다보는 통찰력이 있는 자가 있다면 그가 신의 최종 목적을 위해서 필요하지 않을까요? 내 의지는 신의 의지에 대해서 완전한 복종의 상태가 되어 있어야 합니다. … 내가 125세까지 살고 싶은 소망을 주제넘게 공개적으로 선언할 수 있었다면, 나는 달라진 상황 아래에서 그 소망을 공개적으로 버리는 겸손도 있어야 합니다. … 그 상태에서 나는 야만인이 되어 버린 인간 — 그가 무슬림이든 힌두교도든 또는 그 누구든 — 에 의한 대량살육을 속수무책으로 지켜봐야 하는 증인이 되기보다는, '눈물의 골짜기'에서 나를 데려가 달라고 만물을 감싸는 힘에게 도와주십사 하고 기도하고 있습니다. 하지만 나는 울부짖습니다. '나의 의지가 아니라 당신의 의지만이 지배할 것이라고.'[15]

간디는 누구든 서약을 지킨다면 그의 행위를 삶의 바퀴에 있는 부동의 중심에 맞출 수 있다고 생각했다. 하지만 그 사람은 먼저 마음의 모든 일상적인 변덕 속에서 마음을 통제하는 강력한 수단을 수용해서, 자신의 모든 생각을 관찰하고 심지어 선택해야 한다. 이런 방식에 의해서만 사람은 일편단심이 될 수 있고 자기 자신의 다르마 영역 안에 신념들을 구체화할 수 있다. 간디는 의도에 몰두함으로써 양심이 살아가는 것이 아니라, 행위의 올바름에 대해서 배려함으로써 양심이 살아간다고 느꼈다. 간디는 의도적으로 개인의 영적 해방에서 만인의 집단적 이익으로 그 강조점을 옮겼다.

간디의 근본적 확신들은 원대한 차원을 포괄하는 세계관을 이루지만 그 확신들은 증명될 수 없다. "진리는 그 자체가 증거이고, 비폭력은 그 진리가 낳는 지고의 열매이기" 때문이다.[16] 그러나 이러한 이

15 D. G. Tendulkar, 《마하트마》(*Mahatma*) 권 8, 144~145면.

16 〈나바지반〉(*Navajivan*) (이하 〈나바지반〉으로 표기), 1925. 10. 11.

상들이 세상의 칭찬을 겨냥해서가 아니라 혼의 지지를 겨냥하여 성실과 겸손으로 실천된다면, 그것들은 스스로 확증될 것임을, 고통스럽지만 확실하게 영적 자유와 극기라는 희열의 경지로 그 개인이 점차 성숙하도록 도울 것임을 간디는 전혀 의심하지 않았다. 간디가 암살자의 총알을 맞은 후 용서의 마지막 몸짓을 하며 '헤이 람, 헤이 람'[17] 하고 속삭였다는 것은 장엄한 일이지만 놀랄 만한 일은 아니다.

간디는 영감을 받은 예언자로 간주되기를 원치 않았다. 그의 형이상학적 전제들은 일체의 신분 차별을 인정하지 않는 인간 유대에 대한 그의 천진한 신앙을 심화했을 뿐이다. 간디는 자신을 자신의 엄격한 이념들의 다소 무가치한 모범으로 간주하는 태도를 집요하게 견지했다. 그런데도 간디는 엄청난 의지력을 발휘하여서, 형이상학과 행위, 이론과 실천을 결합하려는 모든 시도 안에 있는 해방과 변화의 힘을 서약에 대한 평생의 충성을 통해서 증명했다. 간디가 암살되기 수개월 전, 소금행진[18]에서 지도적 역할을 맡았던 여성 시인 사로지니 나이두는 20세기의 맥락에서 간디라는 수수께끼의 일부를 다음과 같이 포착하려고 했다.

> 간디는 그리스도와 함께 사랑이 율법의 완성이란 위대한 복음을 공유했다. 그는 위대한 마호메트와 함께 인류의 형제애, 인류의 평등과 일치를 공유했다. 그는 붓다와 더불어 인생의 의무란 자기를 추구하는 것이 아니라, 어떤 희생을 감수하고서라도 진리를 추구하는 것이라는 위대한 복음을 나눠 가졌다. 그는 세계의 위대한 시인들과

---

17 〔역주〕 번역하면 "오, 신이시여, 오, 신이시여"가 될 것이다.

18 〔역주〕 과도한 소금세에 고통받는 농민을 위해서 1930년 78명의 협력자와 함께 아슈람에서 단디에 이르는 400㎞를 행진한 비폭력 시민불복종운동. 요게시 차다, 정영목 역, 《마하트마 간디》, 한길사, 2001, 514면 이하 참조.

간디와 사로지니 나이두(1931)

간디와 사로지니 나이두(오른쪽)가 런던에서 함께한 모습.
뒤쪽으로 마하데브 데사이와 미라벤의 모습도 보인다.

더불어 인간의 미래는 위대하고, 그것은 결코 파괴되지 않을 것이라는 황홀한 비전, 모든 죄악은 스스로 파멸할 것이지만 사랑과 인간성은 반드시 견뎌 나가고 성장하다가 별들에 도달할 것이라는 황홀한 비전을 공유했다. 따라서 오늘 전쟁과 증오로 망해 버린 깨진 세계, 새 문명을 추구하려는 깨진 세계가 마하트마 간디의 이름에 영광을 돌린다.

간디는 자기 자신 안에서 무(無)이다. 그보다 위대한 학자들이 있다. 부와 권력을 가진 사람들, 그리고 유명한 사람들이 있다. 하지만 그 누가 간디 안에 모셔져 있는 도덕적 자질들 — 불굴의 용기, 무적의 신앙, 그리고 전 세계를 감싸 안는 자비 — 을 하나의 연약한 육신 안에 결합하고 있을까? 인류에 대한 이와 같은 초월적 사랑은 인종의 한계와 국가의 경계를 뛰어넘어, 빛나는 태양처럼 만인에게 한결같이 풍부한 사랑 · 이해 · 봉사를 바친다. 매일매일 — 오늘과 어제, 그리고 내일 — 우리는 우리 자신의 시대에 간디라는 기적에 대해서 똑같은 얘기를 한다.

누가 말했던가, 기적의 시대는 지나갔다고? 우리 가운데 육화된(*embodied*) 기적을 보여주는 이와 같은 탁월한 예증이 있는데 기적의 시대가 어떻게 지나가 버렸겠는가? … 그는 다른 사람처럼 태어났고 다른 사람처럼 죽을 것이다. 그러나 그들과 달리 그가 천명했던 다음과 같은 아름다운 복음을 통해서 살아남을 것이다. 증오는 증오로 이길 수 없다, 검은 검으로 정복할 수 없다, 힘은 약자와 넘어진 자 위에 행사되어서는 안 된다, 이 세상에서 힘에 대한 가장 역동적이고 가장 창조적인 복음인 비폭력의 복음이 새 문명, 앞으로 건설되어야 할 새 문명의 유일하고 참된 토대이다, 라는 복음을 통해서 말이다.[19]

19 D. G. Tendulkar, 《마하트마》 권 8, 144면.

II

자신과 자신의 사명에 대한 간디의 말

1. 자신에 대하여

1) 성자의 황색 가사(袈裟) 〔*1921. 1. 19*〕

저는 힌두교 사두(*sadhu*: 성자)[1]를 한번 만나 보기를 늘 학수고대해왔습니다. 저는 하르드와르 시 쿰브멜라 축제[2]를 참관했을 때, 제 마음에 기쁨을 줄 만한 사두 한 분을 찾기 위해서 아카다(*akhada*)[3]로 불리는 사두의 집회소란 집회소는 모두 들어가 보았습니다. 저는 어느 정도 명성 있는 사두를 죄다 만나 보았지만, 실망했다고 말씀드리지 않을 수 없습니다. 저는 사두가 인도의 영예이고, 이 나라가 살아 있는 한 이 나라는 그들에게 감사할 것이라는 점을 확신합니다. 하지만 저는 오늘날 사두에게서 좋은 점을 거의 찾아볼 수 없습니다.

1 〔역주〕 통상 '성자'로 번역된다. 어원으로 보면 사다나(*sadhana*)를 실천하는 자를 의미하고, 힌두교 성자를 가리킨다. 사다나는 수행 또는 성취를 의미하므로, 사두를 순 우리식으로 하면 도인이라고 옮겨도 무방할 것이다.

하르드와르에서 마지막 날, 저는 이 나라의 사두가 참된 사두가 되기 위해서 제가 할 수 있는 일이 무엇인가를 생각하느라 그날 밤을 고스란히 새웠습니다. 결국 저는 엄중한 서약을 했습니다.[4] 그것이 무엇인지를 말씀드릴 수는 없습니다만, 많은 사람이 지키기 어려울 것이라고 믿었습니다. 저는 신의 은총으로 여태 그것을 깨지 않고 지켜왔습니다.

어떤 친구들은 제가 반드시 산야시(*sannyasi* : 포기자 또는 放棄者)[5]가 되어야 한다고 저에게 제안한 바 있습니다. 하지만 저는 산야시가 되

---

2 〔원주〕 간디는 1915년 축제를 참관하고, 순례자들을 위한 봉사단에 가담했다. 〔역주〕 하르드와르는 인도 북부 우타르프라데슈 주 사하란푸르 행정구에 있는 도시로 갠지스강 연안에 있다. 고대부터 있던 도시로 현재 인도에서 가장 신성한 힌두교 순례지의 하나이다. 이 도시에서 쿰브멜라는 12년에 한 번씩 열린다. 쿰브멜라는 가장 큰 힌두교 순례축제이자 강변의 종교축제로 12년마다 4번씩 열리는데 갠지스강의 하르드와르, 시프라강의 웃자인, 고다바리강의 나시크, 그리고 갠지스강, 야무나강, 사라스와티강이 만나는 알라하바드에서 돌아가며 열린다. 쿰브멜라 기간에 이들 강에서 목욕하는 것은 육체와 혼을 정화시키는 공덕이 큰 행위로 알려져 수백만 명이 모여든다. 7세기 인도를 여행했던 중국의 승려 현장이 축제에 자선금을 내곤 했던 황제 하르샤바르다나와 함께 알라하바드 쿰브멜라에 참석했다는 기록이 있다. 샹카라는 인도의 동서남북 4곳에 4개의 사원을 건립하여 사두들에게 서로 견해를 교환하러 쿰브멜라에 모이도록 권장했다. 푸라나에서는 쿰브멜라에 대해서 다음과 같이 설명하고 있다. 신들과 악마들이 함께 유해(乳海)를 휘저어 찾아낸 신비한 영약인 암리타가 들어 있는 항아리(*kumbha*)를 서로 갖겠다고 싸웠는데, 싸우는 동안에 약물 방울이 지구상의 4곳에 떨어졌으며, 이곳이 쿰브멜라가 열리는 네 지점이라고 한다. 이 축제의 특징인 풍요의 제전으로서의 측면은 상서로운 축제 기간에 곡물 항아리를 강물 속에 담갔다가 꺼내는 전통, 과거에 행해졌다고 하는 전통 속에서도 분명하게 드러난다. 신성하게 된 이러한 곡식은 풍성한 수확을 위해서 뒤에 다른 곡물과 함께 파종되었다. 《브리태니커 CD EX 백과사전》(한국브리태니커, 2002) 참조. 샹카라에 대해서는 주 11을 참조.

3 특정 유파의 사두 중심지.

4 오직 다섯 종류의 음식만을 먹기로 한 것.

지 않았습니다. 그때 제 양심이 산야시의 길로 나가는 것을 허락하지 않았는데, 오늘도 허락할 수 없기는 마찬가지입니다. 제가 산야시가 될 수 없는 이유가, 쾌락에 대한 애착 때문이라고 여러분이 믿지 않으시리라고 저는 확신하고 있습니다. 쾌락에 대한 욕망을 정복하기 위해서 제 나름대로 최선을 다해서 노력하고 있습니다. 하지만 제가 황색 가사를 입을 만한 자격이 없음을 잘 알고 있습니다. 제가 신구의(身口意)에 있어서, 진리 · 비폭력 · 브라마차르야(*brahmacharya*: 범행, 梵行)[6]를 항상 실천한다고는 말할 수 없습니다. 제가 원하든 원치 않든, 저는 집착과 혐오(*attachments and aversions*)를 느끼고 욕망으로 동요되기도 합니다. 그래도 저는 마음의 노력으로 그것들을 통제하려고 하며, 그것들이 몸으로 나타나는 것을 억제하는 데 성공한 편입니다. 진리 · 비폭력 · 브라마차르야를 완벽하게 실천한다면, 저는 사람들이 말하는 초자연적 힘들을 오늘 당장 발휘할 수도 있을 것입니다. 자신을 낮추십시오. 그러면 세상이 내 발아래 엎드릴 것이고, 아무도 나를 비웃거나 멸시하지도 않을 것입니다.

저는 여러분의 차림새를 포기하도록 설득하고자 여기에 온 것은 아닙니다. 제가 '스와미나라야나'파에서 발견했던 정직, 그리고 저를 여기에 초청해 주신 사랑에 대한 감사의 마음이 있다고 해서, 제가 느낀 바를 여러분에게 말씀드리지 않는다면, 저는 임무를 수행하는 데 실패하고 말 것입니다. 따라서 저는 다음과 같이 제 의견을 말씀드립니다. 여러분이 사두의 덕성을 통해서 사두의 옷차림에 명예를

5 〔역주〕 영적인 삶을 앞세워 이 세상의 걱정거리와 염려를 내버린 사람. 인도 전통이 제시하고 있는 인생의 4단계 중 마지막 단계, 즉 포기의 단계에 들어간 자를 말한다. 출가자, 포기자 또는 방기자(放棄者)로 옮길 수 있다.

6 〔역주〕 주로 범행(梵行)으로 한역되어 왔다. 인생 4단계 중의 첫째를 이룬다. 동정과 청정, 브라만 공부에 초점을 둔다. 청정행으로도 번역할 수 있다.

가져오도록 해야 할 것입니다. 그렇게 해서 여러분 자신을 빛내고, '스와미나라야나'파를 빛내십시오.

사두 집회에서의 연설, 바드탈(G.),
〈나바지반〉, 1921. 1. 23 ; 《전집》 22 : 125

2) 해탈(목샤)을 위한 분투[7]

1921. 11. 1

새벽이네. 자네의 편지가 내 앞에 놓여 있네. 자네는 왜 자신이 쓴 것에 대해서 사과의 말을 하시는가?

내가 쓴 글이나 행위 안에 나도 모르게 이기주의(*egoism*)의 요소가 들어갔을 수 있네. 여기에서 말하는 클레샤(*klesha*)[8]라는 단어는 어떻게 표현해야 할지 잘 모르겠네만, 조금은 다른 뜻으로 해석되어야 하네. 다른 사람들이 고통을 당하는 것을 보면 나도 괴로움을 느끼네. 우리가 타인들의 고통을 경감해 주지 못할 때마다, 못 견디게 괴로워하는 것이 자비(*compassion*)의 본성이네. 사람이 자신의 심리 상태를 묘사할 때 논리는 도움이 되지 못할 것이네. 나는 내 느낌에 대해서 눈으로 보듯이 상세히 묘사했네. 그 느낌이 그리 순수하지 않았을 수도 있네. 해탈을 향한 열망이 그때는 결코 연약하진 않았지만, 그 기사를 쓰는 동안의 내 심리 상태를 말한다면 그 안에 해탈로 향한 갈구가 있었네. 사실을 말하자면 나는 해탈을 구하는 한 사람의 구도자에 불과하네. 그러나 금생에는 아직 해탈을 얻기에 적합하지 않네. 내

---

7 〔역주〕 해탈이란 일반적으로 속박으로부터 해방이라는 뜻이고, 불교에서는 번뇌로부터 해방된 자유로운 심경이 되는 것을 말한다. 인도 사상 전반에서 설해지는 이념으로 불교에서도 채용되었다. 종교의 궁극적 목표를 의미한다.

8 〔역주〕 이기적 욕망의 의미로 한역 불전에서 보통 번뇌(煩惱)로 번역되었다. 그런데 간디는 통상적 의미와는 달리 자비와 같은 의미로 이해했으므로, 번민으로 옮길 수 있을 것이다.

타파스차르야(고행)는 충분히 엄혹하지 못하네. 내가 내 자신의 정염(情炎, *passions*)을 통제할 수 있음은 분명하지만, 그것으로부터 아직 완전히 자유로운 것은 아니네. 나는 내 입맛을 통제할 수 있지만, 혀가 미식(美食)을 즐기는 것까지는 아직 그만두지 못했다네.

감각들을 억제할 수 있는 자는 자기통제의 사람이지만, 감각들이 부단한 실천을 통해서 대상을 맛볼 수조차 없게 된 자는 자기통제마저 초월해 버린 자이고, 사실상 해탈을 얻은 자이네. 나는 인도의 자치(自治, *swaraj*)[9]를 얻는다고 해도 해탈을 위한 분투를 포기하고 싶지는 않네. 그렇다고 해서 내가 이미 해탈을 얻었다는 말은 아니네. 그러니 자네는 내 말에서 많은 결점을 알아차릴 것이네. 나에게는 스와라즈를 얻기 위한 노력조차 해탈을 얻기 위한 노력의 일부이네. 자네에게 이 편지를 쓰는 행위 또한 같은 노력의 일부이네. 만일 내가 편지 쓰기를, 해탈을 향한 길에 가로놓인 장애물로 여긴다면, 나는 이 순간 펜을 놓고 말 것이네. 그것이 해탈을 위한 나의 애타는 갈구라네. 하지만 마음이란 술 취한 원숭이와 같아서 단순한 노력만으로 그것을 통제할 순 없네. 우리의 행위 역시 잘되어야 할 것이네.

나는 글 〈낙관주의〉에서 행동 규칙을 제안한 바 있네. 즉, 약속을 저버린 자와는 모든 거래를 그만두어야 한다는 규칙 말이네. 이것은 무집착의 사람이라는 표시라네. 만일 내년에도 인도의 분위기가 나빠서 우리가 여전히 같은 말을 귀찮게 되풀이할 형편이라면, 그것은 무도(無道)한 일일 것이네. 그 경우 나는 먼저 합당한 자격을 획득해야 하기에 침묵을 웅변이라고 간주해왔다네. 내가 무엇을 하든, 그것은 분명히 나에게 퍽 자연스런 일이 될 것인데, 진리라고 믿는 것 외의 다른 어떤 것에 따라서 말하거나 행동하지 않을 것이기 때문이네.

9 〔역주〕 swa는 자기, raj는 통치를 각각 의미하므로, 자치(自治)로 번역할 수 있다.

그러나 "오늘 얻은 것을 즐기시오. 내일을 보는 사람이 도대체 누가 있습니까?"라고 하는 것이 탕자나 자기를 통제하는 사람의 한결같은 모토가 되어 있다네.

새해 복 많이 받기를 바라네.

마투라다스 트리쿰지(Mathuradas Trikumji)에게 보낸 편지(G.),
《바푸니 프라사디》(*Bapuni Prasadi*),[10] 38~39면 ; 《전집》 25 : 17

3) 천국

전(全) 인도 펀자브 주 암리차르 부조수(副助手) 외과의협회 회장이신 가시타 람 선생이 며칠 전 나를 수신자로 한 공개서한 한 통을 〈영 인디아〉지 편집자에게 보내왔습니다. 그 안의 칭찬과 안부의 말을 빼고 분명한 문법의 오류를 교정하면, 그 편지의 내용은 다음과 같습니다.

> 나는 브라만이고 의사이며 당신과 같은 노인입니다. 이런 세 가지 자격으로 내가 당신에게 두세 마디 조언을 한다고 해도 무례한 행위는 아닐 것입니다. 만일 당신이 그 조언에서 지혜와 진리를 발견하고, 또 그것이 당신의 상식과 정서에 맞으면, 청컨대 당신 마음 깊이 새기길 바랍니다.
>
> 당신은 이 세상의 많은 부분을 보았고 그것에 대해서 많이 읽기도 했습니다. 결과적으로 당신은 세상에 대해서 훌륭한 경험을 갖고 있습니다. 하지만 가멸자들이 살아가는 이 세상에서 지금까지 그 어느 누구도 자신이 도모했던 과업을 살아생전에 성취할 수 있었던 사람은 없었습니다. 붓다는 그의 고상한 도덕에도 불구하고 인도 전체를 불교로 개종시키지는 못했습니다.

10 〔역주〕 이하 《바푸니 프라사디》로 표기.

샹카라 아차르야(*Shankaracharya*)[11]는 높은 지성에도 불구하고 전 인도를 베단티스트로 만들 수 없었습니다. 그리스도 역시 높은 영성에도 불구하고 유대 나라 전체를 기독교의 울안으로 들여올 수 없었습니다. 나는 당신 과업의 성취를 생각하지도 않으며, 그 성취에 대해서 한순간도 믿어 본 적이 없습니다. 이와 같은 여러 역사적 사실을 앞에 두고도, 살아생전 당신의 일을 이룰 것으로 믿는다면, 감히 말하건대, 선생님 그것은 한갓 꿈에 불과합니다.

이 세상은 시련 · 곤란 · 소요의 장소입니다. 사람이 그 속에 깊이 빠지면 빠질수록 점점 더 안절부절못하게 되고, 마침내 영적 고요와 마음의 평화를 잃게 됩니다. 그러기에 예전의 위대한 혼들(*mahatmas*)은 세속적인 염려 · 불안 · 우려로부터 멀찌감치 떨어져 마음의 완벽한 평화와 참성품을 얻기 위해서 노력했고, 그리하여 영원한 행복과 지복을 누렸습니다.

교도소 생활은 당신의 삶과 활기에 큰 변화를 가져왔고 질병은 당신을 많이 쇠약하게 했습니다. 따라서 적당한 때가 오면 당신은 신에 대한 명상을 위해서, 그리고 완벽한 영적 평안과 고요 안에서 당신 자아의 실현을 위해서, 외딴 동굴에서 고요한 삶을 영위하며 여생을 보내도 괜찮을 것입니다. 왜냐하면 당신 건강이 더 이상 세속적인 우려라는 부담을 견딜 수 있도록 허락하지 않을 것이기 때문입니다. 선량한 장교들의 선의와 자비 그리고 동정심에 대해서 당신이 절대적으로 확신하고 있다는 점을 언급하는 일이 도리에 어긋나는 짓은 아니겠지요. 당신이 여러 차례 비난한 바 있는 유럽의 의약과 외과술이 끔찍한 죽음의 아가리로부터 당신을 구해 주었습니다. 영국 장교들은 곤란과 곤궁에 빠진 당신을 도와주었습니다.

'딱할 때 친구가 진정한 친구이다'라는 말도 있습니다. 당신의 생명을 안전하게 해 주고 교도소로부터 석방시켜 준 것에 대한 감사의 뜻

11 〔역주〕 샹카라(Shankara) 선생(*acharya*)이란 뜻이다. 샹카라는 실재의 불이성(不二性)을 강조했던 8세기의 유명한 베단타 철학자.

으로, 이제 당신 편에서 참된 우정을 보여줄 뿐만 아니라, 영국 통치의 진정한 우군(友軍)이 되어야 합니다. 만일 당신이 말과 행위로 그럴 수 없다면, 제발 정치적 행동의 장 안으로 들어오지 마십시오. 그런데도 만일 당신의 쉴 수 없는 혼 때문에 가만히 앉아 있을 수 없다면, 바로 이 땅(*bhumi*)[12]에서, 다시 말하자면 위대한 성자, 성인, 성선(聖仙, *rishi*)[13] 그리고 무니(*muni*)[14]의 모국에서, 당신의 인도인 형제들을 영화(靈化)하는 일을 맡아 그들에게 자아의 참실현에 대한 교훈을 가르쳐 주십시오. 그렇게 하면 당신은 이 지상의 왕국을 얻는 대신 천국을 얻을 것입니다.

내 의견으론 이 필자는 지극히 진지한 사람이므로, 그 이유만으로 대답을 들을 자격이 있습니다. 대답을 하면서 내 인생의 사명에 대한 몇 가지 오해도 해명할 수 있을 것입니다.

하지만 이분이 의약에 대한 내 견해에 대해서 충고의 말씀을 주셨는데, 먼저 그것에 대해서 결론을 내려야겠습니다. 나는 지금 《인도의 자치》[15]를 갖고 있지 않습니다. 거기서 내가 제시했던 견해들에 대해서 수정할 것이 전혀 없다는 점을 말할 수 있을 만큼은 충분히 기억하고 있습니다. 만일 내가 영국인 독자들을 위해서 영어로 썼다면, 같은 생각이라도 그들의 귀에 좀더 흡족하게 제시했을 것입니다. 원

---

12 〔역주〕 여기에서는 단순히 지리적 의미를 지니는 말이지만, 인도 종교나 불교에서는 수행을 통해서 도달될 수 있는 경지라는 뜻으로 사용되고, 한역불경에서는 주로 地로 번역되었다.

13 〔역주〕 실재의 진수를 꿰뚫어보는 자의 뜻이다.

14 〔역주〕 원뜻은 침묵을 지키는 성자이다. 〈용어해설〉 참조. 중국인은 무니를 음사(音寫)하여 모니(牟尼)라고 했다. 석가모니(釋迦牟尼)의 의미는 따라서 석가족 출신의 침묵을 지키는 성자인 셈이다. 간디도 모든 도인과 성자를 단번에 거론한 적이 있는데 이는 종교에 대한 그의 무제한적 태도를 드러낸 것이다.

15 *Hind Swaraj*의 번역이다.

문은 구자라트어로 썼는데, 그 이유는 나탈에서 살아가는 〈인디언 오피니언〉(*Indian Opinion*)[16] 지의 구자라트 독자들을 위한 것이었기 때문입니다. 더구나 거기에 쓴 것은 이상적인 상태를 가리키는 것입니다. 특정한 조처를 비난하는 것이 사람들을 비난하는 것까지도 포함된다고 생각하는 것은 통상적인 오류입니다. 의약이 종종 환자의 혼을 마비시키는 것은 사실입니다. 따라서 그것이 악으로 간주될 수 있습니다만, 그렇다고 해서 의약을 다루는 사람이 반드시 악한 것은 아닙니다. 내가 그 책을 집필했을 당시 소중한 의사 친구 몇몇이 있었고, 필요할 때 그들의 조언을 구하는 데 서슴지 않았습니다. 필자가 시사한 것처럼, 그런 행동은 의약의 사용에 대한 나의 신념과 일치하지 않았습니다. 대여섯의 친구들도 매우 유사한 말로 이같이 말해 주었습니다. 내게 죄가 있음을 자인합니다. 하지만 그것은 내가 완전한 인간이 아님을 시인하는 일입니다. 불행하게도 나는 완전과는 너무나 거리가 멉니다. 그저 완전에 도달하고 싶은 겸손한 열망자일 따름입니다. 완전을 위해서 내가 가야 할 길도 알고 있습니다. 물론 길을 안다는 것이 곧 목적지에 도달한다는 뜻은 아닙니다.

내가 만일 완전했다면, 다시 말해서 내가 만일 생각에서조차 내 모든 정염에 대해서 완전한 통제를 획득했다면, 나는 육신에 있어서도 완전했을 것입니다. 생각을 통제하기 위해서 매일 엄청난 양의 정신적 에너지를 소비하지 않을 수 없다는 점을 나는 서슴없이 고백하겠습니다. 내가 이 일에 성공한다면(단 한 번이라도 그럴 때가 있다면), 얼마나 큰 에너지 창고가 활짝 열려서 봉사에 사용할 수 있을지를 생각해 보십시오. 맹장염은 생각이나 마음의 질병의 결과라고 내가 주장했듯이, 외과 수술을 받은 일도 또 다른 마음의 질병이었다고 시인하

16 〔역주〕 이하 〈인디언 오피니언〉으로 표기.

는 바입니다. 내가 만일 이기주의로부터 절대 자유로웠다면, 불가항력적인 것에 몸을 내맡겼을 것입니다. 그런데도 나는 현재의 이 육신 안에서 살고 싶었습니다. 완전한 무집착은 기계적인 과정이 아닙니다. 끈기 있는 수고와 기도를 통해서 완전한 무집착을 향하여 자라나야 합니다. 감사에 대해서 한마디 드린다면, 나는 매독(Maddock) 대령과 그의 의료진이 나에게 아낌없이 베풀어 주신 후의(厚意)에 대해서 여러 번 공개적으로 감사를 표한 바 있습니다. 하지만 매독 대령이 저에게 베풀어 주신 친절한 치료와 내가 비난하는 정부 조직과는 아무 관련이 없습니다. 만일 매독 대령이 유능한 의사였고 그런 의사로서 의무를 수행했다는 이유로 내가 다이어주의(*Dyerism*)[17]에 대한 내 견해를 바꾼다면, 매독 대령은 나를 경멸할 것입니다. 이 정부가 나에게 가장 훌륭한 의료 혜택을 준 점, 그리고 조기에 석방해 준 점에 대해서 정부에게 감사해야 할 하등의 이유가 없습니다. 의료 혜택은 정부가 모든 죄수에게 마땅히 해야 할 일입니다. 조기석방은 나를 당혹스럽게 한 일입니다. 나는 내가 건강하든 아프든 교도소 내에서 내 행동 노선을 알고 있었습니다. 나는 교도소 담 밖으로 나와서 비록 건강을 서서히 회복하고 있지만 내가 가야 할 길을 어떻게 잡아야 할지 확실히 모르겠습니다.

다음은 편지의 중심 부분에 대해서 말씀드릴 차례입니다. 당신의 심중에 일어났던 혼란은 당신이 거명하고 있는 예언자들의 일을 오해함으로써, 그리고 그들과 나 자신을 당치도 않게 비교함으로써 생

---

17 〔역주〕 R. E. H. Dyer(1864~1927) : 1919년 암리차르에서 일어난 반란을 가혹한 방법으로 진압한 영국의 장군. 그 결과 그는 지휘권을 박탈당하고 강제 퇴역되었다. 다이어주의란 무력의 방법으로 대영제국주의를 유지하려고 한 다이어 장군의 태도 등으로 보면 될 것이다.

겨났습니다. 나는 붓다가 열반에 도달하겠다는 그의 과업을 성취했었는지는 잘 모르겠습니다만, 불교 전통에서는 그가 성취했다고 말합니다. 다른 사람을 개종시키는 일은, 그것을 거룩한 활동이라고 묘사하더라도 부산물입니다. 기독교 복음서는 예수가 십자가 위에서 자신의 일에 대해서 다음과 같이 증언했다고 기록하고 있습니다. "이제 다 이루었다."[18] 그들이 한 사랑의 일은 그들이 간 이후에도 죽지 않았습니다. 사랑의 일 가운데 가장 참된 부분은 영원히 살아남을 것입니다. 그들의 선교 사업 이후 흘러간 2~3천 년이란 세월은, 광대한 시간의 주기에서는 한 점에 불과합니다.

내가 예언자들의 반열에서 함께 언급될 가치가 있다고 생각하지 않습니다. 나는 진리를 좇는 겸손한 구도자입니다. 나는 바로 현세에 자아를 실현하기를, 즉 해탈을 얻기를 몹시 원하고 있습니다. 나라에 대한 봉사는 육신의 교도소로부터 내 혼을 자유롭게 하기 위한 훈련의 일부입니다. 이렇게 생각하면, 내 봉사가 순전히 이기적인 것으로 간주될지도 모르겠습니다. 나는 멸망할 지상의 왕국에 대해서 아무 욕망이 없습니다. 나는 해탈 곧 천국을 위해서 분투하고 있습니다. 그 목적을 이루기 위해서 동굴의 피난처를 찾아갈 필요는 없습니다. 나는 내 몸에 피난처를 지니고 다닌다는 그 점을 알기만 하면 됩니다. 동굴의 거주자는 공중에 성채를 지을 수 있지만, 자나카 왕과 같이 왕궁에 거주하는 자는 성채를 지을 필요가 없습니다. 사념(思念)의 날개를 타고 세상을 헤매는 동굴 거주자에게는 평화가 없을 것입니다. 자나카 왕은 으리으리한 데서 살더라도 인간 이해를 초월하는 평화를 누릴 수 있습니다. 나에게 구원의 길이란 부단한 수고를 통해서 조국

18 〔역주〕 요한복음 19 : 30. 《공동 번역 성서》(대한성서공회 발행, 1977)를 참조하였다.

에 그리고 조국을 통해서 인류에게 봉사하는 일입니다. 나는 내 자신을 모든 생명과 일치시키고 싶습니다. 《기타》의 말을 빌리면[19] 나는 친구와 적수를 가리지 않고 그들과 함께 평화로이 살고 싶습니다. 따라서 이슬람교도, 기독교도, 또는 힌두교도가 나를 경멸하고 증오한다고 해도, 그들을 사랑하고 그들에게 봉사하고 싶습니다. 이것은 아내나 자식이 나를 미워한다고 해도, 내가 그들을 사랑하는 것과 같습니다. 그러므로 나의 애국은 영원의 자유와 평화의 땅으로 가는 여정에서 본다면 하나의 단계에 불과합니다. 따라서 나에게 종교 없는 정치란 없다는 사실을 보여주려고 합니다. 정치는 종교를 보조합니다. 종교 없는 정치는 혼을 죽이므로 죽음의 함정이 되고 맙니다.

나의 사명, 〈영 인디아〉, 1924. 4. 3 ; 《전집》 27 : 162

4) 두려움이 없어지는 것

1924. 8. 21

슈리 간스얌다스(Sri Ghanshyamdas)[20] 께,

신은 나에게 양심의 수호자라는 직책을 부여했습니다. 내가 생각건대 당신도 그 수호자 가운데 한 분입니다. 내 자식들, 여성들, 그리고 잠나랄지[21]와 같은 성인 몇 분, 그리고 당신까지 포함하여 모두 나를 완전한 인간으로 만들려고 합니다. 이렇게 생각하면서 내가 어떻게 당신의 편지를 읽고 섭섭할 수 있겠습니까? 사실, 당신이 나에

19 〔역주〕《바가바드 기타》(*Bhagavad Gita*)를 가리킨다. 《주님의 노래》, 아르주나에게 베풀어진 크리슈나의 가르침을 포함한다. 간디는 《자서전: 나의 진리실험 이야기》에서 남아프리카에서 인종차별주의에 대항하며 싸울 때, 《바가바드 기타》를 다 외우려고 했다고 한다. 함석헌은 이 자서전을 한글로 옮겼다.

20 G. D. Birla(1894~1983) : 산업인, 방직공장 소유자, 하리잔봉사회 회장.

21 Jamnalal Bajaj(1889~1942) : 사회사업가와 자선가. 수년 동안 인도 국민회의의 재무담당을 맡았다.

게 항상 이런 식으로 주의를 준다면 좋겠습니다.

당신은 다음과 같은 세 가지 일에 대해서 불평하고 있습니다. 첫째, 스와라즈당에 대한 부패 고발을 용서해 준 일, 둘째, 수라와르디(Suhrawardy)에게 추천장을 써 준 일, 셋째, 사로지니 데비(Sarojini Devi)를 국민회의 의장으로 선출하기 위해서 노력한 일이 그것입니다.

우선, 고뇌 어린 모색 끝에 우리가 진리로 간주하는 것에 이르게 되면, 비록 세상이 그것을 오류라고 하더라도 진리만을 말하는 것이 사람의 의무일 것입니다. 사람에게 두려움이 없어지는 길은 이것밖에 없습니다. 내가 해탈보다 귀하게 여기는 것은 아무것도 없지만, 그것이 진리나 비폭력과 갈등을 일으킨다면 나는 그 해탈마저 버릴 것입니다. 위의 세 가지 사항은 진리만을 따른 결과입니다. 내가 이렇게 말하는 것은 당신이 주후(Juhu)에서 나에게 말한 것을 마음에 간직하고 있다는 것을 뜻합니다. 정확한 증거가 없었으므로, 고발당한 그 죄목으로부터 스와라즈당을 방면(放免)해 주는 일이 내 의무입니다. 만약 당신이 어떤 증거라도 제시할 수 있다면 나는 분명히 검토해 볼 것입니다. 그리고 당신이 허락한다면 그 증거를 공개할 생각이며, 허락하지 않는다면 그 증거를 나만 알고 침묵하고 있을 것입니다.

나는 수라와르디에 대해서는 오직 그의 현명함에 대해서만 증언했고, 지금도 그것을 실제로 경험하고 있습니다.

내가 생각건대, 당신은 사로지니 데비 여사를 두려워할 필요는 없습니다. 나는 그녀가 인도에 훌륭하게 봉사했고, 지금도 여전히 봉사하고 있다는 점을 굳게 믿습니다. 내가 그녀의 의장직을 지금까지 도운 적은 없지만 지금껏 그 자리를 차지하고 있었던 다른 사람들이 그 자리에 적합했다면, 그녀 또한 그 자리에 적합하리라는 점을 진실로 믿고 있습니다. 모두들 그녀의 열정에 매료당했으며, 나는 그녀의 용기를 증언할 수 있습니다. 그녀의 인격에 비난받을 만한 점은 아무것도 없습니다. 하지만 이 말을 한다고 해서 내가 그녀나 다른 사람이 한 일 전부에 대해서 동의한다는 결론을 내리지는 마십시오.

> 신은 이 세상을 생명이 있는 것, 생명이 없는 것, 그리고 선하고 나쁜 것들로 가득 채웠습니다. 현자는 좋은 것만 생각하고 나쁜 것을 모른 채 합니다. 백조가 물과 우유가 섞인 데에서 물은 그대로 두고 우유만을 마시듯이.[22]

귀하의 신실한 친구
모한다스 간디

비를라에게 보낸 편지(H.), CW 6030 ; 《전집》 29 : 17

5) 빛을 보려고 노력하면서

1924. 11. 2

드릴 메시지가 없습니다. 내가 무슨 말을 할 수 있겠습니까? 나는 계속 생각하고 있습니다. 나는 어둠에서 빛을 보려고 애쓰고 있습니다.

벵골인에게 보낸 메시지,[23] 〈암리타 바자르 파트리카〉,
1924. 11. 7 ; 《전집》 29 : 264

---

22 〔원주〕 툴시다스(Tulsidas, 〈발라칸다〉(Balakanda), 《라마차리타마나사》(*Ramacharitamanasa*)). 〔역주〕 Tulsidas(1543(?)~1623) : 인도의 성자 · 시인. 그의 주요 저서 《라마 행적의 호수》는 중세 힌두 문학에 지속적인 영향을 주었다. 이 저서는 비슈누의 화신으로서 중요한 구원 중개자로 숭앙되는 라마에 대한 헌신적 사랑 곧 박티의 종교적 감정을 표현하고 있는 작품이다.

23 비핀 찬드라 팔(Bipin Chandra Pal)이 보낸 전보에 대한 회답.

6) 한 걸음이면 족하리

〔*1925. 12. 21*〕

내가 남아프리카를 떠난 후 10년이 흘렀습니다. 나는 수백 통의 편지를 받았고 또 답장을 보냈습니다. 나는 이 문제를 〈영 인디아〉지와 〈나바지반〉지를 통해서 백 번이나 반복하여 설명해왔습니다. 내가 와르다 아슈람(*ashram*)[24]에 오자 같은 질문을 받았습니다. 이 일은 나에게 낡은 기억을 상기시켜 주었고 나를 매우 괴롭혔습니다. 그런 질문이 어떤 이에게도 일어나서는 안 된다는 뜻은 아닙니다. 하지만 만약 그것이 일어난다면 사람들은 비노바(Vinoba)에게 가서 질문하고 의심을 풀어야 합니다. 그러나 내가 이렇게 번민에 빠진 이유는 그런 질문을 하는 일이 널리 확산된 병이 되었기 때문입니다. 우리는 그런 질문을 하고 싶은 유혹을 물리쳐야 합니다. 제발 내 말을 제대로 이해해 주십시오. 내가 말하고 싶은 것은 그런 질문이 우리에게 분명 일어날 수도 있지만 자신의 심중에 넣어 두어야 한다는 점입니다.

《기타》를 보면 수천 년 전 쿠루의 땅에 전쟁이 일어났을 때,[25] 아르주나에게 일어났던 의혹들은 크리슈나 주님의 대답에 의해서 풀렸습니다. 하지만 쿠루 땅의 전쟁은 우리 내부에서 계속되고 있고 앞으로도 영원히 계속될 것입니다. 요기들의 왕인 크리슈나 주님, 즉 우리 모두 안에 거하시는 보편적 아트만인 그 주님은, 아르주나 즉 한 인간의 혼을 지도하기 위해서 언제나 거기에 계실 것입니다. 판다바[26] 형

---

24 〔역주〕 원래는 인생의 4단계를 뜻하는 말이었으나 나중에는 구도하는 처소를 뜻하게 된다. 간디가 자신의 거주지, 즉 비폭력운동의 본부를 아슈람으로 부른 것은 정치적인 일이 동시에 영적인 일임을 의도한 것이라고 볼 수 있다.

25 쿠루(Kuru)는 지금의 델리 근처에 있는 평원의 이름이며 옛날에는 하스티나푸라(Hastinapura)라고 불리었다. 《바가바드 기타》의 무대이다.

26 〔역주〕 Pandavas: 판두의 다섯 아들들.

제들이 대변하고 있는 신을 향한 충동은 카우라바[27] 형제들이 대표하는 악마적 충동에 대해서 언제나 승리를 거둘 것입니다. 하지만 그 승리를 얻을 때까지, 우리는 신념을 갖고 전투를 계속해 나가야 하고, 그렇게 하는 동안 인내해야 합니다. 이 말은 우리가 사람에 대해서 느끼는 공포의 내면적 충동을 철저하게 억눌러야 한다는 것을 의미하는 것은 아닙니다. 그와 같은 충동이 '누가 신을 창조했느냐?'라는 질문의 형태를 띠게 되면, 우리가 그것을 억눌러야 한다는 것, 그런 질문을 던지는 일이 불경스럽다는 사실을 우리 자신에게 말해야 한다는 것, 그리고 그 질문은 스스로 대답을 조금씩 얻게 될 것이라는 믿음을 가져야 한다는 것을 의미합니다.

신이 우리에게 주신 이 육신이란 틀은 감옥입니다. 하지만 그것은 구원으로 가는 문이기도 합니다. 만일 우리가 육신은 오직 구원이란 목적에만 복무하기를 원한다면, 우리는 육신의 한계를 이해해야 합니다. 우리는 하늘에 있는 별들을 붙잡기를 소망할 수 있습니다. 하지만 우린 그것이 우리의 능력 밖이라는 점을 꼭 지적해야 합니다. 왜냐하면 우리의 혼은 새장 안에 갇혀 있고, 그 날개들은 무력하게 되어 그 혼이 날 수 있을 만큼 높이 날 수 없습니다. 우리의 혼은 아주 다양한 신통력을 얻을 수 있지만, 그런 신통력을 좇아간다면 구원을 얻는 일에서 실패할 것입니다. 따라서 지난번 나에게 주신 추상적인 종류의 질문을 피해야만 합니다. 적당한 때가 오면 혼은 충분히 강해져서 그 질문에 대한 대답을 알 수 있게 될 것이라고 확신하면서 말입니다.

그런 추상적인 질문을 논의하는 대신, 우리는 한 시인의 충고를 따라야 합니다. "특정한 목적을 위해서 오늘을 사용합시다. 내일이 무엇

27 〔역주〕 Kauravas: 마하바라타 대전쟁에서 패배한 쿠루의 1백 명의 아들들.

을 가져올지 누가 알겠습니까?" 이 구절은 순세파(차르바카, *Charvak*)[28] 작가가 지은 것으로 보이는데, 그는 이렇게도 말하고 있습니다. "당신이 살아 있는 한 편안히 살아가십시오. 돈을 빌려서라도 기(*ghee*)[29]를 마시도록 하십시오. 왜냐하면 육신이란 한번 화장되면 다신 삶으로 돌아오지 않기 때문입니다." 하지만 앞 구절은 차르바카의 것이 아닙니다. 그 작가는 귀의자였습니다. 그가 우리에게 오늘 하루를 유익하게 보내라고 충고했을 때, 그것은 우리가 오늘 우리 앞에 놓여 있는 의무를 수행해야 한다는 것을 뜻합니다. 우리는 우리가 내일까지 생존해 있을 것인지를 알지 못합니다. 하지만 좀 뒤에 그는 우리가 다시 태어날 것임을 말하고 있습니다. 이 의무는 비노바가 지난번에 설명했던 것, '고통받고 있는 모든 피조물의 비참을 종식시키는 것', 즉 끊임없이 반복해서 일어나는 생사의 굴레를 부수는 것입니다. 이럴 수 있는 유일한 수단은 박티(*bhakti*)[30]입니다. 위대한 귀의자였던 뉴먼이란 영국인은 그의 시에서 '한 걸음이면 족하리'라고 썼습니다.

이 시 반 줄은 모든 철학의 요체입니다. 그 한 걸음은 인내를, 불굴의 박티를 의미합니다. 만일 병자가 일어나 계단을 걸어 내려가려고 하면, 그는 현기증을 일으키며 넘어질 수도 있습니다. 만일 우리가 우리의 한계를 알지 못하고 우리를 넘어서는 지식을 얻으려고 노력한다면, 우리는 그것을 소화해낼 수 없을 뿐 아니라 폭식으로 배탈 날 수도 있습니다.

따라서 우리는 추상적인 질문들을 던지는 질병에서 우리를 치유해

---

28 〔역주〕 인도 유물론 철학 체계를 가리키지만, 불경에서는 순세파(順世派)로 번역되었다. 산스크리트어에서 표기했다면 Cārvāka(차르바카)가 되었을 것이다.

29 〔역주〕 버터기름.

30 박티는 신에 대한 신애(信愛)의 순종을 가리킨다.

야 합니다. 오늘 우리는 눈앞의 의무에 주목해야 하고 이런 질문들은 다른 때를 위해서 남겨 두어야만 합니다. 오늘 우리가 불렀던 찬송가(*bhajan*)에 있는 이행연구(二行聯句)의 시는 우리에게 동일한 것을 가르쳐 줍니다. 즉, "묵티(*mukti*)에 대해서 늘 말하는 대신 우리는 박티 안에서 시간을 써야 한다"고. 박티 없이 구원은 있을 수 없습니다. 따라서 의무에 헌신하고 신에 대한 사랑으로 자신의 심정을 채우는 자만이 구원을 얻을 수 있습니다. 구원에 대해서 한 번도 생각하지 않고서도 그럴 수 있습니다.

박티는 더구나 실제적인 일에 있어서 서투름을 뜻하지는 않습니다. 그런 서투름을 낳는 것이 박티로 불릴 수는 없습니다. 물론 우리가 일을 하는 방식을 보고, 사람들은 우리를 얼간이라고 생각할지도 모릅니다. 참된 귀의자는 실제적인 일에 완전히 주목한다고 해도, 그 일에 박티의 정신을 불어넣을 것입니다. 그의 행위는 다르마와 언제나 조화의 관계에 있을 것입니다. 《기타》에서 크리슈나가 푸르나아바타라(*Purnavatara*, 완전한 화신)로 간주되는 것은 바로 이런 식으로 행동했기 때문입니다. 귀의자는 인생의 실제적인 일에 쉽게 주목할 수 있을 것입니다.

와르다 아슈람과 같은 아슈람들은 다르마와 완전한 조화 속에 있는 인생의 길이 어디에서든 이길 수 있게 우리를 이끌도록 만들어졌습니다. 따라서 나는 이들 아슈람이 나라를 고양시키고 진정한 다르마를 가르치며 확산시키는 도구가 될 것이라는 희망을 늘 품어왔습니다. 나는 그 희망이 당대에 실현되든 아니면 많은 세대 이후에 실현되든 그 점에 대해서 걱정하지 않습니다. 왜냐하면 우리가 자신들을 위해서 윤곽을 잡아둔 그 길을 따라서 우리의 의무를 계속 수행하고 있다는 것만으로 충분하기 때문입니다. 이를 위해서 우리는 브라민(*brahmin*)[31]의 자질인 진리와 신앙, 그리고 크샤트리아의 자질인 기운과 비폭력, 양자 모두를 기르도록 힘써야만 합니다. 본 아슈람은 재소자로 하여금 이 두 종류의 자질 모두를 기르도록 도와주리라 믿습니다. 물론 나는 다른 아슈람들이 그렇지 못하다는 점을 얘기하는 것은 아닙니다. 나는 본 아슈람이 여하튼 어떤 도움이 될 것이라고 믿습니다.

우리가 만일 진리와 비폭력이 우리에게 특별한 가치를 지닌다는 점을 깨달아서 우리 삶 안에서 그것들을 실천한다면, 그리고 우리가 만약 예외를 전혀 인정하지 않는 원리가 존재한다는 신앙을 가진다면, 우리는 적당한 때에 완전한 진리와 완전한 비폭력의 의미를 이해하게 될 것입니다. 내가 설명했던 이런 정신으로 아슈람 재소자들이 의무를 수행하는 사실을 관찰하면서 나는 지난 10일 동안 즐겼던 평화, 그것을 다른 곳에서는 즐긴 적이 없습니다. 그리고 여러분은 내가 이 평화로운 분위기를 떠나서 소요로 그득한 땅으로 되돌아가야 하는 지금 어떤 느낌에 빠져 있는지를 잘 짐작하실 것입니다. 하지만 내가 어떤 친구에게 말했던 대로, 우리가 이 세상의 소요에 놀라게 된다면 《기타》 공부는 아무 소용도 없는 것입니다. 우리는 외부환경에서 평화를 얻어서는 안 되고 우리 내면에서 얻어야만 합니다. 그래서 나는 염려하지 않습니다.

와르다 아슈람에서의 연설(G.),
〈나바지반〉, 1925. 12. 27 ; 《전집》 33 : 227

7) 자발적인 은퇴

내가 활동적인 일에서 자발적인 은퇴를 하려고 했을 때, 아메다바드(Ahmedabad)[32]의 방문을 개인적으로 원하기는 했지만, 무지한 집착

---

31 〔역주〕 브라만 계급에 속하는 사람.

때문이든 공포 때문이든 그것을 내 결정권 밖에 두었다. 내가 만일 그 방문을 위해서 예외를 만든다면, 나는 1년 동안 아슈람에 머물면서 하고 싶은 봉사를 할 수 없게 될까 봐 두렵다. 나는 이런 위험을 지난주에야 처음으로 감지했다. 라마크리슈나 미션은 스스로 창립을 축하하고 있었고, 축하회를 맡아 달라고 나를 초대했다. 앞으로 아슈람에 쭉 머물기로 지금 결정했는데, 내가 어떻게 그 초대를 거절할 수 있겠는가? 반면, 내가 그 행사에 참석한다면 아메다바드에서 거행되는 갖가지 유사한 경축일에 개최될 다른 많은 행사에 내가 참석해서는 안 될 이유가 있을까? 만일 내가 그런 행사들에 참석한다면, 자신과 평화롭게 지내기 위해서 적극적인 일에서 은퇴한다는 내 목표는 상실되고 말 것이다. 하리프라사드 박사가 아메다바드의 길 하나하나에 하루를 할당하여 비로 쓸어 달라고 요청한다면, 나는 분명히 그 일을 나에게 적합한 일로 여길 것이다. 또한 내가 그 일에 착수한다면, 1년 내내 바쁠 것이고, 그렇게 된다면 내가 과거에 있었던 그 자리에 있게 될 것이다.

나를 초청하기 위해서 왔던 친구들은 나의 이 말을 듣고서야 납득하며 나에게 자유를 주었다. 나는 이 도시에 있는 모든 일꾼들도 동일하게 이해해 주기를 기대한다. 이 나라의 다른 곳도 12월 20일까지 나를 잊어 준다면 아메다바드도 나를 잊어 줘야 할 것이다. 발라브바이의 허락을 얻는다면 나는 과감해지고 내 서약의 범위 안에 아메다바드도 포함하고자 하는데, 그렇게 해서 어떤 유혹도 느끼지 않고 누구와도 논쟁할 필요도 없을 것이다. 하지만 발라브바이가 그런 자유를 줄 수 없을지라도, 아메다바드 시민들은 나를 그대로 놔두고

32 〔역주〕 인도 중서부 구자라트 주 아메다바드 행정구의 행정중심 도시. 봄베이 북쪽 사바르마티 강가에 있다.

어떤 행사에도 초청하지 말기를 바란다.

내가 아슈람에서 다양한 활동을 하고 물레질협회의 일을 공부해 보니, 아슈람과 물레질협회, 그리고 〈영 인디아〉지와 〈나바지반〉지를 완전히 정당하게 취급한다면, 다른 활동을 위해서는 시간을 낼 수 없다는 점을 깨달았다. 만일 내가 1년 동안 이 고요한 일만 할 수 있다면, 나는 봉사에 대한 내 능력이 증대하리라는 점을 확신한다. 아메다바드 일꾼들이 이런 내 입장을 이해해 주고 올해는 공공사업일지라도 도시에 나갈 필요조차 없게 해 주었으면 한다.

추신 위의 문안을 쓴 다음 나는 발라브바이와 논의했고, 그는 서약에 내가 아메다바드까지 포함하는 것에 대해서 동의했다. 내가 진실로 평화를 갖기를 원한다면 공공생활에서 은퇴하는 일이 곧 아슈람으로 은퇴하는 것을 의미해야 한다는 점도 그는 믿고 있다. 따라서 나는 아슈람 외부의 어떤 행사를 맡기 위해서거나 활동에 — 그 행사나 활동이 아메다바드 내의 것이라고 해도 — 참여하기 위해서 아슈람을 떠날 수가 없다. 만일 예기치 못한 위급 상황이 발생하거나, 건강을 위해서 불가피하게 아메다바드를 떠나서 다른 장소로 가야 한다면, 이런 것들은 분명 예외적인 상황으로 간주할 것이다.

나를 내버려 두십시오, 〈나바지반〉, 1926. 1. 10 ; 《전집》 33 : 287

8) 왕 도(王道)

사바르마티 아슈람, *1926. 2. 12*

사랑하는 친구에게,

나는 당신의 편지를 규칙적으로 받아왔습니다. 제발 당신이 내 제자가 될 자격이 없다고 여기지 마십시오. 나는 내 자신이 너무 부족해서 단 한 사람의 제자도 둘 수 없다고 여깁니다. 내가 아슈람에서 나와 함께 사는 사람들을 나의 제자로 여긴다고 단 한순간이라도 생각하지 마십시오. 그들은 모두 나의 동료들입니다. 나는 그들에 비해서 연장자일 뿐입니다. 내가 연장자인 것은 내가 그들보다 경험이 많고, 그들이 내 경험을 자신들의 경험처럼 이용할 수 있기 때문입니다. 내가 당신에게 말한 왕도에 대해서도 아무 비밀이 없습니다. 그 왕도는 자신에게 부과된 의무를 능력껏 수행하고 모든 봉사를 신에게 봉헌하는 일입니다. 이런 방식으로 수행된 일은 우리 앞에 놓여 있는 난관들을 언제나 제거하고 우리가 잘못할 때마다 그 잘못을 보여주기도 합니다. 당신은 방금 언급했던 소모임 친구들 사이의 단결을 분명 지속해야 합니다. 그리고 당신은 언제나 내 충고를 들을 수 있습니다.

당신이 당신 자신과 당신의 이웃과 더불어 평안하시고 안녕하시길 바랍니다.

귀하의 신실한 친구

Madame Antoinette Mirbel
100, Rue Brale Maison
Lille
(France)

앙트와네트 미르벨에게 보낸 편지,
SN 14096 ; 《전집》 34 : 13

9) 도그마로부터의 자유

자신을 인도의 평생 친구로 서명한 미국 친구 한 사람이 다음과 같이 적고 있다.

힌두교는 동양의 저명한 종교 중 하나이며, 당신은 기독교와 힌두교를 연구했고, 그 연구에 기초하여 당신이 힌두교도라고 선언했습니다. 나는 당신이 그런 선택을 한 이유를 나에게 들려주시기를 청하는 바입니다. 인간에게 제일 필요한 일은 신을 알고 영혼과 진리 안에서 그를 섬기는 것이라는 점을 힌두교도와 기독교도는 자각하고 있습니다. 미국의 기독교도는 그리스도가 신의 계시임을 믿고, 인도의 민중에게 그리스도에 대해서 말해 주기 위해서 그들의 아들 딸 수천 명을 인도에 보냈습니다. 그에 대한 답례로서 당신은 우리에게 힌두교를 나름대로 해석해 주시고 그리스도의 가르침과 부디 비교해 주시겠습니까? 당신이 이런 호의를 베푸신다면 깊이 감사드리겠습니다.

나는 몇몇 선교 모임에서 영국과 미국 출신의 선교사들에게, 그리스도에 대해서 인도인들에게 '말하기'를 삼가고, 산상수훈이 그들에게 명령한 인생을 그저 살아갈 수 있을지를 감히 물어본 적이 있었다. 그렇게 한다면 인도는 그들을 의심하는 대신 인도의 아이들 사이에서 살아가는 그들의 삶을 고마워할 것이고, 그들이 존재한다는 사실에서 직접 이익을 얻게 될 것이라는 점도 덧붙였다. 이런 견해를 갖고 있으므로, 나는 미국 친구들에게 '답례'로서 힌두교에 대해서 '말해 줄' 것이 아무것도 없다. 특히 나는 개종을 기대하면서 다른 사람들에게 자신들의 신앙에 대해서 말하는 사람들을 믿지 않는다. 신앙이란 말하기를 허락하지 않는다. 신앙은 먼저 살아야 하고 그렇게 되면 그것은 스스로 전파된다.

나는 나 자신의 삶을 통해서 보여주는 것을 제외한다면, 힌두교를 해석하는 데에 스스로 적합하다고 여기지 않는다. 내가 쓴 글을 통해서 힌두교를 해석하지 않을 것이며 그것을 기독교와 비교하지도 않을 것이다. 따라서 내가 할 수 있는 유일한 일은 왜 힌두교도인지를 가능한 한 짤막하게 말하는 일이다.

나는 힌두 가정에서 태어나 세습의 영향을 받는다고 믿으며 힌두교도로서 살아왔다. 힌두교가 내 도덕감각이나 영적 성장에 부합하지 않는다는 사실을 알았다면 나는 그것을 거부했을 것이다. 그러나 검토해 보니 힌두교는 내가 아는 어떤 다른 종교보다 더 관대하다는 점을 알았다. 힌두교는 신봉자에게 자기표현을 위한 최대의 영역을 주고 있는 만큼, 도그마에서 자유롭다는 점이 나에게 강한 호소력을 발휘했다. 힌두교는 배타적인 종교가 아니므로 그 신앙의 추종자들에게 다른 모든 종교를 존중하게 해 줄 뿐만 아니라, 다른 신앙들 안에 있는 것이라고 해도 좋은 것이면 무엇이든 존경할 수 있게 하고 흡수할 수 있게 한다. 비폭력은 모든 종교에 공통되지만 그 최고의 표현과 응용은 힌두교 안에서 발견된다. (나는 자이나교나 불교를 힌두교에서 분리된 것으로 간주하지 않는다.)

힌두교는 모든 인간 생명의 하나됨만을 믿는 것이 아니라, 살아 있는 모든 것의 하나됨을 믿는다. 내 의견으로 소에 대한 숭배는 박애주의의 발전에 독특한 기여를 하고 있다. 소에 대한 숭배는 모든 생명의 하나됨에 대한 신념을, 따라서 모든 생명의 신성함에 대한 신념을 실제로 응용한 것이다. 윤회전생에 대한 위대한 믿음은 그 신념의 직접적 결과이다. 마지막으로 바르나아슈라마(*varnashrama*)[33] 법의 발견은 진리로 향한 부단한 추구의 놀라운 결과이다. 나는 이 글에서 간단히 말한 핵심 사항들에 대해서 정의를 내리려고 하지 않겠다. 내 의견으로는 소의 숭배와 바르나아슈라마에 대해서 사람들이 현재 품고 있는 생각들은 시원적인 것의 희화화(戱畵化)라는 점만을 말하고 싶다. 호기심이 있는 분은 소의 숭배와 바르나아슈라마에 대한 정의를 〈영 인디아〉지 과월호에서 찾아볼 수 있을 것이다. 바르나아슈라마에 대해

---

33 〔역주〕 varnashram으로 표기되기도 한다. Ⅲ장 주 10 참조.

서는 가까운 장래에 다시 한 번 말씀드릴 수 있기를 바란다. 나는 이번에는 아주 간단한 스케치를 통해서 나를 제 울타리 안에 붙들어온 힌두교의 출중한 특성들로 여겨지는 것을 언급했다.

나는 왜 힌두교도인가, 〈영 인디아〉,
1927. 10. 20 ; 《전집》 40 : 176

10) 정신이지 문자가 아니다

사바르마티 아슈람, *1928. 1. 18*

사랑하는 친구에게,
당신의 편지를 받았습니다. 그리고 당신이 보낸 편지들 중에 일부를 나중에 사용하기 위해서 〈영 인디아〉지의 파일에 보관중입니다.

제안된 스므리티(*smriti* : 기억된 전통)[34]에 대해서 나는 당신과 같은 견해를 갖고 있는 것은 아닙니다. 당신은 종종 정신보다 문자를 강조하는 듯합니다. 나는 '영감을 받음'(*inspired*)이라는 말을 사용할 때 그 말에 전문적 의미를 부여하지 않습니다. 내가 '영감을 받음'을 느낄 때, 내가 힌두교에 새로운 스므리티를 주는 데에 아무 주저함이 없다는 점을 당신은 알게 될 것입니다. 내가 그와 같은 영감을 목표로 두고 있음을 당신에게 은밀히 말해 드립니다. 그때까지 나는 기다릴 것입니다.

마드라스에서 당신을 직접 만나 뵙게 되어서 아주 기뻤습니다.

귀하의 신실한 친구

Sjt. S. D. Nadkarni

S. D. 나드카르니에게 보낸 편지,
SN 13043 ; 《전집》 41 : 143

---

34 〔역주〕 전승서(傳承書)로 옮길 수도 있다. 슈루티(*shuruti*, 天啓書)에는 미치지 못하는 힌두교 문헌을 지칭. 〈용어해설〉 참조.

11) '성스러운 소와 포악한 호랑이' 사바르마티 사탸그라하 아슈람, *1928. 3. 12*

사랑하는 친구에게,

장문의 당신 편지를 받고 기뻤습니다. 내 아내에 대해서 당신이 말한 것과 나의 자서전의 여러 장에서 내가 언급했던 비참한 사건들[35]에 대해서 당신이 말한 한 마디 한 마디를 모두 시인합니다. 물론 당신은 내가 내 잔인한 행위를 기억해내는 일에 대해서 어떤 방식으로든 자랑스러워한다거나 또는 내가 오늘 그와 같은 잔인한 행위를 저지를 수 있다고 상상하지는 않았을 것입니다. 하지만 만일 사람들이 나를 온유한 평화 애호가로 인정한다면, 그들은 내가 한때 사랑하는 남편이라고 주장하는 바로 그 순간에도 철저한 짐승일 수 있었다는 점도 알아야 할 것입니다. 한 친구가 나를 성스러운 소와 포악한 호랑이의 결합물로 기술했는데, 그것은 일리 있는 말이었습니다.

당신이 한때 마땅히 그래야 한다고 여기고 당신의 아름다운 편지를 불태운 일은 애석한 일일 수 있습니다. 당신은 분명히 나에게 무례하거나 버릇없는 분으로 보인 것이 아니라 가장 자연스럽고 바로 그 때문에 사랑스러운 분으로 보였습니다. 나는 당신의 친애하는 형제와 내가 더 친밀한 관계를 가지고 있었기를 진실로 원합니다. 하지만 나는 당신의 형제를 사랑할 정도로 그리고 그의 순수한 진가를 평가할 정도로만 알고 있었습니다.

---

35 〔역주〕 자서전 출판은 1925년이고 이 편지는 1928년의 것이니 3년 정도의 간격이 있다. 간디는 자서전 집필을 1925년 시작해서 1929년에 완성했다. 초판은 두 권으로 출판되었는데 1권은 1927년에, 2권은 1929년이다. 《간디자서전》에 나타난 잔인하고 비참한 사건의 사례들이란, 아내에게 가부장적 남편으로 군림하고 정욕에 물든 사랑 때문에 아내를 교육할 수 없었다는 것, 힘을 얻기 위해서 육식 실험을 한 것, 도둑질·정욕 때문에 부친의 임종을 지킬 수 없었던 일 등일 것이다. 《간디자서전》 제1부 참조할 것. 함석헌 역, 《함석헌 전집》 권7, 한길사, 1993.

귀하의 신실한 친구

Miss Jane Howard
'Rosemary'
50 Pandora Road
Malvern
Johannesburg
(Transvaal, S. Africa)

제인 하워드에게 보낸 편지,
SN 11967 ; 《전집》 41 : 312

12) 어떤 원천에서 오는 진리이든

사바르마티 아슈람, *1928. 3. 28*

친애하는 C. R 씨,

내가 유럽을 방문해야 한다는 제안을 담은 당신의 편지가 왔습니다. 나는 이 여행에 대해서 아무 마음이 없고, 그 방문을 성공으로 이끌 자신감이 전혀 없습니다. 하지만 롤랑[36]과의 인터뷰는 여전히 매력으로 여겨집니다. 서양에서 내가 향유하는 모든 평판은 모두 그에게서 온 것이고, 내가 그를 직접 대면하게 된다면 여러 방면에서 미망을 깰 수 있을 것이라고 느낍니다. 우리는 예전에 그랬던 것보다 더 가까워져야 할 것입니다. 나는 우리가 현재 그런 것보다 상대방을 더 잘 알아야 한다는 점을 상당히 중요하게 생각합니다.

이 여행이 건강에 좋을 것이 없다는 말에 전적으로 동의합니다. 어쩌면 괴로움을 당할지도 모르지만, 건강이 이번에 제안된 여행에 고려 대상은 전혀 아닙니다. 건강의 면에서는 인도 중・북부의 고원 휴양지들이 나에게 훨씬 낫습니다.

---

36 〔역주〕 Romain Rolland(1866~1944) : 프랑스의 소설가・극작가・수필가. 간디는 이 편지를 보내고 만 3년 뒤인 1931년 말에 스위스에서 로맹 롤랑을 만난다.

로맹 롤랑과 간디 (1931)
노벨문학상을 수상한 프랑스 작가 로맹 롤랑과 인도의 정신적 지도자 간디가 함께 대화를 나누고 있다. 두 사람은 동양과 서양, 문학과 현실의 차이를 뛰어넘어 비폭력과 인류를 대한 사랑이란 대승적 관점을 공유하고 있었다.

내가 철수하는 일이 특히 바르돌리에서는 여러 사태를 좀 불안정하게 할 것이라는 점에 대해서도 공감합니다. 내가 없다면 외제 천 불매운동은 한 걸음도 나아갈 수 없음이 분명합니다. 하지만 당신들이 모두 캘커타에 결집하므로, 내가 방문해야 한다는 제안에 대해서 위원회에서 논의해 주셨으면 합니다. 나는 내가 배타적인 사람이 되지 않기를, 어떤 원천에서 오는 진리든 그 진리에 도달할 수 있도록 겸손하기를 간절히 바랍니다.

횡령 건들에 대해서는 유감입니다만, 나 자신을 괴롭히지도 말고 그 문제들을 논의하지도 말라는 당신의 경고를 받아들이겠습니다.

당신이 라마찬드란에 대해서 말한 것을 이해합니다. 당신이 그에게 따뜻한 편지를 써서, 그를 당신에게 오도록 일부러 노력하십시오. 그는 일종의 '체티'(Chetty)[37]이기도 합니다. 왜냐하면 그는 자미아(Jamia)[38]에서 카디의 일에 놀랍도록 능숙했기 때문입니다.

그런데 당신이 언급한 횡령에 대해서는 짚고 넘어가야 할 일이 하나 있습니다. 공금 횡령자가 5백 루피를 당신에게 지불하고 출판한 일에 대해서 사과한다면, 당신은 완전히 만족해야 합니다. 그러나 이 말은 무시해도 좋은 비전문가의 견해입니다.

철저한 우유 실험을 행하는 내 공적에 대해서 당신은 뭐라고 말하겠습니까? 그것이 문자 그대로 우유와 물의 실험이라고 하는 내 말에 당신이 반했다는 말을 듣고 싶지 않습니다.

귀하의 신실한 친구

라자고팔라차리에게 보낸 편지,
SN 13123 ; 《전집》 41 : 374

13) 동류정신을 만나며

여러 번 논의했던 내 유럽 여행이 금년에는 성사될 수 없다는 점을 매우 섭섭하지만 지금 선언할 수 있게 되었다. 오스트리아 · 네덜란드 · 영국 · 스코틀랜드 · 덴마크 · 스웨덴 · 독일 · 러시아에 살면서 나를 따뜻하게 초대한 분들에게 내가 할 수 있는 말은 나도 그들 못지않게 실망했다는 것뿐이다.

어쩐지 나는 유럽이나 미국 방문이 두렵다. 그 이유는 내가 우리나라 사람들보다 이들 위대한 두 대륙의 민중을 불신해서가 아니라, 나 자신을 믿지 못하기 때문이다. 나는 건강이나 관광을 위해서 서

---

37 〔역주〕 굽타 산토시 쿠마르(Gupta Santosh Kumar)라는 인도인 박사에 따르면 바이샤 계급의 하위 카스트의 하나로서 사업가를 지칭하며, 주로 인도 남부에서 사용되는 말이라고 한다.

38 〔역주〕 Jamia Millia Islamia의 약자. 자세한 설명은 《마하트마 간디의 도덕 · 정치사상》 권 2, 28번 참조.

양에 가고 싶지는 않다. 공개 강연할 생각도 없다. 나는 명사 대접받는 것을 극히 혐오한다. 내가 대중 연설이나 대중 시위가 갖는 끔찍한 긴장을 견뎌낼 건강을 다시 회복할 수 있을지에 대해서 의심스럽다. 만일 신이 나를 서양으로 보낸다면, 나는 그곳 대중의 마음과 통하기 위해서, 서양의 청년과 더불어 차분한 얘기를 나누기 위해서, 진리라는 대가를 제외한다면 무슨 대가를 치르고서라도 동류정신들 곧 평화 애호가들을 만나기 위해서 그곳에 가야 한다.

하지만 나는 아직 서양에 개인적으로 전달해 줄 메시지가 전혀 없다고 느낀다. 내 메시지가 보편적이란 점은 믿지만 아직은 우리나라에서 내가 하는 일을 통해서 가장 잘 전달될 수 있다고 느낀다. 만일 내가 인도에서 가시적인 성공을 거둔다면, 그 메시지의 전달은 완전해질 것이다. 내가 내 메시지를 위해서 인도가 아무 소용이 없다는 결론에 도달한다면, 내가 비록 그 메시지에 대한 내 신앙을 유지한다고 해도 청중을 찾아서 다른 곳으로 가기를 바라서는 안 될 것이다. 따라서 내가 만일 위험을 무릅쓰고 해외에 간다면, 이 메시지가 인도에 의해서 아주 완만한 속도이지만 분명히 수용되고 있다는 사실을 내가 믿었기 때문일 것이다. 그 믿음을 비록 모든 이에게 만족할 정도로 증명할 수는 없다고 해도 말이다.

그래서 나는 나를 초청해 준 친구들과 망설이면서 편지를 주고받는 한편, 로맹 롤랑 씨를 만나는 일만으로도 유럽에 갈 필요가 있었다고 본다. 일반 방문에 대해서는 내 자신을 믿지 못하기에, 나는 서양의 저 현자를 방문하는 일을 내 유럽 여행의 첫 번째 이유로 꼽으려고 했다. 그래서 나는 그에게 내 어려움을 언급하고 그를 만나고 싶은 욕구를 유럽 방문의 첫 번째 이유로 삼을 수 있도록 허락해 줄 수 있을지를 최대한 솔직한 방식으로 물었다. 그것에 대한 답변으로 미라바이[39]

를 통해서 그의 고결한 편지를 받았다. 그 편지 안에서 그를 방문하는 일이 첫째 이유라면, 그는 진리 자체의 이름으로 나의 유럽 여행을 허용하고 싶지 않다고 말했다. 그는 우리 두 사람의 만남 때문에 여기에서 내 일이 중단되는 것을 허락할 수 없다고 했다. 나는 그 편지 안에서 거짓 겸손 대신 진리의 가장 진솔한 표현을 읽었다. 롤랑 씨가 편지를 쓸 때, 내가 그를 만나기 위해서 유럽에 가려는 욕구가 단순히 의례적 토론을 위해서가 아니라 나와 그에게 동시에 소중한 명분을 위해서라는 것임을 그는 알았다. 우리는 공통 관심사를 촉구하고 의견 교환을 통해서 상대를 보다 더 잘 이해할 수 있을 것이다. 하지만 그는 이런 사실 하나만으로 나를 불러들이는 부담을 지기에는 너무나 겸손했다. 그래서 만일 진리가 직접 만나기를 요청한다고 그가 느낀다면, 나는 그가 그 부담을 지기를 원했다. 따라서 나는 그의 대답을 내 기도에 대한 분명한 대답으로 받아들였다. 이 방문을 제외한다면 나는 내 속에 아무 명령도 감지하지 못했다.

내가 이 절기 동안 유럽을 방문할 것을 진지하게 고려하고 있다는 사실이 신문 지상에 공표되는 것을 보고—이것은 내 의지에 반대되는 일이지만—나는 대중을 신뢰하게 되었다. 나는 내 결정을 유감스럽게 생각하지만 올바른 결정으로 본다. 유럽으로 가야 한다는 아무런 내적 충동이 없고, 여기서 해야 할 많은 일에 대해서 부단한 내적 요청이 있기 때문이다. 그리고 내 절친한 친구의 죽음이 나를 아슈람에 뿌리내리게 하는 것 같다.

그러나 나는 유럽에 있는 많은 친구에게 다음과 같이 말해 두고 싶다. 즉, 내년에 만사가 형통하면 그리고 그들이 여전히 날 보기를 원한다면, 나는 내가 언급했던 엄격한 제한 아래에서 미룬 여행을

39 매들레인 슬레이드 양(Miss Madeleine Slade, 1892~1982).

시도할 것이라는 점, 그리고 내가 내 메시지를 전할 준비가 되어 있든 말든 여행을 시도할 것이라는 점을 말해 두고 싶다. 내가 수많은 친구를 직접 만나는 일은 예사 특권이 아니다. 하지만 이 개인적 설명을 다음과 같이 결론 내리고 싶다. 나에게 만에 하나 서양을 방문할 특권이 있다면, 나는 내 복장이나 습관, 어느 것 하나라도 바꾸지 않고 그곳에 갈 것인데, 기후가 변화를 요구하거나 스스로 부과한 제한 규정이 허락하는 경우라면 그것은 예외이다. 나의 외면적 모습이 내면의 표현이기를 희망한다.

유럽 친구들에게, 〈영 인디아〉,
1928. 4. 26 ; 《전집》 41 : 526

14) 거짓 겸손이 아니다

사바르마티 아슈람, *1928. 5. 1*

비단 박사님께,
당신의 편지가 나를 우쭐대게 만듭니다. 하지만 나는 내 교만에 굴복할 수는 없습니다. 비협력자로서 나는 대학 당국(정부와 어떤 방식으로든 관계가 있는데)과 아무 관련이 없다는 점을 제외하면, 카말라 강의에 내 자신이 적합하고 올바른 사람이라고 간주하지 않습니다. 나는 아슈토슈(Ashutosh) 경이 이 강의를 위해서 분명히 고려했을 법한 학문적 업적도 없습니다.

당신은 내가 감당할 수 없는 책임을 지라고 하십니다. 나는 건강을 꽤 잘 유지하고 있으며 때를 기다리고 있습니다. 당신은 이 나라가 준비되면 정치 분야에서 내가 이 나라를 지도하는 것을 보게 될 것입니다. 나는 스스로 거짓 겸손이 조금도 없습니다. 분명 내 나름대로는 정치가이고, 이 나라의 자유를 위한 계획이 있습니다. 하지만 나의 때는 아직 오지 않았고, 금생에는 결코 오지 않을 수도 있습니다. 만일 그때가 오지 않는다고 해도 눈물 한 방울 흘리지 않을 것입니다. 우리는 모두 신의 손안에 있습니다. 따라서 그분의 안내를 고대합니다.

귀하의 신실한 친구

로이(B. C. Roy) 박사에게 보낸 편지,
SN 13210a ;《전집》41 : 551

15) 기적의 힘은 없다

사바르마티 사탸그라하 아슈람, *1928. 6. 13*

사랑하는 친구에게,

당신의 편지를 받았습니다. 내가 갖고 있다는 기적의 힘에 대한 얘기가 어떻게 외국으로 나갔는지 모르겠습니다. 나는 다른 모든 사람들과 같이 동일한 약점, 영향들, 기타 등등에 민감한 보통 가멸자에 불과하다는 점, 그리고 무슨 비범한 힘이 없다는 점만을 당신에게 말할 수 있습니다.

귀하의 신실한 친구

Miss Barbara Bauer
Big Spring, Texas, U. S. A.

바바라 바우어에게 보낸 편지,
SN 14349 ;《전집》42 : 267

16) 나의 아들들

사바르마티, 사탸그라하 아슈람, *1928. 8. 11*

사랑하는 올리브께,

당신 자신과 당신이 하고 있는 용감하고 놀라운 일에 대한 상세한 소식을 전해 주는 편지를 감사히 받아 보았습니다. 클레먼트와 컴버의 소식을 전해 준 일도 감사했습니다.

당신은 내 자식들에 대해서 알고 싶어하는군요. 하릴랄은 장남인데 반항아가 되어 버렸습니다. 그는 심지어 술 마시고 취하기조차

하고, 솔직히 말하자면 그는 내가 하는 모든 일이 빗나갔다는 의견을 갖고 있습니다. 마니랄은 피닉스에 살면서 〈인디언 오피니언〉지를 관리합니다. 그는 2년 전 결혼하여 아내와 함께 있습니다. 둘 다 행복합니다. 람다스와 데브다스는 나와 함께 있으면서 내 일을 도와줍니다. 람다스는 작년에 결혼했습니다. 데브다스는 아직 미혼입니다. 나는 여기에서 상당히 큰 기관을 운영하고 있습니다. 첨부한 것은 당신에게 그 기관의 구조와 구성을 알려줄 것입니다.

당신이 가족들 중 다른 성원에게 편지를 쓸 때 내 사랑을 전해 주시고, 아울러 당신에게도 사랑을 전합니다.

귀하의 신실한 친구
M. K. 간디

Miss O. C. Doke
Kafulafuta, P. O. Naola, N. W. Rhodesia (South Africa)

올리브 도크에게 보낸 편지,
CW 9226 ; 《전집》 42 : 413

17) 지도하라는 부름

〔*1928. 11. 1*〕

나는 여전히 인도를 지도할 수 있지만 인도가 지도받기 위해서 나에게 올 때, 그리고 나라의 부름이 있을 때에만 나는 인도를 지도할 수 있다.

그전에는 가지 않을 것이다. 나는 대중을 지도할 수 있는 힘을 확신할 수 있을 때까지 나가지 않을 것이다. 그들이 비폭력 정책을 추구할 수 있을 정도로 충분한 숫자에 도달한 것을 내가 깨달을 때까지, 그리고 그들을 통제할 수 있을 때가 아니면, 나는 인도를 다시 지도할 수 없다. 하지만 지금은 지평 위에 아무것도 볼 수 없다. 그렇다고 해서 그 자리를 차지하고 싶어 안달하지는 않는다. 내 후계자의 때에는 가능할지 모르지만, 아마 내 평생 그런 일은 없을 것이다.

간디의 가족 (1903)

간디가 남아프리카에 머물던 시절, 그의 아내 카스투르바이 간디와 네 아들의 모습. 카스투르바이는 평생 남편의 뜻을 따라서 어려운 이웃과 빈민에게 봉사하는 삶을 살아감으로써 자녀들에게 살아 있는 가정교육을 실천하려고 노력했다.

나는 이 순간 후계자를 거명할 수 없다. 오늘날 인도를 지도할 수 있는 자가 반드시 있을 것이지만, 나는 그를 거명할 수는 없다. 내가 활동하지 않는 것에 대해서 수치를 느껴야 마땅하지만, 그런 일이 내 인생에 필요할 것이다. 장차 언젠가 한 사람이 올 것이다. 하지만 지금은 아니다.

〈민군(民軍) 가제트〉(*Civil and Military Gazette*) 지와의 대담,
〈힌두스탄 타임스〉(*Hindustan Times*),[40] 1928.11.3 ; 《전집》 43 : 210

18) 내 주검의 재로부터

〔파이즈푸르, *1936. 12. 26*〕

68세가 된 내가 무슨 새로운 메시지를 줄 수 있을까? 만일 여러분이 나를 암살한다는 결의안이나 내 허수아비를 불태운다는 결의안을 통과시킨다면 내가 여러분에게 주는 메시지가 무슨 소용이 있을까? 물론 육신을 암살하는 일은 문제가 안 된다. 내 주검의 재로부터 1천 명의 간디가 생길 것이기 때문이다. 그러나 만일 여러분이 내 인생의 목적이 되었던 원리들을 암살하거나 불태워 버린다면 어떻게 될까?

학생들에게 보내는 메시지, 〈하리잔〉, 1937. 1. 16 ; 《전집》 70 : 256

19) 외골수와 팔방미인

코하트, 〔*1938. 10. 22~23*〕

안녕,[41] 브라즈크리슈나!
자네의 편지를 읽고 나는 자네가 이번에는 어떤 일이 있더라도 꼭 델리에 머물러야 한다고 느낀다네. 자네는 제시된 모든 과업들을 꼭

40 이하 〈힌두스탄 타임스〉로 표기.

41 〔역주〕 안녕으로 번역한 것은 치(*chi*)인데 이는 힌디어나 구자라티어 chirenjib의 약어이다. long live, 즉 만수무강 정도의 의미이거나 호칭 뒤에 붙는 말로 번역하지 않을 수도 있지만 안녕으로 번역했다.

수행해야 할 것이네.

나는 메루트(Meerut)[42] 사람들에게 편지를 쓸 것이네.

자네는 S씨에 대해서 적절한 것이라면 무엇이든지 할 수 있을 것이네. 내가 F씨에게 편지를 쓸까?

나는 분명 자네에게 나와 함께 사는 것을 허락했다네. 하지만 나와 함께 살고 싶다는 욕망은 집착에서 나왔음을 인정하게나. 라마나 마하르시(Ramana Maharshi)와 오로빈도(Aurobindo)가 외골수이고, 내가 팔방미인임을 단언한다고 해도 소용이 없다네. 외골수이지만 자기의 사명을 이해하고 그것을 추구하는 자는 장점이 있다네. 팔방미인이라고 주장하면서도 오직 실험만 하는 자는 부서진 아몬드 껍질보다 가치가 없다네. 오직 신만이 내가 서 있는 곳을 아신다네. 그들은 깨친 혼으로 알려져 있고 또 그럴지도 모르지만, 나는 단지 열망자에 불과하다네. 여하튼 그들의 추종자들은 그들이 완전한 자아실현을 성취했다고 본다네.

바푸로부터 축복을

브라즈크리슈나 찬디왈라(Brajkrishna Chandiwala)에게
보낸 편지(H.), GN 2459 ; 《전집》 74 : 199

20) 사색가와 행동가

세바그람, *1945. 3. 12*

안녕, 츠하간랄!

자네가 만일 푸루쇼탐을 지킬 수 있다면 제발 그를 지켜주게. 그는 바파(Bapa)에게 한 통의 편지를 보냈다네. 그것을 보게. 나는 자네에 대한 그의 불평을 이해한다네. 어떻게 해야 하나? 자네의 일로 사람

42 〔역주〕 인도 북부 우타르프라데슈 주 북서부에 있는 도시. 델리 북동쪽에 자리잡고 있으며 여러 도로와 철도의 교차점이다.

들에게 감명을 주는 것은 자네의 몫이라네. 모든 활동에 참여하는 것은 의심 없이 감명을 줄 것이지만 일이 잘못되지나 않을까? 그것이 내 운명이 아닐까? 지금껏 나는 어떻게 해왔는가? 나는 행동가 겸 사색가이고, 독창적 견해를 표현함으로써 일종의 만족을 얻을 수 있었다네. 다른 사람들은 그것을 할 수 없다네. 4월에 나는 봄베이에 갈 것이네. 라마는 거기에서 나를 만났으면 좋겠네.

바푸로부터 축복을

Chhaganlal Joshi
Harijan Seva Sangh
Rajkot

츠하간랄 조시에게 보낸 편지(G.),
《피아렐랄 페이퍼스》(*Pyarelal Papers*)[43] ; 《전집》 86 : 71

21) 단어와 그 의미

마하발레슈와르, *1945. 5. 31*

안녕, 키쇼렐랄!
자네는 놀라운 일을 했다네. 나는 자네의 서문 아니 자네가 뭐라고 부르든 간에 그것을 쭉 다 읽어 보았고, 괜찮다고 느꼈네. 하지만 나는 그런 식으로 쓰려고 했던 것이 아니라네. 나는 독자들과 논쟁에 휘말리기를 원치 않네. 나는 내 저술에 대한 독서지침을 주려고 하네. 자네는 내 저술에 기초하여 썼지만, 지금 그대로 자네 이름으로 출판하는 일이 아마 더 좋을 것이네. 하지만 내가 집필을 마친 후에야 나는 알 수 있을 것이네.

---

43 〔역주〕 이하 《피아렐랄 페이퍼스》로 표기. 피아렐랄은 간디 인생의 후반의 비서이자 전기 작가였다. 간디 전기는 10권으로 이뤄져 있는데, 피아렐랄이 시작하고 그의 사후 그의 누이동생 수실라 나야르(Sushila Nayar) 박사(간디 생애 후반부의 주치의)에 의해서 1982년에 완성되었다.

나는 파리차르야(*paricharya*: 봉사)를 이해한다네. 그것은 다음과 같은 것이네. 나는 사람과 같이 단어도 성장할 필요가 있다고 쓴 적이 있다네. 그러지 않았던가? 지식이 성장하면 단어의 의미도 확장된다네. 또 확장되어야만 하네. 우리는 왜 비판자의 의미를 고수해야 할까? 그렇다 하더라도 자네가 말하는 것은 언어의 관점에서 옳은 것으로 보인다네. 애석한 일은 내가 언어학자가 아니라는 점인데, 그래서 나는 순간의 충동에 따라서 나에게 떠오른 것을 써 보았다네. 이것으로 그만. 산보하러 갈 시간이네.

바푸로부터 축복을

키쇼렐랄 마슈루왈라(Kishorelal G. Mashruswala)에게
보낸 편지(G.), 《피아렐랄 페이퍼스》; 《전집》 87 : 43

22) 내 인생이 내 메시지다

〔마하발레슈와르, *1945. 5. 30* 당일 또는 이전〕

질문 간디지,[44] 미국에 있는 흑인에게 보내고 싶은 특별한 메시지가 있습니까?

답변 내 삶은 그 자체가 메시지입니다. 만일 그렇지 않으면 내가 지금 쓸 수 있는 어떤 것도 목적을 달성할 수 없을 것입니다.

인종 관계에서 일어날 수 있는 일에 대해서 언급해 달라는 요구를 받았을 때, 간디 씨는 다음과 같이 말했다.

내 신앙은 오늘 밝게 타오릅니다. 과거에 그랬던 것보다 더 밝게. 우리는 골치 아픈 인종 문제의 해결책에 신속히 접근하고 있습니다.

---

44 〔역주〕 Gandhiji: 우리말로 옮기면, '간디 선생님' 정도 될 것이지만, 그대로 둔다.

오늘날 낙담할 만한 징후에도 불구하고 인종 문제 해결책이 나올 것이라고 간디는 느꼈다. 그리고 그는 여전히 인권을 충분히 보장받지 못하는 사람들이 사용할 수 있는 최선의 무기는 비폭력이라고 느끼고 있다.

간디는 샌프란시스코 회의 개시에 즈음하여 발표된 자신의 최근 발언[45]을 가리키며, 인도의 자유가 인권을 충분히 보장받지 못하는 모든 다른 민족의 복리와 거의 일치한다는 점을 밝혔다. 그때 그는 이렇게 말했다. "인도의 자유(*freedom*)는 지구상의 모든 착취당하는 인종들에게 그들의 자유가 매우 가까이 있다는 것과 그들이 어떤 경우에도 착취당하지 않을 것임을 증명해 줄 것이다."

덴튼 J. 브룩스(Denton J. Brooks)와의 대담,[46]
〈더 힌두〉(*The Hindu*),[47] 1945. 6. 15 ; 《전집》 87 : 17

23) 고요하게 일하기

자연요법 진료소, 푸나 토디왈라가 *5, 1945. 10. 28*

친애하는 모리슨 부인께,

나는 9월 20일자 당신의 편지를 방금 받아 보았습니다. 그리고 당신 편지에 동봉된 것을 거의 한 줄 한 줄 탐독했습니다. 여기에서 우리가 미라바이로만 알고 있는 슬레이드 양은 — 그녀 자신도 그렇게 불리기를 원했습니다만 — 그녀가 숭배하고 사랑하던 히말라야 분지에 있습니다. 그곳은 하르드와르에 가까운 곳으로, 유명한 순례지이고 거대한 갠지스강이 관통해 흐르는 곳입니다.

45 〔역주〕《전집》의 간디연보에 따르면, 간디는 본 대회에 즈음하여 4월 17일 언론에 성명서를 발표했다.

46 〈시카고 디펜더〉(*Chicago Defender*) 지의 극동 특파원, 1945년 6월 10일자 신문에 인터뷰 기사가 실렸다. 브룩스는 다음과 같이 보도했다. "… 지난주 단독 인터뷰에서 … 간디지는 저녁기도 이후 한 시간만을 제외하고는 묵언을 하고 있었다. … 나는 질문을 했고 간디는 그의 대답을 급히 몇 자 적어 주었다."

47 〔역주〕 이하 〈더 힌두〉로 표기.

당신의 녹십자 기획은 나에게 강하게 호소해 옵니다. 그 안에 뭔가 나에게 새로운 것이 포함되어 있기 때문은 아닙니다. 당신의 결의문은 간결하고 요점이 있습니다. 따라서 나는 그 결의문에 서명하라는 초청과 유혹을 느낍니다. 하지만 나는 그 유혹에 저항해야 합니다. 녹십자협회는 이 저항에 대해서 나를 용서해 주시길 바랍니다. 만약 나를 포함한 사람들이 당신의 결의문과 같은 것에 서명하지는 않더라도 조용히 그리고 아마도 더 효과적으로 일함으로써 더 큰 도움이 될 수 있다는 사실을 협회가 인정한다면, 쉽게 용서해 주실 것입니다.

비록 내가 서명을 보내지 않더라도 가능한 한 당신의 활동들에 대해서 가끔 나에게 알려 주시기를 바랍니다. 내 인생에서 수년 동안 당신이 말하는 '10가지 금기 사항'을 실행해왔고, 이웃으로 하여금 같은 것을 하도록 권유해왔다는 사실을 아신다면, 당신은 그 점에 대해서 관심을 가질 수도 있고 즐거워할 수도 있을 것입니다. 나는 '숲 속에 영'이 있음을 오랫동안 믿어왔기 때문입니다. 숲이란 말을 이중적 의미로 사용했지만 말입니다.48

귀하의 신실한 친구

Mrs. M. H. Morrison
Hon. Secretary
The Green Cross Society
41 Asmuns Place, London N. W. 11

모리슨 부인에게 보낸 편지,
《피아렐랄 페이퍼스》; 《전집》 88 : 469

48 〔역주〕 여기에서 숲은 영어 the wood의 번역어인데, 보통 말하는 숲과 곤란 또는 위험을 지칭하는 것으로 보인다.

24) 행위가 나의 영역이다

어떤 친구가 자서전을 지난번에 그만둔 곳에서부터 다시 시작할 것을, 그리고 한 걸음 더 나아가 아힘사 과학에 대해서 책을 쓸 것을 제안해왔다.

나는 결코 자서전을 쓴 적이 없다. 내가 쓴 것은 진리에 대한 내 실험을 진술한 일련의 기사들이었는데, 나중에 책의 형태로 출판되었다. 그 이후 20년 이상이 흘렀다. 그 사이에 내가 행한 일, 숙고한 일을 연대기적으로 기록한 것은 없다. 그런 일을 하고 싶지만, 그럴 만한 여유가 있는가? 현재의 난국에도 〈하리잔〉지의 발행을 의무로 여기며 다시 시작했다. 이 일을 감당하는 것도 어렵다. 그런데 내가 어떻게 진리에 대한 실험의 나머지 부분을 최신판으로 만들 시간을 얻겠는가? 만일 그것을 쓰는 일이 신의 뜻이라면, 그분은 내 길을 분명히 보여주실 것이다.

아힘사 과학에 대해서 논문을 쓰는 일은 내 능력 밖의 일이다. 나는 학술적인 저술에 적성이 있는 사람이 아니다. 행위가 내 영역이고, 나는 나의 빛에 의해서 내 의무로 이해한 것, 그리고 나에게 닥쳐오는 일을 실행한다. 내 모든 행위는 봉사정신에서 출발한다. 아힘사 자체가 진실로 우리가 다룰 수 있는 과학이라면, 그리고 아힘사를 과학으로 체계화할 수 있는 사람이 있다면 그 누구든 그것을 체계화하도록 하자. 투고자는 나의 무능을 감안하여 세 사람을 제시했는데, 이 과업에 적합한 순서대로 말한다면, 슈리 비노바(Shri Vinoba), 슈리 키쇼렐랄 마슈루왈라(Shri Kishorelal Mashruwala), 슈리 카카 카렐카르(Shri Kaka Kalelkar)의 순이 될 것이다. 첫 번째로 거명된 자는 그 일을 할 수는 있지만 하지 않을 것으로 알고 있다. 그의 매 시간이 모두

My Mouth is Gagged

Reg. No. B 3692

HARIJAN

Editor: K. G. MASHRUWALA

VOL. IX, No. 32] AHMEDABAD – SUNDAY, AUGUST 23, 1942 [FIVE PICE

MAHADEV DESAI

On the 15th of August at about 8-30 P. M., Sevagram was informed over the phone by our Wardha friends that they heard over the radio the following communique of the Government of Bombay:

"The Government of Bombay regret to report the death, about 8-40 a. m., on Saturday, of Mr. Mahadev Desai, who was recently detained under the Defence of India Rules.

Mr. Desai was engaged in conversation with Col. Bhandari, I. M. S., Inspector-General of Prisons, and two of his fellow prisoners when he complained of giddiness. Col. Bhandari advised him to lie down and he found that his pulse was low and that he seemed cold. Dr. Sushila Nair who is detained in the same building was sent for and she arrived at once. As the Civil Surgeon could not immediately be found, another I. M. S. officer was summoned.

Injections were given to stimulate the action of the heart and everything else possible was done to keep up Mr. Desai's strength, but he died from heart failure only 90 minutes from the time when he first complained of feeling unwell."

Late Shri Mahadev Desai

Though the information was fairly detailed, the three or four persons who first got it were altogether unwilling to believe it, and persuaded me not to break it immediately to Durgaben and Narayan (Mahadevbhai's wife and son respectively). Infructuous attempts were made to register trunk calls, and at last it was decided that while telegraphic confirmation should be sought from the Prison authorities, the news should be communicated to the family as it was. For a long time they refused to believe it. Both of them urged, "We are unable to feel the shock, which such news ought to give us. Hence, we feel that it must be false." Others concurred. I was alone to [illegible] otherwise. It was a difficult situation for me. Within a short time they were bound to be disillusioned. But should I say that this was wishful thinking? I kept silent and allowed them to express themselves.

At about 10-30 p. m. a condolence telegram was received from Bombay, followed shortly after by another from the Inspector General of Prisons, giving the bearest text "Regret Mr. Mahadev Desai died suddenly this morning of heart failure — Prisons."

The telegram was despatched at 10-5 P. M., and yet it does not say whether and how his body was disposed of subsequently. To the time of writing this, there is no further information, as indeed there is none about Gandhiji himself. But even before this confirmation had come, the usual mental process had gone on, and within a few minutes tears gushed out of their eyes involuntarily, and the mother and the son began to assure and comfort one another that though the information must be false, even if it were true, they should face it bravely, — Narayan urging, "Father has died at a time and in a manner which are most enviable, and which we shall always remain proud of."

He Did It

At the time when Mahadevbhai was, unknown to us, expiring at Poona, some of us at Wardha were considering the local and general situation, and contemplating to take some steps involving risk to our own lives. But not being used to take quick decisions, and still less to take action, we thought and ruminated over deadly non-violent methods of creating the force which will make India free. We thought and dispersed, not knowing that at the other end, Mahadevbhai had already done it and finished his part of the programme. A satirist amongst us remarked light-heartedly that it was not given to everyone to die gloriously,

잡지 〈하리잔〉(1942. 8)

간디는 인도에서 기본적 인권조차 보장받지 못하는 불가촉천민을 '하리잔'(신의 아들)이라 부르며 이들의 지위 향상을 위해서 모금과 봉사, 저술활동을 마다하지 않았다. 이러한 간디의 하리잔에 대한 사랑은 〈인디언 오피니언〉에 이어서 발행한 잡지명을 '하리잔'이라고 한 것에서도 잘 드러난다.

그의 일을 하도록 정해져 있고, 경전[49]을 짓기 위해서 그의 시간에서 단 한순간이라도 떼어내는 일을 신성모독으로 간주할 것이다. 나는 그에게 동의할 수 있다. 세계는 경전을 갈망하는 것이 아니다. 세계가 진실로 갈구하는 것, 앞으로 늘 갈구할 것은 성실한 행동이다. 이 갈망을 완화할 수 있는 사람은 경전을 정밀하게 구성하는 일에 시간을 사용하지 않을 것이다.

슈리 키쇼렐랄은 이미 독립적으로 책을 써왔다. 그의 건강이 허락하는 한, 그는 저술활동을 계속할 것이다. 그의 저작을 경전으로 부르는 일이 옳지 않을지 모르지만 그것(경전)과 매우 유사한 것이라고 할 수 있을 것이다. 하지만 현재의 건강 상태로는 그가 그 부담을 떠맡을 것 같지 않다. 그리고 나는 절대로 그에게 부담 주지 않을 것이다. 슈리 비노바와 마찬가지로 그 역시 자기 시간을 한순간이라도 낭비하는 것을 허용하지 않는다. 그는 대부분의 시간을 그가 폭넓게 사귀는 친구들의 개인적 문제를 해결하는 데 바친다. 하루가 끝나면 그는 완전히 녹초가 된다.

슈리 카카사헤브는 슈리 타카르(Shri Thakkar)와 같이 구제할 길 없는 유목민이다. 이제 막 그는 국어들 또는 지역 언어들의 보급과 발전을 특별 관심사로 삼았다. 만일 그가 경전을 짓기 위해서 한순간이라도 할애하기를 원한다고 해도, 나는 그 행동을 막을 것이다.

사정이 이러하니 현재로서는 문제가 된 책에 대한 요구는 없다는 결론을 내릴 수 있을 것이다. 내가 살아 있는 동안 그런 종류의 책

49 〔역주〕 샤스트라(*shastra*)의 번역어이다. 이것을 산스크리트어로 남겨 둘까도 생각해 보았지만, 경전이란 말이 우리에게 아주 익숙한 말이고 의미전달에서도 문제가 없다고 보아서 《마하트마 간디의 도덕 · 정치사상》에서는 모두 경전이란 말로 번역하기로 했다.

은 완성되지 않을 것이다. 아힘사에 대한 책이 있어야 한다면 그것은 내가 죽은 다음 비로소 사람들이 쓸 수 있을 것이다. 그런 경우에도 나는 아힘사를 완전히 해명하는 일은 실패할 것이라고 경고하고 싶다. 지금까지 어떤 사람도 신을 완전히 기술하는 일에 성공을 거둔 경우는 없었다. 아힘사도 마찬가지다. 내가 오늘 하는 일, 오늘 옳다고 하는 것을, 내일 역시 내가 행하거나 믿을 것이라는 점에 대해서 나는 그 어떤 보장도 할 수 없다. 오직 신만이 전지(全知)이시다. 육신의 옷을 입은 인간은 본질적으로 불완전하다. 인간이란 신을 본떠서 만들어졌다고 묘사될 수도 있지만, 그가 결코 신일 수는 없다. 신은 불가시(不可視)의 존재로서, 인간의 눈이 미칠 수 있는 범위를 넘어서신다. 따라서 우리가 할 수 있는 모든 일은, 우리가 신의 사람으로 여기는 사람들의 말과 행위를 이해하기 위해서 노력하는 것밖에 없다. 그것들이 우리 존재 안으로 완전히 스며들도록, 그것들이 우리 심정에 호소하는 만큼 그것들을 행위로 옮기도록 하자. 어떤 과학적인 논문이 이보다 더 도움이 될까?

두 개의 요청(G.), 〈하리잔〉, 1946. 3. 3 ; 《전집》 90 : 1

2. 성자인가 정치가인가?

25) 성자인가 정치가인가?

친절한 친구 한 사람이 〈동양과 서양〉(*East and West*)지 4월호에서 오려낸 것을 보내주었는데, 그것은 아래와 같다.

> 간디 씨가 성자(*saint*)라는 평판을 듣고 있는데, 그의 내부에 있는 정치가가 때로 그의 결정을 지배하는 것으로 보인다. 그는 하르탈(보이콧)을 크게 사용해왔고, 그의 지도 아래 하르탈이 당대의 똑같은 하나의 문제에 대해서 교육받은 자와 교육받지 못한 자를 통합하는 강력한 정치 무기가 되어왔다는 점을 부인할 도리는 없다. 하르탈에 단점이 없는 것은 아니다. 그것은 직접 행동을 가르치는데, 그 직접 행동이 아무리 강력하다고 해도 일치를 위해서 작동하는 것은 아니다. 간디 씨는 스스로 아힘사, 불상해라는 최고의 명령을 준수하고 있다고 절대로 확신하는가? 잘리안왈라 바그(Jallianwala Bagh)[50]의 총격 사건을 기념하자고 하는 그의 제안은 화합을 증진할 것 같지는 않다. 그것은 우리 정부가 본심을 드러낸 비극적 사건이지만, 쓰라림에 대한 기억을 간직할 만한 가치가 있을까? 우리는 영문도 모른 채 죽어간 사람들의 혼을 축복하기 위해서 미망인들과 고아들을 도울 수 있는 평화의 전당을 건립함으로써 그 사건을 기념할 수는 없을까? 세계는 정치꾼과 술수가들로 그득하다. 이들은 애국의 이름 아래 인간의 내면적 감미로움에 독을 탔고, 그 결과로 우리에게 전쟁과 반목, 그리고 잘리안왈라 바그가 도살장이 되고 만 것처럼 파렴치한 학살이 있게 되었다. 붓다나 그리스도가 설교했듯이, 우리는 보다 더 큰 공

50 〔역주〕 암리차르 대학살이 일어난 장소. 원래 바그는 정원을 뜻하는 말이지만, 잘리안왈라 바그는 트라팔가 광장만 한 움푹한 흙마당이었다. 요게시 차다, 《마하트마 간디》, 429면 참조.

생(共生, *a larger symbiosis*)을 위해서 노력하고, 세계와 함께 숨 쉬고 번영할 수 있게 해야 하지 않을까? 간디 씨는 그와 같은 운동을 위해서 사도가 될 운명을 지닌 것으로 보인다. 하지만 상황이 저항과 단결(*group unities*)을 고양할 길을 찾도록 그에게 요구하고 있다. 그는 하지만 세계를 통일하는 더 큰 사명을 받아들일 수 있을 것이다.

이것이 인용문 전체이다. 나는 자신에 대한 비판이나 내 방법에 대한 비판에 주목하지 않는 것을 원칙으로 삼고 있다. 단, 거기에 주목함으로써 내가 과오를 인정하고 비판받은 원리들을 더욱더 강화할 필요가 있을 때는 예외이다. 이 인용에 주목하는 이유는 두 가지이다. 내가 소중하게 견지하고 있는 원리들을 더 해명하기를 희망할 뿐 아니라, 내가 알고 있는 비판자에게, 그 인격의 뛰어난 아름다움으로 오랫동안 존경해온 비판자에게 경의를 표하고 싶기 때문이다. 비판자는 내 안에서 정치가 속성을 본 것을 유감으로 생각하며 내가 성자가 되기를 기대하고 있다. 나는 금생에는 '성자'라는 말이 배제되어야 한다고 생각한다. 성자란 단어는 거룩한 말이므로 어떤 사람에게도 경솔하게 적용되어서는 안 되고, 나 같은 자에게는 더욱 가당찮은 칭호이다. 나는 오직 진리를 향한 겸손한 구도자임을 주장할 뿐이고, 나의 한계를 알고 있고, 실수도 하고, 그것을 서슴없이 인정하는 사람이며, 과학자처럼 삶의 어떤 '영원한 진실들'에 대해서 실험하고 있음을 솔직히 고백하는 사람이다. 그러면서도 자신이 과학자라고 주장할 수 없는 사람이다. 왜냐하면 방법에서 과학적 정확성에 대한 분명한 증거를 제시할 수도 없고, 현대과학이 요구하는 실험의 분명한 결과도 보여줄 수 없기 때문이다. 내가 성인임을 부인한 것은 비판자의 기대를 저버리는 일일 것이다. 하지만 나는 내 속에 있는 정치가가 단 한 차례의 결정조차 지배한 적이 없었고, 내가 정치에 참여하는 듯이 보여도 그것은 오늘날의 정치가 뱀의 똬리처럼 우리를 휘감고 있어서 우리가 아무리 노력해도 빠져나올 수 없기 때문이라고 대답할 것이다. 그는 이 대답을 듣고 유감을 철회하기를 바란다. 따라서 의식적인 면에서 나는 1894년 이래 줄곧 정치라는 뱀과 씨름해왔다. 그런데 새롭게 발견한 사실이지만, 무의식적인 면에서 보면 나는 분별의 시기에 도달한 이래 쭉 그런 싸움을 벌여온 셈이다. 그 싸움에서 나는 다소 성공을 거두기도 했고 씨름을 계속하기를 원한다.

나는 아주 이기적이게도 나를 감싸고 윙윙 소리를 내며 노호하는 폭풍 안에서 평화로이 살고 싶었다. 그러면서도 나는 종교를 정치에 도입함으로써 친구들과 더불어 실험을 해왔다. 나에게 종교란 무엇인가를 설명해 보자. 내가 다른 모든 종교보다 분명히 높이 평가하는 종교는 힌두교가 아니라 힌두교를 초월하는 종교이다. 그것은 사람의 본성 자체를 바꾸는 종교이며, 우리를 내면적 진리에 꽉 붙들어 매어 두고 늘 정결케 하는 종교이다. 그것은 인성 내부의 불변의 요소로서 어떤 값비싼 대가를 치르고서라도 자신을 완전히 표현하려고 한다. 그 불변의 요소는 우리 혼이 자기 자신을 찾아내고 그 창조주를 알아낼 때까지, 그리고 그 혼이 자신과 창조주 사이의 진정한 조응(照應)을 인정할 때까지 우리를 철저히 동요하게 만든다.

나는 바로 그 종교적 정신에서 하르탈을 떠올렸고, 인도를 각성시키고 교육받은 자를 함께 묶어 주는 것은 문자에 대한 지식이 아니라는 점을 보여주고 싶었다. 1919년 4월 6일 하르탈은 마치 마법같이 전 인도를 밝혀 주었다. 자신의 잘못을 자각한 정부의 귀에 공포를 속삭여 댄 사탄이 일으킨 4월 10일의 정부 개입이 없었다면, 인도는 상상조차 할 수 없이 높은 위치에 도달했을 것이다. 그런데 사탄은 정부에 대한 극도의 불신에 의해서 이미 하르탈을 벌일 준비가 되어 있었던 민중을 분노하게 만들었다. 하르탈은 거대한 민중에 의해서 진정한 종교적 정신으로 받아들여졌을 뿐 아니라, 일련의 직접 행동들의 전주곡으로 간주된 것이었다.

그런데 내 비판자는 그런 직접 행동을 개탄하고 있다. 그가 "그것이 일치를 위해서 작동하는 것은 아니다"라고 말하고 있기 때문이다. 나는 그의 말에 반대한다. 이 지구상에서 직접 행동 없이 달성된 것은 아무것도 없다. 나는 '수동적 저항'(*passive resistance*)이란 단어를 거부했다. 그것은 불충분할 뿐만 아니라 약자의 무기로 해석되어 왔기 때문이다. 남아프리카에서 스뮈츠(Jan Christian Smuts) 장군을 제정신으로 돌아오게 한 것은 효과 만점의 직접 행동이었다. 그는 1906년 인도의 열망에 반하는 가장 무자비한 적수였다. 그는 1909년 그 법령에 대해서 남아프리카가 트란스발 의회에 의해서 두 차례 통과된 법령의 폐지를 용납하지 않을 것이라는 점을 내세워 몰리경에게 그것을 절대 철회하지 않을 것이라고 말했다. 그런데 그는 치욕의 법령을 1914년 남아프리카 연방 법령집에서 제거하여 때늦은 정의를 수행했으며, 그때 그는 그 일에 대해서 자랑스러워했다. 더욱 좋은 것은 8년간 지속된 직접 행동은 일체의 쓰라림도 남기지 않았고, 오히려 스뮈츠 장군에 대항하여 완강하게 투쟁을 벌인 인도인을 남겼으며, 이들은 1915년 동아프리카에서 그의 깃발 아래 정렬하여 그의 휘하에서 전투하게 되었다. 참파란에서 해묵은 불평거리를 제거한 것도 직접 행동이었다.

우리를 괴롭히는 법적 무자격이나 불평거리가 제거되면 우리는 기뻐할 것이다. 그런데 그것을 제거하지 못하고 무력하게 순종하는 일은 일치를 만들지 못할 뿐 아니라, 약자를 괴롭히고 화나게 하며,

때를 노려 폭발시킬 준비를 하는 셈이다. 그러나 나 자신을 약자와 한편으로 만들어, 약자에게 직접적이고 결연한 행위, 단 해가 없는 행위를 가르쳐 줌으로써, 그 약자로 하여금 강하다고 느끼게 하고 물리력에 도전할 수 있는 능력을 갖게 한다. 그는 투쟁을 위해서 마음을 다잡고, 자신감을 회복하고, 치유책이 자신 안에 있음을 알아서 더 이상 복수심을 품지 않으며, 그가 치유하려고 하는 잘못을 교정하는 일에 만족하기를 배운다.

그것은 내가 감히 잘리안왈라 바그에 대한 건의서를 제출하려고 했던 것과 같은 노선을 따른다. 위에서 언급한 〈동양과 서양〉지에 게재된 저 글의 필자는 마음에 떠오른 적도 없었던 제안을 내 것으로 치부하고 있다. 그는 내가 '잘리안왈라 바그의 총격 사건을 기념'하기를 원한다고 생각한다. 흉악한 행위에 대한 기억을 영속화하는 일보다 내 생각에서 멀리 떨어진 일은 없다. 감히 말하건대 우리는 본래의 권리를 회복하기 전에 이런 비극을 반복하게 될 것이다. 나는 무고한 죽음에 대한 기억을 소중히 간직함으로써 비극에 대해서 우리나라를 대비하게 할 것이다. 미망인과 고아들은 도움을 받아왔고 지금도 받고 있다. 하지만 우리가 만일 무고한 피로 거룩하게 된 땅을 확보하여 그들을 위한 적절한 기념탑을 건립하지 않는다면, 우리는 '영문도 모른 채 죽어간 사람들의 혼을 축복'할 수 없다. 내가 도울 수만 있다면, 그것은 추악한 행위를 상기시켜 주는 물건으로 이용되지 않고, 무장하지 않은 채 무력하게 죽는 편이 더 낫다는 것, 폭압자로 죽는 것보다 희생자로서 죽는 편이 더 낫다는 사실을 우리에게 고취하는 데에 이용되어야 할 것이다. 무고한 죽음을 목격한 우리가 배은망덕하게도 그들에 대한 기억을 간직하기를 거부하지 않았다는 점을, 미래 세대들이 상기할 수 있도록 하고 싶다. 진나 부인이 소액이나마 기금에 바치면서 말한 바와 같이, 기념물은 적어도 우리에게 살아갈 수 있는 명분을 줄 것이다. 우리는 어떤 정신으로 기념물을 건립할 것이고, 그 정신이 결국 기념물의 성격을 결정할 것이다.

붓다와 그리스도가 가르쳤다는 '더 큰 공생'(*the larger symbiosis*)은 무엇인가? 붓다는 두려움 없이 전쟁을 하면서 원수의 진지까지 진격해 갔고 교만한 사제들을 굴복시켰다. 그리스도는 환전상을 예루살렘의 교회에서 쫓아내고 위선자와 바리새인들 위에 천국의 저주를 퍼부었다. 둘 모두 치열한 직접 행동이었다. 하지만 붓다와 그리스도는 벌을 주면서도, 그들의 모든 행위 배후에 놓칠 수 없는 온유함과 사랑이 있음을 보여주었다. 그들은 대적을 향해서 손가락 하나 올리지 않을 것이다. 하지만 그들이 몸을 바쳐서 살아온 진리를 바치는 대신 자신들을 기꺼이 바칠 것이다. 만일 붓다의 사랑이 가진 지고(至高)의 주권이 사제를 굴복시키는 과업에 충분하다는 점이 증명되지 않았다면, 그는 사제에 저항하며 죽었을지도 모른다. 그리스도는 제국 전체의 힘에 도전하면서 십자가 위에서 가시면류관을 쓰고 죽었다. 그리고 만일 내가 비폭력적 성격의 저항을 벌인다면, 나는 내 비판자가 거명한 위대한 스승들의 발자국을 단순하고 겸손하게 따라갈 따름이다.

마지막으로 위 인용문의 저자는 '단결'에 대해서 시비하면서, '세계를 통일하는 더 큰 사명'을 받아들이라고 했다. 나는 같은 지붕 아래에 있는 그에게 내가 그보다 더 세계 시민적(*cosmopolitan*)이라고 말한 적이 있다. 나는 여전히 그 말을 포기하지 않을 것이다. 만일 단결을 이뤄내지 못한다면, 나는 결코 전 세계를 통일하지 못할 것이다. 톨스토이는 만일 우리가 우리 이웃에 대한 비난을 그만두면, 세계는 우리에게서 아무 도움을 받지 않더라도 괜찮을 것이라고 말했다. 그리고 만일 우리가 가장 가까운 이웃을 잡아먹기를 중지함으로써 그들에게 봉사한다면, 이렇게 올바르게 조직된 집단들의 원주(圓周)가 점점 확장되어 마침내 전 세계의 원과 동일한 폭을 가지게 될 것이다. 그 이상은 어떤 인간이 노력하더라도 얻을 수 없다. "그 육신에게 하는 대로 우주에게"(*yatha pinde, tatha brahmande*)라고 아주 옛날 미지의 현자(리쉬, *rishi*)가 처음 말했을 때, 그 말이 진실이었듯이 오늘날 역시 진실이다.

성자도 아니고 정치가도 아니다,
〈영 인디아〉, 1920. 5. 12 ; 《전집》 20 : 96

3. 나의 사명

26) 노동자와의 일치[51] 〔*1925. 8. 8*〕

내가 이 거대한 강철 공장을 방문할 수 있게 된 것을 매우 기쁘게 여깁니다. 나는 1917년 참파란의 농민들에게 봉사하려고 노력했던 바로 그해부터 여기에 와야겠다는 생각을 쭉 해왔습니다. 에드워드 게이트(Edward Gait) 경이 그 당시 비하르를 떠나기 전 이 공장을 꼭 보아야 한다고 말했습니다. 그러나 모사(謀事)는 재인(在人)이요 성사(成事)는 재천(在天)이라는데, 신은 나에게 다른 식으로 처분하셨습니다. 나는 이곳을 방문하려고 여러 번 시도했었습니다.

여러분이 아시다시피 나 자신이 노동자입니다. 나는 스스로 청소부, 직공(織工), 물레질하는 사람, 농민, 그리고 기타 등등으로 불리는 일을 자랑스럽게 여깁니다. 그리고 나는 내가 이런 일들을 오직 태

51 〔역주〕 이 글에서 나오는 labour와 capital을 문맥에 따라서 각각 '노동자'와 '자본가'로 번역한 곳도 있다.

연하게 생각한다는 점을 부끄럽게 여기지 않습니다. 나 자신을 노동계층과 동일시하는 일은 하나의 기쁨입니다. 노동(*labour*) 없이는 우리가 아무것도 할 수 없기 때문입니다. '노동하는 것이 기도하는 것'이라는 의미의 위대한 라틴어 격언이 있습니다. 유럽의 가장 유명한 작가 중의 한 분은 사람이 일하지 않으면 먹을 자격이 없다는 말을 했습니다. 노동이란 말은 여기에서 머리로 하는 노동을 의미하는 것이 아니라 손으로 하는 노동을 의미합니다. 동일한 생각이 힌두교에도 관통하고 있습니다. '노동하지 않고 먹는 자는 죄를 먹는 자이고, 실제 도둑이다.' 이것은 《바가바드 기타》 내의 시구가 지닌 문자 그대로의 의미입니다. 따라서 나는 나 자신을 온 세계의 노동자(*labour*)와 일치할 수 있다는 사실을 자랑스럽게 여깁니다.

인도에 존재하는 인도인이 벌이는 최대 사업은 아니지만 최대 사업들 중 하나를 방문하여 그 공장의 실정을 공부하는 것이 나의 야망이었습니다. 하지만 나의 활동들 중 어느 것도 일방적인 것은 없습니다. 내 종교가 진리와 비폭력에서 시작하고 또 끝나는 것이므로, 내가 노동자와 일치를 이룬다고 해도 그것이 자본가(*capital*)와 나의 우정에 갈등을 야기하지는 않습니다. 그리고 나를 믿어 주십시오. 35년간의 공적 생활 동안 내가 겉으로 자본의 반대편에 속한 것으로 보일 수밖에 없었지만, 자본가들(*capitalists*)은 결국 나를 그들의 진정한 친구로 받아 주었습니다. 나는 내가 자본가들의 친구로서, 즉 타타 가문의 친구로서 여기에 왔다고 아주 겸손하게 말할 수 있을 것입니다. 그리고 여기에서 만일 내가 여러분에게 타타 가문과 나의 관계가 어떻게 시작되었는가에 대한 짤막한 얘기를 들려드리지 않는다면 배은망덕한 사람이 되고 말 것입니다.

남아프리카에서 내가 우리의 자존심(*self-respect*)을 회복하고 우리의 지위를 유지하기 위한 시도로서 그곳의 인도인들과 함께 투쟁하고 있을 때, 제일 먼저 도움을 준 사람이 고 라탄 타타(Ratan Tata) 경이었습니다. 그는 아주 대단한 편지와 함께 2만5천 루피짜리 수표라는 풍성한 기부금을 보내주었고, 필요하다면 더 보내겠다는 약속까지 했습니다. 그날 이래로 나는 타타 가문과의 관계에 대한 선명한 기억을 갖게 되었습니다. 여러분과 함께 있었던 일이 나에게는 얼마나 유쾌했던 일인가를 충분히 짐작하실 수 있을 것입니다. 그리고 내일 여러분과 작별할 때 무거운 마음이 될 것이라고 말한다면 그것을 믿어 주십시오. 많은 것을 보지도 못하고 떠나가야 하는데, 겨우 이틀 동안 여기에서 여러 일을 실제로 공부했다고 말하는 것은 주제넘는 일이기 때문입니다. 이 위대한 사업을 배우고 싶어하기 전에 나는 과업의 크기를 잘 알고 있습니다.

나는 위대한 인도 공장에 그것에 합당한 크나큰 번영이 있기를 바라고, 또한 위대한 사업이 언제나 성공하기를 기원합니다. 위대한 가문과, 그들의 배려 아래 여기에서 일하는 노동자들 사이의 관계가 아주 우호적인 성격을 띠기를 내가 기대해도 될까요. 아메다바드에서 나는 자본가들과 노동자들과 함께 많은 일을 했습니다. 그리고 나는 자본과 노동이 서로 보완하고 서로 도와야 한다는 것이 내 이상이라고 항상 말해왔습니다. 그들은 일치와 화합 속에 살아가는 큰 가족이어야 합니다. 자본가들은 노동자들의 물질적 복리만이 아니라 도덕적 복리에 대해서도 배려해야 합니다. 자본가들은 노동계급의 복지를 자신들의 수중에 맡은 수탁자(*trustees*) 입니다.

수많은 유럽인과 인도인이 여기에 살고 있지만 서로 행복한 관계를 이루고 있다는 이야기를 들었습니다. 그 정보가 말 그대로 사실이길 바랍니다. 여러분 쌍방이 위대한 사업과 연관되어 있다는 것은 여러분의 특권이고, 여러분은 우정과 선의(善意) 속에서 함께 살아가는 좋은 본보기를 인도에 제시할 수 있을 것입니다. 여러분은 여러분이 일하고 있는 이 거대한 공장의 지붕 아래에서만 상호간에 최선의 관계를 가질 것이 아니라, 여러분의 우정을 공장 외부로까지 확대해나가길 바랍니다. 여러분 모두가 형제자매로서 살고 일하기 위해서 여기에 왔다는 점을 깨닫고, 상대방이나 자신을 절대 열등한 존재로 간주하지 마시기 바랍니다. 만일 여러분이 이런 일에 성공한다면 여러분은 바로 축소판 스와라즈를 가지는 것입니다.

나는 스스로 비협조자라고 말했고 시민저항자(*civil resister*)라고도 부릅니다. 이 두 단어는 다른 많은 영어 단어가 그렇듯이 부정적 의미를 가지게 되었습니다. 하지만 나는 협조하기 위해서 비협조하는 것입니다. 나는 24캐럿 이하의 금붙이 같은 잘못된 협조라면 그 어떤 것에 대해서도 만족할 수 없습니다. 내가 비협조한다고 해도, 그 비협조가 심지어 마이클 오도여(Michael O'Dwyer) 경과 다이어 장군에게조차 내가 호의적이 되는 것을 막지 못할 것입니다. 비협조는 아무도 해치지 않습니다. 그것은 악과의 비협조, 즉 악을 행하는 자와의 비협조가 아니라 사악한 제도와의 비협조일 뿐입니다.

나의 종교는 악을 행하는 자도 사랑하라고 내게 가르칩니다. 그리고 내 비협조는 내 종교의 일부일 따름입니다. 남의 귀에 듣기 좋게 이런 말을 하는 것은 아닙니다. 나는 내 인생에서 진심에도 없는 말을 하는 잘못을 범한 적이 결코 없습니다. 내 본성은 심정으로 곧장 가는 것입니다. 가끔은 그렇게 하는 일에 잠시 실패하기도 하지만, 나는 진리가 궁극적으로 사람들로 하여금 진리 자체를 듣도록 하고 감지할 수 있도록 한다는 점을 알고 있습니다. 이런 경험을 나는 자주 겪었습니다. 따라서 여러분 사이의 관계가 아주 절친한 것이어야 한다는 내 바람은 내 심정 깊숙한 데서 오는 것입니다. 여러분이 악과 속박에서 인도를 구원하는 일에 도움이 되고, 인도가 평화의 메시지를 외부세계에 주는 일에 도움이 되기를 나는 마음속 깊이 기도합니다. 인도 안에 있는 인도인들과 유럽인들 사이의 이 만남은 특별한 의미를 지녀야 하고 그런 의미를 지닐 수 있도록 해야 합니다. 평화와 선의를 지구상에 널리 확산하기 위해서는 우리 양측이 함께 살아가는 것 이상의 방도가 있겠습니까? 타타 가문에 봉사하면서 여러분은 인도에 봉사할 것이고 그리고 여러분이 단순히 공업(工業)을 위해서라기보다 더 고상한 임무를 위해서 여기에서 일한다는 점을 깨달을 수 있도록 신이 허락해 주시기를 바랍니다.

잠셰드푸르, 인도인 협회에서의 연설, 〈암리타 바자르 파트리카〉, 1925. 8. 14 ; 〈영 인디아〉, 1925. 8. 20 ; 《전집》 32 : 169

27) 인류를 위한 봉사

미지의 많은 미국인 친구와 유럽인 친구와 우정을 즐기는 것은 나의 특권입니다. 우정의 범위가 점점 확장된다는 것, 특히 미국에서 확장된다는 것을 알게 되어 기쁩니다. 1년 전 북미 대륙을 방문해 달라는 따뜻한 초청을 받아서 즐거웠습니다. 동일한 초청이 재차 왔습니다만, 이번 초청에는 그 사람들이 힘을 배나 쓰고 있고 모든 비용을 전부 부담하겠다는 제의가 포함되어 있었습니다. 그때 그랬던 것처럼 지금도 그 친절한 초청에 응할 수 없습니다. 그것을 받아들이는 일은 매우 쉬운 일이지만, 나는 그 유혹을 물리쳐야 합니다. 인도의 지성인들에게 내 위상을 확고히 해 두지 않는다면, 저 위대한 북미 대륙에 무엇을 효과 있게 호소할 수 없을 것이라고 느끼기 때문입니다.

나는 나의 근본적인 입장이 진실하다는 점에 대해서는 추호의 의심도 없습니다. 하지만 나는 대부분의 인도 지식인들을 움직이지 못하고 있음을 알고 있습니다. 따라서 내가 인도 식자층으로부터 유리되어 있는 한, 미국인과 유럽인으로부터 나의 조국을 위한 효과적인 도움을 얻을 수 없을 것입니다. 내가 전 세계의 맥락에서 무엇인가를 성찰하려는 것은 사실입니다. 나의 애국은 인류 전체의 선을 포함합니다. 따라서 인도에 대한 봉사는 인류에 대한 봉사를 포함합니다. 하지만 내가 서양으로부터 도움을 얻기 위해서 인도에서의 내 궤도를 떠난다면 그 궤도를 이탈하게 될 것이라고 느낍니다. 나는 인도라는 작은 연단에서 서양에게 말하고, 서양에서 얻을 수 있는 도움으로 당분간 만족해야 할 것입니다. 만일 내가 미국이나 유럽으로 간다면, 오늘 느끼는 약한 상태에서가 아니라 강한 상태에서 가야 할 것입니다. 약함이란 내 나라의 약함을 의미합니다. 인도 해방의 구도 전체가 내부 힘의 발현에 기초하기 때문입니다. 그것은 자기정화의 계획입니다. 따라서 서양 민중은 전문가들을 제쳐놓고 인도의 내면을 공부함으로써 인도의 운동을 가장 잘 도와줄 수 있습니다.

그들 전문가들이 인도에 온다면 마음을 연 채로 진리추구자에 어울리는 겸손의 정신으로 오게 하십시오. 그러면 혹 그들은 미화된 모습 대신 실상을 보게 될 것입니다. 그런데 내가 만일 미국에 간다면 완벽하게 진실하고자 하는 강한 욕구에도 불구하고, 나는 저 미화된 모습을 제시할 것입니다. 나는 말이든 글이든 언어의 힘보다는 생각의 힘을 더 믿습니다. 내가 대변하려고 하는 운동이 생명력을 지니고 있고 그 위에 신의 축복이 있다면, 그 운동은 내가 몸소 세계의 다른 곳에 가지 않더라도 전 세계에 퍼질 것입니다. 여하튼 지금 내 앞에 아무 빛도 보이지 않습니다. 외국으로 가기 위한 내 길을 분명히 볼 때까지 나는 인도에서 끈기 있게 뚜벅뚜벅 걸어가겠습니다.

미국 친구는 초청을 강하게 요구하고 내가 고려해야 할 많은 질문을 던졌습니다. 나는 그 질문들을 환영하며, 이 칼럼을 통해서 대답할 기회를 갖게 되어 기쁩니다. 그는 말합니다.

미국 친구 당신이 지금이나 나중에 여기에 오기로 결정하든 아니면 오지 않기로 결정하든, 나는 당신이 다음 질문을 고려할 만한 것으로 여길 것이라고 믿습니다. 그것들은 오랫동안 내 마음에서 집요하게 성장해왔습니다.

그의 첫 질문은 다음과 같습니다.

질문 전 세계, 특히 영국과 미국을 새로운 의식에까지 고양시키는 것, 그것이 당신이 인도를 돕는 최선의 방도가 되는 시기가 도래했다고 보십니까? 아니면 오고 있다고 보십니까?

답변 나는 그 질문에 대해서 이미 부분적으로 대답했습니다. 내가 전 세계를 새로운 의식에까지 고양시키기 위해서 인도 외부로 나갈 그날이 언젠가는 올 것이지만 아직은 도래하지 않았습니다. 하지만 그 과정은 지금도 완만하지만 간접적으로, 무의식적으로 진행되고 있습니다.

질문 오늘날 어디에서 살든 전 인류의 이익은 떼어낼 수 없을 만큼 서로 얽혀 있으므로 어떤 나라든 가령 인도 같은 나라도 다른 나라들과의 현재의 관계에서 멀리 떨어질 수 있습니까?

답변 나는 어떤 나라든 단 1초라도 고립된 채 존재할 수 없다는 점을, 위의 필자와 더불어 믿고 있습니다. 스와라즈를 확보하기 위한 현 계획은 고립의 위상이 아니라, 만인의 이익을 위해서 완전한 자기실현과 자기표현의 위상을 얻는 것입니다. 속박과 무력감이라는 현재의 위상은 인도나 영국만이 아니라 전 세계를 해치는 것입니다.

질문 당신의 메시지와 방법은 본질적으로 세계 복음인 것으로 보이는데, 그 복음의 힘은 여기저기, 많은 나라에 있는 응답하는 혼들 안에서 발견해야 할 것이 아니겠습니까? 혼들은 그럼으로써 서서히 세계를 개조합니다.

답변 만일 내가 어떠한 교만 없이 적절한 겸손으로 말할 수 있다면, 내 메시지와 방법은 본질적으로 참으로 전 세계를 위한 것입니다. 그리고 그것이 이미 상당한 그리고 날마다 증가하는 남녀 서양인들의 심정에서 놀라운 반응을 이미 얻어왔음을 알고 있으며, 나는 아주 크게 만족하는 바입니다.

질문 만일 당신이 당신의 메시지를 오직 동양의 언어로만 증명한다면 그리고 오직 인도의 위급한 상황에 국한시켜 증명한다면, 비본질적인 것이 본질적인 것과 혼돈될 수 있는 심각한 위험이 있을 것이 아닙니까? 인도의 극단적인 상황에만 적합한 어떤 면모들이 보편적인 의미에서 긴요한 것으로 오해될 수 있지 않겠습니까?

답변 나는 필자가 지적한 위험을 알고 있습니다만, 그것은 불가피한 일로 보입니다. 나는 매우 불완전한 실험의 한가운데 있는 과학자의 위치, 즉 커다란 결론과 그보다 더 큰 필연적인 결과를 이해 가능한 언어로 예측할 수 없는 과학자의 위치에 있습니다. 따라서 나는 실험 단계에서 오해받는 실험을 해야 하는 위험을 감수할 수밖에 없는데, 그런 오해는 과거에도 있었고, 아마 여러 곳에서 지금도 오해를 받고 있을 것입니다.

질문 당신은 미국(여러 잘못에도 불구하고 살아 있는 민족들 중 아마 잠재적으로는 가장 영적이라고 할 수 있는 나라인데)에 와서, 당신의 메시지의 의미를 동양문명의 언어만이 아니라 서양문명의 언어로도 세계에 말해야 하지 않겠습니까?

답변 일반 사람들은 내 메시지를 그 결과를 통해서 이해할 것입니다. 따라서 여하튼 당분간 내 메시지를 가장 잘 들을 수 있는 지름길은 메시지 스스로 얘기하게 하는 일입니다.

질문 가령 당신의 영감을 추종하는 서양인들은 물레질을 설교하고 실천해야 합니까?

답변 서양인들이 물레질을 설교하거나 실천하는 일이 반드시 필수적인 일은 아닙니다. 만일 그들이 공감해서이건, 훈련의 목적이건, 또는 촌락산업이라는 물레의 본성을 유지하면서 물레를 더 나은 도구로 만드는 일에 그들의 비길 데 없는 창의력을 적용할 목적이건, 물레질을 설교하거나 실천할 수 있을 것입니다. 하지만 물레의 메시지는 물레의 원주보다 더 광범위합니다. 그 메시지는 단순성과 인류에 대한 봉사의 메시지, 타인들을 해치지 않고 살아가며 부자와 가난한 자, 자본과 노동, 왕자와 농민 사이에 단절할 수 없는 유대를 창조하는 메시지입니다. 그런 크나큰 메시지는 당연히 만인을 위한 것입니다.

질문 철도, 의사, 병원, 그리고 현대문명의 다른 모습들에 대한 당신의 비난은 본질적이므로 변경할 수 없는 것입니까? 우리는 먼저 기계 장치를 영화(靈化)하고, 현대의 삶이 갖는 조직화되고 과학적인 생산력을 영화하기에 충분할 만큼 커다란 영혼을 발현시켜야 할 것이 아닙니까?

답변 철도 등에 대한 나의 비난은 그 비난이 타당한 한에서 진실하지만, 그것은 현재의 운동과 거의 관련이 없거나 아무 관련이 없는데, 운동이 당신이 언급한 제도 중 어느 것도 무시하지 않기 때문입니다. 현재의 운동에서 나는 철도나 병원을 공격하지 않습니다. 하지만 이상 국가에서는 그것들이 있을 자리가 거의 없거나 전혀 없을 것이라고 생각합니다. 현 운동은 당신이 원하는 바로 그런 시도입니다. 하지만 그것은 기계를 영화하려는 시도가 아니라—그것은 나에게 불가능해 보이므로—기계 배후에 있는 사람들 사이에 인간적 정신이나 인도적 정신을 도입하려는 시도입니다. 만일 그것이 가능하다면 말입니다. 소수의 손에 부와 권력을 집중시키고 다수를 착취할 목적으로 기계를 조직하는 것은 전면적으로 잘못된 것이라고 나는 생각합니다. 금세기에 벌어진 기계 조직화의 대부분은 그런 부류의 것입니다.

물레운동은 기계를 배타와 착취의 자리에서 추방하여 그 적절한 자리에 두려는 조직적 시도입니다. 따라서 나의 구도 아래에서 기계를 책임지고 있는 사람들은, 자신이나 소속 국가만 생각할 것이 아니라 인류 전체를 생각해야 할 것입니다. 따라서 랭커셔 사람은 인도나 다른 나라를 착취하기 위해서 그들의 기계를 사용해서는 안 되고, 반대로 인도의 촌락에서도 면화를 옷감으로 바꿀 수 있는 수단들을 고안해야 할 것입니다. 나의 구도에서는 미국인들도 그들의 발명기술을 사용하여 지구상의 다른 종족들을 착취함으로써 자신을 풍요하게 만들려 해서는 안 됩니다.

질문 미국이 처해 있는 것과 같은 아주 우호적인 상태에서라면, 수백만 인도 민중의 혼이나, 모든 지역의 모든 사람들의 혼을 해방시킬 수 있도록, 우리는 목적과 권력, 용기와 자선을 향하여 최선의 인간 의식을 맑게 하고 진화시킬 수 있지 않겠습니까?

답변 그것은 분명 가능합니다. 미국이 인간 의식 중 가장 좋은 부분의 진화를 추구하기를 나는 희망하지만, 아직은 때가 아닌 것 같습니다. 인도가 자신의 혼을 발견하기 전에는 미국은 거기에 도달할 수 없을 것입니다. 미국과 유럽이 인도의 어려운 길을 그들이 할 수 있는 범위 내에서 쉬운 것으로 만드는 것을 내가 보게 된다면, 그것보다 나를 기쁘게 하는 일은 없을 것입니다. 그들은 인도의 방식에 대한 유혹을 철회함으로써, 그리고 인도가 자신의 촌락에서 고대 산업을 부활하려는 시도를 고무함으로써 그렇게 할 수 있습니다.

질문 모든 나라에서 나 같은 사람들이 당신에게 감사의 뜻을 표하고, 당신을 따르기를 간구하는 데 그 이유가 뭡니까? 주로 다음과 같은 두 이유가 아닐까요. 첫째, 전 세계를 통해서 다음[52] 단계의 기본적 필요가 새로운 영적 의식(*spiritual consciousness*)이기 때문입니다. 이 영적 의식은 일반 사람들의 생각과 느낌에 있어서 모든 평등한 신성에 대한 자각, 만인의 일치와 형제애에 대한 자각입니다. 둘째, 널

52 의심이 있지만 원문대로 인용한다.

리 알려진 그 누구보다 당신에게 이런 의식이 있고 다른 사람들 안에 그것을 환기시킬 수 있는 능력이 있기 때문이 아닐까요?

답변　당신의 평가가 진실이기를 바랄 뿐입니다.

질문　그것은 세계적 필요입니다—그렇지 않습니까?—그 세계적 필요에 대해서 당신은 신이 인간에게 하사할 수 있는 대답들 중 최선의 대답을 갖고 있습니다. 인도에서만 어떻게 당신의 사명이 완성될 수 있을까요? 내 팔이나 다리가 기운을 듬뿍 얻어서 내 몸의 균형을 크게 깰 정도가 된다면, 그것은 건강 일반에 도움이 될까요, 아니면 편애를 받아서 기운을 듬뿍 얻게 된 지체(肢體)가 그 지체의 항구적인 최적의 상태를 유지하는 데 도움이 될까요?

답변　나는 내 사명이 인도에 국한해서는 성취될 수 없다는 점을 잘 알고 있습니다. 하지만 내가 나의 한계를 인정할 만큼 겸손하기를, 그리고 인도 자체에서 실험의 결과를 알 때까지 제한된 인도 무대를 당분간 고수하기를 바랍니다. 이미 답변한 대로 나는 인도가 자유롭고 강하게 되어서 세계의 향상을 위해서 자발적이고도 순수한 희생물로 자신을 바칠 수 있기를 바랍니다. 순수한 개인은 가족을 위해서 자신을 바치고, 가족은 촌락을 위해서, 촌락은 지역을 위해서, 지역은 주를 위해서, 주는 나라를 위해서, 나라는 만인을 위해서 자신을 바치는 것입니다.

질문　나는 당신의 메시지에 대한 깊은 존경심과 함께, 당신 자신의 비전과 영감을 오직 또는 주로 인도만이 아니라 세계에 맞도록 조절함으로써 세계가 이득을 얻게 될 것이라는 점을 주장하고 싶은데요.

답변 나는 위의 주장에 상당한 힘이 있다는 점을 인정합니다. 하지만 내가 서양을 방문하는 일이 나에게 보다 넓은 관점을 주지 않을 가능성은 높습니다. 왜냐하면 나는 내 비전이나 영감이 최대의 것임을 보이려 노력해왔기 때문입니다. 하지만 방문이 그 관점을 실현할 수 있는 새로운 방도를 발견하게 해 줄 수는 있을 것입니다. 만일 그럴 필요가 있다면, 신이 나에게 길을 열어 주실 것입니다.

질문 평균적 개인이 가진 혼의 힘(*average individual's soul-force*) — 자기 내부에 있는 거룩한 영혼과 자기 주변의 만물로부터 그가 이끌어낼 수 있는 최선의 영감을 용기 있게 표현하는 일 — 은 중요한데, 그만큼 인도나 다른 곳의 정부 형태도 중요합니까?

답변 평균적 개인이 가진 혼의 힘은 어떤 경우에도 가장 중요한 것입니다. 정치 형태는 혼의 힘의 구체적 표현일 따름입니다. 나는 평균적 개인이 가진 혼의 힘은, 정부의 정치 형태와 분명히 구별되고 동떨어진 채 존재한다고 믿지 않습니다. 따라서 나는 하나의 민족은 결국 그 민족에게 마땅한 정부를 갖게 된다고 믿습니다. 달리 말하면 자치정부는 자기 노력을 통해서만 올 수 있습니다.

질문 개인 안에 있는 이 혼의 힘을 정화하고 발현시키려는 기초적 필요는 가능하다면 먼저 몇 사람에게서 시작되어 다수의 사람으로 신성한 전염처럼 확산되는 것이 아닐까요?

답변 정말 그렇습니다.

질문 당신은 인도에 있는 그런 혼의 힘이 충실하게 발현된다면 인도의 자유를 보장해 줄 것이라고 가르치고 있는데, 그건 그렇습니다. 혼의 힘은 평화나 전쟁의 이슈를 포함하는 모든 정치적·경제적·국제적 조직체에게 그 방향을 잡아 주지 않을까요? 인도에서 전개된 인간 문명의 모습이 세계의 다른 지역에서 전개된 모습에 비해서 아주 우월한 것이 될 수 있을까요? 지금은 온 인류가 이웃이 되었는데 말입니다.

답변 나는 앞의 단락에서 이 문제에 대해서 이미 대답했습니다. 나는 이미 앞에서 인도의 자유가, 전쟁과 평화에 대한 세계의 관점을 혁명적으로 바꾸어야 한다고 주장했습니다. 인도의 무능력은 전 인류에게 영향을 미칠 것입니다.

질문 나보다도 아니 그 누구보다도 당신은 이런 문제들에 대해서 어떻게 답변해야 하는지 더 잘 알고 있습니다. 나는 당신의 복음에 대한 내 간절한 신앙을, 그리고 미국과 온 인류가 직면한 시급한 문제들을 해결하는 데에 당신의 지도력에 대한 갈구를 주로 표시하고 싶었습니다. 따라서 당신이 영감을 주듯이 개략적으로 말한 방향대로 진행해가던 인도가 서양세계가 따라오기를 기다리면서 그 진전을 정지하는 것처럼 보일 때가 온다면(또는 올 때), 우리 서양인은 당신의 시간 중 몇 달 동안만이라도 당신이 몸소 여기에 오시기를 간곡히 당부하는 바입니다. 당신이 이런 점을 기억해 주신다면 고맙겠습니다. 당신이 만일 우리를 불러 가르쳐 주시면 우리(눈에 띄지 않게 온 지구에 흩어져서 살아가는 당신의 무수한 추종자)는, 새롭고 고상하며 세계적인 영(靈) 연방(*Commonwealth of the Spirit*)을 발견하고 실현하는 일에 우리의 삶을 당신의 삶에 참여시킬 것입니다. 이것이 내 자신의 느낌입니다. 그와 같은 영의 연방에서는 형제애, 민주주의, 평화, 혼의 진보에 대해서 인류가 품어 왔던 해묵은 꿈이, 인도·영국·미국 등 모든 지역에 살아가는 일반인의 일상생활에 특징을 부여할 것입니다.

답변 나는 세계무대에서 내가 지도력에 대해서 자신감을 가질 수 있기를 희망합니다. 나는 자신에 대해서 거짓 겸손을 부리고 싶지 않습니다. 내가 내면의 소리를 느꼈다면, 이와 같이 진심어린 초청에 대해서 한순간도 기다리지 않고 당장 응했을 것입니다. 하지만 내가 고통스럽게 의식하고 있는 한계 때문에 내 실험이 불완전한 단편(斷片)에 제한되어야 한다고 느끼고 있습니다. 단편에 진실인 것은 전체에 대해서도 진실일 가능성이 있습니다. 내가 원하는 방향으로 인도가 진전하다가 정지한 것으로 보이지만, 외면상 그럴 뿐이라고 생각합니다. 1920년에 뿌린 작은 씨는 아직 없어지지 않고, 깊은 뿌리를 내리고 있을 것입니다. 이제 곧 당당한 풍채의 나무가 될 것입니다. 그러나 내가 지금 어떤 망상 아래 헛수고를 하고 있다면, 나의 미국 방문이 일시적으로 가져다줄 수도 있는 인위적 자극도 그 씨앗을 재생시킬 수는 없을 것입니다. 그것이 나의 우려입니다. 나는 전 세계의 도움을 열망하고 있으며 도움이 오는 것이 보입니다. 이와 같은 다급한 초청은 도움이 오고 있음을 보여주는 많은 표시 중의 하나입니다. 초청은 우리를 정결하게 하고 기운을 북돋우는 강력한 큰물같이 올 것입니다. 하지만 나는 그러한 도움이 우리에게 오기 전에 우리가 그것을 받을 자격을 미리 갖춰야 한다는 점을 알고 있습니다.

미국 친구들에게, 〈영 인디아〉, 1925. 9. 17 ; 《전집》 32 : 261

28) 심정 속의 동굴

나에게 '나의 다르마'를 지적해 주는 친구들이 많이 있는데, 그들이 그렇게 해 주니 행복하다. 그들이 자유로이 나에게 글을 쓴다는 사실은 사랑의 증거이고, 그들의 말이 내 마음을 아프게 하지 않을 것이라는 점에 대해서 그들이 자신 있다는 증거이다. 그와 같은 편지 한 통이 막 도착했다. 투고자들은 그들이 살아가는 지역에서 잘 알려진 구자라트 노동자들과 지도자들이다. 독자는 쉽게 그 편지가 나를 염두에 두고 지체 없이 쓰인 것임을 알 것이다. 따라서 나는 몇몇 구절을 제외한 나머지를 여기에 옮긴다.

비록 좋은 동기에서 그 편지를 썼고 한눈에 조리 있게 쓴 것임을 알 수 있지만, 나는 이 친구들의 충고를 따를 수는 없다.

우리의 성전들은 더할 나위 없이 명료한 말로, 우리 자신의 다르마를 따르는 데 큰 덕(德)이 전혀 없다고 해도 그것을 따르는 것이 낫다고 말한다. 다른 사람의 다르마 안에 우월한 덕이 있는 것처럼 보일지 몰라도, 자신의 평범한 다르마를 따르다가 자신의 생명을 잃는 편이 더 낫다. 다른 사람의 다르마를 따르는 것은 위험하다. 오늘날 사람들이 내 견해를 수용하지 않는다는 이유만으로 내가 나의 다르마의 장을 떠날 수 있을까? 비협조라는 생각은 내가 처음 낸 것이다. 그때 나는 그것이 어떻게 수용될지 알지 못했다. 나는 내가 다르마라고 믿고 있던 것을 실행에 옮겼고, 다른 사람으로 하여금 나를 따르도록 초대했다. 상당히 많은 사람이 그 생각에 이끌려 왔다. 지금 그들이 그것에 대해서 매력을 잃었다고 해도 나와 무슨 상관이란 말인가? 그 때문에 내 다르마를 포기해야 할까? 만약 그렇게 한다면 나는 봉사라는 나의 이상을 더럽히게 될 것이다. 비협조의 효용성에 대한 나의 신앙은, 비협조가 수태되는 순간에 가졌던 신앙의 모습 그대로 남아 있다.

밀물과 썰물의 교대는 자연의 법칙이다. 우리가 왜 밀물에는 자만에 차서 우쭐해하고 썰물에는 낙담해야 하나? 키를 통제할 수 없는 자는 방향을 잃을 것이다. 내 손은 그것을 단단히 붙잡고 있으므로 나에게 그런 공포는 없다.

카디에 대한 민중의 사랑은 감소하기는커녕 오히려 증가했다. 맹목적 숭배는 이지적 사랑으로 바뀌었다. 대체로 보아서 생산되는 카디의 품질은 날마다 향상되고 있는 것 같으며 수요도 증가하고 있다. 정부와 별개로 진행되는 공공사업들 가운데 카디운동만큼 활발한 것은 없다고 생각한다. 이 주장은 수적으로 증명될 수 있다. 물레질과 카딩(소면, 梳綿)이 몇몇 장소에서 중지된 것은 사실이다. 하지만 그것들은 지난 4년 동안 어느 때보다 오늘날 더 잘 조직되어 있다.

오늘날 힌두·무슬림 문제는 도공의 돌림판 위에 있는 진흙덩이와 같다. 전지전능한 존재만이 어떤 종류의 질그릇이 나타날지 아실 것이다. 하지만 전대미문의 대중적 각성을 고려해 보면, 현재의 전개는 비록 고통스럽지만 놀랄 일이 못된다. 모든 더러움이 표면으로 떠올랐으며, 우리가 목격하고 있는 것이 그것이다. 오늘날 아무리 설득해도 힌두교도와 무슬림들이 일을 하지 않고 있지만, 상황의 압력으로 그 일을 조만간 할 수밖에 없을 것이다. 그들은 하나가 되는 길 이외에 다른 선택이 없다. 그러므로 나는 그 점에 관해서는 염려하지 않는다. 만일 운명의 신(*Fate*)이 우리에게 서너 차례 전투를 하도록 명령한다면 그렇게 하자. 세계의 연대기를 보면 이것이 그와 같은 전쟁의 첫 사례는 아닐 것이다. 형제들은 때로 서로 싸우지만 다시 하나가 된다. 우리 위에 평화의 시대가 도래한다면 전쟁은 야만적으로 보일 것이다. 하지만 오늘날 싸움은 문명화된 것(*civilized*)으로 간주되고 있다.

불가촉천민제도가 거의 사라지기 직전에 있다. 그 제도의 혼은 죽었다. 우리가 보고 있는 것은 오직 해골일 따름이다.

스와라즈를 위해서 벌이는 우리의 투쟁이, 우리 사이에 불일치를 낳았다고 해서 낙담할 필요는 없다. 이런 일은 자유를 찾았던 모든 나라에서 일어났다. 우리의 의무는 그것을 간파하고 치유책을 찾는 일뿐이다. 이런 것을 보고 낙담한다면 이는 우리가 비겁하다는 증거이다.

인도에서 패배를 인정한 사람이 미국을 위해서, 우리나라를 위해서 무엇을 줄 수 있을 것인가? 미국이나 유럽의 친구들이 나를 존경한다고 해도 내 눈을 멀게 할 수는 없다. 우리가 서양의 도움을 간청한다고 해서 얻을 이득은 아무것도 없다. 서양에서 보증서를 얻어 돌아오는 일은 조국과 나에게 수치(*shame*)가 될 것이다. 유럽이나 미국에 가야 할 이유가 지금 내겐 없다. 저들 대륙의 지도자들이 단순히 나를 만나기를 원하거나 나에게 무슨 말을 듣고 싶어한다고 해도, 그런 사실을 믿어서는 안 될 것이다. 내가 그런 나라들의 일부 사람들 사이에서 명성이 있다고 해도 그런 사람들의 목소리는 일반 대중에게는 거의 아무 영향력이 없다. 그 사람들 역시 나처럼 실제 할 일은 아무것도 없기 때문에 공중누각을 건설하고 세상의 향상을 위한 계획을 짜고 있는 것으로 보인다. 내가 진리와 비폭력에 헌신하는 한, 나는 그들의 사랑을 유지할 것이다. 하지만 독자들은 이런 일부의 사람들이 서양의 권력 통제권을 보유하고 있지 않다는 것을 알아야 한다. 내가 어떤 힘을 갖고 있든 그것은 우리나라에서 가장 잘 증명될 수 있을 것이다. 멀리서 보는 언덕은 아름다워 보인다. 내가 당장 인도를 떠나면 나는 나의 진실한 영역에서 벗어나게 될 것이고, 세계 어디에서도 나의 자리를 차지하지 못할 것이다.

내가 아프리카에 있다고 해도 지금 아무것도 할 수 없을 것이다. 이 문제에 있어서 나는 아르주나[53]—평생 다뤄온 활과 화살을 쥐고 있었지만 카바(kabas) 같은 자들[54]에게 빼앗기고 말았던 바로 그 아르주나—와 같은 곤경에 처해 있다. 나의 주님 크리슈나는 지금 내 옆에 계시지 않는다. 전사는 원치도 않았던 전투에서 자신의 이름을 알릴 것이다. 전투를 찾아서 외부로 나가는 사람은 도박꾼일 것이다. 나는 내 인생에 단 한 번의 도박도 한 적이 없다고 말할 수 있으리라. 나는 내기에 건 돈을 위해서 싸울 때에도 지고 말았는데, 그것은 나를 위해서 다행한 일이었다.

만일 이 나라와 지도자들이 나를 지겨워한다면 나는 히말라야에 들어갈 것이다. 히말라야라고 하지만 다발라기리 산들을 가리키는 것이 아니라 내 마음속의 히말라야를 말한다. 히말라야에서 동굴을 찾아서 거기에서 살아가는 것이 더 쉬울 것이다. 그것조차 내가 구하러 나서지 않을 것이고, 나를 찾아올 것이다. 귀의자는 스스로 신을 찾아 나서지 않는다. 그렇게 한다고 해도 그는 신의 눈부신 광휘를 견딜 수 없을 것이다. 따라서 신은 스스로 당신의 귀의자에게 내려오셔서 그들이 숭배했던 그 모습으로 나타나신다. 나의 신은 내가 당신의 도래를 초조하게 기다리고 있음을 알고 계신다. 그분에게서 오는 단 하나의 표시라도 나에게는 충분하다. '하리는 가느다란 실로 나를 묶으셨네. 그리고 그가 당기시는 대로 따라가네.' 이렇게 미라바이는 노래했다. 나는 미라바이의 제자이다. 그래서 나는 대명

---

53 《기타》의 주인공이다.

54 〔역주〕 아르주나가 여인들을 인드라프라슈타로 호송하는 동안 그를 급습해 강탈했던 노상강도. 이 사건은 크리슈나 사후에 일어났다. 《전집》 권 33, 323면 주 참조.

사의 성(性)에 필요한 변화를 가한다면, 나 또한 이 노래를 부를 수 있을 것이다. 나는 그와 같이 하리가 실로 당기실 것을 위해서 언제나 준비태세를 갖추어야 할 것이다. 그러므로 나는 늘 실을 길게 늘어뜨리고, 고향을 향해서 출발할 준비가 항시 되어 있어야 한다는 점을 '나의 배회하는 마음'에게 상기시켜 준다. 고향이 내 마음속의 동굴이든 미지의 어떤 나라든 그것은 문제가 안 된다. 내가 은퇴하는 장소가 어디든 그분은 거기 계실 것이다. 따라서 나는 아무것도 두려워하지 않는다.

만일 각 구역(*taluk*)의 일꾼들이 그들이 일정한 양의 카디를 팔 수 있음을 나에게 보장한다면 나는 당장 모든 구역에서 카디 상점을 낼 것이다. 상세한 정보를 얻길 원한다면 카디협회에 편지를 써야 한다.

나의 다르마(G.), 〈나바지반〉 1925. 12. 20 ; 《전집》 33 : 223

29) 인류의 형제애

〔*1929. 3. 9*〕

회장님과 친구 여러분, 저는 이 연설의 일정 부분까지는 힌두스타니어로 말하고자 합니다. 그리고 여러분은 영어로 말씀하실 것이므로 나는 처음에는 영어로 간단히 대답하고 그다음 힌두스타니어로 하게 해 주십시오. 이렇게 따뜻하게 환영해 주신 일과 여러분의 애정어린 말씀에 대해서 감사를 드립니다. 여러분이 저에게 주신 모든 칭찬의 말을 지금 제 것으로 받아들일 수도 없고, 소화할 수는 더더욱 없습니다. 저는 여러분이 친절하게 언급하신 것들 중에서 두 가지만 분명히 말씀드리겠습니다. 첫 번째로 말씀드리고 싶은 것은 제 사명이 인도인의 형제애만이 아니라는 점입니다. 제 사명은 단순히 인도의 자유가 아닙니다. 비록 그것이 실제로 분명 제 인생과 시간의 전부를 빼앗아 가더라도 말입니다. 하지만 인도의 자유를 실현함으로써 저는 인류의 형제애라는 사명을 실현하고 수행해나가기를 원합니다. 제 애국은 배타적인 것이 아니라 만인을 포용하는 것입니다. 저는 다른 국민들의 곤경이나 착취를 악용하는 애국은 거부합니다. 내가 생각하는 애국이 만약 모든 경우 예외 없이 항상 인류 일반의 가장 광범위한 선(善)과 일치하지 않는다면, 그것은 무가치한 것입니다. 제 종교와 거기에서 도출되는 애국은 모든 생명(*all life*)을 포용합니다.

저는 인간으로 불리는 존재들과만 형제애를 나누고 하나가 되고 싶은 것이 아니라, 모든 생명 심지어 땅 위를 기어 다니는 벌레와도 하나가 되고 싶습니다. 저는 땅 위에 기어 다니는 미물과도 하나가 되고 싶습니다만, 이 말에 충격을 받지는 마십시오. 우리는 하나의 신에게서 온 공통 자손이며, 그리고 사실이 그러하다면 각양각색의 모습으로 드러나는 일체의 생명이 반드시 하나일 것입니다. 따라서 여러분이 제 사명을 인류의 형제애라고 기술하면서 저에게 주시기로 했던 모든 영예를, 무리 없이 제 권리로서 받아들일 수 있을 것입니다. 여기에서 오는 논리적 귀결이지만, 여러분이 친절하게도 이미 언급했듯이 자연스레 불가촉천민제도를 언급할 수도 있습니다. 불가촉천민제도가 힌두교의 중대한 오점이라는 점을 저는 수도 없이 자주 말했습니다. 세상의 모든 종교가 오늘날 생존을 위한 경주에 몰두하고 있습니다. 그 경주에서 힌두교가 망하든지, 불가촉천민제도가 뿌리째 뽑혀서 아드바이타[55] 힌두교의 근본 원리가 실생활에서 완전히 실현되든지, 인도는 양자택일을 해야 한다고 저는 생각합니다. 당신이 언급한 여러 가지 일 중, 이 두 가지 일 이외에 제가 오

55 〔역주〕 不二論.

늘 인정하거나 받아들일 수 있는 것은 아무것도 없습니다. 제가 눈을 감고 이 육신이 화장터의 불꽃에 맡겨진 이후에라야 사람들은 제 일에 대한 평결을 선언할 것인데, 그때까지는 아직 시간이 충분히 남아 있습니다.

여러분은 대단히 친절하게도 저에게 미얀마의 토착인에게 충고를 좀 해달라고 부탁하셨습니다. 제가 여러분에게 무슨 충고를 하기에는 전적으로 부적합하다고 고백해야겠습니다. 여러분의 위대한 전통에 대한 제 연구는 피상적일 따름입니다. 저는 어제 두 모임에서 당신들에게 사랑과 존경을 표했습니다만, 그와 같은 사랑과 존경의 표현에서 다른 사람에게 조금도 양보하고 싶진 않지만, 여러분이 현재 안고 있는 문제에 대한 제 연구는 더더욱 피상적입니다. 저는 모든 사실에 대해서 알고 싶습니다. 저는 미얀마의 모든 관련 당사자들을 만나고 싶고 여러분의 심정에 가까이 가고 싶습니다. 제 심정은 여러분을 받아들이도록 열려 있지만, 저를 불러야 할 사람은 여러분이고, 그 부름은 결코 헛되지 않을 것입니다. 제가 여러분에게 잠정적이며 부분적인 충고라도 해 줄 정도로 제 앞에 충분한 자료가 있음을 알게 된다면, 저는 여러분의 뜻대로 할 것입니다.

랑군, 대중 집회에서의 연설, 〈암리타 바자르 파트리카〉, 1929. 3. 10 ; 〈영 인디아〉, 1929. 4. 4 ; 《전집》 45 : 189

30) 보편적 메시지

1937. 6. 11

사랑하는 친구에게,

지난 5월 20일자 당신의 편지에 대해서 감사를 드립니다. 사람이 살아가는 모든 부문에서 단 하나의 예외도 없이 진리와 비폭력을 통하지 않고서는, 이 지상의 어떤 민족에게도 그리고 모든 민족에게 구원은 없을 것이라는 이 메시지를 빼놓고는 당신에게 줄 것이 없습니다. 그리고 이것은 거의 반세기 이상의 부단한 경험에 기초한 말입니다.

귀하의 신실한 친구
M. K. 간디

Daniel Oliver, Esq.
Hammana
Lebanon, Syria

다니엘 올리버에게 보낸 편지,
《피아렐랄 페이퍼스》; 《전집》 71 : 394

4. 주의들

31) 주의 주장들과 분파를 넘어서

나는 부왕(*The Viceroy*)을 불신하는가? [56]

질문 운영위원회의 파트나(Patna) 결의안과 당신을 일치시키는 일은 린리스고(Linlithgow) 경[57]에 대한 불신을 드러내는 것이 아닙니까? 그런데 당신은 그의 성실함을 믿는다고 고백했습니다.

---

56 〔역주〕《전집》 권 78, 44면에 따라서 소제목을 단다.

57 〔역주〕 Victor Alexander John Hope, 2nd Marquess of Linlithgow(1887~1952) : 영국의 정치가. 최장기 인도 부왕(副王, 1936~1943)으로 봉직하면서 제 2차 세계대전 중 영국군 주둔에 반대하여 일어난 인도의 반영운동(反英運動)을 진압했다. 인도의 농업 문제에 관한 영국왕실위원회(1926~1928)와 인도개헌특별위원회 의장으로서, 인도가 안고 있는 문제에 직면하여 1936년 윌링던 경의 후임으로 부왕에 임명되었다.

답변 본문에 전혀 없는 것을 당신은 결의안에서 읽어냈군요. 나는 부왕의 성실성을 의심하지 않습니다. 린리스고 경과 같이 자신의 말을 중시하는 부왕을 만나 본 적이 없습니다. 그와 함께 얘기하는 것은 유쾌한 일입니다. 그가 매우 심사숙고해서 말하기 때문입니다. 따라서 그의 연설은 언제나 간명하고 핵심을 찌릅니다. 비록 우리가 서로 동의할 순 없지만 서로 가까워졌다고 한 제 진술, 지난번 만남에 대한 제 진술을 그대로 고수하려고 합니다. 우리는 수일 동안 얘기를 계속할 수도 있었지만, 그렇게 했다고 해도 그 주제에 대해서 변죽만 울릴 뿐, 여러 번 서로 일치하지 못했을 것입니다. 나는 독자적으로 말하고 있으므로 어떤 심각한 핸디캡도 없었습니다. 그는 명령을 받고 말하고 있었으므로 심각한 핸디캡이 있었습니다. 그가 받은 지시 사항 바깥으로 나갈 수 있는 어떤 권위도 없었습니다. 그리고 우리는 아주 좋게 헤어졌습니다. 하지만 내 경우에는 여러 번의 모임을 기대했습니다. 그 결의안은 국민회의의 입장을 의심 없이 분명히 밝힌 것이고 나 자신의 입장도 대변하고 있습니다. 만일 영국 정부가 탈퇴의 권리를 가지고 있는 진정한 의미의 자치령 지위를 참으로 의도한다면, 그들은 국민회의의 입장을 수용하는 데 전혀 어려움이 없을 것입니다. 불행하게도 제트랜드(Zetland) 경의 회견은 인도를 위해서 인도의 미래를 결정하는 것이 인도가 아니라 영국이라는 점을 보여주고 있습니다. 이와 같은 유형의 자치령은 존재한 적도 없습니다. 영국 정부가 더 이상 인도를 잡아 둘 것이 아님을 분명히 보여준다면, 그들이 직면한 모든 난관들은 새벽이 오기 전의 어둠처럼 사라질 것입니다. 난관들은 모두 그들이 만든 것이기 때문입니다. 그들은 본질적으로 착취하고 있습니다. 부왕에 대한 불신의 문제는 없음을 당신께서 알아주시길 바랍니다. 사건들은 원래의 자리를 찾아가야 할 것이었습니다.

주의에 대한 공포[58]

질문 간디주의(*Gandhism*) 같은 것은 존재하지 않고, 당신이 대변하고 있는 것은 전혀 새로운 것이 아니라고 당신은 말합니다. 나는 무슬림이고 간디주의 안에 이슬람교가 가진 영광의 빛을 봅니다. 나는 신학도로서 간디주의에 힌두교의 장관과 기독교의 활동력이 충분히 자세하게 설명되어 있음을 봅니다. 그것은 또한 동양 전체의 순결한 철학(*the chaste philosophy*)을 상당한 정도로 포함하고 있습니다. 내가 인도 과거사의 기록을 찾아보았지만 당신의 교의를 찾을 수 없습니다. 그것은 왜 새로운 것이 아닙니까? 당신을 믿고 따라서 그것을 믿고 있는 우리를 위해서 왜 그것을 간디주의라고 부르지 못합니까?

답변 나는 주의에 대해서, 특히 주의가 고유명사 뒤에 붙을 때 전율을 느낍니다. 당신이 나에 대해서 말하는 것이 전부 타당하다고 해도 그것은 새로운 분파를 만들지 않을 것입니다. 내 노력은 새로운 분파를 피하는 것일 뿐 아니라 낡고 피상적인 분파들도 없애는 것입니다. 아힘사는 분파를 극도로 혐오합니다. 아힘사는 통일하는 힘이고 다양성 속에 일치를 발견합니다. 당신이 말하는 모든 것은 아힘사에서 도출할 수 있습니다. 새로운 숭배 대상을 만드는 것은 아힘사에, 즉 내가 실시하고 있는 실험 자체에 위배되는 것입니다. 따라서 간디주의가 존재할 여지가 없음을 이해해 주시길 바랍니다.

58 〔역주〕《전집》 권 78, 45면에 따라서 소제목을 단다.

여성과 일[59]

질문 당신은 '여성이 가정을 버리고 그 가정을 지키기 위해서 어깨에 라이플총을 지도록 부름을 받거나 설득당하는 일은 남녀 모두에게 치욕이다. 그것은 야만으로 복귀하는 것이고 종말의 시작'이라고 말했습니다. 그런데 농장이나 공장 등에서 일하는 수백만의 여성 노동자들은 어떻습니까? 그들은 가정을 떠나서 한 집안의 기둥이 되기를 강요당합니다. 당신은 산업제도를 폐지하고 석기시대로 되돌아가시렵니까? 그것이 야만으로 복귀함과 종말의 시작이 아닌가요? 당신이 꿈꾸는 신질서, 여성을 노동하게 만드는 죄악이 없는 신질서는 어떤 것입니까?

답변 만일 수백만 여성들이 가정을 떠나서 한 집안의 기둥이 되기를 강요받는다면, 그것은 잘못입니다. 하지만 어깨에 라이플총을 지는 것보다 큰 잘못은 아닙니다. 노동에 내재적으로 야만적인 것은 없습니다. 여성이 집안을 돌보면서 그들의 땅에서 자발적으로 일하는 데에는 야만이란 것은 없습니다. 내가 상상하는 새로운 질서에서는 만인은 그들의 능력에 따라서 일할 것이고, 그들의 노력의 대가에 따른 적절한 보상을 위해서 일할 것입니다. 신질서에서 여성은 시간제 노동자일 것이고, 그들의 일차적 기능은 집안을 돌보는 일일 것입니다. 나는 라이플총이 신질서에서 항구적인 모습이라고 간주하지 않으므로, 남성에게도 라이플총의 사용은 점차로 제한될 것입니다. 그것이 사용되는 동안에는 이는 필요악으로 묵인될 것입니다. 하지만 나는 일부러는 여성을 그런 악으로 오염시키지는 않을 것입니다.

---

59 〔역주〕《전집》 권 78, 45면에 따라서 소제목을 단다.

로마문자[60]

질문 문맹의 대중에게 로마문자를 가르치면 어떻습니까? 이는 우르두어와 힌디어 사이에 존재하는 논쟁을 제거할 것입니다.

답변 힌디어와 우르두어 대신에 로마문자를 가르치는 것은 본말이 전도된 것입니다. 우리 아이들은 힌디어와 우르두어 문자를 먼저 배워야 합니다. 어려운 문제들은 무시하거나 외견상 쉬운 대안을 제시함으로써 해결될 수 있는 것이 아닙니다. 마음들이 갈라져 있는 한 로마문자가 그것들을 묶을 수는 없습니다. 그것은 또 하나의 부담이 될 것입니다. 두 문자의 학습이 적어도 국어라는 난문을 해결하는 데에 가장 좋고 가장 쉬운 방법입니다. 그 학습은 미래 세대의 성인이 될 힌두 소년·소녀들과 무슬림 소년·소녀들에게 힌두사상과 우르두사상을 열어 줄 것입니다. 로마문자는 적절한 때, 가령 우리의 소년·소녀들이 영어를 배울 때 익히게 될 것입니다. 그리고 그들 중 일부는 반드시 영어를 배울 것입니다.

어떻게 시작할까?[61]

질문 국민회의는 일치를 시끄럽게 요구하고 있습니다. 하지만 그 일치를 얻기 위해서는 힌두·무슬림 동료의식, 카스트 사이의 무차별, 상대방과 외국인에 대한 증오심을 품지 않음, 그리고 협력 등의 원리들을 반드시 준수해야 합니다. 이런 원리들은 마이크를 통해서 청중들에게 전달되지만 그들은 그것들에 따라서 행동하지는 않습니다.

---

60 〔역주〕《전집》 권 78, 46면에 따라서 소제목을 단다.

61 〔역주〕《전집》 권 78, 46면에 따라서 소제목을 단다.

국민회의 의원들의 임무가 무엇인지 말해 주십시오. 나는 거기에 가담하여 조국을 위한 나의 본분을 다하기 위해서 나의 온 힘을 쏟아붓겠습니다.

답변 다른 사람이 무엇을 하고 있는지, 아니면 다른 사람이 무엇을 해야 할지에 대해서 마음을 쓰지 마십시오. 자선(*charity*)은 내 집에서 시작되는 법입니다. 당신의 자선은 당신 자신에서부터 시작하십시오. 모든 카스트와 종교적 차별 또는 인종적 차별을 당신의 마음에서부터 제거하십시오. 상대방이 힌두교도·무슬림·하리잔·영국인, 그 누구에게든 당신 스스로에게 그러하듯이 진실하시길 바랍니다. 적어도 당신에 관한 한 어려움은 해결될 것이고 다른 사람이 당신을 본받을 것임을 알게 될 것입니다. 당신의 심정에서 일체의 증오를 꼭 제거하십시오. 그리고 당신의 이웃을 당신 자신처럼 사랑하고 그에게 봉사하면서 일체의 정치적인 목적이거나 다른 목적이 있어서는 안 된다는 점도 분명히 해 두십시오.

세바그람, 1940. 3. 12

질문란, 〈하리잔〉, 1940.3.16 ; 《전집》 78 : 51

32) 주의와 추종자들

1945. 7. 16

안녕, 샨타!
어제 자네의 편지를 받았다네. 아침기도 후에 이 편지를 쓰네. 자네의 답장은 세바그람으로 보내게.

자네는 공산주의자가 되는 일과 엄마가 되는 일에 어린아이처럼 미쳐 왔다네. 어떤 아슈람이 자네를 배척했는가? 그 아슈람은 어디에 있는가? 누가 자네를 배척했는가? 많은 공산주의자가 나와 함께 지내고 있다네. 이와 같이 자네도 지낼 수 있을 것이네. 자네도 알다시피 자얀티가 나와 함께 지내왔다네.

내가 많은 불평을 들어왔지만 그런 불평에 근거하여 행동한 적이 없다는 점을 자네는 알아야 하네. 나는 그곳의 서기와 편지를 주고받는다네. 그는 편지들을 출판하기 위한 허락을 요청해와서 그것을 허락했네. 그가 그것들을 출판했는지의 여부는 모르지만.

운영위원회는 아무 조처도 취하지 않았네. 그 사안에 대해서 숙고할 시간이 없었다네.

만일 자와할랄지가 공산주의자들에 반대한다면, 그들은 모두 가만히 앉아서 곰곰이 생각해야 할 것이네. 그는 당내에서 온건한 입장을 취하고 있지만 무가치한 것에 대해서는 어떤 것도 용납하지 않을 것이네. 나 자신도 최종 결정에 이를 수는 없었다네. 나는 상당히 많은 불평을 들어왔네. 나는 그것들을 본부 사무실에 보냈다네.

자네는 생각도 없이 편지를 썼네. 자네가 편지 쓰기 전에 마음을 가다듬고 생각해 본다면 공산주의자의 명분을 도울 수 있을 것이네.

자네는 공산주의와 공산주의자를 구별하는 법을 배워야 한다네. 그 이외에도 마르크스와 레닌은 서로 대변하고 있는 것이 다르며, 스탈린은 또 다른 것을 대변하고 있다네. 스탈린의 추종자들은 다시 두 집단으로 나눠져 있다네. 간디와 간디주의는 서로 다르고, 간디주의자들은 앞의 둘과 또 다르다네. 그와 같은 차이는 언제나 있고 앞으로도 있을 것이네. 성숙하지 못한 사람들은 자신들을 이들 중 하나와 일치시킬 것이지만.

바푸로부터 축복을

샤타 파텔에게 보낸 편지(G.),
CW 4287 ;《전집》87 : 409

33) 무주의의 주창자

무수리, *1946. 6. 7*

안녕, 라메슈와리!

나는 라트나마이데비를 잘 알고 있네. 자네가 그녀를 수용하는 일에 대해서 나는 어떤 반대도 없다네. 누가 간디주의자인지 나 자신도 모른다네. 간디주의는 나에게 무의미한 말이라네. 하나의 주의는 한 체계(*a system*)의 주창자를 따라가네. 나는 그런 주창자가 아니므로 어떤 주의의 원인이 될 수 없다네. 어떤 주의가 형성된다고 해도 그것은 오래가지 못할 것이네. 그리고 오래간다면 그것은 간디주의가 아닐 것이네. 이걸 제대로 꼭 이해해야 하네.

나는 자네의 일을 좋아하네. 그것은 깔끔하고 깨끗하네. 발리카(Balika) 아슈람을 설립한 자는 자네이고 자네가 그것을 운영하고 있네. 만일 라트나마이데비가 자네에게 완전한 만족을 줄 수 있다면 나는 매우 기뻐할 것이네.

바푸로부터 축복을

라메슈와리 네루에게 보낸 편지(H.),
CW 3110 ; 《전집》 91 : 170

III

영향과 읽은 책

1. 나라싱 메타

34) 바이슈나바(*Vaishnava*)[1]의 이상(理想)

참된 바이슈나바는
타인의 고통에 마음이 움직이는 자,
고뇌에 빠진 이를 도와주고
그것에 대해 아무 자만심도 느끼지 않는 자,
세상의 만인을 존경하고,
그 누구에 대해서도 험담하지 않는 자이다.
신구의(身口意)에서 자제하고,
자신을 낳은 어머니를 두 차례 영광되게 하는 자이다.
그는 평등하게 보는 눈을 가진 자로 모든 갈망에서 자유로운 자이며,
다른 사람의 아내는 그에게 어머니이다.
그의 혀는 거짓을 말하지 않고

1 〔역주〕 비슈누 신 귀의자.

그의 손은 다른 이의 부에 절대로 손대지 않는다.
미혹(모하, *moha*)과 미망(마야, *maya*)이 그에게 아무 힘을 행사하지 못하고
상주(常主)하는 비집착이 그의 마음을 지배한다.
라마의 이름에 맞춰 황홀하게 춤추고
그의 인격 안에 현존하는 존재를 내놓고는 순례의 중심지가 따로 없다.
탐욕과 교활함이 없는 자,
분노와 욕망을 제거한 자.
나라사잉요(Narasainyo)[2]는 말한다. 그와 같은 자에게 존경을 바침은,
자신의 조상들 중 일흔 한 세대에게 해탈을 가져다줄 것이라고.[3]

나라싱 메타(Narasinh Mehta)가 묘사한 바이슈나바에 대한 징표에서 우리는 그가 다음과 같은 사람임을 안다.

1 고뇌에 빠진 사람을 구제하는 일에 언제나 적극적인 자
2 그런 일을 함에 있어서 전혀 자만하지 않는 자
3 만인을 존경하는 자
4 누구에 대해서도 험담하지 않는 자
5 말을 자제하는 자
6 행위를 자제하는 자
7 생각을 자제하는 자
8 만인을 동등하게 대하는 자
9 욕망을 내버린 자
10 그의 처, 하나의 여성에게 충직한 자
11 언제나 진실한 자
12 불투도(不偸盜)[4]의 규율을 지키는 자

2 Narasinh Mehta(1414~1479) : 구자라트 지방의 성자 시인.
3 이 시는 아슈람에서 일상적인 기도문의 일부였다.

13 마야(*maya*, 幻)의 영역을 넘어서는 자
14 결국 일체의 욕망에서 자유로운 자
15 항상 삼매경에 빠져서 라마의 이름을 염송(念誦)하는 자
16 그 결과로 정화된 자
17 아무것도 탐하지 않는 자
18 교활에서 자유로운 자
19 욕망의 충동에서 자유로운 자
20 분노에서 자유로운 자

바이슈나바교도 중에서 최고인 나라싱은 여기서 비폭력에 높은 지위를 부여하고 있다. 이것은 자신 속에 사랑이 없는 자는 바이슈나바교도가 아님을 의미한다. 진리를 따르지 않는 자, 모든 감관을 통제할 수 없는 자는 바이슈나바교도가 아니다. 나라싱은 사람이 《베다》를 공부하거나, 바르나아슈라마를 따르거나, 나륵풀 씨앗의 염주나 틸락(*tilak*)[5] 표시를 하는 것만으로 바이슈나바교도가 되는 것이 아님을 그의 프라바티얀(*prabhatiyan* : 귀의의 노래)을 통해서 우리를 가르치고 있다. 이것들은 모두 죄악의 기원이 될 수도 있다. 위선자조차 염주를 감고 틸락 표시를 하고 《베다》를 공부하고 입술로 라마 이름을 욀 수 있다. 하지만 그런 사람은 인생에서 진리를 따를 수 없다. 위선을 포기하지 않고서는 고뇌에 빠진 사람들을 도울 수 없고, 신구의(身口意) 안에서 자제할 수도 없다.

나는 모든 사람들이 이 원리들에 주목하라고 권유한다. 내가 안트야자(*Antyaja*)에[6] 관한 편지를 계속 받고 있기 때문이다. 모든 사람들

4 〔역주〕 훔치지 않음.
5 〔역주〕 남녀 힌두교도가 종교적 표시로서 얼굴에 붙이는 빨간 점.
6 〔역주〕 직역하면 '가장 나중에 태어난 자'인데 하층계급을 의미한다.

은 내가 만일 민족학교에서 안트야자를 배제하지 않는다면, 스와라즈 운동은 연기 속에 사라질 것이라고 충고한다. 만일 내가 내 안에 참된 바이슈나바교도의 징표를 일부나마 가지고 있다면, 신은 안트야자를 버려야만 얻을 수 있는 스와라즈를 거부하는 기운을 나에게 하사하실 것이다.

다른 계급이나 다른 집단의 일원에게 개방된 장소에서는 안트야자가 배제되어서는 안 된다는 취지의 결의안은 내 것이 아니라 상원 전체의 것이다. 나는 그 결의안을 환영한다. 만일 상원이 그것을 통과시키지 않았다면, 아다르마(*adharma* : 非法)의 죄를 짓게 되었을 것이다.

결의안은 새로운 것이라곤 아무것도 제시한 것이 없다. 그러나 유사한 취지를 가진 것이 기존의 학교에서 실제 작동하고 있다. 바이슈나바교도가 존중하는 단체인 국민회의도 그와 같은 결의안을 통과시킨 바 있다. 그들은 결의안에 반대하지 않았다. 하지만 그들은 이와 같은 종류의 결의안에 협력한 것에 대해서 나를 비판하는데, 그것이 오히려 나에게 영광을 돌리는 것임을 나는 깨닫고 있다. 그 논의들의 핵심은 다른 사람이라면 다르마를 위반할 수 있을는지 몰라도, 특히 나는 그래서는 안 된다는 것이다. 이것이 나를 기쁘게 한다.

나는 우리가 안트야자를 불가촉천민(*untouchables*)으로 보아서는 안 된다는 점, 이는 다르마가 요구하는 바임을 알리려 노력해왔다. 우리는 반대로 행동하면서도 비법의 죄를 범하고 있다는 점을 낡은 베일 때문에 알지 못한다. 그와 같은 베일 때문에 영국 통치가 그 자체의 사탄주의를 보지 못하듯이, 우리 중 일부는 우리를 묶어 두는 노예제도의 쇠사슬을 볼 수 없다. 나는 그런 사람에게 끈기 있게 도리를 설명하는 것이 나의 의무라고 생각한다.

하지만 위선과 궤변을 참을 수 없다. 〈구자라티〉지에서 마하라자

슈리[7]와의 회담에 대한 기사와 그에 대한 논평을 읽었다. 이 두 가지가 나를 많이 괴롭혔다. 신문에 보도된 견해들에 대해서 나는 거의 언급하지 않았다. 사실 나는 신문을 거의 읽지 않는다. 하지만 〈구자라티〉지는 널리 읽히는 신문이며, 그것은 영원한 다르마(*sanatan dharma*)의 참된 본성을 제시하고 있다고 주장한다. 그래서 나는 그 신문에서 불공정의 요소를 조금이라도 발견할 때면 고통을 받는다. 친구 하나가 마하라자슈리와의 대담과 그에 대한 논평 기사를 신문에서 오려 보내주었다. 나는 이 둘 안에 고의적이든 아니든 아다르마를 다르마로 증명하려는 시도를 보았다. 다음에 그것이 무엇인지 설명할 것이다.

바이슈나바교도에게(G.), 〈나바지반〉, 1920. 12. 5 ; 《전집》 22 : 40

35) 바이슈나바교도의 다르마

나는 위대한 바이슈나바교도인 나라싱이 그의 시에서 노래했던 참된 바이슈나바교도의 미덕에 대해서 주목한 바 있다. 그리고 마하라자슈리와의 대담에 대한 논평에 대해서 내가 느끼는 고통을 표했다.

나는 그 논평에서 다르마의 의미를 결정하려는 시도를 본 것이 아니라, 악행의 고수(두라그라하, *duragraha*)와 나에 대한 공격을 보았다. 나 역시 악행의 고수(固守)와 타인에 대한 공격의 죄를 범한 것은 아닐까? 분명 그랬을 수도 있다. 이 말의 사실 여부는 독자가 판단할 일이다. 우리가 대담을 시작하자마자 마하라자슈리는 나에게 경전 해석에 있어서 이성은 아무 할 일이 없다고 말했다. 그것이 나를 괴롭혔다. 나의 견해로는 이성(*reason*)이 이해할 수 없고 심정(*heart*)이 수

7 Goswami Shri Gokulnathji Maharaj : 봄베이 바이슈나바교도의 종교 지도자.

용할 수 없는 것은 경전이 될 수 없다. 그리고 다르마를 그 순수한 모습대로 따르고 싶은 사람이면 누구든 이 원리를 받아들일 수밖에 없다고 생각한다. 만일 그렇지 않다면, 우리는 우리 다르마를 범할 위험에 직면하게 될 것이다. 만일 우리의 관계들 중 하나라도 사악한 것이 있다면, 그 관계를 복종으로 만들기 위해서 힘을 사용해도 괜찮다는 취지로 《기타》가 이해되고 있다고 들었다. 실제 그렇게 하는 것이 우리의 다르마라고 주장하고 있다. 라마가 라바나를 죽였으므로, 우리가 라바나로 간주하는 사람을 죽이는 것이 다르마일까? 《마누법전》이 육식을 허용하고 있으니, 바이슈나바교도는 자유롭게 육식을 해도 괜찮을까? 나는 학자(샤스트리, *shastri*)[8]의 입에서 그리고 산야시라고 자처하는 사람들의 입에서, 우리가 아플 때는 쇠고기를 먹어도 된다고 하는 말을 들었다. 만일 내가 이런 온갖 경전 해석들을 받아들인 나머지, 내 친척을 파멸시키기도 하고 영국인을 죽이라고 충고하고, 아플 때 쇠고기를 먹었다면, 나는 지금 어디쯤 있을까? 그런 때에 이성과 심정이 함께 다르마라고 수용한 것만을 내가 받아들였기 때문에 나는 구원을 받은 것이다. 그리고 나는 모든 사람들에게 같은 일을 하라고 충고한다.

이런 이유로 《베다》를 공부하면서도 행위로는 다르마를 거역하는 사람들이 한낱 공론가일 뿐이라는 것, 그들은 스스로 헤엄쳐 건널 수도 없고 다른 사람이 건너는 일을 도와줄 수도 없다고 고행하는 성자들은 말해왔다. 그러므로 나는 입으로만 《베다》를 외고 그 주석을 암기하는 자들에 대해서 감동해 본 적이 없고, 그들의 학문에 경탄하는 대신 나의 모자란 지식을 더 큰 가치를 지닌 것으로 소중히 여긴다.

내가 이런 견해를 갖고 있었으므로 마하라자슈리가 경전의 의미를

8 〔역주〕 이하 대부분의 경우 학자로 번역한다.

결정하는 원리를 공표했을 때, 나는 고통을 느꼈다. 하지만 그의 솔직함은 나를 기쁘게도 했다. 그는 내가 경전을 거스르고 있다고 주장하면서도, 무슬림·파시·기독교도·유대인과 여타 사람들이 가는 학교로부터 안트야자를 배제하는 일은 온당치 못한 일이라고 최종 평가했다. 수많은 세속적인 활동을 위해서 돈을 주고, 도박과 그 외 유사활동에 돈을 낭비하는 바이슈나바교도는 종교적 이유로 반대 행위의 배후에 숨을 수도 없었고, 다른 사람들과 함께 안트야자를 받아들이는 민족학교에 기부하는 것을 거부할 수도 없었다. 만일 그들이 안트야자가 다니는 학교에 자신들의 아이들을 보내기를 원치 않는다면, 그들을 강요할 필요는 없다. 이것이 마하라자슈리가 내린 실용적 결정이었다.

하지만 마하라자슈리를 둘러싼 학자들은 나를 낙심시켰다. 그들에게는 솔직함이 전혀 없었고, 자신들의 견해에만 완강하게 집착했다. 학자 바산트람이 우리에게 그와 같은 사례 하나를 〈구자라티〉지에 실어 주었다.

나는 그에게 그리고 〈구자라티〉지 편집자에게 공공 일꾼의 의무란 대중적 흐름을 따라가는 것이 아니라, 흐름이 잘못된 방향을 향할 때 올바른 방향으로 지도하는 것이라고 정중하게 말씀드리고 싶다.

나는 경전을 모르고 경험도 없지만 고집은 세다. 이렇게 주장했다고 해서 내가 바이슈나바교도로서 자격을 상실했다는 것은 아니다. 바이슈나바교도인지 여부의 시험은 도덕적 행위에 달려 있는 것이지, 토론이나 영리하게 연설하는 재주나 경전의 의미를 결정하는 데에 있는 것이 아니라고 생각하는 한, 나는 내 주장을 포기하고 싶지 않다.

누군가가 불가촉천민제도의 실행을 죄악으로 간주하는 것이 서구의 관념이라고 말한다면, 그것은 죄를 미덕으로 만드는 일이다. 아카 바가트[9]는 서양식 교육을 전혀 받지 않았지만, 시(詩)에서 다음과 같이 말했다. "접촉하면 오염된다는 생각은 사족(蛇足)과 같다." 우리의 악을 제거하는 노력을 다른 종교에서 비롯된 영감에서 오는 것이라고 보며 그 악에 매달리는 행위는, 순전한 광신적 행위이며 다르마를 타락시킬 것이다.

불가촉천민제도의 실행은 경멸을 전혀 품고 있지 않다는 논의가 있어왔다. 영국인은 우리에 대한 그들의 태도와 관련하여 유사한 논의를 편다. 그들이 우리를 멀리하고 '토박이'라고 하면서도, 경멸할 뜻은 없다고 한다. 우리를 열차 안에서 다른 칸을 이용하도록 제한하면서도, 그것은 전적으로 '위생의 편의'를 위한 것이지 그 과정에 아무 악의가 없다고 한다. 이것이 영국인의 주장이다. 안트야자들이 무심결에 그들 몸에 접촉했다고 해서 바이슈나바교들이 그들에게 욕설하고 때리는 것을 나는 본 적이 있다. 그런 행위를 다르마로 묘사하는 일은 순전한 위선, 아니 죄다. 바라문이 길에 나왔을 때 안트야자들에게 그들의 얼굴을 벽 쪽으로 돌리라고 명령하는 일은 교만이다. 우리가 사용한 접시 위에 남아 있는 음식이나 썩어 버린 것들을 그들에게 주는 일은 비열한 행위이다. 그와 같은 행위의 기원은 불가촉천민제도의 실행에 있다.

나는 목욕과 청결한 옷을 입는 일이 안트야자를 정화하지 못할 것이라는 주장을 이해할 수 없다. 안트야자는 그 심정에 오물이 있는가? 아니면 그는 인간으로 태어나지 못했는가? 안트야자는 동물보다 더 비천한가?

나는 개방적이며 솔직한 심정을 지니고, 고결하고, 지식이 있고

---

9 〔원주〕 17세기 신비주의 시인. 〔역주〕 Akha Bhagat(1591~1656) : 구자라트 출신의 시인 겸 성자. 아코(Akho)라고도 부른다.

신을 사랑하는 많은 안트야자를 본 적이 있다. 나는 그러한 안트야자가 전폭적인 존경을 받을 가치가 있다고 본다.

더럽거나 분뇨를 운반하고 난 이후 목욕하지 않은 안트야자를 접촉하기를 거절하는 것은 이해할 수 있다. 안트야자가 아주 청결한데도 접촉하기를 거부하는 것은 아다르마의 극치이다. 안트야자가 아니면서도 지독하게 더러운 자들을 많이 보았다. 분뇨를 운반하는 자 중에 기독교 신자들이 많이 있다. 변을 제거하는 일을 돕는 일은 의사의 의무 중 일부이다. 우리는 이들과 접촉하는 것을 죄라고 간주하지 않는다. 하지만 우리는 아무 학위도 없고, 그럼으로써 죄를 짓고, 바이슈나바 다르마에 오명을 가져다주는 의사들을 경멸한다.

학자 바산트람과 〈구자라티〉지의 편집인은 불가촉천민제도를 바르나아슈람(*varnashram*)[10]과 동일시한 것으로 보인다. 나의 소견으로는, 후자는 불변의 보편적 다르마이고, 사회적 합의일 뿐 아니라 자연(*Nature*)과 조화를 이루고 있는 다르마다. 그것은 힌두교의 순수한 모습이다.

불가촉천민제도의 실시는 힌두교의 오점이다. 이는 아마 쇠퇴기에 잠정적 편의로서 도입되었을 것이다. 불가촉천민제도는 보편타당성의 원리에 근거한 것도 아니고, 경전 안에 지지 기반이 있는 것도 아니다. 그것을 정당화하기 위해서 인용되는 시구들은 삽입된 것이다. 하여간 그런 구절들의 의미에 대해서 이견들이 존재하는 것은 사실이다. 바이슈나바교도의 말 중에 불가촉천민제도의 실행을 다르마의 일부로 묘사하는 말은 한 마디도 없다. 그 제도는 매일 사라지고 있다. 그것은 기차 안에서, 정부학교에서, 순례지와 법원에서 준수되

---

10 〔원주〕 사회를 4계급으로, 삶을 4단계로 조직하는 일. 〔역주〕 'varnashrama'로 표기되기도 한다.

지 않고 있다. 크고 작은 공장에서 사람들은 완전히 자유롭게 안트야자와 접촉한다. 바이슈나바교도에 대한 나의 요청은, 그가 접촉을 죄라고 여기면서도 안트야자와의 접촉을 용인하고 있으니 그것을 의도적으로 그리고 덕의 행위(*act of virtue*)로 받아들이라는 것이다. 《기타》도 동일한 것을 말한다. "가령 브라민, 개, 안트야자, 이 모두를 같은 눈으로 보는 사람에게 만물은 같다"라고. '나라사잉요'는 그의 시에 바이슈나바교도라면 만물에 대해서 평등의 눈을 가져야 한다고 말한다. 따라서 바이슈나바교도가 안트야자에 대해서 모든 접촉이 금지된 자로 보는 한, 그는 안트야자에게 평등의 태도를 유지한다고 주장할 수 없을 것이다.

바이슈나바교도와 안트야자(G.),
〈나바지반〉, 1920.12.12 ;《전집》22 : 54

2. 신지학(神智學)

36) 신지학, 내버림, 무신론[11]

나는 영국에 가서 거의 2년이 다 지나갈 무렵 신지론자 형제를 만났는데 모두 독신이었다. 그들은 《기타》에 대해서 말했다. 그들은 에드윈 아널드 경의 번역, 《천상의 노래》(*The Song Celestial*)를 읽고 있었는데, 그들은 원전 강독에 나를 초청했다. 나는 이 거룩한 시를 산스크리트어나 구자라트어로 읽은 적이 없었으므로 수치를 느꼈다. 따라서 나는 그들에게 내가 《기타》를 읽어 본 적이 없었다는 얘기, 하지만 그들과 함께 기꺼이 읽겠다는 얘기, 그리고 비록 내 산스크리트어

---

11 함석헌 역, 《간디自敍傳》(《함석헌전집》 권 7), 한길사, 1976, 116~119면 참조.

실력이 빈약하지만 번역이 어디에서 의미 전달에 실패했는지를 알 수 있을 만큼, 내가 원전을 이해할 수 있기를 바란다고 얘기하지 않을 수 없었다. 나는 그들과 함께 《기타》를 읽기 시작했다. 《기타》 2장에 다음과 같은 시구가 있다.

감각기관의 대상들을 생각하는 자에게는
그것들에 대한 집착이 생기며
집착으로부터 욕망이 생기고
욕망으로부터 분노가 생긴다.

분노로부터 미혹함이 일어나고
미혹함으로부터 기억의 착란이 일어나나니,
기억의 착란으로 해서 지성의 파멸이 오며
지성이 파멸되면 그는 망한다.[12]

이 시구는 내 마음에 깊은 인상을 남겼고 지금도 내 귀에 쟁쟁하다. 이 책은 무상(無上)의 가치를 지닌 것으로 나에게 충격을 주었다. 그날 이후 그것에 대한 인상은 부단히 성장하여 나는 오늘날 그것을 진리에 대한 지식(*the knowledge of Truth*)에 있어서 최상의 책으로 간주하게 되었다. 그 책은 의기소침한 순간에는 헤아릴 수 없는 도움을 주었다. 나는 거의 모든 영역본을 읽어 보았는데, 에드윈 아널드 경의 것이 가장 좋았다. 그의 책은 원문에 충실했고 번역의 냄새가 나지 않았다. 비록 《기타》를 친구와 함께 읽었지만, 당시에는 그것을 공부했다고는

12 〔역주〕 *Bhagavad Gita* 2 : 62~63 ; 길희성 역, 《바가바드 기타》, 현음사, 1988, 53면. 본 역자가 사용하고 있는 영어 원전 내의 영역을 산스크리트어 원문과 《간디의 바가바드 기타》(*The Bhagavad Gita According to Gandhi*, Berkeley, 2000) 내의 영역과 대조하면 간디의 역이 상당한 의역임을 알 수 있다.

말할 수 없다. 수년이 흐른 다음에 비로소 매일 읽는 책이 되었다.

그 형제들은 나에게 에드윈 아널드 경이 지은 《동양의 빛》이란 책을 추천했는데, 그때까지 아널드 경을 《천상의 노래》의 저자로서만 알았다. 그 책은 《바가바드 기타》를 읽을 때보다 더 큰 관심을 갖고 읽었고, 일단 읽기 시작하자 멈출 수가 없었다. 그들은 한번 블라바츠키 사택에 나를 데리고 가서 마담 블라바츠키와 베전트[13] 부인에게 소개해 주었다. 베전트 부인은 당시 신지학회에 가입했는데, 그녀의 개종을 둘러싼 논쟁을 흥미진진하게 지켜보았다. 친구들은 나에게 협회에 가입하도록 충고했다. 하지만 나는 다음과 같이 말하면서 부드럽게 거절했다. "나는 내 자신의 종교에 대한 보잘것없는 지식을 가지고 어떤 종교단체에도 소속되기를 원치 않습니다." 두 형제들의 권유로 마담 블라바츠키가 지은 《신지로의 열쇠》(*Key to Theosophy*)를 읽은 기억이 난다. 이 책은 힌두교를 다루는 책을 읽고 싶은 욕망을 자극했고, '힌두교가 미신으로 가득 차 있다'는 관념, 선교사들이 길러 준 이

---

13 〔역주〕 Annie Besant(1847~1933) : 영국의 여성 사회개혁가. 런던 출생. 조모와 어머니는 아일랜드계였다. 1873년 이혼한 후 여성해방운동에 참가하면서 버나드 쇼의 영향을 받아서 페이비언 사회주의자가 되었으며, 사회개혁가 C. 브래들로와 함께 맬서스 인구론을 선전, 신맬서스주의자로 유명해졌다. 1889년 종교적 신비주의자인 H. 블라바츠키의 학설에 심취하여 신지학회에 가입하고 신지학과 관련된 연설과 저술활동을 하였다. 1893년 인도로 가서 1907년부터 국제신지학회 종신회장으로 재직하면서 바라나시 중앙힌두대학을 설립하였으며, 인도의 사회개혁과 교육향상을 위해서 힘을 기울였다. 인도의 여성운동가 S. 나이두도 그녀를 도와 활약하였다. 제1차 세계대전 직전부터 인도의 정치운동에 등장하여 B. G. 틸락 등과 인도의 자치운동을 추진하였다. 1916년경에는 자치연맹(Home Rule League)을 창설하기도 했다. 1916년 회의파대회에서 회의파의 재통일과 무슬림연맹과의 제휴를 실현하는 데 노력하여 다음해 의장이 되었다. 그 뒤 간디 등과 의견이 대립되어 정치운동 일선에서 물러섰다. 두산 사이버 및 조길태, 《인도사》, 민음사, 1994, 493면 참조.

관념을 바로잡아 주었다.

그 무렵 채식주의자 기숙사에서 맨체스터에서 온 선량한 기독교도 한 사람을 만났다. 그는 나에게 기독교에 대해서 말해 주었다. 나는 그에게 라즈코트 기억을 들려주었다. 그는 그것을 들으며 괴로워했다. 그는 말했다. "나는 채식주의자이고, 술을 마시지 않습니다. 많은 기독교도가 육식을 하며 음주를 합니다, 그것은 분명합니다. 육식이든 음주든 성경이 명하는 것은 아닙니다. 제발 성경을 읽어 보십시오." 나는 그의 충고를 받아들였고, 그는 성경 한 부를 나에게 주었다. 나는 그가 성경을 판매했던 일, 그에게서 지도, 성서 색인, 다른 보조물을 담은 성경 판본을 구입했던 일을 희미하게 기억한다. 성경을 읽기 시작했다. 하지만 도대체 구약을 통독할 수가 없었다. 〈창세기〉를 읽었다. 그다음 부분을 읽으면 언제나 졸렸다. 하지만 내가 읽었다는 것을 말할 수 있게 하기 위해서 최소한의 관심이나 이해도 없이 아주 어렵게 다른 편들을 꾸준히 읽어나갔다. 〈신명기〉는 읽기가 싫었다.

그런데 신약성서는 다른 인상을 주었다. 특히 산상수훈은 내 심정에 똑바로 다가왔다. 나는 그것을 《기타》와 비교했다. 특히 "내가 너희에게 이르노니, 악에 대적하지 말라. 누가 너의 오른쪽 뺨을 때리면 왼쪽 뺨을 내어놓아라. 누가 너를 걸어 고소하여 네 속옷을 가지려고 하거든 겉옷까지도 주라"[14]는 구절은 나를 한량없이 기쁘게 했고, "물 한 잔 얻어 마시면, 근사한 음식 한 끼 대접하라"고 한 샤말 바트[15]를 상기시켜 주었다. 내 젊은 마음은 《기타》의 가르침, 《동양의 빛》 그리고 산상수훈을 통합하려고 노력했다. 종교의 최고 형식이

---

14 〔역주〕 〈마태복음〉 5 : 39~40.

15 〔역주〕 Shamal Bhatt (1718~1765) : 구자라트 시인. 간디는 어렸을 때부터 그의 2행 연구(聯句)를 흥얼거렸다고 한다.

포기라는 점이 나에게는 아주 매력적이었다.

성경 읽기는 다른 종교 스승들의 삶을 공부할 욕구를 돋우었다. 한 친구가 칼라일의 《영웅과 영웅숭배》를 추천해 주었다. 나는 예언자로서의 영웅에 관한 장을 읽고 예언자들의 위대함, 용기, 그리고 엄혹한 삶에 대해서 배웠다.

나는 그 당시 종교에 대한 이와 같은 만남에 도달하고는 더 이상의 진전이 없었는데, 시험을 위한 독서가 다른 것을 위한 시간을 거의 남겨 두지 않았기 때문이다. 하지만 나는 내가 종교 서적을 좀더 읽고, 모든 주요 종교를 알아야겠다는 점을 마음에 새겨 두었다.

어떻게 해야 무신론에 대해서 좀더 알 수 있을까? 모든 인도인은 브래들로(Bradlaugh)의 이름과 그의 이른바 무신론을 알고 있다. 나는 그것에 대한 책을 좀 읽었는데 그 제목은 잊어버렸다. 그것은 나에게 아무 영향을 주지 않았다. 나는 무신론의 사하라 사막을 이미 건너왔기 때문이다. 세상의 이목을 끌고 있었던 베전트 부인은 무신론에서 유신론으로 전향했는데, 이 사실이 무신론에 대한 나의 혐오감을 강화시켰다. 나는 그녀의 책 《나는 어떻게 신지론자가 되었는가》를 읽었다.

브래들로가 죽은 것은 이 무렵이었다. 그는 워킹(Woking) 묘지에 묻혔다. 나는 런던에 거주하는 모든 인도인이 참석한다고 믿었으므로 장례식에 참석했다. 서너 명의 성직자들도 그에게 최후의 경의를 표하기 위해서 참석했다. 장례식에서 돌아오는 길에 우리는 역에서 열차를 기다려야 했다. 군중에서 무신론의 최고 신봉자로 보이는 듯한 한 사람이 성직자들 여럿 중에 한 사람에게 야유를 퍼부었다. "자, 나리, 당신은 신의 존재를 믿으시죠?" "그래요" 하고 그 착한 사람은 낮은 목소리로 대답했다. "지구의 둘레가 2만 8천 마일이라는 점에 동의하시죠. 그렇죠?" 하고 그 무신론자는 의기양양하게 미소 지으며 물었다. "그렇습니다." "당신이 믿는 신의 크기와 그가 어디에 있을지를 제발 나에게 말 좀 해 주시오." "글쎄요, 우리가 알기만 한다면, 그분은 우리 두 사람의 심정 모두 안에 있을 것이외다." "아니, 아니, 나를 아이 취급하지 마시오"라고, 그 신봉자는 의기양양하게 우리를 쳐다보며 말했다.

그 성직자는 겸양의 침묵에 빠졌다.

이 얘기는 무신론자에 대한 나의 선입관을 더욱 강화시켰다.

종교와의 만남, 《나의 진리실험 이야기》 20장(G.) ;
〈나바지반〉 1926. 4. 18 ; 《전집》 44 : 〈자서전〉

37) 신지학과 참종교

판츠가니, 〔*1946. 7. 17*〕

간디지 자이프라카슈가 동참할 것입니다. 나는 그에게 반대하지 않을 것입니다. 1942년 나는 미지의 바다를 향해서 나간다고 말했습니다. 나는 이제 그런 짓을 하지 않을 것입니다. 그때 나는 민중을 알지 못했습니다만, 지금은 무엇을 할 수 있고 무엇을 할 수 없는지를 압니다.

루이스 피셔 당신은 1942년 당시에는 폭력이 발생할 것이라는 점을 몰랐습니까?

간디지 그렇습니다.

피셔 만일 헌법제정의회(the Constituent Assembly)가 실패한다면 당신은 시민불복종운동을 전개하지 않을 것입니까?

간디지 그때까지 사회주의자들과 공산주의자들이 누그러지지 않는다면, 전개하지 않을 것입니다.

모하메드 알리 진나와 간디 (1944)
간디는 종교 대립으로 인한 민족 분열을 막기 위해서 힌두교도와 무슬림 간의 화해를 이끌어내고자 노력했다. 사진은 무슬림 지도자인 진나(왼쪽)와 간디의 모습이다.

피셔 그런 일은 일어나지 않을 것 같은데요.

간디지 인도의 공기에 이렇게 많은 폭력이 난무한다면 나는 시민불복종에 대해서 생각할 수가 없습니다. 오늘날 어떤 카스트 힌두교도는 불가촉천민들에 대해서 공명정대하게 행동하지 않습니다.

피셔 어떤 카스트 힌두교도란 국민회의 의원을 의미합니까?

간디지 그렇게 많은 수의 의원은 아닙니다. 불가촉천민제도를 심정에서 추방하지 못한 자들이 좀 있습니다. 그것이 비극입니다. … 무슬림들 역시 자신들이 부당하게 취급당하고 있다고 느낍니다. 정통 힌두교도의 집에서 무슬림은 힌두교도와 같은 카펫에 앉아 식사하는 것이 허용되지 않습니다. 이것은 거짓된 종교입니다. 인도는 거짓으로 종교적입니다. 인도는 반드시 참종교를 얻어야 합니다.

피셔 당신은 국민회의에서 성공하지 않았습니까?

간디지 아닙니다. 실패했습니다. 하지만 성공을 거둔 것도 조금 있습니다. 하리잔들은 마두라 소재의 사원을 비롯하여 많은 거룩한 사원에 들어갈 수 있고, 같은 사원에서 카스트 힌두교도도 예배를 드릴 수 있습니다.

피셔 어떤 사람들은 힌두·무슬림 관계가 개선되었다고 하고, 또 어떤 사람들은 악화되었다고 합니다.

간디지 진나와 다른 무슬림 지도자들은 한때 국민회의 의원이었습니다. 그들은 힌두교도의 거만한 태도에서 위기를 느껴서 그곳을 떠났습니다. 최초의 지도적 의원들은 신지학회 회원들이었습니다. 나는 애니 베전트 부인에게 많이 끌렸습니다. 신지학은 블라바츠키 부인의 종교이고, 최고의 힌두교입니다. … 교양 있는 무슬림들은 신지학회에 가담했습니다. 나중에 국민회의 의원이 증가했고, 힌두교도의 거만한 태도도 심해졌습니다. 무슬림들은 종교 광신주의자들이었지만, 광신주의는 광신주의로 대응할 수는 없습니다. 나쁜 행실은 사람을 불쾌하게 합니다. 국민회의 안에 있던 탁월한 무슬림들은 혐오를 느꼈습니다. 그들은 힌두교도 사이에서 인류의 형제애를 찾지 못했습니다. 그들은 이슬람이 인류의 형제애라고 말합니다. 하지만 실제로 그것은 무슬림들 사이의 형제애입니다. 그러나 신지학은 인류의 형제애입니다. 힌두교도의 분리주의는 국민회의와 무슬림연맹 사이에 간극을 만드는 데 일정 부분 기여했습니다. 진나는 사악한 천재입니다. 그는 자신이 예언자라고 믿고 있습니다.

피셔 그는 변호사입니다.

간디지 당신은 그를 잘못 본 것입니다. 나는 1944년에 가졌던 18일간의 그와의 회담을 증거로 제시할 수 있습니다. 그는 실제 자신을 이슬람의 구원자로 간주하고 있었습니다. …

피셔 하지만 진나는 냉정합니다. 그는 깡마른 사람입니다. 그는 우기는 사람이지 명분을 가르치지 않습니다.

간디지 그가 깡마른 사람이라는 점에는 동의합니다. 하지만 나는 그가 사기꾼이라고는 생각하지 않습니다. 그는 소박한 심성의 무슬림 교도에게 마법을 걸었습니다. …

피셔 1942년 진나는 나에게 당신이 독립을 원하지 않았다고 말했는데 … 당신이 힌두 통치를 원했다고 말했습니다.

간디지 그는 완전히 틀렸습니다. 그것은 터무니없는 소리입니다. 나는 무슬림·힌두·불교도·기독교도·유대인·파시교도입니다. 그가 내가 힌두 통치를 원하고 있다고 말하는 것은, 나를 모르고 하는 소리입니다. 그는 진리를 말하지 않으며, 속임수를 쓰는 변호사처럼 말하고 있습니다. 미치광이만이 나에게 그런 비난을 할 수 있습니다. 나는 무슬림연맹이 헌법제정의회 안으로 들어갈 것으로 믿습니다. 하지만 시크교도는 거부했습니다. 그들은 유대인과 마찬가지로 고집쟁이입니다. …

피셔 18일 동안 진나와 함께 있으면서 당신은 무엇을 배웠습니까?

간디지 그가 미치광이란 점을 알았습니다. 미치광이는 때때로 그의 광기를 털어 버리고 합리적일 때가 있습니다. 그와의 회담을 한 번도 후회한 적은 없습니다. 나는 배우지 못할 정도로 너무 완고한 적도 없습니다. 나 자신의 실패 하나하나가 모두 디딤돌이 되었습니다. 진나가 미치광이이므로 그와는 아무 진전도 이룰 수가 없었습니다. 하지만 많은 무슬림들이 회담 중의 그의 태도 때문에 진저리를 쳤습니다. …

루이스 피셔와의 대담 보고, 루이스 피셔,
《마하트마 간디의 일생》, 472~473면[16]

3. 바가바드 기타

38) 《기타》와 비폭력

한 친구가 다음과 같이 물었다. …[17]
그런 의혹들이 앞으로도 계속 일어날 것이다. 《기타》를 좀 공부해 본 사람이라면, 자신들의 능력을 한껏 발휘하여 그런 의혹들을 해소하고자 노력해야 할 것이다. 내가 한번 해보겠다. 하지만 나는 사람이 최후의 수단으로 그의 심정의 명령에 따라서 움직여야 한다는 점을 말하지 않을 수 없다. 심정은 지성에 앞서는 것이다. 처음에는 원리가 수용되고 그 후에 증명이 따른다. 영감은 그것을 정당화하는

16 〔역주〕《전집》에서 확인 불가능.
17 여기에서 편지는 번역되지 않았다. 투고자는 《기타》의 1장과 11장이 《기타》가 비폭력을 가르친다는 견해를 지지하지 않는다고 논했다.

논증들에 앞선다. 그 때문에 사람의 행위가 지성을 인도한다고 말한다. 사람은 그가 하고 싶은 행위에 또는 이미 행위한 일에 유리하도록 논증을 찾아낼 것이다.

따라서 나는 《기타》에 대한 내 이해가 모든 이에게 용납될 것이라고는 기대하지 않는다. 이런 상황에서는 내가 어떻게 《기타》에 대한 해석에 도달했는지를 묘사하고, 경전의 의미를 확정할 수 있었는지에 대해서 내가 추종했던 원리들을 설명하면 충분하리라고 생각한다. '내 의무는 투쟁하는 것이고 나는 결과에 집착하지 않는다. 죽어 마땅할 원수들은 이미 죽었다. 내 역할은 그들을 죽임에 있어서 그저 수단이 되는 일이다.'

내가 《기타》를 처음 알게 된 것은 1889년이었다.[18] 그때 내 나이 스물이었다. 그때는 다르마의 원리로서 비폭력의 의미를 아직 충분히 이해하지 못하고 있었다. 사랑하면 원수의 마음도 얻는다는 원리를 처음 배운 것은 '원수에게 물과 좋은 음식을 주어라'라는 샤말 바트의 2행 연구(聯句)에서였다. 그 시구에 담겨 있는 진리는 내게 깊은 감동을 주었지만, 아직 모든 피조물에 대한 자비의 원리를 제시해 주지는 않았다. 영국으로 떠나기 전 인도에 살았을 때, 나는 이미 고기를 먹은 적이 있다. 또한 뱀과 그 비슷한 피조물을 죽이는 것이 사람의 의무라고 믿었다. 나는 빈대와 다른 벌레를 죽인 것을 기억한다. 한때 전갈을 죽인 적도 있다. 그러나 지금 나는 그와 같이 독이 있는 피조물조차 죽여서는 안 된다고 생각한다. 그 당시 나는

18 〔역주〕 여기부터는 한글로 번역된 《평범한 사람들을 위해 간디가 해설한 바가바드 기타》(이현주 역, 당대, 2001) 머리말에 그대로 실려 있다. 나와 달리 읽은 부분도 있지만, 대체로 좋은 번역이라고 생각되어서 역자가 미처 생각지 못했던 좋은 번역어가 있으면 바로 따온 것도 있다. 그런데 오역이 눈에 보여서 안타까웠다. 서로 다른 영어본을 보아서 그랬을까?

우리가 영국인들과 싸울 수 있을 만큼 우리 자신을 훈련해야 한다고 믿었다. 나는 '영국인이 우리를 통치하는 것이 놀랄 일인가?'라는 말로 시작되는 시 구절을 읊조리곤 했다. 내가 고기를 먹은 것은 장차 있게 될 이 싸움에 대비하여 훈련하기 위한 것이었다. 이런 생각들이 내가 영국으로 떠나기 전에 품고 있었던 것들이다. 육식과 다른 죄에서 나를 건져 준 것은, 내가 어머니와 한 약속을 생명을 바치고서라도 지키려 했던 나의 바람이었다. 진리에 대한 내 사랑이 난관에서 나를 여러 번 건져 주었다.

내가 권유를 받아서 《기타》를 읽게 된 것은 두 사람의 영국인과 접촉하게 된 무렵이었다. '권유를 받아서'라고 말한 것은 내가 그것을 별로 읽고 싶지 않았기 때문이었다. 두 친구가 《기타》를 함께 읽자고 했을 때 나는 오히려 창피했다. 우리의 거룩한 책에 대해서 내가 아무것도 모른다는 생각이 나를 비참하게 만들었다. 그 이유는 내 자만심 때문이었다고 생각된다. 나는 도움을 받지 않고 《기타》를 산스크리트어로 읽을 만큼 그 언어에 능통하지 못했다. 두 영국인 친구들은 산스크리트어에 대해서 전혀 까막눈이었다. 그들은 이 시에 대한 아널드 에드윈 경의 탁월한 번역판을 나에게 주었다. 나는 곧 그 전체를 통독하고 그것에 매료되었다. 그날부터 오늘까지 2장의 마지막 19행은 내 마음에 깊이 아로새겨져 있다. 나는 19행 안에 다르마의 본질이 들어 있다고 생각한다. 그것들은 최고의 지식을 구현하고 있다. 그 안에 주창된 원리들 역시 변할 수 없다. 그 속에는 최고 수준의 지성도 번뜩이고 있다. 하지만 높은 목적을 위해서 단련된 지성이다. 그 안에 담긴 지식은 경험의 결실이었다.

이것이 《기타》와 나의 첫 만남이었다. 그날 이래, 나는 많은 다른 번역본과 주석서를 읽어 보았고, 많은 강좌를 경청했다. 하지만 처음 읽었을 때의 그 인상은 여전히 남아 있다. 위에서 말한 2장의 끝에 있는 19행은 《기타》를 이해하는 데에 열쇠가 된다. 나는 심지어 한 걸음 더 나아가 《기타》의 다른 시구에 이들 19행의 의미와 반대되는 주장이 있거든 거부하라고까지 충고하고 싶다. 하지만 겸허한 사람이라면 어떤 것도 거부할 수 없을 것이다. 오히려 다음과 같이 생각할 수 있다. '오늘 다른 행들이 이 행과 일관되지 않아 보이는 것은 나 자신의 지성이 불완전하기 때문일 것이다. 시간이 경과하면 나는 그것들 사이의 일관성을 볼 수 있을 것이다.' 그는 자신과 다른 사람들에게 그렇게 말할 것이고, 문제를 그 정도로 해둘 것이다.

경전의 의미를 이해하기 위해서는 우리에게 잘 계발된 도덕적 감수성과 경전이 말하는 진리를 실천하는 데에 경험이 있어야 할 것이다. 수드라가 《베다》를 공부하면 안 된다는 금지 명령은 완전히 터무니없는 것은 아니다. 수드라, 달리 말하면 도덕교육이 없는 자, 감각도 지식도 없는 자는 경전을 전적으로 오해할 것이다. 어른이라고 해도 준비 없이 난해한 대수학의 문제를 이해할 만한 사람은 아무도 없다. 그러한 문제를 이해하기 전에 반드시 주제의 요소들에 대해서 공부해야 한다. '아함 브라마스미'(*Aham Brahmasmi*)[19] 라는 말이 음탕한 사내의 입에서 어떻게 울릴까? 무슨 의미를, 아니 어떤 왜곡된 의미를 거기에서 읽어내지 않겠는가?

그런 까닭에 경전을 해설하려고 하는 자는 반드시 먼저 그의 삶에서 규정된 훈련을 준수해야만 한다. 이러한 훈련을 기계적으로 준수하는 것은 힘이 들 뿐만 아니라 공허하기조차 하다. 경전에서는 우리에게 구루가 있어야 한다는 점을 핵심 사항으로 본다. 하지만 이 시대에는

---

19 '나는 브라만, 절대자이다'라는 의미로, 아드바이타(不二) 베단타의 중심 가르침이다.

구루가 드물다. 따라서 학식 있는 현자는 사람들에게 귀의의 정신으로 흠뻑 젖어 있는 서책들, 토속어로 쓰여진 서책들을 규칙적으로 공부하라고 권한다. 하지만 귀의의 정신이 없는 자, 신앙조차 없는 자는 경전의 의미를 풀이할 자격이 없다. 학식 있는 사람들은 제멋대로 경전에서 외견상 깊은 의미를 읽어낸다. 하지만 그들이 제공하려는 것은 경전의 진정한 의미가 아니다. 경전의 진리를 실천하는 일에 경험이 있는 자들만이 그 경전의 참의미를 풀이할 수 있을 것이다.

그렇지만 보통 사람을 안내하는 원리들도 있다. 진리에 위배되는 경전해설은 결코 옳은 것이 아니다. 진리라는 원리 자체가 갖는 타당성에 의문을 표하는 자들에게 경전은 아무 의미가 없다. 그런 자들에게는 경전이 평범한 책보다 나을 것이 없다고 말하는 편이 좋다. 아무도 경전에 관한 논의에서 그를 만족시킬 수는 없을 것이다. 반면 경전 안에서 비폭력의 원리를 발견하지 못하는 사람이라면 누구든 위험에 빠지게 될 것이다. 하지만 그의 경우에 희망이 없는 것은 아니다. 진리가 긍정적 가치라면 비폭력은 부정적 가치이다. 진리는 무엇인가를 긍정한다.. 비폭력은 충분히 있을 수 있는 일을 금지한다. 진리는 존재하지만 허위는 존재하지 않는다. 폭력은 존재하지만 비폭력은 존재하지 않는다. 그렇다고 해도 우리에게 최고의 다르마는, 오직 비폭력만이 존재할 수 있다는 사실이다. 진리는 그 자체가 증명이지만, 진리가 맺는 지고(至高)의 열매는 비폭력이다. 비폭력은 진리에 필수적으로 포함되어 있다. 하지만 비폭력은 진리가 명백한 것처럼 명백하지는 않으므로, 우리는 비폭력을 믿지 않더라도 경전의 의미를 발견하려고 노력할 수 있다. 그러나 비폭력정신만이 경전의 참된 의미를 가르쳐 줄 것이다.

고행(*tapascharya*)은 진리 실현을 위해서 꼭 필요하다. 진리를 구현했던 어떤 성자는, 폭력이 판치는 가운데 비폭력의 여신을 세계에 현시했다. 그리고는 다음과 같이 말했다. "폭력은 미망에서 오고, 조금도 쓸모가 없다. 비폭력만이 참이다." 비폭력을 실현하지 않고 진리를 실현할 수 없다. 범행(梵行 : *brahmacharya*), 불투도, 무소유의 서약들은 비폭력을 위해서 중요하고, 그러한 서약들은 비폭력을 우리 자신 안에 실현하도록 도와준다. 비폭력은 진리의 생기(生氣, *life-breath*)이다. 비폭력이 없으면 사람이 아니라 짐승이다. 진리추구자는 이 모든 것을 그가 추구하는 아주 초기에 발견할 것이다. 그러면 그는 경전의 의미를 이해하는 데에 어떤 경우에도 어려움을 겪지 않을 것이다.

경전 안에 있는 어떤 본문의 의미를 확정하는 데에 준수해야 하는 두 번째 규칙은, 문자에 매달려서는 안 되며, 경전의 정신 곧 경전의 의미를 전체 맥락에서 이해하도록 노력해야 한다는 것이다. 툴시다스의 《라마야나》는 가장 위대한 저작 중의 하나인데, 그 이유는 순결, 자비, 신에 대한 귀의의 정신을 담고 있기 때문이다. 아내를 구타하는 사내에게는 불운이 기다리고 있다. 왜냐하면 툴시다스가 그의 책에서 수드라, 무지몽매한 사람, 짐승과 여성은 벌을 받아야 한다고 말했기 때문이다. 라마는 시타에게 절대로 손을 댄 적이 없으며, 한 번도 마음에 상처를 준 일도 없었다. 툴시다스는 통상적 믿음을 표명했을 뿐이며, 아내를 구타하고 그 행위를 자신의 시를 빌려 정당화하는 짐승 같은 남편이 있으리라고는 결코 생각할 수 없었을 것이다. 툴시다스 자신도 당시의 풍습을 좇아서 아내를 구타했을지도 모른다. 그렇다고 해도 그러한 풍습은 비난받아 마땅한 일이다. 여하튼 그의 《라마야나》는 아내를 구타하는 남편을 정당화하기 위해서 쓰여진 것이 아니다. 그것은 완전한 남자의 성격을 드러내기 위해서, 요조숙녀(窈窕淑女) 가운데서 가장 고상한 여인 시타에 대해서 우리에게 들려주기 위해서, 그리고 바라트(*Bharat*)[20]가 보여주는 이상적 귀의의 태도를 묘사하기 위해서 쓰인 것이다. 그 작품에서 나쁜 습관을 옹호하는 듯한 부분이 있다면 무시되어야 한다. 툴시다스는 지리를 가르칠 목적으로 귀한 책을 쓴 것은 아니었다. 따라서 우리는 그 안의 지리학적 성격에 대한 잘못된 발언을 모두 부정해야 한다.

이제 《기타》를 검토해 보자. 주제는 브라만의 실현과 그 실현 수단이다. 전투는 가르침을 위한 좋은 기회일 뿐이다. 원한다면 우리는 시인이 전투를 좋은 기회로 삼은 것은 전투를 도덕적으로 잘못된 일로 보지 않았기 때문이라고 말할 수 있다. 《마하바라타》를 읽었을 때 나는 상당히 다른 인상을 얻었다. 브야사는 전쟁의 공허함을 묘사하기 위해서 지극히 아름다운 서사시를 썼다. 카우라바 형제들의 패배와 판다바 형제들의 승리는 도대체 어떤 의미가 있는가? 승리자들 중에 몇 사람이나 살아남았는가? 그들의 운명은 무엇이었던가? 판다바 형제들의 모친인 쿤티의 종말은 무엇이었던가? 야다바 종족에 대해서 오늘날 어떤 흔적이 남아 있는가?

《기타》의 주제가 전투를 묘사하고 폭력을 정당화하는 데 있는 것이 아닌 만큼, 이런 것들에 중점을 두는 것은 아주 잘못된 것이다. 더구나 만일 《기타》 내의 몇몇 시구가 《기타》가 비폭력을 주장한다는 관념과 화해하기 어렵다면, 《기타》 전체의 가르침은 폭력의 주장과 화해하기는 더욱 어려울 것이다.

시인이 자신의 작품을 지을 때, 작품이 함축할 수 있는 모든 의미

20 〔역주〕 Bharata라고도 한다. 라마는 다샤라타(Dasharatha)의 아들이고, 바라트는 다샤라타의 이복동생이다. 여기서 말하는 귀의는 바라트가 라마 대신 왕이 되기를 거부한 것을 가리키는 것이므로, 아버지에 대한 아들의 귀의를 말한다.

에 대해서 선명한 개념을 지니는 것은 아니다. 훌륭한 시가 작가보다 위대할 수 있는 것, 그것이 작품이 갖는 아름다움의 본질이다. 시인이 영감을 얻는 순간 발하는 진리, 그 진리를 시인이 자신의 삶에서 추구하는 경우를 자주 볼 수는 없다. 따라서 수많은 시인은 자신들의 시가 가르치는 것과는 어긋나는 삶을 산다. 《기타》의 전반적 가르침이 폭력이 아니라 비폭력이라는 사실은, 2장에서 시작하여 18장에서 마감되는 논의에서 분명해진다. 그것 사이의 다른 장들도 동일한 주제를 제시하고 있다. 사람이 분노, 무지한 사랑과 증오에 내몰리지 않는다면 폭력은 불가능하다. 반면에 《기타》는 우리가 분노를 낼 수 없기를, 그리고 3개의 구나[21]가 영향을 미치지 못할 경지에 도달하기를 원한다. 그와 같은 사람은 결코 분노를 느끼지 않는다. 아르주나가 화살을 겨냥하며 시위를 귀에까지 힘껏 당길 때마다 새빨개지던 그의 두 눈동자가 지금도 눈에 선하다.

그렇다면 아르주나가 싸우기를 완강하게 거부하는 일은 비폭력과 무슨 관계가 있었던가? 사실 그는 과거에 자주 싸웠다. 그의 지성은 지금 무지의 집착에 의해서 갑자기 흐려졌다. 그는 친척을 죽이기를 원치 않았다. 그렇다고 사악한 자로 보이는 사람까지 죽이지 않겠다고 말한 것은 아니었다. 슈리 크리슈나는 우리 모두의 마음 안에 거하시는 주님이시다. 그는 아르주나가 지닌 이성의 순간적인 눈멂을 이해하신다. 따라서 그분은 이렇게 말씀하신다. "너는 이미 폭력을 범했다. 지금 네가 현자같이 말한다고 해서 비폭력을 배우는 것은 아니다. 이미 이 길로 나섰으니 너는 그 일을 끝마쳐야 한다." 시속 64㎞로 달리는 열차로 여행하는 승객이 갑자기 여행에 싫증이 났다고 해서 기차 밖으로 뛰어내린다면, 그것은 자살행위에 지나지 않는다. 그

21 sattva(明性), rajas(動性), tamas(暗性)를 지칭.

가 여행 자체의 허무함 또는 기차 여행의 허무함을 진실로 자각한 것은 아니다. 아르주나는 그와 비슷한 처지였다. 비폭력을 신봉하는 크리슈나는 아르주나가 한 일을 제외하고는 어떤 충고도 해 줄 수 없었을 것이다. 그러나 이 사실에서 《기타》가 폭력을 가르친다거나 전쟁을 정당화한다는 결론을 내리는 것은 온당치 못하다. 그러한 결론은 여러 가지 유형의 폭력이 육신을 유지하기 위해서 불가피하다고 해서, 다르마가 폭력에만 있다고 주장하는 것만큼이나 온당치 못한 일이다. 반면에 분별할 줄 아는 지성을 지닌 사람이라면 그 사람은 폭력을 사용해서 존재하는 육신으로부터, 구원을 위해서 힘쓸 의무 곧 해탈을 향해서 힘쓸 의무를 가르칠 것이다.

드리타라슈트라는 누구를 대표하는가? 마찬가지로 두르요다나, 유디슈티라, 아르주나는 각각 누구를 대표하는가? 크리슈나는 누구를 대표하는가? 그들은 역사적 인물이었던가? 《기타》는 그들의 실제 행위를 기술한 것인가? 전투가 막 시작되려는 찰나에 아르주나가 아무 경고 없이 질문을 던지는 일이 가능한가? 크리슈나가 그에 대한 대답으로 전체 《기타》를 암송하는 일이 가능한 일인가? 그렇다면 미망을 이미 제거했다던 아르주나는 《기타》에서 배웠던 것을 망각한 것이고, 크리슈나는 《아누기타》(*Anugita*)[22]에서 그의 가르침을 반복한 것이다.

두르요다나와 그의 지지자들은 우리 안에 있는 악마적 충동을 대변하며, 아르주나와 그의 편은 신을 향한 충동을 대변한다고 나는 믿는다. 전투의 장소는 우리의 육신이다. 삶의 문제들을 경험으로 아는 시인 겸 성자는 우리 안에서 영원히 진행되는 갈등에 대해서 충실하게 서술하고 있다. 우리 모두의 마음속에 거하시는 주님 슈

22 〔역주〕《기타》의 후기. 《전집》 권 33, 88면.

리 크리슈나는, 방안에서 째깍거리는 시계처럼 순수한 마음(*chitta*) 안에서 그의 박동소리를 항상 들려주신다. 마음에 있는 시계의 태엽이 만일 자기정화라는 열쇠로 감겨져 있지 않으면, 내재하는 주님은 그가 계신 곳에 분명히 존재하시겠지만, 째깍거리는 소리는 더 이상 들리지 않을 것이다.

나는 《기타》 내에 폭력이 전혀 들어 있지 않다고는 말하지 않는다. 《기타》에서 가르치는 다르마는 비폭력의 진리를 아직 깨치지 못한 자가 겁쟁이처럼 행동해도 좋다는 것을 의미하지 않는다. 타인을 두려워하고 소유물을 축적하고 감각적 쾌락에 탐닉하는 자는 누구든 폭력의 방법을 강구하여 싸울 것이 분명하다. 하지만 그 이유로 폭력이 다르마로 정당화되는 것은 아니다. 다르마는 오직 하나만 있을 뿐이다. 비폭력은 해탈을 의미하고, 해탈은 사탸나라야나(*Satyanarayana*)[23]의 실현을 의미한다. 그러나 다르마는 어떤 경우에도 겁에 질려 도망가는 일을 묵인하지 않는다. 우리 이성을 당혹스럽게 만드는 이 세상에 폭력은 언제나 있을 수 있다. 《기타》는 폭력에서 벗어나는 길을 제시한다. 하지만 우리가 겁쟁이처럼 단순히 도망치는 것으로는 거기에서 벗어날 수 없다고 말한다. 누구든지 달아날 준비가 되어 있는 자는 차라리 죽이거나 죽는 편이 나을 것이다.

이 설명을 듣고 난 다음에도 투고자가 인용한 구절들이 이해되지 않는다면, 나는 어쩔 수 없다. 그 누구도 전능한 신이 우주의 창조자요 유지자이며, 파괴자라는 점, 그리고 당연히 그래야 한다는 점에 대해서 의심하지 않을 것이라고 나는 확신한다. 창조하신 분이라면 파괴할 권리도 지니시는 것이 마땅하다. 그렇다고 해도 그분은 죽이시지 않는다. 왜냐하면 신은 아무것도 하시지 않기 때문이다.

---

23 진리 모습의 신.

신은 지극히 자비로우신지라, 태어난 모든 피조물은 언제고 죽는다는 당신의 법을 깨뜨리지 않으신다. 만일 그분이 상상과 변덕을 좇기로 한다면 우리가 있을 곳은 어디인가?

《기타》의 의미(G.), 1925. 10. 11 ; 《전집》 33 : 50

39) 근본적인 원리들

뱅갈로르, *1927. 7. 2*

슈리 산토지 마하라자께,
저는 당신의 질문들을 조심스럽게 마음속에 간직하고 있었으며, 신의 은총을 받아 지금 대답하겠습니다. 이 대답과 함께 질문까지 동봉하므로 그것들을 기억해야 할 수고를 하실 필요는 없고, 저 역시 베끼지 않아도 됩니다. 제가 순차적으로 번호를 매겼으므로, 아무 혼란이 없을 것입니다.

(1) 《기타》의 가르침은 그대로 실행하려고 하는 사람만이 올바르게 해설할 수 있고, 해설의 올바름은 가르침을 좇아 살아가는 일에 있어서 거두는 성공에 비례할 것입니다. 《기타》는 학문적 전문 서적으로 지어진 것이 아닙니다. 그것은 심오한 서적일 수도 있지만, 제 소견으로는 심오함의 실현은 가르침을 얼마나 깊고 성실하게 실행하느냐에 달려 있습니다. 저는 로카만야 틸락과 샹카라 선생의 주석들을 읽고, 가능한 한 이해하도록 노력했습니다. 저에게 그들의 학문에 대해서 판단을 내릴 만한 자격은 없습니다. 만일 제가 제안한 관점을 우리가 수용한다면, 그들의 학문에 대해서 개인적 소견을 표명해야 하는 문제는 일어나지 않을 것입니다. 《기타》는 《베다》와 우파니샤드의 핵심을 다루고 있으므로 이들 둘과 연관되어 있습니다.

(2) 《기타》는 우리가 평등(*samatva*)의 경지를 닦아야 한다는 것을 가르치며, 그 방법에 대해서 가능한 모든 방식의 논의를 통해서 설명하고 있습니다. 그 방법이란 지(知 : *jnana*)를 동반한 신애(信愛: *bhakti*) 즉 보상받을 생각 없이 모든 생명에게 봉사하는 것입니다.

(3) 《기타》에 따르면 신이 주신 유산은 우리가 자아실현을 이루도록 도와줍니다. 유산을 얻었다는 표시는 자신의 집착과 혐오를 줄이는 것이고, 그것을 성취하는 방법은 주님에 대한 신애를 기르는 것입니다.

(4) 저는 과거에 살았던 우리의 거룩한 저자들의 가르침을 읽고 이해해 보았습니다만, 제가 보기에 견해상 차이는 없습니다.

(5) 브라만 한 사람과 방기(*bhangi*)[24] 한 사람이 전갈에 쏘였다고 합시다. 의사가 브라만을 돌보기 위해서 도착했고, 다른 의사를 부르기 위해서 사람을 보냈습니다. 먼저 당도한 의사는 도와 달라고 울부짖는 방기에게 눈길 한 번 주지 않았지만, 의사와 브라만은 그의 울부짖음을 듣고 있습니다. 만일 브라만이 평등의 눈으로 모든 존재를 바라보는 것을 배웠다면, 그는 방기를 먼저 치료해 달라고 의사에게 요청했을 것입니다. 만일 제가 의사였다면, 방기에게 달려가서 상처에서 독을 빨아내고 제가 아는 온갖 치료법을 사용했을 것입니다. 그런 다음 저는 브라만이 필요하다면 그에게 봉사했을 것입니다. 그리고 다른 일을 돌봤을 것입니다. 만물에 대해서 평등의 눈을 닦는다는 것은 평등한 존경심으로 세계에 있는 모든 사람들에게 봉사한다는 것이기 때문입니다.

(6) 어떤 사람들은 주님이 《기타》에서 우리가 친족을 죽이는 일을 허용하는 것을 가르치고 있다고 하지만, 그것은 전혀 사실이 아닙니

24 〔역주〕 불가촉천민 중에 하나, 자세한 설명은 말미 〈용어해설〉을 참조할 것.

다. 아르주나는 그가 의로운 명분이라고 믿고 있던 것을 위해서 싸울 준비가 되어 있고, 친족과 타인을 분별하는 무지한 집착과 약점에 뒤덮였을 때, 주님은 그의 집착과 약점을 치유해 주셨습니다. 만일 아르주나가 자신의 적수가 친족이든 타인이든 아무도 죽이기를 원치 않는다고 항의했다면, 크리슈나는 어떤 대답을 하셨을까, 이 질문에 대해서 우리는 추측할 수밖에 없습니다만, 《기타》는 직접적인 대답을 주기 위해서 쓰인 것이 아니라는 것이 제 소견입니다.

(7) 저는 영원한 《베다》의 다르마 안에는 보편성과 자유주의(*liberalism*)의 위대한 정신이 있다고 생각합니다.

(8) 어떤 것이 가장 중요한 종교 저작일까, 하는 질문에 대해서는 스스로 대답해 보는 길밖에 없습니다. 저에게는 《기타》입니다. 그러한 저작들이 갖는 특성은 그것들이 다루는 주제에 달려 있습니다. 예를 들어 일부의 저작들은 행위의 규범을 제시하고, 또 다른 일부의 저작들은 신성(*Godhead*)의 본질을 공표한 다음 그것을 설명합니다. 이것들 이외에 다른 것에 대한 질문이 있다면, 저는 그것을 이해하지 못했던 것입니다.

(9) 여러 종교가 명하는 행동 규범들 간의 차이점은 시대에 따라서 변화하고, 지식과 자유주의 정신이 성장하면 이러한 차이점은 감소할 것입니다.

(10) 이 질문은 (9)번 질문과 관련이 있습니다만, 좀더 자세히 설명하면서 이 질문에 답해 보겠습니다. 《코란》, 기독교 성경, 《베다》 그리고 다른 저작에서 보이는 여러 가지 실천 수행의 모습은, 그때 그곳에서는 최선이었다고 믿어야 할 것입니다. 이성(*reason*)에 비춰서 우리 시대에서 수용할 수 없다면, 그것들을 바꾸거나 완전히 내버리는 일은 우리의 의무입니다. 오직 근원인 원리들만이 불변입니다.

(11) 우리는 타인들을 상대로 행동하고, 그들의 신앙을 이해하려고 할 때, 그들을 우리 자신처럼 생각해야 한다는 원리를 따라야 합니다.

(12) 종교 저작들에 대한 수많은 해석 중에서 어느 것이 희석되지 않은 순금 같은 진리를 대표하고 있는지를 결정하는 일은 거의 불가능에 가깝습니다. 그런 까닭에 《기타》는 종합(사만바야, *samanvaya*)이 최선이라고 설득력 있게 주장해왔습니다. 오로지 신만이 완전한 진리를 대표합니다. 그래서 불완전한 사람은, 나의 진리가 나에게 귀중하듯이 다른 진리도 다른 사람들에게 귀중할 수밖에 없다는 점을 겸허하게 믿어야 할 것입니다. 따라서 모든 사람들은 자신의 길을 좇아야 하며, 다른 사람들은 그 일을 방해해서는 안 됩니다. 그렇다면 사람들은 경험상 자신에게 가장 적합해 보이는 길을 자발적으로 따라갈 것입니다.

(13) 우리는 유경험자이면서 완전한 청정행을 하는 사람을 만날 때까지, 자신의 성전으로 받아들인 종교서가 명하는 행위의 규칙과 훈련의 규칙을 준수해야 하고, 종교서를 정기적으로 읽고, 그것에 대해서 성찰하면서 그 가르침을 실행에 옮겨야 할 것입니다. 이것도 못하는 자는 무지한 자입니다. 행위에서 청정을 지킬 수 없는 자들은 신 안에서만 보호자를 찾을 수 있을 것입니다. 저는 이런 부류의 사람조차도 종내는 구원을 받는다는 《기타》의 보장을 믿습니다. 말들은 분명히 의미가 있습니다. 하지만 그것들이 자체의 생명을 지니고 있듯이 의미에도 성쇠(盛衰)가 있습니다.

(14) 제가 그 문제를 이해하기로는, 윤회전생(*reincarnation*)에 대한 믿음이 없다면, 세계가 정의(*justice*)로 다스려진다는 것을 증명하기는 거의 불가능할 것입니다. 더구나 우리의 영혼은 시간의 거대한 순환에서는 순간에 불과한 단 하나의 생의 기간 동안 세계에 대한 경

험을 가질 수 없을 것입니다. 저는 윤회전생에 대한 신념이 갖고 있는 진리에 대해서 매 순간 직접적 증거가 있다고 말할 수 있습니다.

(15) 빛과 어둠, 행복과 고통, 진리와 허위가 존재하는 것과 같은 방식으로 덕과 죄는 존재합니다. 하지만 존재와 비존재의 범주 너머에 불가지, 불가설의 실재(*Reality*)가 존재하듯이, 덕과 죄 너머에 어떤 것이 존재하는데 우리의 육신은 그것에 대해서 전혀 경험이 없습니다. 불교 경전, 니야야와 상키야 철학파의 저작들은 불변의 것은 아니지만, 이것들 역시 제각각의 관점에서 이해되고 수용될 수 있습니다.

(16) 인간의 이론 전개 능력의 발전을 위해서 올바른 영향력이 필수적임은 분명합니다. 그것을 과학적으로 말한다면, 모든 사회는 그 사회 자체를 위해서 시대의 문제를 해결합니다.

(17) 폭력은 해칠 의도를 가지고 신체적 행위, 말 또는 생각(身口意)으로 피조물을 해치는 것을 의미하고, 비폭력이란 어떤 피조물이든 해하지 않는 것을 의미합니다. 베단타 문헌에 제시된 비폭력 교의는 제가 보는 한 옳은 것으로 보입니다. 하지만 베단타 가르침을 제가 올바르게 이해했는지 스스로 말할 수 없고, 베단타에 대한 공부가 심오하다고 주장할 수도 없습니다.

(18) 청정행(*brahmacharya*)을 준수할 수 있으려면 우리는 마음, 말과 몸으로써 도덕적으로 부단히 순결하게 행위를 해야 합니다. 따라서 청정행의 수행자(브라마차리)는 쾌락에 탐닉하는 가장(家長)들이 하는 일과 정반대가 되는 것을 수행해야 한다고 대략 말할 수 있습니다. 제 경험에 따르면 우리 마음속의 욕망들은 먹는 음식과 긴밀하게 관계가 있습니다. 하지만 우리의 음식이 순수하고 양이 적은데도 그와 같은 욕망들이 일어납니다. 따라서 올바른 음식이 청정행의 준수에 크게 도움이 되지만, 그것으로 충분하지는 않습니다. 가장 순수한

음식은 자연적으로 성숙한 과일입니다. 그것도 혼자 먹을 때입니다. 이 점에 대해서는 아무 의심도 없습니다. 만일 미각이 통제된다면 청정행의 준수는 퍽 쉬워질 것이라는 점은 중요한 일입니다. 지식은 마음과 관계하고, 음식은 물질인 육신과 연결되어 있다고 말할 때, 우리는 두 가지 잘못을 범하고 있습니다. 살아 있는 사람의 육신은 전면적으로 불활성(不活性, *inert*)의 것은 아닙니다. 마음은 육신과 긴밀하게 연결되어 있고, 경험에서 배우는 것도 그렇습니다. 빛이 태양과 연결되어 있듯이 말입니다. 시체란 마음이 떠난 육신입니다. 그와 같은 시체로는 먹지도 마시지도 못합니다. 그러므로 육신을 통해서 먹는 자는 바로 마음입니다. 그리고 사실을 말하자면 이와 마찬가지로 마음이 지식을 얻는 것은 육신을 통해서입니다.

(19) 모든 혼(*all the souls*)은 보편적인 혼(*the Universal Soul*) 안에 존재하는데 그 혼이 신입니다. 보편적인 혼을 알지 못하여 자신을 다른 피조물에서 분리된 것으로 간주하는 피조물을 우리는 지바(*jiva* : 개인적 혼)라고 부릅니다. 보편적인 혼은 그것이 만물 안에 거주한다고 해도 직접 경험할 수 없습니다. 바로 이 점이 보편적인 혼의 미(美)이고 기적이며 마야(*maya*: 幻)입니다. 인간이 애써서 도달해야 할 참된 목표는, 마야를 건너서 만물의 유일 근원이신 보편적인 혼을 아는 일입니다. 그것은 우리 이성이 보통 이해할 수 있는 방식으로 그렇게 경험될 수 있는 사물이 아닙니다. 그렇다면 그것을 경험할 수 있는 방법은 존재합니까? 자신 안에 '나'를 망각하고 자신을 무(無)로 낮출 수 있는 능력이 있는 자라면 누구든 이 보편적인 혼을 일별(一瞥)할 수 있을 것입니다. 다른 사람으로 하여금 그것을 보게 할 수는 없지만 말입니다. 그와 같은 사람은 일별만으로도 너무 황홀하여 완전히 넋을 잃게 되어 그 안으로 합일하게 됩니다. 그는 합일에서 오는 그 지복(至福)

을 누구에게 기술하고 싶은 욕구도 그럴 필요도 느끼지 않습니다.

(20) 저는 경전의 저자들이 보여준 모든 제안들을 결합함으로써 제 자신을 위한 것을 찾았습니다. 따라서 어떤 길을 수용할 수 있을지 말하는 일은 무척 어렵습니다. 샹카라는 저에게 귀한 존재입니다. 라마누자, 마다바, 발라바 그리고 다른 사람들 모두 저에게 귀중합니다. 하지만 이들 모두에게서 섬세하고 미묘한 것을 맛보았습니다만, 그들이 나에게 준 어떤 것도 제 허기를 충족시킬 수는 없었습니다.

(21) 이 문제에 대한 답변은 앞에 나온 문제들에 대한 답변 속에 포함되어 있음을 이제 알 수 있을 것입니다. 야즈냐(*yajna* : 제사), 다나(*dana* : 보시), 타파스(*tapas* : 고행)는 필수적인 의무들입니다. 하지만 그렇다고 해서 이 시대에 그것들을 수행하는 방식이 예전과 동일해야 한다는 것을 의미하는 것은 아닙니다. 제사와 보시 등은 영원한 원리들입니다. 그러한 원리들이 실행되는 사회적 실천이나 구체적 형식들은 시대와 시대, 나라와 나라에 따라서 변할 수 있습니다. 제가 볼 때 이 나라와 이 시대에 지고의 제사는 물레질입니다. 이 나라와 이 시대에 해탈을 추구하는 구도자의 올바른 보시는, 나라에 봉사하기 위해서 육신·지성·소유물을 비롯하여 그가 가진 일체를 바치는 일입니다. 그와 마찬가지로 이 나라와 이 시대를 위한 올바른 고행은, 식량부족이나 기근으로 굶주리는 무수한 불가촉천민들과 여타 민중의 고통에 대한 고뇌로 자신을 태우는 일에 있습니다. 이들 세 가지 중요한 의무를 수행하는 자라면 누구든지 분명 정화될 것이고, 아르주나에게 있었던 신의 우주적 형상에 대한 비전도 가지게 될 것입니다.

(22) 사구나(*saguna*)와 니르구나(*nirguna*) 등은 순전한 무지와 다름없는 불완전한 지식을 표현하려 하는 인간의 말에 속합니다. 사실상

신은 우리의 묘사를 넘어섭니다. 그를 니르구나로 부르는 일조차 그를 표현하려는 아주 허망한 시도입니다. 그렇지만 신은 그 자신의 귀의자들의 종이기 때문에, 1천 개의 형용어구가 아니라 무한수의 형용어구로 표현될 수 있습니다. 이들 형용어구 모두가 개개 헌신자의 관점에서 그에게 적용될 수 있기 때문에, 그것들 모두를 용인하는 것은 그분이 가지신 지고의 자비입니다. 따라서 그분이 일체의 육신, 일체의 감각기관, 다른 모든 것으로 존재한다고 말해도 잘못된 것이 아닙니다. 이렇게 해서 우리는 그를 표현하는 데 있어서 우리의 무능을 고백할 수밖에 없습니다.

(23) 저의 단식과 다른 엄혹한 시련의 감행은, 신을 직접 대면하고 싶은 욕구에서 비롯된 것임을 참으로 겸손하게 말씀드리고 싶습니다. 제가 단식한 것은 답변하는 과정에서 표현한 것처럼, 음식을 일체 먹지 않으면서도 신의 편린이나마 보고 싶어서였습니다. 하지만 사람은 스스로에게 단식을 강요할 수는 없습니다. 사람은 단식을 위해서도 그에 적합한 자격을 갖춰야 합니다. 그 적합한 자격을 갖추기 위해서 저는 항상 분투하고 있습니다. 제가 금생에 그런 자격은 얻을 수 없을지도 모르고 불명예로 죽을 가능성도 있지만 말입니다.

이것으로 당신의 목록에 들어 있는 질문들에 대해서 전부 대답했습니다. 이외에 다른 질문이 있다면 해 주십시오. 이 답변들의 일부 또는 전부 안에 일종의 확신이 있음을 느낄 수 있으실 것입니다. 부디 그것을 주제넘음이나 자만으로 받아들이지는 말아 주십시오. 제가 한 일을 글로 적지 않았다면, 이는 허위를 범하는 일이 되었을 것입니다. 그것은 거짓 겸손을 통해서 저의 참된 신념을 숨기는 일이기 때문입니다. 따라서 당신이 제 확신에서 무례함을 발견하더라도 저를 너그러이 용서해 주시기 바랍니다.

존경하는 말라비야지 마하라자께서 여기 계십니다. 저는 온갖 종류의 종교 문제들에 대해서 그와 논의했습니다. 당신의 바람에 대해서도 그에게 전할 것입니다.

당신의 신실한 친구
모한다스 간디

산토슈 마하라자에게 보낸 편지(G.),
SN 12323 ; 《전집》 39 : 156

40) 봉사의 복음 〔*1927. 10. 23*〕

《기타》 교실의 개소를 선언하면서 마하트마지는 학생들에게 새벽 4시에 기상하고 《바가바드 기타》를 매일 규칙적으로 읽기를 권했다. 그는 그들이 《기타》 공부를 매우 진지하게 시작하기를 몹시 원했다. 만일 그들이 산스크리트어를 읽을 수 없다면 그들은 《기타》의 타밀어 역을 좋아할 수도 있었을 것이다. 단 영어 번역은 안 되었다. 영어로 옮긴 것은 《기타》의 참의미를 전달할 수 없었기 때문이다. 그는 《기타》에서 제 3장이 중요하다고 말했다.

《기타》는 카르마 곧 행위의 복음, 박티 곧 신애(信愛)의 복음, 그리고 즈냐나 곧 지식의 복음을 포함합니다. 인생은 이들 셋이 조화를 이룬 전체여야 합니다. 하지만 봉사의 복음이 모든 것의 기초입니다. 나라에 봉사하길 원하는 자에게 행위의 복음을 선언하는 장에서 시작하는 일보다 더 필요한 일이 있겠습니까? 그 장에 접근할 때에 반드시 아힘사(비폭력), 사탸(진리), 브라마차르야(청정행), 아파리그라하(무소유), 아스테야(불투도)라는 다섯 가지의 필수도구를 갖추어야 합니다. 오직 그럴 때에만 여러분은 올바른 해석에 도달할 수 있을 것입니다. 그런 다음 여러분은 그 안에서 힘사가 아니라 아힘사를 찾기 위해서 읽을 것입니다. 그러나 오늘날 많은 사람은 거기에서 힘사를 찾으려 합니다. 필수도구를 갖추고 《기타》를 읽으십시오. 그러면 전에는 결코 깨닫지 못했던 평화를 갖게 될 것임을 보장해 드립니다.

학생들에게 한 연설, 티루푸르, 《힌두》 1927. 10. 25 ;
〈영 인디아〉, 1927. 11. 3 ; 《전집》 40 : 186

41) 자기포기

1928. 1. 7

《바가바드 기타》 9장은 달콤한 장으로 사람들이 달콤하게 노래 불러왔다. 그 장은 우리와 같이 내면적 고뇌를 겪어온 사람들에게 위안을 준다. 우리 모두는 사악한 욕망에 동요한다. 주님은 9장에서 귀의하는 모든 자들에게 그와 같은 욕망에서 자유롭게 해 줄 것을 보증한다. 《기타》가 쓰였을 때 이미 귀천의 차별이 바르나아슈라마(*varnasharma*) 안에 나타났고, 어떤 부류의 사람들은 다른 사람들에 비해서 천한 사람으로 간주되었다는 사실도 9장에서 알 수 있다. 하지만 우리는 어떤 사람을 다른 사람들에 견주어 귀하다거나 천하다고 말할 수 있을까? 사악한 욕망에서 완전히 자유로운 사람은 다른 사람을 고발하는 손가락질을 할 수 있을 것이다. 이런 점에서 우리 모두는 평등하다. 그리고 9장은 사악한 탐욕에서 자유를 얻는 불패(不敗)의 방법을 지적하고 있는데, 그것은 바로 주님을 향해서 자신을 완전히 포기하는 일이다. 우리는 이와 같은 사실에서, 그 포기가 더 이상의 노력을 기울이지 않고 그것 자체로 우리에게 악을 정화할 것이라는 결론을 내려서도 안 된다. 만일 자신의 의지에 반하여 자신의 감각기관에 의해서 쾌락의 대상으로 끌려다니던 자가, 여러 쾌락에 대항하여 부단히 투쟁하고 눈물을 흘리면서 신에게 도움을 청한다면, 주님은 그를 괴롭혀 왔던 사악한 욕망에서 그를 분명히 자유롭게 하실 것이다.

거기에 또 다른 생각이 떠오르지만 우리는 그것을 내일 성찰하려고 한다.

또 다른 생각이란 자기포기(*self-surrender*)가 자신의 죄를 속죄하는 방법이라는 점 또한 설명해 준다. 그런 속죄는 단식으로 되는 것이 아니라, 박티 곧 자기포기로 된다. 나는 단식의 유용함을 충분히 알고 있지만 거기에는 한계도 있다. 단식은 결코 죄를 속죄할 수는 없고, 반대로 죄를 덮어 두는 데 도움이 된다. 죄인은 죄를 범한 자이지만, 파파요니(*papayoni*)는 죄 자체에서 태어난 자이므로 모든 죄인들 중 가장 사악한 자이다. 이 개념이 누구의 머리에서 처음 나왔는지는 말할 수 없지만, 모든 사람들은 주님에 대한 완전한 순종을 통해서 자유가 확보된다. 속죄는 박티에 있다. 단식은 때로 심정을 박티로 채우기 위한 수단으로 필요한 것처럼 보일 수도 있다. 언제 그것이 필요할지는 모든 사람들이 스스로 결정해야 할 것이다. 참된 수단은 박티인데, 박티는 자신을 무(無)로 줄여서 지워 버리는 것을 의미한다. 만일 우리가 이렇게 할 수만 있다면 과거에 아무리 많은 죄를 범했다고 해도, 그 죄는 우리가 자유를 얻는 길을 방해하지 못한다. 이 장에서 언급된 철저하게 사악한 자들은 다른 사람이 아니라 바로 우리 자신이다. 우리의 심정에서 온갖 방식의 죄를 범하면서 세상에 존경받을 만한 사람인 양 돌아다니는 우리 모두가 죄인이다. 그러나 9장에서 주님은 우리에게 보증해 주신다.

14장은 세 가지 구나에 대한 기술을, 15장은 최고의 원인(原人, *Purushottama*)에 대한 기술을 각각 담고 있다. 나는 30년 전 드러먼드[25]의 책을 읽은 적이 있었는데, 그는 물질계의 규칙들이 정신계에도 적용된다는 사실을 여러 예를 들어 확립한 바 있다. 우리는 그런 사실이 세 가지 종류의 구나로 이뤄진 이 세계 안에서 증명되는 것을 본다. 세 구나뿐만 아니라 다른 많은 구나가 존재한다. 세 구나는 많은 구나 중 주요 부분들이다. 이 셋을 초월하는 자는 최고의 원인과 하나가 된다. 이 세상에 오직 하나의 구나만으로 존재할 수 있는 사람은 태어난 적이 없었다. 높은 정도의 사트바 구나(明性)를 타고 태어난 자라고 해도 그의 사트바 구나는 어느 정도의 타마스 구나(暗性)와 라자스 구나(動性)를 포함한다. 나에게 물의 예가 떠오른다. 물은 그것이 얼음일 때는 돌덩이와 같다. 하지만 끓어서 증기가 되면 하늘로 올라간다. 얼음일 때는 상승할 수 있는 힘이 없지만, 증기가 되면 높이높이 올라간다. 최고의 힘은 증기의 모습으로 나타난다. 그리고 마지막으로 더 이상 증기로 머물지 않고 구름이 되어 비의 모습으로 세상에 유익을 준다. 하지만 만일 증기가 얼음이 된다면 그것은 죽은 것같이 조용할 것이다. 얼음 역시 용도가 있다. 녹은 얼음은 강의 모습으로 흘러내린다. 그것은 홍수도 일으키지만 염려할 것은 없다. 태양이 없다면 물조차 증기로 바뀔 수 없다는 것은 증명된 사실이다. 그러나 그 사실은 물이 다른 것의 도움이 없다면 아무 일도 할 수 없음을 나타낸다. 내가 말하고자 하는 요지는 증기가 해탈(*moksha*)의 상태를 가리킨다는 것이다. 증기는 해탈의 모습으로 세상에 이익을 준다. 우리는 두 장의 의미를 이런 식으로 이해해야 한다.

《기타》에 관한 담론(G.), 《마하데브 데사이의 일기》(필사본) ; 《전집》 41 : 107

---

25 〔역주〕 Henry Drumond(1851~1897) : 《영적 세계의 자연법과 세상에서 가장 위대한 것》(*The Natural Law in the Spiritual World and The Greatest Thing in The World*)의 저자. 《전집》 권 41, 92면.

42) 무집착

《기타》를 읽고 묵상하고 그 가르침을 좇아온 지 이미 40년이 넘었다. 친구들은 《기타》에 대해서 내가 이해하는 것을, 구자라트 주민들에게 제시해야 한다는 바람을 표현해왔다. 나는 《기타》를 번역하는 일에 착수했다. 학문의 관점에서 번역을 시도하기엔 자격이 없다. 하지만 가르침을 따르는 데에는 나는 상당한 자격을 갖추었다고 할 수 있다. 번역이 이제 출판되었다. 《기타》의 많은 번역본은 산스크리트어 원문도 함께 담고 있다. 이 번역에서는 원문을 일부러 생략했다. 모든 사람들이 산스크리트어를 안다면 나는 그것을 포함시켰을 것이다. 하지만 모든 사람들은 결코 산스크리트어를 배우지 않을 것이다. 더구나 산스크리트어가 들어 있는 염가판들은 많이 있고 쉽게 구할 수도 있다. 따라서 나는 산스크리트어 원문을 빼내어 책의 크기와 가격을 줄이기로 결정했다. 이 판본은 도입부가 19페이지, 번역이 187페이지로 되어 있어서 주머니에 넣어 쉽게 가지고 다닐 수 있도록 하였고, 1만 부를 인쇄하였다.

나의 바람은 모든 구자라트 사람들이 이 《기타》를 읽고 묵상하고 가르침을 실천하는 것이다. 《기타》를 쉽게 묵상할 수 있는 방법은 산스크리트어 원문을 참조하지 않고 의미를 이해하도록 노력한 다음 그것을 실행해 보는 일이다. 가령, 《기타》의 가르침을 사악한 사람이라면 그가 친척이든 남이든 가리지 않고 죽여야 한다는 식으로 해석할 경우, 사람들의 부모나 친척들이 사악하다면 그들을 죽여야 할 것이다. 하지만 실제로 사람들은 그렇게 할 수 없을 것이다. 독자가 《기타》에서 파괴를 명하는 곳을 읽게 된다면, 그는 《기타》가 다른 형태의 파괴를 염두에 두고 있다고 자연스레 생각하게 될 것이다.

《기타》는 거의 매 쪽마다 우리와 남(*our own peoples and others*)을 차별하지 말라고 충고한다. 이것은 어떻게 가능할까? 우리는 반성을 통해서 무집착의 정신으로 모든 행동을 수행해야 한다는 결론에 도달할 것이다. 바로 《기타》 1장에서 우리는 아르주나가 우리와 남이라는 어려운 문제에 직면한 것을 본다. 모든 장에서 《기타》는 그와 같은 구분이 왜 잘못이며 해로운 것인지를 명백히 한다. 나는 《기타》를 '아나사크티요가'(*Anasaktiyoga*)[26]라고 불러왔다. 관심 있는 독자는 《기타》에서 무집착이 무엇인지, 그것을 어떻게 기를 수 있을지, 그 특성이 무엇인지 등을 배울 수 있을 것이다. 나는 《기타》의 가르침에 따라서 살려고 노력하는 마당에 현재의 투쟁을 회피할 수 없었다. 친구가 전보에서 나에게 말한 것처럼, 이 투쟁은 나에게 성전(聖戰)이다. 성전이 현재에 보이는 투쟁의 형태로 마지막 단계에 들어갈 즈음, 이 책이 출판되었다는 점은 나에게 길조가 아닐 수 없다.

《바가바드 기타》(아나사크티요가)(G.),
〈나바지반〉, 1930. 3. 16 ; 《전집》 48 : 464

43) 《기타》의 정신

1930. 9. 29

친애하는 자매에게,
나는 답장을 두 통 보내야 하네. 첫째, 사티스 바부의 질문이네. 《기타》 2장에 나오는 전투를 말 그대로 해석한다면, 그것은 분명 물리적 충돌이라네. 하지만 나는 《기타》의 정신이 전투를 정신적 갈등으로 해석하도록 유도한다는 점에 대해서 조금도 의심이 없다네. 내가 이 점에 대해서 의심하는 순간, 《기타》는 더 이상 나에게 거룩한 경전이 될 수 없다네.

26 〔역주〕 사심 없는 행위의 요가.

당신이 잘 지내기를 바라네. 비노바와 의논한 다음 산스크리트어를 배우고 싶어하는 소년들이 있다면 그들을 와르다에 보내주게. 츠호테랄은 지금 수감 중이라네. 타리니가 아주 작게나마 개선되는 것을 보니 매우 기쁘네. 타리니, 차루, 아룬 그리고 다른 사람들에게도 내 축복을 전해 주게. 고대 인도의 암자(*tapovana*)와 같은 것들이 오늘날도 존재할 수 있다네. 그것들은 전부 우리의 고행에 달려 있네. 고행의 모습은 분명 다를 수 있다네. 우리 선조의 업적에서 한 걸음 더 나가는 것이 우리의 의무라네.

바푸로부터 축복을

헤마프라바 다스 굽타(H.),
GN 1671 ;《전집》50 : 146

44)《기타》의 종합

1932. 3. 31

자네에게 아무 소식이 없어서 마침내 자네 부인 타라마티(*Taramati*)[27]에게 편지를 썼다네. 그런데 뜻밖에 나는 어제 자네 편지를 받고 기뻤다네. 자네 체중이 빠진 일을 가지고 걱정하지 않는다네. 다른 면에서 자네 건강이 좋아야 할 텐데. 기후의 면에서 보면 나시크(*Nasik*)[28]가 훌륭한 곳이지. 어디로 가든 편지를 규칙적으로 보내주게. 나에게 편지 쓰기가 다른 사람에게 편지 쓰는 일에 방해가 된다면, 자네가 꼭 편지를 써야 하는 자들에게 자네 소식을 나에게 전달해 달라고 부탁하게. 여기 정부 당국자들과 나 사이의 상호이해가 있어서 나는 교도소 동료 누구에게든 편지를 쓸 수 있다네. 무슨 말인고 하니, 그 수감자가 나에게 답장할 경우 그 답장은 그가 보낼 수 있는 제한된 편지 통수

27 〔역주〕 트리쿰지의 처.

28 〔역주〕 마하라슈트라 주에 있는 도시명.

에 포함되지 않는다는 것을 의미하네.

… 수감자는 외부세계에 대해서 생각조차 말아야 한다네. 카르마 요가는 이제 교도소에서 그의 의무가 된 일을 수행하는 것을 의미한다네.

'무집착의 태도로 귀의한다' 등의 시구[29] 안에 부디(*buddhi*)라는 단어는 분명 상키야 곧 지식의 길을 의미하는 것은 아니라네. 여기에서 그것은 요가부디(*yogabuddhi*)라는 말의 의미를 가진다네. 이 요가부디에 대해서 주님은 '이렇게 나는 지식의 태도를 제시했다. 이제 행위의 태도에 대해서 들어 보아라' 등의 구절에서 설명하기로 약속한 바 있다네. 다시 말해서 만일 비교가 꼭 필요하다면 그것은 카르마 요가와 박티 요가 사이에서 행해져야 할 것이네. 즈냐냐 요가, 카르마 요가, 박티 요가를 서로 비교하는 대신 《기타》는 이들 셋의 종합을 노리고 있다네. 이들 중 하나라도 완벽하게 실천하기 위해서, 우리는 다른 둘도 함께 실천해야 한다네. 즉, 이 셋은 나눌 수 없다네. 셋 중에 카르마 요가의 우월성에 대한 지적이 있긴 하지만, 그것은 단지 그 안에서 기만당할 위험이 적기 때문이라네. '여기에는 어떤 노력도 헛되지 않고 재앙도 내리지 않는다'[30]는 등의 구절이 그것이라네. 나는 우리가 공부하려는 책의 일반적 취지를 먼저 파악해야 한다고 믿네. 달리 말하자면 그것에 대한 우리의 생각은 독립적이어야 한다네.

재생(再生, *rebirth*)에 대해서는 의심의 여지가 전혀 없네. 우리의 몸은 매일 조금씩 달라져 7년 후면 전체가 달라지게 되네. 모습이 같은 것으로 남아 있으므로 같은 몸으로 보일 것이네. 만일 육신이 7년마다 변화한다면, 우리가 죽음이라고 알고 있는 것이 완전한 절멸을

---

29 《바가바드 기타》 11 : 49.

30 《바가바드 기타》 2 : 40.

의미한다고 생각해야 할 이유가 조금도 없다네. 아트만은 육신과는 다른 것이므로, 육신이 파괴될 때 그것이 파괴되지 않을 것임이 분명하다네. 그렇다면, 죽음으로 발생하는 모든 일은 상태(*state*)의 변화일 따름이라네. 상태의 변화가 가능하다면, 육신의 변화가 불가능하겠는가? 하지만, 우리가 만날 경우에만 이 주제에 대해서 완전히 논의할 수 있을 것이네. 그동안, 어떤 결론에 대한 자네의 의심을 스스로 제거할 수 있기를 바란다네. 이 목적을 위해서 자네가 궁금한 어떤 것이라도 물어도 좋다네.

나는 내가 스므리티(*smriti*)를 쓸 수 있을 것이라고는 생각하지 않는다네. 내가 쓰거나 말하는 것은 일정한 체계에 일치하여 생각된 것은 아니라네. 나에게는 진리로 향하는 추구의 과정에서 발생하는 매 상황에 대처할 수 있을 정도의 힘밖에 없다네. 다시 말하지만 나는 학자(*shastri*)가 아니라네. 오직 경전을 쓸 수 있도록 제대로 배운 사람만이 스므리티를 쓸 수 있다네. 이 제안은 키쇼렐랄이 나에게 먼저 한 것이라네. 나 역시 능력만 있다면 그런 책을 분명 쓰고 싶다네. 하지만 신이 나에게 주신 어떤 힘이든 올바르게 사용할 수만 있다면 다행일 것이야.

우리 셋은 잘 지낸다네. 세 번째 사람은 마하데브라네.

마투라다스 트리쿰지에게 보낸 편지(G.),
《바푸니 프라사디》, 105~107면 ; 《전집》 55 : 213

45) 문제의 해결

1932. 5. 10

우리의 의무가 무엇인지 결정할 때 여러 문제가 일어날 수 있습니다. 하지만 《기타》의 가르침을 검토할 때 우리는 아르주나의 문제가 무엇인가를 고찰하는 것만으로 충분할 것입니다. 만일 어떤 선생이 자신에게 주어진 질문의 범위를 넘어선다면, 그는 나쁜 선생입니다. 질문자는 자신이 던진 질문에 집중하고 있어서, 다른 일에 귀 기울일 수 없기 때문입니다. 논의가 질문자의 이해력을 넘어설 수도 있고, 그렇게 되면 그는 싫증을 낼 수도 있습니다. 더구나, 무관한 이슈들에 대한 논의 때문에 해답이 자칫 실종될 수도 있는데, 이것은 땅에 심은 곡식이 때때로 그 주위에 자라나는 잡초 아래 묻히는 일과 같습니다. 이런 관점에서 아르주나에 대한 크리슈나의 대답은 완벽합니다. 1장을 떠나서 2장으로 가면 우리는 그 장이 아힘사의 순수정신으로 호흡하고 있음을 발견하게 됩니다. 우리는 슈리 샹카라가 신의 가장 완전한 아바타르(*Avatar*, 化身)라고 믿거나 주장하면서, 단어의 의미를 사전에서 찾을 수 있듯이 우리 마음에서 일어나는 모든 문제에 대한 간단한 대답을, 샹카라의 말에서 얻을 수 있다고 기대해서는 안 될 것입니다. 그렇게 간단히 대답을 얻을 수 있다고 해도 이는 우리를 해칠 수 있습니다. 어떤 사람도 더 이상의 진보나 새로운 발견을 위해서 노력하지 않을 것이기 때문입니다. 결국 인간의 이성은 퇴화하고 말 것입니다.

그러므로 모든 시대의 사람들은 그들 자신의 노고와 고행(타파스차르야)을 통해서 그 시대의 문제를 해결하도록 노력해야 할 것입니다. 따라서 우리는 《기타》와 같은 고귀한 작품 안에 분명히 표현되어 있는 원리의 도움 아래, 전쟁이나 다른 이슈에 관련하여 이 시대에 발생하는 여러 문제를 해결하도록 노력해야 합니다. 하지만 우리는 그와 같은 도움도 무시할 수 있습니다. 고행을 통해서 배운 것에서만 우리는 진정한 도움을 얻을 수 있을 것입니다. 《아유르 베다》는 수많은 약초와 식물의 특성을 기술하고 있습니다. 우리는 그런 기술들을 지침으로 삼을 수 있습니다. 하지만 그렇게 책에서 얻은 지식은 소용이 없습니다. 아니, 만일 그와 같은 약초와 식물의 성질들이 실제 경험의 검증을 받지 않을 경우에는 오히려 짐이 될 수 있습니다.

그것과 똑같은 방식으로 우리는 인생의 수많은 난제에 대해서 해결책을 모색해야 합니다. 만약 당신이 나에게 이 주제에 대해서 질문이 있으시다면 질문해 주십시오.

편지(G.), 《마하데브바이니 일기》 권 1, 146~147면 ; 《전집》 55 : 430

46) 영적인 사전

와르다 세가온, *1936. 9. 24*

카카사헤브는 자신이 쓴 이 사전의 서문에서 이 책을 12년 전부터 준비해왔으며 지금까지 요건을 충족시키지 못하다가 왜 오늘 출판되었는지 설명했다.

이 사전은 내 이름으로 출판되었던 번역에 조금이라도 관심 있는 자라면 누구든지 반드시 필요할 것이다. 그것은 《기타》를 배우는 학생들에게도 유용할지 모른다. 만일 그들이 용어사전(파다르타코샤, *Padarthakosha*)에 있는 풀이보다 다른 것을 좋아한다면, 나는 그것을 책 안에 써넣어야 한다고 제안하는 바이다. 그렇게 함으로써 그들은 다른 수고 없이도 맘에 드는 용어해설을 갖게 될 것이다. 그리고 만일 학생들이 그들이 선택한 풀이를 나에게 보내준다면 감사할 것이다.

《기타》를 공부하면 할수록 그 독창성에 대해서 더 잘 알게 된다. 나에게 있어서 그것은 영적인 사전이다. 내가 해야 할 일과 해서는 안 될 일에 대해서 확신할 수 없을 때마다 사전에 의지하게 되는데, 지금까지 나는 후회해 본 일이 없다. 그것은 진정 카마데누(*Kamadhenu*)[31]이다. 처음 우리는 하루 한 구절을 독송하고 그다음에는 두 구절, 다음에

31 〔역주〕 수라비(*Surabhi*)로도 불리며, 인도 신화의 성스러운 빈우신(牝牛神)이다. 하얀 암소의 모습, 또는 뿔을 가진 여신의 두부를 가진, 날개 달린 암소〔빈우〕의 모습으로 나타난다. 모든 생명의 양육자이고, 소원을 우유처럼 넘치도록 채워 준다고 전해진다.

는 다섯 구절, 그다음에는 하루에 한 장을 독송했는데, 2주 만에 완전히 독송했다. 지난 몇 년 동안 우리 중 일부는 7일 만에 완전히 독송할 수 있는 자도 있었다. 주일의 특정한 날에는 특정한 장을 독송하는 소리가 새벽 4시 30분에 들렸다. 매우 소수이긴 하지만 일부는 18장 전부를 암송했다. 아침기도 시간에 매주 다음 순서대로 《기타》를 독송해 나갔다.

금요일	1장, 2장	화요일	13장~15장
토요일	3장~5장	수요일	16장, 17장
일요일	6장~8장	목요일	18장
월요일	9장~12장		

이 계획표 배후에 약간의 협의가 있었다는 점을 말해 두기로 하자. 우리가 경험한 바에 의하면 이런 순서는 본문의 이해를 촉진할 수 있다.

경전 독송이 금요일에 시작되는 이유를 물을 수도 있다. 그 이유는 간단하다. 상당한 기간 동안 한 번 완전히 독송하는 데 14일이 걸렸다. 나는 예라브다 교도소에서 7일 독송을 생각했고, 어느 금요일에 실행에 옮겼다. 그날 이래, 독송은 금요일에 시작되었다.

내가 여기에서 완전 독송을 언급한 이유는 두 가지이다. 하나는 《기타》에 대한 헌신이 우리 중 일부의 사람을 어느 정도로 이 시대에 적합한 인물로 만들었는지를 보여주기 위해서이고, 다른 하나는 독자에게 《기타》 공부를 독려하는 길을 보여주기 위해서이다.

하지만 우리는 단순히 《기타》 독송만으로 만족하지 않는다. 《기타》는 영적인 사전이다. 그것은 혼의 주름을 곧게 펴 주는 놀라운 힘이고, 고뇌하는 자의 귀의처이고, 마비 상태에서 깨워 주는 자이다. 《기타》에 대해서 이와 같은 신앙을 가지고 있는 자만이 《기타》 독송에서 도움을 얻을 수 있다. 《기타》의 의미를 이해하지 않고 진행되는 독송이 사람에게 유익하다는 점을 말하려고 하는 것은 결코 아니다. 길들여진 앵무새도 충분한 노력을 기울인다면 《기타》를 암기할 수 있도록 지도할 수 있다. 하지만 그런 일은 앵무새에게도 조련사에게도 조금도 득이 되지 않는다.

《기타》는 살아 있고, 생명을 주고, 불멸하는 어머니이시다. 우리에게 젖을 주시는 어머니는 어느 날 사라지고 궁지에 빠진 우리를 내버려 두실 수 있다. 어머니가 자식을 위험에서 보호하는 일에 실패한 예를 수도 없이 보았다. 그러나 어머니 《기타》의 도움을 구하는 자는 아주 큰 위험에서도 자신을 구할 수 있다. 그녀는 늘 깨어 있고 아무도 낙담하게 하지 않으신다. 하지만 어머니는 우리가 요구하지 않는다면 간단한 음식물 한 가지라도 주지 않으실 것이다. 어머니 《기타》 역시 우리가 구하지 않는 한 아무것도 우리에게 주지 않으실 것이다. 어머니는 자신의 날개 아래 누구라도 받아들이기 전, 그를 혹독히 시험하고 전면적인 헌신을 기대하신다. 헌신도 무미건조한 것이어서는 안 된다. 그녀는 일편단심의 헌신을 원하신다. 따라서 그녀는 가진 것 전부를 그녀에게 바칠 각오가 되어 있지 않은 자들을 돕기를 단호히 거부하신다.

물리학도는 미친 듯이 탐구할 때 비로소 그 과목에 대한 통찰을 얻는다. 석사학위와 학사학위를 받은 자들은 주야로 책을 읽고 돈을 쓰고 자신들의 신체적 피로까지 감수한다. 그와 같이 노력하는 자들 가운데서도 첫 시도에서는 오직 소수만이 성공한다. 실패한 자들은 낙담하지 않고 재차 시도하는데 오직 시험에 통과한 이후에라야 쉴 수 있다. 그리고 그 결과는…?

《기타》라는 감로수를 마시기를 원하는 자들은 위에서 말한 것보다 더 큰 노력이 있어야 하고 또 그것이 요구된다. 하지만 몇 사람이나 감로수를 함께 마시기를 원할까? 감로수를 마시고 싶은 자 중에서 몇 명이나 부단히 노력할 준비가 되어 있을까? 내가 제시한 방식대로 《기타》에 헌신적인 사람들의 수는 미미한 정도이다. 하지만 《기타》가 모든 우파니샤드의 핵심이라는 점에 대해서는 우리 모두 동의한다. 힌두교도라면 그것에 대해서 무지해서는 안 된다. 현재 모든 종교의 가치가 평가절하되어 있지만, 지금은 그 이유에 대해서 깊이 들어갈 계제가 아니다. 이 호소문에서 이 책의 출판에 즈음하여 내가 하려고 했던 모든 것은, 구도자의 관심을 《기타》라는 보배로 이끄는 일과, 그것을 어떻게 잘 사용할 수 있는지를 제안하는 일이다. 용어사전이 열매를 맺기를 바라면서.

모한다스 카람찬드 간디

서문(G.), 《기타파다르타코샤》, iii~iv면 ;
〈하리잔반두〉, 1936. 10. 25 ; 《전집》 69 : 510

47) 인내의 필요성

〔*1946. 1. 22* 이전〕

질문 《기타》에 다음과 같은 시구가 나옵니다.[32] … 만일 만사가 정해진 법칙대로 진행된다고 해 봅시다. 그런데 당신이 신에게 기도한다면, 그분이 관여하여 당신을 위해서 그 법칙을 파기해 버릴까요?

답변 그 의미의 근본은 '당신의 뜻이 이뤄져야지, 제 뜻이 아닙니다'라고 해야 합니다. 신의 법칙을 절대로 방해해서는 안 됩니다. 하지만 바로 그 법칙에 따르면 모든 행위는 결과를 가진다고 합니다. 아버지는 아이를 위해서 기도하면서 의지를 신에게 바칩니다. 법칙은

32 〔역주〕 원자료에 어떤 시구인지 불명. 《전집》 권 89, 283면.

하나의 인격처럼 움직입니다. 모든 행위가 효과를 가지므로, 이 기도는 예측할 수 없는 결과를 낳을 것입니다. 당신은 내가 쓴 것을 실행에 옮겨야 합니다. 각 행위의 총합은 하나의 결과입니다. 여러 힘의 평행사변형을 그려 보십시오.

질문 즈냐냐, 카르마, 박티, 이들은 모두 병행되어야 하지 않습니까? 당신이 신을 모른다면, 어떻게 박티가 있을 수 있습니까? 당신은 그분에게 당신의 카르마를 줄 수 없습니다.

답변 그런 식으로 말해서는 안 됩니다. 만일 당신이 아무 일도 없고 이른바 박티도 없다면 결국 한편으로 치우치게 될 것입니다. 당신은 당신이 기도를 바치는 그분을 알고 있습니까? 나는 모릅니다. 그분은 나에게나 당신에게나 알려져 있지 않습니다.

질문 그렇다면 우리는 누구에게 기도를 해야 할까요?

답변 신에게, 당신이 모르는 그분에게 해야 합니다. 우리는 그에게 기도를 하지만 그분을 항상 모릅니다.

질문 하지만 경전은 그가 알 수 있는 분이라고 말하고 있습니다.

답변 그분은 알 수 있는 분이므로 우리가 그를 추구합니다. 아마 10억 년이 걸릴지도 모릅니다. 당신은 믿지 않을지라도 계속 기도해야 합니다. '저의 불신을 도와주십시오'라는 구절이 기독교의 성경에 나옵니다. 하지만 당신이 그와 같은 질문들을 던지는 것은 온당치 못합니다. 당신은 무한한 인내와 내면의 갈망을 지녀야 합니다. 내면의 갈망은 그런 질문들을 모두 불필요하게 합니다. '믿음을 가져라. 그러면 완전한 사람이 될 것이다'라는 간단한 구절도 기독교의 성경에서 온 것입니다. 《기타》에도 이와 비슷한 구절이 많이 있습니다.

질문 주위의 자연을 둘러볼 때, 나는 자신에게 오직 한 창조주, 유일신이 계실 터이며 그분에게 기도해야 할 것이라고 스스로 말합니다.

답변 그것은 이론 전개입니다. 신은 이성을 넘어 있습니다. 그러나 당신의 이성이 당신을 충분히 지탱한다면, 나는 더 이상 할 말이 없습니다.

질문들에 대한 답변, GN 3230 ; 《전집》 89 : 387

4. 소크라테스와 소로

48) 소크라테스의 지혜

1932. 2. 29

소크라테스라 불리는 현자가 아테네에서 산 적이 있었네. 그런데 진리에 대한 사랑과 선에 대한 사랑을 퍼트린다는 그의 비상식적인 관념들이 당국자들을 불쾌하게 만들어, 그는 사형선고를 받았다네. 당시 그 나라에 살던 사람들은 가끔 사약(死藥)에 의해서 처형당하기도 했다네. 미라바이같이 소크라테스도 독약 한 잔을 마시라는 요청을 받았네. 여기서 우리의 목적은 재판에서 소크라테스의 변론 중 결론 부분의 실체를 논의하는 일이네. 우리는 모두 거기에서 도덕적 교훈을 얻을 수 있네. 소크라테스를 수크릿(Sukrit)이라고 불러 보세. 아랍인들은 그를 소크랏(Sokrat)으로 알아왔네.

수크릿은 다음과 같이 말하네.

소크라테스
(Socrates, B.C. 469? ~ B.C. 399)
고대 그리스의 대표적인 철학자. 문답법, 무지의 자각, 덕과 앎의 일치를 중시했으며 이후 서양철학에 지대한 영향을 끼쳤다.

선한 사람은 이 세상에서도 다음 세상에서도 어떤 위해도 받을 수 없다는 것이 나의 부동의 신념입니다. 신은 절대로 선한 사람들과 그들의 친구들을 내버리지 않습니다. 나는 누구도 때가 아니면 죽지 않는다는 점도 믿습니다. 나는 사형선고를 벌로 생각하지 않습니다. 내가 죽을 시간, 이 생의 고통에서 구원받을 순간이 왔습니다. 그 때문에 당신네들은 사약을 받는 형을 선고한 것입니다. 나는 사약을 받는 데에 나의 선(善)이 있다고 확실하게 믿습니다. 그래서 나는 소추자, 또는 나에게 사형 판결을 내린 자들에 대해서 분노를 느끼지 않습니다. 그들이 나에 대해서 호의를 갖고 있지 않을 수도 있습니다. 그러나 그들은 나를 해칠 수는 없습니다.

나는 원로 회의에 하나의 청이 있습니다. 만일 내 자식들이 선의 길을 버리고 악의 길을 따르거든, 그리고 그들이 부를 사랑하는 사람이 된다면, 나를 벌하듯이 내 자식들을 벌하십시오. 내 자식들이 위선자가 되거나 자신의 모습 아닌 것을 보이려고 하거든 그들을 벌하십시오. 만일 여러분이 그렇게 해 준다면, 자식들과 나는 여러분이 정의롭게 행동했다고 믿을 것입니다.

이것이 자식들에 대한 수크릿의 요청이네. 그에게 형을 선고하기 위해서 소집된 도시의 원로들은 비폭력의 법칙을 몰랐네. 따라서 그는 앞에서 말한 것과 같은 요청을 한 것이고, 그럼으로써 자식들에게 경고하고 아버지로서 그들에게 무엇을 요구하고 있는가를 말하고, 자신의 선행에 관련하여 도시의 원로들이 처벌하는 일에 대해서 그들을 부드럽게 꾸짖고 있다네. 수크릿은 자식들에게 자기의 발자취를 따라야 한다고 제안함으로써, 아테네 시민들에게 보여준 길은 자식들까지도 위한 것이라는 취지를 말한 것이고, 만일 그들이 그 길을 따르지 않는다면 처벌받아 마땅한 자로 취급받아야 한다는 점까지 말했네.

나는 이번 주 아무 일도 하지 않겠다고 결심했지만, 그 생각대로 할 수 없었네. 여러 책을 뒤척이다가 소크라테스의 연설을 보게 되었고, 그 책에서 무엇인가를 보낼 의도로 책을 폈는데, 그 안에서 위에 요약한 세계적으로 유명한 구절이 눈에 띄었네.

바 푸

죽음, 한 친구(G.), MMU / I과 II
(마이크로필름) ; 《전집》 55 : 77

49) 소로를 읽고

캠프 하르도이, *1929. 10. 12*

친애하는 친구에게,

당신의 편지를 받고 놀랐지만 한편으론 기뻤습니다. 그렇습니다. 당신의 책[33]은 채식주의에 관해서 내가 본 첫 영어책이었는데, 그것은 채식주의에 대한 내 신념을 흔들리지 않게 유지시켜 주는 데에 아주 큰 도움이 되었습니다. 생각해 보니 내가 소로의 책을 처음 알게 된 것은 1907년이거나 그 이후 수동적 저항 투쟁이 한창인 때였습니다.

---

33 《채식주의를 위한 변명》(*A Plea for Vegetarianism*).

소로 (Henry David Thoreau, 1817~1862)
미국의 작가이자 철학자로 자연과 사회에 대한 여러 가지 글을 썼다. 특히 정부와 국민의 관계를 새롭게 고찰한 "시민불복종의 의무에 대하여"라는 논문을 통해서 전 세계적인 반향을 일으켰다.

한 친구가 나에게 시민불복종에 대한 소로의 에세이를 보내주었습니다. 그것은 나에게 깊은 인상을 남겼습니다. 나는 당시 남아프리카에서 편집하고 있던 〈인디언 오피니언〉지의 독자를 위해서 그 글의 일부를 번역하였고, 신문을 위해서는 그 글의 상당량을 발췌했습니다. 그 에세이는 너무나 설득력이 있었고 진실했으므로 나는 소로에 대해서 더 알고 싶었습니다. 그리고 그에 대한 당신의 전기, 그의 '월든' 그리고 여타 짤막한 에세이를 알게 되었는데, 나는 아주 즐겁게 모든 것을 읽었고 다대한 이익을 얻었습니다.

귀하의 신실한 친구

Henry S. Salt, Esq.
21 Cleveland Road
Brighton (England)

헨리 S. 솔트[34]에게 보낸 편지,
SN 15663 ; 《전집》 47 : 274

34 〔역주〕 1851~1939.

50) 소로와 시민불복종

와르다, *1935. 9. 10*

친애하는 코단다 라오께,

내가 시민불복종(*civil disobedience*)이라는 나의 생각을 소로의 글에서 얻어 왔다는 주장은 잘못된 것입니다. 남아프리카에서 벌인 정부 당국에 대한 저항은, 내가 시민불복종에 대한 소로의 에세이를 입수하기 훨씬 전의 일이었습니다. 하지만 운동은 그 당시 수동적 저항으로 알려져 있었습니다. 그것이 불완전했으므로 나는 구자라트어를 사용하는 독자들을 위해서 사탸그라하(*satyagraha*)라는 말을 새로 만들었습니다. 나는 소로의 훌륭한 에세이의 제목을 보고 난 이후부터, 우리의 투쟁을 영국인 독자들에게 설명하기 위해서 그의 용어를 사용하기 시작했습니다. 하지만 나는 시민불복종이란 말도 이 투쟁의 완전한 의미를 전달하지 못한다는 점을 알았습니다. 그래서 나는 시민저항운동(*civil resistance*)이란 말을 채택했습니다. 비폭력은 언제나 우리 투쟁의 핵심이었습니다.

당신의 부탁대로, 한 부를 피어슨 씨께 보냅니다. 당신이 잘 지내시기를 바랍니다. 마하데브는 지금 봄베이에 있습니다.

귀하의 신실한 친구

M. K. 간디

Sjt. Kodanda Rao

P. 코단다 라오에게 보낸 편지,
GN 6280 ; 《전집》 67 : 620

5. 러스킨

51) 러스킨과 교육

1932. 3. 28

존 러스킨은 위대한 작가이고 교사이며 종교사상가였다. 그는 1880년경에 죽었다.[35] 아슈람의 대부분의 재소자들은 그의 책 한 권[36]이 나에게 큰 영향을 미쳤다는 점, 그리고 내 인생에 중대한 변화를 사실상 순간적으로 초래하도록 고취한 것이 바로 이 책이었다는 점을 알고 있으리라고 생각한다. 그는 1871년 공장 노동자들에게 보내는 월간 편지를 쓰기 시작했다. 나는 톨스토이가 쓴 글에서 이 편지들에 대한 예찬을 읽은 적이 있다. 하지만 지금까지 그것들을 구할 수가 없었다. 나는 건설적인 활동의 영역에서 진행된 러스킨의 일과 수고를 다룬 책 한 권을 영국에서 가지고 왔다. 그것을 여기에서 읽고 있다. 이 책은 앞에서 거론된 저 편지들에 대해서도 언급했다. 그래서 나는 영국에 있는 러스킨의 여제자에게 편지를 썼는데, 그녀가 바로 저자였다. 그녀는 가난하여 나에게 월간 편지를 담은 책들을 보낼 수가 없었다. 어리석음 때문인지 아니면 가식적인 예의 때문인지 나는 비용을 청구하는 편지를 아슈람에 쓰라고 그녀에게 요청하지 않았다. 저 착한 여성은 내 편지를 비교적 형편이 괜찮은 그녀의 한 친구에게 보냈다. 이 친구는 〈스펙테이터〉 지의 편집자였다. 나는 영국 체류 때 그를 만나기도 했다. 그는 이 편지들이 실린 4권의 책을 나에게 보내주었다. 나는 첫 부분을 읽고 있었다. 이 편지들에 표현된 생각들은 아름다우며 우리의 생각과 비슷한 데도 있었다. 그래서 외부인은 내가 글에서 주장하고

---

35 실제로는 1900년이었다.

36 《나중에 온 이 사람에게도》(*Unto This Last*)이다.

러스킨 (John Ruskin, 1819~1900)
영국의 작가이자 사상가. 예술, 경제, 사회 등 다방면에 걸쳐서 저술과 사회활동을 하였다. 전통파 경제학에 맞서 인도주의적 경제학을 주장했으며 인간개조를 통한 사회개혁을 실현하기 위해서 노력하였다.

아슈람에서 실행하려 했던 생각을 러스킨의 이 편지들에서 훔쳤다고 생각할 수도 있을 것이다. 독자들이 '훔쳤다'라는 말의 의미를 이해할 수 있으리라고 기대한다. 삶에 대한 어떤 생각이나 이상을 다른 사람에게서 빌린 것인데도, 자기 자신의 생각으로 제시한다면, 훔쳤다고 하게 된다.

러스킨은 많은 문제를 이야기했다. 여기에서 그의 생각들 중 몇 개만 언급해 보자. 사람들은 보통 아무리 적은 교육이나 아무리 잘못된 교육이라고 해도 문예 교육(*literary education*)을 받지 않는 것보다는 낫다고 믿지만, 이것은 순전한 잘못이라고 러스킨은 말했다. 우리는 참교육만을 위해서 노력해야 한다는 것이다. 그런 다음 그는 모든 사람들에게 세 가지 일과 세 가지 덕성이 필요하다고 말한다. 누구든 그것들을 기르는 데 실패한다면 인생의 비밀을 알지 못할 것이다. 따라서 이들 여섯 가지가 교육의 기초를 이뤄야 한다. 소년이든 소녀든 모든 아이들은 맑은 공기, 깨끗한 물, 깨끗한 땅의 특성을 배워야 하고, 공기·물·땅을 맑게 그리고 깨끗하게 보존하는 방법과 더불어 그것들이 주는 이익을 배워야 한다. 마찬가지로 그는 세 가지 덕성인 감사·희망·자선을 언급했다. 진리를 사랑하지 않고 선이나 미를 인정할 수 없는 자는 자기 자만으로 살아가는 것이며, 영적 지복을 모른 채 살아가는 것이다. 이와 유사하게 희망을 품지 않은 자, 다시 말해서 신의 정의(正義, *divine justice*)에 대해서 신념이 없는 자는 심정에서 즐거울 수가 없을 것이다. 그리고 사랑이 없는 자, 즉 아힘사 정신이 없는 자, 모든 생명을 자신의 일가친척으로 간주할 수 없는 자들은 삶의 비밀을 결코 알지 못할 것이다.

러스킨은 놀라운 언어로 이런 생각들을 매우 상세히 설명했다. 나는 내가 장차 아슈람의 모든 식구들이 이해할 수 있는 언어로 그것들에 대해서 쓸 수 있기를 바란다. 오늘은 위에서 말한 간략한 개요만으로 만족하려고 한다. 하지만 한 가지만은 지적하고 싶다. 즉, 러스킨이 영국 독자를 겨냥해서 다듬고 완성한 영어 산문을 통해서 말했던 것은, 우리가 우리의 소박한 언어로 논의했던 것, 그리고 우리가 실행으로 옮기려고 했던 것과 같은 아이디어였다. 내가 여기에서 비교하는 것은 두 언어가 아니라 두 필자이다. 내가 러스킨의 탁월한 언어구사에 필적할 수 있으리라고는 기대하지 않는다. 하지만 장차 우리의 언어에 대한 사랑이 보편화되고, 러스킨과 같이 우리의 언어에 자신들의 마음과 혼을 바쳐서, 러스킨의 영어처럼 강력한 구자라트어를 사용하는 작가들을 가질 때가 반드시 올 것이다.

교육에 대한 성찰들(G.), MMU / II
(마이크로필름) ; 《전집》 55 : 194

6. 마치니

52) 마치니의 애국

이탈리아가 하나의 국가로 등장한 것은 최근이다. 1870년 이전의 이탈리아는 작은 공국들로 이뤄졌는데, 각 공국에는 하급의 우두머리가 있었다. 1870년 이전에 그것은 오늘날의 인도나 카티아와드와 같았다. 비록 민중이 동일한 언어를 말하고 동일한 성격을 가졌다고 해도, 그들은 작은 공국에 각각 충성했다. 오늘날 이탈리아는 하나의 독립된 유럽 국가이고, 민중은 독자적인 국민으로 간주된다. 이 모든 것이 한 사람의 업적이라고 할 수 있다. 그는 바로 조셉 마치니이다. 조셉 마치니는 1805년 6월 22일 제노아에서 태어났다. 그는 매우 훌륭한 성품의 소유자이고, 너무나 인격이 훌륭하고 애국적이었으므로, 그의 탄생 100주년을 기념하기 위해서 전 유럽에서 성대한 준비가 진행중이다. 그는 전 생애를 이탈리아에 봉사하였지만, 그의 넓은 도량으로 만국의 시민이 될 수 있었다. 모든 나라가 위대하게 되고 일치 속에 살아갔으면 하는 것이 그의 부단한 열망이었다.

마치니는 불과 13세의 나이에 놀라운 지성을 보였다. 그가 보여주었던 위대한 학식에도 불구하고 그는 애국심에서 책을 포기하고 법률 공부에 착수해서, 자신의 법률 지식을 활용하여 가난한 자를 무료로 도와주기 시작했다. 그는 이탈리아 통일을 위해서 일하고 있던 비밀 조직에 가담했지만, 이탈리아 공국들의 왕자들은 곧 이 사실을 알고 그를 수감했다. 교도소에 있을 때에도 조국을 해방시키기 위한 계획을 계속 진행시켰다. 그러나 결국 그는 이탈리아를 떠나서 마르세유에서 살아야만 했다. 하지만 이탈리아의 왕자들은 그들의 영향

마치니 (Giuseppe Mazzini, 1805~1872)
이탈리아의 정치지도자로 청년 이탈리아당 등을 결성하였고 이탈리아의 통일공화국을 추구했다.

력을 행사해서 그 도시에서도 그를 추방해 버렸다. 그는 이곳저곳으로 도망 다닐 수밖에 없었다. 하지만 낙담하지 않고 이탈리아로 편지를 몰래 계속 보냈고, 그 편지들이 서서히 민중의 마음을 움직일 수 있었다. 그 과정에서 그는 큰 고통을 겪었다. 그는 스파이를 피하기 위해서 위장을 하고 돌아다녀야 했다. 생명마저 자주 위험에 빠졌지만 개의치 않았다.

그는 1837년 드디어 영국에 갔다. 거기에서 큰 고통을 겪진 않았지만 혹독한 가난에 시달렸다. 그는 영국에서 그 나라의 위대한 지도자들과 접촉하고 그들의 도움을 구했다.

마치니는 1848년 가리발디와 함께 이탈리아로 돌아왔고, 자치의 이탈리아 국가를 수립했다. 하지만 교활한 인간들의 계략 때문에 그것은 오래가지 못했다. 그리고 마치니는 다시 한 번 조국에서 도망가야 했지만 그의 영향력은 줄어들지 않았다. 그가 뿌려 놓은 통일의 씨앗이 살아남았으므로 비록 마치니가 추방되었지만, 이탈리아는 1870년 단일의 통일 왕국이 되었고, 빅토르 엠마누엘이 왕이 되었다. 마치니는 조국의 통일을 보고 크게 만족했지만, 귀국이 허용되지 않자 변장한 채로 들어가기도 했다. 한번은 경찰이 그를 체포하러 온 적이 있었는데, 그는 마치 문지기처럼 그들에게 문을 열어주고 그들을 따돌렸다.

이 위대한 분은 1873년 3월에 돌아가셨다.[37] 원수들은 이제 그의 친구가 되었고, 민중은 그의 참된 가치를 인정하게 되었다. 8만 명의 사람들이 그의 장례 행렬에 참가했다. 그는 제노아 시의 가장 높은 장소에 묻혔다. 오늘날 이탈리아와 유럽 전체가 마치니를 숭배한다. 그는 이탈리아에서 가장 위대한 사람들 중에 한 분으로 꼽힌다. 그는 경건하고 종교적인 사람으로, 이기와 자만에서 항상 자유로웠다. 가난은 그에게 하나의 장식품이었다. 그는 타인의 고통을 자신의 것처럼 여겼다. 전 세계를 보아도 단 한 사람이 생전에 마음의 힘과 극단적인 헌신을 통해서 조국의 향상을 이룩한 예는 매우 드물다. 그가 바로 마치니이다.

조셉 마치니: 놀라운 일생의 행적(G.),
〈인디언 오피니언〉, 1905. 7. 22 ; 《전집》 4 : 323

7. 톨스토이

53) 톨스토이와 단순성

사람들은 적어도 서양에서는 톨스토이 백작같이 재주 있고 박학하고 금욕주의적인 사람은 없다고 믿는다. 현재 여든의 나이에도 불구하고, 그는 아주 건강하고 근면하며 정신적으로 기민하다.

37 〔역주〕 그는 실제로 1872년 3월 10일에 죽었다.

톨스토이 (Leo Tolstoy, 1828~1910)
19세기 러시아를 대표하는 대문호이자 사상가이다. 명문가의 아들로 태어나 백작, 군인, 탕아, 농부를 오가는 파란만장한 생애로 현대 문학사뿐만 아니라 정신사에도 큰 발자국을 남겼다. 대표작으로는 《전쟁과 평화》, 《안나 카레니나》 등이 있다.

톨스토이는 러시아의 귀족 가문에서 태어났다. 부모는 거부였는데, 그 부를 모두 상속했다. 그는 러시아 귀족으로 청년 시절 크림 전쟁에서 용맹하게 싸움으로써 조국에 크게 봉사했다. 그는 당시 다른 귀족들과 마찬가지로 세상의 온갖 쾌락을 향유하고, 첩을 두고, 술을 마시고, 흡연에 크게 중독되었다. 하지만 전쟁에서 학살과 유혈을 목격하자, 그의 마음은 자비로 넘쳤고 생각은 달라졌다. 자신의 종교를 연구하기 시작했고 성경을 읽었다. 예수 그리스도의 삶을 읽었는데 이것은 그의 마음에 깊은 인상을 남겼다. 그는 당시 러시아어 번역의 성경에 만족하지 않고, 성경의 원어인 히브리어를 배우면서 성경 공부를 계속했다. 자신 속에 글쓰기의 위대한 재능을 발견한 것도 이 무렵이었다. 그는 전쟁의 사악한 결과에 대해서 아주 효과적인 책을 썼다. 그의 명성은 유럽 전역으로 퍼져갔다. 민중의 도덕을 향상시키기 위해서 그는 소설 몇 작품을 썼는데, 이 소설들에 필적할 만한 책은 유럽에서 거의 찾아볼 수 없다. 이 책들 전부 속에 표현된 견해는 매우 진보적이었으므로, 그는 러시아 성직자들을 불쾌하게 만들었고 파문당했다. 그러나 그는 이 모든 일에 개의치 않고 계속 노력하여 그의 생각을 알리기 시작했다. 그의 저작들은 자신의 마음에도 커다란 영향력을 미쳤다. 그는 부를 포기하고 가난한 생활을 시작했다. 그는 이후 오랫동안 농민처럼 살았으며 현재 자신의 노동으로 생계를 꾸려나간다. 그는 모든 악을 포기하고, 매우 간소한 음식을 먹고, 모든 살아 있는 생명을 생각·말·행동으로 더 이상 해치지 않겠다고 마음먹었다. 그는 모든 시간을 선행과 기도에 바친다. 그는 다음과 같은 사항을 믿는다.

1 이 세상에서 사람은 부를 축적해서는 안 된다.
2 어떤 사람이 우리에게 아무리 많은 악을 행하더라도 우리는 그에게 선을 베풀어야 한다. 이와 같은 것이 신의 계명이고 율법이다.
3 어떤 자도 싸움에 가담해서는 안 된다.
4 정치력을 행사하는 일은 죄악이다. 왜냐하면 그것은 이 세상에 있는 많은 악으로 인도하기 때문이다.
5 인간은 창조주에 대한 의무를 수행하기 위해서 태어났다. 따라서 그는 자신의 권리보다 의무에 더 많은 주의를 기울여야 한다.
6 농업이야말로 인간의 진정한 직업이다. 따라서 거대 도시를 수립하는 일, 공장 기계를 관리하기 위해서 수십만 명의 사람을 고용하여 다수의 무기력함과 가난을 착취함으로써 소수의 사람을 부에 뒹굴게 하는 일은 신의 법칙에 위배된다.

그는 많은 종교와 고전에서 다양한 예화를 끌어옴으로써 이런 견해들을 아름다운 글로 옹호했다. 오늘날 유럽에는 톨스토이의 삶이 보여주는 길을 수용한 사람이 수천 명이나 된다. 그들은 세속의 재산 전부를 버리고 매우 단순한 삶을 산다.

톨스토이는 여전히 매우 정력적으로 집필하고 있다. 자신이 바로 러시아인이지만 러일전쟁과 관련하여 러시아를 혹독하게 비판했다. 그는 전쟁에 대해서 매우 신랄하지만 효과적인 편지를 러시아 황제에게 보냈다. 이기적인 장교들은 그를 아니꼽게 보았다. 하지만 그들을 포함해서 러시아 황제조차도 그를 경외한다. 그와 같은 것이 그의 선함과 거룩한 삶이 가진 힘이어서, 수백만 농민들은 톨스토이가 자신의 소망을 말하자마자 그것을 실천할 준비가 늘 되어 있다.

톨스토이 백작(G.), 〈인디언 오피니언〉, 1905. 9. 2 ; 《전집》 4 : 361

54) 톨스토이와 보복하지 않기(*Non-Retaliation*) *S. S.* 킬도난캐슬호, *1909. 11. 18*

아래에 번역된 편지[38]는 약간의 설명이 필요하다.

톨스토이 백작은 러시아의 귀족이다. 그는 인생의 쾌락을 한껏 맛보았고, 한때 용감한 군인이었다. 유럽의 작가들 중 그에 필적할 자는 없다. 그는 많은 경험과 연구 끝에 세계가 일반적으로 추종하는 정치적인 정책들이 아주 잘못되었다는 결론에 도달했다. 그가 본 주요 이유는 우리가 복수한다는 점인데, 이것은 우리 인간에게 어울리지도 않고 모든 종교 교리에도 배치되기 때문이다. 그는 상해(傷害)를 상해로 갚는다는 것이 자신에게도 적에게도 해롭다고 믿었다. 그에 따르면, 우리는 우리에게 상처를 준 자가 누구든지 그에게 보복해서는 안 되고, 대신 사랑으로 보답해야 한다. 그는 악을 선으로 갚는다는 원리를 충실하게 따랐고 이 일에 조금의 타협도 없었다.

톨스토이가 악을 선으로 갚는다고 말한 것은 사실이지만, 고통당하는 사람이 고통을 제거하려고 해서는 안 된다는 것을 의미한 것은 아니다. 그는 오히려 우리 자신의 잘못이 우리 자신에게 고통을 초래한

---

38 여기에 게재하지 않는다.

다고 믿는다. 우리가 억압자의 폭정에 굴복하지 않는다면 억압자의 노력은 실패하고 말 것이다. 일반적으로 말한다면 아무도 나를 순전히 재미로 발길질하지는 않을 것이다. 그가 그러는 데에는 깊은 이유가 있다. 내가 반대해왔으므로 그는 그의 의지 앞에 나를 굴복시키기 위해서 발길질할 것이다. 발길질에도 불구하고 내가 명령 수행을 거부한다면 그는 발길질을 그만둘 것이다. 그가 발로 차든 말든 나는 상관이 없다. 나에게 중요한 것은 그의 명령이 부당하다는 점이다. 노예제도는 부당한(*unjust*) 명령에 굴종하는 것이지, 발길질당하는 것에 있지 않다. 참 용기와 인간성은 발길질을 발길질로 갚는 데에 있는 것이 아니다. 이것이 톨스토이 가르침의 핵심이다.

아래에 번역한 편지는 원래 러시아어로 쓴 것이다. 톨스토이 자신이 영역하여 〈자유 힌두스탄〉 지의 편집자에게 답장으로 보냈다. 이 편집자는 톨스토이와는 다른 견해를 가지고 있었으므로 편지를 신문에 싣지 않았다. 그것을 내가 입수했는데 한 친구가 그것을 실어야 할지 여부에 대해서 나에게 물어왔다. 나는 그 편지가 마음에 들었다. 내가 본 것은 원본 편지의 사본이었다. 나는 그것을 톨스토이에게 보내서 신문에 싣도록 허락해 달라고 했다. 동시에 나는 그 편지가 실제로 톨스토이 자신이 쓴 것이지를 물었다. 그의 허락을 받아서 편지의 영어본과 구자라트어 번역본을 〈인디언 오피니언〉 지에 싣게 되었다.

톨스토이의 편지는 나에게 아주 소중한 것이다. 누구든 트란스발 투쟁의 경험을 향유한 자라면 그 편지의 가치를 금세 알아차릴 것이다. 소수의 인도인 사탸그라히(진리파지자)들은 트란스발 정부가 보유한 총의 힘에 사랑으로 곧 혼의 힘으로 맞섰다. 그것이 톨스토이 가르침의 중심 원리이고, 모든 종교적 가르침들의 중심 원리이다. 쿠다 이슈와르(*Khuda-Ishwar*)[39]는 순전한 폭력이 도저히 대적할 수 없을 정도의 힘을 우리의 혼에 불어넣어 주셨다. 우리는 트란스발 정부에 대항하여 그 힘을 사용했는데, 증오와 복수의 일념에서 그런 것이 아니라 단순히 부당한 질서에 저항하기 위해서였다.

사탸그라하가 얼마나 행복한 경험이 될 수 있는지를 아직 모르는 사람들, 불꽃 주위를 파닥파닥 날아다니는 나방과 같이 현대문명이라는 거대한 허위의 올가미에 붙잡혀 있는 자들, 이들은 톨스토이 편지에 금방 관심을 가질 리 없다. 그런 사람들은 하던 일을 잠깐 중지하고 반성해 보아야 한다.

톨스토이는 인도에서 백인을 몰아내지 못해서 안달하는 듯한 인도인에게 간명한 해답을 주고 있다. 우리가 영국인의 노예가 아니라 우리 자신의 노예라는 것이다. 이 사실을 우리 마음에 깊이 새겨야 한다. 우리가 원하지 않는다면 백인은 여기에 머물러 있을 수 없다. 만일 모든 인도인들이 무기를 사용하여 영국인을 몰아낼 생각이 있다면, 인도인 각자는 유럽이 무기를 사용하여 무슨 귀한 이득을 얻었는지를 생각해 보아라.

누구든 인도가 자유롭게 되는 것을 보면 행복해질 것이다. 그러나 그 자유를 얻을 수 있는 방법에 대해서는 사람 수만큼이나 많은 견해가 존재한다. 톨스토이는 사람들에게 간명한 길을 보여주고 있다.

톨스토이는 이 편지를 힌두교도에게 보냈다. 바로 그 때문에 그가 편지에서 힌두교 경전으로부터 여러 사상을 인용하고 있다. 하지만 그와 같은 사상들은 모든 종교 경전에서 발견될 수 있다. 그러한 사상들은 힌두교도·무슬림·파시교도 모두에게 수용될 수 있다. 종교

39 〔역주〕 신의 이름. 간디는 이 이름의 신이 무슬림신이면서 동시에 힌두신이라고 믿어서, 힌두·무슬림 갈등을 종식시키기 위해서 1909년 남아프리카에 있을 때부터 사용했다고 한다.

적 수행과 도그마는 다를 수 있지만, 윤리적 원리들은 모든 종교에서 당연히 동일해야 한다. 그러므로 나는 모든 독자들에게 윤리에 대해서 생각해 보라고 권한다.

내가 톨스토이의 모든 사상을 전부 수용한다고 생각해서는 안 된다. 나는 그를 나의 많은 스승 중 한 분으로 모시고 있다. 하지만 내가 그의 사상 전부에 동의하는 것은 분명히 아니다. 나는 그의 가르침의 중심 원리를 전적으로 받아들일 수 있고, 그것이 아래 편지에 개진되어 있다.

편지에서 그는 어떤 종교에 대해서도 미신을 용서하지 않았다. 하지만 바로 그 이유로 힌두교나 다른 종교에 대해서 자부심이 있는 신자가 그의 가르침에 반대해야 할 것은 없다. 그가 모든 종교의 근본 원리들을 수용한다는 사실만으로 우린 충분하다. 흔히 있는 일이지만, 반(反)종교가 종교인 체하면 참종교가 고통을 당한다. 톨스토이는 이것을 반복하여 지적하고 있다. 우리가 어떤 종교에 속하든 우리는 그의 사상에 단단히 주목해야 할 것이다.

나는 번역을 하며 가장 소박한 구자라트어를 사용하려고 노력했다. 〈인디언 오피니언〉지 독자들이 소박한 용어를 선호할 것이라는 점에 유의했다. 구자라트 지역에 사는 수천의 인도인이 톨스토이 편지를 읽기를 바란다. 어려운 말은 많은 인도인에게는 지루한 읽을거리가 될 수도 있다. 모든 점을 염두에 두었지만, 보다 소박한 단어가 없는 경우에는 조금 어려운 단어도 때때로 사용했다. 이 점 독자들에게 사과드린다.

M. K. 간디

레오 톨스토이의 〈어느 힌두교도에게 보내는 편지〉에 대한
간디의 서문, 〈인디언 오피니언〉, 1909. 12. 25 ; 《전집》 10 : 158

55) 톨스토이의 가르침

위대한 톨스토이는 여든셋이란 익은 나이에 육신의 틀을 벗어 버렸다. '육신의 틀을 벗어 버렸다'라고 하는 것이, '그가 죽었다'고 하는 것보다 더 진실한 표현이다. 톨스토이의 혼은 죽지 않을 것이기 때문이다. 그의 이름은 영원히 불멸할 것이다. 오직 먼지로 이뤄진 육신만이 먼지로 돌아갔다.

톨스토이는 전 세계에 걸쳐서 유명해졌다. 그는 한때 전문 군인으로 이름을 날렸음에도 군인으로 알려진 것이 아니고, 작가로서 위대한 평판을 듣고 있지만 위대한 작가로서 알려진 것도 아니며, 엄청난 부를 소유했지만 귀족으로 알려진 것도 아니다. 세상은 그를 선량한 사람으로 알고 있다. 인도에서라면 우리는 그를 마하리쉬(*maharshi*: 대성선) 나 파키르(*fakir*: 탁발승) 로 불렀을 것이다. 그는 자신의 부를 내버리고 안락한 삶을 포기하고 단순한 농민의 삶을 받아들였다. 자신이 설교한 것을 스스로 실천한 것이 그의 위대한 덕이다. 따라서 수천 명의 사람들이 그의 말과 가르침을 충실히 고수했다.

우리는 시간이 흐름에 따라서 톨스토이의 가르침이 점점 높은 평가를 받을 것이라고 믿는다. 그 가르침의 토대는 종교였다. 기독교도로서 그는 기독교가 최선의 종교임을 믿었다. 하지만 그는 다른 어떤 종교도 비난하지 않았다. 그와 반대로 그는 진리가 모든 종교에 의심할 여지없이 현존한다고 말했다. 동시에 그는 이기적인 사제들, 바라문들, 물라(*Mulla*) 들이 기독교의 가르침과 다른 종교의 가르침을 왜곡하고 민중을 오도했다는 점도 지적했다.

톨스토이는 모든 종교가 혼의 힘(*soul-force*) 을 폭력(*brute force*) 보다 본성상 우월한 것으로 생각하고 있다는 점에 대해서 아주 분명히 확신했다. 그리고 그는 악은 악으로서가 아니라 선으로 보답해야 한다고 가르쳤다. 악은 종교의 부정이다. 반종교는 반종교에 의해서 치유될 수 없고, 오로지 종교에 의해서만 치유될 수 있다. 종교에는 자비 이외에 다른 것이 들어갈 여유가 조금도 없다. 종교인이라면 그의 적수에게조차 불운을 빌어서는 안 된다. 따라서 만일 사람들이 종교의 길을 따르기를 늘 원한다면, 오직 선만을 행해야 할 것이다.

위대한 톨스토이는 〈인디언 오피니언〉지에 이와 같은 이념들을 표현했는데, 그는 만년에 여러 부의 〈인디언 오피니언〉지를 잘 받았다는 내용의 편지를 간디 씨에게 보냈다. 편지는 러시아어로 쓰였다. 우리는 이번 호에 영역에 기초한 구자라트어 번역을 실었으며, 이것은 읽을 만하다. 그가 거기에서 사탸그라하에 대해서 말한 것은 모든 사람들이 곰곰이 성찰할 가치가 있다. 그에 따르면 트란스발 투쟁은 세상에 흔적을 남길 것이며, 모든 사람들이 거기에서 배울 바가 많다. 그는 사탸그라히들에게 용기를 북돋우고 그들에게 신이 주는 정의(*justice from God*)를 보증해 주었다. 그것이 통치자에게서 오는 정의가 아니라면 말이다. 통치자들은 자신들의 세력에 도취된 나머지 사탸그라하를 달갑게 여기지 않을 것임이 분명함에도 불구하고, 사탸그라히들은 인내를 가지고 계속해서 싸워야 한다. 더구나 그는 러시아의 사례를 들면서 군인들이 거기에서도 매일매일 그들의 직업에 등을 돌린다고 말하고 있다. 이 운동은 현재 손에 잡힐 만큼 분명한 결과가 없지만 종내 크게 일어날 것이고, 그는 러시아가 자유롭게 될 것이라는 점을 확신하고 있다.

우리가 수행하고 있는 과업에 대해서 톨스토이와 같이 위대한 분이 축복하셨다는 것은 상당한 격려가 된다. 우리는 금일 자로 발행되는 본지에 그의 사진을 게재한다.

위대한 고 톨스토이의 죽음을 애도하며(G.),
〈인디언 오피니언〉, 1910. 11. 26 ; 《전집》 11 : 193

56) 비폭력에 대한 톨스토이의 견해

사바르마티 아슈람, *1926. 3. 11*

사랑하는 친구에게,

당신의 편지를 받았습니다. 유럽을 방문하여 내가 모르는 많은 유럽 친구를 만날 수 있기를 진정으로 바랍니다. 하지만 나는 당분간 인도를 떠나서는 안 된다고 느낍니다. 유럽으로 가는 길이 분명해졌다고 느낄 때, 나는 유럽으로 가기를 망설이지 않을 것입니다. 그때까지 우리는 서신교환을 통해서 만나야 합니다. 현재는 앤드루스 씨나 다른 사람을 보낼 수도 없습니다. 앤드루스 씨는 멀리 남아프리카에 가 있습니다. 그는 다음달 돌아오지만 일감이 잔뜩 그를 기다리고 있어서 여러 달 동안 바쁠 것입니다.

톨스토이의 글이 나에게 강한 영향력을 주었다는 점은 명백합니다. 그는 비폭력에 대한 내 사랑을 강화시켜 주었습니다. 그는 나로 하여금 사물을 그전보다 더 분명히 보게 해 주었습니다. 이런 일을 표현하는 방식은 모두 그분 고유의 것입니다. 동시에 우리 사이에 근본적 차이가 있다는 점, 그리고 차이점이 늘 존재한다고 해도 내가 여러 일에 대해서 그에게 항상 감사를 느끼는 것과 비교한다면, 그 차이점은 아무것도 아니라는 점을 나는 알고 있습니다. 내 애국심은 아주 명백하고 인도에 대한 내 사랑은 늘 커지지만, 그 사랑은 나의 종교에서 비롯된 것이므로 결코 배타적이지 않습니다.

귀하의 신실한 친구

편지, SN 19353 ; 《전집》 34 : 119

57) 톨스토이의 가장 위대한 기여

사바르마타 아슈람, *1928. 4. 20*

사랑하는 친구에게,
당신의 편지를 받았습니다. 당신의 말을 거절하지 않고 액면 그대로 받아들이겠습니다. 나는 다음과 같은 단 하나의 문장을 보냅니다.

나는 톨스토이가 인생에 끼친 가장 큰 공헌은 어떤 희생을 감수하고서라도 그 자신의 고백을 실행에 옮기려고 부단히 시도하는 데에 있었다고 생각합니다.

안부를 물어 주어서 고맙습니다. 지금은 좋은 것 같습니다.

귀하의 신실한 친구

존 헤인즈 홈스에게 보낸 편지,
SN 14287, 《전집》 41 : 489

58) 톨스토이의 영향

사바르마티, 사타그라하 아슈람, *1928. 9. 7*

사랑하는 친구에게,
당신의 편지를 받았습니다. 나는 톨스토이의 말이든, 다른 사람의 말이든 그것을 인용할 때마다 꼭 그들의 이름을 밝혔습니다. 그리고 나는 다른 저자들을 자주 인용하지 않았다고 기억합니다. 그 이유는 내가 그러고 싶지 않아서가 아니라 내 독서 정도가 형편없는 데다가, 읽은 것을 다시 생산하는 능력은 그보다도 못하기 때문입니다.

내가 순결 서약을 한 것은 톨스토이의 글을 상당히 읽고 난 다음이라는 점에 의심의 여지가 없습니다. 그리고 내 인생이 《기타》의 가르침에 근거한다는 말은 대체로 옳지만, 톨스토이의 글과 가르침이 순결에 대한 내 결정에 아무 영향을 주지 않았다고 맹세할 수는 없을 것입니다.

이만하면 만족하시리라 여깁니다. 언젠가 당신의 주요 질문들을 〈영 인디아〉지에서 다루고 싶습니다.

귀하의 신실한 친구

Dhan Gopal Mukerjee

단 고팔 무케르지에게 보낸 편지,
SN 14378 ; 《전집》 42 : 510

59) 자기통제에 대한 톨스토이의 견해 〔*1928. 9. 10*〕

현재 내 심정으로는 어떤 날도 어떤 축제도 참가하고 싶지 않습니다. 얼마 전 〈나바지반〉지 혹은 〈영 인디아〉지의 독자가 나에게 다음과 같은 질문을 해왔습니다. "당신은 제사(*shraddha*)에 대해서 쓰면서 우리 선조들에 대한 제사를 지내는 올바른 방법은 기일(忌日)에 그들의 덕을 상기하고 그것을 우리 자신의 것으로 만드는 것이라고 말씀했습니다. 그렇다면 당신은 당신 선조들의 기일을 어떻게 보내는지 질문해도 되겠습니까?" 나는 어릴 적에는 기일을 준수했습니다. 하지만 지금은 그들이 돌아가신 날조차 기억하지 못한다는 점을 서슴없이 말씀드립니다. 지난 여러 해 동안 나는 기일을 지킨 기억이 없습니다. 그와 같은 것이 나의 마음을 언짢게 합니다. 그것은 내 매력이거나 혹은 어떤 친구들이 믿는 대로 커다란 무지입니다. 우리가 하루하루 매순간 우리 목전의 과업에 주목하고 그것을 가능한 한 질서정연하게 처리한다면, 그것으로 충분하다고 믿습니다. 따라서 우리는 톨스토이와 같은 인물들에 대한 기억을 축하하듯이 선조들의 기일도 축하합니다. 만일 하리프라사드 박사께서 나를 어쩔 수 없게 만들지 않았다면, 나는 아마 10일인 오늘 아슈람에 아무 축제도 벌이지 않았을 것입니다. 나는 그날을 까맣게 잊을 뻔했습니다. 나는 톨스토이 서적을 수집하는 사람들인 알메르 모드(Aylmer Maude)와 그 외 사람들로부터 석 달 전에 편지들을 받았습니다. 그들은 나에게 탄생 100주년 기념에 즈음하여 글 하나를 보내서 전국이 오늘에 주목할 수 있도록 해달라는 요청을 해왔습니다. 여러분은 〈영 인디아〉지에 게재되었던 알메르 모드 편지의 발췌문 혹은 전문(全文)을 읽었을 것입니다. 그 이후 나는 이 일에 대해서 까맣게 잊고 있었습니다. 이번 기회는 나에게 마침 좋은 기회입니다. 하지만 내가 그것을 잊어버렸음을 깨달았다고 해도 별로 미안한 생각은 들지 않았을 것입니다. 그렇지만 본 청년회 회원들이 아슈람에서 그날을 축하하자고 제의했을 때, 나는 그것을 좋은 기회로 환영했습니다.

내가 닷타트레야[40]와 같이 세상에 많은 사람을 구루로 받아들였다고 말할 수 있었으면 좋겠습니다만, 그런 입장에 있지는 않습니다. 반대로 종교 문제에서는 내가 여전히 구루를 찾고 있는 중이라고 말해왔습니다. 날마다 강해지는 나의 신념은, 구루를 찾는 데에도 특별한 자격이 있어야 한다고 말합니다. 특별한 자격을 갖춘 사람이라면 굳이 찾지 않아도 구루는 옵니다. 하지만 나는 그런 자격이 없습니다. 나는 고칼레(Gopal Krishna Gokhale)를 내 정치적 구루로 말해왔습니다. 그는 정치 분야에서 구루에 대한 내 모든 기대를 충족시켜 주었습니다. 나는 그의 견해나 가르침의 적합성에 대해서 한 번도 의심을 품거나 문제를 제기한 적이 없습니다. 종교 문제에 있어서 내가 구루라고 부를 수 있는 사람은 아무도 없습니다.

그런데 나의 인생에 크나큰 영향력을 끼쳤던 사람이 세 사람이 있었다고 말하고 싶습니다. 그들 중 첫 자리는 시인 라즈찬드라, 둘째

40 〔역주〕 Dattatreya B. Kalelkar(약 1885~1981) : 선생, 작가. 1915년 이래 간디의 동료. 주로 카카 사헤브(Kaka Saheb)로 알려져 있다.

자리는 톨스토이, 셋째 자리는 러스킨입니다. 내가 톨스토이와 러스킨 두 사람 중에 한 사람을 선택해야 하고, 내가 두 사람의 삶에 대해서 더 많이 알게 된다면, 나는 누구를 선택해야 할지 알 수 없을 것입니다. 하지만 나는 현재는 톨스토이에게 첫째 자리를 주렵니다. 나는 다른 사람들과는 달리 톨스토이의 인생에 대해서 많이 읽지 않았고, 그의 저서 중 많은 것을 읽지도 않았습니다. 그의 여러 저작 중 나에게 가장 큰 영향력을 준 것은 《하나님의 나라는 너희 안에 있느니라》입니다. 그 제목은 하느님의 나라가 우리 심정 안에 있다는 것을, 그리고 우리가 그것을 외부에서 찾는다면 어디에서도 찾을 수 없다는 것을 의미합니다. 나는 그 책을 40년 전에 읽었습니다. 그 당시 나는 많은 문제에 대해서 회의적이었고, 때로 무신론적 생각까지 즐겼습니다. 나는 영국에 갔을 때, 폭력의 신봉자로서 폭력은 믿었지만 비폭력은 전혀 믿지 않았습니다. 그 책을 읽은 후 비폭력에 대한 신념이 생겼습니다. 나중에 그의 다른 저작을 읽었습니다만, 그것들이 나에게 무슨 영향을 끼쳤는지에 대해서 말할 수 없습니다. 그의 삶 전체가 나에게 어떤 영향을 끼쳤는지에 대해서 말할 수 있을 따름입니다.

나는 그의 인생에서 두 가지 중요한 것을 보았습니다. 그는 설교한 것을 실천했습니다. 그의 단순함은 비범한 것이었습니다. 그가 외면적인 단순성을 지닌 것은 사실입니다. 하지만 그것은 단순히 외면적인 것이 아닙니다. 그는 귀족 가문에 태어나 인생에서 즐겨야 할 모든 것을 소유하고, 부와 소유물이 그에게 줄 수 있는 모든 것을 수중에 갖고 있었습니다만, 청년기의 절정에 인생의 항로를 바꾸었습니다. 그는 온갖 쾌락을 즐기고 인생이 줄 수 있는 모든 달콤함을 맛보았지만, 그와 같은 삶의 방식의 공허함을 깨닫자마자 그것에 대해서 등을 돌리고, 인생의 마지막까지 그의 새로운 확신을 굳건히 지켰습니다. 그래서 나는 내가 내보낸 메시지 중에서 톨스토이가 이 시대의 진리 구현 그 자체라고 확언한 바 있습니다. 그는 진리를 아는 대로 타협 없이 따르려고 노력했으며, 그가 진리로 믿었던 것을 감추거나 희석시키려고 하지 않았습니다. 그는 그가 진리라고 느낀 것을 공언했는데, 그러면서 그 진리가 민중의 기분을 상하게 할지 기쁘게 할지, 막강한 권세의 황제가 그것을 환영할지의 여부에 대해서는 고려하지 않았습니다. 톨스토이는 당대의 위대한 비폭력 주창자였습니다. 나는 서양에서 톨스토이만큼 비폭력의 대의명분에 대해서 많이 그리고 효과적으로 쓴 저자를 알지 못합니다. 나는 한 걸음 더 나아가 인도를 포함한 다른 곳에서 톨스토이만큼 비폭력의 본성에 대해서 깊이 이해하고, 비폭력을 성실하게 추종하기를 노력한 사람을 알지 못한다고까지 말할 수 있습니다.

나는 현 사태에 불만을 느끼고 있습니다. 나는 그것을 좋아하지 않습니다. 인도는 의무의 땅(*karmabhumi*)[41]입니다. 이 나라의 성자와 현자들은 비폭력 분야에서 지상 최대의 발견을 했습니다. 하지만 우리는 유산만으로 살아갈 수는 없습니다. 우리가 계속해서 그 유산에 뭔가를 보태지 않는다면 우리는 그것을 먹어치우는 셈이 됩니다. 고(故) 라나데 판사는 이 점에 대해서 우리에게 경고했습니다. 우리는 스스로 도취되어 《베다》와 자이나교 문헌에서 인용한 깊은 얘기를 하거나 위대한 원리들을 발표하여 세상을 놀라게 할 수 있습니다. 하지만 민중은 우리의 성실성을 믿지 않을 것입니다. 따라서 라나데는 유산에 무엇인가 보태야 하는 일이 우리의 의무라고 했습니다. 우리는 유산을 다른 종교사상가들의 저서와 비교해야 합니다. 그리고 만일 비교

41 〔역주〕 향락의 땅(*bhogabhumi*)과 대조된다. 《전집》 권 43, 6면 참조.

의 결과, 우리가 새로운 것을 발견하거나 어떤 주제를 비춰 주는 새로운 빛을 발견하게 되면 그것을 거부해서는 안 됩니다. 하지만 우리는 이 일에 실패했습니다. 우리의 종교 지도자들은 사유에 있어서 언제나 일면적입니다. 그들의 말과 행위 사이에 아무 조화가 없습니다. 톨스토이는 민중이나 그들이 소속되어 일하고 있는 사회를 기쁘게 할지 여부와 관계없이, 명백한 진리를 큰소리로 분명히 말했던 사람인데, 그런 사람이 우리에게는 없습니다. 그것이 비폭력의 우리 땅이 처해 있는 안타까운 처지입니다. 우리의 비폭력은 무가치합니다. 우리는 비폭력의 최고 상한선을 여하튼 벌레, 모기, 벼룩을 박멸하지 않는 일, 또는 새와 동물을 죽이지 않는 일에서 보고 있습니다. 이 피조물들이 고통을 당해도 우리는 상관하지 않습니다. 우리가 부분적으로 그들의 고통을 가중시키더라도 상관하지 않습니다. 반대로 우리는 누구든 고통받고 있는 한 마리의 피조물을 해방시켜 주거나 해방시키는 일을 도와주면 그것을 극악무도한 죄로 여깁니다. 나는 이런 것이 비폭력이 아니라고 이미 글을 쓰기도 하고 설명하기도 했습니다. 내가 톨스토이에 대해서 말하는 기회를 이용하여, 그것이 비폭력의 의미가 아니라는 점을 반복합니다. 비폭력은 자비의 바다를 의미하고, 타인에 대한 악의의 아주 작은 흔적조차 우리에게서 털어내는 일을 의미합니다. 그것은 무기력함이나 심약함이거나, 무서워 도망치는 일을 의미하지 않습니다. 반대로 그것은 마음의 단호함과 용기, 결연한 정신을 말합니다.

우리는 이런 비폭력을 인도의 식자층에서는 찾아볼 수 없습니다. 그들에게 톨스토이의 인생은 영감의 원천이 되어야 합니다. 그는 믿는 바를 실천하기 위해서 열심히 노력했고, 자신이 선택한 길에 한 번도 등을 돌린 적이 없습니다. 나는 그가 비폭력이라는 지팡이를 발견하지 못했다고 믿지 않습니다. 그 자신은 물론 그것을 발견하는 데에 실패했다고 말했지만 그것은 겸손입니다. 그가 지팡이를 발견하지 않았다고 말하는 그의 비판자들에 대해서도, 나는 동의하지 않습니다. 혹자는 톨스토이 자신이 언뜻 본 비폭력 원리에 근거하여 철저하게 행동하지 않았다고 단정할 수도 있습니다. 그 말에 아마 나는 동의할 수 있을지도 모릅니다. 그러나 살아 있는 동안 비폭력 원리에 완벽하게 따라서 살 수 있었던 자가 이 세상에 단 한 사람이라도 있었습니까? 나는 이 육신 안에서 살아가는 누구도 완전한 비폭력을 준수하는 일은 불가능하다고 믿습니다. 육신이 살아 있는 동안 일정 정도의 이기주의(*egotism*)는 불가피합니다. 이기주의가 지속되므로 우리는 육신을 유지합니다. 따라서 육신의 삶은 폭력을 불가피하게 수반합니다. 어떤 사람이 이상을 실현했다고 믿는다면 그는 곧 실패할 것이라고 톨스토이는 말했습니다. 이상의 실현을 믿는 순간부터 그의 추락은 시작될 것입니다. 우리가 어떤 이상을 향해서 더 다가가면 갈수록 그 이상은 후퇴할 것입니다. 우리가 이상을 찾아서 전진할 때, 우리는 한 단계 한 단계 올라가야 함을 깨닫게 됩니다. 단숨에 모든 단계를 올라갈 수 있는 사람은 없습니다. 이러한 견해가 정신의 나약이나 비관주의를 함축하는 것은 아니며, 그 안에는 분명히 겸손이 있습니다. 그래서 우리의 성자와 현자는 해탈(목샤)의 경지가 철저한 공(空: *emptiness*)의 경지라고 했습니다. 해탈을 갈망하는 자라면 그와 같은 공의 경지를 닦아야 할 것입니다. 신의 은총이 없다면 그 경지에 도달할 수 없습니다. 공의 경지는 우리가 이 육신으로 살아가는 한 하나의 이상(理想)으로 남아 있을 뿐입니다. 톨스토이가 이 진리를 분명히 보고, 자신의 지성으로 그것을 파악하고 그 이상을 향해서 여정을 출발하는 순간, 그는 녹색 지팡이를 찾았습니다. 그는 그것을 묘사할 수는 없고, 발견했다고밖에 말할 수 없었을 것입니다. 하지만 만일 그가 그 지팡이를 발견했다고 실제 말했다면, 그에게 인생의 진보는 끝났을 것입니다.

톨스토이 인생에 보이는 이와 같은 외관상의 모순은 오점도 아니고 실패의 표시도 아닙니다. 그 모순은 관찰자의 실패를 의미합니다. 에머슨은 어리석은 일관성이 쩨쩨한 마음들의 도깨비(*hobgoblin*)라고 말한 바 있습니다. 우리가 우리 인생에 아무 모순이 없음을 보여주기 위해서 살려고 한다면, 우리는 완전히 실패하고 말 것입니다. 그런 방식으로 살아가려고 노력할 때, 우리는 어제 행위한 것을 기억해낸 다음 오늘의 행위들과 조화시켜야 할 것입니다. 그와 같은 억지스런 조화를 유지하려고 노력하면, 우리는 허위에 호소해야 할지도 모릅니다. 최선의 길은 그 순간 진리로 보이는 것을 따라가는 길입니다. 우리가 매일매일 진보한다면, 다른 이들이 우리 안에 모순을 본다고 해도 우리가 왜 그것을 염려하겠습니까? 모순으로 보이는 것은 실제로는 모순이 아니라 진보입니다. 그런 맥락에서 톨스토이의 인생에서 모순처럼 보이는 것은 실제 모순이 아니라 우리 마음의 망상일 따름입니다. 사람은 자신의 심정 내부에서 얼마나 투쟁하고 있는지, 또는 심중에서 벌어지는 라마와 라바나의 전쟁에서 어떤 승리를 쟁취할지는 자신만이 알고 있습니다. 구경꾼이 그것을 알 수 없음은 분명합니다. 만일 그 사람이 조금이라도 비틀거린다면, 세상 사람들은 그 사람 안에는 아무것도 없다고 생각할 것입니다. 물론 이것은 최선의 경우입니다. 따라서 우리는 세상을 저주해서는 안 됩니다. 성인들은 세상이 우리에게 욕설할 때 즐거워해야 하고, 세상이 우리를 칭찬할 때는 두려움으로 벌벌 떨어야 한다고 말합니다. 세상은 늘 하던 것 이상으로 행동할 수는 없으므로 세상이 악이라고 본 것을 책망해야 합니다. 그러나 우리는 위인의 인생을 검토할 때마다, 내가 설명한 바를 명심해야 할 것입니다. 신은 그 위인이 심정에서 싸웠을 수도 있는 전투와, 성취했을지도 모르는 승리의 증인이십니다. 이러한 전투와 승리가 그에 관한 실패와 성공의 유일한 증거입니다.

그렇다고 해서, 여러분이 여러분의 약점을 덮어 버려야 한다든가, 약점이 산과 같이 클 때에 그것이 모래알같이 작은 것으로 생각해야 한다는 것을 말하는 것은 아닙니다. 내가 말한 것은 다른 사람과 관계가 있습니다. 우리는 타인의 단점이 히말라야와 같이 거대하다고 해도 겨자씨만큼 작은 것으로 보아야 하고, 겨자씨같이 작은 우리의 약점을 히말라야같이 큰 것으로 보아야 합니다. 우리 안에서 아주 작은 도덕적 일탈을 자각하거나 또는 의도적이든 아니든 허위의 유죄를 범한 것을 볼 때, 우리는 불꽃 속에 갇혀 불타는 것같이 느껴야 합니다. 뱀에 물리고 전갈에 쏘이는 일은 대수롭지 않습니다. 그것을 치료할 수 있는 사람은 많습니다. 하지만 허위나 폭력에 쏘였을 때 우리를 치료할 수 있는 사람이 있습니까? 신만이 홀로 그러실 수 있습니다. 그분은 우리가 진지하게 노력할 때에만 치료하실 수 있습니다. 따라서 우리는 우리의 단점에 대해서 경계해야 하고 그것을 그 극단에까지 확대해야 합니다. 그래서 세상이 우리를 비난할 때 세상 사람들이 비열하기 때문에 우리의 잘못을 과장했다고 생각해서는 안 됩니다. 누구라도 톨스토이에게 그의 약점을 지적해 주었다면—톨스토이는 자기반성에 있어서 무자비했으므로, 다른 사람이 그것을 지적할 경우가 거의 없겠지만—그는 그 결점을 엄청나게 크게 확대했을 것입니다. 톨스토이는 자신의 결점을 딴 사람이 지적해 주기 전에, 자신이 먼저 그것을 확대하여 보고 그가 생각하는 가장 적절한 방식으로 회개했을 것입니다. 이것이 선함의 표시입니다. 그래서 나는 그가 저 지팡이를 발견했을 것으로 생각합니다.

톨스토이의 저서와 삶에는 다른 사람의 주목을 끄는 일이 또 하나 있습니다. 그것은 곧 '생계를 위한 노동'(*bread labour*)이란 개념입니다. 그것은 톨스토이 자신이 발견한 것은 아닙니다. 다른 작가가 러시아시 문집에서 언급한 바 있습니다. 톨스토이는 그 작가의 이름을 세상에 알렸고 세상에 그의 관념을 제시했습니다. 이 세상에서 우리가 보는 불평등(*inequalities*)의 원인, 부와 가난의 차별의 원인은 우리가 삶의 법칙을 망각해 버렸다는 사실에 있습니다. 그 법칙이 바로 '생계를 위한 노동'의 법칙입니다. 《기타》 3장의 권위를 빌려서 그것을 야즈냐(*yajna*: 희생제사)라고 불러 봅시다. 《기타》는 야즈냐를 지내지 않고 먹는 자는 도둑이고 죄인이라고 했습니다. 톨스토이도 같은 말을 했습니다. 우리는 '생계를 위한 노동'의 의미를 왜곡하지 말고 그 진정한 관념을 잊지도 맙시다. 그 간단한 의미는 자신의 허리를 굽혀 일하지 않는 자는 먹을 권리가 없다는 것입니다. 우리 모두가 자신의 양식을 얻기 위해서 육체노동을 한다면, 우리가 이 세상에서 보는 가난은 없어질 것입니다. 한 사람이 게으르면 두 사람이 굶주리게 됩니다. 왜냐하면 그의 일이 다른 사람에 의해서 수행되어야 하기 때문입니다. 톨스토이는 사람들이 박애주의적인 봉사를 하고, 그 목적을 위해서 돈도 쓰고, 그 봉사의 대가로 칭호도 얻는다고 말했습니다. 그런데 톨스토이는 이런 일체의 행위 대신, 약간의 육체노동을 함으로써 다른 사람들의 등골 빼는 일을 그만두는 것으로 충분하다고 말했습니다. 이것은 진정 사실입니다. 그 안에 겸손이 있습니다. 박애주의적 봉사를 하는 일, 그러면서도 자신의 사치품을 버리기를 거부하는 일은 아카 바가트(Akha Bhagat)가 '모루를 훔치고 바늘을 선물하는 일'이라고 묘사했듯이 행동하는 일입니다. 우리가 그렇게 해서 비행기

(*viman*)를 타고 하늘나라 가기를 바랄 수 있겠습니까?

톨스토이가 다른 사람이 말한 적이 없는 것을 말했다고 하는 것은 아닙니다. 하지만 톨스토이의 언어에는 마법이 있습니다. 설교한 대로 행동했기 때문입니다. 부의 안락함에 익숙했던 그가 육체노동을 시작했습니다. 그는 하루 8시간 농장에서 일하거나 혹은 다른 일을 했습니다. 그렇다고 해서 그가 문학 작업을 포기했다는 것은 아닙니다. 사실상 그가 육체노동을 시작한 이후 문학 작품은 그 안에 더 큰 생명을 갖게 되었습니다. 그의 말로 그의 가장 중요한 작품인 《예술이란 무엇인가?》를 쓴 것은 당시 야즈냐 기간의 여유 시간 동안이었습니다. 육체노동은 그의 건강을 해치지 않았습니다. 그는 그것이 지성을 날카롭게 만들었다고 믿었습니다. 그의 작품을 공부하는 학도들이 그의 말이 옳았다고 증언해 줄 것입니다.

우리가 톨스토이의 삶에서 이익을 얻기를 원한다면, 우리는 다음 세 가지를 배워야 할 것입니다. 나는 지금 아메다바드청년회 회원들에게 연설하고 있습니다만, 여러분에게 인생의 두 길 가운데 하나를 선택해야 할 것이라는 점을 상기시키고 싶습니다. 하나는 자기탐닉(*self-indulgence*)의 길이고 다른 하나는 자기규제(*self-restraint*)의 길입니다. 여러분이 톨스토이가 잘 살고 잘 죽었다고 생각한다면, 만인을 위한 특히 청년을 위한 올바른 길은 오직 하나일 뿐임을 알게 될 것입니다. 그것은 바로 자기통제(*self-control*)의 길입니다. 이것은 인도에서는 더더욱 사실입니다. 스와라즈(자치)는 정부로부터 얻어야 할 것이 아닙니다. 만일 여러분이 우리의 타락의 원인을 검토해 보면, 정부보다 우리 자신에게 더 큰 책임이 있음을 알게 될 것입니다. 그러고 나면, 여러분은 스와라즈로 가는 열쇠가 영국이나 심라(Simla)나 델리에 있는 것이 아니라 우리 손안에 있음을 알게 될 것입니다. 그것은 여러분과 내 손아귀에 있습니다. 우리 사회의 타락과 굼뜸을 치유하는 일이 지체되는 것은, 우리의 무기력 탓입니다. 만일 우리가 무기력을 정복하면 지상의 어떤 권력도, 우리 자신을 고양하고 스와라즈를 확보하는 일을 막지는 못할 것입니다. 길을 가다가 무기력하게 드러눕고, 그 상태에서 우리 자신을 들어올리기를 거부하는 것은 우리 자신입니다.

나는 청년회 회원 여러분에게는 황금기도 있고, 다른 관점에서 보면 시련기도 있고 제3의 관점에서 보면 도전의 시기도 있음을 말해주고 싶습니다. 여러분은 대학 시험에 합격하고 학위를 얻는 일로 충분하지 않습니다. 인생의 시험에 합격하고 고난과 난관의 테스트를 견딜 수 있을 경우에만 진정한 학위를 얻게 될 것입니다. 지금은 과도기이고, 여러분에게는 황금기입니다. 여러분 앞에 두 개의 길이 있습니다. 하나는 북으로 가는 길이고, 다른 하나는 남으로, 〔혹은〕 하나는 동으로 다른 하나는 서로 가는 길입니다. 여러분은 양자택일해야 합니다. 어느 길을 선택할지를 숙고해야만 합니다. 온갖 종류의 바람들—내 생각으로는 독을 품은 바람들—이 서양에서 우리나라 안으로 불어오고 있습니다. 물론 톨스토이의 삶과 같은 훈풍들도 있습니다. 그러나 항구에 당도하는 모든 배를 훈풍이 몰고 오는 것은 아닙니다. 배가 매일 봄베이나 캘커타 항구에 도착하고 있다고 해서, 여러분은 '모든 배' 또는 '매일'이라고 말할지도 모릅니다. 다른 외제품과 더불어 외국문학도 들어옵니다. 외국문학의 생각들이 사람들을 취하게 하고 자기탐닉의 길로 이끌어 갑니다. 나는 이를 의심치 않습니다. 여러분의 생각이 유일한 진리라고, 또는 미성숙한 여러분이 책에서 읽거나 거기에서 이해한 것을 유일한 진리라고 믿지 마십시오. 오래된 것을 야만이나 미개(未開, *uncivilized*)로 여기지 말고, 진리가 새롭게 발견된 것 안에만 있다고 믿지도 마십시오. 그렇게 믿는 것은 모두 공허한 일입니다. 만일 여러분이 그와 같은 헛된 생각에 사로잡혀 있다면, 여러분은 청년회에 어떤 이익도 가져다주지 못할 것입니다. 나는 여러분이 사라라 데비[42]에게서 겸손 · 문화 · 중용을 배웠으면 하는 희망을 갖고 있습니다. 그 희망을 지금껏 들어주지 못했다면 앞으로는 그렇게 하십시오.

여러분이 행한 좋은 일에 대해서 칭찬받았다고 해서 자만하지 마십시오. 칭찬을 멀리하십시오. 그리고 많은 일을 했다고 생각하지 마십시오. 만일 여러분이 바르돌리를 위해서 모금하고, 그 명분을 위해서 땀 흘리며 열심히 일하고 그로 인해서 여러분 중 몇 사람이 교도소에 갔다고 해도, 나는 경험자로서 여러분에게 "일을 많이 했습니까?"라고 물을 것입니다. 다른 사람들은 여러분이 일을 많이 했다고 말할는지 모르지만, 여러분이 한 일에 대해서 자족하지 마십시오. 여러분은 내면생활을 정화해야 합니다. 그리고 진정한 증서가 있다면 여러분의 양심에서 얻어야 합니다. 진실을 말하자면 우리 아트만 역시 보통 어슴푸레 잠들어 있습니다. 틸락 마하라자는 우리말에 '양심'에 해당되는 말이 없다고 했습니다. 우리는 모든 사람들이 양심이 있다고 믿진 않지만 서양 사람은 그렇게 믿고 있습니다. 간통하거나 방탕한 사내에게 무슨 양심이 있겠습니까? 따라서 틸락 마하라자는 양심의 개념을 거부했습니다. 우리의 옛 현자와 성자들은 인간에게 내면의 소리를 들을 수 있는 내면의 귀가 있고, 마땅히 내면의 눈이 있어야 하는데, 이것들을 얻기 위해서 자제심을 길러야 한다고 말했습니다. 따라서 요가에 대한 파탄잘리의 글 안에 자기실현을 갈구하는 요가 학도가 지켜야 할 첫걸음은, 야마와 니야마(*yama-niyama*)[43] 훈련의 준수입니

42 〔역주〕 Sarala Devi Chaudhurani(1872~1945) : 인도 최초의 여성 조직의 창시자.

다. 여러분, 나 그리고 타인에게 자기통제의 길 이외에 다른 길은 없습니다. 톨스토이는 자기통제의 긴 생애를 살아감으로써 사실을 보여주었습니다. 나는 우리가 이 사실을 마치 햇빛처럼 분명히 볼 수 있기를, 그리고 톨스토이의 인생에서 자기통제의 교훈을 배우리라는 결심과 더불어 이 모임을 떠날 수 있기를 바라고 신에게 기도합니다.

우리 함께 진리추구를 절대 포기하지 말기로 결의합시다. 진리를 따르는 길, 이 세상에서 유일하게 옳은 길은 비폭력의 길입니다. 비폭력은 사랑의 바다를 의미하는데, 그 바다의 광대함을 측량할 수 있었던 사람은 아무도 없었습니다. 만일 사랑이 우리를 가득 채운다면, 우리 마음은 그 안에 세계 전체를 받아들일 만큼 넓은 마음이 될 것입니다. 나는 이것이 성취하기 어려운 줄 압니다만, 불가능한 일은 아닙니다. 우리는 이 집회를 기도로써 시작했습니다만, 기도문을 지은 시인은 집착과 혐오에서 자유롭게 된 자에게만, 모든 욕망을 극복하고 비폭력, 다시 말해서 사랑을 완전히 구현한 자에게만 예배하겠다고 했습니다. 그분이 샹카라·비슈누·브라마·인드라, 또는 붓다와 시다(Siddha) 중 어느 분이든 상관없습니다. 그와 같은 비폭력은 불구가 된 피조물에 대한 불살생에만 한정되지 않습니다. 그들을 죽이지 않는 것은 다르마일 것입니다. 하지만 사랑은 그것을 넘어 무한에까지 나갑니다. 만일 그가 그와 같은 사랑에 대한 비전이 없다면, 불구의 피조물의 생명을 구한다고 해도 무슨 이득이 있겠습니까? 신의 법정에서 그의 일은 거의 가치가 없습니다.

세 번째는 야즈냐라는 '생계를 위한 노동'입니다. 우리는 몸을 열심히 일하게 함으로써만, 육체노동을 함으로써만 먹을 권리를 얻습니다. 야즈냐란 타인을 위한 봉사로서 행하는 일체의 일을 의미합니

43 〔역주〕 금계(禁戒)와 권계(勸戒)로 각각 옮길 수 있다.

다. 우리가 육체노동을 하는 것만으로는 부족합니다. 우리는 부도덕하고 세속적인 쾌락을 쫓아다녀서는 안 되고, 타인에게 봉사하기 위해서만 살아야 합니다. 만일 육신을 엄한 훈련으로 단련시킨 청년이 그런 신체적 운동에 하루 8시간을 사용한다면, 그는 '생계를 위한 노동'을 행한 것이 아닙니다. 나는 여러분의 운동이나 신체단련을 경시하는 것은 아닙니다. 하지만 그와 같은 운동은 톨스토이가 권하고 또 《기타》 3장에서 기술된 야즈냐를 의미하는 것은 아닙니다. 금생이 야즈냐를 위한 것, 봉사를 위한 것이라고 믿는 자들은, 쾌락을 쫓아다니는 일을 매일 포기할 것입니다. 참된 인간의 노력은 이러한 이상을 실현하기 위해서 노력하는 데에 있습니다. 이 일에 있어서 완전에 이르기까지 성공한 사람이 아무도 없다고 해도 괜찮습니다. 파르하드(Farhad)가 쉬린(Shirin)을 위해서 했듯이 우리도 걸어서 돌덩이를 깨트려야 합니다.[44] 우리에게 쉬린은 비폭력의 이상입니다. 이것은 분명히 우리의 작은 스와라즈를 붙들어 주고 다른 모든 것도 함께 붙들어 줍니다.

톨스토이 탄생 100주년 기념 연설,
아메다바드 청년회(G.), 〈나바지반〉,
1928. 9. 16 ; 《전집》 43 : 3

44 〔역주〕 충성·용기·정열을 대표하는 중동 지방의 전설적인 한 쌍. 청년 장인(匠人) 파르하드와 여왕의 동생 쉬린은 사랑에 빠졌다. 여왕 또한 파르하드를 몰래 사랑했다. 어느 날 여왕은 파르하드를 불러서 말했다. 내 동생을 진정 사랑하고 결혼하고 싶다면, 물이 없어서 고생하는 백성을 위해서 산속에 갇혀 있는 물길을 트라고 명했다. 그는 이 말에 동의했고 수년 동안 밤낮으로 일해서, 마침내 물길을 텄으며 물이 쏟아져 나왔다. 온 백성이 파르하드를 칭찬했다. 그런데 그는 그만 바위에서 떨어져 죽고 말았다. 쉬린은 그 자리로 가서 자결했는데, 간디는 그 전설을 말하고 있다. *Azerbaizan International*, Autumn 1998. 6. 3.

8. 나오로지

60) 다다바이 나오로지 의회 의원

영국의회 의원이 된 최초의 인도인은 다다바이 나오로지(Dadabhai Naoroji) 씨이다. 1825년 9월 4일 봄베이 시에서 태어난 그는 엘핀스톤학교와 대학에서 교육을 받았으며, 29세의 나이로 수학과 자연 철학 교수가 되었는데, 그는 그런 명예를 얻은 최초의 인도인이었다. 1855년 나오로지 씨는 영국에 설립된 인도 최초 기업의 동업자로서 영국을 방문했으며, 런던대학은 그를 구자라트어 담당 교수로 임명하는 영광을 베풀었다. 그리고 나오로지 씨가 인도를 위해서 얻은 이익 중 하나는 1870년 인도인이 공무원이 될 수 있도록 한 것이다. 그는 1874년 바로다의 총리가 되었고, 1년 후 봄베이의 시자치체평의회 의원으로 선출되었다. 여기에서 그는 5년간 귀중한 봉사를 했다. 나오로지 씨는 1885년에서 1887년까지 봄베이입법평의회의 일원으로 봉직했다. 그리고 인도 국민회의는 1886년, 1893년, 그리고 1906년 그를 의장으로 선출했다. 나오로지 씨는 1893년에서 1895년 런던 센트럴 핀즈베리에서 자유당 하원의원으로 있었다. 그리고 그는 인도 세출 담당 왕립위원회 등의 일원으로 조국을 위해서 좋은 일을 했다. 그리고 1897년 그는 웰비위원회 앞에서 증언했다.

인도 국민회의의 영국위원회 시초부터 그는 근면한 위원이었고 열심히 일하는 자였다. 다다바이 나오로지 씨의 붓끝에서 나온 출판물로는《인도에 대한 영국의 의무》,《식자층 인도인의 인도 공무원 임용》,《인도 재정》 등이 있고, 그의 저서 중 가장 잘 알려진 것은 아마《인도의 빈곤과 비영국식 통치》일 것이다. 1906년 존경하는 다다바이는 인도 국민회의를 지도하기 위해서 모국으로 떠났다. 이 과업은 그의 강철 같은 기질과 견강불발의 정신에도 엄청난 긴장을 주는 일이었다. 1906년의 캘커타의회 이후 다다바이 씨는 공직생활에서 사실상 은퇴했고, 1907년 바르소바(Varsova)로 가서 살았다. 이 마을은 봄베이 관구(管區) 안의 작은 어촌으로서 거기에서 그는 인도에서 일어나는 여러 사건—인도의 미래를 만들 수도 있고 미래를 망칠 수도 있는 사건들—의 전개를 예리하게 지켜보고 있다. 그는 인도의 위대한 원로(*The Grand Old Man of India*)란 영광스런 칭호를 진실로 얻었다.

인도의 위대한 원로, 〈인디언 오피니언〉 1910. 9. 3 ; 《전집》 11 : 121

61) 나오로지의 단순성

다가오는 9월 4일은 다다바이 나오로지, 즉 '인도의 위대한 원로'의 탄생 기념일이다. 하지만 인도 여성평의회는 내가 당일에는 푸나에 있어야 하기 때문에 내 편의에 맞춰서 8월 30일에 행사를 갖기로 조정했다. 나오로지는 리쉬(*rishi* : 聖仙)의 삶을 살았다. 나는 그에 대한 많은 거룩한 기억이 있다. 이 인도의 위대한 원로는 내 인생을 형성해온 위대한 분들 중의 하나였고 앞으로도 계속 그럴 것이다. 내가 자매들 앞에서 술회했던 기억들은 독자들에게 보도할 가치가 있을 것이다.

나는 1888년 처음으로 그를 볼 기회를 얻었다. 내 부친의 친구 중 한 분이 그에게 보내는 소개 편지를 나에게 주었는데, 당시 그 친구분은 다다바이 나오로지를 전혀 모르는 사람이었음을 언급해야겠다. 하지만 그는 대중 가운데 누구라도 그와 같은 성자에게 편지를 쓸 수 있다는 점을 당연하게 생각했다. 나는 다다바이가 모든 학생들과 접촉한다는 사실을 영국에서 알았다. 그는 그들의 지도자였고 모든 집회에

나오로지 (Dadabhai Naoroji, 1825~1917)
인도의 정치가. 영국으로 건너가 최초의 인도인 영국의회 의원이 되었으며 인도인 관리임용 운동을 일으켰다. 귀국 후에는 국민회의 온건파 지도자로서 활약하며 '인도의 위대한 원로'라는 칭호를 얻었다.

참석했다. 그 이후, 나는 그의 인생이 마지막까지 동일한 리듬으로 흘러가는 것을 쭉 지켜보았다. 나는 20년 동안 남아프리카에 있었는데 그 기간 동안 다다바이와 수백 통의 편지를 교환했다. 나는 그가 규칙적으로 답장을 보낸다는 점에 놀랐다. 나는 주로 타자를 쳐서 편지를 보냈는데, 타자 친 답장을 받은 기억이 없다. 답장은 모두 그가 손으로 쓴 것이었다. 더구나 후에 알게 된 일이지만 그는 스스로 편지의 복사본들을 티슈페이퍼로 된 책에 베껴 두었다. 내 편지에 대한 대부분의 답장이 반신용(返信用)으로 보내진다는 점을 알 수 있었다. 내가 그를 만날 때마다, 나는 사랑과 달콤함 이외에는 다른 것을 맛볼 수 없었다.

다다바이는 나에게 아버지가 아들에게 하는 것과 똑같이 말하곤 했으며, 다른 사람들도 그들의 경험이 내 것과 같았다고 말해 주었다. 그의 마음에 항상 자리잡고 있는 가장 중요한 생각은 인도가 어떻게 일어서서 자유(*freedom*)를 얻을 수 있을지 하는 것이었다. 내가 인도 빈곤의 범위를 처음 알게 된 것도 다다바이의 책[45]을 통해서였다. 나는 그 책을 통해서 인도에서 약 3천만 명의 사람들이 반기아 상태에 있음을 알았다. 오늘날 이 수는 증가했다. 그의 단순성은 한계가 없다. 1908년 누군가가 그를 비판하는 일이 발생했다. 그 비판은 지극히 참을 수 없는 것이었지만 그것이 틀렸다는 점을 나는 증명할 수가 없었다. 나는 여러 가지 의심으로 괴로웠다.

나는 다다바이와 같이 위대한 애국자에 대해서 의심을 품는 일은 죄악이라고 생각했다. 그래서 그를 비판하는 자의 동의를 얻어 방문 약속을 한 다음, 그를 만나러 갔다. 그때 나는 그의 개인 사무실에 처음 갔다. 그곳은 아주 작은 방으로 의자가 둘밖에 없었다. 내가 들어서자, 그는 나에게 의자에 앉으라고 권했지만, 나는 더 가까이 가서 그의 발 옆에 앉았다. 그는 내 얼굴의 번민을 보았고 나에게 물었다. 무엇이든 내 마음을 짓누르는 것이 있다면 그것을 토로하라고 했다. 망설이면서 나는 그에게 반대자들의 비판을 보고하며, 다음과 같이 말했다. "저는 이런 말들을 듣자 의심으로 괴로웠습니다. 그리고 당신을 숭배하므로 그 비판을 숨기는 일이 죄라고 생각합니다"라고. 그는 웃으며 나에게 물었다. "무슨 대답을 자네에게 줄까? 자네는 이런 말을 믿는가?" 그의 태도, 음성 그리고 말 속에 분명히 드러난 고통은 내 의심을 덜어 주기에 충분했다. 나는 말했다. "더 이상 말씀해 주시지 않아도 됩니다. 저에게 일말의 의심도 남아 있지 않습니다." 그런데도 그는 이 문제에 연관된 많은 일을 나에게 들려주었다. 그것을 여기에 반복하는 것은 불필요한 일이다. 이 사건 후 나는 그가 단순한 파키르의 모습으로 살아가는 인도인이었음을 깨달았다. 파키르의 모습은, 사람이 동전 한 닢도 가져서는 안 됨을 뜻하는 것은 아니다. 그런데 그는 당시 그와 같은 계층의 사람이라면 즐기고 있었던 사

45 《인도의 빈곤과 비영국식 통치》.

치와 생활수준을 포기해 버린 것이었다.

나 그리고 나와 같은 많은 사람은 이 존경할 만한 분에게서 규칙성, 일편단심의 애국심, 단순성, 엄격함 그리고 쉼 없이 일하는 자세를 배웠다. 정부에 대한 비판이 반역으로 간주되어 아무도 진리를 말하려고 하지 않을 때, 그는 가장 신랄한 말로 정부를 비판하고 행정부의 결점들을 대담하게 지적했다. 인도가 세상에서 하나의 나라로 존속하는 한, 인도인들은 그를 따뜻하게 기억하리라는 점에 대해서 나는 전혀 의심하지 않는다.

다다바이 나오로지의 탄생 기념일(G.),
〈나바지반〉, 1924. 9. 7 ; 《전집》 29 : 78

9. 고칼레

62) 고칼레의 메시지 〔1915. 2. 20〕

제가 오늘 저녁에 가지고 있는 바람은 제 심정이 여러분의 심정에 도달하여 우리 사이에 참된 하나됨(회개, *at-one-ment*)이 일어나게 하는 것입니다.

여러분 모두는 툴시다스의 《라마야나》에 대해서 무엇인가를 배웠습니다. 가장 감동적인 부분은 착한 자들 사이의 친교에 대한 부분입니다. 우리는 고통을 당하고 봉사하다가 죽은 사람들과 동지가 되기를 추구해야만 합니다. 그와 같은 사람 중에 한 분이 고칼레(Gokhale) 씨입니다. 그는 돌아가셨습니다만, 그의 영혼은 살아 있으므로 그의 업적은 죽지 않았습니다.

사람들은 일을 처리하는 고칼레의 효율성을 알게 되었습니다. 모든 사람들이 고칼레가 살아간 행위의 삶을 압니다만, 그의 종교적

고칼레(Gopal Krishna Gokhale, 1866~1915)
인도의 정치가 · 교육자 · 개혁가이자 간디의 정치적 구루. 인도하인협회를 창설하고 정치와 사회 분야에서 끊임없는 봉사를 실천하며 인도 국민에게 사랑과 용서의 삶에 대해서 가르쳐 준 큰 스승이었다.

삶에 대해서 아는 사람은 거의 없습니다. 그의 모든 행위의 원천은 진리입니다.

정치를 포함한 그의 모든 일 배후에 진리가 있습니다. 이 때문에 그는 인도하인협회(The Servants of India Society)를 창설했습니다. 그 협회의 이념은 나라의 사회적 삶만이 아니라 정치적인 삶까지 영화(靈化)하려는 것(*spiritualise*)이었습니다.

그의 인생에서 모든 행위들을 지배한 것은 무외(無畏)였습니다. 두려움도 없었지만 철저하기도 했습니다. 경전에서 그가 가장 좋아하는 시구는 다음과 같습니다. '참된 지혜는 어떤 일을 시작하는 것이 아니라, 그 일을 끝까지 통찰하는 것이다.' 이와 같은 철저한 성격은 다음의 사건에서도 볼 수 있습니다. 그는 한때 많은 청중에게 연설을 해야 했습니다. 그는 이 집회를 위한 짤막한 연설을 준비하는 데 사흘을 보내고, 나에게 그를 위해서 연설문을 완전히 다 써 달라고 요청했습니다. 나는 연설문을 써 주었습니다. 그는 그것을 받아들고 천진한 미소를 짓고는 나와 논의한 후에 다음과 같이 말했습니다. "나에게 좀더 나은 것을 주시오. 다시 써 주시오"라고. 그는 사흘 동안 그것에 대해서 고민했습니다. 연설은 결국 청중 전체를 크게 감동시켰습니다. 그는 메모 없이 연설을 진행했습니다. 하지만 그가 너무 철저하여 우리는 그가 자신의 피로 연설문을 썼다고 말할 정도였습니다. 그는 철저했고 겁이 없으면서도 온유했습니다. 그는 모든 거래에서 머리부터 발끝까지 인간적이었습니다. 그는 때로 성급했습니다. 그러나 그는 미소를 띠며 하인이든 신분이 높은 사람이든 그 사람에게 "나는 당신이 나를 용서해 줄 것을 압니다. 그렇게 해 주지 않으실래요"라며 용서를 구하곤 했습니다.

그는 인생의 후반에 큰 갈등 곧 양심의 갈등을 겪었습니다. 그는 건강을 걸고서라도 투쟁에 계속 참여해야 할지를 결정해야 했습니다. 그의 양심은 삶의 모든 행위를 지배했습니다. 양심을 소맷자락에 걸친 것이 아니라 마음속 깊이 두었습니다. 그래서 그는 여전히 살아 있습니다. 우리 모두가 그의 유언을 집행할 수 있는 힘이 있기를 바랍니다. 그와 함께 한 인도하인협회 회원들에게 준 마지막 말은 다음과 같은 것이었습니다. "나는 어떤 기념비나 어떤 동상(銅像)도 원치 않습니다. 나는 사람들이 조국을 사랑하고 목숨 바쳐서 나라에 봉사하기를 바랄 뿐입니다." 이것은 그들만을 위한 메시지가 아니라 전 인도를 위한 것이었습니다. 그가 자신의 본성과 조국을 알게 된 것은 봉사를 통해서입니다. 인도에 대한 그의 사랑은 진실했고, 그가 전 인류에게 원치 않았던 것은 그 어떤 것도 인도에 원치 않았습니다. 그의 두 눈이 인도의 잘못과 실패에 대해서도 열려 있었기 때문에, 그의 사랑은 맹목적인 사랑이 아니었습니다. 우리가 그가 인도를 사랑한 것과 같은 방식으로 인도를 사랑할 수 있으려면, 인도를 위해서 어떻게 우리의 삶을 살아야 하는지를 배우기 위해서 샨티니케탄으로 온 것은 잘한 일입니다. 그가 행한 모든 일에 대해서 그가 보였던 열성을, 그의 삶의 법칙이었던 사랑을, 모든 행위를 인도했던 진실을 그리고 그의 모든 일의 특성인 철저함을 본받읍시다.

우리의 경전은 이 단순한 덕성들이 인생의 보다 높은 경지로 가는 징검다리라는 점을, 우리에게 가르쳐 준다는 점을 기억하십시오. 그런 경지가 없다면 우리의 예배와 일이 전부 소용없게 될 것입니다.

나는 인도에서 참으로 진실된 영웅을 탐색하고 있었는데, 고칼레 안에서 그 영웅을 찾았습니다. 인도에 대한 그의 사랑과 존경은 진실로 순정품이었습니다. 그는 조국에 봉사하기 위해서 모든 행복과 자기 이익을 철저하게 삼갔습니다. 병석에 누워 있는 동안에도 마음은 인도의 복지를 생각하는 일에 전념했습니다. 며칠 전 한밤중에 그가 고통스런 질병에 사로잡혀 있을 때, 그는 우리 중 몇 사람을 불러서 자신이 꿈꾸는 인도의 밝은 미래에 대해서 말하기 시작했습니다. 의사들은 그에게 일에서 물러나라고 반복하여 충고했지만 그는 그 말을 듣지 않았습니다. 그는 말했습니다. "오직 죽음만이 나를 일에서 떼어 놓을 수 있을 것이다"라고. 그리고 죽음은 마침내 그에게 평화로운 휴식을 주었습니다. 신이여 그의 혼을 축복하소서!

고칼레의 서거의 즈음하여 샨티니케탄에서의 연설,
《아슈람》, 1915. 6~7 ; 《전집》 14 : 309

63) 고칼레의 유산 〔*1916. 2. 4* 이전〕

그대가 무엇을 하든, 무엇을 먹든,
　무엇을 공물로 바치든, 무엇을 보시하든,
무슨 고행을 하든,
　그것을 나를 위한 봉헌으로 할지어다.[46] (9 : 27)

내가 삶을 통해 미소 짓고 놀이할 때
  나는 하리가 자신을 드러내는 모습을 똑똑히 보았네.

그렇게 되면 나는 내 삶이
  그 진정한 목표에 도달한 것으로 보네.
묵타난다의 주님, 우리와 함께 놀이하시네.
  오 오다(Odha)! 그분이 우리 삶의 실이시네.

슈리 크리슈나 님이 아르주나에게 준 조언은, 마치 마하트마 고칼레가 인도라는 여성으로부터 받아서 가슴 깊이 새기고 있는 말과 같다. 이것이 바로 위대한 혼, 떠나가신 혼이 보여준 삶의 태도였다. 그의 모든 행위, 그의 모든 기쁨과 그가 한 모든 봉사, 감내했던 모든 고통이 어머니 인도에 헌정되었다는 점은 만인에게 알려진 사실이다.

묵타난다가 묘사한 슈리 크리슈나 님에 관한 오다바(Odhava)의 마음의 상태는 고(故) 고칼레의 인도에 대한 관계와 같다.

이와 같은 삶이 가지는 메시지는 무엇인가? 마하트마는 이것조차 침묵으로 남겨 두지 않았다. 그는 죽을 때 당시 그곳에 임석해 있었던 인도하인협회의 회원을 불러서 다음과 같이 말했다. "내 자서전을 쓰기 위해서 여러분을 바쁘게 하지 말고 내 동상을 세우기 위해서 시간을 쓰지 마시오. 만일 여러분이 인도의 진정한 하인이라면, 우리 목적의 완성을 위해서, 인도에 대한 봉사를 위해서 여러분의 삶을 바치시오." 봉사의 의미에 대해서 그가 심정에서 느꼈던 것을, 우리 역시 알고 있다. 국민회의는 물론 꼭 살아남아야 하고, 나라의 진정한 사정을 연설과 글을 통해서 사람들에게 제시해야 하고, 모든 인도인이 교육을 받을 수 있게 노력을 경주해야 한다. 이 모든 일의 배

46 길희성 역, 《바가바드 기타》, 현음사, 1988, 148면.

후에 있는 목적은 무엇이었던가? 목적은 어떻게 실현되어야 했던가? 이런 질문들에 대답하면서 우리는 그의 관점을 알게 된다. 인도하인 협회의 헌장을 기초하면서, 그는 회원의 의무가 인도의 정치적 삶을 영화해야 한다는 점을 제시했다. 이것은 만사를 포괄한다.

그의 삶은 종교인의 삶이었다. 내 혼은 그가 행한 모든 일에서 늘 전적으로 종교의 정신으로 행동했다는 점을 증거하고 있다. 20여 년 전 이 마하트마의 정서가 때로는 무신론자의 것처럼 보였다. 그는 한 번은 "나에게 라나데[47]의 신앙이 없다. 내가 그것을 어떻게 가질까?"라고 말한 적이 있다. 하지만 그때에도 나는 그의 행동에 종교적 성향이 있음을 볼 수 있었다. 그의 의심 자체가 그런 성향에서 비롯되었다고 해도 틀리지 않을 것이다. 사두의 태도로 살아가는 자, 욕구가 단순한 자, 진리의 이미지 자체인 자, 겸양으로 가득한 자, 진리의 정수 자체를 대표하는 자, 에고를 전적으로 버린 자, 그런 사람이라면 자신이 알든 모르든 그는 거룩한 혼이다. 20년의 만남을 통해서 알

47 〔원주〕 Mahadev Govind Ranade(1842~1901) : 인도인 판사, 사회개혁가, 작가, 인도 국민회의 창시자 중 한 사람. 〔역주〕 인도 마하라슈트라 싯파반 브라만 출신 봄베이 고등법원 판사, 저명한 역사가, 사회경제 개혁운동에 적극 참여했던 활동가. 봄베이에서 7년간 판사로 있으면서 조혼, 과부의 재혼 및 여성권익 분야의 사회개혁을 위해서 일했다. 1886년 봄베이 엘핀스톤대학의 역사학 전임강사로 임명된 뒤, 마하라슈타의 독립왕조(1674~1818)를 세운 호전적 힌두 종족 마라타족의 역사에 관해서 흥미를 갖게 되어 1900년 《마라타 세력의 융성》(*Rise of the Maratha Power*)을 펴냈다. 라나데는 인도 경제의 아버지로 불리는데, 그 이유는 그가 실패하기는 했지만 영국 정부에 산업화와 국가복지 정책의 실시를 주장했기 때문이다. 그는 전통 힌두교의 인습을 개혁하려 한 프라르타나 사마지(기도자협회)의 초기 회원이었다. 라나데는 인도의 많은 사회개혁가에게 영향을 주었는데, 특히 유명한 교육자이며 국회의원인 고팔 크리슈나 고칼레는 그가 죽은 후 라나데의 개혁 작업을 계속했다. 《브리태니커 CD EX 백과사전》, 한국브리태니커, 2002 참조.

수 있었던 바로는, 그런 사람이 바로 마하트마 고칼레였다.

나는 1896년 인도에서 나탈의 계약 노동자들의 문제를 논의했다. 나는 그때 인도인 지도자들을 이름으로만 알고 있었다. 이때가 내가 캘커타 · 봄베이 · 푸나 · 마드라스의 지도자들을 만나는 첫 기회였다. 고 고칼레는 그때 라나데의 추종자로 알려져 있었다. 그는 이때 이미 그의 인생을 퍼그슨대학에 바치고 있었다. 나는 아직 경험 없는 청년이었다. 우리 두 사람은 푸나에서 처음 만났는데, 그 순간 우리의 유대감은 나와 어떤 다른 지도자 사이에서도 찾을 수 없는 것이었다. 마하트마 고칼레에 대해서 내가 들었던 모든 것은 분명 내 자신의 경험으로 확인한 것이다. 특히 연꽃 같은 얼굴의 온유한 표정이 나에게 주었던 영향은 아직도 마음에서 사라지지 않았다. 나는 즉각적으로 그가 다르마의 화신(化身)임을 알 수 있었다. 나는 그때 라나데 님(Shri Ranade)도 접견했다. 그러나 나는 그의 심정에 대해서는 일별조차 할 수 없었다. 나는 그를 고칼레의 정신적 지주로만 볼 수 있었다. 라나데 님이 연령과 경험에서 나보다 연장자여서 그런지, 아니면 다른 이유가 있었는지, 그 이유가 무엇이었는지는 모르지만, 고칼레를 이해한 것처럼 라나데 님을 이해할 수는 없었다.

1896년 고칼레와 만난 이후, 그의 정치적 삶은 나의 이상이 되었다. 바로 그때부터 그는 정치적인 사안에 있어서 내 마음을 차지해 버린 나의 구루가 되었다. 그는 계간지 〈사르바자닉 사바〉지를 편집했고, 퍼그슨대학 교수로서 대학을 빛냈다. 그는 웰비위원회[48]에 출석하여 증언했고, 인도에 대한 그의 진짜 가치를 증명해 보였다. 그의 능력은 커전 경[49]에게 깊은 인상을 심어 주었다. 그래서 커전 경

---

48 그는 1894년 인도 세출담당 왕립위원회 위원에 임명되어 영국과 인도 간의 군사비용의 할당에 대해서 숙고했다.

은 아무도 두려워하지 않았지만 고칼레는 예외였다. 그는 중앙 입법 의회에서 업무를 수행함으로써 인도에 이익을 가져다주었다. 그는 생명을 걸고 공공봉사위원회에서 봉직했다. 그는 여기서 말하는 모든 일들을 했으며 그 이상을 해냈다. 그가 한 일에 대해서는 나 자신이 설명하려고 했던 것보다 다른 사람들이 훨씬 더 나은 설명을 해왔다. 더구나 내가 여기에서 이해하고 정의하듯이, 그의 메시지가 그가 벌인 이와 같은 활동에서 분명히 도출된다고 주장할 수는 없을 것이다. 따라서 나는 나 자신이 알아왔던 것, 그의 메시지를 예시하는 사항을 언급함으로써 이 기사의 결론을 내리고 싶다.

남아프리카의 사탸그라하 투쟁이 그의 마음에 매우 깊은 인상을 남긴 덕분에, 그의 건강이 절대로 금지했음에도 불구하고 그곳을 방문하기로 했다. 그는 1912년 그곳에 갔다. 남아프리카의 인도인들은 합당하고도 성대한 환영식을 했다. 케이프타운에 도착한 바로 다음날, 그는 그 지역의 시청 집회에 참석했다. 시장도 임석했다. 고칼레는 도저히 집회에 참석하거나 연설할 형편이 못되었다. 그러나 그는 부담스런 수많은 약속, 이미 확정된 약속을 조금도 저버리지 않았다. 그는 자신의 결정에 따라서 시청 집회에 참석했다. 첫 등장에서 그는 케이프타운 거주 백인들의 마음을 사로잡았다. 모든 사람들은 위대한 혼이 남아프리카를 방문하고 있음을 감지했다. 남아프리카의 탁월한

---

49 〔원주〕 Lord Curzon(1859~1925) : 인도의 부왕〔겸 총독〕(1899~1905). 〔역주〕 1858년 빅토리아 여왕의 포고령에 의해서 Viceroy라는 새로운 단어를 추가해 Governor-General and Viceroy로 표기되었다고 한다. 간디나 인도사를 다루는 책들은 보통 양자 모두 '부왕'으로 번역했지만, 《마하트마 간디의 도덕·정치사상》 권 1, 102번의 글에 따르면 이 양자는 뚜렷이 구분되고 있다. 따라서 본 번역에서는 Viceroy는 왕의 대리로 타국을 통치한다는 의미의 '부왕'(副王)으로 번역하고 governor 또는 governor-General은 총독으로 번역한다. 조길태, 《인도사》, 민음사, 1994, 418~419면 참조.

지도자이고, 인격자이며 자유주의적 견해를 가진 매리먼 씨가 고칼레 씨를 만났을 때, "선생님, 당신의 방문은 우리의 땅에 한 줄기 신선한 공기를 가져왔습니다"라고 말했다.

고(故) 고칼레 씨가 남아프리카를 여행하는 동안, 내가 받았던 이 첫인상은 더욱 강화되었다. 그가 가는 곳마다 백인과 유색인종 사이의 차별은 일순 망각되었다. 케이프타운에서 열렸던 것과 같은 집회가 모든 장소에서 열렸는데, 집회에서 백인들과 유색인종들은 같은 줄에 나란히 앉았고, 고 고칼레 씨에게 영광을 돌리듯이 그들도 유사한 영광을 얻었다. 요하네스버그에서 그에게 경의를 표하는 만찬회가 있었다. 거의 3백 명에 달하는 지도자급 백인들이 참석했고, 시장이 주재했다. 요하네스버그의 백인들은 다른 누구에게도 쉽게 외경심을 느끼지 않는 자들이다. 그들 가운데 수백 만금을 가진 갑부도 있었고, 사람의 진가를 아는 자들도 있었다. 이들이 서로 앞다투어 고칼레 씨와 악수하려고 했다. 여기에는 오직 하나의 이유가 있을 뿐이었다. 청중들은 그의 연설에서 자신의 모국에 대한 넘치는 사랑을 보았고, 동시에 공정성이라는 관념(*sense of fairness*)도 보았기 때문이다. 그는 조국이 완전한 존경과 영광으로 취급받기를 원했다. 하지만 그는 어떤 다른 나라도 모멸당하는 것을 원치 않았다. 그는 자신의 동포 모두의 권리가 지켜지기를 간절히 원했지만, 그 과정에서 다른 사람의 권리 또한 위험에 빠지지 않기를 간절히 원했다. 이 때문에 모든 사람이 그의 말에 진솔한 감미로움을 느꼈다.

고칼레 씨는 자신이 남아프리카에서 연설한 것 중 요하네스버그 연설이 최고였다고 믿었다. 그것은 45분이 넘는 긴 연설이었지만 청중 가운데 그 누구도 지루해하지 않았다고 내가 단언한다. 그는 어떻게 이 연설을 했는가? 그는 엿새 전에 연설 준비를 시작했다. 연설에 필요한 만큼 그 문제의 역사를 알았고, 관련 수치를 알고, 전날 저녁 늦게까지 자신의 말을 준비했다. 결과는 내가 말한 대로였다. 그는 백인들과 자신의 동포 모두를 만족시켰다.

나는 살아 있는 한, 남아프리카의 수도 프리토리아에서 보타 장군과 스뮈츠 장군과의 만남을 위한 준비 과정에서 그가 겪었던 고통을 잊지 못할 것이다. 그는 면담 하루 전 칼렌바흐 씨와 내게 상세히 물었다. 그는 새벽 3시에 일어나 우리를 깨웠다. 그는 받았던 자료들을 다 읽었으므로, 그가 완전히 준비가 되어 있는지 확인하기 위해서 나에게 엄하게 따져 물었다. 나는 그에게 예의 바르게 다음과 같이 말했다. 그렇게 진을 다 빼 버릴 필요가 없다는 것, 만일 우리가 아무것도 얻지 못하면 최후까지 싸우리라는 것, 덧붙여 우리는 우리를 위해서 그가 희생당하는 것을 원치 않는다는 것 등을 말했다. 모든 일에 자신의 심정과 혼을 바치는 것을 규칙으로 삼은 사람이 내 말을 듣겠는가? 나에게 엄하게 따져 묻는 그의 태도를 어떻게 묘사해야 할까? 그의 철저함을 어떻게 찬양해야 할까? 그런 고통은 오직 하나의 결과를 얻을 수밖에 없을 것이다. 내각은 고칼레 씨에게, 사탸그라히들의 요구를 인정하는 법안이 다음 회기에 상정될 것임을, 그리고 계약 노동자에게 부과되는 연간 3파운드의 세금이 폐지될 것임을 약속해 주었다.

그 약속은 앞에서 언급한 시간에 지켜지지 않았다. 그 이후 고칼레 씨는 자신의 평화를 유지했던가? 아니, 한순간도…. 그가 그 약속을 지키기 위해서 1913년에 쏟아부은 노력이 그의 수명을 적어도 10년은 단축시켰을 것이다. 의사들은 그렇게 믿고 있다. 그해 그가 인도를 각성시키고 기금을 모으는 과정에서 겪었던 노고에 대해서 한 마디로 말하기는 어렵다. 인도에서 남아프리카 문제를 둘러싸고 큰 소란이 일어나고 있었다. 이것을 일으킨 힘은 고칼레 씨의 힘이다. 하딩 경

(Lord Hardinge)은 마드라스에서 역사에 기록될 만한 연설을 했다.[50] 이것 또한 고칼레 덕분이다. 최측근들은 그가 남아프리카 이슈에 대해서 걱정하다가 영영 몸져눕게 되었다고 증언했다. 그런데도 마지막 순간까지 그는 쉬기를 거부했다. 그는 한밤중에도 남아프리카에서 오는 편지처럼 긴 전보를 받곤 했다. 그는 당장 그것을 읽고 그 자리에서 답장을 썼다. 동시에 하딩 경에게 전보를 치고 언론을 위한 성명을 준비했다. 그는 질문에 답하기 위해서 식사와 취침을 연기하고, 밤낮을 가리지 않았다. 이와 같은 일편단심과 무사의 헌신은 고양된 혼에게만 가능한 일이다.

힌두·무슬림의 문제에 대해서도 그의 태도는 철저히 종교적이었다. 한번은 사두와 같은 옷차림을 한 사내가 힌두교도를 대변한다고 하며 그를 만나러 왔다. 그는 무슬림을 저급한 것으로 힌두교도를 우월한 것으로 취급할 참이었다. 고칼레 씨가 이런 놀음에 놀아나기를 거부했을 때, 그는 힌두교도로서의 자부심이 없다는 비난을 받았다. 그는 미간을 찌푸리면서 폐부를 찌르는 듯한 목소리로 대답했다. "만일 힌두교가 당신이 말한 일을 하는 데 있는 것이라면, 나는

---

50 1913년 11월 24일 마드라스에서 마하잔 사바와 마드라스지방대회위원회 환영 연설에 대한 답변으로, 하딩 경은 다음과 같이 말했다. "최근 남아프리카에 있는 여러분의 동포는 자신들이 불공평하고 정의롭지 못한 법률로 간주하는 법률들에 대항하여 수동적 저항으로 불리는 것을 조직함으로써 자신들의 손으로 사안들을 처리해 갔습니다. 이런 견해는 이렇게 멀리 떨어져서 그들의 투쟁을 쳐다보는 우리로서는 공유할 수밖에 없는 것입니다. 그들은 의도적으로 그런 법률들을 위반했습니다. 그때 그들은 관련된 처벌에 대해서 충분한 지식을 갖고 있었고, 온갖 용기와 인내로 그런 처벌을 감내할 각오가 되어 있었습니다. 그들은 이 모든 일에서 인도에 대해서 깊고도 불타는 공감의 마음을 가졌습니다. 그들은 인도에 대해서뿐만 아니라 나처럼 인도인이 아니면서도 이 나라의 민중에 대해서 동정심을 갖고 있는 사람들 모두에 대해서 공감했습니다."

힌두교도가 아닙니다. 떠나 주시오"라고. 그 산야시는 고칼레를 떠나 걸어서 사라졌다.

고칼레 씨는 무외(無畏)의 자질이 탁월했다. 종교적 삶의 길에 도움이 되는 자질이 여럿 있겠지만 무외가 거의 첫째 자리를 차지한다. 란드 중위 암살 이후 푸나에서는 공포정치가 행해졌다. 고칼레는 당시 영국에 있었다. 그는 거기에서 푸나를 옹호하는 유명한 연설을 했다. 그 연설에서 그가 한 발언 중에는 나중에 증명될 수 없는 것이 있었다. 얼마 후 그는 인도로 돌아왔다. 그는 그가 비난한 바 있던 영국 군대에게 사과했다. 이 행위는 일부의 인도사람조차 불쾌하게 만들었다. 어떤 사람들은 마하트마가 공적인 삶에서 은퇴해야 한다고 충고했다. 몇몇 무지한 인도인은 서슴지 않고 그의 겁약(怯弱)을 비난했다. 그들 모두에게 그는 진지하고 부드럽게 대답했다. "누구의 명령으로 한 일이 아닌 것은, 다른 사람의 명령으로 내버릴 수도 없다. 내가 내 의무를 수행하면서 대중의 의견이 내 편이라면 행복할 것이다. 하지만 내가 그럴 만한 행운이 없다면 그것도 괜찮다." 그는 사람의 의무가 일하는 데 있다고 믿었다. 나는 그가 일을 하면서 자신의 사적 이익의 관점에서 그 일이 여론에 미칠 영향력을 고려하는 것을 본 적이 없다. 나라를 위해서 교수대에 오르는 것이 꼭 필요하다면, 그는 두려움 없이 그리고 얼굴에 미소를 띠면서 그 일을 할 수 있는 힘이 있다고 나는 믿는다. 그가 겪어야만 했던 일보다 교수대에 오르는 일이 훨씬 더 쉬웠을 경우가 여러 번 있었다는 것을 나는 알고 있다. 그는 여러 번 그와 같은 고통스런 상황 안에 있었지만 결코 포기하지 않았다.

이 모든 사례들이 다음과 같은 교훈을 가르치는 것 같다. 즉, 우리가 만일 이 위대한 애국자의 삶에서 뭔가를 배우려고 한다면, 그것은 그의 종교적 태도를 본받는 일일 것이다. 우리 모두는 중앙입법의회에 들어갈 수 없고, 그렇게 하는 것이 꼭 나라에 봉사하는 일이라고 볼 수도 없다. 우리 모두가 공공봉사위원회에 참여할 수 없고, 그리고 참여하는 모든 사람들이 애국자도 아니다. 우리 모두가 그의 학문을 얻지 못할 것이고, 모든 식자가 나라의 종이라고 할 수도 없다. 하지만 우리 모두는 무외·진실·견강불발·정의·솔직성·강한 목표의식과 같은 덕성들을 함양할 수 있고, 나라에 봉사하기 위해서 그것들을 바칠 수도 있다. 이것이 종교의 길이다. 이것이 정치적 삶은 반드시 영화되어야 한다는 큰 말씀(마하바크야, *mahavakya*)이 의미하는 바이다. 이 노선을 따르는 자는 자신이 가야 할 길을 항상 알게 된다. 그는 고 고칼레 님이 남겨 둔 유산을 공유하게 될 것이다. 이런 정신으로 활동하는 누구든 그가 필요로 하는 모든 다른 선물들을 얻게 될 것인데, 이는 신의 약속이다. 고 고칼레 님의 인생은 이것에 대한 반박할 수 없는 증명이다.

고칼레의 삶이 주는 메시지(G.), *Mahatma Gandhini Vicharsrishti* ; 《전집》 15 : 119

64) 봉사에 대한 고칼레의 이상

〔*1918. 2. 19* 이전〕

고 마하트마 고칼레의 서거 기일(忌日)에 즈음하여 그의 연설을 번역하자고 내가 먼저 제안했으므로, 내가 권 1의 서문을 쓰는 것은 어떤 면에서는 적절해 보인다. 고칼레 기일마다 계속 축하하는 것도 바람직할 것이다. 매번 헌신의 노래를 부르고 연설하고 그런 다음 해산하는 것은, 많은 시간의 낭비이고 누구에게도 득이 되는 일이 아니다. 사람들이 연설보다 행동에 더 큰 중요성을 부여하도록, 그리고 연례 축하에서 구체적 효과를 도출하도록, 추념식 주최자들은 기일에 맞춰서 모국어로 유용한 책을 출판하기로 작년에 결의했다. 그들은 출판해야 할 책을 동시에 정했는데, 고 마하트마의 연설을 출판하기로 선택했다. 이는 아주 자연스런 일이었다.

번역은 구자라트어 문헌에서 탁월한 작품이 되어야 하고, 마하트마의 원전에 있는 거룩한 말이 지닌 아름다움을 번역에 그대로 살리기 위한 온갖 노력이 경주되어야 한다는 것이 모든 사람들의 바람이었다. 이는 돈으로 보장되는 일이 아니라 자발적인 봉사로만 가능하다. 우리에게 돈과 봉사는 있었으나, 소망했던 결과가 얻어졌는지의 여부는 미래만이 말해 줄 것이다. 서문의 본체가 되는 부분은 마하데브 하리바이 데사이 님이 번역했다. 이와 같은 서문에서 역자에 대한 소개로 뭘 언급할 계제(階梯)는 아니다. 하지만 그가 구자라트어 문헌을 사랑하는 자라는 점은 언급할 수 있다. 그는 그 주제에 문외한이 아니다. 게다가 그는 고 마하트마의 수천 명에 달하는 신봉자 중 한 사람이다. 그는 놀라운 열광과 헌신으로 자신의 과업을 수행했다. 따라서 이 번역이 구자라트어 문헌 가운데 한자리를 차지할 것을 바란다고 해도 부당한 일은 아닐 것이다.

작년 고칼레 기일 추념식 동안 봄베이의 자치연맹은 이 책을 출판하기로 한 결정이 곧 선언될 것임을 알자, 연맹의 간사들은 전보로 아낌없는 도움을 제의해왔고, 이 프로젝트를 위해서 3천 루피 이상의 큰돈을 재가해 주었다. 그래서 조직위원회는 기금 확보에 대해서 거의 걱정하지 않았고, 이렇게 물가가 상승하는 시기에도 인쇄와 일반 장정의 아름다움을 보증하려는 욕구가 충족되었다. 자치연맹은 관대한 도움에 대해서 칭찬받을 만하다. 앞서 말한 대목은 서문 중의 서문이다. 서문 자체에서는 서거하신 혼에 대해서 뭔가 써야 할 것이다. 하지만 제자가 스승에 대해서 무엇을 쓸 수 있을까? 그것을 어떻게 쓸 수 있을까? 제자가 그렇게 한다는 것은 주제넘은 일일 것이다.

진정한 제자는 구루에 푹 빠져 있으므로 구루의 비판자가 결코 될 수 없다. 박티 곧 귀의는 단점을 보지 않는다. 자기가 주제로 다루려는 사람의 장단점을 분석하기를 거부하는 자의 추도연설을 대중이 수용하지 않는다고 해도, 그것에 대해서 불평할 이유는 없다. 제자 자신의 행위가 사실상 스승에 대한 주석이다. 나는 고칼레가 내 정치적 구루라고 자주 말해왔기에 그에 대한 글을 쓸 수 없다고 생각한다. 내가 무엇을 쓰든 내 눈에는 불완전하게 보일 것이다. 스승과 제자 사이의 관계는 순전히 정신적인 것이라고 믿는다. 그것은 산술적 계산에 근거하지 않는다. 그러한 관계는 말하자면 한 찰나에 자발적으로 형성되는 것이고 한번 형성되면 절대로 무너지지 않는다.

우리의 관계는 1896년에 형성되었다. 당시에는 그 관계의 성격이 어떤 것일지 나는 전혀 몰랐다. 그도 몰랐다. 거의 같은 시기에 나는 스승의 은사인 마하데브 고빈드 라나데 판사, 로카만야 틸락, 페로제샤 메타 경,[51] 바드루딘 트야브지 판사,[52] 반다르카르 박사[53]를 모실 수 있는 행운이 있었는데, 모두 마드라스와 벵골의 지도자들이었다. 나는 겨우 햇병아리 청년이었다. 이들 모두가 사랑을 보여주었다. 이런 것들은 내가 생전에는 결코 잊을 수 없는 사례들에 속한다. 그러나 내가 고칼레와의 만남으로 얻었던 마음의 평화는, 다른 사람들을 만났을 때는 얻을 수 없었다. 나는 고칼레가 나에게 특별한 애정을 주었다고는 기억하지 않는다. 내가 그들 모두에게서 받은 사랑을 헤아리고 비교하기라도 한다면, 반다르카르 박사만큼 나에게

51 Pherozeshah Mehta (1845~1906) : 탁월한 인도 지도자. 국민회의 의장 2회 역임.

52 Badruddin Tyabji (1844~1906) : 판사, 입법가, 국민회의 의장.

53 R. G. Bhandarkar (1837~1925) : 동양학자와 개혁가.

사랑을 보여준 이는 아무도 없었다는 인상을 나는 갖고 있다. 그는 “나는 이제 공적인 일에 전혀 관여하지 않겠네. 하지만 자네를 위해서 나는 자네 마음에 있는 어떤 이슈에 대한 공공 집회가 있으면 그것을 주도할 생각이 있다네”라고 말했다. 하지만 고칼레만이 나를 그에게 붙들어 매었다.

우리의 새로운 관계는 한순간에 형성된 것이 아니다. 그런데 1902년[54] 캘커타 국민회의에 참여했을 때, 나는 내가 제자의 자리에 있음을 충분히 깨달았다. 당시 나는 위에서 언급한 거의 모든 지도자들을 만날 기회를 얻었다. 고칼레가 나를 잊지 않았을 뿐 아니라 나를 실제 그의 책임하에 두었음을 알았다. 이것은 가시적인 결과를 낳았다. 그는 처소로 나를 불렀다. 의제위원회의 집회 동안, 나는 무기력함을 느꼈다. 여러 결의안이 토의되는 동안 나 역시 마지막까지 내 손에 남아프리카에 대한 법안이 있다는 것을 선언할 용기를 내지 못했다. 그날 밤이 나를 위해서 멈춰 줄 것이라고 기대할 수 없는 일이었다. 지도자들은 즉석에서 일을 끝내기를 간절히 희망했다. 나는 그들이 언제라도 일어나서 떠나 버릴 것이라는 두려움에 떨고 있었다. 나는 고칼레에게조차 나의 일을 상기시켜 드릴 수 있는 용기도 낼 수 없었다. 바로 그때 그는 소리쳤다. “간디에게 남아프리카에 대한 결의안이 있습니다. 우리는 그것을 당연히 다뤄야 합니다”라고. 나는 한없이 기뻤다. 이것이 국민회의에 대한 나의 첫 경험이었고, 나는 그 국민회의가 통과시킨 결의안들을 아주 중시했다. 이후에 있었던 우리 모임의 횟수는 셀 수 없이 많았다. 그것들 모두가 나에게 거룩했다. 하지만 현재로서는 내가 그의 삶의 지침이라고 믿었던 것을 말하고 이 서문을 종결짓는 것이 좋을 듯하다.

---

54 실제로는 1901년이다.

이와 같이 어렵고 타락한 시대에 종교의 순수정신은 어디에도 잘 보이지 않는다. 자신을 리쉬·무니·사두로 부르면서 세상을 활보하는 사람들이 스스로 이러한 정신을 보여주는 예는 거의 없다. 그들에게는 지킬 만한 종교정신이라는 위대한 보물이 없음이 분명하다. 신을 사랑하는 자들 가운데 최고인 나라싱 메타는, 그 정신이 어디에 있는지를 다음과 같이 아름다운 구절로 보여주었다.

헛되고도 헛되다 모든 영적인 노력이여
자아(*Self*)[55]에 대한 명상 없이는.

그는 이것을 자신의 폭넓은 경험에서 말했다. 이 두 줄의 시구는 종교가 반드시 위대한 고행자 안에 있는 것도 아니고, 요가(*yoga*)의 온갖 절차를 알고 있는 위대한 요기(*yogi*) 안에 있는 것도 아님을 우리에게 말해 주고 있다. 고칼레가 그 자아에 대한 진리에 있어서 현명했다는 점에 대해서 나는 아무 의심이 없다. 그는 어떤 종교적 수행을 준수한다고 젠체한 적이 없었다. 하지만 그의 삶은 종교의 참정신으로 가득 차 있었다.

각 시대는 해탈을 얻기 위해서, 최적의 영적인 노력이 취하는 주도적 모습이 있다고 알려져 있다. 종교적 정신이 쇠퇴할 때마다 그 정신은 시대에 적합한 노력을 통해서 부활했다. 이 시대에 우리의 타락은 정치적 여건을 통해서 드러났다. 우리는 사물을 포괄적으로 보지 않고, 정치적 여건이 향상되기만 하면 이 타락의 상태에서 벗어날 수 있을 것이라는 믿음을 가지면서 도망치고 만다. 이것은 오직 부분적으로만 사실이다. 우리의 정치적 여건이 개선되기 전에는

55 〔역주〕 대문자 Self는 참자아 정도의 뜻일 것이지만 그렇게 번역하는 대신 영어를 밝혔다.

우리가 재기(再起)할 수 없음은 사실이다. 하지만 무슨 수단을 써서라도 정치적 여건을 변화시킨다고 해도, 우리가 반드시 진보하는 것은 아니다. 동원된 수단이 불순하면, 변화는 진보의 방향이 아니라 퇴보의 방향으로 일어날 가능성이 아주 높다. 순수한 수단이 가져다주는 정치 여건의 변화만이 진정한 진보를 가져다줄 수 있다. 고칼레는 공공생활의 첫 순간에 이것을 파악했을 뿐 아니라 이 원리를 행동으로 따랐다. 대중적 각성(*popular awakening*)이 정치 행동을 통해서만 일어날 수 있다는 점은 누구든지 알고 있었다. 만일 그런 행동이 영적인 것이었다면, 그것은 해탈로 향한 길을 보여줄 수 있었다. 그는 이 위대한 이념을 그의 인도하인협회와 전국에 보여주었다. 그는 우리의 정치운동이 종교정신의 세례를 받지 않는다면, 알맹이가 없어질 것임을 힘차게 선언했다. 〈타임스 오브 인디아〉지에서 그의 서거를 알게 된 필자는 고칼레의 사명 중 이러한 측면에 특별히 주목했다. 그리고 필자는 정치적 산야시(*political sannyasi*)들을 창조하려는 그의 노력이 결실을 맺게 되었는지를 의심하면서 고칼레 자신이 유산으로 남겨 둔 인도하인협회가 깨어 있기를 경고했다.

우리 시대에 오직 정치적 산야시(포기자)만이 산야사(포기)의 이상을 완성시키고 장엄하게 할 수 있다. 아마도 다른 사람들은 산야시의 황색 가사를 더럽히고 말 것이다. 참종교의 길을 따르기를 갈망하는 인도인이라면 누구라도 정치에서 동떨어져 있을 수는 없다. 다시 말하면 참으로 종교적인 삶을 갈망하는 자는 반드시 공공 봉사를 자신의 의무로 수행해야 한다. 그리고 우리는 오늘날 정치 기제(機制, *political machine*) 안에 단단히 갇혀 있으므로, 민중에 대한 봉사는 정치 참여 없이는 불가능하다. 옛날 우리 농민들은 비록 자신들의 통치자에 대해서 무지했지만 두려움 없이 단순한 삶을 영위해갔다. 그런데 그들은 더 이상 무관심한 채로 살아갈 수 없게 되었다. 오늘날의 상황 아래 그들이 종교의 길을 따르는 데에는 정치적 여건을 고려해야만 한다. 사두・리쉬・무니・마울비, 그리고 다른 성직자들이 이런 진리를 깨달았다면, 우리는 모든 촌락에서 인도하인협회를 볼 수 있을 것이고, 종교정신이 인도 각지를 뒤덮을 것이고, 혐오스러운 정치제도가 스스로 개혁될 것이고, 인도는 우리가 알기에 지난 과거에 향유했던 영적인 왕국을 다시 얻게 될 것이고, 인도를 종속시켰던 굴레가 단숨에 끊어질 것이고, 고대의 현자들이 불멸의 말로 기술했던 이상적인 상태가 형성될 것이다. '철은 검이 아니라 쟁기를 벼리기 위해서 사용될 것이고, 사자와 양이 친구가 되어서 사랑 안에서 함께 살아갈 것이다.' 고칼레가 일생 품었던 이상은 이런 상태를 얻기 위해서 노력하는 것이었다. 그것은 참으로 그다운 메시지였고, 그의 저서를 열린 마음으로 읽는 이는 누구든 이 메시지를 그가 발언한 모든 말에서 확인하게 될 것이다.

고칼레 연설집 서문(G.), *Gopal Krishna Gokhalenan Vyakhyano* 권1 ; 《전집》 16 : 164

10. 라즈찬드라

65) 심정의 문화

내가 레이찬드바이[56]를 소개받은 것은 1891년 7월 영국에서 돌아와 봄베이에 상륙하던 날이었다. 1년 중 이때 바다는 사나웠다. 그래서 배가 늦게 도착했을 때는 이미 밤이었다. 당시 나는 법정 변호사였고

---

56 〔원주〕 Rajchandra Ravjibhai Mehta(1868~1901) : 시인, 신비주의자, 진주와 다이아몬드 감정사. 〔역주〕 꼭 번역해야 한다면 레이찬드 님 정도로 할 수 있다.

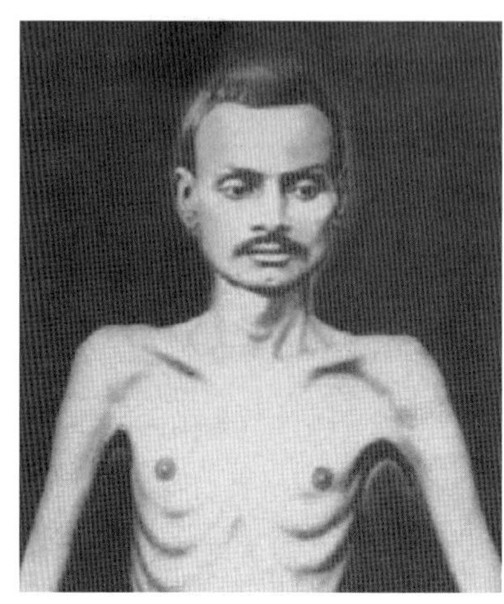

라즈찬드라
(Rajchandra Ravjibhai Mehta, 1868~1901)
인도의 시인·신비주의자·보석감정사이다. 힌두교 경전에 대한 해박한 지식과 금욕적 삶을 바탕으로 구도의 길에 이르는 정신적 과정을 그려낸 시 작품들을 많이 남겼다.

지금은 저명한 보석상이 된 프란지반 메타 박사와 함께 머물고 있었다. 레이찬드바이는 메타의 형님의 사위였다. 박사 자신이 나를 그에게 소개해 주었다. 같은 날 나는 메타의 또 다른 형님인 자베리 레바샹케르 자그지반다스를 소개받아서 만났다. 박사는 레이찬드바이를 '시인'이라고 소개하고, "시인이긴 하지만 우리 일을 하고 있다. 그는 영적 지식의 사람이고 샤타바다니(*shatavadhani*),[57] 곧 한순간에 1백 개의 일을 주목할 수 있는 자"라고 덧붙였다. 어떤 사람이 그의 면전에서 몇몇 단어를 말해 보라고 나에게 제안했다. 그러면 그것들이 어떤 나라 말이든 내가 발언한 그 순서대로 반복할 수 있을 것이라고 했다. 믿을 수가 없었다. 나는 젊은 사람으로서 방금 영국에서 돌아오던 참이고, 언어들에 대한 지식에도 자부심을 갖고 있었다. 그 당시 나는 영어의 강력한 마법 아래에 있었다. 영국에 가 본 경험은 사람으로 하

57 〔역주〕 함석헌은 일람철기(一覽輟記)라고 번역했다. 《간디자서전》(《함석헌 전집》 7), 한길사, 1976, 136면 참조.

여금 천국 태생이란 점을 느끼게 했다. 나는 내 모든 지식의 창고를 쏟아내었다. 처음에는 다른 언어들에서 온 단어들을 다 적었다. 도대체 내가 어떻게 그 단어들을 순서대로 기억할 수 있었겠는가? 그다음 나는 단어들을 큰 소리로 읽었다. 레이찬드바이는 단어들을 천천히 하나하나 같은 순서대로 반복했다. 나는 기뻤고 놀랐으며, 그의 기억력을 높이 평가했다. 나를 사로잡고 있었던 영어의 마법은 이 놀라운 경험으로 좀 부서지게 되었다.

시인은 영어를 전혀 몰랐다. 내가 여기에서 말하고 있는 그 당시에는 그의 나이가 스물다섯이 넘지 않았다. 구자라트어 학교교육도 그리 많이 받지 않았다. 그런데도 그는 그렇게 강력한 기억력과 지식을 가졌고, 주위의 모든 사람들에게서 존경을 받았다니! 나는 아주 감탄하고 말았다. 기억력은 학교에서 파는 것이 아니다. 사람이 지식을 원하거나 열망한다면 학교에 가지 않고서도 얻을 수 있다. 그리고 존경받기 위해서 영국이나 다른 곳에 갈 필요가 없다. 덕성은 언제나 존경받기 때문이다. 나는 이런 진리를 봄베이에 상륙하던 바로 그날 배웠다.

이와 같은 계기를 통해서 시작되었던 시인과의 만남은 해를 거듭하면서 성장했다. 아주 기억력이 좋은 사람이 더러 있다. 그러나 그것으로 우리가 압도당할 필요는 없다. 경전(샤스트라)에 대한 지식을 풍부하게 가진 자 또한 많다. 하지만 그와 같은 사람들은 진정한 문화가 없다면, 우리에게 가치 있는 아무것도 줄 수 없다. 강력한 기억과 경전에 대한 지식의 결합은, 심정의 진짜 문화와 함께 존재할 경우에만 진정한 가치가 있으며 세상에 득이 될 것이다.

《슈리마드 라즈찬드라》, 2장 ; 《전집》 36 : 534

66) 해탈로 가는 길

1926. 11. 5

나는 슈리 레바샹케르 자그지반을 형님으로 여긴다. 그분이 슈리마드 라즈찬드라의 서신과 저작을 묶은 이 책의 서문을 부탁했을 때 그 청을 거절할 수 없었다. 내가 그 서문에서 무엇을 말할 수 있을지를 생각해 보았는데, 나는 예라브다 교도소에서 집필한 슈리마드 라즈찬드라에 대한 내 회고담 중에 서너 장을 담는다면 두 가지 목적을 달성할 수 있을 것이라고 느꼈다. 하나는 내 노력이 순수하게 종교적 헌신의 정신으로 시도되므로 그것이 비록 불완전하다고 해도 나처럼 해탈을 추구하는 자, 즉 구도자(무묵슈, *mumukshu*)를 도울 수 있을 것이라는 점, 그리고 생전의 슈리마드 라즈찬드라를 모르는 사람들이 그에 대해서 좀 알게 되고 그의 저작의 일부를 이해하기가 쉬울 것이라는 점이다.

다음에 나오는 장들은 이야기의 끝을 맺고 있진 않다. 내가 그것을 완전하게 할 수 있으리라고는 생각하지 않는다. 나에게 시간이 있다고 해도 나는 멈춘 그 부분에서 더 이상 앞으로 나가고 싶지 않기 때문이다. 따라서 나는 미완성으로 남아 있는 마지막 장을 마치고 싶고, 그 안에 서너 가지 사항들을 포함하고 싶다.

내가 지금 쓰고 있는 여러 장에서 다루지 않았던 주제의 일면이 있는데 그것을 독자 앞에 꼭 제시하고 싶다. 어떤 사람들은 슈리마드 라즈찬드라가 25대 티르탕카르(*Tirthankar*)[58]라고 단언하고, 다른 사람들은 그가 해탈을 얻었다고 믿는다. 나는 이 두 가지 신념들이 모두 적절치 못하다고 생각한다. 그런 생각을 품고 있는 자들은 슈리마드 라즈찬드라를 잘 모르거나, 티르탕카르 곧 해탈한 영혼에 대한 그들의

---

58 〔역주〕 문자적으로 번역하면 여울을 만드는 자라는 뜻이다. 자이나교에서는 진나(*Jina*, 영적인 勝者)의 이명(異名)으로 이해되고 있다.

정의가 보통 용인되는 정의들과 다른 것 같다. 우리는 우리가 매우 사랑하는 자들을 위해서라도 진리의 기준을 낮춰서는 안 된다. 해탈은 지고의 가치 상태이다. 그것은 아트만 최고의 경지이다. 그것은 얻기가 너무 어려운 상태이므로, 가령 풀잎 하나로 한 방울 한 방울씩 바닷물을 다 떠내는 일보다 훨씬 많은 노력과 인내가 필요하다. 그 경지에 대한 완전한 설명은 불가능하다. 티르탕카르는 해탈 바로 전 단계에 속하는 힘들을 노력 없이도 자연스럽게 부릴 수 있을 것이다. 이 육신 속에서 살아가는 동안 자유를 얻은 자는 어떠한 육신의 질병도 앓지 않을 것이다. 욕망으로 괴롭힘을 당하지 않는 육신에는 질병이 있을 수 없다. 집착이 없는 곳에 질병은 있을 수 없다. 욕망이 있는 곳에 집착이 있고, 집착이 있으면 해탈은 불가능하다. 슈리마드 라즈찬드라는 해탈한 인간(*mukta purusha*)의 자질인 집착에서의 완전 자유를 얻지 못했고, 티르탕카르에 속하는 영적인 힘(*vibhuti*)을 얻지 못했다. 그는 보통 남자나 여자보다 훨씬 더 많은 자유와 힘을 가졌다. 그래서 우리는 보통 그를 집착에서 자유로운 사람으로 또는 초인간적 힘을 소유한 사람으로 설명할 수 있다.

하지만 그는 우리가 해탈한 인간에게나 있다고 여기는 집착으로부터 완벽한 자유를, 티르탕카르가 현현할 것이라고 믿는 영적인 힘을 얻지 못했다고 나는 확신한다. 이렇게 말하는 데에 우리에게서 최고의 존경을 받을 만한 위대한 인격 안에 어떤 단점을 지적하려는 의도가 있는 것은 아니다. 나는 그분과 진리라는 대의(大義, *the cause of truth*), 양자 모두에게 공정하기 위해서 말하는 것이다. 우리 모두는 세속적인 피조물이지만 그는 그렇지 않았다. 우리는 존재에서 존재로 방황할 것이지만, 그는 오직 한 생애만 더 살면 될 것 같다. 우리는 해탈에서 도망가고 있는지 모르지만, 그는 바람의 속도로 해탈을 향해서 날아가고 있었다.

이것은 작은 성취가 아니었다. 그렇다고 해도 나는 그가 그토록 아름답게 묘사했던 최고의 경지를 얻은 것은 아니라고 생각한다. 그는 자신의 여정에서 사하라 사막을 만났고 사막을 건너가는 데 실패해 버렸다고 말했다. 하지만 슈리마드 라즈찬드라는 귀한 존재였다. 그의 저작은 그가 겪었던 경험의 정수이다. 누구든 그의 저작을 읽고 숙고하고 자신의 삶에서 따르는 자는, 해탈로 향하는 길을 좀더 수월하게 찾을 것이다. 그리고 감각적 쾌락에 대한 열망은 점점 약해질 것이고, 세속사에 무관심하게 될 것이고, 육신의 생명에 집착하기를 멈출 것이며, 자신을 아트만의 복지에 바칠 것이다.

독자들은 내가 말한 것을 듣고 그의 저작이 공부할 자격을 갖춘 사람들만을 위한 것임을 알게 될 것이다. 모든 독자들이 그것이 흥미롭다고는 하지 않을 것이다. 비판하고 싶어하는 자들은 비판할 거리를 얻게 될 것이다. 하지만 신앙이 있는 자는 이런 글에서 몰입하게 만드는 흥미를 찾아낼 것이다. 나는 슈리마드의 저작이 진리의 정신을 호흡하고 있음을 언제나 느껴왔다. 그는 자신의 지식을 자랑하기 위해서는 단 한 마디도 쓰지 않았다. 그의 저작의 목적은 내면의 지복(*inner bliss*)을 독자들과 공유하는 일이었다. 내적 갈등에서 자유롭게 되기를 원하는 자, 그리고 인생의 의무를 간절히 알고 싶은 자는 그의 글에서 많은 것을 얻을 것이다. 독자가 힌두교도든 아니면 다른 신앙에 속하든지 간에 관계없다.

그의 삶에 대해서 내가 적은 몇몇 회고담이, 그의 글을 읽을 자격이 있는 독자를 도울 것을 바라면서, 여기에 서문의 일부로 그것들을 제시한다.

간디의 서문(G.), 《슈리마드 라즈찬드라》; 《전집》 36 : 534

67) 라즈찬드라와의 만남

오늘은 고 슈리마드 라즈찬드라의 탄신기념일이다. 나는 그의 회고록을 쓰기 시작했는데, 지금은 카르티키 푸르니마,[59] 삼바트 1979년이다. 나는 슈리마드 라즈찬드라의 전기를 쓰려고 하는 것은 아니다. 그런 시도는 내 능력을 넘어선 일이다. 전기 집필에 필요한 자료도 나에게 없다. 내가 그것을 쓰기를 원한다면, 그의 탄생지인 바바니아 항구에서 시간도 좀 보내고 그가 살았던 집을 둘러보기도 하고, 그의 유년기의 놀이와 산책의 무대가 되었던 장소들을 보고, 그의 소년기의 친구도 만나고, 그가 다녔던 학교를 방문하고, 그의 친구와 제자, 친척들과 대담도 하고, 유용할 만한 모든 정보를 그들에게서 얻어야 할 것이다. 이 모든 일을 한 다음에라야 전기를 쓰기 시작할 수 있다. 그러나 나는 이런 장소들을 방문하지도 못했고 그런 사람들을 만나지도 못했다.

지금은 그의 회고록을 쓸 수 있는 내 능력조차 의심스럽다. 만일 나에게 시간이 있다면 그와 같은 회고록을 쓸 것이라고 한 번 이상 언급했던 기억이 난다. 그의 제자 중 내가 최고로 존경하는 사람은 내가 이렇게 말하는 것을 들었다는데, 나는 주로 그를 만족시키기 위해서 이 시도에 착수했다. 여하튼 내가 사랑과 존경에서 레이찬드 바이 혹은 시인이라고 불렀던 슈리마드 라즈찬드라에 대한 회고록을 쓰고, 구도자들에게 회고록의 의미를 설명하게 되면 나는 행복해질 것이다. 하지만 사실을 말하자면, 내 시도는 단지 친구 한 사람을 만족시키기 위한 것이었다. 시인의 인생에 대한 인생 회고록을 제대로 쓰기 위해서는 자이나의 길에 대해서도 잘 알아야 하는데, 내가 그러지 못함을 인정하지 않을 수 없다. 그래서 나는 매우 제한된 관

59 힌두력에 따른 카르티카 달의 보름날.

점에서 그것을 써야 한다. 나는 그에 대한 내 기억의 기록, 그의 인생에서 일어난 사건들 중에서 나에게 인상을 남겼던 사건들의 기록, 그리고 그 사건들을 통해서 내가 배웠던 교훈에 대한 논의로 만족할 것이다. 이렇게 해서 내가 얻은 이익과 그것과 유사한 것을 구도자 독자들도 이 회고록을 숙독함으로써 아마 얻게 될 것이다.

나는 일부러 구도자라는 말을 사용해왔다. 회고록을 쓰려는 내 시도는 모든 층의 독자들을 겨냥한 것은 아니다.

나에게 깊은 영향을 준 사람은 톨스토이 · 러스킨 · 레이찬드바이, 이렇게 세 사람이다. 톨스토이는 그의 책 한 권과 짧은 서신 교환을 통해 영향을 주었고, 러스킨은 그의 책 《나중에 온 이 사람에게도》를 통해서였는데, 나는 이 책을 구자라트어로 '사르보다야'(만인을 위한 향상) 라고 불렀다. 그리고 슈리마드 레이찬드바이는 친밀한 인간적 관계를 통해서 영향을 주었다. 내가 종교로서 힌두교에 대해서 의심을 품기 시작했을 때, 그것을 해소하는 데에 나를 도와준 사람이 레이찬드바이였다. 나는 1893년 남아프리카에서 몇몇 기독교도 신사와 가까운 만남을 갖게 되었다. 그들의 삶은 순결했고 기독교에 헌신적이었다. 그들 인생의 주요 과업은 다른 신앙의 추종자들로 하여금 기독교를 수용하게끔 설득하는 일이었다. 비록 나는 실무적인 일과 관련하여 그들을 만났지만, 그들은 내 영혼의 평안에 대해서 염려하기 시작했다. 나는 나에게 한 가지 의무가 있음을 자각했다. 내가 힌두교의 가르침을 공부하고 그것이 내 영혼을 만족시켜 주지 못함을 발견하기 전까지는 내가 그 안에서 태어난 신앙을 버리지 말아야 한다는 의무를 깨달은 것이다. 그래서 나는 힌두교와 다른 경전들을 읽기 시작했다. 그리고 나는 기독교와 이슬람교에 대한 책들도 읽었다. 나는 런던에서 사귀었던 어떤 친구들에게 편지를 써서 내 의문을 제기했다.

나는 어느 정도의 신뢰를 가진 인도의 모든 사람들과 편지 교환을 시작했는데, 슈리마드 레이찬드바이가 그들 가운데 으뜸이었다. 그는 벌써 나를 알고 있었고 우리 사이에 친밀한 유대가 형성되었다. 나는 그를 존경했다. 나는 그가 나에게 줄 수 있는 모든 것을 받기로 했으며, 그 결과 마음의 평화를 획득했다. 그리고 힌두교가 나에게 필요한 것을 줄 수 있다고 다시금 확신하게 되었다. 이 결과에 대해서 레이찬드바이가 책임이 있다. 바로 그 때문에 그에 대한 내 존경이 얼마나 커졌는지 독자들은 조금 알게 될 것이다.

나는 그렇지만 그를 내 구루로 받아들이지는 않았다. 나는 여전히 구루를 찾고 있었으며, 지금까지는 구루로 생각할 수 있는 누구를 만나도 '아니, 이분은 아니야' 라는 느낌을 가졌다. 완전한 구루를 만나기 위해서는 적합한 자격이 있어야 하는데, 나는 아직 그것을 갖추었다고 주장할 수 없다.

라즈찬드바이에 대한 회고록(G.),
《슈리마드 라즈찬드라》 1장 ; 《전집》 36 : 534

68) 집착에서의 자유

내가 언제 저 지고의 경지(*that state supreme*)를 알 수 있을까?
안팎의 저 매듭을 언제 끊을 수 있을까?
우리를 단단히 속박하고 있는 저 족쇄를 나는 언제 부수고
현자와 위인들이 걸어갔던 길을 따라갈까?

모든 이익에서 마음을 거둬들이고
이 육신을 오직 자기통제를 위해서만 사용하며
그는 자기 속에 숨어 있는 목적을 위한 어떤 것도 바라지 않는다.
무명이 가진 어둠의 자취를 가져올 만한 것, 육신 안에는 일체 없다.

이것이 슈리마드 레이찬드바이가 나이 열여덟에 영감을 얻어 쓴 최초의 두 구절이다.

내가 그와 긴밀한 관계를 유지하고 있었던 지난 2년 동안, 나는 이 구절에서 빛나는 무욕(*vairagya*)의 정신을 매 순간 느꼈다. 그의 저작에 드물게 보이는 성격 중의 하나는, 그가 자신의 경험에서 느꼈던 바를 언제나 적는다는 점이다. 그 안에는 허위의 흔적이 전혀 없다. 나는 그가 쓴 것 가운데 다른 사람에게 영향을 주기 위해서 쓴 것을 단 한 줄도 읽어 본 적이 없다. 그는 언제나 종교적 주제에 대한 책과 백지 몇 페이지가 있는 공책을 옆에 두었다. 공책은 그에게 떠오르는 어떤 생각이든지 적어 두기 위한 것이었다. 때로는 그것이 산문이었고 때로는 시이기도 했다. '지고의 경지'에 대한 시는 그런 식으로 쓴 시임에 틀림없다.

그가 어떤 순간에 무엇을 하든, 가령 식사를 하든, 쉬고 있든 침대에 누워 있든, 그는 세상의 사물들에 대해서 늘 무욕의 태도를 취했다. 나는 그가 이 세상에 있는, 쾌락의 대상이나 사치품에 의해서 유혹받는 모습을 본 적이 없었다.

나는 그의 일상을 존경의 눈으로 지켜보았는데 그것도 지척(咫尺)에서였다. 그는 식사 때에 주는 것이면 뭐든지 취했다. 복장은 간편했는데, 도티와 셔츠, 안가라쿤(*angarakhun*), [60] 그리고 비단실과 무명실을 섞어 짠 터번이었다. 이런 복장(服裝)들이 아주 깨끗하거나 잘 다림질된 것인지는 기억이 안 난다. 마당에 웅크리고 앉아 있거나 걸상 위에 앉아 있는 것은 그에게는 마찬가지였다. 상점에서는 그는 보통 가디(쿠션)에 앉았다.

60 〔역주〕 상의의 일종. 〈용어해설〉 참조.

그는 천천히 걷곤 했는데, 길 가던 사람들은 그가 걸으면서도 생각에 깊이 잠겨 있음을 알 수 있었다. 그의 눈에 기이한 힘이 있었다. 그의 두 눈은 지극히 맑고 조바심이나 불안의 표시가 전혀 없었고, 그가 한 가지 일에 몰두하고 있음을 보여주었다. 그의 얼굴은 둥글고 입술은 가늘며, 코는 뾰족하지도 납작하지도 않고, 몸은 가벼운 체격으로 중간 크기였다. 피부는 검었다. 그는 평화의 화신처럼 보였다. 목소리는 감미로워서 사람들은 그저 그의 말을 계속 듣기를 원했다. 그의 얼굴은 미소를 띠고 있었고 명랑했으며, 내면적 기쁨의 빛으로 빛났다. 그는 언어구사 능력이 뛰어나서 자신의 생각을 표현하기 위해서 단어 하나를 찾고자 머뭇거리는 것을 본 적이 없다. 그가 편지를 쓰면서 말을 바꾸는 것도 거의 보지 못했다. 그런데도 독자들은 생각이 불완전하게 표현되었다거나, 또는 문장 구조에 결함이 있다거나, 어휘 선택에 과오가 있다는 점을 결코 느끼지 못했을 것이다.

이런 자질들은 자기통제의 사람에게만 존재할 수 있다. 사람은 집착을 버렸다는 쇼를 보임으로써 집착에서 완전히 자유로울 수 없다. 그러한 경지는 아트만에게는 은총의 경지이다. 그런 경지를 위해서 노력하는 자라면 누구든, 수없이 많은 생에 걸친 부단한 노력 이후에라야 얻을 수 있음을 알게 될 것이다. 집착을 없애고자 노력하는 사람은 그 시도에서 성공하기가 얼마나 어려운지를 알게 될 것이다. 시인은 나로 하여금, 집착에서 해방된 자유의 경지가 그에게 자연스러운 것임을 느끼게 했다.

해탈로 향한 첫걸음은 집착에서의 자유이다. 우리 마음이 이 세상에 있는 단 하나의 대상에 집착하는 한, 다른 사람이 해탈에 대해서 말하는 것을 즐겁게 들을 수 있을까? 우리가 즐겁게 듣는 것처럼 보이는 순간이 있다고 해도 즐거워하는 것은 귀뿐이다. 달리 말하자면 어떤 음악의 의미를 이해하지 못하면서도 그 곡조만 즐거워하는 것과 같다. 귀의 탐닉이 해탈로 나가는 삶의 방식을 수용하게 되기까지는 오랜 시간이 흘러야 할 것이다. 우리의 마음에 진정한 무욕이 없다면, 우리는 해탈에 대한 열망에 홀릴 수 없다. 시인은 그와 같은 열망에 홀려 있었다.

무욕, 《슈리마드 라즈찬드라》 3장 ; 《전집》 36 : 534

69) 일에서의 경각심

그는 절대 허위를 말하지 않는 진짜 바닉(*vanik*)[61]이다.
그는 절대 손쉬운 방법을 선택하지 않는 진짜 바닉이다.

그는 부친의 말씀을 존중하는 진짜 바닉이다.
그는 원금을 이자와 함께 돌려주는 진짜 바닉이다.
바닉의 방편은 상식이고, 왕의 방편은 신용이다.
바니아가 사업을 방치하면, 숲의 불이 퍼져 나가듯 고통이 멀리까지 넓게 퍼져 나갈 것이다.

샤말 바트

실제적 업무나 사업 분야와, 영적인 추구 즉 다르마는 서로 엄연히 달라서 양립할 수 없다는 점, 다르마를 사업에 도입하려는 시도는 양자 어디에도 성공할 수 없으므로 미친 일이라는 점이 널리 믿어지고 있다. 만일 이런 믿음이 오류가 아니라면 우리에게 희망이 전혀 없다. 다르마가 들어가지 못할 어떤 관심사나 실제적인 업무의

61 〔역주〕 vania와 같다. 바니아는 상인과 농민 카스트이지만 여기에서는 상인을 가리키는 것으로 보인다.

영역은 하나도 없다.

슈리마드 레이찬드바이는, 만일 사람이 다르마에 헌신하게 되면 그 헌신이 모든 행위 안에 분명히 보인다는 점을 평생을 통해서 보여주었다. 다르마는 매월 열하룻날(*Ekadashi*),[62] 파르유샨(*Paryushan*)[63] 기간, 이드의 날 또는 일요일, 사원이나 교회, 모스크에서만 준수되어야지 상점이나 왕의 법정에서는 준수되는 것이 아니라는 말은 전혀 사실이 아니다. 반대로 슈리마드 레이찬드바이는 그와 같은 믿음이 다르마의 본성에 대한 무지와 다름없다고 말하고 이 말을 유지해왔으며, 그 사실을 자신의 행위를 통해서 증명해왔다.

그가 해왔던 일은 다이아몬드와 진주(眞珠) 사업이었다. 그는 그 사업을 레바샹케르 자그지반 자베리와 동업했다. 그는 피륙 가게도 함께 운영했다. 나는 그가 거래에 있어서 철저하게 정직했다는 인상을 가지게 되었다. 나는 그가 상거래를 하고 있을 때 우연히 그 자리에 있기도 했다. 그가 제시하는 조건은 언제나 분명하고 확고했다. 나는 그 조건 안에 어떤 '영리함'도 본 적이 없었다. 만일 다른 편이 그런 영리함을 시도하면, 그는 그것을 당장 꿰뚫어 보고 그것을 용납하지 않았다. 그럴 때에 그는 분노로 미간을 찌푸리고, 눈에는 분노의 붉은 불꽃이 섬광처럼 이는 것을 볼 수 있었다.

그는 다르마 영역에서의 현자가 실제 인생 사업에서는 현명하지 못할 것이라는 일반화된 생각이 오류임을 입증했다. 그는 사업에서 고도의 경각심과 지성을 발휘했다. 그는 고도의 정확성으로 다이아몬드와 진주의 가치를 판단할 수 있었다. 그는 영어를 몰랐지만, 파리에

---

62 〔역주〕 자기정화의 날. 〈용어해설〉 참조.

63 〔역주〕 자이나교도의 가장 중요한 축제의 하나. 영적 갱생이 일어나고 신앙이 재생하는 날로 간주된다.

있는 대리인들이 보낸 편지와 전보의 개략적인 내용을 신속히 이해하고 그들의 속임수를 금방 알아보았다. 그의 추측은 보통 들어맞았다.

그는 사업에서 그와 같은 경각심과 지성을 발휘하면서도 업무에 대해서 절대로 조바심을 내거나 걱정하는 법이 없었다. 그가 상점을 보고 있을 때에도, 옆에는 언제나 종교적 주제에 대한 책이 있었고, 고객과 거래가 끝나면 곧 그 책을 펴거나 또는 공책을 펴서 떠오른 생각을 그 안에 적어 두곤 했다. 매일매일 그에게는 나처럼 지식을 찾아오는 사람들이 있었다. 그는 주저하지 않고 그들과 종교적인 일을 논의했다. 시인은 사업과 다르마를 논의하는 일을 각기 적절한 때에 해야 한다는 규칙을, 한 번에 한 가지 일만 해야 한다는 일반적이고도 아름다운 규칙을 따르지 않았다. 샤타바다니(*shatavadhani*)로서 그는 그런 규칙을 어길 수 있었다. 누구든 그를 본받으려 하는 자는 두 마리 말을 동시에 타려고 하는 사람과 같이 될지 모른다. 전적으로 다르마에 헌신하는 자, 집착에서 완전히 자유로운 자라고 해도, 자신이 그때 하고 있는 일에 집중하는 것이 늘 최선일 것이다. 사실로 말하면 그도 그렇게 하는 것이 옳은 일이었을 것이다. 그것은 그가 요가의 사람이라는 증거이기도 했을 것이다. 다르마는 그런 방식으로 행위할 것을 요구하고 있다. 사업이든 다른 일이든 그것이 행동할 가치가 있는 것이라면, 그것은 일편단심으로 행해져야 할 것이다. 구도자(*mumukshu*)에게 자아(*Self*)에 대한 내면적 명상은, 호흡과 같이 자연적이고도 지속적인 것이어야 한다. 그것을 한순간이라도 멈추어서는 안 된다. 그는 자아를 명상하고 있으면서도 그가 하는 일에 온통 빠져 있어야 한다.

우리의 시인이 이런 식으로 살지 않았다고 말하려는 것은 아니다. 그는 사업에서 최고도의 경각심을 발휘했다고 앞서 말한 바 있다.

하지만 나는 그가 감당할 수 있는 이상으로 그의 육신이 일을 한다는 인상을 받았다. 이것이 그의 요가가 불완전했음을 의미할 수 있을까? 자신의 의무를 수행함에 있어서 목숨마저 내어놓아야 한다는 것이 다르마의 원리이다. 자신의 능력 밖의 일을 수행하는 것, 그리고 그것을 자신의 의무로 간주하는 것은 집착의 하나이다. 나는 시인이 이와 같이 아주 미묘한 집착을 지니고 있음을 언제나 느껴왔다.

사람은 영적인 동기에 의해서 자신의 능력을 넘어서는 일을 수용했지만, 나중에는 그것을 감당하기가 어렵다는 것을 알아차리게 된다. 이런 일은 종종 일어난다. 우리는 그것을 덕으로 알고 존경한다. 그러나 영혼의 관점에서 보면, 즉 다르마의 관점에서 보면, 그와 같은 일의 배후에 있는 동기가 미묘한 형태의 무지에서 비롯되었을 가능성이 매우 높다.

우리가 만일 이 세상에서 단순한 도구에 불과하다면, 이 육신을 빌려서 입고 있고 우리의 최고 의무가 육신을 통해서 가능한 한 빨리 해탈을 얻는 것이라면, 우리는 우리의 길에 방해가 되는 모든 것을 분명히 포기해야 할 것이다. 그것만이 참된 영적 태도이다.

내가 앞에서 개진했던 의견을, 슈리마드 레이찬드바이 자신이 놀랍고도 새로운 방식으로 나에게 설명해 준 적이 있었다. 그런데 그는 어떻게 그에게 걱정을 안겨 주고 중병을 가져다준 과업을 스스로 떠맡게 되었을까?

나는 슈리마드 레이찬드바이조차 선행을 하려는 욕망의 형태를 빌린 영적 무지에 순간적으로 정복당한 때가 있었다고 믿는다. 그런 믿음이 옳다면, '모든 존재들은 본성을 좇은즉 억압해서 무엇하겠는가'[64]라고 하는 구절의 진리가, 바로 그의 경우에 무척 잘 예시되어

64 《바가바드 기타》 3 : 33(길희성 역, 현음사, 1988).

있다. 이것이 바로 그 구절이 의미하는 바다. 자기탐닉을 정당화하기 위해서 크리슈나의 이 말을 들먹이는 사람들이 있는데, 그들은 그 말의 의미를 전적으로 왜곡하고 있다. 슈리마드 레이찬드바이의 프라크리티(*prakriti*: 물질)는 그를 깊은 물 안으로 끌고 들어갔다. 자신이 끌려 들어가지 않으려고 했음에도 그랬다. 이런 방식으로 일을 수행하는 것은 과오이지만, 그것은 완전에 아주 가까이 접근한 사람의 경우에만 과오라고 간주될 수 있다. 우리와 같은 보통의 남녀는 명분에 대해서 열광할 경우에만 명분을 정당하게 대접할 수 있다. 이 논의는 여기에서 마치고 싶다.

종교적 심성의 소유자들은 너무 단순해서 누구든지 그들을 속일 수 있고, 그들은 세상의 일에 대해서 아무것도 모른다고 사람들은 흔히 믿는다. 만일 이런 믿음이 사실이라면, 두 아바타르(화신), 즉 크리슈나찬드라와 라마찬드라는 화신(*incarnation*)이 아니라 단순히 세상의 보통 사람들로 간주되어야 할 것이다. 시인은 완전한 영적 지식이 있는 자를 기만하기란 불가능하다고 말하곤 했다. 어떤 사람은 종교적 심성을 가질 수 있다. 즉, 그의 삶이 도덕적일 수 있다. 하지만 그에게 영적 지식은 없을지도 모른다. 해탈에 필요한 것은, 도덕적 인생과 자신의 경험이 낳은 결과로서의 영적 지식이 행복하게 결합하는 일이다. 그와 같은 지식을 갖춘 자가 있는 곳에는, 위선과 기만은 가면을 오래 쓰고 있을 수 없다. 진리의 면전에서 허위는 성행할 수 없다. 비폭력의 면전에서 폭력은 멈춘다. 정직의 빛이 비추는 곳에는, 기만의 어둠은 사라진다. 다르마에 헌신하는 영적 진리를 가진 사람이 사특한 사람을 보는 즉시 전자의 심정은 자비로 녹아내릴 것이다. 자신 안에 자아(*Self*)를 본 자가 어떻게 다른 사람을 이해하지 못하겠는가? 나는 시인이 이 진리를 일생 동안 언제나 증명해왔다고는 말할 수 없다. 사람들이 종교의 이름하에 시인을 때때로 속인 것도 사실이다. 그와 같은 예증들은 원리의 결함을 증명하는 것이 아니라, 절대 순결한 영적 지식을 획득하는 것이 매우 어렵다는 점을 시사한다.

이와 같은 한계에도 불구하고 내가 시인에게서 목격했던 실천력과 다르마에 대한 헌신이, 그에게서와 같이 아름답게 결합한 예를 나는 다른 사람에게서는 본 적이 없다.

비즈니스 인생(G.), 《슈리마드 라즈찬드라》 4장 ; 《전집》 36 : 534

70) 종교에 대한 라즈찬드라의 견해

우리는 슈리마드 레이찬드바이가 살다간 다르마의 삶을 검토하기 전, 그가 설명한 다르마의 성격을 논의하는 것이 필요하다.

다르마는 어떤 특정한 교리 또는 도그마가 아니다. 그것은 경전으로 불리는 책들을, 판에 박힌 방식으로 읽거나 배우는 것도 아니며, 그것들이 말하는 바를 모두 믿는 것도 아니다.

다르마는 혼의 자질로서 보일 수도 있고 안 보일 수도 있지만, 모든 사람들 안에 현존한다. 우리는 다르마를 통해서 인생의 의무와 다른 혼들과의 진정한 관계를 알게 된다. 우리 안에서 자아(*Self*)를 알기 전에는 우리의 의무를 알 수 없음은 분명하다. 따라서 다르마는 우리 자신을 알 수 있게 해 주는 수단이다.

우리는 다르마라는 수단을 인도·유럽·아라비아 중 어디에서 구하든 그것을 받아들일 수 있다. 다른 신앙의 경전을 공부해 본 사람이라면 누구든 그 경전이 설파하는 이 수단의 일반적 성격이 동일하다고 말할 것이다. 어떤 종교 경전도 우리가 허위를 말하거나 허위를 따르는 것이 좋다거나, 우리가 폭력을 범해도 좋다고 말하지 않을 것이다. 샹카라 선생은 모든 경전의 정수를 말하면서 '브라마 사탐 자간미트야'

(*Brahma satyam jaganmithya*)[65]라고 했다. 코란-에-샤리프(*Koran-e-Sharif*)는 같은 것을 다른 용어로 말하는데, '신은 오직 한 분이며, 그분 이외에는 아무것도 존재하지 않는다'라고 단언한 것이 바로 그것이다. 기독교 성경은 '나는 내 아버지와 하나다'라고 말한다. 이런 것들은 모두 동일한 진리의 다른 진술이다. 그런데 불완전한 인간들은 여러 가지 이해를 통해서 이 하나의 진리를 상설하면서 진짜 감옥을 건설했는데, 우리의 마음은 이것으로부터 도망쳐야 한다. 불완전한 인간인 우리는 우리보다 덜 불완전한 사람들의 도움을 받아서 전진하기를 노력해야 하는데, 어떤 단계 이상은 나갈 길이 없다고 상상한다. 그런데 사실은 전혀 그렇지 않다. 일정한 경지에 도달한 뒤 경전은 아무 도움도 주지 않는다. 오직 경험만이 도와줄 따름이다. 따라서 슈리마드 레이찬드바이는 다음과 같이 노래했다.

> 완전지를 얻으신 지복의 분이 그의 비전에서 본 저 경지는
> 말로 묘사할 수 없다.
> 나는 저 지고의 경지를 목표로 삼아 주목했다.
> 그런데 현재 그것은 내 힘으로는 실현할 수 없는 소망이다.

따라서 궁극적으로 말하자면 '자신을 위해서 해탈을 얻는 것은 아트만이다.'

슈리마드 레이찬드바이는 이런 핵심 진리를 저작에서 여러 방식으로 설명했다. 그는 다르마를 다룬 여러 책을 깊이 공부했다. 그리고 산스크리트어와 마가디어를 아무 어려움 없이 해독할 수 있었다. 그는 베단타를 연구했으며, 《바가바타》와 《기타》를 공부했다. 자이나교에 대한 책의 경우에는 그는 자신이 입수한 모든 책을 읽곤 했다.

---

65 '브라만만이 참이고, 현상의 세계는 허위이다.'

독서와 소화 능력은 무한정이었다. 그가 책 한 권의 골자를 파악하는 데는 한 번의 독서로서 충분했다.

그는 《코란》과 《젠드아베스타》도 번역으로 읽었다.

그는 자이나 철학으로 경도되고 있다고 나에게 말한 적이 있다. 그는 《지나가마》(*Jinagamas*)가 완전한 영적 지혜를 간직하고 있다고 믿었다. 내가 이와 같은 그의 견해를 말할 필요는 있다. 나는 그의 견해에 대한 나의 평가를 제시할 자격이 전혀 없다고 생각한다.

하지만 그는 다른 신앙들에 대해서 존경심이 없었던 것이 아니다. 베단타에 대해서는 존경심조차 느꼈다. 베단틴이라면 자연스럽게 시인을 한 사람의 베단틴으로 여겼을 것이다. 그가 나와 논의하면서 만일 내가 해탈을 얻기를 원한다면 어떤 특정 다르마를 따라가야지 다른 것을 따르면 안 된다고 말한 적은 한 번도 없었다. 그는 나에게나 자신의 행위에 주목하라고만 권고했다. 내가 읽어야 할 책에 대해서 논의한 적이 있었는데, 내 개인적 성향과 어릴 때 가족이 준 영향을 고려하여, 그 당시 내가 읽고 있었던 《기타》를 계속 읽기를 권면했다. 그가 제시했던 다른 책들로는 《판치카란》(*Panchikaran*), 《마니라트나말라》(*Maniratnamala*), 《요가바시슈타》(*Yogavasishtha*)의 무욕(바이라그야)에 대한 장, 《카브야도한》(*Kavyadohan*) 1장 그리고 그 자신이 지은 《목샤말라》(*Mokshamala*)가 있었다.

그는 서로 다른 신앙들이 많은 벽으로 둘러싸인 장소와 같아서, 그 안에 수많은 남녀가 갇혀 있다고 말하곤 했다. 삶에서 해탈을 목표로 가진 사람은, 특정 신앙에 배타적인 헌신을 바칠 필요가 없다.

원하는 대로 사시오.
여하튼 하리에 도달하시오.

이것은 아카의 원리이기도 하지만 그의 원리이기도 했다. 그는 언제나 종교적 논쟁을 지겨워했고 거기에 좀처럼 관여하지 않았다. 그는 각 신앙의 우월성에 대해서 공부하고 이해한 다음, 그것을 그 신앙의 추종자들에게 설명해 주었다. 내가 남아프리카에서 그와 나눈 편지를 통해서 배운 교훈도 이것이다.

모든 종교는 그 종교의 추종자들의 관점에서 보면 완전하고, 다른 종교의 추종자들의 관점에서 보면 불완전할 것이라고 나는 믿는다. 제3의 독립된 관점에서 검토해 보면 각 종교는 완전하기도 하고 불완전하기도 하다. 어떤 단계를 넘어서면 모든 경전은 더 이상의 진보를 가로막는 족쇄가 된다. 그러나 그러한 경지란 구나(*guna*)들을 넘어선 사람들이 도달한 경지이다. 우리가 만일 슈리마드 레이찬드 바이의 관점을 따른다면, 누구도 자신의 신앙을 포기하고 다른 신앙을 받아들일 필요가 없다. 각자 자신의 신앙을 따르면서, 자신의 자유 곧 해탈을 얻을 수 있을 것이다. 해탈을 얻는다는 것은 집착과 혐오에서의 완전 해방을 의미하기 때문이다.

모한다스 카람찬드 간디

다르마, 《슈리마드 라즈찬드라》 5장 ; 《전집》 36 : 534

71) 아힘사에 대한 라즈찬드라의 신앙

나파, *1930. 3. 18*

시인[66] 라즈찬드라는 카티아와르 바바니아로 불리는 장소에서 태어났다. 나는 1891년 런던에서 돌아오는 날 봄베이의 P. J. 메타 박사 댁에서 그를 만났다. 내가 주로 시인이라고 부르곤 했던 그는 메타 박사와 거의 친척 관계에 있었다. 그는 나에게 샤타바다니로서 한 번에 백

66 〔역주〕 카비(*Kavi*)를 시인으로 옮겼다.

가지 일을 기억할 수 있다고 소개되었다. 시인은 당시 꽤 젊었는데 당시 21세였던 나보다 그다지 연령이 많지 않았다.[67] 그런데 그는 자신의 힘을 공적으로 드러내는 일을 일체 그만두고 순전히 종교적 추구에만 쏟아부었다. 나는 그의 단순성과 판단의 독립성에 크게 감동받았다. 그는 맹목적인 정통성에서 오는 온갖 접촉에서 자유로웠다. 아마 나를 더 감동시킨 일은 사업을 종교적 실천과 결합한 일이었다. 종교 철학의 학도로서 그는 믿는 것을 실천하려고 애쓰고 있었다. 자신이 자이나교도임에도 불구하고 다른 종교 교리에 대한 관용은 주목할 만한 것이었다. 영국으로 유학 갈 기회가 있었지만 가지 않았다. 그는 영어를 배우려고 하지 않았다. 그의 학교교육은 퍽 기초적인 것이었다. 그러나 그는 천재였고, 산스크리트어와 마가디어를 알았고 팔리어도 알았던 것 같다. 그는 종교 문헌을 왕성하게 읽었고 구자라트어 자료를 통해서 이슬람교·기독교·조로아스터교에 대해서 자신의 목적에 충분할 만한 지식을 쌓았다. 그는 이와 같이 종교적 문제에서 내 마음을 사로잡은 사람인데, 지금까지 그런 사람은 없었다.

나의 내면생활을 형성함에 있어서 톨스토이와 러스킨이 시인과 겨루고 있음을 다른 데서 말한 적이 있다. 내가 그와 매우 절친한 개인적 접촉을 유지했다는 단지 그 하나의 이유만으로도, 시인의 영향이 분명히 보다 깊었다. 그의 판단은 거의 대부분의 경우에 내 도덕감을 충족시켰다. 그의 믿음의 기반이 아힘사였음은 묻지 않아도 알 수 있다. 그의 아힘사는 단지 늙은 소와 벌레의 생명을 구하는 일에만 주목하는 이른바 아힘사 신봉자들 사이에서 우리가 목격하는 조잡한 형태의 아힘사가 아니었다. 그의 아힘사는 미물의 벌레도 포함하지만 전 인류를 포괄하는 것이었다.

---

67 〔역주〕 간디보다 1살 위였다.

하지만 나는 절대로 시인을 완전한 사람으로 간주할 수 없었다. 그러나 내가 알고 있는 모든 사람들 중에 그 누구보다도 완전에 근접한 사람으로 보였다. 아아, 슬프도다. 그는 (서른셋이라는) 너무나 젊은 나이에 죽고 말았다. 그때는 그가 진리를 분명히 직접 대면할 것이라고 스스로 느끼고 있었던 순간이었다. 그에게 많은 숭배자가 있지만 추종자는 훨씬 적었다. 주로 질문자에게 보낸, 혼이 담긴 편지들로 이뤄진 그의 저작물이 수집되고 출판되었다. 그것은 힌디어로 번역하려고 시도되고 있다. 그의 저작물은 영역도 나오게 될 것으로 안다. 그의 글은 주로 내면적 경험에 기초한다.

위대한 현자, 〈모던 리뷰〉, 1930. 6 ; 《전집》 48 : 484

11. 읽은 책

72) 에스테릭 기독교

나탈 더반

고(故) 안나 킹스퍼드 부인과 에드워드 메이틀랜드 씨가 지은 다음 책들을 출판 가격으로 팔 것인데, 그 목록은 다음과 같다. 그것들이 남아프리카에 반입된 것은 이번이 처음이다.

《완벽의 길》 7 / 6[68]
《태양의 옷을 입고》 7 / 6
《해석에 대한 새 복음 얘기》 2 / 6
《해석의 새 복음》 1 / -
《성경의 자기 설명》 1 / -

68 〔역주〕 이 책의 완전한 제목은 *The Perfect Way Or, the Finding of Christ*이다.

이들 책에 대한 일부 서평은 다음과 같다.

> 빛의 원천 《완벽의 길》은 해석적이고 유화적이다. … 거룩한 일에 대한 학도들의 필수품.
>
> 〈라이트〉(*Light*) 지, 런던

> 금세기 모든 영어책 중 은총을 얻는 최상의 수단.
>
> 《어컬트 월드》(*Occult World*)

같은 주제에 관련된 소책자들, 본 사무실에서 무료로 구입 가능.

M. K. 간디
에소테릭 기독교연합회 사무실
런던 채식주의자협회

서적 판매, 〈나탈 머큐리〉
(*The Natal Mercury*), 1894.11.28; 《전집》 1 : 53

73) 수피 신비주의자

우리는 영국에서 출판된 《동양의 지혜》(*The Wisdom of the East*) 라는 두 권짜리 책을 서평을 위해서 받았다. 첫 권은 《붓다의 길》(*The Way of the Buddha*) 이다. 둘째 권은 《페르시아의 신비주의자들》(*Persian Mystics*) 이라는 책인데, 여기에서 저자는 잘라루딘 루미[69]에게 최상의 지위를 부여했다. 수피들에 대한 유익한 설명에 이어서 잘라루딘의 삶에 대한 서술과 그의 일부 시들에 대한 번역이 뒤따랐다. 저자의 관점에서 수피란 신을 사랑하는 자이다. 무엇보다도 수피들은 순수한 심정과 신의 사랑을 열망한다. 잘라루딘이 한번은 장례식에서 기쁨에 빠져서 춤추는 것이 목격되었다. 도대체 왜 그러느냐는 질문을 받자, 그 성자는

69 〔원주〕 Jalaluddin Rumi. 〔역주〕 1207～1273: 페르시아의 수피 시인.

다음과 같이 대답했다. "인간의 영혼이 육신이라는 새장 겸 지하 감옥에 수감된 지 수십 년 만에, 마침내 자유롭게 되어 날개를 펴고 온 근원으로 비상하게 되었다면 기뻐할 일이 아니겠는가"라고. 아주 옛날에는 여성들도 그러한 삶의 길에 자유로이 참여했음을 우리는 알 수 있다. 라비아 비비(Rabia Bibi) 그녀 자신이 수피였다. 악마를 증오하느냐는 질문을 받자, 그녀는 "신을 사랑하기에 너무도 바빠서 그 누구도 미워할 시간이 없네요"라고 되받아쳤다. 수피의 관점에 따르면, 도덕에 기초한 종교라면 오류로 간주될 수 없다고 한다. 어떤 질문에 대해서 잘라루딘은 "신의 길은 사람의 혼의 수만큼이나 많다"고 했다. 다른 곳에서 그는 "신의 빛은 하나지만 빛줄기들은 다양한 색조들을 갖고 있다. … 우리는 어떤 길로도 신을 섬길 수 있다. 그 길이 진실되고 성실한 심정과 함께하기만 하다면"이라고 했다.

잘라루딘은 참지식의 본성에 대해서 언급하면서 "핏자국은 물로 씻어낼 수 있지만, 무지의 흔적은 신이 주시는 은총의 물만이 씻어낼 수 있다"고 말한다. 그리고 또 "참지식은 신에 대한 지식이다"라고도 했다. 신은 어디에서 찾을 수 있을까 하는 질문을 받자, 이 시인은 다음과 같이 대답했다. "나는 십자가와 기독교 신자들을 보았지만 십자가 위에서 신을 보지 못했다. 그분을 찾아서 사원으로도 가 보았으나 허사였다. 헤라트에서도 칸다하르에서도 보지 못했다. 산 위에도 동굴 안에도 보이지 않았다. 마침내 나는 내 심정을 들여다보고서야 그분을 찾을 수 있었다. 오직 그곳일 뿐 다른 곳은 아니더라." 이 책은 읽기에 아주 좋은 책이다. 위와 같은 구절들을 끝없이 계속해서 인용할 수 있을 것이다. 우리는 그 책을 모든 사람들에게 추천하고 싶다. 그것은 힌두와 무슬림 모두에게 이익이 될 것이다. 영국에서 그 책은 2실링이다. 같은 출판사가 셰이크 사디(Sheikh Saadi)의 《굴리스탄》

(*Gulistan*) 도 출판했는데 가격은 1실링이다. 그다음 《코란의 정수》라는 제목의 책이 있는데 가격은 1실링이다. 《붓다의 길》은 2실링이고 《조로아스터의 길》 역시 2실링이다. 다른 책들도 나올 것이다. 우리 독자들 중 누구라도 위에서 말한 책 가운데 한 권 또는 그 이상 읽기를 원한다면, 우리에게 위에서 말한 가격의 돈을 부쳐주고, 권당 6펜스를 보내주면, 그 책을 구입해 줄 것이다. 부가된 6펜스는 우편료이다.

잘라루딘 루미(G.), 〈인디언 오피니언〉, 1907. 6. 15 ; 《전집》 7 : 5

74) 구자라트어 책과 힌디어 책들

톨스토이 농장, 〔*1911. 5. 27*〕

안녕, 하릴랄!

네가 델라고아 만(灣)을 떠나기 전에 보낸 편지를 받았다. 라미[70]는 엄격하게 인도적 사고방식의 영향 아래 성장하는 것이 바람직할 것이다. 따라서 그녀에게 초콜릿을 보내지 않기로 한 것은 옳은 일이라고 여겨진다. 하지만 "바푸가 이것을 원하시기 때문에 이 일을 해야만 한다"는 식은 안 된다는 점을 경고해야겠다. 내가 제안한 생각들 중에서 마음에 드는 것만을 실행에 옮겨야 할 것이다. 나는 네가 자유 안에서 성장하기를 원한다. 나는 너의 동기가 착하다는 점을 알고 있다. 따라서 너의 생각들이 잘못될 때마다 그것들은 자동적으로 수정될 것이다.

수감자들이 아직 석방되지 않았지만 곧 석방될 것이다.

네가 등록을 신청하는 일에 대해서 내가 너에게 보낸 전보가 아직 너에게 당도하지 않은 것으로 보인다. 나는 그것을 난지 둘라브다스 씨 전교(轉交)로 보냈다.

너는 거기에 있는 동안 〈인디언 오피니언〉지를 자세히 읽어 보아라.

---

70 〔원주〕 장남 하릴랄의 딸. 〔역주〕 그러니까 간디의 친손녀.

하릴랄 간디(Harilal Gandhi, 1888~1948)
마하트마 간디의 장남. 생활방식과 종교 등으로 아버지와 갈등을 빚기도 했다. 사진은 청년시절 하릴랄의 모습이다.

다음에 적은 구자라트어 책들은 정말로 읽을 가치가 있다. 《카브야도한》, 《판치카란》, 《마니라트나말라》, 《다스보드》(*Dasbodh*), 《요가바시슈타》의 4장 — 이것은 힌디어 역(譯)도 있는데 —, 나르마다샹케르[71] 시인의 《다르마 비세 비차르》(*Dharma vishe Vichar*), 그리고 두 권으로 된 레이찬드바이의 저서가 그것들이다.

물론 《카란겔로》(*Karanghelo*)와 다른 책들도 있다. 《카란겔로》는 구자라트어의 성숙성을 보여준다. 테일러의 문법서와 그 책에 대한 서론, 둘 다 모두 좋다. 서론이 서문이었는지, 아니면 구자라트어에 대한 별개의 논문이었는지에 대해서는 기억이 나지 않는다.

툴시다스의 《라마야나》를 정기적으로 읽기를 권한다. 내가 《인도 자치》의 말미에 쭉 적어 둔 대부분의 책들은 통독할 가치가 있다. 산스크리트어를 잘 배우기 위해서는 산스크리트어 독습은 언제나 《라마야나》에서 시작하기를 권한다. 그래야만 네가 그것을 기억하고 이해할 수 있을 것이다. 《라마야나》 권 1을 제대로 읽고 난 뒤에는 어렵지 않을

71 Narmadashanker Lalshanker Dave(1833~1889) : 시인이고 근대 구자라트어 문학의 선구자.

것이다. 첫 권을 숙지하기 전에는 권 2를 시작하지 마라. 산스크리트어 게송을 만날 때마다 그것을 구자라트어로 이해하도록 노력해야 한다.

나에게 규칙적으로 자세한 편지를 써 다오.[72]

모한다스가 축복을 보내며

하릴랄 간디에게 보낸 편지 (G.),
SN 9532 ; 《전집》 11 : 436

75) 교도소에서 읽은 책들(1922) *1922*

4월 21일 금요일

나는 오늘까지 다음과 같은 책들을 읽었다.[73]

1 《스승과 그의 가르침》(*Master and His Teaching*)
2 《하느님의 팔》(*Arm of God*)
3 《기독교 실천》(*Christianity in Practice*)
4 《미지의 제자에 의해서》(*By an Unknown Disciple*)
5 《사탸그라하 아우르 아사하요가》(*Satyagraha aur Asahayoga*)
6 《코란》(*The Koran*)
7 《인생을 시작하는 길》(*The Way to Begin Life*)
8 《달로 가는 여행》(*Trips to the Moon*)
9 《인도행정》(*Indian Administration*) (타코레)
10 《라마야나》 — 툴시다스

---

72 〔역주〕 간디가 19세의 장남에게 보낸 편지다. 이 두 사람 사이에 갈등이 있었음은 잘 알려진 사실이나 이 편지에는 그런 갈등의 흔적이 보이지 않는다. 다만 간디는 '자유 안에서 성장하기'를 바라면서도 장남에게 상세한 독서지도를 하고 있다. 장남은 아버지 간디가 충분한 자유를 주지 않는다고 느꼈을까?

73 간디는 1922년 3월 21일 예라브다 중앙 교도소에 끌려갔다. 그곳에 수감되어 있는 동안 간디는 종교 · 문학 · 사회과학 · 자연과학에 대해서 약 150권의 책을 읽었다. 1924년 4월에서 같은 해 10월까지 〈영 인디아〉 지에 실린 '내 교도소의 경험'이란 연재물에서 그는 이들 책 가운데 일부의 책에 대해서 자세한 설명을 해 주었다.

어제부터 나는 차파티를 굽기 시작했다.

4월 22일 토요일

나는 《조류자연사》(*Natural History of Birds*)를 완독했다.

오늘 교도소 소장이 모든 정치범들을 만나려고 소환했다.

나는 데슈판데와 얘기했다.

4월 23일 일요일

《젊은 십자군》(*The Young Crusader*)을 완독했다.

오늘부터 레몬과 설탕을 포기했다.

4월 26일 수요일

어제 《스코틀랜드사》(*A History of Scotland*) 권 1을 완독했다.

로렌스 목사가 《세상에 대한 성경의 견해》(*Bible View of the World*)를 나에게 보내주었다.

4월 29일 토요일

로렌스 목사가 보내준 책을 완독했다.

순교자들에 관한 책 한 권을 대략 훑어보았다.

5월 1일 월요일

《스코틀랜드사》 권 2를 완독했다. 그들은 오늘 10파운드의 밀가루를 도거리로 보내주었다.

예라브다 교도소 (1932)

간디는 혼의 힘을 가진 사람은 투옥을 두려워하지 않는다고 했다. 실제로 그는 교도소를 '만디르'(사원)이라 부르며 수감기간 동안 독서와 명상, 물레질 등을 게을리하지 않으면서 수감생활을 자신의 혼을 정화하고 강하게 하는 계기로 삼았다.

5월 5일 금요일

파라르(Farrar)의 《신을 구하는 자들》(*Seekers after God*)을 완독했다. 어제부터 오렌지를 먹지 않았다.

5월 6일 토요일

《스코틀랜드사》를 완독했다. 하킴지에게 보낸 내 편지가 그에게 전달될 수 없다는 내용의 정부 편지를 오늘 받았다. 《미사르 쿠마리》(*Misar Kumari*)를 완독했다.

5월 12일 금요일

《로마사 이야기》를 완독했다. 오늘 교도소 소장은 하킴지에게 보낸 내 편지를 압류하도록 요구하는 정부 명령 사본 한 부를 내게 주기를 거절했다. 결국 나는 한 통의 편지를 정부에, 한 통은 하킴지에게 보냈다. 하킴지에게 편지를 보낸 것은, 정부가 내 편지를 검열 없이 그에게 전달해 주기를 거절했기 때문에 내가 분기별 편지를 쓰려는 의도를 포기했다는 점만을 알려주기 위해서였다.

5월 15일 월요일

오늘 방케르는 내가 있는 감방으로 이감되었다. 공식적으로가 아니라 개인적으로 소장에게 편지를 써서, 나에게 오렌지 공급을 다시 늘린 것을 내가 좋아하지 않는다고 말했다. 그는 나에게 오렌지와 차파티의 공급과 추가적인 우유 공급을 중단해야 한다.

5월 16일 화요일

그리피스 씨의 수석 비서인 제이콥 씨는 그리피스 씨 대신 나를 만나러 왔다. 교도소 소장은 오렌지 공급을 줄이기를 거절했고, 대신 나에게 9개의 오렌지를 공급할 것을 지시했다고 말했다.

그들은 종이지만 증오, 조롱, 학대를
선택하지 않을 것이네.
진리로부터 조용히 물러나기보다는
그들은 응당 다음과 같이 생각해야 하네.
그들은 두세 사람과 더불어
옳은 곳에 서 있을 용기가 없는 종이라는 사실을.

로웰(Lowell), 《탐 브라운의 학창시절》[74]에서

5월 17일 수요일

《탐 브라운의 학창시절》을 완독했다. 그중 일부는 아름다웠다.

성찬(聖餐)은 진정 보존되어 있네.
우리가 다른 사람의 궁핍을 공유하는 것 안에—
우리가 주는 것 안이 아니라, 우리가 공유하는 것 안에.
주는 자 없는 선물은 공허하기 때문이라네.
보시와 함께 자신을 주는 자는 셋을 먹인다.
그 자신, 배고픈 이웃, 그리고 나를.

로웰, 《탐 브라운의 학창시절》에서

---

74 〔역주〕 토마스 휴스(Thomas Hughes, 1822~1896)의 작품. 1857년 출판되었다. 휴스는 잉글랜드 버크셔 어핑턴 출신이다. 영국의 법률가, 개혁가, 소설가. 1834~1842년에 럭비학교에서 교육을 받았다. 이 학교의 교장 토머스 아널드에 대한 그의 애정과, 놀이를 즐기고 소년다운 진취적 기상을 펴던 럭비학교의 학창시절이 1857년에 발간된 걸작 《탐 브라운의 학창시절》(*Tom Brown's School Days*)에 잘 나타나 있다.

5월 20일 토요일
베이컨의 《고대인의 지혜》(*The Wisdom of the Ancients*)를 완독했다. 수요일부터 차파티를 포기했다. 나는 실험 삼아 우유 4시어(*seer*),[75] 건포도 2온스, 오렌지 4개, 레몬 2개를 먹었다. 하지는 어제 어두운 감방에 수감되었다.

5월 28일 일요일
모굴 왕조까지 《인도사》를 읽었다. 모리스 문법을 통독했다.

5월 29일 월요일
《찬드라칸트》 2장과 파탄잘리의 《요가다르산》을 완독했다.
거의 4주가 흘러갔다.
발미키가 지은 《라마야나》의 구자라트어 번역을 읽기 시작했다.

5월 31일 수요일
키플링의 《다섯 국가》(*The Five Nations*)을 완독했다.

6월 4일 일요일
에드워드 벨러미(Edward Bellamy)의 《평등》(*Equality*)을 완독했다.

6월 6일 화요일
교도소 소장이 전화하여 정부가 《발포티》(*Balpothi*)[76]의 인쇄 허가를 거부했음을 알려왔다. 정부는 목록에 언급된 책들을 구할 수 있도록 허락해 주었다.

---

75 〔역주〕 인도의 중량 단위. 약 2파운드 1온스, 0.933kg.
76 구자라트어 초급 독본.

6월 7일 수요일

데이비스의 《그리스의 성 바울》(*St. Paul in Greece*)을 완독했다.

6월 9일 금요일

《지킬 박사와 하이드 씨》(*Dr. Jekyll and Mr. Hyde*)를 완독했다.

6월 14일 수요일

로즈버리 경의 《피트》(*Pitt*)를 완독했다.

진리는	허위는
금이고	놋쇠이고
은이고	주석이고
빛이고	지하이고
천국이고	지옥이고
하늘이고	저승이고
낮이고	밤이며
다이아몬드이고	조약돌이고
요조숙녀이고	창녀이고
순결이고	간통이고
신이고	사탄이고
오르무즈드이고	아흐리만이고
브라만이고	무명 속의 혼이고
생명 있고	생명이 없으며
힘차고	무기력하고
용기이고	비겁이고
라마이고	라바나이고
구원이고	속박이고
감로수이고	독이고

생명이고　　　　죽음이고
선이고　　　　악이고
존재이고　　　　비존재이고

진리는 하나이고　　허위는 많은 모습이 있고
진리는 직선이고　　허위는 곡선이고

직각이고　　　　…
바다이고　　　　사하라 사막이고
자제이고　　　　탐닉이고
사랑이고　　　　증오이다.

6월 17일 토요일

키플링의 《두 번째 정글 북》(*Second Jungle Book*)을 완독했다.

6월 21일 수요일

《파우스트》를 완독했다.

6월 24일 토요일

《존 하워드의 삶》을 완독했다.

어제 5파운드의 건포도 소포를 받았다.

6월 25일 일요일

발미키의 《라마야나》를 완독했다. 1장 〈샨티파르바〉[77] 1부를 읽기 시작했다.

77 파르바란 총 18권으로 이뤄진 《마하바라타》의 한 권이다.

6월 28일 수요일

쥘 베른[78]의 《구름에서 떨어지다》(*Dropped from the Clouds*)를 완독했다.

7월 1일 토요일

어빙(Irving)이 지은 《콜럼버스의 인생과 항해》를[79] 완독했다. 아나슈야벤, 칸지, 디라즈랄이 샹케를랄을 면회하러 왔다. 바,[80] 하릴랄, 람다스, 마간랄, 마투라다스와 마누가 면회하러 왔다.

7월 5일 수요일

워너가 어제 면회 와서 상자 하나와 책 몇 권을 주었다.

기르다르의 《라마야나》와 《십자군》(*The Crusades*)을 읽기 시작했다.

윌버포스의 《다섯 제국》(*Five Empires*)을 완독했다.

7월 10일 월요일

《고대 로마의 담시》(*Lays of Ancient Rome*)[81]를 완독했다.

7월 12일 수요일

5와 2분의 1시어의 건포도 소포를 또 받았다.

---

78 〔역주〕 Jules Verne(1828~1905) : 프랑스의 작가. 현대 공상과학소설의 기초를 다지는 데 크게 기여하였다.

79 〔역주〕 원전에는 'the Life of Columbus'라고 되어 있다.

80 〔역주〕 바는 아내 카스투르바이를 가리키고 하릴랄은 장남, 마니랄은 둘째아들, 람다스는 셋째아들이다. 막내아들 데브다스는 오지 않았던 모양이다.

81 〔역주〕 매콜리의 저서. Thomas Babington Macaulay(Baron Macaulay, 1800~1859) : 영국의 휘그당 정치가·수필가·시인·역사가. 그가 쓴 유명한 《영국사》(*History of England*)(총 5권, 1849~1861)는 1688~1702년의 영국을 다루고 있으며, 이른바 '휘그식 역사해석'의 창시자로서 그의 위치를 굳힌 책이다.

7월 13일 목요일

《십자군》을 완독했다. 기번의 《로마》[82]를 읽기 시작했다.

7월 16일 일요일

〈샨티파르바〉 1부를 다 읽고 2부를 읽기 시작했다.

7월 18일 화요일

우르두 책을 처음으로 완독했다.

7월 22일 토요일

기르다르의 《라마야나》를 다 읽고, 《슈리마드 바가바드》를 읽기 시작했다.

7월 23일 일요일

자베리의 《크리슈나차리트라》(*Krishnacharitra*)를 읽기 시작했다.

7월 29일 토요일

크리슈나랄 자베리의 《크리슈나차리트라》를 완독했다.

8월 4일 금요일

바이드야의 《크리슈나차리트라》를 완독했다.

8월 7일 월요일

기번의 《로마》 권 1을 다 읽고, 권 2를 읽기 시작했다.

---

82 〔역주〕《로마제국 쇠망사》를 지칭한다. 자세한 것은 아래 주 참조.

8월 10일 목요일

틸락의 《기타》, 〈샨티파르바〉 2부, 《바가바드》 1부를 완독했다. 《바가바드》 2부를 읽기 시작했다.

8월 22일 화요일

어제 정치범들이 유럽인 감방으로 이감되었다. 오늘 그들이 다시 원래의 감방으로 되돌아왔다.

8월 24일 목요일

〈아디파르바〉[83]를 완독했다.

8월 27일 일요일

《바가바드》 2부를 완독했다. 금요일에 〈사바파르바〉를 읽기 시작했다. 《사라스바티찬드라》(*Sarasvatichandra*)를 읽기 시작했다.

8월 28일 월요일

《마누 스므리티》를 완독했다. 《이샤 우파니샤드》를 읽기 시작했다.

8월 30일 수요일

〈사바파르바〉를 완독했다. 〈바나파르바〉를 읽기 시작했다.

9월 1일 금요일

기번의 책 권 2와 《이샤 우파니샤드》를 완독했다.

83 〔역주〕 이것은 《마하바라타》 첫 권에 해당한다. 그런데 간디는 권 2인 〈샨티파르바〉부터 읽기 시작했던 것이다. 그에게 그것이 더욱 매력이 있어서일까.

9월 2일 토요일

기번의 책 권3을 읽기 시작했다.

9월 3일 일요일

《사라스바티찬드라》 1부를 끝내고, 2부를 읽기 시작했다.

9월 6일 수요일

《사라스바티찬드라》 2부를 끝내고, 3부를 읽기 시작했다.

9월 9일 토요일

《사라스바티찬드라》 3부를 끝내고, 4부를 읽기 시작했다.

9월 13일 수요일

나는 존스 소령의 동의를 얻어서 오늘 오후 3시부터 화요일 오후 3시까지 묵수(默守)하기로 결정했다. 다음과 같은 경우는 예외로 한다.

1 다른 사람이나 내가 아플 때
2 외부에서 친구가 나를 보러 왔을 때
3 내가 다르와르 친구들이 있는 감방으로 이감되었을 때
4 헤이워드 씨와 같은 관리가 우리를 방문했을 때
5 존스 소령이 나와 말하고 싶을 때

오늘 침대 틀이 들어왔다.

9월 20일 수요일

어제 묵수가 끝났다. 침묵의 기간 동안 지락(至樂)을 맛보았다. 오늘 《사라스바티찬드라》 4부를 완독했다. 카비르 시를 완독했다. 야콥

뵈멘(Jacob Boehmen)을 읽기 시작했다. 샹케를랄에게 사과의 편지를 썼다. 다시 묵수를 시작했다. 묵수는 화요일 오후 3시에 끝날 것이다.

9월 23일 토요일

뵈멘의 《초감각의 삶》(*Supersensual Life*)을 완독했다.

> 그대가 신을 보거나 듣지 못하게 방해하는 것은 그대 자신의 듣기와 의지 이외에 다른 아무것도 없다네. (14면)
>
> 만일 그대가 피조물을 외면적으로만 다스리고, 그대의 내적 본성이 갖고 있는 올바른 내면적 토대로부터 다스리지 못하다면, 그대의 의지와 통치는 짐승 같은 것이거나 물질에만 있게 될 것이라네. (18면)
>
> 그대는 만물과 같다네, 그대와 같지 않은 것은 아무것도 없다네. (19면)
>
> 만일 그대가 만물과 같이 되고 싶으면 만물을 버려야 할 것이네. (20면)
>
> 손이나 머리가 노동하게끔 하세. 그렇지만 그대의 심정은 신 안에 깃들어 있어야 한다네. (65면)
>
> 천국이란 의지를 신의 사랑에 맡기는 일이라네. (83면)
>
> 지옥은 의지를 신의 분노에 맡기는 일이라네. (83면)
>
> 뵈멘, 《초감각의 삶》

《프로 크리스토 에트 에크레시아》(*Pro Christo et Ecclesia*)[84]를 읽기 시작했다.

---

84 〔역주〕《그리스도와 교회를 위하여》.

9월 24일 월요일

《카타발리 우파니샤드》(*Kathavalli Upanishad*)를 완독했다.

9월 25일 월요일

《프로 크리스토 에트 에크레시아》를 끝내고, 《사타르타 프라카샤》를 읽기 시작했다. 〈바나파르바〉를 완독했다.

9월 26일 화요일

〈비라타파르바〉(*Virataparva*)와 《갈릴리 사람들》(*Galilean*)을 읽기 시작했다.

9월 27일 수요일

《즈나네슈와리》(*Jnaneshwari*)를 읽기 시작했다.

9월 30일 토요일

〈비라타파르바〉와 기번의 《로마》 권 3을 완독했다.

10월 1일 일요일

기번의 《로마》 권 4와 〈우드요가파르바〉를 읽기 시작했다.

10월 3일 화요일

《갈릴리 사람들》을 완독했다.

10월 6일 금요일

바, 잠나랄지, 람다스, 푼자바이, 키쇼렐랄이 수요일 면회하러 왔다. 어제 잠나랄지에게 람다스에 대해서 편지를 썼다. 오늘 소장에게 가니[85]와 신문[86]에 대해서 편지를 썼다. 《필로 크리스투스》(*Philo Christus*)와 네 번째 우르두 책을 읽기 시작했다.

10월 15일 일요일

〈우드요가파르바〉를 완독했다.

10월 16일 월요일

〈비슈마파르바〉를 읽기 시작했다.

10월 18일 수요일

《사탸르타 프라카샤》를 완독했다.

10월 22일 일요일

〈비슈마파르바〉와 《필로 크리스투스》를 완독했다.

10월 23일 월요일

기번의 책을 완독했다. 〈드로나파르바〉와 《프렘 미트라》(*Prem Mitra*)를 읽기 시작했다. 《즈나네슈와리》를 완독했다.

10월 24일 화요일

《프렘 미트라》를 완독했다.

---

85 〔역주〕 Abdul Gani : 동료 죄수. 《전집》 권 26, 416면.

86 〔역주〕 정치범에게는 신문이나 잡지가 금지되었다. 간디지는 여러 신문 중 하나를 허용해 달라는 것이었다. 《전집》 권 26, 416면.

10월 25일 수요일
《샤드 다르샨 사무츠차야》(*Shad-darshan-samuchchaya*) 와 《복음과 쟁기》(*The Gospel and the Plough*) 를 읽었다. 나투람 샤르마의 《기타》 주석을 읽기 시작했다.

10월 28일 토요일
《복음과 쟁기》를 완독했다.

11월 6일 월요일
〈드로나파르바〉를 완독했다.

11월 7일 화요일
〈카르나파르바〉를 읽기 시작했다. 샹케를랄이 어제 병들었다. 토하기도 했다.

11월 11일 토요일
〈카르나파르바〉를 완독했다.

11월 12일 일요일
〈샬야파르바〉를 읽기 시작했다.

11월 17일 금요일
〈샬야파르바〉를 완독했다. 오늘부터 실험 삼아 오렌지를 먹지 않았다. 〈아누샤산파르바〉를 읽기 시작했다.

11월 22일 수요일
《샤드 다르샨 사무츠차야》를 완독했다.

11월 27일 월요일

《우르두어 독본》 권 3을 완독했다. 《우르두어 독본》 권 4를 읽기 시작했다.

11월 28일 화요일

〈아누샤산파르바〉를 마쳤다. 〈아슈바메디카파르바〉를 읽기 시작했다.

12월 2일 토요일

〈아슈바메디카파르바〉를 완독했다. 《아슈람바시크》(*Ashramvasik*)를 읽기 시작했다.

12월 4일 월요일

《마하바라타》를 다 읽고, 시인 라즈찬드라의 저작을 읽기 시작했다. 《마하바라타》를 읽기 시작한 것은 6월 25일이었다.

12월 5일 화요일

어제 심한 복통을 앓았고, 그래서 오늘 비버 기름과 오렌지를 먹기 시작했다. 거의 한 달 만에 건포도를 먹기 시작했다.

12월 6일 수요일

J. 브라이얼리(Brierly)의 《우리 자신과 우주》(*Ourselves and the Universe*)를 읽기 시작했다.

12월 9일 토요일

> 누구에 대해서도 나쁜 일을 원하거나 나쁜 일을 하거나, 그것을 말하거나 생각하는 일, 그런 모든 일을 우리가 해서는 안 된다. 여기에는 예외가 없다.
>
> 터투리언. J. 브라이얼리, 《우리 자신과 우주》

금요일 이래 건포도와 오렌지를 포기했다.

12월 15일 금요일
브라이얼리의 《우리 자신과 우주》를 완독했다.

12월 16일 토요일
리먼 애벗(Lyman Abbott)의 《기독교는 나에게 어떤 의미가 있는가》(*What Christianity Means to Me*)를 읽기 시작했다. 바가 오늘 오기로 되어 있었는데 오지 않았다.

12월 21일
소령이 마간랄과 다른 이들에게 허가를 거부했다는데, 그것에 대해서 어제 소령에게 써 두었던 편지를 오늘 와르느에게 건네주었다.

12월 25일
《기독교는 나에게 어떤 의미가 있는가》를 완독했다. 아나수야벤이 보낸 건포도와 무화과를 먹었다.

교도소 일기, 1922(G.), SN 8039M ; 《전집》 26 : 181

76) 교도소에서 읽은 책들(1923) *1923*

1월 3일 수요일
어제 《기독교로 가는 발걸음》(*Steps to Christianity*)을 완독했다. 트린(Trine)의 《나의 철학과 종교》(*My Philosophy and Religion*)를 읽기 시작했다. 오늘 소령[87]이 런던 이너템플 법학원이 명부에서 내 이름을 삭

87 〔역주〕 존스 소령. 《전집》 권 26, 441면 참조.

제했다는 통지문 사본을 나에게 주었다.

1월 7일 일요일

어제 《나의 철학과 종교》를 완독했다. 라빈드라나트〔타고르〕의 《사다나》(*Sadhana*)와 《우파니샤드〔프라카슈〕》를 읽기 시작했다.

1월 14일 일요일

어제 《사다나》를 완독했다.

2월 4일 일요일

라즈찬드라의 저작과 주석이 있는 《이샤 우파니샤드》를 완독했다. 《케나》[88]를 읽었다. 우르두 권3의 재독을 마쳤다. 《자기 암시》(*Auto-suggestion*)를 완독했다. 1월 27일 바가 나를 면회하러 왔다. 나는 샹케를랄을 자신의 28일 서약에서 풀어주었다.

2월 5일 월요일

《성경 공부 길라잡이》(*Helps to Bible Study*)를 완독했다. 막스 뮐러의 우파니샤드의 번역과 함께 웰스[89]의 역사서를 읽기 시작했다.

2월 22일 목요일

막스 뮐러의 우파니샤드의 번역과 《우파니샤드 프라카슈》 3부를 완독했다. 그 책 4부와 웰스의 역사서를 읽었다.

---

88 《케나 우파니샤드》.

89 〔역주〕 H. G. Wells(1866~1946): 영국 소설가·역사학자.

2월 25일 일요일

《우파니샤드 프라카슈》 4부를 끝내고, 5부 《카타발리 우파니샤드》를 읽기 시작했다.

3월 2일 금요일

2월 28일 웰스의 역사서 2부를 끝내고 어제 성경을 읽기 시작했다. 비슈누 신 숭배에 대한 소책자를 완독했다. 웰스의 역사서 1부를 읽기 시작했다.

3월 11일 일요일

수요일 결막염으로 눈에 가성소다를 넣었다.

목요일 《우파니샤드 프라카슈》 5부를 끝내고, 6부를 읽기 시작했다. 그날 물레질을 할 수 없었다. 우르두 책 권4를 끝내고, 권5를 읽기 시작했다.

3월 16일 금요일

어제 웰스의 역사서 1부를 완독했다. 오늘 바가반다스(Bhagwandas)의 《평화학》(*Science of Peace*)을 훑어보았다.

3월 19일 월요일

키플링[90]의 《막사에서의 담시》(*Barrack-room Ballads*)를 완독했다. 게디스[91]의 《도시의 진화》(*Evolution of Cities*)를 읽었다. 베다 종교에 관한

---

90 〔역주〕 Joseph Rudyard Kipling(1865~1936) : 영국의 소설가 · 단편작가 · 시인. 영국 제국주의에 대한 찬양, 인도와 미얀마의 영국 군인들을 다룬 이야기 · 시 · 동화 등으로 유명하다. 1907년 노벨 문학상을 받았다.

91 〔역주〕 Sir Patrick Geddes(1854~1932) : 스코틀랜드의 생물학자 · 사회학자. 도시계획과 지역계획 개념을 개척한 것으로 잘 알려져 있다.

소책자를 완독했다.

3월 21일 수요일
어제 게디스의 《도시의 진화》를 완독했다. 오늘 라마누자의 전기를 읽기 시작했다. 건포도 10시어를 받았다.

3월 22일 목요일
라마누자 선생의 전기를 완독했다. 《시크 역사》를 읽기 시작했다.

3월 26일 월요일
어제 미르자(Mirza)의 《이슬람 윤리》(*Ethics of Islam*)를 읽기 시작했다.

3월 31일 토요일
어제 《시크 역사》와 미르자의 《이슬람 윤리》를 끝내고, 벤자민 키드(Benjamin Kidd)의 《사회진화》(*Social Evolution*)를 읽기 시작했다. 오늘 불러(Buhler)의 《마누법전》(*Manusmriti*) 번역을 읽기 시작했다.

4월 4일 수요일
어제 키드의 《사회진화》를 완독했다. 오늘 불러의 《마누법전》 서문을 완독했다. 고쿨찬드(Gokulchand)의 《시크 권력의 흥기》(*Rise of the Sikh Power*)를 읽기 시작했다.

4월 9일 월요일
어제 고쿨찬드의 《시크 권력의 흥기》를 완독했다. 시인[92]의 《카비르의

92 〔역주〕 라빈드라나트 타고르를 지칭. 카비르는 15세기 인도 시인 겸 신비주의자. 이 시집은 라빈드라나트 타고르가 힌디어에서 영역했다.

노래》(*Kabir's Songs*)도 완독했다. 오늘 제임스(James)의 《우리의 그리스 유산》(*Our Hellenic Heritage*)을 읽기 시작했다. 다다찬드지의 《아베스타》(*Avesta*)와 오로빈도의 《기타니슈카르샤》(*Gitanishkarsha*)를 푸라니 번역으로 읽기 시작했다.

4월 17일 화요일

제임스의 《우리의 그리스 유산》을 완독했다. 어제 데브다스가 면회하러 왔다. 샹케를랄이 오늘 석방됐다.

4월 19일 목요일

수피 샤 물라 샤, 그가 샤 제한의 분노에서 도망가라는 충고를 받았을 때 그는 다음과 같이 말했다고 한다.

> 나는 도망가서 안전을 도모해야 하는 사기꾼이 아니다. 나는 진리를 말하는 자이다. 생사가 나에게는 같다. 내가 또다시 태어나더라도 날 찌르는 창을 피로 물들일 것이다. 나는 영원히 살아 있을 것이다. 죽음이 나에게서 뒤로 물러선다. 내 지식이 죽음을 이겼기 때문이다. 모든 색깔이 지워진 그곳이 나의 주처가 되었다.

만수리 할라즈가 말했다.

> 묶인 자의 두 손을 잘라내기란 쉽다. 하지만 나를 신과 묶는 고리를 절단하기란 정말 어려운 일일 것이리라.

클로드 필드(Claude Field),
《이슬람의 신비주의자와 성자들》
(*Mystics and Saints of Islam*)

오늘 5시어의 건포도를 받았다.

4월 26일 목요일

《우파니샤드 프라카슈》 7부에서 10부(《카타 우파니샤드》)를 완독했다. 오늘 《프라슈나 우파니샤드》로 시작하는 11부를 읽기 시작했다. 토요일 우르두어 독본 권1의 재독을 다 마쳤다. 토요일 심한 위통을 앓았다. 그 통증은 월요일에 가서야 잦아들었다. 그 소령이 나를 잘 돌봐주었다. 나는 심하게 앓았다. 토요일 통증에도 불구하고 나는 계획대로 계속 일하고 공부할 수 있었다. 일요일에서 화요일까지 일과 공부를 유보했다. 통증 때문에 나는 목수를 하지 않았다. 통증의 원인이 토요일 이른 아침에 복용했던 비버 기름이 아직 효과를 내기 전, 여느 때처럼 오전 7시에 우유와 빵을 먹은 것 때문이라고 믿는다. 전에도 정확히 그렇게 먹었던 적이 있었다. 그때는 나에게 아무 해를 끼치지 않았지만 이번에는 해를 주었다. 여기에서 나는 두 개의 결론을 끌어냈다. 첫째, 이 병이 서서히 뿌리를 내리고 있음에 틀림없다는 것, 둘째, 내 육신은 하제(下劑)가 효과를 발휘하기 전에는 음식을 먹는 실험을 견디지 못할 것이라는 점이다. 그 결과는 환영할 만한 것이고 또한 고통스런 것이다. 신은 나를 전면적으로 시험하고 계셨다. 그분은 자신의 책에 기록해 오신 것을 읽어 볼 수 있게 나를 허락하지 않으셨다. 그의 지혜는 무한하다.

4월 28일 토요일

어제 나는 다다찬드지의 《아베스타》를 끝내고, 스펜서(Spencer)의 《사회학 기초》(*Elements of Sociology*)를 읽기 시작했다. 오늘 나는 매콜립의 《시크교의 역사》(*History of Sikhism*)를 읽기 시작했다.

5월 9일 수요일

매독 대령[93]은 지난 토요일 나를 진찰하고서는 내가 초기 이질을 앓고 있을 가능성이 매우 높다는 것을 알려 주었다. 존스 소령은 일요일 이래 최토제(催吐劑)를 주사하기 시작했다. 만자르 알리가 도착한 이후 거의 일주일이 되었다. 인두랄도 여기에 올 것이라는 소식을 오늘 들었다. 소령은 오늘 나에게 앤드루스의 편지를 전해 주었다. 어제 《기타니슈카르샤》를 완독했다.

5월 16일 수요일

인두랄이 어제 왔다. 매독 대령이 다시 한 번 나를 진찰했다. 허버트 스펜서의 《사회학 기초》를 완독했다. 쉬브람 페르와니(Shivram Pherwani)의 《사회적 효율성》(*Social Efficiency*)을 훑어보았다.

5월 19일 토요일

어제 나는 유럽인 감방으로 이감되었다. 바, 라다, 마니, 락스미(2세) 그리고 잠나다스가 어제 나를 면회하러 왔다. 어제 나는 와디아(Wadia)의 《마호메트의 메시지》(*Message of Mahomed*)를 다 읽고 《그리스도의 메시지》(*Message of Christ*)를 읽기 시작했다. 《프라슈나 우파니샤드》를 완독했다.

5월 20일 일요일

《만두카 우파니샤드》를 읽기 시작했다.

---

93 〔원주〕 푸나 사순 병원의 의무감(醫務監). 〔역주〕 1924년 1월 12일에 간디의 맹장 수술을 하게 된다. 《전집》 권 26, 444면.

5월 21일 월요일
하산의 《이슬람의 성자들》을 완독했다. 몰턴(Moulton)의 《초기 조로아스터교》를 읽기 시작했다.

5월 27일 일요일
카카의 《히말라이노 프라바스》(*Himalayno Pravas*)와 《시크교의 역사》 3부를 완독했다. 《시크교의 역사》의 4부와 찬드라샹카르의 《시타하란》(*Sitaharan*)도 읽기 시작했다. 롤프 에버린(Rolf Evelyn)의 《법정과 그늘》(*Bars and Shadows*)을 읽었다.

5월 31일 목요일
화요일, 지난 13일 동안 제쳐 두었던 물레를 다시 돌렸다. 어제 찬드라샹카르의 《시타하란》을 읽었다. 오늘 몰턴의 《초기 조로아스터교》를 완독했다.

6월 1일 금요일
키쇼렐랄의 책 《붓다와 마하비라》와 《시크교의 역사》 5부를 완독했다.

6월 3일 일요일
키쇼렐랄의 책 《라마와 크리슈나》와 《시크교의 역사》 6부를 완독했다.

6월 6일 수요일
오로빈도의 투옥에 대한 얘기와 《만두카 우파니샤드》를 완독했다.

6월 16일 토요일

어제 《인간과 초인간》(*Man and Superman*)을 완독했다. 오늘 《바그야노 바라스》(*Bhagyano Varas*)를 완독했다. 《마르칸데야 푸라나》(*Markandeya Purana*)의 영역을 읽기 시작했다.

6월 30일 토요일

이번 주 초 카카와 나라하리가 지은 《푸르바 랑》(*Poorva Rang*)을 끝내고, 푸라타트바 만디르에서 행한 강연의 원고를 읽기 시작했다. 어제 우르두어로 예언자 우스바에 사하바(Usbae-Sahaba)의 삶에 나타난 에피소드에 대한 책을 끝내고, 그 예언자의 동료들에 대한 설명을 읽기 시작했다.

어제 달지엘(Dalziel)과 소령과 함께 물쉬 페타의 수감자들에 대한 구타에 관해서 논의했다.

7월 2일 월요일

어제 《마르칸데야 푸라나》를 끝내고 《만두카 우파니샤드》의 15장, 16장과 가우다파다 선생의 《카리카》의 17장을 읽기 시작했다.
버클의 《문명사》(*History of Civilization*) 1부를 읽기 시작했다.

7월 7일 토요일

푸라타트바 만디르에서 행한 강연 시리즈의 원고를 완독했다. 《자야와 자얀트》(*Jaya-jayant*)를 읽기 시작했다. 월요일 저녁 큰 통증을 느꼈다. 과오는 전적으로 내 탓이다. 아나수야벤이 보내준 무화과를 과식했기 때문이다. 신의 친절은 참으로 무한하다. 하지만 죄악에 대한 즉각적인 처벌보다 복지에 도움이 되는 것이 뭐가 있겠는가?

7월 10일 화요일

어제 푸라타트바 만디르에서 행한 강연 시리즈의 원고를 완독하고 고대 문학에 대한 라빈드라나트의 책을 읽기 시작했다.

오늘부터 나는 단식을 시작한다고 소장에게 어제 편지를 썼다. 그래서 그는 내게 와서 단식을 연기하도록 호소했다. 그는 오늘 아침 다시 방문하여 그를 위해서 단식을 48시간 연기해 달라고 청했다. 나는 그러기로 했다. 그리피스 씨가 오늘 오후 2시에 와서 2시간 동안 나와 면담한 다음 떠났다.

7월 12일 목요일

어제 그리피스 씨가 다시 주지사의 메시지를 가지고 나에게 왔다. 어제 고대 문학에 관한 그 책을 마쳤다. 《유가다르마》(*Yugadharma*)를 읽기 시작했다. 나는 소장과 그리피스 씨의 임석하에 다스타네와 데브 두 사람을 만났다. 그들은 관련되는 도덕적 문제들을 논의하고 난 다음 단식을 그만두겠다고 선언했다.

7월 13일 금요일

츠하간랄, 카시, 그 이외의 사람들이 나를 면회하러 오기로 되어 있었는데 오지 않았다.

7월 22일 일요일

지난 월요일 바, 츠하간랄, 아미나, 람다스와 마누가 나를 면회하러 왔다. 주 중 톨스토이 백작의 자서전과 버클의 《역사》(*History*) 1부를 완독했다. 2부와 《칼라파니 니 카타》(*Kalapani-ni-katha*)를 읽었다. 화요일 다스타네와 다른 사람들에 대해서 그리피스 씨에게 편지를 썼다.

7월 30일 월요일

지난주 《칼라파니 니 카타》를 완독하였다. 《삼파티샤스트라》(*Sampatti shastra*) 1부를 다 읽고 2부를 읽었다. 어제 《주노 카라르》(*Juno Karar*)[94]를 완독했다. 오늘 《나보 카라르》(*Navo Karar*)[95]를 읽기 시작했다.

8월 8일 수요일

버클의 《역사》 2부와 《기타고빈드》를 완독했다.

8월 12일 일요일

《우파니샤드 프라카슈》의 마지막 부분, 즉 〈아이타레야 브라흐마나〉와 〈타이티리야 브라흐마나〉를 완독했다. 《찬도갸 우파니샤드》를 읽기기 시작했다. 목요일 제임스 교수의 《다양한 종교 경험》(*Varieties of Religious Experience*)을 읽기 시작했다. 《삼파티샤스트라》를 완독했다.

8월 15일 수요일

월요일 주지사가 방문했다. 오늘 특수분리에 대해서 편지를 썼다. 오늘 《사하바》(*Sahaba*)를 완독했다. 그리고 《로마사 이야기》(*Stories from the History of Rome*)를 읽었다.

8월 19일 일요일

버클의 《역사》 3부를 완독했다. 홉킨스(Hopkins)의 《종교의 기원과 진화》(*Origin and Evolution of Religion*)를 읽기 시작했다.

---

94 구약성서 구자라트어 번역.

95 신약성서 구자라트어 번역.

8월 23일 목요일

홉킨스의 책을 다 읽고, 레키(Lecky)의 《유럽의 도덕》(*European Morals*)을 읽기 시작했다.

8월 26일 일요일

제임스의 《다양한 종교 경험》을 완독했다. 나흘 전 비노바의 《마하라슈트라 다르마》(*Maharashtra-Dharma*) 1부를 완독했다. 2부도 거의 완독했다.

소장이 어제 생유를 먹는 자는 과일이 필요 없다고 하고, 만자르 알리에게 과일 주는 것을 거부했다. 심지어 나에게도 과일이 필수적인 것이 아니라고 말했다. 그래서 나는 오렌지나 레몬 등을 요구하지 않기로 했다. 오늘 만자르 알리의 할당량인 바나나를 먹었다. 그리고 생유를 마셨다.

8월 28일 화요일

《기타코샤》(*Gitakosh*)[96]를 다 썼다. 어제 홈스(Holmes)의 《자유와 성장》(*Freedom and Growth*)을 읽기 시작했다.

오늘부터 전적으로 생유만 먹고 지내기로 했다. 신이여, 나를 도우소서.

8월 31일 금요일

홈스의 《자유와 성장》을 끝내고 헤켈(Haeckel)의 《인간의 진화》(*Evolution of Man*)를 읽기 시작했다.

오늘 소령이 결막염을 앓고 있는 눈에 가성소다를 발라 주었다.

---

96 《기타》의 〈용어해설〉.

9월 2일 일요일

어제 성경을 완독했다. 오늘 그림으로 보는 예수에 대한 해설을 읽기 시작했다.

지난주 체중 3파운드가 빠졌다.

9월 9일 일요일

그림으로 보는 예수 해설을 끝내고 카비(시인)의 《묵타다라》(*Muktadhara*)와 《둡툰 바한》(*Dubtoon Vahan*)[97]도 완독했다. 체중이 1파운드 불었다. 이제 101파운드이다.

9월 16일 일요일

월요일 데브다스, 나란다스, 케슈[98]와 카쵸가 면회하러 왔다. 예언자 마호메트의 일생에 대한 마울라나 쉬블리의 글 제1부를 완독했다. 마호메트 알리 박사의 《코란》 서문도 읽었다.

9월 28일 금요일

이번 주 비베카난드의 《라자요가》(*Rajayoga*)와 참파크라이 자인(Champakrai Jain)의 《다르마니 에카타》(*Dharmani Ekata*)를 완독했다. 마울라나 쉬블리의 〈예언자 마호메트의 일생〉을 오늘 완독했다.

9월 30일 일요일

니콜슨(Nicholson)의 《이슬람의 신비주의자들》을 어제 읽기 시작하고 그것을 오늘 완독했다. 《기타코샤》를 정서하기 시작했다. 어제

97 라빈드라나트 타고르의 희곡들.

98 〔역주〕 케샤브랄(Keshavral), 마간랄 간디의 아들. 《전집》 권26, 449면.

《사하바 에크람》 2부와 우르두어 독본 권 5의 읽지 않았던 부분을 읽기 시작했다. 폴 카루스(Paul Carus)의 《붓다의 복음》(*Gospel of Buddha*)을 읽기 시작했다. 오늘 존스 소령이 나에게 작별인사를 하러 왔다.

10월 7일 일요일

이번 주 중 폴 카루스의 《붓다의 복음》을 완독했다. 리즈 데이비즈(Rhys Davids)의 《히버트 불교강의》(*Hibbert Lectures on Buddhism*)를 읽었다. 오늘 아메르 알리(Ameer Ali)의 《이슬람 정신》(*Spirit of Islam*)을 읽기 시작했다. 《기타코샤》의 정서를 계속했다. 오늘 잠나랄지에게서 과일 한 바구니를 받았다.

오늘 《찬도갸 우파니샤드》를 다 읽고 《브리하드아란야카》를 읽기 시작했다.

10월 14일 일요일

수요일 바, 아반티카바이, 잠나랄지와 사바티바이가 면회하러 왔다. 데이비즈의 《히버트 불교강의》를 다 읽고, 올리브 라즈 경(Sir Oliver Lodge)의 《현대의 문제들》(*Modern Problems*)을 읽었다.

10월 21일 일요일

올리브 라즈 경의 《현대의 문제들》을 완독했고, 〈푸라타트바〉(*Puratatva*)지의 이번 호를 읽기 시작했다.

10월 25일 목요일

오늘 만자르 알리를 프라야그로 데리고 갔다. 화요일 아메르 알리의 책을 완독했다. 어제 워싱턴 어빙(Washington Irving)의 《마호메트》(*Mahomed*)를 완독했다. 오늘 《스야드바다 만자리》(*Syadvada Manjari*)

를 읽기 시작했다.

10월 26일 금요일
오늘 압둘 가니가 여기 감방으로 옮겨왔다.

11월 4일 일요일
수요일 압둘 가니가 물레질을 시작했다.
어빙의 《마호메트》를 완독했다.
아메르 알리의 《사라센의 역사》(*History of the Saracens*)를 읽기 시작했다.

11월 11일 일요일
화요일 《브리하드아란야카 우파니샤드》를 완독했다. 목요일 기조[99]의 《유럽문명사》(*History of Civilization in Europe*)를 읽기 시작했다. 오늘 《사하바》 2부를 완독했다. 그리고 내일 마울라나 쉬블리의 하스랏 오마르 전기를 읽기 시작할 것이다.

11월 12일 월요일
오늘 소장에게 편지를 써서, 그가 압둘 가니에게 가니가 선택한 음식을 공급하지 않기 때문에, 나도 수요일부터 오렌지와 건포도를 포기하겠다고 말했다.

11월 18일 일요일
지난 수요일 이래 오렌지와 건포도를 포기했다. 내가 오늘 3파운드의 체중이 줄었음을 알았다. 하지만 몸의 기운은 변함없다.

---

99 〔역주〕 Francois(-Pierre-Guillaume) Guizot(1787~1874) : 프랑스의 정치가·역사가.

11월 24일 토요일

오늘 아메르 알리의 《사라센의 역사》를 다 읽고 《기타코샤》를 정서했다. 어제 기조의 《유럽문명사》를 완독했다. 오늘 기조의 《프랑스문명사》 2부를 읽기 시작했다.

11월 26일 월요일

어제 모틀리(Motley)의 《네덜란드공화국 성립사》(*Rise of the Dutch Republic*)를 읽기 시작했다. 오늘 나는 남아프리카에서의 사탸그라하(*satyagraha*: 진리파지)의 역사를 쓰기 시작했다. 리제(Reese)의 자서전을 다 읽고 라잠 이예르(Rajam Iyer)의 《베단타브라만》(*Vedantabhraman*)을 읽기 시작했다.

12월 9일 일요일

오늘 모틀리 책의 1부를 다 읽고 2부를 읽기 시작했다. 라잠 이예르의 《베단타브라만》을 완독했다.

수요일 기조의 《프랑스문명사》 2부를 다 읽고 3부를 읽기 시작했다. 오늘 《스야드바다 만자리》를 완독했다. 《우타라드야얀 수트라》(*Uttaradhyayan Sutra*)를 읽기 시작했다. 과일을 먹지 않고 살아가는 실험이 지속되고 있다. 화요일부터 우유와 함께 빵을 먹고 있다. 체중이 2파운드 늘었음을 알았다. 현재 99파운드이다.

12월 15일 토요일

기조를 다 읽고 《장미십자단의 신비》(*Rosicrucian Mysteries*)[100]를 시작했다.

---

100 〔역주〕 장미십자단(薔薇十字團, *Rosicrucian*): 고대부터 전해 내려온 비밀스런 지식을 알고 있다고 주장하는 세계적인 단체. 이 명칭은 이 단체의 상징인 장미와 십자가가 결합되어 있는 문양에서 나왔다. 이 회의 가르침은 여러 종교의 신앙과 관행을 연상시키는 신비주의 요소들을 결합하고 있다.

12월 16일 일요일

모틀리 책 2부를 다 읽고 3부를 시작했다.

12월 23일 일요일

화요일 바, 마투라다스, 람다스가 면회하러 왔다.

수요일 라마바이 라나데가 면회하러 왔다. 소장의 권유로 하릴랄에게 나를 면회하러 와 달라는 편지를 썼다.

화요일 저녁부터 다시 과일을 먹기 시작했다. 지난 일요일 내 체중이 최소 96파운드까지 감소되어 소장도 놀랐다. 목요일 이래 꿀을 먹기 시작했고 빵을 8온스나 먹었다.

오늘 내 체중이 99파운드였다. 수요일 《장미십자단의 신비》를 다 읽고 플라톤의 《대화편》을 시작했다. 오늘 하스랏 오마르의 전기를 다 읽고 마울라나 쉬블리의 《알 카람》(*Al Kalam*)과 우드로프(Woodroffe)의 《샥타와 샥티》(*Shakta and Shakti*)를 읽기 시작했다. 모틀리의 책을 완독했다.

12월 30일 일요일

《우타라드야얀 수트라》를 끝내고 《바가바티 수트라》를 시작했다. 우드로프의 《샥타와 샥티》를 완독했다. 목요일 플라톤의 《대화편》의 첫 부분을 다 읽고 둘째 부분을 시작했다.

부록: 책의 목록

157 *[101] 《자연사》(*Natural History*)

158 * 《고대인의 지혜》(*The Wisdom of the Ancients*)

101 별표의 의미는 알려져 있지 않다. 하지만 숫자는 목록의 번호를 의미한다.

159 * 《인도의 자연의 모습들》(*Natural Features of India*)

178 * 《로마사 이야기》(*Stories from the History of Rome*)

1922년 4월 23일자 일기를 보시오.

205* 《젊은 십자군》

212* 《교부들과 순교자들의 생애》(*Lives of Fathers and Martyrs*)

215* 《구름에서 떨어지다》

264 《아이반호》(*Ivanhoe*)

282 《낡은 호기심 상점》(*The Old Curiosity Shop*)

295* 《다섯 제국》

305 《이봐 서쪽이야》(*Westward Ho*)

356* 《신의 추구자》(*Seekers After God*)

《평등》(*Equality*) : 벨러미

41* 《다섯 국가》(*The Five Nations*) : 키플링

49* 《지킬 박사와 하이드 씨》

10 《두 번째 정글 북》(*The Second Jungle Book*)

107* 《존 하워드의 삶》(*J. Howard*)[102]

109 《호라세의 풍자와 편지》(*Satires and Epistles of Horace*)

111* 괴테의 《파우스트》

116 《열대농업》(*Tropical Agriculture*)

125* 《고대 로마의 담시》(*Lays of Ancient Rome*)

129 마라티어 입문

132* 《조류자연사》(*Natural History of Birds*)

144 《이녹 아든》(*Enoch Arden*)

148 《역사적 영어 문법》(*Historical English Grammar*)

149~150 스코트의 시작(詩作)

102 〔역주〕 1922년 6월 24일 일기에 따라서 보완했다.

152* 《콜럼버스의 인생과 항해》
(*The Life and Voyages of Christopher Columbus*)
《묵티비벡》(*Muktivivek*) — 비드야란야스와미의 책 번역
《칸타》(*Kanta*) — 위와 같음
《말라티 마다바》(*Malati Madhava*)
《시단타사라》(*Siddhantasara*)
《판차사티》(*Panchasati*)
《굴라싱》(*Gulasinh*)
《슈리브리티프라바카르》(*Shrivritiprabhakar*)
《차투흐 수트리》(*Chatuh Sutri*)
《보즈프라반드》(*Bhojprabandh*)
《비크람차리트라》(*Vikramcharitra*)
《요가빈두》(*Yogabindu*)
《쿠마르팔차리트라》(*Kumarpalcharitra*)
《비바드탄다브》(*Vivadtandav*)

교도소 일기, 1923(G.), SN 8039 ; 《전집》 26 : 205

77) 교도소 내에서의 공부

소년 시절 나는 교과서 이외의 다른 책을 읽는 일을 별로 좋아하지 않았다. 교과서만으로도 생각할 자료를 충분히 얻었다. 학교에서 배운 것을 실천에 옮기는 것은 나에게는 자연스러운 일이었기 때문이다. 집에서 독서하는 것을 지독히도 싫어했다. 나는 의무감을 갖고 가정에서 공부에 애쓰곤 했다. 영국에서 학창시절 동안에도 시험을 위한 책 이외에는 아무것도 읽지 않는 습관은 유지되었다. 하지만 세상살이를 시작하자 일반지식을 얻기 위해서 독서를 해야 한다고 느꼈다. 그러나 내 인생의 초창기는 질풍노도였다. 그것은 당시 카티아와르의 정치 대리인이었던 자와 투쟁을 하면서 시작되었다. 따라서 나는 문

학적 추구를 위한 시간이 없었다. 남아프리카에서 1년 동안 나는 내가 직면하고 있었던 자유를 위한 투쟁에도 불구하고 상당한 여가가 있었다. 나는 1893년을 종교적 구도에 바쳤다. 따라서 독서는 전적으로 종교적인 것이었다. 1894년 이후 지속적인 독서를 위한 시간은 모두 남아프리카의 교도소에서 얻었다. 나는 독서 취미를 길렀을 뿐 아니라 산스크리트어의 지식을 완수하고 타밀어 · 힌디어 · 우르두어를 공부할 마음을 내었다. 타밀어를 공부하게 된 것은 남아프리카에서 수많은 타밀인을 만나게 되었기 때문이고, 우르두어를 공부하게 된 것은 많은 회교도[103]와 거래가 있었기 때문이다. 남아프리카의 교도소는 내 독서욕을 자극했는데, 지난번 수감 기간 동안 내가 시기상조로 석방된 것은 유감스러운 일이다.

인도에서 독서할 기회가 오자 나는 그것을 크게 환영했다. 나는 예라브다 교도소에서 엄격한 공부 프로그램을 수립했는데 6년의 기간도 충분치 않았다. 인도가 때에 맞춰 일어서고, 외제 천의 불매운동을 완수하고 교도소 문을 열어젖힐 것이라는 희미한 희망이 첫 3개월 동안 나에게 있었다. 그러나 사실이 그렇지 못함을 곧 깨달았다. 따라서 근면하고 조용한 조직화가 필요하다는 것, 그런 조직을 위해서는 우리나라가 적어도 5년 이상 필요하다는 것을 나는 당장 알았다. 내 시간이 오기 전에 교도소에서 석방되었으면 하는 바람은 전혀 없었다. 진정한 의미의 스와라즈까지는 아니더라도, 우리나라에 평화롭고 건설적인 행위가 일어났을 때는 예외이지만 말이다. 그래서 나는 망가진 몸을 지닌 쉰네 살의 노인 대신에 스물넷의 청년의 열의로 공부하기로 마음먹었다. 내 시간의 1분 1초라

103 〔역주〕 영어 원전에는 Mussalman이란 용어가 사용되고 있지만 일반적으로는 Mussulman이란 용어가 사용된다.

도 활용하여, 석방될 때면 상당한 정도의 우르두어와 타밀어 학자, 그리고 산스크리트어에 익숙한 자가 되어 있을 것으로 기대했다. 나는 산스크리트어 원전을 읽고 싶은 내 욕구를 충족시킬 수 있을 것이다. 그런데 사정이 그렇지 못했다. 내 공부는 불운한 질병과 조기 석방으로 갑자기 중단되고 말았다. 그렇지만 다음 목록은 독자에게 내 공부에 대한 아이디어를 보여줄 수는 있을 것이다.

《케임브리지 스코틀랜드사》, 《주님과 그의 가르침》, 《하느님의 팔》, 《기독교 실천》, 툴시다스의 《라마야나》(H.), 《사탸그라하와 아사하요가》(H.), 《코란》, 《인생을 시작하는 길》, 《달로 가는 여행》(루시언), 《인도행정》(타코레), 《조류자연사》, 《젊은 십자군》, 《세계 순교자에 관한 성경의 견해》, 파라르의 《신을 구하는 자들》, 《미사르쿠마리》(G.), 《로마사 이야기》, 《탐 브라운의 학창시절》, 《고대인의 지혜》(베이컨), 《인도사》(G). ―찬드라칸트, 파탄잘리의 《요가다르샤나》(카니아 역), 발미키의 《라마야나》(구자라트어 역), 《다섯 국가》(키플링), 《평등》(에드워드 벨러미), 《그리스의 성 바울》, 《지킬 박사와 하이드 씨의 이상한 사건》, 로즈버리의 《피트》, 《정글 북》(키플링), 《파우스트》, 《존 하워드의 삶》, 《마하바라타》(모두 구자라트어 역), 《구름에서 떨어지다》(쥘 베른), 어빙의 《콜럼버스의 인생과 항해》, 기르다르의 《라마야나》(G.), 《다섯 제국》(윌버포스), 《고대 로마의 담시》, 《십자군》, 기번의 《로마》, 《우르두 독본》, 《바가바타》(구자라트어 역), 반킴의 《크리슈나차리트라》(자베리 역), 바이드야의 《크리슈나》(구자라트어 역), 틸락의 《기타》(구자라트어 역), 《사라스와티찬드라》(구자라트어), 《마누스므리티》(구자라트어 역), 《이샤 우파니샤드》(오로빈도 주석), 《카비르의 노래》, 야콥 뵈멘의 《초감각의 삶》, 《프로 크리스토 에트 에크레시아》, 《카타발리 우파니샤드》(힌디어 주석), 《갈릴리 사람들》, 《자네슈와리》(구자라트어 역), 《필로 크리스투스》, 《사탸르타 프라카샤》(힌디), 《프렘 미트라》(영어), 《6파 철학》(구자라트어 역), 《복음과 쟁기》, 나투람의 《기타 주석》, 샹카라의 《기타 주석》, 라즈찬드라의 편지와 저작, 《우리 자신과 우주》(J. 브라이얼리), 《기독교는 나에게 어떤 의미가 있는가》(애벗), 《기독교로 가는 발걸음》, 《나의 철학과 종교》(트린), 《사다나》(라빈드라나트), 바누의 《우파니샤드 주석》, 막스 뮐러의 《우파니샤드》, 웰스의 《역사》, 성경, 《평화의 과학》(바가반다스), 《막사에서의 담시》(키플링), 《도시의 진화》(게디스), 《라마누자의 일생》, 커닝햄의 《시크교도》, 고쿨찬드의 《시크교도》, 매콜립의 《시크교도》, 《이슬람의 윤리》, 《사회 진보》(키드), 《마누법전》(불러), 《우리의 그리스 유산》(제임스), 《아베스타》(다다찬드지), 《기타》(오로빈도), 《사회학 기초》(스펜서), 《사회적 효율성》(페르와니), 《마호메트의 메시지》(와디아), 《그리스도의 메시지》(와디아), 《이슬람의 성자들》(하산), 《초기 조로아스터교》(몰턴), 《히말라야 여행》(구자라트어), 《시타하란》(구자라트어), 《붓다와 마하비라》(구자라트어), 《라마와 크리슈나》(구자라트어), 《인간과 초인간》, 《마르칸데야 푸라나》(구자라트어), 푸르바 랑(구자라트어), 《하스랏 우마르의 일생》(버클), 《예언자의 고백》(우르두어), 《문명사》(버클), 《자야와 자얀트》(구자라트어), 라빈드라나트의 에세이(구자라트어), 톨스토이 백작의 《방어》, 《칼라파니 니 카타》(구자라트어), 《경제학》(구자라트어), 《기타고빈다》, 《다양한 종교 경험》(제임스), 《종교의 기원과 진화》(홉킨스), 레키의 《유럽의 도덕》, 《마하라슈트라 다르마》(마라티어), 《자유와 성장》(홈스), 《인간의 진화》(헤켈), 《묵타다라》(구자라트어) — 라빈드라나트, 《침몰하는 배》(구자라트어) — 라빈드라나트, 《예언자의 일생》(우르두어) — 마울라나 쉬블리, 마호메트 알리 박사의 《코란》, 《라자요가》(비베카난다), 《종교들의 합류》(참파크라이 자인), 《이슬람 신비주의자들》(니콜슨), 《붓다의 복음》(폴 카루스), 리즈 데이비즈의 《히버트 불교강의》, 《이슬람 정신》(아메르 알리), 《현대의 문제들》(로즈), 《마호메트》(워싱턴 어빙), 《스야드바다 만자리》, 《사라센의 역사》(아메르 알리), 《유럽문명》(기조), 《알 파루크》

(시블리), 《네덜란드공화국 성립사》(모틀리), 《테레사 성인의 묵상》, 《베단타》(라잠 이예르), 《우타라드야얀 수트라》, 《장미십자단의 신비》, 플라톤의 《대화편》, 《알 카람》(우르두어) 쉬블리, 우드로프의 《샥타와 샥티》, 《바가바티 수트라》(불완전).

그런데 독자들은 내가 이 책을 모두 선택하여 읽었다고 생각해서는 안 된다. 어떤 책들은 소용도 없고 교도소 바깥에서라면 읽지도 않았을 것이다. 어떤 책들은 알고 있는 또는 미지의 친구들이 보낸 것인데, 그들을 위해서 나는 통독해야 할 의무가 있다고 느꼈다. 예라브다 교도소는 나쁘다고는 말할 수 없는 영어 장서를 가졌다. 어떤 책들은 정말로 훌륭하다. 예를 들면, 파라르의 《신을 구하는 자들》, 루시언의 《달로 가는 여행》, 쥘 베른의 《구름에서 떨어지다》인데, 이 책들은 모두 나름대로 훌륭한 책이다. 파라르의 책은 고무적인데 마르쿠스 아우렐리우스 · 세네카 · 에픽테투스의 삶의 최선의 면을 말해 주고 있다. 루시언의 책은 멋지고 교훈적인 풍자이다. 쥘 베른은 이야기의 형식으로 과학을 가르쳐 준다. 그의 방법은 비길 데 없이 훌륭하다.

많은 기독교인 친구는 나를 아주 주의 깊게 주시하고 있었다. 나는 미국 · 영국 · 인도에 있는 그들에게서 책을 받았다. 내가 그들의 착한 동기를 인정하면서도 그들이 보내준 태반의 책들이 별 가치가 없었음을 고백하지 않을 수 없다. 나는 그 선물들에 대해서 그들이 좋아할 뭔가를 말해 주고 싶었다. 하지만 내가 진정으로 좋다고 생각하지 않으면서도 그런 말을 하는 일은 불공정하고 진실되지 못할 것이다. 기독교에 대한 정통적인 책은 나에게 아무 만족감을 주지 않았다. 예수의 일생에 대한 내 존경심은 참으로 크다. 그의 윤리적 가르침, 그의 상식과 희생은 나의 공경심(*reverence*)을 자아낸다. 하지만 나는 예수가 보통 말하는 의미로 육화된 신(*God incarnate*)이었고 또 지금도 신이라고 하는 정통 가르침, 그가 신의 독생자였고 또 지금도 독생자라고 하는 정통 가르침을 받아들이지 않는다. 나는 타인의 공로를 활용한다는 교리도 믿지 않는다.[104] 그의 희생은 우리에게 하나의 유형이고 본보기이다. 구원받기 위해서는 우리 각자가 '십자가에 달려야만 한다.' 나는 성부·성자·성신을 문자 그대로 이해하지 않는다. 그것들은 모두 비유적인 표현이다. 그리고 사람들이 산상수훈에 설정하려고 했던 한계란 것도 인정할 수 없다. 신약성서 안에 전쟁을 정당화하는 부분을 찾을 수가 없다. 나는 예수를 세상이 지금까지 본 선생이나 예언자 중에서 가장 걸출한 분으로 간주한다. 말할 것도 없이 나는 성서를 예수의 삶과 가르침에 대해서 오류 없는 기록으로 간주하지 않는다. 그리고 신약성서 안에 있는 모든 말이 하느님 자신의 말이라고도 간주하지 않는다. 구약과 신약 사이에 근본적인 차이가 있다. 구약이 비록 상당히 깊은 진리를 포함하고는 있지만, 나는 신약성서에 주는 것과 같은 영광을 구약에 주지는 않는다. 나는 신약성서를 구약성서 가르침의 연장으로, 그리고 어떤 사안에서는 구약의 거부로 본다. 나는 신약성서를 하느님의 최종적인 말씀으로 간주하지 않는다. 이 우주 안의 만물을 지배하는 동일한 진화의 법칙에, 다른 것과 마찬가지로 종교적 관념들도 종속되는 것이다. 오직 하느님만이 불변이고 그의 메시지가 불완전한 인간적 매체를 통해서 전달되므로, 그것은 매체의 순수성 여부에 비례하여 언제나 왜곡될 수밖에 없다. 따라서 나는 기독교 친구들과 지지자들을 존경하면서도 그들에게 나를 있는 그대로 받아들이기를 촉구한다. 그들과 같은 생각을 가지고 그들과 같은 존재가 되기를 원하는 바람을 나는 존경하며 감사하게 여긴다. 그것은 내 무슬림 친구들이 보내는 바람을, 내가 존경하고 그것에 감사하는 것과 같다. 나는 이 두 종교가 나의 종교와

104 〔역주〕 다시 말하면 간디는 대속사상을 믿지 않았다. 함석헌도 유사했다.

마찬가지로 참이라고 여긴다. 하지만 내 종교는 나에게 완전한 만족을 준다. 그것은 내가 성장하는 데에 필요한 모든 것을 갖고 있다. 나의 종교는 내가 믿는 것을 타인도 믿기를 기도하라고 가르치는 것이 아니라, 그들이 그들 자신의 종교 안에서 완전한 크기로 성장하기를 기도하라고 가르친다. 따라서 나는 기독교도나 이슬람교도가 보다 나은 기독교도, 보다 나은 이슬람교도가 되라고 부단히 기도한다. 내가 알기로, 신은 우리가 우리 자신들에게 부여한 이름이 무엇인지를 묻지 않을 것이고, 우리가 누구인지, 즉 우리가 무엇을 하는지를 물을 것임을 확신한다. 아니 신은 지금도 그렇게 묻고 있음이 분명하다. 그에게는 행위가 전부이다. 행위 없는 신념은 무이다. 그에게는 행위함이 곧 믿음이다. 독자는 내가 이런 여담을 하더라도 용서하길 바란다. 하지만 내가 교도소에 있을 때 기독교 친구들이 나에게 홍수처럼 많이 보내준 기독교 서책에서 내 영혼을 구해내는 것이 꼭 필요했다. 내 영적 복지에 대한 그들의 관심에 대해서 감사를 표하기 위해서라도 말이다.

내가 놓치고 싶지 않았던 것은 《마하바라타》, 우파니샤드, 《라마야마》와 《바가바타》였다. 우파니샤드는 베다 종교의 원천을 탐구하는 일에 대해서 내 욕구를 부추겼다. 우파니샤드의 대담한 성찰은 날카로운 기쁨을 선사해 주었다. 우파니샤드의 영성이 혼을 충족시켜 주었다. 나는 샹카라의 주석 전체와 다른 사람들의 주석 내용을 받아들였던 바누 교수의 방대한 주해에서 도움을 받았다. 그러나 그런 도움에도 불구하고 이해할 수도 없고 진가를 알 수 없는 몇몇 우파니샤드가 있었음을 고백해야 하겠다. 《마하바라타》, 나는 전에는 이것을 단편으로만 읽어 보았다. 유혈참사에 대한 기록, 그리고 나를 잠들게 만드는 도저히 믿어지지 않는 긴 서술에 불과하다고 믿으며 그것에 대한 편견을 갖고 있었는데, 이제 그런 믿음이 잘못된 것임을 깨달았다. 빽빽하게 인쇄된 6천 페이지 이상의 두터운 책에 가까이 가는 것조차 나는 끔찍한 일로 여겼다. 하지만 일단 읽기 시작하자, 그것을 끝내고 싶었고, 책은 일부를 제외하고는 넋이 나갈 정도였다. 나는 넉 달 만에 읽기를 끝내면서, 그 책을 양과 질에서 한정되고 잘 닦여진 보물이 들어 있는 보물상자가 아니라 깊이 파면 팔수록 더 귀한 것을 발견할 수 있는 무한의 광산에 비유했다.

나에게 《마하바라타》는 역사적 기록이 아니다. 그것을 역사로 여긴다면 전혀 쓸모없는 기록일 것이다. 하지만 그것은 우화적 양식으로 영원의 진리를 다루고 있으며, 역사적 인물과 사건을 골라서 그것들을 시인의 목적에 맞도록 천사 또는 악마로 변형하고 있는데, 시인의 주제는 선과 악, 정신과 물질, 신과 사탄 사이의 영원한 쟁투이다. 《마하바라타》는 흘러가며 수많은 냇물을 담는 웅대한 강과 같다. 그 가운데 어떤 냇물은 진흙탕 물이기도 하다. 《마하바라타》의 잉태는 한 사람의 머릿속에서 시작되었을 것이다. 그러나 그것은 시간의 경과와 함께 손상되고 다른 것이 첨가되어 마침내 무엇이 정전이고 무엇이 외전인지 말하기가 어렵게 되었다. 결말은 장엄하다. 지상 권력의 철저한 허망함을 증명한다. 결말 부분의 거창한 희생제사는, 자신이 가진 얼마 안 되는 마지막 살점까지 가난한 거지에게 나눠 준 브라만이 제 심장을 바친 것에 비하면 효험 없는 것으로 드러났다. 고결한 판다바 형제들에게 남은 일은 통한의 비애였다. 위대한 크리슈나는 하릴없이 죽는다. 무리가 많고 강력했던 야다바들은 그들의 부패와 자신들 내부의 싸움으로 치욕적인 죽음을 맞이한다. 불패자인 아르주나는 자신의 활 간디브에도 불구하고 도둑 떼에 굴복한다. 판다바 형제들은 왕좌를 유아(幼兒)에게 몰려주고 은퇴한다. 천국으로 여행하다가 한 사람만 남겨 놓고 모두 죽는다. 다르마의 화신이었던 유디슈트라조차 심리적 압박으로 어쩔 수 없이 했던 거짓말에 대한 대가로 지옥의 악취를 맡게 된다. 가차 없는 인과 법칙은 예외 없이 그 자체의 공평한 길을 간다. 다른 책에 있을 법한 유용하거나 흥미로운 것, 그리고 다른 책에 발견되는 것이면 무엇이든 생략한 것이 없다는 주장은 이 경탄할 만한 시(詩) 안에 잘 견지되고 있다.

나의 교도소 경험 – 11, 〈영 인디아〉, 1924. 9. 4 ; 《전집》 29 : 60

78) 이슬람, 영국사, 《마하바라타》

우르두어에 대한 내 공부는 《마하바라타》 독서만큼이나 흥미진진했다. 진행하면 할수록 우르두어는 내 마음에 점점 더 크게 자리잡았다. 나는 두세 달이면 우르두어에 상당한 숙련자가 될 수 있으리라고 어리석게 상상하면서 가벼운 마음으로 이에 접근했다. 그러나 슬프게도 이 언어가 힌디어와는 전혀 별개의 언어가 되어서 별도의 방향으로 성장해왔다는 점을 발견했다. 하지만 그 발견 덕택에 나는 우르두어 문헌을 읽고 이해하고야 말겠다는 결심을 더욱 굳게 했다. 그래서 나는 우르두어를 읽는데 매일 3시간씩 보냈다. 우르두어 저자들은 힌두교도와 회교도 사이에서 통용되던 단어들을 거부하고, 아라비아 말이나 페르시아 말을 의도적으로 사용하기까지 했다. 그들은 통상의 문법도 저버리고 아라비아어와 페르시아어 문법을 수입했다. 그래서 불쌍한 내셔널리스트가 회교도의 사유를 접하고 싶으면 우르두어를 별개의 새 언어로서 공부해야 하는 결과를 낳았다. 내가 알고 있는 힌디어 저자들이 한 일은 그 이상도 이하도 아니다. 악이 그리 깊이 뿌리박지 못했고, 분리주의 경향은 단순한 하나의 일시적 단계이기를 바랄 뿐이다. 만일 우리가 힌디어와 우르두어의 혼합을 우리의 공통 국어로 삼아야 한다면, 지금 당장 서로 멀어져 가는 듯이 보이는 두 흐름의 만남을 위해서 특별하고 지속적인 노력을 강구해야 할 것이라고 생각한다. 어려움에도 불구하고 회교도가 문어체 힌디어를 알아야 하듯이, 힌두교도는 문어체 우르두어를 알기 위해서 교육을 완수해야 한다는 의견을 나는 견지하고 있다. 조기에 시작하기만 하면 퍽 쉬울 것이다. 이 공부에 금전적 가치가 있지는 않을 것이고 서구 지식의 보고를 열어 주지도 않을 것이다. 하지만 그것이 갖는 민족적 가치는 다른 것에 비할 바 아니다. 우르두어에 대한 정밀한 연구로 나는 더 풍요로워졌다. 원컨대 그것을 지금에라도 완수하고 싶다.

나는 2년 전보다 지금 현재 회교도의 마음을 더 잘 안다. 내가 우르두어 문헌의 종교적 방면에 관심이 있었으므로, 여유가 생기자마자 곧 우르두어 종교 서적에 빠져들었다. 행운의 여신은 언제나 내 편이었다. 마울라나 하스랏 모하니[105]가 만사르 알리 씨에게 《예언자 동지들의 인생에서 얻은 단편들》을 보내주었다. 알리 씨는 나에게 우르두어를 가르치면서 책들을 건네주었다. 그리고 나는 그것들을 아주 열심히 통독했다. 반복된 부분이 있어서 요약하면 간단명료하지만, 그 책들은 나에게 마호메트의 수많은 동지의 행위에 대해서 통찰력을 주었으므로 깊은 흥미를 느꼈다. 그 책에는 마치 마법에 걸린 것처럼 그들의 삶을 변화시키는 방식, 저 예언자(마호메트)에게 바친 헌신, 세속의 부에 대해서 철저히 무관심했던 일, 삶이 가진 지고의 단순성을 보이기 위해서 권세 자체를 사용한 일, 황금에 대한 탐욕에 동요하지 않은 일, 거룩하다고 받드는 대의명분을 위해서 자신의 생명까지 개의치 않은 일, 이 모든 일들이 매우 자세하게 서술되어 있어서 확신을 주고 있다. 그들의 삶 그리고 오늘날의 인도 이슬람 대표자들의 삶을 자세히 관찰한다면, 우리는 비탄의 눈물을 흘릴 정도다.

---

105 Maulana Hasrat Mohani(1875~1951) : 민족주의자, 무슬림 지도자.

나는 예언자의 동지들로부터 예언자 마호메트 자신에게 갔다. 마울라나 쉬블리가 지은 두터운 두 권의 책은 믿을 만한 저술이다. 하지만 나는 동지들을 다룬 책들이 장황하다고 불만을 품었던 것과 마찬가지로, 저 두 권의 책에 대해서도 불만을 품게 되었다. 하지만 장황함이 서구에서 거의 욕설을 듣고 학대받아온 한 사람의 삶에서 일어난 여러 사건을, 한 회교도가 어떻게 다루었는지를 알고 싶은 내 관심을 방해하지는 않았다. 내가 둘째 권을 마쳤을 때 저 위대한 인생에 대해서 더 읽을거리가 없어 서운했다. 거기에는 내가 이해 못하는 사건들이 있었고, 어떤 사건들은 설명할 수가 없었다. 하지만 나는 비평가나 조롱하는 사람으로 공부에 임했던 것은 아니다. 나는 오늘날 수백만에 달하는 인류의 마음을 의문의 여지없이 지배하는 그 사람의 일생 중 최선의 부분을 알고 싶었다. 그리고 나는 쉬블리의 책에서 그것에 대한 설명을 충분히 찾아냈다. 당시 사람들의 삶의 구도(構圖)에서 이슬람교가 차지했던 자리가 결코 칼로 얻은 것이 아니라는 점을, 나는 그 어느 때보다 분명히 확신했다. 그 자리를 얻은 것은 엄격한 단순성, 예언자의 철저한 자기 무화(無化), 서약에 대한 사려 깊은 준수, 친구와 추종자들에 대한 강한 헌신, 대담무쌍함, 무외(無畏), 그리고 신과 자신의 소명에 대한 절대적 신뢰였다. 칼이 아닌 이런 것들이 그들 앞에 있는 만사를 움직였고 모든 장애를 극복했다. 나는 인간이라면 예언자든 아바타르(*Avatar*) 든 그 누구도 절대로는 완전하다고 간주하지 않으므로, 검열관이 만족하게끔 저 예언자의 삶에 대해서 세세한 모든 점을 내가 설명할 필요는 없을 것이다. 그는 수백만 사람들 가운데 신에 대한 외경으로 삶을 살아가려 한 사람이고, 가난한 자로 죽었고, 가멸의 유해(遺骸)를 위해서 거대한 능(陵)을 원치 않았고, 임종 시 채무자들 중 가장 적게 빚진 자까지 잊지 않았던 사람이었다는 점, 나는 그것을 아는 것으로 족했다. 예언자 마호메트의 가르침이 오늘날 우리 주변에서 보이는 모욕적 불관용이나 의심스런 선교의 방법들에까지 책임이 있는 것은 아니다. 그것은 힌두교가 오늘날 힌두교도의 타락과 불관용에 대해서 책임이 없는 것과 마찬가지이다.

나는 마호메트에 대해서 읽고 난 다음 무적의 우마르[106]의 삶을 다룬 두 권의 책을 읽었다. 내 마음의 눈에 그려진 그는, 예루살렘으로 걸어가며 이웃의 화려함을 모방했다는 이유로 일부의 추종자를 꾸짖는 자, 후세의 사람들이 기독교 교회를 이슬람의 모스크로 만들까 두려워서 기독교 교회에서 기도하기를 거부한 자, 정복당한 기독교도에게 가장 관대한 조건을 허용한 자이다. 그는 이슬람교 추종자

---

106 〔역주〕 우마르 1세를 지칭하는 것으로 보인다. 우마르 1세의 정식 이름은 Umar ibn al-Khatb(586경~644). 제 2대 이슬람세계의 칼리프(634~?). 그의 통치하에서 아랍군이 메소포타미아와 시리아를 정복했으며 이란과 이집트에 정복전쟁을 시작했다. 메카의 쿠라이시 부족에 속하는 아디 가문 출신으로 처음에는 마호메트에게 반대했지만 615년경 이슬람교도가 되었다. 622년경 마호메트와 다른 메카 출신 이슬람교도와 함께 메디나로 갔을 때 그는 아부 바크르와의 절친한 협력으로 마호메트의 주요 조언자들 중 한 사람이 되었다. 국가적인 그의 지위는 625년 마호메트가 그의 딸 하프사와 결혼한 것으로 잘 드러난다. 632년 마호메트가 죽자 우마르는 메디나의 이슬람교도가 메카인 아부 바크르를 국가의 우두머리(칼리프)로 받아들이게 하는 데 기여했다. 아부 바크르(632~634 재위)는 그에게 크게 의존했으며 그를 자신의 후계자로 지명했다. 우마르는 칼리프로서는 처음으로 자신을 '신도의 사령관'(*amr al-mu'minn*)으로 지칭했다. 그의 통치기에 이슬람 국가는 아랍의 한 공국에서 세계적 강대국으로 바뀌었다. 이런 두드러진 영토확장기 동안 우마르는 줄곧 일반적인 정책들을 면밀하게 통제했으며, 정복지역들을 통치하기 위한 원칙들을 제시했다. 법률적 측면을 포함해 이후 이슬람제국의 통치 구조들은 대부분 그가 창안한 것들이다. 그는 권좌에 오른 지 10년 만에 메디나에서 개인적인 이유로 한 페르시아 노예에게 암살당했다. 강력한 지도자로서 범법자들에 대해서 엄격했으며 심할 정도로 금욕적이었던 그는 대체로 정의롭고 권위 있는 인물로 존경받았다. 《브리태니커 CD EX 백과사전》, 한국브리태니커, 2002 참조. 간디 역시 우마르에게 아주 호의적인 평가를 내리고 있다.

의 말이라면, 아직까지 공인을 받지 못했던 자가 맹세한 말이라고 해도 그것을 위대한 칼리프 자신의 문서 칙령만큼이나 유효한 것으로 선언했다. 나는 그 말을 선언하는 그의 모습을 그리면서 겸손한 마음으로 그를 존경하지 않을 수 없다. 그의 의지는 강철과 같았다. 그는 아주 낯선 자에게 실행할 정의(*justice*)를 딸에게도 실행했다. 우상 파괴, 사원에 대한 부당한 모독, 우리 사이에 울려 퍼지는 힌두교도 음악에 대한 무분별한 불관용을 나는 알고 있다고 생각한다. 이와 같은 행위들은 칼리프들 중에서 가장 위대한 사람의 생애에 일어난 사건들을 철저하게 오해했기 때문에 일어났다. 이와 같이 위대하고 정의로운 자의 행위가 회교도 대중에게 철저하게 왜곡된 형태로 전달되고 있는 것이 아닐까, 그 점이 나는 염려스럽다. 만일 그가 무덤에서 되살아난다면 그는 이른바 이슬람교 추종자들이 벌이는 많은 행위를 부인할 것이다. 그 행위들은 위대한 우마르 자신이 행한 행위들의 조야한 희화화에 불과하기 때문이다.

이와 같이 매력적인 공부에서 나는《알 카람》(*Al Kalam*)이라 불리는 철학책들로 나갔다. 이것들은 이해하기 어렵고, 언어도 매우 전문적이었다. 하지만 압둘 가니 씨는 상당히 쉽게 공부할 수 있도록 나를 도와주었다. 그 책을 반밖에 끝내지 못했는데 병으로 공부를 중단한 일이 애석할 따름이다.

영어책 중에는 기번의 책[107]이 쉽게 첫 자리를 차지했다. 이 책은 이미 수년 전 많은 영국인 친구들이 추천해 주었다. 이번에는 교도소에서 기번의 책을 읽기로 결심했다. 나는 기뻤다. 나에게는 역사마저

---

107 〔원주〕 Gibbon(1737~1794), 《로마제국 쇠망사》(*The History of the Decline and Fall of the Roman Empire*). 〔역주〕 이 책은 2세기부터 1453년 콘스탄티노플의 멸망까지 로마 역사를 다루고 있다.

영적인 의미를 가진 것이다. 저자는 한 도시에서 살았던 시민들 — 세계제국을 건설했던 시민들 — 의 삶에서 일어난 사건들을 추적하지만, 독자는 혼의 역사를 따라갈 수 있을 것이다. 기번은 비록 사소한 일은 다루지 않지만 다른 사람이 흉내 낼 수 없는 고유의 방식으로 무수한 사실들을 모으고 여러분 앞에 정렬시키기 때문이다. 그는 세 개의 문명, 즉 이교도, 기독교와 이슬람 문명을 다루는데, 충분히 자세하게 다루고 있으므로 스스로 결론을 도출할 수 있을 것이다. 그 자신의 결론도 주목할 만하다. 하지만 그는 자신의 소명을 수행하기 위해서 세심하게 애쓰는 역사가이고, 그가 가진 온갖 자료들을 여러분에게 다 제시해 줄 만큼 충직하므로 여러분 스스로 판단할 수 있을 것이다.

모틀리[108]는 좀 다른 유형이다. 기번은 강력한 제국의 쇠망을 추적하고 있지만, 모틀리는 작은 공화국에서 자신의 영웅이 살아간 인생을 끄집어내고 있다. 기번의 영웅들은 강력한 제국의 이야기에 보조적이지만, 한 국가에 대한 모틀리의 얘기는 한 사람의 생애에 보조적인 역할을 하고 있다. 그 공화국은 침묵의 윌리엄[109]에게 흡수된다.

위 두 사람의 책에 보태어 로즈버리 경[110]의 피트 일생에 대한 책이

---

108 〔역주〕 Lothrop Motley(1814~1877) : 미국의 외교관 · 역사가. 《네덜란드공화국 성립사》(*The Rise of the Dutch Republic*, 1856)로 잘 알려졌다. 이 책은 16세기 네덜란드인들이 스페인의 통치에 대항해 일으킨 반란 과정에서 벌어진 극적인 사건들을 알기 쉽게 쓴 것으로, 그 뒤 학자들의 연구를 통해서 내용이 수정되기는 했으나 비(非)전문가가 쓴 역사책 중에는 뛰어난 작품이다.

109 〔역주〕 William I (1533~1584) : 네덜란드 정치가, 독립 네덜란드의 핵심 창시자. 윌리엄 공 혹은 오렌지 왕자로 불리기도 한다.

110 〔역주〕 Philip Primrose, 5th earl of Rosebery(1847~1929) : 영국의 총리(1894. 3. 3~1895. 6. 21). 재임 기간에 상원과의 대립 및 내각 분열로 인해서 별로 업적을 남기지 못했다. 정치가이면서도 대(大)피트 채텀, 소(小)피트, 나폴레옹, 랜돌프 처칠 경 등의 전기도 썼다.

있다. 이런 책들을 보면 여러분은 나처럼 사실(*fact*)과 허구(*fiction*)를 가르는 선은 진정 가늘며, 사실조차 적어도 두 면이 있다는 결론에 도달할 수 있다. 다시 말해서, 변호사들의 말에 따르면 사실이란 것은 결국 의견(*opinion*)이다. 하지만 나는 역사의 가치를 우리 인류 진화의 도우미로 간주하지만 나의 그런 생각에 독자의 관심을 끌고 싶지는 않다. 나는 역사가 없는 국가가 행복하다는 세상 사람들의 말을 믿는다. 우리 힌두 조상들은 오늘날 이해되고 있는 의미의 역사를 무시하고, 사소한 사건들 위에 그들의 철학적 구조물을 구축함으로써, 우리를 위해서 그 문제를 해소했다는 것이 내 지론이다. 그런 것이 《마하바라타》이다. 나는 기번과 모틀리의 책들을 《마하바라타》의 열등판으로 간주한다. 《마하바라타》의 저자, 미지의 하지만 불멸의 저자는 초자연적 존재들을 풍부하게 그의 얘기에 끼워 넣음으로써 저자 자신을 글자 그대로 이해하려는 일에 대해서 여러분에게 경고하고 있다. 기번과 모틀리는 그들이 사실, 오직 사실만을 제시하고 있다는 점을 말하는데 불필요하게 수고하고 있다. 로즈버리 경은 이 대목에서 여러분을 구원할 것인데, 피트가 말했다는 최후의 말조차 그의 집사가 논박하고 있다는 말을 여러분에게 할 것이다. 이 모든 얘기들의 핵심은 다음과 같다. 즉, 이름과 모습은 거의 문제가 되지 않고 그저 왔다가 간다. 영원한 것, 그래서 필연적인 것은 사건들을 다루는 사가들이 파악할 수 없다. 진리는 역사를 초월한다.

나의 교도소 경험 - 11, 〈영 인디아〉, 1924. 9. 11 ; 《전집》 29 : 92

79) 신비주의자, 시크, 《기타》[111]

나는 절친한 친구가 보낸 책, 작지만 아주 귀한 책을 말하지 않을 수 없다. 그것은 야콥 뵈멘의 《초감각의 삶》이다. 그 책에서 베껴낸 놀라운 문장들을 독자들과 좀 나누고 싶다. 그것들은 다음과 같다.

> 그대가 신을 보거나 듣지 못하게 방해하는 것은 그대 자신의 듣기와 의지 이외에 다른 아무것도 없다네.[112]
>
> 만일 그대가 피조물을 외면적으로만 다스리고, 그대의 내적 본성이 갖고 있는 올바른 내면적 토대로부터 다스리지 못하다면, 그대의 의지와 통치는 짐승 같은 것이거나 물질에만 있게 될 것이라네.
>
> 그대는 만물과 같다네, 그대와 같지 않은 것은 아무것도 없다네.
> 만일 그대가 만물과 같이 되고 싶으면 만물을 버려야 할 것이네.
>
> 손이나 머리가 노동하게끔 하세. 그렇지만 그대의 심정은 신 안에 깃들어 있어야 한다네.
>
> 천국이란 의지를 신의 사랑에 맡기는 일이라네.
> 지옥은 의지를 신의 분노에 맡기는 일이라네.

내 잡기장을 뒤적이는 동안, 내가 다른 책들을 읽으면서 모아 두었던 구절들을 만났다. 다음은 사탸그라히(진리파지자)들을 위한 것이다.

---

111 〔역주〕 번역 원전에는 집필한 날이 없지만 《전집》은 1924년 9월 17일로 추정하고 있다. 《전집》 권 29, 161면 참조.

112 〔역주〕 이 인용은 《마하트마 간디의 도덕 · 정치사상》 권 1, 75번에도 나온다.

그들은 종이지만 증오, 조롱, 학대를
선택하지 않을 것이네.
진리로부터 조용히 물러나기보다는
그들은 응당 다음과 같이 생각해야 하네.
그들이 두세 사람과 더불어
옳은 곳에 서 있을 용기가 없는 종이라는 사실을.

로웰, 《탐 브라운의 학창시절》에서 따옴[113]

동일한 주제를 지닌 다른 구절은 클로드 필드의 《이슬람교의 신비주의자와 성자들》에서 베껴온 것이다.

수피 샤 물라 샤, 그는 샤 자한의 분노에서 도망가라는 충고를 받았을 때 다음과 같이 말했다고 한다. "나는 도망가서 안전을 도모해야 하는 사기꾼이 아니다. 나는 진리를 말하는 자이다. 생사가 나에게는 같다. 내가 또다시 태어나더라도 날 찌르는 창을 피로 물들일 것이다. 나는 영원히 살아 있을 것이다. 죽음이 나에게서 뒤로 물러선다. 내 지식이 죽음을 이겼기 때문이다. 모든 색깔이 지워진 그곳이 나의 주처가 되었다"고. 만수리 할라즈는, "묶인 자의 두 손을 잘라내기란 쉽다. 하지만 나를 신에 묶어주는 고리를 절단하기란 정말 어려운 일일 것이리라"라고 말했다.[114]

다음 구절도 로웰에게서 베껴온 것이다. 그것은 말라바르(Malabar)[115] 피해자들에게 뭘 주고 싶은 자들에게 올바른 정신으로 주게 하는데, 자신들이 가진 최선의 것을 공유하는데 도움이 될 것이다.

---

113 〔역주〕 이 인용은 《마하트마 간디의 도덕·정치사상》 권1, 75번에도 나온다.
114 〔역주〕 이 부분은 《마하트마 간디의 도덕·정치사상》 권1, 76번에도 나온다.
115 〔역주〕 인도 서남부 케랄라(Kerala) 주의 해안 이름.

성찬은 진정 보존되어 있네.
우리가 다른 사람의 궁핍을 공유하는 것 안에 —
우리가 주는 것 안이 아니라, 우리가 공유하는 것 안에.
주는 자 없는 선물은 공허하기 때문이라네.
보시와 함께 자신을 주는 자는 셋을 먹인다.
자기 자신, 배고픈 이웃, 그리고 나를.[116]

다음 구절은 비폭력의 복음을 믿고 있는 사람에게 힘을 강화해 줄 것이다.

> 그 누구에 대해서나, 나쁜 것을 원하는 일, 행악하는 일, 욕설하는 일, 나쁘게 생각하는 일, 우리는 모두 이런 일을 해서는 안 된다.
>
> 터투리언. J. 브라이얼리의 《우리 자신과 우주》에서 따옴

내가 마지막으로 언급하고 싶은 책들은 커닝햄, 매콜립, 고쿨찬드 나랑이 지은 시크교도 역사에 대한 것이다. 이런 책들 모두 나름대로 괜찮다. 시크교도의 이전 역사와 구루들의 삶을 알지 않고서는 현대 시크교의 투쟁을 평가하기란 불가능하다. 커닝햄의 책은 시크교도 전쟁으로 이어지는 사건들에 대한 동정적인 기록이다. 매콜립의 책은 구루들의 인생담으로서 그들의 글에서 많은 것을 인용하고 있다. 이것은 공을 많이 들인 출판물이었지만, 영국 통치에 대한 집요한 찬양과 시크교를 힌두교와 아무 공통점이 없는 별개의 종교라는 점을 강조한 탓에 그 가치를 상실하고 말았다. 고쿨찬드 나랑의 책은 앞에서 언급된 두 책에는 없는 정보를 제공하는 모노그래프이다.

교도소에서 진행된 공부에 대한 성찰을 끝내면서, 학생인 여러 독

116 〔역주〕 이 부분은 《마하트마 간디의 도덕 · 정치사상》 권 1, 75번에도 나온다.

자의 관심을, 일을 규칙적으로 하는 것의 가치로, 그리고 무미건조한 일을 재미있게 만드는 방법으로 돌리고 싶다. 나는 내 자신의 안내와 지침을 위해서 《기타》의 용어색인을 만들고 싶었다. 용어와 출전을 적고 그것들을 두 차례 색인 작업하는 일은 특별히 재미있는 작업은 아니다. 나는 수감되어 있을 때 그 일을 해야 한다고 생각했다. 동시에 나는 그 일에 너무 많은 시간을 쓰는 것이 아까웠다. 내 시간표는 꽉 차 버렸다. 그래서 나는 매일 20분 내에 할 수 있는 것을 하기로 결심했다. 그와 같이 짧은 시간 동안 하게 되니 그 일이 단조로운 고역이 되지 않았다. 고역은커녕 나는 매일 그 일을 즐겁게 기다렸다. 두 번째 색인 작업을 하게 될 때는 그 일에 몰두하게 되었다. 호기심 있는 자들은 까다로운 문제를 스스로 풀 수 있을 것이다. 첫 번째 색인 작업에서 나는 색인해야 할 용어들의 첫 문자를 알파벳순으로 정렬했다. 하지만 '알파벳'하에서 이런 용어들을 어떻게 재배열해야 할지는 풀어야 할 문제였다. 나는 사전을 만들어 본 적이 없었다. 그래서 나는 내 자신의 방식을 고안해야 했고, 곧 그 방식을 찾아내자 기뻤다. 그것이 너무 좋아서 나는 그 일에 큰 흥미를 느꼈다. 그것은 깔끔하고 신속하고 무오류의 것이었다. 전체 작업을 마치는 데에는 거의 18개월이나 걸렸다. 나는 이제 용어색인을 이용함으로써 특정 단어가 《기타》에서 어디에 얼마나 자주 나타나는지를 알 수 있다. 용어색인은 단어들의 의미도 부가되어 있다. 내가 만일 《기타》에 대한 내 생각을 글로 옮기는 일에 성공한다면, 나는 용어색인과 내 생각을 대중과 나누기를 제안한다.

나의 교도소 경험 - 11, 〈영 인디아〉,
1924. 9. 25 ; 《전집》 29 : 118

80) 교도소에서 읽은 책(1932)

1932. 2. 3~8

안녕, 나란다스!
바로 오늘 저녁 네가 보낸 소포 꾸러미를 받았단다. 비탈다스 양, 바이 트리베디, 비드야 힌고라니와 다모다르가 오후에 나를 면회하러 왔고, 샌들용 가죽도 받았다. 람다스·츠하간랄·수렌드라·소마바이를 비롯하여 모두 190명의 사람들이 여기에 도착했다고 들었어. 그들 중 몇몇은 거의 틀림없이 우리를 만나게 될 것이다.

너의 옴(개선, 疥癬)을 치료하기 위해서 너는 녹색 잎과 토마토를 먹어야 한다. 과망간산칼륨 목욕을 하게 되면 분명히 도움이 될 것이다.

C. P. 스콧의 아들이 보낸 편지 하단부에, 너는 고 스콧의 전기를 서적우편으로 보냈다고 쓰고 있어. 그런데 책은 여기에 아직 도착하지 않은 것 같아. 그것을 보냈다고 기억한다면 나에게 편지를 다시 보내주면 조사를 좀더 해볼게.

너는 '아슈람 사마차르'에서 내가 이틀 동안 5백 바퀴[117]의 실을 자아냈다고 했어. 그런데 나는 이틀 동안 5백 바퀴가 아니라 5백 야드의 실을 자아냈어. 그것은 375바퀴에 해당되지. 하루에 5백 바퀴 하는 것이 내 야망이야. 하지만 내가 바라는 대로 그렇게 빨리 완수할 수 있을 것이라고는 생각하지 않아.

1932년 2월 6일 밤

틸라캄에게서 편지를 받았다. 음식이 그의 몸에 맞지 않는 것으로 보인다. 내 편지를 그에게 읽어 주고, 그가 동의한다면 내 제안을 실천에 옮겨라. 두류는 육식에 익숙한 자와는 별로 어울리지 않는

117 〔역주〕 물레바퀴.

다. 만일 그들이 우유로 시작한다면 어려움이 전혀 없을 것이다. 그들은 보통 로트리 빵 등을 먹는데 심지어 고기와 함께 먹기도 한다. 그들은 육류 대신 보통 두류를 먹지만 고기에 익숙한 위장은 두류를 소화시킬 수 없다. 그런 사람들은 땅콩 등 어떤 견과류도 먹어서는 안 된다. 우유와 응유는 비채식주의자 음식의 순수한 모습일 따름이다.

1932년 2월 8일

너는 이 편지 안에 신의 존재라는 주제에 대한 기사를 볼 것이다. 그것은 〈영 인디아〉지에 게재되었던 기사 중의 일부 번역이다. 나는 그 부분을 음반을 위해서 읽었는데, 음반은 지금 판매중이다. 아난드는 그것을 들었다. 그가 발췌문을 적고 번역을 위해서 한 부를 나에게 보냈다. 위에서 언급한 힌디어 기사는 그 발췌문의 번역이다. 번역은 지금 출판되어서는 안 된다. 아난드는 신드어(*Sindhi*)로 번역하는 일에 도움이 되도록 힌디어 번역을 원하고 있다. 번역을 보내주고 당장은 출판하지 말라고 말해라. 아슈람 내 재소자들은 그것을 읽을 수 있을 것이다. 그것은 〈아슈람 파트리카〉에도 출판해도 괜찮다. 출판하게 되면 그것을 원래 기사로서 출판해라. 파라스람으로 하여금 힌디어를 수정하게 해라. 〈파트리카〉에 출판 여부의 문제는 네 판단에 맡겨 둔다. 만일 네가 출판하는 일이 오해를 받을 가능성이 있거나 누가 기사를 다른 곳에 다시 출판할 것 같으면 출판할 생각은 하지 마라. 그곳에 있는 아슈람 재소자들이 그것을 읽고, 다시 생각해 보고 그 의미를 이해한다면 충분할 것이다.

나는 아슈람이 몰수당한 몇 가지 물건들에 대한 뉴스를 신문에서 읽었다. 나는 너로부터 좀더 상세하게 듣고 싶다.

나는 오늘 좀 한가해서 여기의 정해진 일과에 대해서 몇 가지 자세한 사항을 적고 싶다.

우리 두 사람은 새벽 3시 40분에 일어난다. 양치를 하고 난 뒤 우리는 기도하고, 그다음 꿀을 넣은 온수와 레몬주스를 마시고 5시 종 칠 때까지 독서를 한다. 5시에서 6시까지 걸었고, 6시에 변기가 있어서 그 일을 봤다. 다음 20분 정도 잠을 잤고, 6시 45분 감방 문을 여는 종이 울리자 기상하고 7시까지 독서했다. 사르다르(Sardar)는 변을 보고 난 다음 걸어 다니다 우유가 나올 때까지 좌정했다. 그는 아침식사를 하면서 배달된 신문을 읽었고, 나는 낮 동안 읽고 쓰고 물레를 돌렸다. 간간이 나는 두 번 낮잠을 잤다. 사르다르는 나보다 훨씬 오래 걸었다. 그는 주로 우리에게 제공된 신문을 읽는다. 나는 하루에 두 번 식사한다. 사르다르는 때때로 샐러드를 먹고 12시에 그것과 비슷한 것을 먹는다. 나는 그때 온수와 꿀을 다시 먹는다. 꿀이 다 떨어지자 나는 야자즙 조당(粗糖)과 레몬주스를 첨가했다. 미라벤이나 피아렐랄은 내가 먹을 과일을 준비하곤 했다는 점을 말한 적이 있다. 이후 사르다르가 그 일을 도맡아 하고 있다. 그는 나를 위해서 대추야자와 토마토를 준비해 준 사람이고, 그것도 큰 사랑으로 해 준 사람이다. 나는 이 사랑의 봉사를 조금도 주저하지 않고 받았다. 미라벤과 피아렐랄이 베푸는 봉사는 이미 말로 했으니, 내가 사르다르의 도움을 내 편에서 거부하는 일은 소용없는 짓일 것이다. 그는 아침에 우유와 빵을 먹는다. 그는 오후 4시에 빵, 응유, 채소를 먹고 주로 샐러드도 먹는다. 나는 아침에 대추야자와 토마토에 곁들여서 우유를 마시곤 했는데, 타커세이 부인이나 트리베디 교수가 보내준 과일, 즉 오렌지와 치쿠(*chiku*) 등도 먹었다. 지금 나는 대추야자와 토마토를 먹는다. 아침에는 반 파운드의 우유를 마시며 저녁에는 같은 양의 응유를 마신다. 하지만 나는 우유의 양을 더 줄여야 할 것으로 보인다. 내 건강은 물론 괜찮다. 내 체중이 불었는데 너는 알고 있느냐? 나에게 이제 영양가 높은 음식이 필요 없다고 본다. 특히 내가 고독과 마음의 평화를 누릴 때는 말이다. 이것이 작년의 경험이었다. 나는 교도소에 있을 때 우유 없이 살았고 체중도 유지할 수 있었다. 석방되고 난 다음 우유 부족으로 단기간에 체중을 잃었다. 그래서 우유를 다시 마시기 시작했다. 영국에서 내가 기운을 유지할 수 있었던 것은 오직 우유 덕분이었다. 여기에서 나는 우유가 필요 없을지도 모르겠다. 반대로 우유가 나에게 해를 줄 수도 있다. 물론 나는 내 신체에 아무 폭력도 행하지 않을 것이다. 우유에 대한 내 반감은 남아 있다. 그러나 나는 내 몸이 필요로 하므로 우유를 마실 것이다. 따라서 이 편지를 읽고 난 다음에 아무도 걱정하지 말길 바란다.

이제 사르다르가 해 준 다른 일에 대해서도 언급하겠다. 네가 보낸 편지봉투를 손질하여 〔다시 사용하기 위해서〕 준비한 자는 바로 그였다. 나는 그에 대해서 행복하고도 상세한 얘기를 더 많이 말할 수 있다. 하지만 이런 것들로 충분하지 않을까? 우리가 오전 5시에서 6시 사이에 걷듯이 저녁에도 걷는다. 6시와 7시 사이에 나는 독서한다. 그 동안 사르다르는 나를 위해서 대추야자와 양치질용 바불 고무나무 막대기 등을 준비한 다음 감방에 있는 나에게로 온다. 7시에는 기도가 시작된다. 기도 후에는 8시 반까지 읽기와 쓰기가 시작된다. 9시가 되면 잠자리에 든다. 우리 두 사람은 모두 실외에서 잔다. 신문 중에서 우리는 〈타임스 오브 인디아〉 지, 〈봄베이 크로니컬〉, 〈트리뷴〉, 〈더 리더〉, 그리고 〈더 힌두〉를 본다. 주간지로는 〈사회개혁가〉 지를, 월간지 중에서는 〈모던 리뷰〉지를 본다. 책에 대해서 말하자면 어떤 것은 외부에서 얻고, 어떤 것은 내가 갖고 있다. 그것들은 우리 두 사람에게 충분한 읽을거리를 제공한다.

나는 여태까지 다음과 같은 책을 읽었다. 뒤랑의 《인도변호》(*The Case for India*), 크로지어의 《간디에게 한 마디》(*A Word to Gandhi*), 브레일스포드의 《반란자 인도》(*Rebel India*), 알 하즈 살민의 《이맘 후세인》(*Imam Hussain*)과 《칼리파 동맹》(*Khalifa Ally*), 사뮤엘 호어의 《네 번째 봉인》(*Fourth Seal*), R. 맥도날드의 여행담인 《마타르 탈루카 통람》(*Survey of Matar Taluka*), 라마나탄의 《카디에 대한 연설》(*Speech on Khadi*), 윌 헤이스의 《힌두교의 정수》(*Essence of Hinduism*), 러스킨의 《성 조지의 길드》(*St. George's Guild*), 샤의 《연방재정》(*Federal Finance*), 로텐슈타인의 《이집트의 패망》(*Ruin of Egypt*), 헤이스의 《소에 대한 책》(*The Book of Cow*), A. E.의 《비전의 촛불》(*Candle of Vision*), 킨리의 《돈》(*Money*), 그리고 《샹크 아네 코디》(*Shankh ane Kodi*) (구자라트어). 나는 지금 앤드루스가 지은 문쉬 자카 울라의 전기와, 샤의 책 《인도 경제행정 60년》(*Sixty Years of Economic Administration of India*)을 읽고 있다. 사르다르는 호어와 맥도날드의 책들을 읽었고, 지금은 이집트에 대한 책을 읽고 있다. 그는 신문 읽기에 많은 시간을 할애하고, 내가 앞에서 언급한 대로 걷기에 사용하는 2시간 외에, 그는 다른 때 걷는 일에 2시간을 더 사용해야 할 것이다.

이것 이외에 36통의 편지가 있다.

바푸로부터 축복을.

나란다스 간디에게 보낸 편지(G.),
CW 8207 ; 《전집》 54 : 356

81) '천국의 사냥개' *1945. 3. 9*

안녕, 문나랄!

자네는 위의 글을 급하게 쓴 것으로 보인다네. 자네가 자네 마음을 평안하게 할 수 있도록 해 보게나. 《천국의 사냥개》118를 읽어 보고, 그것에 대해서 생각하고 그 의미를 이해하게. 자네가 만일 '사냥개'에게 등을 돌리는 한 어디에서도 행복할 수가 없을 것이네.

바푸로부터 축복을.

문나랄 G. 샤에게 보낸 편지(G.),
CW 5845 ; 《전집》 86 : 44

12. 독서와 반성

82) 평화의 마음 예라브다 만디르,119 *1930. 5. 26*

안녕, 나란다스!

구자라티어로 쓴 편지들은 지난주 여기에 도착했다. 그런데 나에게 전달되지는 않고 있다. 미라벤와 매튜의 편지들은 영어로 쓴 것이기 때문에 받았다. 지금 돌아가는 상황은 이렇다. 하지만 이런 일은 여러 날은 계속되지 못할 것이다. 만일 신이 원하신다면….

내 체중은 사실상 변하지 않았다. 아마 반 파운드 정도 불었을 테

---

118 〔역주〕 영국 시인 겸 비평가인 프랜시스 톰슨(Francis Thompson, 1859~1907)의 책. 《전집》 권86, 24면 참조. 〈천국의 사냥개〉라는 시는 그의 《詩集》(*Poems*) 가운데 백미로 일컬어진다.

119 〔역주〕 만디르(*mandir*) 또는 만디라(*mandira*)는 힌두교 사원을 의미한다. 이제 교도소 생활에 이골이 난 간디는 푸나 소재의 예라브다 교도소를 사원이라고 부름으로써 이곳을 공부의 장소로 간주하고 있음을 천명하고 있다.

지만…. 식사량도 거의 같다. 이제는 끓이지 않은 우유에서 완전한 응유를 얻고 있다. 우유가 응유가 되는 데는 24시간이면 된다. 상당한 양의 응유를 우유와 섞었다.

《아시아의 빛》과 《이슬람의 성자들》이란 책을 다 읽었다. 그리고 지금은 친구가 보내준 펀자브 교도소의 감찰관이 지은 교도소에 대한 책을 읽고 있다. 하지만 솔직히 말해서 독서할 시간이 없다. 물레질, 탁리(*takli*, 물레), 소모(梳毛)하는 데에 7시간이 든다. 수리가 필요하지 않은 날에는 물레질에 7시간 이하로 들지만, 어떤 날은 그것보다 더 많은 시간이 든다. 이것이 그다지 기분이 좋은 일은 아니지만 나는 일은 좋아한다. 모든 일을 내 스스로 해야 하기 때문에 일에 대한 기술이 향상된다. 그리고 오직 아주 작은 흠만이 있다. 내가 탁리에서 뽑아낸 실의 질은 많이 향상되었고, 속도 또한 빨라졌다.

외부의 일은 거의 생각하지 않는다. 내가 너무 바빠서 그것에 대해서 생각할 겨를이 없다. 나는 《기타》의 중심 가르침에 주목하고 있으며, 마음의 평화를 즐기고 있다. 만일 내가 그렇게 하지 않는다면, 내가 신문을 공급받으면서 발생하는 온갖 사건들에 대해서 신문을 읽는 일은 평화를 경험하는 것을 어렵게 했을 것이다. 하루 두 차례의 기도, 매일 《기타》 읽기는 나에게는 커다란 버팀목이 되었다.

크리슈나 나이르, 수라즈반과 자이안티 프라카슈에 대한 소식이 있는가? 사티스 바부는 어떤가? 자네가 편지를 보내는 모든 이에게 편지를 써서, 그것들이 출판되어서는 안 된다고 말해라. 물론 친구들은 그것들을 읽을 수 있지만 말이다.

잠나의 건강은 어떤가?

바푸로부터 축복을.

나란다스 간디에게 보낸 편지(G.),
CW 8112 ; 《전집》 49 : 303

83) 독서에서의 자기규제

1932. 6. 18

자네가 놀랄지도 모르지만, 나는 레이찬드바이의 책과 《기타》조차도 읽기를 그만두라고 자네에게 지금 권유하려 하네. 자네가 《기타》 게송에서 이해한 것이 무엇이든, 그리고 기도 시간에 음송(吟誦)하거나 불렀던 찬송가에 대해서 곰곰이 생각해 보게. 이와 같은 자기규제는 실천하기가 어렵지만, 자네는 기적 같은 효과를 볼 것이라네. 지금은 독서가 자네 일이 되었다네. 시간이 있을 때마다, 유용한 일을 하게. 자네의 이성으로 사물을 이해하려고 하는 일을 포기하게. 이것이 '한 걸음이면 나에게 족하리'라는 것의 의미라네. 어떤 도움이라도 굴레가 된다면 포기해야 한다네.

바 푸

추신 자네의 신문 읽기는 아무 해가 되지 않을 것이네.

바그완지 P. 판드야에게 보낸 편지(G.),
CW 348 ; 《전집》 56 : 25

84) 독서의 동화작용

〔*1932. 7. 3* 이전〕

소화된 음식이라고 해서 모두 피 등으로 변하는 것은 아니라네. 하지만 동화된 것은 우리의 육신을 유지하거나 육신을 형성하는 여러 요소로 변한다네. 마찬가지 방식으로 우리가 읽은 것은 반드시 우리가 동화시켜야 할 것이네. 이것은 거름이 나무에 의해서 동화되고, 그 결과로 나무가 열매를 맺는 일과 같다네.

츠한간랄 조시에게 보낸 편지(G.),
《마하데브바이니 일기》 권 1,
271면 ; 《전집》 56 : 115

85) 독서와 사고

1932. 7. 10

우리 중 읽고, 읽고, 또 읽어서 마침내 생각할 힘을 거의 잃고 마는 부류의 사람이 많이 있습니다. 그런 사람에게 나는 읽기를 그만두고 그들이 이미 읽었던 것을 곰곰이 생각해 보라고 권합니다.

편지(G.), 《마하데브바이니 일기》
권 1, 284면 ; 《전집》 56 : 169

86) 반성 없는 독서

1932. 8. 14

우리는 학교에서 '생각(*thinking*) 없는 공부는 소용이 없다'고 배웠다. 이것은 말 그대로 사실이다. 독서열은 괜찮다. 무기력 탓으로 독서와 공부를 하지 못하는 사람은 분명 아둔한 심성을 가진 자이다. 하지만 읽기만 하고 읽은 것을 반성하지 않는 자 역시 조금 아둔하다. 그들 중 몇몇은 덤으로 시력조차 잃고 만다. 반성 없는 독서는 정신병의 일종일 따름이다.

우리 중 많은 사람이 그런 식으로 독서한다. 그들은 읽지만 읽은 것에 대해서 결코 반성하지도 않고, 실행에 옮기는 일은 더 드물다. 따라서 우리는 적게 읽어야 하고, 읽은 것을 반성하고 실행에 옮겨야 할 것이다. 경험상 부적합한 것을 발견하게 되면 그것을 거부하고 나머지는 유지해가도 좋다. 이 방식을 택하는 자들은 적게 읽더라도 자신들의 필요를 충족시킬 수 있고, 많은 시간을 절약하고, 창조적이고 책임져야 하는 일에 대해서 자격을 갖출 수 있다.

생각하기를 배우는 사람에게 생기는 또 다른 이익도 언급할 가치가 있다. 우리는 항상 읽을 책을 구할 수 있거나, 읽을 시간이 있는 것이 아니다. 독서가 습관이 되어 버린 자들은 뭔가를 읽을 수 없을 경우 미쳐 버린다고들 한다. 하지만 만일 우리가 생각하는 습관을 기른다면 생각이라는 책은 언제나 구할 수 있을 것이다. 그렇게 되면 읽지 못할 경우에도 미치게 될 위험은 없어질 것이다.

나는 '생각하기를 배워라'는 구절을 의도적으로 사용해왔다. 많은 사람은 저런 식으로 부주의하게, 이익도 없이 생각한다. 이것은 일종의 광기에 불과하다. 어떤 사람은 허망한 사변에 빠지고 절망하게 되고 이윽고 자살하기까지 한다. 내가 권하는 것은 이런 종류의 생각이 아니다. 여기에서 권면하는 것은 사람들은 읽은 것에 대해서 반성해야 한다는 것이다. 가령 오늘 찬송가(바잔, *bhajan*)를 듣거나 읽었다면, 우리는 그것을 반성해 보아야 할 것이다. 그것의 보다 깊은 의미를 찾기 위해서 노력해야 하고, 거기에서 받아들일 것이 무엇이고, 거부해야 할 것이 무엇인가를 생각해 보아야 한다. 찬송가 안에 있는 생각에 무슨 오류가 있는지를 살펴보아야 할 것이다. 만일 우리가 그 의미를 미처 이해하지 못했다면, 그것을 이해하기 위한 노력을 기울여야 할 것이다. 이것이 체계적 사유(*systematic thinking*)라는 것이다. 나는 아주 간단한 예를 제시했다. 각자는 그것을 자신의 경우에 비춰 봐야 할 것이고 혼자 힘으로 필요한 결론을 끄집어내야 할 것이다. 그렇게 하면 진보도 가능할 것이다. 이런 방식을 따르는 자는 크나큰 내면적 기쁨을 향유할 것이고, 그가 읽는 모든 것에서 이익을 얻게 될 것이다.

바 푸

독서와 반성 - 1(G.), MMU / II
(마이크로필름) ; 《전집》 56 : 341

87) 의미의 발견

1932. 8. 21

오 여행자여, 깨어 일어나라, 벌써 아침이 되었다.
네가 잠자고 있을 밤이 더 이상 아니다.[120]

120 〔역주〕 힌디어로 된 대중적 바잔(찬송가), 《전집》 권 56, 360면.

만일 누구든 이 구절을 "오 여행자여, 일어나라. 지금은 아침이다. 네가 여전히 자고 있을 밤인가?"라는 뜻으로 이해한다면, 그는 이 구절을 읽긴 했으나 의미에 대해서 반성하지 않은 것이다. 그와 같은 독자는 새벽에 일찍 일어나는 것으로 만족감을 느낄 것이기 때문이다. 하지만 생각하기를 원하는 독자라면 이렇게 물을 것이다. "이 여행자는 누구인가? '지금은 아침'이라는 말은 무슨 뜻인가? 이제 더 이상 밤이 아니라고 시인이 말했을 때 그는 무엇을 의미했을까? 잠잔다는 뜻이 무엇인가?" 그렇게 되면 그는 시구 하나하나에서 매일매일 새로운 의미를 캐내고, 저 여행자란 모든 사람들을 가리키고 있음을 이해할 것이다. 신에 대한 신앙이 있는 자에게는 언제나 아침일 것이다. 밤은 무명(無明)을 의미할 수 있다. 이 구절은 게으른 모든 자에게 해당될 수 있다. 그 게으름이 아주 적더라도 말이다. 누구든 거짓을 말하는 자 역시 잠자는 자이다. 이 구절은 그런 사람을 깨우는 부름이다. 이런 식으로 우리는 그 구절에서 넓은 의미를 읽게 되고 그것을 통해서 마음의 평화를 배울 것이다. 다른 말로 한다면 이 구절 하나에 대한 명상은, 영적인 여행을 떠나는 사람에게 충분한 채비를 마련해 줄 것이지만, 그렇지 못한 사람은 사(四) 베다를 다 외우고 그 의미를 연구한 자라고 해도 베다들이 쓸데없는 부담이 되고 말 것이다. 나는 여기에서 머리에 떠오른 하나의 사례만을 말하고 있을 따름이다. 만일 우리 모두가 진보하고 싶은 방향을 결정하고 생각하기를 시작한다면, 우리는 인생에서 새로운 의미를 찾아낼 것이고 매일 새로운 기쁨을 경험할 것이다.

독서와 반성 - 2(G.), MMU / II
(마이크로필름) ; 《전집》 56 : 388

IV

힌드 스와라즈, 현대문명과 도덕적 진보

1. 힌드 스와라즈[1]

88) 힌드 스와라즈[2]

〈인디언 오피니언〉지 독자들에게 제시하기 위해서 감히 '인도의 자치'(*Indian Home Rule*) 라는 주제에 대해서 서너 장(章)을 써 보았습니다. 스스로 쓰지 않고서는 견딜 수 없어서 쓴 글이었습니다. 나는 트란스발 인도 대표단으로 런던에서 머무르는 4개월 동안 많은 것을 읽었고 많이 생각했습니다. 가능한 한 많은 동포와 함께 여러 사안에 대해서 논의해 보았습니다. 나는 가능한 한 많은 영국인을 만났습니다. 이제 내가 해야 할 의무는 나에게 최종적인 것으로 보이는 결론을 〈인디언 오피니언〉지 독자들에게 제시하는 일입니다. 〈인디언 오피니언〉지 구자라트어 구독자들은 약 8백 명입니다. 각각의 구독자에게 그것을 열렬하게 읽어 주는 사람이 적어도 10명은 된다는 점을 나는 알고 있습니다. 구자라트어를 읽을 줄 모르는 사람들은 다른 사람에게 신문을 소리 내어 읽어 달라고 합니다. 그런 사람들이 자주 인도의 상황에 대해서 물어오곤 했습니다. 런던에서도 비슷한 질문을 받았습니다. 그래서 내가 사적으로 피력한 견해들을 공론화한다고 해도 그것이 온당치 않은 일이라고 느끼지는 않았습니다.

그러한 견해들은 내 것이기도 하고 아니기도 합니다. 그것들은 내가 그 견해에 따라서 행동하고자 하기 때문에 내 견해이고 또한 거의 내 존재의 일부분입니다. 그러나 그것들은 내 것이 아니기도 합니다. 독창성을 주장할 수 없기 때문입니다. 그와 같은 견해들은 여러

---

1 〔역주〕 '힌드 스와라즈'에 관한 한, 우리는 훌륭한 번역본을 이미 갖고 있다. 그것은 안찬수 역, 《힌두 스와라지》(서울, 2002) 인데, 몇 군데 오역을 제외하고는 신뢰할 수 있다. 이 번역은 Anthony J. Patel, Ed., *Hind Swaraj and other writings* (Cambridge University Press, 1997) 를 사용하고 있다. 이 영어본은 역자가 사용하는 영어 원전과는 달라서 곳곳에 미세한 차이점을 보이고 있다(번역 원전의 이본에 대해서는 다음 주를 참조할 것). 독자들은 《힌두 스와라지》를 읽을 때 안찬수 역의 풍부한 주석을 참고하길 바라고, 본 역자 역시 여러 군데에서 주석을 참조했으며, 인도 사정을 이해하는 데 중요하다고 판단되는 주는 그대로 따온 것도 있음을 밝혀 둔다. 힌드 스와라즈의 '힌드'(*Hind*) 는 힌두스타니(*Hindustani*) 의 약어이고, 이것은 힌두스탄(*Hindustan*) 의 형용사형이다. 그리고 'Hind'를 발음하면 '힌드'가 될 것이고, 'Swaraj'를 발음하면 '스와라즈'가 될 것이다. 우리에게 익숙한 '힌두', '스와라지'를 모두 포기했다.

2 〔원주〕 원래 간디가 영국 방문 후 〔남아프리카로〕 귀국하는 동안 킬도난캐슬 호에서 구자라트어로 쓰고 1909년 12월 11일, 18일 〈인디언 오피니언〉지에 출판되었다. 1910년 1월 소책자로 발간되었다. 1910년 3월 24일 봄베이 정부가 금지 조치를 취했다. 이 일은 간디로 하여금 피닉스 소재의 인터내셔널 인쇄소, 마드라스 소재의 가네쉬 엔드 컴퍼니에서 영역 출판하려는 결정을 촉진하게 했다. 1919년 5월 28일자의 간디 서문을 붙여서 1919년 최초의 인도판을 내게 된다. 1924년 제6판이 발간되었다. 동년 《해상수훈》(*Sermon on the Sea*) 이라는 제목으로 H. T. 마줌다르에 의해서 미국판이 나왔다. 여기서 사용한 텍스트는 아메다바드 소재의 나바지반 출판사가 1939년 출판했던 수정신판이다. 〔역주〕 《전집》은 수정신판을 채용하고 그것을 〈인디언 오피니언〉지에 발표된 구자라트어 텍스트와 비교하여 차이점을 주의 형식을 빌려 밝히고 있다.

가지 책을 읽고 난 다음에 형성된 것입니다. 내가 어렴풋이 느끼고 있던 것들에 대해서 나는 이런 책들로부터 도움을 얻었습니다.

내가 독자들에게 제시하고자 하는 견해들이 이른바 문명으로 알려진 것과 접촉하지 않은 많은 인도인이 간직하고 있었던 견해라는 점은 말할 필요도 없지만, 수천의 유럽인도 그런 견해들을 갖고 있었다고 내가 말할 때 그 점을 독자들은 믿어 주기 바랍니다. 더 깊이 알고자 하거나 여유가 있는 사람들은 스스로 책을 읽어야 할 것입니다. 시간이 허락된다면 나는 〈인디언 오피니언〉지 독자들의 이익을 위해서 그 책들의 일부를 번역해 보고 싶습니다.

〈인디언 오피니언〉지 독자들과 다음에 나오는 장들을 읽을 다른 독자들이 내 글에 비판을 해 준다면 나는 고마움을 느낄 것입니다.

이 글을 쓴 유일한 동기는 조국에 봉사하는 것, 진리(*Truth*)를 찾는 것, 그리고 그 진리에 순종하는 것입니다. 따라서 만일 나의 견해들이 틀렸다는 것이 판명되면, 나는 그것들을 조금도 주저하지 않고 폐기할 것입니다. 만일 옳다는 것이 증명된다면, 나는 다른 사람들도 조국을 위해서 그것들을 수용해야 할 것이라고 바랄 것인데 그것은 당연한 바람입니다.

이 글은 독자들이 읽기 편하도록 각 장을 독자와 편집자가 대화를 나누는 형식으로 썼습니다.[3]

모한다스 카람찬드 간디

킬도난캐슬 선상에서(G.),
1909. 11. 22; 《전집》 10 : 16

3 〔역주〕 《전집》에 따르면 여기까지 '서언'(*Preface*)으로 되어 있다. 《전집》 권 10, 245면 참조.

(1) 국민회의와 간부들

독자 현재 인도 전역에 자치(*Home Rule*)의 물결이 일어나고 있습니다. 모든 동포들이 나라의 독립을 열망하는 듯이 보입니다. 이와 같은 정신이 남아프리카의 인도인들에게도 널리 퍼져 있습니다. 인도인들은 권리들을 획득하고자 간절히 바라는 듯합니다. 이 문제에 관련해서 당신의 견해를 설명해 주시겠습니까?

편집자 훌륭한 질문입니다만 답하기는 쉽지 않습니다. 신문의 목적 가운데 하나는 대중의 감정(*feeling*)을 이해하고 그것을 표현하는 것입니다.[4] 두 번째는 대중 사이에 바람직한 정서(*sentiments*)를 고취하는 일입니다. 셋째로는 대중의 결점을 두려움 없이 드러내는 것입니다. 이 세 가지 기능을 모두 수행하는 것이 귀하의 질문에 대답하는 일과 관련되어 있습니다. 민중의 의지는 어느 정도까지는 반드시 표현되어야 하고, 어떤 정서는 육성될 필요가 있습니다. 결점은 백일하에 드러나야 합니다. 여하튼 귀하가 질문했으니, 거기에 답변하는 것이 내 의무일 것입니다.

독자 그렇다면 당신은 우리가 자치를 욕구했다고 생각합니까?

편집자 예, 그러한 욕구가 국민회의(National Congress)를 탄생시켰습니다. '국민'(*National*)이란 단어가 선택된 것이 그런 뜻을 함축하고 있습니다.

---

4 〔역주〕 feeling이란 단어는 문맥에 따라서 느낌이나 감정으로 각각 번역하였다.

독자 그러나 현실은 전혀 그렇지 않습니다. 청년 인도(Young India)[5]는 국민회의를 무시하는 듯합니다. 국민회의는 영국의 지배를 영속화하는 도구로 간주되고 있습니다.

편집자 그런 의견은 타당하지 않습니다. 인도의 위대한 원로[6]가 토양을 마련해 주지 않았다면, 우리 청년들은 자치에 대해서 아무 말도 할 수 없었을 것입니다. 흄[7] 씨의 글을 우리가 어떻게 잊을 수 있겠습니까? 그가 국민회의의 목표를 성취하기 위해서 우리를 행동에 나서게 하려고 어떤 식으로 채찍질했는지를, 그리고 우리를 일깨우기 위해서 기울인 노력을 어떻게 잊을 수 있겠습니까? 윌리엄 웨더번 경[8]도 똑같은 명분을 위해서 그의 심신과 돈을 바쳐왔습니다. 그의 저작은 오늘날에도 숙독할 가치가 있습니다. 고칼레 교수[9]는 나라를 세우기 위해서 가난을 무릅쓰고 20년의 인생을 바쳤습니다. 그는 지금도 가난하게 살고 있습니다. 고 부드루딘 트에브지 판사[10]도 의회를 통해서 자치의 씨앗을 뿌린 자 중의 한 사람이었습니다. 유사하게 벵골, 마드

---

5 〔역주〕 주로 런던에서 활동하던 인도의 혁명운동가를 가리키는 말. 이 명칭은 마치니가 이끈 '영 이탈리아'(청년 이탈리아당)라는 말을 원용한 것이다. 안찬수 역, 《힌두 스와라지》, 18면 주 15) 참조.

6 〔원주〕 Dadabhai Naoroji(1825~1917). 〔역주〕 보다 자세한 내용은 《마하트마 간디의 도덕 · 정치사상》 권 1, 60~61번을 참조하기 바란다.

7 A. O. Hume (1829~1912) : 인도 국민회의의 창시자 중의 한 사람.

8 William Wedderburn(1838~1918) : 봄베이 인도 국민회의 의장(1889), 알라하바드 지회 의장(1910).

9 Gopal Krishna Gokhale(1866~1915) : 저명한 인도 지도자, 정치가, 교육자, 개혁가.

10 〔원주〕 Buddrudin Tyebji(1844~1906) : 봄베이 고등법원 판사, 마드라스 인도 국민회의 의장 역임(1887). 〔역주〕 이름의 철자로 영어 원전에는 Buddrudin Tyebj로 되어 있지만 《전집》 권 10, 248면에 따라서 Buddrudin Tyebji로 고쳤다.

라스, 펀자브와 다른 장소에는 인도를 사랑하는 사람들과 국민회의의 의원들이 있었는데, 거기에는 인도인과 영국인이 함께 있었습니다.

독자 잠깐만, 잠깐만. 당신은 너무 멀리 나가고 있습니다. 당신은 내 질문에서 벗어났습니다. 나는 자치(*Home-Rule*, *Self-Rule*)에 대해서 물었습니다. 그런데 당신은 외국인의 통치를 논하고 있습니다. 나는 영국인의 이름을 듣고 싶지 않은데, 당신은 영국인을 여러 명 거론하고 있습니다. 이런 식으로는 우리가 합의에 이를 것 같지 않습니다. 자치에 한정해서 말해 주면 좋겠습니다. 다른 이야기로는 나를 만족시키지 못할 것입니다.

편집자 성급하시군요. 나는 그렇게는 할 수 없습니다. 잠깐만 참으신다면 당신이 원하는 얘기를 들을 수 있을 것입니다. 나무는 하루아침에 자라지 않는다는 옛 격언을 떠올려 보십시오. 내 말을 가로막는다는 사실, 그리고 인도가 잘되기를 바라는 사람들의 말을 듣고 싶어하지 않는다는 사실은, 적어도 당신에게는 자치가 멀리 떨어져 있음을 보여주는 것입니다. 당신과 같은 사람이 많다면, 우리는 조금도 전진할 수 없습니다. 당신은 이런 지적에 주의를 기울여 주시길 바랍니다.

독자 자꾸 우회적으로 돌려 말하면서 나를 피하려는 듯이 보입니다. 당신이 인도가 잘되기를 바라는 자들이라고 생각하는 사람들은, 내 판단으로는 그런 사람들이 아닙니다. 그런데 내가 왜 그들에 대한 당신의 말을 들어야 합니까? 당신이 나라의 아버지라고 여기는 그분은 나라를 위해서 무엇을 했습니까? 그분은 영국의 총독들이 정의(*justice*)를 펼 것이고 우리가 그들에게 협력해야 한다고 말했습니다.

편집자 당신이 그렇게 위대한 사람에 대해서 무례한 말을 하는 것은 우리 모두에게 수치(*shame*)가 아닐 수 없다는 것을, 아주 겸손한 태도로 말하지 않을 수 없습니다. 그분의 업적을 보십시오. 그분은 인도에 봉사하기 위해서 자신의 생명을 바쳤습니다. 우리는 우리가 알고 있는 것을 그분에게서 배웠습니다. 영국인들이 우리의 생명의 피를 빨아먹었다는 사실을 가르쳐준 분은 바로 존경하는 다다바이였습니다.[11] 오늘날 그가 영국을 여전히 신뢰하고 있다고 해서 그것이 무슨 문제가 됩니까? 우리가 청춘의 충일에서 한 걸음 더 나갈 준비가 되어 있기 때문에 다다바이가 덜 존경스러운 분이 됩니까? 그 때문에 우리가 그분보다 더 현명합니까? 우리가 더 높은 곳으로 올라갈 수 있도록 해 준 계단을 차 버리지 않는 것이 지혜의 표시입니다. 계단에서 하나의 디딤판을 제거해 버리면 계단 전체가 무너져 내릴 것입니다. 우리가 어린 시절을 거쳐서 청년기로 성장한 다음에도 우리는 어린 시절을 경멸하지 않습니다. 아니 반대로 어린 시절을 애정을 갖고서 기억합니다. 만일 스승이 여러 해 동안 공부해서 내게 뭔가를 가르쳐 주고, 그가 건설한 토대를 바탕으로 내가 조금 더 성장할 수 있었다면, 내가 성장했다고 해서 그 스승보다 현명하다고 할 수는 없을 것입니다. 나는 늘 그를 존경할 것입니다. 인도의 위대한 원로가 바로 그와 같은 경우입니다. 우리는 그분이 내셔널리즘의 창시자라는 점을 인정해야 합니다.

독자 잘 알겠습니다. 나는 이제 우리가 다다바이 씨를 존경해야 한다는 것을 이해할 수 있습니다. 다다바이 씨나 그와 같은 분들이 없

11 〔역주〕 영국이 인도를 지배하면서 인도의 국부를 유출하고 있다는 주장은 다다바이 나오로지의 《인도의 빈곤과 비영국식 통치》를 통해서 대중화되었다. 안찬수 역, 《힌두 스와라지》, 22면 참조.

었다면, 우리를 고무하는 정신이 아마 없었을 것입니다. 고칼레 교수에 대해서도 같은 말을 할 수 있습니까? 그는 영국인들의 훌륭한 친구를 자처해왔습니다. 그분은 우리가 자치를 말하기 전에 영국인들에게서 많은 것을 배워야 하며 그들의 정치적 지혜를 배워야 한다고 말합니다. 그의 연설을 읽고 있자면 이제 신물이 납니다.

편집자 만일 당신이 신물이 난다고 한다면 그것은 당신의 조급증을 드러낼 뿐입니다. 부모님의 느림에 불만을 느끼는 자식, 부모님이 자신들과 함께 달리지 못한다고 화를 내는 자식을 우리는 무례하다고 생각합니다. 고칼레 교수는 부모와 같은 위치에 있는 분입니다. 그가 우리와 함께 달릴 수 없다고 해서 무슨 문제가 있습니까? 자치를 획득하고자 하는 나라는 선구자들을 경멸할 수는 없습니다. 우리가 원로들을 존경하지 않는다면 우리도 쓸모없는 존재가 되고 말 것입니다. 성숙한 사상을 지닌 사람은 자기 자신을 다스릴 수 있지만 조급한 자들은 그렇게 할 수 없습니다. 더구나 고칼레 교수와 같이 인도 교육에 헌신하는 자가 몇 사람이나 있었습니까? 고칼레 교수는 무슨 일을 하든 순수한 동기로, 또 인도를 위해서 봉사할 목적으로 일을 해왔다고 나는 진심으로 믿고 있습니다. 모국에 대한 그분의 헌신이 위대하므로, 그분은 필요하다면 인도를 위해서 목숨도 바칠 것입니다. 그분은 누군가에게 아첨하려고 이런저런 말을 한 것이 아니라, 진실이라고 믿었기 때문에 그렇게 말했던 것입니다. 그러므로 우리는 그분에게 최대의 존경을 바치지 않을 수 없습니다.

독자 그렇다면 우리는 모든 면에서 그분을 따라야 합니까?

편집자 나는 결코 그렇게는 말하지 않았습니다. 우리의 양심에 비추어 보아서 그와 다른 생각을 하고 있다면, 해박한 지식을 갖춘 고칼레 교수는 그를 따르기보다 우리 양심의 명령에 따르라고 조언하셨을 것입니다. 우리의 주요 목표는 그의 업적을 비난하는 것이 아니라, 그가 우리보다 무한하게 위대하다는 점을 믿고, 인도를 위해서 공헌한 그의 업적과 비교하면 우리의 업적이란 아주 보잘것없다는 점을 확인하는 데 있습니다. 몇몇 신문이 그분에 대해서 무례한 글을 쓰고 있습니다. 우리가 해야 할 일은 그런 글에 대해서 항의하는 것입니다. 우리는 고칼레 교수와 같은 분들이 자치의 대들보라고 생각해야 합니다. 다른 사람의 생각은 나쁘고 우리의 것만이 좋다고 말하거나, 우리와 다른 견해를 가지고 있다고 해서 조국의 적이라고 말하는 것은 나쁜 습관입니다.

독자 이제는 당신의 뜻을 좀 이해하겠습니다. 그 일에 대해서 곰곰이 생각해 봐야겠습니다. 하지만 흄 씨와 윌리엄 웨더번 경에 대한 당신의 언급은 이해할 수가 없습니다.

편집자 인도인에게 적용되는 말이라면 영국인에게도 적용됩니다. 모든 영국인이 나쁘다는 말에 나는 결코 찬동할 수 없습니다. 많은 영국인이 인도의 자치를 바라고 있습니다. 영국인들이 다른 사람들에 비해서 다소 이기적이라는 것은 사실입니다. 하지만 그것이 모든 영국인이 나쁘다는 증거는 못 됩니다. 우리가 정의를 추구한다면 타인들에 대해서도 정의로워야 합니다. 윌리엄 경은 인도에 불운을 바라지 않습니다. 그것만으로도 우리에게는 충분합니다. 우리가 전진하면서 올바르게 행동한다면 인도도 좀더 빨리 자유로워지리라는 사실을 당신도 알게 될 것입니다. 모든 영국인을 적으로 돌린다면 자치는 그만큼 연기될 것이라는 사실도 알게 될 것입니다. 하지만 우리가 영국인들에게 정의롭다면, 자치의 목표를 향해서 나아갈 때 그들의 지지를 얻을 수 있을 것입니다.

독자 현재로서는 이 모든 것이 나에게는 그저 비상식적인 것으로 들립니다. 영국인의 지지와 자치의 획득은 서로 모순되는 일입니다. 영국인들이 어떻게 우리를 위해서 자치를 허용할 수 있겠습니까? 하지만 이 문제에 대해서 당신이 지금 당장 어떤 결론을 내리기를 바라는 것은 아닙니다. 이런 문제로 시간을 끄는 것은 소용없는 일입니다. 당신이 우리가 자치를 얻을 수 있는 방법을 일러 준다면 아마도 나는 당신의 견해를 이해하게 될 것입니다. 당신은 영국인의 도움에 대해서 말함으로써, 당신에 대해서 편견을 갖도록 했습니다. 이 주제에 대해서는 더 이상 논의하지 말도록 합시다.

편집자 나도 그렇게 하고 싶지는 않습니다. 나에 대한 편견이 생겼다고 했는데, 나는 크게 염려하지 않습니다. 이야기를 나눌 땐 달갑지 않은 내용을 처음에 말하는 편이 낫습니다. 그다음 나의 의무는 당신의 편견을 고쳐가도록 끈질기게 노력하는 것입니다.

독자 마지막 말은 좋습니다. 그 말에 내 생각을 말할 용기가 생겼습니다. 내게 여전히 수수께끼가 하나 있습니다. 국민회의가 자치의 토대를 어떻게 닦아왔는지, 그 점을 나는 이해하지 못하겠습니다.

편집자 자, 봅시다. 국민회의는 인도의 각지에서 온 사람들이 모인 기구이고, 우리로 하여금 국민(*nationality*)이라는 관념에 열광하게 했습니다. 하지만 정부는 그것을 탐탁지 않게 여겼습니다. 국민회의는 국가(*Nation*)가 세입과 세출을 관장해야 한다고 늘 주장해왔습니다. 국민회의는 캐나다의 모델을 따라서 자치정부(*self-government*)를 늘 희망했습니다. 자치정부를 얻을 수 있는가 없는가, 우리가 자치정부를 희망하는가 하지 않는가, 더 바람직한 것이 있는가 없는가 하는 것은 다른 문제입니다. 내가 지적하고자 하는 것은 국민회의를 통해서 우리가 자치에 대해서 미리 맛을 보게 되었다는 것입니다. 국민회의로부터 이런 명예를 빼앗은 것은 온당치 않습니다. 우리가 그렇게 한다면 그것은 배은망덕한 일일 뿐 아니라 우리의 목표 달성은 그만큼 지체될 것입니다. 우리가 하나의 국가로 성장하는 데 국민회의를 해로운 기관으로 여긴다면, 우리는 그러한 조직체를 활용할 수 없을 것입니다.

(2) 벵골 분할[12]

독자 당신이 말한 대로 문제를 생각해 본다면, 국민회의가 자치의 토대를 놓았다고 말해도 좋겠습니다. 하지만 그것을 진정한 각성(*real awakening*)이라고 생각할 수 없다는 사실은 당신도 인정할 것입니다. 진정한 각성은 언제 그리고 어떻게 일어났습니까?

---

12 〔역주〕 벵골은 인도 대륙 북동부 지역으로, 벵골 분할(1905~1911, 이슬람교 치하의 동벵골과 아삼, 힌두교 치하의 서벵골과 비하르 및 오리사로 분할)은 1905년 인도 부왕 커전이 반영운동의 분열을 기도하며 취한 일종의 민족 분단 정책이다. 인도 민족운동의 중심이었던 벵골의 운동을 약화시키는 동시에 힌두교도와 이슬람교도의 종교 대립을 유발하고자 했던 것이다. 이에 반대하는 투쟁이 인도 국민회의를 중심으로 활발하게 전개되어, 벵골 분할정책은 1911년에 끝났으나 영국령 인도의 수도가 캘커타에서 뉴델리로 옮겨졌다. 벵골 분할을 반대하는 투쟁을 통해서 인도 국민회의는 자산계급의 압력단체에서 전국적 대중운동 조직으로 탈바꿈했다. 이 사건은 이후 힌두교도와 이슬람교도가 분리되는 원인을 제공했다. 벵골은 오늘날 인도의 서벵골주와 방글라데시 인민공화국으로 나뉘어 있다. 안찬수 역, 《힌두 스와라지》, 28면 주 참조.

편집자 각성의 씨앗은 결코 눈에 보이지 않습니다. 그것은 땅 밑에서 작동하다가 스스로 없어집니다. 우리는 땅 위로 자라는 나무만을 볼 수 있을 뿐입니다. 국민회의도 마찬가지입니다. 하지만 당신이 말한 진정한 각성은 벵골 분할 이후에 일어났습니다. 이 점에 대해서 우리는 커전 경에게 감사해야 할 것입니다. 분할의 시기에 벵골인들은 커전 경을 설득하려고 했지만, 그는 자신의 힘에 한껏 도취되어 그들의 모든 탄원을 무시했습니다. 그는 인도인들이 말로 떠들어대기만 할 뿐, 결코 한 발작도 효과 있는 발걸음을 내딛지 못할 것이라고 생각했습니다. 그는 모욕적(*insulting*) 언사를 하면서, 온갖 반대에도 불구하고 벵골을 분할했습니다. 그날은 바로 영국제국이 분할된 날로 볼 수도 있습니다. 그 분할로 말미암아 야기된 충격은 영국의 권세가 예전에 다른 어떤 행위에서 받았던 충격과 비교가 되지 않았습니다. 그렇다고 해서 인도에 가한 다른 부당 행위들(*injustices*)이 분할이 야기한 부당 행위보다 눈에 덜 거슬린다는 의미는 아닙니다. 소금세는 중대한 부당 행위입니다. 우리는 나중에 그와 같은 부당 행위들을 많이 보게 될 것입니다. 하지만 사람들은 분할에 저항할 각오가 되어 있었습니다. 분할에 즈음하여 감정은 한껏 고조되었습니다. 수많은 벵골의 지도자는 모든 것을 잃어버릴 각오가 되어 있었습니다. 지도자들은 자신의 힘을 알고 있었습니다. 그래서 돌발 사태가 발생한 것입니다. 그것은 이제 거의 억누를 수 없는 형편이 되었고 제지할 필요도 없습니다. 분할은 사라질 것이고 벵골은 재통일될 것이지만, 영국이란 배에 생긴 균열은 남을 것입니다. 그리고 그 균열은 날마다 더 커질 것입니다. 각성한 인도는 다시는 잠들지 않을 것입니다. 분할 철폐 요구는 바로 자치에 대한 요구입니다. 벵골 지도자들은 이것을 알고 있습니다. 영국의 관리들도 깨닫고 있습니다. 바로 그 때문에 분할이 여전히 지속되고 있습니다. 시간이 흐르면서 하나의 국가가 형성되고 있습니다. 국가들은 하루 만에 형성되는 것이 아닙니다. 국가의 형성에는 수년이 걸릴 것입니다.

독자 분할의 결과가 무엇일 것이라고 생각하십니까?

편집자 지금까지 우리는 불만의 해소를 위해서는 군주에게 다가가야 하고, 만일 그 불만이 해소되지 않는다고 하더라도 계속 청원(*petition*)을 하는 것 외에는 다른 방도가 없다고 생각해왔습니다. 그러나 분할이 이루어진 이후 청원에는 힘의 뒷받침이 있어야 한다는 것, 그리고 자신들이 고통을 견딜 수 있어야 한다는 점을 민중은 알게 되었습니다. 이 새로운 정신은 분할의 가장 주요한 결과라고 생각됩니다. 그 정신은 신문들에 발표되는 노골적인 글에서도 보입니다. 두려움에 떨면서, 비밀리에 말하던 것을 이제 공개적으로 말하고 쓰기 시작했습니다. 스와데시 운동이 시작되었습니다. 남녀노소를 불문하고 영국인의 얼굴을 보면 도망치던 사람들이 이제 더 이상 그들을 경외하지 않습니다. 그들은 질책도 투옥도 두려워하지 않습니다. 인도인들 가운데 가장 훌륭한 아들들이 현재 유형(流刑) 중에 있습니다.[13] 이것은 단순한 청원과는 다른 것입니다. 이런 식으로 민중은 움직여갔습니다. 벵골에서 일어난 정신은 북쪽으로 펀자브 지역까지 그리고 남으로는 코모린 곶까지 퍼져나갔습니다.

독자 주목할 만한 다른 결과는 없습니까?

---

13 〔원주〕 발 강가다르 틸락이 이 당시 만달레이 교도소에 있었다. 〔역주〕 《전집》에 따르면 그는 '인도 소요의 아버지'로 불렸다. 《전집》 권 10, 252면.

편집자 분할은 영국이란 배에 균열을 만들었을 뿐 아니라 우리 배에도 균열을 만들었습니다. 중대한 사건은 언제나 중대한 결과를 낳습니다. 우리의 지도자들은 두 파, 즉 온건파와 강경파로 나뉘었습니다. 이것들은 '느린' 파와 '성급한' 파라고도 말할 수 있습니다. 어떤 자들은 온건파를 아둔한 당이라 하고, 강경파를 대담한 당이라 부르기도 합니다. 모든 사람들은 선입견에 따라서 이 두 단어를 해석합니다. 이들 사이에 증오심(*enmity*)이 생겨난 것도 분명한 사실입니다. 한편은 다른 편을 믿지 못하고 그 동기를 책망합니다. 수라트 국민회의가 열렸을 때[14] 거의 충돌이 일어날 뻔했습니다. 이런 분열은 나라를 위해서 좋은 일이 아니라고 생각합니다. 하지만 분열이 오래 지속되리라고는 생각하지 않습니다. 그와 같은 분열이 얼마나 오래가느냐 하는 것은 모두 지도자들에게 달려 있습니다.

(3) 불만과 불안

독자 그렇다면 벵골 분할이 각성의 계기가 되었다고 생각합니까? 그러면 당신은 분할이 야기한 소요를 환영합니까?

편집자 사람이 잠에서 깨어날 땐 수족을 뒤틀면서 불안해합니다. 완전히 깨어날 때까지는 시간이 좀 걸립니다. 마찬가지로 비록 분할이 우리를 깨어나게 했다고 하더라도 아직 비몽사몽의 상태에서 벗어난 것은 아닙니다. 우리는 여전히 수족을 뒤틀면서 여전히 불안해하고 있습니다. 수면 상태와 각성 상태 사이의 중간 상태가 꼭 필요하듯이, 현재 인도의 불안도 필수적 상태, 따라서 정상적인 상태입니다.

14 1907년.

불안이 있다는 것을 안다면 그 불안에서 벗어날 가능성은 아주 높습니다. 사람이 잠에서 깨어난 후, 계속해서 비몽사몽의 상태에 머무는 것은 아닙니다. 그렇지만 우리가 완전히 깨어나는 것은 능력에 따라서 더 빨라지기도 하고 늦어지기도 합니다. 우리는 아무도 반기지 않는 현재의 불안에서 자유롭게 될 것입니다.

독자 불안의 다른 형태는 어떤 것입니까?

편집자 불안(*unrest*)은 실제 불만(*discontent*)입니다. 불만이 지금은 불안으로 설명됩니다. 국민회의의 회기 동안 불안은 불만이라고 불렸습니다. 흄 씨는 인도에서 불만이 확산되는 것이 필요하다고 늘 말했습니다. 불만은 아주 유용합니다. 어떤 사람이 현재의 운명에 만족하고 있는 한 거기에서 빠져나오라고 설득하기가 어렵습니다. 따라서 모든 개혁은 불만이 생긴 뒤에 일어납니다. 우리는 우리가 지닌 것을 좋아하지 않게 되었을 때에만 그것을 버립니다. 그런 불만은 우리가 인도인과 영국인의 위대한 저작[15]을 읽고 난 뒤에 우리 사이에서 생겨났습니다. 불만은 불안이 되었으며, 불안으로 말미암아 많은 사람이 죽고, 수감되고, 추방당했습니다.[16] 그와 같은 상태는 여전히 계속될 것입니다. 그리고 그럴 수밖에 없습니다. 이런 모든 것들은 상서로운 조짐으로 볼 수도 있지만, 나쁜 결과를 낳을 수도 있습니다.

---

15 〔역주〕 다다바이 나오로지와 R. C. 두트(Dutt), 앨런 옥타비언 흄 등의 저작을 말한다. 안찬수 역, 《힌두 스와라지》, 34면 주 참조.

16 〔역주〕 간디는 테러리스트들이 영국인들과 인도인들을 암살한 것을 염두에 두고 있었을 것이다. 《전집》 권 10, 253면 참조.

(4) 스와라즈란 무엇인가?

독자 국민회의가 어떻게 인도를 하나의 나라로 만들려고 했는지, 벵골 분할이 어떻게 각성을 야기했는지, 불만과 불안이 어떻게 전국으로 확산되었는지 알겠습니다. 이제 스와라즈(*swaraj*)에 대한 당신의 견해를 알고 싶습니다. 스와라즈에 대해서 당신과 우리가 다르게 해석하는 것이 아닌가 우려됩니다.

편집자 우리가 스와라즈라는 말에 같은 의미를 부여하지 않는다는 점도 충분히 가능합니다. 당신과 나, 그리고 모든 인도인들이 몹시 스와라즈를 획득하고 싶지만, 그것이 무엇인지에 대해서 확실하게 결정하지는 못하고 있습니다. 인도에서 영국인을 몰아내야 한다는 생각에 대해서는 수많은 사람이 이야기합니다. 그러나 왜 그래야 하는지에 대해서는 그들이 정확하게 고찰한 적이 없는 듯이 보입니다. 당신에게 질문이 하나 있습니다. 우리가 바라는 바를 모두 얻고자 한다면 영국인들을 꼭 몰아내야만 한다고 생각합니까?

독자 나는 영국인들에게 오직 한 가지만을 요구할 것입니다. 그것은 "우리나라를 떠나시오"라는 것입니다. 그들이 이런 요구에 응한다면, 비록 그들이 인도에서 철수한다는 것이 여전히 인도 안에 남아 있음을 의미한다고 해도 나는 아무 이의도 제기하지 않겠습니다. 그렇다면 그들의 말로는 '물러간다'는 말이 '남아 있다'라는 말과 같은 뜻으로 우리는 이해할 수 있을 것입니다.

편집자 그럼 영국인들이 물러갔다고 상정해 봅시다. 그 후에 당신은 무엇을 하겠습니까?

독자 현 단계에서는 그 질문에 대해서 대답할 수 없습니다. 영국인들이 철수한 이후의 상황은 철수의 방식에 크게 좌우될 것입니다. 당신이 가정하듯이, 영국인들이 물러난 이후에도 우리는 그들의 헌법을 유지하고, 정부를 운영해나갈 것으로 생각합니다. 만일 그들이 우리의 요청에 대해서 순순히 철수한다면, 우리는 군대와 그 밖의 것을 준비해야 할 것입니다. 따라서 우리는 정부를 운용하는 데 아무 어려움이 없을 것입니다.

편집자 당신은 그렇게 생각할 수도 있겠지만 내 생각은 다릅니다. 하지만 나는 그 일을 여기에서 논의하지는 않겠습니다. 당신의 질문에 답을 해야 하는 입장이지만, 당신에게 몇 개의 질문을 던짐으로써 나는 대답을 잘할 수 있을 것입니다. 당신은 왜 영국인을 몰아내고자 합니까?

독자 인도가 영국 정부 때문에 가난해졌기 때문입니다. 영국인들은 해마다 우리의 돈을 빼앗아 갔습니다. 가장 중요한 정부의 직책은 그들이 독차지하고 있습니다. 우리는 노예 상태에 빠져 있습니다. 영국인들은 우리에게 무례하게 행동하며 우리의 감정을 무시합니다.

편집자 영국인들이 우리의 돈을 빼앗아 가지도 않고, 친절하게 대해주고, 책임 있는 직책을 넘겨준다면, 당신은 여전히 그들의 존재가 우리에게 해롭다고 생각할까요?

독자 그건 쓸데없는 질문입니다. 그런 질문은 호랑이가 본성을 바꾼다면 그 호랑이와 함께 지내는 것이 해로운가 아닌가 하는 질문과 유사합니다. 그런 질문은 순전히 시간 낭비일 뿐입니다. 호랑이가 본성을 바꾼다면 영국인도 본성을 바꿀 것입니다. 이것은 불가능합니다. 그리고 가능하다고 믿는 것은 인간 경험에 반대되는 일입니다.

편집자 우리가 캐나다인들과 남아프리카인들처럼 자치정부를 갖게 된다면 그것으로 충분할까요?

독자 그런 질문도 쓸데없는 질문입니다. 우리가 그들과 동등한 힘이 있을 때 자치정부를 획득할 수 있을 것입니다. 그런 뒤에야 우리의 국기를 게양할 수 있을 것입니다. 일본이 그랬던 것처럼 우리 인도도 그래야 합니다. 우리는 우리의 해군, 우리의 육군을 그리고 위풍당당함을 가져야 합니다. 그럴 때 인도의 목소리가 전 세계에 울려 퍼질 것이다.

편집자 전반적 구도를 잘 말해 주었습니다. 사실 그것은 우리가 영국인 없는 영국 통치를 원한다는 것을 뜻합니다. 당신은 호랑이는 원치 않지만 호랑이의 본성을 원합니다. 다시 말하면 당신은 인도를 영국으로 바꾸려고 합니다. 그리고 인도가 영국이 될 때 그것은 힌두스탄이 아니라 잉글리스탄(Englistan)으로 불릴 것입니다. 이것은 내가 원하는 스와라즈가 아닙니다.

독자 스와라즈가 어떠해야 하는가에 대한 내 생각을 당신에게 말한 것입니다. 만일 우리가 받아온 교육이 유용한 것이라면, 스펜서와 밀 그리고 그 밖의 여러 사람의 저작이 중요하다면, 그리고 영국의 회가 의회의 어머니라면, 우리는 당연히 영국인을 본받아야 한다고 생각합니다. 본받는 정도는 다음과 같아야 합니다. 즉, 영국인들이 다른 나라 사람들이 자신의 나라에 기반을 마련하는 것을 용납하지 않듯이, 우리도 영국인들과 그 밖의 나라의 사람들이 우리나라에 기반을 마련하는 것을 용납해서는 안 됩니다. 영국인들이 영국에서 했던 일은 다른 나라에서는 이루어지지 않았습니다. 따라서 그들의 제도를 수입하는 것이 적절합니다. 이제 당신의 견해를 알고 싶습니다.

편집자 좀 참으십시오. 내 견해는 이 대화를 나누는 가운데 저절로 드러날 것입니다. 스와라즈의 참된 본성을 이해하는 일이 당신에게는 쉬운 일인 듯하지만 내게는 쉽지 않습니다. 따라서 당신이 말한 스와라즈는 올바른 의미의 스와라즈가 아니라는 점을 보여주려고 노력하는 데 당분간 만족하고자 합니다.

(5) 영국의 상황

독자 당신의 말에 따르면 영국의 정치체제는 우리에게 바람직한 것이 아니며 모방할 만한 것도 아니라는 결론이 나옵니다.

편집자 당신의 추론은 옳습니다. 영국의 현 상황은 측은합니다. 나는 인도가 절대 그런 곤경에 빠지지 않기를 신에게 기도합니다. 당신이 의회의 어머니라고 생각했던 영국은 불임 여성이나 매춘부와 같습니다. 불임 여성이나 매춘부 모두 가혹한 말이지만, 영국의회에는 꼭 들어맞는 말입니다. 영국의회는 자발적으로 선량한 일을 한 번도 한 적이 없습니다. 따라서 나는 그것을 불임 여성에 비교했습니다. 영국의회가 처한 자연적인 상황을 보면, 외부 압력 없이는 아무것도 할 수 없습니다. 영국의회는 수시로 바뀌는 장관들의 통제 아래에 있으므로 매춘부라고 할 만합니다. 오늘날에는 애스퀴스[17] 씨

아래 있지만, 내일은 밸푸어[18] 씨 아래 있을 것입니다.

독자 당신은 의회를 비아냥거리고 있습니다. '불임 여성'이란 말은 적당한 표현이 아닙니다. 의회는 민중이 선출하므로 민중의 압력을 받으며 일해야 할 것입니다. 이것이 의회의 특성입니다.

편집자 당신은 틀렸습니다. 좀더 면밀히 검토해 봅시다. 가장 훌륭한 사람이 민중에 의해서 선출된다고들 합니다. 의원은 보수를 받지 않고[19] 일을 하기 때문에 오직 공공복리(*public weal*)만을 위해서 일하는 것으로 생각해도 당연합니다. 유권자는 교육을 받은 자들일 것이고, 그들은 선택에서 일반적으로 오류를 범하지 않을 것이라고 우리는 추정해야 합니다. 그렇게 구성된 의회는 청원이라는 자극이나 다른 압력이 가해질 필요가 없습니다. 의회가 하는 일은 아주 부드러워 그 효과는 나날이 더욱 분명해질 것입니다. 하지만 사실 의원들이 위선적이고 이기적이란 점은 일반적으로 인정됩니다. 의원들 모두 자기 자신의 쩨쩨한 이익만을 생각합니다. 공포가 의원들의 지배적인 동기입니다. 오늘은 이 일을 했다가 내일 그것을 번복할지도 모릅니다. **의회가 하는 일이 어떻게 결말이 날 것인가를 예견할 수 있는 단 하나의 사례를 떠올리기란 불가능합니다.** 아주 중대한 의제를 논의할 때, 의원들은 기지개를 켜거나 졸기도 합니다. 어떤 때는 청중들이 혐오를 느낄 정도

---

17 〔원주〕 Herbert Henry Asquith(1852~1928) : 대영제국의 수상(1908~1916). 〔역주〕 몰리경(Viscount Asquith of Morley)이라고도 불린다. 영국의 자유당 출신 수상으로 1911년 상원의 권한을 제한하는 의회법(Parliament Act)을 입안했으며, 제1차 세계대전 초 2년 동안 영국을 통치했다.

18 〔원주〕 Arthur James Balfour〔1848~1930〕 : 대영제국의 수상(1902~1905). 〔역주〕 수상 재임 순서로 보면 밸푸어 수상이 먼저다.

19 의원들에 대한 보수의 지불은 1911년 시작되었다.

로 계속 떠들어댑니다. 칼라일은 의회를 '입씨름 장터'라고 부른 적이 있습니다. 의원들은 아무 생각도 없이 자신의 당을 위해서 투표합니다. 이른바 당의 규율이 그들을 당에 묶어 둡니다. 어떤 의원이 예외적으로 독자적인 투표를 하면, 그 의원을 변절자라고 간주합니다. 의회가 낭비한 돈과 시간을 소수의 착한 자들에게 위임했더라면, 오늘날 영국은 훨씬 더 높은 차원의 기반 위에 서 있을 것입니다. 의회는 단지 국가의 값비싼 장난감입니다. 이런 견해는 결코 나 혼자만의 것이 아닙니다. 영국의 몇몇 위대한 사상가도 그런 견해를 피력한 바 있습니다. 최근 의원들 중 한 사람이, 참된 기독교인이라면 의회 의원이 될 수 없었을 것이라고 말했습니다. 어떤 의원은 의회를 어린애라고 말했습니다. 만일 7백 년이나 지속되었는데도 여전히 어린애로 남아 있다면, 언제 유치함을 벗어날 수 있겠습니까?

독자　당신의 말은 나를 생각하게 하는군요. 당신이 말한 모든 것을 내가 당장 인정하리라고 기대하지는 않겠지요. 당신은 내게 아주 진기한 견해들을 제시했습니다. 그것들을 곱씹어 보겠습니다. 당신은 이제 '매춘부'라는 말을 설명해 주어야 합니다.

편집자　내 견해를 당장 인정할 수 없다는 점은 너무나 당연합니다. 이 주제에 관련된 문헌을 읽게 되면, 좀더 알게 될 것입니다. 의회에는 진정한 주인이 없습니다. 수상 아래에서 의회의 움직임은 지속적이지 못하고 매춘부와 같이 희롱당하고 있습니다. 수상은 의회의 복지보다 자신의 권력에 더 관심이 많습니다. 그는 자신이 속한 당의 성공을 위해서 힘을 집중합니다. 수상이 의회가 옳은 일을 하는지 항상 관심을 기울이는 것은 아닙니다. 수상들은 오직 당리를 위해서만 의회가 움직이도록 한다고 알려져 있습니다. 이 모든 것들은 곰곰이 생각해 볼 가치가 있습니다.

독자 그렇다면 당신은 우리가 여태 애국적이고 정직하다고 생각해온 사람들까지 정말로 공격하는 것입니까?

편집자 그렇습니다. 나에게는 수상들을 반대할 아무 이유가 없습니다만, 내가 목격한 바로는 그들이 진정으로 애국적이라고 생각할 수가 없습니다. 이른바 뇌물이란 것을 받지 않기 때문에 정직한 자로 여겨질 수도 있을 것입니다. 하지만 그들은 보다 미묘한 영향력 앞에 노출되어 있습니다. 그들은 목적을 달성하기 위해서 분명히 명예를 미끼로 민중을 매수할 것입니다. 나는 그들에게 진정으로 정직함도, 살아 있는 양심도 없다고 주저 없이 말합니다.

독자 당신은 의회에 대해서 견해를 피력해왔습니다. 이제 나는 영국 민중에 대해서 당신의 말을 듣고 싶습니다. 그러면 나는 그들의 정부에 대한 당신의 견해를 들을 수 있을 것입니다.

편집자 영국 유권자들에게는 신문이 일종의 성경입니다. 그들은 생각의 단서를 신문들에서 얻지만, 그것들은 흔히 부정직합니다. 동일한 사실이 신문에 따라서 달리 해석됩니다. 신문은 특정 당의 이익을 위해서 편집되는데, 당이 다르면 사실 또한 다르게 해석됩니다. 가령 어떤 저명한 영국인에 대해서 한 신문은 정직의 본보기라 보고, 다른 신문은 그를 부정직하다고 볼 것입니다. 신문들이 이런 식이라면 민중의 처지는 어떻겠습니까?

독자 어떤지 설명해 주십시오.

편집자 민중은 자신들의 견해를 수시로 바꿉니다. 7년마다 바꾼다고 들 합니다. 민중의 견해는 시계추와 같이 흔들리며 결코 확고하지 못합니다. 민중은 강렬한 연설가, 혹은 잔치나 환영회 따위를 베풀어주는 사람을 좇아갑니다. 민중이 그러하듯이 의회 또한 그러합니다. 영국인은 아주 강하게 발전시켜온 한 가지 자질이 있습니다. 그들은 조국이 패배하는 것을 결코 용납하지 않을 것입니다. 누군가가 조국에 대해서 사악한 눈빛을 던지면, 그들은 그 눈동자를 뽑아낼 것입니다. 그러나 이렇게 말한다고 해서 그 국가가 일체의 다른 미덕을 가지고 있다거나, 또한 그 국가를 본받아야 한다는 것을 의미하지도 않습니다. 만일 인도가 영국을 본받는다면, 인도가 망할 것이라고 나는 강하게 확신합니다.

독자 영국이 이런 상태가 된 원인은 무엇입니까?

편집자 그것은 영국인에게 특정한 결함이 있기 때문은 아닙니다. 그 상황은 현대문명(*modern civilization*) 탓입니다. 그것은 말로만 문명입니다. 그 아래에서 유럽 국가들은 날마다 타락하고 망해가고 있습니다.

(6) 문명

독자 당신이 말하는 문명이 무엇을 의미하는지 설명해 주어야 합니다.

편집자 나에게 문명이란 말이 무엇을 의미하는지, 그것은 문제가 아닙니다. 몇몇 영국인 작가는 현재 그런 명칭으로 통용되는 것을 문명이라 부르기를 거부하고 있습니다. 사람들은 그런 주제에 대해서는 많은 책을 썼습니다. 문명의 해악으로부터 국민을 구제하기 위해서 여러 협회가 설립되었습니다. 어느 위대한 영국 작가[20]는 《문명의 원인과 치료법》으로 불리는 책을 썼습니다. 그 책에서 그는 문명을 질병이라고 불렀습니다.

독자 왜 우리는 보통 이런 사실을 모를까요?

편집자 답은 아주 간단합니다. 스스로 자기 자신에 반대하는 논의를 펼칠 사람은 거의 없기 때문입니다. 현대문명에 중독된 자들은 그 문명을 반대하는 글을 쓸 것 같지가 않습니다. 그들의 관심은 현대문명을 지지할 만한 사실과 논거를 찾는 데 있습니다. 그리고 그들은 현대문명이 참되다고 믿고 이런 일을 무의식적으로 합니다. 사람은 꿈을 꾸고 있는 동안에는 꿈을 믿습니다. 잠에서 깨어났을 때에만 그는 자신의 기만에서 깨어납니다. 문명의 해악 아래에서 일하는 사람은 꿈꾸는 자와 같습니다. 우리가 보통 읽고 있는 것은 현대문명을 옹호하는 사람들의 저작들인데, 그 문명은 아주 똑똑한 사람들과 매우 선량한 사람들 사이에서도 그 권리를 주장하고 있습니다. 우리는 이런 사람들의 글에 최면이 걸린 것입니다. 우리는 한 사람 한 사람씩 문명의 소용돌이 안으로 끌려 들어가고 있습니다.

독자 당신의 말은 아주 설득력 있어 보입니다. 이제 이 문명에 대해서 당신이 읽은 것과 생각해온 것을 좀 말씀해 주십시오.

편집자 먼저 어떤 사태가 '문명'이란 말로 묘사되는지 생각해 봅시다. 문명의 참된 시금석은 그 안에 사는 사람들이 육신의 복지(*bodily welfare*)

20 Edward Carpenter.

를 삶의 목표로 삼는다는 사실에 있습니다. 몇 가지 예를 들겠습니다. 오늘날의 유럽 사람들은 1백 년 전보다 더 잘 지어진 집에서 삽니다. 이것이 문명의 상징으로 간주되고 있습니다. 이것 역시 육신의 행복을 증진하는 일입니다. 옛날에 그들은 가죽옷을 입었고, 무기로 창을 사용했습니다. 지금 그들은 긴 바지를 입고, 육신을 장식하기 위해서 다양한 옷을 입습니다. 그리고 창 대신 그들은 다섯 개 이상의 약실이 있는 연발 권총을 갖고 다닙니다. 여태 많은 옷가지나, 구두 등을 입는 습관이 없었던 나라의 사람들이 유럽인의 복장을 수용하고는 이제 자신들이 야만 상태에서 벗어나 문명화되었다고 여깁니다. 옛날에 유럽 사람들은 주로 육체노동으로 땅을 경작했습니다. 그러나 지금은 단 한 사람이 증기기관으로 광활한 땅을 경작하여 거대한 부를 축적할 수 있습니다. 이것이 문명의 표시로 불립니다. 옛날에는 소수의 사람들만이 가치 있는 책들을 지었습니다. 그러나 지금은 아무나 그가 좋아하는 것을 써서 인쇄함으로써 사람의 심성을 타락시킵니다. 예전에 사람들은 마차를 타고 여행했습니다. 그러나 이제 그들은 기차로 하루 4백 마일 이상의 속도로 공중을 날아다니듯이 여행합니다. 이것이 문명의 높이로 간주됩니다. 사람들이 진보를 거듭하면 비행기를 타고 몇 시간 내 세계의 어느 곳이든 도달할 수 있을 거라고 말합니다. 사람들은 자신들의 수족을 사용할 필요가 없을 것입니다. 단추를 누르면 바로 옆에다 옷을 구할 수 있고, 다른 단추를 누르면 신문을 얻을 수 있을 것입니다. 세 번째 단추를 누르면 자동차가 대기하고 있을 것입니다. 그들은 접시에 곱게 담긴 각종 음식을 먹을 것입니다. 모든 일이 기계로 이뤄질 것입니다. 옛날에 사람들이 서로 싸우고 싶을 때는 육신의 힘으로 겨루었습니다. 그렇지만 지금은 한 사람이 언덕 위에 둔 기관총으로 수천 명의 생명을 앗아갈 수 있습니다.

이것이 문명입니다. 옛날에 사람들은 원하는 만큼만 들에 나가 일했습니다. 그러나 이제는 수천 명의 노동자가 생계를 유지하기 위해서 공장이나 탄광에 집결해서 노동합니다. 그들의 노동 조건은 짐승보다 못합니다. 그들은 백만장자를 위해서 아주 위험한 직업에서 생명을 무릅쓰고 일하지 않을 수 없습니다.

옛날에는 사람들이 육체적인 강제 때문에 노예가 되었습니다. 이제 그들은 돈의 유혹과 돈으로 살 수 있는 사치품 유혹 등의 노예가 되었습니다. 옛날에는 꿈도 못 꾸었던 질병들이 생겨났고, 수많은 의사가 치료법을 찾기 위해서 골몰하고 있으며, 병원들이 수없이 증가했습니다. 이것이 문명의 시금석입니다. 옛날에는 편지를 보내려면 특별한 심부름꾼이 필요했고 비용도 많이 들었습니다. 오늘날에는 단 한 푼을 가지고 편지로 자신의 동료에게 욕설을 퍼부을 수 있습니다. 물론 같은 비용으로 감사의 마음도 전할 수 있게 되었습니다. 옛날에는 사람들이 집에서 만든 빵과 야채로 두세 끼의 식사를 했습니다. 그러나 이제 사람들은 두 시간마다 먹을 것이 필요해졌고, 다른 일을 위한 여유를 거의 갖지 못합니다. 내가 무슨 말을 더 할 필요가 있겠습니까? 당신은 이 모든 것을 몇몇 권위 있는 책에서도 확인할 수 있을 것입니다. 이것들 모두가 문명의 실제적인 시금석입니다. 만일 누구든 그 반대로 얘기하면 그는 무지한 사람으로 치부됩니다. 이 문명은 도덕이나 종교에 대해서는 전혀 주목하지 않습니다. 이 문명의 지지자들은 종교를 가르치는 일이 그들의 일이 아니라고 냉정하게 말합니다. 어떤 자는 심지어 종교를 미신이 성장해온 것이라고도 합니다. 다른 사람들은 종교의 옷을 걸치고 있으면서 도덕에 대해서 재잘거립니다. 하지만 20년에 걸친 경험을 통해서 나는 부도덕이 도덕의 이름으로 자주 가르쳐진다는 결론에 도달하게 되었습니다. 어린아이들조차도 앞서 내가 문명에 대해서 묘사한 모든 것 안에 도덕으로 이끄는 것이 없음을 알 것입니다. 문명은 육신의 안락을 증진시키려 하지만 불행하게도 그것조차 실패했습니다.

이 문명은 반(反)종교(*irreligion*)입니다. 이 문명이 유럽인들을 꽉 움켜쥐고 있으므로 그 속에서 사는 사람들은 반쯤 미친 것처럼 보입니다. 그들에게는 육신의 진정한 기운도 용기도 없습니다. 그들은 중독을 통해서 에너지를 유지합니다. 그들은 혼자 있으면 거의 행복하지 않습니다. 가정의 여왕이 되어야 할 여성들은 거리에서 방황하거나 공장에서 뼈 빠지게 일하고 있습니다. 약간의 임금을 위해서 영국에서만 50만 명의 여성들이 가혹한 조건의 공장이나 그와 유사한 시설에서 노동하고 있습니다. 이러한 끔찍한 사실은 나날이 성장하는 여성참정권 운동의 여러 원인 중의 하나입니다.

이 문명은 우리가 참기만 한다면 스스로 파멸하고 말 문명입니다. 마호메트의 가르침에 따른다면 이것은 사탄의 문명이라고 할 수 있습니다. 힌두교는 이것을 암흑시대(*Black Age*)라고 부릅니다. 나로서는 이런 문명에 대해서 적절한 개념을 제시할 수 없군요. 여하튼 그것은 영국의 중추부를 잠식하고 있습니다. 이런 문명은 꼭 피해야 합니다. 의회는 진실로 노예 상태의 상징입니다. 당신이 이에 대해서 충분히 숙고한다면 나와 같은 견해를 품게 될 것이고 영국인을 비방하지 않을 것입니다. 그들은 차라리 우리의 동정을 받을 만합니다. 그들은 영리한 나라입니다. 그래서 나는 그들이 악을 털어 버릴 것이라고 믿습니다. 그들은 진취적이고 근면합니다. 사유 방식이 본질적으로 부도덕했던 것은 아닙니다. 심성이 나쁜 것도 아닙니다. 그래서 나는 그들을 존경합니다. 문명은 치유 불가능한 질병이 아닙니다. 하지만 현재 영국인들이 그 질병을 앓고 있다는 사실은 결코 망각해서는 안 됩니다.

(7) 인도는 왜 패배했는가?

독자 당신은 문명에 대해서 많은 말을 해 주셨습니다. 그 말을 듣고 나는 그것에 대해서 충분히 성찰하게 되었습니다. 그런데 나는 유럽의 어느 나라들로부터 어떤 것을 받아들이고 어떤 것을 피해야 할지 모르겠습니다. 하지만 한 가지 질문이 당장 떠오릅니다. 만일 문명이 질병이라면, 그리고 그 병이 영국을 공격했다면, 영국은 어떻게 인도를 점령했으며 지금도 여전히 보유할 수 있는 것입니까?

편집자 그 질문에 답하기는 그리 어렵지 않습니다. 우리는 당장 스와라즈의 참된 본성을 검토할 수 있습니다. 그 질문에 대해서 여전히 대답해야 한다는 것을 나는 알기 때문입니다. 하지만 먼저 어떻게 영국이 인도를 취할 수 있었는가 하는 질문부터 답하도록 하겠습니다. 영국인은 인도를 점령한 적이 없습니다. 우리가 그들에게 인도를 넘겨준 것입니다. 그들은 자신의 힘으로 인도에 머물러 있는 것이 아니라 우리가 그들을 붙잡고 있는 것입니다. 이런 명제들이 입증될 수 있는지 살펴보겠습니다. 영국인들은 원래 무역을 위해서 우리나라에 왔습니다. 그 바하두르(Bahadur)[21] 회사[22]를 떠올려보십시오. 누가 그것을 바하두르로 만들었습니까? 그들이 그 왕국을 건설할 당시에는 아무 의도도 없었습니다. 누가 그 회사의 간부들을 도와주었습니까? 누가 그들의 은을 보고 유혹을 느꼈습니까? 누가 그들의 상품을 샀습니까? 역사는 이 모든 일을 우리가 했다는 사실을 증언하고 있습니다. 우리가 당장 부자가 되고 싶어서 그 회사의

21 문자적으로는 '용감한'의 의미, 여기에서는 '강력한', '위엄 있는'의 의미이다.
22 동인도 회사.

간부들을 쌍수를 들어 환영했습니다. 그들을 도와준 것도 우리입니다. 만일 내가 인도대마 뱅(*bhang*)을 마시는 습관이 있는데 상인이 그것을 판다고 했을 때 내가 자신을 비난해야 할까요, 아니면 상인을 비난해야 할까요? 상인을 비난함으로써 내가 습관을 버릴 수 있을까요? 그 상인이 쫓겨난다고 해도, 다른 상인이 그 자리에 들어서지 않을까요? 인도의 참된 종이라면 문제의 근원을 파고 들어가야 합니다. 만일 과식을 해서 체했는데, 물을 탓한다고 체하는 걸 피할 수는 없을 것임은 분명합니다. 병의 원인을 엄밀히 찾는 사람이 진짜 의사입니다. 만일 당신이 인도의 병을 고칠 의사로 자처한다면, 당신은 올바른 원인을 찾아내야 할 것이다.

독자 옳은 말입니다. 당신의 결론을 납득시키기 위해서 나와 더 이상 논란을 벌이지 않아도 될 것으로 보입니다. 좀더 진전된 견해를 간절히 듣고 싶습니다. 이제 우리는 아주 흥미로운 주제에 이르렀습니다. 그래서 나는 당신 생각에 귀를 기울이겠습니다. 의심이 생기면 물어보도록 하겠습니다.

편집자 당신의 그런 열의에도 불구하고 우리가 논의를 좀더 진전시키면 우리 사이의 이견이 드러날 것 같습니다. 하지만 질문을 던질 때에만 그 점을 논의하겠습니다. 우리가 스스로 영국 상인들을 부추겼으므로 그들이 인도에 기반을 닦을 수 있었음을 우리는 이미 알았습니다. 우리의 토호국왕들은 자기네들끼리 쟁투를 벌이면서 바하두르 회사에 도움을 청했습니다. 이 회사는 교역에도 전쟁에도 능했습니다. 그 회사는 도덕성에 관한 질문들로 방해받지 않았습니다. 회사의 목표는 교역을 증대하고 돈을 버는 일이었습니다. 회사는 우리의 도움을 받아들였고 창고의 수를 늘려나갔습니다. 창고를 지키기 위해서 회사는 군대를 고용했는데, 우리도 그 군대를 사용했습니다. 그렇다면 당시에 우리가 행한 일에 대해서 영국인을 비난하는 것은 소용없는 일이 아닐까요? 힌두교도와 이슬람교도는 서로 노려보며 대립하고 있었습니다. 이런 대립 역시 바하두르 회사에 호기를 제공했으므로, 그 회사에게 인도에 대한 통제권을 부여한 환경을 만든 것은 바로 우리 자신입니다. 따라서 영국이 우리를 패배시킨 것이 아니라, 우리 인도인이 인도를 그들에게 내주었다고 말하는 편이 더 진실입니다.

독자 그럼 이제 영국인이 어떻게 인도를 보유할 수 있게 되었는지를 말해 주어야 합니다.

편집자 인도를 영국인들에게 넘겨준 바로 그 원인들 때문에 영국인들이 인도를 보유할 수 있었습니다. 어떤 영국인들은 칼로 인도를 점령하고 칼로 보유했다고 말합니다. 하지만 이 주장은 틀렸습니다. 칼은 인도를 보유하는 데 전혀 소용이 없습니다. 우리 자신이 그들을 붙들어 두었습니다. 나폴레옹이 영국인을 장사치의 나라라고 묘사한 적이 있었다고 합니다. 그 말은 맞습니다. 교역(*commerce*)을 위해서라면 그들은 그들이 차지하고 있는 어떤 영토든 보유합니다. 그들의 육군과 해군은 교역을 보호하려고 존재합니다. 영국인들이 트란스발에서 아무 교역의 매력을 느끼지 못하자, 고 글래드스턴[23] 씨는 영국인이 트란스발을 보유하는 것이 정당하지 못하다고 보았습니다. 그런데 트란스발이 수지맞는 곳이 되었을 때, 트란스발에 저항운동이 일어나 전쟁으로 치달았습니다. 체임벌린[24] 씨는 영국이 트란스발에 대한 종주

23 William Ewart Gladstone(1809~1898) : 대영제국의 수상(1868~1874, 1880~1885, 1886, 1892~1894).

24 Joseph Chamberlain(1836~1914) : 식민지 국무장관(1895).

권을 향유하고 있음을 곧 알아냈습니다. 다음과 같은 얘기도 있습니다. 어떤 사람이 고 크루거[25] 대통령에게 달에 금이 있는지 없는지를 물었다고 합니다. 그는 그럴 가능성이 거의 없다고 대답했습니다. 만일 금이 있었다면 영국인이 복속시켰을 것이기 때문이라고 했습니다. 돈이 영국인의 신이라는 것을 떠올린다면 수많은 문제를 풀 수 있습니다. 거기에 우리가 우리의 비천한 자신의 이익(*self-interest*)을 위해서 영국인을 인도에 붙들고 있다는 결론이 도출됩니다. 우리가 그들과의 교역을 좋아한다는 것, 그들은 자신들의 교묘한 술책을 통해서 우리를 유쾌하게 만들고 그들이 원하는 바를 얻어갑니다. 이런 이유로 해서 그들을 비난하는 것은 그들의 힘을 영속시키는 일입니다. 더 나아가 우리 사이의 반목이 그들의 장악력을 더욱 강화하고 있습니다. 만일 당신이 위에서 말한 내 주장을 인정한다면, 영국인들은 교역의 목적으로 인도에 들어왔음이 증명된 것입니다. 그들은 같은 목적을 위해서 인도에 남아 있고 우리는 그렇게 하도록 도와줍니다. 그들의 무기와 탄약은 아무 소용이 없습니다. 이것과 관련해서 나는 일본에 펄럭이고 있는 깃발은 영국기지 일장기가 아님을 당신에게 상기시켜 두고 싶습니다. 영국인들은 교역을 위해서 일본과 조약을 맺고 있습니다. 그래서 영국인들이 조약에 따라서 일을 처리할 수 있다면, 일본에서 교역이 크게 확대되리라는 점을 당신은 알게 될 것입니다. 영국인들은 전 세계를 자신들의 상품을 팔기 위한 거대한 시장으로 바꾸어가기를 바랍니다. 그 일이 가능하지 않다는 것이 사실이지만, 비난받을 사람은 그들이 아닐 것입니다. 그들은 자신들의 목적을 이루기 위해서 온갖 수단을 강구할 것입니다.

25 Stephanus Johannes Paulus Kruger(1825~1904) : 보어 지도자, 남아프리카공화국의 대통령.

(8) 인도의 상황

독자　이제 영국이 인도를 장악하고 있는 모든 이유를 이해합니다. 우리나라의 상황에 대한 당신의 견해를 알고 싶습니다.

편집자　인도는 슬픈 처지에 빠져 있습니다. 그것을 생각하면 눈에는 눈물이 고이고 목이 멥니다. 내 마음속에 있는 것을 충분히 설명할 수 있을지 커다란 의구심이 듭니다. 인도는 학대당하고 있습니다. 영국의 발굽 아래에서가 아니라, 현대문명의 발굽 아래에서 학대당하고 있다는 것이 나의 고심 끝에 나온 의견입니다. 인도는 엄청난 괴물의 무게에 짓눌려 신음하고 있습니다. 아직 피할 시간은 있습니다. 하지만 나날이 일은 어려워지고 있습니다. 종교는 나에게 소중한 것입니다. 인도가 반(反)종교적으로 되어간다는 것이 내가 처음 느낀 불만입니다. 여기에서 내가 생각하는 종교는 힌두교나 이슬람교, 조로아스터교가 아니라, 모든 종교의 토대를 이루는 종교입니다. 우리는 신을 외면하고 있습니다.

독자　어째서 그렇습니까?

편집자　우리는 나태한 백성이고 유럽 사람들은 근면하고 진취적이라는 비판이 있습니다. 우리는 그러한 비판을 받아들여서 우리의 상황을 바꾸고 싶어합니다. 힌두교·이슬람교·조로아스터교·기독교, 그리고 여타 모든 종교들은, 우리가 세속적 가치의 추구에 대해서는 수동적이어야 하고 신성한 가치의 추구에 대해서는 능동적이어야 한다는 것, 그리고 우리가 세속적 야망에는 한계를 설정해 두어야 한다는 것과 우리의 종교적 야망은 무한해야 한다는 것을 가르치고 있습니다. 우리의 행위는 두 번째 노선을 따라야 합니다.

독자 당신은 종교적 협잡을 조장하고 있는 것처럼 보입니다. 당신과 유사한 어투로 민중을 미혹에서 헤매게 한 속임수가 많았습니다.

편집자 종교에 대해서 부당한 비난을 하고 있군요. 속임수는 분명 모든 종교에 다 있습니다. 빛이 있는 곳이면 그림자도 있게 마련입니다. 나는 종교에서 사람을 속이는 것보다 세속의 일에서 사람을 속이는 것이 훨씬 더 나쁘다는 입장을 견지하는 바입니다. 당신에게 보여주려고 했던 문명의 속임수는 종교에는 없습니다.

독자 어떻게 그런 말을 할 수 있습니까? 종교의 이름으로 힌두교도와 이슬람교도는 서로 싸웠습니다. 동일한 명분을 내걸고 기독교도는 자신들 내부에서 싸웠습니다. 기독교의 이름으로 죄 없는 수천의 사람이 살해당하고, 수천 명이 화형을 당하고 고문을 당했습니다. 이는 어떤 종류의 문명보다 단연코 더 나쁜 것입니다.

편집자 종교상의 고역(苦役)은 문명의 고역들보다 훨씬 더 견디기 쉽다는 점을 나는 분명히 말합니다. 당신이 언급한 잔혹 행위들이 비록 종교의 이름으로 행해졌다고 해도 종교의 일부가 아니라는 것을, 그래서 이들 잔혹 행위의 여파가 없다는 것을 우리 모두는 알고 있습니다. 무지해서 잘 속기 쉬운 민중이 있는 한, 그런 잔혹 행위들은 언제나 발생할 것입니다. 하지만 문명의 불에 의해서 파괴되는 희생자는 끝이 없을 것입니다. 문명의 치명적 결과로 사람들은 문명을 아주 좋은 것으로 믿어서 활활 타는 그 문명의 불꽃에 몰려들고 있습니다. 그들은 완전히 반종교적으로 되었고, 실제로 세계에서 거의 이익을 얻지도 못합니다. 문명은 우리를 달래면서 쏠아대는 생쥐와 같습니다. 결과가 완전히 알려지면, 현대문명의 미신에 비하면 종교적 미신에는 해악이 없음을 알게 될 것입니다. 나는 종교적 미신이 지속되기를 변호하는 것이 아닙니다. 우리는 분명 미신과 필사적으로 싸울 것입니다. 하지만 종교를 무시하고서 그렇게 할 수는 없습니다. 우리는 종교의 진가를 인정하고 보존함으로써만 그렇게 할 수 있습니다.

독자 당신은 영국이 지배함으로써 오는 평화(팍스 브리태니커, *Pax Britannica*)가 쓸데없는 방해물이라고 주장하는 것입니까?

편집자 당신이 원한다면 그 속에서 평화를 볼 수 있을지 모르지만, 나는 그렇게 볼 수 없습니다.

독자 당신은 터그 깡패,[26] 핀다리 비적,[27] 빌 족[28]이 나라에 얼마나 큰 공포였는지 경시하고 있습니다.

편집자 문제를 좀더 살펴보면, 공포가 결코 그 정도로 엄청난 것이 아니었음을 알게 될 것입니다. 만일 공포가 매우 심각한 일이었다면, 사람들은 영국의 도래 이전에 이미 죽어 버렸을 것입니다. 더구나 현재의 평화는 명목상의 것(*nominal*)일 따름입니다. 우리는 그 평화로 말미암아 무기력하고 비겁하게 되었기 때문입니다. 우리는 영국인이 핀다리 비적과 빌 족의 본성을 바꾸었다고 추정해서는 안 됩니다. 따라

---

26 강탈하고 도둑질하고 사람을 죽이는 깡패 조직.

27 17~18세기에 존재했던 기마 비적(匪賊).

28 중부 인도와 구자라트 지방에 사는 부족.

서 다른 사람의 보호 덕분에 우리가 나약해지는 것보다 핀다리 비적이 주는 위험을 겪는 편이 더 낫습니다. 나는 사내답지 못한(*unmanly*) 보호를 받느니 차라리 빌 족의 화살을 맞아 죽겠습니다. 그와 같은 보호가 없었을 때, 인도는 훨씬 더 용감했습니다. 매콜리(Macaulay)가 인도인들은 실제 겁쟁이라고 비방했을 때 그는 커다란 무지를 드러냈습니다. 인도인들은 비난을 받을 이유가 결코 없었습니다. 강건한 산악인들이 사는 나라, 늑대들과 호랑이들이 들끓는 나라에 살아가는 겁쟁이는 빨리 죽을 자리를 꼭 찾아야 할 것입니다. 당신은 우리의 들판에 가 본 적이 있습니까? 인도의 농민들은 오늘날에도 두려움 없이 농장에서 잠을 자지만, 영국인, 당신과 나는, 그들이 자는 곳에 잠자기를 주저할 것입니다. 이것은 분명한 사실입니다. 힘은 두려움이 없는 곳에 존재하는 것이지 우리 몸에 있는 살과 근육의 크기 속에 있지 않습니다. 무엇보다도 자치를 원하는 당신에게, 빌 · 핀다리 · 터그가 결국 우리나라 사람이라는 점을 상기시켜 주어야 하겠습니다. 그들을 정복하는 일이 당신과 나의 과업입니다. 동포를 두려워하는 한, 우리는 그 목표를 이루는 데 적임자가 될 수 없습니다.

(9) 인도의 상황(계속) : 철도

독자 당신의 말을 듣고 있으니 인도의 평화에 대해서 내가 예전에 갖고 있었던 위안이 없어지는군요.

편집자 종교적인 측면에 대해서 나의 의견을 제시했을 뿐입니다. 하지만 인도의 빈곤에 관한 견해를 듣고 나면 당신은 아마 나를 싫어하기 시작할 것입니다. 지금까지 당신과 내가 인도에 유익한 것으로 간주해왔던 것이 내겐 더 이상 그렇게 보이지 않기 때문입니다.

독자 어떤 것이 그렇습니까?

편집자 철도·변호사·의사들이 이 나라를 너무 궁핍하게 만들었습니다. 그래서 우리가 제때 깨닫지 못한다면, 우리는 망하고 말 것입니다.

독자 여기에서 우리는 도저히 일치하기 어려워서 걱정입니다. 우리가 지금까지 좋다고 여겨온 기관을 공격하다니 말입니다.

편집자 인내심이 필요합니다. 물론 문명의 악(*evils*)이라는 말의 참뜻은 이해하기가 어려울 것입니다. 폐병 환자는 막 죽을 지경이 되어서도 삶에 집착한다고 의사들은 분명히 말합니다. 폐병은 겉에서 보이는 상처를 만들어내지 않습니다. 그것은 심지어 환자의 얼굴에 유혹적인 색깔을 만들어 모든 것이 정상이라고 안심하게 합니다. 문명도 그와 같은 질병입니다. 우리는 아주 조심해야 합니다.

독자 좋습니다. 그럼 철도에 대한 견해를 밝혀 주십시오.

편집자 철도가 없었다면 영국인들이 오늘날과 같이 인도를 장악할 수 없었을 것이라는 점, 이는 당신에게 분명할 것입니다. 철도는 선(腺)페스트도 퍼트렸습니다. 철도가 없다면 사람들은 여기저기로 이동할 수 없었을 것입니다. 하지만 철도는 역병을 일으키는 균의 매개체이기도 합니다. 예전에 우리는 자연적으로 격리되어 있었습니다. 철도는 잦은 기근도 불러왔습니다. 운송 수단이 편리하므로 사람들은 곡물을 내다 팔게 되는데, 이것은 가장 비싼 값을 받을 수 있는 시장으로 보내지기 때문입니다. 사람들은 이런 점에 대해서 주의하지 않으므로 기근이 주는 압박은 증대됩니다. 철도는 사람들의 사악한 성격을 강화합니다. 불량한 사람들은 더 신속하게 그들의 사악한 계획을 실행에 옮깁니다. 인도의 신성한 곳들이 신성하지 않은 곳으로 변해갔습니다. 옛날 사람들은 신성한 곳을 정말 힘들게 찾아갔습니다. 그래서 주로 진정한 신자만이 이런 곳을 방문했었습니다. 오늘날에는 건달들이 못된 짓을 하려고 그곳을 방문합니다.

독자 당신은 한쪽 측면만 언급하고 있습니다. 불량한 자들만이 아니라 선량한 자들도 이들 장소를 방문할 수 있습니다. 그들이 기차를 최대한 활용하면 안 되는 겁니까?

편집자 선(善)은 굼벵이처럼 가는 법입니다. ―그래서 선은 철도와는 거의 관계가 없습니다. 선을 행하려는 자들은 이기적이지 않으며 서두르지도 않습니다. 그들은 사람들에게 선을 고취하는 데에는 오랜 시간이 필요하다는 점을 알고 있습니다. 하지만 악에는 날개가 달려 있습니다. 집을 지을 때에는 시간이 걸리지만 집을 허무는 것은 순간입니다. 그래서 철도는 사악한 자들에게만 분배기관이 될 수 있습니다. 철도가 기근을 확산시킨다는 점에 대해서는 논란의 여지가 있습니다만, 철도가 악을 전파한다는 점에 대해서는 논란의 여지가 없습니다.

독자 그렇다고 칩시다. 철도 때문에 인도에서 내셔널리즘이라는 새로운 정신이 생겨났다는 사실은 철도로 말미암아 생긴 모든 약점들을 충분히 상쇄하고도 남을 것입니다.

편집자 나는 이 견해가 잘못된 것이라고 생각합니다. 영국인들은 우리가 예전에는 한 나라(*nation*)가 아니었으며 한 나라가 되기 위해서는 수세기가 걸릴 것이라고 가르쳐왔습니다. 하지만 이것은 근거 없는 말입니다. 우리는 영국인들이 오기 전에 이미 하나의 나라였습니다. 우리는 한 가지 생각으로 고무되었습니다. 우리의 삶의 양식은 같았습니다. 영국인들이 인도에서 하나의 왕국을 건설할 수 있었던 것은 우리가 한 나라였기 때문입니다. 결국 우리를 분리한 것은 영국인들입니다.

독자 이 말에 대해서 설명해 주십시오.

편집자 우리가 한 나라였다고 해서 어떠한 차이점도 없었다는 말을 하고 싶지는 않습니다. 하지만 우리의 지도자들은 걸어서 또는 달구지를 타고 인도 방방곡곡을 여행했다고들 합니다. 그들은 다른 사람들의 언어를 배웠고, 상호간에 거리감이 없었습니다. 멀리 예견할 줄 아는 우리의 선조들이 순례지로서 남쪽에는 세투반다(라메슈와르), 동쪽에는 자간나트, 북쪽에는 하르드와르를 세웠던 의도가 무엇이었다고 생각합니까? 그들이 바보가 아니었다는 사실은 당신도 인정할 것입니다. 그들은 고향에서도 신에 대한 예배를 잘 드릴 수 있음을 알았습니다. 심성이 의로움(*righteousness*)으로 불타는 자들은 갠지스강을 집으로 삼는다고 선조들은 우리에게 가르쳤습니다. 그러나 그들은 인도가 나눠지지 않는 하나의 땅, 자연이 그렇게 만든 땅이란 점을 알았습니다. 그래서 그들은 그것이 하나의 나라여야 한다고 주장했습니다. 이렇게 주장한 다음, 그들은 인도 곳곳에 성지들을 세우고, 다른 나라에는 알려지지 않은 방식으로 민중의 가슴속에 국민(*nationality*)이라는 하나의 이념이 타오르도록 했습니다. 영국인 두 사람은 하나가 아니지만 우리 인도인들은 하나입니다. 오직 문명화되어 스스로 남들보다 우월하다고 생각하는 당신이나 나 같은 사람들만이 인도가 수많은 나라로 이루어져 있다고 상상합니다. 우리가 구별된다고 믿기 시작한 것은 철도가 들어온 이후부터입니다. 그런데 당신은 철도 덕분에 이런 구별을 없애기 시작했다고 지금 마음대로 말하고 있습니다. 아편을 먹은 뒤에야 아편 중독의 악을 이해하기 시작했다는 사실을 들어서, 아편쟁이는 아편 먹는 일의 이점을 논할지도 모릅니다. 철도에 대해서 내가 말한 것을 당신은 잘 성찰해 보기를 바랍니다.

독자 기꺼이 그렇게 하겠습니다. 그런데 한 가지 질문이 지금도 떠오릅니다. 당신은 나에게 마호메트시대 이전의 인도에 대해서 묘사해 주었습니다만, 우리에게는 현재 이슬람교도 · 파시교도 · 기독교도가 있습니다. 그들이 어떻게 하나의 나라가 될 수 있겠습니까? 힌두교도와 이슬람교도는 서로 숙적입니다. 우리의 속담이 그것을 증명하고 있습니다. 이슬람교도는 예배하기 위해서 서쪽을 향하지만, 힌두교도는 동쪽을 향합니다. 이슬람교도는 힌두교도를 우상숭배자라고 깔봅니다. 힌두교도는 소를 숭배하지만, 이슬람교도는 소를 죽입니다. 힌두교도는 불살생의 교의를 믿지만, 이슬람교도는 믿지 않습니다. 우리가 한 걸음 뗄 때마다 상호간의 차이를 만납니다. 인도가 어떻게 하나의 나라가 될 수 있을까요?

(10) 인도의 상황(계속) : 힌두교도와 이슬람교도

편집자 마지막 질문은 진지한 것이지만, 잘 생각해 보면 쉽게 해결될 수 있음을 알게 될 것입니다. 이 질문은 철도·변호사·의사들의 존재 때문에 일어납니다. 우리는 이제 변호사와 의사를 검토해 볼 것입니다. 철도에 대해서는 이미 검토해 보았습니다. 그런데 거기에 내가 덧붙이고 싶은 이야기는, 인간은 본성상 자신의 수족이 이끄는 한도 내에서 움직이도록 만들어졌다는 것입니다. 우리가 철도나 다른 광기의 수단들을 이용하여 이 장소에서 저 장소로 싸돌아다니지 않는다면, 지금 일어나고 있는 많은 혼란은 방지될 수 있을 것입니다. 우리의 어려움은 우리 자신이 만들어낸 것입니다. 신은 육신의 구조를 통해서 인간이 가진 이동 욕망에 한계를 두었지만, 인간은 그 한계를 넘어서는 수단들을 즉시 발견했습니다. 신은 인간에게 자신의 창조주를 알 수 있는 지성을 선물로 주었습니다. 그러나 인간은 그것을 남용하여 창조주를 망각하고 말았습니다. 우리는 아주 가까운 이웃에게 봉사하도록 만들어졌습니다. 하지만 우리는 몸으로 우주의 모든 사람들에게 봉사해야 한다는 사실을 알아낸 양 말하는데 이것은 자만(*conceit*) 입니다. 이렇게 인간은 불가능한 것을 시도함으로써 다른 본성과, 다른 종교와 접촉하게 되었고 전적으로 혼란에 빠지고 말았습니다. 이런 논의에 따르면, 철도는 아주 위험한 기관이라는 사실이 당신에게 분명해졌을 것입니다. 철도 때문에 인간은 그의 창조주로부터 멀리 떨어지게 되었습니다.

독자 하지만 내가 한 질문에 대한 대답을 무척 듣고 싶습니다. 마호메트 종교가 들어와서 우리나라를 파괴하지 않았습니까?

편집자 서로 다른 종교에 속한 사람들이 인도에 살고 있다고 해서 인도가 하나의 나라가 아니라고 할 수는 없습니다. 외국인들이 유입된다고 해서 꼭 나라가 파괴되는 것은 아닙니다. 그들은 그 나라에 흡수됩니다. 그런 조건이 성립되면 하나의 나라를 이루게 됩니다. 나라는 동화작용을 위한 능력이 있어야 합니다. 인도는 언제나 그런 나라였습니다. 실제로, 개인의 수만큼이나 많은 종교가 있습니다. 하지만 국민정신(*the spirit of nationality*)에 대해서 자각하고 있는 자들은 상대방의 종교에 대해서 간섭하지 않습니다. 만일 그들이 상대방의 종교에 간섭한다면, 그들은 한 나라의 국민으로 간주될 수 없을 것입니다. 만일 힌두교도가 인도에서는 힌두교도만 살아야 한다고 믿는다면, 그들은 꿈속에서 사는 것입니다. 인도를 자신의 조국으로 받아들인 힌두교도·이슬람교도·파시교도·기독교도는 동포이며, 자신들의 이익을 위해서라도 일치 속에서 살아야 합니다. 이 세상 어디에도 하나의 국민과 하나의 종교가 동일시되는 곳은 없습니다. 인도에서도 그런 적은 결코 없었습니다.

독자 힌두교도와 이슬람교도 사이에는 선천적인 적대감이 있지 않습니까?

편집자 그 말은 우리 공동의 적이 꾸며낸 것입니다. 힌두교도와 이슬람교도가 서로 싸울 때, 그들은 분명히 그와 같은 어조로 말했습니다. 그러나 힌두교도와 이슬람교도는 오래전에 싸움을 그만두었습니다. 그런데 어떻게 선천적인 적대감이 있을 수 있겠습니까? 오직 영국의 점령 이후에 우리가 비로소 싸움을 중지한 것이 아니라는 점도 부디 기억하길 바랍니다. 힌두교도는 무슬림 군주 아래에서 번성했고, 무슬림도 힌두 군주 아래에서 번성했습니다. 양편 모두 상호 투쟁이 자살행위라는 것, 무력으로 다른 편에게 종교를 포기하도록 할 수는 없다는 사실을 인정했습니다. 그래서 양편 모두 평화롭게 살기로 결정한 것입니다. 영국인들이 들어오자 반목이 다시 시작되었습니다.

앞에서 당신이 인용한 속담들은 힌두교도와 이슬람교도가 서로 싸우고 있는 동안 만들어졌습니다. 지금 그 속담들을 인용하는 것은 분명 해롭습니다. 많은 힌두교도와 이슬람교도는 같은 조상을 가지고 있으며, 그들 핏줄 속에는 같은 피가 흐르고 있다는 점을 우리는 기억해야 하지 않겠습니까? 종교를 바꾼다고 해서 사람들이 서로 적이 됩니까? 이슬람교도의 신은 힌두교도의 신과 다릅니까? 종교들이란 동일한 지점에 이르는 다른 길들입니다. 동일한 목표에 이른다면 우리가 다른 길로 가더라도 무슨 상관이 있겠습니까? 반목의 원인이 어디에 있습니까?

시바신 추종자와 비슈누신의 추종자들 사이에 치명적인 속담들이 있지만, 이 둘이 같은 나라의 사람들이 아니라고 말하는 사람은 아무도 없습니다. 베다 종교와 자이나교는 다르다고 하지만, 두 종교의 추종자들은 다른 나라 사람들이 아닙니다. 사실을 말하자면, 우리는 노예가 되었기에 서로 반목하며, 제 3자가 우리의 반목에 대해서 결정해 주기를 우리는 좋아하게 된 것입니다. 우상 파괴자 중에는 이슬람교도도 있고 힌두교도도 있습니다. 우리가 참된 지식 안에서 진보할수록 우리가 따르지 않는 다른 종교를 믿는 자들과 전쟁을 할 필요가 없음을 우리는 더 잘 이해하게 될 것입니다.

독자 이제 소의 보호에 대해서는 어떻게 생각하는지 알고 싶습니다.

편집자 나는 소를 존경합니다. 소를 애정 어린 공경심(恭敬心, *affectionate reverence*)의 눈으로 봅니다. 소는 인도의 보호자입니다. 인도는 농업 국가로서 소에 의존하기 때문입니다. 소는 수백 가지의 방식으로 가장 유용한 동물입니다. 우리의 이슬람교 형제들은 이 점을 인정할 것입니다.

하지만 나는 소를 존경하는 것만큼 동포들도 존경합니다. 이슬람교도든 힌두교도든 상관없이 사람은 소와 마찬가지로 유익한 존재입니다. 그러니 소 한 마리를 구하기 위해서 이슬람교도와 싸움하거나 그를 죽여야만 할까요? 만약 그렇게 한다면 나는 소의 적만이 아니라 이슬람교도의 적이 될 것입니다. 그러므로 내가 아는 한 소를 보호하는 유일한 방법은, 나의 이슬람교 형제들에게 다가가서 나라를 위해서 소를 보호하는 일에 나와 함께 동참하자고 권하는 일입니다. 만일 이슬람교도가 내 말을 듣지 않는다면, 이 문제는 내 능력을 넘어가는 일이므로 그와 같은 간단한 이유에서 소 문제를 내버려 두고 싶습니다. 만일 내 마음이 소에 대해서 깊은 연민을 느낀다면 소를 구하기 위해서 내 목숨을 바칠 것이지만 형제의 생명을 뺏지는 않을 것입니다. 나는 이것이 우리 종교의 법칙이라고 생각합니다.

사람이 완고한 태도를 취하면 사태는 어려워집니다. 만일 내가 이 길로 나가면 내 무슬림 형제는 다른 길로 갈 것입니다. 내가 뽐내면, 그는 찬사를 보낼 것입니다. 내가 정중하게 절하면 그는 더욱 정중하게 절을 할 것입니다. 만일 그가 그렇게 하지 않는다고 해도, 사람들은 내가 절을 한 것이 잘못이라고는 생각하지 않을 것입니다. 힌두교도가 완강했을 때, 소는 더 많이 죽었습니다. 내 생각에 소보호단체들은 실상 소를 도살하는 협회로 간주될 수 있습니다. 우리에게 그와 같은 협회들이 필요하다는 사실은 불명예입니다. 그런 단체들이 필요하게 된 때는 우리가 소를 보호하는 방법을 망각하게 되었을 때라고 생각합니다.

나와 피를 나눈 형제가 소를 죽이려고 할 때 나는 어떻게 해야 할까요? 형제를 죽여야 합니까, 아니면 그의 발밑에 엎드려 애원해야 합니까? 만일 내가 후자 쪽을 선택해야 한다고 당신이 인정한다면, 나는 무슬림 형제에게도 같은 행동을 해야 할 것입니다.

만일 힌두교도가 소를 잔인하게 다룬다면, 누가 그 소를 힌두교도가 도살하는 일에서 보호하겠습니까? 힌두교도가 막대기로 무자비하게 송아지를 때린다면 누가 그들에게 따지겠습니까? 하지만 이 일이 우리가 하나의 나라로 살아가게 하는 일을 막지는 못했습니다.

끝으로 힌두교도는 불살생의 교의를 믿으나, 이슬람교도는 믿지 않는 것이 사실이라면 힌두교도의 의무는 과연 무엇이겠습니까? 아힘사(불살생) 종교의 추종자가 동료를 죽여도 된다는 글은 어디에도 없습니다. 그가 가야 할 길은 곧습니다. 하나의 생명을 구하기 위해서 다른 생명을 죽여서는 안 됩니다. 그가 할 수 있는 일은 애원하는 일일 뿐입니다. 바로 그것이 유일한 의무입니다.

그런데 모든 힌두교도가 아힘사를 믿고 있습니까? 문제의 근원으로 가 보면 우리가 생명을 파괴하고 있는 것이 사실이므로, 실제로 아힘사 종교를 실천하는 사람은 단 한 사람도 없습니다. 어떤 종류의 생명이라도 그 생명을 죽이려는 경향에서 자유(*freedom*)를 얻기 위해서 우리는 그 종교를 따른다고들 합니다. 일반적으로 말해서, 수많은 힌두교도가 육식하고 있으므로 아힘사의 추종자가 아니라는 사실을 우리는 보고 있습니다. 따라서 힌두교도는 아힘사를 믿지만 이슬람교도는 아힘사를 믿지 않기 때문에, 둘이 우호적으로 살아갈 수 없다고 말하는 것은 터무니없는 얘기입니다.

이런 생각은 이기적이고 거짓말하는 종교 지도자들이 우리 마음에 심어 놓은 것입니다. 그리고 영국인들이 이런 생각에 마지막 손질을 가했습니다. 영국인들에게는 역사를 기술하는 습관이 있습니다. 그들은 온갖 민족들의 관례와 관습을 연구하는 체합니다. 신은 우리 인간에게 제한된 지적 능력을 부여했습니다. 그런데 그들은 신의 권능을 빼앗고 진기한 실험에 몰두하고 있습니다. 영국인들은 자신의 연구를 극단적인 찬사로서 기록하며, 우리에게 최면을 걸어 믿도록 만듭니다. 우리는 무지했기 때문에 그들의 발밑에 엎드렸습니다.

사태를 오해하고 싶지 않는 자들은 《코란》을 다 읽어도 좋을 것입니다. 거기에는 힌두교도가 받아들일 만한 구절들이 수백 개나 있습니다. 《바가바드 기타》에는 어떤 이슬람교도라도 이의를 달 수 없는 구절들이 있습니다. 《코란》에서 내가 이해하지 못하거나 좋아하지 않는 구절이 있다고 해서 이슬람교도를 싫어해야 합니까? 싸움을 하려면 두 사람이 있어야 합니다. 만일 내가 이슬람교도와 싸움하기가 싫다면, 그는 나에게 억지로 싸움을 걸어올 힘이 없을 것입니다. 그리고 이와 마찬가지로 만일 이슬람교도가 분쟁을 거들기를 거절한다면, 나 또한 무력해지고 말 것입니다. 허공을 후려 패는 팔은 탈구(脫臼)되고 말 것입니다. 모든 사람들이 자신의 종교의 핵심을 이해하고 그것을 고수하면서, 거짓된 선생이 명령을 내리도록 허용하지 않는다면, 싸움이 일어날 여지가 없을 것입니다.

독자 하지만 힌두교도와 이슬람교도가 서로 손을 잡도록 영국인이 도대체 허용하겠습니까?

편집자 이런 질문은 당신의 아둔에서 생겨나며 우리의 천박함을 드러냅니다. 만일 형제가 평화롭게 살고자 하는데 제 3자가 이 형제를 갈라놓을 수 있겠습니까? 형제가 만일 사악한 조언에 귀를 기울였다면, 우리는 그들이 어리석었다고 할 것입니다. 이와 마찬가지로 영국인이 우리를 갈라놓도록 내버려 두었다면, 우리 힌두교도와 이슬람교도는 영국인을 비난하기 전에 우리의 어리석음을 비난했어야 할 것입니다. 진흙 항아리가 돌멩이 하나를 맞아서 부서지지 않더라도, 또 다른 돌멩이의 충격을 받고는 부서질 것입니다. 항아리가 깨지지 않도록 하는 길은 위험한 곳으로부터 멀리 치워두는 것이 아니라, 어떤 돌로도 깨뜨릴 수 없도록 불로 구워내는 것입니다. 그렇다면 우리는 심정을 완전히 구워진 진흙으로 빚도록 해야 할 것입니다. 그렇게 되면 우리는 어떤 위험에 처하더라도 끄떡없을 것입니다. 힌두교도라면 이런 일은 쉽게 할 수 있습니다. 그들은 수적으로 우월하고, 더 좋은 교육을 받은 것처럼 행동합니다. 그래서 이슬람교도와 자신들 사이의 우호적인 관계가 공격을 받더라도 자신들을 더 잘 보호할 수 있습니다.

힌두교 사회와 이슬람교 사회는 서로 불신하고 있습니다. 그래서 이슬람교도는 몰리(John Morley)경에게 분리선거구를 요구하고 있습니다.[29] 우리 힌두교도는 왜 여기에 반대해야 합니까? 만일 힌두교도가 그 반대 행위를 중지한다면, 영국인도 이를 알아차릴 것이고 이슬람교도는 점차 힌두교도를 신뢰하게 될 것이며, 그 결과 우리에게 형제애(*brotherliness*)가 생길 것입니다. 우리의 분쟁을 영국인에게 가

29 〔역주〕 간디는 여기에서 몰리·민토개혁(Morley-Minto Reforms)에 대해서 언급하고 있다. 이 개혁법은 부왕(Lord Minto, 1905~1910)이 본국의 인도상 존 몰리(John Morley)의 재가를 얻어 공포했다고 하여 이 개혁법을 보통 몰리·민토개혁이라고 불렀다. 이 개혁법은 부왕이 주관하는 제국입법참사회의 규모를 60명으로 확대했는데, 거기에는 6명을 무슬림분리선거구에서 선출하도록 되어 있었다. 인도 민족주의자들은 이것을 인도 민중의 분열을 조장하는 정책으로 간주했다. 조길태, 《인도사》, 민음사, 1994, 488면 이하 참조.

져가는 일을 수치로 여겨야 할 것입니다. 힌두교도가 이슬람의 분리 선거구에 대해서 반대 행위를 중지한다고 해도 잃을 게 없다는 사실은 모두 스스로 알 수 있습니다. 다른 사람에 대한 신뢰를 고취했던 사람들은 이 세상에서 잃은 게 아무것도 없습니다.

힌두교도와 이슬람교도가 결코 싸우지 않을 것이라고 말하는 것은 아닙니다. 함께 사는 형제들도 종종 싸웁니다. 우리는 때때로 머리가 깨지도록 싸울 수도 있습니다. 그런 싸움이 꼭 필요한 것은 아니지만, 모든 사람들이 공정한(*equitable*) 것은 아닙니다. 사람들이 화가 났을 때 어리석은 일을 많이 저지릅니다. 우리는 이런 일들을 견뎌내야 합니다. 하지만 우리가 분쟁중일 때 우리는 3자에게 조언을 구해서도 안 되고 영국인이나 법정에 호소해서도 안 됩니다. 두 사람이 싸워서 두 사람의 머리가 다 깨지거나 아니면 한쪽의 머리만 깨졌다고 해봅시다. 이런 상황에서 어떻게 제 3자가 개입해서 양편에 정의를 분배할 수 있겠습니까? 싸우는 사람들은 상처받을 각오가 되어 있어야 합니다.

(11) 인도의 상황(계속) : 변호사

독자 당신은 두 사람이 다툴 때 법정에 가서는 안 된다고 말했습니다. 그건 놀라운 말입니다.

편집자 당신이 놀라운 것이라고 하든 말든 그것은 진실입니다. 그리고 당신의 질문은 변호사와 의사를 소개하고 있습니다. 변호사가 인도를 노예로 만들고, 힌두·이슬람의 불화를 악화시키고, 영국인의 권위를 인정했다는 것이 나의 지론입니다.

독자 이런 비난을 퍼붓는 일은 쉽지만, 당신이 입증하는 일은 어렵습니다. 변호사가 없었다면 누가 독립으로 나아가는 길을 보여주겠습니까? 누가 가난한 자를 보호하겠습니까? 누가 정의를 지킵니까? 가령, 고 마노모한 고세[30]는 가난한 자를 위해서 자주 무료 변론했습니다. 당신이 그토록 찬양했던 국민회의의 존재와 활동은 변호사들의 노고에 의존하고 있습니다. 그와 같은 존경할 만한 사람들을 비난하는 것은 부당합니다. 그리고 당신은 변호사들을 공공연히 비난함으로써 언론의 자유(*the liberty of the Press*)를 남용하고 있습니다.

편집자 나도 한때는 정확하게 당신처럼 생각했습니다. 변호사들이 선한 일을 결코 한 적이 없었다고 당신을 설득하고 싶은 생각은 조금도 없습니다. 나 역시 고세 씨의 유덕을 추모합니다. 그가 가난한 자를 도왔다는 점은 전적으로 맞는 말입니다. 국민회의가 변호사들의 힘에 일부 의존하고 있다는 말도 믿을 만합니다. 변호사들도 사람이고, 모든 사람들에게는 선량한 면이 있습니다. 그런 선행의 사례들이 제시될 때마다, 그것은 변호사로서 한 일이 아니라 사람으로서 한 일임을 알 수 있을 것입니다. 내가 말하려는 것은 변호사라는 직업이 부도덕성(*immorality*)을 가르치고 있다는 것입니다. 그 직업은 유혹에 노출되어 있고, 그 유혹에서 구원받는 자는 거의 없습니다.

힌두교도와 이슬람교도는 지금까지 싸워왔습니다. 평범한 사람이라면 그것에 대해서 모든 것을 잊으라고 쌍방에게 요구할 것입니다. 그는 쌍방이 모두 약간씩은 잘못을 범했음이 틀림없으므로 그들에게 더 이상 싸우지 말라고 말할 것입니다. 하지만 그들이 변호사에게

30 Manomohan Ghose(1844~1896) : 변호사 및 의회 의원, 인도인 최초 상급법원 법정 변호사, 〈인도의 거울〉의 설립자 겸 편집자.

갔다고 해 봅시다. 변호사들의 임무는 의뢰인의 편을 들어서, 그리고 흔히 문외한인 의뢰인을 위해서 유리한 방법과 논거를 찾아내는 것입니다. 만일 변호사들이 그렇게 하지 않는다면, 사람들은 그들이 자신들의 직업을 모욕한 것으로 간주할 것입니다. 따라서 변호사는 대개 분쟁을 무마하기보다는 부추깁니다. 더구나 그들이 직업을 선택하는 이유는 불행에 빠진 다른 사람을 돕기 위해서가 아니라 자신들이 부자가 되기 위해서입니다. 그 직업은 부자가 되는 길 중에 하나이고, 그들의 이익은 논쟁을 확대하는 데에 있습니다. 내가 알기로 그들은 사람들이 논쟁에 빠지는 것을 기뻐합니다. 쩨쩨한 변호사들은 실제로 논쟁을 날조하기도 합니다. 그들의 끄나풀들은 수많은 거머리와 같이 가난한 민중의 피를 빨아먹습니다. 변호사는 하는 일이 거의 없는 자들입니다. 게으른 자들이 사치를 즐기기 위해서 그런 직업을 선택합니다. 이것은 참말입니다. 다른 말들은 모두 핑계일 따름입니다. 변호사라는 직업을 명예로운 직업이라고 발견한 자들은 바로 변호사 자신들입니다. 그들은 스스로 찬미하는 말을 만들어내듯이 법률을 만들어냅니다. 그들은 받을 수임료의 액수를 스스로 결정합니다. 가난한 민중은 그들을 하늘에서 내려온 존재로 여길 정도로, 그들은 지나치게 거드름을 피웁니다.

변호사들이 일반 노동자들보다 많은 수임료를 요구하는 이유가 무엇입니까? 그들은 왜 더 많은 것을 요구합니까? 과연 그들이 어느 면에서 노동자들보다 이 나라에 더 유익합니까? 선행(*good*)을 하는 자는 더 많은 보수를 받을 자격이 있습니까? 그들이 돈 때문에 나라를 위해서 뭔가를 했다면 그것을 어찌 선한 행위라고 할 수 있습니까?

힌두·이슬람 분쟁에 대해서 뭘 아는 사람들은 그것이 종종 변호사들의 개입 때문에 일어났다는 사실도 잘 알고 있을 것입니다. 그들 때문에 망한 가정도 있습니다. 그들은 형제들을 원수로 만들기도 했습니다. 여러 토호국이 변호사들의 힘 아래로 들어가자마자 빚더미에 앉기도 했습니다. 많은 변호사가 그들의 전 재산을 도둑질했습니다. 이런 사례는 수없이 많이 있습니다.

그러나 무엇보다도 그들이 나라에 입힌 최대의 상처는 영국인의 장악력을 강화시켰다는 데에 있습니다. 당신은 법정이 없다면 영국인들이 그들의 정부를 과연 유지할 수 있다고 생각합니까? 법정이 민중의 이익을 위해서 설립되었다고 생각하는 것은 잘못입니다. 자신의 권력을 영속시키고자 하는 사람들은 법정을 통해서 목적을 이룹니다. 만일 민중이 스스로 자신들의 분쟁을 해결한다면, 제 3자가 그들에게 어떤 권위도 행사할 수 없을 것입니다. 진실로 말하자면, 사람들이 분쟁이 있을 때 그것을 격투를 통해서 해결하려고 하거나, 혹은 친지들에게 판정을 내려 달라고 하는 것은 다소 나약한 태도일 수 있습니다. 그런데 그들이 법정에 호소한다면 그것은 훨씬 나약하고 비겁한 태도일 것입니다. 격투를 통해서 분쟁을 해결하려고 할 때 그것은 분명 야만의 표시입니다. 만일 나와 당신의 논쟁을 내가 제 3자에게 해결해 달라고 요구한다면 그것은 덜 야만적으로 보일까요? 제 3자의 결정이 언제나 옳은 것도 아닙니다. 당사자들만이 누가 옳은지를 압니다. 우리가 단순하고 무지하기 때문에 낯선 자가 우리에게서 돈을 받아가면서 정의를 준다고 상상합니다.

그러나 기억해야 할 일 중 제일 중요한 것은, 변호사가 없다면 법정은 설립되지도 운영되지도 못했을 것이고, 법정이 없었다면 영국인은 〔인도를〕 지배하지 못했을 것이라는 점입니다. 이 세상에 영국인 판사, 영국인 변호사, 그리고 영국인 경찰만 존재한다고 가정하면, 영국인은 영국인만을 지배할 수 있었을 것입니다. 인도인 판사와 인도인 변호사가 없다면 영국인은 아무 일도 할 수 없었을 것입니다. 인도인 변호사가 1심에서 어떤 일을 수행하고, 어떤 혜택을 받는지를 당신은 잘 알아야 합니다. 그렇게 되면 당신은 나만큼 그 직업을 혐오하게 될 것입니다. 만일 인도인 변호사가 자신의 직업을 매춘과 같이 비천한 것으로 간주하여 포기한다면, 영국인의 통치는 하루아침에 붕괴하고 말 것입니다. 마치 물고기가 물을 좋아하듯이 우리가 분쟁과 법원을 사랑한다고 비난하는 데 도움을 주는 자는 바로 영국인이었습니다. 내가 변호사에 관련해서 말한 것은 반드시 판사에게도 적용됩니다. 변호사와 판사는 사촌지간이고, 서로에게 힘을 실어주기 때문입니다.

(12) 인도의 상황(계속) : 의사들

독자 변호사에 대해서는 알겠습니다. 그들이 베푼 선행은 우연적인 것입니다. 그 직업은 정말 가증스럽게 느껴집니다. 하지만 당신은 의사들마저 비판의 대상으로 끌어들이고 있습니다. 왜 그렇습니까?

편집자 내가 제시한 견해는 다른 사람에게서 얻어온 것이지, 내 자신의 독창적인 것은 아닙니다. 서구의 작가들은 변호사와 의사에 대해서 더 심한 말을 해왔습니다. 한 작가는 현대의 제도 전체를 우파스 나무(*Upas tree*)[31]에 견주었습니다. 나뭇가지는 법률과 의약까지 포함한 기생적인 직업을 표시하고, 참종교의 도끼가 나무줄기를 찍으려 하고 있었습니다. 나무뿌리는 부도덕입니다. 당신도 알게 되겠지만, 앞서 피력한 견해는 내 마음에서 곧바로 나온 것이 아니라 많은 사람의 공통된 경험입니다. 나도 한때 의사라는 직업을 아주 좋

31 〔역주〕 자바산 쐐기풀과의 유독한 나무.

아한 적이 있었습니다. 나라를 위해서 의사가 되려고 했던 적도 있었습니다. 이제는 더 이상 그런 생각을 하지 않습니다. 나는 의원(醫院, *vaid*)이 왜 우리 사이에서 그다지 명예로운 지위를 갖지 않는지 이제 알게 되었습니다.

영국인들이 우리를 장악하기 위해서 의사라는 직업을 효과적으로 활용해온 것은 분명합니다. 영국인 의사들은 정치적 이익을 얻기 위해서 몇몇 아시아의 권세가와 더불어 그들의 직업을 사용해온 것으로 알려져 있습니다.

의사들은 우리를 거의 동요시켰습니다. 나는 돌팔이 의사가 이른바 높은 자격을 갖춘 의사보다 낫다고 종종 생각합니다. 한번 곰곰이 생각해 봅시다. 의사의 일은 육신을 돌보는 일입니다. 보다 정확하게 말한다면 그것도 아닙니다. 그들의 일은 육신을 괴롭히는 병을 육신에서 실제로 제거하는 것입니다. 이 질병들은 어떻게 발생합니까? 분명 나태나 탐닉으로 발생합니다. 내가 과식으로 소화불량에 걸리면 의사에게 갑니다. 의사가 내게 약을 지어 주고 나는 치유됩니다. 나는 다시 과식합니다. 다시 그가 준 알약을 또 복용합니다. 처음 배 아팠을 때 그 알약을 복용하지 않았다면, 내가 당연히 받아야 할 벌을 받았을 것이고, 다시는 과식하지 않았을 것입니다. 의사가 중간에 개입하여 나의 탐닉을 도와주었습니다. 그래서 내 육신은 다소 편안해졌지만 내 마음은 허약해졌습니다. 계속해서 약을 복용하게 되면 마음에 대한 통제는 상실하게 됩니다.

나는 악(*vice*)에 탐닉하여 병에 걸렸습니다. 의사가 나를 치료해 줍니다. 나는 그 악을 반복할 공산이 큽니다. 의사가 개입하지 않았다면, 자연이 제 할 일을 했을 것이고, 나는 스스로 자신을 지배했을 것이고, 악에서 자유로워지고 행복해졌을 것입니다.

병원은 죄악을 만연시키는 시설입니다. 사람들은 자신의 육신에 대해서 덜 조심하게 되어 부도덕이 증대합니다. 유럽의 의사들이야말로 가장 나쁜 사람들입니다. 그들은 인간의 육신을 돌본다는 명목으로—그것도 잘못 돌보는 것이지만—매년 수천 마리의 동물을 죽입니다. 즉, 생체해부를 자행합니다. 어떤 종교도 이것을 용인하지 않습니다. 모든 사람들은 인간의 육신을 위해서 그렇게 많은 생명을 죽이는 것이 꼭 필요한 것은 아니라고 말하고 있습니다.

의사는 우리의 종교적 본능을 거스릅니다. 그들이 만드는 대부분의 조제품은 동물성 지방이나 알코올성 용액을 함유합니다. 이 둘은 모든 힌두교도와 이슬람교도가 금기로 치는 것입니다. 우리는 문명화된(*civilized*) 체하며 종교적 금령을 미신이라고 부르고 우리가 좋아하는 것에 탐닉하기를 원할 뿐입니다. 하지만 의사들이, 탐닉하도록 우리를 유인한다는 사실에는 변함이 없습니다. 그 결과 우리는 자기통제를 상실했고 나약해졌습니다. 이런 상황에서 우리는 나라에 봉사하기에 적합하지 않습니다. 유럽의 의학을 공부하는 것은 예속의 처지를 더욱 심화하는 일입니다.

사람들이 왜 의사 직업을 택하는지는 생각해 볼 만합니다. 인류에게 봉사하기 위해서 선택하는 것은 분명 아닙니다. 우리는 명예와 부를 얻기 위해서 의사가 됩니다. 내가 말하고 싶었던 것은 의사라는 직업에 인류에 대한 진정한 봉사가 없다는 점, 그리고 인류에 해롭다는 점입니다. 의사들은 자신들의 지식을 과시하면서 터무니없는 치료비를 청구합니다. 그들이 조제하는 약은 실제 한 푼의 가치밖에 없는 데도 열 푼의 값을 매깁니다. 일반 대중은 잘 속는 성격 탓에 그리고 질병을 좀 제거할 요량으로 속고 맙니다. 그렇다면 우리가 알고 있는 돌팔이 의사들이, 인간미가 있는 척 으스대는 의사들보다 더 낫지 않겠습니까?

(13) 참된 문명이란 무엇인가?

독자 당신은 철도, 변호사 그리고 의사들을 공공연히 비난했습니다. 당신이 모든 기계류를 폐기하려 함을 알 수 있겠습니다. 그렇다면 문명이란 무엇입니까?

편집자 그 질문에 대답하기란 어렵지 않습니다. 나는 인도가 발전시켜온 문명이 세계에서 패배당하지 않을 것으로 믿습니다. 우리 선조들이 뿌려 놓은 씨앗에 필적할 만한 것은 없습니다. 로마는 사라졌고, 그리스도 같은 운명이었습니다. 파라오들의 권능은 무너졌고, 일본은 서구화되었고, 중국에 대해서는 말할 것이 없습니다. 하지만 인도의 기초는 그런대로 여전히 탄탄합니다. 유럽인들은 그리스인과 로마인의 저서에서 교훈을 얻고 있습니다. 그런데 그리스와 로마는 과거의 영광을 더 이상 누리지 못합니다. 유럽인들은 그렇게 배우는 가운데 그리스인과 로마인의 오류를 피할 수 있을 것으로 상상합니다. 이것이 그들의 가련한 처지입니다. 이런 와중에 인도는 전혀 동요하지 않고 있으며, 그것이 인도의 영광입니다. 우리 인도인들은 문명화되어 있지 않으며(*uncivilized*) 무지하고 둔감해서, 어떤 변화도 수용할 수 없다고 비난받고 있습니다. 그들이 비난하는 것은 실제 우리의 장점입니다. 우리는 경험의 모루 위에서 정련하여 발견한 참된 것을 감히 바꾸지 않습니다. 많은 사람이 인도에 충고의 말을 불쑥 내던지지만 인도는 건재합니다. 이것이야말로 인도의 미(美)이고, 우리 희망에서 최후의 보루입니다.

문명은 인간에게 의무의 길을 가르쳐 주는 행동양식(*mode of conduct*)입니다. 의무 수행과 도덕 준수(*observance of morality*)는 서로 맞바꿀 수 있는 말입니다. 도덕을 준수한다 함은 우리의 마음과 정염에 대한 지배력을 얻는 일입니다. 그렇게 할 때 우리는 우리 자신을 압니다. 구자라트어에서 문명이란 말은 '선행'(*good conduct*)[32]을 뜻합니다.

이런 정의가 옳다면, 수많은 작가가 언급한 것처럼 인도는 다른 사람에게서 배울 것이 없으며 배우지도 말아야 합니다. 우리는 사람의 마음이 쉴 새 없이 날아다니는 새라는 점을 압니다. 그래서 얻으면 얻을수록 더 많은 것을 원하므로 늘 불만의 상태로 남아 있습니다. 우리가 정염에 탐닉하면 할수록, 그 정염에 재갈을 물릴 수가 없습니다. 그래서 우리의 선조들은 우리의 탐닉에 제한을 가했습니다. 그들은 행복이란 주로 정신적 상태(*mental condition*)임을 알았습니다. 사람이 부유하다고 해서 반드시 행복한 것도 아니고, 가난하다고 해서 꼭 불행한 것도 아닙니다. 부자도 불행한 때가 자주 있고, 가난한 자가 행복할 때도 자주 있습니다. 수백만 명의 사람들은 언제나 가난을 면치 못할 것입니다. 우리의 선조들은 이 모든 것을 보고 우리에게 사치와 쾌락에서 멀어지도록 권유했습니다. 우리는 수천 년 전부터 존재해왔던 동일한 종류의 쟁기로 일을 해왔습니다. 우리는 옛 모습 그대로 오두막을 유지하고 있으며, 토착의 교육도 예전과 달라진 것이 없습니다. 우리에게는 생명을 갉아먹는 경쟁 체제(*system of life-corroding competition*)가 없었습니다. 각자는 자신의 생업이나 교역에 종사하면서 정상적인 대가를 요구했습니다.

---

32 〔역주〕《전집》의 각주에 따르면 이것은 "문자 그대로 '수, su'('좋음')와 '다로, dharo'('행')의 의미이다." 구자라트어 원본에는 "그 반대가 쿠다로(*kudharo*, 악행)다"라는 구절이 부가되어 있다. 《전집》 권 10, 279면 참조.

우리가 기계를 발명할 줄 몰랐던 게 아니었습니다. 우리 조상들은 우리 마음이 그런 물건을 좇게 되면, 노예가 되고 도덕적 신경이 마비되고 말 것이라는 점을 알았습니다. 따라서 그들은 오랜 성찰 이후 우리가 손과 발로 할 수 있는 일만을 해야 한다고 결정했습니다. 진정한 행복과 건강은 수족의 적당한 사용에 달려 있다고 보았습니다. 그들은 더 나아가서, 거대한 도시는 덫이고 쓸데없는 장애물이며, 그 도시에서는 사람들이 행복할 수 없고, 도둑과 강도의 무리들이 있으며 매춘과 악이 창궐하고, 부자들이 가난한 자를 도둑질한다고 생각했습니다. 그래서 그들은 작은 촌으로 만족했습니다. 우리 선조는 왕과 왕의 검이 윤리의 검보다 저열한 것임을 알았습니다. 따라서 그들은 지상의 군주가 리쉬(*rishi*: 성인)와 파키르(*fakir*: 고행승)보다 못하다고 생각했습니다. 이와 같은 구조를 지닌 나라는 다른 사람에게서 배우기보다 다른 이를 가르치는 데에 더욱 적합합니다. 이 나라에 법원·변호사·의사가 있었지만, 모두 도를 넘지 않았습니다. 이 직업들이 특별히 우월한 것이 아니라는 점은 모두 알았습니다. 더구나 바킬(*vakil*: 변호사)과 바이드(*vaid*: 의원)는 민중으로부터 강탈하지 않았습니다. 그들은 민중에 의지하여 살아가는 사람이지 주인이 아니었습니다. 정의는 제법 공평했습니다(*fair*). 법정은 피하는 것이 통상적 규칙이었습니다. 법정으로 민중을 꾀어 들이는 호객꾼 같은 자들도 없었습니다. 이런 악은 대도시와 그 주변에서만 볼 수 있습니다. 일반인들은 독립해서 살아가고 농사를 지었으며, 참된 자치를 누렸습니다.

이 저주받은 현대문명이 미치지 못한 인도는 옛날 모습 그대로 남아 있습니다. 이런 곳에서 살고 있는 인도인들은 새로운 유행을 좇는 당신의 생각을 당연히 비웃을 것입니다. 영국인은 그들을 지배하지 못하고, 당신도 결코 지배할 수 없을 것입니다. 우리는 우리 자신이 어떤 사람들을 대변한다고 하면서도 그들을 모르고, 그들도 우리를 모릅니다. 조국을 사랑하는 당신과, 당신과 같은 이들에게, 아직 철도로 오염되지 않은 저 내륙 지방으로 들어가서 6개월 동안 그곳에서 살아 보기를 진심으로 권하고 싶습니다. 그런 연후에야 당신은 애국자가 될 수 있고, 자치에 대해서 말할 수 있을 것입니다.

이제 당신은 내가 어떤 것을 진정한 문명으로 간주하고 있는지를 알게 되었을 것입니다. 내가 언급했던 상황을 바꾸기를 원하는 자들은 나라의 원수이고 죄인입니다.

독자 인도가 당신이 묘사한 대로의 모습이기만 하다면 괜찮을 것입니다. 하지만 인도에는 다음과 같은 일이 벌어지는 곳이기도 합니다. 즉, 수백 명의 어린 과부들이 있고, 두 살 난 아기들이 결혼하고, 열두 살 먹은 소녀들이 엄마 겸 주부가 되며, 여성들이 일처다부제를 실행하고, 니요가(*niyoga*)[33]가 벌어지고 있으며, 소녀들이 종교의 이름으로 매춘부가 되어 있고, 종교의 이름으로 양과 염소를 죽이고 있습니다. 이런 것들도 모두 당신이 묘사했던 문명의 상징이라고 생각합니까?

편집자 당신의 말은 틀렸습니다. 당신이 보여준 결함은 결함일 뿐입니다. 결함을 고대문명으로 오인하는 사람은 아무도 없습니다. 고대문명이라도 그런 결함들은 남아 있습니다. 그런 결함들을 제거하기 위한 시도가 있었고 앞으로도 있을 것입니다. 우리는 이와 같은 사악을 청소하기 위해서 우리 안에 태어나는 새로운 정신을 활용할 수

33 남편이 아닌 다른 남자에 의한 수정.

도 있을 것입니다. 하지만 내가 현대문명의 표상(*emblems*)으로 묘사한 것은 그 문명의 신봉자들이 표상으로 수용하고 있습니다. 내가 묘사한 인도문명(*Indian civilization*)은 신봉자들이 그렇게 묘사한 것입니다. 이 세상 어디에도 어떤 문명 아래에서도 모든 인간이 완전성을 이룬 곳은 없습니다. 인도문명의 경향은 도덕적 존재를 고양하는 것이고, 서양문명(*Western civilization*)의 경향은 부도덕을 보급하는 일입니다. 서양문명이 신을 믿지 않고 있다면, 인도문명은 신에 대한 믿음에 기초를 두고 있습니다. 그렇게 이해하고 믿으면, 인도를 사랑하는 사람은 모두 어린애가 엄마의 가슴에 매달리듯이 인도 고대문명에 매달려야 할 것입니다.

(14) 인도는 어떻게 해방될 수 있는가?

독자 문명에 대한 당신의 견해를 잘 알겠습니다. 나는 그것을 곰곰이 생각해 보겠습니다. 나는 모든 것을 한꺼번에 받아들일 수는 없습니다. 그렇다면 당신과 같이 그런 견해를 견지한다면, 당신은 인도를 해방하기 위해서 어떤 것을 제안하려 합니까?

편집자 내 견해가 단번에 수용될 것이라고는 기대하지 않습니다. 내 의무는 그것을 당신과 같은 독자들 앞에 제시하는 것입니다. 나머지는 시간에 맡겨 두렵니다. 우리는 이미 인도를 해방하기 위해서 인도의 상황을 검토한 바 있습니다. 하지만 간접적인 검토였습니다. 이제 직접적으로 검토할 것입니다. 병의 원인을 제거하면 병 자체를 제거할 것이라는 점은 세상이 아는 격률입니다. 마찬가지로 인도가 노예 상태에 놓이게 된 원인을 제거하면, 인도는 해방될 것입니다.

독자 당신이 말하듯이 인도문명이 최상이라면, 인도가 노예 상태에 빠지게 된 것을 어떻게 설명할 것입니까?

편집자 인도문명은 의심할 바 없이 최상의 문명(*the best*)입니다. 하지만 모든 문명들이 시험받아 왔다는 점을 알아야 합니다. 영속적인 문명은 그 시험을 통과할 것입니다. 인도의 후손들이 모자라서 인도 문명이 위기에 빠지게 되었습니다. 하지만 인도문명은 그런 충격에도 불구하고 살아남을 수 있는 힘이 있습니다. 더구나 인도 전체가 충격에 노출된 것은 아닙니다. 서양문명에 감염된 자들만이 노예가 되었습니다. 우리는 우주를 우리 자신의 보잘것없는 척도로 측정합니다. 우리가 노예일 때 우주 전체가 노예가 된다고 생각합니다. 우리가 비참한 처지에 빠져 있기 때문에 인도 전체가 그런 처지에 있다고 생각합니다. 사실은 그렇지 않지만 우리의 노예 상태를 인도 전체에 전가하는 것이 나을지도 모릅니다. 그러나 우리가 앞에서 언급한 사실을 염두에 둘 때, 우리가 해방되면 인도도 해방되리라는 점을 알 수 있습니다. 그리고 이런 생각을 바탕으로 당신은 스와라즈(*swaraj*)에 대한 정의(定義)를 구할 수 있을 것입니다.

우리가 자신을 다스리기(*to rule ourselves*)를 배우는 것, 그것이 스와라즈입니다. 그래서 그것은 우리의 손에 달려 있습니다. 이런 스와라즈를 꿈이라고 생각하지 마십시오. 스와라즈는 조용히 앉아 있는 것이 아닙니다. 내가 그리는 스와라즈는, 일단 우리가 그것을 실현하게 되면 다른 사람도 같은 행동을 하도록 죽을 때까지 설득하는 노력을 기울이는 것입니다. 하지만 그와 같은 스와라즈는 각자 스스로 경험해야만 합니다. 물에 빠진 사람이 다른 사람을 구할 수는 결코 없습니다. 내 자신이 노예인 주제에 다른 사람들을 구하려고 생각하는 것은 가식일 따름입니다. 그래서 영국인의 축출을 반드시 목표로 삼을 필요가 없다는 점을 이제 알 수 있을 것입니다. 만일 영국인이 인도화한다면, 우리는 그들을 수용할 수 있을 것입니다. 만일 그들이 그들의 문명을 가진 채로 인도에 머물기를 원한다면, 그들을 위한 여지는 없습니다. 하지만 그런 상황이 만들어질지의 여부는 우리에게 달려 있습니다.

독자 영국인이 인도화한다는 것은 불가능합니다.

편집자 그런 말은 영국인에게 인간성이 없다고 말하는 것과 같습니다. 그들이 인도화할지의 여부는 문제의 핵심이 아닙니다. 만일 우리가 집을 질서 있게 유지한다면, 그 안에 살 만한 사람은 그곳에 남을 것이고, 그렇지 않은 사람은 자발적으로 떠날 것입니다. 그런 일들은 우리 모두의 경험 범위 내에서 일어납니다.

독자 하지만 그런 일은 역사상 일어난 적은 없었습니다.

편집자 역사상 과거에 일어난 적이 없었던 일이 미래에도 일어나지 않을 것이라고 믿는 것은, 인간의 존엄에 대해서 불신을 드러내는 것입니다. 여하튼 우리는 우리 이성에 합당한 일을 마땅히 시도해야 합니다. 모든 나라가 같은 상황에 있는 것은 아닙니다. 인도의 상황은 독특하고, 그 힘은 무한합니다. 그래서 다른 나라의 역사를 꼭 참조할 필요는 없습니다. 다른 문명들이 몰락했을 때에도 인도인은 많은 충격을 견디고 살아남았다는 사실에 대해서 여러분의 주의를 환기한 바 있습니다.

독자 나는 이것을 이해할 수 없습니다. 무력으로 영국인을 축출해야 한다는 것은 거의 의심의 여지가 없습니다. 그들이 이 나라에 머물러 있는 한 우리는 편히 지낼 수가 없습니다. 우리의 시인 가운데 한 분[34]은 노예들은 행복을 꿈꿀 수조차도 없다고 노래합니다. 우리는 영국인의 존재 때문에 나날이 약해지고 있습니다. 우리의 위대함은 사라지고, 우리 민중은 겁에 질린 사람처럼 보입니다. 인도에 있는 영국인은 병충해와 같아서 우리가 온갖 수단을 통해서 제거해야 합니다.

편집자 당신은 흥분한 탓에 우리가 줄곧 성찰해왔던 것을 망각하고 말았습니다. 영국인을 데려오고 붙잡아 둔 것은 우리 자신입니다. 우리가 그들의 문명을 수용했으므로 그들이 인도에 존재할 수 있었다는 사실을 당신은 왜 잊었습니까? 당신은 영국인을 증오하는 대신 그들의 문명을 증오해야 할 것입니다. 그런데 영국인을 투쟁으로 몰아내야 한다고 한번 가정해 봅시다. 어떻게 그런 일이 가능할까요?

독자 이탈리아가 했듯이 그렇게 해야 할 것입니다. 마치니[35]와 가리발디[36]가 해낸 일이라면 우리도 할 수 있을 것입니다. 당신은 그들이 위대한 인물이었다는 점을 부인할 수는 없을 것입니다.

---

34 〔역주〕 안찬수 역에는 이 시인이 툴시다스(Tulsidas, 1543?~1623)로 되어 있다. 안찬수 역, 《힌두 스와라지》, 105면 참조. 그러나 《전집》에는 아무런 언급이 없다.

35 Giuseppe Mazzini(1805~1872).

36 Giuseppe Garibaldi(1807~1882): 이탈리아 군인, 애국자, 이탈리아 통일을 위한 투쟁의 지도자 중의 한 사람.

(15) 이탈리아와 인도

편집자 이탈리아를 예로 든 것은 잘한 일입니다. 마치니는 위대하고 훌륭한 인물이었고 가리발디는 위대한 투사였습니다. 두 사람 모두 숭배할 만한 분들입니다. 그들의 삶을 통해서 우리는 많은 것을 배울 수 있습니다. 하지만 이탈리아의 상황은 인도와는 달랐습니다. 우선 마치니와 가리발디의 차이점을 언급할 필요가 있습니다. 마치니가 이탈리아에 대해서 품었던 야망은 그 당시에도 실현되지 않았고 지금도 실현되지 않았습니다. 마치니는 인간의 의무에 대한 그의 글에서, 모든 인간이 자신을 다스리기를 배워야 한다고 했습니다. 이것은 이탈리아에서 일어나지 않았습니다. 가리발디는 마치니의 이런 견해를 가지고 있지 않았습니다. 가리발디는 이탈리아인들에게 무기를 주었고, 모든 이탈리아인들은 무기를 들었습니다. 이탈리아와 오스트리아는 같은 문명을 갖고 있는데, 이런 점에서 그들은 사촌지간입니다. 두 나라 모두 같은 방법으로 보복했습니다. 가리발디는 이탈리아가 오스트리아의 굴레에서 벗어나기를 희망했을 따름이었습니다. 카보우르[37] 장관의 음모가 당시 이탈리아 역사를 더럽혔습니다. 그리고 결과는 어땠습니까? 만일 이탈리아인이 이탈리아를 통치한다고 해서 이탈리아 국민이 행복하다고 믿는다면, 그것은 어둠 속에서 헤매는 것과 같습니다. 마치니는 이탈리아가 해방되지 않았음을 결정적으로 보여주었습니다. 빅토르 엠마누엘〔2세〕이 해방이라는 표현에 어떤 의미를 부여했다면, 마치니는 다른 의미를 부여했

37 Count Camillo Benso Cavour(1810~1861) : 저명한 이탈리아 정치가, 사르데냐 왕 빅토르 엠마누엘(1861년 이탈리아의 왕으로 선언했다)의 국무총리로서 이탈리아의 통일을 위해서 많은 노력을 경주했고, 통일은 1870년에 이뤄졌다.

습니다. 엠마누엘, 카보우르, 그리고 심지어 가리발디에게도, 이탈리아는 왕과 그 졸개의 이탈리아를 의미했습니다. 마치니에 따르면, 이탈리아는 이탈리아 민중 전체, 즉 이탈리아의 농민을 의미합니다. 엠마누엘은 민중의 시녀일 따름이었습니다. 마치니의 이탈리아는 여전히 노예 상태에 놓여 있었습니다. 이른바 민족전쟁 시기에 전쟁은 이탈리아 민중을 인질로 삼은 채, 경쟁하는 두 왕이 벌이는 체스 게임이었을 뿐입니다. 이탈리아의 노동자계급은 여전히 불행합니다. 그래서 그들은 암살을 기도하고 폭동을 일으키고, 반란도 언제든지 일으킬 수 있습니다. 오스트리아 군대가 철수한 뒤 이탈리아는 실제 어떤 이익을 얻었습니까? 성과란 명목상에 불과했습니다. 전쟁을 일으켜서라도 달성하려고 했던 개혁들은 아직 달성되지 않았습니다. 일반 민중의 상황은 전반적으로 변한 것이 없습니다.

당신이 인도에서 그런 상황이 재연되는 것을 바라지 않는다는 점을 나는 분명히 알고 있습니다. 당신은 수백만의 인도인이 행복해지기를 바랄 뿐이지, 정권을 잡으려고 하는 것은 아니라고 나는 믿습니다. 만약 사실이 그러하다면 우리는 오직 한 가지 사실, 즉 수백만의 사람들이 자치를 획득할 수 있는 방안을 고려해야 합니다. 여러 인도 토호국왕의 치하에서 민중이 으깨지고 있다는 점을 당신은 인정해야 합니다. 왕들은 민중을 무자비하게 짓밟고 있습니다. 그들의 폭정(*tyranny*)은 영국인의 폭정보다 더 심합니다. 당신이 만약 인도에서 그런 폭정을 원한다면 우리는 결코 같은 의견을 가질 수 없습니다. 나의 애국심은 영국인이 퇴각한 뒤 인도 민중이 왕들의 발치 아래에서 짓밟히는 것을 내가 허락해야 한다고 가르치지 않습니다. 내게 힘이 있다면 영국인의 폭정만큼이나 인도 왕들의 폭정에 저항할 것입니다. 나에게 애국심이란 민중 전체의 복지(*the welfare of the whole people)* 입니다. 만일 영국인의 손에 의해서 민중의 전체 복지가 보장될 수 있다면, 나는 그들에게 머리를 숙일 것입니다. 만일 어떤 영국인이라도 인도의 자유를 확보하기 위해서 폭정에 저항하고 나라에 봉사하는 데에 자신의 생명을 바친다면, 나는 그 영국인을 인도인으로 환영하겠습니다.

다시 말하지만 인도는 무기가 있을 때에만 이탈리아처럼 투쟁할 수 있을 것입니다. 당신은 이 문제를 전혀 고려하지 않았습니다. 영국인은 훌륭하게 무장하고 있습니다. 이 때문에 나는 놀라지 않습니다. 하지만 무장한 영국인에 저항하기 위해서는 수천의 인도인이 무장해야 한다는 점은 분명합니다. 그런 일이 가능하다고 해도 그렇게 하려면 몇 년이나 걸릴까요? 더구나 인도를 대규모로 무장한다는 것은 인도를 유럽화하는 것입니다. 그렇게 되면 인도의 처지는 유럽의 처지만큼이나 가련하게 될 것입니다. 한 마디로 이것은 인도가 유럽문명을 받아들여야 한다는 것을 의미합니다. 그리고 우리가 원하는 것이 유럽문명이라면, 가장 좋은 일은 우리가 그 문명에서 잘 훈련받은 사람들을 가지고 있다는 것입니다. 그런 뒤 우리는 몇몇 권리를 위해서 투쟁하며 얻을 수 있는 것을 얻을 것이고, 그런 식으로 나날을 보낼 것입니다. 하지만 인도라는 국가는 미래에 무장을 선택하지 않을 것이며, 현재에도 무장하지 않는 편이 낫습니다.

독자 당신은 사실을 과장하고 있습니다. 우리 모두가 무장할 필요는 없습니다. 맨 먼저 우리는 영국인 몇 명을 암살하여 공포에 떨게 만들 것입니다. 그러면 무장한 소수의 사람이 공개적으로 투쟁할 것입니다. 25만 명 정도 죽을 수도 있습니다. 하지만 우리의 국토를 되찾을 것입니다. 게릴라전을 벌여서 영국인을 무찌를 것입니다.

편집자 말하자면 당신은 거룩한 인도를 거룩하지 않은 땅으로 만들고 싶다는 것이군요. 암살의 수단을 사용해서 인도를 해방시킨다는 생각이 두렵지도 않습니까? 우리가 해야 할 것은 자신을 희생하는 일입니다. 다른 사람을 죽이려는 생각은 겁쟁이의 생각입니다. 암살로 누구를 해방시키려고 합니까? 수백만의 인도인은 그것을 바라지 않습니다. 저주받은 현대문명에 도취되어 있는 자들이 그런 일을 생각합니다. 살인으로 권력을 잡은 자는 국가를 행복하게 만들지 않을 것이 분명합니다. 딩그라[38]의 행동 및 인도에서 행해진 그와 유사한 행동에 의해서 인도가 이득을 얻었다고 믿는 자는 중대한 오류를 범하고 있습니다. 딩그라는 애국자였지만 그의 애국은 눈먼 것이었습니다. 그는 그릇된 방식으로 몸을 바쳤습니다. 그것의 궁극적인 결과는 해로울 뿐입니다.

독자 하지만 영국인이 이런 살인 행위에 겁을 먹었다는 사실, 그리고 몰리경(Lord Morley)[39]의 개혁은 공포에서 나온 것이라는 사실을 인정할 것입니다.

편집자 영국인은 어리석기도 하지만 용감한 국민이기도 합니다. 나는 영국이 화약의 사용에 영향을 쉽게 받는다고 믿고 있습니다. 몰

38 〔역주〕 Madanlal Dhingra(1887~1909) : 그는 1909년 7월 1일 런던에서 다음 주에 나오는 몰리경의 정치 보좌관 커전 와일리(Curzon Wyllie, 1848~1909)를 암살하고 체포되어 같은 해 8월 17일 교수형 당했다. 안중근 의사의 행위를 떠오르게 하는 사건이다. 간디는 안중근의 행위에 대해서도 유사한 비판을 가했다. 허우성, 2014, “정의를 위한 폭력은 정당한 것 아닌가요?: 간디에게 듣는 전쟁과 평화의 참뜻”, 《질문하는 십대, 대답하는 인문학》, 풀빛, 222~245면 참조.

39 몰리는 영국 내각의 인도상을 맡고 있었다. 몰리·민토개혁은 1909년 11월 15일 발효되었다.

리경은 공포 때문에 개혁정책을 허용했을지도 모릅니다. 하지만 공포 때문에 허용된 것은 그것이 지속되는 동안에만 유지될 것입니다.

(16) 폭력 (*Brute Force*)

독자 공포 때문에 얻어진 것은 공포가 지속되는 동안에만 유지된다는 것, 이것은 새로운 교의입니다. 그런데 일단 주어진 것은 철회될 수 없을 것 아닙니까?

편집자 그렇지 않습니다. 1857년의 포고령[40]은 폭동[41]의 결과로서 그리고 평화를 유지할 목적으로 이루어진 것이었습니다. 평화가 확보되고 민중의 마음이 단순하게 되자 포고령의 효력은 완전히 감소되었습니다. 만일 내가 처벌이 두려워서 도둑질을 그만둔다면, 처벌에 대한 두려움이 사라지자마자 도둑질을 재개할 것입니다. 이것은 거의 보편적인 경험입니다. 우리는 힘을 통해서 사람을 움직일 수 있다고 생각해왔고, 그래서 우리는 힘을 사용합니다.

독자 당신은 당신의 의견에 반대되는 주장을 펴고 있다는 것을 인정하지 않으시겠지요? 아시다시피 영국인이 자국에서 얻은 것은 폭력으로 획득한 것입니다. 그들이 획득한 것은 소용없는 것이라고 당신

40 〔원주〕 1858년 빅토리아 여왕(재위 1837~1901)의 포고령. 〔역주〕 동인도 회사의 인도지배권을 박탈하고 영국 정부가 직접 지배하기 위해서 새로운 총독 정부를 선언했다. 여왕의 포고령에는 인도인의 권리와 권위, 명예를 존중하고 종교적 관용을 보장한다는 약속도 들어 있었다. 조길태, 1994, 《인도사》, 민음사, 418~419면 참조.

41 〔역주〕 세포이 대폭동(Sepoy's Mutiny, 1857)을 지칭한다. 조길태, 1994, 《인도사》, 399면 이하 참조.

이 논의해왔다는 것은 알고 있습니다만, 그런 논의가 나의 주장에 영향을 미치는 것은 아닙니다. 그들은 소용없는 것을 원했고 그것을 손에 넣었습니다. 나의 요점은 그들의 욕구가 충족되었다는 점입니다. 그들이 무슨 방법을 동원했는지가 무슨 상관이 있겠습니까? 좋은 목적이라면 그것을 획득하기 위해서 폭력을 포함한 무슨 수단이라도 사용하면 안 됩니까? 집에 침입한 도둑을 처치해야 할 때 수단에 대해서 생각해야 할 필요가 있을까요? 나의 의무는 무슨 수를 써서라도 그를 몰아내는 일입니다. 우리가 청원을 이용하여 얻은 것도 없고 얻을 것도 없다는 점을 당신은 인정하는 듯합니다. 그렇다면 왜 폭력을 사용하면 안 됩니까? 그리고 손에 넣은 것을 유지하기 위해서, 우리는 필요한 만큼 폭력을 사용함으로써 공포를 유지해나갈 것입니다. 어린애가 불 안으로 발을 들이미는 일을 막기 위해서 힘을 계속 써야 한다는 데는 당신도 비난할 수 없을 것입니다. 하여간 우리는 우리의 목적을 달성해야 합니다.

편집자 당신의 논법은 그럴듯하여 많은 사람을 기만하고 있습니다. 나도 전에 비슷한 논의를 편 적이 있습니다. 하지만 이제 더 잘 알게 되었다고 생각하므로, 당신을 깨우치기 위해서 애쓸 것입니다. 먼저 영국인이 자신의 목적을 달성하고자 폭력을 사용했기 때문에, 우리 역시 폭력으로 목적을 달성하는 일이 정당하다는 논의가 있는데, 이것을 검토해 봅시다. 영국인이 폭력을 사용한 것이 사실이고, 우리도 폭력을 사용할 수 있다는 점은 전적으로 옳습니다. 그러나 비슷한 방법을 사용한다면 그들이 얻은 것과 똑같은 것만을 얻을 수 있을 뿐입니다. 당신은 우리가 바라는 것이 그런 것이 아니라는 점을 인정할 것입니다. 수단과 목적이 아무 관계가 없다는 당신의 믿음은 큰 착각입니다. 그 착각 때문에 종교적인 사람으로 간주되는 사람들조차 중대한 죄를 저질러 왔습니다. 당신의 논의는 해로운 잡초를 심어서 장미를 얻을 수 있다고 말하는 것과 같습니다. 우리가 바다를 건너려면, 배라는 수단을 이용해서만 건널 수 있습니다. 만약 그 목적을 위해서 행여 마차를 타고 간다면 사람과 마차 모두 바다 속에 가라앉고 말 것입니다. '신이 그러하듯이 신봉자 또한 그러하다'라는 격률은 음미해볼 만합니다. 그러나 그 의미는 왜곡되고 사람들은 타락했습니다.

수단은 씨앗에, 목적은 나무에 비유될 수 있습니다. 씨앗과 나무 사이에 침범할 수 없는 관계가 존재하듯이 수단과 목적 사이에도 존재합니다. 내가 신에게 예배를 드려 얻는 결과는 사탄 앞에 부복(仆伏)함으로써 얻을 수는 없을 것입니다. 그래서 만일 누구든 "나는 신에게 예배를 드리고 싶다. 내가 사탄을 통해서 신에게 예배를 드린다고 해도 상관없다"고 말한다면, 이는 무지에서 나오는 어리석은 말입니다. 우리는 뿌린 대로 거둡니다. 1833년 영국인은 폭력을 통해서 더 큰 선거권을 획득했습니다. 그들이 폭력을 사용함으로써 자신들의 의무를 더 잘 인식하게 되었습니까? 그들은 선거권을 원했고, 그것을 물리력으로 얻었습니다. 하지만 참된 권리는 의무 수행의 결과입니다. 그들은 이 권리를 얻지 못했습니다. 그래서 영국에서는 각자 자신의 권리를 요구하고 주장하면서도 아무도 의무에 대해서는 생각하지 않는 소극(笑劇)이 벌어지게 되었습니다. 모든 사람들이 권리를 원한다면 누가 누구에게 권리를 줄 것입니까? 그들이 의무라면 아무것도 수행하지 않는다고 말하려는 것이 아닙니다. 권리에 상응하는 의무를 수행하지 않습니다. 그들이 일정한 의무를 수행하지 않는다면, 즉 합당한 자격을 획득하지 않는다면, 그들의 권리는 그들에게 부담이 되고 말 것입니다. 달리 말하면, 그들이 얻어낸 것은 정확하게 그들이 채용한 수단의 결과입니다. 그들은 목적에 상응하는 수단을 사용했습니다. 만일 내가 당신의 시계를 빼앗으려고 한다면, 나는 분명 당신과 싸워야 할 것입니다. 만일 내가 당신의 시계를 사기를 원한다면, 돈을 지불해야 할 것입니다. 선물을 원한다면 말로 간청해야 할 것입니다. 내가 사용하는 수단에 따라서 그 시계는 도둑맞은 재산, 나의 재산 또는 기증품이 될 것입니다. 이렇듯 우리는 세 가지 다른 수단에서 세 가지 다른 결과를 얻을 수 있습니다. 그런데도 수단이 상관없다고 여전히 얘기할 수 있습니까?

이제 당신이 제시한 도둑을 쫓아내야 한다는 예를 검토해 봅시다. 무슨 방법을 써서라도 도둑을 쫓아낼 수 있다는 당신의 말에 동의할 수 없습니다. 만약 도둑이 부친이라면 나는 한 가지 방법만을 사용할 것입니다. 아는 사람이 도둑이라면 다른 방법을 사용할 것입니다. 아주 낯선 자라면 제 3의 방법을 사용할 것입니다. 그 도둑이 백인이라면 당신은 아마 인도인 도둑의 경우와는 다른 방법을 사용할 거라고 말할 것입니다. 만일 그가 허약한 사람이라면, 나와 동일한 체력을 가진 사람들을 다룰 때 사용하는 방법과는 다른 것이 될 것입니다. 도둑이 머리끝에서 발끝까지 무장한 자라면, 나는 단지 조용히 있겠습니다. 달리 말한다면, 도둑이 부친이냐 무장한 자이냐에 따라서 다양한 방법이 있습니다. 도둑이 부친이거나 완전 무장한 자든 관계없이 자는 척하고 있어야 한다고 상상해 봅시다. 부친도 무장할 수 있고 그 사람이 누구든 그의 힘에 굴복해서 내 물건을 훔쳐가도록 내버려 두어야 할 것이기 때문입니다. 부친의 힘에 대해서는 나는 연민으로 울 것이고, 무장 괴한의 힘에 대해서는 분노를 일으키고 서로 적이 될 것입니다. 이와 같이 기이한 상황에 빠질 수도 있습니다. 이런 사례들을 고려해 보면, 우리는 각각의 경우 선택해야 할 수단에 대해서 동의하지 않을 수도 있습니다. 나는 스스로 이 모든 경우에 무엇을 해야 할지를 분명히 알고 있지만, 당신은 나의 치유책에 대해서 놀랄 수도 있습니다. 그래서 그것을 당신 앞에 제시하기가 망설여집니다. 당분간 당신이 그것을 짐작하도록 내버려 두겠습니다. 만일 당신이 짐작하지 못한다면, 분명 각각의 경우에 다른 방법을 강구해야 할 것입니다. 그리고 어떤 수단을 취하더라도 도둑을 쫓아내는 데 소용이 없음을 알게 될 것입니다. 개개의 경우 적합한 수단을 강구해야 할 것입니다. 따라서 당신의 의무는 당신이 좋아하는 아무 방법이나 골라서 도둑을 쫓아내는 것이 아닙니다.

얘기를 좀더 해 봅시다. 무장을 잘한 사람이 당신의 재산을 훔쳤다고 해 봅시다. 당신은 그의 절도 행위를 잊지 않고 분노로 차 있을 것입니다. 당신을 위해서가 아니라 이웃의 선을 위해서 악한을 처벌하기를 바란다고 당신은 논할 것입니다. 당신은 무장한 자를 여러 명 모집해서 그의 집을 습격하기를 원합니다. 악한은 소식을 듣고 도망갑니다. 그 역시 격노하게 되어 동료 도둑을 모으고, 백주에 당신을 강탈할 것이라는 도전적 메시지를 보냅니다. 당신은 강력하기 때문에 두려워하지 않고 악당을 맞이할 준비를 할 것입니다. 그동안 강도들은 이웃 사람들을 괴롭힐 것입니다. 그들은 당신한테 와서 불평을 늘어놓을 것입니다. 당신은 모든 일이 이웃 사람들을 위한 것이며, 당신 자신의 재산이 도둑맞는 것에 대해서는 괘념치 않는다고 대답합니다. 당신의 이웃들은 전에는 강도에게 시달리지 않았는데, 당신이 그에 대해서 적대 행위를 선포한 다음에 비로소 강도질이 시작되었다고 대답할 것입니다. 당신은 진퇴양난에 빠집니다. 당신은 저 불쌍한 자들에 대해서 강한 연민(*pity*)을 느끼고 있습니다. 그들이 말한 바는 옳습니다. 이제 어떻게 해야 합니까? 만일 당신이 이제 강도를 내버려 둔다면 당신은 치욕을 당하게 될 것입니다. 그래서 당신은 불쌍한 사람들에게 말할 것입니다. "걱정 마십시오. 여기에 오십시오. 내 재산은 여러분의 것입니다. 여러분에게 무기를 주고 그 사용법을 가르쳐 드리겠습니다. 여러분은 악당을 무찔러야 합니다. 악당을 내버려 두지 맙시다." 그래서 싸움은 커집니다. 강도들의 수는 늘어나고, 당신의 이웃들은 의도적으로 불편한 처지에 빠져 들어갔습니다. 강도에 대한 복수심의 결과로 당신 자신의 평화가 깨어지게 되었고, 강도를 당하고 공격당할지도 모른다는 지속적인 공포에 싸여 있습니다. 용기는 사라지고 겁이 나기 시작합니다.

이 논의를 끈기 있게 검토한다면, 내가 그림을 과장하여 묘사한 것이 아님을 알게 될 것입니다. 이것이 강도에 대처하는 한 가지 방법입니다. 다른 방법도 검토해 봅시다. 이 무장 강도가 무지한 형제라고 해 봅시다. 적절한 기회에 그와 의논할 것입니다. 당신은 강도도 결국 당신의 동료이고, 뭐 때문에 그가 도둑질하게 되었는지를 모른다고 말합니다. 따라서 가능하다면 도둑의 절도 동기를 없앨 결심을 하게 됩니다. 당신이 이렇게 스스로 헤아리는 동안, 그 사람이 다시 훔치러 옵니다. 당신은 화내는 대신 그에게 연민을 느낍니다. 도벽이 그에게 병임에 틀림없다고 생각합니다. 따라서 당신은 대문과 창문을 열어 두고, 잠자리를 바꾸고, 물건도 그가 가장 잘 가져갈 수 있는 장소에 둡니다. 강도는 다시 옵니다. 그는 이 모든 것이 그에게 너무나 기이한 일이어서 혼란에 빠집니다. 하지만 그는 물건을 훔쳐갑니다. 그런데 그의 마음에는 동요가 일어납니다. 그는 마을에서 당신에 대해서 물어보고, 당신의 관대하고 사랑하는 마음에 대해서 알게 됩니다. 그는 뉘우치고 당신의 용서를 구하고, 당신 물건을 되돌려 주고, 도벽을 버립니다. 그 사람은 당신의 충복이 되고, 당신은 그를 위해서 남부럽지 않은 직장을 찾아 줍니다. 이것이 두 번째 방법입니다. 이렇게 해서 취하는 수단이 다르면 전혀 다른 결과를 가져온다는 점을 알게 되었습니다. 여기에서 도둑들이 위의 방식으로 행동할 것이라거나 또는 모든 사람들이 당신처럼 동일한 연민과 사랑을 가질 것이라고 추론하는 것은 아닙니다. 하지만 나는 정당한(*fair*) 방법만이 정당한 결과를 낳을 수 있다는 점을, 그리고 모든 경우는 아니더라도 대다수의 경우 사랑과 연민의 힘이 무기의 힘보다 무한히 위대하다는 점을 보이고 싶을 뿐입니다. 폭력의 행사에는 해(害)가 있지만, 연민을 베푸는 데에는 절대로 해가 없습니다.

이제 청원(*petitioning*)이라는 수단을 검토해 봅시다. 힘(*force*)의 뒷받침이 없는 청원은 소용이 없다는 점은 논쟁의 여지가 없습니다. 하지만 고 라나데[42] 판사는 청원이 민중을 교육하는 방식이기 때문에 유익한 목적에 사용될 수 있다고 말했습니다. 청원은 민중에게 상황을 깨닫게 하고 지배자들에게 경고를 보냅니다. 이런 관점에서 보면 청원은 전혀 무용의 것이 아닙니다. 힘이 동등한 자의 청원은 예의의 표시입니다. 노예가 하는 청원은 노예 신분의 표시입니다. 힘의 후원을 받는 청원은 동등한 자가 하는 청원입니다. 그가 자신의 요구를 청원의 형식으로 보낼 때, 그것은 그의 고귀함의 증거입니다. 두 가지 종류의 힘이 청원을 뒷받침할 수 있습니다. "이걸 주지 않으면 당신을 해칠 것이오"라고 하는 것도 일종의 힘입니다. 그것은 무기의 힘이고, 거기에서 나오는 사악한 결과들은 이미 검토한 바 있습니다. 두 번째 종류의 힘은 다음과 같이 표현될 수 있습니다. "우리의 요구를 인정하지 않는다면, 우리는 더 이상 청원하는 자가 되지 않을 것이오.

42 Mahadev Govind Ranade(1842~1901): 저명한 인도인 판사, 사회개혁가, 작가, 인도 국민회의의 창시자 중의 한 사람.

우리가 피지배자로 남아 있는 한 당신은 우리를 지배할 수 있을 것이오. 우리는 당신과 더 이상 교섭하지 않을 것이오." 이 말에 함축되어 있는 힘은 사랑의 힘(*love-force*), 혼의 힘(*soul-force*)인데, 이것을 보다 대중적인 표현, 하지만 덜 정확한 표현을 빌린다면 수동적 저항(*passive resistance*)이라고 부를 수 있을 것입니다. 이 힘은 파괴될 수 없습니다. 그것을 사용하는 자는 자신의 위치를 완벽하게 이해합니다. 우리에게 문자 그대로 다음과 같은 속담이 있습니다. "'아니오'라고 할 수 있는 태도 하나는 36개의 질병을 치유한다." 무기의 힘은 사랑의 힘이나 혼의 힘과 대결하면 철저하게 무력합니다.

이제 마지막 예를 봅시다. 즉, 자기 발을 불속에 넣는 어린아이 얘기 말입니다. 이 얘기는 당신의 논지에 도움이 되지 않을 것입니다. 당신은 어린아이에게 실제로 무엇을 합니까? 어린아이가 아주 강한 물리력을 내어서 당신을 무력하게 만들어 버리고 불속으로 뛰어 들어간다고 가정한다면, 당신은 아이를 제지할 수 없을 것입니다. 당신에게 오직 두 가지 해결방안이 있을 뿐입니다. 아이가 불꽃 속에서 스러지는 것을 막기 위해서는 당신이 아이를 죽이든가, 아니면 당신 눈앞에서 아이가 죽어가는 것을 보고 싶지 않기에 당신의 목숨을 바쳐야 합니다. 당신은 물론 아이를 죽이지는 않을 것입니다. 만일 당신의 심정이 연민으로 가득 차 있지 않다면, 아이에 앞장서서 불꽃 속으로 자신을 던지지 않을 수도 있습니다. 그래서 아이가 불꽃 속으로 들어가는 것을 어쩔 수 없이 허용하게 됩니다. 이런 식이라면 당신은 물리력을 사용한 것은 아닙니다. 어린아이가 불속으로 뛰어드는 것을 힘으로 막을 수 있을 때, 그 힘이 저급한 차원이긴 하지만 물리력이라고 생각하지 말기를 바랍니다. 그 힘은 다른 차원의 것이고, 우리는 그것이 무엇인지 분명히 이해해야 합니다.

어린아이와 간디

간디는 폭력이 전 세계를 휩쓴 제국주의 시대에 무기의 힘에 맞서 혼의 힘과 사랑의 힘을 역설하였다. 그 사랑은 인도에서 혐오의 대상인 불가촉천민, 무슬림, 그리고 영국관리까지 껴안는 크나큰 인류애였다. 인도 국민은 늘 사랑이 넘치는 자애로운 아버지의 모습을 보여주는 간디에게 계층과 종교 그리고 국적을 뛰어넘는 큰 사랑을 배웠다.
사진은 간디와 그의 비서 피아렐랄의 조카딸이 얼굴을 맞댄 모습이다.

이렇게 불속에 뛰어드는 아이를 막을 때 전적으로 아이의 이익만을 염려한다는 점, 아이의 이익만을 위해서 권위를 행사하고 있다는 점을 기억하십시오. 당신의 사례는 영국인에게는 적용되지 않습니다. 영국인에게 폭력을 행사할 때 당신은 전적으로 당신 자신의 이익, 즉 국가 이익만을 염두에 두고 있습니다. 여기에는 연민이나 사랑은 전혀 없습니다. 만일 당신이 영국인의 행위는 사악하므로 불을 대표하고, 영국인은 무지에서 행동하므로 아이의 입장과 같다고 말한 다음, 그런 아이를 보호하기를 원한다고 해봅시다. 당신은 누가 범했든지 모든 종류의 사악한 행위를 막아야 합니다. 그리고 저 사악한 아이의 경우와 같이 당신은 자신을 희생해야 할 것입니다. 만일 당신에게 그런 무한한 연민이 있다고 한다면 그것을 잘 발휘할 수 있기를 바랍니다.

(17) 사탸그라하 — 혼의 힘[43]

독자 당신이 혼의 힘 또는 진리의 힘(*truth-force*)이라고 불렀던 것이 성공을 거둔 사례에 대해서 역사적 증거가 있습니까? 혼의 힘을 통해서 일어난 국가의 사례는 없는 것으로 보입니다. 사악한 행위를 하는 자들은 물리적 처벌이 없다면 악을 행하기를 그치지 않을 것이라고 나는 여전히 생각합니다.

---

43 〔역주〕《전집》 권 10, 291면에 따르면, '사탸그라하 — 혼의 힘'은 1909년의 구자라트어 텍스트 소제목(*satyagraha atmabal*)이고, 1939년 나바지반 출판사 간행 텍스트 소제목은 '수동적 저항'이다. 안찬수 한글 역의 영어본 편집자도 《전집》과 같은 견해를 갖고 있다(안찬수 역, 128면). 그런데 왜 본 번역 영어 원전 편집자인 이예르(Iyer)는 여기에서 구자라트어 텍스트의 소제목을 따랐을까? 간디가 운동 초기에 사용했던 '수동적 저항'이란 말을 버리고 '사탸그라하'라는 말을 새로 만들어 사용하게 된 사실을 감안했기 때문일까? 추측할 따름이다.

편집자 툴시다스 시인은 이렇게 노래했습니다. "육신의 뿌리는 이기주의이며, 종교의 뿌리는 연민과 사랑이다. 그래서 우리는 살아 있는 한 연민을 버려서는 안 된다." 이것은 나에게 과학적 진리로 보입니다. 나는 둘 더하기 둘이 넷임을 믿듯이 이런 진리를 믿습니다. 사랑의 힘은 혼의 힘이나 진리의 힘과 같습니다. 이 힘이 걸음마다 작동한다는 증거가 우리에게 있습니다. 사랑의 힘이 없다면 우주는 사라지고 말 것입니다. 그런데도 당신은 역사적 증거를 요구합니다. 그래서 역사가 무엇을 의미하는지를 알아야 합니다. 구자라트 말에서 역사란 '그런 일이 그렇게 일어났다'[44]는 뜻입니다. 만일 역사의 의미가 그런 것이라면 증거를 풍부하게 제시할 수 있습니다. 하지만 역사가 만일 왕과 황제들의 행위를 의미한다면, 역사에서는 혼의 힘이나 수동적 저항에 대한 증거는 찾을 수 없습니다. 당신은 주석 탄광에서 은광석을 기대할 수 없습니다.

우리가 알기로는 역사는 세계에서 일어난 전쟁의 기록입니다. 그래서 영국인들 사이에는 역사, 즉 전쟁이 없는 나라가 행복한 나라라는 속담이 있습니다. 왕들이 어떻게 행위했고, 서로 어떻게 원수가 되었는지, 서로를 어떻게 살해했는지, 이런 것들이 역사에 정확히 기록되어 있습니다. 만약 세상에 이런 일들만 일어났다면, 세상은 오래전에 종말을 고했을 것입니다. 만일 우주의 얘기가 전쟁과 더불어 시작했다면, 오늘날 단 한 사람도 살아 있지 않을 것입니다. 전쟁을 치른 백성들은 사라지고 말았습니다. 오스트레일리아의 원주민들이 그런 예에 속합니다만, 이 원주민들은 침입자들에 의해서 거의 한 사람도 살아남지 못했습니다. 이 원주민들이 자신을 방어하는데 혼의 힘을 사용하지 않았다는 점을 부디 명심해 두십시오. 그리

44 글자 그대로 "Itihas〔역사〕는 '그런 일이 그렇게 일어났다'는 것을 의미한다."

고 약간의 선견지명만 있더라도 오스트레일리아인들도 그들의 희생자와 동일한 운명을 가질 것임을 알 수 있습니다. '칼로 일어선 자들은 칼로 망하리라.'[45] 우리에게는 이와 비슷한 속담으로, 전문 수영 선수는 물에 빠져 죽는다는 말이 있습니다.

아직 이 세상에 수많은 사람이 살아 있다는 사실은 세상이 무력이 아니라 진리의 힘이나 사랑의 힘에 기초하고 있음을 보여줍니다. 따라서 사랑의 힘이나 진리의 힘이 성공한다는 가장 위대하면서도 반박할 수 없는 증거는, 여러 전쟁에도 불구하고 세상이 여전히 살아 있다는 사실입니다.

수천수만 명의 사람은 이 힘의 바로 그 활발한 활동에 자신들의 생존을 의존합니다. 수백만 가정의 일상적 삶에서 일어나는 작은 시빗거리는 이 힘의 작용 앞에서 사라지고 맙니다. 수백 개의 나라들은 평화롭게 살아갑니다. 역사는 이런 사실을 기록하지도 않고 기록할 수도 없습니다. 사랑의 힘이나 혼의 힘이 한결같은 작동을 중단할 때 그것을 모두 기록한 것이 바로 역사입니다. 형제 두 사람이 싸운다고 해 봅시다. 그중에 한 사람이 뉘우쳐서 자신 안에 잠자고 있던 사랑을 다시 일깨웁니다. 그리하여 형제는 다시 평화롭게 살기 시작합니다. 아무도 이 사실에 주목하지 않을 것입니다. 그러나 이들 형제가 사무 변호사의 개입이나 다른 원인을 통해서 무기를 들거나 폭력의 또 다른 표현 방식인 법률을 이용한다면, 그들의 행위는 곧장 신문에 알려지고, 이웃 사람들의 얘깃거리가 될 것이고 아마 역사에 기록될 것입니다. 가정이나 지역사회에 대해서 진실인 것은 나라에 대해서도 진실입니다. 가정에 맞는 법이 따로 있고, 나라에 맞는 법이 따로 있을 것이라는 사실을 믿을 이유가 전혀 없습니다. 그래서 역사는 자연

45 〔역주〕〈마태오복음〉 26 : 52.

의 과정이 중단된 사실에 대한 기록입니다. 그러나 혼의 힘은 자연스런 것이므로 역사에는 기록되지 않습니다.

독자 당신의 말을 듣고 보니, 수동적 저항의 사례들을 역사에서는 찾을 수 없다는 점이 분명합니다. 이런 수동적 저항에 대해서 보다 완전히 이해할 필요가 있습니다. 그것에 대해서 더 자세히 설명해 주면 좋겠습니다.

편집자 사탸그라하(*satyagraha*)는 영어로는 수동적 저항이라고 부릅니다. 수동적 저항은 개인적 고통을 통해서 권리를 확보하는 방법으로서, 무력을 이용한 저항에 반대되는 것입니다. 양심에 맞지 않는 일이라면 단 한 가지라도 거절할 때, 나는 혼의 힘을 사용하는 것입니다. 예를 들면, 현 정부가 나에게 적용될 수 있는 법률을 통과시켰는데, 나는 그것을 좋아하지 않습니다. 만약 내가 폭력을 사용하여 그 법률을 폐기하도록 정부에 강제한다면, 나는 육신의 힘이라고 부를 수 있는 것을 사용하는 것입니다. 만일 내가 법에 복종하지 않고 그 위반에 대해서 처벌을 받아들인다면, 나는 혼의 힘을 사용하는 셈입니다. 그것은 자기의 희생을 수반합니다.

자기희생이 타인의 희생보다 한없이 우월하다는 점은 누구든 인정하는 사실입니다. 더구나 이런 자기희생의 힘이 부당한 명분 아래 사용된다면, 그것을 사용하는 사람만 고통을 당할 것입니다. 그는 자신의 실수 탓으로 다른 사람들에게 고통을 주지 않습니다. 사람들은 지금까지 결과적으로 잘못이었음이 드러난, 많은 일을 해왔습니다. 자신이 절대 옳다고 주장할 수 있는 사람은 아무도 없습니다. 그리고 특정한 일에 대해서 그 일이 잘못이라고 그가 생각한다고 해서 그 일이 잘못이라고 주장할 수 있는 사람은 없습니다. 하지만 그런 주장이 그의 신중한 판단의 결과라면 그것은 그에게는 잘못입니다. 그래서 그는 자신이 잘못이라고 알고 있는 것을 행해서는 안 되고, 잘못을 행했을 때는 그 결과가 무엇이든지 감내해야 합니다. 이것이 혼의 힘을 사용할 때의 관건입니다.

독자 그것은 법률을 경시하는 행위입니다. 지독한 불충(*disloyalty*) 입니다. 우리나라는 항상 법률을 준수하는 국가로 간주되어 왔습니다. 당신은 극단주의자들보다 더 심해 보입니다. 극단주의자들은 통과된 법률에 반드시 복종해야 한다고 하면서도, 만약 법률이 악하다면 힘을 사용해서라도 입법가를 쫓아내야 한다고 말합니다.

편집자 내가 극단주의자들보다 더 심한가 그렇지 않은가는 우리 모두에게 별로 중요하지 않습니다. 우리는 옳은 일을 찾아내서 그에 따라서 행동하기를 바랄 뿐입니다. 우리나라가 법률을 준수하는 국가라는 주장의 참의미는 우리가 수동적 저항자라는 뜻입니다. 우리가 특정 법률을 좋아하지 않을 때 입법자의 머리를 부수지는 않으며, 고통을 당하면서 법률에 불복합니다. 법률의 선악 여부와 관계없이 법을 준수해야 한다는 사실은 최근 새롭게 유행하는 관념입니다. 옛날에는 그런 일이 없었습니다. 민중은 과거 그들이 좋아하지 않는 법률을 무시하고 법률 위반에 대한 고통을 받았습니다. 양심에 어긋나는 법에 복종하는 일은 우리 인간성(*manhood*) 에 위배됩니다. 그런 가르침들은 종교에 반대되고 노예 상태를 의미합니다. 만일 정부가 우리더러 발가벗은 채로 돌아다니라고 요구한다면, 우리는 그렇게 해야 합니까? 만일 내가 수동적 저항자라면, 나는 그런 법률과는 아무 관계가 없다고 그들에게 말할 것입니다. 그러나 우리는 우리 자신을 망각하고 너무나 유순하여 우리를 모욕하는 법률에 대해서도 괘념하지 않습니다.

자신의 인간성을 자각한 자는 신만을 빼놓고 아무도 두려워하지 않습니다. 인간이 만든 법이 반드시 그에게 구속력을 가진다고 할 수는 없습니다. 정부라고 해도 우리에게 그런 일을 기대할 수 없을 것입니다. 그들은 "당신은 이러저러한 일을 해야 한다"고 말하지 않고, 오히려 "만일 당신이 이런 일을 하지 않는다면, 우리는 당신을 처벌할 것이오"라고 말합니다. 우리는 너무 심하게 기가 꺾여서 법률이 제시하는 것을 따르는 일이 우리의 의무 겸 종교라고 생각합니다. 부당한 법(*unjust laws*)을 지키는 것이 인간답지 못하다는 사실을 깨닫기만 한다면, 어떤 인간의 폭정도 우리를 노예로 삼을 수 없습니다. 이것이 자치(*self-rule, home-rule*)의 관건입니다.

다수의 행위가 소수를 속박한다고 믿는 것은 미신이지 신을 믿는 행위가 아닙니다. 다수자의 행위가 틀리고, 소수자의 행위가 옳았음이 밝혀진 사례는 수없이 많이 존재합니다. 모든 개혁은 다수자에 대항하는 소수자의 선도에서 시작됩니다. 강도의 무리에서는 강도질에 대한 지식이 의무라고 해도, 경건한 사람이 그런 의무를 수용하겠습니까? 부당한 법도 지켜야 한다는 미신이 존재하는 한, 우리의 노예 상태는 지속될 것입니다. 수동적 저항자만이 그러한 미신을 제거할 수 있습니다.

폭력과 화약을 사용하는 일은 수동적 저항에 반하는 행위입니다. 그것은 우리는 원하지만 우리의 적수가 원치 않는 일을, 적수에게 힘으로 강제한다는 것을 의미하기 때문입니다. 그런 힘의 사용이 정당화된다면, 우리는 적수에게 힘을 사용할 수 있는 권한을 부여하는 셈입니다. 그 때문에 우리는 결코 일치에 도달할 수 없을 것입니다.

우리는 맷돌 주위를 뱅뱅 도는 눈먼 말처럼 우리가 전진하고 있다는 상상만 하게 될 것입니다. 양심에 어긋나는 법률에 복종하는 일을 의무로 믿지 않는 사람들에게는 수동적 저항이라는 처방만이 열려 있습니다. 이것 이외의 다른 처방은 재앙으로 끝나고 말 것입니다.

독자 당신의 말에서 나는 수동적 저항이 약자들의 탁월한 무기라는 점을, 하지만 약자들도 강하게 되면 무기를 들 것이라는 점을 추론할 수 있습니다.

편집자 이것은 엄청난 무지입니다. 수동적 저항, 즉 혼의 힘은 무적입니다. 그것은 무력에 비해서 우월합니다. 그런데 어떻게 그것이 약자의 무기로만 간주될 수 있겠습니까? 수동적 저항자가 필수적으로 갖추어야 할 용기는 물리력을 사용하는 사람에게는 낯선 것입니다. 겁쟁이가 자신이 싫어하는 법률에 도대체 불복할 수 있으리라고 믿을 수 있습니까? 극단주의자들은 폭력의 지지자로 간주됩니다. 그렇다면 그들은 왜 법의 준수에 대해서 말합니까? 나는 그들을 비난하는 것은 아닙니다. 그들은 이런 것 이외에 말할 수 있는 것이 아무것도 없습니다. 그들이 영국인을 쫓아내는 일에서 성공하면, 그들 스스로 총독이 되어 당신과 나에게 그들의 법을 준수하라고 요구할 것입니다. 그것은 그들의 체질에 어울리는 일입니다. 하지만 수동적 저항자는 비록 대포 앞에서 산산조각이 난다고 해도 양심에 반하는 법에는 순종하지 않을 거라고 말할 것입니다.

당신은 어떻게 생각합니까? 어느 쪽이 더 용기가 필요하다고 생각합니까? 대포 뒤에 서서 대포 앞으로 전진하는 사람들을 산산조각 내는 쪽입니까, 아니면 웃는 얼굴로 대포에 다가서서 산산조각 나는 쪽입니까? 어떤 사람이 진정한 전사입니까? 죽음을 항상 절친한 친구로 생각하는 사람입니까, 아니면 다른 사람의 죽음을 지배하는 사람입니까? 용기와 인간성이 결여되어 있는 사람은 결코 수동적 저항자가 될 수 없다는 내 말을 믿어 주십시오.

하지만 육신이 약한 자라고 해도 수동적 저항을 벌일 수 있다는 점은 인정합니다. 수백만의 사람들과 마찬가지로 단 한 사람도 이 저항을 벌일 수 있습니다. 남녀 불문하고 모든 사람들이 저항을 벌일 수 있습니다. 수동적 저항에는 군사 훈련이 필요치 않습니다. 그것은 유술(柔術)과 같은 방어술도 필요 없으며, 마음에 대한 지배만이 필요합니다. 그리고 마음이 지배되면 사람은 숲 속의 제왕처럼 자유로워지며, 그가 흘끗 보기만 해도 원수는 위축되고 맙니다.

수동적 저항은 양날의 칼이므로 어떤 방법으로 사용해도 됩니다. 그 칼을 사용하는 사람과 그 칼을 맞는 사람 모두 축복을 받습니다. 그것은 피 한 방울 흘리지 않고도 커다란 결과를 낳습니다. 그것은 결코 녹슬지 않고 훔칠 수도 없습니다. 수동적 저항자들 사이의 경쟁은 끝이 없습니다. 수동적 저항이라는 칼은 칼집이 필요 없습니다. 당신이 그런 무기를 단순히 약자의 무기로만 생각하는 것은 참으로 이상한 일입니다.

독자 수동적 저항은 인도의 장기(長技)라고 말했습니다. 인도에 대포가 사용된 적이 전혀 없습니까?

편집자 분명 당신이 생각하는 인도는 몇몇 인도 토호국왕을 지칭하고 있습니다. 하지만 나에게 인도는 인도를 가득 메운 수백만 인도인을 의미하고, 토호국왕의 존재나 우리의 존재는 그 인도인들에게 의지하고 있습니다.

왕들은 언제나 당당한 무기들을 사용하려 합니다. 무력을 사용하는 데에는 익숙해져 있습니다. 그들은 명령을 내리고자 합니다. 하지만 명령에 복종해야 할 사람들은 대포를 원하지 않습니다. 그리고 이런 사람들이 세계 전역을 통해서 다수를 차지합니다. 그들은 육신의 힘이나 혼의 힘 가운데 하나를 배워야 합니다. 육신의 힘을 배운다면 지배자들과 피지배자들은 수많은 미치광이처럼 변합니다. 하지만 혼의 힘을 배우면 참된 사람들은 부당한 명령을 무시하기 때문에, 지배자들의 명령은 자신들의 칼끝을 넘어서지 못합니다. 농민들은 결코 칼에 의해서 압도당한 적이 없었고 앞으로도 없을 것입니다. 그들은 칼의 사용법을 모릅니다. 다른 사람이 칼을 사용한다고 해도 놀라지 않을 것입니다. 죽음을 베개처럼 여기면서 거기에 머리를 누이는 나라는 위대합니다. 죽음을 거부하는 사람들은 모든 공포에서 자유로워집니다. 폭력의 기만적 매력 아래서 수고하는 자들에게 이런 묘사는 과장이 아닙니다. 사실 인도에서는 국민이 삶의 전 부문에서 일반적으로 수동적 저항을 사용해왔습니다. 지배자들이 우리를 불쾌하게 만들 때 우리는 그들에게 협조하지 않았습니다. 이것은 수동적 저항입니다.

나는 작은 토호국에서 왕이 포고한 명령에 촌민들이 마음이 상했던 사례 하나를 기억합니다. 촌민들은 명령이 떨어지자 즉각 마을을 비우기 시작했습니다. 왕은 초조해졌고 백성들에게 사과하고 명령을 철회했습니다. 인도에는 이런 예는 숱하게 많습니다. 수동적 저항이 민중을 지도하는 힘이 될 경우에만 진정한 자치(*Home-Rule*)가 가능해집니다. 그런 것 이외의 다른 지배는 모두 외치(外治, *foreign rule*)[46]입니다.

---

46 〔역주〕 안찬수 역의 주에 따르면, 외치의 구자라트어는 ku-raj(잘못된 통치, 실정, 악정)이다. 140면 참조.

독자 그렇다면 당신은 우리가 육신을 단련할 필요가 전혀 없다고 말할 것입니까?

편집자 절대로 그런 말은 하지 않을 것입니다. 육신이 단련되지 않으면 수동적 저항자가 되기 어렵습니다. 일반적으로 너무 애지중지하여 약해 빠진 육신 안에 거하는 마음 역시 약하고, 마음의 힘이 없는 곳에서는 혼의 힘 또한 있을 수 없습니다. 우리는 조혼과 사치스런 생활을 버리고 우리의 체격을 향상해야 할 것입니다. 내가 만일 상한 몸을 가진 자에게 포문에 맞서라고 한다면, 나는 사람들에게 웃음거리가 될 것입니다.

독자 당신이 그렇게 말하는 것으로 보아서, 수동적 저항자가 되는 것은 쉬운 일이 아닌 것 같습니다. 사실이 그렇다면 어떻게 수동적 저항자가 되는지 설명해 주십시오.

편집자 수동적 저항자가 되는 일은 쉽기도 하고 어렵기도 합니다. 나는 14세 소년이 수동적 저항자가 되는 것을 본 적이 있습니다. 병자들이 저항자가 된 경우도 보았습니다. 나는 신체적으로는 강하고 별 탈 없이 행복하면서도 수동적 저항을 벌일 수 없는 사람들도 압니다. 나는 많은 경험을 쌓았습니다. 나의 눈에는 나라에 봉사하기 위해서 수동적 저항자가 되고자 하는 사람들은, 완벽한 순결을 지켜야 하고, 가난을 수용하고, 진리에 순종하며 무외(無畏)를 길러야 할 것으로 보입니다.

순결은 가장 위대한 훈련 중에 하나로 이것이 없다면 마음은 꼭 필요한 견강불괴(堅剛不壞, *firmness*)를 얻을 수가 없습니다. 순결하지 못한 자는 기운(*stamina*)을 잃고 거세당한 듯이 유약하게 되고 겁쟁이가 됩니다. 동물적 정염에 마음을 빼앗긴 자는 위대한 노력을 기울일 수 없습니다. 수많은 사례가 이것을 증명합니다. 그럼 기혼자는 어떻게 해야 하는가 하는 질문이 당연히 생깁니다. 하지만 그것을 질문할 필요가 없습니다. 남편과 아내가 자신들의 욕정을 만족시키는 것은 바로 그 점에서 동물적 탐닉과 다름없습니다. 그런 탐닉은 종족을 잇는 일을 제외하고 엄격히 금지되어야 합니다. 하지만 수동적 저항자는 그와 같이 제한적 탐닉조차도 피해야 합니다. 그는 자손에 대한 욕망을 전혀 가질 수 없기 때문입니다. 그래서 기혼자들도 완벽한 순결을 지킬 수 있습니다. 이 주제는 길게 다룰 수는 없습니다. 여러 질문이 생겨납니다. 즉, 어떻게 아내와 함께 지낼 수 있을까, 그녀의 권리는 무엇일까 등등 유사한 질문이 생겨납니다. 하지만 위대한 작업에 참여하기를 원하는 자들은 이런 수수께끼를 풀어나가야 합니다.

순결이 필요하듯이 가난도 필요합니다. 금전에 대한 야심과 수동적 저항은 양립할 수 없습니다. 돈을 가진 자에게 돈을 버릴 것을 기대하는 것은 아니지만, 그것에 대해서 무관심하기를 바랍니다. 그들은 수동적 저항을 포기하기보다 모든 돈을 잃을 준비가 되어 있어야 합니다.

우리는 논의를 해오면서 수동적 저항을 진리의 힘으로 묘사하기도 했습니다. 진리는 꼭 순종해야 하는 것, 모든 희생을 바쳐서라도 순종해야 하는 것입니다. 이런 맥락에서 생명을 구하기 위해서 거짓말을 해도 되느냐는 등의 현학적 질문이 일어날 수는 있지만, 그것은 거짓을 정당화하려는 사람에게만 일어날 뿐입니다. 매 순간 진리를 따르려는 자들은 그와 같은 수렁에 빠지지 않을 것입니다. 그들이 수렁에 빠진다고 해도, 여전히 잘못으로부터 구원을 받을 것입니다.

수동적 저항은 무외(無畏, 두려움 없는 마음) 없이는 한 걸음도 나갈 수 없습니다. 소유물, 거짓 명예, 친척, 정부, 신체의 상해, 죽음,

이것들 중 어느 것에 대해서건 공포에서 자유로운 자들만이 수동적 저항의 길을 따라갈 수 있습니다.

이러한 규율들이 지키기가 어렵다고 믿고서 그것들을 포기해서는 안 됩니다. 자연은 인간에게 까닭 없이 닥쳐오는 난관이나 고통에 맞설 능력을 인간의 가슴 안에 심어 주었습니다. 이런 자질들은 나라에 봉사할 마음이 없는 사람이라 하더라도 함양할 만한 가치가 있습니다. 무기를 사용하기 위해서 훈련받기를 원하는 자들 역시 이러한 네 가지 자질들을 다소 갖추어야 한다는 점에 대해서 오해가 없었으면 좋겠습니다. 원한다고 다 전사가 되는 것은 아닙니다. 예비 전사는 반드시 순결을 지켜야 하고 가난을 운명으로 받아들이고 만족해야 합니다. 무외 없는 전사는 상상조차 할 수 없습니다. 전사는 철저하게 진실해야 할 필요가 없다고 생각될 수도 있지만, 진실은 참된 무외에서 나옵니다. 사람이 진리를 버릴 때는 어떤 형태로든지 공포 때문에 그렇게 합니다. 그렇다면 위에서 말한 네 가지 자질을 보고 우리가 놀랄 필요는 없습니다. 물리력을 사용하는 사람은, 수동적 저항자라면 전혀 필요 없을 쓸데없는 자질들이 많이 있어야 한다는 점을 지적하고 싶습니다. 그리고 칼을 든 자가 특별한 노력을 별도로 요구하는 일은 무외의 결핍 탓이라는 점을 당신은 알게 될 것입니다. 만일 그가 무외심의 화신(*embodiment*)이라면, 바로 그 순간 칼을 손에서 놓아 버릴 것입니다. 그는 칼의 도움이 필요 없습니다. 증오에서 자유로운 자는 칼이 필요 없습니다. 막대기를 든 자가 사자와 맞닥뜨리게 되면 자신을 방어하기 위해서 본능적으로 그 무기를 치켜듭니다. 그는 자신의 내면에 무외의 자질이 없는데도 그것에 대해서 수다를 떨었을 뿐이라는 점을 알았습니다. 그는 막대기를 떨어뜨리는 바로 그 순간 자신이 일체의 공포에서 자유롭다는 점을 발견했습니다.

(18) 교 육

독자 우리가 벌여온 토론 전체에서 당신은 교육의 필요성을 증명하지 못했습니다. 우리는 우리 사이에 교육이 없다고 언제나 불평해왔습니다. 우리나라에 의무교육 운동이 전개되고 있다는 점도 감지됩니다. 마하라자 게크와르(Gaekwar)[47]는 교육을 자신의 영토에 도입한 바 있습니다. 모든 사람들이 그의 영토에 주목하고 있습니다. 우리는 마하라자의 운동이 성공하기를 기원합니다. 그런데 이 모든 노력이 소용이 없는 것인가요?

편집자 우리가 우리 문명을 최상의 것으로 간주한다면, 당신이 묘사했던 대부분의 노력이 쓸모없다는 점을 유감스럽지만 말하지 않을 수 없습니다. 이런 방향으로 움직이는 마하라자 게크와르 및 여타 위대한 지도자들의 동기는 티 없이 순결합니다. 그들은 분명 크나큰 칭송을 받을 만합니다. 하지만 우리는 그들의 노력에서 생겨날 결과도 우리 사이에서 숨길 수는 없습니다.

교육의 의미는 무엇입니까? 그것은 간단히 문자에 대한 지식을 의미하고, 수단에 불과합니다. 수단이라면 선용될 수도 있고 악용될 수도 있습니다. 환자를 치료하는 데 사용되는 수단은 생명을 앗아가는 데에도 사용될 수 있습니다. 문자 지식(*knowledge of letters*)도 마찬가지입니다. 우리는 수많은 사람이 지식을 악용하고, 아주 소수의 사람만이 그것을 선용하고 있음을 매일 목격합니다. 이런 말이 옳은

---

47 〔역주〕 당시의 이름으로는 바로다, 오늘날의 이름으로는 구자라트 왕의 이름이 모두 게크와르로 불린다. 그중 Farzand-i-Khas-i-Daulat-i-Inglishia Maharaja Sir Sayaji Rao III Gaekwar Sena Khas Khel Shamsher Bahadur, G. C. S. I. (1863년 출생, 재위 1875~1939)를 가리키는 것으로 보인다.

발언이라면 우리는 지식이 이익보다는 해를 더 많이 입혔음을 증명해왔습니다.

교육의 일상적 의미는 문자 지식입니다. 아이들에게 읽기 · 쓰기 · 산술을 가르치는 것이 기초교육(*primary education*)입니다. 농민은 정직하게 자신의 밥벌이를 합니다. 그는 세계에 대한 일상적 지식은 가지고 있습니다. 농민은 부모, 아내, 자식과 이웃 촌민들에게 어떻게 행동해야 할지 상당히 잘 압니다. 농민은 도덕의 규범들을 이해하고 준수하고 있습니다. 하지만 그는 자신의 이름조차 쓸 줄 모릅니다. 그런 그에게 글을 가르쳐 주어서 당신이 기대하는 것은 무엇입니까? 농민의 행복에 눈곱만큼이라도 보태렵니까? 농민이 자신의 오두막이나 운명에 불만을 품게 만들고 싶습니까? 당신이 불만을 품게 만들고 싶어도 농민에게 그런 교육은 필요 없을 것입니다. 우리는 서구의 사조에 떠밀려 장단점을 따지기 전에 민중에게 이런 종류의 교육을 주어야 한다는 결론에 도달하고 말았습니다.

이제 고등교육(*higher education*)을 생각해 봅시다. 나는 지리학 · 천문학 · 대수학 · 기하학 등을 배웠습니다. 그런데 그것들이 무슨 소용이 있단 말입니까? 내가 나나 주변 사람들에게 어떤 식으로 이익을 주었습니까? 나는 왜 이런 것들을 배웠습니까? 그래서 헉슬리 교수는 교육을 다음과 같이 정의했습니다.

> 다음과 같은 사람이 인문교육(*liberal education*)을 받은 사람이다. 청춘기에 아주 훈련을 잘 받아서 육신이 의지를 잘 따르는 사람, 육신이 하나의 기계 장치처럼 할 수 있는 모든 일을 쉬우면서도 기쁘게 잘하는 사람, 지성은 맑고 차가운 논리를 갖춘 엔진과 같은 사람, … 마음은 자연에 대한 근본적 진리를 지식으로 저장한 사람, … 강건한 의지로 정염을 잘 훈련시켜 순종하게 하고 부드러운 양심의 종복으로 만

든 사람, … 온갖 비열함을 증오하고 타인을 자신처럼 존중하도록 배운 사람, 나는 오직 이와 같은 사람만이 인문교육을 받은 자로 여긴다. 그는 자연에 어울리기 때문이다. 그는 자연에서 가장 훌륭한 것을, 자연도 그에게서 가장 훌륭한 것을 도출해낼 것이다.

이것이 참교육이라면, 내가 위에서 언급했던 학문들은 내 감관을 통제하는 데 한 번도 사용할 수 없었다고 역설하지 않을 수 없습니다. 그래서 초등교육(*elementary education*)을 받았든 고등교육을 받았든, 그것은 가장 중요한 일을 위해서 필요한 것이 아닙니다. 그와 같은 교육은 우리를 인간으로 만들지 않고, 우리로 하여금 의무를 수행하도록 만들지도 않습니다.

독자 그렇다면 다른 질문을 하겠습니다. 당신은 무슨 능력으로 이 모든 일들을 나에게 말할 수 있습니까? 만약 당신이 고등교육을 받지 않았더라면 어떻게 그런 설명을 할 수 있었겠습니까?

편집자 옳은 말입니다. 하지만 내 답변은 간단합니다. 내가 고등교육이나 낮은 교육을 받지 않았다고 해도 내 인생을 낭비했을 것이라고는 한 번도 생각하지 않을 것입니다. 내가 말을 할 수 있기 때문에 반드시 봉사한다고 여기지도 않습니다. 하지만 나는 봉사하기를 진정 바라고 있고, 그 바람을 충족시키려고 하면서 내가 받은 교육을 활용하고 있습니다. 그리고 만일 내가 교육을 선용하는 경우에도 수백만의 민중을 위해서가 아니라 당신 같은 사람들을 위해서만 그것을 사용할 수도 있습니다. 이 사실이 내 주장을 지지해 줍니다. 당신이나 나, 우리 모두는 아주 잘못된 교육의 해독에 노출되어 있었습니다. 나는 이미 교육의 나쁜 영향으로부터 벗어났다고 주장합니다. 나는 경험을 통해서 얻은 이익을 당신에게 주려고 노력하고 있습니다. 그렇게 노력하면서 나는 이와 같은 교육의 부패를 증명하는 것입니다.

더구나 나는 무조건 문자 지식을 비방하지 않았습니다. 내가 지금 하는 말은 우리 모두 문자 지식을 맹목적으로 숭배해서는 안 된다는 것입니다. 문자 지식은 요술방망이(*Kamadhuk*)[48]가 아닙니다. 문자 지식이 제자리를 차지하면 쓸모가 있습니다. 제자리를 차지한다는 말은 우리가 감관들을 통제하고 윤리를 튼튼한 토대 위에 두는 것을 말합니다. 그런 다음 우리가 교육을 받을 작정이면 우리는 지식을 선용할 수 있습니다. 하지만 문자 지식이 하나의 장식물이 되면 그것은 우리를 쉽게 억누를 수 있습니다. 따라서 여기에서 이러한 교육을 의무교육으로 만들 필요가 없다는 결론이 나옵니다. 우리의 옛날 학교제도만으로 충분합니다. 그 안에서는 인격 형성이 최우선이며, 그것이 기초교육입니다. 그런 기초 위에 세워진 건물은 오래갈 것입니다.

독자 그럼, 자치를 얻기 위해서 당신은 영어교육을 필요한 것으로 여기지 않는다고 이해해도 됩니까?

편집자 내 대답은 그렇기도 하고 그렇지 않기도 합니다. 수백만의 인도인들에게 영어교육을 시키는 일은 그들을 노예로 만드는 일입니다. 매콜리가 세운 교육의 기초로 말미암아 우리는 노예가 되고 말았습니다. 그것이 그의 의도였다는 것은 아니지만 결과적으로 그렇게 되었습니다. 우리가 외국어로 자치를 말해야 하는 것은 슬픈 얘기가 아닙니까?

---

48 〔원주〕 전설의 소, 모든 소원을 들어준다고 한다. 〔역주〕 'Kamadhenu'를 지칭하는 것으로 보인다. 이 책 Ⅲ장의 역주 31번 참조.

그리고 유럽인들이 폐기해 버린 체제가 우리 사이에서 유행하고 있다는 점은 특기할 만합니다. 유럽의 지식인들은 부단히 변화를 만들어냅니다. 하지만 우리는 무식하게도 그들이 내버린 체제에 집착하고 있습니다. 유럽인들은 각 부문에서 자신들의 위상을 향상시키기 위해서 노력하고 있습니다. 웨일스 지방은 영국의 작은 일부입니다. 웨일스 사람들은 웨일스어에 대한 지식을 부흥시키기 위해서 큰 노력을 쏟고 있습니다. 영국 재무장관 로이드 조지[49] 씨는 웨일스 어린이들에게 웨일스어를 가르치는 운동을 지도하고 있습니다. 그런데 우리의 처지는 어떻습니까? 우리는 엉터리 영어로 글을 주고받습니다. 우리의 학위논문조차도 이런 일에서 자유롭지 못합니다. 우리의 가장 좋은 생각도 영어로 표현됩니다. 우리 국민회의의 의사 진행도 영어로 합니다. 가장 훌륭한 신문도 영어로 출판되고 있습니다. 만일 이런 사태가 장기간 지속된다면 후손들은 우리를 비난하고 저주할 것입니다. 이것이 나의 확고한 신념입니다.

영어교육을 받음으로써 우리가 나라를 노예로 만들어 버렸다는 점을 지적할 필요가 있습니다. 위선과 폭정 등이 증가했습니다. 영어를 아는 인도인들은 아무 주저 없이 민중을 속이고 테러 속으로 몰아넣었습니다. 이제 우리가 민중을 위해서 할 수 있는 일이 조금이라도 있다면 그것은 그들에게 진 빚의 일부라도 갚는 것입니다.

법원에 가고자 할 때 의사소통의 도구로서 당연히 영어를 사용해야 하고, 법정 변호사로 변론할 때 모국어를 사용하면 안 되니까 내 모국어를 제 3자가 영어로 통역해 주어야 한다면 고통스런 일이 아닙

49 〔역주〕 David Lloyd George(1863～1945) : 웨일스 카나번셔 라니스툼뒤 근처 티뉴이드에서 출생. 영국의 총리(1916～1922). 제 1차 세계대전 후반기에 영국의 정치를 지배했다. 사망하던 해에 작위가 수여되었다.

니까? 이런 일이야말로 정말로 황당한 일이 아닙니까? 이것은 노예 신분의 표시가 아닙니까? 이 일에 대해서 나는 영국인을 비난해야 합니까, 아니면 나 자신을 비난해야 합니까? 인도를 노예로 만든 자들은 우리 자신, 즉 영어를 아는 인도인들입니다. 우리나라가 퍼붓는 저주는 영국인에게가 아니라 우리에게 쏟아져야 합니다.

영어교육이 불필요한가라는 당신의 마지막 질문에 대해서 나는 그렇기도 하고 그렇지 않기도 하다고 대답했습니다. 앞에서는 영어교육이 왜 필요한지 설명했으니, 이제 왜 영어교육이 필요 없는지 말하겠습니다.

우리는 문명의 질병에 단단히 걸렸습니다. 영어교육 없이 아무 일도 못한다는 것을 보면 알 수 있습니다. 이미 영어교육을 받은 자들은 필요한 곳에서는 그것을 선용할 수 있을 것입니다. 우리가 영국인이나 우리 민중과 교섭함에 있어서 영어를 통해서만 의사소통을 할 수 있는 경우, 영국인이 자신들의 문명에 대해서 얼마나 깊이 혐오하고 있는지를 알기 위해서라면 우리는 영어를 사용하거나 배울 수 있을 것입니다. 영어를 배운 사람들은 후손들에게 모국어를 통해서 도덕을 가르쳐 주어야 하고 다른 인도 언어 하나를 가르쳐 주어야 합니다. 그들이 성인이 되면 영어를 배울지도 모르지만, 궁극 목표는 우리에게 영어가 필요 없어지는 것입니다. 영어로 돈을 벌겠다는 목표는 반드시 피해야 합니다. 그와 같이 제한적으로 영어를 배우는 경우에도 우리는 영어를 통해서 배워야 할 일, 배워서는 안 될 일을 고려해야 합니다. 우리가 어떤 학문을 배워야 할지에 대해서도 알아야 합니다. 조금만 생각해 보아도, 우리가 당장 영국 학위를 선호하지만 않는다면 지배자들은 우리의 말을 경청하게 될 것이라는 점을 알 수 있습니다.

독자　그렇다면 우리는 어떤 교육을 해야 합니까?

편집자　이 점에 대해서는 앞에서도 약간 언급했지만 좀더 살펴봅시다. 나는 우리가 모든 인도어를 향상시켜야 한다고 생각합니다. 인도어로 어떤 주제를 배워야 할 것인가는 여기에서 상술할 필요가 없습니다. 귀중한 영어 책들이 있다면 그것들을 여러 인도어로 번역해야 할 것입니다. 많은 학문을 배운다는 구실은 내버려야 합니다. 종교교육 곧 윤리교육이 최우선이 되어야 합니다. 모든 교양 있는 인도인은 자신의 지방어에 덧붙여 힌두교도라면 산스크리트어를 알아야 할 것입니다. 이슬람교도라면 아랍어를, 파시교도라면 페르시아어를 알아야 할 것입니다. 모든 인도인은 힌디어를 알아야 합니다. 일부 힌두교도는 아라비아어와 페르시아어를 알아야 할 것입니다. 일부 이슬람교도와 파시교도는 산스크리트어를 알아야 합니다. 북부지역의 일부 사람들과 서부 지역의 일부 사람들은 타밀어를 알아야 합니다. 인도 전체를 위한 공용어는 힌디어여야 할 것입니다. 힌디어를 글로 쓸 때에는 페르시아 글자나 나가리 글자를 선택할 수도 있을 것입니다. 힌두교도와 이슬람교도가 좀더 친밀한 관계를 유지하자면 이 두 글자 모두를 알아야 할 것입니다. 그리고 이렇게 할 수 있다면 우리는 단시간에 영어를 우리 땅에서 몰아낼 수 있을 것입니다. 노예로서 우리에게는 이 모든 일이 필수적입니다. 우리가 노예 상태에 있기 때문에 이 나라 역시 노예가 되었습니다. 우리가 자유롭게 된다면 우리나라도 자유롭게 될 것입니다.

독자　종교교육 문제는 매우 어렵습니다.

편집자 하지만 종교교육 없이는 우리는 아무것도 할 수 없습니다. 인도는 결코 신이 없는 나라가 될 수 없습니다. 인도에서는 순전한 무신론이 번성할 수 없습니다. 우리의 과업은 참으로 어렵습니다. 종교교육을 생각하자마자 머리가 멍해집니다. 우리의 종교 스승들은 위선적이고 이기적입니다. 하지만 그들에게 다가가지 않을 수 없습니다. 물라(*Mullas*),[50] 다스투르(*Dasturs*),[51] 그리고 브라만들은 손아귀에 해결의 열쇠를 쥐고 있지만, 만일 그들에게 건전한 상식이 없다면, 우리는 영어교육을 하던 에너지를 끌어내어 종교교육에 바쳐야 할 것입니다. 이것은 그리 어려운 일이 아닙니다. 오직 바닷가만 오염되었으므로 거기에 사는 자들은 정화되어야 합니다. 우리 중에 이런 범주에 들어가는 사람이 있다면 그들만은 스스로 청결하게 할 것입니다. 내 말이 수백만의 사람들에게는 적용되는 것이 아니기 때문입니다. 인도를 본래의 상태로 회복시키기 위해서는 우리가 그 상태로 복귀해야만 합니다. 우리 자신의 문명 내부에서도 자연적으로 진보와 후퇴, 개혁과 반동이 있을 것입니다. 하지만 한 가지 노력, 서양문명을 밖으로 몰아내어 쫓아 버리는 노력이 필요합니다. 그러한 노력이 이루어진다면 다른 것은 모두 따라올 것입니다.

(19) 기계

독자 나는 당신이 서양문명을 쫓아내야 한다고 했을 때, 우리는 어떤 기계도 원치 않는다는 말도 당신이 하리라고 생각했습니다만.

50 〔역주〕 무슬림 종교 지도자.

51 〔역주〕 파시교 사제.

편집자 이 질문은 내가 받았던 상처를 들추고 있습니다. 나는 두트 씨의 《인도 경제사》를 읽으면서 울고 말았습니다. 지금도 그 책을 생각하면 마음이 다시 아파집니다. 인도를 가난하게 만든 것은 바로 기계입니다. 맨체스터가 우리에게 가한 위해는 헤아리기조차 힘듭니다. 인도의 수공업이 사실상 사라지게 된 것은 맨체스터 때문입니다.

하지만 그렇게 말하는 것은 잘못입니다. 맨체스터를 어떻게 비난할 수 있겠습니까? 우리는 맨체스터산 직물을 걸쳤습니다. 바로 그 때문에 맨체스터는 직물을 짜내었습니다. 나는 벵골의 용기[52]에 대해서 읽고 기뻤습니다. 벵골 관구(管區)에는 방직공장이 하나도 없습니다. 그래서 그들은 원래의 수직업(手織業)을 복구할 수 있었습니다. 벵골이 봄베이의 방직산업을 고무하고 있다는 점은 사실입니다. 만일 벵골이 기계로 만든 모든 상품에 대한 불매를 선언했다면 훨씬 더 좋았을 것입니다.

기계는 유럽을 황폐화하기 시작했습니다. 이제 파멸이 영국인들의 문(*English gates*)을 두들기고 있습니다.[53] 기계는 현대문명의 가장 주요한 상징이고, 크나큰 죄악을 대변합니다.

봄베이 방직공장 직공들은 노예가 되어 버렸습니다. 방직공장에서 일하는 여성들의 실태는 충격적입니다. 공장이 하나도 없었을 때 이 여성들은 굶주리지 않았습니다. 만일 기계에 대한 광기가 우리나라에서 성장한다면, 인도는 불행한 나라가 될 것입니다. 인도는 이단으로 간주될 수도 있겠지만, 나는 인도에 여러 방직공장을 건설하는 것보다 우리가 맨체스터에 돈을 보내서 맨체스터산 얇은 직물을 사용하

---

52 〔역주〕 이것은 분명히 스와데시 운동을 가리킨다. 《전집》 권 10, 303면.

53 〔역주〕《전집》권 10, 303면에 따르면 구자라트어 텍스트는 '인도인들의 문'(*Indian gates*)으로 되어 있다. 안찬수 역의 영어본 편집자는 '인도인들의 문'이 옳을 것이라고 말하고 있다. 후자가 맞는 것으로 보인다.

는 것이 더 나을 것이라고 말하지 않을 수 없습니다. 맨체스터 직물을 사용한다면 우리는 돈만을 허비하는 셈입니다. 하지만 인도에 맨체스터와 같은 도시를 재생하면 우리는 우리의 피를 팔아 돈을 버는 꼴이 될 것입니다. 우리의 도덕적 존재 자체가 서서히 파괴될 것이기 때문입니다. 방직공 자신들이 나의 주장을 지지하는 증거가 될 수 있을 것입니다. 공장을 통해서 부를 축적하는 자들은 다른 부자들보다 나을 것이 없습니다. 인도인 록펠러가 미국인 록펠러보다 선할 것이라고 상정하는 것은 어리석은 일입니다. 빈곤한 인도는 해방될 수 있습니다. 그러나 부도덕을 통해서 부자가 된 인도는 결코 자유를 회복하기 어려울 것입니다. 부자들이 영국 통치를 지지하게 되고, 그 사실을 우리가 인정하게 될까 봐 두렵습니다. 부자들의 이익이 안정적인 영국 통치와 연계되어 있기 때문입니다. 돈은 사람을 무력하게 만듭니다. 돈만큼 해로운 일이 한 가지 더 있는데, 그건 성적인 악입니다. 둘 다 독입니다. 이 둘에 비교하면 뱀에 물리는 것은 독성이 덜합니다. 뱀한테 물리면 육신만을 파괴하지만, 돈과 성적인 악은 몸·마음·혼을 파괴합니다. 그래서 우리는 방직산업이 성장할 것이라는 전망에 대해서 기뻐할 필요가 없습니다.

독자 그렇다면 방직공장은 폐쇄해야 합니까?

편집자 그건 어려운 문제입니다. 이미 세워진 것을 없애는 것은 쉬운 일이 아닙니다. 그래서 우리는 차라리 일을 벌이지 않는 것이 최고의 지혜라고 말하는 것입니다. 우리는 방직공장 소유주를 저주하는 것이 아니라 불쌍하게 여길 뿐입니다. 공장을 포기하는 것을 기대하기는 어렵지만 우리는 공장을 증설하지 말라고 간청할 수는 있을 것입니다. 만일 그들이 선량하다면 서서히 사업을 줄여나갈 것입니다. 그들은 수많은 가정에 옛날의 거룩한 손베틀(手織機)을 설치하고, 그렇게 해서 짠 천을 전량 수매할 수 있을 것입니다. 방직공장 소유주들이 이렇게 하든 하지 않든 민중은 기계가 짠 상품을 사용하는 것을 중지할 수 있습니다.

독자 당신은 지금까지 기계가 짠 직물에 대해서 말했지만 기계가 만든 물건들은 무수히 많습니다. 물건들을 수입하거나 아니면 기계를 우리나라에 도입해야 할 것입니다.

편집자 실제 우리가 쓰는 물건 중에는 독일에서 만들어진 물건도 있습니다. 그렇다면 성냥과 핀, 그리고 유리그릇 제품에 대해서 말할 필요가 뭐 있겠습니까? 내 대답은 한결같습니다. 이런 물건들이 도입되기 전에 인도는 어떻게 했습니까? 오늘날도 똑같이 해야 할 것입니다. 기계 없이 핀을 만들 수 없다면 우리는 핀 없이 살아가야 할 것입니다. 유리그릇의 번쩍이는 광채, 우리는 그런 것과는 아무 관계가 없습니다. 우리는 예전처럼 등잔불의 심지는 집에서 기른 목화로 만들고, 받침대는 흙으로 만든 수공품을 이용해야 할 것입니다. 그렇게 하면 우리는 눈과 돈을 절약하고 스와데시 운동을 지원하며, 따라서 자치를 획득할 것입니다.

모든 사람들이 이런 일을 단숨에 한다거나 일부 사람들이 기계가 만든 물건 일체를 단숨에 포기할 것이라고 생각해서는 안 됩니다. 그러나 생각이 건전하다면 우리는 포기가 가능한 물건을 언제나 발견할 수 있고, 그 사용을 서서히 그치게 될 것입니다. 단지 몇 사람이라도 시작한다면 다른 사람들도 본받을 것이고, 그 운동은 기하급수적으로 늘어나는 코코넛처럼 성장할 것입니다.54 지도자들이 하는 일이라면, 민중은 그다음에 기꺼이 할 것입니다. 사안은 복잡하지도 어렵지도 않습니다. 당신과 나는 다른 사람들이 우리와 함께 할 수 있을 때까지 기다릴 필요가 없습니다. 그것을 하지 않는 자들은 패배자가 될 것이고, 진리를 존중한다고 해도 행하지 않는 자들은 겁쟁이라고 부를 만합니다.

독자 그렇다면 전차와 전기는 어떻습니까?

편집자 이 질문은 이제 너무 늦었습니다. 아무 의미가 없습니다. 우리가 철도 없이 살아간다면 전차 없이도 살아가야 할 것입니다. 기계는 한 마리에서 백 마리까지 들어 있는 뱀굴과 같습니다. 기계가 있는 곳에는 대도시가 있고, 대도시가 있는 곳에는 전차와 철도가 있습니다. 거기에서 우리는 전기 불빛만을 보고 있습니다. 영국의 촌락들도 이런 것들 중 어느 것도 자랑하지 않습니다. 정직한 의사는 인위적 교통기관이 증가해서 사람들의 건강이 나빠졌다고 말할 것입니다. 유럽의 어떤 촌에서 돈이 궁하게 되어서 전차 회사, 변호사, 의사들의 수입이 줄어들었는데, 일반인들의 건강은 악화되지 않았다는 사실을 기억합니다. 기계와 관련해서 좋은 점은 단 한 가지도 떠올릴 수 없습니다. 반면에 그 악을 증명하기 위해서는 여러 권의 책은 쓸 수 있을 것입니다.

독자 당신이 말하는 전부가 기계를 통해서 인쇄될 것이라는 점, 그것은 좋은 점입니까, 나쁜 점입니까?

---

54 〔역주〕 직역하면 '수학 문제의 코코넛'이 되지만 구자라트어 텍스트에 따라서 '기하급수적으로 늘어나는 코코넛처럼'으로 옮긴 안찬수 역을 따랐다. 《힌두 스와라지》, 160면 참조. 그런데 《전집》 권 10, 304면에는 이 구절에 대해서 아무 언급이 없다.

편집자 이것은 때로는 독으로 독을 제거할 수 있다는 점을 증명하는 사례 중의 하나입니다. 그렇다면 이것은 기계에 대한 좋은 점이 아닐 것입니다. 기계는 죽어가면서 우리에게 다음과 같이 말하는 것 같습니다. "조심하시오. 나를 피하시오. 나에게서 아무 이득을 얻지 못할 것이고, 인쇄에서 나올 만한 이득은 기계에 대한 광기에 사로잡힌 자들에게만 도움이 될 것이오."

핵심 사항을 잊지 마십시오. 기계가 나쁘다는 점을 자각하는 것이 중요합니다. 그렇게 되면 우리는 차차 그것 없이 살아갈 수 있을 것입니다. 자연은 우리가 바라는 목표를 곧장 달성할 수 있는 길을 주지는 않았습니다. 기계를 하나의 은혜로서 환영하는 대신, 악으로 간주하면, 그것은 결국 없어지고 말 것입니다.

(20) 결 론

독자 당신의 견해를 듣고, 나는 당신이 제 3당을 결성하지 않겠는가 하는 결론을 내리게 되었습니다. 당신은 과격파도 온건파도 아닙니다.

편집자 그것은 잘못입니다. 나는 제 3당을 전혀 고려하지 않습니다. 우리가 모두 같은 식으로 생각하는 것은 아닙니다. 온건파들이라고 해서 모두 동일한 견해를 가진다고 말할 수 없습니다. 봉사만 하려는 사람이 어떻게 당을 가질 수 있습니까? 나는 온건파나 강경파 모두에게 봉사할 것입니다. 내가 그들과 다른 점이 있다고 해도, 나는 존경심을 갖고 내 입장을 제시할 것이고 봉사를 지속할 것입니다.

독자 그렇다면 당신은 온건파와 강경파에게 무슨 말을 하겠습니까?

편집자 강경파에게는 다음과 같이 말하겠습니다. "여러분이 인도 자치를 원한다는 점을 알고 있다. 그러나 인도의 자치는 요청한다고 해서 얻을 수 있는 것은 아니다. 각자가 자기 힘으로 획득해야 한다. 다른 사람이 나를 위해서 얻어 준 것은 자치가 아니라 외치이다. 그래서 여러분이 영국인을 추방하는 것만으로 자치를 얻었다고 말하는 것은 적절치 못하다. 나는 이미 자치의 참된 본성을 묘사한 바 있다. 자치를 무력으로 얻을 도리는 없다. 폭력은 인도의 땅에 결코 자연스럽지 않다. 그래서 여러분은 혼의 힘에 전적으로 의존해야 할 것이다. 당신은 폭력이 우리의 목표를 얻기 위해서 어떤 단계에서도 필요하다고 생각해서는 못쓴다."

온건파들에게는 다음과 같이 말하겠습니다. "단순한 청원은 인격을 손상시키는 일이다. 왜냐하면 청원은 우리의 열등함을 고백하는 것이기 때문이다. 영국 통치가 없어서는 안 되는 것이라고 말하는 것은 신성을 부인하는 것과 거의 같다. 우리는 신을 제외하고는 사람이든 물건이든 꼭 필요한 것이 있다고 말할 수 없다. 더구나 인도에 영국인이 당분간 거주하는 일이 필수 사항이라고 선언하는 것은, 상식적으로 본다면 그들을 자만에 빠지게 하는 일이라고 말하지 않을 수 없다."

"만일 영국인이 살림살이를 모두 챙겨서 인도를 떠난다면, 인도는 과부가 된다는 식으로 생각해서는 안 된다. 영국인의 압력 때문에 강제적으로 평화를 준수해야 하는 자들은 영국인이 철수한 뒤 투쟁할 수도 있다. 분출을 억압한다고 해도 거기에는 아무 이득이 없다. 분출은 반드시 분출구를 찾고 말 것이다. 그래서 우리가 평화롭게 살기 전에 서로 싸워야 한다면, 싸우는 편이 낫다. 제 3자가 약자를 보호할 수 있는 경우는 없다. 이른바 보호란 것이 우리를 무기력하게 만들었다. 그런 보호는 약자를 더욱 약하게 만들 따름이다. 우리가 이런 사실을 깨닫지 못한다면, 자치를 획득하지 못할 것이다. 한 영국인 성직자의 생각을 풀어서, 나는 자치 아래의 무정부 상태(*anarchy under Home Rule*)가 질서 잡힌 외치(*orderly foreign rule*)보다 낫다고 말하고 싶다. 단지, 저 유식한 성직자가 자치에 부여한 의미는 내가 생각하는 인도의 자치와는 다르다. 우리는 영국인의 통치이든 인도인의 통치이든 폭정을 원치 않는다. 우리는 이 점을 배워야 하고 다른 자에게 가르쳐 주어야 한다."

만일 이런 생각이 실천된다면 강경파와 온건파는 손을 잡을 수 있을 것입니다. 서로 두려워하거나 불신해야 할 이유가 없습니다.

독자 그럼 영국인에게 뭐라고 말하겠습니까?

편집자 영국인에게는 정중하게 다음과 같이 말하겠습니다. "당신들이 나의 통치자임을 인정한다. 당신들이 칼로 인도를 장악한 것인가, 우리의 동의를 얻어서 장악한 것인가를 토론할 필요는 없다. 나는 당신들이 이 나라에 거주하는 일에 대해서 전혀 반대하지 않는다. 하지만 당신들은 지배자라고 할지라도 민중의 하인이 되어야 할 것이다. 우리가 당신들이 원하는 대로 움직여야 할 것이 아니라, 당신들이 우리가 원하는 대로 움직여야 할 것이다. 당신들은 지금까지 이 땅에서 앗아간 부를 간직해도 좋다. 하지만 더 이상 부를 앗아가지 말아라. 당신들이 원한다면 당신들이 해야 할 일은 인도의 치안을 유지하는 일이다. 우리에게서 상업적 이득을 더 이상 얻어갈 생각은 버려라. 당신들이 옹호하는 문명을 우리는 문명의 반대라고 생각한다. 우리는 우리 문명이 당신들의 것보다 훨씬 우월하다고 생각한다. 당신들이 만일 이러한 진리를 깨달으면 이익이 될 것이지만, 깨닫지 못한다면 당신네들의 속담대로, 당신들은 우리나라에서는 우리의 방식대로 살아가야 할 것이다. 우리 종교에 반(反)하는 행위를 절대로 해서는 안 된다. 힌두교도를 위해서 쇠고기를 피해야 하고, 이슬람교도를 위해서 베이컨과 햄을 피해야 하는 것은 지배자로서 당신들의 의무이다. 우리는 협박을 당해왔으므로 여태 아무 말도 하지 않았다. 하지만 당신들의 행위로 우리의 감정이 다치지 않았다고 생각해서는 안 된다. 우리가 우리의 정서를 표출하는 것은 비천한 이기와 공포 때문이 아니라, 과감하게 외치는 일이 이제 우리의 의무이기 때문이다. 우리는 당신네 학교들과 법정을 쓸모없는 것으로 간주한다. 우리는 우리의 옛날 학교와 법정이 회복되기를 바란다. 인도의 공용어는 영어가 아니라 힌디어이다. 당신들은 그것을 배워야 한다. 우리는 우리의 국어를 통해서만 당신들과 의사소통을 할 수 있다."

"당신들이 철도와 군대에 돈을 지출하고 있다는 생각을 하면 우리는 참을 수가 없다. 둘 중 어디에도 돈을 지출할 필요가 없다. 당신들은 러시아를 두려워할지 모르지만 우리는 아니다. 러시아가 오면 우리가 대처할 것이다. 만일 당신들이 우리와 함께 있겠다면 우리는 함께 러시아를 맞이할 것이다. 유럽의 천은 전혀 필요 없다. 우리는 우리나라에서 생산되고 제조된 물품으로 견딜 수 있다. 당신들은 한 눈으로 맨체스터를, 다른 한 눈으로 인도를 주시할 수 없을 것이다. 우리의 이익이 일치한 경우에만 함께 일할 수 있다."

"우리가 교만하기 때문에 이런 말을 하는 것은 아니다. 당신들은 엄청난 군사적 자원이 있다. 당신들의 해군력은 무적이다. 만일 우리가 당신들의 땅에서 싸우려고 해도 그렇게 할 능력이 없었을 것이다. 하지만 당신들이 우리의 제안을 수용할 수 없다면, 우리는 이제 피지배자의 역할을 그만둘 것이다. 만약 당신들이 원한다면 우리를 산산조각으로 낼 수 있을 것이다. 당신들은 포문(砲門) 앞에서 우리를 날려 버려도 좋다. 당신들이 우리 의지에 반해서 행동한다면 우리는 당신을 돕지 않을 것이다. 우리의 도움 없이 당신들은 한 걸음도 전진할 수 없다는 점을 우리는 안다."

"당신은 권력에 취해서 이런 모든 것을 비웃을 수 있다. 우리는 단번에 당신을 미망에서 깨우칠 수는 없을지 모른다. 하지만 우리에게 남자다움이 있다면, 당신은 당신의 도취가 자살행위와 같다는 점과 우리의 희생에 대한 조롱은 지성의 도착이란 점을 곧 알게 될 것이다. 당신들은 마음 깊은 곳에서는 종교의 나라에 속한다고 우리는 믿는다. 우리는 종교들의 기원이 되는 땅에 살고 있다. 우리가 어떻게 지내왔는지, 그건 고려할 필요가 없지만, 우리의 관계를 함께 선용할 수는 있다."

"인도에 온 영국인들은 영국의 좋은 표본은 못된다. 거의 반쯤 영국화된 우리 인도인들도 참된 인도의 좋은 표본이 될 수 없다. 만일 영국이 당신들이 자행했던 모든 일들을 알게 된다면, 당신들이 저지른 많은 행위에 대해서 반대할 것이다. 인도 대중은 당신들과 거래가 거의 없다. 만일 당신들이 이른바 문명을 내버리고 당신네 경전을 파고들어가면, 당신들은 우리의 요구가 정당하다는 점을 발견하게 될 것이다. 우리의 요구가 완전히 충족된다는 조건 아래에서만 당신들은 인도에 머물러도 좋다. 그리고 만일 당신들이 그런 조건으로 머문다면, 우리는 당신들에게서 여러 일을 배우게 될 것이고 당신들도 우리에게서 많은 점을 배우게 될 것이다. 그렇게 하면 우리는 상호 도움을 줄 수 있고 세계에 기여할 수 있다. 하지만 그런 일은 우리 관계가 종교적 토양에 뿌리를 내리는 경우에만 가능할 것이다."

독자 국민(*nation*)을 향해서는 어떤 말을 하겠습니까?

편집자 국민이란 누구입니까?

독자 우리의 당면의 목적을 생각한다면, 국민이란 당신과 내가 함께 생각해온 국민일 것입니다. 그 국민은 유럽문명의 영향을 받아왔으며 자치를 몹시 바라고 있는 사람들입니다.

편집자 그들에게 나는 다음과 같이 말하겠습니다. "스스로 놀라지 않으면서도 위에서 말한 어투로 영국인들에게 말할 수 있는 자는, 참사랑으로 흠뻑 젖은 인도인들뿐이라고 말할 수 있을 것이다. 그런 인도인들이야말로 인도문명이 최선이고 유럽문명은 백일몽의 경이(驚異)란 점을 진심으로 믿는 자들이라고 말할 수 있을 것이다. 그와 같은 찰나의 문명들은 흔히 생겨났다 사라졌고, 앞으로도 그럴 것이다. 자신들의 내부에서 혼의 힘을 경험한 다음 폭력 앞에서 위축되지 않는 자들, 어떤 경우에도 폭력을 사용하려고 하지 않는 자들이야말로 참사랑에 흠뻑 젖은 자들로 간주될 수 있을 것이다. 이미 독이 든 잔을 마셨더라도 현재의 불쌍한 처지에 대해서 강한 불만을 느끼는 자들만이, 참사랑에 흠뻑 젖어 있는 자라고 할 수 있다."

"그런 인도인이 한 사람이라도 있다면, 영국인들에게 앞서 언급했던 요구 사항을 말할 것이고 영국인들은 그의 말을 경청해야 할 것이다."

"이런 요구 사항들은 요구가 아니라 우리의 정신 상태를 보여주는 것이다. 우리는 요구함으로써 아무것도 얻지 못할 것이다. 원하는 바를 거머쥐어야 한다. 그리고 노력을 위해서 우리는 반드시 힘이 필요하다. 그 힘은 다음과 같이 행동하는 자들에게만 주어질 것이다.

1 아주 드물게 영어를 사용하는 사람
2 법률가지만, 직업을 포기하고 손베틀을 차고앉은 사람
3 법률가지만, 동포와 영국인을 계몽하는 일에 지식을 바치는 사람
4 법률가지만, 파당들 사이의 다툼에 관여하지 않는 사람, 법정을 포기하고 그의 경험을 이용하여 다른 사람도 그와 같이 하도록 유도하는 사람
5 법률가지만 그 직업을 포기하고 판사가 되기를 거부하는 사람
6 의사이지만, 의술을 포기하고, 육신이 아니라 혼을 치유해야 할 것임을 아는 사람
7 의사이지만, 자신의 종교에 관계없이 유럽의 의과대학에서 실시되는 악마적인 생체해부라는 수단을 통해서 육신이 치유되는 것보다 병든 채로 남아 있는 것이 낫다는 점을 이해하는 사람
8 의사이지만, 손베틀을 차고앉은 사람. 그에게 환자들이 온다면 질병의 원인을 말해 줄 것이고, 쓸데없는 약을 공급함으로써 육신의 응석을 받아주기보다는 그 원인을 제거하라고 조언하는 사람. 만일 환자가 약을 복용하지 않아 죽더라도, 세상이 슬퍼하지 않을 것임을 이해하고 의사가 환자에게 참으로 자비로웠다는 점을 이해하는 사람
9 부자지만, 부에도 불구하고 마음을 소리 높여 드러내고 아무도 두려워하지 않는 사람
10 부자지만, 자신의 돈을 손베틀을 설치하는 데 쓰고, 스스로 수제품을 착용함으로써 다른 사람들도 수제품을 사용하도록 장려하는 사람
11 모든 인도인처럼, 지금은 회개·속죄·애도의 순간임을 아는 사람
12 모든 인도인처럼, 영국인을 비난하는 것이 소용없는 짓이라는 것, 우리 때문에 그들이 인도에 왔고 우리 때문에 남아 있다는 것, 우리가 스스로 개혁할 때 비로소 그들은 떠나거나 그들의 본성을 바꿀 것임을 아는 사람

13 다른 사람들처럼, 애도의 기간에는 탐닉이 있을 수 없고, 우리가 타락하게 되면 수감되거나 추방당하는 편이 훨씬 낫다는 것을 이해하는 사람
14 다른 사람들처럼, 우리가 민중을 다루기 위해서는 투옥당하면 절대 안 된다고 생각하는 일이 미신임을 알고 있는 사람
15 다른 사람들처럼, 말보다 행동이 더 낫다는 점, 우리가 생각하는 바를 정확히 말하고 결과를 직면하는 것이 우리의 의무라는 점, 그리고 그때 비로소 우리가 말로 다른 사람에게 인상을 남길 수 있다는 점을 이해하는 사람
16 다른 사람들처럼, 우리가 오직 고통을 통해서만 자유롭게 될 것임을 이해하는 사람
17 다른 사람들처럼, 안다만(Andaman) 제도[55]로 영구 추방당하는 것만으로는 유럽문명을 고무한 죄에 대한 충분한 속죄가 되지 못함을 이해하는 사람
18 다른 사람들처럼, 고통 없이 일어선 나라는 없다는 사실을 아는 사람, 심지어 물리적 전쟁에서조차도 참된 시험은 살인이 아니라 고통이라는 사실을 아는 사람, 수동적 저항으로 불리는 전쟁에서는 더더욱 그럴 것이라는 사실을 아는 사람
19 다른 사람들처럼, 다른 사람이 그렇게 할 때 우리도 그렇게 할 것이라고 말하는 것은 나태한 변명이라는 사실, 옳다고 여기는 바를 행해야 한다는 사실, 다른 사람들도 그 길을 보게 되면 그들도 그것을 행할 것이라는 사실, 내가 진미(珍味)의 음식을 상상할 때 다른 사람들이 그것을 맛볼 때까지 나는 기다리지 않을 것이라는 사실,[56] 국가적 노력을 경주하고 수고하는 것은 진미

55 〔역주〕 인도 안다만니코바르 연방직할주에 속한 제도(諸島). 벵골만 남동부에 있다. 인도의 범죄자 수용소였는데 간디가 이 글을 쓰는 동안 많은 테러리스트가 수감되어 있었다고 한다. 안찬수 역, 《힌두 스와라지》, 172면 참조.

56 〔역주〕 여기에서 진미는 비유적 표현으로, 국가적 노력에서 수고하는 일이 진미이다. 대의를 위해서 고통당하는 일은 남 먼저 실천해야 한다는 뜻으로 보면 될 것이다.

의 성격을 갖고 있다는 사실, 그리고 억압 아래에서 고통을 당하는 것은 고통이 아니라는 사실을 아는 사람

독자 이건 크나큰 주문입니다. 언제쯤이면 모든 사람들이 그것을 수행할 수 있을까요?

편집자 그런 말은 잘못된 것입니다. 당신과 나는 다른 사람들을 상관할 필요가 없습니다. 각자 자기의 의무를 수행합시다. 내가 내 의무를 수행한다면, 즉 나 자신에게 봉사한다면 다른 사람에게도 봉사할 수 있을 것입니다. 우리가 이야기를 끝내기 전에 나는 아래와 같이 반복하고 싶습니다.

1 진정한 자치는 자기통치이고 자기통제이다.
2 진정한 자치로 향하는 길은 수동적 저항, 즉 혼의 힘 또는 사랑의 힘이다.
3 이 힘을 발휘하기 위해서 전 방위에 걸친 스와데시가 필수적이다.
4 우리는 하고 싶은 일을 행해야 한다. 이유는 우리가 영국인에게 반대해서도 아니고, 보복하고 싶어서도 아니며, 그렇게 하는 것이 우리의 의무이기 때문이다. 그러므로 영국인이 소금세를 폐지하고 우리 돈을 보상해 주고 인도인들에게 최고위직을 주고 영국군대를 철수한다고 해도, 우리는 그들의 기계가 만든 제품, 영어 그리고 그들 산업의 많은 부분을 분명히 사용하지 않을 것이다. 이런 것들은 그 자체로 해롭다. 따라서 우리는 그것들을 원치 않는다는 점을 지적할 필요가 있다. 나는 영국인에 대해서 적대감(*enmity*)이 전혀 없지만 그들의 문명에 대해서는 적대감이 있다.

나는 우리가 스와라즈라는 말을 그것의 진정한 의미를 이해하지 않는 채 사용해왔다고 생각합니다. 지금까지 그것에 대해서 내가 이해

한 대로 설명하고자 노력했습니다. 그리고 지금부터 내 삶을 스와라즈를 얻기 위해서 바치겠다고 내 양심을 걸고 엄숙하게 선언합니다.

부록 : 전거와 위인들의 증언

(1) 추천도서

앞서 말한 것을 더 연구하고자 하는 사람들을 위해서 다음의 책을 추천하니 숙독하길 바란다.

《하나님의 나라는 너희 안에 있느니라》(톨스토이)
《예술이란 무엇인가?》(톨스토이)
〈우리 시대의 노예제도〉(톨스토이)
〈첫걸음〉(톨스토이)
〈우리가 어떻게 도망갈까?〉(톨스토이)
〈어느 힌두교도에게 보내는 편지〉(톨스토이)
《영국의 백인 노예》(셔라드, Sherard) (*The White Slaves of England*)
《문명의 원인과 치료법》(*Civilization, Its Causes and Cure*) (카펜터)
《속도의 오류》(*The Fallacy of Speed*) (테일러)
《신 십자군》(*A New Crusade*) (블라운트, Blount)
〈시민불복종 의무에 대하여〉(소로)
《무원칙의 삶》(*Life without Principle*) (소로)
《나중에 온 이 사람에게도》(러스킨)
〈영원한 지복〉(러스킨)
《인간의 의무》(*The Duties of Man*) (마치니)
《소크라테스의 변명과 죽음》(플라톤)
《문명의 역설》(*Paradoxes of Civilization*) (막스 노르도)
《인도의 빈곤과 비영국식 통치》(*Poverty and Un-British Rule in India*) (나오로지)
《인도 경제사》(*Economic History of India*) (두트)
《촌락공동체》(*Village Communities*) (메인)

(2) 위인들의 증언

다음은 앨프레드 웹(Alfred Webb) 씨가 소중하게 모은 글 가운데서 가려 뽑은 것인데, 고대 인도문명이 현대문명에서 배울 바가 거의 없다는 점을 보여준다.

> 인도에서 우리 입장이 야만족에게 문명을 전수한 민간인의 입장이 전혀 아니었다는 사실은 충분히 잘 이해되어야 한다. 우리는 인도 땅에 상륙했을 때 고색창연한 문명을 발견했다. 그 문명은 수천 년 동안 진보해오면서 높은 지성을 가진 종족들의 성격에 어울려왔고, 그들의 요구에 부응해왔다. 그 문명은 형식적인 문명이 아니라, 보편적이고 모든 사물에 두루 퍼져 있는 문명, 인도에 정치제도만이 아니라 아주 자세하게 분화된 표현을 지닌 사회제도·가족제도를 제공한 문명이었다. 인도인의 성격에 끼친 영향력을 보면 이 제도들 전체의 자비로운 성격을 판단할 수 있을 것이다. 아마도 인도인만큼 자기네 문명의 긍정적 영향을 자신들의 성격에 보여준 종족은 세계 어디에도 없을 것이다. 그들은 사업에서는 영리하고, 이론 전개에서는 명민하고, 검소하고, 종교적이고, 신중하고, 관대하고, 부모에게 효심이 있고, 노인들에게는 공손하고, 온화하고, 법을 준수하며, 힘없이 고통당하는 환자에게는 자비롭다.
>
> 세이무어 키(J. Seymour Keay, 하원의원, 인도의 은행인, 인도 대리인), 1883년 씀

> 최근 유럽에서 확산되기 시작한 동양의, 특히 인도의 시적이고 철학적인 운동을 유의해서 읽어 보면, 우리는 거기에서 아주 심오한 수많은 진리를 발견할 수 있다. 이 진리들이 유럽의 천재가 때때로 가로막혀 중단했던 결과들의 천박함과 크게 대조를 이루므로, 우리는 동양의 진리 앞에서 무릎을 꿇지 않을 수 없다. 우리는 인류의 요람인 인도에서 최고(最高)의 철학의 고향을 본다.
>
> 빅토르 쿠쟁(Victor Cousin, 1792~1867, 철학에서 체계적 절충주의 창시자)

우리 유럽인들은 거의 전적으로 그리스인들과 로마인들의 사상에 의해서, 그리고 셈족의 한 갈래인 유대인들의 사상에 의해서 양육되어 왔다. 그런 우리가 내면적 삶을, 보다 완전하고 보다 광범위한 삶으로, 보다 보편적인 삶, 아니 사실상 보다 진실되게 인간적인 삶으로, 금생만을 위한 것이 아니라 변화되고 영원한 삶으로 만들기 위해서 가장 필요한 치유책을 어떤 문헌에서 끌어올 것인가를 자문한다면 나는 다시금 인도를 가리키지 않을 수 없다.

프리드리히 막스 뮐러(Friedlich Max Müller)

초기 인도인들이 참된 신에 대한 지식을 가졌다는 점을 부인할 도리는 없다. 그들의 모든 저작들은 고귀하고, 명징(明澄)하고, 아주 장엄한 정서와 표현으로 가득 차 있다. 그 정서와 표현은 신에 대해서 말한 바 있는 여느 인간의 언어에서처럼 사려 깊고 경건하게 표출되어 있다. … 현재는 독일의 특징이고, 고대에는 그리스의 자랑스런 특징이었던, 자생적인 철학과 형이상학 그리고 그것들에 대한 타고난 호기심을 가진 민족들 중에서 힌두스탄은 시간상으로 최초이다.

프레더릭 폰 슐레겔(Frederick von Schlegel)

1820. 12. 세린가파탐

인도인 집안에서 기혼 여성들은 가족 구성원들 사이에서 정연(整然)한 질서와 평화를 유지하는 데에 자신들의 권위를 주로 발휘한다. 기혼 여성들 대다수는 유럽에서는 거의 찾아볼 수가 없는 사려 깊음과 분별력으로 이와 같은 중요한 의무를 수행한다. 나는 30명에서 40명, 아니 그보다 많은 숫자로 이뤄진 가족들, 결혼해 아이도 낳아 기르는 장성한 아들딸들과 함께 사는 가족들을 알고 있다. 이 아들딸들은 모두 어머니 겸 시어머니인 한 분의 할머니의 감독 아래서 산다. 이 할머니는 훌륭한 관리를 통해서, 그리고 자신을 며느리들의 기질에 잘 적응함으로써, 그리고 상황에 따라서 확고부동한 결의 또는 인내를 발휘함으로써 모두 삐걱거리는 기질의 소유자인 많은 여성 사이에서 여러 해 동안 평화와 조화를 유지하는 일에 성공했다. 나는 우리나라에서 같은 상황이라면 동일한 목적을 성취하는 일이 가능할지의 여부에 대해서 당신에게 묻고 싶다. 우리나라에서는 한 지붕 아래 사는 두 여인이 합심하여 살아가는 것이 거의 불가능하지 않는가.

실제 인도 여성들은 이와 같이 훌륭한 직업을 갖고 있으면서도, 인도와 같이 문명화된 나라에서 정당한 대우를 받지 못했다. 이미 지적한 바와 같이 자신들이 통제하는 가정을 관리하고 가족을 배려하는 일 이외에도, 농민들의 아내와 딸들은 농사짓는 남편과 아버지를 돌보고 돕는다. 도매상인들의 아내와 딸들은 장사하는 남편이나 아버지를 돕는다. 소매상인들의 경우 여인들은 가게에서 남자들을 돕는다. 수많은 여성은 나름대로 가게 주인이다. 그들은 글자를 모르거나 십진법을 몰라도 다른 방법을 통해서 계산서를 탁월한 순서로 작성하고, 상업적 거래에서 남성들보다 영리하다고 한다.

아베 뒤브와(Abbé J. A. Dubois, 마이소르 지방의 선교사),
세린가파탐에서 보낸 편지의 발췌문(1820.12.15)

저 종족들(도덕적 관점에서 본 인도인들)은 아마 이 세상에서 가장 놀라운 사람일 것이다. 그들은 우리의 감탄을 자아낼 수밖에 없는 공기, 도덕적으로 순결한 공기를 호흡하고 있다. 이것은 특히 빈곤한 계층의 경우 사실이다. 이들은 비천한 운명으로 여겨지는 궁핍에도 불구하고, 행복해하고 만족하는 듯이 보인다. 그들은 자연의 진짜 자식으로서 하루하루 살아가고 내일을 염려하지 않고, 섭리가 그들에게 준 조촐한 운명에 대해서 감사한다. 흔히 동틀 무렵부터 해가 질 때까지 지속되는 고된 일 끝에 땅거미가 내릴 때, 집으로 돌아가는 남녀 쿨리들의 장엄한 모습을 목격하는 일은 흥미롭다. 쉴 새 없이 계속된 고된 노동 때문에 피로에 지쳐 있지만, 그들은 대부분 명랑하고 생기에 넘쳐 있다. 서로 즐겁게 담소하고, 때로는 흥겨운 노래 몇 가락 부르곤 한다. 그런데 그들이 집이라고 부르는 오두막으로 돌아오면 무엇이 그들을 기다리고 있는가? 먹을 것이라고는 밥 한 공기, 잠자리로는 마룻바닥이 고작이다. 가정의 지복은 토착민들에게는 하나의 상습(常習)인 것처럼 보인다. 부모들이 모든 것을 준비하는 결혼 풍습을 감안하면 가정의 지복은 더욱 기이하다. 수많은 인도 가정은 최고로 완전한 상태의 결혼을 보여준다. 이것은 아마도 경전의 가르침 덕분이고, 경전이 결혼 의무에 관련하여 가르친 엄한 강제 명령 덕분일 것이다. 하지만 일반적으로 남편은 아내에게 헌신적으로 집착하고 있으며, 많은 경우 아내가 남편에 대한 자신의 의무에 대해서 아주 고상한 생각을 품고 있다고 말해도 과언이 아니다.

영(J. Young, 최근 사본 기계 연구소 서기)

훌륭한 농업 체계, 타의 추종을 불허하는 제조 기술, 편리나 사치를 위해서 뭔가를 생산할 수 있는 능력, 읽기 · 쓰기 · 산수를 교육하기 위해서 촌락마다 설립된 학교, 사회 구성원 간에 친절과 자선을 일반적으로 수행하는 것, 그리고 무엇보다도 여성에 대한 대우, 넘치는 자신감, 존경과 세련됨, 이런 것들이 문명화된 민족(*a civilized people*)을 지칭하는 표시라면, 인도인들은 유럽의 국민들에 비해서 열등하지 않다. 만일 문명이 두 나라 사이에 교역 품목이 된다면, 우리나라〔영국〕가 수입품에 의해서 이득을 얻을 것임을 확신한다.

토마스 먼로 대령(Thomas Munro, 인도에서 32년 복무)

인도 촌락은 수세기 동안 정치적 무질서를 방지하기 위한 방파제였으며, 가정과 사회에서 필요한 소박한 미덕의 중심지였다. 그래서 철학자들과 역사학자들이 고대제도인 촌락에 정겹게 살아왔다는 점도 놀랄 일이 아니다. 촌락은 자연적 · 사회적 단위이고 농촌생활 중 최선의 모습이다. 촌락은 자족적인 곳이며, 근면하고, 평화를 애호하고, 가장 좋은 의미에서 보수적인 곳이다. … 우리가 인도 촌락의 사회적이면서도 가정적인 삶을 한번 흘낏 보기만 해도, 그곳에 아름답고 매력적인 것이 많다는 내 말에 동의하리라고 생각한다. 인도 촌락은 인간 존재의 무해하고 행복한 모습이다. 더구나 그것은 훌륭한 실용적인 결과도 내놓는다.

윌리엄 웨더번 준남작(William Wedderburn); 《전집》 10 : 160

2. 힌드 스와라즈에 대하여

89) 《힌드 스와라즈》의 불완전성

요하네스버그, *1910. 3. 20*

《힌드 스와라즈》 번역본을 세상에 내놓는 것을 주저하지 않는 것은 아니다. 이 책의 내용을 함께 논의한 유럽인 친구[57]는 이 책의 번역을 보고 싶어했고, 우리가 서로 여유가 있을 때 나는 급하게 구술하고 그 친구는 받아 적었다. 그것은 문자 그대로의 번역이 아니라 원본에 충실한 번역이 되었다. 영국인 친구 몇 명이 그것을 읽었다. 그 책을 출판할 것인지에 대해서 여러 의견이 개진되는 동안, 원본이 인도에서 압수당했다는 뉴스를 들었다. 이 소식을 들은 우리는 지체 없이 번역본을 출판해야겠다고 신속하게 결정했다. 인터내셔널 프린팅 출판사에 있는 내 동료들도 같은 의견이었고, 그들은 내가 예상하지도 못했던 짧은 시간 안에 이 번역본을 세상에 내놓을 수 있도록 야근—사랑의 노동—을 했다. 이 책은 실비만 받고 대중에게 공급되고 있다. 자신이 읽거나 다른 사람들에게 배포하기 위해서 책을 사주겠다고 약속한 많은 인도인의 재정적 도움이 없었다면 이 책은 결코 세상에 나오지 못했을 것이다.

원본에 불완전한 부분이 많다는 것을 나도 잘 알고 있다. 원본이

57 헤르만 칼렌바흐(Herman Kallenbach).

불완전할 뿐만 아니라, 원본의 정확한 의미를 옮길 수 없었던 나의 무능력 때문에 영어본에는 틀림없이 그 불완전함이 더 크게 될 것이다. 번역을 읽어 본 친구 가운데 몇 사람은 대화의 방식으로 주제가 다뤄졌다는 점에 대해서 반대 의견을 말했다. 이런 반대에 대해서 나는, 구자라트어가 대화의 방식으로 잘 다뤄질 수 있다는 점과 어려운 주제를 다룰 때 그 방식이 최선책이라는 것 외에는 달리 대답해 줄 말이 없었다. 처음부터 영어권 독자들을 위해서 쓴 것이라면 주제는 다른 방식으로 다뤄졌을 것이다. 더구나 이 책에서 다룬 모습대로 실제로 친구들, 주로 〈인디언 오피니언〉지의 독자들과 나 사이에서 대화가 일어나기도 했다.

《힌드 스와라즈》 안에 표현된 견해는 내가 품고 있는 것이지만, 나는 거기에서 인도 철학의 여러 스승 이외에도 톨스토이 · 러스킨 · 소로 · 에머슨, 그리고 여타 저자들을 겸손하게 따르고자 노력했다. 톨스토이는 여러 해 동안 내 스승 중에 한 분이었다. 이 책에 제시된 견해들을 확인하려는 자들은 위에서 언급한 스승들의 글에서 확증을 찾을 수 있을 것이다. 쉽게 구할 수 있는 참고도서는 부록에서 몇 권 언급해 놓았다.

나는 《힌드 스와라즈》가 인도에서 압수된 이유를 잘 모르겠다. 나는 이 책을 압수한 일이 영국 정부가 대변하는 문명을 비난할 또 다른 이유가 된다고 생각한다. 그 책에는 어떤 형태의 폭력이라도 폭력을 승인한 흔적이 없다. 영국 정부의 시책들은 분명히 혹독하게 비판받아야 마땅하다. 만약 그렇게 하지 않는다면, 나는 진리(*Truth*)의 배신자이며, 인도 그리고 내가 충성하겠다고 한 대영제국에 대한 배신자가 될 것이다. 충성에 대한 나의 관념은 공의(*righteousness*) 여부에 관계없이 무조건 현재의 지배나 현 정부를 인정하는 것이 아니다. 또한 충성에 대한 나의 관념은 현재의 정의 또는 도덕성에 대한 믿음에 근거한 것이 아니라, 정부가 현재로서는 애매하고 위선적이고 이론적으로만 도덕의 기준을 믿지만 미래에는 그 기준을 실제로 수용할 것이라는 믿음에 근거하고 있다. 그러나 나는 내가 정말 관심이 있는 것은 제국의 영속성이 아니라 세계가 여태 본 것 중에서 가장 뛰어난 것으로 내가 생각하는 인도 고대문명의 영속성이라는 점을 솔직히 고백해야겠다. 인도의 영국 정부는, 사탄의 왕국인 현대문명(*the Modern Civilization*)과 신의 왕국인 고대문명(*the Ancient Civilization*) 사이에서 벌어지는 투쟁을 의미한다. 한편은 전쟁의 신이고 다른 한편은 사랑의 신이다. 내 동포는 현대문명의 사악을 영국인들 탓으로 돌린다. 따라서 그들은 영국인이 대표하는 문명이 나쁜 것이 아니라 영국인이 나쁘다고 믿는다. 그러므로 내 동포는 영국인을 몰아내기 위해서는 현대문명과 현대적인 폭력 수단을 수용해야 한다고 믿는다. 《힌드 스와라즈》는 동포들이 자살정책을 따르고 있다는 점, 그리고 만일 우리가 우리의 영광스런 문명으로 복귀하기만 하면, 영국인은 우리 문명을 받아들여서 인도화되거나, 자신들의 인도 점령이 끝나 버린 것이었다고 발견할 것임을 보여주기 위해서 쓴 것이다.

당초에는 그 번역을 〈인디언 오피니언〉지의 일부로서 출판하기로 했었다. 하지만 원본이 압수당했기 때문에 그 방식을 따를 수가 없었다. 〈인디언 오피니언〉지는 트란스발의 수동적 저항 투쟁을 대표하며, 남아프리카에 거주하는 영국계 인도인의 불만을 대체적으로 표출하는 매체이다. 그래서 내가 개인적으로 갖고 있는 견해들, 심지어 위험하거나 불충(不忠)하다고 간주될 수도 있을 나의 견해들을 일종의 대표기구를 통해서 출판하는 것은 바람직하지 않다고 생각했던 것이다. 나는 내가 벌인 위대한 투쟁이 그것과 아무 관련도 없는 나 자신의 행위에 의해서 손상되지 않기를 열망했는데, 이는 당연한 일일 것이다. 내가 만약 남아프리카에서도 폭력의 방법이 대중화될 위험이 있다는 것을 몰랐다면, 그리고 만약 수명의 영국인 친구가 아니라 수백 명의 동포들이 나에게 인도의 내셔널리스트 운동에 대한 견해를 피력하라고 요구하지 않았다면, 나는 내 견해를 글로 옮기는 일을 마다했을 것이다. 투쟁 자체를 위해서 말이다. 그러나 내가 처한 입장을 고려하면, 방금 언급한 정황 아래에서 출판을 연기하는 일은 나로서는 비겁한 일이 되었을 것이다.

《인도의 자치》의 서문, 〈인디언 오피니언〉,
1910. 4. 2 ; 《전집》 10 : 287

90) 근본 원리 알기

요하네스버그, 〔*1910. 3. 29*〕

안녕, 나란다스!
네 편지를 받았다.
네가 너의 부친 쿠샬바이[58]의 허락을 얻지 못해서 여기 올 수 없다는 점을 충분히 이해한다. 그의 바람에 따라서 움직이는 것은 네 의무이다.

네가 거기에 머물러 있으면서도 여기에서 벌어지는 우리 투쟁의 목표를 도와줄 수 있다. 《힌드 스와라즈》가 금지되었다고 하니까 거기에서도 끈질긴 투쟁이 벌어져야 할 것으로 보인다. 그러기 위해서 네 인격을 도야해야만 한다. 너는 우리 종교의 근본 원리들을 아느냐? 너는 아마 《기타》 전편을 다 암송할 수 있고 그 의미를 알고 있는데도, 내가 왜 근본 원리들에 대해서 묻는지 의아해할 것이다. 내가 《기타》를 이해하기로는, 근본을 안다는 것은 근본을 실행에 옮기는 것을 뜻한다. 거룩한 유산의 첫 자질은 무외(無畏)이다. 네가 그

58 간디의 사촌, 수신자의 부친.

구절[59]을 기억하기를 바란다. 너는 무외의 경지를 어느 정도까지 달성했는가? 너는 생명을 바쳐서라도 옳은 일을 두려움 없이 행할 것인가? 네가 성공할 때까지 무외를 실천하고, 그 경지에 이르도록 노력해라. 그것을 성취하면 너는 많은 일을 할 수 있을 것이다. 이런 맥락에서 너는 프라흘라드와 수단바를 비롯한 여러 사람의 삶을 기억해야 할 것이다. 이 사람들을 모두 전설이라고 생각하지 말아라. 그와 같은 행위를 한 많은 인도인이 과거에 존재했기에 우리는 그들의 생애에 대한 얘기를 기억하고 있다. 프라흘라드·수단바·하리슈찬드라·슈라바나가 오늘날 인도에 존재하지 않는다고 생각해서는 안 된다. 우리가 자격을 갖추게 되면 그들을 만날 수 있을 것이다. 그들은 봄베이의 공동주택(*chawls*)에는 없을 것이다. 네가 돌밭에서 밀의 추수를 기대할 수는 없을 것이기 때문이다. 나는 더 이상 편지를 쓰지 않으련다. 거룩한 유산이 남겨준 자질들에 대해서 깊이 생각해 보아라. 그것들을 마음에 두면서 이 편지를 읽어라. 그런 뒤 그런 자질들에 따라서 행동해라. 《힌드 스와라즈》 안에 사탸그라하에 대한 장들을 다시 읽어 보고 곰곰이 생각해 보아라. 질문하고 싶을 때는 언제든 해라. 네가 봄베이에서 살아도 되지만 봄베이는 정말 지옥이고, 전혀 쓸모없는 도시라는 점을 분명히 명심해라.

모한다스로부터 축복을

나란다스 간디에게 보내는 편지(G.),
CW 4925 ; 《전집》 10 : 295

59 《바가바드 기타》 16 : 1~3.

91) 톨스토이에게 한 요청

남아프리카, 트란스발, 요하네스버그, *1910. 4. 4*

사랑하는 선생님께,

당신은 제가 런던에 잠시 머물고 있는 동안 서로 서신을 교환했다는 것을 기억하실 것입니다. 당신의 겸손한 추종자로서 제가 쓴 소책자 한 권을 동봉합니다. 그것은 구자라트어로 쓴 것을 직접 번역한 것입니다. 이상한 일이지만 원서는 인도 정부에게 몰수당하고 말았습니다. 그래서 저는 번역본의 출판을 서둘렀습니다. 당신에게 절대 심려를 끼쳐드리고 싶지 않습니다만, 만일 건강이 허락하고 소책자를 통독할 시간이 있다면, 그 저서에 대한 당신의 비판을 들려주십시오. 말씀드릴 필요도 없지만, 저는 그것을 아주 귀하게 여길 것입니다. 출판을 허락해 주신 당신의 〈어느 힌두교도에게 보내는 편지〉(*Letter to a Hindoo*)의 복사본 서너 부를 보내드립니다. 그것은 인도의 언어들 중 하나로도 번역되었습니다.

당신의 순종하는 종

M. K. 간디

Count Leo Tolstoy
Yasnaya Polyana
Russia

톨스토이에게 보낸 편지, 《마하트마》
(D. G. Tendulkar, *Mahatma*) 권1 ; 《전집》 10 : 303

92) 《힌드 스와라즈》에 대한 패닉

지난 3월 24일자 봄베이 정부 관보는 인터내셔널 프린팅 출판사에서 출판된 《힌드 스와라즈야》(*Hindu Swarajya*), 《만물의 새벽》(*Universal Dawn*), 《무스타파 카멜 파샤의 연설》(*Mustafa Kamel Pasha's Speech*),

M. K. GANDHI.
Attorney.

21-24 Court Chambers.

Johannesburg, 4th April, 1910
Transvaal
(S. Africa)

Count Leo Tolstoy,
Yasnya Polyana,
Russia.

Dear Sir,

You will recollect my having carried on correspondence with you whilst I was temporarily in London. As a humble follower of yours, I send you herewith a booklet which I have written. It is my own translation of a Gujarati writing. Curiously enough the originalwriting has been confiscated by the Government of India. I, therefore, hastened the above publication of the translation. I am most anxious not to worry you, but, if your health permits it and if you can find the time to go through the booklet, needless to say I shall value very highly your criticism of the writing. I am sending also a few copies of your letter to a Hindoo, which you authorised me to publish. It has been translated in one of the Indian languages also.

I am,
Your obedient servant,
M.K.Gandhi

간디가 톨스토이에게 쓴 편지 (1910. 4. 4)

간디는 편지를 통해서 수많은 동시대인과 교유하며 자신의 사상을 다지고 확장해갔다. 톨스토이로부터는 현대문명에 대한 비판의식과 금욕적 삶, 그리고 사랑과 선의 실천을 본받으려고 노력하였다.

《소크라테스 변명 또는 진정한 전사의 얘기》(*Defence of Socrates or The Story of a True Warrior*)라는 책들이 '선동으로 판단되는 내용을 담고 있다'는 이유로 각하에 의해서 몰수됐음을 공지했다.

《힌드 스와라즈야》는 《인도의 자치》라는 이름으로 우리 독자 앞에 등장했다. 《만물의 새벽》은 러스킨의 《나중에 온 이 사람에게도》의 구자라트어 번역이다. 《무스타파 카멜 파샤의 연설》은 이집트 애국자 한 사람이 카이로의 대규모 청중 앞에서 죽기 직전에 한 연설을 구자라트어로 번역한 것이다. 《소크라테스 변명 또는 진정한 전사의 얘기》는 수동적 저항이라는 덕목과 그것의 참된 본성을 예시하기 위해서 출판된 불멸의 플라톤 작품을 구자라트어로 번역한 것이다. 《힌드 스와라즈야》를 제외한 다른 책들은 모두 상당 기간 대중 사이에 유포되었다. 이 책들은 고상한 도덕적 풍조(風潮)를 독자에게 전달하려는 것이고, 우리 의견으로는 어린애들 손에 들어가도 전혀 위험하지 않은 책이다.

그러나 우리에게는 불평할 권한이 전혀 없다. 우리는 인도 정부의 이런 행위를 일시적인 국면으로 간주한다. 그들은 패닉 상태에 빠져 있고 뭔가를 좀 하고 싶어서, 정신의 독립(*independence of spirit*)을 조금이라도 보이는 문헌의 배포를 중지시키려고 한다. 과도한 열정은 열정 자체를 죽이게 마련이다. 정말로 위험한 출판물들은 갖가지 수상하고 교활한 방법을 통해서 배포될 것이므로, 정부가 출판물들을 읽지 말았으면 하는 바로 그 계층의 사람들이 읽게 될 위험이 있다. 우리가 정작 두려워하는 것은 그런 위험이다.

이런 상황에서 수동적 저항을 단호하게 지지하는 사람으로서 우리가 취할 수 있는 길은 단 하나뿐이다. 어떤 억압도 우리를 가로막을 수 없다. 우리는 우리의 의견을 한결같이 유지할 것이고, 적당한 기회가 오면 언제든 개인적인 결과에 관계없이 그 의견을 피력할 것이다.

인도 정부는 폭력적 수단의 확산이 중지되기를 바라고 있고, 우리는 그 정부에 공감하는 바이다. 우리는 폭력을 중지할 것이고 그러기 위해서 많은 노력을 기울일 것이다. 그러나 우리가 알기로는 폭력이라는 질병을 제거하기 위한 유일한 길은 올바른 성격의 수동적 저항을 대중화하는 것이다. 그것 이외의 다른 종류, 예컨대 억압은 결국 실패하고 말 것이다.

우리의 출판물, 〈인디언 오피니언〉, 1910. 5. 7 ; 《전집》 11 : 35

93) 《힌드 스와라즈》의 목표[60]

나는 《힌드 스와라즈》를 1909년 영국 방문 후 돌아오는 선상에서 집필했다. 봄베이 관구에서 책의 여러 부본(副本)이 몰수당했으므로 나는 1910년 그 번역본을 출판했다. 그 안에 담긴 생각이 대중 앞에 나타난 지 이제 5년이 흘렀다. 그 기간 동안 많은 사람이 그것에 대해서 나와 토론을 벌여왔다. 그런 생각에 대해서 일부의 영국인들과 인도인들은 편지를 보내기도 했는데, 그중 몇 사람은 이의를 제기했다. 이런 토론과 이의제기 등의 일이 끝나자, 나는 이 책에서 진술된 확신들이 더욱 강화되었음을 알았다. 시간이 있었더라면, 나는 같은 생각이라도 더 상세하게 개진했을 것이고, 논증과 예증들을 덧붙였을 것이다. 그것들을 개정할 이유는 전혀 없다.

《힌드 스와라즈》 재판에 대해서 수많은 요청이 쇄도하여, 피닉스 농장 거주자들과 학생들이 시간을 들여서 그것을 인쇄했는데, 그건 사랑의 노동이라고 해야 할 것이다.

나는 한 가지 일에 대해서만 언급해야 하겠다. 《힌드 스와라즈》는

60 《힌드 스와라즈》(구자라트어 제 2판)의 서문. 이것은 1914년 5월에 출판되었다.

소기의 목적을 달성하기 위해서, 어떤 때나 어떤 상황에서도 물리력이 아니라 혼의 힘을 사용하기를 언제나 옹호해왔다. 그런데도 나는 이 책의 가르침이 결국 영국인들에 대한 증오심을 불러일으키고, 무장 투쟁이나 다른 종류의 폭력을 통해서 그들을 축출해야 할 것을 암시한 것이 아닌가 하는 인상을 받았다. 이런 사실을 알고 마음이 아팠다. 내가 《힌드 스와라즈》를 집필한 목표는 결코 그런 것이 아니었다. 그리고 그 책을 읽고 앞에서 말한 결론을 도출한 자들은 그 책을 조금도 이해하지 못했다는 점만을 말하고 싶다.

나로서는 영국인에 대해서든 아니면 특정 민족이나 특정 개인에 대해서든 어떤 악의(*ill-will*)도 품고 있지 않다. 바다의 물방울들이 모두 동일한 실체로 이뤄져 있듯이, 살아 있는 일체의 피조물은 같은 실체로 이뤄져 있다. 이 영혼의 바다에 살고 있는 우리 각자의 개인적 혼들은 모두 동일하고, 우리 사이에 아주 친밀한 연대가 있다고 나는 믿는다. 바다에서 떨어져 나간 물 한 방울은 곧 증발하고 말 것이고, 다른 혼들에게서 떨어져 있다고 믿는 혼은 파멸하고 말 것이다. 개인적으로 말하자면 나는 오늘날의 유럽 현대문명에 대해서 확고한 적이다. 나는 《힌드 스와라즈》에서 내 생각을 개진하기를 힘썼고, 인도의 불행에 대한 책임은 영국인들이 아니라, 현대문명에 굴복한 우리 자신에 있다는 점을 보이고자 했다. 우리가 이 현대문명에 등 돌리고, 올바른 윤리적 원리를 구현하는 우리의 옛날 생활방식으로 돌아가는 바로 그 순간 인도는 해방될 수 있다.

《힌드 스와라즈》를 이해하는 열쇠는 세속적 추구 대신 윤리적 삶을 따라서 살아가야 한다는 생각 안에 있다. 이런 삶의 길은 흑인이든 백인이든 인간에 대해서 어떤 형태로든 폭력을 허용하지 않는다.

《힌드 스와라즈》 서문(G.), 〈인디언 오피니언〉, 1914. 4. 29 ; 《전집》 14 : 136

94) 갱생(更生)으로 가는 방법

봄베이, *1919. 5. 28*

나는 이 소책자를 한 번 이상 읽어 보았다. 현재의 모습 그대로 재판(再版)을 내는 것은 가치가 있을 것이다. 하지만 내가 그것을 개정해야 한다면, 단어 하나는 꼭 고쳐야 하는데, 그것은 한 영국 친구와 한 약속 때문이다. 그녀는 내가 의회를 논하는 자리에 '매춘부'(*prostitute*)라는 단어를 사용한 일에 대해서 불평해왔다. 그녀는 섬세한 감각을 지닌 여성이었으므로 그 표현의 부적절함에 대해서 혐오하고 있었다. 나의 의도는 이 소책자를 통해서 구자라트어 원전의 자유분방한 번역서를 내는 데에 있었다. 바로 이 점을 나는 독자에게 상기시키고 싶다.

나는 이 책에서 표현된 견해들을 수년 동안 실행하고자 했다. 그 결과 이제 그 안에 제시된 길이 스와라즈로 가는 단 하나의 옳은 길임을 느낀다. 사타그라하—사랑의 법칙—는 생명의 법칙이다. 거기에서 벗어나게 되면 파멸로 나아갈 것이다. 하지만 그것을 확고하게 고수하면 갱생으로 나아갈 것이다.

M. K. 간디

《인도의 자치》(가네쉬사, 4판)
서문 ; 《전집》 18 : 56

95) 보다 높은 단순성과 포기

나의 소책자가 널리 주목받는 것은 분명히 행운이다. 원어는 구자라트어이다. 그것은 얼룩덜룩한 역사를 갖고 있으며, 남아프리카에서 〈인디언 오피니언〉지의 고정란을 통해서 처음 출판되었다. 그것은 1908년[61] 내가 런던에서 남아프리카로 귀환하는 여행을 하는 동안 쓴

61 1909년의 잘못이다. 이것이 다음 문단에서도 반복되고 있다.

것이다. 그것은 인도 폭력파(*the Indian school of violence*)에 대한 응답이었는데, 그 파의 원형은 남아프리카에 있었다. 나는 런던에 거주하는 저명한 모든 인도인 아나키스트들과 접촉하면서, 그들의 용기에서 많은 감명을 받았지만 그들의 열정이 잘못 흘러갔다고 느꼈다. 나는 폭력이 인도의 질병을 위한 치유책이 아니라는 점을, 그리고 인도문명이 스스로를 보호하기 위해서는 우리가 다른 무기, 보다 고상한 무기를 사용해야 한다는 점을 느꼈다. 남아프리카의 사탸그라하는 아직 두 살도 채 되지 못한 유아였다. 하지만 그것은 내가 어느 정도 자신감을 갖고 그것에 대해서 글을 쓸 수 있을 정도의 수준까지는 성장했다. 그것에 대한 평판은 아주 좋아서 소책자로 출판되었다. 인도에서도 약간 주목을 받았다. 봄베이 정부는 유포를 금지했다. 나는 번역본을 출판함으로써 그 행위에 응수했다. 봄베이 정부 측 사람들이 책의 내용을 알아야 한다는 사실을 말해 준 것은 영국인 친구들이었다고 생각한다. 그 책은 어린애 손에 쥐어 주어도 괜찮은 책이라고 생각한다. 그것은 증오의 복음 대신 사랑의 복음을 가르친다. 또한 폭력을 자기희생으로 대체했고, 폭력(*brute force*)에 대해서 혼의 힘(*soul-force*)으로 맞서고 있다. 그것은 여러 판을 거듭했는데, 나는 그것을 일독하고 싶은 분에게 추천하는 바이다. 책에서 다른 것은 모두 그대로 두고 딱 한 단어만 삭제했는데, 한 여성 친구에 대한 존경심에서 그렇게 했다. 나는 인도판 서문에서 수정에 대한 이유를 제시한 바 있다.

소책자는 '현대문명'에 대한 혹독한 비난(*condemnation*)이다. 그것은 1908년에 쓴 것이다. 오늘날 내 확신은 여느 때보다도 더 강하다. 만일 인도가 현대문명을 내버리면, 인도는 그 일로 얻을 것은 이익뿐이다.

그러나 독자들은 그 안에 묘사된 스와라즈를 내가 오늘날 당면 목표로 삼고 있다고 생각할 수도 있다. 하지만 나는 그렇게 생각하지 말라고 경고한다. 나는 인도가 아직 스와라즈에 도달할 만큼 성숙하지 못했음을 안다. 이렇게 말하는 것이 건방진 일일 수 있다. 하지만 그것을 확신하고 있다. 나는 그 안에 그려진 자치를 위해서 개인적 차원에서 노력하고 있다. 하지만 오늘날 내가 인도 민중의 소망에 부응하여 의회 스와라즈를 얻는 일에 온갖 노력을 기울이고 있음은 의심할 나위 없이 분명하다. 나는 철도나 병원의 파괴를 목표로 삼지 않는다. 그것들이 저절로 파괴되면 분명히 환영할 것이지만 말이다. 철도나 병원은 모두 고상한 문명, 순수한 문명의 시금석이 아니다. 그것들은 잘해야 필요악이다. 두 가지 모두 한 국가의 도덕적 위상에 조금이라도 보태 주는 것이 없다. 나는 법정을 '열망해 마지않는 궁극 목표'로 간주하지도 않지만, 법정의 영구적인 파괴를 겨냥하고 있지도 않다. 하물며 내가 모든 기계와 공장을 파괴하려고 하겠는가. 스와라즈는 보다 높은 단계의 단순성과 포기가 필요한데, 오늘날의 인도 민중은 아직 거기까지는 준비가 되어 있지 않다.

소책자가 말한 프로그램 중 현재 전면적으로 실행되고 있는 부분은 비폭력이다. 하지만 그 부분조차도 책에서 서술한 정신대로 실행되지 않고 있음을 유감스럽지만 고백하지 않을 수 없다. 만일 비폭력이 비폭력의 정신대로 실행되고 있다면 하루아침에 당장 인도에 스와라즈가 확립될 것이다. 만일 인도가 사랑의 가르침을 인도 종교의 능동적인 부분으로 수용하여 정치에 도입한다면, 스와라즈가 하늘에서 인도에 강림할 것이다. 헌데 나는 그런 일이 아직 멀리 떨어져 있음을 가슴 아프게 자각하고 있다.

내가 이런 논평을 가하는 이유는 사람들이 현재 진행중인 운동에 손해를 입히고자 소책자에서 많은 부분을 인용하고 있기 때문이다. 나는 심지어 내가 은밀한 게임을 하고 있음을 암시하는 글, 내가 인도에 대한 유별난 취미를 숨기기 위해서 현재 혼란을 이용하고 있음을 암시하는 글, 그리고 내가 인도를 제물 삼아 종교 실험을 하고 있음을 암시하는 글을 읽은 일조차 있다. 내가 대답할 수 있는 것은 사탸그라하는 그보다도 훨씬 견고한 자료로 이뤄져 있다는 것뿐이다. 그 안에는 따로 숨겨둔 것도 없고 비밀스런 것도 없다. 《힌드 스와라즈》에 묘사된 인생론 전체가 부분적으로 실행되고 있음은 분명하다. 그것 전체를 실행한다고 해도 거기에 아무 위험도 따르지 않을 것이다. 내 글에서 현안과 관계도 없는 구절들을 뽑아서 나라 앞에 제시함으로써 사람들에게 겁을 주어 쫓아 버리는 일은 옳지 않다.

《힌드 스와라즈》 또는 '인도의 자치',
〈영 인디아〉, 1921. 1. 26 ; 《전집》 22 : 134

96) 상식으로의 회귀

간디지 내가 미국으로 가기만 한다면 애정으로 휩싸일 것임을 압니다. 하지만 내가 다른 친구들에게 이미 설명한 바와 같이, 여기 내 일을 마무리 짓지도 않고 거기로 갈 생각은 아직 없습니다. 나는 언제나 나의 민중 가운데서 일해야 하고, 내 길에서 벗어나면 안 됩니다. 나의 방문이 현재 상황에서는 그리 도움이 되지 않을 것이라고 생각합니다. 지난번 워드(Ward) 박사가 나에게 편지를 쓰면서 그런 생각에 전적으로 공감한다고 말했습니다. 그가 옳다고 생각하지 않으십니까? 군중이 내 말을 듣기 위해서 내 주위에 몰려들 것이라는 것, 내가 어디 가든 환영을 받을 것이라는 점을 알고 있습니다만, 그 외에는 내 방문이 아무런 효과도 얻지 못할 것입니다.

켈리(Kelly) 간디 씨, 우리가 당신의 메시지를 받아들일 준비가 되어 있다고 여기지 않습니까? 종교우의회의 후원 아래 모이는 집회를 보십시오. 적어도 10개 이상의 종파가 대표로 나와 있습니다. 그리고 당신에 대한 강연이 방송되었을 때 수백만 명의 사람들이 열렬한 관심을 갖고서 청취했습니다. 존 헤인즈 홈스(John Haines Holmes) 씨도 당신이 방문해 줄 것을 간절히 바라고 있습니다. 우리는 지금 성장하고 있으며, 그 성장을 촉진하고자 합니다.

간디지 당신들이 성장하고 있다는 것을 압니다. 그러나 부드럽지만 지속적인 성장은 강연 캠페인이나 불꽃놀이가 부추기는 성장보다 그 생명이 더 오래갑니다. 현재로서는 여러분이 내 글을 통해서 나의 메시지를 공부해야 하고, 그 메시지가 마음에 들면 충실히 실행하도록 애써야 합니다. 내가 만일 인도인들이 그것을 충실히 실행하게끔 하지 못했다면, 여러분이 그것을 충실히 실행하기를 나는 바랄 수 없었을 것입니다. 그러므로 여기에서는 내 시간의 매 순간이 유용하게 이용되고 있습니다. 만약 내가 일을 그만두고 미국으로 간다면 나의 내적 존재에게 폭력을 행사하는 일이 될 것입니다.

켈리 부인과 랭글로스 부인은 납득한 것으로 보이지만 떠나기 전에 질문 한두 개를 던졌다.

켈리 간디 씨, 당신이 반동주의자(*reactionary*)라는 것은 사실입니까? 당신네 사람들 중의 일부가 그렇게 말하는 것을 들었습니다.

간디지 그들은 반동주의자란 말로 무엇을 뜻합니까? 만일 그 의미가 시민적 저항자(*civil-resister*)나 범법자라면 나는 최근 여러 해 동안 쭉 그런 사람이었습니다. 만일 그들이 반동주의자라는 말로 내가 다른 모든 방법을 버리고 물레로 상징되는 비폭력을 받아들였음을 의미한다면, 그들은 옳습니다.

켈리 부인은 발설할 수는 없었겠지만, 나는 다음에 제기된 여러 질문을 보고 그녀의 심중에 무엇이 흐르고 있었던가를 충분히 짐작할 수가 있었다. 헨리 포드 씨는 놀라운 자서전에서 일단의 개혁가들을 '반동주의자'라고 부르고 있는데, 그 말은 사물의 옛 질서로 회귀하고자 하는 자를 의미하고 있었다. 켈리 부인의 다음 질문은 다음과 같았다.

켈리 당신이 철도, 증기선, 그리고 여타 신속한 이동 수단에 대해서 반대한다는 것이 사실입니까?

간디지 그것은 사실이기도 하고 아니기도 합니다! 이와 관련하여 내 견해를 상술한 책 《인도의 자치》를 실제 구해 읽어 봐야 할 것입니다. 이상적인 조건 아래에서라면 우리가 그런 것들을 필요로 하지 않을 것이라는 의미에서 그 말은 사실입니다. 하지만 오늘날 우리 자신을 그런 것들로부터 분리하는 일이 쉽지 않다는 점에서 그 말은 사실이 아닙니다. 그러나 그와 같은 신속한 이동 수단 덕분에 세상이 더 나아집니까? 이런 수단들이 어떻게 인간의 영적 진보를 향상시킵니까? 그런 것들이 결국 그 진보를 방해하지는 않습니까? 인간의 야망에 도대체 한계가 있습니까? 과거에는 우리가 시속 수 마일로 여행하는 일에 만족했지만, 오늘날에는 시속 수백 마일을 상회하길 원하는데, 나중에 언젠가는 공간을 가로질러 비행하기를 원할 것입니다. 그 결과가 무엇일까요? 혼란입니다. 우리는 서로를 짓밟게 될 것이고, 그저 질식하고 말 것입니다.

물레질하는 간디 (1945)
간디는 영국 정부가 추진하는 도시화, 기계화 정책이 인도의 전통적 마을 공동체를 붕괴시키고 인도인을 노예화한다고 생각했다. 그는 인도가 자치에 성공하려면 현대문명의 편리함에 도취되지 않고 인도의 검소하고 금욕적인 전통문화를 부활시켜야 한다고 주장하며 그 일환으로 물레부흥 운동을 펴나갔다. 사진은 봄베이에서 직접 물레질을 하며 실을 잣는 간디의 모습이다.

켈리 그러나 대중이 그런 것들을 원하는 것이 아닙니까?

간디지 그렇습니다. 나는 대중이 일요일과 휴일에 거의 미쳐 날뛰는 것을 보았습니다. 런던에서 모든 길모퉁이에 끊일 줄 모르는 자동차 대열은 이제 상당히 일상적인 모습이 되었습니다. 그런데 온갖 고생과 치명적인 분주는 무엇을 위한 것입니까? 어떤 목적을 위한 것입니까? 만일 갑작스런 재앙으로 말미암아 이런 모든 수단들이 파괴된다고 해도, 나는 눈물 한 방울 흘리지 않을 것임을 말씀드립니다. 그렇게 되면 나는 그것이 시의적절한 폭풍우이고 청소 작업이라고 말할 것입니다.

켈리 당신이 캘커타로 갈 필요가 있다고 해 봅시다. 기차가 없다면 어떻게 갈 것입니까?

간디지 분명 기차로 갈 것입니다. 그런데 내가 왜 캘커타로 가야 합니까? 내가 말씀드린 대로 이상적인 조건이라면 그렇게 장거리를 이동할 필요가, 그것도 가능한 한 짧은 시간 동안에 그럴 필요가 없을 것입니다. 내 입장을 설명해 보겠습니다. 오늘 두 사람이 친절과 사랑의 메시지를 가지고 미국에서 왔습니다. 그러나 이 두 사람과 함께 온갖 동기를 가진 2백여 명의 사람들이 왔습니다. 잘은 모르지만 그중에 많은 사람은 착취할 방법을 더 찾으려고, 바로 그것을 위해서 왔을 수도 있습니다. 그것이 인도에 신속한 이동 수단이 주는 이익입니까?

켈리 알겠습니다. 하지만 우리는 어떻게 사태의 이상적인 조건을 회복할 수 있습니까?

간디지 쉽게는 회복할 수 없을 것입니다. 우리는 엄청난 속도로 움직이고 있는 급행열차를 탄 셈입니다. 갑자기 열차 밖으로 뛰어내릴 수는 없습니다. 단 한 차례 뛰어내린다고 해서 이상적인 상태로 되돌아갈 수는 없습니다. 하지만 우리는 미래 언젠가 거기에 도착하기를 기대하고 있습니다.

켈리 간단히 말해서 만약 반동적 움직임이 있었다면, 그것은 상식으로의 회귀를 뜻했고, 상식의 눈으로 보아서 현재의 비자연적 질서와 구별되는 자연적 질서로 보이는 것의 복구를 뜻했습니다. 한 마디로 하면 모든 것을 전복하거나 모든 것을 화석화하는 것이 아니라, 만물을 합당한 처소로 회귀시키는 것입니다.

하지만 친구들이 논의의 흐름을 제대로 보았다고 생각하지 않습니다. 그들 역시 공간을 가로지르며 서둘렀기 때문입니다. 그들 역시 기차를 타야 했고, 너무 늦게 역에 도착할까 봐 염려했기 때문입니다.

랭글로스 부인과 켈리 부인과의 대담,
〈영 인디아〉, 1926. 1. 21 ; 《전집》 33 : 319

97) 《힌드 스와라즈》의 시의적절성

세가온, 〔*1938. 7. 14*〕

나는 당신이 《힌드 스와라즈》가 옹호했던 원리들을 높이 드러내는 일을 환영한다.62 영어판은 구자라트어 원전의 번역이다. 그 소책자를 개정한다면 여기저기에서 말을 바꿔야 할지도 모른다. 하지만 그 이후에 폭풍 같은 30여 년이 흐른 뒤, 그 안에 상술된 견해를 변경하도록 하는 어떤 것도 나는 본 적이 없다. 이 책은 내가 노동자들과 나눴던 대화를 충실히 기록한 것임을 독자가 명심해 주었으면 좋겠다. 노동자 중에 한 사람은 공공연한 아나키스트였다. 독자는 이 책이 남아프리카 일부 인도인들 사이에 침투하려고 했던 부패를 방지해 주었다는 점도 알아야 할 것이다. 독자는 이 말을 불행하게도 지금 이 세상에 없는 친애하는 한 친구의 의견—이 책은 어떤 바보가 쓴 것이었다는 의견—을 참고하여 균형을 잡기를 바란다.

M. K. 간디

〈아르얀의 길〉에 보내는 메시지, 〈아르얀의 길〉(*Aryan Path*), 1938. 9 ; 《전집》 73: 355

---

62 《힌드 스와라즈》만을 다룬 〈아르얀의 길〉(*Aryan Path*) 특집호는 9월에 나왔다. 투고자들 중에는 다음과 같은 서양의 탁월한 사상가들이 포함되어 있다. 소디(F. Soddy) 콜(G. D. H. Cole), 번즈(D. Burns), 머리(J. M. Murry), 포셋(H. Fausset), 허드(G. Heard)와 래스본(I. Rathbone)이다. 이들 중 그 누구도 《힌드 스와라즈》에서 제시된 주장에 전적으로 동의하지는 않지만, 이 책의 중요성을 알아차렸다. 예를 들면 프레더릭 소디는 간디에 동의하진 않았지만 "누구든 이 세상을 개조하기를 원한다면 이 책을 잘 공부해야 할 것"이라는 점을 시사하였다. 콜에게는 서구를 거부하는 간디의 입장이 "서구의 찰나적 문명이 서구인의 눈에 안정적으로 보였던" 1908년에 그랬던 것보다 〔지금〕 "무한히 더 강력하게" 보였다. 번즈는 《힌드 스와라즈》의 최고 이점을 "도덕적 이슈들을 강조한 데에서 그리고 사적 부와 권력의 추구를 반대한 데"에서 보았다. 머리는 《힌드 스와라즈》를 "위대한 책" "세계의 정신적 고전 중의 한 권"으로 간주하고, 진정한 스와라즈에 대한 간디의 비전을 천국에 대한 기독교의 비전에 비견했다. 제럴드 허드는 《힌드 스와라즈》가 루소의 《사회계약론》이나 칼 마르크스의 《자본론》보다 더 위대한 것으로 여겼다. 그것이 한 시대의 종언이 아니라 새 질서의 시작을 포착했다는 사실 때문이었다. 아이린 래스본은 그 책을 "엄청나게 강력한" 것으로 보았다. 그 책의 언어는 "너무나 정직해서 내 속에서 정직을 추구하도록" 강요했다. 그녀는 그 책이 "간명하고 논리적이고 경제적이고 압축되어 있으며, 시적"이라고 생각했다. 휴즈 포셋은 《힌드 스와라즈》를 요약해서 그 목적이 "인도를 영국인에게서 구하는 것이 아니라, 서구의 중추를 갉아먹는 현대문명에게서 구하는 것"이라고 말했다. 포셋은 인간정신이 그 자체를 영구적으로 기계로 만들어 버리지 않을 정도로 불멸의 생명력을 가진다는 점에 대해서 충분히 신뢰했다. 그 기계는 자신들의 성실성을 잃어버린 사람들과 국가들에게 응당 발생하고 말 결과들을 가차 없이 폭로하고 있었다. 《힌드 스와라즈》는 인간의 진정한 지위를 회복하려는 시도였다. 이런 이유로 이 책은 "만일 우리가 생명의 창조적 목표를 달성하려 할 때 우리 모두 안에 일어나야 할 진정한 혁명에 대한 최고의 현대 지침서 중의 하나였다."

98) 경계선 긋기

판츠가니, *1945. 6. 14*

안녕, 크리슈나찬드라!

나그푸르에서 보낸 자네의 장문 편지를 받았네. 발코바에 대해서 말할 수 있는 것은 파르파티(*parpati*)63로부터 지속적인 이득을 얻지 못했다는 것이네. 이제 그가 어떻게 힘을 회복할 수 있는지를 보아야 하네. 파르파티가 너무 뜨거워 방안으로 다시 들여갈 수 없게 되지나 말았으면 좋겠네.

《힌드 스와라즈》에서 철도 등에 대해서 내가 뭐라고 말했든 그 입장을 여전히 견지하고 있다네. 하지만 그것은 이상적인 상태에 적용되는 것이네. 우리는 결코 이상에 도달하지 못할 수도 있네. 그 일에 대해서 걱정하지 마세. 만일 철도 및 여타 다른 시설이 없다고 해서 우리가 불행하다고 느껴서는 안 된다고 말한 것은 바로 그 때문이네. 우리는 그런 시설을 증설하는 일을 의무로 삼아서는 결코 안 되네. 동시에 우리는 이런 시설들을 포기하는 일을 의무로 삼아서도 안 되네. 그런 문제들에 대해서 우리는 자유롭고 편안한 태도를 취해야 하네. 우리는 이 수단들을 가능한 한 적게 이용해야 하네. 우리 사회에는 온갖 부류의 사람들이 있게 될 것이네. 오늘날도 분명 그러하네. 우리는 그들과 더불어 살아야만 하네. 이런 상황에서는 무집착이 유일하고 적절한 다르마이네. 우리가 유의해야 할 점은 우리 자신을 기만하지 말아야 한다는 것뿐이네. 기차 등이 도

---

63 〔역주〕 본 원전에도 《전집》에도 파르파티에 대해서 아무 설명이 없다. www.ayurvedic.org(2003. 9. 19)에 따르면 파르파티는 카잘리(*kajjali* : 순수 수은과 순수 유황을 섞어서 만든 흑색 복합물)를 주성분으로 하여 조제한 약으로서, 주로 신진대사를 원활하게 하고 장을 돕는 효능이 있다고 한다. 간디는 《아유르베다》에 따른 전통적 치료법에도 상당한 관심이 있었다.

둑질·간통·거짓말과 같은 기피 대상이어야 한다는 당신의 주장은 옳지 않다네. 이렇게 말하는 중요한 이유는 일반 사회조차도 도둑질 등을 비도덕적이라고 간주하기 때문이네. 기차 등은 그렇게 생각되지 않았고, 그럴 필요도 없다네. 우리가 할 수 있는 모든 말은 기차 등을 향락의 수단으로 생각해서는 안 된다는 것이라네. 나는 내 글에서 경계선을 그어야 할 곳을 반복하여 지적해왔다네. 그것들을 읽고 조금만 생각해 보면 쉽게 경계선을 그을 수 있을 것이네.

《자본론》 연구의 도우미로서 짧은 책 여러 권이 쓰였네. 그것들을 읽으면 도움이 될 것이라네.

의무 이행에 대해서는 염려하지 말게나. 순결(브라마차르야) 규칙을 현명하게 준수한다면 걱정은 사라질 것이네.

바푸로부터 축복을

크리슈나찬드라에게 보내는 편지(H.),
GN 4515 ; 《전집》 87 : 218

99) 핵심 사항에 대한 강조

1945. 10. 5

안녕, 자와할랄!

오래전부터 자네에게 편지를 쓰려고 마음먹었지만 오늘에야 쓸 수 있게 되었네. 영어로 써야 할지 아니면 힌두스타니어로 써야 할지에 대해서도 줄곧 생각해왔지만, 힌두스타니어로 쓰기로 결정했네.

먼저 우리 사이에서 일어났던 날카로운 견해 차이를 먼저 언급해야 하겠네. 만일 그런 차이가 실제로 존재한다면 다른 사람들도 그것에 대해서 알아야 할 것이네. 차이가 어둠에 묻혀 버린다면 스와라즈 과업이 손상당하고 말 것이네. 《힌드 스와라즈》에서 내가 묘사했던 그런 종류의 통치방식(*governance*)을 지금도 전적으로 견지하고 있다고 말한 바 있네. 그것은 단지 어법상의 문제가 아니네. 1909년에 내가 글로 쓴 것이 진리라는 점을 나의 경험이 확증해 주었네. 그것을 믿는 사람이 나 혼자뿐이라 해도 섭섭하게 여기지 않을 것이네. 나는 내가 목격한 진리를 증언할 뿐이기 때문이네. 나에게 《힌드 스와라즈》가 없다네. 그 그림을 오늘 내 자신의 언어로 다시 그려 보는 것이 낫겠네. 그렇다면 오늘의 그림이 1909년의 그림과 일치하는지의 여부는 나에게도 자네에게도 문제가 되어서는 안 되네. 나는 내가 이전에 말한 것을 확증할 필요는 없네. 알아야 할 것은 오늘 내가 말해야 할 것뿐이네.

만일 인도가, 그리고 인도를 통해서 세계가 진정한 자유(*real freedom*)를 얻을 것이라면, 우리는 조만간 촌락에서, 궁전에서가 아니라 오두막에서 살아야 할 것이라고 나는 믿는다네. 수백만 명의 사람들이 도시와 궁전에서 안락하고 평화롭게 살아가는 일은 결코 없을 것이네. 그리고 그들은 상대방을 살해함으로써 다시 말하자면 폭력과 허위를 사용함으로써 그렇게 살아갈 수도 없다네. 진리와 비폭력, 이 둘이 없었다면 인류는 파멸하고 말 것이라는 점에 대해서 조금도 의심치 않네. 우리는 촌락에서 간소한 살림을 살아감으로써만 진리와 비폭력에 대한 비전을 가질 수 있네. 단순성(*simplicity*)은 물레 안에 그리고 물레가 함축하고 있는 것에 놓여 있네. 세상이 반대 방향으로 진행해간다고 해도 나는 전혀 놀라지 않네. 말이 났으니 말이지, 나방 한 마리가 종말에 다가가면 점점 빨리 돌다가 마침내 불속에 타고 마네. 인도는 이와 같은 나방의 회전 같은 데서 도망가지 못할 수도 있네. 나의 의무는 마지막 숨을 거둘 때까지 그런 파멸로부터 인도를 구하고 인도를 통해서 전 세상을 구하기 위해서 노력하는 일이라네. 내가 말하고자 하는 것의 골자는, 한 개인은 자신의 생명 유지에 필요한 것들을 통제할 수 있어야 한다는 것이네. 만일 통제할 수 없다면 살아갈 수가 없을 것이네. 궁극적으로 보면 세계는 개인들로만 구성되어 있네. 만일 물방울들이 존재하지 않는다면 바다는 곧 없어질 것이네. 이것은 개략적인 주장이고, 여기에 새로운 것은 아무것도 없네.

나는 《힌드 스와라즈》에서도 이 모든 것을 다 말하지는 않았네. 내가 현대사상의 진가를 인정하면서도, 현대사상의 안목으로 예전의 일을 비춰보면 그것이 아주 달콤해 보인다는 점을 알게 되네. 내가 오늘날의 촌락에 대해서 말하고 있다고 자네가 생각한다면 나를 이해하지 못한 것이네. 나의 이상적인 촌락은 오직 상상 안에서만 여전히 존재하네. 결국 모든 인간은 자신의 상상 안에서 살아가는 것이 아니겠는가. 내가 꿈꾸는 촌락에서 촌민들은 어리석지 않고 활짝 깨어 있을 것이네. 그는 짐승과 같이 오물과 어둠 속에서 살지 않을 것이네. 남녀는 자유롭게 살 것이고 온 세계에 대해서 용감하게 맞설 각오가 되어 있네. 그리고 콜레라나 천연두와 같은 전염병도 없을 것이네. 누구도 나태나 사치에 빠지도록 허용되지 않을 것이네. 모든 사람들이 육체노동(*body labour*)을 해야 할 것이네. 나는 모든 것을 인정하면서도 대규모의 조직이 필요한 여러 가지 일을 여전히 그리고 있다네. 철도, 우편 그리고 전신국조차 존재할 것이네. 무엇이 남게 되고 무엇이 없어질지는 모르겠네. 그리고 그런 일에 번민하지도 않네. 내가 핵심 사항만을 분명히 해 두면, 다른 일들은 때가 되면 따라올 것이네. 그러나 만약 내가 핵심 사항을 포기한다면 만사를 포기하는 셈이네.

운영위원회가 만난 마지막 날, 우리는 바로 이 일을 해결하기 위해서 2~3일 동안 위원회를 소집하자는 취지의 결정을 내린 바 있네. 위원회가 소집된다면 나는 만족할 것이네. 하지만 소집되지 않는다고 해도 나는 우리 두 사람이 상대방을 완전히 이해하기를 원하네. 다음과 같은 두 가지 이유 때문이네. 우리의 유대는 단순히 정치적인 것이 아니고 그것보다 훨씬 깊네. 나는 유대의 깊이를 측량할 길이 없네. 이런 유대는 절대로 부서질 수 없네. 그래서 나는 우리가 정치 분야에서도 상대방을 철저히 이해하길 바라네. 두 번째 이유는 우리 둘 다 자신을 가치 없는 사람이라고 여기지 않는다는 점이네. 두 사람은 모두 인도의 자유만을 위해서 살고 있고, 그 자유를 위해서 죽어도 행복할 것이네. 우리는 세상 어디에서 오는 칭찬이든 그런 것에 괘념치 않네. 칭찬이든 욕설이든 우리에게는 마찬가지네. 그런 것들이 봉사의 사명에 들어갈 자리가 없네. 내가 봉사하면서 125살까지 살고 싶어한다고 해도, 나는 노인이고 자네는 비교적 젊은 사람일세. 그 때문에 자네가 내 후계자라고 말한 것이네. 내가 최소한 후계자를 이해하고, 또 후계자가 나를 이해하는 것은 지당한 일이 아니겠는가. 그런 다음에라야 나는 마음이 평안해진다네.

한 가지 더 말할 것이 있네. 카스투르바 기금과 힌두스타니어에 대해서 자네에게 편지를 쓴 적이 있네. 자네는 그 사안들에 대해서 곰곰이 생각한 다음 답장을 보내겠다고 했네. 자네 이름이 힌두스탄인의 집회에서 이미 두각을 나타내고 있음을 안다네. 나나바티는 자신이 자네와 마울라나 사헤브에게 접근했다는 점, 그리고 자네가 서명을 했다는 점을 나에게 알려 주었네. 그것은 1942년의 일, 아주 오래전의 일이었네. 자네는 오늘날 힌두스타니어의 위상을 알고 있네. 자네가 만일 오늘 여전히 그 서명을 지지한다면, 이런 점에서 내가 자네의 일을 좀 가볍게 해 주고 싶네. 그것은 분주하게 돌아다닐 일은 아니지만, 약간의 작업은 필요하다네.

카스투르바 기념 기금사업은 꽤 복잡하네. 위에서 내가 말한 것이 앞으로 자네의 기분을 상하게 하거나 현재 상하게 하고 있다면, 자네는 카스투르바 기금에 대해서도 편치 않을 것이네.

마지막으로 해 둘 말은 사라트 바부(Sarat Babu)와 충돌하여 튀어 오른 불꽃에 관한 것이네. 나는 그 사건으로 괴로웠네. 그 뿌리가 어디에 있는지를 추적할 수가 없었네. 자네가 나에게 말한 것이 사건의 전모이고 더 이상 할 말이 없다면, 나는 더 이상 조사하고 싶지는 않네. 하지만 설명이 필요하다면 나는 그것을 정말로 듣고 싶네.

우리가 이런 모든 사안들을 철저히 토의해야 한다면, 시간을 내어 만나야 할 것이네.

자네는 매우 열심히 일을 하고 있네. 자네는 건강하고 인두[64] 역시 잘 지내길 믿네.

바푸로부터 축복을

자와할랄 네루에게 보낸 편지(H.), 《간디-네루 페이퍼스》
(*Gandhi-Nehru Papers*) ; 《전집》 88 : 255

3. 문 명

100) 파멸적인 물질주의

더반, *1895. 1. 21*

M. K. 간디
에소테릭 기독교연합회(Esoteric Christian Union, ECU)와
런던 채식주의자협회(London Vegetarian Society, LVS) 대리인

〈나탈 에드버타이저〉 편집자에게
선생님,
귀하의 신문 광고란에 에소테릭 기독교연합회와 런던 채식주의자협회에 대한 '알림'이 있습니다만, 이에 대해서 제가 귀하의 독자에게

64 〔역주〕 Indira Gandhi(1917~1984) : 수신자 네루의 딸. 인도 최초의 여자 수상(《전집》 권 88, 120면).

주의를 환기시키기를 허락해 주신다면 대단히 고맙겠습니다.

에소테릭 기독교연합회가 대변하고 있는 체계는, 세계의 모든 위대한 종교들 사이의 일치와 공통의 원천을 확립하고 있습니다. 그리고 그 체계는 광고한 책들이 충분하게 보여줄 것이지만, 물질주의(*materialism*)가 아주 부적절하다는 점을 지적하고 있습니다. 물질주의는 전대미문의 문명을 세계에 주었다고 자랑하고 있으며, 인류에게 가장 위대한 선을 수행했다고 주장합니다. 그런데 물질주의는 가장 끔찍한 살상 무기를 발명한 일, 아나키즘의 섬뜩한 성장, 자본과 노동 간의 무시무시한 분쟁, 순진하고 말 못하는 산 동물들에게 과학의 이름으로—'잘못 붙여진 이름이지만'—가해지는 부당하고 악마적인 잔인성 등이 최대의 업적이란 사실을 편리하게도 망각하고 있습니다.

하지만 반동의 여러 징표가 생겨나는 것 같습니다. 그런 징표로 신지학회의 거의 놀랄 만한 성공, 성직자들이 점차 성(聖, *holiness*)의 이론을 수용한다는 점, 나아가서 《완벽의 길》에서 아주 결정적으로 증명된 환생(*reincarnation*) 이론을 막스 뮐러 교수가 수용한 일, 환생 이론이 영국이나 여타 장소에서 생각하는 심성들 사이에 뿌리를 내리고 있다는 뮐러 교수의 발언, 《예수 그리스도의 미지의 삶》의 발간이 있습니다. 이런 책들은 남아프리카에서 구할 수가 없습니다. 그래서 그 책들에 대한 나의 지식은 책들에 대한 논평에서 얻은 것입니다. 여기서 말하는 모든 사실과 이와 유사한 다른 많은 사실은, 우리를 아주 잔인하게 이기적으로 만들어 버린 물질주의적 성향으로부터, 예수 그리스도가 행한, 그리고 그만이 아니라 붓다, 조로아스터, 마호메트가 행한 순수한 비전(秘傳)의 가르침(*esoteric teaching*)으로 복귀하는 명백한 표시라고 나는 주장합니다. 이들은 문명세계에서는

런던 채식주의자협회 회원들과 함께 (1890)
간디는 영국 유학시절에 종교적 신념을 지키고 금욕적 삶을 실천하기 위해서 채식주의자협회에 가입, 활동하였다. 사진은 채식주의자협회 회원들과 함께한 간디 (앞줄 맨 오른쪽) 의 모습이다.

더 이상 일반적으로 거짓 선지자로 부정되지 않고, 이들의 가르침과 예수의 가르침은 상호 보완적인 것으로 인정되기 시작했습니다.

나는 아직 채식주의에 대한 책을 광고할 수 없어서 유감입니다. 책이 잘못 인도로 보내졌으므로 더반에 도착하려면 시간이 좀 걸리게 되었기 때문입니다. 하지만 채식주의의 효능에 관해서 한 가지 유익한 사실을 언급하고자 합니다. 알코올중독보다 더 강력한 악의 수단은 없습니다. 술에 대한 갈증으로 고통을 겪는 사람들, 그렇지만 그런 저주에서 진정 벗어나고 싶은 사람들은 그 갈증에서 완전한 자유를 얻기 위해서 주로 갈색빵 그리고 오렌지 혹은 포도로 이뤄진 섭생을 최소 한 달 정도 실시하기만 하면 된다는 점, 이런 점을 내가 말하고 싶습니다. 스스로 여러 차례 실험한 바에 따르면, 즙이 많은 신선한 과일의 풍부한 공급으로 이뤄진 채식, 양념을 하나도 안 친 채식을 함으로써 나는 여러 날을 계속하여 편안하게 살아왔음을 증언할 수 있습니다. 그때는 차, 커피, 코코아, 심지어 물조차 마시지 않았습니다. 영국에 있는 수백 명의 사람들은 이 이유로 채식주의자가 되었는데, 한때 고질적 술꾼이었던 자들이 이제 그로그주 또는 위스키 냄새만 맡아도 이것이 미각에 거슬리게 된 단계에 도달했습니다. B. W. 리처드슨 박사는 《인간을 위한 음식》(*Food for Man*)에서 알코올중독의 치료책으로서 순수 채식주의를 권고하고 있습니다. 나탈과 같이 비교적 날씨가 더워서 과일과 채소가 충분히 공급되는 지방에서는 피를 흘리지 않는 채식을 하게 되면, 그것이 육식보다 과학적·위생적·경제적·윤리적·영적인 바탕에서 무한히 우월하다는 점 이외에도 모든 방면에서 매우 유익하다는 점을 알게 될 것입니다.

ECU 서적의 판매가 돈벌이를 위한 것이 아니라는 점은 말할 것도 없을 것입니다. 어떤 경우에는 이 책들이 무료로 배포되기도 했습니다. 때로는 부담 없이 빌려주기도 합니다. ECU 또는 LVS에 관해서 더 상세한 정보를 원하거나, 또는 이와 같은 (적어도 나에게는) 매우 중요한 문제들에 대해서 조용히 대화하고 싶은 독자가 있다면 그와는 아주 기쁘게 연락하겠습니다.

나는 신학 박사 존 펄스포드 목사가 ECU의 가르침에 관해서 한 말로 이 글을 종결짓고자 합니다.

영적으로 현명한 독자라면 이들 가르침이 성기체(星氣體)[65]의 베일 안에서 수용되었다는 점을 의심할 수 없을 것이다. 그 가르침들은 거룩한 천국들과 신에 대한 응축되고 간결한 지혜로 가득 차 있다. 기독교인들이 자신들의 종교를 안다면, 아주 귀중한 여러 문서에서 그리스도 주님과 그의 역동적인 움직임이 풍부하게 도해된 모습을 확인할 수 있을 것이다. 신과 교통이 가능하다는 점, 교통이 세상에 주어지도록 허용된다는 점, 이런 점이 우리 시대의 징표, 그것도 가장 전도유망한 징표이다.

그럼 이만

M. K. 간디

물질주의의 부적절성, 〈나탈 에드버타이저〉,[66]
1895. 2. 1 ; 《전집》 1 : 57

101) 문명의 불안정성

파리에서 일어난 대재앙[67] 소식은 그것이 퍼진 모든 곳을 슬픔으로 채웠을 것이다. 우리는 희생자들과 유족들의 감정을 짐작하고도 남는다. 이런 불행한 사건은 우리에게 단순한 사고가 아니다. 우리는 그것을 신이 주는 천벌로 본다. 마음만 먹으면 그 천벌에서 풍부한 교훈을 얻을 수가 있다. 그러한 사건은 현대문명의 눈부신 광휘 배후에 존재하는 우울한 비극을 폭로한다. 우리는 쉼 없이 돌진하면서 살고 있으므로 당분간 파리를 애도로 몰아넣은 그 사건의 완전한 결

65 〔역주〕 성기체 또는 영체(靈體, *astral body*)란 신지학의 용어로서 모든 공간에 두루 존재하여, 각 개인이 가지는 제 2의 육체의 실체로서 한평생 그 사람을 따라다니며 죽은 후에도 살아남는 초감각적 실체.

66 〔역주〕 *Natal Advertiser*는 1936년 *Natal Daily News*로 개명된다.

67 1903년 8월 10일 지하철에서 발생한 비참한 화재사건. 여기에서 84명이 죽고 수많은 사람이 부상당했다.

과를 성찰할 시간적 여유가 없다. 죽은 자는 금세 잊혀질 것이고 파리는 마치 아무 일도 일어나지 않았던 것처럼 일상의 명랑함을 금방 되찾을 것이다. 하지만 우리가 사건이라고 부르는 그것에 대해서 좀 깊이 생각해 보는 자라면, 모든 광휘와 눈부신 외양 배후에 아주 진실한 어떤 것이 완전히 잊혀지고 있다는 것을 자각하지 않을 수 없을 것이다. 우리에게 그 의미는 아주 분명하다. 즉, 우리 모두는 훨씬 더 분명하고 훨씬 더 참된 미래를 위한 준비 단계로서만 금생(*present life*)을 살아야 한다는 것이다. 현대문명이 우리의 안정을 위해서 제공하는 어떤 것도 본래 불확실한 것을 더 확실한 것으로 바꿀 도리가 없다. 여기에 생각이 미치게 되면, 과학의 놀라운 발견과 신기한 발명에 대한 자랑은, 발견과 발명이 아무리 그 자체로는 의심 없이 좋은 것이라고 해도, 결국에는 헛된 자랑이 되고 말 것이다. 그런 발견과 발명은 허둥대는 인간에게 견고한 것을 결코 제공하지 않는다. 앞서 말한 신의 천벌에서 우리는 내생(*future life*)과 참된 신(*real Godhead*)이 존재한다는 이론을 굳건하게 믿어서가 아니라, 존재한다는 사실을 굳건하게 믿으므로 유일한 위로를 받을 수 있다. 그런 믿음만이 가질 만한 것이고 기를 만한 것인데, 그런 믿음 덕분으로 우리는 창조주를 자각하고, 지구 위의 우리는 결국 일시적 체류자일 뿐이라는 사실을 느끼게 된다.

사고라고?, 〈인디언 오피니언〉,
1903. 8. 20 ; 《전집》 3 : 134

102) 현대문명과 고대 지혜

〔런던〕, *1909. 10. 14*

친애하는 헨리 씨께,

당신이 마드라스에서 친 전보를 받았습니다. 도크 씨의 책이 아직 준비되지 않아서 죄송합니다. 방금 예비 출판된 두 부를 받았지만, 그중 한 권을 당신에게 꼭 보내야 한다고 생각하지 않습니다. 그 책들이 준비되는 대로 쿠퍼 씨에게 요청하여 나테산 씨에게 250부를 보내도록 하겠습니다.

마드라스 집회를 보도한 〈타임스〉(*The Times*)지 신문기사를 오려 동봉합니다. 당신은 프리토리아에서 온 전보도 보게 될 것입니다. 그것이 무슨 뜻인지는 모르겠습니다. 스뮈츠의 퇴임 이후 협상이 진행되어 왔습니다. 하지만 우리는 협상이 수포로 돌아갔다고 간주하고 일을 해야 할 것입니다. 인도이민위원회의 보도는 현 대목에서는 좋습니다. 당신이 캘커타에 있을 때 전인도 대표단이 민토 경[68]을 알현하도록 한번 시도해 보아야 한다고 생각합니다. 매우 어려울 것으로 생각합니다만, 찰스 터너 경을 동참시켜도 될 것입니다. 그의 동참 여부와 관계없이 사절단을 보내는 일에는 어려움은 없을 것이고, 대표 한 사람이 마드라스 · 봄베이 · 알라하바드 · 라호르 등의 지역을 여행해도 괜찮을 것입니다. 나는 국민회의와 이슬람대회 대표의 일원으로 당신이 임명된 일에 관해서 편지를 쓰고 있습니다. 국민회의와 이슬람대회는 거의 동시에 열릴 것으로 생각합니다만, 만일 같은 날이라면, 이슬람대회에 참석해야 할지 아니면 국민회의에 참석해야 할지는 당신이 판단해야 할 것입니다. 수동적 저항의 선상에서 보면, 이

68 Lord Minto(1845~1914) : 인도의 부왕 겸 총독(1905~1910).

슬람대회에 참석하는 것이 최선일 것으로 보입니다. 나는 당신이 알리가르에 갈 것도 믿습니다.

나는 여전히 기다시피 움직이고 있습니다. 크루(Crewe) 경이 내 편지에 대해서 곧 답장을 보낼 것으로 생각했습니다만, 이 편지를 구술하는 바로 지금까지(목요일 아침), 아무 소식이 없습니다. 나는 협상의 최종결과를 출판하라는 그의 허락이 떨어지기 전까지는 아무 일도 할 수 없다고 생각합니다. 이번 주 그에게서 답장이 온다고 해도, 내가 이달 30일까지 교육 사업을 끝낼 수 있을지가 문제입니다. 당신은 내가 여태까지 누려 보지 못한 특권, 즉 인도 전체를 실제로 볼 수 있는 특권을 누리겠지만, 나는 내가 여기에서 더 충분히 관찰한 다음 거의 확실하게 도달했던 결론들을 글로 써야만 한다고 여깁니다.

그 일이 내 마음에 일어나기 시작하고 있습니다만 분명한 빛은 보이지 않습니다. '동양과 서양'이란 주제에 대해서 연설해 달라는 '평화와 중재협회'의 초청을 받은 다음 내 심정과 두뇌는 더욱 활발하게 움직입니다. 그것은 어제 저녁에 끝이 났습니다. 이 모임은 놀라운 성공을 이뤘다고 여깁니다. 그들은 진지한 사람들이었지만, 남아프리카의 실정에 대해서 무례한 질문들을 몇 개 던졌습니다. 당신은 심지어 햄스테드(Hampstead)69에서도 남아프리카의 비극을 두둔하여, 인도 무역상들이 해독이 된다는 등 인기에 영합하는 말을 하는 사람들이 있다는 점을 알게 되면 놀랄 것입니다. 점잖아 보이는 할머니 한 분이 일어나 내가 불충한 마음을 토로했다고 말했습니다. 나는 어제 저녁 친우회(퀘이커) 모임 집에서 우상숭배자들을 대면했습니다. 이것은 우리가 남아프리카에서 우상숭배자들을 대면한 것과 같았습니다. 남아프리카의 우상숭배자들은 지문 채취와 같이 형식과

69 〔역주〕 북부 런던의 지명.

피상적인 일에 대해서 생각하고 거기에 집착하는 자들입니다. 나에게 던져진 모든 질문을 보니 나의 주요 의도는 망각되었고, 시시콜콜한 부분들은 우호적으로 다뤄지고 논의되었습니다. 결론은 아래와 같습니다.

1 동서양 사이에 넘지 못할 장벽은 없다.
2 서양문명이나 유럽문명과 같은 것은 존재하지 않으며 현대문명만이 존재한다. 그것은 순전히 물질주의적이다.
3 유럽인은 현대문명으로 감염되기 전에는 동양인과 어쨌든 인도인과 많은 공통점이 있었다. 오늘날에도 현대문명에 감염되지 않은 유럽인들은 현대문명의 자식들과 화합하기보다는 인도인들과 훨씬 더 잘 화합할 수 있다.
4 인도를 통치하는 것은 영국 민중이 아니라 현대문명이고, 통치 수단은 철도, 전보, 전화 그리고 현대문명의 승리로 주창되어온 거의 모든 발명품이다.
5 봄베이, 캘커타 및 기타 인도 주요 도시들은 진짜 역병으로 감염된 지역이다.
6 만일 영국 통치 대신에 내일 인도 통치가 들어선다고 해도, 현대적 방식에 토대를 둔 것이라면 인도는 조금도 나아지지 않을 것이다. 그때 영국으로 빠져나갈 일부의 돈을 보유할 수는 있을 것이지만, 그렇게 되면 인도인들은 유럽이나 미국의 복사판의 복사판이 되고 말 것이다.
7 서양이 현대문명을 거의 전면적으로 바다에 처넣을 경우에만 서양과 동양은 참으로 만날 수 있다. 동양이 현대문명을 받아들이는 경우에도 동서양은 겉으로는 만날 수 있다. 그러나 그 만남은 독일과 영국 사이에 있는 것과 같은 무장 상태의 휴전일 것이다. 이들 두 국가는 하나가 다른 하나에게 먹히는 일을 피하기 위해서 죽음의 전당(殿堂)에서 살아간다.

8 어떤 개인이나 단체가 세상 전체의 개혁에 착수하거나 그것에 대해서 생각하는 일은 간단히 말해서 주제넘은 일이다. 지독히 인위적이고 신속한 이동 수단을 사용함으로써 그런 개혁을 시도하는 것은 불가능한 일을 시도하는 것과 마찬가지다.

9 물질적 안락의 증진이 도덕적 성장에 어떤 방식으로도 도움이 되지 못한다는 것은 일반적으로 주장되는 바이다.

10 의학은 흑마술이 응축된 정수이다. 고도의 의술로 불리는 것보다 돌팔이 의사의 수법이 비할 바 없이 낫다.

11 병원은 악마가 자신의 왕국에 대한 장악력 유지라는 목적을 달성하기 위해서 사용해온 수단이다. 병원은 악, 불행, 타락, 진정한 노예 신분을 영속화시킨다.

12 내가 의술 훈련을 받아야 한다고 생각했을 때 나는 전적으로 잘못된 길에 들어선 것이었다. 병원에서 진행되고 있는 가증스러운 행위에 내가 어떤 방식으로든 참여하는 것은 죄짓는 일이었을 것이다. 성병이나 심지어 결핵환자를 치료하는 병원이 없었다면, 폐병은 더 적을 것이고, 우리 사이에 성적인 사악함도 줄어들 것이다.

13 인도는 지난 50년 동안 배운 것을 내버림으로써 구원받을 수 있다. 철도, 전보, 병원, 변호사, 의사 그리고 이와 유사한 것들은 모두 사라져야 한다. 이른바 상층 계급들은 소박한 농민의 삶이 참된 행복을 주는 삶으로 여겨 양심적으로, 종교적으로 그리고 의도적으로 그런 삶을 살아가는 것을 배워야만 한다.

14 인도인들은 기계로 만든 옷은, 유럽 공장의 제품이든 인도 공장의 제품이든 입어서는 안 된다.

15 영국은 이 일에 있어서 인도를 도울 수 있을 것이고, 그렇게 되면 영국의 인도 점령이 정당화될 수 있다. 오늘날 이렇게 생각하는 영국인이 다수 있는 것으로 보인다.

16 옛날의 현자들은 민중의 물질적 상태를 제한하는 방식으로 사회를 규제하려고 했는데, 거기에 참된 지혜가 있었다. 오늘날의 농민은 5천 년쯤 전에 사용된 투박한 쟁기를 그대로 사용할 것이

> 다. 바로 거기에 구원이 있다. 민중은 그런 상태에서 상대적으로 평화롭게 장수하는데, 그 평화는 유럽인들이 현대적 활동을 벌인 다음 향유하는 것보다 훨씬 더 큰 것이다. 그리고 분명 모든 영국인, 모든 계몽된 사람들이 선택하기만 한다면 이 진리를 배우고 그에 따라서 행할 것이라고 나는 생각한다.

더 많이 쓸 수 있지만, 위에 쓴 것만으로도 반성을 위한 자료로 충분할 것입니다. 잘못을 발견하면 지적해 주시길 바랍니다.

위에서 언급한 거의 확실한 결론으로 나를 이끌어 준 것이 수동적 저항 속에 있는 진정한 정신이란 점도 당신은 알아차릴 것입니다. 수동적 저항자로서 나는 거대한 개혁이라고 부를 만한 개혁이, 현재 바쁘게 살아가는 일(*rush*)에 만족하는 민중 사이에 실현될 수 있을 것인지의 여부에 대해서 괘념치 않겠습니다. 내가 개혁 속에 있는 진리를 자각한다면, 흔쾌히 그 진리를 따를 것입니다. 그래서 나는 민중 전체가 시작할 때까지 기다릴 수가 없었습니다. 이와 같은 생각을 하는 우리 모두는 필요한 발걸음을 내디뎌야 할 것입니다. 만일 우리가 옳다면 나머지 사람들도 따라와야 할 것입니다. 이론은 저만치 멀리 떨어져 있으므로, 우리의 실천은 가능한 한 가까이 접근해야 할 것입니다. 우리가 바쁘게 살다 보면 우리 자신에게서 모든 해독을 떨쳐낼 수 없을 것입니다. 나는 기차를 타거나 버스를 이용할 때마다 내가 옳다고 여기는 것에 대해서 스스로 폭력을 행사하고 있음을 압니다. 나는 그런 기본적인 생각에서 생기는 논리적 결과를 두려워하지 않습니다. 영국 방문은 나쁘고, 쾌속선으로 남아프리카와 인도 사이를 교통하는 것도 나쁜 일입니다. 이런 식입니다. 당신과 나는 현재의 육신을 갖고도 그런 것들을 극복할 수 있을 것입니다. 하지만 가장 중요한 일은 이론을 올바르게 정립하는 일입니다. 당신은 거기에서 온갖 종류의 인간과 그들의 처지를 목격하게 될 것입니다. 그래서 나는 스스로 정신적으로 취했던 방식, 진보적 방식이라고 부른 것을 더 이상 당신에게 숨겨서는 안 된다고 느낍니다.

당신이 내 말씀에 동의한다면, 혁명가들에게 그리고 다른 모든 이에게 다음과 같이 말해 주는 것이 당신의 의무입니다. 즉, 그들이 원하는 자유, 또는 그들이 원한다고 생각하는 자유는, 살인하거나 폭력을 행함으로써는 얻을 수 없고, 자신들을 올바르게 세움으로써 그리고 진정한 인도인이 되고 그렇게 남아 있음으로써 얻을 수 있다는 점을 그들에게 말해 주어야 합니다. 그렇게 되면 영국 통치자들은 주인이 아니라 하인이 될 것입니다. 폭군이 아니라 수탁자가 될 것입니다. 그들은 인도의 거주민 전체와 완전히 평화로운 관계에서 살아갈 것입니다. 그래서 미래는 영국인이 아니라 인도인 자신들에게 달려 있습니다. 만일 그들이 충분히 자기를 포기하고 검소하다면, 바로 이 순간에 자신들을 자유롭게 할 수 있을 것입니다. 그리고 수년 전까지 전적으로 우리의 것이었던 간소함, 그리고 여전히 대체로 우리의 것인 간소함에 도달하게 되면, 가장 선량한 인도인들과 가장 선량한 유럽인들이 인도의 전국 도처에서 상대방을 쳐다보게 될 것이고, 마치 효소처럼 활동하게 될 것입니다. 과거 신속한 이동 수단이 없었을 때 상인과 설교가들은 이 땅의 이 끝에서 저 끝까지 맨발로 걸으며 온갖 위험을 무릅썼지만(비록 도보 여행에서 오는 온갖 어려움에도 불구하고) 그 여행은 쾌락을 위한 것도 아니었고, 건강 회복을 위한 것도 아니었습니다. 단지 인류를 위해서였습니다. 그때 바라나시를 비롯하여 여타 거룩한 순례 도시가 있었습니다. 지금 그 도시들은 혐오의 장소일 따름입니다.

당신은 내가 자식들에게 구자라트어로 말하는 것에 대해서 나를 책망하곤 했음을 기억하실 것입니다. 나는 이제 영어로 말하기를 거부했던 일이 절대로 옳았음을 점점 더 확신하고 있습니다. 한 구자라트인이 다른 구자라트인에게 영어로 편지 쓰는 것을 상상해 보십시오. 당신이 제대로 말할 수 있는 영어를 그들은 잘못 발음하고 문법에 어긋나게 글을 쓸 것입니다. 나는 영어로 말하거나 쓸 때에 바보 같은 실수를 범하더라도, 구자라트어로 할 때에는 결코 범하지 않아야 합니다. 나는 인도인에게나 외국인[70]에게 영어로 말할 때는 영어를 어느 정도 잃어버리게 된다고 생각합니다. 내가 만일 영어를 잘 배우기를 원하고, 내 귀를 영어에 익숙하게 만들기를 원한다면, 나는 영국인에게 말하고 영국인의 말을 들어야 할 것입니다.

나는 당신에게 엄청나게 많은 양의 약을 주었다고 생각하는데, 당신이 그것을 잘 흡수하기를 바랍니다. 당신은 훌륭한 상상력과 건전한 상식과 함께, 그곳에서 얻는 다양한 경험에 의해서 아마 나와는 다른 결론에 도달할 가능성이 높습니다. 결국 결론은 새로운 것이 아니고 이제 구체적인 모습을 얻어서 나를 단단히 사로잡고 말 것입니다.

방금 요하네스버그에서 다음과 같은 전보를 받았습니다.

> 스뮈츠는 자신의 제안에 대해서 국무장관의 대답을 기다린다고 신문에 발표했다. 런던위원회는 당분간 지속된다.

이 전보는 문제가 요하네스버그에서 다소 심각해졌음을, 그리고 스뮈츠가 수동적 저항을 진압하는 일에 대해서 성공할 자신이 없음을 의미합니다. 그것은 만일 크루 경이 최상의 노력을 경주했다면 해결할 수 있었음을 보여줍니다. 하지만 우리는 계속 싸울 수 있습

70 〔역주〕 영어를 사용하지 않는 외국인.

니다. 그리고 런던위원회도 지속될 것입니다. 이것은 상황을 변화시키는 것이 아니라, 리치(Ritch)의 입장을 편하게 해줍니다.

가련한 리치 부인은 또 한 차례, 아니면 여러 번 수술을 받아야 할 것입니다. 살아남지 못할지도 모릅니다. 죽음과 같은 삶을 마감하고 진짜 죽음을 맞이하는 것이 그녀에게 더 큰 위안이 될 것입니다.

추신 이 편지의 앞부분을 쓴 뒤 밀리(Millie)가 여기에 왔습니다. 매우 중요하다고 생각했으므로 그녀에게 그것을 읽어 주었습니다. 이것은 유익한 논의로 이어졌습니다. 이건 당신이 상상할 수 있는 일일 것입니다.

알리 이맘 씨는 여전히 여기에 머물러 있습니다. 그는 월요일에 떠날 것 같습니다.

귀하의 신실한 친구
M. K. 간디 드림

H. S. L. 폴락(Polak)[71]에게 보낸 편지,
SN 5127 ; 《전집》 10 : 110

103) 문명과 양심

1910. 5. 10

존경하는 와이버그(Wybergh)[72] 씨께,

인도의 자치에 관한 소책자에 대해서 아주 완전하고도 귀중한 비판을 해 주셔서 지극히 감사합니다. 저는 매우 기쁜 마음으로 당신의 편지를 〈인디언 오피니언〉지에 보내서 출판하게 할 것이고, 이 답장도 그렇게 할 것입니다.

---

71 〔역주〕 간디는 1904년 당시 요하네스버그에서 〈비평〉 지 부편집장이었던 폴락을 만났고, 두 사람은 금방 친구가 되었다.

72 트란스발 의회 의원.

저는 당신 편지의 마지막 부분에서 드러냈던 정서에 대해서 전적으로 동감합니다. 저는 제 견해가 가장 절친한 제 친구들, 제가 존경하는 사람들의 견해와는 많이 다르리라는 점을 잘 알고 있습니다. 하지만 제 입장에서 보면 이런 차이점이 있다고 해서 존경심이 줄어들지도 않고 친구 관계에 영향을 주지도 않습니다.

당신이 편지에서 지적한 대로 제 불완전함과 결점을 저는 고통스럽지만 인식하고 있습니다. 소책자에서 다뤄진 정말로 중요한 문제들을 다루기에는 제가 너무나 하찮은 존재라는 점도 압니다. 상황 때문에 저는 어쩔 수 없이 정치평론가(*publicist*)가 되었지만, 그 입장에서 〈인디언 오피니언〉지 독자들을 위해서 글을 써야 한다고 느꼈습니다. 저는 양자택일을 할 수밖에 없었습니다. 〈인디언 오피니언〉지 독자들이 아무리 간절히 길잡이를 원하더라도, 저는 현재 인도에 만연된 미친 폭력에 그들이 휩쓸려 가게 내버려 두든가, 아니면[73] 아무리 하찮을지라도 그들이 요구했던 지침을 제공하든가 해야 합니다. 폭력을 완화하는 유일한 길은 소책자에 요약된 길밖에 없습니다.

천박한 독자들은 소책자를 불충의 산물로 간주할 것이라는 당신의 견해에 동의합니다. 그리고 사람과 수단, 현대문명과 그 옹호자를 구별하지 않는 사람들도 그런 결론에 도달할 것이라는 것 역시 인정합니다. 그리고 당신은 제가 폭력을 단념시키려는 이유가, 폭력은 잘못이고 동시에 효과가 없다고 생각하기 때문이지, 얻고자 하는 목적이 잘못이기 때문이 아니라고 주장하고 있습니다. 저는 그와 같은 당신의 주장을 인정합니다. 다른 말로 하면 어떤 사람들은 수단에서 목적을 분리하는 일이 도대체 가능하다고 생각할지 모릅니다만, 저는 불가능

73 〔역주〕《전집》 권 11, 38면에서 '아니면'(*or*)은 '그리고'(*and*)의 착오라고 하고 있는데, 이 각주가 영 이해되지 않았다.

하다고 생각합니다. 폭력으로 얻은 자치는 제가 제안한 비폭력의 방법으로 얻은 자치와는 전혀 다른 종류의 것이라고 생각합니다.

저는 현대문명의 정신이 사악하다(*evil*)고 생각해서 현대문명을 비판하고자 혼신의 노력을 기울여 왔습니다. 우리는 현대문명의 어떤 면모들이 선량하다는 점을 보여줄 수는 있을 것입니다. 하지만 저는 현대문명의 성향을 윤리의 잣대로 검토해 보았습니다. 저는 기독교와 현대문명을 구별하고, 현대문명과 자신들의 환경을 딛고 우뚝하게 일어선 개인들의 이상을 구별했습니다. 현대문명의 활동은 결코 유럽에 국한된 것이 아닙니다. 그 폭발적 영향력은 현재 일본에서 완전하게 발휘되고 있습니다. 그리고 이제 인도를 집어삼키려고 위협하고 있습니다. 소용돌이 안에 있는 인간들은 개개인의 경우를 제외하고는, 그 안에서 자신의 운명을 개척해야 할 것이라는 점을 역사는 우리에게 가르치고 있습니다.[74] 그러나 여전히 현대문명의 영향 외부에 있는 사람들, 그리고 길잡이가 될 만한, 충분히 시험해 본 문명을 가진 자들은 도움을 받아서 자신들이 서 있는 그 자리에 그대로 머물 수 있도록 해야 할 것입니다. 그 자리에 머물러 있다는 것이 사려 깊음의 산물이라고 해도 말입니다. 저는 현대문명이 준다고 하는 삶을 고대문명의 삶으로 이미 시험해 보았다고 주장합니다. 그리고 '경쟁의 채찍과 지성적 자극을 비롯한 물질적이고 감각적인 자극'에 의해서 인도 민중을 일깨워야 할 필요가 있다는 생각이 있는 모양인데, 저는 그 생각에 아주 강력하게 도전하지 않을 수 없습니다. 이런 것

74 〔역주〕 '개개인의 경우를 제외하고는'이라는 구절을 왜 써넣었는지 역자는 이해하기가 어려웠다. 집단으로서의 인간과 개체로서의 인간을 구별하여 개체로서의 인간은 소용돌이에서 도망갈 수도 있음을 의미하는 것인지, 간디의 분명한 뜻을 알 수 없었다. 그리고 《전집》에 별도의 각주도 없었다.

들이 인도 민중의 도덕적 위상에 한 치라도 보탤 수 있을 것이라는 점을 인정할 수 없습니다. 제가 사용해온 해탈(*liberation*)이라는 말이 온 인류의 당면 목표라는 점에 대해서는 의심의 여지가 없습니다. 그러나 그렇다고 해도 인류 전체가 거기에 동시에 도달할 수 있을 거라는 결론이 나오는 것은 아닙니다. 하지만 해탈이 인류가 얻을 수 있는 것 중에 최선의 것이라면 누구에 대해서도 이상을 낮추는 것은 잘못이라고 주장하는 바입니다. 분명 인도의 모든 경전들은 해탈이 당면 목표라고 부단히 그리고 분명히 설교해왔습니다. 그렇다고 해서 이런 설교가 '저급한 세계에서의 행위'를 포기하게 하는 것은 아니라고 우리는 알고 있습니다.

'수동적 저항'(*passive resistance*)이란 용어는 잘못된 이름임을 인정합니다. 일반적으로 말해서 우리가 의미를 알고 있기에 그 이름을 사용해왔습니다. 그것은 대중적 용어이므로 쉽게 대중의 상상력에 호소합니다. 기초 원리는 폭력의 원리에 전적으로 반대되는 것입니다. 그래서 '전투가 물리적 영역에서 정신적 영역으로 옮아갔다'고 할 수는 없습니다. 폭력의 기능은 외면적 방법으로 개혁을 얻는 것이고, 수동적 저항의 기능, 즉 혼의 힘이 보여주는 기능은 내면의 성장에 의해서 개혁을 얻는 것이며, 내면의 성장은 다시 자기고통, 자기정화에 의해서 얻어집니다. 폭력은 언제나 실패하고 수동적 저항은 늘 성공합니다. 수동적 저항자의 투쟁은 투쟁이지만 영적인 것입니다. 이기기 위해서 싸우기 때문입니다. 그는 이기기 위해서, 극기(*mastery of self*)를 위해서 싸워야 할 의무가 정말로 있습니다. 수동적 저항은 늘 도덕적이고, 결코 잔인하지 않습니다. 그리고 정신적 행위든 다른 행위든 그 행위가 이 시험에서 실패한다면 그것은 명백하게 수동적 저항이 아닙니다.

당신의 주장은 한편으로는 정치, 다른 한편으로는 종교 또는 영성(*spirituality*), 이 둘이 완전히 분리되어야 한다는 점을 보여주는 듯합니다. 현대의 조건 아래에서 살아가는 우리는 그런 분리를 일상적 삶에서 목격하고 있습니다. 그러나 수동적 저항은 정치와 종교를 재결합하려 하고, 우리의 행동 일체를 윤리적 원리에 비춰 검토하려고 합니다. 예수께서 돌덩이를 빵으로 만들기 위해서 혼의 힘을 사용하기를 거절하신 일이 있는데 이는 제 주장을 지지해 줍니다. 현대문명은 지금 그와 같이 불가능한 재주를 부리려고 합니다. 돌덩이를 빵으로 바꾸기 위해서 혼의 힘을 사용한다면, 그것은 과거에도 흑마술로 간주되었을 것이고 오늘날도 그렇게 생각되었을 것입니다. 동기만 보아서 특정 행위의 옳고 그름을 늘 결정할 수 있다는 당신의 의견에는 동조할 수 없습니다. 무지한 어머니가 지고의 순수한 동기에서 자식에게 아편 한 봉지를 줄 수도 있습니다. 그녀의 동기는 그녀의 무지를 치유할 수 없을 것이고, 도덕적 세계에서 제 자식을 살해했다는 죄에 대해서 자신을 속죄할 수도 없을 것입니다. 수동적 저항자는 이러한 원리를 인정하고 자신의 동기의 순수성에도 불구하고 자신의 행위가 완전히 잘못될 수 있다는 점을 알고, 판단을 지고의 존재(*the Supreme Being*)에게 맡겨 둡니다. 그리고 수동적 저항자는 그 자신이 그릇된 일이라고 생각하는 것에 저항하면서 직접 고통을 감수할 따름입니다.

'행위의 기관들'[75]만을 통제할 수 있고 '마음을 감각 대상에서 거둬들일 수 없는' 자는 마음 역시 통제 아래에 두기 전까지는 행위기관을 더 잘 사용할 수 있을 것이라는 주장이 있는데, 저는 이런 주장에 대한 타당한 근거를 《바가바드 기타》 전체를 보아도 찾을 수가 없습니다. 일상적 실천에서 행위기관들을 그렇게 사용한다면 우리는 그

75 〔역주〕 주로 사지를 가리킨다.

것을 탐닉이라고 부를 수 있을 것입니다. 그리고 만일 우리의 영혼이 약한데도 영혼 역시 강하기를 늘 기대하면서 육신을 통제할 수 있다면, 우리는 분명 올바른 조응에 도달할 것입니다. 당신이 인용했던 텍스트는 과시할 목적으로 행위기관들을 통제하는 듯 보이는 사람, 하지만 감각의 대상에 의도적으로 마음을 둔 사람을 지칭한다고 저는 생각합니다.

순수한 수동적 저항자는 자신이 순교자로 간주되는 것을 허용해서도 안 되고, 교도소 내의 고생 또는 여타 다른 고생에 대해서 불평해서도 안 되고, 불의(不義, *injustice*) 또는 부적절한 대우로 보이는 것을 이용하여 이것들을 정치적 자산을 만들어서도 안 된다는 점에 대해서 저는 당신의 견해에 전적으로 동의합니다. 하물며 수동적 저항의 어떤 사안도 널리 광고해서는 더더욱 안 될 것입니다. 하지만 불행하게도 모든 행위들은 섞여 있습니다. 지순한 수동적 저항은 이론으로만 존재합니다. 당신이 지적하는 일탈 행위들은, 트란스발의 인도인 수동적 저항자들이 결국은 오류를 쉽게 범하는 인간, 그러면서도 약한 인간이라는 사실을 강조하고 있습니다. 그러나 그들의 목적은 자신들의 실천을 순수한 수동적 저항에 가능한 한 가깝게 일치시키는 것임을, 그리고 투쟁이 진전되면 순수한 영혼들이 우리 가운데 분명히 부상(浮上)할 것임을 당신에게 보장할 수 있습니다.

모든 수동적 저항자들이 사랑의 정신이나 진리의 정신으로 불타는 것은 아니라는 점 또한 기꺼이 인정합니다. 우리 중 몇 사람은 의심할 나위 없이 복수심과 증오의 정신에서 해방되어 있지 못합니다. 그러나 우리 모두 속에 있는 욕구는 증오와 적대감으로부터 우리 자신을 치료하는 것입니다. 운동의 진기함이 주는 황홀한 매력이나 이기적 이유에서 수동적 저항자가 된 자들은, 중도 하차한다는 점도 알아차렸습니다. 위장된 자기고통(*self-suffering*)은 오래갈 수 없습니다. 그런 사람들은 한 번도 수동적 저항자가 아니었습니다. 수동적 저항이란 주제를 다소 비인격적인 말로 논의해야 할 필요가 있습니다. 당신이 군인들의 육체적 고통이 트란스발 수동적 저항자들의 고통을 훨씬 상회했다고 말한다면, 그 말에 전적으로 동의합니다. 그러나 화장용 장작더미 안이나 끓는 가마솥 안으로 일부러 걸어들어 가는 사람, 이와 같이 세상에 널리 알려져 있는 수동적 저항자들의 고통은 거명할 수 있는 어떤 군인의 고통에 비하더라도 비교되지 않을 정도로 위대합니다.

제가 톨스토이를 대변하는 것처럼 보일 수는 없습니다. 하지만 제가 그의 글을 읽어 본 결과 그 글이, 힘에 근거하여 조직된 제도들 즉 정부들을 냉혹하게 분석하고 있음에도 불구하고, 온 세상이 철학적 무정부 상태(*philosophical anarchy*) 속에서 살아갈 수 있다는 것을 어떤 방식으로든 예상하지 않으며, 고려하지도 않는다는 것을 알았습니다. 제가 보기에 그가 설교한 것은 세계의 다른 스승들과 마찬가지로, 모든 인간이 자신의 양심의 소리에 순종해야 하고, 각자가 자신의 주인이 되어야 하며, 내면에서 천국을 구하라는 것입니다. 톨스토이에게는 사람들 개개인의 재가(裁可)를 얻지 않고서는 그들을 통제할 수 있는 정부란 있을 수 없습니다. 그런 인간은 어떤 정부보다 우월합니다. 무지하여 자신들이 단순히 양이라고 여기는 다수의 다른 사자들에게, 한 마리의 사자가 그들은 양이 아니라 사자란 사실을 말하는 것이 도대체 위험한 일이겠습니까? 아주 무식한 사자 몇 마리가 저 현명한 사자의 주장에 도전할 것임은 분명합니다. 바로 그러한 이유로 분명히 혼란 또한 있을 것입니다. 그렇지만, 무식이 아무리 엄청난 것이라 해도, 현명한 사자가 조용히 앉아 있기만 하고 동료 사자들에게 그가 얻은 위엄과 자유를 공유하자고 요구해서는 안 된다고 제안한다면, 그 제안은 틀렸습니다.

반아시아연맹은 순수하지만 전적으로 오도된 동기에서 아시아인들을 악으로 간주하고 트란스발에서 추방하길 바라고 있습니다. 연맹이 이런 목적을 달성하기 위해서 폭력을 사용할 경우, 사실 그 행위는 연맹 자체의 관점에서 보면 분명히 정당화될 수 있을 것이라는 생각이 저에게 떠올랐습니다. 만약 수동적 저항자들이 약하지 않다면, 그들의 눈에 강압적인 행위로 보이는 것에 대해서 불평해서는 안 됩니다. 오히려 그들에게는 추방과 그보다 더 지독한 것이야말로, 양심에 어긋나는 행위에 대한 굴복에서 해방시켜 주는, 환영할 만한 위로임에 틀림없을 것입니다. 당신 자신의 사례에서 수동적 저항의 아름다움을 놓치지 마시길 바랍니다. 저항자들이 강제적 추방에 대항하여 물리적 폭력을 행사할 능력은 있었지만, 추방에 저항하기보다는 추방되기를 순수하게 선택했다고 가정해 봅시다. 그것은 그들 속에 있는 탁월한 용기와 탁월한 도덕적 자질을 보여주는 것이 아니겠습니까?

귀하의 신실한 친구

M. K. 간디

W. J. 와이버그에게 보낸 편지,

〈인디언 오피니언〉, 1910. 5. 21 ; 《전집》 11 : 38

104) 인도문명에 대한 믿음

인도르, *1918. 3. 30*

우리는 종종 다음과 같이 생각합니다. 유럽에서 일어나고 있는 변화와 같은 종류의 변화가 인도에서도 일어날 것이고, 거대한 전환이 일어나게 될 때 전환에 대해서 미리 대비하는 자들은 승리할 것, 전환을 알아차리지 못하는 자들은 파멸할 것, 그리고 단순한 운동은 진보이고, 우리의 진전은 그 안에 있다고 말입니다. 우리는 유럽 대륙에서 만들어진 위대한 발견들을 통해서 진보할 수 있을 것이라고 생각합니다. 하지만 이것은 환상입니다. 우리는 우리 자신의 문명을 가지고 오랫동안 생존해온 나라에서 사는 사람들입니다. 유럽의 많은 문명은 파괴되었으나, 우리 인도는 살아남아 자신의 문명을 증언하고 있습니다. 현대의 인도문명이 수천 년 전의 인도문명과 동일하다는 점에 대해서 모든 학자들이 이구동성으로 증언하고 있습니다. 그러나 이제 우리가 더 이상 우리 문명을 믿지 않는 것은 아닌가 하고 의심할 이유가 있습니다. 우리가 매일 아침예배하고 기도하고, 선조들이 지은 게송들을 음송하는 것은 사실입니다. 그런데도 우리는 그 의미를 모릅니다. 우리의 믿음은 다른 방향으로 옮겨지고 있습니다.

이 세상이 지속되는 한, 판다바 형제와 카우라바 형제들 사이의 전쟁 역시 계속될 것입니다. 거의 모든 종교 서적들은 신들과 사탄 사이의 전쟁이 영원히 계속될 것이라고 말합니다. 문제는 우리가 어떻게 대비하느냐에 달려 있습니다. 내가 여기에 온 것은 여러분이 여러분의 문명에 대해서 믿음을 갖고 그것을 굳건히 지켜나가야 한다는 점을 말해 주기 위해서입니다. 만일 여러분이 그렇게 한다면, 인도는 전 세계를 지배할 것입니다. (박수) 76

우리 지도자들은 서구와 싸우기 위해서는 서구의 방식들을 수용해야 한다고 말합니다. 하지만 그것은 인도문명의 종말을 의미한다는 것을 꼭 명심하십시오. 인도의 얼굴은 여러분이 따르는 현대의 조류를 외면하고 있습니다. 인도의 그런 모습을 여러분은 알지 못합니다. 나는 여행을 많이 하면서 인도의 심성을 알게 되었고, 그 심성이 인도 고대문명에 대한 믿음을 간직해왔음을 발견했습니다. 우리가 지금 스와라즈에 대해서 듣고 있습니다만 그것은 우리가 채택한 방식을 통해

76 〔역주〕《전집》 권 16, 377면.

서는 획득되지 않을 것입니다. 국민회의 연맹 계획 또는 그보다 더 좋은 계획이 있더라도 그것은 우리에게 스와라즈를 주지 않을 것입니다. 우리는 삶을 살아가는 방식을 통해서 스와라즈를 얻을 것입니다. 스와라즈는 요구한다고 해서 얻어지는 것이 아닙니다. 우리가 유럽을 모방한다고 해서 그것을 얻을 수 있는 것은 결코 아닙니다.

유럽문명이 악마와 같다는 점은 우리 스스로 잘 알고 있습니다. 이에 대한 명백한 증거는 현재 진행중인 격렬한 전쟁입니다. 그것은 너무나 끔찍해서 마하바라타 전쟁은 그것과 비교하면 아무것도 아니었습니다. 이것은 우리에게 경종을 울려 줍니다. 그리고 행위가 반드시 거룩해야 하고 다르마에 기초해야 한다는 불변이며 불가침의 원리를, 우리는 우리의 현자에게서 받았다는 점을 상기해야 할 것입니다. 우리는 이 원리만을 따라야 합니다. 우리가 다르마를 따르지 않는다면, 어떤 거창한 계획을 세우더라도 우리의 소원은 성취되지 않을 것입니다. 몬터규 씨가 오늘날 스와라즈를 제시한다고 해도 우리는 그러한 스와라즈로부터는 아무 이익을 얻지 못할 것입니다. 우리는 리쉬들과 무니들이 우리에게 남겨준 유산을 이용해야 합니다.

고대 인도에서 실천되었던 고행(*tapasya*)이 다른 곳에서는 전혀 발견되지 않는다는 점은 전 세계가 알고 있습니다. 우리가 인도를 위해서 제국을 원한다고 해도, 우리는 제국을 다른 방법이 아니라 자기훈련(*self-discipline*)의 방법으로만 얻을 수 있을 것입니다. 훈련의 정신이 우리 삶을 지배하게 되면 원하는 것은 무엇이든 얻을 수 있을 것임을 우리는 확신할 수 있을 것입니다.

우리의 목적은 진리와 비폭력입니다. 비폭력은 지고의 다르마인데, 이보다 더 중대한 의미를 발견한 적은 없습니다. 우리가 세속적인 행위를 하는 한, 그리고 혼과 육이 함께 존재하는 한, 일정한 정도의 폭력이 우리의 행위를 통해서 지속적으로 일어날 것입니다. 하지만 우리는 적어도 우리가 포기할 수 있는 폭력은 최대한 포기해야 합니다. 종교가 허용하는 폭력이 적으면 적을수록 종교 안에 더 많은 진리가 들어 있다고 이해해야 합니다. 만약 우리가 인도의 구원을 보증할 수 있다면, 그것은 오로지 진리와 비폭력을 통해서만 가능합니다. 봄베이 주지사인 윌링던 경은 인도인을 만나면 크게 실망한다고 말했습니다. 그 이유는 인도인이 자신의 마음속에 있는 것을 드러내는 것이 아니라 윌링던 경의 마음에 맞는 것만을 표현함으로써, 그들의 진정한 입장을 결코 알 수 없기 때문이라는 것입니다. 많은 사람이 중요한 사람의 면전에서는 자신들의 감정을 숨기고, 그의 비위에 맞춰 말하는 습관이 있습니다. 그들은 얼마나 잔인하게 스스로 기만하고 진리를 해치고 있는지를 깨닫지 못합니다. 사람은 반드시 자신이 느낀 바(*what one feels*)를 얘기해야 합니다. 자신의 이성을 거스르는 것은 무례한 행위입니다. 사람은 상대방이 정부 고관이든 심지어 더 높은 지위의 사람이든 그에게 자신이 느낀 바를 말하기를 조금도 주저해서는 안 됩니다. 진리와 비폭력으로서 모든 사람들에게 대하십시오.

사랑은 철천지원수조차 친구로 만드는 진귀한 약초이며, 이 약초는 비폭력에서 자라납니다. 잠자고 있던 비폭력이 깨어나면 사랑이 되는 것입니다. 사랑은 악의를 파괴합니다. 우리는 영국인이나 무슬림을 가리지 않고 모든 사람들을 사랑해야 합니다. 우리가 소를 보호해야 하는 것은 분명하지만 무슬림과 싸움을 벌이면서까지 그렇게 할 수는 없습니다. 우리는 무슬림을 죽임으로써 소를 구할 수는 없습니다. 사랑을 통해서만 행위해야 합니다. 그래야만 우리는 성공할 것입니다. 우리가 진리·사랑·비폭력에 대해서 부동의 믿음이 없다면, 진보를 이룰 수 없습니다. 만약 우리가 이런 것들을 내버리고 유럽문명을 모방한다면, 우리는 파멸하고 말 것입니다. 나는 인도가 자신의 문명을 외면하지 않도록 수르야나라얀(Suryanarayan)[77]에게 기도합니다. 두려워 마십시오. 여러분이 갖가지 종류의 공포 아래 사는 한 결코 진보하거나 결코 성공할 수 없습니다. 부디 우리의 고대 문명을 잊지 마십시오. 진리와 사랑을 절대로, 절대로 포기하지 마십시오. 모든 적수와 친구들을 사랑으로 대하십시오. 만일 당신이 힌디어를 국어로 제정하기를 원한다면 진리와 비폭력이라는 원리를 통해서 단시간 내에 그렇게 할 수 있을 것입니다.

인도문명에 대한 연설(H.), 《마하트마 간디》
(*Mahatma Gandhi*) ; 《전집》 16 : 247

105) 고대의 영광과 현대의 무기력

편집자들은 신문에 공란에 생기게 되면 그것을 채우기 위해서 이런 저런 글들을 흔히 마련해 둔다. 영어로는 이것을 '상록수'(*evergreen*)라고 부른다. 언제나 싱싱하다는 의미이다. 당신은 그 사안을 언제라도 출판할 수 있다. 나는 우연히 이와 유사한 것을 〈봄베이 크로니컬〉지에서 보았다. 거기에는 다음과 같은 정보가 있었다.

> 인도인들이 십진법을 창안했다. 기하학과 대수학은 인도에서 처음 전개되었고, 삼각법도 마찬가지였다. 세상에 건립된 최초 5개의 병원은 인도에 세워졌다. 고대 유럽의 의사들은 인도의 약을 사용했다. 인도인들은 기원전 6세기에 인체해부(解剖)를 연구했고, 거의 같은 시기에 수술의 기술을 얻었다. 고대 인도인들은 그들이 현재 하고 있는 것과 같은 철주(鐵柱)의 주조술을 알았다. 인도는 동굴 조각에 전문

77 〔역주〕 태양의 모습을 빌린 주님. 《전집》 권 16, 378면.

적 재주가 있었다. 알렉산더가 인도를 침략했을 때 펀자브와 신드 지방에 공화국들을 발견했다. 고대 인도의 여성들은 유럽 여성이 현재 열렬하게 쟁취하려는 권리를 향유했다. 지방 공국(共國)들이 찬드라굽타 시대에 존재했다. 문법학을 완성시킨 자는 인도인이었다. 《라마야나》와 《마하바라타》에 필적할 만한 것은 아직 없다.

나는 이런 주장들이 어느 정도 사실인지를 모른다. 하지만 만일 고라나데 판사가 오늘날 생존하여 과거의 인도 영광에 대한 이런 말을 들었다면, 그가 분명 '그래서 어쨌단 말이냐'(*So what?*)라고 물었을 것이라는 점만큼은 안다. 그는 과거의 영광에 안주하기만 한다면 어떤 민족도 진보할 수 없다고 말하곤 했다. 만일 우리가 과거의 영광에 안주한다면, 그것은 우리가 거기에 무엇인가를 보탤 수 있을 경우에만 그렇게 해야 할 것이다. 오늘날 《라마야나》를 지을 수 있는 사람이 어디에 있는가? 고대의 도덕은 어디에 있는가? 과거의 능력은 어디에 있는가? 의무에 대한 헌신은? 우리는 수천 년 전에 발견된 약에 아무것도 보탠 것이 없다. 우리는 심지어 고문서에 언급된 약들에 대한 적절한 지식조차 없다. 우리는 위에서 언급한 다른 모든 천부적인 재능의 면에서도 마찬가지로 결핍되어 있다고 생각하므로, 유럽에서 모든 것을 빌리고 있다. 우리가 과거에 우리의 것이었던 그 영광을 오늘날에 되살리지 않는다면, 그것에 대해서 아예 언급조차 않는 것이 지혜라고, 나는 적어도 그렇게 생각한다. 교환가치가 전혀 없는 부, 세상이 인정해 주지도 않는 부는 명성이 아니라 오직 치욕(*humiliation*)만을 가져올 따름이고 본성상 짐이 될 뿐이다. 우리가 지금 믿고 있듯이 이런 재능들이 고대에 우리에게 있었다면, 오늘날에도 우리는 그것들에 대한 증거를 다시 제공할 수 있어야 할 것이다. 우리는 진정 용감한 민족의 후예들이다. 하지만 동시에 우리가 그 유산을 감당할 능력이 없다고 고백한다고 해서 얻을 것은 전혀 없다. 우리는 그런 능력이 어떻게 생길지 앞으로 보아야 할 것이다.

과거를 먹고 살아가기(G.), 〈나바지반〉, 1920.6.20

106) 인도에서의 비겁과 위선

자식이 아버지의 명성으로 오래 살아갈 수 없듯이, 인도 민중은 고대 인도의 영광에만 힘입어 번영을 유지해갈 수 없다. 우리는 지난주 오늘날의 인도에는 번영 대신에 빈곤이 있음을 목격했다.

우리는 이런 사태에 대한 원인과 처방에 대해서 곰곰이 생각해 보아야 한다.

아크바르의 후계자들은 아크바르 시대의 무굴제국의 광휘를 잃었다. 왜냐하면 아크바르의 자질들을 하나씩 잃어갔기 때문이다. 자한기르는 자질 하나를 잃었고, 샤흐제한은 하나 더, 아루랑제브는 또 하나를 잃었고, 아루랑제브의 후계자들은 거의 모든 자질을 잃고 말았다. 그 결과 그들은 인도제국을 영국인에게 잃고 말았다. 현대의 인도 민중은 아크바르의 계승자처럼 행동해왔다.

우리는 이런 사실을 인정하려 하지 않고 모든 것에 대해서 영국인을 비난한다. 우리는 그들의 간교함 때문에 쓰러졌다. 그들은 우리의 부를 빼앗아갔고, 우리를 거지로 만들었고, 그들의 허락 없이는 숨도 쉴 수 없다. 그런데 어떻게 우리 자신을 비난하겠는가?

이런 비판에 많은 과장이 있긴 하지만 그 안에 진실이 담겨 있는 것도 사실이다. 영국인이 우리를 지배하게 되었던 원인은 무엇인가? 그것은 우리 자신의 잘못이 아닌가? 동인도회사의 돈에 유혹을 느끼는 사람은 누구였던가? 만일 그 회사가 나름의 방식대로 장사를 했다면, 잘못이 그 회사에 있는가? 만일 술장사가 술을 판다면, 소비자가 술장사에게 책임을 전가할 수 있을 것인가? 만일 내가 고리대금업자에게 원금과 같은 액수의 이자를 지불한다면, 그것이 어째서 고리대금업자의 잘못인가? 여하튼 나는 그를 욕할 수는 없다. 속아 넘어가는 사람들이 존재하는 한 속이는 사람이 존재할 것이라고 어느 작가는 말한 바 있다.

영국인들을 욕하고 미워한다고 해서 우리가 진보하는 것은 아니다. 영국인들이 우리를 장악할 수 있게 한 결점들을 제거하지 않는다면, 우리는 노예로 남을 것이다.

하지만 우리는 늘 영국인들의 잘못을 그들에게 지적해 주고 있고 앞으로도 그렇게 할 것이다. 국민의회가 했던 일은 주로 이런 일이다. 그렇게 지적해 주는 연사들은 나무 잎새처럼 많을 것이다. 그래서 나는 영국인들의 잘못을 천착(穿鑿)하기보다는 우리 자신의 잘못을 보려고 하는 편이 소득이 더 클 것이라고 믿는다. '우리가 착하다면 전 세상이 착할 것이다'라는 격언은 가볍게 내칠 것이 아니다. 그 안에 상당한 힘이 있다. 우리가 곧추서 있기만 하다면 어느 누구도 우리를 부패시킬 수 없을 것이다. 우리의 피가 불결에서 자유롭기만 하다면 외부의 독성 있는 대기가 우리 피에 아무 영향력을 행사할 수 없다는 것이 의학의 원리다. 바로 그 때문에 역병이 돌 때, 어떤 자들은 공격을 당하고 어떤 자들은 공격을 당하지 않는다. 마찬가지 이치로 만일 우리가 청렴결백했다면 동인도회사는 아무것도 못했을 것이고 현재 마이클 오도여(Michael O'Dwyer)와 같은 장교들은 직업을 잃었을 것이다.

우리를 무기력하게 만들고, 외부로 부(富)가 과도하게 유출되는 것을 막지 못하는 우리의 단점은 무엇인가? 이런 단점 때문에 우리의 아이들은 우유를 먹지 못하고, 3천만 민중이 하루 한 끼밖에 먹지 못하고, 케다 구역에서는 백주에 불법적 폭행이 발생한다. 다른 나라에서는 박멸할 수 있는 페스트와 콜레라와 같은 역병을 우리나라에서는 박멸할 수 없다. 저 거만한 마이클 오도여 경과 무례한 다이어 장군이 우리를 벌레처럼 짓밟고 있다는 것, 심라 지역의 사제가 우리에 대해서 비열한 내용을 담은 글을 쓴다는 사실은 또 어떤가? 펀자브 지방에서 참을 수 없는 불의가 자행되어온 것은 왜 그런가? 킬라파트 이슈에 대해서 영국 수상은 자신의 말을 어겼다. 이 두 가지 사안에서 우리는 무기력함을 느낀다.

그 이유는 우리의 고질적 이기심(*selfishness*) 때문이고, 나라를 위해서 자신을 희생할 능력이 없기 때문이며 우리의 부정직·아둔함·위선·무지 때문이다. 모든 사람들은 다소간 이기적이다. 하지만 우리는 다른 사람에 비해서 더 이기적인 것으로 보인다. 우리는 가족의 일에서는 조금 희생한다. 하지만 국가의 일을 위해서는 거의 희생하지 않는다. 도로와 도시 그리고 열차를 보아라. 우리는 이 모든 곳에서 우리나라의 실정을 볼 수 있다. 도로에서, 그리고 마을 전체와 기차에서 다른 사람의 편의를 거의 고려하지 않는다. 우리는 서슴없이 우리 마당에 있는 쓰레기를 도로 위로 던져 버린다. 우리는 발코니 위에서 통행인에게 불편을 끼치는지의 여부에 대해서 단 한순간도 생각하지 않고 쓰레기를 버리거나 침을 내뱉는다. 집을 지을 때 이웃이 겪을지도 모를 불편에 대해서는 거의 생각하지 않는다. 도시에서는 수도꼭지를 계속 틀어 놓고, 흘러내리는 물은 우리 물이 아니라고 생각하면서 낭비되도록 내버려 둔다. 같은 일이 기차에서도 일어난다. 우리는 무슨 짓을 해서라도 앉을 자리를 잡으려고 한다. 그리고 가능하다면 다른 사람이 객차 안으로 들어오는 것을 막는다. 다른 사람이 아무리 불편을 겪더라도 우리는 담배를 피운다. 바나나 껍질과 사탕수수 껍질을 우리 이웃의 면전에 버리기를 주저하지 않는다. 수도에서 물을 기를 때도 타인을 거의 배려하지 않는다. 이와 같이 우리의 이기심을 드러내는 수많은 사례를 열거할 수 있다.

이기심이 이렇게 깔려 있는데 어떻게 우리가 자기희생을 기대할 수 있을까? 기업인은 나라를 위해서 자신의 기업에서 부정직을 척결하는가? 그가 자신의 이익을 버리는가? 그는 나라를 위해서 무명옷을 입고 머리 굴리기를 멈추는가? 우유 값을 저렴하게 유지하기 위해서는 우유 수출에서 얻는 이익을 포기해야 하는데, 그러기 위해서 어떤 노력을 기울이는가? 나라를 위해서 필요하다면 얼마나 많은 사람이 직장을 포기할까? 사치를 줄이고 검소한 생활을 받아들여서 절약한 돈을 나라를 위해서 사용하는 사람들이 어디 있을까? 만일 나라를 위해서 교도소에 가야 한다면 얼마나 많은 사람이 앞으로 나올까?

눈 있는 사람이면 누구든 우리의 부정직을 볼 수 있다. 우리는 결코 정직하게 사업을 벌일 수 없다고 믿는다. 기회를 포착한 사람들은 결코 뇌물을 거절하지 않는다. 우리는 철도에서 최악의 부패를 경험한다. 철도 경찰, 차표 판매원, 차장에게 뇌물을 주는 경우에만 일이 된다. 기차표를 구하기 위해서도 우리는 부정직한 수단을 사용해야 하거나, 그 수단에 대해서 눈감아 줘야 한다. 철도화물의 경우, 아주 잘 포장되어 있지 않아서 조금이라도 열릴 수 있다면, 내용물은 분명히 도난당할 것이다.

우리의 위선은 영국인의 위선에 비해서 약간 덜한 정도이다. 우리는 매 순간 위선을 경험한다. 우리는 집회 혹은 다른 일체의 행위에서 우리의 본 모습이 아닌 다른 자신들을 보여주려고 한다.

비겁은 우리에게 더욱 심각한 문제가 되어 버렸다. 비협조운동과 관련하여 유혈을 바라는 사람은 아무도 없다. 그런데도 유혈에 대한 공포에 사로잡혀 우리는 아무 일도 하지 않으려고 한다. 우리는 정부의 무력(武力)에 대한 공포에 휩싸여 감히 한 걸음도 떼지 않으려고 한다. 그래서 우리는 모든 사안에 있어서 힘에 순종하고, 강도떼들이 백주에 우리를 약탈하도록 내버려 둔다.

우리의 위선에 대해서 내가 무엇을 말할 수 있을까? 위선은 모든 분야에서 성장해왔다. 허약한 경우에는 반드시 위선이 따라온다. 더구나 사람들이 바로 서기를 원하면서도 그렇게 할 수 없을 경우 위선은 자연스레 증가한다. 만일 바르지 못하다면 우리는 그렇게 보이도록 안달할 것이고, 그래서 우리는 우리에게 이미 있는 도덕적 약점에 또 하나의 약점을 보태게 된다. 위선은 종교에도 들어왔다. 그것도 아주 철저하게 들어온 탓에 이마에 찍는 표시, 염주 및 그와 유사한 것들이 더 이상 경건함의 표시가 아니라 불경의 증표가 되었다.

모든 것의 연원은 무지임이 분명하다. 우리가 자신들의 능력에 대해서 무지하기 때문에 약점이 성장하는 것이다. 우리는 우리 안에 있는 아트만의 존재마저 의심하고, 그 힘에 대해서 아무 믿음이 없다. 이런 무지는 교육을 받는다고 해서 사라지지 않을 것이다. 그것은 우리의 사유 방식의 변화와 더불어 비로소 없어질 것이다. 읽고 쓰는 능력(*literacy*)은 우리의 사고력을 증진시키는 정도만큼, 선과 악의 분별을 가르치는 정도만큼 필요하다.

따라서 우리가 이기심을 포기하고 타인의 이익을 배려하기를 배우지 않는 한, 자기희생을 배우지 않는 한, 그리고 진리에 피난처를 구하여 공포를 피하고 용감한 사람이 되어서 위선을 떨쳐 버리고 무지를 날려 버리지 않는 한, 우리나라는 진정한 의미의 번영을 이루지 못할 것이다.

과거를 먹고 살아가기(G.), 〈나바지반〉,
1920. 6. 27 ; 《전집》 20 : 176

107) 문명과 교육

〔*1925. 2. 15*〕

타코레 사헤브(Thakore Saheb)[78]는 교육에 관한 훌륭한 이념을 상세히 설명했으면서도 이와 같이 작은 주에서 그것을 실행에 옮기는 일에 대해서는 비관적이었습니다. 그러나 그의 비관주의에는 정당한 근거가 하나도 없습니다. 작은 주는 실제로 많은 이점을 누립니다. 라즈코트 민중에게서 협력을 얻기는 수월할 것입니다. 스웨덴·노르웨이·스위스와 같은 작은 나라들은 지난번 세계대전에 연루되지 않았기에 세상에 별로 알려진 적은 없지만, 큰 나라들에 비해서 결코 열등하지 않은 문명을 가지고 있음을 자랑스러워합니다. 그 나라들은 교육 분야에서 수많은 성공적인 실험을 수행해왔습니다. 큰 나라에서는 일어나는 문제 역시 큽니다. 나는 리딩 경(*Lord Reading*)과 같은 입장에 처해 있는 사람이 일반적으로 직면할 수밖에 없는 난점들을 잘 이해할 수 있습니다. 고려해야 할 분파와 이익이 다양하고, 일의 분야가 매우 광범위하다면 우리가 어떤 효과적인 일을 할 수 있겠습니까? 그래서 전망 있는 계획들이 쉽게 실시될 수 있는 곳은 오직 작은 나라뿐입니다. 구자라트 비드야피트(*Vidyapith* : 교육기관)는 어떤 면에서 보면 타코레 사헤브가 설명한 것을 쭉 실천해왔습니다.

만약 우리가 이상적인 학생들을 가진 하나의 모범기관을 운영한다면, 거기에서 동종(同種)의 보다 많은 기관이 자라날 것입니다. 영(零)은 아무것도 산출할 수 없습니다. 영은 곱할 수 없기 때문입니다. 반면 하나는 다수로 성장할 수 있습니다. 그러므로 낙망해야 할 이유가 없습니다. 낙망의 이유는 주로 사람 자신에 달려 있습니다.

---

78 〔역주〕 인도 서북부 라즈코트 소공국의 전제군주.

아트만은 아트만 자신의 친구이며 원수입니다.[79] 우리는 인간의 노력이 성취할 수 있는 것에 대해서 어떤 한계를 설정해서도 안 됩니다. 수직 비행을 함에 있어서 머리 위에 어떤 장애물을 목도할 경우에만 그런 한계가 있을 수 있습니다. 상승의 유일한 한계는 하늘입니다. 아래로 떨어지는 데에도 한계가 있습니다. 신 자신이 그러한 한계를 땅·바위·물 등의 모습으로 창조했습니다. 따라서 우리는 낙망할 필요가 없습니다. 나는 민중에게 통치자로부터 완전한 이익을 얻을 것을 충고하고, 통치자에게는 그가 많은 일을 해왔지만 더 많은 일을 해야 한다고 말하고 싶습니다.

통치자와 신민(臣民)은 최고로 완전한 이해와 신뢰를 발전시켜야 합니다. '통치자가 하는 대로 신민이 따라한다'는 말이 옳다면, '신민이 하는 대로 통치자가 따라한다'는 말도 옳을 것입니다. 하지만 여러분 스스로 아무 일도 하지 않는다면, 통치자가 많이 도와주고 싶어도 아무것도 할 수 없을 것입니다. 만일 위선·아첨·사악이 여러분의 삶을 지배하도록 내버려 둔다면 통치자의 삶은 그런 악을 반영할 수밖에 없습니다. 이 말을 할 수밖에 없는 이유는, '소금이 꿀보다 더 낫다'는 말이 여전히 진실이기 때문입니다.

자이나 학생 호스텔에서의 연설, 라즈코트(G.),
〈나바지반〉, 1925. 3. 1 ; 《전집》 30 : 136

108) 과학과 문명

〔*1925. 3. 13*〕

인도 사람들은 내가 과학의 적대자나 원수라고 믿습니다만, 이는 일반적으로 미신입니다. 이 미신은 인도 외부에서는 더욱 강한데, 유럽과 미국에 있는 사람들과 내가 주고받은 편지에서 본 적이 있습

---

79 《바가바드 기타》 6 : 5.

니다. 그런데 이런 종류의 비난보다 진리에서 더 멀리 떨어진 것은 없을 것입니다. 그렇지만 내가 과학의 순진한 숭배자가 아닌 것은 분명한 사실입니다. 따라서 나는 여러분에게 다음과 같이 말씀드립니다. 우리가 과학에 적절한 위치를 부여한다는 조건에서라면, 과학 없이는 살 수 없을 것이라고 나는 생각합니다. 그러나 나는 세상을 돌아다니면서 과학의 오용에 대해서 많이 배웠습니다. 그것을 자주 언급해왔으므로, 세상 사람들은 내가 실제 과학의 적대자라고 믿게 된 것 같습니다. 나의 소견으로는 과학 연구에도 한계가 있습니다. 내가 과학 연구에 부과하는 한계는 인간성이 우리에게 부과하는 한계입니다.

나는 며칠 전 과학의 이용에 대해서 친구와 토론을 벌였습니다. 그때 나는 그에게 내 인생담을 말해 주었는데, 그것을 여러분에게 반복하려고 합니다. 나의 인생에서 의학을 직업으로 선택할 뻔한 적이 있었고, 내가 그 직업을 택했다면 아마 훌륭한 내과의 아니면 외과의, 아니면 둘 다 되었을 것이라고 말했습니다. 나는 두 분야를 애호하는 사람이었기에, 그 분야에서 위대한 봉사를 할 수 있었을 것이라고 생각합니다. 하지만 현재 탁월한 의사가 된 나의 의학도 친구에게서 생체해부를 해야 할지도 모른다는 것을 알았을 때, 나는 전율하며 그 직업에서 물러났습니다.

여러분 중에 몇몇은 나의 전율(*horror*)에 대해서 비웃을 수도 있지만, 그렇게 하지는 마십시오. 내가 진심으로 말하고 있는 바를 유의하여 숙고해 주시길 바랍니다. 우리가 이 지상에 온 목적은 창조주를 섬기기 위해서, 그리고 자신을 알기 위해서, 다른 말로 하면 자신을 실현하기 위해서, 그래서 우리의 운명을 실현하기 위한 것이라고 느낍니다. 생체해부는 우리의 도덕적 위상에 한 치도 보탬이 될 수 없다고 생각합니다. 해부는 아마 육신이 아픈 사람들에게 약간의 도움을 줄 수도 있을 것입니다. 내가 "아마"라고 말을 했음에 주목하십시오. 해부가 병자에게 약간의 도움을 줄 수 있다는 주장도 많은 의학도가 절대적으로는 옳은 것은 아니라고 합니다. 나는 육신을 계속 살려 두는 치료술에도 한계가 있어야 한다는 점을 믿고 있다고 정직하게 고백하겠습니다. 결국 육신이란 우리가 기대기에는 너무나 연약한 잡초가 아닙니까. 그것은 어느 순간이든 우리 손을 빠져나갈 수 있습니다. 나는 매독[80] 대령이 베푼 능숙한 수술 솜씨 덕분에 회복되었습니다. 하지만 내가 회복한 이후, 벼락 한 방이나 어떤 다른 사건으로 쓰러지지 않을 것이라는 아무 보증도 할 수 없었습니다. 사실이 이럴진대, 우리는 자신들을 붙들어야 할지, 또는 죽도록 내버려둬야 할지를 검토해 보아야 합니다.

나는 과학 연구와 과학의 사용에 대해서 설정하고 싶은 한계와 관련하여 한 가지 사례만을 여러분에게 제시했습니다. 나는 인도의 수많은 학생에게 말해왔듯이 간단히 말하고 싶습니다. 나에게는 학생계가 보내주는 신뢰를 향유하는 행운, 그리고 인도 전국에서 수천 명의 학생과 접촉할 행운이 있습니다. 그래서 나는 그들이 인생에서 적어도 한 가지 일에 대해서 결심해야 하고, 이 세상에 그들이 어떤 목적을 위해서 존재하는지를 깨달아야 할 것을 결심해야 한다고 그들에게 거침없이 말할 수 있습니다. 나는 참으로 겸손하게 동일한 견해를 교수나 교사 앞에서도 개진합니다. 바로 그런 이유로 나는 현대문명의 물질주의적 경향에 대해서, 그리고 그것에 반대하는 글을, 자주 쓰기도 하고 연설도 해왔습니다. 서양문명과 현대문명이란 말은

80 그는 푸나 사순 병원의 외과의로서 1924년 1월에 간디의 맹장염 수술을 담당하였다.

현재 동의어로 사용하지만, 서양문명이라고 부르지는 않겠습니다. 하지만 내가 여러분에게 제시하고 싶은 것이 또 하나 있습니다. 많은 학생이 과학 공부를 전공함에 있어서 지식을 위해서가 아니라 그 공부가 제공해 줄 수 있는 생계를 위해서 합니다. 이 말은 자연과학대학 소속 학생들에게만이 아니라 다른 대학 소속의 학생들에게도 똑같이 사실입니다. 그러나 과학이란 여러분이 사고의 정확성, 솜씨의 정확성을 위해서 선택할 수 있는 몇 안 되는 직업 중에 하나라는 점을 감안하면, 내가 여러분에게 주고 싶은 경고를 다른 사람들에 비해서 여러분 스스로 더 절실하게 느낄 수 있을 것입니다.

나는 여러분이 사랑하는 조국이 낳은 다음 두 사람을 탁월한 모범으로 간직하기를 원합니다. 그 두 사람은 J. C. 보세[81]와 P. C. 레이[82] 박사입니다. 적어도 과학도들에게 그들은 익숙하고도 흔한 이름이어야 할 것입니다. 그리고 교육받은 인도인 전체에게 익숙한 이름이라고 믿습니다. 그들은 과학 자체를 위해서 과학을 직업으로 택했고, 그들의 업적은 우리에게 잘 알려져 있습니다. 그들은 과학이란 직업이 얼마나 많은 돈이나 명성을 가져올지 전혀 생각하지 않았습니다. 그들은 과학을 과학 자체를 위해서 연마했습니다. 우리의 마음을 어떻게 과학에 적용해야 할지 내가 단 한 마디도 하기 훨씬 전에 보세 경은 스스로 과학의 한계를 인정했노라고 나에게 말한 적이 있습니다. 그리고 나는 그가 그 자신의 모든 연구를 우리가 창조주에 가까이 갈 수 있게 하는 일에 바쳤다고 그의 권위를 빌려서 말하고 싶습니다.

인도 학생들은 하지만 아주 심각한 무능력 아래에서 일하고 있습

---

81 J. C. Bose(1858~1937) : 식물학자, 왕립협회위원, 캘커타 인근에 보세 연구소(Bose Institute)를 설립했다.

82 P. C. Ray(1861~1944) : 화학자이며 애국자.

니다. 이와 같은 과학교육이나 그보다 고급교육을 업으로 삼는 자들은 중산층 출신들입니다. 우리와 우리나라에 불행한 일이지만, 중산층은 손을 거의 사용하지 않게 되었습니다. 나는 소년이 손을 사용할 각오가 되어 있지 않다면, 즉 소매를 걷어붙이고 길거리의 평범한 노동자들과 같이 노동할 준비가 되어 있지 않다면, 과학의 비밀을 이해하거나 과학적 탐구가 줄 수 있는 쾌락과 즐거움을 이해하기란 절대 불가능할 것이라고 생각하는 바입니다.

나는 내가 화학 수업을 받았던 것을 잘 기억합니다. 그때 그것은 나에게 가장 따분한 과목 중에 하나였습니다. (웃음)[83] 지금은 그것이 아주 흥미로운 과목인 줄 압니다. 내가 비록 나의 모든 선생님들을 흠모하지만, 비난받을 자는 내가 아니라 내 선생님이었음을 여러분에게 고백해야겠습니다. 그분은 나에게 뜻도 모를 기괴하게 들리는 모든 이름들을 암기하도록 요구하셨습니다. 그는 내 앞에 다른 종류의 금속들을 두는 일조차 허락하지 않으셨습니다. 나는 그저 외우기만 했습니다. 그는 자신이 꼼꼼히 작성한 엄청난 노트를 가지고 오셔서 우리에게 읽어 주셨습니다. 우리는 그 노트들을 베끼고 기억해야 했습니다. 나는 반발했고 그 과목에서 낙제했습니다. (웃음)[84] 그는 대학 입학시험을 치를 수 있는 증명서를 발급해 주시지 않으려고 했을 정도였는데, 다행스럽게도 내가 몸이 아프게 되자, 나를 가엾게 여겨 증명서를 발급해 주셨습니다. 그 증명서를 발급받지 못했다면 그는 자신을 탓하시는 대신에 정말로 나를 비난하셨을 것입니다.

그래서 교수들과 선생들 — 나는 여러분과, 여러분과 같은 부류의

83 〔역주〕《전집》 권 30, 412면.

84 〔역주〕《전집》 권 30, 412면.

사람들을 그 범주에서 제외합니다만—인도인 선생들, 교수들, 인도인 학생들은 모두 같은 배를 타고 있습니다. 과학은 본질적으로 이론만으로는, 즉 여러분이 실제적인 지식이 없거나 실제적인 실험을 하지 않는다면 아무 가치가 없는 분야 중의 하나입니다. 나는 여러분이 실제적인 실험을 실시하는지, 그것에서 얼마나 짜릿한 즐거움을 맛보고 있는지 의심스럽습니다. 만일 여러분이 올바른 정신으로 과학에 종사한다면, 사고와 행동에서 우리를 정확히 만드는 데에 과학만큼 위대하고 가치 있는 것은 아무것도 없을 것입니다. 손과 머리가 함께 가지 않는다면 우리는 아무것도 하지 못할 것입니다.

불행하게도 대학에서 교육받은 우리는 인도인이 읍이나 시가 아니라 촌락에서 살고 있다는 점을 망각합니다.

인도에는 70만 개의 촌락이 있고, 촌민들은 인문교육(*liberal education*)을 받은 여러분이 그 교육이나 그 교육의 열매들을 촌락으로 가져다주기를 기대합니다. 여러분은 과학 지식으로 촌민들을 어떻게 감화시킬 것입니까? 그렇다면 촌락의 입장에서 과학을 배웁니까? 훌륭한 건물 그리고 내가 믿기에 같은 정도로 훌륭한 시설을 갖춘 대학에서 여러분이 얻은 지식을 촌민들의 이익을 위해서 사용할 수 있을 만큼 여러분이 그들 가까이 있고 실제적입니까?

그렇다면 마지막으로 나는 여러분의 과학 지식을 응용할 수 있는 도구 하나를 제시하겠습니다. 보잘것없는 물레가 바로 그것입니다. 인도의 70만 개의 촌락들이 오늘 이 간단한 도구를 갈망하고 있습니다. 그것은 1세기 전만 해도 인도의 모든 가정, 모든 오두막집에 있었습니다. 그때 인도는 오늘날처럼 나태한 나라가 아니었습니다. 인도 인구의 85%를 차지하는 농민들은 1년에 적어도 4개월 동안 나태를 강요받지 않았습니다. 그것은 내가 여러분에게 하는 말도 아니고 내 자신의 증언도 아닙니다. 그것은 다른 과학자의 증언, 즉 히긴바틈[85]이라는 과학자의 증언입니다. 그는 최근 조세위원회에 출석하여, 수백만 인도인들에게 부업이 없으면 심화되고 있는 빈곤은 줄어들기는커녕 더욱 심화될 것이라고 증언했습니다. 이제 여러분은 남북으로 1,900마일, 동서로 1,500마일의 땅에 흩어져 있는 70만 개의 촌락의 수요를 충족시킬 수 있는 부업으로 뭐가 있을 것인지를 과학적 방법을 통해서 알아보십시오. 내가 확신하건대 여러분도 내가 도달했던 것과 같은 불가피한 결론에, 즉 물레만이 그 일을 할 수 있을 것이라는 결론에 도달할 것입니다.

사람들은 더 이상 물레를 사용하지 않게 되었습니다. 나는 어디로 가든 물레를 보여 달라고 요구합니다만, 물레 대신 장난감 같은 것밖에 보지 못했습니다. 어린애 장난감과 같은 것으로부터 양질의 카다르〔수직(手織) 천〕를 짤 수 있는 실을 얻을 수 없습니다. 물레가 윙 소리 내며 돌아가게 할 사람은 바로 여러분입니다. 나는 여러분에게 벵골 화학 공장의 설립자인 P. C. 레이 박사의 귀중한 사례를 제시할까 합니다. 우리에게 점점 우려할 만한 사안이 생겨났고, 그 사안은 수백 명의 학생들에게 직업을 제공해 주었습니다. 그런데 레이 박사는 과학자 중의 과학자이고, 그의 과학 지식의 이점을 인도의 촌민들에게 제공하고자 했습니다. 그는 쿨나 기근(Khulna famine) 시에 일을 하고 있었으므로 물레의 비밀을 목격했습니다. 그는 물레 선전운동에만 자신의 생애를 바치고 있으며, 그의 아래에 있는 고상한 과학자 한 팀이 물레와 물레에 필요한 모든 부속품을 완전한 것으로 만들기 위해서 노력하고 있습니다. 이런 사실은 여러분이 오늘날 알고 있는 바입

85 〔역주〕 Sam Higginbottom(1874~1958): 알라하바드 농업연구소 소속. 《전집》 권30, 413면.

니다. 그것은 고귀한 소명이고, 과학자들에게 어울리는 일입니다. 여러분의 마음속에 물레가 한자리를 차지하기를 바랍니다. 끈기 있게 내 말씀을 들어주셔서 감사합니다. (박수)86

학생에게 한 연설, 트리반드룸, 〈더 힌두〉, 1925. 3. 19 ; 《전집》 30 : 244

109) 산업주의와 인도

다음은 카다르(수직의 천)를 열렬히 애호하는 사람의 편지에서 발췌한 것인데, 여러분에게 흥밋거리가 될 것이다.

> 저는 카다르를 믿고 있습니다. 카다르의 사명은 수정처럼 맑다고 봅니다. 그것은 인생을 단순하게 함으로써 정결케 하고, 봉사라는 끈으로 우리를 가난한 사람들에게 묶어 줍니다. 그것은 국민의 육신과 혼을 죽이는 가난에 대항하는 유일한 보증입니다. 수백만 문맹자들에게는 육신 없는 혼이란 있을 수 없기 때문입니다. 요가를 실현한 자와 신봉자들은 요가에 대해서 떠들 수 있지만, 수백만 사람들에게 육신 없는 혼은 조롱일 따름입니다. 마지막으로 말하지만 결코 무시할 수 없는 것으로서 차르카(*charkha* : 물레)라는 것이 있습니다. 이것은 피와 정열로 현재 유럽을 휩쓸고 있는 폭력적 사회 봉기에 대항하는 유일한 보증입니다. 차르카는 대중을 묶고 계급들을 하나로 묶어 주며, 인도가 그것을 수용하는 한 볼셰비즘과 그와 유사한 폭력의 분출은 불가능할 것입니다. 이런 것들로 인해서 저는 차르카가 반드시 필요하다는 점을 확신합니다. 하지만 여기에 하나의 난점이 있습니다. 그것이 작동할까? 그것이 성공할까? 우리가 지금 각 가정의 오랜 성소에 차르카를 다시 설치할 수 있을까? 너무 늦지는 않은지? 당신이 수감되기 전에는 저는 결코 이렇게 묻지 않았을 것입니다. 희망의 여지가 있었습니다. 그런데 이제 그것은 희망이 아닙니다. 그리고 버트란드 러셀

86 〔역주〕《전집》 권 30, 413면.

(Betrand Russell)은 산업주의(*industrialism*)가 자연의 힘과 같아서 우리가 원하든 원치 않든 인도 역시 산업주의에 휩싸이게 될 것이라고 말합니다. 그런 사람들은 산업주의에 대한 우리의 해결책을 스스로 강구해야 할 것이라고 말합니다. 그들이 말하는 내용에 진실이 있습니다. 산업주의는 온 세상에 넘쳐흐르고, 그들은 홍수 뒤에 자신의 해결책을 찾고 있습니다. 유럽을 보십시오. 저는 유럽이 멸망할 것으로는 보지 않습니다. 저는 인간의 본성을 깊이 믿고 있고, 그 인간성은 조만간 치유책을 찾을 것입니다. 인도가 원한다고 해서 자신을 고립시키고 산업주의의 손아귀에서 빠져나올 수 있겠습니까?

카다르를 애호하는 이 투고자가 별수 없이 빠져들어간 논의는 사탄의 해묵은 계책이다. 사탄은 언제나 길의 절반은 우리와 함께 간다. 그런 다음 더 이상 가는 것이 좋은 일이 아니라고 갑자기 암시하고, 더 이상의 진보는 겉으로 보기에는 불가능하다는 점을 지적한다. 사탄은 덕을 찬양한다. 하지만 그것이 인간에게 주어져 있지 않기 때문에 그것을 얻을 수 없다고 금방 말한다.

이 친구에게 발생한 난점은 개혁가가 한 발자국 뗄 때마다 만나는 난점이다. 허위와 위선이 사회 전체에 널리 꽉 차 있지 않았던가? 하지만 진리의 궁극적 승리를 믿는 자들은, 성공에 대한 절대적 희망을 간직한 채 진리를 고수한다. 개혁가는 시간이 자신을 거슬러 흘러가는 것을 결코 허용하지 않는다. 왜냐하면 그는 해묵은 적수를 거부하기 때문이다. 물론 산업주의는 자연(*Nature*)의 힘과 같다. 하지만 자연을 지배하고 자연의 힘들을 정복하는 것은 인간의 몫이다. 인간의 위엄은 엄청나게 불리한 여건에 직면하여 스스로 결단을 요구한다. 우리의 일상사가 바로 그러한 정복이다. 농민이라면 그것을 너무도 잘 알고 있을 것이다.

작은 소수가 다수를 통제하는 것, 바로 그것이 산업주의가 아닌가? 산업주의에 대해서 매력적인 것은 아무것도 없고 그 안에 불가피한 것도 없다. 만일 다수가 소수의 아첨에 대해서 '아니'라고 외치기만 한다면, 소수는 그런 해독을 입힐 수 없을 것이다.

인간 본성(*human nature*)에 대해서 믿음을 갖는 것은 좋은 일이다. 그런 믿음이 있기에 나는 살아간다. 그런데 내가 그런 믿음을 갖고 있다고 해서, 궁극적으로 만사가 잘 풀릴 것이라고 해서, 개인이나 국가로 불리는 집단들이 과거에 멸망해 버렸다는 역사적 사실을 나는 간과할 수는 없다. 로마·그리스·바빌론·이집트와 다른 많은 국가는 자신들의 비행 때문에 과거에 망했다는 사실을 증명하는 산 증거이다. 유럽이 자신이 가진 섬세하고도 과학적인 지성을 이용하여 자명한 사실을 자각하고, 유럽이 걸어온 길을 소급 추적함으로써 도덕을 파탄시키는 산업주의에서 빠져나올 수 있는 출구를 찾아가기를 나는 바라고 있다. 그것이 반드시 옛날의 절대적 단순성으로 복귀하는 것일 필요는 없다. 하지만 그것은 기존 사회를 재구성한 것이어야 하는데, 거기에는 촌락의 삶이 지배적이어야 하고 폭력적이고 물질적인 힘이 영혼의 힘에 순종할 수 있어야 한다.

마지막으로 우리는 잘못된 유추에 의해서 함정에 빠져서는 안 된다. 유럽 작가들은 경험과 정확한 정보가 없어서 병신이 되고 말았다. 만일 그들이 인도 상황에 완전히 부합하지도 않는 유럽 사례를 일반화하더라도, 그들은 러시아를 포함한 유럽에서 인도 상황과 같은 것을 경험하지 못하기 때문에 우리를 일정 지점 이상으로 안내할 수 없다. 그래서 유럽에서 진실인 것이 반드시 인도에서 진실인 것은 아니다. 우리는 각국이 나름의 성격과 개성이 있다는 것도 안다. 인도 역시 나름의 성격과 개성을 갖고 있다. 그리고 우리가 만일 인도의 수많은 질병에 대한 올바른 치유책을 찾아야 한다면, 우리는 인도를 구성하고 있는 모든 특이점까지 고려해야 할 것이고 그런 다음 치유책을 처방해야 할 것이다. 인도를 유럽과 같은 방식으로 산업화하려는 것은 불가능한 일을 시도하는 것이다.

인도는 수많은 폭풍에도 살아남았다. 폭풍 하나하나가 지울 수 없는 흔적을 남긴 것은 사실이다. 하지만 인도는 불요불굴의 정신으로 여태 자신의 개성을 유지해왔다. 인도는 스스로 손해를 입지 않고 수많은 다른 문명의 몰락을 지켜본 지상의 몇 안 되는 나라 중 하나이다. 인도는 자신의 옛 제도들 중 일부—그것이 비록 미신과 오류로 덮여 있다고 해도—를 유지해온 지상의 몇 안 되는 나라 중의 하나이다. 그러나 인도는 자신에게서 오류와 미신을 제거할 수 있는 내재적 능력을 여태 보여주었다. 수백만 인도 민중이 직면한 경제적 문제를 해결할 수 있는 인도의 능력에 대한 나의 믿음이 오늘날과 같이 밝은 적은 없었다. 특히 벵골의 여건을 연구하고 난 다음에 더욱 그러했다.

사탄의 덫, 〈영 인디아〉, 1925. 8. 6 ; 《전집》 32 : 162

110) 과학정신

미국에서 대학원 과정을 밟고 있는 한 학생이 아래와 같은 편지를 보냈다.

> 저는 인도의 빈곤을 치유하기 위한 하나의 방법으로 인도의 자원을 활용하는 일에 지극히 강한 관심을 갖고 있는 사람 중의 한 사람입니다. 금년으로 이 나라에 온 지 6년째입니다. 제 전공 분야는 목재 화학(*wood chemistry*)입니다. 저는 만일 인도의 산업 발전이 가지는 중요성

에 대해서 깊이 확신하지 못했더라면 행정 업무나 의학 공부를 하게 되었을 것입니다.… 당신은 제가 펄프와 제지 등의 산업에 들어가는 것을 허용하시겠습니까? 인도를 위해서 건전하고 인간주의적인(*humanitarian*) 산업정책을 도입하는 문제에 대한 당신의 일반적인 태도는 무엇입니까? 당신은 과학의 진보를 찬성하십니까? 제가 의미하는 것은 프랑스 파스퇴르의 작업이나 토론토의 벤팅(Benting) 박사의 일과 같은 것, 즉 인류에게 축복을 가져온 그런 종류의 진보입니다.

나는 세상에 산재한 학생들이 많은 질문을 물어오면 이에 대해서 공개적으로 대답한다. 이번 질문에 대해서도 그렇게 하겠다. 과학에 대한 나의 견해와 관련하여 많은 오해가 있는 것이 사실이다. 나는 이 학생이 염두에 둔 산업에 대해서 조금도 반대하지 않는다. 한 가지만 말하자면, 나는 그것을 반드시 인간주의적인 것이라고는 부르지 않을 것이다. 인도를 위한 인간주의적인 산업정책은 나에게는 손으로 하는 물레질의 영광된 부활을 의미한다. 그것만이 현재 이 땅의 오두막집에서 수백만 명의 인간들의 생명을 고사시키고 있는 가난을 즉각 제거할 수 있기 때문이다. 이 나라의 생산력을 증대하기 위해서 다른 모든 것은 그다음에 추가할 수 있을 것이다. 그래서 나는 과학 훈련을 받은 모든 청년들이 물레가 인도의 오두막집에서 더 효과적인 생산수단이 될 수 있도록 그들의 기술을 활용해 주기를 바란다. 그런 일이 가능하다면 말이다.

나는 과학의 진보 자체에 반대하지 않으며, 오히려 서구의 과학정신에 대해서 경탄해 마지않는다. 그런데 나는 이 경탄에 어떤 제한을 두고 싶은데, 그 이유는 서구의 과학자들이 신의 저급한 피조물, 즉 인간 이하의 피조물에 대해서 주의를 기울이지 않기 때문이다. 나는 나의 온 혼으로 생체해부를 혐오한다. 나는 과학과 이른바 인류의 이름으로 죄 없는 생명을 죽이는 용서할 수 없는 살생을 지극히 싫어한다. 나는 무고한 피가 묻어 있는 일체의 과학적 발견을 조금도 중시하지 않는다. 만일 혈액 순환론이 생체해부를 통해서만 발견될 수 있었다면, 인류는 혈액 순환론 없이도 잘 살아갈 수 있었을 것이다. 그리고 나는 서구의 정직한 과학자들이 지식을 추구하는 현재의 방법 위에 한계를 설정하는 그날이 동터올 것을 분명히 보고 있다. 미래의 방도는 인간 가족만이 아니라 살아 있는 모든 생명을 중시할 것이다. 우리 인도인들은 자신들의 1/5에 해당되는 사람들의 퇴락 위에서 번영할 수 있다고 상정하는 것, 그리고 서양인들이 동양과 아프리카에 있는 국민들에 대한 착취와 퇴락 위에 흥기하고 살아갈 수 있다고 상정하는 것, 이런 것들이 잘못이라는 점을 서서히 그러나 확실하게 알아가고 있다. 그와 마찬가지로 우리는 시간의 완성 안에서, 저급한 피조물에 대한 우리의 지배가 그들을 살상하기 위해서가 아니라, 우리의 이익을 위한 것이듯이 그들 자신의 이익을 위한 것임을 알아가야 할 것이다. 나는 내가 혼을 갖고 있듯이 저급한 피조물도 혼을 갖고 있다고 확신하기 때문이다.

같은 학생이 아래와 같이 묻는다.

> 저는 기독교 선교사들이 인도에서 벌이는 사업에 대한 당신의 솔직한 평가를 듣고 싶습니다. 기독교가 우리나라의 삶에 상당한 기여를 했다고 믿습니까? 기독교 없이 우리는 살 수 없습니까?

나는 기독교 선교사들이 간접적 방식으로는 우리에게 많은 선행을 해왔다고 생각한다. 그러나 그들의 직접적 기여는 이롭다기보다는 해로운 편이다. 나는 현대의 선교 방법에 대해서 반대한다. 나는 남아프리카와 인도에서 선교에 대해서 다년간 경험을 얻었는데, 그 경험에 근거하여 나는 선교가 개종자들의 일반적인 도덕적 자질을 향상시켜 주지 않음을 확신했다. 그들이 유럽문명의 겉모양만 받아들이고 예수의 가르침은 놓쳐 버렸기 때문이다. 내가 여기에서 특별난 예외가 아니라 일반적 경향을 언급하고 있다는 점을 이해해 달라. 반면에 간접적으로 기독교 선교사들이 기울인 노력이 기여한 바는 크다. 그것은 힌두교도와 무슬림의 종교 연구를 자극했다. 또한 우리의 집에 질서를 부여하도록 강요했다. 나는 기독교 선교사들의 위대한 교육기관들과 의료기관들도 간접적 결과에 속하는 것으로 본다. 그것들이 자체를 위해서가 아니라 선교 사업의 보조로서 설립되었기 때문이다.

세계와 우리는 예수의 가르침 없이는 존재할 수 없다. 이것은 우리가 마호메트의 가르침이나 우파니샤드의 가르침 없이 살 수 없는 것과 마찬가지다. 나는 이것들 모두가 상호보완적인 것이고, 어느 경우에도 배타적인 것은 아니라고 생각한다. 그것들의 참된 의미, 상호관련성, 상호 관계는 앞으로 우리에게 드러나야 한다. 우리는 우리가 흔히 믿는 개별적 신앙의 평범한 대표자일 뿐이다.

위의 학생이 제기한 세 번째 문제는 다음과 같다.

> 인도 연방에서 우리는 현재의 토착적인 주(州)들을 그대로 둘 것입니까? 아니면 거기에 민주주의가 들어설 것입니까? 정치적 통합을 얻기 위해서 우리의 공용어는 무엇이 되어야 할까요? 왜 영어를 공용어로 삼을 수 없습니까?

인도의 여러 주는 눈에 띄지는 않지만 지금도 성격을 바꾸는 중이다. 인도 대부분이 민주화되는데 주들이 전제적인 상태(*autocratic*)로 남아 있을 수 없다. 하지만 인도의 민주주의가 어떤 모습이 될지는 아무도 알 수 없다. 영어가 우리의 공용어가 된다면 인도의 민주주의의 미래를 예견하기란 쉽다. 그럴 경우 극히 소수의 민주주의가 될 것이기 때문이다. 그러나 우리가 절대 다수의 인도 대중의 정치적 통일을 실현하기를 원한다면, 우리는 미래를 예견할 수 있는 예언자여야만 할 것이다. 그리고 우리는 통일을 실현해야 할 것이다. 절대 다수 대중의 공용어로 영어가 선택되어서는 결코 안 된다. 공용어에 대해서 한번 말해 본다면 당연히 힌디어·우르두어·힌두스타니어의 합성물일 것이다. 우리가 하는 영어 연설은 수백만 우리 동포들로부터 우리를 분리하고 말았다.

우리는 우리나라에서 외국인이 되고 말았다. 영어가 인도의 정치적 성향을 지닌 사람들을 파고든 일은, 나의 소견으로는 나라에 대한 죄, 아니 참으로 인류에 대한 죄이다. 우리가 나라의 진보, 인류의 진보에 장애물이기 때문이다. 한 대륙에서 진보는 결국 인류의 진보를 의미하는바, 그 역도 마찬가지일 것이다. 영어교육을 받은 자로서 촌락에 파고들어간 인도인은, 내가 그러하듯이 이 중대한 진리를 자각하고 있다. 나는 영어에 대해서 그리고 영국인이 가진 고귀한 여러 자질에 대해서 깊은 존경심을 가지고 있다. 하지만 나는 영어와 영국인이 우리 인생에서 한자리를 차지하게 되면 그들의 진보만이 아니라 우리의 진보마저도 지연시킬 것이라는 점을 확신한다.

어느 학생의 질문, 〈영 인디아〉,
1925. 12. 17 ; 《전집》 33 : 213

111) 민주주의적 스와라즈[87]

올바른 행위는 유클리드의 직선과 같은 것이 아니라, 수백만 개의 다른 나뭇잎을 가진 아름다운 한 그루의 나무와 같다. 그래서 그 나뭇잎들은 하나의 씨앗에서 왔고 한 나무에 속하지만, 나무의 어떤 부분들도 동일한 기하학적 모습을 가진 것은 없다. 그렇지만 우리는 씨앗, 가지와 나뭇잎들이 모두 동일하다는 것을 안다. 어떤 기하학적 도형도 미와 장엄함에 있어서 완전히 꽃핀 나무와 비교할 수 없음도 우리는 안다.

그래서 투고자는 나의 인생에서 불일치를 본다고 하지만, 나는 거기에서 모순이나 광기를 전혀 보지 못한다. 사람이 자신의 등을 볼 수 없듯이 자신의 실수나 광기를 볼 수 없다는 것은 사실이다. 하지만 현자들은 흔히 종교적 인간을 광인(狂人)에 비유했다. 나는 내가 미친 사람이 아니라 참으로 종교적인 사람일 것이라는 신념을 품고 있다. 내가 실제로는 종교적인지, 미친 것인지, 이 둘 중에 무엇인지는 죽은 다음에야 정해질 수 있을 것이다.

나는 청중더러 염주를 내려놓고 그 대신 물레를 잡으라고 요구한 적이 한 번도 없다. 그들이 '나라야나'라는 이름을 외면서 동시에 물레질을 할 수 있다는 점을 상기시켜 주었을 뿐이다. 오늘날 나라 전체가 화재에 휩싸여 있으므로, 우리는 물레라는 물통에 실이라는 물을 채우고서 입술로는 '나라야나'라는 이름을 외면서 불을 진화하는 것이 우리 모두의 의무라고 생각한다.

나는 모든 곳에서 물레를 보고 싶다. 모든 곳에 빈곤이 있기 때문

87 〔역주〕《전집》 권 28, 258면. 여기에서는 '몇 가지 반대에 답변함'이라는 제목을 달고 있다.

이다. 우리가 인도의 뼈대에 해당하는 민중을 먹이고 입히기 전까지, 그리고 그렇지 못하는 한, 그들에게 종교는 아무 의미가 없을 것이다. 그들은 오늘날 소 돼지처럼 살아가고 있으며 우리는 그것에 대해서 책임이 있다. 그래서 물레는 우리에게 참회이다. 종교는 무력한 자에 대한 봉사다. 신은 무기력하고 짓눌린 사람들의 모습으로 자신을 우리에게 현현하신다. 하지만 우리 이마 위의 점에도 불구하고 우리는 그들을 못 본 체, 즉 신을 못 본 체한다. 신은 《베다》 안에 있기도 하고 없기도 하다. 《베다》의 정신을 읽는 자는 그 안에서 신을 본다. 《베다》의 문자에 매달리는 자는 베디아(*vedia*), 즉 문자주의자다. 나라싱 메타는 정말로 염주 찬양을 노래하는데, 그것은 거기에서 충분히 가치가 있다. 하지만 동일한 나라싱은 다음과 같이 노래했다.

> 틸라카[88]와 툴시[89]가 무슨 소용인가? 염주와 그분의 이름을 중얼대는 것이 무슨 소용인가? 《베다》에 대한 문법적 해석이 무슨 소용인가? 문자를 통달한다는 것이 무슨 소용인가? 이 모든 것들은 밥통을 채우는 수단이고, 지고의 브라마(*Parabrahm*)[90]의 실현에 도움이 되지 않는다면 아무 소용이 없다.

무슬림은 타스비흐(tasbih) 염주알을 돌리고, 기독교도는 그네들의 묵주알을 돌린다. 만일 그들의 타스비흐 염주와 기독교 묵주가 뱀에

---

88 이마 위의 상서로운 점.

89 〔역주〕 바실(*basil*) 식물. 방향이 있는 초본의 총칭.

90 〔역주〕 《전집》 권 28, 406면에는 'Parabrahma'로 되어 있다. 마지막 모음 'a'는 흔히 생략되는 것으로 보인다. 여기서 말하는 브라마는 다음 대목에 나오는 사제 브라만과는 구별되어야 한다.

물려 괴로워하고 있는 사람을 돕기 위해서 달려가는 일을 방해한다면, 무슬림들과 기독교도들은 모두 자신들에 대해서 종교에서 타락했다고 여길 것이다. 《베다》에 대한 단순한 지식이 있다고 해서 브라만들이 영적 스승이 되는 것은 아니다. 만일 그렇다면 막스 뮐러가 그런 스승이 되었을 것이다. 오늘날의 종교를 이해한 브라만은 분명히 《베다》 학습에 제 2등의 자리를 부여할 것이다. 대신 물레의 종교를 보급하여 수백만 명의 굶주린 동포들을 기아(飢餓)에서 구제하는 경우에만, 자신을 《베다》 연구에 바칠 것이고, 그때가 오지 않는다면 절대 그렇게 하지 않을 것이다.

나는 분명히 물레질을 분파주의적 종교들의 수행보다 우월한 것으로 보았다. 하지만 이 말은 종교를 포기해야 한다는 말은 아니다. 모든 종교의 추종자들이 준수해야 할 다르마는 종교들을 초월한다는 점을 의미할 뿐이다. 그래서 나는 봉사의 정신에서 물레질을 한다면, 브라만은 좋은 브라만으로, 무슬림은 좋은 무슬림으로, 바이슈나바(비슈누 신의 신자)는 더 좋은 바이슈나바로 될 것이라고 말한다.

나의 최후가 가까이 왔음을 느꼈다고 해서 내가 라마 신의 이름을 반복하여 외거나 염주알을 돌린 것은 아니었다. 하지만 그때 나는 너무 쇠약해서 물레를 돌릴 수 없었다. 라마에 집중하는 일에 도움이 될 때에는 나는 늘 염주를 돌린다. 하지만 내가 집중의 정점에 도달하여 염주가 도움이 아니라 방해물이 되면 그것을 놓아 버린다. 내가 침대에 누워서 물레질을 할 수 있었다면, 또한 그것이 신에 대해서 집중하는 일에 도움이 된다고 느꼈다면, 나는 분명 염주를 옆으로 제쳐주고 물레를 돌렸을 것이다. 내가 물레질을 할 수 있을 만큼 건강했다면, 그리고 염주알 돌리기와 물레질 사이에서 양자택일을 해야 한다면, 나는 가난과 기아가 이 땅에 만연한 것을 목격하는 한 분명 물레질을 선택하여, 그것을 나의 염주로 만들었을 것이다. 나는 라마 신의 이름을 외는 일도 방해가 되는 때가 오기를 기대해 마지않는다. 라마가 언어마저 초월한다는 점을 내가 깨달았다면 그 이름을 외울 필요조차 없을 것이다. 물레질 · 염주 · 라마남(*Ramanam*)[91]은 모두 나에게 같은 것이다. 그것들은 동일한 목표에 도움이 되고, 봉사의 종교를 나에게 가르쳐 준다. 나는 봉사의 종교를 실행하지 않고서는 아힘사를 수행할 수 없고, 아힘사의 종교를 수행하지 않고서는 진리를 발견할 수 없다. 진리 이외의 종교는 없다. 진리는 라마 · 나라야나 · 이슈와라 · 쿠다 · 알라 · 하느님이다. 나라싱이 말하듯이 '금을 두들겨 빚어낸 갖가지의 형상들은 다른 이름과 모습을 만들어낸다. 그러나 그것들은 결국 모두 금이다.'

《인도의 자치》(*Indian Home Rule*)[92]에서 기계에 대해서 말한 것, 거기에서 철회할 것이 아무것도 없다. 참조문을 보면 내가 기계 안에 인쇄기도 포함하고 있음을 알게 될 것이다. 그 책에서 묘사된 인도 자치는 내가 인도 앞에 제시한 것이 아님을 기억해야 할 것이다. 나는 나라 앞에 의회 스와라즈, 즉 민주주의적 스와라즈(*parliamentary, i.e., democratic swaraj*)를 제시하고 있다. 나는 오늘날 모든 기계의 파괴를 제시하는 것은 아니지만 물레를 최고의 기계로 삼고 있다. 《인도의 자치》는 이상적 국가를 묘사하고 있다. 그 안에 제시된 사물들의 이상적 상태에 내가 도달할 수 없다는 사실은, 나의 단점 때문이라고 해야 할 것이다. 나는 아힘사보다 위대한 종교가 없다고 믿는다. 그런데도 나는 힘사를 피할 수 없다. 먹고 마시는 과정에서도 힘사가 불가피하게 개입하기 때문이다. 하지만 아힘사의 이상은 언제

91 〔역주〕 또는 라마나마.

92 〔역주〕 《힌드 스와라즈》.

나 내 앞에 있다. 그래서 이런 과정에서조차도 나는 자신을 자제하도록 진정으로 노력하고, 먹고 마시는 기능조차도 최소화하기 위해서 매 순간 노력한다.

내가 병원에 대해서 말했던 것 역시 진실이다. 하지만 내가 육신에 대해서 최소한의 집착을 가지게 되면, 나는 내가 정당한 약으로 간주하는 몇 가지의 약을 사용할 것이라고 생각한다. 나는 죄수로서 병원에 갔다. 나는 석방되자마자 병원에서 도망가지는 않았다. 나를 예의와 친절로 치료해 주었던 사람의 보살핌 아래 남아 있는 것이 내 의무라고 생각했기 때문이다.

하지만 나는 사람은 결코 병들어서는 안 된다고 믿는 만큼 내 병 자체가 부끄럽다(*ashamed*). 어떤 약이라도 복용하는 것은 나에게 모욕적인 일이다. 내가 꼭 입원해야 했을 경우에는 더구나 그렇다.

나는 강도가 있다면 죽이기보다는 사랑으로 그의 마음을 얻는 것을 항상 선호해왔다. 하지만 그만한 사랑을 낼 수 없는 자, 그런 사랑이 요구하는 모든 사랑을 촉발할 수 없는 자는 강도를 죽여서라도 그의 피보호자와 재산을 보호할 권리가 있다.

영국인들을 강도에 비유하는 것은 크나큰 실수다. 강도는 순전한 폭력으로 당신을 약탈하지만 영국인들은 주로 우리를 유혹함으로써 약탈해 간다. 그러므로 양자의 방법에서 커다란 차이가 있다. 술 판매상도 술을 팔아서 나의 혼을 앗아간다. 내가 그를 죽여야 할까 아니면 비협조해야 할까? 하지만 영국인 한 사람이 당신을 잔인하게 공격하거나 술장사가 강제적으로 술을 당신의 목구멍으로 흘려보낸다면, 그리고 당신이 사랑으로 두 사람의 마음을 얻을 수 없다면 그들과 무장 투쟁을 벌일 자격이 있다. 그 관련 공격자가 하나든 다수든, 약하든 강하든, 그 점에 대해서는 조금도 괘념하지 말아야 한다.

나는 위의 편지에 대해서 답장을 시도해 보았다. 하지만 그렇게 하는 일이 적절한지 의심스럽다. 나는 투고자의 목적이 순수하다고 믿는다. 따라서 나는 힘써 그에게 대답하려고 했다. 그러나 독자들은 내 답장을 통해서 그런 편지에는 크게 잘못된 생각이 흔히 있을 수 있다는 것을 알았으리라.

교육받은 많은 사람의 인생에는 반성이 결핍되어 있는 것으로 보인다. 사람이 하나의 원리에서 귀결을 도출할 수 없다면, 그 사람은 원리에 대해서 아무 지식이 없다고 간주될 수 있다. 만일 투고자가 그 주제로 깊이 들어가 곰곰이 생각했다면, 내가 준 모든 대답을 스스로 도출할 수 있었을 것이다. 진실을 말하자면, 이 모든 대답들은 내 초기 저작의 글에 이미 들어 있다. 하지만 나는 투고자들의 편지를 읽고 그들의 나태한 생각이 공통된 잘못임을 알았기 때문에, 나는 이렇게 답변할 수밖에 없다. 그러나 나는 모든 독자와 투고자들에게 각 주제에 대해서 깊이 생각할 것을 충고하는 바이다. 그렇게 함으로써 그들은 수많은 오해에서 자신을 구원할 것이기 때문이다.

'반성 없는 독서는 쓸모가 없다.'

염주인가 물레질인가(G.), 〈나바지반〉,
1924. 8. 10 ; 〈영 인디아〉, 1924. 8. 14

4. 동양과 서양

112) 동양과 서양의 통합

〔런던, *1909. 10. 13*〕

간디[93] 씨는 동양과 서양이란 질문은 광범위하고 복잡한 문제를 제기한다고 말했다. 그는 동양과 서양 사이의 접촉에 대해서 18년간의 경험으로 그 문제를 연구해왔다. 그리고 그는 지금 모인 청중에게 자신이 한 관찰의 결과를 제시할 수 있겠다고 느꼈다. 그러나 그는 그 주제에 대해서 생각하자 크게 낙담했다. 그는 청중의 비위에 거슬릴 수 있는 많은 것을 말해야 하고, 심한 말을 해야 하기 때문이었다. 그리고 그는 자신을 길러낸 제도에 반대하는 말도 해야 할 것이었다. 그가 그들의 감정을 다치게 하더라도 그들이 참아 주기를 바랐다. 그는 자신과 동포가 숭배해왔던 많은 우상, 그의 청중이 숭배해왔을지도 모를 우상들을 파괴해야 할 것이다. 그런 다음 그는 키플링(Kipling)의 시에서 '동양은 동양, 서양은 서양, 이 쌍둥이는 결코 만나지 못할 것'이라는 구절에 대해서 언급했다. 그런 다음 그는 그런 교의가 낙망의 교의이고 인류의 진보에 맞지 않는 교의라고 생각했다.

그는 그런 유의 이론을 받아들이기가 절대 불가능하다고 느꼈다. 테니슨이라는 다른 영국 시인은 자신의 '비전'(*Vision*)에서 동양과 서양의 결합을 분명히 예견했다. 그리고 강사인 간디가 그 비전을 믿었기 때문에 엄청난 고난 속에서 살아가던 남아프리카의 민중과 운

93 간디는 햄스테드 '평화와 중재협회'(Peace and Arbitration Society)의 후원 아래 퀘이커 모임 집에서 열린 집회에서 '동양과 서양'에 대해서 연설했다. G. E. 모리스가 사회를 맡았다.

명을 같이할 수 있었다. 그가 남아프리카에 간 것은 두 민중이 완전한 '평등'하에서(*in perfect equality*) 함께 살아갈 수 있다고 생각했기 때문이다. 만일 그가 키플링의 교의를 믿었다면, 그는 절대로 그곳에서 살지 않았을 것이다. 영국인들과 인도인들이 같은 통치 아래에서 다툼 없이 함께 살아간 개인적 사례들이 있긴 있었다. 그리고 개인들에게 적용되는 것은 국가들에 대해서도 적용될 수 있다. 문명들이 조우하는 장소가 없었다는 말은 어느 정도까지는 진실이다. 일본인이 유럽문명을 흡수하고 있기 때문에, 일본인과 유럽인 사이의 장벽은 나날이 사라지고 있었다. 간디의 눈에 비친 현대문명의 주요 특성은, 그것이 영혼보다 육신을 섬긴다는 것, 육신을 찬미하기 위해서 모든 것을 바친다는 것이었다. 철도·전보·전화가 사람들이 도덕적으로 고양되도록 도와주었던가? 간디가 인도를 볼 때, 영국 통치하의 인도를 오늘날 대표하고 있는 것은 무엇인가?

현대문명이 인도를 통치했다. 무슨 일을 저질렀는가? 간디는 현대문명이 인도에게 베풀어 준 이익이 없다고 말하면서, 이 말에 청중이 놀라지 말라고 했다. 거기에 철도·전보·전화로 이뤄진 연결망이 있었다. 우리는 그와 같은 연결망에 캘커타·마드라스·봄베이·라호르·바라나시와 같은 대도시들을 넘겨주었다. 이것들은 자유의 상징이 아니라 노예의 상징이었다. 그는 이와 같은 현대의 여행 수단들이 성소(聖所)를 부정(不淨)한(*unholy*) 장소로 타락시켰음을 알았다. 그는 문명의 광기어린 질주가 있기 전의 옛날 바라나시를 스스로 그릴 수 있었다. 오늘날의 바라나시, 부정한 도시를 직접 목격했다. 그는 동일한 사태를 여기 영국에서도 목격했다. 광기의 행위가 우리를 혼란시켰다. 그가 비록 동일한 제도 아래에서 살아가고 있지만, 청중들에게 그런 방향에서 말하는 것을 바람직한 일로 보았다. 그는 영국인들이 삶의 방식을 바꾸기 전에는 두 민족이 인도에서 함께 살아가기가 불가능하다는 점을 알았다. 우리는 인도인들의 성소에서 유희함으로써 힌두교도의 종교적 감수성에 상처를 주었다. 이런 광기의 질주가 변화하지 않으면 재앙이 반드시 오고야 말 것이다. 인도인들이 갈 수 있는 길 중에 하나는 현대문명을 수용하는 일일 것이다. 하지만 간디는 인도인들이 그것을 수용해야 한다고 절대로 말하지 않을 것이다. 그때에는 인도는 세계의 골칫거리가 될 것이고, 저 두 국가는 상대방을 향해서 달려들 것이다. 인도는 아직 망하지 않았지만 무기력에 빠졌다. 이해될 수 없는 많은 것이 있지만, 그 일에 대해서 우리는 인내해야 한다. 하지만 한 가지 일은 분명했다. 육신의 찬미와 더불어 이런 광기의 질주가 지속되는 한, 내면의 혼은 불가멸의 것이지만 반드시 쇠약해지고 말 것이다.

햄스테드 친우회(퀘이커) 집에서의 연설,
〈인디아〉, 1909. 10. 22 ; 《전집》 10 : 108

113) 문명의 시험

〔*1931. 12. 1*〕

질문 기독교도 평화주의자와 국제주의자들이 어떻게 인도를 도울 수 있습니까?

답변 우선 그 문제에 대한 철저한 과학적 연구를 통해서 도울 수 있습니다. 그렇게 되면 사건들이 그들을 난처하게 만들지 않을 것이고 그들은 동요하지도 않을 것입니다. 사람들은 때로는 나를 껴안고 때로는 욕합니다. 그들은 순간에 좌우됩니다. 나는 그들이 인도의 운동이 갖고 있는 진리에 동화되어 쉽게 바뀌지 않기를 바랍니다. 만일 그런 사람들이 있다면 운동은 안전합니다. 그렇지 않으면 그 운동은 아무 뿌리가 없습니다. 이번 연구는 그들이 흡수 소화했던 진리에 근거한 집단행동으로 이어져야 합니다.

평화는 투쟁에서 일어날 수도 있습니다. 모든 투쟁이 반(反) 평화적인 것은 아니기 때문입니다. 수수방관하면 개혁은 얻을 수 없습니다.

내가 스스로 고통을 겪음으로써 반대자들의 감정을 해친다는 말을 들은 적이 있습니다. 그렇습니다. 내가 그들의 감정을 해치는 것은 사실입니다. 그것이 내가 하고 싶은 것입니다. 여러분은 여러분의 적수들이 너무 몰인정하여 다른 사람들이 겪고 있는 고통에 대해서 무관심하게 되기를 분명히 원치 않을 것입니다. 물론, 고통은 자의적(恣意的)이어서는 안 되며 고통을 위한 고통이어서도 안 됩니다. 그것은 끔찍한 일입니다. 나는 고통을 겪어야 할 경우에만 고통을 겪습니다. 고통이 있다면 그 고통은 견뎌내야 합니다. 고통은 필수입니다.

이것은 회심(回心, *conversion*)의 과정이 아닙니까? 여러분의 적수를 전복하거나 항복받거나 멸망케 하는 대신, 여러분 스스로 전복되거나 고통을 겪도록 허용하는 것입니다. 만일 여러분이 고통당하는 것을 그가 목격해서 상처를 받는다면 그것은 여러분이 바라는 바입니다. 이 나라의 평화주의자들은 평화라는 근본 법칙에 대해서 믿지 않습니다. 그들은 고통당하는 사람과 함께 고통을 겪을 준비가 되어 있어야 합니다.

누군가 나에게 이렇게 말한 적이 있었습니다. "이런 고통을 우리 자신에게 강요하는 것이 꼭 필요한 일이 아니라는 것은 분명하지 않은가요? 그 목표가 왜 협상으로 달성될 수 없을까요?" 나는 대답했습니다. "논의(*argument*)가 사람에게 확신(*conviction*)을 준 적은 결코 없습니다. 반대로 확신은 논의를 앞섭니다." 만일 확신이 논의를 앞서지 않는다면, 모든 책은 모든 사람들에게 같은 정도의 호소력을 가질 것입니다. 수백만 명의 사람들에게 아무 호소력도 없는 책들이 나를 감동시킨 적이 있습니다. 내 속에 이미 확신이 있었기 때문입니다.

나의 채식주의를 예로 들어 봅시다. 나는 채식주의자로 태어났고, 모친 앞에서 맹세한 서약으로 채식주의자가 되었습니다. 그다음 나는 솔트의 《채식주의를 위한 변명》[94]을 읽고 확신을 얻었습니다. 하지만 그 확신은 이미 내 안에 있었습니다. 러스킨의 《나중에 온 이 사람에게도》도 마찬가지였습니다. 나는 그 책에 그려진 삶을 따라서 살고자 노력하고 있었는데, 그 삶을 내 자신의 인생 안에 진실한 것으로 만든 사람은 러스킨이었습니다. 그가 내 인생을 변화시킨 것입니다. 그 삶에 대한 확신은 이미 있었습니다. 하지만 그러한 확신이 미리 없었던 사람들에게는 같은 책이라도 아무 호소력이 없을 것입니다.

질문 간디 씨. 사탸그라하를 원리로서가 아니라 그저 하나의 방법으로서 따른다면 효과가 있을 수 있습니까?

답변 사탸그라하는 진리를 철저하게 고수하는 것을 의미합니다. 사람이 진리를 고수하면 진리는 그에게 힘을 줍니다. 만일 참된 인식 없이 진리의 힘을 사용하면, 그 이름을 헛되게 하는 것입니다. 나는 관련된 어떤 원리 때문에 도로 규칙을 거부할 수 있습니다. 다른 사람은 도로 규칙이 불편하다고 해서 거부할 수 있습니다. 두 사람이 모두 동일한 행위를 하고 있지만, 한 경우는 행위에 대한 도덕적 지지가 있고 다른 경우에는 없습니다. 우리 두 사람 중 한 사람은 시민적 저항자(*civil resister*)이고 다른 한 사람은 범죄적 저항자(*criminal resister*)입니다. 그러나 고통을 겪는 자는 궁극적으로 여러분 자신이고, 불순한 동기에서라면 많은 사람이 고통을 자초하지 않을 것이라는 점에서 사

94 〔역주〕 솔트에 대해서는 본 《마하트마 간디의 도덕 · 정치사상》 권 1, 49번을 참조.

탸그라하에 담겨 있는 위험 자체가 하나의 구제 수단입니다.

진정한 양심적 병역거부자(*conscientious objector*)는 자신의 행위에 있어서 옳습니다. 그에게는 영적 지지가 있기 때문입니다. 하지만 그 행위는 영적 지지의 유무와 관계없이 옳습니다. 차이가 있다면 한 경우의 행위는 처음부터 끝까지 옳고, 다른 경우는 일정 정도까지만 옳다는 것입니다.

질문 당신은 서양문명이 악마적이라고 자주 말해왔습니다. 악마의 요소들은 무엇입니까? 그 요소들 중 인도문명에 존재하는 것은 없습니까?

답변 서양문명은 물질적, 아주 물질적입니다. 그것은 철도, 질병의 정복, 공간의 정복 등 물질의 진보를 진보로 간주합니다. 서구의 척도에서 보면 이것들이 바로 문명의 승리입니다. "이제 사람들이 보다 진실해지고 보다 겸손해졌다"고 말하는 사람은 아무도 없습니다. 나는 현대문명을 스스로 시험해 보았고, 그것을 '악마적'(*Satanic*)이란 말로 묘사합니다. 여러분은 일시적 사물들, 외부적 사물들을 중시합니다. 동양문명의 정수는 영적이고 비물질적이라는 데에 있습니다. 동양은 서양문명의 열매들에 접근할 때 탐욕을 가지고 하지만 일종의 죄책감을 가지고 접근할 수 있습니다. 여러분의 생각에 따르면 여러분은 더 많은 것을 원하면 원할수록 더 선량해진다고 합니다. 그리고 여러분은 이와 같은 신념에서 그리 멀리 떨어져 있는 것도 아닙니다. 여러분의 문명은 한 단계에서 다음 단계로 진척되었습니다. 거기에는 끝이 없습니다. 여러분은 자연에 대한 정복에 자부심을 느끼지만, 나는 이에 조금도 흥미가 없습니다. 내가 내일 비행기를 탈지도 모르지만 나는 이에 대해서 죄책감을 느낄 것입니다(*feeling guilty*). 누군가가 여러분이 사는 런던의 모든 지하철과 버스를 빼앗아 갔다고 해봅시다. 나는 이렇게 말할 것입니다. "하느님 감사합니다. 바우(Bow)에 있는 제 거처까지 도보로 갈 수 있습니다. 3시간이 걸리더라도 말입니다."

간디 씨에게 던져진 마지막 질문은 그가 서양의 종교 서적에서 찾고 있던 영혼을 발견했는지에 대한 것이었다.

그렇습니다. 예를 들면 몇 년 전 내 친구 헨리 폴락은 나에게 토마스 아 켐피스의 《그리스도를 본받아》를 주었습니다. 나는 그 자리에서 통독했습니다. 그리고 내가 동양 책을 읽고 있다고 생각했습니다.

질문 하나의 보편적인 책을 의미합니까?

답변 글쎄요. 내가 사용하는 '동양적'(*Eastern*)이란 용어는 '보편적'(*Universal*)이란 뜻을 의미합니다. 그 말은 나에게 작은 척도들 중의 하나입니다.

언론인들과의 대담,
《친우》(*The Friend*), 1931. 12. 11 ; 《우화》
(友和, *Reconciliation*), 1932.1 ; 《전집》 54 : 132

114) 만사를 그 장점에서 보자 *1945. 3. 8*

우리는 동양이니 서양이니 하는 것을 잊어버리고 만사를 고유의 장점에서 생각해야 할 것이다.

고페 구르북사니(Gope Gurbuxani)에게
보낸 메모(H.), GN 1324

5. 현대문명

115) 에소테릭 기독교와 현대문명

더반, *1894. 11. 26*

〈나탈 머큐리〉지 편집자에게

안녕하십니까?

귀하의 신문 광고란에 실린 에소테릭 기독교연합회에 대한 광고에 제가 귀하의 독자들의 관심을 환기시키는 일을 허락해 주신다면 정말 고맙겠습니다. 광고한 책들이 상세하게 설명하고 있는 사상 체계는, 결코 새로운 체계가 아니라 옛것의 재발견, 즉 현대의 심성에 알맞은 형태로 제시된 재발견입니다. 더구나 그것은 보편성을 가르치는 종교의 체계이고, 단순히 현상이나 역사적 사실에 근거한 것이 아니라 영원한 진실에 근거한 것입니다. 그것은 예수의 우월성을 증명하기 위해서 마호메트나 붓다를 욕하지도 않습니다. 도리어 그 체계는 기독교를 다른 종교들과 화해시키고 있는데, 저자들의 생각으로는 기독교는 동일하며 영원한 하나의 진리가 나타난 여러 양상 중 하나에 불과합니다. 구약에 나오는 수많은 수수께끼 같은 것도 여기에서는 당장 완전하고 만족스런 해결책을 얻게 됩니다.

귀하의 독자들 가운데에는 현재의 물질주의와 물질주의의 모든 광채가 혼의 요구에 불충분하다고 보는 사람, 보다 나은 삶을 갈망하는 사람, 현대문명의 눈부시게 빛나는 표면 아래에서 살면서 그 이면(裏面)에 보고 싶지 않은 것을 많이 발견하는 사람, 그리고 무엇보다도 현대의 사치와 끊임없이 이어지는 열정적인 행위에서 아무 위로를 얻지 못하는 사람 등이 있을 것입니다. 나는 그런 독자들에게 앞에서 언급한 책들을 추천하고자 합니다. 그런 사람들은 앞에서 언급한 책들을 한 번 정독하게 되면 가르침과 자기 자신을 철저하게 일치할 수는 없다고 해도, 보다 나은 사람들이 될 것임을 나는 약속합니다.

그 주제에 대해서 나와 담소를 나누고 싶은 사람이 있다면, 서로의 생각을 조용히 나누는 일은 나에게 커다란 기쁨이 될 것입니다. 그럴 목적으로 나에게 개인적으로 편지를 쓰는 분이 있다면 그에 대해서 감사드릴 것입니다. 이런 책들의 판매가 금전적 관심에서 하는 것이 아니라는 것은 언급할 필요조차 없을 것입니다. 에소테릭 기독교연합회 회장이신 메이틀랜드 씨, 그리고 여기에 주재(駐在)하는 연합회 대리인은 그 책들을 무료로 배포할 수만 있었다면 기꺼이 그렇게 했을 것입니다. 많은 경우 그 책들은 원가보다 싸게 판매되었습니다. 드문 경우이긴 하지만 무료로 배포되기도 했습니다. 한 푼도 받지 않은 체계적인 배포는 불가능한 일이었습니다. 경우에 따라서는 기꺼이 대여할 수도 있습니다.

나는 고 아베 콩스탕(Abbé Constant)이 저자들에게 보낸 편지의 한 구절을 인용하면서 이 글을 마치려고 합니다. "인류는 언제나 어디서나 다음 3개의 지고한 질문들을 스스로 물어왔습니다. 우리는 어디에서 왔는가? 우리는 누구인가? 우리는 어디로 가는가?" 이런 질문들에 대한 완전하고, 만족스럽고 위로가 될 만한 답변들은 《완벽의 길》 안에서 충분히 얻게 될 것입니다.[95]

그럼 이만

M. K. 간디

에소테릭 기독교연합, 〈나탈 머큐리〉,
1894. 12. 3 ; 《전집》 1 : 54

---

95 〔역주〕 72번 '에소테릭 기독교'를 참조할 것.

116) 폭력과 문명

〔런던, *1909. 10. 30*〕

각하

저는 동포가 벌이는 민족주의 운동에 잠시 참여해 보았습니다. 거기에서 얻은 저의 관찰의 결과를 각하 앞에 제시하고 싶은 생각을 한동안 품고 있었습니다.

외람된 말씀인지 모르지만, 저는 각하의 솔직함·성실성·정직함에 깊이 감명받았다는 점을 말씀드리고 싶습니다. 이제 그와 같은 자질들은 거물(巨物)이라고 하는 우리의 공인들 사이에서는 찾아볼 수 없습니다. 각하의 제국주의는 명백한 정의(正義)를 간과하지는 않는다는 점, 그리고 인도의 대한 각하의 사랑이 진실되고 위대하다는 점을 알았습니다. 이런 사실 때문에 트란스발 투쟁과 직간접적으로 관계되어 있는 인도 관련 사항들에 대한 제 자신의 행위에 대해서 각하에게 모든 것을 말씀드리고 싶은 욕구를 느낍니다. 그리고 이런 사실이 저에게 기운도 줍니다. 그 욕구가 제가 목격한 것을 각하께 전달할 것을 요구하지는 않습니다.

저는 다양한 의견을 가진 현지 인도인을 만나는 일을 중시해왔습니다. 저는 모든 형태의 폭력에 대해서 반대하므로, 폭력당(*the party of violence*)이라고 묘사해도 좋을 극단주의자들로 불리는 자들과 접촉하는 일에 특별한 노력을 경주했습니다. 그 목적은 가능하다면 그들이 가는 길에 있는 오류를 그들에게 확신시키기 위한 것이었습니다. 이 당의 일부는 진지한 정신의 소유자이고, 높은 수준의 도덕성과 위대한 지적 능력 그리고 고상한 희생이 있는 자들임을 알았습니다. 그들은 여기에 있는 인도 청년들 사이에 확실하게 영향력을 행사하고 있습니다. 그들은 청년들에게 자신들의 확신을 심어 주는 일에 아낌없는 노력을 기울이고 있었습니다. 그들 가운데 한 사람이 다음 두 가지 점에 대해서 확신을 심어 줄 의도로 저에게 왔습니다. 제 방법이 잘못이라는 점, 그리고 암암리든 공개적이든 아니면 둘 다이든 간에 폭력의 행사만이 그들이 당하고 있는 부당한 행위(*wrongs*)를 시정할 수 있으리라는 점에 대해서 말입니다.

국민의식(*the national consciousness*)이 깨어나고 있다는 것은 명백합니다. 하지만 인도인 대다수 사이에서 그 모양은 아직 거칠고, 거기에 상응하는 자기희생의 정신이 없습니다. 어디 가든지 나는 영국 통치를 참을 수 없어 하는 모습을 봅니다. 어떤 경우에는 영국민 전체에 대한 증오심이 맹렬해졌습니다. 거의 모든 경우 영국 정치가들에 대한 불신이 그들의 마음을 크게 차지하고 있습니다. 그들(정치가들)[96]은 어떤 일도 이기심에서 행해서는 안 됩니다. 폭력에 반대하는 자들은 당분간만 반대할 따름입니다. 폭력을 비난하지도 않습니다. 그러나 그들은 너무 겁이 많거나 이기적이어서 자신들의 의견을 공개적으로 피력하지는 않습니다. 어떤 자들은 폭력의 때가 아직 도래하지 않았다고 여깁니다. 저는 인도가 폭력을 사용하지 않고 자유롭게 될 것이라고 믿는 자를 실제로 만나 본 적이 없습니다.

저는 인도인을 탄압해도 효과가 없을 것으로 믿습니다. 영국 통치자들은 관대하게 그리고 때에 맞춰서 뭔가를 줄 것 같지도 않습니다. 영국민은 상업적 이익에 사로잡혀 있는 것 같습니다. 잘못은 인간의 것이 아니라 제도의 것이고, 현재의 문명이 제도를 대표하는바, 그 문명은 여기 영국인과 인도인에게 폭발적 영향력을 행사해왔습니다. 인도는 외국 자본가들의 이익을 위해서 착취당하고 있는 만큼 더 많은 고통을 당하고 있습니다. 제 소견을 말씀드린다면,

96 〔역주〕《전집》 권 10, 201면.

진정한 치유책은 영국이 현대문명을 버리는 것입니다. 현대문명이 이기심과 물질주의 정신으로 휩싸여 있고, 헛되고 무목적적이며 기독교 정신을 부정하고 있기 때문입니다. 하지만 이것은 크나큰 요구입니다. 그런 다음에라야 인도에 있는 영국의 통치자들은 적어도 인도인이 행하듯이 행할 것이고, 인도인에게 현대문명을 강요하지 않을 것입니다. 철도, 기계 그리고 이에 따라서 일어나는 탐닉의 습관들이 유럽인의 노예 상태를 보여주는 진정한 표시이자, 인도인의 노예 상태를 보여주는 진정한 표시이기도 합니다. 그래서 저는 지배자들과 싸우고 싶지 않습니다만, 그들의 방식에 대해서는 철저히 싸울 것입니다.

매콜리 경이 작성한 교육 초안에 따르면 그는 분명히 후원자였습니다만, 저는 그분에 대해서 예전에 가졌던 신뢰가 이제는 없습니다. 팍스 브리태니커로부터 너무 많은 것을 뽑아내고 있다는 것이 제 생각입니다. 캘커타와 봄베이와 같은 도시들의 흥기가 저에게는 축하할 일이 아니라 슬퍼해야 할 일입니다. 인도는 촌락제도의 일부를 해체한 탓에 망하고 말았습니다. 저는 이런 견해를 갖고 있으면서 국민정신을 공유하고 있지만, 극단주의자의 것이든 온건주의자의 것이든 그들의 방법에서는 철저하게 멀리 떨어져 있습니다. 양쪽 모두 결국 폭력에 의존해 있기 때문입니다. 폭력적인 방법은 반드시 현대문명을 수용한다는 것, 따라서 우리가 여기에서 목격하고 있는 것과 동일한 파괴적 경쟁을 수용한다는 것, 결과적으로 진정한 도덕성의 파멸을 수용한다는 것을 차례로 의미합니다. 저는 누가 지배하는가 하는 문제에 대해서는 관심이 없습니다. 지배자들이 저의 소망대로 다스리기를 기대할 따름입니다. 그렇지 않다면 저는 그들이 저를 통치하는 일을 도울 수가 없습니다. 저는 그들에 대항하여 수동적 저항가가 됩니다. 수동적 저항은 물리력에 대항하는 혼의 힘, 다시 말해서 증오를 정복하는 사랑입니다.

제가 저를 얼마나 제대로 설명했는지, 그리고 각하로 하여금 제 논법을 얼마나 따라오게 했는지 모르겠습니다. 하지만 저는 제 동포들에게도 앞서 말한 것과 같이 사정을 말해왔습니다. 제가 각하께 편지를 쓰는 목적은 두 가지입니다. 첫째, 제가 시간이 있을 때마다 국민 갱생(*national regeneration*)의 일에 제 역할을 다하고 싶다는 것을 각하께 말씀드리기 위함이고, 둘째, 저에게 혹시 더 큰일이 닥칠 경우 각하의 협력을 얻거나 각하의 비판을 듣기 위함입니다.

각하께 제가 드린 정보는 상당히 비밀스런 것이므로 제 동포에게 편파적으로 사용되어서는 안 됩니다. 저는 진리가 알려지고 선포되지 않는 한 어떤 유용한 목적도 달성될 수 없다고 느낍니다.

만일 각하께서 사안을 더 검토하시다가 부딪히는 문제가 있다면, 그것이 어떤 문제라도 저에게 물어 주시면 기꺼이 답변해드리겠습니다. 리치(Ritch) 씨는 이 편지의 내용을 잘 알고 있습니다. 만일 논의가 필요하시다면, 저는 언제든 좋습니다.

마지막으로, 제가 과도하거나 부당하게 각하의 호의와 관심에 편승하지 않았기를 희망합니다.

그럼 이만

엠프틸 경에게 보낸 편지,
SN 5152 ; 《전집》 10 : 133

117) 폭압과 위선

우리는 《힌드 스와라즈》에서 영국의 통치로부터가 아니라 서양문명으로부터 자신을 구원해야 한다는 것을 살펴보았다. 분명히 말하지만, 만일 영국인들이 인도인들처럼 인도에 정착한다면 그들은 더 이상 외국인이 아닐 것이다. 만일 그들이 스스로 그렇게 할 수 없다면, 그들이 인도에 정착할 수 없는 여건을 만드는 것이 우리의 임무가 될 것이다.

영국인 자신들의 글은 서양문명이 얼마나 사악한가에 대해서 종종 말하고 있다. 페레르(Ferrer)를 처형했던 스페인 당국이 저질렀다는 이른바 폭압 사태에 대해서 영국인들은 빗발치는 항의를 보냈다. G. K. 체스터턴[97]이라는 유명한 작가가 10월 22일자 〈데일리 뉴스〉지에 보낸 편지는, 영국인의 항의가 순전히 위선임을 지적했는데, 오늘날에도 요약할 가치가 있다. 체스터턴 씨는 다음과 같이 말하고 있다.

> 우리가 스페인이 저지른 일에 대해서 신경질적으로 항의했지만, 그것은 위선일 뿐이다. 우리가 그런 태도를 취하는 것은 자만심에서 나오는 것이다. 실제로는 우리는 스페인만큼이나 나쁘다. 어떤 면에서는 더 나쁘다. 우리 영국에서는 정치적 처형은 없다. 그 이유는 우리나라에 정치적 반란이 없기 때문이지, 우리가 종교적 민족이기 때문은 아니다. 우리는 반란이 일어날 때마다 처형을 하게 될 것이다. 그것도 페레르의 처형보다 훨씬 비열하고, 무모하고 야만적인 것이 될 것이다. 맨체스터의 페니언들을 교수형에 처한 일을 두고, 모든 변호사들은 그들이 논리와 법을 모욕했다는 이유로 그 처형을 인정했다. 남아프리카에서의 세퍼들(*Scheepers*)의 학살은 지금은 제국주의자들조차도 수치스러워하는 일이다. 덴샤와이(Denshawai)[98]에 거주하는 소수의 순진한 농민들은 자신들의 재산을 약탈해가는 것을 반대했다. 그들은 고문당하고 교수형에 처해졌다. 우리의 통치자들이 작고 별것 아닌 지방 봉기에 대해서 그와 같이 잔인하고 비열하

97 〔역주〕 G. K. Chesterton(1874~1936) : 영국의 비평가 · 시인 · 수필가 · 소설가 · 단편작가. 호탕한 성격과 육중한 체구의 소유자로도 유명하다.

98 〔역주〕 이집트의 지명. 여기에서 영국군 장교 한 사람이 피살되었다는 이유로 4명의 이집트 농민들이 처형당했다. 《전집》 권 10, 394면.

게 대응한다면, 스페인에서 일어난 봉기와 유사한 봉기가 런던에서 일어난다면 어떻게 행동할까? 우리는 평화를 지키고 있다. 이유는 우리가 종교를 활용하기 때문이 아니라, 지배자들의 통치 아래에서 침묵에 빠져 있기 때문이다. 만일 우리에게 반란이 없다고 해도 우리는 페레르의 죽음보다 더 나쁜 범죄를 범하는 것이 된다. 전날 병사 한 사람이 태형을 피하기 위해서 자살했다. 이러한 자살은 흥분의 시기에 극도로 심한 감정의 압박 아래에서 행해진 페레르의 처형보다 더 극악무도한 일이다. 하지만 그 사건은 영국에서 아무 주목을 받지 못했다. 우리가 유럽에서 성공적으로 억압당하고 있는 민족이기 때문이다.

영국인들의 문명, 즉 우리를 이다지도 어지럽히는 문명 안에 있는 단점을 보고, 우리는 인도에서 그 문명을 감내해야 할지 아니면 아직 시간적 여유가 있을 때 그것을 추방해야 할지 심사숙고해야 한다. 그 문명은 대중을 밟아 뭉개는 것이고, 그 안에서는 소수가 민중의 이름으로 권력을 장악하고 남용한다. 이들이 민중의 이름으로 행동하기 때문에 민중은 기만당하고 있다.

서양문명의 단점(G.), 〈인디언 오피니언〉,
1910. 1. 22 ; 《전집》 10 : 224

118) 자연과 문명

자연은 자신의 법칙에 따라서 부단히 움직이는데, 인간은 늘 그 법칙을 어긴다. 자연은 수시로 여러 가지 방식으로 이 세상에서 변하지 않는 것은 아무것도 없다는 점을 인간에게 말해 준다. 예를 들 필요도 없다. 말라바리[99] 씨가 그의 시에서 말했듯이 '그들은 떠나기 위

99 Behramji Malabari(1863~1912) : 파시교도의 언론인, 시인, 사회개혁가.

해서 온다.' 우리는 시(*gazal*)로 다음과 같이 노래한다. '요정 같은 피조물들이 얼마나 많이 존재했는지, 청춘으로 장식한 자들, 떠나간 인간들이 얼마나 위대한지.' 그런데도 모든 비상한 사건이 우리를 놀라게 하고 반성하게 한다. 그런 사건의 하나가 파리에서 발생했다. 큰 홍수(洪水)로 파리의 강물이 범람하여 거대한 건물들을 쓸어버리고 말았다. 미술관[100]도 임박한 위험에 처해 있었다. 수백만 파운드의 돈을 쏟아부은, 튼튼하게 건설된 길도 곳곳에서 붕괴되었다. 사람들은 익사했다. 익사를 피한 자들의 일부는 산채로 매장되었다. 먹을 것이 궁해진 쥐들은 어린애들을 공격했다. 왜 이런 일이 일어났는가? 파리 사람들은 영원히 지속 가능한 도시를 건설했다. 자연은 파리 전체가 파괴될 수도 있다는 경고를 주었다. 홍수가 하루 뒤에 잦아들지 않았다면 분명히 그렇게 되었을 것이다.

물론 파리 시민들은 궁궐 같은 건축물들을 재건하는 일이 헛되다는 점을 깨닫지 못할 것이다. 그들의 새 건축물조차도 다시 무너질 것이라는 생각은 결코 머리에 떠오르지 않을 것이다. 기술자들은 자만심에서 보다 거창한 계획을 가지고 돈을 물 쓰듯이 쏟아부을 것이고, 자신들도 홍수에 대해서 망각하고 다른 사람들도 모두 망각하게 할 것이다. 그런 것이 현대문명의 중독이다.

우리도 같은 식으로 행동해야 할까? 우리는 그와 같이 거칠고 분별없는 사람들을 모방해야 할 것인가? 신을 잊은 자들만이 그런 허세를 부릴 것이다. 그렇다면 우리가 왜 트란스발 입법에 저항해야 하는지, 그리고 모든 사람들에게 염주알을 돌리라고 충고하지 않는지 하는 문제가 일어난다. 이런 질문을 하는 자라면 누구에게든지, 우리가 여태 그런 충고를 주었고 지금도 같은 충고를 줄 것이라고 대답할 것이다.

---

100 〔역주〕 루브르 미술관. 《전집》 권 10, 409면.

우리는 경건한 사기행각과 같이 허세 부리는 염주알 돌리기를 충고할 수는 없다. 동화 속의 두루미와 같이 행동하라고 충고할 수는 없다.[101] 우리는 자연이 연출하고 있는 드라마의 의미를 깨닫고 있다. 바로 그 때문에 우리는 우리가 동원할 수 있는 모든 힘을 다해서 트란스발 인도인과 남아프리카 인도인에게 다음과 같이 호소하는 바이다. "자연의 목적을 이해하고 그 목적에 대해서 성찰하라. 그러면 당신이 온갖 허장성세를 부리더라도 아무 데도 갈 수 없을 것이다. 정부가 여러분의 씩씩함을 공격하고 여러분을 노예로 만들려고 할 때에 염주알을 돌리는 것은 아무 응답이 되지 못할 것이다. 신의 종은 자신이 어떤 사람의 노예가 되는 것도 허락하지 않을 것이다. 정부의 독재적인 법률을 두려워 말라. 만일 여러분이 여러분의 부에 부당하게 집착하지만 않는다면 두려워해야 할 이유가 없을 것이다. 만일 여러분이 진리를 고수한다면, 진리는 늘 함께 있을 것이고 결코 여러분을 버리지 않을 것이며, 진리는 홍수에 쓸려가지도 않을 것이다. 홍수가 쓸어갈 수 있는 것이면 어떤 것도 믿지 말라고 충고한다. 사람이 매달릴 수 있는 유일한 지주인 진리 안에서 여러분이 확고부동하기를 바란다. 진리에 대해서 항상 충성을 바칠 수 있다면 무엇이든 즐겨도 좋다. 그렇다면 후회할 이유가 없을 것이다. 그렇게 되면 쾌락은 찰나적이고 진리는 영원하여 함께 영원토록 거할 수 있다는 점을 여러분은 알게 되므로 무슨 대가를 지불하면서까지 쾌락을 추구하지 않을 것이다. 이렇게 살아가는 것은 종교의 길을 따라가는 것이다. 정부가 폭정으로 그런 시도를 반대하기 때문에 우리는 정부를 반종교적이라

101 〔역주〕 두루미는 귀의와 금욕의 삶을 살고 있다는 확신을, 그래서 접근해도 안전할 것이라는 확신을 물고기에게 심어 주기를 기대하면서 강둑에서 계속 한 다리로만 서 있었다. 《전집》 권 10, 410면.

고 한다. 이것이 모든 종교의 정수이므로, 이것이 없다면 어떤 종교도 그 자신에게 진실할 수 없다."

파리의 대혼란(G.), 〈인디언 오피니언〉,
1910. 2. 5 ; 《전집》 10 : 238

119) 문명의 덫

〔*1910. 4. 2*〕

안녕, 마간랄![102]

너의 편지를 받았다. 너가 내 답장을 이해할 수 있도록 네 편지를 너에게 되돌려 준다.

너가 제기한 문제들에 대답하도록 노력할 것이다. 하지만 너는 충분히 이해하지 못할 것 같다. 너가 《힌드 스와라즈》 책을 한두 번만 다시 읽게 되면 찾고자 했던 설명을 발견할 수 있을 것이다.

우리가 현대문명을 흡수한 정도만큼 과거로 거슬러가야 한다는 점은 분명하다. 우리의 과업 중 이 부분이 가장 어려운 것이지만 반드시 실행해야만 한다. 우리가 틀린 길에 접어들었을 때는 돌아가는 일 이외에 다른 대안은 없다. 우리가 향유하는 사물들에 대한 집착에서 우리 자신들을 해방시켜야 한다. 이를 위해서 우리는 먼저 그것들에 대해서 혐오감(*disgust*)을 느껴야 한다. 우리에게 유익하게 보이는 어떤 수단이나 도구도 포기하기가 쉽지 않을 것이다. 특정 사물이 주는 외면적 이익보다 해가 더 많다는 점을 깨닫는 자만이 그것을 포기할 것이다. 나는 편지를 빨리 보낼 수 있다는 사실에서 얻는 이익이 조금도 없다고 믿는다. 우리가 철도와 여타 방법을 포기한다면 우리는

102 〔역주〕 Maganlal Khushalchand Gandhi(1883~1928) : 간디 추종자. 간디 삼촌의 손자. 간디의 비폭력적 방법에 대해서 'satyagraha'라는 단어를 정하는 데 도움을 주었다.

애써 편지를 쓸 필요가 없다. 잘못에서 진정으로 자유로운 사물들은 어느 정도까지는 사용될 수 있을 것이다. 이 문명에 의해서 삼켜져 버린 우리는 그 문명 속에 남아 있는 한, 우편제도와 다른 편의시설을 이용할 것이다. 만일 우리가 이것들에 대한 지식과 이해를 갖고 그것들을 사용한다면 그것들에 대해서 열광하지는 않을 것이다. 우리는 집착을 강화하는 대신 점차 감소시킬 것이다. 이런 점을 이해하는 사람은 철도나 우편이 없는 마을에 이런 것들을 설치하려는 유혹에 빠지지 않을 것이다. 우리는 이런 것들이 당장 폐지되지도 않고 모든 사람들이 포기하지 않을 것을 두려워하여, 수동적으로 행동하거나 증기선과 여타 사악한 수단들의 이용을 늘려서는 안 될 것이다. 단 한 사람이라도 그것들의 사용을 줄이거나 중지한다면 다른 사람들도 그 행위를 배울 것이다. 그렇게 하는 것이 좋다고 믿는 사람이라면 다른 사람과 관계없이 그렇게 할 것이다. 이것이 진리를 확산시키는 유일한 길이다. 이 세상에 다른 길은 없다.

의회에 대한 우리의 애정을 버리기는 아주 어렵다. 사람의 가죽을 벗겨내고 산채로 불태우고 귀나 코를 베는 일은 야만적인 일임에는 분명하지만, 의회의 폭정은 칭기즈칸, 타메를란(Tamerlane)[103]이나 다른 사람들의 폭정보다 훨씬 심하다. 우리는 의회의 덫에 걸려 있다. 현대의 폭정은 유혹의 덫이어서 보다 더 큰 해독을 끼친다. 우리는 한 개인이 저지른 무자비한 행위를 견딜 수 있다. 하지만 민중의 이름으로 자행된 민중에 대한 폭정은 대항하기가 힘들다. 과거에 어떤 위정자들은 바보 왕과 같았고, 다른 왕들은 현명한 왕이었던

---

103 〔역주〕 Timur(Timour, 1336~1405) : 이슬람교를 신봉하는 투르크인 정복자. 중국 이름은 첩목아(帖木兒)다. 주로 인도에서 러시아를 거쳐서 지중해까지 정복하는 과정에서 행한 야만적 행위와 그가 세운 왕조의 문화적 업적으로 널리 알려져 있다.

것 같다. 에드워드 왕이 우리의 위정자였다면 그렇게 반대하지 않아도 될 것이다. 그런데 모든 영국인들이 너와 나를 통치한다. 이 말의 의미에 대해서 깊이 생각해 보자. 내가 이 세상에 대한 민중의 애정을 거론하는 것은 아니다. 인도의 보통 사람들은 의회가 한낱 장난이라고 믿는다. 아주 영리한 사람들조차 이 문명의 덫에 걸려서 의회에 대해서 정상적인 판단을 잃고 있다.

너는 온정(*mercy*)이 핀다리(Pindari)에게 아무 영향력을 미치지 못한다고 말하고 있는데, 그것은 혼의 본질 자체 또는 핵심적 성질을 거부한 것이다. 파탄잘리 님(Lord Patanjali)[104]은 온정 등이 갖는 위대함을 아주 강조했는데, 우리가 그런 품성들을 생각하기만 해도 즐거워진다고 말할 정도였다. 그런데 두려움이 우리 안에 깊이 뿌리내린 나머지 진리, 온정 그리고 여타 품성들이 성장하지 못하고 있는 것이 우리의 실정이다. 그런 다음 우리는 온정이 잔인한 자들에게 아무 효과가 없다고 생각한다. 만일 우리가 우리에게 온정을 보이는 자들에게 같은 온정을 보인다면, 그것은 온정이 아니라 온정을 되돌려 주는 일에 불과하다.

어떤 사람이 공짜로 우리를 지켜 주거나 아니면 우리가 그 일 때문에 돈을 지불한다고 하면, 우리는 유약하다고 간주되어야 할 것이다. 우리가 핀다리 등의 공포로부터 자유롭기 위해서 외부의 도움을 구해야 한다면, 그것은 스와라즈에 부적합하다. 우리가 만일 그들을 물리력으로 정복해야 한다면 우리는 그 힘을 우리 안에서 길러야 할 것이다. 그렇게 되면 우리는 공갈로 금품을 뺏기거나 공물(貢物)을 바치지 않아도 될 것이다. 여성은 남편이 자신을 보호해 줄 것을 권리로 요구한다. 하지만 그녀는 결국 아발라(*abala*, 유약한 자)로 간주된다.

---

104 요가 다르샤나(철학)를 체계화한 성자.

스와라즈는 그것을 이해하는 사람을 위한 것이다. 너와 나는 오늘도 그것을 즐길 수 있다. 다른 모든 사람들은 우리와 같이 행위하기를 배워야 할 것이다. 다른 사람들이 우리를 위해서 확보해 준 것은 스와라즈가 아니라 파라라즈(*pararaj*) 곧 타치(他治, *foreign rule*)이다. 다른 사람들이 인도인이든 영국인이든 말이다.

내가 소 보호협회를 소 도살협회라고 불렀는데, 이는 진리를 말했을 뿐이다. 이런 협회의 목적이 무슬림들에게 압력을 가함으로써 소를 구하거나 보호하는 것이기 때문이다.

돈을 지불함으로써 소를 구하는 것은 소를 보호하는 것이 아니다. 그것은 도살업자에게 우리를 기만하도록 가르치는 것이다. 만일 우리가 무슬림에게 강요한다면 그들은 소를 더 많이 도살할 것이다. 하지만 우리가 그들을 설득하거나 그들을 대상으로 사탸그라하를 전개한다면 그들은 소를 보호할 것이다. 이런 일을 하기 위해서는 소 보호협회가 일체 필요 없다. 그런 단체는 힌두교도에게 힌두교를 가르쳐야 할 것이다. 소를 굶겨 죽이거나, 막대기로 찔러 죽이거나 혹사시켜 고문함으로써 죽이는 일보다 단칼에 죽이는 편이 낫다.

슈리 라마찬드라와 다른 사람들의 사례를 문자 그대로 받아들이는 일은, 아주 혼란스런 일이다. 나는 라바나와 같은 이가 10개의 머리와 20개의 손을 가진 인간의 모습으로 나타날 가능성을 생각해 본 적이 없다. 하지만 그가 거대하고 사납고 무분별한 짐승이고, 신의 정수(精髓)를 대표하는 슈리 라마찬드라에 의해서 죽임을 당했다고 상상하는 것은, 우리의 지성에 호소할 수는 있다. 툴시다스지(Tulsidasji)[105]는 라마찬드라지를 태양의 힘으로 묘사했는데, 여기에서 태양은 자만

105 《라마차리타마나사》(*Ramacharitamanasa*), 즉 《라마야나》(*Ramayana*) 힌디어판의 저자.

과 미혹의 파괴자 그리고 과도한 집착의 밤이 갖고 있는 암흑의 파괴자를 의미한다. 우리가 교만·미혹·집착을 깡그리 제거했을 때, 타인을 파괴하고 싶은 아주 작은 욕망이 우리에게 남아 있다고 너는 생각하는가? 이에 대한 대답이 '남아 있지 않다'면, 자만·미혹·집착으로부터 자유로운 라마찬드라지, 온정의 대해(大海)인 그가 어떻게 라바나를 파괴할 수 있었겠나? 하지만 먼저 그의 경지를 얻고 락슈마나처럼 수면을 포기하고 청정행을 14년 동안 실시해 보라. 그런 다음 어디에서 물리력이 사용될 수 있는지를 보라.

나는 만사가 겸손(*humility*)에 의해서 이뤄질 수 있음을 말하고 싶다. 트란스발에 대해서 네가 제시한 사례는 꽤 적합한 것이다. 위에서 말한 정서 즉 겸손을 입으로 고백하는 것만으로는 충분치 않고 그것은 때가 오면 시험을 견디어야 한다. 하리슈찬드라가 진리에 대한 귀의를 증명하기 위해서 겪었던 무수한 역경에 대해서 생각해 보라. 수단바가 자신의 박티가 진실한 것임을 증명하기 위해서 겪었던 고통에 대해서 생각해 보라. 이것들이 단순히 전설이라고 생각해서는 안 될 것이다. 이름과 모습은 다를 수도 있을 것이다. 하지만 이 얘기들을 지은 작가들은 이들을 통해서 자신들의 경험을 제시한 것이다. 트란스발에서조차 나 같은 사람이 지껄이는 것도 시험을 치르고 있다. 사타그라히(*satyagrahi*)로 간주된 사람들 중 많은 사람이 진실하지 못한 선동가로 드러났음을 명심해라. 그렇다면 누가 참된 사탸그라히로 간주되어야 하는가? 물론 자비 등과 같은 덕목을 가진 사람일 것이다. 고통을 겪을 필요가 없다는 말은 어느 책에도 없다. 고통은 결국 무엇을 의미하는가? 《기타》에 따르면 마음은 우리의 자유의 원인이면서 동시에 속박의 원인이다. 수단바는 끓는 기름 속으로 던져졌다. 그를 기름 속으로 던져 넣은 사람은 그가 수단바에게 고통을 준다고 생각했지만, 수단바에게는 자신이 가진 귀의심의 강도를 증명해 보일 수 있는 좋은 기회였다.

모든 사람들이 동시에 한결같이 부자이거나 한결같이 가난한 일은 절대 일어나지 않을 것이다. 하지만 우리가 〔다양한 직업들의〕 선한 면과 악한 면을 고려해 보면, 세상은 농민에 의해서 지탱되는 것으로 보인다. 농민들은 물론 가난하다. 만일 변호사가 자신의 애타주의나 영성을 뽐내고 싶다면, 그는 육체노동을 통해서 생계를 꾸려나가고 변호사 업무를 수행함에 있어서 아무것도 요구해서는 안 될 것이다. 너는 변호사가 게으르다는 점을 쉽게 알아챌 수는 없을 것이다. 감각적인 사람이 정염의 탐닉에 빠져서 기진맥진하더라도 감각적 쾌락을 계속 탐닉하듯이, 변호사도 기진맥진하지만 부와 위대함을 얻을 희망을 품으며, 나중에는 사치와 안락의 여생을 보낼 희망을 품기도 하고, 그의 업무를 처리함에 있어서 거의 한계점에 달할 때까지 신경을 써야 한다. 이것이 그의 목표다. 이런 말에 약간의 과장이 있음을 나는 알고 있다. 하지만 앞에서 말한 것은 대부분 진실이다.

의사들이 우리나라에 어떤 봉사를 하는가? 그들은 사체를 해부하고, 동물을 죽이고, 5년에서 7년 동안 쓸데없는 금언(金言)을 머릿속에 쑤셔 박아 넣음으로써 어떤 위대한 일을 성취하려는가? 우리나라는 육신의 질병을 치유하는 능력으로 무엇을 얻을 것인가? 그 능력은 육신에 대한 우리의 집착을 단순히 증가시킬 뿐이다. 우리는 의학에 대한 지식이 없어도 질병의 성장을 막을 계획을 세울 수 있다. 그렇다고 해서 박사나 의사가 전혀 없어야 한다고 말하는 것은 결코 아니다. 그들은 언제나 우리와 함께 있을 것이다. 내 말의 요점은 수많은 젊은이가 이 직업에 과도한 중요성을 부여하고, 자격을 얻기 위해서 수년 동안 수백 루피를 탕진하고 있는데 그래서는 안 된다는 것이다. 우리는 대증요법(對症療法)으로 치료하는 의사로부터 조그마한 이익을 얻지 못하고 있으며, 앞으로도 그럴 것이라는 점을 알아야 한다.

이것으로 너의 모든 질문에 대한 답변이 되었기를 바란다. 너의 머리가 불필요하게 인도를 해방시키겠다는 짐을 지지 말기를 제발 바란다. 너 자신을 해방시켜라. 그런 짐조차 매우 크다. 모든 일을 너 자신에게 적용해라. 혼의 고상함은 너 자신이 인도라는 점을 자각하는 데에 달려 있다. 너의 해방 안에 인도의 해방이 있다. 다른 모든 것은 사이비다. 이런 일에 관심이 있다면 굴하지 말고 노력해라. 너와 나는 다른 사람에 대해서 걱정할 필요가 없다. 만일 우리가 다른 사람에 대해서 고민한다면 우리 자신의 과업을 망각할 것이고 모든 것을 잃게 될 것이다. 이기주의의 관점이 아니라 애타주의(*altruism*)의 관점에서 이 말을 심사숙고해라. 더 묻고 싶은 것이 있으면 물어라.

모한다스로부터 축복을

마간랄 간디에게 보낸 편지(G.), R. 파텔, *Gandhiji ni Sadhana* ; 《전집》 10 : 300

120) 위선과 문명

〈신시대〉(*The New Age*)라는 영어 잡지가 본 주제에 대해서 만화 한 컷을 그린 것이 있어서 그것을 이번 호에 게재한다. 그것은 행군 중인 군대 그림이다. 그 배후에는 기괴한 장군의 모습을 그려 두었다. 이 끔찍한 형상의 몸통에는 사방으로 연기를 내뿜는 총 한 자루와 피가 뚝뚝 떨어지는 여러 개의 칼이 달려 있고, 머리에는 대포 일문이 그려져 있다. 한편에 달려 있는 휘장에는 해골이 그려져 있다. 더구나 팔뚝에는 십자가가 있다. 입에는 피가 뚝뚝 떨어지는 단검을 물고 있다. 어깨에는 사용하지 않은 탄약통 달린 벨트가 보인다. 그림의 제목은 '문명의 행진'(*March of Civilization*)이다. 이 만화의 묘사를 읽는 자는 누구든 진지하게 되지 않을 수 없다. 반성해 보면, 우리는 서양문명이 만화에 등장하는 인물의 끔찍한 표정만큼이나 잔인하거나 아니면 그보다 더 잔인하다고 느끼지 않을 수 없다. 더더욱 극도로 분개하게 하는 것은 피를 뚝뚝 흘리고 있는 무기 한가운데 있는 십자가의 모습이다. 여기에서 신문명의 위선 같은 것은 그 정점에 달하고 있다. 예전에도 피의 전쟁들이 있었지만, 거기에 현대문명의 위선은 없었다. 우리는 독자의 시선을 만화에 끌면서, 동시에 독자에게 사탸그라하(진리파지)가 가진 거룩한 빛의 편린을 보여주고 싶다. 한편으로는 앞에서 묘사한 문명의 그림을 보라. 이 문명은 부에 대한 허기와 세속적 쾌락으로 향한 탐욕적인 추구 때문에 늑대와 같이 끔찍한 모습으로 자라났다. 한편 사탸그라히(진리파지자)의 모습을 보라. 그는 진리에 대한 충성과 영적 존재로서 자기 본성에 대한 충성에서, 그리고 신의 명령에 복종하려는 욕구에서, 사악한 자가 가한 고통에 순종하고 있다. 그의 가슴은 불요불굴을 품고 얼굴에는 미소를 띠고 두 눈에는 눈물 한 방울 없다.

독자는 두 그림 중 어디에 더 매력을 느낄까? 우리는 사탸그라히의 비전이 인류의 심성에 감동을 줄 것이란 점, 그의 고통이 증대하는 만큼 그 효과도 커질 것이라는 점을 확신한다. 이 만화만 본다면, 사탸그라하가 인류에게 자유와 기운을 줄 수 있는 유일한 길임을 마음으로 느끼지 않을 사람이 누가 있겠는가? 다른 사람을 죽이려다가 총에 맞아 죽거나 교수형 당하는 것이 사람의 꿋꿋함(*fortitude*)을 검증한다는 점을 우리는 물론 인정한다. 하지만 다른 사람을 죽이려다가 자신이 죽는 일은, 상대방에게 총알을 응사(應射)하지 않고 그것에 직면하여 조용히 감내하는 고문 때문에, 장기간 서서히 다가오는 고문 때문에 사탸그라히가 겪어야 할 고통에 내재한 꿋꿋함과 용기의 1백 분의 1도 요구하지 않는다. 그 누구도 사탸그라하의 힘을 굴복시키기에 충분할 만큼 강력한 검(劍)을 휘두를 자는 없다. 반대로 강철의 검을 휘두르는 사람은 자신의 검보다 더 날카로운 검을 만나게 되면 굴복한다. 바로 이런 이유로 사탸그라히의 얘기를 읽을 때는 존경심을 갖게 된다. 힘이 부족하여 사탸그라하를 실행하지 못하는 자는 자연스럽게 폭력에 호소하려는 유혹을 느낀다. 폭력은 비교적 사용하기가 쉽다. 어떤 인도인들은 인도의 자치에 대해서 광적으로 집착한다. 이들은 사탸그라하에 당연히 폭력이 수반돼야 한다고 생각하는 듯하다. 즉, 이들에게 사탸그라하는 자신을 폭력의 광신적 행위로까지 끌어올리기 위한 노력의 한 걸음에 불과한 것으로 보인다. 그런 소견을 품은 자를, 바다를 커다란 우물 정도로 생각하고 있는 개구리에 비교하더라도 잘못된 것이 아닐 것이다. 여기에서 진실은 사탸그라하에 필요한 인내력을 최고 수준으로 닦지 못한 사람은 조급해서 폭력으로 가게 되고 점점 낙망하게 되어 자신의 고통을 빨리 종결지으려는 노력에서 맹목적으로 도약하게 된다는 것이다. 그런 사람은 결코 사탸그라히가 아니었으며, 사탸그라하의 의미가 무엇인지를 이해하고 싶어하지도 않는다.

서양의 끔찍한 문명(G.), 〈인디언 오피니언〉,
1910. 4. 2 ; 《전집》 10 : 299

121) 문명의 황홀한 매력

〔*1925. 8. 28*〕

여러분은 오늘 저녁 연사인 나에게 약간의 찬사를 보낼 의무가 있었고, 그것을 솜씨 있게 해치웠습니다. 나도 여러분을 본받아서 한 마디도 하고 싶지 않습니다. 여러분이 나를 칭찬해 주셨고 그것이 나에게 격려가 되기를 바랐습니다만 그러지 못했습니다. 하지만 나는 여러분이 이번 행사 절차[106]를 진행하는 방식을 보고, 또 여러분이 이 어린 소녀[107]에게 화환을 걸어 주는 것을 보고, 적어도 여러분은 인종 간의 증오라는 죄로부터 완전 무죄라는 점을 확신했습니다.

그러나 현재 인도의 젊은 세대는 분명히 이 문제에 직면하고 있습니다. 어떤 나라가 있는데 우리는 그 나라의 지배를 원치 않을 뿐 아니라 그 나라를 우리 마음속 깊이 싫어한다고 해 봅시다. 조국을 사랑하는 사람이 조국을 지배하는 사람들을 증오하지 않을 수가 있겠습니까? 조국을 사랑하면서 조국의 지배자들을 증오하지 않기란 불가능하다는 대답이 수많은 젊은이의 심정 속에서 들려옵니다. 그들 중 어떤 자들은 자신들의 생각을 백일하에 드러냈고, 일부는 그 생각을 행동으로 옮겼습니다. 하지만 많은 사람은 자신들의 생각을 비밀에 부치고 그것을 먹고 삽니다.

나 자신이 바로 이런 문제를 던졌던 학생이었습니다. 1915년 내가 인도에 돌아온 후가 아니라, 1894년 공적 생활과 공공 봉사에 투신한 뒤로 늘 문제가 되었습니다. 하지만 나는 조국애 곧 내셔널리즘이라는 것이, 우리가 좋아하지 않는 통치와 지배를 하고, 좋아하지

---

106 참가료를 내고 모이는 이 집회는 오버툰 홀(Overtoun Hall)에서 열렸다. 수익금은 전 벵골 데샤반두 기념 기금에 보내졌다. T. E. T. 쇼 목사가 의장을 맡았다.

107 간디는 여기에서 5살배기 소녀를 가리키고 있다.

않는 방식을 도입한 자들에 대한 사랑과 완벽하게 부합한다는 결론에 신중하게 도달했습니다. 나는 남아프리카 정부, 보다 정확히 말한다면 당시 나탈 정부와 관계하면서 그리고 후에는 트란스발 정부와 더 나중에는 영연방 정부와 관계하면서, 그 문제에 직면하게 되었습니다.

우리 동포들은 법적 자격 없이 남아프리카 아(亞)대륙에서 노동하며 살아갑니다. 대다수의 여러분은 저들 동포가 명백히 법적으로 자격이 없다는 것을 알고 있습니다. 그것으로 충분합니다. 법적 무자격(*disabilities*)은 만일 우리가 온전한 정신 상태를 유지하지 않는다면, 우리로 하여금 같은 인간을 증오하게 하는 데 충분합니다. 여러분은 같은 피부색이 아니라는 단 하나의 이유만으로 불의(不義, *injustice*)가 거기에 횡행하고 있음을 목격합니다. 백인과 유색인 사이에 평등은 없다—이렇게 영연방 정부 헌법은 말하고 있습니다. 그것은 한때 트란스발 정부 헌법의 한 조항이었지만, 그 헌법은 오늘날 영연방 정부에 의해서 수용되고 있습니다. 여러분이 인도에 올 때 늘 동일한 것은 아니지만 아주 유사한 것을 볼 것이고, 두 가지 사항, 즉 조국에 대한 사랑과 여러분이 호랑이로 간주하는 자들에 대한 사랑을 조화시키기가 매우 어렵다는 점을 자주 보게 될 것입니다. 여러분의 짐작이 정당하고 정확한지 부정확한지의 문제가 아닙니다. 하지만 여러분은 여러분이 가장 지독한 형태의 폭정 아래에서, 가장 지독한 형태의 불의 아래에서 수고하고 있다는 인상을 갖게 될 것입니다. 그렇다면 여러분은 어떻게 호랑이를 사랑하시렵니까?

그것을 다른 방식으로 한 번 말해 보겠습니다. 여러분이 호랑이를 반드시 사랑해야 한다는 것은 아닙니다. 하지만 사랑이란 능동적인 힘이며, 오늘 저녁의 주제는, '호랑이를 마땅히 증오해야 합니까? 내셔널리즘에 증오가 필수적인 것입니까?'라는 것입니다. 여러분이 사랑하지 않을 수는 있습니다. 그러나 꼭 증오해야 합니까? 내가 앞서 말한 대로 수많은 사람의 마음에 있는 대답은 분명 증오해야 한다는 것입니다. 내가 알기로는 어떤 사람들은 호랑이를 증오하는 일을 자신들의 의무로 간주합니다. 이런 태도를 옹호하기 위해서, 그들은 현대의 헌법을 인용하고, 때로는 유럽에서 일어난 최근의 파멸적인 전쟁을, 그리고 역사에서 배운 전쟁들을 인용합니다. 그들은 법률도 인용하며, 사회가 살인죄를 저지른 자를 교수대에서 처형한다고 말합니다. 그것은 증오의 표시가 아니겠습니까? 거기에 사랑이 없음은 분명합니다.

부친을 비롯하여 우리에게 가장 사랑스런 사람들이 비록 잘못하더라도 우리는 그들을 사랑하지 않을 수 있습니까? 우리는 그들이 교수대에서 처형되기를 원합니까? 우리는 그들의 교정을 위해서 기도할 수는 있지만 처벌을 위해서 기도하지는 않을 것입니다. 하지만 만일 법적 재가(裁可) 아래 처벌이 철회되거나 폐지되거나 유보된다면 사회가 산산조각이 날 것이라고 합니다. 여기에는 아마 상당한 정도의 정당성이 있긴 합니다. 청년들은 이런 사례들을 보고, 내셔널리즘에 증오가 필수적이 아니라고 하는 자들은 잘못 생각하는 것이라는 결론을 성급하게 내립니다. 나는 그들을 비난할 생각은 없습니다. 연민을 갖고 보아야 합니다. 그들은 나의 동정심을 자아냅니다. 하지만 나는 그들이 엄청난 망상 아래에서 수고하고 있다는 사실에 대해서 추호도 의심하지 않습니다. 그들이 그런 태도를 견지하는 한, 남녀의 큰 무리가 그런 태도를 견지하는 한, 이 나라와 세계의 진보는 지체될 것입니다. 내가 여러분에게 제시했던 모든 사례들이 그들의 행위를 정당화하기 위해서 인용될 수 있다고 하더라도 개의치 않습니다.

세상은 그런 일을 지긋지긋하게 여깁니다. 우리는 그런 피로(疲勞) 현상이 서구의 여러 국가를 정복하고 있음을 봅니다. 우리는 이와 같은 증오의 노래가 인류에게 이익을 주지 못했음을 압니다. 생활을 일신하고 세상에 교훈을 주는 것을 인도의 특권으로 삼읍시다.[108] 3억의 인도 민중이 10만의 영국인을 증오할 필요가 있습니까? 내가 오늘 저녁의 주제를 구체화한다면 그런 말이 될 것입니다. 내 소견으로는 한순간이라도 영국인들을 즐겨 증오한다면 그것은 인류의 존엄성에 또 인도의 존엄성에 상처를 주는 것입니다. 그렇다고 해서 여러분이 영국 지배자들이 인도에서 범한 과도한 행위들에 대해서 눈감아야 한다는 것은 아닙니다. 나는 악과 행악자를 특별히 구분해왔습니다. 악은 미워하되 사람은 미워하지 마십시오. 우리 자신들, 우리 각자는 악으로 가득합니다. 그리고 우리는 세상이 우리에 대해서 인내하기를, 우리를 용서하고 온유하기(*gentle*)를 원합니다. 나는 영국인들에게도 동일한 대접을 해 주기를 원합니다. 영국 지배자들이 저지른 수많은 비행에 대해서, 또한 우리를 통치하고 있는 제도의 부패구조에 대해서, 인도에서 나만큼 격렬하게 그리고 겁 없이 외쳐온 사람이 아마 없을 것이라는 점은 하늘도 다 아는 사실입니다. 나 자신을 위해서 개인적으로 다음 주장을 펼 정도까지 나가고 싶습니다. 내가 증오심으로부터 자유롭다고 해도, 즉 스스로 내 적수라고 생각하는 자들을 내가 사랑한다고 해도, 그것이 나를 저들의 잘못에 대한 장님으로 만들지는 않습니다. 어떤 심덕(心德)이 사랑하는 자에게 상상으로 존재하든 실제로 존재하든 단지 그런 이유로 확장되는 사랑은 사랑이 아닙니다. 내가 나 자신, 인류, 인간성에 진실하다면, 인

108 〔역주〕'찬성이오', '찬성이오'라는 외침. 《전집》 권 32, 352면.

간의 육신이 물려받은 모든 잘못을 이해해야 합니다. 나는 내 적수들의 약점을, 그들의 악덕을 이해해야 합니다. 하지만 이런 악덕에도 불구하고 미워해서는 안 되고 사랑까지 해야 합니다. 그것은 자체로 힘입니다. 폭력은 세대와 세대를 통해서 우리에게 전해졌습니다. 우리는 그것을 사용해왔고, 폭력이 유럽과 세상에 어떤 일을 했는지를 알고 있습니다. 유럽문명의 황홀한 매력(*glamour*)은 우리의 눈을 어지럽게 할 수는 없습니다. 그 문명의 표면을 긁어 보십시오. 그러면 여러분은 거기에서 취해야 할 것이 거의 없음을 알게 될 것입니다.

내가 서양의 모든 것을 저주한다고 한순간이라도 생각하지 마십시오. 나는 당분간 현대문명의 주도적 성격을 다룰 것인데, 그것을 서양문명이라고 부르지 마십시오. 현대문명의 주도적인 성격은 지상의 약소인종들(*weaker races*)에 대한 착취입니다. 현대문명의 주도적인 성격은 신을 폐위시키고 물질주의를 왕좌에 앉히는 것입니다. 나는 주저 없이 '악마'(사탄)란 말을 사용해왔습니다. 나는 우리를 고생스럽게 살아가도록 만드는 이 정부제도를 주저 없이 '악마적'인 것이라고 불러왔습니다. 그리고 나는 내가 한 말에서 단 한 마디도 철회하지 않았습니다. 하지만 나는 오늘 저녁 그것을 다루지는 않을 것입니다. 내가 행악자를 처벌할 방법을 고안하고자 한다면, 그것은 그들을 사랑하는 것이고 인내와 온유로 그들을 회심시키는 일입니다. 따라서 비협조 또는 사탸그라하는 증오의 찬가(讚歌)가 아닙니다. 나는 자칭 사탸그라히 또는 비협조자로 부르는 많은 사람이 그 이름에 합당하지 않음을 알고 있습니다. 그들은 자신들의 교의에 폭력을 가했으므로, 이 원리의 진정한 대변인이 아닙니다.

진정한 비협조는 악과의 비협조이지 행악자와의 비협조가 아닙니다. 악과 행악자를 구별하는 것이 때때로 어렵다는 것을 나는 압니다. 하지만 여러분은 어떻게 악에 대해서는 협조하지 않으면서 행악자에 대해서는 협조할 수 있습니까? 나는 복잡한 교의 전체로 들어가고 싶지 않고, 지난 5~6년 동안 진행되어온 일에 대해서 간단히 말씀드리려고 합니다. 만일 우리가 이 교의의 비밀을 이해하고, 악을 미워하는 일과 행악자를 미워하지 않는 일 사이에 있는 아름다운 일관성을 이해한다면, 오늘날 우리에게 필요한 일은 우리가 가족관계에 적용하는 법칙들을 정치 분야로, 그래서 통치자와 피치자의 관계로 확장하는 일이고, 그렇게 되면 여러분은 올바른 해결책을 찾게 될 것이라는 점을 나는 말해왔습니다. 아들이 악을 범할 성향을 갖고 있고 부패했다면 아버지는 아들을 어떻게 하겠습니까? 그는 아들에게 악을 범하라고 조장하지도 않을 것이고 처벌하지도 않을 것이며, 단지 아들을 고치려고 할 것입니다.

여러분의 비협조는 악을 조장하지 않을 것을 겨냥합니다. 그것이 바로 그 의미입니다. 만약 세상이 악을 조장하기를 멈춘다면 악은 영양실조로 죽을 것이라고 가장 위대한 작가 중의 한 사람이 말한 바 있습니다. 만약 우리는 우리가 오늘날 사회에 존재하는 악에 대해서 어디까지 책임이 있는지를 알기만 한다면, 사회에서 악이 사라지는 것을 곧 보게 될 것입니다. 하지만 우리는 잘못된 사랑으로 그것을 용인하고 있습니다. 나는 잘못을 저지른 아들에게 홀딱 빠져서 그가 잘못하는 동안 등이나 토닥거려 주는 맹목적인 사랑을 말하는 것이 아닙니다. 잘못된 효심에서 아버지가 저지른 악을 용인하는 아들에 대해서 말하는 것도 아닙니다. 나는 그것을 말하는 것이 아닙니다. 나는 분별력 있고, 이지적이며, 단 하나의 오류에 대해서도 눈감지 않는 사랑에 대해서 말하고 있습니다. 그것이 교정하는 사랑입니다. 우리가 그 사랑의 비밀을 깨치는 순간, 바로 그 순간에 악은 우리 눈

앞에서 사라지고 말 것입니다.

나는 두 인종의 관계에 대해서 말해 보겠습니다. 우리가 오늘날 힌두사회에서 겪고 있는 수많은 악에 대해서 생각해 봅시다. 무슬림, 기독교도, 파시교도, 그리고 다른 사람들은 일단 내버려 둡시다. 우리 대다수는 힌두교도입니다. 우리는 힌두교 내부에서 횡행하는 악을 어떻게 취급해야 합니까? 불가촉천민제도를 힌두교의 본질적인 부분으로 간주하고 그것을 옹호하기 위해서 경전을 인용하는 사람들을 우리가 미워해야 할까요, 아니면 우리의 지속적 행위를 통해서 불가촉천민제도를 폐지해야 할까요? 그렇다면 비밀은 고통입니다. 행악자를 고통에 빠지게 하는 것이 아니라, 고통을 우리 자신의 어깨에 걸머지는 일입니다. 만일 우리가 힌두교 안으로 스며들어온 수많은 폐습을 제거하여 개혁하려고 한다면, 우리는 바이콤(Vaikom)[109]의 사례를 보아서 그렇게 해야 할 것입니다. 여러분이 이미 완료된 사례를 보는 것은 찬양을 통해서 보는 것이기 때문에 바이콤 사례가 자연스럽게 나에게 떠올랐습니다. 나는 저 용감한 청년들을 다 알고 있습니다. 내가 생각하기에는 나는 바이콤에서 아주 엄청난 역경에서 일하고 있는 한 사람 한 사람 모두를 알고 있는 것 같습니다. 저들은 내가 여기에서 짧은 시간 안에 도저히 묘사할 수 없을 만큼의 고통을 겪었습니다. 하지만 나는 이 젊은이들이 털끝만큼의 잘못을 범하지 않았다는 점을 감히 증언합니다. 나는 바이콤의 청년들을 두고 말하는 것입니다. 개개인에게 잘못이 없었다는 것이 아니라, 그들이 자신들의 기록을 아주 깨끗하게 유지해왔다는 것입니다. 그 결과 그들이 아직 악폐 전체를 제거한 것은 아닙니다. 하지만 오늘날 트라방코르에서

---

109 〔역주〕 인도공화국 반도 서쪽에 있는 케랄라(Kerala) 주 코타얌(Kottayam) 소재의 지명. 1947년 인도가 독립한 후 케랄라 지역은 트라방코르코친 주로 알려졌다.

불가촉천민제도는 토대를 상실했다는 점에 대해서 내 마음에 의심이 전혀 없습니다. 그 제도는 이제 자신들을 바이콤의 한복판에 던지고 스스로 고통을 감수했던 소수 청년들의 결의 덕택에 급속히 사라지고 있습니다. 그것이 진짜 비밀입니다. 내 소견으로는 증오는 내셔널리즘에 필수적인 것이 아닙니다. 인종 간의 증오는 진정한 국민정신을 죽일 것입니다.

내셔널리즘이 무엇인지를 이해해 봅시다. 우리는 우리나라를 위해서 자유를 원합니다. 우리는 다른 나라의 고통을 원하지도 않고 다른 나라에 대한 착취도 원치 않습니다. 우리는 다른 나라의 쇠락도 원하지 않습니다. 내 입장을 말씀드리면, 인도의 자유가 영국인의 소멸과 절멸을 의미한다면, 나는 그것을 원치 않습니다. 내가 우리나라의 자유를 원하는 것은 자유로운 우리나라로부터 다른 나라들이 뭔가를 배울 수 있게 되기를 바라기 때문입니다. 내가 우리나라의 자유를 원하는 것은 우리나라의 자원이 인류의 이익을 위해서 활용될 수 있을 것이기 때문입니다. 이것은 오늘날 애국의 예찬이, 개인이 가족을 위해서 죽어야 하고, 가족은 촌락을 위해서, 촌락은 지역을 위해서, 지역은 주(州)를 위해서, 주는 나라 전체를 위해서 죽어야 한다는 점을 가르쳐 주는 것과 같습니다. 우리가 지역주의에 빠지게 되면, 이를테면 구자라트인으로서 나는 구자라트를 첫째로, 벵골과 다른 주를 그다음으로 칠 것입니다. 거기에 내셔널리즘은 전혀 없습니다. 반대로 내가 구자라트에 산다면 구자라트로 하여금 대비하게 할 것입니다. 즉, 나는 구자라트의 막대한 자원이 벵골의 처분, 아니면 나라 전체의 처분에 맡겨지도록 준비시킬 것입니다. 구자라트가 인도 전체를 위해서 죽을 수 있도록 할 것입니다. 따라서 내셔널리즘에 대한 내 사랑, 즉 내셔널리즘에 대한 내 이념은, 인류 전체가 살 수 있도록 우리나라가 자유로워지는 것입니다. 부득이 하다면 우리나라 전체가 죽을 수도 있어야 할 것입니다. 여기에 인종 간의 증오가 들어설 여지가 없습니다. 그것을 우리의 내셔널리즘으로 삼읍시다.

이 연설의 마지막 부분에서 제국도서관 사서(司書) 채프먼 씨가 질문을 하나 던졌는데, 간디지는 감동적인 대답을 했다. '인도인들이 스스로 자신들을 다스릴 수 없으면서도 정치적 자유와 정치적 평등을 고수한 일은 인종 간의 증오를 부추기지 않았을까?' 이것이 채프먼 씨의 질문의 취지였다.

만일 앞서 말씀드린 데에서 우리가 우리 일을 처리할 수 없다면, 여러분의 지배를 용인해야 한다는 추론을 도출해낸다면, 그것은 잘못된 것입니다. 우리는 그런 처리 능력을 제도에 저항하는 일을 통해서만 배양할 수 있습니다. 질문자는 인도인들이 스스로 통치할 수 없다고 말함으로써 무의식적으로 자신의 인종적 편견을 드러내고 있습니다. 그러한 편견의 배후에는 우월성의 개념, 그리고 영국인들이 세계의 일을 처리할 목적으로 태어났다는 오만함이 있습니다. 나는 내 전 생애를 바쳐서 그런 생각과 싸워왔습니다. 영국인들로 하여금 그 입장을 버리게 하지 않는다면, 인도에는 평화가 없고, 지상의 약한 인종들에게 아무 평화가 없을 것입니다. 인도가 자신을 잘못 다스리는 것도 인도의 절대적 권한입니다. 내 심정은 여기에서 팍스 브리태니커로 불리는 평화를 우리나라에 강요하는 어떤 외국인들에 대해서도 저항합니다.

메카노 클럽 연설, 캘커타(G.), 〈서언〉, 1925. 8. 29,
〈영 인디아〉, 1925. 9. 10 ; 《전집》 32 : 223

122) 대중에 호소함

유럽에 사는 친구 한 사람이 다음과 같이 쓰고 있다.

> 서구의 기아선상에 있는 수백만 명의 사람들을 위해서 무엇을 할 수 있습니까? 무엇을 할 수 있으리라고 당신은 생각합니까? 내가 말하는 기아선상에 있는 수백만 사람들이란 유럽과 미국의 무산자 대중(*proletariat*)을 말하는데, 이들은 나락으로 몰려가고 있고, 삶도 아닌 삶을 살아가며, 극심한 궁핍에 시달리고, 어떤 형태의 스와라즈를 갖고서라도 미래의 구제에 대한 아무런 꿈을 갖지 못하고 있습니다. 그리고 그들은 신에 대한 신앙, 종교의 위안 대신 오직 증오심만으로 가득 차 있기에 아마 수백만의 인도인들보다 더 절망적일 것입니다.
>
> 인도를 탄압하는 강철 같은 손이 서구에서도 작동하고 있습니다. 이들 독립국 하나하나에 악마적인 제도가 작동하고 있습니다. 탐욕의 끈끈한 유대로 인해서 정치란 별 의미가 없습니다. 무슨 대가를 치르더라도 꼭 인생의 지옥에서 벗어나려고 발버둥치는 대중을 악덕이 덮치고 있습니다. 그렇게 발버둥 치는 것은 자연스런 일입니다. 그들은 현재의 지옥을 더 큰 지옥으로 만드는 대가를 치르기도 합니다. 이들에게는 종교적 희망의 출구도 더 이상 없습니다. 기독교가 수세기 동안 힘 있는 자와 탐욕을 가진 자들과 한 패가 됨으로써 모든 신뢰를 상실했기 때문입니다.
>
> 물론 나는 마하트마지가 다음과 같이 답변하기를 기대합니다. 즉, 만일 이들 대중을 구원하는 길이 있다면, 만일 서구세계 전체가 이미 패망할 운명에 처해 있지 않다면, 구원의 유일한 길은 훈련된 비폭력 저항을 대규모로 벌이는 길일 것이라는 답변 말입니다. 하지만 유럽의 토양과 마음에는 아힘사의 전통이 전혀 없습니다. 아힘사 교의를 전파하는 일만 해도 엄청난 난관에 봉착하게 될 것인데, 아힘사에 대한 올바른 이해와 적용은 더 말할 나위도 없을 것입니다.

이 친구가 이렇게 진지하게 제기한 질문 배후에 있는 문제는 내 소관 사항이 아니다. 그래서 나는 질문자와 나 사이의 우정을 정중하게 인정하는 정도로만 대답하려고 한다. 나의 대답은 심사숙고한 모든 논의가 갖는 정도의 가치만 있을 뿐임을 고백한다. 나는 인도의 질병에 대한 진단과 처방에 대해서 안다고 주장할 수는 있어도, 유럽의 질병에 대한 진단과 처방을 안다고 할 수는 없다.

유럽의 여러 나라에서는 민중이 정치적 자치정부를 향유하고 있다고 해도, 나는 그 질병이 근원적으로 인도와 유럽에서 동일하다고 느낀다. 비록 내가 인도에서 정치권력의 이동이 인도의 국민적 삶에 절대 불가피하다고 주장하더라도, 나는 그와 같은 정치권력의 단순한 이동으로 만족할 수 없다. 유럽 민중이 정치권력을 장악한 것은 분명하지만, 그들에게 스와라즈는 없다. 유럽 민중의 불공평한 이익 때문에 아시아인들과 아프리카인들은 착취당한다. 민주주의라는 성스러운 이름 아래에서, 유럽 민중은 지배계급 곧 지배 카스트에 의해서 착취당하고 있다. 그래서 그 질병은 원인에서 본다면 인도의 것과 같은 것으로 보인다. 동일한 처방이 적용 가능하리라고 본다. 모든 위장을 제거해 버린다면, 유럽 대중에 대한 착취가 폭력에 의해서 지탱되고 있다.

대중은 폭력으로는 앞서 말한 질병을 결코 제거할 수 없다. 지금까지의 경험에 비춰보면 폭력의 성공은 단명(短命)했다. 그리고 그것은 보다 더 큰 폭력을 낳았다. 여태까지 시도된 것은 다양한 종류의 폭력과, 주로 폭력적인 사람들의 의지에 근거한 인위적인 저지책들이었다. 치명적 순간에는 이런 저지책들이 자연스럽게 무너져 내렸다. 그러므로 나는 유럽 대중이 스스로 구원하자면 조만간 비폭력에 호소해야 할 것이라고 생각한다. 그들이 몸소 그리고 당장 비폭력에 호소할 희망은 없지만 그 사실이 나를 당혹하게 만들지는 않는다.

수천 년의 세월도 광대한 시간 순환에서는 오직 한 점에 불과하다. 누군가가 확고한 신념을 가지고 시작해야 할 것이다. 나는 유럽 대중 역시 반응을 보일 것이라는 점에 대해서 의심하지 않는다. 하지만 보다 시급한 일은 광범위한 비폭력 실험보다는 구원의 의미를 명확하게 파악하는 일이다.

대중은 무엇으로부터 구원받아야 하는가? 애매하게 일반화하여 '착취와 쇠락으로부터'라고 대답해서는 안 될 것이다. 대중은 오늘날 자본이 차지한 자리를 점유하고 싶다고 대답하지 않을까? 사실이 그러하다면 그 자리는 오직 폭력으로 쟁취해야 한다. 그러나 그들이 자본의 악을 피하기를 원한다면, 다른 말로 해서 자본의 관점을 수정한다면, 그들은 노동 생산물이 보다 정의롭게(*juster*) 분배되도록 노력해야 할 것이다. 우리가 자본의 악을 피하기 위해서 노력하기로 한다면, 우리는 당장 그리고 자발적으로 자족과 간소함을 받아들여야 한다. 이와 같은 새로운 관점에서는 물질적 수요의 증대가 아니라, 오히려 안락에 맞추어서 수요를 제한하는 일이 인생의 목표가 될 것이다. 우리는 우리가 얻을 수 있는 것에 대해서 그만 생각하게 되고, 만인이 얻을 수 없는 것을 받기를 거절할 것이다.

유럽 대중에게 경제의 이름으로 호소하는 일에 있어서 성공을 거두는 일이 그다지 어려울 것이 없겠다는 생각이 나에게 떠오른다. 그리고 그런 실험이 상당한 성공을 거둔다면, 반드시 막대하고 무의식적인 영적 결과로 이어질 것이다. 나는 영혼의 법칙이 자체의 분야에서 작동할 것으로는 믿지 않는다. 그와 반대로 그 법칙은 삶의 일상적 행위들을 통해서만 자신을 표현한다. 그 법칙은 그런 방식을 통해서 경제적 · 사회적 · 정치적 분야에 영향을 준다. 만일 내가 제안한 견해를 수용하도록 유럽 대중을 설득할 수 있다면, 그들은 목표를 이루는 데

폭력은 전적으로 불필요하며, 비폭력의 명백한 귀결을 끝까지 따라감으로써 자신들의 역량을 쉽게 발휘할 수 있음을 알게 될 것이다. 내가 보기에 인도에 자연스럽고 알맞아 보이는 것이, 능동적인 유럽 대중보다 활발치 못한 인도 대중을 파고드는 데 시간이 더 걸릴 수도 있다. 그러나 나의 논의 일체는 상정과 가정에 근거를 두고 있으므로, 가치가 있는 만큼만 수용되어야 한다는 고백을 반복하지 않을 수 없다.

서양의 무엇을, 〈영 인디아〉, 1925.9.3 ; 《전집》 32 : 23

123) 난폭한 행위(*Excesses*)의 통제

덴마크인 친구 한 사람이 〈가즈 단스케 마가진〉(Gads Danske Magasin) 지에 게재된 기사 하나를 발췌 번역하여 보내주었다. 그 발췌에 붙인 제목은 '유럽문명과 간디'였다. 나는 기사를 〈영 인디아〉 지에 출판하면서 그가 붙인 제목은 받아들이면서도, 기사에서 나의 견해에 대해서 언급하지도 않았고 내 이름도 삭제했다. 〈영 인디아〉 지의 독자에게는 나의 견해가 새로울 것이 아무것도 없기 때문이다. 내가 받은 번역은 아래와 같다.

이 발췌문은 무시무시한 그림을 제시하고 있지만, 실제의 내용은 아마 사실일 것이다. 내가 생각하기에 유럽 여러 국가의 행위들의 총합이 산상수훈의 가르침을 부정한 것이라고 한 말은 반박할 수 없을 것이다. 우리는 유럽 무기의 눈부심과 광휘에 의해서 우리 존재가 공중에 붕 뜨게 되는 것에 대해서 꼭 경계해야 하는데, 그것을 강조하기 위해서 발췌문을 게재한다. 만일 앞서 말한 그림이 유럽의 전부라면, 전 세계와 유럽을 위해서 슬픈 일일 것이다. 전쟁 열기와 싸우기 위해서, 그리고 물질적 부와 쾌락을 향한 숨 막힐 듯한 추구와 싸우기 위해서 자신들의 에너지 전부를 사용하는 일단의 유럽 남녀는 상당한 숫자에 달한다. 그것은 퍽 다행스러운 일이다. 이 단체가 그 숫자와 영향력에서 날마다 성장하고 있다는 점을 기대할 만한 충분한 이유가 있다. 유럽에서 가장 훌륭한 사람들은 유럽의 난폭한 행위를 신랄하게 비난하고, 난폭한 행위를 효과적으로 통제하기 위해서 굳세게 싸우고 있다. 그런데 그와 같은 유럽의 난폭한 행위에 굴종함으로써 새로운 각성을 방해하는 대신, 그 각성에 참여하고 그것을 강화시키는 것이 바로 인도의 특권이 되도록 하자.

유럽문명, 〈영 인디아〉, 1925. 10. 15 ; 《전집》 32 : 58

124) 내면으로부터 평화

보라 다다(Bora Dada)[110]는 독일에서 편지를 한 통 받았는데, 그것을 아래에 인용한다.

> 부패가 천지에 진동합니다. 나쁜 사람은 모두 부자로 살아가는데 착한 사람은 모두 끝까지 싸우기 위해서 어렵게 투쟁하고 있습니다. 모든 사람들 가운데 가장 빈곤한 자들은 우리 읍사무소 서기들입니다. 월급이 매우 적어서 35달러에 불과하기 때문입니다. 우리의 삶은 영속적인 기아 상태에 있습니다.
>
> 저는 인도에 가 보고 간디 씨 발아래 한번 앉아 보기를 자주 그리고 열렬히 원했습니다. 저는 정말 외톨이입니다. 처자식도 없습니다. 혈육이라고는 저밖에 없는 불쌍한 질녀가 제 집을 돌봅니다. 저는 그녀가 없었더라면 사제가 되었을 것입니다. 저는 그녀를 불행 속에 내버려 둘 수가 없었습니다. 하지만 저는 학자입니다. 고전어와 현대의 외국어들을 배웠고 신비주의와 불교도 배웠습니다. 저는 더 좋은 장소도 더 높은 봉급도 찾을 수가 없습니다. 이것이 바로

110 〔역주〕 드위젠드라나트 타고르(Dwijendranath Tagore). 《전집》 권 33, 236면.

> 오늘날 독일에서의 제 처지입니다.
>
> 15년 전 끔찍한 전쟁이 발발하기 전 저는 독립적인 인간이었고, 조사원이었습니다. 지금, 우리의 기준 화폐의 가치가 엄청나게 하락한 다음, 저는 독일의 수천 명의 다른 학자와 마찬가지로 거지가 되었습니다. 이제 제 나이 45세, 제가 얼마나 절망하고 얼마나 무력해 하는지, 그리고 유럽에 대해서 얼마나 커다란 혐오감을 느끼고 있는지를 당신은 상상할 수 없을 것입니다. 여기 인간들은 혼이 없고, 상대방을 삼켜 버리는 야만적인 짐승입니다. 제가 인도에 갈 수 있을까요? 제가 인도의 철학자가 될 수 있을까요? 저는 인도를 믿고 있습니다. 인도가 우리를 구원하기를 바랍니다.

이 편지의 첫 부분은 인도인 서기라면 누구라도 쓸 수 있을 정도이다. 인도인 서기의 입장이 독일인 서기의 것보다 나을 것이 없다. 인도에도 "나쁜 사람은 모두 부자로 살아가는 데 착한 사람은 모두 끝까지 싸우기 위해서 어렵게 투쟁하고 있다." 그래서 이 독일인의 경우는 거리 때문에 마법에 걸린 경우이다. 독일인 필자와 같은 친구들에게, 독일을 비롯한 다른 나라보다 인도를 더 좋은 나라로 간주해서는 안 된다고 경고해야 한다. 부가 선성(善性, *goodness*)의 시금석이 아님을 깨닫게 하자. 가난이야말로 유일한 시금석이다. 착한 사람은 자발적으로 가난을 수용한다. 필자가 한때 풍요한 환경에서 살았다면, 독일은 그 당시 다른 나라들을 착취하고 있었을 것이다. 치유책은 모든 나라의 개인에게 있다. 각자 자기 내면에서 평화를 찾아야 한다. 진정한 평화는 외부의 상황에 의해서 영향을 받아서는 안 된다. 이 필자는 불쌍한 질녀가 없었다면 사제가 되었을 것이라고 말했다. 이것은 나에게 왜곡된 견해로 보인다.

필자의 현 처지가 상상 속의 사제의 처지보다는 조금 더 나을 것 같다. 현재 그는 돌보아야 할 불쌍한 사람이 적어도 하나는 있기 때문이다. 사제 증명서가 있다고 해도 그는 돌보아야 할 사람이 하나도 없게 되는 것이 아닌가! 하지만 사실은 진정한 사제라면 돌보아야 할 수백 명의 질녀, 아니 조카들도 있게 될 것이다. 사제라면 그의 책임 영역은 우주의 영역만큼이나 광대할 것이다. 당장 그는 자신과 조카를 위해서 뼈 빠지게 일하고 있지만, 사제가 된다면 곤궁에 처한 전 인류를 위해서 뼈 빠지게 일해야 할 것이다. 그래서 나는 이 친구와 그와 같은 부류의 사람들에게, 그들이 성직자 복장을 하지 않고도 자신들을 곤궁에 빠진 모든 사람들과 일치시키라고 감히 충고하는 바이다. 그렇게 되면 그들은 사제직이 갖는 온갖 끔찍한 유혹에 노출되지 않고서도 사제직의 소명에서 오는 모든 이점을 갖게 될 것이다.

이 독일인 친구는 인도 철학자가 되고 싶어한다. 나는 그에게 철학에는 어떤 지역적 구분이 없다는 점을 확신시켜 주고 싶다. 인도 철학자는 유럽 철학자처럼 좋기도 하고 나쁘기도 하다.

내 생각에 위의 필자는 한 가지는 다소간 올바르게 생각하고 있는 것 같다. 비록 인도에 야만적이며 혼 없는 짐승들, 두 발 달린 짐승들이 있긴 하겠지만, 평균적 인도인의 심성이 가지고 있는 경향은 자신들 안에 있는 야수를 버리는 것이다. 만약 인도가 1921년 선택한 길을 견지해간다면, 나는 유럽이 인도에 많은 것을 바라더라도 괜찮을 것이라는 점을 분명히 확신한다. 그때 인도는 정말로 심사숙고하여 진리와 평화의 길을 택했고, 차르카를 수용하고 모든 악한 것과의 비협조를 수용함으로써 그 길을 상징적으로 표현했다. 인도에 대해서 내가 아는 모든 것으로부터 판단하면, 인도는 아직 그 길을 거부하지 않았고 앞으로도 거부하지 않을 것으로 보인다.

독일에서 온 절규, 〈영 인디아〉,
1925. 11. 19 ; 《전집》 32 : 129

125) 도시의 소란

영국인 한 사람이 뉴욕에 48시간 체재한 후 런던에 있는 친척에게 편지를 보내서 자신의 느낌을 아래와 같이 토로하고 있다.

> 마천루, 얼음을 채운 물, 25층용 고속 승강기, 지하철, 흑인들, 나는 전에는 이런 것들을 결코 믿지 않았지만 모든 것들이 사실이었습니다. 하지만 이것이 내가 아는 전부입니다. 나는 여기에 48시간 있었는데, 예전의 48시간과 전혀 달랐습니다. 나는 더 이상 참을 수가 없었습니다. 나는 돌아다녀야 했고, 말을 해야 했고, 저녁식사와 점심을 먹어야 했으며, 극장에 가야만 했습니다. 너무나 지치고 기운이 빠져서 사물을 거의 볼 수가 없을 지경이었습니다. 믿을 수가 없고 생각할 수도 없는 일이었습니다. 내 시간표는 분 단위까지 정해졌습니다. 상대방은 내가 다음 약속 장소로 이동하고 있는지를 확인하기 위해서 내가 어디로 가든 전화를 했습니다. 나는 핑계를 대고 도망쳤습니다. 나는 한 시간 정도 이후에는 저녁식사를 위해서 외출해야 합니다. 당신은 그림엽서 이상의 것을 기대하지 마십시오. 실내는 매우 더운데도 바깥은 몹시 춥습니다. 이와 같은 온도의 차이는 내 머리를 뒤죽박죽으로 만듭니다.

위에서 말한 필자가 뉴욕에 도착하여 불안했다고 했듯이, 내가 난생 처음 런던에 도착했을 때 불안했다고 말하면 영국인들은 나에게 공감할 것이다. 그리고 농촌 사람이 봄베이에 가게 되면 봄베이의 소란과 야단법석 속에서 비슷하게 당황하게 되며 자신을 찾는다고 정신없어 할 것임을 나는 알고 있다.

그것은 뭐 같을까, 〈영 인디아〉,
1926. 4. 15 ; 《전집》 35 : 108

126) 단순성과 인위

사바르마티, 사탸그라하 아슈람, *1928. 3. 21*

사랑하는 친구에게,

이렇게 오랜만에 당신의 편지를 받아 보아 기뻤습니다. 저는 당신이 언급한 책 두 권에다 제가 책 한 권을 보태서 모두 세 권을 보냅니다. 물레질에 대한 글, 《건강지침》 그리고 《탁리 선생》이 그것들입니다.

이제 두 번째 문단에 대해서 말씀드려 보겠습니다. 제가 단순한 삶에 대한 정열적 예찬자이지만, 단순성(*simplicity*)의 울림이 내면에서 나오지 않는다면 단순성이 무가치하다는 사실도 알아냈다는 점을 꼭 말씀드리고 싶습니다. 이른바 문명화된 삶이라는 현대사회의 조직적 인위성(*artificiality*)은 심정의 참된 단순성과는 전혀 어울리지 않습니다. 양자가 서로 조화하지 않는 곳에는 엄청난 자기기만이나 위선 둘 중에 하나는 늘 있습니다.

귀하의 신실한 친구
T. de 맨지어리

맨지어리에게 보낸 편지,
SN 14267 ; 《전집》 41 : 350

6. 도덕적 진보와 물질적 진보

127) 경제적 진보와 도덕적 진보

〔*1916. 12. 22*〕

M. K. 간디 씨는 금요일 저녁 물리학 극장에 있었던 무이르 중앙대 경제협회 모임에서 '경제적 진보는 진정한 진보와 충돌하는가?' 라는 주제에 대해서 계몽적 강연을 했다. 마단 모한 말라비야 판디트 님께서 사회를 맡았다. … 간디 씨의 강연 내용은 다음과 같다.

제가 오늘 저녁의 주제에 관해서 여러분에게 말씀해 달라는 카필데바 말라비야(Kapildeva Malaviya) 씨의 초청을 수락했을 때, 저는 자신의 한계에 대해서 통렬히 자각하지 않을 수 없었습니다. 여러분은 경제협회 회원들입니다. 금년과 내년의 강연계획표에 포함된 여러 주제에 관해서 여러분은 훌륭한 전문가들을 선택하셨더군요. 주어진 과업에 자격 없는 유일한 연사가 바로 제가 아닐까 싶습니다. 솔직하고 진실하게 말씀드리면 저는 여러분이 자연스럽게 이해하고 있는 경제학에 대해서 거의 아는 바가 없습니다. 바로 며칠 전 저녁식사 시간에 어떤 민간인 친구 한 분이 제 자신의 괴짜 성향(*crankisms*)에 대해서 일련의 질문을 퍼부었습니다. 저는 자발적인 희생양이 되었고, 그는 반대 심문을 진행해 나가는 동안 경제 문제들에 대해서 제가 엄청나게 무지하다는 점을 쉽게 알아냈습니다. 저는 그에게 자신의 무지를 모르는 사람에게나 어울릴 법한 독단성을 갖고 문제를 다루는 사람으로 비쳤을 것입니다. 제가 밀, 마샬, 아담 스미스와 같이 잘 알려진 권위자들의 경제학 저서들, 그리고 다른 저자들의 저서를 읽은 적도 없었음을 알고 그는 아주 혐오했을 것이고 분통을 터트렸을 것입니다. 그는 낙망한 나머지 저에게 대중을 희생하면서 경제 문제들을 실험하기 전에 이런 저작들을 읽어 보라고 충고하는 것으로 끝을 맺었습니다. 그는 제가 구제할 수 없는 죄인이라는 점에 대해서 거의 알지 못했습니다.

제 실험은 저를 믿어주는 친구들을 희생하면서 진행됩니다. 우리가 살아가는 동안 어떤 일에 대해서 외부의 어떤 증명도 필요 없는 순간이 우리에게 닥쳐오기 때문입니다. 우리 내면의 작은 목소리가 우리에게 "너는 올바른 길로 들어섰다. 왼편으로도 오른편으로도 움직이지 말고 오직 곧고 좁은 길을 계속 유지하라"고 말해 줍니다. 우리는 그런 도움을 받아서 전진합니다. 아주 완만한 속도이긴 하지만 확실하고 끈기 있게 전진합니다. 그것이 제 입장입니다. 그 입장이 저에게는 만족스러울 수는 있습니다만, 결코 여러분 협회와 같은 단체의 요구에 답변할 수는 없습니다. 하지만 카필데바 말라비야 씨와 싸워 보았지만 허사였습니다. 저로 하여금 하룻저녁 여러분의 주목을 끌어 보라는 것이 그의 의도라는 점을 알았습니다. 아마도 여러분은 제 침입을 잘 닦여진 길에서 벗어난 고마운 우회로 정도로 간주할 수 있을 것입니다. 기름진 잔치 음식을 여러 번 먹은 다음에 때때로 단식하는 것은 흔히 필수입니다. 육신에 해당되는 것은 이성에도 해당될 것이라고 생각합니다. 오늘 저녁 여러분의 이성이 잔치를 즐기는 대신 단식을 택하게 되면, 그 이성은 라오 바하두르 판디트 찬드리카 프라사드 씨가 여러분을 위해서 1월 12일에 베풀 잔치를 보다 더 큰 욕망으로 즐길 수 있을 것이라고 저는 확신하는 바입니다.

제가 여러분을 제 경험과 실험의 분야로 모시기 전에, "경제적 진보는 진정한 진보와 충돌하는가?" 라는 금일 저녁 연설 주제에 대해서 상호 이해를 갖는 것이 최우선일 것입니다. 경제적 진보라는 말은 무한정의 물질적 향상(*material advancement without limit*)을 의미한다고 저는 생각합니다. 하지만 진정한 진보란 도덕적 진보(*moral progress*)를 의미하는 것으로서 우리 안에 있는 항구적 요소가 진보한다는 것을 뜻합니다. 그렇게 되면 우리의 주제는 "물질적 진보에 비례하여 도덕적 진보가 이뤄지는가?"라는 것이 됩니다. 나는 이 질문이 앞의 질문에 비해서 보다 포괄적인 명제임을 알고 있습니다. 하지만 저는 우리가 작은 명제를 앞에 두고도 항상 더 큰 명제를 뜻하고 있다고 감히 생각하고 싶습니다. 우리가 사는 가시적 우주에는 완전한 정지 또는 완전한 휴지와 같은 것이 없다는 점을 자각할 만큼 우리는 과학을 충분히 알기 때문입니다. 그래서 만약 물질적 진보가 도덕적 진보와 충돌하지 않는다면, 전자는 단연코 후자를 진전시킬 것입니다. 때로 자신들의 주장을 담고 있는 커다란 명제를 방어할 수 없는 자들이 동원하는 엉터리 방식에 대해서도 우리는 만족할 수 없습니다. 고 윌리엄 윌슨 헌터 경이 인도에서는 3천만 명이 하루 한 끼를 먹고 산다는 구체적인 사례를 든 적이 있습니다만, 그들은 그 사례에 너무 집착하는 듯합니다. 그들은 우리가 저들 3천만 명의 도덕적 복지(*moral welfare*)에 대해서 생각하거나 말하기 전에 응당 일용의 필요를 충족시켜야 한다고 말합니다. 그렇게 하면 물질적 진보가 도덕적 진보를 가져올 것이라고 말입니다. 그런 다음 갑작스럽게 비약하면서, 3천만 명에 대해서 사실인 것은 우주 전체에 대해서도 사실이라고 합니다. 그들은 구체적 사례들이 악법을 만든다는 점을 망각하고 있습니다. 이와 같은 결론 도출이 얼마나 황당한 것인지 여러분에게 말씀드릴 필요조차도 없을 것입니다. 지독하게 심한 가난이 사람을 도덕적 타락으로 이끈다는 말은 누구라도 하는 말입니다. 모든 인간은 살 권리가, 따라서 먹을 자금, 필요하다면 옷을 입고 거처를 마련할 수 있는 자금을 얻을 권리가 있습니다. 하지만 이와 같은 간단한 행위를 위해서 경제학자들이나 그들의 법칙은 필요 없습니다.

'내일을 위해서 염려하지 말라'[111]는 말은 세상의 거의 모든 종교 경전에서 반향을 찾을 수 있는 명령입니다. 훌륭하게 질서 잡힌 사회(*well-ordered society*)에서 사람의 생계를 보장하는 일은 세상에서 가장 쉬운 일이고 또 가장 쉬운 일이어야 합니다. 한 나라의 질서정연함(*orderliness*)은 사회의 백만장자의 수로 검증받는 것이 아니라 대중 속에 기아가 부재함을 통해서 검증받습니다. 우리가 검토해야 할 유일한 명제는, 물질적 향상이 도덕적 진보를 의미한다는 주장을 보편적

111 〈마태오복음〉 6 : 34.

으로 적용할 수 있는 법칙으로 제시할 수 있는가 입니다.

이제 몇몇 사례를 검토해 봅시다. 로마는 높은 물질적 풍요에 도달하자 도덕적 타락(*moral fall*)을 경험했습니다. 이집트도 그러했는데, 역사적 기록을 갖고 있는 대부분의 나라들도 그랬을 것입니다. 왕족이며 거룩한 크리슈나의 후손들과 친척들도 재물 안에서 뒹굴 때 망했습니다. 우리는 록펠러 가문과 카네기 가문이 평범한 수준의 도덕성을 지녔다는 것을 부인하지는 않습니다만, 그들을 기꺼이 관대하게 보아줍니다. 다시 말하자면, 우리는 그들이 최고 수준의 도덕성을 충족시키리라고 기대하지도 않습니다. 그들에게 있어서 물질적 이득이 반드시 도덕적 이득(*moral gain*)을 의미하지는 않습니다. 저는 남아프리카에서 수천 명의 우리 동포와 아주 긴밀한 관계를 갖는 특권을 누려왔지만, 더 큰 부를 소유한 사람일수록 도덕적으로 더 비열하다는 것이 거의 예외 없이 사실이란 점을 보아왔습니다. 최소한을 말한다면, 가난한 자들은 수동적 저항이라는 도덕적 투쟁을 진전시켰습니다만, 부자들은 그러지 못했습니다. 부자들의 자존심은 극빈자들의 자존심만큼 상처받지도 않았습니다. 제가 심하다는 비난을 받을 각오를 한다면 저는 보다 정곡을 찌르는 말, 즉 부의 소유가 진정한 성장에 방해가 되어 버렸다는 말까지 할 수 있었을 것입니다. 저는 감히 세상의 경전들이 경제 법칙을 제시하는 수많은 현대의 교과서보다 훨씬 더 안전하고 훨씬 더 건전한 것이라고 생각합니다.

우리가 오늘 저녁 자문하고 있는 질문이 새로운 것은 아닙니다. 이런 질문은 2천 년 전 예수에게도 던져졌습니다. 성 마르코[112]는 그 장면을 생생하게 묘사했습니다. 예수는 엄숙했고 진지했으며, 영원

112 〔원주〕 〈마르코〉 10 : 17~31. 〔역주〕 이하 《공동 번역 성서》(대한성서공회, 1977)에서 인용.

에 대해서 말씀하셨습니다. 그는 자기 주변의 세계에 대해서 알고 계셨고, 당대의 가장 위대한 경제학자이셨습니다. 그는 시간과 공간을 경제화하는 일에 성공하셨고, 결국 시공을 초월하셨습니다. 예수의 전성기에 어떤 사람이 그에게 달려와 무릎 꿇고 물었습니다. "선하신 선생님, 제가 무엇을 해야 영원한 생명을 얻겠습니까?" 예수께서는 이렇게 대답하셨습니다. "왜 나를 선하다고 하느냐? 선하신 분은 오직 하느님뿐이시다. '살인하지 말라', '간음하지 말라', '도둑질하지 말라', '거짓 증언하지 말라', '남을 속이지 말라', '부모를 공경하라'고 한 계명들을 너는 알고 있을 것이다." 그 사람이 "선생님, 그 모든 것은 제가 어려서부터 다 지켜왔습니다" 하고 대답했습니다. 예수께서는 그를 유심히 지켜보시고 대견해 하시며 이렇게 말씀하셨습니다. "너에게 한 가지 부족한 것이 있다. 가서 가진 것을 다 팔아 가난한 사람들에게 나누어 주어라. 그러면 하늘에서 보화를 얻게 될 것이다. 그러니 십자가를 지고 나를 따라라." 그러나 그 사람은 재산이 많았기 때문에 이 말에 울상이 되어 근심하며 떠나갔습니다. 예수께서는 제자들을 둘러보시며 "재물을 많이 가진 사람이 하느님 나라에 들어가는 것은 얼마나 어려운 일인지 모른다" 하고 말씀하셨습니다. 제자들은 이 말씀을 듣고 놀랐습니다. 그러나 예수께서 다시 이렇게 말씀하셨습니다. "여러분, 부를 믿는 자들이 하느님 나라에 들어가기는 참으로 어렵다. 부자가 하늘나라에 들어가는 것보다는 낙타가 바늘귀로 빠져나가는 것이 더 쉬울 것이다."

바로 여기에 영어가 만들어낸 것 중에 최고로 고상한 말로 표현된 인생의 영원한 법칙이 있습니다. 그러나 오늘날 우리가 그러하듯이 제자들은 믿지 못해 고개를 저었습니다. 오늘날 우리가 그러하듯이 그들도 예수에게 이렇게 말합니다. "하지만 보십시오. 그 법칙은 실천될 수 없습니다. 우리가 다 팔아 가진 것이 없게 되면 우리는 먹을 것이 없게 됩니다. 우리는 돈이 있어야 합니다. 그렇지 못하면 우리는 어느 정도 도덕적일 수조차 없습니다." 그렇게 그들은 자신들의 형편을 말합니다. 제자들은 깜짝 놀라 "그러면 구원받을 사람이 어디 있겠는가?" 하며 서로 수군거렸습니다. 예수께서는 제자들을 똑바로 보시며 "그것은 사람의 힘으로는 할 수 없으나 하느님은 하실 수 있는 일이다. 하느님께서는 무슨 일이나 다 하실 수 있다"하고 말씀하셨다. 그때 베드로가 나서서 "보시다시피 저희는 모든 것을 버리고 주님을 따랐습니다" 하고 말했습니다. 예수께서는 이렇게 말씀하셨습니다. "나는 분명히 말한다. 누구든지 나를 위해서 또 복음을 위해서 집이나 형제나 자매나 아버지나 어머니나 아내나 자녀나 토지를 버린 사람은 현세에서는 박해받겠지만 집과 형제와 자매와 어머니와 자녀와 토지의 축복도 백배나 받을 것이며 내세에서는 영원한 생명을 얻을 것이다.[113] 그런데 첫째가 꼴찌가 되고 꼴찌가 첫째가 되는 사람이 많을 것이다." 여러분이 법칙을 따르는 데서 오는 결과가 여기에 있습니다. 여러분이 원하신다면 결과라는 말 대신 보상이란 말을 사용할 수도 있습니다.

저는 다른 비힌두교 경전에서 비슷한 구절을 일부러 인용하지 않겠습니다. 예수께서 말씀하신 법칙을 옹호하기 위해서 제가 우리 성자들의 글과 말씀을 인용한다면 여러분을 모욕하는 일이 될 것입니다. 그중에 어떤 구절들은 제가 여러분의 주의를 이끈 성경 구절보다 강한 것들도 있습니다. 우리 앞에 있는 질문, 즉 '경제적 진보는 진정한 진보와 충돌하는가?'라는 질문에 대해서, 충돌한다는 답변을 옹

113 〔역주〕 "he shall receive" 대신 "he shall not receive"가 되어야 한다. 《간디전집》(*CWMG*)도 수정되어야 한다. vol. 15, 276면 참조.

호하는 여러 증언 중 가장 강력한 증언은 세상의 위대한 스승들의 삶일 것입니다. 예수・마호메트・붓다・나낙・카비르・차인타야・샹카라・다야난다・라마크리슈나 등은 수천 명의 성격에 막대한 영향력을 행사하고 그 성격을 빚어내기도 했던 인물들입니다. 그들이 이 세상에 살았다는 사실로 세상은 보다 풍요로워졌습니다. 그리고 그들은 모두 의도적으로 가난을 자신들의 운명으로 받아들였습니다.

저는 우리가 현대의 물질적인 광기를 목표로 삼는 한 진보의 여정에서 타락한다고 믿습니다. 제가 이런 점을 믿지 않았다면 제가 했던 대로 요점을 상세히 논하지 않았을 것입니다. 저는 제가 말한 의미에서 경제적 진보가 진정한 진보에 적대적이라고 생각합니다. 그래서 고대의 이상은 부를 증대하는 행위를 제한하는 것이었습니다. 이런 이상이 물질적 야망 전부를 종식시킨 것은 아닙니다. 예전처럼 지금도 우리 가운데에는 부의 추구를 인생의 목표로 삼고 있는 사람들이 있을 것입니다. 하지만 우리는 그것이 이상의 타락이란 점을 언제나 인정해왔습니다. 우리 가운데 최고의 부자들이 자발적으로 가난하게 되는 일이 보다 높은 경지라고 종종 느꼈다는 것을 아는 것은 아름다운 일입니다. 하느님과 맘몬을 동시에 섬길 수 없다는 것은 최상의 경제적 진리입니다. 우리는 양자택일해야 합니다. 서양에 있는 국가들은 오늘날 물질주의라는 괴물 신의 발굽 아래 신음하고 있습니다. 그들의 도덕적 성장은 방해받아 왔습니다. 그들은 자신들의 진보를 파운드・실링・페니로 헤아립니다. 미국의 부가 표준이 되었습니다. 미국이 다른 국가들의 선망의 대상입니다. 저는 많은 인도인이 미국의 부를 얻으면서도 그 방법은 피할 수 있다고 말하는 것을 들은 바 있습니다. 저는 그런 시도가 이뤄진다고 해도 그것이 실패하고 말 것임을 감히 말씀드립니다.

우리는 같은 순간에 '현명하고, 절제 있으며, 격노할'114 수 없습니다. 저의 바람은 우리의 지도자들이 우리가 이 세상에서 지선(至善, *morally supreme*)이 되기를 가르치는 것입니다. 우리가 살아가는 이곳은 한때 신들의 거주처(居住處)였다고들 합니다. 우리는 제작소 굴뚝과 공장에서 나오는 연기와 소음으로 아주 더러워진 땅에 신들이 거주하리라고 생각할 수 없습니다. 신이 살 수 없는 땅에 나 있는 여러 길을, 수많은 자동차를 몰고 가는 요동치는 엔진들이 가로지릅니다. 자동차는 대체로 자신들이 무엇을 추구하는지도 모르는 사람들, 흔히 멍청한 상태의 사람들로 꽉 차 있습니다. 그들은 상자 속의 정어리같이 불편하게 빽빽이 들어차 있음으로써, 그리고 철저한 이방인들 한가운데 살아감으로써 성질이 좋아지지도 않습니다. 이런 이방인들은 할 수만 있다면 그들을 쫓아낼 것이고, 그들도 비슷하게 이런 이방인들을 쫓아낼 것입니다. 내가 이런 일들을 언급한 것은 이것들이 물질적 진보의 상징으로 간주되기 때문입니다. 하지만 그것들은 우리의 행복에 일점일획도 보태는 바가 없습니다. 이와 관련하여 위대한 과학자인 월러스(Wallace)는 자신의 신중한 판단을 다음과 같이 말하고 있습니다.

> 과거가 우리에게 물려준 최초의 기록 안에는 일반적인 윤리적 고려와 개념들, 공인된 도덕성의 기준, 이것들로부터 도출되는 행위들이 존재하는데, 이런 것들이 오늘날 만연되어 있는 것들과 비교해서 조금도 열등하지 않았다는 점에 대해서 충분한 증거를 갖고 있다.

월러스는 이어서 여러 장에 걸쳐서 영국이 만들어낸 부의 증대 아래에서 드러난 영국의 입장을 검토하고 있습니다. 그는 말합니다.

---

114 "누가 한순간에 현명하며 망연자실하고, 절제 있으며 격노하고, 충성스럽고 중립적일 수 있을까? 그럴 사람은 아무도 없다."(《맥베스》 II, iii)

부의 신속한 성장과 자연에 대한 우리 힘의 증가는 우리의 조잡한 문명에, 우리의 피상적인 기독교에 커다란 긴장을 야기했다. 그리고 이러한 성장과 증가는 여러 가지 유형의 사회적 부도덕을 동반했는데 그것은 놀랄 만하고 전례가 없을 정도이다.

이어서 그는 공장들이 남자와 여자, 그리고 애들의 사체(死體) 위에 세워지는 과정과, 나라가 부에 있어서는 급속히 성장했지만 도덕의 면에서는 후퇴하는 과정을 보여주었습니다. 그는 이것을 비위생, 생명을 파괴하는 교역 · 불순 · 뇌물 · 도박을 다룸으로써 보여주었습니다. 그는 부의 증대와 함께 정의가 부도덕하게 되고, 알코올중독과 자살에 의한 죽음이 증가하고, 조숙아의 탄생과 선천적 질병의 평균치가 증가하는 과정과 매음이 하나의 제도로 정착하는 과정을 보여줍니다. 그는 다음과 같은 의미심장한 말로 자신의 검토를 끝맺고 있습니다.

이혼법정의 절차는 부와 여유가 초래한 결과의 또 다른 면모들을 보여준다. 런던사회에 상당히 오랫동안 살았던 친구 한 사람이, 시골과 런던에 있는 집에서 갖가지 종류의 광란의 파티들이 때때로 열린다는 점, 그리고 이런 광란의 파티들은 가장 방탕한 황제들이 살던 시기에도 흔하지 않았다는 점을 확실히 말해 주었다. 전쟁에 대해서는 말할 필요가 없다. 전쟁은 로마제국의 흥기 이래 다소 상습적인 것이 되고 말았다. 하지만 이제는 모든 문명화된 민족들 사이에서 전쟁에 대한 염증이 분명히 나타나고 있다. 그런데 무장화(武裝化)에 따른 엄청난 부담은, 평화를 옹호하는 가장 경건한 선언들과 함께, 지배계급들 가운데 도덕성이라는 지도 원리가 거의 전적으로 부재해 있다는 사실을 보여주는 것으로 생각되어야 할 것이다.

우리는 영국의 보호 아래 많은 것을 배웠습니다. 하지만 고유한 도덕성의 면에서는 영국에서 얻을 것이 거의 없다는 것, 그리고 우리가 조심하지 않으면 물질주의의 질병 때문에 영국을 제물로 삼았던 모든 악덕들을 우리가 도입하게 된다는 것이 제 확고한 신념입니다. 우리는 우리의 문명과 도덕을 곧추세울 때에만 영국과의 관계에서 이익을 얻을 수 있을 것입니다. 다시 말씀드리자면 우리는 영광스런 과거를 자랑하는 대신 고대의 도덕적 영광을 우리 삶 안에 표현하고 우리의 삶이 과거의 증인이 되도록 해야 합니다. 그러면 우리는 영국과 우리 자신에게 이익을 줄 수 있습니다. 만약 영국이 우리에게 지도자들을 제공한다고 해서 우리가 그들을 모방한다면, 그들과 우리는 모두 타락을 면할 수 없습니다. 우리는 이상(理想)에 대해서 그리고 그것을 극단에까지 실천으로 옮기는 일에 대해서 두려워할 필요가 없습니다. 우리가 금보다는 진리를, 권력과 부의 장관(壯觀)보다는 위대한 무외(無畏)를, 자애(自愛)보다는 더 위대한 자선을 보여줄 때, 우리나라는 비로소 진정으로 영적인 국가가 될 것입니다. 만일 우리가 우리의 집·궁전·사원으로부터 부를 이루는 요소들을 청산하고, 그 안에 도덕의 자질들을 보여주기만 하면, 중무장한 민병대의 부담을 떠안지 않고도 적대적인 여러 힘의 어떤 조합에 대항해서도 투쟁할 수 있을 것입니다. 우선 먼저 하느님의 나라와 의(*righteousness*)를 구합시다. 그렇게 되면 만사가 우리에게 주어진다는 것이 폐기할 수 없는 약속입니다. 이런 것들이 진정한 경제학입니다. 여러분과 제가 이것들을 보배처럼 아끼고 일상적 삶 속에서 실천합시다.

강연에 이어 흥미로운 토론이 벌어졌고 여러 학생이 연사에게 질문을 했다. … 제봉(Jevons) 교수는 경제학은 반드시 있어야 한다고 했고, 최종적 목표가 무엇이어야 하는가를 제시하는 것은 경제학자들의 일이 아니라, 철학자들의 일이라고 했다. … 협회의 회장이신 기드와니(Gidwani) 교수는 연사에게 연설에 대해서 감사를 표했다. 히긴

바틈 교수는 어떤 경제적 문제도 도덕적 문제에서 분리될 수는 없다고 말했다.

간디 씨는 발언 도중 경제학자가 필요하다는 제봉 씨의 말을 언급하고, 먼지란 장소를 잘못 택한 물질과 같다고 말했다. 마찬가지로 경제학자가 자리를 잘못 잡으면 사회에 해로운 것이다. 간디는 경제학자가 자신을 위해서 만들어진 겸손한 영역을 점유한다면 자연의 경제학에서 한자리를 차지할 수 있다고 분명히 생각하고 있었다. 만일 경제학자가 신의 법칙을 탐구하지 않고, 빈곤이 없어지도록 부를 분배하는 방식을 적시(摘示)하지 못한다면, 인도 땅에서 가장 환영받지 못하는 침입자가 될 것이다. 그는 영국이나 미국에 옳은 것이 반드시 인도에 옳을 것이 없다는 점을 시사하기도 했는데, 이런 시사점은 경제학도와 교수들이 한번 성찰해 볼 만하다. 간디 씨는 도덕법칙들과 일맥상통하는 대부분의 경제 법칙들이 보편적인 적용력을 가진 것이지만, 제한적인 적용에서 일정한 정도의 차별이나 차이가 있을 것이라고 생각했다. 그래서 그는, 인도 여건이 어떤 면에서는 영국과 미국 여건과는 본질적으로 다르기 때문에 경제학자들에게 새로운 시각을 낳게 하는 사안들에 유의해야 할 것이라는 경고성의 발언을 하곤 했다. 만일 경제학자들이 유의했다면, 인도인들과 경제학자들 모두 이익을 얻었을 것이다. 간디 씨는 또 히긴바틈 씨가 인도에 꼭 필요한 진정한 경제학을 연구하고 있으며, 자신의 연구를 한 걸음 한 걸음씩 실행으로 옮기고 있다고 했으며, 그와 같은 진정한 경제학만이 학생이든 교수든 따르기에 가장 안전한 지침이라고 말했다. 학생의 질문에 대해서 언급하면서 간디 씨는 우리가 이기적 목적을 위해서 금전을 축적해서는 안 된다고 말했지만, 만약 수백만 인도인들의 수탁자의 자격으로 금전을 축적하기를 원한다면, 가능한 한 많은 부를 소유할 수 있을 것이라고 말했다. 경제학자들은 보통 부자들을 위해서 법칙을 만든다. 간디 씨는 그와 같은 경제학자들에 대항해서 항상 외쳤던 것이다.

촌락산업이 공장을 대체하면 안 되는가라는 질문에 대해서, 간디 씨는 대체해도 된다는 식으로 말했지만, 경제학자들이 먼저 토착적인 제도를 끈기 있게 검토해야 할 것이라고 말했다. 토착적인 제도가 부패했다면 당연히 폐기되어야 하고, 그것을 향상시킬 수 있는 처방이 제시될 수 있다면 경제학자들이 그 제도를 증진시켜야 한다.

다른 국가와의 관계에 대해서는, 간디 씨는 자국 국민들이 다른 나라 국민들과 만나게 된다고 해도 도덕적으로 조금도 성장하지 않을 것으로 생각한다고 말했다. 그 예로 남아프리카의 인도인을 가리켰다. 증기선, 기차 그리고 다른 신속한 운송 수단들은 그들의 많은 이상을 전복시키고 크나큰 폐해를 낳았다.

한 사람이 소유해야 할 부의 최소치와 최대치가 어느 정도인가 하는 질문에 대해서 간디 씨는, 예수, 라마크리슈나 및 그 이외의 다른 사람들의 말인 '무'라고 대답했을 것이다.

존경하는 판디트 마단 모한 말라비야는 결론을 내리면서 간디 씨의 훌륭한 연설에 대해서 진심어린 감사 결의를 그에게 해 주었다. 간디 씨가 그들 앞에 제시했던 이념들은 너무 고상하여 그들 모두가 이념들 전부에 대해서 찬성할 준비가 되어 있다고는 기대할 수 없다고 그는 말했다. 하지만 그는 그들이 간디 씨가 제시한 주요 목표에 대해서는 동의할 것, 다시 말하자면 인간의 복지(*welfare of man*)를 모든 경제적 물음의 시금석으로 삼아야 한다는 점에 대해서는 동의할 것이라는 점은 확신했다.

알라하바드 무이르대학 경제협회에서의 연설,
〈더 리더〉(*The Leader*), 1916. 12. 25 ; 《전집》 15 : 208

128) 도덕적 성장과 물질적 번영

여러분의 관대함에 대해서 내가 말하고 싶은 것은, 수개월 전 어뱅크 씨가 협력의 원리를 직공들에게 설명해 주려고 그들의 집회에 참석했을 때 내가 그와 동반했다는 것뿐이다. 그들이 거주하는 촐(*chawl*: 공동주택)로 불리는 가옥은 말할 나위 없이 불결하였다. 최근에 내린 비가 사태를 더욱 악화시켰다. 그리고 어뱅크 씨가 자신의 대의명분에 바친 크나큰 열정이 없었다면, 나는 그 과업에서 손을 뗐을 것이라는 점을 솔직하게 고백한다. 하지만 우리는 상당히 낡은 차르파이(*charpai*: 끈으로 달아맨 침대) 위에 앉아 있고, 남녀노소에 의해서 빙 둘러싸여 있었다. 특별히 순진한 표정도 아닌 사람이 앞으로 걸어 나오자 어뱅크 씨는 그에게 공격을 가하기 시작했다. 그는 앞으로 걸어 나온 사람과 그의 주변에 있던 다른 사람들과 구자라트어로 말을 주고받은 다음, 나에게 연설해 달라고 요청했다. 맨 먼저 말을 건넸던 사람의 수상쩍은 눈치 때문에, 나는 자연스레 협력운동의 도덕성에 대해서 아주 충분히 말했다. 나는 어뱅크 씨가 그 주제를 다루는 내 방식을 상당히 좋아할 것으로 생각했다. 그래서 나는 그가 여러분에게 잠시 동안 인내를 요구하는 일이기도 하지만 도덕적 관점에서 협력운동을 검토해 달라는 의미로 나를 초청했다고 믿었다.

협력운동의 전문성에 대한 나의 지식은 거의 무에 가깝다. 내 데브다르(Devdhar)[115] 형제는 그 일을 자신의 것으로 만들었다. 그가 하는 일이면 무엇이든 자연스럽게 내 흥미를 유발했고, 그 안에는 뭔가 훌륭한 것이 있으며 그것을 다루는 일은 꽤 어려울 것이라고 믿게 만드는 경향이 있었다. 어뱅크 씨는 매우 친절하게도 그 주제에 대한 문헌도 나에게 주었다. 그리고 나는 참파란에서 협력적 노력의 결과를 지켜볼 수 있는 유일한 기회를 가졌다. 나는 십계명과 같은 어뱅크 씨의 10개 조항을 일일이 검토했고, 베하르에 사는 콜린스 씨의 12개 조항도 자세히 검토했는데, 이것은 12표법[116]을 상기시켰다. 참파란에는 이른바 농업은행이란 것들이 존재한다. 농업은행들을 만일 협력운동의 성공에 대한 증명으로 이해해야 한다면, 그 은행들은 나에게 실망스런 노력이었다. 이와 반대로 동일한 방향에서 호지(Hodge) 씨가 조용하게 진행하는 작업이 있다. 이 사람은 선교사였으며, 그와 접촉하는 사람은 누구든지 그의 노력에 강한 인상을 받았다. 협조적인 정열가인 호지 씨는 자신의 노력에서 흘러나오는 결과를 협력운동의 발동

115 〔역주〕 간디의 육친의 형제는 아니다.

116 〔역주〕 로마 최고(最古)의 법전.

의 덕분으로 간주하는 듯했다. 이 두 가지 노력을 지켜볼 수 있었던 본인은, 개인의 인자(因子)가 한 사례에서는 성공으로 간주되고, 다른 사례에서는 실패로 간주된다는 점을 주저 없이 추론할 수 있었다.

나는 스스로 열광자이다. 하지만 25년의 실험과 경험은 나를 조심스러우면서도 분별력 있는 열광자로 만들었다. 대의명분을 위해서 일하는 자들은 반드시 의식적으로는 아니더라도 그 명분의 장점을 과장하고 단점을 장점으로 전환하는 일에 종종 성공을 거둔다. 나의 경계심에도 불구하고, 나는 내가 아메다바드에서 운영하고 있는 작은 기관[117]을 이 세상에서 가장 훌륭한 것으로 간주한다. 그것만이 나에게 충분한 영감을 부여한다. 비판자들은 아슈람이 혼 없는 혼의 힘을 대변하고 있으며, 그 기관의 엄격한 훈련이 그 기관을 거의 기계처럼 만들어 버렸다고 나에게 말한다. 비판자나 나, 모두가 잘못이라고 나는 생각한다. 아슈람은 남녀 인간들이 우리나라의 천재들을 본받아서 자유롭고 거침없이 인격을 발달시킬 수 있는 공간이었는데, 이제 공간을 나라의 손에 맡긴다는 것은 잘해야 겸손한 시도에 불과하다. 만일 그 아슈람의 관리자들이 돌보지 않는다면, 인격의 바탕이 되는 그 훈련은 눈앞에 있는 목표 자체를 좌절시킬 것이다. 그래서 나는 협력의 열광자들에게 거짓 희망을 품지 말라고 경고하고 싶다.

다니엘 해밀턴 경(Sir Daniel Hamilton)의 손에서 협력운동은 종교가 되어 버렸다. 지난 1월 13일 그는 스코틀랜드 교회 대학의 학생들에게 연설했다. 그는 도덕적 교훈을 적시하기 위해서 2백 년 전의 스코틀랜드의 가난을 예시하고, 이 위대한 나라가 가난의 상태에서 풍요의 상태로 일어난 과정을 보여주었다. 그는 말했다.

117 〔역주〕 사탸그라하 아슈람. 《전집》 권 16, 23면.

우리나라를 일으켜 세운 힘에는 두 가지가 있습니다. 스코틀랜드 교회와 스코틀랜드 은행입니다. 교회는 사람을 제조했고, 은행은 삶을 시작할 수 있게 사람들에게 돈을 제조해 주었습니다. … 교회는 지혜의 단초에 해당하는 신을 경외하도록 국민을 훈련시켰습니다. 교구(教區) 학교에서 생도들은 인간 삶의 주요 목표가 신을 영광되게 하고, 신을 영원히 즐기는 것이라는 점을 배웠습니다. 사람들은 신과 자신들을 믿도록 훈련받았습니다. 그렇게 해서 형성된 믿을 만한 인격 위에 스코틀랜드 은행제도가 수립된 것입니다.

다니엘 경은 이어서 그렇게 형성된 인격 위에 비로소 경탄할 만한 스코틀랜드 은행제도를 수립할 수 있었음을 보여주었다. 여기까지는 다니엘 경과 나 사이의 완전한 합일 이외에는 다른 것이 있을 수 없다. '인격 없이는 협력도 없다'는 것은 건전한 격률이기 때문이다. 하지만 그는 우리를 더 전진시켰다. 그는 협력에 대해서 점점 달변이 되어갔다.

인도의 미래에 대한 여러분의 꿈[118]이 무엇이든 간에, 인도를 하나로 묶어서 인도로 하여금 세계에서 합당한 위상을 얻도록 하는 점, 영국 정부가 여기에 있다는 점, 정부 손에 있는 용접 망치는 협력운동이라는 점을 망각해서는 안 됩니다.

그의 의견에 따르면 협력운동이 지금 인도를 덮치고 있는 온갖 사악들에 대한 만병통치약이다. 확장된 의미에서 협력운동은 여기에 언급할 필요조차 없는 하나의 조건에 대한 주장을 정당화할 수 있다. 다니엘 경은 협력이란 말을 협소한 의미로 사용했는데, 나는 그런 의미로는 협력운동이 열광자의 과장이라고 감히 생각하는 바다. 그의 결론을 유의해 보자.

---

118 〔역주〕 day-dreams(백일몽)를 문맥에 따라서 꿈으로 옮겼다.

> 세상에 있는 돈의 힘이 점점 신용(*Credit*)이 되고 있습니다. 신용이란 신뢰(*Trust*) 겸 신앙(*Faith*)일 뿐인데도 말입니다. 산(山)도 없애버린다는 신앙이 새겨져 있는 양피지의 까만 점 속에서, 인도는 승리와 평화를 찾을 것입니다.

여기에 사고의 명백한 혼란이 있다. 세상에 있는 돈의 힘으로 표시되는 신용은 도덕적 토대가 거의 없으며, 순전히 도덕적 자질에 해당되는 신뢰나 신앙과는 동의어가 아니다.

남아프리카에서 은행과 거래하던 수백 명의 사람들을 20년 동안 경험한 뒤, 내가 매우 자주 들었던 한 마디의 말이 내 속에 깊이 뿌리박고 있는데, 그것은 파렴치한이 크게 놀면 놀수록 그가 향유하는 신용은 커진다는 말이다. 은행은 그의 도덕적 성격을 살피지 않고, 그가 당좌 대월액과 약속어음을 기간 내에 채워 주기만 하면 그것으로 만족한다. 신용 체계가 이 아름다운 지구를 뱀의 똬리처럼 감싸 버렸다. 이를 내버려 둔다면 그것이 우리를 부수고 숨통을 끊어 버릴 가능성이 충분히 있다. 나는 그 제도를 통해서 많은 가정이 파멸된 것을 보았다. 신용이 협력적인 것이든 아니든 아무 차이가 없었다. 이 치명적 똬리는 유럽에서 파멸적인 광경을 연출하는데, 우리는 그 광경을 별수 없이 바라보고만 있다. 법에서건 전쟁에서건 가장 두툼한 지갑이 결국 이긴다는 것이 오늘만큼 진실이었던 때가 없었을 것이다. 신용제도에 대한 현대의 신념을 부각시키고자 했던 이유는, 협력운동이 종교적 열정으로 불타는 자들에 의해서 엄격하게 지도되는 경우에만 인도에 축복이 될 것이라는 점을 강조하기 위해서였다. 그러므로 이런 점에서 협력이 도덕적으로 올바르기를 원하는 사람들에게 국한돼야 한다는 사실이 도출되지만, 실은 그렇게 되지 못하고 있는데, 그 이유는 가혹한 가난 때문이거나 마하잔(*mahajan*)[119]들의 통제 때문이다. 상당한 이

자를 주고 돈을 대출받는 기관이, 비도덕적인 사람이나 도덕과 무관한 사람을 도덕적으로 만들지는 않을 것이다. 하지만 국가의 지혜 또는 박애주의자들의 지혜에 따르면 선하기 위해서 노력하는 사람들이 전진할 수 있도록 국가와 박애주의자들은 그들을 도와주어야 한다.

우리는 너무나 자주 물질적 번영이 도덕적 성장을 의미한다고 믿는다. 인도에 그렇게 많은 선을 가져오는 운동이 단순히 저리(低利) 대출을 진작하는 운동으로 타락해서는 안 될 것임은 당연하다. 그래서 나는 〈인도의 협력운동위원회 보고서〉에서 다음과 같은 추천 내용을 읽고 매우 기뻤다.

> 그들은 대중의 향상을 위해서 정부가 문제의 도덕적 측면을 인정하는 진실한 협력운동만을 기대해야 한다는 자신들의 의견을 분명히 표현하고 싶어한다. 즉, 협력운동 원리에 대한 무지에 근거하여 건설된 사이비 협력 체계가 아무리 근사해 보여도 그것을 기대해서는 안 된다는 의견을 표현하고 싶은 것이다.

이제 우리 앞에 이런 기준이 마련되었다면, 그 운동의 성공은 결성된 협력단체의 개수로서가 아니라 협력자들의 도덕적 실태에 의해서 가늠해야 할 것이다. 그렇게 되면 등록관들은 기존의 협력단체의 개수를 늘리기 전에 그 단체들의 도덕적 성장을 보장해야 할 것이다. 정부는 협력단체들을 장려함에 있어서 등록한 협력단체의 숫자를 조건으로 삼을 것이 아니라 기존의 협력단체들의 도덕적 성공을 조건으로 삼아야 할 것이다. 이것은 회원들에게 빌려준 단 한 푼의 돈의 흐름도 추적한다는 것을 의미한다. 이는 곧 협력단체들의 적법

---

119 〔역주〕 본 번역의 영어 원전의 〈용어해설〉에는 '지도자'로 되어 있지만 《전집》 권 16, 25면에는 '고리대금업자'(*moneylender*)로 각주를 달고 있다.

한 행동을 책임지는 자들이, 빌린 돈이 토디주(酒)를 파는 사람의 현금서랍이나, 도박소굴 운영자들의 주머니에 들어가지 않도록 조심해야 한다는 것을 의미한다. 만일 마하잔의 탐욕이 도박 주사위나 토디술이 소작인들의 집에 들어오지 못하게 막는 일에 성공한다면 나는 그 탐욕을 봐줄 수도 있다.

마하잔에 대해서 한 마디 해 두는 일이 쓸데없는 일이 아닐 것이다. 협력운동이 새로운 방책은 아니다. 소작인들은 자신들의 농작물을 망치는 원숭이나 새들을 북 쳐서 쫓아내는 일에 협력하고, 공동의 타작마당을 사용하는 일에 협력한다. 나는 그들이 가축들에게 풀을 먹이기 위해서 최고 양질의 땅을 바쳐가면서까지 가축들을 보호하는 일에 협력하는 것을 본 적이 있다. 그리고 특별히 탐욕스런 마하잔에 대항하여 서로 협력하는 것이 목격되곤 했다. 소작인들에 대한 마하잔의 통제가 너무 엄격하므로 협력운동의 성공에 대해서 의혹이 제기되기도 했다. 나는 그런 우려에 공감하지 않는다. 가장 강력한 마하잔이라고 해도 사악한 힘을 대변한다면, 본질적으로 도덕적인 것으로 간주되는 협력운동 앞에 굴복해야 할 것이다. 하지만 참파란의 마하잔에 대한 나의 제한된 경험 이후에, 나는 마하잔의 '파멸적인 영향력'에 관한 일반적으로 인정된 견해를 수정하게 되었다. 그는 늘 무자비하지는 않았으며, 최후의 빵 조각까지 강제로 거두지는 않았다. 그는 때때로 자신의 소작농에게 여러 방식으로 봉사하고, 심지어 곤경에 빠진 이들에게 구원의 손길을 뻗치기도 했다. 나의 관찰이 제한되어 있으므로 여기에서 감히 어떤 결론을 끌어내지는 않겠다. 하지만 나는 마하잔 속에 있는 선을 끌어내기 위해서나, 그의 내부에 있는 악을 버릴 수 있도록 돕거나 권유하기 위해서 진지한 노력을 기울일 수 없는지 정중하게 한번 조사하고 싶다. 그가 협력운동의 군대에 가담할 수 있게 권유할 수 없을까? 그를 위해서 기도해도 소용없다는 사실이 경험으로 이미 입증되었을까?

나는 협력운동이 모든 토착산업에 주목하고 있음을 알았다. 천 짜는 사람들의 처지를 개선하기 위해서 기울인 나의 보잘것없는 노력에 정부가 나를 도와준 일에 대해서 공개적으로 감사를 표하고 싶다. 내가 수행하고 있는 실험은, 이 방향으로 해야 할 일이 아주 광범위하다는 것을 보여준다. 인도의 행운을 비는 자이거나 애국자라면 어느 누구도 손베틀로 천 짜는 자들의 임박한 몰락을 평안한 마음으로 좌시할 수는 없을 것이다. 맨(Mann) 박사가 말했듯이, 이 산업은 농민에게 추가적 생계수단과 기근에 대한 보험을 제공해 주곤 했다. 이 중요하고도 고귀한 산업을 보살펴 생명을 되돌려 줄 모든 등록관은 인도로부터 감사의 말을 듣게 될 것이다. 나의 보잘것없는 목표는, 첫째 정통 손베틀에 간단한 변형을 가할 수 있을지의 여부에 대해서 연구하는 데에 있다. 나의 두 번째 목표는 교육받은 청년이 공무(公務)나 여타 업무에 대한 탐욕을 버리는 것, 교육이 그들을 독립적 직업에 부적합하게 만들었다는 느낌을 버리는 것, 그리고 천짜기 직업이 변호사나 의사의 직업만큼이나 명예로운 직업임을 받아들이도록 권유하는 것에 있다. 세 번째는 자신의 직업을 버린 자들이 그 직업으로 복귀하도록 돕는 일이다. 나는 위에서 언급한 실험의 첫 두 부분에 대해서 부연 설명함으로써 청중을 지루하게 만들고 싶지 않다. 세 번째 목표는 우리 면전의 주제와 직접 관련이 있으므로 몇 마디는 보탤 수 있을 것이다. 나는 이 일을 6개월 전에야 착수할 수 있었다. 자신의 직업을 버리고 떠났던 다섯 가족들이 되돌아왔고, 그들은 지금 번창한 사업을 운영하고 있다. 아슈람은 그들이 필요로 하는 원사를 그들 집에 직접 공급한다. 아슈람은 그들이 짠 천을 자발적으로 인수하러 가는

데, 그들에게 시장가격으로 현금을 지불한다. 아슈람은 원사를 구입하기 위해서 미리 빌린 대출금의 이자만 쓰면 되고, 여태까지 어떤 손실도 입지 않았으며, 대출금을 일정액으로 한정함으로써 손실을 최소화할 수 있다. 장차 모든 거래는 엄격하게 현금으로만 할 것이다. 인수된 천은 당장 팔 수 있다. 그러므로 거래에서 발생하는 이자 손실은 무시할 수 있다. 나는 청중이 이 운동이 가지고 있는, 순전히 도덕적 성격에 처음부터 끝까지 주목하기를 희망한다.

아슈람의 존재는 친구들이 제공하는 도움에 의존한다. 그래서 우리는 이자를 요구할 권한이 없다. 천 짜는 사람들은 이자를 감당할 수 없었다. 산산조각 나 버린 전 가족이 이제 다시 합친 것이다. 대출금의 이용은 미리 결정되어 있다. 그리고 중개인 겸 자원봉사자인 우리는 이들 가족의 삶 속에 들어갈 수 있는 특권을 얻게 되었다. 그 특권은 우리와 그들의 향상을 위해서 내가 바라던 바이다. 우리는 자신이 우뚝 들어올려지기 전에 그들을 우뚝 높이 들어올릴 수 없다. 최종적인 관계는 아직 전개되지 않았지만, 우리는 빠른 시일 안에 이들 가족의 교육에 대해서도 책임을 떠맡기를 희망하며, 매사에 그들을 돌볼 때까지 만족하지 못할 것이다. 이것은 그리 야심찬 꿈은 아닐 것이다. 신이 원하신다면 언젠가는 현실로 나타날 것이다. 내가 의미하는 협력운동이 무엇인지 보여주기 위해서, 그래서 그것을 다른 사람들의 본보기로 제시하기 위해서, 나는 작은 실험을 상술해 보았다. 우리의 이상에 대해서 확신을 갖도록 하자. 우리가 그것을 영영 실현하지는 못하더라도, 노력을 중지해서는 안 된다. 그러면 러스킨이 그토록 진지하게 우려했던 '깡패들 사이의 협력'에 대해서 공포를 느낄 필요가 없을 것이다.

협력의 도덕적 토대, 〈인디언 리뷰〉(*Indian Review*), 1917. 10 ; 《전집》 16 : 15

V

정치와 종교

1. 정치와 종교

129) 정치에서의 평등

셀본 경[1]은 저미스턴(Germiston)[2]에 위치한 신축 시청의 초석을 놓는 자리에서 의미 있는 연설을 했다. 연설은 도덕과 정치에 대한 충고로 이뤄져 있다. 백인을 상대로 한 것이어서 정치적 관점에서 본다면 우리에게 직접적인 관심사가 아닐 수도 있지만 도덕적 관점에서 본다면 셀본 경의 말은 깊이 생각해 볼 가치가 있다. 따라서 아래와 같이 요약해 보기로 한다.

각급 지방자치단체는 정치적으로 매우 활동적인 백인들에게 꼭 필요한 영향력을 행사한다. 자치단체는 국가의 행정을 위해서 인간을 준비시키는 학교다. 한 민족의 자유에 대한 씨앗이 뿌려지고 길러지는 곳은 바로 그곳이다. 영국인들은 외국인들에 의한 온유한 통치보다는 강권적이긴 하지만 자치적인 정치제도를 선호한다. 언제나 어디에서

나 자치단체는 여론의 주요 광장이 되었다. 지방자치단체는 구성원에게뿐만 아니라 유권자들에게도, 나아가서 공공의 일을 토의하는 다른 사람들에게도 훈련장이 되고 있다. 유권자들은 합당한 비판을 제기하는 방식을 결코 망각하면 안 된다. 여기가 바로 우리를 끌어들이는 폭풍이 부는 곳이다. 폭풍에는 두 종류가 있는데, 실제 폭풍과 정치에서 비유적으로 말하는 폭풍이 그것이다. 실제 폭풍에서 자신의 평정심을 보존하는 자는 차갑고 침착한 기질의 소유자라고 할 수 있다. 마찬가지로 정치 폭풍에서 동요 없이 남아 있을 수 있는 자는 확고한 신념을 가진 사람으로 간주될 수 있다. 나는 날씨가 좋든 궂든 자기 자신의 삶의 길을 고수하는 사람을 신뢰할 만한 사람으로 간주한다. 다른 사람들이 우리의 말이나 행동을 옳게 이해하건 말건 우리는 우리 자신의 원리에 절대로 확고한 사람이라는 점을 증명해 보여야 한다.

셀본 경(G.), 〈인디언 오피니언〉, 1906. 6. 16 ; 《전집》 5 : 248

---

1 〔역주〕 William Waldegrave Palmer, 2nd Earl of Selborne(1859～1942) : Viscount Wolmer of Blackmoor, Baron Selborne of Selborne이라고도 함. 영국의 해군장관(1900～1905), 남아프리카 고등판무관(1905～1910). 제1차 세계대전 때 강력한 독일 해군에 맞설 정도의 영국 해군력 재건을 주도했으며 남아프리카 연합 구성을 제안해서 이를 성사시켰다. 법률가이자 정치가인 셀본 백작 1세 라운들 파머의 아들이며 영국의 총리 솔즈베리 경의 사위였다. 솔즈베리에 의해서 해군장관에 임명되어 제독 존 피셔 경과 함께 훈련제도를 현대화하고, 드레드노트형(形) '올빅건' 전함을 만드는 데 주도적 역할을 담당했다. 셀본이 남아프리카 고등판무관 겸 트란스발과 오렌지강 식민지 총독으로 임명된 지 7개월 뒤인 1905년 12월 헨리 캠벨 배너먼 총리가 이끄는 새 영국 정부는 남아프리카 식민지에 대한 자치정책을 추진했다. 그들은 분리되어 있는 식민지들을 그대로 유지하려 했으나 셀본은 트란스발 및 오렌지강 식민지를 나탈 및 케이프 식민지와 합쳐서 남아프리카 연합을 구성해야 한다고 주장했다(1907). 셀본은 연합을 실현하는 '남아프리카 법령'이 시행(1910. 5. 31)되기 직전 영국으로 돌아왔다. 《브리태니커 CD EX 백과사전》, 한국브리태니커, 2002 참조.

2 〔역주〕 남아프리카공화국 내의 지명.

130) 혼의 힘과 물리력 〔1915. 4. 27〕

의장님과 친애하는 친구 여러분, 마드라스는 아내와 나에 관한 덕목을 묘사하는 데에 영어 단어를 거의 다 쓰고 말았습니다. 여러분이 만일 나에게 내가 친절·사랑·주목의 세례로 압도당한 곳이 어디냐고 물으신다면 나는 마드라스라고 말해야 할 것입니다. (박수)[3] 하지만 익히 말씀드렸듯이 나는 마드라스를 믿습니다. 따라서 여러분이 유례없이 관대한 마음으로 이런 친절을 베풀어 주시는 것이, 나에게는 조금도 놀랄 일이 못됩니다. 그런데 이제 고명하신 인도하인협회의 회장님[4] — 나는 이 협회에서 견습을 받고 있습니다마는 — 은 여러분의 모든 친절을 능가하셨다고 말씀드리고 싶습니다. 내가 이런 모든 말씀을 들을 만한 자격이 있습니까? 내 마음 가장 깊은 곳에서 나오는 대답은 단호히 '아니다'입니다. 그러나 나는 여러분이 사용하는 온갖 형용사에 걸맞은 사람이 되기 위해서 인도에 왔습니다. 그리고 나의 전 인생은 내가 그런 말들에 합당한 사람이란 걸 증명해 보이는 데 분명히 바쳐질 것입니다. 내가 가치 있는 하인이 된다면 말입니다.

여러분은 아름다운 애국가[5]를 불렀습니다. 그것을 듣고 우리 모두는 벌떡 일어섰습니다. 시인[6]은 어머니 인도를 묘사하기 위해서 그가 사용할 수 있는 온갖 형용사를 퍼부었습니다. 그는 어머니 인도가 향기롭고, 감미롭게 말하며, 꽃다운 향기를 뿜으며, 전능하고, 지순하고, 진실하다고 말하였고, 젖과 꿀이 흐르는 땅, 비옥한 땅과 과일과 알곡을 가진 땅, 위대했던 황금기의 종족이 살았던 땅으로

3 〔역주〕《전집》 권 14, 422면.

4 V. S. Srinivasa Sastri.

5 Vande Mataram.

6 Bankim Chandra Chatterji.

묘사하고 있습니다. 그 종족에 대해서는 우리는 오직 그림으로만 알고 있습니다만, 시인이 우리에게 그려 준 그 땅은 세계와 인류 전체를, 물리력의 권능으로서가 아니라 영혼의 권능에 의해서 자신의 소유물로 삼을 나라입니다. 우리가 그 노래를 부를 수 있을까요? 나는 "내가 그 노래를 들을 때 벌떡 일어설 만한 권리가 있을까?" 라고 자문합니다. 시인은 우리가 실현할 것에 대한 그림을 제시한 것이 분명하지만, 실현에 대한 말은 단순히 예언적인 것입니다. 그리고 시인이 모국에 대해서 묘사했던 말 한 마디 한 마디를 실현하는 것은 인도의 희망이신 여러분의 몫입니다. 오늘 나는 그가 모국을 묘사하면서 이러한 형용사들을 대단히 잘못 사용하고 있다고 느낍니다. 시인이 모국을 위해서 제시했던 그런 주장을 효과 있게 만드는 것은 여러분과 나의 몫입니다.

참교육[7]

마드라스의 학생들 아니 전 인도의 학생들이신 여러분은 이상을 실현할 만한 자격을 갖추게 할 교육을, 여러분에게서 최선의 것을 끄집어낼 수 있는 교육을 받고 있습니까? 아니면 정부 공무원이나, 무역 사무실에서 근무할 점원을 생산하는 공장에서 교육을 받고 있습니까? 여러분이 받고 있는 교육의 목표는 정부 부처나 여타 부서로 취직하는 것입니까? 만일 그것이 여러분 교육의 목표라면, 그것이 여러분 앞에 제시되어 있는 목표라면, 시인 자신이 그려 보았던 비전이 실현되기에는 아직 멀었다는 점을 두려운 마음으로 감지할 수밖에 없습니다. 여러분이 내 말을 듣거나 내 글을 읽었겠지만, 나는 지금 현대문명에 대해서 확고한 반대자이고 쭉 그래왔습니다. 여러

7 〔역주〕《전집》 권 14, 423면에 따라서 소제목을 단다.

분은 유럽에서 진행되고 있는 일을 오늘 유의하여 살펴보기를 바랍니다. 그래서 만일 여러분이 유럽이 오늘날 현대문명의 발굽 아래 신음하고 있다는 결론에 도달했다면, 그것을 우리의 모국에서 열심히 모방하기 전에 여러분과 여러분의 부모님들은 다시 한 번 생각해야 할 것입니다. 하지만 나는 다음과 같은 말을 들은 적이 있습니다. "우리 통치자들이 그러한 문화를 모국에 가져오고 말았는데 우리가 어떻게 피할 수가 있을까?" 그것에 대해서 조금도 과오를 범하지 마시길 바랍니다. 나는 여러분이 수용할 준비가 되어 있지도 않은 상태에서 통치자들이 그것을 들여온다고는 한순간도 믿어 본 적이 없습니다. 그리고 만일 통치자들이 우리 앞에 그 문화를 가져온다고 해도, 그들을 거부하지 않으면서도 그 문화를 거부할 수 있게 해 주는 힘이 우리 자신 안에 있다고 여깁니다. (박수)[8]

나는 수많은 연단에 올라가서 영국 인종(*British race*)이 우리와 함께 한다고 말했습니다. 그 인종이 우리와 함께 하게 된 연유들을 상세히 논하지는 않겠습니다. 하지만 인도가 만약 여러분의 존경하는 의장님이 언급하신 여러 현자의 전통에 따라서 살기만 한다면, 인도는 이 위대한 인종을 통해서 물리력의 메시지가 아니라 사랑의 메시지를 전파할 수 있을 것임을 나는 믿어 의심치 않습니다. 그런 다음 피 한 방울 흘리지 않고 순전히 영적으로 우월한 힘에 의해서 정복자들을 정복하는 것은 여러분의 특권이 될 것입니다. 내가 오늘날 인도에서 일어나고 있는 일을 고려해 볼 때, 정치적 암살과 정치적 약탈에 관련하여 우리의 의견이 무엇인지를 말하는 것이 도리라고 생각합니다. 나는 암살과 약탈이 순전히 수입품목으로서 이 땅에 뿌리내릴 수 없을 것이라고 믿습니다. 그러나 학생 여러분이 이런 종류의

8 〔역주〕《전집》 권 14, 424면.

테러리즘을 정신적으로나 도덕적으로나 조금도 인정하지 않으려면 정신 차려야 합니다. 수동적 저항자로서 나는 테러리즘에 대해서 중요한 한 가지 사실을 말하려고 합니다. 여러분 자신들에게 테러를 가하세요. 마음속에서 찾아보십시오. 어디서든지 폭군을 발견하면 그것에 대해서 온갖 수단을 동원해 저항하십시오. 여러분의 자유를 침해하는 것이 있거든 온갖 방법을 동원하여 저항하십시오. 단 여러분을 탄압하는 폭군의 피를 흘리는 방법을 선택해서는 안 됩니다. 그것은 우리의 종교가 가르치는 바가 아닙니다. 우리의 종교는 아힘사에 기초합니다만, 아힘사는 적극적인 형식으로는 사랑과 다름없습니다. 그 사랑은 여러분의 이웃이나 친구에 한정되는 것이 아니고, 여러분의 원수일지도 모르는 자들에 대한 사랑이기도 합니다.

같은 일에 대해서 한 마디만 더 하렵니다. 우리가 만일 진리를, 아힘사를 실천하려고 한다면, 우리는 무외(無畏)도 실천해야 함을 당장 알아야 합니다. 우리가 생각하기에 우리의 통치자들이 잘못된 일을 하고 있다면, 그리고 반란으로 간주될지 모르지만 그들이 우리의 충고를 듣도록 하는 일을 의무로 느낀다면, 나는 여러분이 반란에 대해서 말하기를 강력히 권합니다. 하지만 여러분은 위험을 감수해야 합니다. 결과를 감수할 준비가 되어 있어야 합니다. 여러분이 결과를 감수할 준비가 되어 있고 반칙을 범하지 않을 각오가 되어 있다면, 정부 역시 여러분의 충고를 들을 수 있게끔 여러분의 권리를 활용해야 한다고 나는 생각합니다.

권리와 의무[9]

나는 영국 정부와 연대합니다. 대영제국의 모든 신민(*subject*)과 동등한 동반자의 관계를 주장할 수 있다고 믿기 때문입니다. 나는 지금 저 동등한 동반자 관계를 주장합니다. 나는 피지배 인종에 속하지 않습니다. 나 자신을 피지배 인종의 일원이라고 부르지 않습니다. 단, 다음과 같은 일은 있습니다. 그것은 영국의 총독들이 여러분에게 수여하는 것이 아니라, 여러분이 그것을 수용하는 것입니다. 나는 이 일을 원하고 수용할 수 있습니다. 나는 오직 내 책무를 수행함으로써만 그것을 원합니다. 우리는 우리 종교를 해석하기 위해서 막스 뮐러[10]에게 갈 필요는 없습니다만, 그는 우리 종교가 권리(*right*)라는 5개의 철자가 아니라, 의무(*duty*)라는 4개의 철자로 이뤄져 있다고 말하고 있습니다. 우리가 원하는 모든 것이 여러분이 의무를 더 잘 수행함으로써 증가한다고 믿는다면, 언제나 의무에 대해서만, 노선을 지키면서 투쟁할 것만을 생각하십시오. 여러분은 아무도 두려워하지 않고 오직 신만을 두려워할 것입니다. 그것이 나의 스승 여러분의 스승이시기도 한(그렇게 부르는 것이 허락된다면), 고칼레 씨가 우리에게 주었던 메시지입니다. 그때의 메시지는 무엇입니까? 그것은 인도하인협회의 헌장에 있으며, 그것이 내 인생을 지도하기를 원합니다. 그 메시지는 이 나라의 정치적 삶과 정치 제도(*political institutions*)를 영화(靈化)하는 것입니다. 따라서 우리는 그것을 실현하는 일에 당장 착수해야 합니다. 학생들도 정치에서 멀리 떨어질 수 없습니다. 정치는 학생들에게 종교만큼이나 필수적입니다.

정치는 종교에서 분리될 수 없습니다. 종교에서 분리된 정치는 타

---

9 〔역주〕《전집》권 14, 424면에 따라서 소제목을 단다.

10 Friedrich Max Müller(1823~1900): 독일 동양학자.

락할 것입니다. 현대문화와 현대문명은 그와 같은 맥락에서 타락한 정치입니다. 나는 여러분이 내 견해를 수용하지 않을 수도 있다는 점을 압니다. 그렇지만 나는 내 마음 깊은 곳에서 움직여 오는 것을 여러분에게 줄 수밖에 없습니다. 남아프리카에서 겪었던 경험으로부터 오는 권위를 빌려 말한다면, 현대문명을 갖지는 못했지만, 옛 현자(리쉬)들의 힘을 갖고 있는 촌민들, 현자들이 실천했던 고행을 대물림한 촌민들, 영문학에 대해서 한 마디도 모르고 오늘날의 현대문화에 대해서도 아무것도 모르는 그들이, 자신들의 성장의 정점에 이르기까지 성장할 수 있을 것입니다. 남아프리카에서 교육받지 못한 일자무식꾼 동포들에게 가능했던 일이, 오늘날 거룩한 우리 땅에서 살아가는 여러분과 나에게는 10배나 더 가능할 것입니다. 그것이 여러분의 특권이고, 나의 특권이길! (박수)[11]

YMCA에서의 연설, 마드라스, 〈더 힌두〉,
1915. 4. 28, SWMG; 《전집》 14 : 358

131) 정치적 삶의 영화(靈化) 〔*1915. 5. 8*〕

친애하는 동포 여러분, 여러분이 나를 불러 맡겨 주신 의식을 거행하기 전에, 이 위대한 경축일에 즈음하여 나에게 위대한 기회, 아니 특권을 주셨다는 점을 말씀드리고 싶습니다. 나에게 주신 아름다운 낭송문[12]에, 신은 옷이 더럽고 남루한 자들과 함께 거하신다는 구절을 보았습니다. 나의 마음은 곧장 내 옷 끝자락까지 훑어보았습니다. 나는 그것을 살펴보고 더럽지도 남루하지도 않다는 것을 알았습니다. 그것은 거의 흠이 없고 정갈했습니다. 신은 내 안에

11 〔역주〕《전집》 권 14, 425면.

12 타고르의 《기탄잘리》.

계시지 않습니다. 다른 조건들도 있겠습니다만, 나는 그 조건에서도 실패할 것입니다. 친애하는 동포 여러분도 실패할 수 있습니다. 이 조건을 잘 준수한다고 해도 우리는 오늘 아침 여러분이 나로 하여금 제막(除幕)하라고 당부하신 초상화의 주인공에 대한 기억을 더럽혀서는 안 될 것입니다. 나는 정치 분야에서는 그분의 제자임을 선언했고, 그분을 나의 최고의 스승(*Rajya Guru*)으로 여겨왔습니다. 이 점을 나는 인도 민중을 대표하여 선언하는 바입니다. 이런 선언을 한 것은 1896년의 일입니다만, 그 선택에 대해서 아무 후회가 없습니다.

고칼레 씨는 조국을 사랑한다고 주장하는 모든 인도인의 꿈은 정치 분야에서 활동하는 것이어야 한다는 점, 그리고 조국의 정치적 삶과 정치 제도를 말로만 영광되게 할 것이 아니라 영화(靈化)해야 한다는 점을 나에게 가르쳐 주었습니다. 그는 내 인생에 영감을 불어넣어 주었으며 지금도 그러합니다. 내 인생 안에서 나는 자신을 정화하고(*purify*) 영화하기(*spiritualise*)를 희망합니다. 나는 이 이상을 위해서 자신을 바쳐왔습니다. 실패할 수도 있습니다. 그리고 나는 실패하는 만큼 자신을, 스승에 보답하지 못하는 제자라고 부를 것입니다.

조국의 정치적 삶을 영화한다는 것의 의미는 무엇입니까? 내 자신을 영화한다는 의미가 무엇입니까? 나는 이런 물음들을 자주 물어왔습니다만, 이것은 나와 여러분에게 서로 다른 것을 의미할 수 있습니다. 그리고 인도하인협회에 소속된 다른 회원들에게도 서로 다른 것을 의미할 수도 있습니다. 그 협회는 조국을 사랑하고 조국에 봉사하고 조국을 영광되게 만들려는 모든 자들의 난점을 많이 보여줍니다. 정치적 삶은 사적(*private*) 삶의 반향(*echo*)이어야 하고, 양자 사이에는 어떤 분리도 있을 수 없다고 여깁니다.

나는 이 성자 같은 정치가의 생애 마지막까지 그분 곁에 있었는데 그분 속에 아무 에고도 없었습니다. 나는 사회봉사연맹의 회원들이신 여러분 안에는 에고가 없는지를 묻고자 합니다. 자신을 빛내기를 원했다면 — 그는 조국의 정치 분야에서 빛나기를 원했는데 — 그것은 대중의 찬사를 받고 싶어서가 아니라, 조국이 이익을 얻도록 하기 위함이었습니다. 그는 스스로 세상의 찬사를 얻기 위해서가 아니라 조국이 이익을 얻도록 하기 위해서 자신 안에 있는 모든 능력을 계발했습니다. 그는 대중의 찬사를 추구하지 않았지만 찬사들이 그의 위에 쏟아졌고, 그에게 억지로 주어졌습니다. 그는 조국이 이익을 얻기를 원했는데, 그 점이 그의 위대한 영감이었습니다.

인도가 비난받아야 할 일이 많이 있는데, 그건 당연합니다. 만일 여러분이 우리의 실패에 또 하나의 실패를 더 보탠다면, 비난받아야 할 사람은 여러분만이 아니라 오늘 이 행사에 참가한 나 역시 비난을 받아야 합니다. 하지만 나는 우리 동포에 대해서 크나큰 믿음이 있습니다.

여러분은 오늘 이 초상화[13] 제막을 나에게 부탁하셨습니다. 나는 온갖 정성을 모아서 그렇게 할 것이고, 그 정성이 여러분의 삶의 목표가 되어야 할 것입니다.

방갈로르 정부 고등학교에서의 연설,
〈인디언 리뷰〉, 1915. 5 ; 《전집》 14 : 372

---

13 G. K. 고칼레의 초상.

132) 정치의 그림자와 실체

봄베이, 라부르눔가(街), *1919. 8. 4*

친애하는 아룬데일[14] 씨,

당신의 친절한 편지를 읽고 또 읽었으며 편지에 대해서 감사드립니다. 저는 당신의 편지를 이 답변과 함께 〈영 인디아〉지에 출판합니다.

당신의 충고를 가능한 한 많이 따르고 싶지만, 당신이 편지에서 제시하신 그 과업을 감당할 수 없음을 느낍니다. 제 한계를 절감하고 있습니다. 제 기질은 정치적인 것이 아니라 종교적입니다. 제가 정치에 참여하는 이유는 삶의 어떤 영역도 정치에서 분리될 수 없으며, 정치가 인도의 중추 거의 전 분야를 건드리고 있다고 느끼기 때문입니다. 그러므로 영국인들과 우리 자신들 사이의 정치적 관계가 건전한 토대 위에 수립되어야 한다는 점은 매우 중요합니다. 그 과정을 돕기 위해서 저는 힘이 자라는 데까지 노력하고 있습니다. 개혁에 대해서는 별

---

14 〔원주〕 아룬데일은 7월 26일자 편지에서, 간디에게 시민불복종이 일시 중지되었으므로 간디가 몬터규·쳄스퍼드 헌정 개혁안을 위해서 일해야 한다고 호소했다.
〔역주〕 G. S. Arundale(1878～1945) : 영국 태생 신지학회 회원, 베전트 부인과 함께 인도 자치운동의 선구자 역할을 했다.
〔역주〕 Edwin Samuel Montagu(1879～1924) : 영국의 정치가. 인도의 헌정 발달에 결정적 계기를 마련한 입법조치로 평가되는 1919년의 인도 정부법 제정에 공헌했다. 1917년 인도담당 장관이 되어 인도에서 '책임제 정부의 점진적 실현'을 허용하는 영국 정책의 선언 작업에 착수하였다. 그는 대표단을 이끌고 인도 지역으로 파견되어(1917, 겨울～1918) 인도 부왕 쳄스퍼드(1916～1921) 경과 함께 인도 정부와 행정에 관한 〈몬터규·쳄스퍼드 보고서〉를 마련했다. 그 주요 안건은 1919년 인도 정부법으로 구체화되었고 이에 따라서 최초로 지방 정부의 일부 통제권이 인도인의 투표로 선출된 인도인 장관들에게 이양되었다. 그는 터키에 관한 정책을 둘러싸고 로이드 조지 총리와의 의견 차이로 1922년에 사임했다. 《브리태니커 CD EX 백과사전》(한국브리태니커, 2002) 참조. 〈몬터규·쳄스퍼드 보고서〉로도 불리는 개혁안에 대해서는 조길태, 《인도사》, 494면 이하 참조.

로 관심이 없습니다. 그 개혁이 안전한 자들의 손에 있고 개혁, 즉 롤래트 입법(Rowlatt legislation)[15]은 제 마음에 막다른 궁지를 의미하기 때문입니다. 이 입법은 유해한 정신을 대변합니다. 결국 영국 민간인들은 개혁을 사실상 완전히 수포로 돌릴 수도 있습니다. 인도인의 의견이 개혁에 관하여 건전한 반응을 생산해내지 않는 한 말입니다. 그들은 우리를 불신하고 우리는 그들을 불신합니다. 한편은 다른 편을 천적으로 간주합니다. 그래서 롤래트 입법이 나오게 된 것입니다. 문관들이 우리를 누르기 위해서 그 입법을 고안해냈습니다. 제 소견으로 그 입법은 인도의 몸통을 휘감고 있는 뱀의 똬리와 같습니다. 인도 대중의 여론이 입법에 반대하고 있다는 분명한 증거에도 불구하고, 정부가 증오에 찬 입법에 완강하게 집착하는 것을 보면 저는 최악의 경우를 생각하게 됩니다. 위에서 제시한 의견을 감안한다면 당신은 제가 개혁에 관심을 가질 수 없게 된 것을 의아하게 생각하지 않을 것입니다. 롤래트 법이 그 길을 가로막고 있습니다. 그리고 제 인생을 바쳐서 해야 할 일이 여러 가지 있지만 무엇보다도 롤래트 법이라는 장애물을 제거하는 것입니다.

오판하지 맙시다. 시민적 저항운동은 지속될 것입니다. 그것은 우리가 삶의 여러 부문에서 의식적으로 또는 무의식적으로 따라가야

---

15 〔역주〕 Rowlatt Acts의 입법. 이 법은 1919년 2월 인도 정부가 국내 치안 대책으로 마련한 법률. 내용은 배심원 없는 정치재판과 공판을 거치지 않은 피의자 구속을 가능하게 하는 것으로서 민간 인도인들의 한결같은 반대에도 불구하고 입법 참사회에서 강권으로 통과되었다. 롤래트 판사의 치안 보고서를 근거로 제정된 이 법의 목적은 제 1차 세계대전 당시의 인도 방위법(1915)에 규정된 강압 조치를 영속화시키려는 것이었다. 인도인들의 원성이 고조되는 가운데 간디는 항의운동을 전개했고 1919년 4월의 암리차르 대학살과 제 1차 비협력 저항운동(1920~1922)으로 이어졌다. 실제로 적용된 적은 없었다. 《브리태니커 CD EX 백과사전》, 한국브리태니커, 2002 참조.

할 인생의 영원한 교의입니다. 오해와 흥분을 자아내었던 것은 그러한 교의를 새롭게 연장 적용했기 때문입니다. 그것의 일시 중지는 그것의 참본성을 증명하기 위한 것이고, 롤래트 입법의 철회에 대해서 일시 중지하라고 나에게 권면했던 지도자들, 여러분을 포함한 지도자들에게뿐만 아니라 정부에게도 그 입법의 철회에 대해서 책임지우기 위해서입니다. 그러나 만일 적당한 시간 내에 그 입법이 철회되지 않는다면, 시민적 저항운동은 낮이 밤을 따르듯이 어김없이 따라올 것입니다. 정부 무기고에 있는 어떤 무기도 저 영원한 힘을 정복하거나 파괴할 수 없을 것입니다. 그리고 시민적 저항운동이 불만의 해소책으로 가장 효과 있고 가장 무해한 방책으로 인정될 날이 오고야 말 것입니다.

당신은 일치가 바람직하다는 점을 제안합니다. 저는 우리가 목표에서는 일치했다고 여깁니다. 하지만 우리는 늘 파당을 갖게 될 것이며, 전진을 위한 공통분모를 찾지 못할 수도 있습니다. 일부 사람들은 다른 사람들에 비해서 앞으로 더 나아가려고 할 것이기 때문입니다. 저는 건전한 다양성에는 아무 해가 없다고 여깁니다. 우리가 우리 자신에게서 없애야 할 것은 상대방에 대한 불신과 동기에 대한 책망입니다. 우리를 쉴 새 없이 엄습하는 죄는 우리 사이의 차이가 아니라 우리의 옹졸함입니다. 우리는 말씨름하고, 흔히 그림자를 얻으려고 싸우느라고 실체를 놓치고 있습니다. 고칼레 씨가 말했듯이, 우리 정치는 우리의 인생에서 평생 경력으로 이어지는 징검다리로서 실천되지 않으면 여가에 하는 소일거리에 불과할 것입니다.

나는 우리 정치에 사랑, 진지함과 무사(無私)의 정신을 도입하는 일을 역설하면서 그 일에 여러분을 비롯한 모든 편집자를 초대하는 바입니다. 우리의 불일치가 오늘 그러하듯이 미래에는 그렇게 삐걱

거리지 않을 것입니다. 정말로 문제가 되는 것은 우리 사이의 차이가 아니라, 차이의 배후에 있는, 참으로 추한 야비함입니다.

펀자브의 선고는 롤래트 소요와 분리할 수 없을 만큼 중첩되어 있습니다. 따라서 그 법이 폐지되어야 하듯이 그 선고는 반드시 수정되어야 합니다. 출판법의 전면 개정이 필요하다는 점에 대해서 당신에게 동조하는 바입니다. 정부는 강압적인 행정을 통해서 실제로 반란을 조장하고 있습니다. 윌링던 경[16]이 〈더 힌두〉지와 〈스와데샤미트란〉지에 대해서 가해진 조처, 제가 보기에는 부당한 조처[17]에 대해서 유일하게 책임을 졌다고 보도되었는데 이 소식을 접하고 저는 섭섭했습니다. 그 조처 때문에 이 두 신문은 명망에서나 인기도에 있어서 상실한 바가 없습니다. 오히려 이 양자는 얻은 것이 있습니다. 이 땅에는 언론인이 합법적인 비판의 한계를 넘어서 반란을 부추기면 그에게 유죄를 선고할 판사들이 있는 것이 사실입니다. 저는 권리 선언 같은 일에 매력을 느끼지 못합니다. 우리가 영국 민간인들의 정신을 바꾸었을 때, 우리는 권리를 선언함에 있어서 상당한 진전을 이루게 될 것입니다. 우리는 서로 존중하는 친구이든가, 아니면 같은 정도로 존중하는 적수일 것입니다. 만약 우리가 씩씩하지 못하고, 겁쟁이고, 독립적이지 못하면 어느 편도 되지 못할 것입니다. 저는 우리가 윌링던 경의 충고를 가슴에 고이 간직하기를 바라며, 진정 '아니오'라고 하고 싶으면 결과를 두려워 말고 '아니오'라고 대답하기를 원합니다. 이것은 오염되지 않은 시민적 저항운동이고,

---

16 Lord Willingdon(1866~1941) : 봄베이 주지사. 후에 인도 부왕(1931~1936)이 된다.

17 정부는 마드라스에서 발행되는 이들 두 신문에 대해서 각각 2천 루피의 보증금을 요구했고, 펀자브와 미얀마에서는 〈더 힌두〉지를 금지했다.

친절과 우정으로 가는 길입니다. 이것과 다른 방식은 낡아 빠진 공개적이고 명예로운 폭력의 방식으로, 폭력이 명예로운 한도 내에서만 명예로운 것입니다. 저에게 폭력의 뿌리는 불명예(*dishonour*)에 있습니다. 그래서 저는 인도에 친절과 우정의 길을 제시하려고 노력해 왔습니다. 그 완전한 형식은 사탸그라하로 불리는 것이고 사탸그라하의 뿌리는 언제나 명예에 있습니다.

귀하의 신실한 친구

M. K. 간디

G. S. 아룬데일에게 보낸 편지,
〈영 인디아〉, 1919. 8. 6 ; 《전집》 18 : 201

133) 사악한 자들에게도 진리를

〔델리, *1920. 1. 18* 이후〕

종교 경전의 해석 문제와 관련된 사안에서 로카만야[18]와 논쟁을 벌이는 일에 대해서 나는 크게 주저하지 않을 수 없는데, 이것은 아주 자연스러운 일이다. 그러나 어떤 일에서는 본능이 해석을 능가하기도 한다. 로카만야가 인용했던 두 경전 사이에는 아무 갈등이 없다. 불경(佛經)은 영원한 원리를 제시한다. 《바가바드 기타》의 원전 역시 증오는 사랑으로, 허위는 진리로 정복하는 원리가 적용될 수 있는 방식을, 그리고 적용되어야만 하는 방식을 나에게 보여준다. 만일 신이 우리가 다른 사람들에게 할당하는 것과 동등한 것을 우리에게 할당해 주신다는 것이 진실이라면, 그 진실에서 다음과 같은 결론, 즉 우리가 응분의 처벌을 모면하려면 분노에 대해서 분노로 갚을 것

18 '민중이 존경한다'는 것을 뜻하는 경칭. 전투적 애국자인 B. G. 틸락은 '로카만야'로 널리 알려지게 되었다.

이 아니라 분노에 대해서 온유함(*gentleness*)으로 갚아야 한다는 결론을 도출해 낼 수 있을 것이다. 이것은 탈속자들을 위한 법이 아니라 본질적으로 세속인들을 위한 법이다. 나는 로카만야에게 경의를 표하면서도 이 세상이 사두를 위한 것이 아니라는 생각은 정신적 나태(*mental laziness*)를 드러내는 것이라고 감히 말하는 바이다. 모든 종교의 정수는 푸루샤아르타(*purushartha* : 인생의 목표)를 촉진하는 것이고, 푸루샤아르타는 사두가 되고 싶은, 모든 면에서 신사가 되고 싶은 간절한 노력과 다르지 않을 것이다.

마지막으로 나는 로카만야의 교리에 따라서 '만사가 정치에서는 공평하다'라는 구절에 관해서 그 말을 했을 때, 그가 자주 인용하는 글귀[19]를 마음에 두고 있었다.

나에게 그 글귀는 나쁜 법칙을 선언하는 것으로 보인다. 그리고 로카만야가 미래 언젠가 이 교의의 오류를 증명하는 철학 논문 한 편을 써서 인도를 놀라게 하고 또한 기쁘게 해 줄 총명함이 있다고 해도, 나는 그에게 실망하지 않을 것이다. 여하튼 나는 1세기의 1/3의 내 경험을 바쳐서 '사악한 자들에게는 사악을'이라는 말 배후에 있는 교의에 도전했다. 참된 법칙은 '사악한 자들에게도 진리를'이란 것이다.

M. K. 간디

틸락 편지에 대한 촌평, 〈영 인디아〉,
1920. 1. 28 ; 《전집》 19 : 182

---

19 사악한 자들에게는 사악을.

134) 인간과 체계들

어떤 기자가 다음과 같이 말했다. … 20

의회는 실제 불임이다. 나는 그런 의회의 성격이 인도에서 변화할 것이라고 상상할 수 없다. 하지만 나는 의회가 불임이어서 사악한 자식을 낳지 말았으면 하는 희망으로 살아간다. 나는 실용적인 고려를 떨쳐 버릴 수가 없다. 이상은 오직 하나, 즉 라마에 의한 통치 (*Ramarajya*) 이다. 그러나 우리는 라마를 어디에서 찾아야 할까? 저 기자는 라마를 '민중이 동의하는 사람'이라고 말한다. 민중은 의회를 의미한다. 그리고 의회가 동의하는 사람이라면 누구든 인품 있는 남녀일 것이다. 나는 의회의 목소리가 진실로 민중의 목소리이고 돈 받고 투표하는 자들의 목소리가 아니라는 점을 보증하기 위한 여러 방안을 제의하고 있다. 나는 이런 목표를 감안하여 민중 전체의 목소리를 들을 수 있는 방안을 모색하고 있다. 모든 제도에는 결점이 있게 마련이다. 우리는 인도에 최대의 이익을 가져다줄 제도를 찾고 있다. 현명한 아내가 티끌을 알곡으로 바꾸는 것과 같이, 선량한 자들은 나쁜 제도를 좋은 것으로 바꿀 수 있다. 사악한 인간들은 제도가 안고 있는 최선의 부분을 오용하고, 결함 있는 것으로 만든다. 이들은 윤이 나는 알곡을 티끌로 썩혀 버리는 아둔한 아내와 같다. 그래서 나는 인도에서 선량한 자들을 찾기 위해서 눈을 부릅뜨고 있으며 그런 사람들을 선택하기 위한 방안들을 동원하고 있다. 하지만 한 사람이 무엇을 할 수 있을까? 그가 할 수 있는 일은 정직한 노력을 기울이는 것뿐이다. 결과는 신의 손에 놓여 있다. 우리가 원하는 결과를 얻기 위해서는 한 사람이 아니라 수많은 사람의 노력이 요구

20 여기에서는 생략했는데, 그들은 영국의 의회제도에 대해서 비판적이었다.

된다. 다른 많은 요소도 그 결과를 결정하게 될 것이다. 그래서 우리에게 '한 걸음으로 족하다'라고 했다.

같은 기자가 말한다. …[21]

모든 비판은 사실이다. 하지만 오류를 피할 수는 없다. 거짓이 진실(*truth*)의 옷을 입고 거리를 누빈다고 해서 우리가 진실을 포기해야 할까? 사람은 내면의 감각(*inner sense*)을 닦아야 한다. 그것은 자연의 선물처럼 모든 인간에게 있는 것은 아니다. 그것을 닦자면 영적인 환경과 부단한 노력이 필요하다. 내면의 감각은 섬세한 식물과 같다. 아이들은 내면의 목소리(*inner voice*)와 같은 것을 갖고 있지 않다. 야만적인 인간으로 간주되는 자들에게 내면의 감각은 없다. 내면의 감각은 닦여진 지성이 우리 심성(*heart*)에 만들어 준 영향을 반영한다. 따라서 모든 사람들에게 내면의 목소리가 있다고 주장하는 것은 황당무계한 일이다.

그런데도 만일 수많은 사람이 내면의 목소리가 있다고 주장한다면 그것은 적잖은 불안의 원인이다. 불의가 양심의 이름으로 정당화될 수는 없다. 더구나 내면의 목소리라는 거짓 구실 아래에서 일하는 자들은 고통을 감내할 준비도 되어 있지 못하다. 그들의 행위는 조금만 지나면 중지된다. 그래서 아무리 많은 수의 사람이 그런 주장을 하더라도 그 일이 세상을 해치지는 못할 것이다. 이 섬세한 도구로 장난치는 사람들은 다른 사람이 아니라 바로 자신들을 해치기 쉬울 것이다. 신문들은 이와 같은 진리의 수많은 예를 제공한다. 많은 신문이 공공 봉사의 명목으로 해독을 확산하는 일에 현재 종사하고 있다. 하지만 이런 일은 그리 오래 지속되지 못할 것이다. 조만간 민중은 그것에 식상해질 것이다. 〈펀자브〉지는 이런 면에서 최대의

---

21 여기에서는 생략한다.

용의자이다. 그런 더러운 잡지들이 자활하는 것이 놀랍다. 민중은 왜 그것들을 고무하는가? 부자들이 있는 한 도둑들은 굶어 죽지 않는 법이다. 마찬가지로 일단의 민중이 유해한 글을 읽을 채비가 되어 있다면 그런 잡지들은 번성하기 마련이다. 유일한 치유책은 깨끗한 여론을 형성하는 것(*cultivation of clean public opinion*)이다.

나의 메모(G.), 〈나바지반〉, 1924. 8. 24 ; 《전집》 29 : 25

135) 자발적 가난

〔런던, *1931. 9. 23*〕

겉으로 보기에 나의 사명이 정치적인 것이더라도, 사명의 뿌리가—뿌리라는 말을 사용한다면—영적인 것이라는 나의 확신을 여러분에게 받아들이라고 요구한다면, 여러분은 놀랄 것입니다. 적어도 나의 정치가 도덕·영성·종교에서 분리되어 있지 않음을 내가 주장하고 있다고 보통 알려져 있습니다. 그렇게 주장하고 있다는 점을 믿지는 않더라도 말입니다. 신의 뜻을 찾아 따르기를 원하는 자들은 인생의 어떤 부분이라도 손대지 않은 채 그대로 내버려 두는 법은 결코 없을 것이라고 나는 주장했는데, 이 주장은 나의 광범위한 경험에 근거를 둔 것입니다. 나는 봉사활동을 하면서 도덕·진리·신에 대한 두려움이 본질을 이루고 있지 않는 삶의 분야가 있다면, 그것은 어떤 분야라도 철저히 포기되어야 할 것이라는 결론에도 도달했습니다.

하지만 나는 오늘날의 정치가 더 이상 왕들의 관심사가 아니라 사회의 최하층까지 영향을 미친다는 점도 알아냈습니다. 아주 쓰디쓴 경험을 통해서이긴 하지만 만일 내가 사회봉사를 하기 원한다면, 정치만을 따로 내버려 둘 수 없다는 점도 알게 되었습니다.

혹시 내가 오늘 저녁 정치에 대해서 말하고 싶어하거나, 어떤 방식으로든 자발적 가난(*voluntary poverty*)을 정치와 관련짓고 싶어한다고 생각하지 마십시오. 그것은 나의 의도가 아닙니다. 어떤 사회운동가나 정치운동가가, 오늘날 일반 정치가 뿜어내는 가증스런 부도덕과 허위에 오염되지 않기를 원한다면, 자발적 가난이 필수일 것이라는 믿음에 내가 도달한 과정을 간단히 소개했습니다. 그런 인생에서 풍기는 악취가 일부의 사람을 질식시켜 버린 탓에, 그들은 정치가 신을 경외하는 사람의 것이 아니라는 결론에 도달했습니다.

그러한 결론이 참으로 사실이었다면, 나는 그것이 인류에게 재앙이었을 것이라고 느낍니다. 내가 지금 말씀드리는 바를 감안하셔서 이 세상의 거대 도시들 중의 하나인 런던에서 오늘 벌이고 있는 여러분의 모든 행위들이 직간접적으로 정치의 영향을 받지 않는지 스스로 확인해 보십시오.

그런데 내가 스스로 정치적 소용돌이에 빨려 들어간 것을 보았을 때, 부도덕, 허위, 이른바 정치적 이득에 의해서 결코 오염되지 않게 하기 위해서 나에게 필요한 것이 무엇인지를 자문해 보았습니다.

탐구 과정에서 여러 가지를 발견했습니다만 오늘 저녁에는 언급하지 않겠습니다. 내가 틀리지 않았다면, 가난에 대한 필요가 다른 어느 것보다 먼저 왔습니다.

자발적 가난의 행위 또는 그 수행에 수반되는 모든 상세한 점들이 아무리 흥미롭고 나에게 거룩하기조차 하다고 해도, 그것들을 모두 여러분에게 말씀드릴 수는 없습니다. 하지만 자발적 가난은 처음에는 어려운 투쟁이고, 아내와의 갈등, 그리고 선명하게 기억합니다만 자식들과도 갈등이 있었다는 점을 말씀드릴 수 있을 뿐입니다.

하여간 내가 민중 속에 인생을 던져 봉사해야 한다면, 민중의 어려움을 매일매일 목격하는 나는, 모든 부와 일체의 소유를 반드시 내버려야 한다는 결론에 분명히 도달하게 되었습니다.

이런 신념이 나에게 왔을 때 모든 것을 일시에 내버렸다고 진실로 말씀드릴 수는 없습니다. 처음에는 진전이 서서히 왔다고 여러분께 고백해야겠습니다. 이제 와서 당시에 있었던 투쟁의 나날을 회고하건대, 처음에는 고통스럽기조차 했다고 기억됩니다. 그러나 시간이 흘러가자 나는 내 것으로 간주했던 많은 물건을 버려야 함을 알았고, 물건들을 포기하는 것이 확연한 기쁨이 되는 순간이 왔습니다. 물건이 하나씩하나씩 빠져나가다가 마침내 거의 등비수열 식으로 물건들이 내게서 빠져 달아났습니다. 그러므로 내 경험을 기술하고 있는 지금 무거운 짐을 어깨에서 벗어버렸다는 점을 말씀드릴 수 있습니다. 나는 지금 편안하게 걸을 수 있고, 큰 안락과 보다 더 큰 기쁨으로 동료에게 봉사하면서 내 일을 할 수 있습니다. 그러자 어떤 물건을 소유하는 것이 귀찮은 일과 짐이 되어 버렸습니다.

나는 앞에서 언급한 기쁨의 원천을 찾다가, 만일 무엇인가 내 것이 되면 그것을 전 세계에 대항하여 지켜야 한다는 사실과 그 물건을 원하지만 갖지 못하는 사람이 많이 있다는 사실을 알았습니다. 그리고 만약 굶주리고 기아에 허덕이는 사람들이 내가 외딴 장소에서 살아가는 것을 알아낸다면 내 물건을 나눠 가지려고 할 뿐 아니라 그것을 빼앗으려고 해서 나는 경찰의 도움을 받아야 할지도 모릅니다. 나는 자신에게 말했습니다. '만일 그들이 그것을 원하고 나에게서 빼앗아 간다면 그들의 행위는 사악한 동기에서 나온 것이 아니라 그들의 필요가 내 필요보다 더 크기 때문일 것이다' 라고.

그런 다음 나는 소유가 범죄로 보인다고 자신에게 말했습니다. 나는 유사한 물건을 갖기를 원하는 자가 그것을 가질 수 있음을 아는 경우에만 소유할 수 있습니다. 하지만 우리는 그런 일이 불가능하다는 점을 압니다. 우리 각자의 경험이 그것을 말해 줍니다. 따라서 모두가 소유할 수 있는 유일한 것은 무소유(*non-possession*), 즉 어떤 물건도 소유하지 않는 일입니다. 다른 말로 하면 자발적 포기입니다.

그렇다면 여러분은 나에게 다음과 같이 말할 것입니다. 당신이 자발적 가난을 말하고 어떤 물건도 소유하지 않겠다고 말하면서도 당신 육신에 많은 물건을 보존하고 있지 않은가라고. 만일 여러분이 내가 현재 말하고 있는 것의 의미를 피상적으로 이해한다면 여러분의 조소는 옳습니다. 하지만 내가 정말 말하고 싶은 것은 그 배후에 있는 정신입니다. 육신이 있다면, 여러분은 그것을 입힐 옷도 있어야 합니다. 그러나 그 육신을 위해서 여러분이 얻을 수 있는 것을 모두 가질 것이 아니라, 가능한 범위 내에서 가장 적게, 여러분이 살아갈 수 있는 최소치를 가져야 합니다. 여러분은 주거를 위해서 수많은 맨션이 아니라, 당신이 살아갈 수 있는 최소의 덮개를 가져야 합니다. 여러분의 음식 등과 관련해서도 마찬가지입니다.

여러분과 우리가 오늘날 문명으로 이해하는 것과 그리고 내가 여러분에게 묘사하고 있는 지복(至福, *bliss*)의 상태, 바람직한 상태 사이에서 매일 충돌이 일어난다는 점을 여러분은 알게 되었습니다. 한편으로는 문화나 문명의 기초는 여러분이 원하는 모든 것의 증대라고 이해됩니다. 방 한 개가 있다면, 여러분은 두 개, 세 개의 방을 원하게 될 것이고, 나중에는 다다익선이라고 생각할 것입니다. 마찬가지로, 여러분의 집안에 들일 수 있을 만큼의 많은 수의 가구를 갖기를 원할 것입니다. 그리고 이런 식으로 한이 없을 것입니다. 더 많이 가지면 가질수록 여러분은 그것이 더 나은 문화 또는 그 문화와 유사한 것을 대변한다고 합니다. 내가 그 문명의 지지자처럼 그 문명에 대해서 좋게 말하지는 못해도, 내가 그것을 이해한 대로 여러분에게 말하고 있습니다.

반면 여러분은 여러분이 적게 소유하면 할수록 더 적게 원할 것이고, 좋아질 것이라는 점을 압니다. 무엇이 더 좋아진다는 말입니까? 금생의 삶을 누리고 소유하기 위해서가 아니라 여러분의 이웃에게 봉사하기를 즐기기 위해서 더 좋다는 말입니다. 봉사를 위해서 여러분은 자기 자신을 즉, 육신 · 혼 · 마음을 바칩니다.

사람들이 "나는 정신적으로는 모든 소유물을 포기했지만 외면적으로 이런 물건들을 소유한다. 당신네들은 내 행위를 검토해서는 안 되고 내 의도를 검토해야 한다. 내 의도에 대해서는 내가 유일한 관찰자다"라고 말함으로써, 자신을 포함하여 여러분의 이웃들을 쉽게 속일 수 있기 때문에, 여러분은 위선과 기만을 위한 여지가 충분히 있음을 알 것입니다. 그것은 덫이고, 죽음의 덫입니다. 길이가 2야드, 3야드, 4야드이고 폭이 1야드인 천이 있다고 해봅시다. 이 천을 여러분이 내버려 둘 경우 그것마저 어떤 사람이 가져간다면 — 이번에는 그 사람이 사악해서가 아니라 그만한 크기의 천이 없어서 그것을 원하기 때문에 가져간다는 사실을 안다면 — 여러분이 여하튼 몸을 덮기 위해서 그 천조각을 소유하는 일이 어떻게 정당화되겠습니까? 나는 그만한 크기의 천도 없는 수백만 인간들을 보고 있습니다. 내 눈으로 직접 목격하고 있습니다. 그렇다면 이 물건의 소유를 아무것도 소유하지 않겠다는 여러분의 의도만으로 어떻게 정당화할 수 있겠습니까?

인생에서 경험하는 이 딜레마 · 난점 · 모순을 해결할 수 있는 해결책이 있습니다. 만일 여러분이 이런 물건들을 소유해야 한다면, 여러분은 그것들을 원하는 자들의 처분에 맡겨 둬야 할 것입니다. 아마 다음과 같은 일이 일어날 것입니다. 즉, 만일 사람이 와서 여러분의 천 한 조각을 원한다면, 여러분은 그것을 갖고 가지 못하게 막아서는 안 되고 문도 닫아걸어서도 안 되고, 이런 물건들을 지키기 위해서 경찰에게 도움을 청해서는 더더욱 안 됩니다.

그리고 여러분은 세상이 주는 것에 만족해야 합니다. 세상은 여러분에게 그 천조각을 줄 수도 있고 주지 않을 수도 있습니다. 만일 여러분이 아무것도 소유하고 있지 않다면 여러분은 당연히 옷이나 음식을 살 수 있는 동전을 한 닢도 갖고 있지 않을 것이기 때문입니다. 그렇게 되면 여러분은 순전히 세상의 자선으로 살아가야 합니다. 자비로운 사람들이 여러분에게 어떤 것을 줄 때도, 그 물건은 여러분의 소유물이 되는 것이 아닙니다. 여러분은 그것을 보유하고 있을 뿐 그것을 원하는 사람 누구에게든 양도하겠다는 분명한 의도를 가져야 합니다. 만일 어떤 사람이 와서 그것을 빼앗기 위해서 여러분에게 폭력을 행사할 경우, 이웃 경찰에게 가서 여러분이 공격을 받았다고 말해서는 안 될 것입니다. 여러분은 실제 공격당한 것이 아닙니다.

그것이 내가 생각하는 자발적 가난의 의미입니다. 나는 여러분에게 이상적인 경우를 제시했습니다. 로이든 박사[22]는 내가 이 세상에

---

22 〔원주〕 진보적 사회개혁가, 모드 로이든 박사가 사회를 맡고 있었다. 〔역주〕 Agnes Maude Royden(1876～1956) : 영국인 설교가, 사회사업가. 옥스퍼드에서 수학함. 영국 성공회에서 설교한 최초의 여성(1917～1920)으로 사회개혁, 주로 여성참정권과 사회위생 운동에서 활발히 행동했다. 그녀의 책에는 《성과 상식》(*Sex and Common Sense*, 1922), 《나는 신을 믿는다》(*I Believe in God*, 1927), 《신세계에서의 여성의 연대》(*Women's Partnership in the New World*, 1941), 그리고 자서전 《삼현》(*The Threefold Cord*, 1947) 등이 있다. 1932년 2월 25일 로이든 박사는 〈런던 데일리 익스프레스〉지에 중국 상하이 시에서 중국군과 일본군 사이의 전투를 몸을 던져 막을 평화군(*Peace Army*)의 지원자를 모집하는 유명한 편지를 다른 두 사람과 공동기고 했다. *The Columbia Encyclopedia*, Columbia University Press, 1995 참조.

서 자발적 가난에 대한 가장 위대한 주창자라고 주장해왔습니다. 진정 겸손하게 말씀드리지만 나는 그런 부류의 주장은 어떤 것도 거부합니다. 내가 이것을 진지하게 말씀드리는 이유는 허위의 겸양이 아니라, 그것을 사실이라고 믿기 때문입니다. 나는 여러분에게 자발적 가난에 대한 내 생각의 일부만을 말씀드렸습니다. 나는 그 이상을 완전하게 구현한 것과는 거리가 멀다는 점을 여러분에게 고백하지 않을 수 없습니다. 그 이상을 완전하게 구현하기 위해서는 이 지상의 어떤 것도 내 자신의 소유물로 삼고 싶지 않고, 소유해서도 안 된다는 결정적인 의도와 확신이 내 마음에 있어야 합니다. 여기에는 육신조차 포함됩니다. 육신도 소유물이기 때문입니다.

여러분이 육신과 혼이 동일한 것이 아니라 육신이 혼이나 내면의 영혼을 위한 집, 일시적인 거처임을 믿는다면—여러분이 교회에 가는 사람이라면, 즉 하느님을 믿고 있다면 나와 함께 그렇게 믿어야 하지만—그리고 여러분이 믿고 있듯이 내가 그런 점을 인정한다고 여러분이 믿는다면, 육신조차 여러분의 것이 아니라는 결론을 도출할 수 있습니다. 그것은 일시적 소유물로서 여러분에게 주어진 것입니다. 그리고 여러분에게 육신을 주신 그분은 그것을 다시 가져가실 수 있습니다.

따라서 나는 그와 같은 절대적 확신이 있으므로 이 육신조차 신의 의지에 맡겨 둬야 한다고 항상 바라고 있습니다. 그리고 그 육신이 내 관할하에 있을 때는 방탕, 자기탐닉, 쾌락을 위해서 사용되어서는 안 되고, 단지 봉사를 위해서, 우리가 깨어 있는 동안에는 늘 봉사를 위해서 사용되어야만 합니다.

만일 이런 것이 육신에 관련해서 사실이라면, 의복 및 우리가 사용하는 많은 물건에 대해서는 더욱 사실이 아니겠습니까?

나는 그런 확신을 여러 해 동안 간직해왔으므로, 여기에서 내 자신을 고발하는 증언, 내가 자발적 가난의 완전한 경지에 여태 도달하지 못했다는 증언을 여러분 앞에서 하는 바입니다. 나는 여러분이 이해하는 대로 그 이상에 도달하기 위해서 투쟁하고 있다는 의미에서 가난한 자입니다. 그것은 우리가 일상적으로 사용하는 의미의 가난과는 다른 의미입니다.

어떤 이가 나에게 따지듯이 물어본 적이 있습니다. 나는 그때 이웃 사람들에게 그리고 세상 사람들에게 내가 지구상에서 최고의 부자인 것 같다고 주장할 수 있었습니다. 최고의 부자는 아무것도 소유하고 있지 않기에 만물을 자기 마음대로 하는 사람이기 때문입니다.

이와 같은 자발적 가난의 서약을 실제로 가능한 범위 내에서 최대한 따랐던 자들(절대 완전에 도달하기란 불가능한 일이고, 인간에게 가능한 한 최대한), 즉 그런 경지에까지 도달했던 자들은, 여러분이 소유물 전부를 포기했을 때 이 세상의 온갖 보물들을 진정 소유한다고 증언하고 있습니다. 다시 말하면 여러분은 실제 필요한 모든 것을 얻게 됩니다. 만일 음식이 필수적이라고 한다면, 그것이 여러분에게 올 것입니다.

여러분 중 많은 사람은 기도하는 남녀입니다. 많은 기독교도의 입에서 기도의 응답으로 음식과 만물을 얻는다는 말을 들어왔습니다. 나는 그것을 믿습니다. 하지만 나는 여러분이 나와 함께 한 걸음 더 나가서 다음 사실을 믿기를 바랍니다. 즉, 육신을 포함하여 지상에서 모든 것을 자발적으로 포기하는 자, 다시 말하자면 만물을 포기할 준비가 되어 있는 자(그들은 꼭 자신들을 비판적으로 엄격하게 검토해서, 자신들에게 불리한 판단을 늘 내려야 합니다만), 그리고 포기를 철두철미하게 실천하는 자, 이런 사람들은 결코 궁핍에 빠지지 않는다는 것을 진실로 알게 될 것이라는 사실을 믿기를 바랍니다.

나는 신이 나에게 지상의 부의 일부를 주셨다고 느꼈을 때 그리고 내가 많은 소유물을 가지고 있었을 때, 가지고 있는 사물을 소유할 수 있는 재능이 없었음을 고백합니다. 나는 봉사를 위해서 필요한 돈과 다른 모든 것을 쓸 수 있는 능력의 1백만 분의 1도 없었습니다.

내가 변호사 업무를 하면서 돈을 벌고 여러 물건을 소유하고 있을 때 봉사정신이 나를 찾아왔습니다. 그때 나에게는 봉사에 필요한 모든 것을 얻을 능력이 분명 없었습니다. 하지만 오늘날(이 일이 나에게 좋은 일인지 나쁜 일인지 나는 모릅니다. 오직 신만이 아실 것입니다) 나는 여러분에게 내가 결코 궁핍에 빠진 적이 없었다고 증언할 수 있습니다.

내가 의도적으로 소유를 다 버리고 내 것이라고 부를 수 있는 모든 것에 대한 갈망이 사라졌을 때, 내가 소유한 모든 것을 이웃과 공유하기 시작했을 때(나는 일체를 전 세상과 공유할 수는 없습니다. 내 이웃과 공유한다면 전 세상과 공유하는 것과 같으며, 내 이웃들도 그렇게 할 것입니다. 만약 우리가 그렇게 한다면 그것이 한계 있는 인간이 할 수 있는 최대의 것입니다), 그리고 즉시 그 경지에 상당히 가까이 접근했을 때, 나는 결코 궁핍에 빠져 있지 않다는 점을 발견했습니다.

궁핍은 문자 그대로 이해되어서는 안 됩니다. 신은 지상에서 내가 알아왔던 어떤 분보다 엄격한 감독이십니다. 그분은 여러분을 철저하게 시험하실 것입니다. 여러분의 신앙이 무너지고, 몸이 무너지고, 여러분이 아래로 침몰하게 됨을 여러분이 알게 되면, 그분은 여러분을 어떤 방식으로든 도우실 것입니다. 그분은 여러분이 신앙을 잃어서는 안 된다는 점, 그리고 여러분이 부르면 늘 오시지만, 여러분이 제시하는 조건이 아니라 그분이 제시하는 조건으로 오신다는 점을 여러분에게 증명해 보이십니다. 나는 그렇게 알았습니다. 내 기억에 따르면 그분은 마지막 순간까지 나를 구원해 주시지 않은 경우가 없었습니다. 나는 저 명성을 얻었습니다. 그것을 여러분에게 반복한다면, 내가 인도에서 최고의 거지 중의 하나라는 명성입니다. 나의 비판자들이 말해 줄 것입니다만, 한때 나는 1천만 루피를 모았습니다. 파운드·실링·펜스의 돈을 다 셀 수조차 없었습니다. 그건 대략 75만 파운드 정도로 엄청나게 큰돈이었습니다. 하지만 나는 그 돈을 모으는 데 아무 어려움이 없었습니다. 그 이후 어떤 위기가 닥쳐와도—그 위기가 어떤 반성이 필요한 것도 아니고, 내 근본적 존재 안에 있는 혼의 위기도 아닌 위기—봉사를 위해서 필요한 어떤 것을 획득하지 못한 사례가 한 번도 없었습니다.

하지만 여러분은 이것이 기도에 대한 응답이라고 말할 것입니다. 그것은 단순히 기도에 대한 응답은 아닙니다. 그것은 무소유 서약, 즉 자발적 가난의 서약에 대한 과학적 결과입니다. 여러분은 한 가지 물건도 소유하기를 원해서는 안 됩니다. 따라서 여러분이 삶을 간소화하면 할수록, 재물을 버리면 버릴수록 그건 여러분에게 좋은 일입니다.

여러분은 그런 경지에 도달하게 되면 당장 어떤 것이라도 마음대로 부릴 수 있습니다. 여러분은 허영을 마음대로 통제할 수 있습니다. 하지만 만일 여러분이 허영을 부리게 되면, 뭐라도 마음대로 부릴 수 있는 이 힘은 곧장 사라지고 말 것입니다. 여러분은 자신을 위해서 뭔가를 획득해서는 안 됩니다. 그렇게 하는 것은 곧 파멸입니다. 나는 이런 일이 많이 일어나고 있음을 압니다. 많은 사람이 말했습니다. "그렇습니다. 신은 돈과 소유물을 구하던 내 기도에 응답했습니다. 코히누르(*Koh-i-noor*) 다이아몬드[23]이든 무엇이든 간직할 것입니다." 그것이 마지막이 될 것입니다. 그는 다이아몬드를 지킬 수 없을 것입니다.

따라서 내가 지금 여러분 앞에 중요하게 내세우는 것은, 여러분이 봉사를 위해서라면 세상의 모든 자원을 마음대로 할 수 있을 것이라는 점입니다. 믿지 않는 사람들에게는 그 말이 오만방자한 발언일 수도 있습니다. 하지만 내가 믿기로는 여러분이 능력껏 하는 봉사를 위해서 지상의 온갖 자원들을 마음대로 할 수 있다는 저 발언은 오만하지 않을 수 있습니다. 여러분이 세상에 대한 완전한 봉사를 마음대로 하기 위해서, 런던 동부에 위치한 이스터 엔드를 찾아가서 그곳에 살고 있는 사람들의 곤궁을 보고 그들의 면전에 잔돈 몇 닢을 던져주는 것으로는 충분하지 않습니다. 여러분은 그런 행위를 위해서 세상의 모든 자원을 가질 수 없을 것입니다. 신이 여러분의 면전에도 동전 몇 닢을 던져 주실 것입니다.

그러나 여러분이 자신의 몸·혼·마음을 바친다면, 그리고 여러분 자신을 세상을 위해서 포기한다면, 나는 세상의 보물들이 여러분의 발아래 있다고, 하지만 그것은 여러분의 향유를 위한 것이 아니라 봉사를 향유하기 위한 것이고, 봉사를 위해서만 여러분의 것이라고 말합니다.

내가 여러분에게 드리는 말씀에서 얻을 수 있는 교훈은 아주 시의적절한 것입니다. 내 심정이 온통 곤궁에 빠진 이 나라에 가 있다는 말을 할 때 그것을 믿어 주시길 바랍니다. 나는 여러분이 당하고 있는 재정적 난국의 타개책을 제시할 수는 도저히 없습니다. 여러분은 스스로 치유책을 찾아낼 만큼 위대하며 풍부한 자원을 가지고 있습니다. 그러나 여러분은 이 생각을 현재의 궁핍과 관련지어서 여러분

23 〔역주〕 106캐럿의 인도산 다이아몬드. 현재 영국 왕실의 왕관 장식.

의 마음속에서 자세히 풀어 보길 바랍니다.

C. F. 앤드루스 씨는 수상이 한 투고자에게 보낸 편지를 나에게 보여주었습니다. 그는 이 편지를 철도구역에서 광고로 사용했다고 하지만, 아마 지하철에서도 사용되었을 것입니다. 내용은 대략 다음과 같습니다. '여러분은 반드시 영국 제품만을 구매해야 한다. 반드시 영국인 노동자만을 고용해야 하고, 가능한 한 최대량을 구입하도록 노력해야 한다.' 그것은 내가 아는 하나의 치료책입니다. 하지만 나는 세상에 있는 궁핍의 문제를 해결하기 위해서, 자발적 가난이 근본적인 이념임을 여러분에게 제시하는 바입니다. 여러분이 가진 풍부한 자원으로 난국을 극복할 것이라는 점, 그리고 그것에 아무 잘못이 없다는 점은 의심 없는 사실입니다. 여러분이 허락해 준다면, 그건 단견일 수 있다고 말하고 싶습니다. 여러 가치를 재평가해야 할 때가 아마 도래했기 때문입니다.

하지만 나는 깊은 데까지 들어가지 않을 것입니다. 나는 오직 봉사를 위해서 자발적 가난의 필요성을 인정할 수 있는 자에게만 힌트를 주려고 합니다. 나는 오늘 저녁 이 축복받는 일을 모든 이가 받아들이도록 제시하는 것은 아닙니다. 하지만 우리 모두가 자발적 가난의 서약을 받아들인다고 해도 세상이 잘못되지 않을 것이라는 점, 바보 천치들의 세상이 되지 않을 것이라는 점은 내가 마음 가장 깊숙한 곳에서 느끼고 있다는 것을 덧붙이고 싶습니다. 하지만 이것이 거의 불가능한 일이란 점을 압니다. 신에게는 만사가 가능합니다만, 인간에게는 불가능한 일이라고 말하는 것이 현명할 것입니다. 그러나 사실 그것은 불가능한 일이 아닙니다. 동료들에 대한 봉사에 자신을 전적으로 바친 자들은 자발적 가난의 서약을 필수적으로 해야 한다고 생각합니다.

여러분이 그렇게 함으로써 오늘날 여러분이 직면하고 있는 이와 같이 커다란 국내 문제를 해결하는 데 물질적으로, 정말로 물질적으로 도움이 되는지 자문해 보십시오.

월급과 다른 물건을 포기하라는 요구를 받더라도 포기하고 싶지 않은 사람들이 있습니다. 여러분은 이런 자들에게 법률로 포기하라고 강요한다고 해도 문제를 해결할 수 없을 것입니다. 그들은 '우리가 무엇을 할 수 있을까? 우리는 저항하고 싶지 않다. 저항할 수 없다'라고 말하면서 마음으로 이런 것들을 여전히 욕망합니다.

이러한 욕망 한가운데에 자발적으로 가난하게 된 일단의 하인들이 등장한다고 상상해 보십시오. 그들은 오직 비자발적 가난만을 알고 있는 탓에 자발적 가난이 무엇인지를 모르는 자들에게 길을 안내하는 등대와 같을 것입니다. 나는 굶주리는 동료들 사이를 돌아다니며 자발적인 가난에 대해서 말하지 않습니다. 나는 그들이 만일 비자발적인 가난을 자발적인 것으로 바꾼다면 얼마나 큰 축복을 받을지에 대해서 말하지 않습니다. 지상에서 (자발적 가난을 선택하는) 마법과 같은 인격은 존재하지 않습니다. 그것은 고통스런 과정입니다. 이들은 내가 자발적 가난을 그들에게 말해 주기 전에 생필품을 먼저 갖추어야 합니다.

다음과 같은 일이 일어날 것입니다. 나와 같은 사람이 사람들 사이에 들어가 최선을 다해서 그들의 삶을 살아가면서, 그들의 심정에 희망의 빛을 주는 일입니다. 그들은 나와 같은 사람이 제안하는 치유책을 수용할 것입니다. 내가 즉효의 치유책을 제안할 수 없다고 해도 나 같은 사람을 친구로 삼을 수는 있을 것입니다. 그들은 말할 것입니다. "그는 무소유인데도 행복하다. 어째서 그렇지?" 나는 그들과 논쟁을 벌일 필요는 없습니다. 그들은 스스로 의논할 것입니다.

내가 경험에서 얻은 이런 엄청나게 풍부한 보물을 온 세상 사람과 어떻게 공유할 수 있겠습니까? 그럴 수 없습니다. 하지만 오늘 자발적 가난에 대해서 말하는 마당에, 일정 한도 내이지만 나는 수백 명의 사람들이 아니라 수백만의 사람들 사이에서 나의 귀중한 경험을 나누고 있습니다. 이런 자발적 가난이 사람에게 주는 지복·행복·능력은 말로 표현할 수 없다고 여러분에게 말하는 바입니다. 내가 말씀드릴 수 있는 것은 그것을 한번 해보고, 실험해 보고, 스스로 검증해 보라는 것뿐입니다.

내 말씀에 경청해 주셔서 감사합니다. 기도 시간까지는 꼭 10분이 남아 있습니다. 여러분 중 어떤 질문이라도 하고 싶으신 분이 있으면 나는 기쁠 것입니다. 여러분 심중에 있는 어떤 것이라도 묻기를 주저하지 마십시오. 어떤 질문을 하시더라도 나는 괜찮습니다. 질문이 아무리 이상해 보여도 괜찮습니다.

질문 마하트마는 우리에게 대규모 모금을 어떻게 정당화할 수 있을지에 대해서 말했습니다. 그런데 예수, 붓다, 여타 위대한 종교 지도자들도 자발적 가난을 실천했지만 큰돈을 요구하지도 받지도 않은 것으로 압니다. 저는 이 점과, 간디가 우리에게 말했던 부분을 조화시키지 못하겠습니다.

답변 위대한 스승들이 한 번도 돈을 요구하거나 받은 적이 없었다는 것입니까? 예수를 따라서 가난을 믿는 많은 기독교도도 돈을 얻어서 봉사를 위해서 사용했습니다. 붓다에 대해서는 더 큰 자신감을 가지고 말씀드릴 수 있습니다. 그는 생애 동안 여러 기관을 설립했다고 합니다. 그는 돈이 없었다면 기관들을 도저히 창설할 수 없었을 것입니다. 스스로 육신·혼·마음을 준 사람들은 부 역시 붓다에게 바쳤다고 합니다. 붓다는 그것을 기꺼이 받아들였습니다. 물론 자신을 위해서 그런 것은 아니었습니다.

질문 우리는 왜 우리 동료들에게 봉사해야 하나요?

답변 그들을 통해서 신의 편린(*a glimpse of God*)을 보기 위해서입니다. 그들도 우리와 같은 영혼이 있기 때문입니다. 우리가 그 점을 배우지 못한다면 신과 우리 사이에 장벽이 존재할 것입니다. 우리가 그 장벽을 무너뜨리고 싶다면, 단초는 동료와 완전히 하나됨으로써 마련될 것입니다.

길드하우스 교회에서 연설, 프란시스코협회 주관,
《더 길드하우스》(*The Guildhouse*), 1931. 9. 23 ; 《전집》 53 : 441

136) 정치에서의 종교와 반종교

1932. 5. 30

나는 일치란 기계적 방법을 통해서 오는 것이 아니라 여론 지도층의 심정과 태도의 변화에 의해서 오는 것이라고 생각합니다. 나는 종교를 인류의 수많은 행위 중에 하나로 간주하지 않습니다. 동일한 행위라 해도 그것은 종교의 정신이나 반(反)종교의 정신으로 지배될 수 있습니다. 그러므로 종교를 위해서 정치를 떠난다는 일은 있을 수 없습니다. 나에게 모든 행위는 아무리 사소한 행위라고 해도 내가 생각하는 나의 종교에 의해서 지배됩니다.

편지, 《마하데브바이니 일기》 권 1, 189면 ; 《전집》 55 : 533

137) 보편적 형제애를 향하여

종교와 정치[24]

질문 당신은 자서전에서 종교를 떠난 정치를 생각할 수 없다고 말했습니다. 여전히 그런 견해를 갖고 있습니까? 만일 그렇다면 인도와 같이 다양한 종교의 나라에서 당신은 공동의 정책이 채용되기를 기대하고 있는데 그것이 어떻게 가능하겠습니까?

답변 그렇습니다. 나는 종교와 분리된 정치를 생각할 수 없다는 견해를 여전히 갖고 있습니다. 종교는 우리 행위 하나하나에 스며들어야 합니다. 여기에서 말하는 종교는 분파주의(*sectarianism*)를 말하는 것이 아니라, 우주 내에 존재하는 질서 잡힌 도덕적 정부에 대한 신념을 말합니다. 그 정부는 보이지 않는다고 해서 덜 실재적인 것은 아닙니다. 이 종교는 힌두교·이슬람교·기독교 등을 초월하고, 이 종교들의 대체품이 아니라 그것들 사이에 조화와 실재성을 부여합니다.

질문 몇몇 시크교도가 어떤 사안에 대해서 조언을 듣고자 당신을 찾아간 적이 있었는데, 그때 당신은 그들에게 구루 고빈다 싱은 검의 사용을 가르치지만 당신은 비폭력의 편이므로, 시크교도는 양자택일할 준비가 되어 있어야 한다고 조언했다는데 그것이 사실입니까?

답변 이 질문은 악의적인 것은 아니지만 잘못된 것입니다. 나의 말이 구루 고빈다 싱의 가르침이 비폭력에 대한 절대적인 신념을 배제

24 〔역주〕《전집》 권 77, 292면에 따라서 소제목을 단다.

했다고 그들이 생각한다면, 그들은 국민회의 강령이 과거의 모습 그대로 남아 있는 한, 일관성 있는 의원이 될 수 없다는 것이었습니다. 나는 또 그들이 국민회의에 가담하거나 잔류하게 된다면 자신들의 체면이 손상되고 심지어 자신들의 대의명분을 손상할 수도 있다고 덧붙였습니다.

비폭력, 이슬람교, 시크교[25]

질문 당신은 모든 종교에 대한 존중을 가르침으로써 이슬람교의 힘을 약화시키기를 원합니다. 당신은 파탄인에게서 라이플총을 빼앗아 그들을 거세하기를 원합니다. 우리와 당신 사이에 만날 수 있는 토대는 전혀 없습니다.

답변 나는 당신이 킬라파트 시절 무엇을 생각했는지를 모릅니다. 당신에게 우리가 겪어온 시대의 역사에 대해서 좀 설명해 보겠습니다. 킬라파트 투쟁의 기초는 내가 닦아 놓은 것입니다. 나 역시 알리 형제들의 석방을 위한 소요 사건에 참가했습니다. 그래서 그들은 출옥하자 크와자 압둘 마지드, 슈아이브 쿠레시, 모아잠 알리를 대동하여 나와 함께 행동 계획을 수립했습니다. 이것에 대해서는 세상이 다 알고 있습니다. 나는 그들과 함께 비폭력의 의미에 대해서 토론했고, 만약 그들이 진정한 무슬림으로서 비폭력을 수용할 수 없다면, 나는 계획에서 빠지겠다고 그들에게 말했습니다. 그들의 이성은 충족되었습니다만, 그들은 무슬림의 성직자들로부터 승인이 없다면 행동할 수 없노라고 말했습니다. 고 루드라 학장[26]이 살아 있을 때

25 〔역주〕《전집》 권 77, 292면에 따라서 소제목을 단다.

나는 델리에 가게 되면 그분의 댁에 머물곤 했는데 거기에서 울레마(이슬람교 학자)의 집회가 열렸습니다. 이 유식한 그룹에는 여러 사람 중에 마울라나 아불 칼람 아자드, 그리고 고 마울라나 압둘 바리가 포함되어 있었습니다. 마울라나 아불 칼람 아자드가 주축이 된 그들은 비폭력에 대한 신념이 이슬람교와 일치할 뿐 아니라, 이슬람교가 언제나 폭력보다 비폭력을 앞세워왔다는 의미에서 비폭력이 의무이기도 하다고 주장했습니다. 이 일이 1920년 국민회의가 비폭력을 수용하기 전에 일어났다는 점에 주목하길 바랍니다. 가득 모인 무슬림들의 집회에서 무슬림 학자들이 비폭력에 대해서 많은 담론을 벌였습니다. 시크교도도 나중에 태연히 들어와서 비폭력에 대한 나의 해설에 황홀하게 귀를 기울였습니다. 위대하고 영광된 나날이었습니다. 비폭력은 전염성이 있음이 입증되었습니다. 그 마법 아래 집단적 깨우침이 있었는데 이전에는 이 땅에서 결코 없었던 일입니다. 모든 집단들이 하나됨을 느꼈고, 그들은 비폭력이 그들에게 저항할 수 없는 힘을 부여했다고 생각했습니다. 이제 그와 같은 태평성대는 사라졌고 위와 같은 질문들에 대해서 진지하게 답변하지 않으면 안 되게 되었습니다.

여러분이 비폭력에 대한 신념을 갖고 있지 않다면 내가 그것을 여러분에게 줄 도리는 없습니다. 오직 신만이 그것을 여러분에게 주실 수 있습니다. 내 신념은 요지부동입니다. 여러분과 같은 부류의 사람들과 여러분은 내 동기를 의심하고 있지만, 나는 상대방의 종교에 대한 상호 존중(*mutual respect*)이 평화로운 사회에 내재한다고 주장하지 않을 수 없습니다. 이런 조건이 아니라면 이념들이 주는 자유로

---

26 〔역주〕 Sushil Kumar Rudra(1861~1925): 성 스테판대학 학장. 《전집》 권 77, 293면.

운 영향은 불가능합니다. 종교는 우리의 야만적 본성을 풀어놓는 것이 아니라 그것을 길들이는 것이 목적입니다. 신은 비록 셀 수 없이 많은 이름을 가지고 있지만 오직 한 분이십니다. 여러분은 내가 여러분의 신앙을 존중하기를 기대하지 않습니까? 만일 그러하다면, 나 역시 여러분이 내 신앙을 존중해 주길 기대하면 안 될까요? 여러분은 무슬림이 힌두교도와 공통점이 없다고 말합니다. 여러분의 분리주의에도 불구하고, 세계는 인류가 한 국가가 되는 보편적 형제애(*universal brotherhood*)의 방향으로 움직이고 있습니다. 여러분이나 나, 그 누구도 우리가 우리의 공동 운명으로 가는 행진을 멈추게 할 수는 없습니다. 파탄인의 거세라는 부분에 대해서는 바드샤흐 칸의 대답을 들어 봅시다. 그는 우리가 만나기 이전부터 비폭력을 수용했습니다. 그는 파탄인이 비폭력을 통하지 않고서는 아무 미래가 없다고 믿습니다. 다른 것이 없다면 몰라도 비폭력이 없다면 그의 혈투는 그가 앞으로 전진할 수 없도록 가로막을 것입니다. 그리고 그는 자신이 비폭력을 수용하고 신의 종 쿠다이 키드마트가르가 된 이후, 파탄인이 변경 지역에서 자립하기 시작했다고 생각합니다.

중 상(中傷, *More Calumny*)[27]

질문 당신은 알리 형제들이 아마눌라 칸을 초청하여 인도를 침략하고 무슬림 왕국을 건설하려는 계략에 가담하는 일에 주저하지 않았습니다. 당신은 마울라나 마호메트 알리에게 보내는 전보의 초안을 써서 당시 아미르에게 영국인들과 조약을 체결하지 말도록 충고했습니다. 고 스와미 슈라드다난드지는 그 초안을 본 적이 있다고 합니

27 〔역주〕《전집》 권 77, 294면에 따라서 소제목을 단다.

다. 그리고 당신은 신드 지방의 힌두교도가 그들의 따뜻한 가정을 무슬림 억압자들에게 선물로 주기를 원합니다. 대신 당신은 신드 지방과 봄베이 지역의 재결합을 요구하지 않고 있습니다. 이것만이 신드 지방에서 법의 통치를 회복할 수 있는데도 말입니다. 요즘과 같은 계몽(*enlightenment*)과 진보의 시대에 소수파들이 기대하는 것은 단순히 완벽에 대한 경건한 충고가 아니라, 그들에게 합당한 권리를 효과적으로 보호하는 것임을 당신은 왜 깨닫지 못하고 있습니까?

답변 그런 편지를 몇 통 갖고 있습니다. 여태까지 나는 그런 것들을 무시해왔습니다. 하지만 그 뉴스가 〈힌두 마하사바〉지에 수정 증보된 모습으로 게재되어 버렸다는 것을 이제는 압니다. 어떤 투고자는 성이 나서 자신과 같은 사람들은 그렇게 권위 있게 선언된 것이라면 그것을 믿기 시작할 것이라고 위협합니다. 그러므로 내 평판을 위해서 나는 이 질문에 대답해야만 합니다. 하지만 나의 투고자들은 내가 만일 나에 대한 오보나 내 글에 대한 일체의 왜곡에 대해서 일일이 논박해야 한다면, 내 인생은 하나의 짐이 되고 말 것이라는 점을 반드시 알아야 합니다. 진흙담의 보호막을 요구하는 그와 같은 평판은 지킬 가치가 없습니다. 내가 아미르와 함께 계략을 꾸몄다고 하는 비난에 진실이라곤 전혀 없다고 나는 말할 수 있습니다. 더구나, 나는 알리 형제들이 비난을 인지하자마자 그것을 완강하게 거부했음을 알고 있습니다. 나는 그들을 절대적으로 믿었습니다. 나는 마울라나 마호메트 알리를 위해서 당시의 아미르에게 보내는 전보의 초안을 작성한 기억이 없습니다. 문제가 된 전보는 그것 자체로 무해한 것이고, 전보에서 이끌어냈다는 추론도 정당한 것은 아닙니다. 고 스와미지는 그 문제에 대해서 나에게 확인을 구한 적이 결코 없습니다. 우리에게 확실한 증거가 없는 데도, 그것이 관계가 있다고 하면서 고인에 대해서 부정적인 말을 하는 것은 잘못된 일입니다.

〈영 인디아〉지에 실린 내 글들을 둘러싸고 소설 같은 얘기가 쓰였습니다. 거기에서 도출된 추론들은 전적으로 부당합니다. 나는 영국인을 축출할 목적으로 어떤 세력에게 부탁하여 인도를 침략하라고 초대하는 잘못을 저지른 적이 없습니다. 그런 일은 일면 나의 비폭력 강령에 반하는 것이고, 다른 한편으로 나는 영국인의 용맹과 무기에 대해서 크나큰 존경심을 품고 있으므로 다른 세력들 간의 강력한 연합 없이는 인도 침공이 성공할 수 없을 것이라고 생각합니다. 어떤 경우든 나는 영국인의 통치를 다른 나라의 통치로 대체할 욕구가 전혀 없습니다. 나는 아무리 형편없는 것이라 해도 순수한 자치를 원합니다. 사람들은 내가 〈영 인디아〉지에서 편 주장을 들어서 나를 반대합니다만, 현재의 내 입장은 그런 주장을 폈을 때와 동일합니다. 내가 비밀의 방법을 믿지 않는다는 점, 이것을 독자에게 다시 한 번 상기시켜 주고 싶습니다.

신드 지역에 대한 내 충고는 여전히 유효합니다. 신드 지역을 봄베이 지역에 재편입하는 일은, 다른 이유에서 좋은 제안일 수도 그렇지 않을 수도 있습니다. 하지만 그것은 분명히 생명과 재산에 대한 보다 더 큰 보호를 위한 것은 아닙니다. 힌두교도든 다른 사람이든 모든 인도인은 자신을 보호할 기술을 배워야 합니다. 이것이 참된 민주주의의 조건입니다. 국가는 하나의 의무를 갖습니다. 하지만 어떤 국가도 자신들을 보호하는 의무를 나눠 갖지 않는 자들을 보호할 수 없을 것입니다.

델리로 가는 길에서, 1940년 2월 4일

질문란, 〈하리잔〉, 1940. 2. 10 ; 《전집》 77 : 356

138) 종교와 국가

〔뉴델리, *1946. 9. 16* 이전〕

내가 만일 독재자라면 나는 종교와 국가(*State*)를 분리시킬 것입니다. 나는 내 종교를 걸고 맹세합니다. 그것을 위해서 목숨을 바칠 것입니다. 하지만 종교는 내 개인적 문제입니다. 국가는 그것과 아무 관련이 없습니다.[28] 국가는 여러분의 세속의 복지, 건강, 의사소통, 외국과의 관계, 화폐 등을 돌보지만 여러분의 종교, 내 종교는 돌보지 않을 것입니다. 그것은 만인의 개인적 관심 사항입니다.

여러분은 내 인생을 관찰해야 합니다. 어떻게 살고, 어떻게 먹고, 어떻게 앉고, 어떻게 말하고, 일반적인 행동이 어떤지를 살펴야 합니다. 나에게 있는 이런 모든 것의 총합이 내 종교입니다.

여성운동, 정치운동, 과학운동 또는 종교운동 가운데 어느 것이 내일의 세계에 가장 광범한 영향력을 가질 것인가, 그리고 지금부터 50년이 흘러 세상사 전체에 대해서 그리고 인류의 최대선을 위해서 가장 커다란 영향을 끼칠 것인가라는 질문을 받자, 간디는 종교운동을 다른 운동과 한 통속으로 보는 것은 잘못이라고 하면서 다음과 같이 말했습니다.

미래를 지배하는 것은 종교운동입니다. 종교가 오늘날도 지배해야 하지만 그러지 못하고 있습니다. 종교가 토요일이나 일요일의 일로 전락했기 때문입니다. 우리는 인생의 매 순간 종교를 따라서 살아가야 합니다. 그런 종교가 등장하게 되면 그것은 세상을 지배할 것입니다.

---

28 〔역주〕 이 선교사는 자유 인도에서 종교가 국가로부터 분리될 것인지를 물었다. 《전집》 권 92, 190면.

질문 최근에 특히 인도에서 노동자의 파업이 횟수와 규모의 면에서 증가하고 있는데 여기에 어떤 특별한 의미가 있다고 느낍니까? 인도에서 이러한 노동분쟁의 결과가 어떻게 될 것이라고 생각합니까?

답변 파업은 이제 일반적인 전염병이 되었습니다. 어디로 가든 파업이 있고 미국과 영국도 예외가 아닙니다. 하지만 인도에서 파업은 특별한 의미가 있습니다. 우리는 부자연한 조건 아래에서 살아갑니다. 뚜껑이 열리고 틈이 생겨서 자유의 신선한 바람이 들어가자마자 파업의 횟수가 증가합니다. 파업의 열기가 이와 같이 확산되는 근본적인 이유는 다른 모든 곳과 마찬가지로 여기의 삶이 삶의 뿌리, 즉 종교라는 뿌리로부터 뽑혀져 나왔고, 그 자리에 어느 영국인 작가가 '현금 연계'(連繫, *cash nexus*)로 부른 것이 들어섰기 때문입니다. 그 연계는 불안정한 유대입니다. 종교적 토대가 거기에 있다 하더라도 파업이 있을 것입니다. 종교가 삶의 모든 토대가 되는 일은 거의 상상할 수 없는 일이기 때문입니다. 그래서 한편으로는 착취를 위한 시도가 있을 것이고 다른 한편으로는 파업이 있을 것입니다. 하지만 이런 파업은 순수하게 비폭력의 성격을 지니게 될 것입니다. 그런 파업은 그 누구도 해를 끼치지 않습니다. 스뮈츠 장군을 굴복시킨 것은 바로 그와 같은 파업이었을 것입니다. 잰 스뮈츠는 말했습니다. "만일 당신이 한 사람의 영국인을 상하게 한다면, 나는 당신에게 총을 쐈을 것이고, 심지어 당신네 동포를 추방했을 것입니다. 사실 나는 당신을 수감했고 당신과 당신의 민족을 갖은 방법으로 복종시키려 했습니다. 하지만 당신이 보복해오지 않는데 내가 어떻게 이런 식으로 계속할 수가 있겠습니까?" 그래서 그는 당시 남아프리카에서 살았던 인도인들의 이름이었던 쿨리들을 대표하는 쿨리 한 사람과 타협할 수밖에 없었습니다.

기독교 선교사와의 대담, 〈하리잔〉, 1946. 9. 22 ; 《전집》 92 : 270

2. 정치권력

139) 가시면류관

국민회의의 왕관은 더 이상 장미왕관이 아니다. 장미꽃의 꽃잎은 해마다 떨어져 나가고 가시가 점점 자라나는 모습이 뚜렷하다. 누가 그런 왕관을 써야 할 것인가? 아버지 아니면 아들? 백전노장 판디트 모틸랄지 아니면 판디트 자와할랄 네루인가? 단련된 젊은 군인인 네루는 자신의 뛰어난 능력으로 우리나라 청년들의 상상력을 사로잡았다. 발라브바이 파텔[29] 씨의 이름은 모든 사람들에 의해서 회자되고 있다. 판디트지〔모틸랄지〕는 한 사신(私信)에서 시대의 영웅인 파텔이 선택받아야 하고, 정부는 그가 전적인 신뢰를 향유하고 있다는 점을 알아야 한다고 말한다. 발라브바이 씨는 지금은 논외이다. 그는 너무 바빠서 자신의 관심을 바르돌리로부터 다른 곳으로 돌릴 수는 없

29 〔역주〕 Vallabhbhai Patel(1875~1950) : 구자라트 태생의 인도 민족주의 지도자. 영국에서 법률을 공부했으나 귀국하여(1915) 아메다바드에서 변호사 개업을 했다. 간디의 영향을 받아서 시민불복종운동에 참여하고 영국의 세금 증액에 대항해서 바르돌리 지방의 지주들을 조직하는 일에 성공했다(1928). 1931년에는 인도 국민회의 의장이 되었다. 영국인들은 파텔을 여러 번 수감했다. 자와할랄 네루 수상하에서 내무장관·주장관·부수상(1947~1950)을 역임하면서, 인도의 토호국들을 연방에 평화롭게 통합하는 일을 능숙하게 처리했다. 1948년 간디 암살에 대한 신속하고 냉철한 대응조치는 내란을 막았다고 여겨진다.

다. 그리고 그는 12월이 오기 전 우리 부왕 각하의 수많은 교도소 중 하나의 손님으로 오실 것이다. 이 문제에 있어서 내 느낌은 판디트 자와할랄이 그 왕관을 써야 한다고 느낀다. 미래는 나라의 청년을 위한 것이어야 한다. 하지만 벵골은 모틸랄지가 장차 우리를 집어삼키려 위협하는 위험한 바다를 건너는 데에 국민회의라는 범선을 안내해 주길 원한다. 우리는 내부적으로 분열되어 있으며, 강력하고 파렴치한 원수에 의해서 포위되어 있다.

벵골은 나이 든 지도자, 시험의 시간에 벵골에 힘의 성채로 판명된 자를 특별히 요구한다. 만일 인도가 전체적으로 쉬운 시간을 보낼 수 없다면 벵골은 말할 나위 없을 것이다. 판디트지가 왜 가시관을 쓰도록 선택되어야 하는지에 대한 충분한 이유가 있다. 그는 용감하고, 관대하며, 모든 당파들의 신뢰를 받고 있다. 무슬림인들은 그를 친구로 여기고 적수들조차 존경하고 있으며, 그의 강력한 웅변에 의해서 자주 자신들을 굽혀서 그의 견해를 수용한다. 그는 더구나 마음속 깊이 화해와 타협의 정신을 갖고 있다. 이러한 정신 때문에 그는 명예로운 타협을 필요로 하는 나라, 명예로운 타협을 수용할 분위기를 가진 나라의 탁월한 대사가 될 수 있다. 바로 이런 고려 때문에 저 과감한 벵골 애국자[30]조차 미래의 조타수로 판디트 자와할랄 네루를 원하게 되었다. 이 나라의 조급한 청년들이여 잠깐만 기다려라. 기다리면 더욱 강해질 것이다.

가시면류관, 〈영 인디아〉,
1928. 7. 26 ; 《전집》 42 : 322

30 〔역주〕 수바스 찬드라 보세. 《전집》 권 42, 283면.

140) 자리 구하기

마르와르 합류점, *1929. 2. 16*

스와미께,

더 많은 시간을 당신과 단 둘이 지낼 수 없었던 것을 사과드립니다. 나는 이제 보다 불완전한 의사소통의 수단을 통해서 나의 가장 내밀한 생각을 당신과 나눌까 합니다.

나는 당신이 약속하신 대로 의무를 수행하고 당신 주변에 향기가 발산되기를 기대합니다. 당신은 정복하기 위해서 허리를 굽혀야 합니다. 당신은 진정한 산야시(포기자)가 되어 분노하지 말아야 하고 악의도 없어야 하고 자아에 대한 욕망도 없어야 합니다. 나는 당신이 당신 최측근의 범위, 매우 한정된 수의 추종자의 범위를 벗어나서는 어떤 힘도 없다는 점을 모르는 것은 아닙니다. 당신이 공공사업을 위해서 돈이 필요할 때 돈을 구하지 못하는 것은 분명합니다. 이 모든 것이 달라져야 합니다. 당신은 당신의 배후에 희생이 있습니다. 당신은 용기가 있습니다. 당신은 무엇 때문에 민중 자신들의 선을 위해서 민중에게 보다 더 큰 영향력을 발휘하지 못합니까?

정부가 당신에게 직위를 주고 싶어하지 않을 때 당신은 왜 그 직위를 원합니까? 겨우 과반수의 사람들은 당신이 직위를 갖도록 해줄 순 있지만, 참된 만족을 주지 못할 것이고 봉사를 위한 진정한 기회도 주지 못할 것입니다. 만일 당신이 직위를 봉사의 용어로 이해한다면, 그리고 당신의 적수들마저 당신이 그 직위를 유지할 것을 요구하지 않는다면, 왜 그것을 보유하기를 거절하지 않습니까?

내가 당신의 소망이 뭔가를 아는 범위에서 나는 그 소망을 가능한 한 많이 들어주었습니다. 하지만 나는 당신이 선거가 끝난 후나 끝나기 전에라도 자이람다스와 다른 이들과 의논하고, 여러분이 만장

일치로 선택할 수 있는 다른 의장을 생각해 보시기 바랍니다. 물론 당신이 그와 같은 겸손함을 가지고 있다면 말입니다. 여하튼 나는 당신이 신드 지방의 국민회의라는 기구를 부드럽고 정직하게 운영하기를 기대합니다. 현자에겐 이것으로 충분합니다. 당신이 편지를 잘못 이해하거나 해석하지 않기를 바랍니다.

귀하의 신실한 친구

추신 나는 일요일에서 화요일 사이에는 델리에 있을 것인데, 의장 파텔에게 전해 주십시오. 그런 다음 일주일 동안 사바르마티에 있을 것입니다.

스와미 고빈다난드에게 보낸 편지,
SN 15339 ;《전집》45 : 80

141) 정치권력

사탸무르티 씨가 아래와 같이 적고 있다.

나는 6월 18일자 〈영 인디아〉지에 당신이 기고한 '실질이지 그림자가 아니다'라는 제목의 기사에 대해서 당신에게 글을 씁니다. 나에게 약간의 의혹과 불안을 야기하는 첫 문장은 다음과 같습니다. "그래서 운영위원회 앞에서 내 제안은, 만일 합의처리에 실패하면 국민회의는 현재의 원탁회의에 의한 스와라즈 헌법을 취득할 희망을 포기하고, 모든 집단들이 순전히 국민적 해결책을 기꺼이 수용할 때까지 기다려야 한다는 것이다." 이것은 극단적인 공동체주의자들(*communalists*)이 계속 방해한다는 일종의 선언서를 의미하는 것이 아닌가요? …

심대한 불안을 야기했던 문장은 다음과 같이 끝나고 있습니다. 즉, "우리는 정치권력이 없더라도 당연히 존재해야 할 힘에 직접 작용함으로써 우리의 목적을 달성할 수 있다." 내 의혹을 당신에게 분명히 해 두기 위해서 당신의 기고문에 있는 다음 문장들을 덧붙이려고 합니다. "직접 행동의 한 가지 형식은 성인 투표권이다. 그다음 보다 강력한 형식은 사탸그라하이다. 우리에게 필요한 것이면서 정치권력으로 획득할 수 있는 것이 무엇이든, 그것은 사탸그라하에 의해서 더욱 신속하게 더욱 확실하게 얻을 수 있다는 점은 쉽게 알 수 있을 것이다." 나는 감히 당신과 논쟁을 벌이고 싶습니다. 나는 국민회의가 원하는 것이 무엇보다도 정치권력이었다는 인상을 늘 받았고 오늘 역시 그렇습니다. 그리고 구체적으로 말하자면 금지령은 평화로운 피켓 들기보다는 국가 행위에 의해서 보다 쉽게 실행될 수 있는 것입니다. 카다르와 스와데시 직물은 평화로운 피켓 들기보다는 국가의 행위에 의해서 더 잘, 보다 신속하게 확산될 수 있습니다. 기본권 관련 카라치 법안에서 구체화된 필수적인 개혁은 스와라즈 정부에 의해서만 집행될 수 있습니다.

하여간 나는 우리나라가 오늘날 정치권력의 획득을 위해서 총력을 집중해서는 안 되는 까닭을 모르겠습니다.

나에게 정치권력은 실질이고, 이외의 모든 다른 형태의 개혁은 기다릴 수 있고 기다려야 합니다. …

편지에 대해서 감사를 드린다. 이 편지는 내 입장에 대해서 내가 지금껏 설명할 수 있었던 것보다 더 분명히 설명할 수 있게 해 준다.

비폭력에 대한 나의 절대적 신념은 정말로 약한 소수의 사람들에게 양보하는 것을 의미한다. 공동체주의자를 약화시키는 최선의 길은 양보하는 것이다. 저항은 그들의 의심을 자아내고 반대를 강화할 따름이다. 사탸그라히는 방해 배후에 힘의 위협이 있을 때 저항한다. 이것이 나에게는 매우 상식적이며 실천적인 관점으로 보이지만, 나는 일반 국민회의 의원들을 그 관점으로 끌고 갈 수 없다는 것을 알고 있다. 그러나 만일 우리가 비폭력의 방법으로 스와라즈에 도달할 수만 있다면, 이런 관점이 수용될 것임을 나는 안다.

사탸무르티 씨의 두 번째 난점에 대해서 말해 보자. 나는 정치권력을 목적으로 보지 않고, 민중이 삶의 전 분야에서 자신들의 지위를 향상시킬 수 있는 여러 수단 중의 하나로 본다. 정치권력은 국민의 대표자들을 통해서 국민적 삶을 조정하는 능력을 의미한다. 국민적 삶이 자기 스스로 조정할 정도로 완전하게 되면 대의제(*representation*)는 전혀 필요 없다. 그때에는 계몽된 아나키 상태(*a state of enlightened anarchy*)만이 있을 것이다. 그런 상태에서는 각자가 자신의 통치자가 될 것이다. 그는 결코 이웃의 방해물이 되지 않는 방식으로 자신을 다스린다. 그러므로 이상적 상태에서는 국가가 부재하므로 정치권력은 없을 것이다. 하지만 그 이상은 실제로 결코 완전하게는 실현되지 않을 것이다. 따라서 가장 적게 다스리는 것이 최선의 정부라고 하는 소로(Thoreau)의 고전적 선언이 있었던 것이다.

그렇다면 내가 정치권력을 원한다고 해도, 그것은 국민회의가 대표하고 있는 개혁 때문이다. 그래서 정치권력을 얻는 데에 사용되는 에너지가 개혁에 필요한 에너지의 상실을 의미한다면, 그리고 나라가 이슬람교도나 시크교도와의 쟁투에 빠진다면, 우리의 입장에 위협이 될 것이므로, 나는 이슬람교도와 시크교도에게 일체의 권력을 양보할 것을 우리나라에 아주 강력하게 권면할 것이고 개혁을 진행하는 일을 지속할 것이다.

우리가 지난 12년 동안의 국민회의 활동을 분석해 본다면, 우리는 정치권력을 획득하려는 국민회의의 능력이 건설적 노력의 성공에 정확히 비례하여 증가해왔음을 알 수 있다. 그것이 나에게는 정치권력의 실질이다. 실제 정부기구를 장악하는 일은 오직 그림자이고 상징에 불과하다. 그리고 만일 민중이 정부기구를 얻기 위해서 적절한 노력을 전혀 기울이지도 않았는데도, 그것이 선물과 같이 외부에서 온다면 그것은 곧 부담이 될 수 있다.

우리에게 필요하면서 정치권력으로 획득할 수 있는 것이 무엇이든 그것은 '사탸그라하에 의해서 더욱 신속하게 더욱 확실하게 얻을 수 있다'는 내 주장의 진의를 이제는 쉽게 깨달았을 것이다. 여론을 고취하기 위한 입법이 소용없는 짓이었음은 자주 증명되었다. 대다수의 사람들이 도둑인 나라에서 절도를 법적으로 금지하는 일은 가짜일 것이다. 이 경우 피켓 들기를 비롯한 다른 대중적 활동들이 진짜가 된다. 정치권력이 이와 같은 개혁들과 유리되어 있다면, 우리는 개혁을 유보하고 정치권력에 집중했을 것이다. 하지만 우리는 그 반대의 길을 따라왔다. 우리는 스와라즈의 획득 방안으로 건설적인 활동을 수행해야 할 필요성에 대해서 기회가 있을 때마다 강조해왔다. 음주·마약·외제 직물에 대한 법적 금지령이 내려질 때마다 여론이 그것을 요구하기 때문에 금지령이 내려진다는 점을 나는 확신한다. 오늘날 여론은 그것을 요구하고 있으나 외국인의 정부가 반응을 보이지 않고 있다고 말할 수 있을 것이다. 이런 말은 부분적으로만 옳다. 이 나라의 여론은 이제야 비로소 하나의 생명력이 되어서 진정한 명령을 내리고 있는데 그것이 바로 사탸그라하다.

권력이 목적이 아니다, 〈영 인디아〉, 1931. 7. 2 ; 《전집》 53 : 2

142) 권력과 대의제 〔*1934. 10. 26*〕

여러분은 나에 대한 애정으로 인해서 내 입장 전체를 오해했습니다.[31] 만일 여러분이 나에게 군대를 지휘하는 장군의 자리를 주었다면, 장

31 간디가 이 연설을 하기 전에 의제위원회는 그에 대한 국민의 신뢰를 표시하고 은퇴에 대한 그의 결정을 재고하기를 요구하는 법안을 만장일치로 통과시킨 바 있다.

군이 군대의 선두에 서서 군대에 봉사해야 할지, 아니면 자신은 은퇴하고 여태 잘 복무해온 부관에게 자리를 물려줌으로써 군대에 봉사해야 할지에 대한 판단의 재량권도 당연히 허락해야 합니다.

장군은 권력이나 직위로 나가든지, 아니면 구하지도 않았는데 저절로 오는 권력을 포기하는 것이 언제나 가장 현명한 일입니다. 왜냐하면 장군들이 지휘권을 감당하기 어렵다고 생각할 수 있고, 군대의 이익을 위해서 그리고 군대와 장교들이 싸워온 대의명분을 위해서 지휘권을 포기할 경우가 있기 때문입니다. 여러분이 내가 꽤 현명한 장군이었다고 믿으신다면, 여러분이 패배하는 순간 내가 여러분을 버리려고 하는 것처럼 보이는 지금도 나의 판단을 믿어 주셔야 합니다.

내 자신은 패배감에 전혀 공감할 수 없다는 점을 수도 없이 여러 차례 말씀드렸습니다. 나는 대의명분을 위해서 살고 있고 그것을 위해서 기꺼이 일하고 있는데, 그것을 지금 내버리는 것이 아닙니다. 여러분에게 이미 말씀드린 대로 우리가 시도해왔던 실험들에, 그리고 여러분이 나를 관대하게 지지해온 실험들에 보다 더 큰 가능성이 존재하는지 알아보기 위해서 나는 여러분에게서 떠나갑니다. 내 자원이 고갈된 것 같다는 점을 여러분에게 말씀드리는 바입니다. 나는 내가 국민회의의 처분에 맡겨둔 방안의 효력을 여전히 신뢰하고 있음을 고백하는 바입니다. 하지만 나는 이 방안의 효력을 의심하는 일단의 여론이 우리나라에 일어나고 있음을 느낍니다. 그들은 그 효력을 의심하기 때문에 그 방안에 대해서 패배감을 갖게 되었습니다.

사탸그라히(진리파지자)의 사전에 패배라는 단어는 없습니다. 그에게는 이 투쟁을 견지하는 것 자체가 바로 보답입니다. 하지만 진리와 비폭력 그리고 비폭력의 모든 함축까지 포함하여 믿어왔던 나의 가장 절친한 친구들 중 몇 사람이 의심과 무력감으로 가득 차게 된 것을 보았을 때, 그리고 내가 내 신앙으로 그들에게 감동을 줄 수 없을 때, 나는 암흑이 내 주변을 온통 둘러싸고 있는 것을 봅니다. 나는 단 하나의 빛줄기도 볼 수 없습니다. 나는 나의 믿음을 그들에게 불어넣을 수 없음을 압니다.

그러므로 내가 여러분의 축복을 받을 수 있다면 떠난다고 말할 때, 내 말을 있는 그대로 받아들이지 마십시오. 내 속에 있는 믿음을 여러분에게 줄 수 있는 그런 방안을 발견하게 해 주는 더 큰 힘을 찾아서 여러분의 인정을 받으면서 떠납니다. 그런 추구가 도로(徒勞)에 그칠 수 있습니다. 고독 속의 방랑도 도로에 그칠 수도 있습니다. 하지만 내가 필요성을 느낀다면 나는 여러분이 나를 부를 때까지 한 순간도 기다리지 않을 것입니다. 이것은 틀림없는 말입니다. 나는 여러분에게 갈 것입니다. 그리고 나는 정식 의원으로 등록하기 위해서 다시 한 번 국민회의로 갈 것입니다. 그리고 국민회의의 이익을 위해서 할 수 있는 일이면 무슨 일이든 다할 것입니다.

여러분이 의기소침하지 않기를 바랍니다. 여러분은 의무를 수행할 수 있다고, 여러분을 승리로 이끌어 줄 지도자들이 나타날 것이라고 생각하십시오. 내가 의회로 돌아와야 할 시기는 전적으로 여러분의 손에 달려 있습니다. 그래서 그 법안을 더 이상 진전시키지 말기를 당부할 따름입니다. 여러분은 이미 그 법안을 만장일치로 통과시킨 바 있습니다. 그 정도로 해둡시다. 나는 여하튼 이런 결정에서는 오직 선(善)만이 생길 것이라고 믿습니다. 내가 대변하고 있는 원리, 그리고 여러분이 충성을 바쳐온 원리 — 그 충성은 여러분의 관대함에서 나온 것임을 알지만, 일부는 그 충성을 맹목적으로 바쳤고, 다른 분들은 스스로 곰곰이 생각한 다음 충성을 바쳤습니다 — 를 여러분 스스로 대변하고 있다면, 나는 정말로 겸손한 마음으로 모든 충성을 받아들입니다. 가능하다면 내가 그것을 받을 자격이 있다는 점을 이제 내 스스로 입증하게 해주십시오. 그리고 내가 국민회의 의원으로 남아 있는지의 여부와 관계없이, 짧게는 14년 길게는 15년 여러분이 어느 정도 다 추종해왔던 원리, 여러분이 그것을 믿었기에 추종해왔던 그 원리를 여러분 스스로 입증하기를 바랍니다.

여러분이 지난 수년 동안 그 원리를 위해서 투쟁해왔고 그 원리를 위해서 살아왔으며, 내가 없더라도 여러분이 그 원리를 믿고, 그 원리를 대충 따를 것이 아니라 이전에 그래왔던 것보다 더욱 진실하고 더욱 철저하게 따를 것이라는 것, 이 사실을 내가 내 자신에게 그리고 여러분이 세계를 향해서 말할 수 있기 때문에, 이 사실은 더 큰 기쁨과 쾌락을 줄 것입니다.

자신의 은퇴의 문제를 다루는 연설 직후 간디지는 헌법제정 소위와 국민회의 운영위원회의 모든 권고 사항을 포함하는 포괄적 법안을 정식으로 제출했다. 간디는 국민회의가 그 법안을 전면적으로 수용하기를 권고하면서 의회 강령의 수정과 관련된 운영위원회의 권고를 의회가 부결한 전날의 결정 사항에 대해서 먼저 언급했다.

마하트마 간디는 90분에 걸친 감동적인 연설을 했는데 그 연설을 통해서 수정된 헌법을 의제위원회가 수용하기를 호소했다.

마하트마 간디는 목요일의 투표에 대해서 언급하고 의회 강령의 수정 문제를 지역소위들에게 이관하기로 투표한 솔직한 방식에 대해서 의회를 치하했다. 그는 자신의 제안에 대한 대중의 비판과 언론의 비판을 읽고, 그런 수정안들을 발의하지 않기로 결심했다고 말했다. 하지만 운영위원회 위원들은 운영위원회가 저 법안들을 지지할 것이라는 견해를 자발적으로 만장일치로 취하자, 간디는 다음과 같이 덧붙였다.

나는 운영위원회 위원들이 오늘 아침 이 수정안들에 대해서 그들의 의무가 무엇인가를 숙고하는 데 두 시간을 소비했다는 사실을 알고 놀랐습니다. 나는 운영위원회에게 위원회 자체의 법안을 통과시키라고 말했지만, 내 느낌은 시드와 씨의 수정안이 전혀 불필요하다는 것입니다. 여러분은 운영위원회의 제안을 거부할 수도 있었습니다만 배포할 필요는 없었습니다.

나는 파트와르단 씨의 연설을 경청했습니다. 그는 능숙하게 주장했지만, 자신을 기만하고 있었거나 아니면 스스로 한 사람의 주창자로서 활동하고 있었을 뿐입니다. 그는 우리가 이상에서 현실로 내려왔다고 말했습니다. 그러나 사회주의가 이상이 없다면, 그리고 내가 그에게 그 이상에서 점 하나라도 제거하라고 말했다면, 그는 내 제안을 거부했을 것입니다. 여러분은 50세대가 흘러가더라도 완전 독립을 실현할 수 있다고 여기십니까? 사회주의자의 강령은 한 걸음 더 나갑니다. 우리는 잣대가 있어야 합니다. 인간은 이상을 믿기를 포기하는 날부터 짐승의 수준으로 떨어질 것입니다. 오늘날 여러분이 진실(*truthfulness*)과 비폭력에 대해서 믿고 있다면, 믿는다고 말씀하십시오. 그렇다고 해서 여러분이 철저하게 진실하다는 것을 의미하지는 않습니다. 나 역시 철저하게 진실한 것은 아닙니다.

내가 만일 철두철미하게 진실했다면 내 말은 화살처럼 여러분을 꿰뚫고 나오더라도 깨끗할 것입니다. 하지만 나는 내 이상을 실현하기를 열망하고 있습니다. 마르크스는 자신의 이상이 실현되는 것을 살아생전에 목격했습니까? 그 이상은 변화를 겪었고 그것에 마르크스 자신은 꿈도 못 꾼 의미들이 부가되지 않았습니까? 여러분은 '합법적이고 평화로운' 수단이란 말을 '진실하고 비폭력적인' 수단으로 이해해야 합니다. 그렇게 하지 않으려면, 차라리 여러분이 합법적이라고 간주하는 수단을 동원해서라도 목적을 달성하겠다는 것을 여러분의 강령으로 삼으십시오. 그렇게 되면 그것이 여러분의 잣대가 될 것입니다만, 반드시 잣대가 있기는 있어야 합니다. 여러분의 목적과 수단에 대해서 분명한 태도를 취해야 합니다. 그것들은 동의어입니다.

여러분은 스와라즈가 여러분의 목적이라는 것을 알고 있습니다. 그것은 '푸르나 스와라즈'(*purna swaraj*)[32]여야 합니다만, 어떤 사람은 스와라즈가 완전 독립을 의미하는 것은 아니라고 말했습니다. 그래서 우리는 그것을 '푸르나 스와라즈'를 의미하는 것으로 정의했습니다. 이중 해석에 빠지지 않도록 강령을 정의해야 합니다. 여러분은 그렇게 했습니다. 그 누구도 직각을 그릴 수는 없습니다. 하지만 유클리드는 그것을 상상 속에서 그렸고, 기술자들에게 잣대를 부여했고 세계는 그것을 통해서 진보했습니다. 런던탑에는 하나의 직각자가 보관되어 있습니다.

운영위원회는 금요일 여러분에게 여러분의 잣대를 정의하기를 요구했습니다. 여러분은 그것을 회람시켰습니다만 그건 옳은 길이 아닙니다. 입술에는 이것이, 생각에는 다른 것이 존재한다고 세상에 말하지 맙시다.

그 이후 마하트마 간디는 제안된 헌법 수정안의 주요 목적을 설명하며 다음과 같이 말했다.

내가 내 결정을 재고할 것이라는 희망에 들떠서 수정안을 통과시키지 마십시오. 나는 내가 주도하여 만든 헌법을 통해서 국민회의에 대한 비공식적 지도를 시작했습니다. 나는 이제 이 수정 헌법을 여

---

32 완전한 자치. 전면적 독립.

러분에게 작은 선물로 보내드립니다. 그렇게 해서 여러분은 여러분과 가장 가까이서 의사소통하고 여러분과 일체가 되어서 그 헌법에 따라서 살려고 노력해왔고, 그 결점을 발견했던 이 사람 간디의 판단과 경험에서 나온 이득을 얻을 수 있을 것입니다. 따라서 여러분이 수정안을 손질한 다음 통과시켜 주시길 바랍니다.

내 말을 듣고 난 다음 하루 동안 숙고하여 여러분이 바라는 대로 법안 통과운동을 벌일 수 있을 것이고 평결을 내릴 수 있을 것입니다. 먼저 대표자의 수를 6천에서 1천으로 줄이도록 결정해야 합니다. 만약 여러분이 거부한다면 구도 전체가 무너질 것입니다.

두 번째 요점은 대표자들이 민중의 실질적 대표여야 한다는 점입니다. 우리는 우리나라에서 침묵하고 있는 수백만 민중을 간접적으로 대표하고 있습니다. 우리는 그들의 대변자이자 목소리이고 생각입니다. 국민회의가 1885년 이래 대변하고 있는 일은 바로 이것입니다. 하지만 우리는 우리 유권자만을 간접적으로 대변하고 있습니다.

우리 가운데 누가 자신이 대표하는 사람들에 대해서 말할 수 있으며, 자신의 선거구민과 살아 있는 관계를 유지하는지, 그들의 감정을 아는지에 대해서 말할 수 있는 사람이 있습니까? 우리 사이에서 가장 위대한 자도 그것을 주장할 수는 없습니다. 사르다르 발라브바이는 구자라트 지방의 무관의 제왕입니다. 하지만 나는 그가 대표하고 있는 선거구민이 누구인지, 내가 대표하고 있는 선거구민이 누구인지를 모릅니다. 나는 모든 사람들에게 국민회의 선거구민의 선거인 명부를 작성하라고 권유할 것입니다. 우리는 반드시 선거구와 선거구민이 있어야 하고, 각 의원은 자신의 선거구를 대표해야 하고, 그것과 살아 있는 관계를 유지해야 합니다. 그럴 경우에만 여러분의 잣대를 갖게 됩니다.

내가 제시하려는 세 번째 원리는, 세 가지 사항이 하나의 선거에 결합되어야 한다는 것입니다. 여러분이 그것을 수용한다면, 그것은 단순히 아주 편리하고 돈을 절약한다는 것만을 의미하는 것이 아니라, 전망이 아주 밝습니다. 그렇게 되면 대표자들은 그들의 선거구민에 의해서 선출될 것입니다. 그들은 지금처럼 1년에 사흘만 모이고 그런 다음 시야에서 사라지지는 않을 것입니다. 그들은 전인도국민회의위원회(AICC)의 위원으로서 활발한 국민회의 의원이 될 것이고 1년 내내 일하게 될 것입니다.

오늘날 1,530명 가운데 350명만이 전인도 국민회의위원회의 위원입니다. 그리고 1천 명의 집단들이 사르다르 발라브바이의 라스(Ras) 또는 바르돌리(Bardoli)[33]에 묵을 수 있습니다. 내게는 그런 성격의 촌락에서 성공적인 회의를 열 수 있는 완전한 계획이 있었습니다. 촌락들은 여러분을 위해서 뼈 빠지게 일을 해줄 수는 있지만, 여러분의 접대위원회에게 돈을 줄 수는 없습니다. 여러분 중에 국민회의 집회를 운영하고 식량을 반입할 줄 아는 사람이 있어야 합니다. 그리고 접대위원회는 준비 과정에 수십만 루피를 낭비해서는 안 됩니다.

나는 타마샤[34]라는 여흥과 개선문 건설에 수십만 루피를 탕진해 버린 접대위원회의 지혜를 의심합니다. 우리는 승리한 것이 아닙니다. 우리는 노예 국가입니다. 우리가 접대위원회에게 바라는 것은 푸딩과 아이스크림 대접이 아니라 보통 음식입니다. 우리의 계획은 접대위원회의 무거운 부담을 줄여 주는 것입니다. 만일 내가 나리만(Nariman)의 입장에 처했다면, 나는 미치광이가 되었을 것입니다.

33 〔역주〕 라스와 바르돌리는 모두 지명이다.

34 여흥. 소극, 익살극.

마하트마 간디는 이 문제가 지역위원회로 이관돼서는 안 된다는 그의 호소로 되돌아가서 다음과 같이 말했다.

여러분은 왜 그것을 각 지역으로 이관하기를 원합니까? 왜 여러분의 의무를 회피합니까? 여러분은 의제위원회이므로 최고 대표들입니다. 다른 사람들은 단순한 대표들, 즉 3억 5천만 민중을 대표하는 단순한 대표들입니다. 그렇다면 그들이 머리를 짜서 헌법을 제정해야지 그 의무를 회피해서는 안 됩니다. 나는 여러분이 제기한 모든 비판을 정당하게 고려할 것을 약속드리는 바입니다. 나는 강철 같은 헌법을, 그래서 단 한 사람도 멀어질 수 없는 헌법을 여러분에게 드립니다. 모든 사람들이 사기꾼이 아니라면, 부패가 발생할 때 여러분은 그것을 간파할 수 있을 것입니다. 어떤 헌법도 강도나 도둑을 완벽하게 막을 수는 없습니다. 나는 나의 동포가 조국을 결코 배반하지 않으리라는 충분한 믿음을 갖고 있습니다.

슈리 프라카샤는 우리의 현행 헌법이 부패했다고 말합니다. 그렇다면 할 일을 기다리면서 한 해를 더 낭비해야 합니까? 그 입장은 그 입장 그대로 고수될 것이고, 다음 12개월 동안 아무 보고도 받지 못할 것입니다. 세상은 나를 바보로 여기고 있습니다만, 여러분은 내가 갖고 있는 지혜를 가능한 만큼 사용하십시오. 하지만 지혜는 때때로 바보들의 입에서 나올 수도 있습니다. 나는 여러분이 내 제안을 수용하기를 바라며, 타협할 준비도 되어 있습니다. 마사니 씨가 내게 오셨을 때, 나는 사회주의자들도 대표를 국민회의에 보내야 한다는 점을 분명히 밝혔습니다. 그들은 진보파(*the advance wing*)입니다. 그들의 활동에서 우리가 두려워해야 할 것은 아무것도 없습니다. 그들은 스스로 국민회의 의원이라고 부르고 있으며, 의원으로 남아 있는 한 국민회의의 강령을 믿고 그 규율을 충실하게 따라야 합니다. 그들이 국민회의의 규율 준수에 실패한다면, 자신의 강령에서도 실패하게 됩니다. 이관 가능한 단일투표에 대한 그들의 제안에 동의하는 바입니다. 이 헌법은 부라바이 데사이(Bhulabhai Desai) 씨와 문쉬(K. M. Munshi) 씨와 같은 유능한 법률인들에 의해서 수정되었고, 그 외 다수 사람들의 자문을 받았습니다. 나는 도시지역에는 복수 선거구가 있게 될 것이라는 점을 분명히 해 두고 싶습니다. 하지만 수는 아직 정하지 못했습니다. 운영위원회는 상세한 점에 관해서는 전적으로 여러분의 의견을 따를 것입니다. 하지만 이런 사안들을 연기하지는 마십시오.

여러분은 의회평의회를 가질 것입니다. 평의회는 집회의 일을 돌볼 것입니다. 집회에서는 사람들 사이의 전투가 아니라, 원리들 사이의 전투가 있을 것입니다. 우리 의원들은 원리들을 대표하고 있지만, 그것들은 웅변을 요구하지 않고 다만 애매하지 않은 분명한 용어로 공표될 것입니다.

지금부터 여러분은 선거인 명부를 가질 것이고, 선거인들과 살아있는 관계를 가질 것입니다. 나게슈와라 라오 씨는 의원직 한 자리에 7천 명의 투표자들이 있다고 합니다. 나의 구도는 소박한 것이므로 의회직 한 자리에 1천 명의 투표자들을 원합니다. 여러분이 1백만 민중의 대표자이고, 우리가 점점 더 많은 민중을 가질 수 있다면 나는 만족할 것입니다. 하지만 우리가 이런 문제들을 지역위원회에 이관한다면, 국가의 삶에서 1년이란 세월을 잃게 될 것이라는 점을 주장하는 바입니다.

회의가 더 진행되자 마하트마 간디는 운영위원회 위원들을 선택할 수 있는 권한을 의장에게 부여하는 기존의 관행을 국민회의 헌법에 포함시키려는 수정안에 대해서 언급했다. 간디지는 이 사안에서 의장이 한 선택이 전인도 국민회의위원회에 의해서 번복된 일은 과거에 한 차례도 없었다고 말했다. 하지만 간디는 이 관행을 헌법에 포함시켜서 후보자 선택과 관련된 난관을 피하는 것이 좋겠다고 생각했다. 수정안이 통과되면 의장은 전인도 국민회의위원회에서 반대심문의 화살에 직면하지 않아도 될 것이었다.

운영위원회가 지속되는 동안 그들은 다음과 같이 말해야 할 경우들이 분명히 있을 것이다. "여러분이 우리에게 계속 일을 시킨다면 우리는 어떤 힘을 달라고 요구할 것이고, 만일 여러분이 우리를 신뢰할 수 없다면, 우리 자리를 대신할 보다 좋은 사람들을 찾아야 할 것이다"라고. 동일한 이유로 간디는 서기들과 경리 담당도 의장이 선택해야 한다는 점을 요구했다.[35]

전인도 국민회의위원회, 의제위원회에서의 연설,
내무부, 정치 파일 No.4 / 27 / 36 ; 《전집》 65 : 276

143) 침묵의 봉사

뉴델리, *1946. 4. 15*

공직을 받아들이지 말라는 제안은 나에게 큰 호소력이 있다. 당신은 할 수 있는 한 건설적인 일이면 무엇이든 조용히 수행하라. 지금은 난국이다. 만일 모든 사람들이 권력을 원한다면 누가 침묵의 봉사를 할 것인가?

바바 라가브다스에게 보낸 메모(H.), 〈더 힌두스탄〉
(*The Hindustan*),[36] 1946. 4. 16 ; 《전집》 90 : 310

---

35 이것은 1934년 10월 27일자 〈봄베이 센티넬〉지에 실렸다.

36 〔역주〕 이하 〈더 힌두스탄〉으로 표기함.

3. 정치와 사회

144) 정치적인 것(*The Political*)의 포괄성 사바르마티 아슈람, *1926. 5. 28*

친애하는 친구에게,

지난달 26일자 당신의 편지를 바제 씨를 통해서 받았습니다. 그 편지에 대해서 감사하고 있습니다. 내가 편지를 고맙게 여기는 이유는 오직 솔직한 의견교환을 통해서만 우리가 서로 보다 가까이 접근할 수 있음을 알고 있기 때문입니다. 나에게 '정치적'이란 단어는 포괄적입니다. 나는 인간의 상이한 행위들을 정치적·사회적·종교적·경제적 행위 등으로 엄격하게 나누지 않습니다. 나는 그것들을 하나의 불가분의 전체, 한 부분이 나머지 부분으로 흘러 들어가고 나머지에 의해서 영향을 받는 전체로 보고 있습니다. 우리의 정치적 자유(*political freedom*)라고 부를 만한 것이 집단 간의 분쟁 등과 같은 많은 내부 문제를 해결하는 우리의 능력에 달려 있다는 점을 나는 당신과 마찬가지로 믿습니다. 다른 말로 한다면 그런 자유는 내부 개혁에 의존합니다. 그래서 외면적인 것은 내면적인 것의 징후에 불과합니다. 이와 같은 집단 간의 문제가 해결될 수 없다고 내가 생각하는 것은 전혀 아닙니다. 이 문제는 지금 현재로서는 인간의 노력을 거부하는 것으로 보입니다. 하지만 나는 결국 그것을 해결할 수 있는 우리의 능력에 대해서는 전적으로 믿고 있습니다. 우리가 어떤 해결책에 도달하기 전 두 집단 사이에 피의 투쟁이 물론 있을 수도 있습니다. 모든 노력에도 불구하고 때론 그런 투쟁이 불가피한 것으로 보입니다.

집단 간의 분쟁이 영국 통치에 대한 우리의 의존 상태에서 기인되지 않았다고 당신이 정말로 생각한다면, 그 생각에 대해서 경고의 말씀을 드리고 싶습니다. 영국의 통치는 '분리하고 다스려라'(*divide and rule*)는 정책에 근거한다는 것이 내 확신인데, 영국 관리들도 이런 정책을 솔직히 인정한 바 있습니다. 정부는 마음만 먹으면, 분명히 신속하고 항구적인 해결에 크게 기여할 수 있습니다. 하지만 내가 이 일을 언급하는 이유는, 통치자들의 도움 없이 문제를 해결할 수 없다는 무능함의 책임으로부터 우리 자신을 풀어주기 위해서가 아니라 우리의 난관을 설명하기 위해서입니다.

당신의 두 번째 요점은 너무 어려워서 그것에 대해서 의견을 제시할 수가 없습니다. 나는 유럽정치 또는 유럽사에 대한 주의 깊은 학도가 아니므로, 당신이 구분하듯이 로마 가톨릭교도가 우세한 유럽 국가와 개신교도가 우세한 유럽 국가를 구분할 수가 없습니다. 그리고 바로 그 이유 때문에 두 번째 요점만큼이나 흥미로운 세 번째 요점에 대해서도 침묵을 지키는 것이 좋겠습니다. 인류는 신을 바라보는 방식에 의해서 주로 영향을 받는다는 데에는 의심의 여지가 없습니다. 인도에 관한 한 대다수 인도인은 신을 우리 각자의 내부에 거주하는 감시자(*the Monitor*)로 여깁니다. 심지어 무식한 대중조차도 신이 유일하고 만물에 널리 퍼져 있다는 점을, 그래서 우리 행위 전체의 목격자임을 알고 있습니다.

당신이 내가 현재 부분적으로만 이해하는 당신 편지 안의 두 개의 요점을 상세히 설명해 주시고 싶으시다면, 또 그럴 만한 여유가 있으시다면 나는 가능한 한 주의를 기울여서 상세한 설명을 읽을 것입니다. 그리고 그것은 나에게 큰 도움이 될 것입니다.

귀하의 신실한 친구

노먼 레이 박사에게 보낸 편지,
SN 12468 ; 《전집》 35 : 360

145) 속임수와 장사

사바르마티, 사탸그라하 아슈람, *1928. 2. 26*

친애하는 자와하르(Jawahar)[37]에게,

자네의 편지를 받았네. 나는 델리에서 벌어지는 모든 일을 느낄 수 있고, 자네가 자네 편지에서 말한 한 마디 한 마디를 이해할 수 있네. 나는 매일매일 집회의 의사록을 읽어 보고 행간을 읽으면서 고뇌하고 있지만 고뇌에 대해서 자네에게 적절히 묘사해 줄 수가 없네. 자네 부친의 계몽적인 편지는 내 자신의 독법을 먼 거리에서 확인해 주었네. 그런 참에 어제 크리팔라니가 크리슈나다스에게 보낸 편지가 왔네. 그리고 자네 편지가 당도해서 완전히 마무리를 지었네.[38] 우리는 버컨헤드 경[39]의 무례와 판무관들의 왜곡됨 앞에서 얼마나 가련한 쇼를 연출하고 있는가. 존 사이먼 경[40]에 대해서 내가 많은 것을

---

37 〔역주〕 Jawaharlal Nehru(1889~1964) : 인도의 초대 총리.

38 알라하바드에서 보낸 2월 23일자 편지에서 자와할랄 네루는 다음과 같이 쓴 바 있다. "저는 두세 시간 전 편지를 써서 월요일이나 화요일 저녁에 사바르마티에 도착하기를 바란다는 점을 알려드린 바 있습니다. 바로 직후 저는 델리에서 온 부름을 받았는데 그곳에서 다음 2주 또는 그 이상 헌법 초안을 만드는 일을 도와달라는 부름이었습니다. … 솔직히 말씀드리자면 저는 제당(諸黨) 대회에 이미 신물이 났습니다. 열흘 동안의 참석 이후 그 긴장이 저에게 너무 지나쳐서 저는 소요와 반란을 피하기 위해서 도망쳤습니다. 사흘간 보지 않으니 내 마음이 이미 가뿐해졌습니다. 하지만 모든 당들이 주는 약 한 첩이 내 머릿속으로 들어갈지도 모릅니다."

39 〔역주〕 Frederick Edwin Smith, 1st earl of Birkenhead(1872~1930) : 영국의 정치가 · 변호사 · 웅변가. 대법관 재직중(1919~1922) 중요한 법률 개혁을 발기했으며, 1921년의 영국 · 아일랜드 조약 협상을 도왔다. 1924년에서 1928년에 은퇴할 때까지 스탠리 볼드윈의 제2차 내각에서 인도 담당 국무장관으로 봉직했다. 버컨헤드는 1921년에 버컨헤드 자작작위를 받았고, 1922년에는 버컨헤드 백작 겸 푸르노 자작에 봉해졌다. 《생애》(*Life*, 2권, 1933~1935)는 외아들인 프레더릭 윈스턴 푸르노 스미스 2대 백작이 저술했다. 《브리태니커 CD EX 백과사전》, 한국브리태니커, 2002.

기대한 것은 아니지만, 우리가 아는 관료주의의 온갖 속임수를 부릴 줄은 미처 몰랐네. 전체 그림이 더러웠는데, 거기에다 불가촉천민들을 두고 한 최근의 거래가 그림에 또 한 번의 먹칠을 한 셈이네. 하지만 우리는 끈기가 있어야 하네. 자네는 끈기 있게 고통을 감수해야 하며 가능하다면 자네가 교정해야 하네.

가능하면 빨리 오게. 나는 카말라가 기력을 증진하지는 못하더라도 그 상태를 유지하기를 바라네. 자네가 오기 전 자네 부친과 함께 방갈로르(Bangalore)[41]에 있으면서 그곳의 기막힌 기후를 감안하여, 자네가 방갈로르에 체류하는 일에 대해서 생각해 보았다는 것을 자네 부친이 말해 주었는지 궁금하네. 좀 참기 어려운 기후가 4주 정도는 있네만, 자네는 방갈로르에서 겨우 35마일밖에 안 떨어진 거리에 있는 난디산(山)으로 언제든지 가서 서늘한 날씨를 즐길 수 있을 것이네. 무슨 일이 있더라도 카말라가 스위스에서 얻었던 기운을 잃지 않도록 하게.

귀하의 신실한 친구

자와할랄 네루에게 보낸 편지,
SN 13079 ;《전집》41 : 255

---

40 〔역주〕 John Allsebrook Simon, 1st Viscount Simon (of Stackpole Elidor) (1873~1954) : 영국의 정치가. 영국의 1등 자작, 내무장관(1915~1916, 1935~1937), 외무장관(1931~1935), 재무장관(1937~1940), 대법관(1940~1945)을 지냈으며, 제2차 세계대전 전 네빌 체임벌린 총리가 이끄는 정부의 나치 독일에 대한 유화정책에 관여했다. 1927~1930년에는 인도 정부에 대한 조사단의 책임자가 되어서 그곳의 온건 개혁을 권장했다. 《브리태니커 CD EX 백과사전》, 한국브리태니커, 2002 참조.

41 〔역주〕 인도 남부 카르마타카(옛 이름은 마이소르) 주의 주도.

146) 여론의 구속력

사바르마티 아슈람, *1928. 3. 3*

사랑하는 모틸랄지(Motilalji)[42]께,

저는 당신의 편지를 받고 그것을 자와할랄과 의논했습니다. 그는 제가 그에게 표명했던 견해를 글로 적어서 제 견해에 대한 정확한 해석에 대해서 아무 오해가 없도록 하는 것, 그래서 그가 저를 정확히 이해했는지 알 수 있도록 하는 편이 더 낫겠다는 의견을 제시했고 저도 그 점에 대해서 동의하고 있습니다.

유권자에 대해서 몇 년 전 델리에서 저는 우리가 선거구민을 분할하거나 의원직의 사전 확보에 참여해서는 안 되며, 의원직 사전 확보가 필요하다면 상호간 자발적 조처에 근거해야 한다는 견해를 표명한 바 있는데, 지금도 같은 견해를 갖고 있습니다. 하지만 이슬람교도의 동의가 없는 한, 의원직 사전 확보에 대한 우리의 입장을 번복하지 않을 것입니다. 국민회의는 그 일을 하기로 공약했습니다. 제가 생각하기에 우리는 단순히 국민회의 결의를 준수해야 하고 힌두교도와 이슬람교도가 모두 그 결의를 실행하기를 기대해야 합니다. 만일 제당대회가 모든 사람들이 받아들일 수 있는 다른 방도를 발견하지 못한다면, 우리는 단순히 국민회의의 처리 방안을 실천해야 할 것입니다.

헌법에 대해서 솔직히 말하자면, 우리는 자신들에 대한 구속력을 확보할 때까지 헌법을 제정할 준비가 되어 있지 않습니다. 우리가 도달할 어떤 헌법도, 그것을 개선할 수는 있을지언정 1인치라도 거기에서 물러설 수 없다는 의미에서 최종적인 것이 되어야 합니다. 그런데 지금은 그와 같은 헌법에 도달할 분위기가 전혀 아닌 것으로 보입니다. 그

42 〔역주〕 자와할랄 네루의 부친.

러므로 저는 개인적으로는 헌법보다는 모든 당파들 사이에서 우리 모두 동의할 수 있는 잠정 협정을 선호합니다. 이것은 헌법이 아니지만, 협정의 핵심 조항들은 예를 들면 힌두·무슬림 협정, 토착의 제주(諸州)에 대한 계약 또는 정책과 같은 것일 것입니다. 만일 우리가 이 일을 대중화시키자면, 나는 외제 천의 수입 전면 금지와 추방을 필수불가결의 조건으로 도입해야 할 것입니다. 물론 우리는 모든 종교를 대우함에 있어서, 이른바 불가촉천민의 종교까지 포함해서 평등을 보장해야 할 것입니다. 이것으로 제가 상호간의 동의가 있어야 할 일들의 목록을 완성한 것은 아니고 몇 개의 사례를 지적했을 뿐입니다. 만일 우리가 그와 같은 일반적 동의를 무시한다면 우리는 과오를 범하는 일이 될 것입니다. 여하튼 제당대회가 아무 일도 하지 않은 채 산회하지 않기를 진실로 바랍니다. 만일 산회한다면, 운영위원회가 그 일을 스스로 처리해야 하고, 제당대회 소집의 이유가 되었던 모든 사안들에 대해서 국민회의를 대신하여 권위 있는 성명을 발표해야 할 것입니다.

구속력에 대해서 제 생각으로 앞서 언급한 두 가지 사항보다 더욱 중요한 일은 구속력입니다. 우리가 스스로 힘을 창출하지 않는다면 거지의 처지를 넘어 전진할 수 없습니다. 바로 이 문제를 생각하는 것에 저는 제 시간의 전부를 바쳤고, 외제 천의 불매운동 이외에 달리 어떤 것도 생각할 수가 없었습니다. 불매운동은 가능하다면 공장의 도움을 받아서 해야 할 것이고, 필요하다면 공장의 도움 없이 해야 할 것입니다. 만일 우리가 불매운동을 찬성하는 여론을 충분히 형성할 수 있다면 적절한 시간 내에 그 일을 완벽하게 해낼 수 있으리라고 저는 생각합니다. 제가 마음대로 할 수 있었다면 다른 일은 제외하고 이 일에만 집중했을 것입니다. 비록 제가 공개적으로는 아무 말도 하지 않았지만, 저는 벵골에서 진행되는 일을 전혀 좋아하지 않습니다. 제가 본 바로는 그 일은 반드시 실패하도록 되어 있고, 실패에서 기인되는 큰 피해도 예상됩니다. 외제 천의 불매운동과 달리, 우리가 원하는 만큼 성공하지 않는다면 그것은 무가치합니다. 자와할랄과 저는 우리 시간의 대부분을 이 문제를 심사숙고하는 데 보냈습니다. 그리고 그가 모든 것을 당신에게 설명할 것입니다. 그가 델리로 떠나기 전 우리의 일을 마무리 지을 수 없다면, 이것에 대해서 나와 논의를 더 할 수 있도록 그를 보내주시기 바랍니다. 당신이 그를 필요로 하지 않을 때 말입니다.

당신이 당분간 여기에 오시지 않을 것으로 알고 있습니다.

귀하의 신실한 친구

모틸랄 네루에게 보낸 편지,
SN 13095 ;《전집》41 : 279

147) 정치적 장광설과 위장

〔런던, *1931. 11. 6*〕

버나드 쇼(Bernard Shaw) 씨는 오랫동안 간디지를 만나기를 원했다. 그는 상당히 주저하면서 찾아왔다. 그는 한 시간 가량을 간디지와 함께 보내면서, 놀랄 만큼 다양한 주제 이를테면 민속학적 주제, 종교적·사회적·정치적·경제적 주제에 대해서 질문을 던졌다. 그의 얘기는 반짝이는 재치와 냉소적 유머로 광채를 발했다. "저는 당신에 대해서 좀 알았습니다. 당신 안에서 동지를 봤습니다. 우리는 지상의 아주 작은 공동체에 속합니다"라고 말했다. 그의 다른 질문들은 보편적인 중요성을 갖지만, 원탁회의에 대해서 질문하지 않을 수 없었다. "원탁회의[43]가 당신의 인내심을 시험한 것이 아닙니까?" 라고 묻자, 간디지는 슬픔에 빠져서 다음과 같이 고백하지 않을 수 없었다.

---

43 〔역주〕 영국의 인도 지배를 위한 기본법인 인도 통치법의 개정을 둘러싸고 비폭력 저항운동이 진행되는 동안 인도 측 지도자와 영국 당국자 사이에 열린 국제회의. 1931~1933년 매년 1회 런던에서 개최되었는데, 제 1회와 제 3회는 인도 측 대표인 국민회의파 지도자들에 의해서 거부되었다. 제 2회는 간디가 참석했지만 아무런 성과를 얻지 못했다.

그것은 욥의 인내력 이상을 요구합니다. 회의 전체가 거대한 위장이고, 우리에게 주어졌던 장광설은 지연술에 불과했습니다. 여러분은 왜 깨끗한 가슴을 갖고 여러분의 정책을 선언하면서, 선택권은 우리에게 주지 않는지, 그들에게 물었습니다. 하지만 영국 정치의 본성상 그렇게 하지 못하는 것으로 보였습니다. 그것은 반드시 우회적이고 구불구불한 길을 가야 하는군요!

조지 버나드 쇼와의 대담, 〈영 인디아〉, 1931. 11. 19 ; 《전집》 54 : 75

148) 정치권력과 사회개혁

한 투고자가 〈하리잔〉지를 통해서 논의해 달라고 나에게 던진 여러 질문 가운데 상당 기간 동안 서류철 속에 보관하고 있던 질문이 하나 있다.

> 정치권력의 획득 없이는 어떤 위대한 개혁도 성취하기가 불가능하다고 생각하지 않습니까? 우리는 현재의 경제 구조와도 씨름해야 할 것입니다. 정치적인 구조 조정 없이는 어떤 구조 조정도 불가능할 것이고, 정백미(精白米)와 현미, 균형 잡힌 식사 등에 대한 모든 얘기도 허튼소리가 될까 염려됩니다.

나는 사람들이 일을 하지 못하는 데 대한 변명으로 이런 종류의 논의를 펴는 것을 자주 듣곤 했다. 정치권력 없이 수행할 수 없는 일들이 있다는 점은 인정한다. 하지만 정치권력에 전혀 의존하지 않는 일도 많이 있다. 바로 그 때문에 소로와 같은 사상가가 "가장 적게 다스리는 정부가 최선이다"라고 했다. 이것은 민중이 정치권력을 장악하게 되면 민중의 자유에 대한 간섭이 최소한으로 줄어든다는 것을 의미한다. 바꿔 말해서 어떤 국민(*nation*)이 국가의 많은 간섭(*much State interference*) 없이 부드럽고 효과적으로 업무를 처리한다면, 그런 국민이 진정으로 민주적(*democratic*)이다. 그런 여건이 충족되지 않는 곳에서는 정부의 형태가 명목상으로만 민주적이다.

사상의 자유(*freedom of thought*)에 한계나 제한이 없는 것은 분명하다. 오늘날 많은 개혁가가 새로운 이데올로기를 최대한 강조하고 있다는 점은 상기할 만하다. 우리 중 몇 사람이나 개혁으로 보이는 것을 지지할까? 현대과학자들은 생각(*thought*)의 힘을 인정한다. 그래서 사람은 생각하는 대로 될 것이라고 말한다. 살인에 대해서 항상 생각하는 자는 살인자가 될 것이고, 근친상간을 생각하는 자는 근친상간의 죄를 범할 것이다. 반대로 진리와 비폭력을 항상 생각하는 자는 진실하고 비폭력적인 사람이 될 것이다. 그리고 신에 전념하는 자는 신과 같은 자가 될 것이다. 이러한 생각의 영역에는 정치권력이 전혀 작동할 수 없다. 그래서 정치권력의 존재 또는 결핍이 우리의 수많은 행동에 조금도 영향을 미치지 않는다는 것은 분명하다. 나는 편지의 투고자에게 다음과 같은 겸손한 제안을 하고자 한다. 자신의 일상적 행위 전체를 자세히 기록해 보고, 그 행위들 중 많은 것이 일체의 정치력에서 독립하여 수행되고 있음을 반드시 찾아보기를 부탁한다. 사람은 자신의 의존 상태에 대해서 자신에게 감사해야 한다.[44] 그는 독립을 원하자마자 독립할 수 있다.

투고자는 '위대한' 개혁이란 귀신을 불러낸 다음 그것을 피하고 말았다. 작은 개혁에 대해서 준비되어 있지 않은 자는 위대한 개혁에 대해서도 결코 준비할 수가 없을 것이다. 자신의 능력을 최고로 발휘하는 자는 그것을 계속하여 배가해갈 것이고, 그에게 한때 커다란

---

44 〔역주〕 자신의 의존 상태에 대한 자각이 독립에 대한 욕구를 일으킨다는 전제가 있어야 할 것이다.

개혁으로 비쳤던 것도 실제로는 작은 것이었다는 점을 알게 될 것이다. 이런 방식으로 자신의 삶에 질서를 부여하는 자는 참으로 자연스런 삶을 영위하게 될 것이다. 사람이 정치적 목표를 실현하기 위해서는 그 목표를 반드시 망각해야 한다. 매사에 있어서, 매 단계마다 정치적 목표의 관점에서 생각하는 것은 불필요한 먼지를 일으킨다. 우리는 왜 불가피한 일에 대해서 걱정하는가? 우리는 왜 죽음이 오기 전에 먼저 죽어야 하는가?

그 때문에 나는 비타민, 잎이 많은 채소, 현미를 논의하는 일에 아주 열렬한 관심을 기울일 수 있다. 같은 이유에서 변소를 어떻게 하면 가장 잘 청소할 수 있을지, 어떻게 하면 지모신(地母神)을 매일 아침 더럽히는 가증스런 죄에서 우리의 민중을 가장 잘 구할 수 있을지를 알아보는 것이 나에게 아주 흥미진진한 일이 되었다. 이와 같이 필수적인 문제들을 생각하고 해결책들을 강구해 보는 데에는 정치적 의미가 전혀 없다고 하면서, 왜 정부의 재정정책을 검토하는 것은 반드시 정치적인 관련이 있다고 하는지, 나는 도대체 이해할 수 없다. 나에게 분명한 것은, 우리 통치자들의 정책을 검토하는 일은 수백만 민중의 소관 사항이 아니지만, 내가 하고 있는 일, 즉 내가 대중에게 해 달라고 요청하는 일은 민중이 수행할 수 있는 일이라는 점이다. 통치자의 정책을 검토하는 것이 몇 사람의 관심사라는 점을 나는 논박하지 않겠다. 그 일을 할 자격이 있는 자로 하여금 최선을 다해서 그 일을 하게 하자. 하지만 이 지도자들이 커다란 변화를 초래하기 전, 왜 나와 같은 수백만 민중이 신으로부터 하사받은 선물을 최대한 선용하면 안 되는가? 왜 그들은 자신들의 육신을 봉사에 보다 더 적합한 도구로 만들면 안 되는가? 왜 그들은 자신의 문과 주변에서 먼지와 오물을 청소하면 안 되는가? 왜 그들은 항상 질병의 손아귀에 잡혀 있고 자신이나 다른 사람들을 도와줄 수 없을까?

아니, 투고자의 질문이 자신의 나태와 절망, 그리고 대다수의 우리를 집어삼킨 의기소침함을 드러내는 것은 아닌지 염려스럽다. 나는 자유에 대한 열정(*passion for freedom*)에 있어서 어느 누구에게도 양보하기를 원하지 않는다는 점을 자신 있게 주장할 수 있다. 어떤 피로도 어떤 의기소침도 나를 붙잡지는 못했다. 나는 다년간의 경험 덕분에 나의 에너지와 주의력을 앗아가는 행위가 우리나라의 자유를 성취하기 위함이었다는 점, 그 행위 안에 비폭력적 자유의 비밀이 숨어 있다는 점을 확신한다. 바로 그 때문에 나는 위대한 봉사를 위해서 자기 몫을 다하는 일에 남녀노소를 불문하고 모든 사람들을 초대하는 바이다.

치명적 오류, 〈하리잔〉, 1936. 1. 11 ; 《전집》 68 : 147

149) 진실한 정치(*True Politics*)와 권력정치(*Power Politics*) 〔말리칸다, *1940. 2. 21*〕

고쿨바이가 말한 것에 대해서 답변하겠습니다. 그가 언급한 두 가지 사항에 있어서 약간의 오해가 있었습니다. 오해를 풀고 불필요한 논의를 피하도록 합시다.

나는 간디봉사회(Gandhi Seva Sangh)[45] 회원들이 정치에서 물러나야 한다고 말하지는 않았습니다. 내가 말씀드린 바는 봉사회의 회원 자격으로 정치에 들어가서는 안 된다는 것이었습니다. 나는 오늘 아침 봉사회의 어떤 회원도 정치를 포기해서는 안 된다고 말했습니다.

---

45 〔역주〕 여기에 나오는 sangh(또는 samgha)를 음역하면 승가(僧家), 승(僧)이 되고, 의역하면 중(衆) 또는 화합중(和合衆)이 된다.

나는 사르다르와 라젠드라 바부, 이 두 사람을 예로 들면서 그들에게 정치를 떠나라고 요구하지 않을 것이라고 말했습니다. 하지만 그들이 봉사회는 떠나야 한다고 말했습니다. 봉사회 내에서 정치가 차지할 자리가 없기를 바랍니다.

고쿨바이의 두 번째 질문은 다음과 같습니다. 우리의 삶 전체가 하나이고 불가분의 것이라면, 어떤 특정 사항이 정치의 범주 아래 포함될지의 여부를 어떻게 결정할 수 있을까 하는 것이었습니다. 많은 일이 서로 얽혀 있으므로 우리의 삶을 구획 지어서는 안 된다고 내가 말한 것은 사실입니다. 바로 그 때문에 삶은 하나이며 불가분인 것입니다. 하지만 다른 관점도 존재합니다. 우리의 육신은 하나의 전체이지만, 눈·귀·코 등의 기관이 있습니다. 우리가 육신을 하나의 전체로 간주할 때 개별적 기관에 대해서 생각하는 것은 아닙니다. 하지만 우리가 개별적 기관들을 검사할 때는 기관 하나하나를 별도로 생각합니다. 그것들은 하나의 동일한 육신의 지체들이지만, 우리는 그것들을 별개로 생각하고, 지각기관과 행동기관 등과 같은 구분을 짓습니다. 오늘날 우리는 그 일을 그러한 분석적 관점에서 보고 있습니다. 정치는 우리 활동 전반에 두루 퍼져 있습니다. 하지만 내가 정치에서 은퇴를 운운할 때는 광의에서 본 정치를 말하는 것은 아닙니다. 나는 국민회의·선거·집단주의(*groupism*)를 지칭하고 있습니다. 나는 권력정치가 봉사회 내부에 있어서는 안 되는 이유를 설명한 바 있습니다. 우리는 비겁해서가 아니라 자기정화의 목적으로 그 조처를 취하는 것입니다. 그것이 비폭력의 길입니다. 나는 모든 정치 행위를 금지하지 않았습니다. 이 나라에서는 건설적 행위 일체가 정치의 일부라는 점을 나는 압니다. 내 소견으로는 그것이 진실한 정치입니다. 비폭력은 권력정치와는 무관합니다.

본 봉사회의 존재가 비폭력을 위해서 반드시 필요한 것은 아닙니다. 그렇다고 해서 비폭력의 목적을 위해서 단체가 존재할 수 없다고 말하는 것도 아닙니다. 하지만 오늘날 우리의 봉사회는 그런 것이 아닙니다. 우리는 봉사회를 형성하고 그 이익을 맛보았습니다. 하여간 나는 그 일을 했습니다. 비폭력적 단체가 다른 단체들처럼 활동할 수도 없고 그래서도 안 된다는 점을 우리는 봐 왔습니다. 비폭력적 단체는 어떤 특별한 성격이 있어야 합니다. 따라서 간디봉사회에 대한 나의 경험에 따라서, 나는 우리가 정치에서 멀어져야 한다는 점을 제안합니다. 만일 우리가 그렇게 하지 않는다면 간디주의(*Gandhism*)는 분명 망하게 될 것입니다.

우리는 특별한 정책을 받아들였고, 그 정책을 따르기 위해서 특별한 수단을 받아들여야 합니다. 나는 이 수단이 무엇인지를 발견하기 위해서 노력해왔습니다. 나는 오직 실험하고 있는 중입니다. 상황이 달라지면 나의 방법도 달라져야 합니다. 그러나 나는 미리 정해진 공식 같은 것은 없습니다. 우리 실험은 전적으로 새로운 것입니다. 우리가 따라야 할 단계들의 순서는 정해져 있지 않습니다. 나는 탐구심을 가진 사람입니다. 그러므로 크나큰 인내심을 갖고 사탸그라하 과학을 발견하고 발전시키고 있습니다. 이렇게 추구하는 가운데 나는 매일 새로운 지식과 새로운 빛을 얻고 있습니다.

나는 이 실험을 예의 주시하고 있었기 때문에, 우리가 정치 무대에 등장해야 하고, 그 역할에서도 경험을 얻어야 하고, 우리의 진리와 비폭력의 힘을 시험해 보아야 한다고 후들리에서 제안한 적이 있습니다. 이런 충고를 주는 일이 잘못일 수도 있습니다만, 충고를 준 일에 대해서 후회하지는 않습니다. 정치로 들어간 것도 잘한 일입니다. 우리는 매우 가치 있는 경험을 했습니다. 우리에게 만일 이런 경험이 없었다면, 나는 두 마음을 가졌을 것입니다. 나는 우리가 정치적 경험을 전혀 가진 적이 없었다는 사실을 줄곧 의식했을 것입니다. 이제 그 경험 이후, 여러분이 간디봉사회 회원으로서는 정치에서 은퇴하라고 적극적으로 충고하는 바입니다.

여러분이 잊으면 안 될 일이 하나 더 있습니다. 간디봉사회는 정치를 자신의 분야로 용인한 적이 한 번도 없습니다. 한번 생각해 보십시오. 봉사회의 총회 기간 동안 우리가 한 번이라도 정치를 논의해 본 적이 있습니까? 여러분은 보고서와 결의안 중에 정치의 흔적조차 찾아볼 수 없을 것입니다. 정치는 정치에 관심 있는 봉사회 회원들에게는 중요한 주제입니다만, 봉사회 자체의 관심사는 아닙니다. 정치는 정치에 관여하고 있는 사르다르를 위한 것입니다. 봉사회의 다른 회원들에게도 그것은 봉사회 범위 밖의 활동입니다. 여러분은 여기에서 언제 정치에 대해서 논의합니까? 여러분은 사르다르가 어떻게 의회평의회 업무를 수행하는지에 대해서 그 자신이 여러분에게 설명해야 한다고 주장하면서 그를 괴롭힙니까? 여러분은 내가 부왕에게 무슨 말을 하는지에 대해서 도대체 물은 적이 있습니까? 우리가 이런 일에 대해서 관심을 가지는 것은 당연합니다. 하지만 그것은 봉사회의 회원으로 하는 것이 아니라 다른 자격에서 그렇습니다. 우리는 후들리에서 정치에 참여하자는 결의안을 통과시켰습니다. 하지만 그 뒤에도 우리는 총회 기간 동안 정치를 논의하지 않았습니다. 우리는 완전히 다른 마음을 먹고 여기에 왔습니다. 우리는 지식을 추구하는 사람들입니다. 우리는 반성하면서 우리의 오류를 수정할 목적으로 여기에 왔습니다. 따라서 우리의 총회는 상당히 다른 분위기를 갖고 있습니다. 정치는 우리의 외면적 행위입니다. 따라서 우리는 여기에서 정치를 논하지 않겠습니다. 정치는 봉사회의 영역이 아닙니다.

후들리 이후에도 봉사회의 내면적 성격은 변하지 않았습니다. 이런 점을 미뤄 보아서 우리가 정치 그룹을 결성하고 있다고 보는 일부 사람들의 오해가 전혀 사실 무근임이 분명합니다. 우리가 우리 자신을 아래로 끌어내릴 하등의 이유가 없습니다. 그런 이유로 나는 우리가 봉사회를 해산할 것을 제안하는 바입니다. 내가 정치활동을 그만두는 것은 아닙니다. 그러나 봉사회에 관한 한 정치활동을 일단 중지하고자 합니다. 정치는 우리의 일이 전혀 아니기 때문입니다. 후들리에서도 우리는 봉사회의 본래 성격을 바꾼 것은 아니었습니다. 우리가 범한 유일한 과실은 우리가 봉사회 회원들에게 의회활동에 참여하도록 허용했다는 점입니다. 하지만 이 일 뒤에도 나는 의회 업무에 대해서 직접적인 관심은 거의 없었습니다. 나는 신문을 읽는 데에도 거의 시간을 보내지 않았습니다. 여러분이 키쇼렐랄바이에게 묻는다면, 자신은 의회의 일에 대해서 아무것도 모르니, 사르다르에게 묻는 편이 나을 것이라고 대답할 것입니다. 이에 대한 명백한 이유는, 봉사회가 정치를 자체의 영역으로 생각한 적이 결코 없다는 데에 있습니다. 우리는 그 목적을 위해서 봉사회를 결성하지 않았습니다. 그렇다면 우리는 왜 불필요하게 불구덩이 속으로 뛰어들어야 합니까? 거기에서 물러납시다.

내가 말해온 구별이 고쿨바이에게는 선명치 않았습니다. 그는 내가 정치활동을 금지한다고 생각했습니다. 사실은 그렇지 않은데도 말입니다. 내가 말한 것은 봉사회가 정치활동에 연루되어서는 안 된다는 것이었습니다.

이제 남은 질문은 우리가 정치에 진리와 비폭력을 도입하고자 하면 왜 안 되는가입니다. 봉사회는 정치 분야를 왜 그대로 내버려 두어야 합니까? 이 문제에 대해서 나는 이미 대답했습니다. 비폭력의 방법은 우리가 악을 없앨 능력이 없다면 그 악에서 물러나야 한다는 것을 함축하고 있습니다. 이것이 비협조입니다. 나는 비협조라는 위대한 원리를 인도 앞에 제시한 바 있습니다. 나는 그 원리를 여기에 적용하고 있습니다.

여러분에게 사례 하나를 보여드리겠습니다. 지금 여기에 항의 시위가 벌어지고 있습니다. 우리가 억지로 데모 대열 앞에 나가서 "자, 보시오. 여기에 우리가 있소. 당신네들 마음대로 한번 해보시오"라고 말해야 합니까? 이런 행위는 정말로 바보 같은 짓입니다. 바로 그 때문에 욕설을 듣기 위해서 급히 갈 필요는 없다고 경전은 말하고 있습니다.

여러분은 혹시 세 마리의 원숭이 모습에 대해서 들은 바가 있는지 모르겠습니다. 그것은 일본 고베에 있습니다. 어떤 이가 그 원숭이의 모조품, 아주 작은 형상을 하나 보내왔습니다. 그것은 원숭이 세 마리의 작은 조상으로 이뤄져 있습니다. 그중 한 마리는 입을 닫고 있고, 두 번째 놈은 눈을, 세 번째 놈은 귀를 닫고 있습니다. 이 세 마리 원숭이는 악을 말하지 말며, 보지 말고, 듣지도 말라고 세상에 가르칩니다. 이것이 비협조의 비밀입니다. 여기에 항의 시위가 진행 중에 있습니다. 만약 데모대들이 여기 판달(*pandal*)[46]에 침입하여 우리를 공격한다면, 이 자리에서 꼼짝 말고 그들의 주먹질을 받아들이라고 여러분에게 권하는 바입니다. 그러나 나는 여러분에게 데모 장소로 나가서 그들의 주먹질을 자극하라고 말하는 것은 분명 아닙니다. 이것은 그들을 의도적으로 자극하는 일입니다. 이것은 비폭력이 아니라 자기주장(*self-assertion*)입니다.

나는 여기에서 이런 유형의 비협조를 수용하자고 제안합니다. 우리

46 〔역주〕 (인도에서 공공 집회에 쓰기 위한) 가설 오두막집.

가 정치에 들어가면 그들을 자극하게 될 것입니다. 이것은 마치 그들의 격노에 기름을 붓는 격입니다. 그래서 비폭력은 정치에서 우리 자신들을 철수시켜야 한다고 말하고 있습니다. 우리가 정치에서 떠났는데도 민중이 우리를 비판하거나, 반대하거나 공격해 온다면, 우리는 이 모든 것을 감내해야 합니다. 우리가 정치에서 떠난 뒤에도 누가 우리를 파괴하려고 한다면, 그렇게 하도록 내버려 둡시다.

이 모든 일에도 불구하고, 정치적 활동을 위해서 봉사회의 보호가 필요 없는 자들은 거기에서 활동을 계속해도 괜찮습니다. 발라브바이가 그런 사례입니다. 그는 무엇 때문에 봉사회가 필요하겠습니까? 그가 봉사회에 남아 있다고 해도 그의 신망이 올라가는 것은 아닙니다. 그는 봉사회가 결성되기 전 이미 자신의 정치적 신망을 얻었습니다. 그가 이 단체에 있는 덕분에 신망을 얻는 것은 바로 봉사회입니다. 그런데 그는 그저 타고난 정치가일 뿐입니다. 정치가 그의 피 안에 있습니다. 그는 건설적 프로그램을 위해서 태어난 것이 아닙니다. 어떤 면에서 보면 그가 건설적 프로그램을 수용한 것은 일종의 강박감에서 그랬습니다. 내 경우와는 달리, 건설적 프로그램은 그의 기질에 꼭 맞지도 않고, 나와 달리 그는 건설적 프로그램에 몰두하지도 않습니다. 나는 건설적 프로그램을 위해서 태어났습니다. 그것은 내 혼의 일부입니다. 정치는 나에게는 성가신 일입니다. 내가 정치를 털어 버릴 수 있다면 나는 기뻐 춤출 것입니다. 사르다르는 정치를 털어 버리는 일 따위는 거의 하지 않을 것입니다. 이것이 우리 사이의 주요 차이점입니다. 그는 내가 말하는 것을 듣고 있으므로, 내가 만일 과오를 범한다면 나를 고쳐 줄 것입니다.

그런데 만일 봉사회와의 연관으로 인해서 신망을 얻는 다른 회원들이 많이 있다면, 그리고 이 신망이 정치적 목표를 위해서 도움이 된다면, 유일한 해결책은 우리가 그런 신망을 갖지 못하도록 하는 것입니다. 그들 역시 그런 식으로 빌려온 신망을 포기해야 할 것입니다. 만일 우리가 그들에게 그런 신망을 빌려주고 그들이 그것을 수용한다면, 우리는 국민회의 내 사회주의자들 또는 공산주의자들과 경쟁하고 있다는 비난을 받아서 마땅합니다. 이것이 실제로 사실이 아닌데 우리가 왜 그런 비난을 들어야 합니까?

우리는 어떤 누구와도 경쟁하고 싶지 않으며, 우리 자신의 적수들조차 포용하려고 합니다. 그들이 우리에게 반대한다면, 그것은 그들이 우리를 이해하지 못하기 때문입니다. 하지만 우리가 그들에게 속하고, 그들이 우리에게 속한다는 것을 우리는 알고 있습니다. 따라서 민중이 우리를 초청하지 않는 한, 정치에 적극적 관심을 갖지 맙시다. 조용히 우리의 건설적 프로그램을 수행해 나갑시다. 그리고 우리 자신을 정치에서 철수시킴으로써 비폭력에 영광을 돌리도록 합시다. 이것은 경험자의 입에서 나온 말입니다. 여러분은 반드시 그 말의 의미를 이해하고 파악해야 하고 함축에 주목해야 합니다. 그래서 여러분이 봉사회를 해산하는 일은 비폭력이란 원리의 실물교육입니다. 그것은 아주 간단합니다. 거기에는 아무 위해가 없습니다.

그런데 내가 봉사회에서 아무것도 얻지 못했다고 말한 것에 대해서 고쿨바이가 왜 상처받아야 합니까? 실제 이런 자리에 서는 일은 내 집에 있는 것과 같습니다. 여러분은 모두 나를 사랑합니다. 여기에서 우리는 하나의 가족입니다. 가족이라면 자식·아내·부모·형제자매, 모두가 서로 사랑합니다. 가족 안에는 비폭력 실험을 수행할 수 있는 여지가 거의 없습니다. 그와 비슷하게 나의 비폭력은 이 봉사회 내부에서 검증될 수 없습니다. 여러분은 여기에서 나에게 무엇을 가르칠 수 있습니까? 나의 비폭력은 내가 반대를 받고, 비난받고, 비판받고 있는 국민회의에서 검증을 받았습니다. 분노를 향한 나의 성향(*proclivity*)은 양성되고 촉발되었습니다.[47] 나는 만사를 매우 공손하게 인내합니다. 내게는 사랑과 비폭력을 실행할 기회가 있었고, 나는 그러면서 성장합니다. 따라서 나는 국민회의에서 내 능력을 향상시킬 수 있는 호기를 가졌다고 말하는 것입니다. 내 모든 훈련은 국민회의에서 얻었습니다. 봉사회에서 배운 것은 거의 없습니다. 봉사회가 무용한 것이고 그래서 내버릴 만하다고 말하려는 것은 아닙니다. 실제 내가 여러분을 칭찬만 했지 비판한 적은 없습니다. 풍부한 사랑만이 깃든 가족에서 고쿨바이가 뭘 배울 수 있겠습니까? 그는 외부에서 더 많이 배울 수 있을 것입니다. 우리가 검증받는 곳은 바로 외부 세계입니다. 우리는 욕설 앞에서도 언제나 미소짓는 법을 배워야 합니다. 어떤 도발이 있다고 하더라도 우리 심정에 분노가 있어서는 안 됩니다. 우리의 실험 장소는 외부에 있습니다. 우리가 여기에서 해야 하는 모든 일은 우리의 배터리를 충전하는 일입니다. 우리가 어떻게 배터리를 충전하는지, 그건 또 다른 문제입니다. 그러기 위해서 우리는 봉사회의 성격을 바꿔야 할 것입니다. 원한다면, 이 문제에 대한 여러분의 견해를 추후에 표명하십시오. 당분간 봉사회를 정치에서 분리하는 일만 고려하면 됩니다. 나는 고쿨바이의 마음속에 있는 오해를 씻어 내렸고, 모든 요점을 해명했습니다. 그가 원한다면 자신의 과오를 고백하거나 원하는 질문은 뭐든 물어도 괜찮습니다.

나는 자주지(Jajuji)의 기질을 압니다. 그는 만사를 정확히 하려고 하는 사람입니다. 그는 정확한 말로 제시된 사안을 다루기가 용이하다고 말한 바 있습니다. 우리가 어떤 결정에 도달할 수 있으려면 그렇게 하는 것이 좋겠다고 나 역시 느낍니다. 바로 그 때문에 결의안

---

47 〔역주〕 간디는 아주 예외적으로만 분노의 긍정적 기능을 인정했다.

의 초안이 작성되었습니다. 여러분이 원한다면 봉사회를 해산하십시오. 이 점에서 나는 내 의견을 고수할 것이고, 이미 충고의 말씀을 드렸습니다. 나의 제안이 여러분의 마음에 들지 않는다면, 봉사회 회원들이 정치에 참여할 수 있는 방식을 결정해 주십시오. 나는 여러분이 그런 조처를 선호할 것이라고 느끼고 이 초안을 작성했습니다. 곧 여러분에게 초안을 읽어드릴 테니, 밤 동안 그것을 한번 생각해 보십시오. 내일까지는 결론에 도달해야 합니다. 키쇼렐랄바이는 두 개의 결의안 초안을 두 번씩 작성했습니다. 그가 초안들을 처음 작성했을 때 나는 여러 가지 점을 받아들일 수 없었습니다. 그는 오늘 새로운 초안을 건네주었는데, 그 안에 있는 여러 요점도 수용할 수 없었습니다. 하지만 결의안들의 정신만은 그 안에 있었습니다.

간디봉사회에서의 연설(H.), *Gandhi Seva Sanghke Chhathe Adhiveshan (Malikanda-Bengal) ka Vivaran*, 25~33면 ; 《전집》 77 : 425

150) 건설적 프로그램

〔말리칸다, *1940. 2. 22*〕

형제자매 여러분,
저쪽 끝에 앉아 계신 분들은 내 말이 들리나요? 들리지 않는다면 그렇다고 말씀해 주십시오.

나는 오늘 새벽 3시에 일어나 간디봉사회에 대해서 생각하기 시작했습니다. 여러분 앞에 나의 결론을 제시하겠습니다. 그런 다음 여러분이 원한다면 여러분의 견해를 표명할 수 있을 것입니다. 어제 여러분 앞에 일종의 잠정적 결론을 제시한 바 있습니다. 나는 그것에 대해서 그리고 다른 것에 대해서도 말씀드려야 한다고 생각합니다.

정치 참여에 대해서 내가 표명해온 견해들은 다시 한 번 확인되었습니다. 그것에 대해서 생각해 보니 우리가 부지불식간에 잘못 행동했었다고 느껴집니다. 내가 어제 저녁 말씀드린 바는 그 표시였습니다. 따라서 그것은 우리가 의도적으로 권력정치를 포기했던 사실을 말합니다. 우리가 봉사회에 소속되어 있으면서 권력정치에 들어가기를 원했다면 우리는 공개적으로 원해야 했습니다. 그 일을 위해서 우리는 봉사회의 성격조차 변화시켜야 했습니다. 하지만 우리는 정치 참여를 위한 준비가 전혀 되어 있지 않습니다. 정치에는 다른 사람이 무엇을 하고 있는지를, 그들이 무엇을 하고자 하는지를 아는 일이 필수적입니다. 사회주의자들의 이념과 정치를 숙지하는 일도 필수적입니다. 우리에게는 정치문헌 도서관 같은 것도 없습니다.

나는 사회주의를 공부한 적도 없고, 주제에 대해서 읽은 책도 없습니다. 자야프라카슈가 쓴 책[48]은 읽었습니다. 마사니[49]가 준 책도 한 권 읽었습니다. 삼푸르나난드지는 아주 좋은 책[50]을 썼습니다. 아주 고맙게도 그는 그 책을 나에게 보내주었고, 나는 그것도 읽었습니다. 이것이 사회주의에 대한 내 공부의 전부입니다. 사회주의와 공산주의에 대해서 수많은 책이 쓰였다고들 합니다. 공산주의에 대해서 읽은 것은 아무것도 없습니다. 나는 여러분 중 몇 사람이나 그것에 대한 책을 읽었는지도 모릅니다.

이런 일이 나의 활동의 일부를 이루지는 않습니다. 내 정신적 기질은 상당히 다릅니다. 그들은 나에게 지성이 있다는 주장조차 수용하지 않습니다. 내 지성은 정치 분야에서는 인정되지 않고 있습니다. 정치에 깊이 관여하는 사람들은 나를 비웃습니다. 그들은 이것이 정치인가 하고 의아해합니다. 내가 정치에서 일정한 자리를 얻은

48 《왜 사회주의인가?》, 1936.

49 M. R. Masani.

50 *Samajvad*, 1936.

것은 사실이지만, 그것은 내가 투사였기 때문이지 나의 지성 덕분은 아닙니다. 그들은 내가 다른 사람들의 마음을 얻을 수 있는 지성을 가지고 있다고 여기지 않습니다. 나는 사회주의도, 공산주의도 믿습니다. 나는 모든 것을 믿습니다만 내 자신의 관점에서만 믿습니다. 나는 모든 사람들에게 속하기도 하고 아무에게도 속하지 않기도 합니다. 비폭력을 믿는 자는 누구의 적수도 될 수 없습니다. 그는 만인의 도움을 받아서 비폭력 과학을 확립하기를 원합니다. 그가 하는 정치는 누구를 반대하고 누구를 정복하는 정치가 아닙니다.

나는 나 자신이든 다른 사람이든 그 사람이 정치라는 이름으로 통용되는 것에 대해서 적격이라고 말하고 싶지 않습니다. 나는 후들리에서 우리가 정치에 들어가야 한다고 제안했던 적이 있습니다. 나는 부지불식간에 그런 실수를 범했습니다. 나도 모르게 허위를 따랐다고 여러분이 말할 수 있을 것입니다. 우리는 필생의 과업을 잘 수행하는 대신 뭔가 다른 것을 받아들였습니다. 하지만 무엇이 일어났든 선을 위한 것이었습니다. 우리는 약간의 경험을 했습니다. 그리곤 정치에 참여할 수 없다는 점을 알아냈습니다. 우리의 무능력을 깨달았습니다. 이제 우리의 손을 거두어들입니다. 우리가 과오를 범했던 것은 사실입니다. 하지만 지금은 우리 자신의 과오를 자각하고, 경계하고 있는 순간입니다. 과오는 수정되면 더 이상 과오가 아닙니다. 우리 자신의 과오를 인정하면 우리의 힘은 성장합니다. 여러분이 여러분의 한계를 자각하고, 봉사회의 설립 목표를 철저하게 수행할 것을 부탁드립니다.

나오칼리에서 온 친구 몇 사람이 오늘 나를 방문했습니다. 그들은 나에게 말했습니다. "우리는 당신이 말하는 것 모두를 수용합니다. 하지만 여기에 있는 당신의 추종자들이 말한 것은 이해할 수 없습니다. 우리는 당신이 말하는 것에 대해서는 동의할 수 있습니다. 간디주의·물레질·촌락산업, 뭐라고 하든 우리는 그것을 받아들일 수 있습니다. 우리는 당신의 추종자들입니다. 하지만 우리는 당신의 추종자들의 추종자는 아닙니다. 당신의 추종자들이 주는 것은 아무것도 없습니다"라고. 이 친구들이 말한 것은 모두 순진한 사랑에서 나온 것입니다. 그것은 우리가 곰곰이 생각해야 할 문제입니다. 우리는 정치에 입문했지만 그 분야에서 아무것도 할 수 없었습니다. 우리 자신의 일도 할 수 없었습니다. 우리는 여기에도 저기에도 속하지 않았습니다. 우리의 아둔함을 자각하게 되었으므로, 그것을 제거하도록 노력합시다.

우리는 우리의 원리를 실천하기 위해서 정치를 이용했습니다. 우리는 어느 정도의 경험을 해보았으므로 정치를 거부합니다. 우리가 거부하는 정치란 국민회의 내에서 힘 있는 자리를 얻으려는 정치입니다. 이런 정치에 우리는 참여할 수 없습니다. 개인에 대해서 말하는 것이 아니라 봉사회에 대해서 말하고 있습니다. 권력정치는 봉사회 내부에 들어올 수 없습니다. 자연적 성향과 자격을 가진 사람들이라면 정치에 남을 수 있습니다. 하지만 권력정치는 너무나 끔찍한 덫이므로 개인들조차도 그만두어야 합니다. 그들의 비폭력은 거기에서 엄중한 검증을 받아야 할 것입니다. 그들이 쓰디쓴 경험을 하게 되면 그들 역시 정치를 그만둘 것입니다. 그러나 내가 오늘 말하는 것은 봉사회에만 적용됩니다. 봉사회는 국민회의위원회들, 즉 선거와 권력정치를 당연히 거부해야 합니다. 이 사안에 대한 나의 견해는 더욱 강화되었습니다. 이 봉사회는 이런 종류의 정치를 위해서 존재하는 것이 아닙니다. 나 자신이 그럴 자격이 없습니다. 여러분의 의장은 더더욱 자격이 없을 것입니다. 그는 철학자이며 도덕군자이고 작가입니다.

단 한 문장으로 세 번째 요점을 말해 보겠습니다. 여러분은 사실상 간디주의라는 이름 자체를 포기해야 합니다. 그렇지 않으면 바닥을 알 수 없는 우물에 빠질 것입니다. 간디주의는 분명히 사라져야 합니다. 나는 '간디주의를 타도하라'는 말을 듣기를 좋아합니다. '이즘'(*ism*: 주의)은 파괴되어야 합니다. 그것은 무용지물입니다. 참된 것은 비폭력입니다. 비폭력은 불멸입니다. 비폭력이 살아 있다면 그것으로 나는 만족합니다. 나는 간디주의가 초기에 깡그리 사라진 모습을 몹시 보고 싶습니다. 여러분은 분파주의(*sectarianism*)에 빠져서는 안 됩니다. 나는 어느 분파에도 소속되어 있지 않습니다. 어떤 분파를 수립하는 일을 꿈조차 꿔 본 적이 없습니다. 만일 내가 죽은 다음 내 이름으로 어떤 분파라도 수립된다면 내 혼은 고뇌에 차 울부짖을 것입니다. 지난 수년 동안 우리가 해왔던 일은 분파가 아닙니다. 우리는 우리 자신을 어떤 '이즘'에 종속시킬 필요가 없으며, 오히려 우리의 원리를 따라서 묵묵히 봉사해야 합니다.

민중이 뭐라고 말하든 봉사가 분파로 변해서는 절대로 안 됩니다. 봉사는 만인을 위한 것입니다. 우리는 만인을 수용해야 하고 만인과 일치하기 위해서 노력해야 합니다. 이것이 비폭력의 길입니다. 우리가 어떤 '주의'를 가지고 있다면, 비폭력이 바로 그것입니다. 간디주의와 같은 것은 없습니다. 나에게는 추종자가 한 사람도 없습니다. 나는 내 자신의 추종자입니다. 아니, 아니, 나는 나의 참된 추종자가 되는 것에도 성공을 거두지 못했습니다. 그랬습니까? 내가 내 자신의 사상을 실천으로 옮깁니까? 그렇다면 다른 사람들이 어떻게 내 추종자가 될 수 있습니까? 나는 다른 사람들이 나와 동반하여 같은 길을 걸어가기를 원합니다. 그러나 어떤 이가 내 앞에서 걸어가고 어떤 이가 내 뒤에 처져 온다는 것을 어떻게 알 수 있겠습니까? 여러분은 모두 나의 동료-학생, 협력자, 동료-하인, 동료-연구자들입니다. 추종자라는 생각을 잊어버리십시오. 아무도 지도하지 않고 아무도 추종하지 않습니다. 여기에는 지도자도 없고 추종자도 없습니다. 우리는 모두 나란히 한 줄로 서서 함께 가고 있습니다. 이 말은 내가 자주 했지만 여러분에게 상기시켜 드리기 위해서 반복하는 것입니다.

우리는 국민회의 내부의 지위를 포기해야 합니다. 이 점을 여러분께 절대로 분명히 해 두고 싶습니다. 그러면 내가 말하려고 하는 바의 의미를 파악할 것입니다. 나는 "우리는 시 당국, 그리고 그와 유사한 조직으로부터도 철수해야 하나요"라는 질문을 받았습니다. 나는 우리가 시 당국에서도 철수해야 한다고 말할 것입니다. 나는 나그푸르 시 당국에서 발생했던 일을 알고 있습니다. 나는 얼마나 큰 쓴맛과 증오가 국민회의 시 지부로 기어 들어갔는지를 알고 놀랐습니다. 나는 그것에 대한 정보가 거의 없습니다. 고파를라오가 내부 얘기를 압니다. 국민회의 나그푸르 시 지부에는 3개의 분파가 존재합니다. 그들은 항상 칼집에서 칼을 빼둡니다. 이들 분파에 속한 사람들이 나에게 와서 각자 자신들의 얘기를 털어놓았습니다. 마음이 매우 아팠습니다. 지역 국민회의위원회 내부에도 적대감이 팽배해 있습니다. 나는 그들에게 지역 국민회의위원회는 전인도 국민회의위원회의 통제하에 있다고 말했습니다. 그래서 그들은 사르다르 또는 라젠드라 바부에게 가야 합니다. 만일 우리 봉사회의 일원 중 누구라도 그런 조직에 가입하기를 선택했다면 나는 한없이 고통스러워했을 것입니다. 그가 거기에 가서 무엇을 얻을 수 있겠습니까? 우리는 3억 민중과 친근한 관계를 맺고 싶습니다. 이런 관계는 우리가 우리 자신들을 영(零, *cipher*)으로 만들 때에만 가능해질 것입니다. 우리는 권리에 대해서는 무엇을 해야 할까요? 권력정치는 가짜입니다. 우리는 민중에게 진실한 정치가 무엇인지를 말해야 합니다. 우리는 다른 사람들이 회피할 뿐 아니라 경멸하고 있는 건설적 프로그램에만 정신을 모을 것입니다. 간디봉사회는 이 건설적 프로그램에 자신을 지속적으로 헌신함으로써만 봉사회의 존재를 정당화할 수 있을 것입니다. 정치에 활발하게 참여하는 봉사회의 회원수는 84인에 달합니다. 그들은 물론 봉사회를 떠날 것입니다. 하지만 나는 그 이후 봉사회가 어떤 모습을 지니게 될지에 대해서 지금 설명하고자 합니다.

간디봉사회는 건설적 프로그램을 수행할 목적으로 창립되었습니다. 그것만이 진실한 정치입니다. 우리는 권리를 포기함으로써 이 같은 진실한 정치에 영광을 돌려주어야 합니다. 그들이 그것을 정치라고 부르지 않는다고 해도 우리와 무슨 상관이 있습니까? 우리는 국민회의 울타리 안에 남을 것이지만 권력과 선거에서는 멀어질 것입니다.

내가 진리와 비폭력을 믿듯이 그런 방식으로 진리와 비폭력을 믿는 자들의 명단을 보존할 목적을 갖고 간디봉사회를 유지할 필요는 없습니다. 그런 명단은 필요 없습니다. 나는 어제 봉사회가 취할 미래의 모습과 기능에 대해서 생각해 보았습니다. 이제 여러분에게 결론을 말씀드리겠습니다. 간디봉사회는 대학원생 연구단체와 같은 것이 되어야 합니다. 우리나라에서 내 이름 아래 모이거나 내 감독이나 지도 아래 운영되는 모든 단체들은 모두 건설적 프로그램을 위한 것입니다. 나는 차르카협회·그라모드욕협회·하리잔봉사협회·탈리미협회, 이 모든 단체들의 활동을 지도하고 있습니다. 힌디어를 나라 전체에 보급한 것은 내가 한 일입니다. 나에게는 이런 일들이 진실한 정치의 불가피한 면모입니다. 나는 아메다바드의 노동조합도 통제하고 있습니다. 간디봉사회는 이 단체들을 위해서 대학원급의 연구와 조사를 많이 수행할 수 있습니다. 이 단체들은 행동이 제한되어 있으므로 필요한 만큼의 일을 착수할 수 없습니다. 차르카협회를 예로 들어 봅시다. 우리나라에는 연중 거의 6개월 정도 아무 할 일이 없는 굶주리고 가난한 자들이 있습니다. 나는 이들에게 최대의 임금을 주고, 이들이 생산해낸 카디(수직의 천)를 사 주도록 애타심(*altruism*)에 호소하여 사람들을 설득하기로 한 정책을 채택한 바 있습니다. 자급자족 또한 차르카협회의 활동중에 하나입니다만, 보조적인 목표입니다. 그것은 프라풀라 바부가 여러분 앞에 제시한 바 있었던 그런 측면의 자급자족을 포함하지는 않습니다. 프라풀라 바부는 자급자족을 비폭력과 스와라즈에 연계시켰습니다. 그런 의미의 자급자족은 차르카협회의 활동 안에 포함되어 있지는 않습니다. 나는 상케를랄이 실 잣는, 가난한 여인들에게 가서 물레가 안고 있는 모든 의미를 설명해 주시기를 기대할 수는 없습니다.

그런 일은 모두 여러분의 몫입니다. 프라풀라 바부는 지난번 여러분이 1년에 적어도 10만 야드의 실(원사)을 뽑아내야 한다고 말한 적이 있습니다. 계산해 보니 1년에 10만 야드를 생산하기 위해서는 매일 거의 3백 야드의 실을 뽑아내야 한다는 것을 알았습니다. 만일 물레와 고치(*sliver*)[51]가 양호한 경우라면 3백 야드를 잣는 데에 45분이 걸릴 것입니다. 그것을 반시간 내에 하는 사람도 있습니다. 내가 여러분에게 기대하는 것은 물론 최대치입니다. 여러분에게 물레질 기술은 아이들의 유희 같아야 합니다. 여러분은 결국 대학원 단계에 있기 때문입니다. 여러분은 진지하게 그리고 고도로 집중하여 물레를 돌릴 것입니다. 반시간에 3백 야드를 생산할 수 있는 전문가가 있습니다. 하지만 여러분은 전문 실잣기꾼이 되는 것으로 끝나는 것이 아닙니

51 〔역주〕 물레질하려고 만든 솜방망이. (양모솜 등의) 올이 굵은 섬유.

다. 여러분은 내가 노력하고 있듯이 물레질을 통해서 신(神)을 실현하기를 노력해야 할 것입니다. 그렇게 되어야만 내 시험을 통과한 것이 됩니다. 이것이 프라풀라 바부의 기획에 대한 내 설명입니다.

차르카협회와 그라모드욕협회의 사람들은 각자의 분야에서 전문지식을 얻기 위해서 여러분에게 옵니다. 여러분은 그런 일에서 완벽을 이뤄야 하고 전문화되어야 합니다. 모든 사람들이 모든 분야에 전문가가 될 수는 없습니다. 하지만 모든 사람들이 한 가지 일에는 전문가가 될 수 있습니다. 의사들 중에도 어떤 사람들은 내과의이고 어떤 사람들은 외과의입니다. 수술 분야에서조차 어떤 이들은 눈 전문이고, 어떤 이들은 코와 목 전문입니다. 그와 마찬가지로 우리는 전문적으로 하기 위해서 어떤 분야를 택해야 합니다. 이것은 돈벌이의 문제가 아닙니다. 어떤 전문가들은 돈벌이의 목적으로 발명과 조사에 참여하기도 합니다. 우리는 가난한 사람에게 봉사하기 위해서, 그리고 그들의 처지를 향상시키기 위해서 전문가가 되어야 합니다. 간디봉사회는 과업을 수행할 경우에만 미래에도 자신의 존재를 정당화할 수 있습니다. 여러분이 봉사회를 지속하려거든 이런 식으로 지속하든지 아니면 해산해 버리십시오. 그렇게 하지 않는다면 전 세계가 우리를 비웃을 것이고, 간디주의는 우리 자신들의 손에 의해서 죽고 말 것입니다. 우리 자신을 속이지 맙시다.

우리는 하지만 또 하나의 프로그램을 실행해야 합니다. 나는 노동조합원들에게 만일 그들이 정치에 참견한다면 실패할 수밖에 없다는 것을 말해왔습니다. 나는 차르카협회 회원들에게 그들이 정치와는 아무 관계가 없다는 점을 말했습니다. 만일 그들이 스와라즈 정치에 연루된다면 주의가 산만하게 될 것이므로 약한 실을 뽑아낼 것이라고 말했습니다. 그들은 자신들의 일을 적절하게 할 수 없을 것이고 무익한 존재가 되고 말 것입니다. 나는 하리잔봉사협회에도 그것이 스와라즈와는 전혀 관계가 없다는 점을 말했습니다. 만일 그들이 자신들의 일에 몰두한다면 스와라즈는 거기에서 저절로 나올 것입니다.

그런데 여러분은 어떻습니까? 여러분은 간디가 물레에서 신을 본다고 말할 때 무슨 뜻으로 그런 말을 했는지를 이해해야 합니다. 그것을 말 그대로 받아들여야 합니까, 아니면 그 의의를 파악해야 합니까? 아니면 둘 다를 받아들여야 합니까? 나는 여러분이 두 가지 의미 모두를 받아들여야 한다고 말하고 싶습니다. 그것은 여러분이 물레에서 뽑아내는 모든 실에서 신을 보아야 한다는 것을 의미합니다. 물레질과 같은 봉사 행위가 우리를 점점 더 신에 가까이 보내줍니다. 바로 거기에 물레질의 의의가 있습니다. 그래서 여러분은 우리의 모든 행위가 깊은 의미를 지니고 있음을 알게 될 것입니다.

물레질이란 말의 문자적 의미로 보아도 물레질에는 넓은 의미가 있습니다. 여러분은 이 대학원 실험실에서 연구하며 여러 가지를 발견하게 될 것입니다. 그러기 위해서 여러분은 물레의 과학뿐만 아니라 물레질 기술에 대해서도 전문가의 지식이 있어야 합니다. 지식과 기술은 간디봉사회 내에서는 특히 기대되는 것들입니다. 여러분의 물레는 차르카협회의 물레보다 효과적으로 작동해야 합니다. 여러분이 잣는 실은 품질이 좋아야 하고, 강해서 툭하고 끊어지지 않아야 합니다. 여러분의 실이 중간에 끊어지면 그것은 수치스런 일(*a matter of shame*)입니다. 전문가라면 최고 품질의 연장을 가져야 합니다. 여러분의 고치, 여러분의 연장에는 뭔가 특별한 것이 있어야 합니다. 나는 여러분이 단순히 숙련된 노동자가 되기를 원치 않습니다. 여러분이 전문 수공예자와 과학적 연구자가 되기를 원합니다. 여러분에게서 뭔가 독특한 것을 원합니다. 여러분의 물레와 차르카협회의 물레 사이의 차이는 이발사의 면도날과 나의 면도날 사이만큼이나 커야 합니다. 여러분의 용구들은 비범한 것이어야 합니다.

여기에서 여러분은 다른 사람들이 만든 고치에서 실을 잣습니다. 하지만 여러분이 실을 뽑아내는 고치는 보통의 것이 아닙니다. 여러분은 고치 만드는 과정을 향상시킬 수 있을 것입니다. 여러분 스스로 최우량의 고치를 만들 수 있고 다른 사람들로 하여금 그들의 고치를 더 잘 만들게 할 수도 있습니다. 그렇게 해서 비노바가 그랬듯이 아주 미세한 점까지 연구해야 할 것입니다. 비노바는 끈질긴 실험 이후 만물에 대해서 과학을 세웠습니다. 그는 고치 제조의 새로운 방법을 발견했습니다. 안드라 지방에서는 고치 제조에 물고기 뼈가 사용됩니다. 비노바의 것은 안드라 방법의 수정판입니다만, 이 고치에서 뽑아낸 실은 안드라의 실과 충분히 경쟁할 수 있습니다. 그는 베룸(*verum*) 면화[52]에서 꼰 40번수(番手)[53] 실로 짠 직물을 나에게 보내주었습니다. 그 직물은 박람회에 전시할 가치가 있는데 무슬림 소년이 만든 것입니다. 여러분의 카딩 과정[54]이 누구에게도 어려움을 야기해서는 안 될 것입니다. 목화 섬유가 여러분의 카딩 손잡이로부터 풀풀 날아서 돌아다녀서도 안 됩니다. 기침으로 고통을 당하는 사람이라 할지라도 거침없이 카딩을 할 수 있어야 합니다. 면화를 선택하는 일에 있어서도 무언가 특별한 것이 있어야 합니다. 여러분

---

52 〔역주〕 이전의 베라르(Berar) 주에서 주로 재배되는 다양한 종류의 면화. 《전집》 권 77, 382면.

53 〔역주〕 제사나 방적사의 굵기를 나타내는 번호, 특히 실의 굵기를 나타낸다.

54 〔역주〕 카드, 소면기(梳綿機) 사용하기. 카드 또는 소면기는 무명·삼베·양털 따위의 섬유를 풀어 빗질해서, 허드렛 섬유·불순물을 없애고 길이가 같은 긴 섬유를 평행으로 가지런히 하는 기계.

이 어떻게 면화 원면을 화물 뭉치로 받을 수 있습니까? 목화에서 씨를 빼내는 과정도 특별해야 할 것입니다. 이를 위해서 사람들은 끈기가 있어야 하고, 연구를 위한 재주와 인내가 있어야 합니다. 이것들을 모두 성취했다면, 여러분은 내 제안을 말 그대로 따랐을 것으로 보입니다.

그런 뒤에 차르카가 당신의 비폭력적인 힘을 배가시켰는지를 살펴보아야 할 것입니다. 비노바는 11개 조항의 서약을 포함하고 있는 이행연구(二行聯句)를 지었습니다. 여러분은 그것을 매일 암송합니다. 여러분은 물레가 어떤 식으로든 이 서약을 준수하는 데 도움이 되는지 알아보아야 할 것입니다. 차르카협회의 물레 안에 정치가 없을지도 모릅니다. 하지만 여러분은 여러분의 물레에 정치가 있는지를 살펴보아야 할 것입니다. 다른 말로 한다면, 물레가 민중의 힘을 배가시키는지, 또는 자유 인도가 가질 스와라즈의 경제적인 면에 대한 준비가 물레에 기초할 수 있는지에 대해서 살펴보아야 할 것입니다. 물레가 사람을 육체노동을 할 수 있는 단순한 기계로 만들 것인지, 아니면 스와라즈의 비폭력적 군인으로 만들 것인지, 여러분은 반드시 이 문제를 생각해야 합니다. 이런 일들은 차르카협회의 소관사항이 아닙니다. 이 협회의 소관 사항을 넘어선 특별 과업은 여러분의 활동범위 내에 있습니다.

여러분은 우리가 물레의 도움으로 진정 스와라즈를 얻을 수 있는지 성찰해야 할 것입니다. 여러분은 정말로 그렇게 확신하고 있습니까? 그저 간디가 그렇게 말한다고 해서 그것을 믿는 것은 아닙니까? 간디는 물레를 통해서 신을 볼 수 있고, 아니면 거기에서 그분을 발견할 수 있기를 스스로 바라고 있습니다. 하지만 그것은 나에게 개인적 문제일 수도 있습니다. 여러분은 이 원리가 보편적으로 적용될 수 있는지를 알아내야 할 것입니다. 자그디슈 찬드라 보세(Jagdish Chandra Bose)[55]와 같이 여러분 자신의 분야에서 연구원이 되어야 합니다. 그는 심지어 대학원 과정을 창설하기도 했습니다. 나는 그가 얼마나 그 일에 깊이 골몰하고 있는지를 보았습니다. 이것이 그의 인생의 주요 목표가 되었습니다. 나는 가까운 동료였고, 며칠 동안 그의 집에 머물기도 했습니다. 그가 선택한 20여 명으로 이뤄진 집단이 있었습니다. 그러나 강한 확신만 있다면, 그와 같은 사람 서너 명이 수백만 민중처럼 일할 수 있을 것입니다. 전문가들은 이런 방식으로 일합니다. 차르카협회와 그라모드욕협회는 그런 일을 할 수 없습니다. 거기에도 전문가들이 있고 그들 역시 연구합니다. 하지만 여러분의 분야는 훨씬 광범위하고 훨씬 더 전문적인 것입니다. 그런 협회들을 통해서 나는 특별히 다리드라나라야나(Daridranarayana)[56]에게 봉사하고자 노력하고 있습니다. 그와 같은 협회들이 발전하자면 오직 이런 길로 나가야 할 것입니다. 하지만 여러분의 일은 상당히 특별한 것입니다. 여러분은 도구와 연장을 단순히 개량하는 데 그쳐서는 안 되고, 그것들이 우리 원리와 일치되게 해야 합니다. 나는 여러분의 동료 학생으로서 여러분을 도와주려고 마음을 쓸 것입니다. 하지만 나는 주로 여러분이 그 일을 해주기를 바랍니다.

이런 식으로 연구와 발견이 어디서든 진행되고 있습니다. 독일을 보십시오. 그 나라에 얼마나 많은 전문가가 있는지를. 거기에는 폭력의 과학(*the science of violence*)에 전문가들을 필요로 합니다. 우리 역시 우리에게 작은 연구소가 있다면 비폭력의 분야에서 연구하고 진보할

---

55 〔역주〕 수바스 찬드라 보세(Subhas Chandra Bose, 1897~1945)와는 다른 인물이다.

56 〔역주〕 간디에게 다리드라나라야나 신은 수많은 신 중에서, 수백만 명에 달하는 침묵하는 가난한 자를 대변한다는 점에서 가장 거룩한 신이었다.

수 있을 것입니다. 우리는 물레와 그것에 연관된 행위를 비폭력 그리고 궁극적으로는 신과 연계시켜야 합니다.

여러분은 이 모든 일들이 가능한지 고려해야 합니다. 여러분은 폭력에 기초한 사회조차도 전문가들의 도움이 있어야 작동한다는 점을 알 것입니다. 우리는 진리와 비폭력에 기초한 새로운 사회 질서를 창출하고자 합니다. 우리는 이것을 과학으로 발전시킬 전문가들이 필요합니다. 오늘날 작동하고 있는 그대로의 세계는 폭력과 비폭력이 혼합된 것처럼 보입니다. 세상의 외면적 표면은 내면의 상태를 반영합니다. 폭력을 신으로 간주하는 독일과 같은 나라는 폭력을 발전시키고 폭력을 찬미하는 일에 전념합니다. 우리는 폭력 주창자들이 기울이는 노력을 지켜보고 있습니다. 폭력에 헌신하는 사람들도 역시 우리의 행동을 지켜보고 있음을 우리는 알아야 합니다. 그들은 우리가 우리의 과학을 발전시키기 위해서 노력하는 것을 지켜보고 있습니다.

그러나 폭력의 길은 오래된 것이고 확립되어 있습니다. 그 길을 연구하는 일은 그리 어렵지 않습니다. 비폭력의 길은 새로운 것입니다. 비폭력 과학(*the science of non-violence*)은 이제 형성되고 있습니다. 우리는 아직 그것의 모든 면을 알고 있지 않습니다. 이 분야에 연구와 실험을 기다리는 넓은 영역이 있습니다. 여러분의 모든 재주를 거기에 활용할 수 있을 것입니다.

비폭력이 사적인 덕(*private virtue*)이라면 나는 그것을 피해야 한다고 봅니다. 비폭력에 대한 나의 개념은 보편적이며, 비폭력은 수백만 명의 사람들에게 속합니다. 나는 그들에게 봉사할 목적으로 여기에 있습니다. 수백만 민중에게 도달할 수 없는 것은 나를 위한 것이 아닙니다. 내 동료도 그렇게 생각해야 합니다. 우리는 진리와 비폭력이 개인적인 행동거지(*personal conduct*)를 위한 규칙만이 아니라는 점을 증명하기 위해서 태어났습니다. 그것들은 한 집단, 한 공동체, 한 국민의 정책이 될 수도 있을 것입니다. 우리는 그 점을 아직 증명하지는 못했습니다만, 그것을 증명하는 것을 우리 인생의 유일한 목표로 삼을 수도 있을 것입니다. 그런 신앙이 없는 자들, 또는 그 신앙을 얻을 수 없는 자들은 차라리 떠나는 편이 나을 것입니다. 하지만 나의 유일한 꿈은 이것입니다. 나는 이것만을 나의 의무로 봅니다. 온 세상이 나를 버리더라도 그 꿈을 버리지 않을 정도로 내 신앙은 깊습니다. 나는 그것을 얻기 위해서만 살 것이고 그것을 위한 노력에서만 죽을 것입니다. 내 믿음은 매일 나에게 새로운 비전을 줍니다. 이제 이렇게 늙은 나이에 달리 할 일이 있을 것 같지도 않습니다. 내 마음이 썩거나 나에게 새로운 비전이 생기거나 한다면 별개의 일입니다. 하지만 나는 오늘날 늘 새로운 비폭력의 기적을 보고 있습니다.

나는 매일 새로운 비전을 가지며 새로운 기쁨을 경험합니다. 비폭력이 만대(萬代)를 위한 것임을 확신합니다. 그것은 아트만의 속성이고, 아트만이 만인에게 속하기 때문에 비폭력은 보편적입니다. 비폭력은 만인을 위한 것, 모든 시간과 모든 장소를 위한 것입니다. 비폭력이 진정 아트만이 가진 속성의 일부라면 반드시 우리에게 내재해 있어야 합니다. 오늘날 진리는 사업과 정치에 도움이 안 된다고들 말합니다. 그렇다면 그것은 어디에 도움이 되겠습니까? 진리가 삶의 전 분야에, 모든 세속적 거래에 도움이 안 된다면 단돈 10원의 가치도 없을 것입니다. 그렇다면 그것은 삶에 무슨 도움이 되겠습니까? 나는 진리가 삶의 모든 실제적 측면에 적용될 수 있음을 매일 봅니다. 나는 이 영적 훈련(*sadhana*)을 50년 이상 해왔고, 이 영적 훈련을 하면서 얻은 경험의 일부를 여러분에게 때때로 전달해왔습니다. 여러분도 그것의 편린이나마 가질 수 있을 것입니다.

만약 간디봉사회가 지속돼야 한다면 이런 목적을 위해서 지속돼야 합니다. 만일 여러분이 이 정도의 성향, 진지함 또는 힘이 없다면, 봉사회의 해체 자체가 진리와 비폭력 추구의 일부가 될 것입니다. 우리가 그렇게 하지 않는다면, 우리는 유죄를 선고받고 부정직의 죄를 범하게 될 것입니다. 우리는 또 다른 죄를 범하게 될지도 모릅니다. 우리 가운데 키쇼렐랄바이와 같은 일꾼이 있는데, 그는 부단히 계속되는 어려운 일에 자신을 바치는 순수한 사람입니다. 신은 그에게 날카로운 지성을 부여하셨습니다. 우리는 그와 같은 사람의 봉사를 오용할 수 있습니다. 그가 자신의 생명을 스스로 바친다고 하더라도 우리는 그의 생명을 받아들여야 합니까? 내가 어떻게 그에게 압력을 가할 수 있겠습니까? 어떤 특별한 일이 우리에게 남아 있습니까? 우리는 오늘부터 곧바로 그를 책임에서 풀어주어야 합니다.

전날 나는 간디주의의 최후라고도 할 만한 정황을 여러분에게 말씀드렸습니다. 나는 간디주의가 단 하나의 잘못이라도 부추긴다면, 망해야 마땅하다는 점을 재차 반복합니다. 진리와 비폭력은 공화(空華, *flowers in the sky*)와 같은 것이 아닙니다. 그것들은 모든 말·거래·행위 안에 구현되어야 합니다. 키쇼렐랄은 봉사회 내부에서 그가 겪은 모든 쓰라린 경험을 말하길 원하지 않습니다. 그는 인내하면서 침묵하고 있습니다. 일들이 걷잡을 수 없게 되자 그는 지나가는 말로 나에게 몇 마디 했습니다. 이것으로 나는 상황에 대해서 조금 짐작했습니다. 우리 사이에 왜 이렇게 적의에 찬 반목이 있습니까? 우리는 모두 한 가족입니다. 우리는 진리와 비폭력을 받아들였습니다. 하지만 우리에게 갈등·도그마·질투가 찾아왔습니다. 그렇다면 진리와 비폭력이 지상(地上)의 일이 아니란 말입니까? 그것들은 하늘에만 비치되어 있습니까? 우리는 정치에 입문함으로써 교훈을 얻었습니다. 정치는 봉사회의 선량한 사람들 사이에서도 적의(*antagonism*)를 만들어냈습니다. 아니, 우리는 라마와 바라타(Bharata)[57]로부터 한참 멀리 떨어져 있습니다. 키쇼렐랄바이는 시인이기도 합니다. 그는 라마와 바라타를 시적으로 해석하기도 했습니다. 하지만 여기에 라마와 바라타와 같은 자는 한 사람도 없습니다. 만일 우리 가운데에 라마와 바라타와 같은 자들이 있었다면 그런 일이 일어났을까요? 라마와 바라타의 사랑과 우리의 불화는 정말로 다른 세계입니다! 우리는 라마와 바라타와는 수십 리나 멀리 떨어져 있습니다.

우리는 모두 같은 봉사회에 속하며 봉사를 유일한 이상으로 알고 여기에 왔는데 왜 이런 차이가 발생합니까? 우리 사이에는 오직 사랑만이 있어야 합니다. 여기에 온 사람들은 모두 그렇습니까? 그들은 모두 상호간에 애정 어린 관계가 있습니까? 여러분의 대답이 긍정적이라면, 나는 여러분에게 아주 어려운 시험을 주어야 합니다. 나는 우리가 그 시험에 통과하지 못할까 봐 염려됩니다. 상대방에 대한 정직한 의견을 서로에게 물어보십시오. 자신들에게 물어보십시오. 그러면 여러분은 우리가 여전히 비폭력에서 멀리 떨어져 있음을 깨닫게 될 것입니다. 우리가 이렇게 연약한데 왜 국민회의에 참견해야 합니까? 우리가 거기에 어떤 봉사를 할 수 있습니까? 우리는 라이벌과 대면하게 되면 왜 물러나지 않습니까? 국민회의에서 얻은 직위는 어떻게 해야 합니까? 우리는 왜 선거에서 누군가를 패배시켜야 한다고 생각해야 합니까?

우리가 만일 권력욕과 질투의 감정에 휩싸여 있지 않다면, 왜 그렇게도 많은 쓰라림이 우리 주변에 있겠습니까? 왜 이들이 말리칸다

---

57 〔역주〕 서사시 〈라마야나〉에서 라마의 동생.

에 와서 폭력적인 슬로건을 외쳐댑니까? 왜 이다지도 많은 실책이 있습니까? 나는 여기에 참석하고 있는 벵골 노동자들에게 묻고 싶습니다. "무엇이 그렇게 많은 쓰라림을 야기했습니까? 여러분은 왜 사랑으로 그들의 마음을 얻기를 노력하지 않습니까? 왜 여러분 중 지도부 노동자들은 그들에게 가서 사랑으로 말하지 않습니까?"라고 말입니다. 프라풀라 바부와 사티스 바부와 같은 자들이 있긴 합니다. 그들로 하여금 슬로건을 외치고 있는 사람들에게 가서, 그들과 어울리고, 사랑으로 그들에게 말하게 하십시오. 나 스스로 그런 일을 해보았습니다. 그것은 나에게 전혀 새로운 것이 아닙니다. 나는 물론 그들의 라이벌이 아니고, 그들이 원하는 것을 바라지도 않습니다. 그들은 권력을 원하지만 나는 권력에 대한 욕망이 전혀 없습니다. 경쟁은 두 사람이 동일한 것을 원할 때만 가능합니다. 우리는 그들의 사랑을 받을 만한 자격을 스스로 갖춰야 합니다. 바로 그런 이유로 우리는 정치를 포기해야 하고, 그들에게 그 분야를 열어 두어야 합니다. 이것이 비폭력이 활동하는 방식입니다. 바로 그 때문에 우리는 정치를 반드시 그만두어야 합니다.

그렇다면 우리는 아무것도 하지 않고 나태하게 있어야 합니까? 우리는 계속해서 물레질을 하면서, 물레가 우리의 지성을 둔하게 만드는지, 아니면 예민하게 만드는지를 볼 것입니다. 우리는 물레를 공부할 것입니다. 우리는 물레의 의미가 무엇인지를, 그것이 왜 그리고 어떻게 생겨났는지, 왜 그 사용이 중지되었는지 그리고 그것이 어떤 방식으로 우리에게 유용한지를 알아야 합니다. 간디봉사회는 이 목적을 위해서 특수 도서관을 운영해야 합니다. 이 세상 어디에도 이런 종류의 도서관은 없을 것입니다. 우리가 대략 이런 노선을 따라서 일하기 시작할 때에만 간디주의라는 골칫거리에서 자유로울 수 있을 것입니다. 우리의 현재 적수들은 오늘은 우리를 저주하고 있지만, 앞으로는 우리가 그런 프로그램을 가진 것을 존경할 것이며 우리에게 축복을 보낼 것입니다. 이런 일이 여러분의 지성·힘·소망이 도달할 수 없는 곳에 있다면 알려 주십시오. 그것은 아직 우리가 새로운 협회를 결성할 자격이 없다는 것을 증명할 따름입니다. 하지만 이것이 내가 말한 바가 잘못되었음을 의미하는 것입니까?

이 봉사회가 결성되었을 때, 나는 이것에 대해서 상상조차 하지 않았습니다. 잠나랄지는 내가 교도소에 있을 때[58] 봉사회를 창립했습니다. 잠나랄지는 순수한 심정을 가진 일꾼입니다. 내가 비협조운동을 시작했을 때 그는 자신의 금고를 열었습니다. 나는 변호사들에게 그들의 변호사 업무를 포기하라고 호소했습니다. 변호 업무를 포기하고 나라에 대한 봉사를 위해서 스스로 헌신하겠다는 1백 명의 변호사를 잠나랄지는 지지하겠다고 제안해왔습니다. 이렇게 제안한 것은 그가 국민회의를 지배하기 위해서가 아니라 대중이 사탸그라하의 힘을 자각할 수 있도록 하기 위해서였습니다. 이 신사들을 국민회의에 보내고자 하는 것은 그의 의도가 아니었습니다. 그 일을 나에게 언급할 때마다 그는 이 신사들이 정치에서는 떨어져 있어야 한다고 말했습니다. 결과적으로 돈은 비협조운동에 참여한 변호사 대신 건설적 활동가들의 유지를 위해서 사용하기로 결정됐습니다. 여기에서 봉사회가 탄생했습니다. 잠나랄지는 봉사회를 통해서 정치적 사업을 할 의도를 가진 적이 결코 없었습니다. 내가 1934년 봉사회를 확대했을 때 그는 동의하지 않았습니다. 후에 후들리에서의 내 결의안에 대해서도 반대했습니다. 내가 봉사회를 정치 안으로 끌고 들어갔다는 비난을 받는다면, 나는 유죄를 시인할 것입니다. 그와 같은 비난을 잠

58 〔역주〕 1922~1923. 《전집》 권 77, 386면.

나랄지에게 퍼붓는 것은 옳지 않은 일일 것입니다.

나는 오늘 봉사회의 정책에 대해서 깊이 생각해 보았습니다. 나는 그다지 강한 신념을 갖고 이 일을 할 수가 없었습니다. 나이가 들어서 나의 육신의 에너지는 점점 약해졌습니다. 나는 이제 사물들을 모든 방면에서 관찰할 수 없습니다. 나는 모든 사물들에 대해서 항상 경계심을 발동할 수도 없습니다. 육신은 쇠약해졌습니다. 나는 오늘날까지 책임을 다해왔습니다. 총회에 오는 일도 피하고 싶었습니다. 하지만 프라풀라 바부가 우겨서 여기에 왔습니다. 여기에 온 다음 나는 봉사회의 일을 집중적으로 생각하고 여러분 앞에 결론을 내놓았습니다. 오늘날 내 마음은 이런 생각에 푹 빠져 있습니다. 키쇼렐랄은 이러한 부담을 최근 수년 동안 지고 왔습니다. 그를 봉사회에 데리고 온 사람은 나였습니다. 오늘날 그의 상태는 어떻습니까? 육신은 약해졌습니다. 나는 그의 연설문을 읽었습니다. 이제 키쇼렐랄은 여기에서 일할 수 없습니다. 따라서 나는 깊은 우려와 함께 여러분 앞에 이 사안을 제출하는 바입니다.

나는 어떤 면에서는 이 일을 격식도 없이 언급하고 있습니다. 여러분이 개별적으로 정치에 참여하길 원하는 모든 회원을 봉사회에 두려고 하지 않는다면, 봉사회는 아주 작아질 것입니다. 그러나 봉사회가 진짜라면 거대한 나무처럼 성장할 것이고, 그렇지 못하면 죽을 것입니다.

정치 때문에 243명 중 84명이 봉사회를 떠났습니다. 그들이 가치가 없어서가 아니라, 그 분야에서는 유용하고 그 과업에 자격이 있는 사람들이기 때문입니다. 잔류하는 회원들 중 몇 사람이나 이 이상을 성취할 수 있습니까? 이런 목적을 위해서 여러분은 3~4인으로 이뤄진 위원회를 결성해야 할 것입니다. 위원회는 이 과업을 수행할 수 있을 유자격자들의 명단을 준비하십시오. 그때 신을 증인으로 모셔야 할 것입니다. 위원회는 봉사회의 장래 성격을 결정할 수 있는 권한을 부여받아야 할 것입니다. 이 점에 대해서도 여러분의 견해를 위원회에 간결하게 피력할 수 있을 것입니다. 그러나 연설은 하지 마십시오. 어떤 경우든 오늘날과 같이 활동하는 봉사회는 해산되어야 합니다. 미래에 과연 이 봉사회가 활동할 것인지의 여부에 대해서와, 활동한다면 어떤 모습을 지닐 것인지에 대해서 성찰할 필요는 없습니다. 나는 여러분에게 그것이 취할 모습의 윤곽을 주었습니다.

이제 남아 있는 문제는 다음과 같습니다. 즉, 거의 30명에 달하는 유급 회원에게 어떤 일이 일어날 것인가 하는 문제입니다. 그것은 수지(收支) 균형을 맞추는 문제입니다. 하지만 협회는 수지 균형을 맞추기 위해서 존재하는 것이 아닙니다. 그렇지 않나요? 그것은 잠나랄지가 맡은 일이고, 사소한 문제입니다. 도트레와 잠나랄지는 그 사안에 대해서 주의를 기울일 수 있습니다만, 다른 사람이 우려할 일은 아닙니다. 잠나랄지와 그와 관련된 사람들로 하여금 생각하게 합시다. 이렇게 하면 이 문제는 종결됩니다.

나는 여러분에게 간디봉사회가 존속해야 한다고 보는지 의견을 묻고 싶습니다. 존속하기를 원한다면, 그것은 내가 시사한 그런 방식이 되어야 할 것입니다. 여러분은 연구해야 하고 조사해야 하고 실험을 해야 합니다. 그러면 인생은 위대한 것이 됩니다. 그 목표를 위해서 모든 지성적·육체적·영적 힘을 한군데 집중해야 합니다. 봉사회는 나라를 위해서, 그리고 세계 전체를 위해서도 특별한 단체가 될 것인데 아무도 감히 시샘할 수 없을 것입니다. 여러분은 육신·마음·영혼의 일치를 통해서 새로운 문화라는 이상을 나라와 세계 앞에 제시할 것입니다. 이것보다 더 고상한 목표가 어디에 있겠습니까?

나는 이토록 중요한 점을 여러분에게 말씀드렸습니다. 이것이 여러분의 능력을 넘어간다면, 봉사회를 해산하는 것이 유일하게 현명한 일입니다. 진리와 비폭력 시험의 관문을 통과한 사람들만이, 그리고 완전한 헌신의 태도로 효과적으로 일할 수 있는 사람들만이 봉사회를 변화된 모습으로 운영할 수 있을 것입니다.

나는 나의 요점을 굉장히 상세하게 설명했습니다. 이제 여러분이 견해를 표명할 차례입니다.

스와미 아난드 집단 간의 일치도 봉사회 활동의 일부를 이룰 것입니까? 아니면 제외되어 있습니까?

간디지 그것은 제외되어 있지 않습니다. 거기에 있습니다. 그것이 없다면 비폭력은 아무 의미가 없습니다. 그러나 현재로는 그것을 위한 프로그램이 전혀 없습니다. 그래서 일부러 언급하지 않았습니다.

스와미 우리가 노동조합의 일, 집단 간의 일치의 일에 관여한다면, 그것도 역시 다른 사람들에게서 질투와 분노를 야기하지 않을까 걱정됩니다. 거기에서도 우리는 그들과 갈등에 빠질 것입니다. 그러면 우리는 그 분야에서도 물러나야 합니다.

간디지 질투와 분노의 감정 때문에 우리가 뒤로 물러나야 한다면, 비폭력을 실험하고 있는 우리는 아무 짝에도 소용없음이 증명될 것입니다. 일부의 사람들은 비폭력 자체가 무의미하다고 말할 수 있을 것입니다. 그들의 관점에서는 비폭력이 위대한 다르마가 아니라 위대한 아다르마(非法)임이 입증될 것입니다. 그들은 세상이 폭력과 비폭력의 혼합물이므로 작동한다고 말하기 때문입니다. 그들의 견해로는 이 둘이 손잡고 가는 일이 필수적입니다. 그렇지 않다면 세상은 정지 상태에 이르게 될 것이라고 합니다. 그들은 노동자들이 겁쟁이가 되었다고 말합니다. 그래서 자신감을 기르기 위해서 폭력적 항의를 통해서 그들을 훈련하는 것이 필수적이라고 합니다. 힌두교도도 역시 겁쟁이가 되었고, 그들에게 비폭력은 최고의 다르마가 아닙니다. 나는 이런 내용을 담은 편지를 지금도 받고 있습니다. 하지만 우리는 노동분쟁과 집단 간의 문제를 비폭력의 방법을 채용함으로써 해결할 수 있다는 점을 증명해야 합니다.

람 라탄 샤르마 제가 현재 겪고 있는 어려움들 중에 하나를 당신에게 제시할까 합니다. 저는 약간의 훈련을 받을 수 있는 곳으로 보내달라고 키쇼렐랄바이에게 부탁한 바 있습니다. 그는 저를 훈련시킬 수 있는 준비가 전혀 없다고 말했습니다. 저는 방금 바푸께서 제안하신 대로 봉사회를 만들어 가기를 바라고 있었습니다. 그런 목적을 위해서 제가 어딘가에서 전문적 훈련을 받아야 하는 것이 필수적일 것입니다.

간디지 내가 생각하고 있는 봉사회는 특별한 훈련 뒤에 생길 수 있습니다. 전문가 훈련을 위해서 우리가 무엇을 해야 할지는 다른 질문입니다.

수다카르 우리가 정치를 영원히 포기하는 것입니까, 아니면 당분간만 그러는 것입니까?

간디지 영원히 포기하는 것이라고 누가 말할 수 있겠습니까? 우리는 결국 신이 아닙니다. 우리는 현재에 대해서만 얘기하고 있습니다.

크리슈난 나이르 차르카협회와 그라모드요협회 등의 단체에 애착을 느끼는 사람들은, 의지할 만한 자신들의 단체를 가지는 셈입니다. 하지만 이들 다섯 단체 어디에도 소속되어 있지 않은 사람들을 우리는 어떻게 조직해야 합니까? 그들로 하여금 일종의 동창회와 같은 것을 갖게 하는 것이 필요하지 않을까요? 우리의 모든 회원들이 이 다섯 단체 안에 들어가야 합니까?

간디지 그 보고서를 자세히 읽는다면, 여러분은 건설적 프로그램에 헌신하는 단체들 안에 얼마나 많은 우리 회원이 일하고 있는지를 알 수 있을 것입니다. 이 보고서는 공부할 만한 것입니다. 그것은 통상적인 보고서가 아니라 회원의 수를 여러 방식으로 표시했습니다. 회원들은 출신 지역, 활동 그리고 소속단체에 따라서 분류되어 있습니다. 나는 그 보고서에 매료되었습니다. 부록을 보십시오. 그 보고서에 모든 요점에 대한 대답이 들어 있습니다. 그 보고서를 읽게 되면 여러분은 간디봉사회와 같은 독립적 단체를 가진다고 해서 위대한 일을 성취하는 것은 아니라는 점을 깨닫게 될 것입니다. 완전한 헌신의 태도로 일하는 사람들은 한 걸음마다 상담이나 안내가 필요하지는 않을 것입니다. 자유의 획득은 범상한 일이 아닙니다. 자유를 얻을 목적으로 우리는 자신들의 과업을 독립적이고 헌신적인 태도로 수행할 수 있는 자들이 필요할 것입니다. 감독(監督)이 필요한 자들은 이런저런 단체의 보호 아래에서 일하게 될 것입니다. 본 봉사회는 그러한 목적으로 존재할 필요는 없습니다. 우리에게 건설적 프로그램에 헌신하고 있는 단체가 5개 있습니다. 회원의 대다수는 이들 단체에 들어가 있습니다. 그들을 봉사회 안에 붙들어 둔다고 해서 우리가 그들에게 무엇을 더 제공할 수 있을까요? 본 봉사회는 사족과 같습니다. 그런데 우리가 어떻게 감독하거나 조사할 수 있겠습니까? 우리에게는 그럴 만한 수단이 없습니다.

크리슈난 나이르 이것으로 봉사회가 오늘부터 물리적으로 존재하지 않음을 의미하는 것처럼 보입니다만.

간디지 예, 그렇습니다. 오늘 우리는 시타(*Sita*)를 저 지하세계에 밀어 둡니다.

프레마벤 단디 행진[59] 때 당신은 우리 모두가 가치가 없다고 말하고 아슈람을 해산해 버렸습니다. 이제 그와 같이 유사한 상황이 벌어졌습니까? 이것 역시 투쟁의 준비 과정입니까? 아니면 정화의 한 시도에 불과합니까?

간디지 어느 누구도 가치 없다고 말한 적은 없습니다. 여러분과 같은 사람들이 주위에 있는데 내가 어떻게 그런 말을 할 수 있겠습니까? 하지만 이것은 농담으로 하는 말입니다. 사실은 우리가 좀더 순수하기를 원한다는 말입니다. 나는 누가 가치 없다고 생각하지도 않고 그렇다고 말하지도 않습니다. 나는 사바르마티 아슈람에 있는 누구에 대해서도 가치 없다고 말하지 않았습니다. 여러분이 내 연설을 그렇게 해석한다면 나를 부당하게 대접하는 것이 될 것입니다. 나는 우리 스스로 택한 잣대로도 우리가 그 시험에 통과하지 못했다는 것만을 말했습니다. 우리가 진리와 비폭력의 원리들을 진실로 따랐다면, 왜 이 사람들이 여기까지 와서 '간디주의에게 죽음을'이라는 슬로건을 외

---

59 1930년 3월.

치겠습니까? 그들은 우리가 여전히 불순하다는 교훈을 우리에게 가르치고 있습니다. 그렇지 않다면 그들이 왜 그런 슬로건을 내걸겠습니까?[60] 우리는 그들이 돈을 받고 있는지는 알 수 없습니다. 하지만 그것이 사실이라고 해도 숙고해 봐야 할 문제입니다. 왜 사람들이 돈을 주고 고함을 치라고 했겠습니까? 왜 그들은 그렇게 심한 적의를 갖고 있습니까? 여기에서 뭔가를 배워야 합니다. 내 경우를 말할 것 같으면, 나는 여러분을 만남으로써 배울 수 없는 것을 이런 데모들에서 배웠습니다. 그들은 나를 생각하게 만들었습니다. 우리 가운데 비폭력을 실천한 사람은 몇 사람 되지 않을 것입니다. 이 사안에 대해서는 역사에서도 지침을 얻을 수가 없습니다. 역사상 그런 실험의 사례를 발견하지 못하기 때문입니다. 그러나 만일 여러분이 나와 같이 예민한 마음을 가지고 있다면 우주의 모든 곳에서 비폭력의 증거를 찾을 것입니다. 이 세상은 매 순간 변화합니다. 세상에는 다양한 파괴력이 있어서 고정적으로 남아 있는 것은 아무것도 없습니다. 그러나 그렇다고 해서 인류가 멸망하는 것은 아닙니다. 그것은 비폭력이 모든 곳에서 이길 것이라는 점을 시사할 따름입니다. 나는 그 점에 대해서 비전이 있습니다. 비폭력은 중력의 힘과 같이 우주 속에 있는 만물을 자기에게로 잡아당깁니다. 사랑은 이런 힘이 있습니다. 나는 비폭력의 과학자라고 자처하지 않습니까? 바로 이런 이유로 나는 비폭력 법칙들을 알고 있으며 행위 안에서 그 법칙들을 봅니다. 만인에 대해서 평등의 감정(*feeling of equality*)을 품지 않는다면, 비폭력의 신봉자가 될 수 없습니다. 여러분이 그런 평등의 감정이 있다면, 어떤 사람이 여러분의 죽음을 외치는 슬로건을 내걸더라도, 항의나 폭력

60 〔역주〕 이쯤에서 누군가가 그들이 돈을 받고 그런 일을 하는 것으로 믿는 사람들도 있다고 말했다. 《전집》 권 77, 390면.

에 호소하지는 않을 것입니다. 다른 사람들에게서 폭력적인 반응을 불러내는 어떤 행위도 부인합시다. 우리는 이런 관점에서 봉사회의 성격을 바꾸고 있습니다. 수많은 사람이 단 한 번이라도 나를 보기 위해서 여기에 왔습니다. 그들은 내가 신의 화신(化身, *incarnation*)이라고들 합니다. 하지만 신의 화신인 자는 아무도 없습니다. 아니, 단 한 사람이 화신이라면 모든 사람들이 화신일 것입니다. 내가 그런 화신이라면 그들 모두도 그럴 것입니다. 그런데 왜 그들은 이와 같이 나에게 몰려듭니까? 그것은 비폭력의 법칙이 활동하고 있기 때문입니다. 내 안에는 무집착도 좀 있습니다. 따라서 사람들이 나에게 몰려드는 것은 나 자신의 힘이 아니라 비폭력의 힘 덕분이라는 견해, 즉 비집착의 견해를 나는 가질 수 있습니다. 나는 무엇입니까? 나는 1천 가지 과오의 화현(化現, *embodiment*)에 불과합니다. 내 심정을 들여다보면, 나는 과오만을 발견합니다. 만일 여러분이 그와 같은 자기 반성을 하게 되면, 여러분도 미치게 되고 말 것입니다. 우리는 우리 자신의 매 생각을 통제하도록 힘써야 합니다. 나 스스로 그렇게 노력합니다. 나는 내 적수 안에서도 신의 편린을 봅니다. 여러분 속에도 그와 같은 신의 편린이 있어야만 합니다.

프라부다스　키쇼렐랄바이는 〈사르보다야〉에서 비폭력의 불완전한 추종자들로 이뤄진 단체라도 존재해야 할 것이라고 말한 적이 있습니다. 그들 역시 단체의 힘을 얻어야 합니다. 하지만 당신의 연설을 들어보면 비폭력을 불완전하게 실천하는 사람들의 단체는 존재할 수 없는 것으로 보입니다만.

간디지　당신의 말을 그대로 인정할 수 없습니다. 간디봉사회와 같은 단체는 비폭력의 사람으로만 구성된 단체일 수는 없습니다. 이 봉사회는 특별한 사정 아래에서 결성되었습니다. 그것은 대략 20~30인 정도의 사람들에게 경제적 조력을 줌으로써 그들의 일을 감독하고자 설립되었습니다. 그런데 그것은 확대되었고, 그것을 꼭 개선할 필요가 있었습니다. 하지만 그러한 특수한 목적은 더 이상 존재하지 않습니다. 비폭력을 불완전하게 추종하는 사람들의 진보를 위해서 그런 단체가 있을 필요는 없습니다. 기관이란 불완전한 사람들이 모여 결성하는 것입니다. 사람들이 완전했다면 어떤 단체도 필요 없을 것입니다. 차르카협회와 하리잔봉사협회의 사람들도 비폭력을 흡수했습니다. 이 단체들도 평화의 길을 따르고자 합니다. 간디봉사회의 경우 특별한 프로그램이 있을 경우에만 비폭력적 민중단체가 될 수 있을 것입니다. 그런데 비폭력적 민중단체가 갖는 의미는 무엇입니까? 그것은 무언의 다르마입니다. 우리가 특정한 방법으로 비폭력을 얻고자 할 때, 하나의 단체가 결성됩니다. 간디봉사회는 그와 같은 특별 수단을 채용하지 않았습니다.

우리에게 각 특정 부문을 위한 기관들이 있고, 그 기관들은 여러 가지 건설적 활동을 조직하고 있습니다. 하지만 각 기관은 자신의 활동이 비폭력의 발전을 얼마나 도왔는지 검토하는 것을 자신의 기능으로 삼지는 않습니다. 나는 샹케를랄[61]에게 유급으로 일했던 사람이 몇 사람이나 되는지 물을 것입니다만, 그가 비폭력의 방향으로 얼마나 큰 진보를 이뤘는지는 묻지 않을 것입니다. 나는 노동조합에 평화로운 방법을 통해서 노동자들의 처지를 어느 정도 개선했는지는 물을 것입니다만, 노동운동이 어떤 방식으로 비폭력과 관련되어 있는지는 묻지 않을 것입니다. 그라모드욕협회에 대해서도 마찬가지입

61 Shankerlal Banker: 아킬 바라티야 차르카협회 서기.

니다. 사티스 바부에 대해서도 같습니다. 그는 카디 프라티슈탄에서 이룬 비폭력의 진보에 대해서 시험을 치르지 않아도 됩니다. 얼마나 많은 양의 양질의 기름, 종이, 카디, 또는 가죽을 생산했는지에 대해서만 그에게 물을 수 있습니다. 이런 모든 일 뒤에 고려해야 할 요점은, 우리가 다양한 일을 통해서 비폭력 문화를 어떤 방식으로 진화시킬 수 있는지를 알아내는 일입니다. 우리는 그 목적을 위해서 하나의 단체를 가질 수 있습니다. 하지만 비폭력을 믿는 자들만을 위한 단체가 존재할 필요가 어디에 있습니까? 그들은 자신들이 필요로 하는 힘이나 지침을 내 행동으로부터 구할 수 있을 것입니다. 신 자신이 그들을 지도할 것입니다. 그런 기관이 없다고 해도 그들은 조직될 것입니다.

자주 정치를 하고 있는 자들은 분명히 회원을 그만두어야 할 것임을 반드시 깨달아야 할 것입니다. 이제 우리는 봉사회의 미래에 대해서 생각해 보아야 합니다.

다다 다르마디카리 이 봉사회를 해산합시다. 새롭게 형성될 위원회는 필요하다고 생각한다면 새로운 협회를 결성할 것입니다.

샹카를라오 데오 다다의 제안에 찬성합니다. 정치에 연루된 사람들은 봉사회 회원을 그만두어야 하고, 봉사회는 나머지 회원들과 더불어 존속해야 한다는 식으로 차별해서 말하는 것은 적절치 않습니다.

간디지 우리는 정치에 경도된 사람들을 봉사회 외부에 둔다고 할 때 그들을 차별하는 것이 아님을 기억해야 합니다. 우리가 원하는 것은 봉사회의 이름으로 행하는 정치를 피하는 일일 뿐입니다. 우리가 정치에서 활동하고 있는 사람을 열등한 사람이라고 간주했다면, 우리는 그들이 정치의 분야에서조차 남아 있기를 허락하지 않았을 것입니다. 우리는 그들에게 정치를 떠나라고 요구하는 것은 아닙니다.

샹카를라오 우리는 봉사회 회원이면서 동시에 정치에 참여하기 때문에, 이와 같은 전면적인 도덕적 딜레마에 직면하게 되었습니다. 그 때문에 바푸지께서 우리가 봉사회의 현 성격을 바꾸라고 제안하신 것입니다. 봉사회가 현재 갖고 있는 모습은 본래의 모습이 아닙니다. 그래서 나는 오늘날 활동하는 모습의 봉사회는 해산하고, 본래의 모습으로 돌아가기를 제안하는 바입니다.

간디지 그렇게 해도 좋습니다.

마간바이 정치는 권력 투쟁에 관계하고 권력 투쟁은 질투를 낳습니다. 따라서 봉사회 회원들에게 정치에서 물러나라고 요구하는 것이고, 정치 분야에 머물러 있는 자들에게는 봉사회를 떠나라고 요구합니다. 하지만 권력을 추구하는 성향을 지닌 자들은 건설적 프로그램 분야에서도 같은 일을 합니다. 오늘날에도 건설적 일의 분야에서 권력 투쟁, 질투와 쓴맛이 없다고 할 수 없습니다. 건설적인 일에 전적으로 헌신하는 자들을 위한 연구기관이 있을 필요도 없다고 봅니다. 다른 분야에서 일하고 있는 사람들은 그들 자신의 단체에 남아 있으면서 개개의 분야에서 연구를 계속할 것입니다. 만일 그들에게 어떤 어려움이 있다면, 그들은 자신들이 속해 있는 소속 부서의 지도자와 상담하면 될 것입니다. 또는 그들이 특별히 믿는 사람이 있다면 그에게서 지도를 구할 수도 있을 것입니다. … 그것을 위해서 기관이 필요한 것은 아닙니다. 당신이 연구기관을 결성한다면, 그것은 빗나간 연구과제를 수행하거나 또는 다른 단체들을 불필요하게 통제할 수도 있습니다. 연구기관의 기능은 연구 수행의 과업 이외에 그 단체를 진리와 비폭력에 연계하는 일일 수도 있습니다. 따라서 그것은 우월한 도덕적 권위를 행사하는 단체가 될 수 있을 것입니다. 나는 그와 같은 우월한 권위의 필요성을 느끼지 않습니다. 내 견해로 보면, 당신은 1934년 당신 스스로 봉사회에 부여했던 모습을 버리려 하고 있습니다. 그리고 우리는 이런 여건 아래에서 본 봉사회가 특정한 기능을 가질 수 없다는 점을 이제 분명히 알게 되었는데, 왜 우리가 그것을 완전히 해산하면 안 됩니까?

간디지 마간바이, 당신의 요점을 알았습니다. 당신이 말하고 있는 것은 여기와 별로 관련이 없습니다. 크리슈난 나이르가 전날 올바르게 관찰했듯이 이것은 순수 연구기관이 될 것입니다. 연구의 결론을 사람들 앞에 제시할 것입니다. 예민한 사람이라면 누구든 자유롭게 결론에서 이익을 얻을 수 있을 것입니다. 반면 그 결론이 유용하다고 생각하지 않는 사람들은 무시할 수 있습니다. 여기에서 타인을 지배한다는 문제는 전혀 발생하지 않습니다. 그 연구기관 배후에 '우월한 도덕적 권위'와 같은 것은 없습니다. 지배의 문제가 존재하지 않을 때, 그것이 어떻게 분란을 일으키겠습니까?

차르카협회 등과 같이 건설적 프로그램에 헌신하는 단체들이 말다툼, 권위의 오용, 권력에서 오는 교만으로 인해서 어느 정도는 고통을 겪을 수도 있습니다. 하지만 여러분은 우리가 권력정치라고 불러왔던 것을 봉사회 어디에서 찾을 수 있습니까? 그것은 선거 뒤에 결성된 대의(代議)적 조직체가 아닙니다. 은행과 같은 단체입니다. 권력정치가 어떻게 그 안에 들어갑니까? 국민회의는 광범위한 단체로서 수백만의 사람들에게 속합니다. 그것은 대의기관입니다. 거기에는 권력정치를 위한 넓은 영역이 있습니다. 오늘날 간디봉사회는 자체로만 보면 권력정치에 들어갈 수단도 힘도 없습니다. 바로 그 때문에 우리는 정치에 능동적으로 참여하고 있는 사람들이 봉사회에 남아 있으면 안 된다고 말하는 것입니다. 그들이 정치를 포기해야 한다고 우리가 말한 적이 있습니까? 그들이 정치에 남아 있게 되는 일이 유용한 목적에 봉사하는 것이 아니라, 해독(害毒)을 확산하는 데 일조하게 된다는 것을 알게 되면, 그들은 거기에서도 나와야 할 것입니다. 하지만 오늘날 우리는 봉사회 회원으로서 정치에 들어가지 말라는 것을 요구할 뿐입니다. 우리가 그들을 부인하는 것은 이 정도여야 합니다.

이제 문제는 봉사회가 어떤 모습을 지녀야 하는가 입니다. 나는 그 윤곽을 제시했습니다. 다른 대안을 생각할 수 없습니다. 정치 공부와 같은 다른 종류의 활동에 참여하기를 원하는 자들은 그것을 독립적으로 할 수 있을 것입니다. 이것은 내 소관 밖입니다. 나에게 진실한 정치는 건설적 프로그램을 스와라즈와 연결하는 데 있습니다. 나는 사람들이 정치라고 부르는 것을 공부한 적이 없습니다. 나는 남아프리카에서 이미 소요를 일으켰습니다만 정치를 공부하지는 않았습니다. 내가 한 모든 일이 나에게는 정치였습니다. 내가 정치에 참여한 적이 없었다고 말하는 것은 아닙니다. 인도에 도착하는 날, 우연이겠지만 국민회의의 고삐가 내 손에 들어왔습니다. 나는 봉사할 수 있는 한 국민회의에 남아 있었지만, 그런 다음 물러났습니다.[62] 나는 국민회의에서 물러남으로써 더 위대한 봉사를 했다고 여깁니다. 그것은 비폭력에 대한 나의 태도였습니다. 나의 비폭력적 태도는 그 목

62 1934년.

적을 잘 수행했습니다. 내가 국민회의에서 나오고 난 다음에도 비폭력은 국민회의에서 자리를 잡았습니다. 나는 이제 국민회의의 정치를 라젠드라 바부와 발라브바이에게 맡깁니다. 그들이 국민회의에 남아 있는 일로 인해서 독소가 퍼지게 된다면, 그들 역시 물러나야 합니다. 그러나 물러나는 것은 쉬운 일이 아닙니다. 민중이 그들이 정치에 남아 있기를 강력하게 요구하고, 국민회의와 의장이 그들의 잔류가 필수적인 것이라고 본다면, 나가기는 어렵습니다. 하지만 그러한 경우에도 그들은 봉사회에 남아 있어서는 안 됩니다.

우리는 봉사회를 권력정치와 집단주의(*groupism*) 정치로 인해서 오염되지 않도록 해야 합니다. 우리는 훈련된 침묵을 지키면서 일해야 합니다. 그것만이 진실한 정치의 출발입니다. 건설적인 일의 분야는 아주 광범위합니다. 그것을 공부합시다. 그 분야에서 연구하고 발견합시다. 샹케를랄 혼자 책임을 다 질 수 없습니다. 이것이 내가 봉사회에 대해서 갖고 있는 유일한 프로그램입니다. 나는 여러분에게 내가 가진 것만을 줄 수 있습니다. 비폭력 실험을 위한 새로운 전망이 여러분에게 열려 있습니다. 여러분이 선택하는 만큼 그 전망을 확대할 수 있습니다. 그것을 확대할 수 없는 경우에도 현재의 범위 자체로 충분합니다. 여러분의 작업은 다른 사람들의 연구를 고무(鼓舞)시킬 것입니다. 나는 일반적인 발명품을 말하는 것이 아닙니다. 내가 위험한 발견에 대해서 만족할 것으로 생각하십니까? 사람은 위대한 것이 있을 때만, 그것을 세상에 내놓아야 합니다. 그것이 너무나 비범하여 그것으로 세상을 깜짝 놀라게 해야 합니다. 그와 같은 봉사회를 갖고자 봉사회에 대해서 열광하는 자들이 있어야 합니다.

나는 모든 것을 여러분 앞에 간명하고 직설적인 말로 제시했습니다. 우리는 무슨 일을 하든 권력정치와 집단주의에서 멀어져야 합니다. 국민회의는 나라 전체의 정치를 지도하고 있습니다. 우리 가운데 국민회의위원회에 있음으로써 봉사하기를 원하는 자들은 지금부터 봉사회에 있어서는 안 됩니다. 국민회의의 외부에 있으면서도 시민불복종운동에 대비할 수 있습니다. 국민회의는 전국을 대표합니다. 그래서 국민회의는 그 프로그램과 결의안에 전국의 견해를 반영해야 합니다. 하지만 우리는 독립적 분야에서 침묵의 봉사를 해야 합니다.

크리슈난 나이르 만일 봉사회가 존속한다면 당신 이름으로 분파가 등장할 위험이 있습니다. 우리가 정치에 집단주의를 우려하듯이, 우리는 당신의 이름을 빌려 봉사회의 모습을 띠고 분파가 등장할 것을 우려해야 합니다. 당신 이름을 갖고 있는 이 봉사회는 당신의 생애 동안에는 비범한 일을 한 것이 없습니다. 당신이 가신 다음 무엇이 일어날지 누가 압니까? 그래서 봉사회가 해산되더라도 괜찮을 것으로 보입니다.

간디지 분파를 형성할 위험이 있는 것은 분명합니다. 나는 이 사안에 대해서 가능한 한 세심한 주의를 기울이겠습니다.

물찬드 아그르왈 최근 2, 3일 동안 바푸지는 지난 10년이나 15년 동안 쭉 해왔던 것과 같은 말을 했습니다. 새로운 것은 아무것도 말하지 않았습니다. 모든 문제는 봉사회 회원들이 정치에 참여하는 일에 대해서 허락을 받았기 때문에 일어났습니다. 따라서 이것을 수정하는 것으로 충분할 것입니다. 봉사회를 해산하고 다른 협회를 설립한다는 것은 불가능한 것으로 보입니다. 현재의 구도 안에서 약간의 개선을 합시다. 새로운 구도는 필요치 않습니다.

자주 그것은 해체의 문제가 아닙니다. 우리는 그것을 재조직하고 있습니다. 그것을 폐쇄하는 데에 찬성하는 자들도 그것을 재구성하기를 바랍니다. 우리는 1934년 봉사회를 재구성했습니다. 1940년 현재 그것을 다시 하고 있습니다.

바발바이 차르카협회 등과 같은 단체들에 의해서 발명가들도 생겨날 것입니다. 그들만이 각자의 분야에서 전문가들이 될 것입니다. 특별 연구기관이 그들에게 필요한 것은 아닙니다. 그들은 자신들의 일을 진리와 비폭력에 연계할 수 있습니다.

간디지 당신은 이 요점에 대해서 내가 대답할 것이라고 기대하지 않을 것입니다. 그렇죠? 대답은 내가 한 말에 들어 있습니다.

푼다릭 봉사회 회원으로서 정치에서 물러난다는 것은 권력정치가 나쁘다는 것을 의미합니까? 우리는 왜 봉사회에서 나온 다음 권력정치에 참여하면 안 됩니까? 가능한 최선의 수단이 권력정치에서도 사용될 수 있다는 점을 우리가 세상 앞에 입증해 보이면 왜 안 됩니까?

간디지 우리는 왜 봉사회에 남아 있으면서 권력정치에 관여해야 합니까? 나는 단 한 사람의 정치 참견 여부에 대해서조차도 말하고 싶지 않습니다. 그럴 만한 충분한 자료가 없습니다. 나는 권력을 수용한 사람들이 어느 정도로 비폭력을 준수하고 진리를 대변하는지를 모릅니다. 권력정치에 참여한다면 여러분은 시험을 받게 됩니다. 나는 여러분이 시험에 어느 정도 통과할 수 있을지 말씀드릴 수 없습니다. 발라브바이는 정치에 남아서 실험을 하고 있습니다. 그는 정치에 남아 있는 것이 적절하지 않다는 것을 알게 되면 그곳을 떠날 것입니다. 봉사회는 이 사안에 대해서 일체의 책임을 지고 싶지 않습니다. 그것은 각 개인의 양심에 달려 있습니다. 각자가 자신의 양심을 권위로 간주해야 할 것입니다. 다른 사람은 이 사안에서 어떤 결정도 내릴 수 없습니다. 예를 들면, 발라브바이는 정치적인 일에 몰두하고 있습니다. 하지만 나는 그의 마음을 모릅니다. 그의 느낌도 모르고 여러분의 느낌도 모릅니다. 결국 나는 신이 아니잖습니까, 그렇죠?

스와미 아난드 정부는 농촌재건평의회를 조직했습니다. 우리는 평의회에서 물러나야 합니까? 2년 이후 이 평의회는 선출기구가 될 것입니다. 봄베이 평의회는 6개월 이후 선출될 것입니다.

간디지 평의회가 권력정치에 의해서 오염되지 않는 한 우리는 평의회에 남아도 괜찮을 것입니다. 만일 권력정치가 평의회에 영향을 주기 시작하면 우리는 물러날 것입니다. 이것은 자기 자신을 위해서 독자적으로 결정해야 할 사안입니다.

우리가 구성하려는 위원회는 여기 말리칸다에서 그 일을 마무리지을 수 없을 것이 거의 분명합니다. 하지만 그럼에도 불구하고 그 위원회는 일정한 시간 내에 자체 결론을 내려야 할 것입니다. 민중이 그들 자신들의 이름을 대지 않는다고 해도, 키쇼렐랄은 물론 거기에 있고, 나 역시 거기에 있습니다.[63]

간디봉사회에서의 연설 (H.),
Gandhi Seva Sanghke Chhathe Adhiveshan
(Malikanda-Bengal) ka Vivaran, 34~52면 ; 《전집》 77 : 426

63 〔역주〕 간디, 키쇼렐랄 마슈루왈, 발라브바이 파텔 등으로 이뤄진 소위원회가 구성되었다. 《전집》 권 77, 397면.

151) 비본질적 사항에서의 타협

〔말리칸다, *1940. 2. 24*〕

양립할 수 없는 것들의 혼합물은 폭발하기 마련입니다. 여러분은 공정하게 행위하기를 결심해야 합니다. 그리고 비본질적 사항에 대해서는 타협할 준비가 되어 있어야 하고, 진리에 대해서 타협해야 할 불안한 위치에 있어서는 절대로 안 됩니다. 여러분은 그와 같은 지위에서 완전히 물러나야 합니다. 그것이 타협의 본질입니다. 가까운 목표도 먼 목표도 없는 봉사를 여러분의 모토가 되게 하십시오. 여러분은 가난한 자들로 둘러싸여 있습니다. 그러므로 고통 속에 있는 자에게 봉사하십시오. 그들이 무슬림이든, 나마수드라(Namasudra)[64]든 다른 사람이든 관계없습니다. 사탸그라하는 분파·계급분리·강령을 초월합니다. 그것은 우리 존재와 사회 전체에 널리 퍼져 있어야 합니다. 여러분 앞에 국민회의 의원 모집에 대한 문제는 없습니다. 여러분의 명단을 부풀릴 목적으로 의원을 확보하겠다는 일체의 생각을 포기하십시오. 그것은 권력정치입니다. 나는 명단을 가짜 의원으로 더럽히기보다는 차라리 그것을 갖지 않겠습니다. 만일 여러분이 침묵의 노동자가 된다면, 지역 국민회의에 들어가지 않고도 여러분 가운데 혼자서라도 국민회의를 지도할 수 있을 것입니다.

이제 여러분이 "적들이 국민회의를 장악하면 무슨 일이 일어날까?"와 같은 질문은 묻지 않기를 바랍니다. '포기함으로써 즐기시오'[65]라는 우파니샤드의 금언을 알 것입니다. 국민회의를 '즐기거나' 소유하기 위해서 버리십시오. 내 마음이 어떤 것을 붙잡으려고 하는 즉시 나는 녹초가 됩니다. 국민회의를 장악하기 위해서 어떤 행동도 하지

---

64 〔역주〕 벵골 지방의 하리잔 카스트. 〈용어해설〉 참조.

65 《이샤 우파니샤드》 1.

말며, 조금이라도 정도(正道)에서 벗어나지 마십시오. 그러면 여러분은 모든 반대 세력의 무장을 해제하게 될 것입니다. 가짜 국민회의 명단은 여러분을 결코 스와라즈로 이끌지 못할 것입니다. 그것은 종이배가 패드마(Padma) 강[66]을 건너는 데 아무 도움이 되지 않는 것과 같습니다.

노동자와의 대화, 〈하리잔〉, 1940. 3. 9 ; 《전집》 78 : 5

152) 정치와 사회사업

〔뉴델리, *1946. 9. 24* 이전〕

질문 당신은 인생의 기쁨을 만끽하고 있습니까? 당신은 왜 125세까지 살고 싶습니까?

간디지는 125세까지 살고 싶다는 그의 욕구는 향락을 위한 것이 아니라 봉사를 위한 것이라고 말했다. 그는 이 둘이 같지 않다고 말하며, 당황해하는 질문자에게 《이샤 우파니샤드》에 제시된 '포기를 통한 즐기기'의 원리를 설명해 주었다.

질문 당신 인생의 진정한 즐거움(*enjoyment*)은 언제 시작됐습니까?

답변 내가 태어나는 순간부터.

질문 아니, 봉사가 영원한 기쁨이 된 인생행로가 언제 시작되었는지를 물었습니다.

답변 내가 인생의 내면적 의미를 이해했을 때.

66 〔역주〕 현재의 방글라데시에 위치한다.

질문 그것이 인도의 특성입니까?

답변 인도의 유일한 특성은 가난입니다. 미국의 특성이 부의 황홀한 매력이듯이.

질문 사람이 자신의 이상을 편리와 타협해야 할 경우가 있지 않습니까?

답변 아니, 절대로 없습니다. 목적이 수단을 정당화한다고 믿지 않습니다.

질문 당신의 활동이 언젠가는 정치 분야에서 사라질 수 있습니까?

답변 정치에 손대지 않고서는 사회사업조차 할 수 없다는 사실을 안 다음, 내가 정치 분야에 들어갈 수밖에 없음을 느꼈다는 점을 당신은 아마도 모를 것입니다. 정치의 일은 반드시 사회적·도덕적 진보의 관점에서 보아야 한다고 나는 느낍니다. 민주주의에서는 삶의 어떤 부분도 정치와 유리된 것이 없습니다. 영국인 아래에서 여러분은 좋은 의미에서라도 정치에서 도망갈 수 없습니다. 정치는 인생 전체를 포괄합니다. 숨 쉬고 있는 사람은 모두 반드시 세금을 내야 합니다. 그것이 인도에서의 영국 통치입니다. 예를 들면 소금세(*salt tax*)를 보십시오. 그것은 모든 사람들과 관련되어 있습니다. 세금 징수원과 경찰들은 인도 촌락에서 살아가는 수백만의 민중이 영국 통치를 알 수 있는 유일한 상징입니다. 민중이 약탈당하고 있는데 가만히 앉아 있을 수가 없습니다.

질문 그렇다면 당신의 일은 결코 끝나지 않을 것 같은데요.

답변 그것은 오직 내 죽음과 함께 끝날 것입니다. 내가 만일 진정한 의미에서 사회개혁가라면, 권력을 장악한 것이 외래 정부인지 아니면 토착 정부인지에 대해서 예의 주시해야 합니다. 이것은 만인에게 적용될 것입니다.

질문 사람이 권력을 얻게 되면 민중에게서 멀어져 간다는데, 여기에서는 어떻습니까?

답변 그런 일이 여기에서는 결코 일어나지 않기를 기도합시다. 나는 인도인들의 공직 수용을 가시면류관 쓰는 일에 비유해왔습니다. 그것도 상당히 날카로운 가시가 있는 면류관 말입니다.

질문 학생들의 파업에 대해서 어떻게 생각하십니까?

답변 보편적 질병, 전염병으로 보입니다.

질문 당신은 한 번이라도 의기소침한 적이 있습니까?

답변 내가 지금 당신에게 말하고 있다는 사실을 내가 믿고 있듯이, 우주를 지배하는 힘의 존재를 믿습니다. 전자는 허위일 수 있지만 저 힘의 존재는 참입니다. 그 힘은 나를 지배하고 있으며, 폭풍우 한가운데에 있을 때에도 조용히 남아 있을 수 있게 해 줍니다.

간디지의 질문자는 다음에는 운명(*predestination*)에 대해서 간디의 견해를 물어왔다.

답변 운명이란 말은 많이 오용된 단어입니다. 우리는 우리가 상상하듯이 그렇게 자유롭지는 않다는 것은 사실입니다. 우리의 과거가 우리를 거머쥡니다. 하지만 다른 모든 교의처럼 그 말은 너무 많이 사용되어서 효과가 없어질 것입니다.

질문 운명이 하나의 실재라면 운명이 초래하는 불쾌한 결과를 극복하는 방안에 대해서 질문을 드리지 않을 수 없습니다.

답변 그 방도는 완전한 무집착의 태도로서, 불쾌한 것(*the unpleasant*)을 유쾌한 것과 함께 받아들이고, 그럼으로써 운명의 가시에서 오는 불쾌함을 없애는 것입니다. 이것은 마치 당신이 가시 많은 배(梨) 문제를 해결할 때 먼저 엄정한 선택과 경작을 통해서 가시를 솎아내고, 다음에는 가축의 식용 사료로 사용하는 것과 같습니다.

질문 다음 전쟁을 어떻게 방지합니까?

답변 세상이 무엇을 하든 관계없이 올바른 일을 행함으로써 전쟁을 방지해야 합니다. 각 개인은 다른 사람들을 움직이고 싶다면, 그들의 행동을 기다리지 말고 각자의 능력에 따라서 행동해야 합니다. 각자가 가만히 있을 수 없는 순간, 자신의 행위가 낳은 결과가 널리 꽉 차게 되는 순간이 옵니다. 이것은 자신이 제로가 될 때에 옵니다.

만일 세 번째 전쟁이 온다면 그것은 세계의 종말일 것입니다. 세계는 세 번째 전쟁을 견디지 못할 것입니다. 나에게는 두 번째 전쟁이 아직 종결되지 않았고 여전히 진행중입니다.

미국 언론인과의 대담, 〈하리잔〉,
1946. 10. 6 ; 《전집》 92 : 328

VI

종교

1. 종교, 신비주의와 사회

153) 종교개혁

1928. 8. 20

저는 이 위대한 날에 뭐라고 말할 자격이 있다고 생각하지 않습니다. 하지만 고 라만바이[1]를 깊이 존경하고 있고, 슈리마티 비드야가우리[2]의 말을 거절할 수 없어서 여기에 오는 것을 동의했습니다. 오늘 저는 여러 가지 이유로 연설하기에 부적격합니다. 저는 라자 람 모한 로이(Raja Ram Mohan Roy)의 글도, 그에 대한 글도 읽은 것이 없습니다. 제가 아는 것은 그를 존경하는 사람들에게서 들은 것에 기초하고 있습니다. 저는 브라모 사마즈(*Brahmo Samaj*)[3]의 역사에 대해서 연구했다고도 할 수 없습니다. 오늘 저는 우리 도서실에 있는

1 Ramanbhai Nilkanth.

2 Vidyagauri Nilkanth.

3 힌두 개혁주의자 운동, 19세기 벵골에서 출발했다.

람 모한 로이를 다룬 소책자에서 뭔가를 읽어 보려고 필사적인 노력을 했습니다. 하지만 한순간도 그것을 읽지 못했습니다. 그래서 신께서 제 자신이 이 과업을 수행할 수 있도록 적합한 말을 저에게 주셨으면 하는 기도로서 자족했습니다.

제가 비록 브라모 사마즈의 역사를 연구했다고 주장할 수는 없지만, 수년 동안 브라모 사마즈의 회원들과 긴밀한 관계를 유지했다고 주장할 수는 있습니다. 그것은 제가 처음 캘커타를 방문했을 때인 1896년까지 거슬러 올라갑니다. 저는 1901년 고칼레와 P. C. 레이 박사를 통해서 브라모 사마즈의 저명한 회원들 몇 사람과 접촉하게 되었습니다. 사마즈 만디르(사원)를 때때로 방문했었고, 고 프라탑 찬드라 모줌다르의 설교를 듣곤 했습니다. 고 판디트 쉬브나트 샤스트리와도 접촉했습니다.

저는 이런 경험들을 통해서 브라모 사마즈가 힌두교에 위대한 봉사를 해왔다는 점, 그리고 이 협회가 인도의 식자층, 특히 벵골의 식자층을 불신(不信)에서 구원해 주었다는 점을 충분히 확신할 수 있었습니다. 그래서 저는 이 협회가 기본적으로 식자층을 위해서 특별히 고안된 운동이었다고 늘 생각해왔습니다. 비록 인도의 종교가 때때로 미신, 생기 없는 형식주의 그리고 히스테리 발작의 형태를 취하긴 하지만, 저는 인도에서는 사람이 불신자로서는 오래 살지 못할 것이라는 확신을 버릴 수 없습니다. 그러나 19세기 초엽 식자층의 신앙이 위험에 빠졌을 때, 그들을 구하러 온 사람이 바로 람 모한 로이였습니다. 제가 듣기로는 그가 기독교 선교사들의 영향권 안에 있었으며, 카카사헤브는 그가 페르시아어와 아라비아어에 대해서 깊은 연구를 했다고 나에게 말했습니다. 그의 학식이나 포용성에 대해서는 어떤 의혹도 있을 수 없습니다. 그는 힌두교 특히 베다 종교를 깊이 있게 연구한 다음 기독교와 이슬람교의 핵심 원리들에서 영향을 받아들였습니다. 그 결과 그는 미신의 잡초로 뒤덮인 기존의 힌두교를 해방하기 위해서 새로운 운동을 시작하는 일 이외에 다른 탈출구가 없음을 알았습니다. 동물 희생제사와 사회악이 힌두교의 이름으로 번성하고 있었습니다. 식자층이 어떻게 그것을 참을 수 있었겠습니까? 람 모한 로이는 개인적 차원에서 사악으로부터 분리되는 일로도 만족할 수 있었습니다. 그러나 람 모한 로이는 개혁가였습니다. 그리고 그는 그 빛을 감출 수가 없어서 자신의 견해에 대중적 표현을 부여하고, 그의 추종자를 확보하여 1828년 브라모 사마즈를 창립했습니다.

하지만 마하리쉬 데벤드라나트 타고르와 같이 위대한 영을 천품(天稟)으로 받은 사람이 가입하지 않았더라면 그 협회는 쇠퇴했을 것입니다. 타고르 부자가 벵골, 인도, 심지어 세계의 지적이며 영적인 삶에 기여한 것을 평가하는 일은 미래의 역사가들의 몫입니다. 그 방향으로 라빈드라나트 타고르의 기여는 놀랄 만합니다. 우리는 그것을 적절히 평가할 수 없습니다. 이는 히말라야 계곡에서 살아가는 사람들조차 그 산의 장엄함을 제대로 묘사할 수 없는 것과 같습니다. 그리고 타고르 부자는 브라모 사마즈로부터 영감을 얻었습니다. 브라모 사마즈는 이성(*Reason*)을 해방시켰고, 신앙(*Faith*)을 위한 충분한 여지를 마련해 두었습니다. 브라모 사마즈가 힌두교 또는 베다 종교와의 관계를 단절할 뻔한 일이 있었지만, 마하리쉬의 고행(*tapasya*)과 지식이 그러한 재앙에서 브라모 사마즈를 구출해냈습니다. 브라모 사마즈가 힌두교의 일부로 남게 된 것은 마하리쉬 덕분이었습니다.

우리는 브라모 사마즈의 기여를 추종자의 수로 측량할 수는 없을 것입니다. 협회 회원은 아주 소수이지만, 그들의 영향력은 위대하고 양질의 것입니다. 브라모 사마즈의 봉사는 힌두교를 해방시키고 합리화한 데(*rationalizing*) 있습니다. 그것은 언제나 다른 신앙과 다른 운동에 대한 관용을 길러왔고, 종교의 원천을 청결하게 하고 지고의 존재(*the Supreme Being*)에 대한 순수한 숭배의 이상을 현창(顯彰)하려고 노력해왔습니다.

브라모 사마즈 안에 비판할 것이 없는 것은 아닙니다만, 지금 비판할 때는 아닙니다. 제 바람은 브라모 사마즈 안에 있는 최선의 것을 여러분에게 제시하는 것입니다. 오늘의 이 축하를 여러분 안에 있는 종교적 본능을 일깨우는 기회로 삼으십시오. 참된 종교는 협소한 도그마가 아니며 외면적 의식도 아닙니다. 그것은 신에 대한 신앙이고, 그분의 현존 안에서 살아가는 일입니다. 그것은 내생(*future life*)·진리·아힘사에 대한 신앙을 의미합니다. 오늘날 영혼의 이런 면들에 대한 무감각이 팽배하고 있습니다. 우리 사원들은 오늘날 단순 무지한 자들을 위한 것으로만 보입니다. 신의 진실한 사원들을 방문하는 자들은 극소수입니다. 식자들이 이런 방향으로 개혁의 일을 맡도록 합시다.

우리는 바르돌리의 승리에 대해서 발라브바이를 기려왔는데 이 일은 옳은 일입니다. 하지만 여러분은 그가 거둔 더 큰 승리를 잘 모르실 것입니다. 발라브바이는 그의 '발라바'(*Vallabha*: 신)를 바르돌리에서 실현했습니다. 그는 신에 대한 신앙만이 수천 명의 남녀를 자신들의 서약에 충실하게 묶어 둘 수 있음을 알았습니다. 그는 종교를 통해서 저들 무지렁이 남녀들의 심정에 접근할 수 있다는 사실을 알았습니다.

청년들이 보낸 수많은 편지가 저에게 쇄도했습니다. 거기에서 그들은 자신들의 나쁜 습관에 대해서, 그들의 무신앙이 그들 삶에 준 허무(*the void*)에 대해서 솔직하게 적고 있습니다. 의학적인 충고만 준다고 해서 그들을 구제할 수 없습니다. 신에 대한 순종과 신뢰의 길, 신의 은혜에 대한 순종과 신뢰의 길 이외에는 달리 길이 없다고 그들에게 말할 수밖에 없습니다. 우리는 이 기회를 이용하여 살아 있는 종교가 우리 인생에서 응당 차지해야 할 위치를 그 종교에 부여하도록 합시다. 아코 바가트(Akho Bhagat)가 다음과 같이 말하지 않았습니까?

'네가 원하는 대로 살아라, 하지만 신을 실현할 수 있도록.'

브라모 사마즈 100주년 기념 모임에서의 연설, 프라르타나 사마즈, 아메다바드(G.), 〈영 인디아〉, 1928. 8. 30 ; 《전집》 42 : 456

154) 종교와 문화

구자라트의 비드야피트(Vidyapith)[4]의 한 학생이 묻고 있다.

비드야피트에서 종교 수업은 어떤 구체적 형태를 띠어야 합니까?

나에게 종교는 진리와 아힘사 둘 다, 혹은 진리만을 의미한다. 왜냐하면 진리는 아힘사를 포함하며, 아힘사는 진리를 찾는 데 없어서는 안 될 수단이기 때문이다. 그래서 두 가지 덕(*virtues*)의 실천을 촉진하는 것이면 무엇이라도 종교교육을 전파하기 위한 수단이다. 내가 생각하기에 이 일을 하기 위한 최선의 길은, 선생님들이 덕을 자신들의 인격 안에 엄격히 실천하는 일이다. 운동장에서건 교실에서건 그들이 소년들과 함께 지내는 일 자체가, 생도들에게 두 근본적인 덕의 부문에서 훌륭한 훈련을 주게 될 것이다.

종교의 보편적 핵심을 교육하는 일에 대해서는 이만큼 해 두기로

---

4 교육기관의 하나.

한다. 종교교육의 교과 내용은 자신의 신앙 이외의 다른 신앙들의 교리에 대한 연구도 포함해야 한다. 이 목적을 위해서 학생들은 공경(*reverence*)과 넓은 관용(*tolerance*)의 정신에서 세계에 있는 여러 위대한 종교의 교의들을 이해하고 진가를 인정할 수 있는 습관을 기를 수 있도록 훈련을 받아야 한다. 이 일은 잘되기만 한다면 그들에게 자신들의 종교에서 오는 영적인 보장을 주고 자신들의 종교의 진가를 더 잘 인정하게 해 줄 것이다. 하지만 모든 위대한 종교들을 공부할 때 항상 명심해야 할 규칙 하나가 있다. 그것은 바로 그 종교들을 각 종교의 유명한 신봉자들의 저서를 통해서만 공부해야 한다는 것이다. 예를 들면, 《바가바타》를 연구하고 싶으면 호전적인 비판가들의 번역을 통해서가 아니라, 《바가바타》의 애호가가 마련한 번역을 통해서 공부해야 한다. 마찬가지로 기독교 성경을 공부할 때는 독실한 기독교도의 주석을 통해서 해야 한다. 자신의 종교 이외에 다른 종교들을 공부하는 일은 모든 종교들의 바탕이 되는 일치(*unity*)를 파악하게 해주고, '교리들과 신앙들의 먼지'를 넘어선 보편적이고 절대적인 진리(*universal and absolute truth*)의 편린도 제공할 것이다.

다른 종교들에 대한 경건한 공부가 자신의 종교에 대한 신앙을 약화시키거나 동요시킬 것이라는 공포를 어느 누구도 단 한순간도 품지 말기를 바란다. 힌두 철학의 체계는 모든 종교들이 그 안에 진리의 요소들을 갖추고 있는 것으로 간주하며, 모든 종교들에 대한 존경과 공경의 태도를 명한다. 물론 이 모든 것은 자신의 종교에 대한 경의(敬意)를 전제로 한다. 다른 종교들에 대한 연구와 올바른 이해는 그러한 경의를 약화시킬 필요가 없다. 그것은 그 경의를 다른 종교들에 대해서 확장하는 것을 의미해야 한다.

이런 점에서 종교는 문화와 같은 기반 위에 서 있다. 우리 문화의 보존은 다른 문화들에 대한 경멸(*contempt*)을 의미하지 않으며, 오히려 모든 다른 문화 속에 있는 최선의 부분을 자기 것으로 소화하기를 요구한다. 이런 일은 종교에서도 마찬가지다. 우리가 현재 갖고 있는 공포와 불안은 우리나라에서 형성되어온 유해한 환경, 즉 상호간에 존재하는 증오·악의·불신의 환경에서 나온 결과이다. 누군가가 살짝 몰래 우리의 신앙이나 우리에게 귀중하고 가까운 자들의 신앙을 잠식하지 않을까 하는 공포의 악몽 아래에서 우리는 부단히 노력하고 있다. 그러나 이와 같은 부자연스런 상태는 우리가 다른 종교들에 대한 존경과 관용을 그리고 그 종교들을 신봉하는 자들에 대한 존경과 관용을 기르기를 배울 때 멈출 수 있을 것이다.

종교교육, 〈영 인디아〉, 1928. 12. 6 ; 《전집》 42 : 526

155) 혼과 그 근원 〔*1927. 8. 5*〕

질문 당신은 자연(*Nature*), 혼(*Soul*), 신이라는 삼위가 개별적으로 존재한다고 믿습니까?

답변 믿는 것은 사실이지만, '개별적'(*distinct*)이란 말은 받아들이기 어렵습니다. 비록 셋이 이름으로는 서로 구별되지만 실체로서는(*in substance*) 하나이기 때문입니다.

질문 혼(*soul*)은 하나입니까 다수입니까? 그것은 전적으로 독립적인 존재를 가집니까? 아니면 그것은 위대한 아트만, 즉 신의 일부입니까?

답변 혼들(*souls*)은 다수인 것처럼 보입니다. 하지만 겉으로 보이는 다양성의 바닥에는 본질적인 유일성(*oneness*)이 존재합니다.

질문 만일 혼이 〔신의〕 입자라면 전지(全知)여야만 하고, 모든 악으로부터 아주 자유로우며, 신의 모든 성질들을 소유해야 합니다. 이는 마치 불·물·금의 입자가 그것이 떨어져 나오기 전에 속해 있었던 전체의 모든 재질(才質)을 소유하는 것과 같습니다.

답변 혼은 본성상 모든 악에서 자유롭습니다. 하지만 그것은 혼의 원천에서 분리되어 나왔으므로 악과 모든 다른 한계들을 분유하고 있습니다. 이는 마치 원천에서 분리되어 나온 물 한 방울, 더러운 웅덩이의 일부를 이루는 물 한 방울이 웅덩이의 더러움을 당분간 분유하는 것처럼 보이는 것과 같습니다.

질문 우리는 사람들이 악행을 하는 것을 흔히 봅니다. 악은 어디에서 옵니까?

답변 우리는 세상에 악이 존재하고, 그것을 꼭 피해야 한다는 점을 아는 것으로 만족해야 할 것입니다. 만약 우리가 악의 기원을 알기라도 한다면, 우리는 전능의 신이어야 할 것입니다. 하지만 현재 우리는 더러운 물웅덩이의 물방울이라는 불행한 처지에 있습니다. 그리고 우리는 악행을 행하는 자이면서 그 결과를 감수해야 합니다.

질문 세상에는 다른 부류의 사람들이 존재합니다. 올바른 행위를 행하는 자들은 천품을 타고난 자들입니다. 틀리거나 나쁜 행위들을 행하는 자들은 처벌받고 고통을 겪어야 할 것입니다. 이것은 모두 카르마(業) 이론에 따른 것입니다. 인도의 농민이나 노동자가 현재 고통당하고 있듯이, 사람이 과거 자신의 행위를 통해서 고통당하는 것은 신의 의지(*the Will of God*)입니다. 우리는 왜 그가 고통당하지 않도록 그를 도와줌으로써 신의 의지에 간섭해야 합니까?

답변 인도의 농민이 어느 산꼭대기에 고립되어 살아간다면 우리는 그의 처지에 대해서 아마도 책임이 없을지도 모릅니다. 하지만 그가 우리 사회의 일부라는 점을 고려한다면 우리는 그의 처지에 대한 책임을 벗어버릴 수 없을 것입니다. 이는 물웅덩이의 물방울이 책임을 벗어 버릴 수 없는 것과 같습니다. 왜 신은 악이 존재하는 것을 감수하셔야 합니까? 나는 이 질문에 대해서 오직 신만이 아실 것이라는 점을 감지하고 있으며 그 점에 대해서 감사드립니다.

질문 우리는 다른 사람들에게 이익(*the good*)을 주기 위해서가 아니라, 우리 자신을 위해서—아니면 우리가 궁핍할 때 우리를 도울 수 있을 것을 감안하여 기껏해야 우리의 친척과 이웃 사람들을 위해서—지식을 얻거나 돈벌이하는 데에 우리의 에너지를 바쳐야 하지 않을까요?

답변 우리가 친척을 돕는 것과 똑같은 이유에서, 우리는 우리의 무지 때문에 친척으로 인정하기를 거부하는 모든 다른 사람들을 도와주어야 합니다. 우리는 물방울과 같습니다. 물방울은 더러운 존재이지만 가장 멀리 떨어져 있는 이웃들의 도움에 의해서 그 존재를 향유합니다. 그 물방울의 바로 이웃은 그 이웃에 의존해야 하고 그 이웃은 다음 이웃, 이렇게 해서 끝까지 가기 때문입니다.

질문 당신은 다른 사람들과 같이 스와라즈야(*swarajya*)를 자신에 대한 통제, 자아의 개혁, 자아의 향상 또는 개선으로 정의합니다. 그리고 한 사람이 자신을 통제하고 개선하거나 개혁한다면, 그 사회 또는 국가(*nation*)는 스스로 개혁될 것임도 분명합니다. 국가는 개인들의 집합이기 때문이다.

답변 옳은 말씀입니다. 자기통치(*self-rule*)가 자치(*home-rule*)입니다.

물찬드 아그라왈이 보낸 질문에 대한
답변들, GN 765 ;《전집》39 : 339

156) 종교의 정점

친구 하나가 나에게 〈영성생활〉(*Spiritual Life*)지 한 권을 보내주었는데, 거기에 '부서짐'(*Broken*)이라는 제목 아래 아름다운 단락이 하나 있었다. 이 단락은 툴시다스와 수르다스를 비롯한 여러 성인이 지은 수많은 찬가를 상기시켜 주므로 나는 그 단락을 다음과 같이 축약하여 제시하고 싶다.

> 하느님은 자신의 영광을 위해서 아주 철저하게 부서진 사람과 물건을 가장 잘 사용하신다. 그분이 받아들이는 희생공물은 부서지고 통한(痛恨)을 지닌 심정들이다. 페니엘에서 야곱의 자연적 힘이 철저하게 부서졌을 때 하느님은 그에게 영적인 힘을 부여할 수 있었다. 모세가 지팡이를 휘둘러 호렙에 있는 바위의 표면을 깸으로써 비로소 바위가 목마른 민중에게 시원한 물을 흘려보내 줄 수 있었다. 기드온의 지도 아래 3백 인의 선택받은 군인들이 자신들의 물주전자를 부술 때 — 이것은 자신들을 부순 것과 같은 데 — 숨겨진 빛이 쏟아져 나와 대적들을 대경실색케 했다. 가난한 과부가 작은 기름 항아리의 봉인을 부수고 그것을 쏟아부었을 때 하느님은 그것을 몇 배로 만들어서 그녀의 빚을 갚게 하고, 생계수단을 주었다. 탐스런 옥수수의 아름다운 낟알이 대지에서 죽어 부서졌을 때 그 내면의 핵에서 싹이 트고 수백의 다른 낟알을 얻게 된다. 이런 식으로 모든 역사를 통해서, 모든 일대기, 모든 식물 생장, 모든 영적 생명을 통해서 신은 반드시 부서진 것들

(*broken things*)이 있어야 한다. 부에 있어서 부서진 자, 마음이 부서진 자, 야망에서 부서진 자, 아름다운 이상에서 부서진 자, 세상의 평판에서 부서진 자, 애정에서 부서진 자, 그리고 때로는 건강이 부서진 자, 모욕받은 자, 아주 무력해 보이고 버림받은 자, 성령은 그들을 단단히 붙잡고 하느님의 영광을 위해서 사용하신다. 이사야는 우리에게 "먹이를 잡는 것은 절름발이"[5]라고 말했다. 악마를 이기는 것은 약한 자이다. 하느님은 우리의 실패를 포착하여, 그 원인을 씻어 버리고 우리를 통해서 승리 속에 빛나기 위해서 기다리신다.

위의 단락은 종교가 그 정상에서는 어떻게 하나가 되는지를 보여주고 있다.

부서짐, 〈영 인디아〉, 1929. 1. 3 ; 《전집》 43 : 612

157) 진실한 영적 변화

〔*1929. 3. 1* 이전〕

모트 박사[6] 인도가 세계의 진보를 위해서 할 수 있는 기여 중에서 무엇이 가장 가치 있다고 생각합니까?

간디 비폭력입니다. 이 나라는 그것을 역사상 전례 없는 규모로 지금 보여주고 있습니다. 그것이 없었다면 폭발과 같은 것이 있었을 것

5 〔역주〕 John R. Mott(1865~1955) : 미국의 기독교 교육자. 뉴욕주 출생. 코넬대학 졸업. YMCA와 WSCF의 지도자. 국제적 기독교 학생조직의 설립과 강화, 그리고 평화 진작의 공로로 1946년 에밀리 볼치(Emily Balch)와 함께 노벨 평화상 공동수상. 1948년에 WCC 창설에 관여. 1946년 12월 '이 비상시기에 요구되는 지도력'이라는 제목의 노벨상 수상 강연에서 당시 활동하고 있던 간디를 가장 신뢰할 만한 지도자로 규정하고, 간디가 북극성처럼 믿고 따랐던 지도원리로서 비폭력, 종교 간의 일치, 불가촉천민제도의 폐지, 경제적 독립을 꼽았다.

6 〔역주〕 〈이사야〉 33 : 23.

입니다. 지금까지 형편을 보면 정부가 아주 심각한 일을 선동하지 않았던 적이 없었으니까요. 이 나라에도 폭력을 믿는 학파가 분명히 존재합니다. 하지만 그 학파는 피부에 돋은 사마귀와 같은 것이고, 그들의 이상은 이 나라에서는 알맞은 토양을 찾지 못할 것입니다.

모트 박사　무엇 때문에 우리나라의 장래를 염려하십니까?

간디　내가 성경 구절을 인용할 수 있다면, 그것은 우리 심정의 냉담(*apathy*)과 완악함(*hardness*) 때문입니다. 그것은 대중과 대중의 가난에 대한 우리의 태도에 잘 드러나 있습니다. 우리의 청년들은 고상한 감정과 충동들로 가득 차 있지만, 그러한 감정과 충동들이 아직 구체적이고 실제적인 모습을 띠고 있지 않습니다. 만일 우리의 청년들이 진리와 비폭력에 대해서 활발하고 능동적인 믿음이 있었다면, 우리는 지금까지 훨씬 더 앞으로 전진했을 것입니다. 그렇다고 우리 청년 모두가 냉담한 것은 아닙니다. 사실을 말하자면 만일 교육받은 일부의 우리 남녀 청년들이 주는 긴밀한 협조가 없었다면, 나는 대중과 관계를 맺지도 못하고 전국적 규모로 대중에게 봉사하지도 못했을 것입니다. 그리고 나는 그들이 장차 누룩처럼 활동할 것이고, 때가 되면 대중 전체를 변화시킬 것이라는 희망으로 자신을 지탱하고 있습니다.

여기서 그들은 인도라는 국가를 세움에 있어서 힌두교 · 이슬람교 · 기독교가 만든 개별적 기여에 대해서 말하기 시작했다.

힌두교가 인도문화에 가장 독특하고 가장 크게 기여한 부분은 아힘사 교의입니다. 그것은 지난 3천 년 또는 그 이상의 기간 동안 이 나라의 역사에 분명한 성향(*bias*)을 부여하였고, 오늘날에조차 수백만 인도인들의 삶에 살아 있는 힘으로 활동하고 있습니다. 그것은 성장하는 교의이고, 그 메시지는 여전히 확산되고 있습니다. 그 가르침은 지금까지 우리 민중 속에 널리 퍼져서 무장혁명이 인도에서는 거의 불가능한 일이 되었습니다. 그 이유는 어떤 사람이 주장하듯이, 우리가 신체적으로 연약한 종족이어서가 아니라, 아힘사 전통이 우리 민중 속에 깊이 뿌리내렸기 때문입니다. 신체적으로 연약한 종족인 것이 이유가 될 수 없다고 한 것은, 사람을 향해서 방아쇠를 당기는 데에는 신체적 힘이 아니라 악마적인 의지가 요구되기 때문입니다.

이슬람교가 인도의 국민문화에 대해서 독특하게 기여한 부분은, 신의 유일성에 대한 순수한 믿음 그리고 명목상으로 이슬람교 울타리 안에 있는 사람들을 위해서 형제애(*brotherhood*) 진리를 실천적으로 응용한 일입니다. 나는 이 두 가지를 독특한 기여라고 부릅니다. 힌두교에서는 형제애 정신이 너무 지나치게 철학적으로 되어 버렸습니다. 마찬가지로 비록 철학적인 힌두교가 유일신 이외에 다른 신을 갖는 것은 아니지만, 실천적 힌두교가 이슬람교만큼은 철저하지 않다는 점은 부인할 수 없습니다.

모트 박사　그렇다면 인도의 국민적 삶에 기독교가 기여한 바는 무엇입니까? 내가 말하는 것은 기독교와는 별도로 그리스도의 영향력을 말하는 것입니다. 현재 이 둘 사이에는 현격한 차이가 있는 것 같다고 생각하기 때문입니다.

간디　그렇습니다. 양자 사이에 마찰이 있습니다. 한 종교 지도자의 가르침은 신도들의 삶과 분리해서 고찰할 수는 없습니다. 불행하게도 인도의 기독교는 지난 150년간의 영국 통치와 뗄 수 없이 서로 섞여 있습니다. 기독교라는 단어는 우리에게, 물질적(*materialistic*) 문명과 동의어로, 그리고 세계에서 약한 인종에 대한 강한 백인종의 제국주의적 착취와 동의어로 보였습니다. 그래서 인도에 대한 기독교의 기여는 주로 부정적인 성격을 갖습니다. 기독교를 믿는 자들의 존재에도 불구하고 기독교는 약간의 선행을 해왔습니다. 그것은 우리에게 충격을 주어 우리의 집에 질서를 찾도록 만들었습니다. 기독교 선교 문헌은 우리의 악습에 대해서 예의 주시하게 만들었고, 생각하게 만들었습니다.

모트 박사 나에게 가장 관심 있는 일은 불가촉천민제의 폐지와 관련된 당신의 작업입니다. 이 제도가 당신이 말한 대로 최후의 단계에 있음을 보여주는 가장 희망적인 징조가 무엇인지 말씀해 주시겠습니까?

간디 그 징조는 정통 힌두교 안에서 일어나고 있는 반응이고 그것의 속도입니다. 나는 가장 눈에 띄는 사례로서 판디트 말라비야지를 들고 싶습니다. 10년 전 그는 아마도 당시 가장 정통적인 힌두교도가 그랬듯이 불가촉천민제에 대한 규칙을 아주 까다롭게 준수했습니다. 오늘날 그는 갠지스 강둑에서 불가촉천민에게 정화의 만트라를 외는 일에 자부심을 느끼고 있습니다. 때로는 무지막지한 정통파의 격노를 자아내기도 합니다. 그는 이런 일을 했다는 이유로 지난 12월 캘커타에서 완고한 분파로부터 실제 공격을 받기도 했습니다. 와르다에서는 부유한 상인인 세스 잠나랄 바자즈가 최근 자신의 웅장한 사원을 불가촉천민에게 개방하였지만, 이것으로 심각한 반대는 결코 일어나지 않았습니다. 아주 특기할 일은 일상의 방문객에 대한 사원 기록에 따르면, 불가촉천민을 수용한 이래 방문자의 수가 감소한 것이 아니라 오히려 증가했다는 것입니다. 나는 이 문제에 대한 전망을 다음과 같이 요약할 수 있을 것으로 봅니다. 즉, 불가촉천민제에 반대하는 조류가 가까운 장래에 더욱 빨리 거세질 것으로, 과거 그랬던 것만큼이나 빨리 거세지리라는 것입니다.

모트 박사 당신을 지지하는 친구가 있습니까? 이 일에 있어서 당신은 이슬람교도와 기독교인들의 지지를 받습니까?

간디 사안의 성격상 이슬람교도와 기독교도는 이 문제에 거의 도움이 되지 못합니다. 불가촉천민제의 폐지는 순전히 힌두교 정화의 문제입니다. 이것은 오직 내부에서만 효과를 얻을 수 있습니다.

모트 박사 그러나 나는 기독교인들이 이 문제와 관련하여 당신에게 큰 도움을 줄 것이라는 인상을 갖고 있었습니다. 영국 미션 교회의 주교이신 화이트헤드 목사는 마드라스 관구에서 불가촉천민들의 처지를 개선하는 데에 기독교 대중운동의 효과에 대해서 놀라운 주장을 한 바 있습니다.

간디 나는 이런 성격의 대중운동을 불신합니다. 그것은 불가촉천민들의 지위 향상이 아니라 종국적인 개종(*conversion*)에 그 목적을 두고 있기 때문입니다. 내 생각으로는 배후에 숨어 있는 대중 개종의 동기가 선교의 노력을 손상시킵니다.

모트 박사 이 점에 대해서는 상충하는 견해들이 있습니다. 불가촉천민들이 자신들의 확신에서 기독교인이 된다면 훨씬 나을 것이라고, 그것이 그들의 삶을 긍정적인 방향으로 변화시킬 것이라고 진지하게 믿는 자들이 존재합니다.

간디 미안하지만 나는 이 견해를 확인할 만한 분명한 증거를 얻지 못했습니다. 언젠가 누가 나를 기독교인들의 마을에 데려다준 적이 있었습니다. 나는 개종자들 사이에서 영적 변화와 연관된 솔직함을 확인하는 대신, 회피적 태도를 목격했습니다. 그들은 말하기를 두려워했습니다. 나는 여기에서 개종이 개선을 위한 것이 아니라 개악을 위한 것이라는 인상을 받았습니다.

모트 박사 바로 그때부터 당신은 모든 개종을 믿지 않게 되었습니까?

간디 나는 사람이 사람을 개종시킨다는 것을 불신합니다. 우리의 노력은 타인의 신앙을 무너뜨리는 것이 아니라 그의 신앙에 있어서 보다 나은 신도로 만들기를 겨냥해야 합니다. 이것은 모든 종교들의 진리에 대한 믿음을, 나아가서 종교들에 대한 존중을 의미합니다. 이것은 다시 말하자면 진실한 겸손을 의미합니다. 즉, 신의 빛(*divine light*)이 육체라는 불완전한 매체를 통해서 모든 종교들에게 하사되었으므로, 종교가 육체라는 용기의 불완전함을 어느 정도 지닐 수밖에 없다는 사실을 인정한다는 것을 의미합니다.

모트 박사 우리가 얻게 될 진리의 최대치를 동료들이 얻도록 도와주는 일, 그들과 함께 우리의 가장 깊은 영적인 체험을 공유하는 일이 우리의 의무가 아닐까요?

간디 미안하지만 나는 다음과 같은 간단한 이유로 다시 한 번 당신의 의견에 동의할 수 없습니다. 가장 깊은 영적인 진리는 항상 불가설(不可說, *unutterable*)이기 때문입니다. 당신이 언급한 빛은 언어를 초월하며 내면적 체험을 통해서만 느낄 수 있습니다. 그리고 최고의 진리는 의사소통이 필요 없습니다. 본성상 자기 추동적(*self-propelling*)이기 때문입니다. 그것은 영향력을 조용히 발산합니다. 장미는 어떤 매체가 관여하지 않아도 향내를 발산하는 것과 같이 말입니다.

모트 박사 그러나 신조차도 때때로 자신의 예언자들을 통해서 말씀하십니다.

간디 그렇습니다. 예언자들은 혀가 아니라 삶으로서 말합니다. 하지만 나는 이 사안에 대해서 기독교 견해라는 단단한 벽에 마주 대하고 있다는 점을 알고 있습니다.

모트 박사 아닙니다. 기독교도 중에서 성장중에 있는 어떤 학파가 있는데, 그 학파는 권위주의적인 방법이 사용되어서는 안 되고, 가장 깊은 인생의 진리를 개인 스스로 찾도록 해 주어야 한다고 생각합니다. 여기에 개진된 논의에 따르면, 영적 발견의 과정은 개인들의 욕구와 기질에 따라서 개인마다 달라질 수밖에 없다는 것입니다. 다른 말로 하면, 그들은 보통 말하는 선전이 가장 효과적인 방법이 아니라는 점을 느끼고 있습니다.

간디 당신이 그런 말씀을 하니 매우 기쁩니다. 이런 것은 힌두교 역시 분명히 가르치고 있습니다.

모트 박사 저급한 자아(*lower selves*)를 가지고 패배하는 전투를 벌이고 있는 젊은이들이 당신에게 와서 조언을 구하면, 당신은 그들에게 어떤 충고를 해 줄 수 있습니까?

간디 그저 기도하라고 말할 것입니다. 사람은 자신을 철저하게 낮추고 자신을 넘어서는 힘을 보아야 합니다.

모트 박사 그런데 만일 젊은이들이 자신들의 기도에 응답이 없고, 마치 묵묵부답의 하늘을 향해서 말하는 것 같다고 불평하면 어떻게 하실 건가요?

간디 자신의 기도에 응답을 원하는 것은 신을 유혹하는 일입니다. 기도가 위로를 가져오지 않는다면 그것은 입으로 하는 기도에 불과합니다. 만일 기도가 도와줄 수 없다면 도와줄 수 있는 것은 아무것도 없습니다. 우리는 쉬지 않고 나아가야 합니다. 이것이 청년들에 대한 나의 메시지입니다. 청년들은 만물을 정복하는, 사랑과 진리의 힘을 자신도 모르게 믿어야만 합니다.

모트 박사 우리 청년들의 어려움은 과학과 현대 철학의 공부가 그들의 믿음을 다 부셔 버리고, 그들이 불신의 불로 전소(全燒)되었다는 데에 있습니다.

간디 그것은 그들에게 있어서 신앙(*faith*)이 지성(*intellect*)의 노력이지 혼의 경험이 아니기 때문입니다. 지성은 삶의 전투에서 어느 정도까지는 우리를 끌어 주지만, 중대한 순간 우리를 실패하게 합니다. 신앙은 이성을 초월합니다. 온 땅이 칠흑같이 어둡고 인간의 이성이 철저하게 패배당하는 바로 그 순간, 신앙은 아주 환하게 빛나며 우리를 구원하러 옵니다. 우리 청년이 필요한 신앙은 바로 그것이고, 우리가 지성의 온갖 자만을 털어 버리고 자신을 그분의 뜻에 전적으로 맡기게 되면 신앙은 올 것입니다.

존 모트 박사와의 대담, 〈영 인디아〉, 1929. 3. 21 ; 《전집》 45 : 147

158) 종교와 예술[7]

〔런던, *1931. 10. 14*〕

이 시대의 상업적이며 산업적인 영향력의 족쇄로부터 자신들을 해방시키려고 노력하는 예술가와 시인의 운동은, 만일 그들이 그것을 할 만한 힘이 충분히 있기만 하다면, 가장 찬탄할 만한 모험일 것이다. 종교는 예술의 진정한, 그리고 영원한 연합군이다. 종교가 민중에게 가르치는 바를 예술가는 소조(塑造)할 수 있는 평면 위에서 형상으로 그들에게 가까이 가져간다. 나는 '예술을 위한 예술'을 미워한다. 내가 생각하기에 이것은 인간 마음의 개탄할 만한 일탈 행위이다. 예술과 종교 안에 표현된 근원적 경험이 인간이 신과 관계를 맺는 영역에 속하는 한, 예술은 종교와 깊은 유사성이 있다. 인도 예술은 이 관계를 상징적으로 표현하고 있으며, 동시에 종교 예배의 의례를 표현하고 있다. 종교적 정서가 전혀 없는 자들에 의해서 포위되어 있다고 생각하는 예술가가 냉소자가 되기로 결심했다면, 그는 반드시 자신의 직업을 망치고 말 것이다. 이와 반대로, 만일 그가 직업을 사명으로 느낀다면, 시인이나 예술가는 널리 퍼진 강령의 유무에 대해서 반대할 권리가 있고, 그의 계시가 갖는 보다 큰 가치는 그 자신을 정당화해 줄 것이다. 나는 예술에 대해서 뭔가 아는 체 할 수 없다. 하지만 나는 종교와 예술이 도덕적이며 영적인

---

7 〔역주〕 간디는 편집장 조셉 바드(Joseph Bard)와 대화하다가 이 성명을 발표했다. 바드가 그것을 기록하여 간디의 추인을 받기 위해서 제출했고, 간디는 이를 추인했다. 단, 다음과 같은 최후의 단락은 제외되었다. "성직자다운 심성의 소유자들과 예술가적 심성의 소유자들은 신성한 존재를 갈망하고 있다. 세속적인 사람들은 이들이 바치는 희생을 가련하게 생각하지만, 그들은 희생이 그것의 원천—즉, 신성한 존재로 향해서 가는 길—에서 오는 기쁨의 의미를 갖고 있음을 망각하고 있다. 《전집》 권 54, 6면.

고양이라는 동일한 목표에 봉사해야 할 것이라는 점에 대해서 굳게 믿는다.

삶의 중심적 경험은 영원토록 신에 대한 인간의 관계일 것이다. 그 경험은 다른 어떤 것에 의해서도 경질되거나 대체되지 않을 것이다. 이것은 인간의 육신이 중력 법칙으로부터 결코 자유로울 수 없는 것과 같다. 인간과 신의 관계에서 중요한 것은 신비로운 힘이지, 말로 표현된 빈약한 텍스트가 아니다. 인류의 종교적 표현들, 계속해서 등장한 다양한 종교적 표현들이 대변하는 것을 보면 신에 대한 인간의 관계에는 변화가 있을 수도 있다. 하지만 뉴먼 추기경의 말을 빌리면, '나는 한 걸음으로 족하다.'

〈아이런드〉 지에 보낸 성명서, GN 1055a; 《전집》 54 : 4

159) 확실한 시험

1932. 4. 25

주교[8]가 말해온 것에 대해서 당신은 괘념치 말기를 바랍니다. 당신의 교회는 당신 심정 안에 있습니다. 당신의 설교단(說教壇)은 지구 전체입니다. 창공이 당신 교회의 지붕입니다. 그런데 이 가톨릭교(*Catholicism*)는 무엇입니까? 그것은 분명 심정에 관한 것입니다. 신앙고백문은 사용처가 있긴 있지만 인간이 만든 것입니다. 내가 복음서에 계시된 예수의 메시지를 해석할 권리가 조금이라도 있다면 그 대부분이 교회 안에서 부인되었다는 것에 대해서 마음으로 조금도 의심하지 않습니다. 그 교회가 로마교회든 영국교회든, 고(高)교회파든 저(底)교회파든 관계없이 말입니다.[9] 그런 곳에는 라자루스가 있

8 어떤 주교는 엘윈 박사를 그리스도에 대한 반역자라고 불렀고, 교회에서 설교하는 것을 금지했다.

을 데가 없습니다. 이것은 관리인들이 저 슬픔의 사람(*the Man of Sorrows*)[10]이 이른바 하느님의 집에서 추방당했다는 사실을 알고 있다는 것을 의미하지 않습니다. 내 의견으로는, 이 파문 선고는 진리가 당신 안에, 그리고 당신과 함께 있다는 가장 확실한 표지입니다. 하지만 당신이 당신의 창조주(*Maker*)와 단 둘이 있을 때 '그대는 올바른 길에 있다'라는 그분의 음성을 듣지 못한다면, 나의 증언은 무가치합니다. 그것이 확실한 시험이고, 다른 시험은 없습니다.

베리어 엘윈 박사(Dr. Verrier Elwin)에게 보낸 편지,
《마하데브 데사이의 일기》 권 1, 87면 ; 《전집》 55 : 356

160) 날마다 자라나는 내면성(*Inwardness*) *1932. 11. 25*

사람들이 종교는 외면적 의식에 있는 것이 아니라, 인간에게 가능한 최고의 충동들(*the highest impulses*)에 대해서 나날이 성장하는 내적인 반응이란 것을 깨닫게 된다면, 그것은 얼마나 큰 기쁨이겠습니까.

스톡스(S. E. Stokes)에게 보낸 편지,
《마하데브바이니 일기》 권 2, 279면 ; 《전집》 58 : 85

161) 종교와 사회봉사 〔*1935. 1. 23경*〕

라다크리슈난(S. Radhakrishnan) 경이 다음 세 가지 질문에 답변해 달라고 요청해왔다.

---

9 〔역주〕 High〔Low〕 Church 고〔저〕 교회파. 교의의식에 치중하는〔하지 않는〕 영국 국교회의 일파를 각각 지칭.

10 〔역주〕 예수 그리스도를 지칭하는 것으로 보인다.

1 당신의 종교는 무엇입니까?

2 당신은 어떻게 종교로 인도되고 있습니까?

3 사회적 삶과 당신의 종교는 무슨 관계가 있습니까?

내 종교는 힌두교인데, 나에게 힌두교는 인류의 종교이고, 내가 아는 모든 종교들의 최선의 부분을 포함한다.

두 번째 질문이 과거 시제 대신에 현재 시제를 사용한 것을 의도적인 것으로 받아들이겠다. 나를 종교로 인도하고 있는 것은 진리와 비폭력, 즉 가장 넓은 의미의 사랑이다. 나는 종종 나의 종교를 진리(*Truth*)의 종교라고 묘사한다. 나는 내 종교를 보다 충분하게 정의하고자 최근, 신이 진리라고 말하는 대신 진리가 신이라고 말해왔다. 나는 한때 힌두교 관련 소책자가 운문의 형식으로 제시하는 수천 개의 신의 이름들, 매일 아침 아마도 수만 명의 사람이 암송하고 있을 수천 개의 이름을 암기한 적이 있다. 하지만 이제 진리만큼 나의 신을 완벽하게 묘사하는 것은 아무것도 없다. 우리가 신의 부정은 보아왔지만 진리의 부정은 보지 못했다. 인류 중에서 가장 무지한 자들에게도 약간의 진리(*some truth*)는 있을 것이다. 우리는 모두 진리의 불꽃들(*sparks*)이다. 이 불꽃들의 총합은 불가설(不可說)의 진리, 미지의 진리이고, 그것이 신이다. 나는 지속적인 기도로 나날이 진리로 인도되고 있다.

이 종교는 사회적 삶과 관계를 갖는데, 이 관계는 사람들의 일상적인 사회적 접촉에서 나타나고, 또 나타나야 한다. 우리가 그런 종교에 진실하기 위해서는 모든 생명에 대해서 끊임없이 지속되는 봉사 안에서 우리 자신을 잃어버려야 한다. 진리의 실현은 생명의 무한한 바다에 자신을 완전히 녹아들게 하지 않거나 그것과 완전한 일치가 없다면 불가능하다. 따라서 나에게는 사회봉사에서 도망갈 출구가 없다. 봉사를 넘어서, 봉사를 떠나서는 지상에는 아무 행복이 없다. 여기에서 사회봉사는 삶의 전 분야를 포괄하는 것으로 봐야 한다. 이런 구도에는 낮은 것도 높은 것도 없다. 우리가 다수인 것으로 보이지만 만물은 하나이기 때문이다.

질문과 답변,《현대 인도 철학》
(*Contemporary Indian Philosophy*)
(S. 라다크리슈난), 21면 ;《전집》66 : 141

162) 한정된 사고와 무한한 봉사

세바그람, 〔*1940. 3. 12* 이전〕

질문 그리스도의 복음을 제시하기 위해서 우리가 피해야 할 일을 저에게 말씀해 줄 수 있습니까?

답변 당신이 기독교를 해석하는 대로 전 세계를 개종시키고자 하는 생각을 그만두십시오. 나는 성경을 읽어 본 후, 예수의 이름을 받아들이는 무리의 대다수가 하고 있는 그 일을 예수님조차도 원치 않으셨다는 인상을 갖게 되었는데, 그것을 당신에게 말하고 싶습니다. 내가 제안하는 이 태도를 당신이 수용하는 그 순간, 봉사의 분야는 무한하게 될 것입니다. 당신은 다른 사람들을 개종시켜야 한다고 생각하거나 말함으로써 당신 자신의 능력을 제한합니다.

질문 당신의 뜻이 무엇인지를 알겠습니다. 우리는 교의와 인위적인 것들에 의해서 방해를 받아왔습니다. 우리는 모든 장애물이 무너지고 난 그 자리에 있어야 한다고 느낍니다.

간디지는 기독교도 중에는 스스로 이와 같은 기독교도의 삶을 살아가기를 원하면서, '주님, 주님이라고 말하는 자가 아니라 그의 뜻을 행하는 자'[11]라는 성경 구절을 문자 그대로 따라야 한다는 중심적 사실을 깨닫는 자들이 있다고 하고, 이와 같은 소수의 기독교도를 사례로 제시했습니다.

당신은 인도(引導)된 삶을 살고 있습니다. 그 인도에 대한 당신의 경험을 저에게 친절하게 말씀해 주실 수 있겠습니까?

답변 나는 신을 인격(*a person*)으로 간주하지 않습니다. 나에게는 진리가 신입니다. 지상의 왕과 그의 법은 다르지만, 신의 법칙과 신은 서로 다른 것도 아니고 서로 다른 사실도 아닙니다. 신은 이념이고 법칙 자체이기 때문입니다. 따라서 신이 법칙을 어기신다고 생각할 수는 없습니다. 그래서 신은 우리의 행동을 지배하시는 것이 아니라 자신을 뒤로 물리십니다. 우리가 그분이 우리의 행위를 지배하신다고 말할 때, 우리는 그저 인간의 언어를 사용함으로써 그분(*Him*)을 제한하려는 것입니다. 그렇게 제한하려고 하지 않을 때, 그분과 그의 법칙은 무소부재하시며 만물을 다스리십니다. 따라서 나는 신이 우리의 모든 청원에 대해서 상세하게 답변하신다고는 생각하지 않습니다. 하지만 그분이 우리의 행위를 다스리신다는 것만은 의심의 여지가 없습니다. 나는 풀잎 하나라도 그분의 의지 없이는 자라지도 못하고 움직이지도 못한다는 점을 말 그대로 믿습니다. 우리가 향유하는 자유의지는 만원의 배 갑판 위에 있는 승객의 것보다 못합니다.

질문 당신은 신과의 친교 속에서 자유(*freedom*)를 느끼십니까?

답변 그렇습니다. 우리는 승객으로 만원인 배의 갑판 위에서는 압박을 느끼겠지만, 여기에서는 그와 같은 압박을 느끼지는 않습니다.

---

11 〈마태오복음〉 7 : 21.

비록 내 자유가 승객의 자유보다 적다는 점을 안다고 해도, 나는 《기타》의 중심 가르침—즉 사람은 자유를 이용하는 방식에 대해서 선택의 자유가 있다는 의미에서 자기 자신의 운명을 짓는 자[12]라는 점—을 철저하게 흡수한 만큼 그 자유를 충분히 이해하고 있습니다. 하지만 사람은 결코 결과를 통제할 수 없습니다. 통제가 가능하다고 생각하는 순간 그는 비탄에 빠질 것입니다.

어느 선교사와의 대담, 〈하리잔〉,
1940. 3. 23 ; 《전집》 78 : 49

163) 심정과 에고

어느 아르야 사마지스트[13]가 다음과 같이 물어왔다.

> 당신이 불사의 존재라고 믿는 라마가 다샤라타의 아들이고 시타의 남편일 수 있을까요? 의혹으로 괴로운 나머지 저는 당신의 기도에는 참여했지만, 람둔(*Ramdhun*)을 찬송하는 데에는 참여하지 않았습니다. 이것이 저를 안절부절못하게 만들었습니다. 당신은 모든 사람들이 찬송에 참여해야 한다고 말했으며, 당신의 말이 옳기 때문입니다. 당신은 모든 사람들이 참여할 수 있도록 람둔을 수정하지 않으시렵니까?

나는 '모든 사람들'이라고 했을 때 무슨 의미인지를 이미 설명했다. 그것은 누구든 진심으로 참여하여 한 목소리로 노래 부를 수 있는 사람을 말한다. 다른 사람들은 침묵을 지켜야 할 것이다. 하지만 이것은 그리 중요한 일은 아니다. 보다 중요한 질문은 다샤라타의 아들이 어떻게 불사의 존재로 생각될 수 있는가 하는 것이다. 툴시다스 자신

---

12 《바가바드 기타》 6 : 5.

13 인도 개혁운동 아르야 사마즈의 회원, 19세기 펀자브에서 시작했다.

이 질문을 제기하고 대답했다. 그런 질문들은 지성으로 대답할 수 없고 지성을 만족시킬 수 있도록 대답할 수도 없다. 이것은 심정의 일이고 심정만이 심정의 길을 알 수 있다. 나는 처음 라마를 시타의 주(主)로 예배했다. 그런데 자각과 경험이 성장하자 나의 라마는 불사의 존재 그리고 무소부재의 존재가 되었다. 이것은 그가 여전히 시타의 주이지만 그를 묘사하는 내용이 확장되었음을 의미하는 것이다. 세상은 이런 식으로 진행된다. 라마를 단순히 다샤라타의 아들로만 생각하는 자에게 라마는 무소부재일 수는 없다. 라마를 무소부재라고 생각하는 자에게는 다샤라타 역시 무소부재의 존재가 된다. 이것이 '각자의 신앙에 따라서 각자에게'라는 식이 되어 너무 자의적이라고 말할 수도 있으리라. 하지만 나는 달리 볼 도리가 없다.

모든 종교들이 본질적으로 하나라면, 우리는 그것들 사이에 조화를 이루도록 해야 한다. 오늘날 그것들은 분리되어 있다, 그 때문에 우리는 상대방을 죽인다. 우리는 종교에 신물이 날 때, 무신론자가 되고 그렇게 되면 에고만이 남게 되고 모든 것이, 심지어 신마저 없어진다. 하지만 우리가 참된 이해를 얻게 되면, 에고는 없어지고 신만이 남게 된다. 그러면 라마는 다샤라타의 아들이기도 하고 아니기도 하며, 시타의 주, 바라타와 락샤마나의 형이기도 하고 아니기도 하다. 다샤라타의 아들인 라마를 믿지 않으면서도 여전히 기도회에 참석하는 자들에게 영광이 있을 것이다. 이것은 합리주의가 아니다. 나는 내가 행하는 바와 믿는 바를 단순히 개략적으로 설명했을 따름이다.

뉴델리, 1946. 9. 16

라마 : 다샤라타의 아들(H.), 〈하리잔 세박〉,
1946. 9. 22 ; 《전집》 92 : 273

164) 뿌리 없는 사람

질문 당신의 기도모임에 모여드는 수천 명의 사람이 기도 중 뭔가에 자신들의 마음을 집중시킬 수 있습니까?

답변 나는 그렇다고 대답할 수밖에 없습니다. 왜냐하면 내가 대중의 기도를 믿지 않는다면, 공공기도회를 여는 것을 그만두어야 하기 때문입니다. 내 경험이 내 신념을 확인해 줍니다. 성공은 지도자의 순결과 청중의 신앙에 의존합니다. 청중에게 신앙이 있었지만 지도자가 사기꾼이었던 사례들을 나는 압니다. 그런 경우는 앞으로도 계속 일어날 것입니다. 하지만 진리는 태양과 같이 허위의 어둠 속에서 빛납니다. 내 경우의 결과는 아마 내가 죽은 다음 알려질 것입니다.

이 사안에 대해서 한 익살꾼이 세 가지 질문을 던졌습니다. 하나의 질문은 다음과 같습니다. "정치교육은 종교적인 것보다 한없이 우월한 것이 아닙니까?" 내 의견으로는 정치교육은 종교에 건전한 기초를 두지 않는다면 아무 가치가 없습니다. 여기에서 말하는 종교는 파벌적이거나 분파적인 신념이 아닙니다. 종교가 없는 사람은 뿌리 없는 사람과 같습니다. 따라서 종교는 모든 삶의 구조물이 그 위에 세워져야 할 토대입니다. 이럴 경우에 삶은 참이 됩니다.

절도 행위[14]

질문 고용인이 절도에 중독되어 있는데 간청하거나 몽둥이를 들어도 교정될 수 없다면, 고용주는 어떻게 해야 합니까?

---

14 〔역주〕《전집》 권 91, 273면에 따라서 소제목을 단다.

답변 잡아내지는 못했지만 다른 절도 중독자들도 있을 수 있습니다. 관찰해 보면 우리 모두가 도둑입니다. 차이점은 우리 대부분이 자신들에 대해서는 관대한데, 보통 사람과 좀 다른 자로 발각된 자들에게 대해서는 관대하지 못하다는 것에 있습니다. 공개적으로 그리고 가능한 한 비싸게 상품을 파는 사람이 도둑이 아니라면 뭐란 말입니까? 그것에 대한 대답이 구매자가 자발적인 바보라는 것이라면, 그것은 선결 문제를 해결하지 않은 것입니다. 실제로 구매자는 자발적으로 그렇다기보다는 무능해서 그렇습니다. 앞서 언급한 절도 행위는 사회의 고질적인 병을 드러내는 징후의 하나입니다. 그것은 소수의 부자와 다수의 극빈자들 사이에 있는 영원한 갈등의 징후입니다. 따라서 고용주에 대한 나의 충고는 도둑의 앞길에 일체의 유혹을 제거할 것이며, 그를 자신의 형제인 것처럼 대접하라는 것입니다. 아무리 인간주의적 치료책으로 치료하려고 해도 그가 이에 응하지 않는다면, 마음대로 하라고 해야 할 것입니다. 고용주는 그 상황에서 친형제에게도 동일한 방식으로 대할지 늘 자신에게 물어보아야 합니다.

판츠가니 1946. 7. 14

질문란, 〈하리잔〉, 1946. 7. 21 ; 《전집》 91 : 332

2. 영적인 스승과 종교전통

165) 힌두교의 요체(*Keynote*) 〔요하네스버그, *1905. 3. 4*〕

간디 씨는 다른 종교 체계들의 연구에 대해서 관심을 고취시키려는 요하네스버그 신지학회 지회의 노력이 아주 칭찬할 만한 것이라는 말로 자신의 주제를 소개했다. 간디 씨는 이런 노력이 과거에 그래왔던 것처럼, 사람들의 공감대를 넓혀 주고 있으며, 교리와 피부색이 다른 이방인들의 행위의 기초를 이루는 동기와 신념에 대해서도 이해심을 넓혀 주고 있다는 말을 덧붙였다. 간디 씨 자신은 남아프리카에서 11년 동안 체재하면서 자기 민족에 대한 편견과 무지를 제거하기 위해서 노력해왔다.

이어서 강사는 '힌두'라는 제목이 무엇을 의미하는지 묘사했는데, 이 말은 인도의 인더스강 지역 저편으로 이주하여 광대한 지역을 식민지화했던 아리안족의 일부를 지칭한다. 수백만 명에 달하는 그의 동포들이 받아들였던 신앙을 설명하기 위해서는 사실상 아리아니즘(*Aryanism*)이란 말이 힌두이즘이란 말보다 더 좋은 서술어가 될 수도 있었을 것이다.

힌두교도가 믿는 힌두교의 가장 주목할 만한 특징의 하나는 자기부정(*self-abnegation*)인데, 이것은 종교 자체의 이름에 분명히 나타나 있다. 왜냐하면 힌두교는 대부분의 위대한 세계 종교와는 달리, 자신의 울타리 안에 대략 최대의 신도 수를 갖고 있지만 종교의 이름을 특정 예언자나 스승에게서 따오지 않았기 때문이다. 강사는 계속해서 이 주장을 지지하기 위해서 아르코트(Arcot)[15]의 역사적 포위 공격을 사례로 제시했다. 여기에서 인도군들은 영국군 전체가 기아에 직면했을 때 쌀 배급을 받을 권리를 영국군에게 양보하고 자신들은 쌀을 끓이고 남은 물 —이 물을 쏟아버리는 것이 보통이지만— 을 마시는 것으

15 〔역주〕 인도 남동부 타밀나두 주의 북(北)아르코트 행정구에 있는 도시. 팔라르강이 흐른다. 마이소르 산맥과 자바디 구릉지대 사이, 팔라르강 유역과 코로만델 해안이 만나는 지점에 자리잡고, 마드라스와 방갈로르를 잇는 내륙로의 요충지로 큰 역할을 하고 있다. 이슬람 귀족들의 수도였던 요새도시로 17, 18세기에는 이슬람교도·마라타족·프랑스인·영국인 사이에 벌어진 수많은 싸움의 무대가 되었다. 《브리태니커 CD EX 백과사전》, 한국브리태니커, 2002.

로 만족했다는 예이다. 그가 제시한 또 하나의 사례는 고용된 영국계 인도인 프라부 싱(Prabhu Singh)의 예이다. 그는 포위 공격 동안 나무에 자신의 몸을 숨기고 있다가 보어인이 포탄을 쏠 때마다 자신의 절체절명의 위험을 무릅쓰고 종을 울림으로써 레이디스미스 주민들에게 경고를 발하는 명예로운 직책을 맡았던 사람이었다. 이 사람의 이름은 조지 화이트 경이 보낸 공문서에 수차례 언급된 바 있었다.

힌두교도는 자신들의 경전의 연대가 고대의 안개 속에 가려져 있으며 그 경전은 신이 하사한 것이라고 주장했으나, 이에 대해서 어떤 유럽인들은 경전이 3천 년이나 4천 년보다 더 오래된 것은 아니라고 주장했다. 저명한 인도인 산스크리트어 학자인 틸락 씨는 이 저작들이 문자로 옮겨진 것은 서기 300년 정도의 일이지만, 저작들 안에 기록된 천문학적 관찰을 감안한다면 적어도 1만 년은 되었을 것이라고 계산해내었다. 《베다》로 알려진 경전은 개별적인 찬가로 이뤄져 있고, 찬가 하나하나는 아주 독립적으로 존재하며 특정 시기에 지어졌다고 주장되고 있다. 그런데 특이하게도 단 한 사람의 저자 이름도 후대에 전해 내려오는 것이 없지 않은가! 《베다》는 서양에서 수많은 유명한 사람의 사상을 고취시켰는데, 그 안에 아르투르 쇼펜하우어와 막스 뮐러 교수가 포함될 수 있을 것이다.

2억 이상의 민중이 힌두교를 믿는다고 공언하고 있다. 신앙은 그들의 모든 행위 속으로 들어갔다. 영적인 면에서 힌두교의 요체는 해탈(목샤) 곧 구원이다. 다시 말하자면 혼(*the Soul*)이 만물에 널리 차 있는 무한한 혼(*Infinite Soul*)에 종국적으로 흡수되는 것이었다. 종교의 면에서는 범신론이 주요 특징이 되는 반면, 윤리의 측면에서는 자기부정 그리고 그것에 수반되는 관용이 가장 눈에 띄는 특징이었다. 사회 문제에서는 카스트라는 특징이 지배적이었으며, 의례적 특징으로는 동물의 희생제사가 있었다. 힌두교도의 신앙이 보다 형식적인 것이 되었을 때, 태자 고타마 붓다[16]는 오랜 기간 명상을 하면서 사물의 영적인 가치를 익힌 다음, 동물 희생제사가 영혼을 모독하는 일이라는 점을 가르치기 시작했고, 사랑의 최고 형식이 이미 자신들의 신앙의 신조였던 관용을 살생이나 생명 파괴를 금지하는 방향으로 확장함으로써 표현된다는 점을 가르치기 시작했다.

힌두교라는 종교는 절대로 선교하지 않았다. 이 점에서 기독교와 마호메트교와는 달랐다. 하지만 아소카 왕 치하에서 불교 승려들은 멀리 넓은 지역으로 파견되어 새로운 믿음을 전파했다. 불교는 결과적으로 힌두교를 개혁하게 되는데, 이것은 가톨릭에 끼친 개신교의 영향력과 다소 유사했다. 하지만 개혁 기저(基底)에 놓여 있는 정신에 있어서는 커다란 차이가 있었다. 힌두교도라면 단 한 사람도 불교도에 대해서 악의를 품지 않았는데, 개신교도와 가톨릭교도에 대해서는 이렇게 발언할 수는 없을 것이다. 불교가 인도에서 쇠퇴했다고들 말하는 사람이 가끔 있지만 실제는 그렇지 않다. 불교 승려들이 불교를 너무 열광적으로 전파하려고 해서, 당시 힌두교 사제들의 질투를 불러일으켰는데, 이 사제들이 불교도를 나라의 외곽으로, 티베트·중국·일본·미얀마·스리랑카로 몰아냈다. 하지만 불교도의 정신은 인도에 남아 있으면서 힌두교도가 믿는 모든 원리를 발동시켰다.

이런 관점에서 강사는 가장 흥미로운 유형의 종교로서 자이나교에 대해서 간단히 언급했다. 자이나교도는 자이나교가 불교에서 성장한 것이 아니라 불교에서 완전히 독립된 종교라고 주장했다. 그들은 다른 사람들과는 달리 자신들의 성전이 인간적인 작업의 결과라는 점

16 〔역주〕 보통 싯다르타 태자와 붓다로 나눠 부르지만, 간디는 여기에서 태자 고타마 붓다라고 묶어서 불렀다.

을 인정하면서 자이나교가 신적인 기원을 지닌다고 주장하지 않았다. 아마도 자이나교는 모든 신앙 가운데 가장 논리적일 것이다. 그리고 가장 놀라운 특징은 살아 있는 모든 생명체에 대한 사려 깊은 경의에 있다.

종교에 대한 강의, 신지학회 요하네스버그 지회,
〈별〉(*The Star*), 1905. 3. 10 ; 《전집》 4 : 157

166) 힌두교의 유연성

〔요하네스버그, *1905. 3. 11*〕

강사는 지난번 강의를 짤막하게 요약한 다음, 두 번째 강의는 힌두교의 두 번째 시기라고 부를 만한 것을 다룰 것이라고 말했다. 힌두교는 붓다의 가르침의 영향 아래에서 내부 개혁이 일어났지만 이후에 우상숭배에 크게 중독되었다. 이에 대해서 정상을 참작할 만한 것으로 서너 개의 설명이 주어졌지만, 강사는 힌두교가 외견상 가축과 돌덩이를 숭배했다는 사실을 부인할 도리가 없었다. 힌두교도 철학자들은 신을 지순(至純)의 영혼으로 쉽게 인정하고 예배했다. 그리고 범신론은 철학자들을 최고의 자리에까지 모셨고, 동시에 무지한 대중을 최하의 수렁까지 끌어내렸다. 유아적 심성의 사람은 신을 순수 영혼으로 받아들일 수 없다고 해도, 신의 다양한 현현을 통해서 그를 예배하는 데는 아무 어려움이 없었다. 많은 사람이 신을 해·달·별을 통해서 예배하고, 또 많은 사람은 가축과 돌덩이를 통해서 예배했다. 철학적인 힌두교는 관용의 정신으로 자신과 이러한 예배 형태 사이를 화해하는 일에 아무 어려움이 없었다. 이런 식으로 힌두교도의 삶은 즐겁게 진행되었다. 그러다가 마침내 아라비아 사막에서 일어난 힘을 만나게 되었는데, 이 힘은 관념들을 혁명적으로 바꾸고 항구적인 인상을 남겼다. 아직 어린 소년이었던 마호메트는, 자신의 주변 사람들이 우상숭배, 관능적 탐닉 그리고 대취에 빠져 버린 것을 보고 격분(*rage*)으로 몸을 떨었다. 그는 유대교가 땅에 엎드려 있고, 기독교 역시 타락해 버린 것을 목격했다. 모세와 그리스도가 그랬듯이 그는 스스로 소명을 받은 사람이라고 느꼈다. 그는 자신의 소명을 세상에 전하기로 결심했고, 자신의 가족을 그 소명 최초의 수용자로 선택했다. 강사〔간디〕는 이슬람교가 검의 종교(*a religion of the sword*)라고 믿는 사람은 아니었다.

워싱턴 어빙[17]은 이슬람에 관한 저서에서, "이슬람교 역사의 첫 단계에 검을 휘두르는 사람이 어디에 있던가?"라는 핵심적인 질문을 던졌다. 어빙은 마호메트교의 성공이 주로 단순성과 인간의 연약함을 인정한 데에 있다고 믿었다. 예언자는 신이 오직 한 분이시며, 자신은 그의 사자(使者)라고 가르쳤다. 그는 기도가 사람을 고양시켜 주는 영험이 있는 것으로 절대로 필요하다는 점도 가르쳤다. 그리고 그는 신도들을 하나로 묶기 위해서 여행할 수 있는 자들에게 1년에 한 차례나마 메카로 순례여행 가는 것을 제도화했다. 그는 사람들이 부를 축적한다는 점을 인정하고, 신도들에게 부의 일정 부분을 자선의 목적을 위해서 종교적으로 할당해 두라고 명했다. 하지만 이슬람교의 핵심은

17 〔역주〕 Washington Irving(1783~1859) : 미국 작가. '미국 최초의 단편소설 작가'로 불리며, 문학적으로 가장 성공한 작품은 《스케치북》(*The Sketch Book of Geoffrey Crayon, Gent.*)이다. 1826년 초에 그는 알렉산더 H. 에버릿의 초청을 받아들여서 스페인 주재 미국 공사관의 일원이 되었다. 그곳에서 《콜럼버스》(*Columbus*, 1828)와 《콜럼버스의 일행들》(*The Companions of Columbus*, 1831)을 썼으며, 무어인의 전설에 매료되어 《그라나다의 정복》(*Conquest of Granada*, 1829), 《스케치북》의 스페인판이라 할 수 있는 《알람브라 궁전》(*The Alhambra*, 1832)을 썼다. 스페인 주재 공사로 지낸 4년간을 제외하고는 여생을 줄곧 허드슨 강변 태리타운에 있는 자택 '서니사이드'에서 집필에 몰두하며 지냈다. 《브리태니커 CD EX 백과사전》, 한국브리태니커, 2002 참조. 본문에 언급된 저서가 정확하게 무엇을 지칭하는지는 분명치 않다. 아마 마호메트의 일생을 다룬 책일 것이다.

평등정신(*levelling spirit*)이었다. 이슬람교는 그 울타리 안에 들어오는 만인에게 평등을 제공했는데, 그 방식에 있어서 세계의 어떤 다른 종교도 따를 수가 없었다. 그리스도 사후 약 9백 년 이후 마호메트 추종자들이 인도에 왔을 때 힌두교는 망연자실했다. 그것은 앞에 있는 모든 것을 쓸어가는 듯 보였다. 평등의 교리는 카스트제도로 괴롭힘을 당해왔던 대중에게 호소력이 있을 수밖에 없었다. 이와 같은 내적인 힘에다 검의 힘도 가세했다. 광적인 약탈자들이 때때로 인도에 들어오게 되었고, 설득으로 개종이 불가능한 경우 검으로 개종시키는 데 망설이지 않았다. 그들은 거의 인도 전역을 유린했고, 우상을 차례로 파괴했다. 비록 라즈푸트 무용(武勇)이 인도 편에 있긴 했어도, 이슬람교도의 습격을 막아내기에는 역부족이었다.

처음에는 힌두교 정신을 유지하면서 이 두 신앙 사이에 화해를 도모하려는 시도가 행해진 적이 있었다. 13세기경[18] 바라나시 시에 카비르[19]라는 성자가 나타나 힌두교의 핵심 교리를 손상 없이 유지하면서, 마호메트교로부터 무언가를 빌려서, 하나의 융합을 이루려고 노력했다. 그런데 이 노력은 그다지 성공하지 못했다. 펀자브는 마호메트교의 정복자들이 인도에 쏟아져 들어올 때 제일 먼저 거쳐간 지역이며, 공격을 정면으로 받아들였던 지역이었다. 그런데 여기 펀자브에서 시크교 창시자인 구루 나낙(Guru Nanak)[20]이 등장하게 되었는데, 그는 교리를 위해서 카비르를 끌어들였고, 거기에다 전투적 힌두교를 가미했다. 그는 무슬림의 감수성을 존중하여 화해를 제의했다. 하지만 그는 만일 화해가

---

18 〔역주〕 15세기의 잘못으로 보인다.

19 〔역주〕 Kabir(1440~1518): 시인 겸 성자. 경건한 노래를 지어서 힌두교도와 이슬람교도를 일치시키려고 했다. 《전집》 권 4, 245면.

20 〔역주〕 1469~1539년.

수용되지 않을 경우 무슬림의 공격에 대항하여 힌두교를 방어할 대비도 함께 했다. 그래서 시크교는 이슬람교의 직접적 결과물이었다. 시크교도가 얼마나 용감했는지, 영국 정부에게 어떤 봉사를 제공했는지, 이런 것들에 대해서는 잘 알려져 있다. 이슬람교가 힌두교에 끼친 영향력은, 이슬람교가 시크교를 낳았다는 점, 그리고 자기 종교의 주요 특성의 하나인 관용을 자신의 진실한 빛과 완전성 안에서 선명하게 밝혔다는 점에 있다. 정치적 영향력이 전혀 작동하지 않았을 때, 힌두교도와 이슬람교도는 완전한 평화와 우호 속에서 나란히 살아가는 데, 그러면서 각기 상대방의 선입관을 존중하고, 각기 어떤 장애나 방해 없이 자신의 신앙을 추종해가는 데 아무 어려움이 없었다. 마호메트교에 아크바르가 있게 만든 것은 힌두교였다. 아크바르는 정확한 통찰력으로 관용정신을 확인하고, 인도를 통치하는 데 그 정신을 스스로 수용했다. 더구나 격렬한 투쟁에도 불구하고 대다수의 대중과 계급들이 전혀 손상당하지 않고 그대로 남아 있다는 점에서 힌두교는 유연성을 보여주었다. 힌두교는 우리가 냉탕 목욕에서 일어나 나오듯이, 따뜻한 적열(赤熱)을 띠면서 투쟁에서 빠져나왔다. 이 최초의 충격은 분명 강했다. 하지만 힌두교는 재빨리 자신을 붙들어 세웠다. 강사는 파키르와 요기에 대해서도 언급했고, 비록 파키르가 이슬림 신앙에 속하고 요기가 힌두 신앙에 속하지만 그들은 거의 동일한 종류의 삶을 살았다고 말했다.

종교 강연, 신지학회 요하네스버그 지회,
〈별〉, 1905. 3. 18 ; 《전집》 4 : 163

167) 힌두교의 시험

신지학회가 이 강연을 해 달라고 저를 초청했을 때, 저는 두 가지를 생각하면서 초청에 응했습니다. 이제 저는 남아프리카에서 거의 12년 동안 살아왔습니다. 제 동포가 이 땅에서 겪고 있는 고통에 대해서는 모든 사람들이 알고 계실 것입니다. 사람들은 경멸의 시선으로 그들의 피부색을 바라봅니다. 저는 이 모든 일이 올바른 이해가 없기 때문이라고 믿으며, 이런 오해를 불식하는 데 가능한 한 많은 도움을 줄 요량으로 남아프리카에서 계속 머물러왔습니다. 그래서 제가 본 신지학회의 초청을 받아들이는 일이, 제 의무를 완수하는 일을 어느 정도 도와줄 것이라고 느꼈습니다. 제가 이 강연들을 통해서 인도인들에 대한 보다 깊은 이해를 줄 수 있다면, 저는 스스로 큰 행운아라고 여길 것입니다. 저는 분명 여러분에게 힌두교도에 대해서 말씀드리려고 합니다. 하지만 힌두교도와 다른 인도인들의 습관과 풍속은 거의 같습니다. 모든 인도인들은 유사한 선과 악을 가지고 있고, 동일한 조상에서 유래했습니다. 저의 또 다른 고려는 다음과 같은 것이었습니다. 신지학회의 목적 중 하나는 여러 종교를 비교하여 이들 종교의 기초를 이루는 진리를 발견하는 것이며, 이 종교들이 신을 실현하는 데에 이르는 수많은 길이라는 것을 보여주는 것, 그리고 우리가 이 종교들 중에 하나라도 오류라고 부르는 것을 주저해야 할 것임을 보여주는 것입니다. 제가 힌두종교에 관해서 약간이나마 말씀드리게 되면 이 목적도 어느 정도는 실현될 수 있을 것이라고 생각했습니다.

힌두교도[21]

힌두교도는 인도 토착민으로 간주되지는 않습니다. 서양학자들에 따르면, 태반의 유럽인과 마찬가지로 힌두교도는 한때 중앙아시아에 살았습니다. 거기에서 이주하여 일부는 유럽으로 갔고, 일부는

21 〔역주〕《전집》 권 4, 243면에 따라서 소제목을 단다.

이란으로, 또 다른 일부가 남동쪽으로 이동하여 펀자브 지방을 거쳐서 인도에 이주하여 아라얀 종교를 펀자브 지방에 확산시켰습니다. 인도의 힌두교도는 2억이 넘습니다. 그들이 한때 신두(인더스) 강 넘어 살았기 때문에 힌두라고 불립니다. 《베다》가 그들의 최고(最古) 경전입니다. 아주 독실한 힌두교도는 《베다》가 신적 기원을 가지고 있으며, 시작이 없다고 믿습니다. 서양학자들은 《베다》가 기원전 2000년 이전에 지어졌다고 주장합니다. 저 유명한 푸나의 틸락 씨는 베다가 적어도 1만 년은 되었음을 보여주었습니다.[22] 힌두교도의 특징 중 가장 중요한 것은 브라만, 즉 초자아(*oversoul*)가 두루 퍼져 있다는 그들의 신념입니다. 우리 모두가 얻어야 하는 것은 목샤 곧 해탈입니다. 여기에서 말하는 해탈은 자신을 생사의 악에서 해방시켜 브라만과 합일함을 의미합니다. 겸손과 공평함(*even-mindedness*)이 힌두 윤리의 주요 특성이지만 카스트제도가 그들의 세속사에는 지고의 것입니다.

힌두교는 붓다의 강림에서 최초의 시험을 경험합니다. 붓다 자신은 왕의 아들이었는데, 기원전 600년 이전에 태어났다고들 합니다. 당시 힌두교도는 힌두교가 취하고 있는 겉모습의 화려함 아래에 살고 있었습니다. 그리고 바라문(*Brahmin*)들은 이기심 때문에 힌두 신앙을 옹호해야 하는 자신들의 진실한 직분을 버렸습니다. 붓다는 자신의 종교가 그런 궁지에 빠져 있는 것을 보고 연민이 생겼습니다. 그래서 세상을 버리고 고행을 시작했습니다. 그는 열렬한 명상으로 수년을 보냈고, 결국 힌두교 내부의 개혁을 제안했습니다. 그의 경건함은 바라문들의 마음에 큰 영향을 미쳤고, 희생제사(*sacrifice*)를 위한 동물 살상이 크게 줄어들었습니다. 그래서 붓다가 새롭고 다른

---

22 〔역주〕《베다의 북극 고향》; 《전집》 권 4, 243면 참조.

종교를 창시했다고 말할 수 없습니다. 하지만 그의 뒤에 온 사람들이 그의 가르침에 독자적인 종교의 성격을 부여했습니다. 아소카 대왕은 불교의 전파를 위해서 다른 여러 지역에 포교사들을 보내서, 불교를 스리랑카 · 중국 · 미얀마 그리고 다른 나라에 확산시켰습니다. 힌두교의 독특한 아름다움은 이런 과정에서 드러났습니다. 완력에 의해서 불교로 개종한 사람은 아무도 없었습니다. 설교자 자신들은 오로지 토론과 논증에 의해서만 그리고 주로 그들 자신들의 순수한 행위 자체에 의해서만 민중의 마음이 영향을 받도록 노력했습니다. 적어도 인도에서는 힌두교와 불교가 오직 하나일 뿐이고, 오늘날에도 양자의 근본적 원리는 동일하다고 말할 수 있을 것입니다.

예언자 마호메트의 탄생[23]

불교가 힌두교에 건전한 영향력을 행사했음을, 그리고 불교가 주는 충격에 의해서 힌두교의 투사들이 등장했음을 우리는 목격했습니다. 1천 년 전 힌두교는 더 깊은, 또 다른 영향 아래에 들어갔습니다. 하즈랏 마호메트는 1천 3백 년 전에 태어났습니다. 그는 아라비아에 도덕적 무정부가 횡행하는 것을 목격했습니다. 유대교는 생존을 위해서 안간힘을 쓰고 있었고, 기독교는 그 땅에서 기반을 얻지 못했습니다. 민중은 방탕과 자기탐닉에 빠졌습니다. 마호메트는 이 모든 것이 부적절하다고 느꼈습니다. 이것은 그에게 정신적 고뇌를 야기했습니다. 그는 그들로 하여금 자신들의 비참한 처지를 깨닫게 해주겠다고 신의 이름으로 맹세했습니다. 그의 느낌은 너무나 강렬해서 그는 자신의 열정을 통해서 금방 주변 사람들에게 인상을 주기 시작했고, 이슬람교는 매우 신속하게 확산되었습니다. 열심(*zeal*), 또는

---

23 〔역주〕《전집》 권 4, 244면에 따라서 소제목을 단다.

열정이 그래서 이슬람교의 위대한 특성이며 강력한 힘입니다. 열심은 수없이 많은 선행의 원인이기도 했지만 때로는 악행의 원인이 되기도 했습니다. 1천 년 전 가즈니 군대가 이슬람교를 확산시키기 위해서 인도를 침략했습니다. 힌두교 우상들이 파괴되었고 침략자들은 솜나트(Somnath)[24]까지 전진했습니다. 한편에서 보면 이렇게 폭력이 사용되고 있었지만, 다른 한편으로는 무슬림 성자들이 이슬람교의 진정한 장점을 펼쳐 보여주었습니다. 이슬람교를 수용하는 자들은 모두 평등하다는 이슬람교의 원리가, 하층민에게 매우 우호적인 인상을 주었기에 수십만의 힌두교도가 그 신앙을 수용했고, 인도 사회 전체에 커다란 소요가 일어났습니다.

카비르는 바라나시(*Varanasi, Benares*)에서 태어났습니다. 그는 힌두 철학에 따르면 힌두교도와 이슬람교도 사이에 어떤 차별이 있을 수 없다고 생각했습니다. 둘 다 선행을 한다면 천국에 갈 것이고, 우상 숭배는 힌두교의 핵심적인 부분이 아니었습니다. 이렇게 생각한 그는 힌두교와 이슬람교의 종합을 도모했습니다. 하지만 그것은 그리 큰 영향력을 얻지 못했고, 그의 분파는 개별적인 한 분파가 되고 말았는데, 그것은 오늘날까지 존재합니다. 얼마 있다가 구루 나낙이 펀자브에서 태어났는데, 그는 카비르의 논법을 수용하고 두 종교를 융합하기 위해서 유사한 시도를 해보았습니다. 하지만 그렇게 하는 동안 그는 이슬람교에 대항하여 필요하다면 검을 사용해서라도 힌두교를 지켜야 한다고 느꼈습니다. 이것이 시크교를 낳았고 시크 전사들을 탄생시켰습니다. 이런 모든 것의 결과로, 힌두교와 이슬람교가 오늘날 인도의 주요 두 종교임에도 불구하고, 두 집단은 평화와 우호 속에서 함께 살아가며, 상대방의 감정을 해치지 않으려고 배려하고 있습니

24 〔역주〕 인도 중서부 구자라트 주 남서부에 있는 고대 도시의 유적.

다. 그런데 정치적 책동과 준동에 의해서 야기되는 반목은 있습니다. 힌두 요기와 무슬림 파키르 사이에는 거의 차이가 없습니다.

예언자 — 예수 그리스도[25]

이슬람교와 힌두교가 서로 겨루고 있을 때 기독교는 5백 년 전 고아항에 상륙하여, 힌두교도를 기독교로 개종시키기 시작했습니다. 그들은 부분적으로는 힘을 통해서, 부분적으로는 설득을 통해서 개종시키려고 했습니다. 그들 사제 중 일부는 지극히 유순하고 친절하여 성자와 같다고 말할 정도였습니다. 파키르처럼 그들 역시 힌두사회의 하층민에게 깊은 인상을 심어 주었습니다. 하지만 후에 기독교와 서양문명이 결합하게 되자, 힌두교도는 기독교에 대해서 혐오감을 품고 바라보기 시작했습니다. 오늘날 기독교도가 거대한 왕국을 통치하고 있음에도 불구하고 기독교를 받아들인 힌두교도는 거의 없습니다. 하지만 기독교는 힌두교에 대해서 상당한 영향력을 행사했습니다. 기독교 사제들은 고등교육을 제공했고, 힌두교 내에 있는 분명한 결점들을 여러 번 지적해 주었습니다. 그 결과로 힌두교도 사이에 여러 위대한 스승이 생겨났는데, 그 스승들은 카비르와 같이 기독교의 좋은 점을 힌두교도에게 가르쳐 주고, 힌두교 내의 결점들을 제거하라고 호소했습니다. 이런 범주에 속하는 사람들로, 라자 람 모한 로이, 데벤드라나트 타고르, 케샵 찬드라 센(Keshab Chandra Sen)[26]이 있습니다. 서부 인도에는 다야난다 사라스와티(Dayananda Saraswati)[27]가 있습니

---

25 〔역주〕《전집》 권 4, 245면에 따라서 소제목을 단다.

26 람 모한 로이의 작업은 데벤드라나트 타고르와 케샵 찬드라 센에 의해서 이어졌는데, 전자는 순수 힌두교 노선을 따라서 계속했고, 후자는 기독교 노선을 따라서 계속했다.

27 〔원주〕 아르야 사마즈의 창시자. 〔역주〕 다야난다(다야난드) 사라스와티에 대해서는 《인도인의 길》 제 2판(콜러 저, 허우성 역, 2013, 소명출판), 685면 이하 참조.

다. 그리고 오늘날 인도에서 발생한 브라모 사마즈와 아르야 사마즈와 같은 무수한 개혁단체들은 분명 기독교 영향의 결과입니다. 마담 블라바츠키[28]가 인도에 와서 힌두교도와 이슬람교도에게 서양문명의 사악을 말해 주고, 그 문명에 넋을 잃지 않도록 조심하라고 요청했습니다.

---

28 〔원주〕 신지학회 창시자. 〔역주〕 Helena Petrovna Blavatsky (1831~1891) : 러시아의 심령술사 · 작가. 범신론적 철학 · 종교 체계인 신지학(神智學)을 진흥시키기 위한 신지학회 공동 설립자이다. 17세 때 러시아 육군 장교이며 지방의 부지사인 니키포르 V. 블라바츠키와 결혼했지만 몇 개월 만에 헤어졌다. 신비주의와 심령술에 관심을 가지게 되어 여러 해 동안 아시아 · 유럽 · 미국 등을 두루 여행했다. 또한 그녀는 인도와 티베트에서 여러 해 동안 힌두 성인들 밑에서 공부했다고 주장했다. 1873년 뉴욕시로 가서 H. S. 올컷을 만나서 가까운 친구가 되었다. 1875년에 이 두 사람은 다른 몇몇 저명한 사람과 신지학회를 설립했다. 1877년에 그녀의 첫 번째 주요 저서 《베일을 벗은 아이시스》(*Isis Unveiled*)가 나왔다. 이 책에서 그녀는 당시의 과학과 종교를 비판하고 신비적 체험과 교리가 영적인 통찰과 권능을 얻을 수 있는 수단이라고 주장했다. 《베일을 벗은 아이시스》는 주목을 끌었지만 학회는 쇠퇴했다. 1879년 블라바츠키와 올컷은 인도로 갔다. 3년 뒤 마드라스 근처 아드야르에 신지학 본부를 설립하고 학회지 〈테오소피스트〉(*The Theosophist*)를 발간하기 시작했다. 블라바츠키는 1879~1888년 이 학회지의 편집을 담당했고 학회는 곧 인도에서 강력한 신봉자를 얻었다.

비범한 영적 힘을 갖고 있노라고 주장한 블라바츠키는 1884년 말 파리와 런던을 여행하는 동안 인도 언론으로부터 영적 현상을 조작한다는 비난을 받았다. 자신의 결백을 주장하기 위해서 1884년 독일 여행 중 인도로 돌아온 그녀는 열광적인 환영을 받았다. 그러나 1885년 영국 심령학회는 조사 결과 그녀가 사기꾼이라고 발표했다. 건강 때문에 인도를 떠난 후 그녀는 다시는 인도로 돌아가지 않았다. 독일 · 벨기에를 거쳐서 마지막에는 런던에서 조용히 지내면서 명상서의 고전인 《침묵의 소리》(*The Voice of Silence*, 1889)와 신지학의 가르침을 개괄한 주요 저서 《비밀 교리》(*The Secret Doctrine*, 1888)를 썼으며, 뒤이어 《신지학의 열쇠》(*The Key to Theosophy*, 1889)를 펴냈다. 1980년 초까지 블라바츠키 전집 중 최소한 14권이 출간되었다. 그녀의 일생은 메리언 미드의 《블라바츠키 부인》(*Madame Blavatsky*, 1980)을 비롯한 몇 편의 전기에 그려져 있다. 《브리태니커 CD EX 백과사전》, 한국브리태니커, 2002 참조.

힌두 교리[29]

이렇게 해서 힌두교에 가해진 세 차례의 공격, 즉 불교·이슬람교·기독교의 공격이 있었지만, 힌두교는 대체로 상처 없이 살아남았음을 살펴보았습니다. 힌두교는 이들 세 종교에 있는 모든 좋은 것을 흡수하려고 노력했습니다. 하지만 우리는 이 종교 즉 힌두교의 추종자들이 무엇을 믿는가를 알아야 합니다. 신이 존재한다, 바로 이것을 그들은 믿습니다. 신은 시작이 없고, 순진무구하고, 어떤 성질이나 형상이 없습니다. 그는 무소부재하고 무소불위합니다. 그의 원초적 형상은 브라만입니다. 브라만은 행하지도 않고, 시키지도 않습니다. 그것은 다스리지 않습니다. 그것은 육화(肉化)된 지복이며, 그것에 의해서 만물이 유지됩니다. 혼은 존재하고, 육신과는 완연히 구별됩니다. 그 혼 역시 시작도 없고 탄생도 없습니다. 혼의 시원적 형상과 브라만 사이에는 아무 차별이 없습니다. 하지만 혼은 카르마(*karma*)의 결과 또는 마야(*maya*: 미망)의 힘으로 육신을 종종 입게 되며, 혼이 행한 선행 또는 악행에 상응하여 높거나 낮은 종(種)으로 반복하여 태어납니다. 생사윤회의 바퀴에서 해방되는 일과 브라만에 합일하는 일, 그것이 해탈(*moksha*) 곧 해방입니다. 이 해탈을 성취하는 길은 청정하고 착한 행위를 하는 것이며, 모든 생명에게 자비를 베풀고, 진리 안에서 살아가는 것입니다. 이런 경지에 도달했다고 해서 우리가 해방을 얻은 것은 아닙니다. 우리가 우리 선행의 결과로서 육화된 존재(*embodied existence*)를 향유해야 하기 때문입니다. 그래서 우리는 한 걸음 더 나가야 합니다. 우리는 계속 행위를 해야 합니다. 하지만 우리의 행위에 대해서 어떤 집착도 해서는 안 됩니다. 행위는 결과를 보지 말고 행위 자체를 위해서만 행해져야 합니다. 짧게 말하면 만사가 신

---

29 〔역주〕《전집》 권 4, 246면에 따라서 소제목을 단다.

에게 바쳐져야 합니다. 우리가 어떤 일을 하고 있다거나 그 일을 할 수 있다는 자만감(*the feeling of pride*)을 꿈에도 품어서는 안 됩니다. 우리는 만물을 평등하게 보아야 합니다. 이것들이 힌두교의 신념 곧 교리입니다. 하지만 여러 개의 학파가 존재한다는 것은 의심의 여지가 없습니다. 그리고 세속적 실천의 차이에서 오는 서너 개의 파벌 또는 분파가 생겨났습니다. 하지만 현재의 경우 우리가 그것을 살펴야 할 필요는 없습니다.

결론 : 청중에게 호소함[30]

제 말씀을 듣고 여러분이 우호적 감정을 품게 되고, 앞서 상세하게 설명했던 종교가 득세하고 있는 나라에서 살아가는 힌두교도 또는 인도인들이 결코 열등한 민족일 수 없다는 것을 느끼게 되었다면, 여러분은 정치적 문제에 연루됨이 없이 제 동포에게 봉사할 수 있을 것입니다.

모든 종교는 우리가 사랑과 상호 친절 안에서 더불어 살아가야 한다고 가르칩니다. 여러분에게 설교하는 것이 제 의도도 아니고, 그럴 만한 자격도 없습니다. 하지만 만일 그것이 여러분의 마음에 좋은 인상을 남겼다면, 제 형제들이 그런 좋은 인상에서 오는 이익을 갖도록 여러분에게 호소하는 바입니다. 그리고 제 동포들이 욕을 얻어먹을 때마다 그들을 보호해 주는 것이 영국인들의 의무입니다.

종교 강연, 신지학회, 요하네스버그 지회,
〈별〉, 1905. 4. 15 ;《전집》4 : 188

30 〔역주〕《전집》 권 4, 247면에 따라서 소제목을 단다.

168) 이슬람교의 금언(金言)

우리는 본지의 과월호에서 《동양의 지혜》라는 시리즈 안에 있는 여러 책에 대해서 논의해 보았다. 동일한 저자들이 앞서 논의했던 주제와 관련된 책을 출판한 다음 그것에 대해서 서평을 해 달라고 한 권을 보내주었다. 이 책이 영어로 쓴 것이라는 점은 새삼스럽게 말할 필요가 없으리라. 가격은 단돈 1실링이다. 그것은 거룩한 《코란》에서 발췌한 부분이 있고, 여러 사안에 대해서 아랍 사상가들의 말씀도 싣고 있다. 예를 들어서 고귀함(*nobility*)에 대해서 "훌륭한 가문의 태생이라고 해도 자신의 명예를 더럽히는 자는 그 태생에서 좋은 것을 얻지 못한다. … 학문과 고상한 원리들은 저급한 출신이라는 수치를 덮어 준다" 하고 말하고 있다. 이 책은 명예를 위해서 싸우는 우리의 투쟁과 관련된 풍부한 사유로 가득 차 있다. 시인은 말한다. "자기 자신을 존중하는 자에게서 사람들은 아무 실수를 볼 수 없다." 다시 한 번 말한다. "다른 사람의 시선 앞에서가 아니라 자신의 시선 앞에서 더 부끄러워하라", "자기 자신을 존중하지 않는 사람은 다른 사람들도 그를 존중하지 않는다." 다른 곳에서는 "자존심(*self-respect*)을 상실하고 자신을 무참괴(無慙愧, *shamelessness*)에 던져 버린 작자에게, 인생은 아무 가치가 없고 이 세상에 아무 행복도 없다"고 말하고 있다. 성격이란 항목에는 "사람은 진실로 선량할 때 진실로 종교적이다"라는 구절이 있다. 지식의 항목에서는 "교육받지 못한 사람은 무기 없이 용맹을 부리는 자와 같다", "왕은 인간을 다스리지만 학자는 왕을 다스린다", "현자는 악에서 어떻게 빠져나올 것인가를 생각하는 자가 아니라, 악에 빠지지 않기 위해서 유의하는 자다." 진실(*Truthfulness*)에 대해서는, "자신의 심정이 바르지 않다면 종교가 바를 수 없고, 혀가 바르지 않다면 심정 또한 바르지 못하다. … 기도하고 단식한다고 해도, 진실되지 못한 말을 한다든가 자신의 말을 지키지 못하고, 신의를 지키는 데 불충하다면 그는 위선자다."

이와 같은 것들이 이 소책자에 담겨 있는 금언들이다. 영어를 읽을 수 있는 자라면 누구든 이 책을 구입하기를 권하는 바다.

아랍의 지혜(G.), 〈인디언 오피니언〉, 1907. 12. 28 ; 《전집》 8 : 27

169) 불교도의 개혁

〔봄베이, *1924. 5. 18*〕

고타마 붓다는 진리를 위해서 살고 진리를 위해서 죽었습니다. 이 집회에서 사회를 맡아 달라고 저를 초청하신 유일한 이유가, 저 진리의 대중화를 위해서 노력하는 것이 제가 대부분의 사람들보다 좀 나았다는 데에 있을 것으로 저는 짐작합니다. 미안한 말씀이지만 제가 불교에 대해서 책에서 얻은 지식은 정말로 보잘것없음을 고백하지 않을 수 없습니다. 제 지식은 에드윈 아널드 경의 매혹적인 책, 《동방의 빛》에 한정되어 있습니다. 이 책은 거의 35년 전에 처음 읽었습니다. 제가 예라브다 교도소에 단기간 수감되었을 때 한두 권의 책을 읽었습니다. 하지만 위대한 불교학자인 코상비 교수가 저에게, 《동방의 빛》이란 책은 붓다의 삶에 대해서 희미한 관념밖에 주지 않으며, 이 아름다운 책 안에 기술된 사건들 중 최소한 한 가지는 어떤 권위 있는 불교책 원본에도 없는 것이라고 말했습니다. 아마 장차 언젠가 저 학식 있는 코상비 교수께서 자신의 성숙한 학식의 결과로서 평범한 인도 독자들에게 붓다의 생애에 대해서 신뢰할 수 있는 얘기를 들려줄 수 있을 것입니다.

지금은 하지만 저는 집회에 모이신 분들에게 불교에 대해서 제가 믿는 바를 말씀드리려고 합니다. 불교는 저에게 힌두교의 일부입니다. 붓다는 세상에 새로운 종교를 준 것이 아니라 새로운 해석을 주었습니다. 그는 힌두교에 생명을 앗아가라고 가르친 것이 아니라, 생명을 주라고 가르쳤습니다. 진실한 희생은 타인의 희생이 아니라 자신의 희생입니다. 힌두교는 《베다》에 대한 어떤 공격에 대해서도 분개합니다. 힌두교는 새로운 해석을 일종의 공격으로 간주했습니다. 그래서 힌두교는 붓다의 가르침의 중심 진리를 수용하면서도, 불교를 새로운 반베다적 이교(異教)로 간주하여 그것과 대항하며 싸웠습니다.

오늘날에도 사회 일각에서는 인도의 쇠퇴는 붓다의 가르침의 수용에서부터 비롯되었다고 말하는 것이 유행처럼 되어 있습니다. 그렇게 말하는 것은 사랑과 경건함이 충분히 실천되면 그것들이 세상을 타락시킬 것이라고 말하는 것과 같습니다. 다른 말로 하면 그와 같은 비판자들에 따르면 악이 종국에는 승리할 것입니다. 인도가 멸망한 것은, 고타마의 가르침을 수용했기 때문이 아니라 그것에 따라서 사는 데 실패했기 때문이라는 것이, 저의 변치 않는 신념입니다. 사제(司祭)들은 언제나 예언자를 제물로 바쳐왔습니다. 《베다》가 신성한 것이 되기 위해서는 살아 있는 말씀이어야 하고, 부단히 성장하고 끊임없이 확산되고 새로운 힘에 대해서 늘 반응하는 말씀이어야 합니다. 저들 사제는 문자에 집착하여 그 정신을 놓쳤습니다.

그러나 우리가 실망할 필요는 없습니다. 붓다가 시도했던 개혁은 아직 공정한 재판을 받지 못했습니다. 2천 5백 년이란 세월은 세계의 생명에서는 무(無)와 같습니다. 외양의 진화에 영겁이 걸린다면, 우리는 왜 사상과 행위에서의 진화에서 경이(驚異)를 기대해야 합니까? 하지만 기적의 시대는 아직 가 버린 것이 아닙니다. 개인에게 있어서 그러하듯이 국가에 있어서도 그러합니다. 저는 대중이 갑자기 개심하여 정신적 고양을 이루는 일이 정말 가능하다고 생각합니다. 갑작스러움은 그렇게 보일 뿐입니다. 누룩이 얼마나 오래 작용해왔는지 아무도 모릅니다. 가장 강력한 힘들은 한동안 눈에 보이지도 않고, 느껴지지도 않지만 분명히 작동하고 있습니다. 저에게 종교란 보이지 않는 지고의 힘(*Supreme Unseen Force*)에 대한 살아 있는 신앙입니다. 그 힘은 전에도 인류를 혼란시켰으며 우리를 다시 한 번 혼란에 빠뜨리고야 말 것입니다. 붓다는 우리에게 겉모습에 도전하라고, 진리와 사랑의 최종적인 승리를 신뢰하라고 가르쳤습니다. 이것이 힌두교와 세상에 준 그의 무상(無上)의 선물입니다.

그는 그것을 하는 방식도 가르쳤습니다. 자신이 가르친 바대로 살았기 때문입니다. 최선의 선전은 팸플릿을 뿌려대는 것이 아니라, 세상이 그렇게 살아 주었으면 하는 삶을 우리 각자가 살아가는 것입니다.

붓다 탄신〔자얀티〕 기념일, 봄베이, CW 5176 ; 《전집》 27 : 357

170) 《코란》의 해석

나는 마울라나 자파르 알리 칸이 펀자브 킬라파트 위원회 회장의 자격으로 직접 쓴 글 중 다음을 인용하여 출판하는 것을 기쁘게 생각한다.

> 나는 카불에서 발생했던 돌로 쳐죽이는 형벌에 대해서 이달 26일자 〈영 인디아〉지에 실린 당신의 선언문을 당혹과 고통이 뒤섞인 심정에서 읽어 보았습니다. 당신은 "이러한 특정 형태의 형벌은 그것이 《코란》에서 언급되었다는 단순한 이유만으로 옹호될 수 없다"고 말했습니다. 더구나 당신은 "이성의 시대에 모든 종교의 모든 신조가 보편적 동의를 얻자면 이성과 보편 정의(*universal justice*)의 엄격한 검증을 받아야 한다"고 선언했습니다. 마지막으로 당신은 비록 오류가 세상의 종교 경전의 지지를 받을 수 있다고 해도 면죄부를 받을

수 없다는 입장을 견지했습니다.

나는 당신의 위대성에 대해서 늘 아낌없는 경의를 보냈으며, 현대사를 빛어가는 몇 안 되는 사람 중의 한 분으로 당신을 여태 보아왔습니다. 그러나 당신은 신도의 삶을 자체의 방식대로 규제할 수 있는 《코란》의 권리에 도전했습니다. 그렇게 함으로써 당신은 당신을 숭배해왔던 수백만 무슬림들이 자신들을 지도하는 당신의 능력에 대해서 품고 있던 신념을 흔들어 버렸습니다. 그런데 내가 이 점을 지적하는 일을 그만둔다면, 무슬림으로서 내 의무를 다하는 데에 실패하는 것입니다.

이슬람교 율법 아래에서 배교자가 돌로 쳐죽임을 당하는 일이 정당한가에 대해서 이런저런 식으로 의견을 표명하는 것은 전적으로 당신의 자유(*liberty*)입니다. 하지만 비록 《코란》이 그러한 형벌은 지지한다고 해도 그것이 완전한 오류라고 비난하는 일은, 무슬림에게는 설득력이 없는 논의 방식입니다.

오류란 결국 상대적인 용어이고, 이슬람교도는 그것을 해석하는 데에 자신들 나름의 방식이 있습니다. 그들에게 《코란》은 불가변의 율법으로서 하찮은 인간들의 부단히 변하는 정책들과 편의를 초월합니다. 인도의 지도자이신 당신은 다방면에 걸쳐서 행위들을 합니다. 이 행위들 위에다 신성한 《코란》의 가르침에 대해서 악의를 품고 비평하는 좀 미묘한 작업을 보태지 않았으면 좋겠습니다.

선생(Maulana) 측은 내 말에다 관계없는 해석을 부가했다. 나는 악의를 품고(또는 다른 태도에서도) 신성한 《코란》의 가르침을 비판한 적이 없다. 하지만 선생들 곧 해석자들이 돌로 쳐죽이는 형벌을 옹호할 것이라는 점을 예상하고서 그들을 비판했다. 나는 수많은 해석자 자신들이 미리 생각해 둔 관념에 맞춰서 《코란》을 해석해왔다는 점을 알 수 있을 만큼 《코란》과 이슬람사를 충분히 안다고 주장하는 바이다. 내 목표는 그런 해석의 수용에 대해서 경고하려는 것이었다. 하지만

《코란》의 가르침 자체도 비판에서 면제될 수 없다는 점을 말하고 싶다. 진짜 경전이라면 비판을 통해서 얻는 것은 이득뿐이다. 결국 계시된 것과 계시되지 않은 것을 구별해서 우리에게 말해 줄 수 있는 것은 우리 이성 이외에 다른 안내자가 없다. 초기의 무슬림들이 이슬람교를 받아들인 이유는, 그들이 이슬람교가 계시되었다는 점을 알았기 때문이 아니라 그들의 순수 이성(*virgin reason*)에 호소했기 때문이었다.

오류가 상대적인 용어라고 하는 선생의 말을 전적으로 옳다. 하지만 어떤 것들은 오류라고 보편적으로 인정되고 있으며, 우리는 이를 당연지사로 여긴다. 나는 고문에 의한 살인이 그런 오류의 하나라고 생각한다. 선생이 인용한 바 있는 세 가지를 발언하면서 나는 도전할 수 없는 해석의 세 가지 기준을 간단히 언급했을 뿐이다. 여하튼 나는 그것들을 준수한다. 그리고 만약 '이슬람 율법 아래에서 배교자가 돌로 쳐죽임을 당하는 일이 정당한가에 대해서' 의견을 표시할 완전한 자유가 나에게 있다면, 돌로 쳐죽이는 형벌이 이슬람교 율법하에서 강제될 수 있는지에 대해서 내 견해를 표시하는 일이 왜 나쁜가? 선생 측은 이슬람교와 관련된 일체에 대한 비이슬람교도의 비판에 대해서 불관용을 드러냈다. 자신의 생명 자체만큼이나 귀하게 여기는 것에 대해서조차 누가 비판할 경우, 사람이 그 비판에 대해서 불관용을 드러내는 일은 공공의 집단 생명(*pubic corporate life*)의 성장에 도움이 되지 않는다는 점을 나는 그에게 말했다. 비판이 설혹 비합리적이라고 해도 이슬람교는 그 비판에 대해서 두려워해야 할 것이 전혀 없다. 그래서 나는 내 비판을 감안하여 카불에서 보도된 사건들에 관련된 엄청난 이슈에 대해서 선생 스스로 해명해 보는 것이 상책이 아닐까 하는 점을 선생 측에게 제안한다.

나의 죄, 〈영 인디아〉, 1925. 3. 5 ; 《전집》 30 : 204

171) 붓다와 대중

〔캘커타, *1925. 5. 7*〕

친구 여러분, 붓다 탄신의 기념식을 이렇게 거행하는 것은 저의 유쾌한 의무입니다. 저는 절차에 대해서는 아무 말도 하지 않으렵니다. 다르마팔라(Dharmapala) 박사는 이 기념식에 감동적인 대목을 보탰습니다.[31] 그리고 그는 제가 생각하기에 감당할 수 없는 부담을 제 어깨에 지워 주었습니다. 나타라잔(Natarajan) 씨가 회복기에 있는 저를 침대에서 끌어내 작년 불탄(佛誕) 기념식의 의장이 되어 달라고 요청했을 때 저는 주저했습니다만 그의 말을 거역할 수 없었습니다. 그에 대해서 매우 크고 깊은 사랑을 갖고 있기 때문입니다. 그때부터 저는 인도 어딘가에서 열리는 그런 행사에 참석해 달라는 요청을 아마 매년 받을 것이라는 점을 알았습니다. 그리고 제가 캘커타에 왔을 때조차도 그런 일이 일어났습니다. 매우 기이하게도 이 세상에 있는 위대한 종교의 거의 모든 고백자들은 저를 자신의 편으로 주장하고 있습니다. 자이나교도는 저를 자이나교도로 오인하고 있고, 다수의 불교도 친구들은 저를 불교도라고 여겼습니다. 수백 명의 기독교도 친구들은 제가 기독교도라고 여전히 믿으며, 어떤 기독교 친구들은 심지어 넌지시 저를 비겁하다고 하고, "우린 알고 있어, 당신이 기독교도라는 것을. 하지만 당신은 그 사실을 고백하기를 두려워하고 있어. 당신은 왜 당당하게 앞으로 나와서 당신이 예수와 그의 구원을 믿고 있다고 말하지 않는가"라고 말하기도 합니다. 많은 무슬림 친구는 제가 스스로 이슬람교도라고 말하지는 않지만, 아무리 보아도 제가 그들 중의 한 사람이라고 간주하고 있습니다. 그리고 몇

31 〔역주〕 협회 사무총장인 박사는 좀 전에 붓다의 가르침에 대해서, 그리고 자신이 벵골에서 벌여왔던 불교 사업에 대해서 연설한 바 있다. 《전집》 권31, 299면.

몇 무슬림 친구는 제가 그 방향으로 가는 과정에 있고, 아주 가까이 왔지만 아직은 상당히 미치지 못한다고 생각합니다.

이 모든 일이 저를 아주 지나치게 치켜세우는 일이지만, 저는 그것을 사랑과 존경의 표시로 받아들입니다. 하지만 저는 자신을 가장 비천한 힌두교도의 한 사람으로 여기고 있습니다. 그런데 제가 힌두교를 깊이 공부하면 할수록, 힌두교는 우주만큼이나 넓고 이 세상에서 좋은 것은 모두 그 울타리 안으로 받아들인다는 신념이 강해집니다. 그러면서 저는 무슬림과 더불어 이슬람교의 아름다움을 인정하고 찬양의 노래를 부를 수 있다는 점도 알고 있습니다. 그리고 저는 그렇게 하면서 다른 종교의 고백자들과 함께합니다. 그리고 제 속에 있는 어떤 것은, 여러 종교에 보내는 깊은 제 존경심에도 불구하고, 제가 여전히 힌두교도라는 점을, 그리고 힌두교를 위해서 존재한다는 점을 말하고 있습니다.

거의 38년이나 40년 전쯤 저는 청년으로서 영국으로 건너갔는데, 제 손에 입수된 최초의 종교 서적은 《동방의 빛》이라는 책이었습니다. 저는 그전에 이 세상의 어떤 종교에 대해서도, 힌두교에 대해서도 읽은 적이 없었습니다. 저는 힌두교에 대해서 부모님이 저에게 가르쳐 주신 것, 직접적으로가 아니라 간접적으로 가르쳐 주신 것, 말하자면 그들의 실천을 통해서 가르쳐 주신 것을 알고 있었습니다. 그리고 저는 부모님이 〈라마 락샤〉(*Rama Raksha*)[32]를 배우도록 저를 한 바라문에게 보낸 적이 있었는데, 그에게서 힌두교에 대해서 좀더 배웠습니다. 제가 영국으로 항해했을 때 갖고 간 자산은 그런 정도였습니다. 그래서 저는 《동방의 빛》을 제 손에 넣었을 때 그것을 탐독했습니다.

---

32 〔역주〕 라마 신의 보호와 은총을 내려 달라는 산스크리트어 기도문. 《전집》 권 31, 300면.

저는 한 페이지, 한 페이지를 정독했습니다. 저는 실제로 문학에 대해서는 무심한 독자였습니다만, 책의 각 페이지가 주는 유혹을 막을 길이 없었고, 제가 그 책을 마쳤을 때는 에드윈 아널드 경(Sir Edwin Arnold)이 무척 아름답게 표현한, 자세한 설명이나 가르침에 대해서 깊은 존경심을 갖게 되었습니다. 저는 남아프리카에서 직장생활을 시작하면서 그 책을 다시 한 번 읽었습니다. 그때 저는 세계에 있는 다른 위대한 종교들에 대해서 뭘 좀 읽었고, 그 책은 두 번째 공부한 셈이지만 존경심은 줄어들지 않았습니다. 그것 이상으로 제가 불교와 만난 것은 실제로 없었습니다. 저는 예라브다 교도소에서 글을 좀더 읽었습니다. 하지만 붓다 또는 마하비라 심지어 예수 그리스도와 관련된 사람들이 이와 같은 행사의 의장이 되어 달라고 저를 부르는 이유가, 이 스승들의 가르침을 따르는 일에 저의 제한된 이해로 평가할 수 있는 한도 내에서는, 제가 최선의 노력을 경주하고 있기 때문이라고 생각합니다. 많은 친구는 제가 제 인생에서 붓다의 가르침을 표현하고 있다고 생각하고 있습니다. 저는 친구들의 증언을 받아들이고, 제가 그 가르침을 따르는 데에 제 능력에 맞게 최선을 다하고 있음을 흔쾌히 고백합니다. 불교 신앙을 가진 교수들 또는 많은 힌두교 학도 — 철학자들이라고 말할 수 있겠습니다만 — 와 달리, 저는 힌두교와 불교의 핵심적 가르침을 구별하지 않습니다. 제 소견으로 붓다는 자신의 삶 속에서 힌두교를 실천했습니다. 그는 분명히 자신이 살았던 참담한 시대의 개혁가(*reformer*)였습니다. 다시 말하자면 속 깊이 진지한 개혁가였고, 그가 자신의 성장과 육신의 고양을 위해서 필수 불가결하다고 여겼던 개혁의 성취를 위해서 어떤 대가나 고통도 마다하지 않았습니다.

역사 기록이 옳다면, 당대의 눈먼 바라문(브라민, 또는 브라만)들은 이기적이었으므로 붓다의 개혁을 거부했습니다. 하지만 대중은 철학하는 데 한가로이 시간을 보내는 철학자들이 아니었습니다. 그들은 행동하는 철학자였고, 탄탄한 상식을 가지고 있었으므로 바라문 속에 있는 짐승 같은 것, 즉 이기성을 옆으로 제쳐 버리고, 망설이지 않고 붓다 안에서 자신들이 가진 신앙의 진실한 주창자를 보았습니다. 그리고 대중 가운데서 대중의 한 사람으로 살아가는 저는, 불교가 대중의 이름으로 실천되는 힌두교와 다름없다는 것을 알았습니다. 그래서 유식한 자들은 기막히게 간단한 붓다의 가르침에 때때로 만족하지 못합니다. 그들은 지성의 만족을 위해서 불교에 접근했다가 실망하고 맙니다. 종교는 현저하게 심정의 일입니다. 거기에 지성의 자만을 가지고 접근하는 자는 실망할 수밖에 없습니다.

저는 붓다가 무신론자가 아니었다고 감히 말씀드리는 바입니다. 신은 자만(*pride*)으로 행동하는 자라면 어떤 사람도, 어떤 귀의자도 보시지 않을 것입니다. 그는 자신의 코를 땅에 비벼대는 사람을 믿지 않으십니다. 코 위의 자국을 보기를 원치 않으십니다. 여러분 중에는 많은 이슬람교도가 모스크에서 엎드려 날마다 이마를 비벼대는 바람에 1루피짜리 동전 크기의 자국, 때로는 그것보다 더 큰 자국을 이마에 실제 가지고 있다는 것을 모르는 분도 계실 것입니다. 신은 이런 자국을 원치 않으며, 우리를 꿰뚫어보고 계십니다. 사람이 자신의 코를 베어 땅바닥에 비빌 수도 있습니다. 하지만 뾰족한 코를 가진 사람에게 등 돌리는 사람, 그리고 마음이 상처받지 않으며 마음에서 피가 흘러나오지 않는 사람을 신은 인정하지 않으실 것입니다. 신은 상처받고 피 흘리는 사람을 자신의 사람으로 받아들이십니다. 자만을 모르는 대중은 진실한 겸손으로 붓다에게 접근하여 탁월한 행동 철학자가 되었고, 우리는 자유롭게 그런 대중을 추종할 수 있습니다. 제 의견으로는 그것이 불교의 핵심 가르침입니다. 그것은 뛰어난 대중(*masses*) 종교입니다. 저는 실망하지 않습니다. 저는 불교가 인도에서 추방되었다고 단 한순간도 생각하지 않습니다.

제가 보기에 불교의 모든 핵심적 특성이 인도에서 실행되고 있습니다. 말로만 불교를 고백하는 중국·스리랑카·일본에서보다 아마 더 많이 실행되고 있을 것입니다. 미얀마의 친구들이 불교를 실행하는 정도보다 우리가 인도에서 더 많이, 더 훌륭하게 행동으로 옮기고 있다고 감히 말씀드립니다. 붓다를 추방하는 일은 불가능합니다. 여러분은 그에게서 인도 태생이란 점을 빼앗아갈 수 없습니다. 그는 평생 스스로 불멸의 이름을 만들어냈습니다. 그는 오늘날 수백만의 인간들 안에서 살고 있습니다. 우리가 작은 사찰에 가서 불상에 예배하거나, 심지어 그의 이름을 받아들이는 것이 뭐가 문제입니까. 제 심정이 순결하다면, 제가 슈리 라마를 마라로 잘못 발음하더라도 유식한 바라문이 가진 힘만큼 강력한 힘으로, 아니 아마도 그것보다 더 강력한 힘으로 그 이름을 말할 수 있을 것이라고 힌두교는 저에게 가르치고 있습니다. 그래서 저는 다르마팔라 박사에게 말했습니다. 박사가 수많은 사람의 도움에 의존할 수 있을지의 여부, 아니면 호놀룰루에서 온 여성 한 분이 막대한 돈을 기부할지의 여부는 문제가 안 된다는 점을 말입니다. 제 소견으로 보면, 붓다는 우리에게 수백만 민중은 진리를 추구하는 단 한 사람과 자신들을 연결짓는 일이 꼭 필요하지 않다는 점을 가르쳤습니다.

우리 개개인은 붓다가 와서 주신 자비심(*mercy*)과 연민의 가르침을, 우리 자신의 삶에서 어느 정도로 실천했는지를 말해 봅시다. 그리고 우리는 메시지를 우리 자신의 삶에서 실천하는 만큼 저 위대한 인류의 주님·주인·스승에게 경배할 자격이 있습니다. 세상이 존속하는 한, 그가 인류의 가장 위대했던 스승 중에 한 분으로 꼽힐 것이라는 점에 대해서 저는 추호의 의심도 없습니다. 붓다가 2천5백 년 전에 주었던 사상은 결코 사라지지 않을 것입니다. 사상은 굼벵이같이 느리긴 하지만 흔적은 남깁니다. 다른 모든 종교와 마찬가지로 지금 이 순간의 불교 역시 정말로 퇴폐적이라고 해도, 불교는 여전히 발아하고 있습니다. 모든 위대한 종교들이 협잡·위선·사기·비진실·불신 그리고 '타락'이라는 말로 불릴 수 있는 모든 것을 자신들로부터 털어 버릴 날이 밝아올 것임을 느낄 만큼 저는 낙관적입니다. 그 종교들은 협잡을 청산할 것이고, 사물 보기를 배우는 자는 진리와 사랑이 결국 같은 동전의 양면이라는 사실을 알게 되는 그날이 밝아옴을 우리는 목격하게 될 것입니다. 진리와 사랑, 오직 그것만이 오늘날 통용되는 동전이고 다른 모든 것은 악화(惡貨) 입니다.

부처님(*Lord Buddha*)께서 아주 오래전에 인류에게 가르쳐 주셨던 메시지를 우리가 깨달을 수 있도록 신께서 도와주시고, 우리 각자는 그것을 우리 자신이 힌두교도이든 아니든 삶 속에서 실천할 수 있기를.

석가탄신일 기념식에 마하보디협회에서의 연설,
〈암리타 바자르 파트리카〉, 1925. 5. 9 ; 《전집》 31 : 173

172) 시크 구루들

망갈 싱(Mangal Singh) 선생이 전인도 국민회의위원회(A. I. C. C.)에 참석차 파트나를 방문한 적이 있었는데, 그는 나에게 지난 4월 9일자 〈영 인디아〉지에 실린 '내 친구, 혁명가'라는 제목의 기사를 주목해 보라고 말했다. 그의 말에 따르면 수많은 시크교 친구가 내가 크리슈나를 미화하면서 구루 고빈다 싱을 오도된 애국자로 묘사했다고 생각하기 때문에 기분이 상했다는 것이다. 선생은 주목해 보라고 했던 구절이 무슨 뜻인가를 조속히 설명해 달라고 나에게 요청했다. 조심스런 독자라면 내 말이 지극히 조심스런 말투인 것을 알게 될 것이다. 내가 적극적인 발언을 한 적은 한 번도 없다. 내가 말한 것은, 구루 고빈드 싱을 포함하여 거기에 언급된 여러 영웅에 관한 모든 발언이 일단 진실이라고 믿고, 내가 그들과 동시대인이었다면 이들 모두를 오도된 애국자로 불렀으리라는 것뿐이었다. 하지만 바로 다음 문장에서 나는 서둘러서 내가 그들을 판단해서는 안 되는 점, 그리고 이런 영웅들이 보여준 행위들에 대한 상세한 역사 기술을 불신한다는 말을 첨가했다. 나는 시크교 구루들이 모두 마음속 깊이 종교적 스승 겸 개혁가이며 힌두교도였다는 것을 믿으며, 구루 고빈다 싱이 가장 위대한 힌두교 옹호자의 한 사람이었다는 것도 믿는다. 나는 그가 힌두교를 보호하기 위해서 검을 빼들었다는 점도 믿는다. 그러나 나는 그의 행위를 판단할 수 없고, 그가 검을 사용한 사실에 대해서는 그를 내 모범으로 삼을 수 없다. 내가 그의 시대에 태어났다면 내가 무엇을 했을지, 내가 지금 갖고 있는 것과 같은 견해를 갖게 되었을지, 그런 것은 나도 모른다. 그런 사변(思辨)을 나는 순전한 시간 낭비로 간주한다.

나는 시크교를 힌두교와 별개의 것이 아니라, 힌두교의 일부로 그리고 비슈누교와 마찬가지로 힌두교 내의 개혁으로 간주한다. 나는 예라브다 교도소에 있을 때 시크교도에 대해서 입수되는 모든 글을 읽었다. 《그란트 사헤브》(*Granth Saheb* : 스승의 책)의 일부도 읽었다. 그 책의 심오하게 영적이고 도덕적 어조가 나를 고양시켜 주었다. 우리가 아슈람에서 사용하고 있는 찬송가집에는 구루 나낙의 것도 포함되어 있다. 동시에 만일 시크교도가 시크교를 힌두교와 전적으로 다른 것으로 간주한다고 해도 나는 그들과 논쟁을 벌일 생각이 없다. 그리고 내가 펀자브를 처음 방문했을 때, 시크교도 친구 서너 사람이 내가 시크교를 힌두교의 일부로 부르는 일이 그들을 불쾌하게 만든다고 했다.

그래서 나는 시크교를 그렇게 부르는 것을 그만두었다. 하지만 내가 시크교에 대한 견해를 표현해 달라는 요청을 받았을 때, 나의 신념을 공언하는 일에 대해서는 시크교의 친구들이 나를 용서해 줄 것이다.

이제 크리슈나에 대해서 말할 차례다. 나는 구루들을 다룰 때 그들의 존재에 대해서 신뢰할 만한 역사적 기록이 있는 인물로 다룬다. 하지만 나는 《마하바라타》의 크리슈나가 정말 실존했던지 여부에 대해서는 아무 지식이 없다. 나의 크리슈나는 어떤 역사적 인물과도 관련이 없다. 자신의 자존심이 상했다고 해서 살상하는 크리슈나, 그리고 비힌두교도가 방탕한 청년으로 묘사하는 크리슈나, 그런 크리슈나에게 나는 머리 숙여 경배하기를 거부할 것이다. 나는 내 상상 속의 크리슈나, 즉 완벽한 육화, 말 그대로 순진무구한 존재, 《기타》의 고무자이고 수백만 인류의 삶의 고무자인 그를 믿는다. 하지만 만일 《마하바라타》가 오늘날의 역사책이 말하는 역사임이 나에게 증명된다면, 《마하바라타》의 모든 말이 사실이고 그가 했다고 주장되는 그런 행위를 행했음이 입증된다면, 나는 힌두교 울타리에서 추방당할 위험을 감수하고서라도 크리슈나를 육화한 신(*God incarnate*)으로 보는 일을 주저 없이 거부할 것이다. 그러나 《마하바라타》는 나에게 깊고 깊은 종교서이며, 주로 비유적인 책이지 결코 역사적 기록을 의도했던 것이 아니다. 그것은 우리 자신들의 내면에 진행중인 영원한 투쟁에 대한 묘사다. 그런데 그 묘사가 너무나 생생해서 우리는 지금으로서는 그 안에 묘사된 행위들이 인간들이 실제 행한 것으로 생각하곤 한다. 나는 우리가 현재 소지한 《마하바라타》가 원본을 오류 없이 베낀 사본이라고도 간주하지 않는다. 반대로 나는 그것이 수많은 수정을 거쳤다고 생각한다.

시크교, 〈영 인디아〉, 1925. 10. 1 ; 《전집》 33 : 26

173) 습속의 폭정

남아프리카에서 우리가 벌 받고 있는 이유는 피부색과 인종에서 오는 죄 때문이다. 인도에서 우리 힌두교도는 카스트의 죄 때문에 우리 동료 신자들을 처벌하고 있다. 판차마(*Panchama*)로 불리는 제5의 카스트는 최대의 위반자이므로 불가촉·불가근·불가시 등등의 처벌을 받아 마땅하다고 여겨진다. 마드라스 주 관구 내 법원에서 재판이 진행되었던 한 특이한 사건은 억압받는 동포의 가련한 처지를 생생히 보여준다. 단정하고 깨끗하게 차려입은 판차마 한 사람이 누구의 감정을 해치거나 다른 종교를 모독할 의도가 전혀 없이 완벽한 귀의자의 태도로 사원에 들어섰다. 그는 사원 내부에 들어오지는 않았지만 해마다 이 사원에서 예배를 드리는 습관이 있었다. 그런데 작년 그는 황홀한 무드에 빠져서 자신을 망각하고 사원에 들어서고 말았다. 담당 사제는 그를 다른 사람들과 분간할 수 없었으므로 그의 제물을 받았다. 하지만 그는 제정신을 차렸고 자신이 금지된 구역 안에 들어와 있음을 알고 겁에 질려 사원에서 도망갔다. 그런데 그를 알아본 어떤 사람이 그를 붙잡아 경찰에 넘겼다. 사원 당국자들은 이 죄를 발견하자 정식 의례를 베풀어서 사원을 정화시켰다. 그 뒤 재판이 이어졌다. 힌두교도 판사는 판차마가 스스로 자신의 종교를 모독했다는 이유로 그에게 유죄를 선고하고 75루피의 벌금형 또는 1개월의 엄한 금고형(禁錮刑)에 처했다. 상소가 제기되었다. 그것에 대한 상세한 변론이 있었다. 판결이 유예되었다. 유죄가 선고되지 않았는데, 이유는 불쌍한 판차마가 사원에 들어갈 권리가 있다고 판단해서가 아니라, 하급 법원의 검사가 모독을 입증하는 일을 망각했기 때문이었다. 이것은 정의나 진리, 종교 또는 도덕성의 승리가 전혀 아니다.

이 성공적인 상소에서 얻을 수 있는 유일한 위안은, 판차마가 예배의 열정 탓으로 자신이 금지된 출입자라는 점을 망각한 행위에 대해서 수감당하지 않아도 되었다는 점이다. 하지만 그 자신 또는 동료 판차마가 다시 그 사원에 감히 들어간다면, 그들을 경멸하고 하대(下待)하는 자들에 의해서 뭇매질을 당하거나 엄벌에 처해질 가능성이 매우 높다.

그것은 기묘한 상황이다. 우리는 남아프리카의 동족들이 받는 대접에 대해서 분개하는데, 그것은 당연하다. 우리는 스와라즈를 수립하고 싶어 안달한다. 하지만 우리 힌두교도는 동료 종교인들 중 1/5을 개보다 못한 존재로 다루는 행위 안에 있는 모순을 직면하기를 거부한다. 개는 불가촉은 아니기 때문이다. 오늘날 우리 중 어떤 사람들은 개를 응접실 애완동물로 취급하기도 한다.

이들 '불가촉천민'(*untouchables*)은 스와라즈라는 우리 구도 내에서 어떤 자리를 차지할까? 그들이 스와라즈 아래서는 모든 특수한 제한과 무자격에서 풀려나야 한다면, 우리가 왜 지금 그들의 자유를 선언할 수 없는가? 그리고 우리가 오늘 그럴 만한 힘이 없다면 스와라즈에서는 좀더 힘이 생기게 될까? 우리는 이런 질문들에 대해서 눈을 닫거나 귀를 막을 수도 있다. 하지만 그것들은 판차마에게는 아주 중요한 것이다. 이와 같은 사회적 종교적 잔혹함에 대항하여 우리가 하나의 집단으로서 한 사람이 되어 봉기하지 않는다면, 힌두교를 비판하는 심판이 분명히 내려질 것이다.

카스트의 악을 제거하기 위해서 많은 일이 행해졌다는 것은 의심의 여지가 없다. 하지만 사원 출입에 대한 형사 소추가 가능하고, 억압받는 계층이 사원 출입과 공동 우물을 사용할 권리 그리고 그들의 자식들을 국립학교에 자유롭게 보낼 권리가 계속 거부되는 한,

그것은 너무도 미미하다. 우리가 유럽인들에게 남아프리카의 우리 동족들에게 허용하라고 요구하는 그 권리를 우리는 그들에게 부여해야 한다.

하지만 이 사건은 위로할 만한 것이 없지는 않다. 유죄 판결을 깨뜨린 일은 분명히 일종의 위안이다. 하지만 최선의 위안은 출신성분이 훌륭한(*savarna*) 수많은 힌두교도가 스스로 불쌍한 판차마를 위하는 일에 능동적으로 관심을 가진 사실에 있다. 누군가가 피고인을 돕지 않았다면 상소도 주목받지 못했을 것이다. 이 사건이 가진 또 하나 흥미로운 면모는, 라자고팔라차리(C. Rajagopalachari)가 상소를 주장했다는 사실에 있다. 이것은 내 생각으로는 비협조 원리의 적절한 적용인 것이다. 법원에서 기회가 왔을 때, 간청하면 피고인은 무죄로 방면될 수 있을 경우에도, 비협조하는 일에 대해서 성자연하면서 만족의 미소만 띤다면 그는 바리새인과 같을 것이다.[33] 그 판차마는 비협조에 대해서 아무것도 몰랐다. 그는 벌금이나 수감을 피하기 위해서 상소했다. 모든 교육받은 힌두교도가 불가촉천민의 친구가 되고, 종교라는 이름 아래 가장하고 있는 습속, 그 습속의 폭정에서 그 천민을 해방시키는 것을 자신의 의무로 간주하기를 바란다. 종교와 인간성을 모독하는 것은 한 사람의 판차마가 사원을 출입한 일이 아니라, 그에게 금지라는 낙인을 찍은 일이다.

카스트의 죄, 〈영 인디아〉, 1926. 1. 14 ; 《전집》 33 : 303

33 〔역주〕 라자고팔라차리는 자신의 카스트 이익에 비협조한 것이다.

간디와 라자고팔라차리 (1944)

비를라 하우스에서 이루어진 진나와의 회담 기간 중에 간디와 라자고팔라차리가 이야기를 나누고 있다. 라자고팔라차리는 간디의 막내아들인 데브다스의 장인으로 간디와 함께 인도의 독립을 위해서 헌신하였다.

174) 유기체로서의 힌두교[34]

어떤 투고자가 자신을 '사나타니(*sanatani*) 힌두교도'[35]라고 부르며 다음과 같이 써 보냈다.

> 오늘날의 힌두교는 기이한 많은 변칙을 보이고 있습니다. 그것을 공부하는 사람도 없습니다. 아마 몇몇 유럽 선교사를 제외하면 말입니다. …
>
> 사나타나(*sanatana* : 영원의 것)로 일컬어질 수 있고 존중될 수 있는 교리나 실천에 대한 확고한 체계가 없습니다. …
>
> 브라만이 짐승 고기나 물고기를 먹는 지방에서 수드라가 갖는 지위는, 브라만과 비슈누교 신도들이 모두 그것들을 금하는 지방에서 갖는 지위와는 다릅니다. 당신은 어딘가에서 다음과 같이 말한 적이 있습니다. 즉, "여러분은 수드라가 준 맑은 물을 마시는 데에 반대하지 않을 수는 있다. 하지만 다른 사람으로 하여금 불가촉천민의 손에서 물을 받아서 마시게 해서는 안 된다. … 어떤 힌두교도에게는 짐승 고기를 먹는 자가 주는 물을 받아서 마시지 않는 종교적 윤리관이 있고, 다른 힌두교도는 쇠고기를 먹는 자의 물을 마시는 데 반대한다"라고 … . 저는 당신이 지역 전체에 있는 불가촉천민의 집회를 소집해서, 힌두교의 울타리 안으로 들어가는 전제 조건으로 쇠고기나 부육(腐肉) 먹기를 금하겠다는 약속을 얻어냈으면 좋겠습니다.

이 편지는 사안의 일면만을 제시하고 있다. 투고자의 불평에는 이유가 있긴 하지만, 힌두교는 하나의 유기체로서 성장하고 부패할 수도 있으며, 자연의 법칙(*laws of Nature*)에 종속되어 있다. 그것은 뿌리

34 〔역주〕 구자라트어 원문은 〈나바지반〉지(1926. 2. 7)에 실렸다. 번역은 마하데브 데사이의 것이다. 《전집》 권 33, 446면.

35 〔역주〕 《베다》 전통의 충실한 추종자. 〈용어해설〉 참조.

에서는 하나이며 불가분인데 무한정의 가지를 지닌 거대한 나무로 성장했다. 계절의 변화가 그것에 영향을 준다. 힌두교는 나름대로 봄, 여름, 가을, 겨울이 있다. 비가 그것에 자양분을 주고 과실을 맺게도 한다. 그것은 경전에 근거하기도 하고 그렇지 않기도 하다. 그것은 권위를 하나의 경전에서 빌려오지 않는다. 《기타》가 보편적으로 받아들여지고 있기는 하지만 그것도 그 길을 보여줄 따름이다. 《기타》는 습속에는 거의 영향을 미치지 않는다. 힌두교는 갠지스강과 같이 그 발원지에서는 순수하고 오염되어 있지 않지만, 그 길을 가는 도중에 불순물을 받아들인다. 갠지스강과 같이 그것은 전체적인 효과에서는 유익하다. 그것은 각 지역에서는 지역의 모습을 지니지만 그 내면적 실체(*the inner substance*)는 어디에서든 간직되어 있다. 습속(*custom*)은 종교가 아니다. 습속은 변하지만 종교는 불변인 채로 남아 있을 것이다.

힌두교의 순수함은 신도들의 자기규제에 기초를 두고 있다. 힌두교도는 자신들의 종교가 위험에 처했을 때마다 엄혹한 고행을 겪으며 그 위험의 원인을 찾아내고 그 원인을 퇴치할 수 있는 수단을 창안했다. 경전들은 부단히 증가한다. 베다·우파니샤드·스므리티·푸라나·사서(史書 : *itihasa*)는 모두 동일한 순간에 생기지 않았다. 각각 특정 시대의 필요성에서 성장했으므로 외견상 상충하는 듯이 보인다. 이 경전들은 영원의 진리들을 새롭게 선언하는 것이 아니라, 그 경전이 속하는 특정 시대에 이 진리들이 어떻게 실천되어야 하는지 보여준다. 어떤 행위가 특정 시대에 좋았다고 해서 다른 시대에 맹목적으로 반복된다면, 그 행위는 민중을 '절망의 수렁'에 빠트린다. 과거 한때 동물 희생제사가 옳았다고 해서 그것을 오늘날 부활해야 할까? 과거 한때 우리가 쇠고기를 먹었다고 해서 지금 그렇게 해야 할까? 과거 한때 우리가 도둑의 손발을 절단했다고 해서, 오늘날 그 야만을 부활해야 할까? 일부다처제를 부활해야 할까? 조혼을 부활해야 할까? 우리가 과거 한때 인류의 일부를 내버렸다고 해서, 그들의 후손들을 아웃카스트(4성 이외의 천민)로 낙인찍어야 할까?

힌두교는 정체(停滯)를 지극히 혐오한다. 지식은 무한하고 진리의 활용 또한 무한하다. 우리는 매일 아트만의 힘에 대한 지식을 보태고 앞으로도 계속 그럴 것이다. 새로운 경험이 새로운 의무를 우리에게 가르쳐 줄 것이지만, 진리는 언제나 동일한 것으로 남아 있을 것이다. 하지만 누가 지금까지 그 진리 전체를 알았을까? 《베다》는 진리를 대변하고 무한하다. 그러나 누가 《베다》 전체를 알았을까? 오늘날 《베다》의 이름으로 통용되는 것은 진정한 《베다》, 즉 지식의 서(書)(*the Book of Knowledge*)의 1백만 분의 1에도 해당되지 못한다. 그리고 누가 우리가 가진 많은 책 중, 단 서너 권의 책들의 전체 의미를 아는가? 무한 가지의 복잡함을 건너가는 대신, 우리의 현자들은 딱 하나만 배우라고 가르쳤다. '자아가 그러하듯 우주 역시 그러하다.' 자아를 정밀 조사하는 것이 불가능하듯이 우주를 정밀 조사하는 것도 불가능하다. 자아를 알아라. 그러면 우주를 알 것이다. 내 속의 자아에 대한 지식조차 끊임없는—끊임없으면서도 순수한—추구를 전제로 하며, 순수한 추구는 순수한 심정을 전제로 하고, 이것은 야마와 니야마(*yama-niyama*) 수행[36]—전자는 중심적인 덕성들이고 후자는 우연적인 덕성들이지만—에 근거한다.

---

36 야마 곧 주요 덕성들은 요가 경전에 따르면, 아힘사(*ahimsa*: 비폭력), 사탸(*satya*: 진리), 아스테야(*asteya*: 불투도), 브라마차르야(*brahmacharya*: 순결), 아파리그라하(*aparigraha*: 무소유)이고, 니야마 곧 부차적 덕성들은 같은 요가 경전에 따르면, 샤우차(*shaucha*: 육신의 정결), 산토샤(*santosha*: 만족), 타파(*tapa*: 고행), 스와드야야(*swadhyaya*: 경전 공부), 이슈와라프라니다나(*Ishwarapranidhana*: 신의 의지에 순종함)이다.

수행은 신앙과 헌신을 전제로 하는 신의 은총이 없으면 불가능하다. 이런 연유로 툴시다스가 '라마나마'의 영광을 노래했고, 《바가바타》의 저자가 드와다샤만트라(옴 나모 바가바테 바수데바야)를 가르쳤다. 내 마음에는 그가 이 만트라를 심정에서부터 반복해서 외는 사나타니 힌두교도이다. 아코(Akho)[37] 성자가 말한 대로 이것 외의 모든 것은 바닥없는 구덩이이다.

이제 편지의 다른 부분으로 가 보자. 유럽인들이 우리의 관습과 습속을 연구하는 것은 사실이다. 그러나 그들의 연구는 비판자의 연구이지 귀의자의 연구가 아니다. 그들의 '연구'는 나에게 종교를 가르칠 수 없다.

쇠고기 먹는 자에 대한 거부는 예전에는 적합했다. 오늘날에는 부적절하고 불가능하다. 만일 당신이 이른바 불가촉천민이 쇠고기를 포기하기를 바란다면, 그들을 경멸하는 방법으로서가 아니라 사랑의 방법으로서만, 그들의 지성을 자극함으로서만 할 수 있을 것이다. 나쁜 습관으로부터 그들을 떼어내기 위한 비폭력적인 노력이 경주되고 있다. 하지만 힌두교는 육식 여부에 달려 있지 않다. 그 고갱이는 올바른 행위, 진리와 비폭력의 올바른 준수에 있다. 육식하는 사람들이라고 해도 자비와 진리라는 중심 도덕을 준수하고 신을 경외하며 살아간다면, 육식을 하지 않는 위선자보다 나은 힌두교도이다. 쇠고기 먹기와 육식하기에 폭력이 있다는 진리에 대해서 눈이 열리고, 그래서 그것들을 그만두는 사람, '인간과 금수를 모두' 사랑하는 사람은 우리의 숭배를 받을 만하다. 그는 신을 알고 본 자이고, 신의 최선의 귀의자이다. 그는 인류의 스승이다.

힌두교와 모든 다른 종교는 공평하게 측정되고 있다. 영원한 진리

---

37 Akha Bhagat: 구자라트 출신의 시인 겸 성자.

는 하나다. 신 또한 한 분이시다. 우리 모두 상충하는 교리와 습속들을 피하고 진리의 올곧은 길을 따라가자. 그럴 경우에만 우리는 진실한 힌두교도이다. 자신들을 사나타니로 칭하는 사람들이 지상에 만연한다. 그들 중 몇이나 신이 선택하실지, 누가 알까? 신의 은총은 '라마, 라마'라고 그저 중얼거리는 사람에게 강림하지 않고, 그분의 의지를 행하고 그분을 우러르는 사람에게 강림할 것이다.

오늘의 힌두교(G.), 〈영 인디아〉, 1926. 4. 8 ; 《전집》 33 : 345

175) 정화의 과정

친구 한 사람이 다음과 같이 쓰고 있다.[38]

우리에게 갠지스강과 야무나강, 이 두 개의 강 이외에도 다른 강들이 있다. 이 두 강이 다른 이름도 가진다는 점도 사실이다. 하지만 이 두 강은 우리의 광대한 평원에 북에서 남으로, 동에서 서(西)로 물을 공급하고 있다. 강가(갠지스)강과 야무나강이 이 친구에게 주었던 메시지 이외에, 인도의 위대한 강들은 그 거주자들에게 다른 메시지를 주고 있다. 이 강들은 우리가 정주하며 살아가는 땅을 위해서 우리가 바쳐야 할 희생을 상기시켜 준다. 강들은 정화의 과정, 즉 그것들 스스로 순간순간 겪어가듯이 우리도 부단히 정화의 과정을 거쳐가야 한다는 점을 상기시켜 준다. 나는 거의 10년 전 가야트리(*Gayatri*)로 불리는 힌두교의 일상적 기도가 갠지스강의 귀한 선물이었다고 쓴 바 있다. 그 강의 빛나는 물이 옛날 선인(仙人, *rishi*)들에게 영감을 준 것은 분명한 일이리라. 현대의 분주함 속에서 강에 대한 우리의 주 용도는 우리의 시궁창을 비우고 짐배가 항해할 수 있도록 해주는 일이다.

---

38 여기에 편지를 다시 적지는 않겠다. 그 친구는 야무나강에 의해서 고무된 엑스터시의 느낌에 대해서 썼다.

그 과정에서 강은 더욱 더러워진다. 친구는 여유가 있어서 그랬는지 모르지만, 우리는 한가하게 강으로 산책 나갈 시간도 없고, 강이 우리에게 속삭이는 메시지를 침묵의 명상에서 들어줄 시간도 없다.

갠지스강과 야무나강의 교훈, 〈영 인디아〉, 1926. 12. 23 ; 《전집》 37 : 171

176) 붓다의 위대한 포기 〔*1927. 11. 15*〕

여러분이 저에게 주신 연설에 대해서 진심으로 감사를 드립니다. 저는 여러분이 여러분의 연설문의 번역을 미리 주신 친절에 대해서 감사를 드립니다. 방금 축복의 기도를 해주신 데 대해서 성하(聖下)와 스님들 여러분에 대해서도 마찬가지로 감사합니다. 제가 오늘 오후 그런 축복을 받았다는 사실을 언제까지나 저의 커다란 특전으로 여기겠습니다. 저는 여기 모이신 회중 앞에서 성하와 여러 스님에게 축복에 걸맞게 항상 노력할 것이라는 약속을 드리는 바입니다. 여러분이 연설에서 언급하셨고, 성하께서도 인도의 부다가야 사찰에 대한 사정을 언급하셨습니다. 저는 이 위대한 사찰에 대해서 오랫동안 관심을 기울여왔습니다. 그리고 제가 벨가움에서 인도 국민회의의 심의를 주관했을 때, 이런 문제와 관련해서 국민회의를 대신하여 일을 수행할 수 있는 권한이 있었습니다. 저는 제가 모르는 스리랑카 친구로 하여금 제가 국민회의에서 했던 일을 둘러싸고 발생했던 논쟁에 대한 보고서를 저에게 보내달라고 했습니다. 당시 그 논쟁에 가담하는 것이 적절하다고 생각지도 않았고, 지금도 논쟁에 들어가고 싶지 않습니다. 제가 여러분에게 약속드릴 수 있는 것은, 여러분의 주장을 개진하기 위해서 인간으로서 가능했던 모든 일을 제가 했었고 앞으로도 할 것이라는 점입니다. 하지만 제가 원하는 만큼의 영향력을 의회가 갖고 있지 못하다는 점을 말씀드려야겠습니다. 소유권에 관련하여 야기된 여러 난점이 있습니다. 전문적이고, 법률적인 난점들 역시 가로놓여 있습니다.

국민회의는 산하에 있는 최선의 사람들로 구성된 위원회를 임명해서 이 사안을 검토하게 하고, 가능하다면 현재 사찰을 소유하고 있는 마한트(*Mahant*)[39]와 협상도 한번 해보라고 했습니다. 위원회는 이미 보고를 해왔고, 여러분 중에는 위원회의 보고서를 읽은 사람도 있을 것입니다. 위원회는 중재자를 임명하기 위해서 노력해 보았지만 실패했습니다. 하지만 희망을 버려야 할 이유는 전혀 없습니다. 저의 모든 개인적 동정심은 여러분과 철저하게 함께하고 있으며, 제가 그 사찰을 여러분에게 줄 수 있는 힘이 있다면 여러분은 그것을 오늘 당장 가질 수 있습니다. 여러분의 말씀은 스리랑카에 위치한 또 하나의 사찰을 언급하고 있습니다. 저는 이 사찰을 둘러싼 논쟁에 대해서 아무것도 모릅니다. 그래서 여러분 중에 누군가 그것에 대한 상세한 사항을 저에게 알려 주셨으면 합니다. 그것과 관련해서 제가 여러분과 함께 있을 때 제가 할 수 있는 일이 뭐라도 있다면 그것을 말씀해 주십시오. 제가 할 수 있는 일이 있다고 느낀다면 개인적 관심을 기울일 것이라는 점에 대해서는 여러분은 당연지사로 간주하셔도 됩니다. 그리고 제가 그 일을 하는 것은 여러분에게 은혜를 베풀기 위해서가 아니라 스스로 만족하기 위해서입니다.

여러 아들 중에 하나인 제 장남이 저를 붓다의 신도라고 비난했다는 것을 여러분은 잘 모르고 계실 것입니다. 그리고 힌두교도 동료들 중 일부도 제가 사나탄 힌두교라는 이름하에 불교 가르침을 확산하고 있다고 저를 주저 없이 비난하고 있습니다. 저는 제 자식의 비

39 〔역주〕 '주지' 정도로 번역할 수 있을 것이다.

난과 힌두교도 친구들의 비난에 공감하는 바입니다. 그리고 저는 붓다의 신도라는 비난을 듣는 것이 때때로 자랑스럽기조차 합니다. 이 회중 앞에서 저는 붓다의 삶에서 얻은 영감에 크게 힘입었음을 망설임 없이 선언하는 바입니다. 캘커타에 세워진 새로운 사찰의 기념식에서 저는 이와 같은 견해를 밝힌 바 있습니다. 그 모임의 지도자는 안가리카 다르마팔라(Angarika Dharmapala)였습니다. 자신의 진심에 가까운 그 대의명분을 위해서 그가 기대했던 반응을 얻지 못했다는 사실에 대해서 그는 눈물을 흘리며 울었습니다. 그리고 눈물 흘리는 일에 대해서 그를 제가 질책했다는 것도 기억합니다. 그때 모인 회중들에게 저는, 불교라는 이름으로 통용되던 것들이 인도에서 추방되었는지는 몰라도, 붓다의 삶과 가르침은 결코 인도에서 추방되지 않았다고 말씀드렸습니다. 위의 일은 제가 생각하기에 3년 전의 일이었습니다. 그리고 그 집회에서 제가 선언했던 견해를 바꿀 만한 일은 그날 이래 일어난 적이 없습니다.

붓다 가르침의 핵심 부분이 이제 힌두교의 중심 부분을 이룬다는 것이 제 신중한 견해입니다. 오늘날의 힌두교도가 살아가는 인도는 과거로 소급하여 고타마가 힌두교에 가져온 위대한 개혁 이전으로 돌아갈 수 없습니다. 붓다는 엄청난 희생, 위대한 포기 그리고 티 없이 순결한 삶을 통해서 힌두교에 지울 수 없는 각인(刻印)을 남겼습니다. 힌두교는 이 위대한 스승에게 감사의 빚을 영원히 지고 있습니다. 그리고 여러분이 용서해 주신다면, 아니 허락해 주신다면 저는 여러분에게, 힌두교가 오늘날 불교로 통용되는 것 중 동화시키지 않은 것은, 붓다의 삶과 가르침에서도 핵심 부분이 아니었다는 말씀을 감히 드리고 싶습니다.

불교 아니 붓다의 가르침은 인도에서 완전히 성취되었다는 점, 그리고 그럴 수밖에 없었다는 것이 제 확고한 견해입니다. 고타마 자신이 힌두교도 중의 힌두교도였기 때문입니다. 그는 힌두교 안에 있던 최선의 것에 의해서 흠뻑 젖어 있었습니다. 그는 《베다》 속에 파묻혀 버리고 잡초가 무성하게 우거져 있는 가르침에 생명을 주었습니다. 그의 위대한 힌두정신은 《베다》 안에 있었던 귀중한 진리를 뒤덮고 있던 말들, 무의미한 말들의 숲을 꿰뚫었습니다. 그는 《베다》 안에 있던 여러 말에 새로운 의미를 부여했는데, 이 의미에 대해서 동시대 사람들은 철저하게 낯설어 했습니다. 그는 인도에서 가장 적합한 토질을 보았고 어디로 가든 비힌두교도가 아니라 스스로 베다의 법에 정통하고 있던 힌두교도가 그를 따라왔고 둘러쌌습니다. 하지만 그의 심정이 그러하듯이 가르침 또한 시방(十方)으로 퍼지고 모든 것을 포괄했으므로, 가르침이 그의 육신이 죽은 다음에도 살아남아서 지구의 표면을 휩쓸었던 것입니다. 저는 붓다의 신도로 불릴 위험을 감수하고서라도 이 성취가 힌두교의 승리라고 주장하는 바입니다.

붓다는 결코 힌두교를 거부한 적이 없었으며 다만 그 토대를 넓혔습니다. 힌두교에 새로운 생명과 새로운 해석을 주었습니다. 하지만 여기에서 저는 여러분의 용서와 혜량(惠諒)이 필요한 말씀을 한 마디 드리려 합니다. 저는 붓다의 가르침이 스리랑카에서든, 미얀마, 중국, 아니면 티베트에서든 완전하게 흡수되지 않았다는 점을 말씀드리고 싶습니다. 저는 제 한계를 알고 있으므로 불법(佛法)에 대해서 학식이 있다고 주장하지 않겠습니다. 나란다 비드야라야에서 온 초등학교 5학년생 정도의 소년이라면 불교 교리문답에서 저를 낙제시킬 수 있을 것입니다. 저는 매우 학식이 높은 스님들과 학식 있는 재가 신도들의 면전에서 말씀드리고 있다는 점을 압니다. 하지만 제가 제 심정이 믿는 바를 선언하지 않는다면 그것은 여러분에게도 제 자신에게도 잘못일 것입니다.

여러분을 비롯하여 인도 외부에서 자신을 불교도라고 부르는 사람들은 분명 붓다의 가르침을 매우 광범위하게 받아들였을 것입니다. 하지만 여러분의 삶을 검토하고, 스리랑카, 미얀마, 중국 또는 티베트에서 온 친구들을 반대 심문해 보면, 저는 제가 붓다의 삶에서 중심적 사실로 이해해온 것과 여러분의 실천 사이에 있는 수많은 불일치를 보고 당혹감을 느낍니다. 그리고 저는 방금 저에게 떠오른 세 가지 중요한 요점을 빨리 검토하고 싶습니다만, 이 일이 여러분을 녹초로 만들지 않기를 바랍니다. 첫째, 만물에 두루 퍼져 있는 섭리(*Providence*)에 대한 믿음입니다만, 이것은 신으로 불립니다. 저는 그것이 도전받고 있다는 말을 수도 없이 들어왔습니다. 불교정신을 표현한다고 하면서도 붓다가 신을 믿지 않았다고 주장하는 책도 읽었습니다. 제 소견으로는 그런 신념은 붓다의 가르침에 들어 있는 중심적 사실을 거스르는 것입니다. 제 소견으로는 그런 혼란은 붓다가 당시 신의 이름으로 통용되던 모든 비천한 것들을 부정했던 데에서, 오로지 부정했던 데에서 일어났습니다.

붓다는 다음과 같은 신의 관념, 즉 신으로 불리던 존재가 악의에 의해서 움직이고, 자신의 행위를 회개하기도 하고, 지상의 왕들과 같이 유혹에 빠지거나 뇌물을 받아먹을 수도 있고, 가장 선호하는 것을 가질 수 있다는 관념을 분명히 부정했습니다. 당시 사람들은 신으로 불리는 존재가 자신의 만족을 위해서 그리고 자신의 기쁨을 위해서 자신의 피조물인 동물의 생피를 요구한다고 믿었습니다. 이런 믿음에 대해서 붓다의 혼 전체가 분기탱천(奮起撑天)했습니다. 그래서 그는 신을 올바른 자리에 복위시키고, 잠시 백색 왕관(*White Throne*)을 쓰고 있었던 찬탈자를 폐위시켰습니다. 그는 이 우주의

도덕적 통치가 변함없이 영원히 존재한다는 사실을 강조하고 재선언했습니다. 그리고 주저 없이 법이 신 자신이라고(*the law was God Himself*) 말했습니다.

신의 법칙은 영원하고 불변이며 신 자신과 분리될 수 없습니다. 그것은 신 자신의 완전성을 위해서는 없어서는 안 될 조건입니다. 그래서 붓다가 신을 믿지 않고 그저 도덕법칙만을 믿었다는 엄청난 혼란, 그리고 신 자신에 대한 이런 혼란 때문에 열반(*Nirvana*)이라는 위대한 말을 올바르게 이해하는 데에 혼란이 발생했습니다. 열반은 결단코 극단적인 절멸(*utter extinction*)이 아닙니다. 제가 붓다의 삶에서 중심을 차지하고 있는 사실을 이해할 수 있는 범위에서 보면, 열반은 우리 안에 있는 비천한 것의 극단적인 절멸, 우리 안에 있는 사악한 모든 것의 절멸, 우리 안에 이미 부패한 것 그리고 부패할 수 있는 모든 것의 절멸입니다. 열반은 무덤에 있는 까맣게 죽은 평화와 같은 것이 아니라 살아 있는 평화, 자신을 의식하며 영원한 존재(*the Eternal*)의 심정에 자신의 처소를 찾았다는 점을 의식하는 혼의 살아 있는 평화입니다.

세 번째 요점은 모든 생명 속에 있는 신성성(*sanctity*)의 관념이 인도 외부로 여행하면서 낮은 평가를 받게 되었다는 점입니다. 신을 그분의 영원의 자리에 회복시키는 과정에서 붓다가 보여준 인류에 대한 기여가 큰 것은 사실입니다. 하지만 제 소견으로 인류에 대한 보다 더 큰 기여는, 그가 아주 비천해 보이는 생명까지 포함하여 모든 생명체에 대한 존경을 가차 없이 요구했다는 점에 있습니다. 붓다는 인도가 높은 곳으로 상승하기를 기대했습니다. 하지만 그의 인도는 그런 높이까지 상승하지 못했음을 저는 알고 있습니다. 하지만 붓다의 가르침이 불교가 되어서 인도 외부로 전파되었을 때, 동물의 생명이 갖는 거룩함(*sacredness*)은 보통 인간의 생명이 갖는 거룩함과는 다른 것을 의미하게 되었습니다. 이 문제에 대해서 스리랑카 불교도의 정확한 실천과 신념은 모릅니다만, 미얀마와 중국에서는 그것이 어떤 형태를 띠게 되었는지는 알고 있습니다. 미얀마에서 특히 불교도는 한 마리의 동물도 죽이지 않을 것입니다. 하지만 다른 사람들이 그들을 위해서 동물을 죽이거나, 죽은 동물의 고기를 먹으라고 담아주는 일에 대해서는 상관하지 않습니다. 자, 보십시오. 인과의 냉혹한 법칙(*the inexorable law of cause and effect*)을 역설했던 스승이 이 세상에 있었다면 그는 틀림없이 고타마일 것입니다. 그런데 친구 여러분, 인도 외부의 불교도는 그들 자신의 행위의 결과를 피할 수 있었을 것입니다. 그들이 할 수만 있었으면 말입니다. 그런데 제가 여러분의 인내력에 부당한 긴장을 강요할 생각은 없습니다. 저는 몇 가지 요점에 대해서 가볍게 말씀드려 보았습니다만, 그런 요점들에 대해서 여러분의 주목을 모으는 것을 제 의무로 생각합니다. 여러분에게 진지하고 겸손한 마음으로 그런 것들을 제시해 드린 것은 여러분이 심사숙고해 주었으면 하는 마음에서입니다.

제가 해야 할 일이 하나 더 있습니다. 어제 저녁 접대위원회의 한 회원이 카디(수직의 천)와 스리랑카의 관계에 대해서 집회에서 연설해 달라고 부탁하셨습니다. 이 메시지를 여러분 앞에 전개할 시간이 저에게는 별로 남아 있지 않습니다. 하지만 그것을 두 문장으로 요약하도록 해보겠습니다. 여러분 중에서 붓다를 마음의 통치자로 간주하는 분들은, 그의 탄생지 인도에 대해서 신세를 좀 지고 있는 셈입니다. 붓다는 당시의 인도 사람들을 위해서 열심히 노력하고 그들을 위해서 돌아가셨는데, 오늘날 수백만 그의 후손들이 궁핍한 삶을, 영속적인 반기아 상태에서 살아가고 있습니다. 그래서 저는 카디가 여러분 자신과 여러분 심정의 통치자 사이에 살아 있는 유대를 수립할 수 있게 해 줄 것이라고 감히 제안하는 바입니다. 여러분이 그의 가르침의 중심적 사실을 따라서, 삶을 모든 물질적 사물들에 대한 포기의 하나로 간주한다면 — 모든 삶이 무상하기에 — 여러분은 카디가 주는 메시지의 아름다움을 즉시 알게 될 것입니다. 카디의 메시지는 이것 이외에도 검박(儉朴)한 삶과 고상한 생각을 의미합니다. 저는 이런 두 가지 생각을 여러분과 공유합니다만, 여러분 개개인이 카디 메시지를 명확히 설명하고 스스로 해석해 보시기를 바랍니다. 저는 여러분이 보여주신 커다란 친절에 대해서, 그리고 연설과 축복의 기도에 대해서 다시 한 번 감사드립니다. 제가 여러분에게 드린 겸손한 메시지를, 제가 그것을 전달할 때와 같은 정신으로 받아들이셨기를 바랍니다. 그것을 비판자가 준 메시지가 아니라 절친한 친구가 준 메시지로 해 주십시오.

콜롬보, 비드요다야대학에서의 불교도의 연설에 대한 답사,
〈영 인디아〉, 1927. 11. 24 ; 《전집》 40 : 256

177) 인류의 스승들 〔*1927. 11. 29*〕

반기아 상태에 있는 수백만 인도인들을 위해서 여러분이 나에게 주신 기부금에 대해서 깊은 감사를 드립니다. 학장께서는 나에게 여러분이 오늘 아침 되풀이해서 말씀하신 아주 중요한 문제에 대해서 어제 적절한 통지를 해 주셨습니다.[40] 지금부터 10시 30분 사이에 나는 다른 약속이 많이 있고, 내가 말씀드리고 싶지 않은 다른 이유도 있고 해서 이 질문을 피하고 싶었습니다. 하지만 대처하는 것이 결코 불가능하지 않는 한, 일이 생기는 대로 받아들여야 한다는 원칙, 내 일생을 지도해온 이 원칙에 근거해서 나는 문제에 대답하기 위해서 나에게

40 이 대학의 학장은 간디가 그리스도에게 세계의 위대한 스승들 중에서 신적인 선생이 아니라 인간으로서, 스승으로서, 어떤 자리를 줄 것인가를 물은 바 있다.

할당된 5~6분을 할애할까 합니다.

나는 오랫동안 나사렛 예수를 세상이 보유한 강력한 스승들 중에 한 분으로 간주해왔다는 점을 한 마디로, 그리고 이 말을 아주 겸손하게 드립니다. 나는 이것이 바로 내가 '느끼는' 바라는 간단한 이유에서 이 표현이 겸손한 표현이라고 주장하는 바입니다. 물론, 기독교도는 비기독교도이며 힌두교도인 내가 느낄 수 있었던 것에 비해, 나사렛 예수에 대해서 보다 높은 자리를 요구할 것입니다. 내가 '준다'라는 말 대신 의도적으로 '느낀다'라는 말을 사용했습니다만, 그 이유는 나 자신 또는 누구라도 위대한 사람에게 한자리를 준다는 주장을 교만하게 할 수는 없다고 생각하기 때문입니다. 인류의 대스승들은 남들에게 그런 자리를 달라고 한 적이 없었고, 그 자리는 하나의 권리의 문제로서, 그리고 그 스승들이 베풀었던 봉사의 문제로서 그들에게 귀속했던 것입니다. 하지만 그 자리는 우리가 어떤 사람들에 대해서 어떤 것을 느끼도록 우리 사이에서 가장 비천하고 가장 겸손한 자들에게 주어진 것입니다.

위대한 스승들과 우리와의 관계는 남편과 아내 사이의 관계와 조금 닮았습니다. 내가 아내에게 내 심정 속에서 어떤 자리를 주어야 할지를 지성적으로 논의할 수밖에 없다면, 그것은 아주 끔찍한 일이고 비극적인 일일 것입니다. 그 자리는 내가 주는 것이 아니라, 권리의 문제로서 내 심정 속에서 그녀에게 속하는 자리를 그녀가 차지하는 것입니다. 그것은 순전히 감정상의 문제입니다. 그렇다면 나는 예수가 내 심정 속에서 자리를 확보하는 데 상당한 몫을 갖는 위대한 스승들의 한 분이라는 점을 말씀드릴 수 있습니다. 당분간 크리스천은 내버려 둡시다. 나는 이 대학에서 교육을 받고 있는 학생들 중 75%에 달하는 힌두교도에게, 여러분이 공경의 태도로(*reverently*) 예수의 가르침을 배우지 않는다면 여러분의 삶은 불완전하게 될 것이라는 점을 말씀드리는 바입니다. 내 자신의 경험으로 미뤄 보아서, 어떤 종교에 속하든 다른 종교의 가르침을 공경의 태도로 배우는 것이 자신들의 심정을 유약하게 만드는 것이 아니라 자신의 종교를 넓혀간다는 결론에 도달하게 되었습니다. 나는 개인적으로 이 세상의 어떤 위대한 종교도 거짓(*false*)이라고 보지 않습니다. 모든 종교들은 인류를 아름답게 해왔으며, 지금도 그 목적에 기여하고 있습니다. 내가 말씀드린 대로 모든 사람들에 대한 인문교육은 다른 종교들을 공경의 태도로 연구하는 것을 포함해야 합니다. 하지만 나는 이 점에 대해서 길게 말하고 싶지도 않고 그럴 시간도 없습니다.

내가 여러분에게 말씀드리는 바로 이 순간 나에게 떠오른 것이 하나 있습니다. 그것은 내 초기의 성경 공부에서 오는 것입니다. 내가 다음 대목을 읽었을 때 그것은 당장 나를 사로잡았습니다.

> 너희는 먼저 하느님의 나라와 하느님께서 의롭게 여기시는 것을 구하여라. 그러면 이 모든 것도 곁들여 받게 될 것이다.[41]

나는 만일 여러분이 이 대목의 정신을 이해하고 제대로 평가하며 이에 따라서 행동한다면, 예수나 다른 스승이 여러분 심정 속에 어떤 자리를 차지하고 있는지조차 여러분이 알 필요도 없을 것임을 말씀드립니다. 여러분이 적절한 청소부가 되어서 여러분의 심정을 맑게 하고 정화시켜 준비만 해 두면, 이 모든 훌륭한 스승들이 우리의 초청이 없더라도 그들의 자리를 차지하게 될 것이라는 점을 알게 될 것입니다. 내 마음으로는 그것이 모든 건전한 교육의 토대입니다. 마음의

41 〈마태오복음〉 6 : 33. 《공동 번역 성서》, 대한성서공회, 1977.

양육은 반드시 심정의 양육에 종속되어야 합니다.[42] 여러분이 순결하게 되는 일에 신께서 도와주시길….

자프나(Jaffna),[43] 중앙대학의 강연에서,
〈더 힌두〉, 1927. 12. 2 ; 《전집》 40 : 309

178) 산상수훈

〔*1927. 11. 15*〕

내가 기독교도가 아니라고 부정하더라도 이 간단명료한 부정조차 수용하지 않으려는 사람들이 있습니다.

내가 이해하기로는 예수의 메시지는 산상수훈에 손상 없이 담겨 있습니다. 그리고 예수의 메시지 전체를 두고 보든 아니면 산상수훈과 관련해서 보든, 그 메시지의 대한 내 자신의 보잘것없는 해석은 여러 면에서 정통 해석과는 다릅니다. 내가 보기에 그 메시지는 서양에서 왜곡되었습니다. 내가 이런 말을 하는 것이 주제넘는 일로 보일지 모르지만, 진리의 귀의자로서 느낀 바를 망설이지 않고 말씀드리겠습니다. 나는 이 세상이 기독교에 대한 내 의견을 기다리지 않는다는 것을 압니다.

종교는 다른 사람과 자신의 관계가 아니라 결국 자신과 자신의 창조주 사이의 문제입니다. 하지만 나는 오늘 저녁 내 생각을 여러분과 나누고 싶은 마음이 아주 간절합니다. 그 이유는 내가 진리추구

---

42 〔역주〕 간디는 이 연설에서 마음(*mind*)과 심정(*heart*)을 나누고 있다. 그 구별이 분명하지는 않지만, 심정은 마음보다 더 깊은 곳에 있는 무엇으로 이해하고 있는 것으로 보인다. 《마하트마 간디의 도덕·정치사상》 권 2, 17번에 마음은 이성의 자리이고, 심정은 신앙의 자리라는 구절이 있다. 그런데 다른 문맥에서도 이와 같은 구별이 항상 지켜지고 있는지는 분명치가 않다.

43 〔역주〕 스리랑카 북부 지방의 중심도시이며 항구도시.

에 있어서 여러분의 공감을 얻고 싶기도 하고, 수많은 기독교 친구가 예수의 가르침에 대한 내 생각에 관심이 있기도 하기 때문입니다. 그래서 내가 산상수훈과 그것에 대한 내 해석만을 본다면, 나는 스스럼없이 "예, 나는 기독교도입니다"라고 말했을 것입니다. 하지만 지금 내가 그런 말을 한다면 나는 아주 큰 오해를 받게 될 것임을 압니다. 그것은 허위 주장이 될 것입니다. 그렇게 되면 기독교에 대한 내 자신의 생각이 무엇인지를 말해야 하기 때문입니다. 그런데 나는 기독교에 대한 내 견해를 말하고 싶은 욕구가 조금도 없습니다. 하지만 부정적 용어로서 여러분에게 나의 하찮은 소견을 말씀드릴 수는 있습니다. 즉, 기독교로 통용되는 것 중의 많은 것이 산상수훈의 부정이라는 점을 말입니다. 그리고 내 말을 잘 들어 보시길 바랍니다. 나는 지금 기독교도의 행위를 말하는 것이 아니라, 서양에서 이해되고 있는 대로의 기독교 믿음, 즉 기독교에 대해서 말하고 있습니다.

어디서든 행위가 믿음에 훨씬 미치지 못하고 있다는 사실을 나는 뼈저리게 자각합니다. 하지만 이것을 비판의 말로 듣지 마십시오. 나는 매 순간 자신의 고백에 따라서 인생을 살고자 노력하지만 내 행동이 고백에 미치지 못하고 있음을 내 자신의 귀중한 경험을 통해서 알고 있습니다. 그러므로 나는 행위가 믿음에 훨씬 미치지 못한다는 말을 비판의 정신으로 결코 말할 수 없습니다. 하지만 나는 내가 가진 근본적인 난점들을 여러분에게 제시하려고 합니다. 나는 1893년 남아프리카에서 독실한 학생으로서 기독교 문헌을 공부하기 시작했을 때, '이것이 기독교냐?'라고 자문하고 항상 '네티, 네티'(이것은 아니다, 이것은 아니다)라는 베다식의 대답을 얻었습니다. 그리고 내 속의 가장 내밀한 부분은 내가 옳았다고 말해 주었습니다.

나는 스스로 신앙과 기도의 사람이라고 자처합니다. 그리고 내가 수천 개의 조각으로 부서지는 한이 있더라도, 신은 나에게 그분을 부인하지 않고 그분이 존재하신다는 점을 주장할 수 있는 기운을 주실 것입니다. 이슬람교도는 신만이 존재하며 그 이외에는 아무도 없다고 말합니다. 기독교 신자 역시 동일하게 말하며 힌두교도도 마찬가지입니다. 내가 말씀드려도 될지 모르지만 심지어 불자도 역시 말은 다르지만 같은 것을 말합니다. 우리는 신이라는 말에 대해서 제각각 우리 자신의 해석을 붙입니다. 신은 이 자그마한 우리 지구만이 아니라 그와 같은 수백만 수십억 개의 구체(球體)를 포괄하십니다. 신은 우리를 지극히 무력한 존재로 창조하셨습니다. 땅 위를 벌벌 떨며 기어 다니는 우리가 어떻게, 우리가 도대체 어떻게 그의 위대함, 무한한 사랑 그리고 무량한 자비를 측량할 수 있겠습니까? 그분이 인간으로 하여금 무례하게 그분의 자비와 그분을 부정하도록 허용하시고, 그에 관해서 논쟁을 벌이도록 하시고, 동료의 목을 자르도록 허용하셨다고 할 수 있겠습니까? 그다지도 관대하시고 그다지도 거룩하신 분을 우리가 어떻게 측량할 수 있겠습니까? 그래서 우리가 비록 같은 말을 하더라도 그 말은 우리 모두에게 같은 의미를 갖지 않습니다. 따라서 우리는 선교할 필요가 없으며, 말과 글을 통해서 수디(*shuddhi* : 정화)나 타브리흐(*tabligh* : 의례적 정화)를 베풀 필요가 없습니다. 우리가 진정으로 정화되는 방법은 우리의 삶을 통하는 수밖에 없습니다. 모든 사람들이 우리 삶을 연구할 수 있도록 그것이 열린 책이 되도록 사십시오. 선교사 친구들이 선교에 대해서 이런 견해를 가질 수 있게 내가 설득할 수 있으면 좋으련만. 그렇게 되면 불신·의심·질투·분열 등은 결코 없을 것입니다.

그런 다음 간디지는 현대 중국의 경우를 하나의 사례로 꼽았다. 그의 심정은 거대한 국민적 격변에서 오는 극심한 고통을 겪고 있는 신생국 중국에 가 있다고 했다. 그리고 그는 중국의 반기독교 운동에 대해서 언급했는데, 간디는 그 운동에 관해서 중국의 YWCA와 YMCA의 학생부가 그에게 보낸 팸플릿을 통해서 읽을 기회가 있었다. 필자들이 반기독교 운동에 대해서 자신의 해석을 덧붙였겠지만, 신생국 중국이 기독교 운동을 중국의 자기표현에 반대하는 것으로 간주했음에 틀림이 없었다. 간디지에게 이 반기독교 출현의 도덕적 의미는 분명했다. 그는 말했다.

이 젊은 중국인들은 "당신네들의 기독교 선전이 반국가주의적(*anti-national*)이지 않도록 하시오"라고 외칩니다. 그리고 그들의 기독교 친구들조차 서양에서 건너온 기독교의 노력을 불신하고 있었습니다. 청년들이 쓴 이런 글들은 깊은 의미와 깊은 진리를 가지고 있다는 내 생각을 여러분에게 제시합니다. 그렇게 생각하는 이유는 그들 자신이 기독교에서 배웠던 삶을 따라서 살 수 있었던 범위 내에서 자신들의 기독교적 행동을 정당화하고자 스스로 노력해왔고, 이와 동시에 중국의 자기표현에 대한 반대를 위한 근거를 찾기 위해서 노력해왔기 때문입니다. 이런 현실의 모습에서 내가 여러분이 내렸으면 하는 결론은, 스리랑카인 여러분이 여러분의 뿌리에서 떨어져서는 안 된다는 것입니다. 그리고 서양에서 온 사람들로 하여금 스리랑카인들의 관습·습속·습관이 근본적인 윤리와 도덕에 반대되지 않는데도 그것들에 대해서 의식적·무의식적으로 폭력을 행사하게 해서는 안 됩니다. 예수의 가르침을 현대문명으로 통용되는 것과 혼동하지 마십시오. 여러분이 운명을 맡긴 그 사람들에게 무의식의 폭력을 행사하지 않도록 기도하십시오. 동양인들의 삶을 뿌리에서 떼어내는 일이 여러분의 소명의 일부가 아니라는 점을, 나는 여러분에게 확신시켜 줄 수 있습니다. 그들 안에 있는 모든 좋은 것에 대해서 관대한 마음을 가지고, 여러분의 선입견으로 그들을 성급하게 재단하지 마십시오.

판단받고 싶지 않으면 남을 판단하지 마십시오. 서양문명의 위대성에 대한 여러분의 믿음에도 불구하고, 여러분의 모든 업적에 대한 자부심에도 불구하고, 나는 여러분에게 겸손하기를 간청합니다. 여러분에게 의심을 위한 작은 공간을 남겨 두기를 요구합니다. 그 공간에는, 테니슨(Tennyson)이 노래했듯이 진리가 더 많이 들어 있었습니다. 테니슨에게 '의심'은 분명 전혀 다른 것을 의미했을 것이지만 말입니다. 각자 자신의 삶을 살도록 합시다. 우리의 삶이 올바른 삶이라면 서둘러야 할 이유가 어디에 있습니까? 올바른 삶은 저절로 반응할 테니까요.

젊은 스리랑카 친구 여러분[44]에게 말씀드립니다. 서양에서 여러분에게 오는 저 광휘에 눈멀지 마십시오. 이렇게 지나가는 쇼 때문에 여러분의 발판을 차 버리지 마십시오. 저 깨달은 분은 결코 잊지 — 못할 — 말씀의 모습으로, 이 짧은 인생이 오로지 지나가는 그림자이며 순식간의 일이라고 말씀하셨습니다. 그리고 여러분이 눈앞에 나타난 모든 것의 무(無)를, 눈앞에서 부단히 변화하는 물질의 무를 자각한다면, 저 높은 곳에는 여러분을 위한 보물이 있고 여기 아래에는 평화가 있을 것이라고 그분은 말씀하셨습니다. 여기에서 말하는 평화는 모든 인간의 이해를 넘어선 것이며 그 행복은 우리 모두에게 너무나 낯선 것입니다. 무에 대한 자각은 놀라운 신앙, 거룩한 신앙과 우리가 눈으로 보고 있는 만물의 포기를 요구합니다.

붓다는 무엇을 했고, 그리스도와 마호메트는 무엇을 했습니까?

---

44 〔역주〕 YMCA는 기독교 청년들만 아니라 불교도 청년들도 회원으로 두고 있었다. 《전집》 권 40, 374면.

그들의 삶은 자기희생과 포기의 삶입니다. 붓다께서는 일체의 세속적 행복을 포기했습니다. 그가 진리를 추구하는 과정에서 자신을 희생하고 고통받는 사람만이 소유할 수 있었던 자신의 행복을, 온 세상 사람과 나눠 가지기를 원했기 때문입니다. 만일 산꼭대기에 올라가서 좀 좋은 전망을 얻기 위해서 고귀한 삶을 희생하며 에베레스트산의 정상에 오르는 일이 좋은 일이라면, 그리고 지구상에 지독히 험난한 곳에 가서 깃발을 꽂는 것에 생명을 줄지어 바치는 일이 영광된 일이라면, 강력하고 불멸의 진리를 추구하는 과정에서 하나 또는 1백만 생명들을 포기하는 것이 아니라 십억의 생명을 내놓는 일은 얼마나 더 영광된 일이겠습니까? 그러므로 여러분의 발판에서 떨어지지 마십시오. 여러분의 조상들의 단순성으로부터 쫓겨나지 마십시오.

오늘날 자신들의 욕구를 배가하는 데 미친 듯이 질주하는 자들, 이 세상의 진짜 사물과 진짜 지식에 보탠 것이 많다고 헛되이 믿는 자들, 이들이 오던 길을 되돌아가며 "우리가 무슨 일을 해왔나?" 하고 묻는 순간이 오고 있습니다. 여러 문명이 왔다 갔습니다. 우리가 호언장담하는 진보에도 불구하고, 나는 "목적이 무엇이냐?" 라고 반복해서 묻고 싶은 유혹이 생깁니다. 다윈과 동시대인이었던 월러스(Wallace)도 같은 것을 말한 바 있습니다. 50년 동안의 눈부신 발명과 발견이 인류의 도덕적 높이에 1인치도 보탠 것이 없다고 그는 말한 바 있습니다. 꿈꾸는 자이고 비전을 가진 자라고 할 수 있는 톨스토이도 같은 말을 했습니다. 예수와 붓다 그리고 마호메트 역시 그렇게 말했는데, 그들의 종교가 오늘날 제 자신의 나라에서는 부정당하고 왜곡되고 있습니다.

여러분은 무슨 수를 써서라도 산상수훈이 여러분에게 준 원천(源

泉)을 흠씬 들이마셔야 합니다. 하지만 다음 순간, 참회의 옷을 입고 재를 뒤집어써야 할 것입니다. 산상수훈의 가르침은 만인을 위한 것, 우리 각자를 위한 것이었습니다. 여러분은 신과 맘몬을 동시에 섬길 수 없습니다. 자비롭고 인자하신 신, 관용의 화신(化身, *Tolerance-incarnate*)이신 신은 맘몬에게 9일 동안의 조화를 부리도록 허락하셨습니다. 하지만 나는 스리랑카 청년인 여러분에게, 자기파괴적이면서 동시에 남을 파멸시키는 맘몬의 쇼에서부터 멀리 도망치기를 말씀드리는 바입니다.

콜롬보 YMCA에서의 연설, 〈영 인디아〉,
1927. 12. 8 ; 《전집》 40 : 257

179) 진실한 희생에 대한 붓다의 말씀 〔*1927. 11. 25*〕

힌두교에는 올바르고 독실한 종교 연구를 위한 서너 가지의 조건들이 제시되어 있습니다. 그것들은 보편적 성격을 지니고 있습니다. 고타마가 힌두교도 중의 힌두교도였다는 것도 기억하십시오. 그는 힌두교 정신과 《베다》 정신에 흠뻑 젖어 있었습니다. 그는 유쾌한 환경에서, 정신을 위한 유쾌한 환경에서 태어나고 성장했습니다. 내가 아는 한 그는 힌두교나 《베다》의 메시지를 결코 부정하지 않았습니다. 그래서 그는 그를 둘러싸고 있던 화석화된 신앙에 살아 있는 개혁을 도입했습니다. 스승이 자신의 영감을 얻은 바 있던 원전을 여러분이 공부하지 않는다면, 다시 말해서 여러분이 산스크리트어와 산스크리트어 자료를 공부하지 않는다면 불교에 대한 공부가 불완전하게 된다는 점을 나는 여러분에게 감히 말씀드리는 바입니다. 만일 여러분이 불교의 문자 대신 붓다의 정신을 이해하려고 한다면 여러분의 의무는 그것으로 끝나는 것이 아닙니다. 그 공부는 여러 조건을 충족시켜야 하는데 그것들을 여러분에게 설명드리려고 합니다. 그 조건들이란 종교 공부를 하려는 남녀가 우선 준수해야 할 덕목으로 다섯 야마로 불립니다. 그것들은 자기규제의 다섯 규칙들로서, 여러분에게 반복해 보겠습니다. 첫째, 범행(梵行, *brahmacharya*) 곧 순결입니다. 둘째는 진리(*satya*)이고, 세 번째는 불상해(*ahimsa*) 곧 절대 순진무구로서 파리 한 마리에게도 상처를 입히지 않는 일입니다. 다음 조건이 불투도(*asteya*)인데, 이것은 통상적 의미로 이해되는 '훔치지 않기'만이 아닙니다. 만일 여러분이 여러분의 것이 아닌 것을 이용하거나 아니면 그것에 대해서 탐욕의 눈길을 던지는 일조차 절도가 됩니다. 마지막으로 무소유(*aparigraha*)입니다. 세속의 부나 다른 것을 소유하기를 원하는 자는 붓다의 정신을 제대로 이해하는 데 부적격합니다. 이것들이 없어서는 안 될 조건입니다. 다른 조건도 있지만, 나는 이것들이 근본적인 것이므로 이것들을 논해 보겠습니다. 고타마는 지식을 얻기 전에 규칙들을 전부 지켰는데, 당대 사람 중 거의 누구도 그렇게 하지 않았지만 붓다는 이 규칙들의 정신을 지켰습니다.

여러분 역시 이 규칙들을 지키고 난 뒤 스승의 말씀에 담긴 뜻이 무엇이었는지 기도하듯이 확인하지 않는다면, 여러분은 스승의 정신을 이해하지 못할 것이라는 점을 겸손하게 말씀드리는 바입니다. 여러분이 저술된 모든 책들을 통해서 그를 안다고 해도 달라질 것은 전혀 없습니다. 하지만 이러한 책조차도 여러분이 우선 이 예비 규율을 지키게 되자마자 이해할 수 있을 것이고, 새로운 빛으로 해석할 것이라는 점, 이런 점을 나는 감히 여러분에게 장담하는 바입니다. 이슬람교의 많은 비판자가 무슨 짓을 했는지를 보십시오. 그들이 어떻게 수백만의 무슬림들이 맹세하던 책을 갈기갈기 찢어 버리고 이슬람교의 가르침을 치켜들고 조롱했던가를 보십시오. 이런 비판을 쓴 자들은 부정직한 사람이 아니라, 정직한 사람이었습니다. 그들은 진리를 추구하려고 노력하지 않았던 자들이 아니었습니다. 하지만 어떤 종교 공부라도 그것을 할 수 있기 전, 그들이 충족시켜야 할 조건들을 몰랐습니다. 힌두교의 비판자들이 한 짓을 한번 보십시오. 나는 많은 비판을 읽고, 저 비판자들의 정신을 알아보려고 했습니다만, 그들은 힌두교의 ABC도 모르며, 힌두교를 엄청나게 오해하고 있다는 결론에 도달했습니다.

기독교를 봅시다. 수많은 힌두교도가 기독교를 잘못 해석했습니다. 그들은 선입견을 갖고 신약성서와 구약성서에서 흠을 찾을 요량으로 그것들에 접근합니다. 그런데 왜 힌두교도에 대해서 말하냐구요? 무신론자로 자처하며 성경을 완전히 거꾸로 뒤집고, 신랄한 글을 순진한 남녀의 손에 건네줌으로써, 그 글을 읽는 단순한 사람들에게 심대한 상처를 주는 영국인들이 쓴 책도 나는 물론 읽었습니다. 내가 이런 요점들을 이 단체의 젊은이들에게 제시하는 이유는 내가 다음 사항을 간절히 바라고 있기 때문입니다. 즉, **여러분이 불교의 참된 부흥을, 스리랑카에, 그리고 스리랑카를 통해서 세계에 가져오는 데 선구자가 되기를, 그리고 세계가 도대체 파악할 수조차 없는 전통 신앙의 죽은 뼈다귀가 아니라, 살아 있는 신앙을 세계에 제시하는 데에 여러분이 선구자가 되기를 간절히 바라기 때문입니다.**

내가 대리(代理)로[45] 만났던 승려들은, 붓다의 가르침에 대해서 논쟁을 벌일 수는 없고 그것을 말할 수 있을 뿐이라고 말했습니다. 그것은 괜찮습니다. 하지만 오늘날 탐구의 정신이 널리 퍼져 있습니다. 우리는 그 정신을 다뤄야 합니다. 세계는 지금 진리를 구하려고 노력하고 있으며, 이 끔찍한 투쟁의 한가운데에서 평화를 목마르게 찾고 있습니다. 진리를 알고 싶은 욕구 또한 있습니다. 하지만 내가 감히

45 〔역주〕 누구의, 어떤 단체의 대리인지는 분명하지가 않다.

제안한 바 있지만, 종교에 대해서 과학적으로 공부했던 사람들, 진리에 도달하기 위해서 생명을 바쳤던 자들, 히말라야의 백설을 자신들의 뼈로 하얗게 뒤덮었던 자들, 이들은 3억 인도인들만을 위해서가 아니라 보배들을 이해하려고 하는 모든 사람들을 위해서 그 보배들을 남겼고, "우리는 당신에게 진리를 전해 줄 수 없노라"고 말했습니다. 진리는 글이나 말로 전해질 수 없으며 오직 삶을 통해서만 전해질 수 있습니다. 그것은 이성을 초월하지만 과거의 경험이 아닙니다. 그래서 그들은 다음과 같이 말했습니다. "우리는 이런저런 것이 사실이라고 말합니다. 하지만 여러분은 그것을 스스로 시험해 보아야 합니다. 여러분은 여러분의 이성을 사용할 것이고, 우리는 여러분이 여러분의 이성을 무디게 하기를 바라지 않습니다. 하지만 여러분은 우리와 함께, 신이 주신 이성이 결국 제한된 것이라는 결론, 그리고 제한된 것이 무한자(*the limitless*)에 이를 수 없다는 결론에 스스로 도달할 것입니다. 그래서 여러분이 기하학이나 대수학을 공부하고 싶을 때 아무리 괴롭고 따분하더라도 사전의 과정을 거쳐야 하듯이, 이 사전 조건들을 통과하십시오. 그것들을 준수하십시오. 그러면 우리 자신의 경험으로 우리가 여러분에게 말한 것이 여러분의 것도 된다는 점을 알게 될 것입니다"라고.

나는 오늘날 붓다의 가르침이 준수되지 않는 모습을 보여주기 위해서 한 가지 사례만을 제시하겠습니다. 나는 내 얘기의 이 부분을 비드요다야대학(Vidyodaya College)에서 연설했을 때 암시한 것을 제외하고는 거의 최후 순간까지 발설하지 않았습니다.

여러분은 고타마가 가장 비천한 피조물도 사람 자신과 동등하게 대접하라고 세상에 가르쳤다고 믿고 있습니다. 그는 땅 위를 기어 다니는 미물의 생명조차도 자신의 생명만큼이나 귀하게 여겼습니다. 인간들이 보다 저급한 피조물들의 주인 겸 지배자라고 말하는 것은 교만한 가정입니다. 그와 반대로 인간은 자신들의 삶에서 보다 위대한 것들을 부여받았으므로, 저급한 동물 왕국의 수탁자입니다. 그리고 저 위대한 성자는 자신의 삶 속에서 진리를 살아갔습니다. 나는 아주 어렸을 때 《동방의 빛》에서, 붓다께서 지독하게 무례하고 무지한 바라문들의 면전에서 어떻게 새끼 양을 자신의 어깨에 떠메게 되었는지를 묘사하는 구절을 읽은 적이 있습니다. 이 바라문들은 죄 없는 새끼양의 피를 바침으로써 신을 기쁘게 한다고 생각했는데, 붓다는 그들에게 할 수 있으면 한번 해보라고 했습니다. 그의 존재 자체가 바라문들의 돌같이 굳은 마음을 부드럽게 했습니다. 그들은 스승을 쳐다보고 자신들의 치명적인 칼을 내던졌으며, 모든 동물들이 구원을 받았습니다. 여러분은 여기에서 이 메시지를 거짓된 것으로 입증하는데, 그런 목적으로 그 메시지가 세상에 주어졌습니까? 여러분은 이 위대한 불교의 저수지입니다. 그와 같은 여러분이 창조된 모든 동물을 거룩하다(*sacred*)고 여기지 않는다면, 붓다의 가르침의 정신에 진실하지 못하다고 나는 느낍니다. 그런데 여러분이 육식을 금하지 않는 한, 그리고 여러분 자신을 속여서 딴 사람이 여러분을 위해서 동물을 죽여 주기 때문에 도살(屠殺)의 죄를 범하지 않는다고 믿는 한, 여러분은 동물 피조물을 거룩하게 여기는 것이 아닙니다.

여러분은 전통이라는 벽 뒤에 자신의 몸을 깊이 숨기고 있습니다. 여러분은 스승께서 육식을 금지한 적이 결코 없다고 말합니다. 나는 그렇게 생각하지 않습니다. 여러분이 내가 말한 정신에서 스승의 가르침에 접근하게 되면, 그리고 전통의 정신을 주입하게 되면, 여러분은 다른 비전, 다른 의미를 갖게 될 것입니다. 그 스승이 "나는 여러분에게 육식을 금하지 않았다"고 말할 때, 기독교의 말을 빌린다면 마음이 완악한 자들에게 설법하고 있었음을 여러분은 알게 될 것입니다. 그가 육식을 허락한 것은 그들의 약점을 생각해서 허용한 것이지, 자신의 가르침의 논리를 몰라서가 아니었습니다. 동물이 저 높은 곳에 계시는 신들에게 희생제물로 바쳐질 수 없다면, 우리 안의 미식가에게 어떻게 바쳐질 수 있겠습니까? 붓다는 동물희생을 금지했을 때 자신이 말한 바를 알고 있었습니다. 사람들이 결국 먹기 위해서 동물을 희생제물로 바쳤다는 점을 그가 몰랐겠습니까? 사람들은 왜 힌두 중의 힌두인 고타마에게서 이런 메시지를 받았음에도 불구하고 캘커타의 여신 칼리에게 수천 마리의 양과 염소를 제물로 바쳤습니까? 이 일이 그들의 불명예든 힌두교의 불명예든 관계없이 말입니다. 그들은 짐승의 사체를 후글리강에 버렸습니까? 아닙니다. 그들은 고기가 칼리 신에게 바쳐졌으므로 축성되었다고 생각하며 매우 기쁘게 고기를 깡그리 먹어치웠습니다. 그래서 붓다는 여러분이 제물을 바치고 싶으면 여러분 자신을, 여러분의 탐욕을, 여러분의 모든 물질적 야망과 세속적 야망을 제물로 바치라고 말했습니다. 그것은 고상한 제물이 될 것입니다. 붓다의 영혼이 이 모임을 내려다보시기를, 그래서 여러분으로 하여금 내가 여러분에게 말씀드린 말의 의미를 헤아리고 흡수할 수 있도록 도와주시기를 기도드립니다.

콜롬보 불교청년회에서의 연설,
〈영 인디아〉, 1927. 12. 8 ; 《전집》 40 : 290

180) 어떤 예수를?

사바르마티 아슈람, *1928. 2. 22*

사랑하는 친구에게,

당신의 편지를 받았습니다.

영국 통치하에서 수백만 명의 어린이들이 영양가 있는 음식의 부족으로 굶어 죽어가고 있으며, 충분한 의복이 없어서 겨울에 벌벌 떨고 있습니다. 내 얘기는 인도에서 극소수의 인구를 보유하고 있는 도시들에 대한 것만은 아닙니다. 이 얘기는 남북으로 1,900마일이고, 동서로 1,500마일에 걸쳐서 나라 전체에 산재해 있는 70만 개의 촌락에 대한 얘기라고 해도 전혀 모순에 빠질 우려가 없습니다.

'비기독교 종교들 아래'라는 당신의 첫 질문은 두 번째 질문 안에 포함되었다고 여깁니다. 하지만 당신의 첫 질문이 영국 통치 이전의 인도를 지칭하는 것이라면, 나는 어린애들이 현재 영국 통치 아래에 비하면 무한히 행복했다는 추론을 당신에게 줄 수 있습니다.

당신의 세 번째 질문은 대답하기 어렵습니다. 어떤 예수를 마음에 두고 있는지요? 역사상의 예수입니까? 역사에 대한 비판적인 학도가 아닌 나로서는 역사상의 예수를 알 수 없습니다. 기독교 영국과 기독교 유럽이 대표하고 있는 예수를 말합니까? 그렇다면 당신의 질문에 대해서는 이미 답변한 것으로 보입니다. 당신이 산상수훈을 설한 신비적인 예수, 여전히 발견되어야 할 예수를 가리킨다면, 그리고 사람들이 사랑(*Love*)의 율법에 순응한다면 인도 아이들의 실정이 지금보다는 약간 좋아질 거라고 생각합니다.

귀하의 신실한 친구
M. K. 간디

Judge Henry Neil, Esq.
c/o American Express Co.
Rue Scribe
Paris — France

앙리 닐에게 보낸 편지,
SN 14248 ; 《전집》 41 : 234

181) 만물을 포괄하는 종교

사바르마티, 사탸그라하 아슈람, *1928. 11. 10*

친애하는 바이올렛 부인께,
당신의 편지를 받았습니다. 힌두교가 그 안에 끼어든 모든 악과 미신을 청소해야 한다는 점은 분명합니다. 그렇게 되면 그것을 위한 어떤 대체물도 필요 없습니다. 내 생각으로는 그것은 만물을 포괄하며 원만(圓滿)한 종교입니다.

당신의 숙모가 이제 평안하시기를 빕니다.

귀하의 신실한 친구

〔Mrs. Violet c/o〕
Miss Baba Gunasekera
55 Hampden Lane, Wellawatte, Colombo

바이올렛 부인에게 보낸 편지,
SN 12994 ; 《전집》 43 : 255

182) 붓다와 아힘사

〔*1929. 3. 19*〕

가장 흥미롭고 교훈적인 미얀마 내지의 여행이 이 집회와 더불어 끝나갑니다. 내가 수년 전 미얀마를 방문했을 때 랑군에만 제한되어 있었고, 하루 동안 물메인까지 갔었는데, 미얀마 사람들에 대한 내 경험은 유쾌했습니다. 만달레이까지 가 본 이번 여행에서 얻은 경험은 그 유쾌함을 두 배로 만들었습니다. 이렇게 내가 참석했던 모든 집회에서 수많은 황색 가사의 풍기(*phoongy* : 미얀마의 승려)를, 그리고 수많은 미얀마 형제자매를 뵙게 된 일은 나에게 커다란 기쁨이었습니다. 이번 연설이 영원히는 아니더라도 적어도 수년 동안은, 이와 같은 청중 앞에서는 내 최후의 연설이 될 것이므로 여러분의 마음에나 내 마음에 가장 귀중한 것에 대해서 몇 말씀드릴까 합니다. 어디에서든 여러분의 말씀은 비폭력과 물레에 대한 내 메시지에 동의도 해주시고 축복도 해 주셨는데, 그런 동의와 축복에는 의도나 의미가 없을 수가 없습니다. 그래서 나는 아힘사 메시지에 대해서 내가 이해하는 바를 몇 마디 말씀으로 설명하려고 합니다.

나에게 아힘사는 이 세상에서 가장 활동적인 힘입니다. 그것은 하루도 거르지 않고 매일매일 우리 위에 떠오르는 태양과 같습니다. 우리가 그것을 이해하기만 하면 그것은 백만 개의 태양을 합친 것보다 무한히 더 위대합니다. 그것은 생명과 빛, 그리고 평화와 행복을 발산합니다. 아힘사의 법칙을 공언했던 바로 이 나라에서 그 빛, 그 생명, 그 평화 그리고 그 행복을 우리는 왜 보지 못합니까? 바로 어제 내가 만달레이에서 말씀드렸듯이, 붓다 곧 깨달은 분(覺者, *the Enlightened One*)의 메시지는 미얀마의 심정의 표면만을 스쳐 지나간 것으로 보입니다. 한두 가지 시험을 해보겠습니다. 아힘사 법칙이 지고의 것으로서 통치하는 곳에서는 질투, 더러운 야망, 범죄도 전혀 없어야 한다고 생각합니다. 나는 여러분의 범죄 통계를 읽었고, 여러분이 범죄 경주에서 뒤져 있지 않았음을 알았습니다. 아주 사소한 구실로 인한 살인이 미얀마에서는 상당히 일반화된 것으로 보였습니다. 그래서 나는 내 왼편에 앉아 계신 친구 스님들께, 붓다에게서 받았던 신앙의 저장고로 여겨지는 스님들께 호소하는 바입니다. 나는 스리랑카를 여행하고 이제 상당히 오랫동안 미얀마를 여행한 다음, 인도에 사는 우리가 붓다의 메시지를 여러분이 해석한 것보다 아마도 더 완전하게 해석한 것이 아닌가 하고 느꼈습니다. 물론 그 해석이 가능한 범위 내에서 가장 완전했다고 볼 수는 없습니다.

우리 경전에는 일이 잘못될 때마다 선량한 사람과 성자는 타파스야, 다른 말로 하면 고행을 하게 된다는 말이 있습니다. 고타마 자신은 자신의 주변에서 억압과 불의 그리고 죽음을 보았을 때, 그리고 자신을 둘러싼 사방에서 어둠을 보았을 때, 광야로 나가 단식하고 기도하면서 빛을 구했습니다. 그리고 우리 모두를 합한 것보다 무한히 위대한 그분에게 그런 고행이 필요했다면, 승복을 입었든 입지 않았든 우리에게는 고행이 얼마나 더 필요하겠습니까? 친구들이여, 여러분이 이 끔찍한 세상이 아힘사의 목표로 향해가는 길을 밝혀 주는 횃불을 든 사람이 되고자 한다면, 그 세상에서 구원받기를 원한다면 자기정화와 고행 이외에는 달리 길이 없습니다. 그런데 여기에 많은 스님이 앉아 있습니다. 만일 그들 중 몇 분이 붓다의 메시지를 해석하는 작업을 스스로 맡는다면, 그들은 삶을 혁명적으로 변화시킬 것입니다. 여러분은 굳어 버린 전통의 안내를 받지 않을 것이고, 여러분의 심정과 경전을 탐색할 것이고, 문자 배후에 있는 숨은 의미를 찾아낼 것이며 주변에 생명을 부여할 것입니다. 그렇게 해서 여러분의 심정을 탐색하면 여러분은, 동물의 생명을 죽이지 않는 것만으로 충분하지 않고, 미각의 쾌락을 위해서 죽이지 않도록 해야 함을 알게 될 것입니다. 그렇게 되면 여러분은 우리 입을 굴뚝으로 만들어 버리는 일이 모든 생명체에 대한 사랑의 원리에 불일치하다는 점을 자각하게 될 것입니다. 나는 미얀마인들과 같이 단순한 심성의 소유자들에게서 그리고 독한 술을 마실 필요도 없는 기후에 사는 사람들에게서 음주가 증가 추세에 있다는 점을 압니다. 여러분은 좀더 연구해 보면 모든 생명을 사랑하는 자의 가슴에는 공포가 숨어 있을 여지가 없다는 점을 당장 알게 될 것입니다. 여러분 자신들이 권위를 두려워하는 것을 그만둘 것이며, 주변에 있는 모든 사람들에게 어떤 누구도 두려워하지 말라고 가르치게 될 것입니다.

나는 진정 겸손의 마음으로 그리고 내 심정 밑바닥에서 여러분에게 몇 마디 말씀을 드립니다만, 여러분은 내가 그것들을 말씀드릴 때의 그 정신으로 수용하시길 바랍니다. 여러분은 이런 모든 집회에서 나에게 비폭력과 진리의 정신이 있다고 하셨습니다. 그래서 나는 비폭력과 진리의 메시지를 지난 40년 동안 끊임없이 내가 이해해왔듯이 최선의 방식으로 해석하려고 애써 보았습니다. 내가 드린 말씀들이 여러분의 심정에 확고부동한 자리를 얻어서 풍부한 열매를 맺기를 바랍니다. 그렇게 된다면 모든 분파와 모든 당들이 하나의 공동명분을 위해서 결합하는 데에 아무 어려움이 없을 것입니다. 인내심과 완전한 침묵으로 내 말씀을 경청해 주셔서 감사합니다.

통구(Toungoo),[46] 공공 집회에서의 연설,
〈영 인디아〉, 1929. 4. 18 ; 《전집》 45 : 237

183) 예수 — 기름부음을 받은 자 〔*1929. 5. 1*〕

질문 제가 당신을 보았을 때 제 심정은 실제로 기쁨으로 뛰었습니다. 그리고 저는 당신이 인류에 대한 봉사에 봉헌하는 것을 보았을 때 그리스도를 생각했습니다. 당신이 그리스도에 대해서 어떻게 생각하시는지를 묻기 위해서 특별히 왔습니다.

간디지 나는 그리스도를 이 세상의 가장 위대한 스승의 한 분이라고 여깁니다. 그 이상은 생각해 보지 않았습니다.

질문 그리스도의 길 이외에 다른 종류의 구원(*salvation*)이 있습니까?

간디지 이런 것들은 문자적으로 받아들여서는 안 되고 비유적으로 받아들여야 합니다. 그리스도가 '내가 길이오' 등을 말한 것은 분명

46 〔역주〕 하(下) 미얀마 북동부 페구 주의 도시.

합니다. 하지만 그는 '문자는 〔사람의 정신을〕 죽일 것이다'라고도 했습니다. 어떤 스승이든 그리스도가 말한 것을 말할 수 있습니다. 결국 그리스도는 보통 명사이고, 예수 그리스도는 기름 부음을 받은 예수(*Jesus the Anointed*)를 의미합니다. 자신의 삶을 신과 인류에 대한 봉사에 바치고, 완벽한 순결에 도달한 자라면 누구라도 그렇게 말할 수 있습니다. 《기타》도 같은 것을 말하고 있습니다.

질문 당신은 구원에 대해서 특별한 계획이 있습니까?

간디지 나의 지식은 모든 경전들에서 얻은 것입니다. 자기희생과 봉사에 있어서 절대 순결(*absolute purity*)을 획득하는 것보다 더 위대한 구원이 왜 필요하겠습니까?

질문 예수 그리스도는 유일하게 죄가 없는 사람이 아닙니까?

간디지 예수의 전체 삶에 대해서 우리가 아는 것이 무엇입니까? 신약성서의 네 복음서에 주어진 수년 동안의 삶 이외에 우리는 그의 삶의 나머지 부분에 대해서 아무것도 모릅니다. 성서에 아주 정통한 자로서 당신은 그것을 분명히 알았어야 합니다. 그리스도는 분명히 무죄(*sinlessness*)를 획득한 자들 중의 한 사람일 것입니다. 이런 것은 결국 지성으로 논의될 것이 아니라 심정으로 느껴야 할 일입니다. 이것은 논쟁을 위한 것이 아닙니다.

아벨[47]과의 대담, 〈더 힌두〉,
1929. 5. 3 ; 《전집》 45 : 408

47 비자가파탐 지역의 기독교 선교사.

184) 예수와 비협조

내가 모르는 영국인 친구 한 사람은, 내가 시민불복종을 시작함으로써 '카이사르의 것은 카이사르의 것으로 돌려라'라는 예수의 가르침을 위반하게 되었다는 내용의 전보를 나에게 보내는 것이 가치 있는 일이라고 생각했다. 펀자브 출신의 인도인 기독교도 한 사람 역시 거의 같은 내용의 편지를 보내왔다. 그는 행동에 대해서 골몰하고 있는 내 머리통에 대고 연민 하나 없이 욕설을 퍼부었다. 그는 덧붙이기를, 전에는 나를 선량한 사람으로 생각했는데, 이제 그런 미망에서 완전히 깨어났다고 한다. 나는 이 친구에게 시민불복종은 나에게 전혀 새로운 것이 아니라는 점을 재확인시켜 주었다. 나는 그것을 1906년부터 설교하고 실천하기 시작했다. 그는 지금 나를 싫어하는데 그 행동이 현명한 것이라면, 나에 대한 그의 존중은 분명 무지에서 온 것이었다. 그런데 나는 신약성서나 다른 자료에서, 우리가 신을 경외하면서 걷기를 원한다면, 대중의 칭찬이나 비난에 대해서 무관심해야 한다는 점을 배웠다.

이제 질문에 대해서 말해 보자. 나는 나의 행위를 보편 종교(*universal religion*)와 완전히 일치시키려 하며, 신약성서의 가르침을 매우 존경하므로, 예수의 가르침에 내가 어긋나게 행동한다는 사람들의 말이 정당하다면, 나는 당연히 그런 말을 듣는 것을 좋아할 수 없을 것이다. '카이사르의 것은 카이사르의 것으로 돌려라'라는 구절은 나를 비판하기 위해서 전에도 인용된 적이 있었다. 이 유명한 구절에 대해서 나의 비판자가 부여하려고 했던 의미를 나 자신은 읽어내지 못했다. 예수는 그에게 주어진 직접 질문이 올가미라고 여겨서 그 질문을 피해간 것이다. 그는 그 질문에 대답할 필요가 전혀 없었다.

그래서 그는 세금 낼 때 사용되는 동전을 보라고 했던 것이다. 그는 냉소적인 경멸의 태도로 말했다. '카이사르의 동전으로 매매를 하고 카이사르의 통치에서 이익이 될 만한 것을 받아들이는 여러분이 어떻게 납세를 거절할 수 있느냐?'라고 말한 것이다. 예수의 설교와 행동 전체는 틀림없이 비협조를 가리키는데, 이것은 반드시 납세의 거부를 포함한다. 예수는 신의 권위에 대항하는 인간의 권위를 인정한 적이 없었다. 당시 왕권보다 강력했던 사제의 권위를 인정하지 않았던 예수는, 필요하다고 여겼다면 황제들의 권력에 주저 없이 도전했을 것이다. 그는 자신이 거쳐가야 하는 소극(笑劇)과 같은 재판 전체를 극도로 경멸하지 않았던가?

나는 마지막으로 정직한 친구들에게 문자주의(*literalism*)의 함정에 빠져들지 말라고 경고하고 싶다. '문자는' 분명 '죽인다.' '생명을 주는 것은' '정신'이다. 현재의 사안에 있어서 나는 경전에서 만족스런 의미를 얻는 데에 아무 어려움이 없다. 하지만 어떤 경전이 나를 혼란스럽게 해도 나에게는 거의 문제가 되지 않는다. 세계의 종교 성전으로 존경받는 어떤 책의 가르침 전체의 정신을 파악하는 데 내가 잘못이 없다면 말이다.

카이사르에게 돌려라, 〈영 인디아〉,
1930. 3. 27 ; 《전집》 48 : 520

185) 아힘사의 메시지

사바르마티, *1931. 5. 4*

사랑하는 친구께,

당신의 선물에 감사드립니다. 그리고 당신의 언어를 알지 못해서 미안합니다. 저의 바람과 희망은 티베트인들이 부처님께서 주신 아힘사 메시지의 비밀을 이해하고 순종하는 것입니다.

당신의 친구
M. K. 간디

His Highness the Lama
Tibet

제13대 달라이라마에게 보낸 편지(G.),[48]
CW 6208 ;《전집》52 : 43

186) 두려움 없는 예언자

〔푸나, *1934. 6. 23*〕

이슬람교도와 나의 우정은 어제오늘 시작된 것이 아니라 50년 전 제가 젊었을 때부터 시작되었습니다. 내가 남아프리카에 처음 방문한 것은 그 나라에서 이슬람교도가 운영하는 어떤 회사의 업무와 관련되어 있었습니다. 나는 거기에서 이슬람교도 친구들과 수년 동안 긴밀한 관계를 유지할 수 있는 특권을 누렸습니다. 인도에서도 알리 형제들과 나 사이에 있는 긴밀한 관계를 여러분은 아실 것입니다. 마울라나 샤우카트 알리(Maulana Shaukat Ali)와 내가 서로 소원해진 것으로 비칠지라도, 그는 나를 완전히 자기 수중에 쥐고 있다는 점을 알고 있습니다.

이슬람교도와의 관계가 그렇게 밀접했으므로, 나는 예언자의 생애를 공부하는 것을 의무로 느꼈습니다. 나는 남아프리카에 있을 때 그 생애를 공부하기 위해서 노력했지만 당시에는 충분히 알지 못했습니다. 인도에서는 수감이 행운을 가져다주어, 마울라나 쉬블리(Maulana Shibli)가 지은 예언자의 전기를 읽을 기회가 있었는데, 고 마울라나 사헤브 아즈말칸(Hakim Saheb Ajmalkhan)이 내 요청에 따라서 고맙게도

48 탄윤샨(Tan Yun-Shan)이 티베트 13대 달라이라마의 편지를 가져왔다. 그것은 티베트어로 쓴 것이어서 아무도 읽을 수가 없었다.

그 책을 나에게 보내주셨습니다. 동시에 나는 예언자의 동료들에 대한 책도 읽었습니다. 이슬람교와 예언자에 대한 영어 책들도 읽었습니다.

나는 이런 것들을 공부해 보고 《베다》와 《기타》만이 아니라 《코란》과 성서 또한 거룩한 책이라는 결론에 도달했습니다. 하즈랏 마호메트는 위대한 예언자였고, 예수 그리스도도 그러했습니다. 나는 독서를 통해서 예언자가 진리추구자였다는 인상을 받았습니다. 그는 신을 경외했습니다. 이런 말을 한다고 해도 내가 여러분에게 새로운 것을 말씀드리는 것은 아닙니다. 내가 어떻게 그분의 삶에 의해서 감동을 받았는지를 묘사할 뿐입니다. 그는 많은 탄압을 받았습니다. 하지만 그는 용감했고, 신 이외에 어떤 사람도 두려워하지 않았습니다. 그는 결과를 비웃으면서 옳다고 생각한 것을 행동에 옮겼습니다. 그는 한 번도 입으로는 이 말을 하고 몸으로는 다른 행동을 한 적이 없습니다. 그는 느끼는 대로 행동했습니다. 그의 생각에 변화가 일어난다면, 다음날 어떤 대가도 헤아리지 않고 대중적 처벌이나 반대도 고려하지 않고 그 변화를 따라갔습니다.

예언자는 고행승(파키르)이었습니다. 그는 일체를 버렸습니다. 그는 원하기만 했다면 엄청난 부를 얻었을 것입니다. 예언자 자신, 그의 가족 그리고 동료들이 자발적으로 겪었던 궁핍에 대해서 읽었을 때 나는 여러분도 그랬을 것처럼 기쁨의 눈물을 흘렸습니다. 나와 같은 진리의 추구자가 마음이 신에게 늘 고정된 사람을, 항상 신에 대한 두려움 안에 걷고, 인류에 대한 무한한 자비가 있는 그 사람을 어떻게 존경하지 않을 수 있겠습니까?

여러분은 모두 《코란》을 읽었습니다. 하지만 읽은 것을 실행에 옮기는 사람은 몇 분이나 됩니까? 여러분이 《코란》의 율법에 따라서 살지 않는다고 누군가가 말한다면, 여러분은 힌두교도 역시 《기타》의 율법에 따라서 살지 않는다고 아마 반박할 것입니다. 그 반박은 옳습니다. 결국 이 두 집단이 각자의 종교 가르침에 순종했다면, 집단 간의 불화는 과거지사가 되었을 것이라는 결론에 이르게 됩니다. 하지만 지금 현재 두 집단에 속한 일부의 사람들이 제정신을 잃고 상대방에게 진흙을 던지는 일에 몰두하고 있습니다. 만일 이슬람교도 중 한 사람이라도 이런 상황을 진실로 이해하고 흠을 들추는 대신 자신의 집단만이 아니라 다른 집단을 사랑하기를 배운다면, 오늘 이 집회에서 내 연설은 헛되지 않을 것입니다.

예언자 마호메트 추도연설,
Anjuman-i-Fide-e-Islam(H.),
〈더 힌두〉, 1934. 6. 29 ; 《전집》 64 : 117

187) 부단히 발전하는 힌두교

캐넌 셰퍼드(Canon Sheppard)가 이끄는 영국의 평화운동에 대한 나의 최근 글[49]을 언급하며, 한 친구가 다음과 같이 썼다.

> 저는 《기타》와는 달리 그리고 아르주나와 슈리 크리슈나 사이의 대화와는 달리, 힌두교가 조직된 침략에 대해서는 결정적으로 비폭력을 지지하지 않는다는 견해를 갖고 있습니다. 우리가 갖고 있는 최선의 모든 종교 경전을 이런 방식으로 해석하는 것은 너무 무리한 일로 보입니다. 힌두교는 분명 자비와 사랑의 정신을 인간에게 주어진 최고 의무로 생각합니다. 하지만 그것은 당신이나 평화주의자들이 설교하는 바를 가르치고 있지는 않습니다. 모든 것을 목표를 위한 알레고리로 무리하게 해석하는 것은 좋지 않습니다.

49 〔역주〕 '전쟁이 아니라 사랑의 신'(1936. 9. 5.)과 '우리 존재의 법칙'(1936. 9. 26)을 볼 것. 《전집》 69, 419면 참조.

나는 《아나사크티요가》(*Anasaktiyoga*)로 알려진 나의 《기타》 입문서에서 《기타》가 비폭력에 대한 논저도 아니고 전쟁을 비난하기 위해서 쓴 것도 아니라는 점을 인정한 바 있다. 힌두교는 오늘날 실천되고 있는 모습으로나 아니면 과거에 실천되었다고 알려진 어떤 모습으로도, 내가 전쟁을 비난하듯이 비난한 적은 분명 없다. 하지만 내가 한 일은 《기타》의 가르침 전체에 대해서, 그리고 힌두교 정신에 대해서 새롭지만 자연스럽고 논리적인 해석을 부여한 것이다. 다른 종교는 말할 것도 없이 힌두교 역시 부단히 발전한다. 힌두교는 《코란》이나 성경과 같이 단일 경전이 있는 것이 아니다. 힌두교 경전들은 부단히 증가하고 첨가물이 붙는다. 《기타》 자체가 하나의 사례가 된다. 그것은 카르마(*karma*), 산야사(*sannyasa*), 야즈냐(*yajna*: 희생제사) 등에 대해서 새로운 의미를 부여했다. 그것은 힌두교에 새로운 숨을 불어넣어 주었으며, 행위의 기초적 규칙을 제공했다. 《기타》가 가르치는 것이 과거 저술들 안에 이미 함축되어 있었다. 하지만 《기타》는 이런 함축에 구체적인 모습을 부여했다.

나는 세계의 다른 종교들을 구도의 마음으로 연구하면서, 더구나 《기타》에서 해석된 힌두교 가르침대로 살아 보려고 노력하는 과정에서 얻은 내 자신의 경험에 비춰보면서, 확장된 의미이긴 하지만 결코 무리가 아닌 의미를 힌두교에 부여하려고 노력했다. 그리고 힌두교는 풍부한 경전 안에 파묻혀 있는 것이 아니라, 병을 앓고 있는 아기에게 말을 건네는 어머니와 같이 살아 있는 종교여야 한다. 내가 했던 것은 완벽하게 역사적인 것이다. 나는 우리 선조들의 발자국을 따라갔던 것이다. 그들은 한때 화가 난 신들을 달래기 위해서 동물을 제물로 바쳤다. 그들의 후손들이며, 우리에게 좀더 가까운 선조들은 '희생'(*sacrifice*)이라는 말에서 다른 의미를 읽어내고, 희생이란 우리의 비천한 자아의 희생을 의미한다는 점을, 그러나 희생은 화난 신을 기쁘게 하는 것이 아니라 우리 안에 살아 있는 신을 기쁘게 한다는 점을 가르쳤다. 나는《기타》가르침의 논리적 결론이 결정적으로 평화를 위한 것, 목숨 자체를 바쳐서라도 평화를 얻고자 하는 것이라고 생각한다. 그것은 인간이라는 종의 가장 고상한 열망이다.

수백만의 힌두교도가 알고 있고 또 자신들의 길잡이로 여기고 있는《마하바라타》와《라마야나》라는 두 책은, 내적 증거가 보이는 대로 분명 우의소설(寓意小說, *allegory*)이다. 그러나 그것들이 십중팔구 역사적 인물들을 다루고 있는 것이라는 주장은 내 진술에 영향을 미치지 않는다. 각 서사시는 어둠의 세력과 빛의 세력 사이에 진행되는 영원한 결투를 묘사하고 있다. 여하튼 나는 힌두교의 의미이든《기타》의 의미이든 그것들을 내 선입관에 맞춰서 무리하게 해석하려는 것이 내 의도가 아니었다는 점을 선언하는 바이다. 나의 관념들은《기타》,《라마야나》,《마하바라타》그리고 우파니샤드 등을 공부한 후에 얻은 산물이었다.

힌두교의 가르침, 〈하리잔〉, 1936. 10. 3 ;《전집》69 : 557

188) 만물을 위한 구원 〔*1936. 12. 16*〕

힌두교의 중심 가치는 일체의 생명(인간만이 아니라 일체의 유정자(有情者))이 하나라는 실제적 믿음, 즉 일체의 생명이 알라라고 하든, 하느님 또는 파람이슈와라라고 하든 하나의 보편적 원천(*the One universal source*)에서 생겨났다는 실제적 믿음을 유지하는 데에 있다. 힌두교에는《비슈누사하스라나마》(*Vishnusahasranama*)라는 경전[50]이 있는데, 이

50 〔역주〕《마하바라타》와 모든《바이슈나바 푸라나》속에 포함되어 있지만 여러 차례 개별적으로 인쇄되었고, 여러 권위자가 주석을 가했다.

는 간단히 '신의 1천 개의 이름'을 의미한다. 이들 1천 개의 이름은 신이 1천 개의 이름으로 한정됨을 의미하는 것이 아니라, 그는 여러분이 그에게 줄 수 있는 수만큼 이름을 가질 수 있다는 것을 의미한다. 여러분이 불러일으키는 신이 둘이 아니라 오직 하나임을 전제로 한다면, 원하는 수만큼 많은 이름을 줄 수도 있다. 그것은 신이 무명(無名, *nameless*)이라는 뜻도 된다.

모든 생명의 일치에 대한 가르침은 힌두교의 특성인데, 힌두교는 구원을 인간에게만 제한하는 것이 아니라 구원이 신의 모든 피조물에게 가능하다고 말한다. 인간의 모습을 빌리지 않고서는 구원이 불가능하다고 말할 수도 있을 것이다. 하지만 이것은 인간을 신이 창조하신 피조물의 주인이 아니라 하인으로 만든다. 우리는 인간의 형제애를 말할 때 거기에서 멈춰 버리고, 인간 이외의 다른 생명들은 인간 자신의 목적에 맞도록 착취하기 위해서 존재한다고 느낀다. 그러나 힌두교는 일체의 착취를 배제한다. 모든 생명과 하나되기 위해서 우리가 할 수 있는 희생의 방법에는 아무 제한이 없다. 하지만 이 이념의 광대함은 분명 우리의 욕구에 제한을 가한다. 이것이 '당신의 욕구를 증대시켜라'고 말하는 현대문명의 입장과는 정반대임을 알 수 있을 것이다. 욕구 증대에 대한 신념을 갖고 있는 자들은 욕구의 증대가 무한자(無限者, *the Infinite*)를 더 잘 이해할 수 있게 해 주는 지식의 증대를 의미한다고 생각한다. 그와 반대로 힌두교는 탐닉과 욕구의 증대를 배제하는데, 그것들이 우리가 보편 자아(*the Universal Self*)와의 궁극적인 일치로 성장하는 것을 방해한다고 보기 때문이다.

피치(Fitch) 양과의 대담, 〈하리잔〉,
1936. 12. 26 ; 《전집》 70 : 211

189) 이슬람교 신비주의자들

1938. 4. 14

조겐드라 싱 경(Sir Jogendra Singh)은 압둘라 안잘리[51]가 지은《신비주의자들의 말씀》을 자신이 영역한 것을 우리에게 주셨으므로, 우리는 그를 축하해야 할 것이다. 이슬람교 역시 힌두교나 기독교 못지않게 세상에 신비주의자들을 보내주었다. 반종교(*irreligion*)가 종교의 가면을 쓰고 있는 오늘날, 세상의 모든 종교들이 배출한 최우량의 심성들이 생각하고 가르쳤던 바를 우리에게 상기시켜 주는 것은 좋은 일이다. 개구리는 우물 속에서 자신의 우물을 둘러싸고 있는 벽이 우주의 크기인 것으로 상상한다. 우리는 개구리처럼 우리 종교만이 전체 진리를 대변하고 다른 모든 종교들은 거짓이라고 생각해서는 안 된다. 세상의 다른 종교들에 대해서 공경하는 태도로 공부해보면 그것들도 우리 자신의 종교만큼이나 진실임을 알게 될 것이다. 비록 모든 종교들이 반드시 불완전하지만 말이다.

M. K. 간디

서문,《페르시아의 신비주의자들》;《전집》73 : 98

190) 신학을 넘어서

〔세바그람, *1940. 3. 12*〕

질문 무엇이 당신으로 하여금 지도자의 길로 들어서게 했습니까?

답변 생각하지도 않았고 원하지도 않았는데 왔습니다. 하지만 나는 자신이 어떤 종류의 지도자인지 모릅니다. 그리고 내가 하고 있는 일이 지도인지 아니면 봉사인지 그것도 모릅니다. 그것이 무엇이든 원치도 않았는데 왔습니다.

---

51 헤라트의 셰이크 압둘라 안잘리(Sheikh Abdullah Ansari, A. D. 1005～1090).

질문 하지만 전날 왔던 친구들은 자신들이 지도자임을 확신하고 있었고, 기독교 사상(思想)의 지도자로서 지침을 구하고 있었습니다.

답변 내가 말씀드리는 것은 여러분이 행하는 모든 언행 안에 신학(*theology*)은 적어야 하고 진리는 많아야 한다는 것입니다.

질문 좀 친절하게 설명해 주시겠습니까?

답변 분명한 것을 내가 어떻게 설명합니까? 이 세상에 수많은 허위를 선언하는 것들 중 으뜸 중에 하나가 신학입니다. 그렇다고 해서 그것에 대한 수요가 없다고 말하는 것은 아닙니다. 세상에는 의심스런 것들에 대한 수요가 얼마든지 있는 법이니까요. 신학을 자신의 일의 일부로 삼는 자들조차도 그들의 신학에서 살아남아야 합니다. 내게는 신학을 포기하고 그리스도의 복음에 따라서 살기로 마음먹은 착한 기독교도 친구 두 사람[52]이 있습니다.

질문 예수에 대한 당신의 공부를 통해서 어떤 위대한 결과도 오지 않았음을 확신합니까?

답변 왜 그렇게 묻습니까? 위대한 결과가 왔다는 것은 의심의 여지가 없습니다. 하지만 그것이 신학을 통해서 혹은 신학자들의 일반적인 해석을 통해서 온 것이 아님을 말씀드려야겠습니다. 왜냐하면 신학자들 중 많은 사람은 산상수훈이 세속사에는 적용되지 않으며 오로지 12사도들을 위한 것이라고 주장하고 있기 때문이죠. 그런데 나는 이 말을 믿지 않습니다. 만일 산상수훈이 일상사에서 만인에게

52 Samuel E. Stokes와 C. F. Andrews이다.

긴요하게 소용되지 않는다면, 그건 아무 의미가 없다고 생각합니다.

질문 예수의 가르침 안에 오늘날의 문제에 대한 해결책이 발견되지 않습니까?

답변 자, 이런 식으로 여러분은 나를 점점 깊은 물속으로 끌어들여서 익사시키려 하는군요.

질문 청년 인도의 현재의 사상 조류는 어떻습니까?

답변 이 문제에 대답하기 위해서는 용감하고 유식한 사람이 필요할 것입니다. 하지만 여러분이 시간을 이미 너무 많이 사용했다[53]는 점은 말씀드려야 하겠습니다. 만일 여러분이 계속 질문하고 심문한다면, 여러분은 나의 완전한 항복을 받고 말 것임을 말씀드리지 않을 수 없습니다. 그런다고 해서 여러분이 더 현명해지지도 않으면서 말입니다.

기독교 선교사들과의 토론, 〈하리잔〉, 1940. 3. 23 ; 《전집》 78 : 55

191) 예수라는 모범

나는 종교 공부를 하는 데, 그리고 모든 종교의 지도자들과 논의하는 데 인생의 많은 부분을 바쳤다. 하지만 내가 예수 그리스도에 대해서 글을 쓰며 그분이 나에게 어떤 의미가 있는지를 설명하는 것은 주제넘는 일로 보일 수밖에 없음을 나는 잘 알고 있다. 나는 기독교도가 아니고, (그들의 말을 정확하게 인용해 본다면) "내가 그리스도를 신

53 〔역주〕 간디는 람가르흐로 출발할 채비를 하고 있던 중이어서 선교사들에게 5분을 약속했다. 《전집》 권 78, 50면 참조.

의 독생자로서 내 마음속 깊이 받아들이지 않는다"는 이유에서, 내가 그분의 가르침의 깊은 의미를 이해할 수 없고, 사람이 여태 알아온 것 중에서 영적 힘의 최대 원천을 알 수도 없고, 해석할 수도 없다고 기독교 친구들은 여러 번 말해왔다. 바로 그 때문에 내가 주제넘는다고 말한 것이다.

저 기독교 친구들의 말은 내 경우에 진실일 수도 있고 아닐 수도 있지만, 그것이 잘못된 관점임을 믿을 만한 이유가 있다. 나는 그런 평가가 예수 그리스도가 세상에 준 메시지와 부합하지 않는다고 믿는다. 그분(*He*)은 분명히 보답으로 아무것도 요구하지 않고, 수용자들이 어떤 교리를 선택하여 신앙고백 할지에 대해서 조금도 고려하지 않고, 모든 것을 주려고 했던 분들 중 최고의 모범이기 때문이다. 그분이 만약 여기 사람들 가운데 사신다면, 그의 이름을 단 한 번도 들어 보지 못했지만 그분이 이 땅에서 모범이 되어 보여주셨던 덕(德)을 구현하면서 사는 사람들이 있다면, 그들의 삶에 축복을 내려 주셨을 것이라고 나는 확신한다. 그 덕이란 이웃을 내 몸처럼 사랑하고, 자신의 동료들 가운데 선행을 하고 자선을 베푸는 일이다.

그렇다면 예수는 나에게 무슨 의미를 갖는가? 그분은 인류가 여태 가졌던 최고의 스승들 중의 한 분이다. 그분을 믿는 자에게 그분은 신의 독생자였다. 독생자에 대한 믿음을 수용하는지 여부에 따라서 예수가 내 인생에 주는 영향력에 차이가 있었을까? 그분의 가르침과 교리가 갖고 있는 위엄이 나에게 금지 사항이었을까? 나는 그렇게 믿지 않는다.

나에게 그것은 영적인 탄생을 함의한다. 다른 말로 하면 나의 해석은, 예수 자신의 삶 속에 신으로 가까이 가는 열쇠가 있다는 것이다. 그 누구도 할 수 없는 방식으로 그분은 신의 영혼과 의지를 표현했다는 것이다. 이런 의미에서 나는 그분을 신의 아들로 보고 인정한다.

예수가 가장 깊은 인간적인 의미에서 최고의 정도로 구현했던 영혼, 그와 같은 영혼이 존재한다고 나는 믿는다. 그리고 믿어야 한다. 이것을 믿지 않는다면 나는 회의론자가 되고 말 것이다. 회의론자가 된다는 것은 공허하며 도덕적 내용이 없는 삶을 산다는 것을 뜻한다. 또는 같은 말이지만 인류 전체를 부정(否定)의 극단까지 저주해 버리는 것을 뜻한다.

우리가 유럽의 침략자들이 잔혹한 살육의 고삐를 풀어 버린 것을 목격하고, 전쟁에서 항상 끔찍하게 따라 나오는 역병과 기근을 생각하고, 세계 곳곳에서 횡행하는 불행과 고통에 대해서 생각해 보면 회의주의가 있을 만한 분명한 이유가 있는 것은 사실이다.

이 모든 것을 정면으로 바라보면서 우리가 어떻게 인간 속에 육화된 거룩한 영혼(*the divine spirit incarnate in man*)에 대해서 진지하게 말할 수 있을까? 이렇게 묻는 이유는, 공포와 살인 행위가 사람의 양심에 거슬리기 때문이고, 그것들이 악을 대변하고 있음을 사람이 알고 있기 때문이며, 자신의 심정과 마음 깊숙이 이런 것들을 개탄하고 있기 때문이다. 더구나 그 사람이 삿된 가르침에 의해서 오도되거나 가짜 스승들에 의해서 타락하여 잘못된 길로 가지 않을 때, 그의 가슴 속에 선과 자비의 충동[54]을 갖고 있기 때문이다. 그 충동이 바로 신성의 불꽃이며, 미래 언젠가 그 불꽃이 인류의 희망에 해당하는 완전한 꽃으로 만개(滿開)할 것을 믿는다.

그런 만개의 모범이 예수의 모습과 삶에서 발견될 수 있다. 사람들은 자신의 죄를 줄이는 데에 스스로 자각하지 못하는 경우가 있긴

54 〔역주〕 'an impulse for good and a compassion'을 번역한 것인데 'compassion' 앞에 'a'가 없다면 문맥이 더 잘 통할 것 같다.

하지만 예수를 모범으로 사용해왔다. 그래서 그들이 자신의 죄를 줄이는 데에 예수라는 모범을 과거에 사용한 적이 없었고, 현재에도 사용하지 않는다고 한다면, 나는 그 점을 믿을 수 없다. 모든 인간의 삶은 다소 차이가 있으나 예수의 현존, 행위, 그리고 그의 거룩한 목소리가 토해낸 말씀에 의해서 변화되어 왔다.

세상의 다양한 종교들이 가진 여러 장점을 헤아리기는 불가능하다고 나는 믿는다. 더구나 그렇게 시도하는 것조차 불필요하며 해롭다고 믿는다. 하지만 내 판단으로는 종교들은 모두 공동의 추진력을 구현하고 있다. 그 추진력이란 인간의 삶을 고양(高揚)시키려는 욕구이고 거기에 목적을 부여하려는 욕구다.

예수의 삶이 내가 언급한 의미와 초월성을 갖고 있으므로, 그분은 기독교에만 속하는 것이 아니라 전 세계에, 모든 인종과 민족에 속한다고 나는 믿는다. 그래서 사람들이 어떤 깃발, 어떤 이름이나 교리 아래에서 일하고, 신앙을 고백하고, 조상들이 물려준 신을 경배한다고 해도, 나는 그것이 거의 문제가 되지 않는다고 믿는다.

예수가 나에게 어떤 의미가 있는가, 〈모던 리뷰〉, 1941.10 ; 《전집》 81 : 454

192) 십자가 위의 예수

세바그람, *1944. 12. 25*

오늘 서너 마디만 말할 수 있기를 희망해왔다. 하지만 신은 다른 것을 원하셨다. 오늘은 크리스마스날이다. 우리는 모든 종교를 동등하게 존경하며, 모든 축일은 존경받아 마땅하다. 하지만 우리의 존경은 보통의 것과 다르다. 그런 축일은 우리에게는 명상과 반성을 위한 것이다. 그럴 경우에 우리는 우리의 심성을 조사하여 거기에 있는 모든 불순물을 제거해야 한다. 우리가 신을 이슈와라라고 부르거나 쿠다라고 부르거나 그분은 한 분이심을, 그리고 그의 명령이 만인에게 동일함을 알아야 할 것이다. 우리는 진리(*Truth*)로 생각하거나 옳다(*right*)고 간주하는 것 때문에 타인을 해쳐서는 안 된다. 우리는 진리를 위해서 죽을 준비가 되어 있어야 하며, 부르심이 오면 진리를 위해서 목숨을 바쳐야 하고 그 진리를 피로 축성(祝聖)해야 한다. 내 생각으로는 이것이 모든 종교의 알짬이다. 바로 오늘 우리는 이것에 대해서 곰곰이 생각해야 하고, 예수께서는 진리로 여겼던 것을 위해서 십자가에 오르셨다는 점을 기억해야 한다.

크리스마스 메시지, CW 4271 ;《전집》85 : 409

193) 신의 나라

세바그람, 와르다(인도), *1945. 8. 24*

친애하는 친구에게,

'신의 나라가 당신 안에 있다'라는 말만으로 충분하고도 넘칩니다. 그 말을 행동으로 철저히 따르십시오. 그 이외에 당신이 필요한 것은 없습니다. 하지만 당신이 힌두교에 대해서 읽고 싶다면, 그곳에 있을 스와미 비베카난드의 책을 읽으십시오.

귀하의 신실한 친구
M. K. 간디

Lawrence Mckenner Jr.
2132 High St.
Oakland I, California

L. C. 멕켄너에게 보낸 편지,《피아렐랄 페이퍼스》;《전집》87 : 681

194) 동양인으로서의 예수

〔뉴델리, *1946. 6. 26*〕

간디지는 러시아와의 전쟁에 대한 루머에 대해서 물었다. 나는, "전쟁에 대한 많은 얘기가 있죠. 하지만 그건 아마도 말뿐입니다"라고 했다. 나는 "당신은 관심을 서양으로 돌려야 합니다"라는 말을 덧붙였다. 그는 대답했다.

내가? 나는 인도도 설득하지 못했습니다. 우리 주변 어디에서든 폭력이 있습니다. 나는 다 써 버린 탄환입니다.

나는 제2차 세계대전 종전 이후에 수많은 유럽인과 미국인은 영적인 공허함(*spiritual emptiness*)을 느끼고 있다고 말하고, 그가 그 한 자리를 채울 수 있을 것이라고 제의했다.

하지만 나는 동양인입니다. 한낱 동양인입니다.

그는 웃었고 좀 있다가 다음과 같이 말했다.

예수도 동양인이었습니다.

루이스 피셔(Louis Fischer)와의 대담,
The Life of Mahatma Gandhi, 454면 ; 《전집》 91 : 256

195) 이슬람의 의미

뉴델리, *1946. 9. 7*

카이데 아잠(*Qaid-e-Azam*)[55]의 연설과 그의 추종자들은 나에게 많은 고통을 주었습니다. 그들은 원하는 것이라면 폭력을 사용해서라도 얻겠다고 말합니다. 정부의 고삐가 이제 국민회의의 손에 들어가 있다는 것은 사실입니다. 하지만 이것은 그들의 책임감과 의무를 배가할 뿐입니다. 자유를 위한 투쟁의 시기 동안 국민회의 의원들은 체포당하고 구타당하고 형벌을 받았습니다. 심지어 죽음을 당하기조차 했습니다. 이런 것들은 이제 과거지사가 되었습니다. 만일 국민회의가 폭력의 길을 따라갔다면, 그것은 나쁜 결말을 지었을 것입니다. 진정한 고통에는 복수의 여지가 없습니다. 그럴 경우에만 성공이 보장될 수 있습니

55 〔역주〕 아랍어로 '위대한 지도자'라는 뜻이다. 진나(Mohammed Ali Jinnah)를 지칭한다.

다. 4억의 인도 민중, 즉 촌락에 그득한 수백만의 사람들은 폭력에 대해서 생각하지 않습니다. 그들은 노예들입니다. 폭력은 도시에 살아가는 소수의 사람들의 마음에만 박혀 있을 뿐입니다.

나는 촌민이고 촌민들과 한편입니다. 국민회의는 짓밟힌 촌민들을 위해서 권력을 수용했습니다. 나는 국민회의에 참여하기 훨씬 전부터 힌두·무슬림의 일치(*Hindu-Muslim unity*)라는 대의명분을 치켜들었습니다. 내가 학교에 다닐 때 무슬림 친구들이 몇 명 있었습니다. 내가 남아프리카로 간 것은 내 형님의 무슬림 친구들이 당면한 소송사건을 변론하기 위해서였습니다. 생계를 위해서 그곳으로 갔지만, 도착 이후 얼마 되지 않아서 봉사를 최고로 치게 되었습니다. 쿨리 법정 변호사로서 나는 노동계급에 속하는 내 친구들에게 봉사했습니다. 내가 이슬람교도의 회사 종업원으로 갔지만 그들 노동자를 통해서 힌두교도에 봉사했습니다. 당시에 대한 기억은 행복한 것입니다. 남아프리카에서조차 집단 간의 불일치가 발생했다는 점은 무척 유감스러운 일입니다. 그럼에도 불구하고 그들은 인도인들의 권리를 위해서 연대하여 투쟁했습니다. 나는 세스 차차리아를 비롯해 몸집이 아주 큰 무슬림들을 기억합니다. 이들은 사탸그라하에 참여했고 노예로 사느니 차라리 죽겠다고 말했습니다. 카이데 아잠과 그 추종자들이 힌두교도를 자신들의 적으로 묘사했을 때 나는 놀랐고 마음이 아팠습니다. 나는 무슬림이 아닙니다만, 이슬람교는 누구를 향해서도 적의를 설교하지 않는다고 감히 말씀드립니다. 나는 내가 힌두교도인 만큼 기독교도·시크교도·자이나교도라고 생각합니다. 종교는 사람들에게 형제의 신념이 아무리 다르다고 해도 그를 죽이라고 가르치지는 않습니다. 상대방이 적이 되기 전까지는 아무도 그 상대방을 적으로 다룰 수는 없습니다. 무슬림연맹 지도자들이 그들의

서북 변경 대중집회 (1938)
서북 변경에 방문한 간디가 사탸그라히인 압둘 가파르 칸 (간디의 오른쪽) 의 호위를 받으며 대중집회에서 연설을 하고 있다.

요구에 따르도록 국민회의, 힌두교도 그리고 영국인에게 강요하겠다고 말할 때 그건 옳은 말이 아닙니다.

킬라파트 운동[56] 기간 동안 일어난 사건이 떠오릅니다. 나는 힌두교도 집회에서 연설하고 있었습니다. 나는 "만일 여러분이 소를 보호하고 싶다면 킬라파트를 보호하시오. 필요하다면 그것을 위해서 여러분의 생명을 내놓으시오"라고 말했습니다. 내 말은 알리 형제들의 눈에 기쁨의 눈물을 흘리게 했습니다. 하지만 우리는 오늘 얼마나 비극적인 변화를 보고 있습니까! 힌두와 무슬림들이 모든 일을 상호간의 협의로 처리하는 날이 다시 오기를 고대합니다. '그날이 조속히 도래하도록 내가 할 수 있는 일이 무엇인가'라는 물음으로 나는 밤낮으로 괴로워합니다. 나는 무슬림연맹이 어떤 인도인도 적으로 간주하지 말

56 킬라파트, 인도 이슬람교도 다수의 종교적 수장인 터키 술탄인 칼리파의 통제로부터 무슬림교 성지를 제거한 일에 대항해서 일어난 무슬림 운동.

라고 간청합니다. 나는 영국인들이 힌두와 무슬림을 분리할 수 있다는 생각을 품지 말도록 영국인들에게 간청합니다. 그들이 그런 생각을 품게 된다면, 그들은 인도를 배반하고 자신들을 배반하는 것입니다. 힌두와 무슬림은 같은 땅에서 태어났고, 같은 피를 갖고 있고, 같은 음식을 먹고 같은 물을 마시며 같은 언어를 말합니다. 카이데 아잠은 모든 이슬람교도는 파키스탄에서는 안전할 것이라고 말합니다. 펀자브·신드·벵골에 무슬림연맹 정부가 있습니다. 그곳에서 일어나는 일이 우리나라의 평화의 조짐이라고 누가 말할 수 있습니까? 무슬림연맹은 이슬람교를 검으로 유지할 수 있다고 믿습니까? 만일 그렇게 믿는다면 커다란 과오를 범하는 것입니다. 나는 '이슬람'이란 단어의 의미가 바로 평화이고, 그 이름에 합당한 어떤 종교도 평화를 통하지 않고서는 살아 있을 수 없음을 확신합니다.

기도모임에서의 연설(H.), 〈더 힌두스탄〉, 1946. 9. 8 ; 《전집》 92 : 194

3. 종교적 관용과 평등

196) 기독교와 다른 종교들

한 종교의 신도들이 일어서서 우리 종교가 유일하게 참종교이고 다른 종교들은 모두 가짜 종교라고 말할 수 있는 때는 이제 지나갔다. 모든 종교에 대해서 관용의 정신(*spirit of toleration*)이 점점 성장하는데 이것은 미래에 대해서 행복한 조짐이다. 런던의 종교 주간지인 〈기독교 세계〉(*The Christian World*)지 칼럼에, 이 잡지의 고정 투고자의 한 사람이었던 'J. B.'라는 서명을 단 기사가 등장했는데, 그것은 바로 이 질문에 대한 것이었고 따라서 나는 그것을 발췌하여 인용하려고 한다.

위의 필자는 그 문제를 기독교 관점에서 가장 자유롭고 가장 관대한 정신으로 다루고 있고, 세계의 종교들이 제각기 다른 모든 종교에 공통되는 특성을 갖고 있으면서 서로 연결되어 있는 모습을 보여주고 있다. 기독교 출판사에 그와 같은 기사가 등장한 것이 특기할 만한데, 그 잡지가 시대와 함께 움직이고 있음을 보여주는 것이다. 몇 년 전이었다면 그런 기사는 이교도의 가르침으로 분류되었을 것이고, 필자는 배교자라는 비난을 받았을 터이다.

필자는 먼저 다른 종교들에 대한 기독교인들의 태도를 변화시킨 새로운 정신에 대해서 언급했다. 다음 그는 한 무리의 가짜 종교들 가운데 유일하게 기독교가 참종교로서 부각된다는 생각이 수년 전에 우세했다는 점을 지적하고서 다음과 같이 계속 말하고 있다.

> 엄청난 격변이 있었다. 격변의 한 양상은 오늘날의 보통 사람을 양육해왔던 교리가 초기 기독교 가르침이 전혀 아니었다는 발견인데, 이 발견으로 보통 사람은 크게 놀랐다. 이 사람은 예전의 호교론자들 중의 가장 고귀한 호교론자가 다른 종족과 다른 종교에 대해서 자신이 생각하도록 지도받아 왔던 것과는 매우 다르게 생각했다는 점을 알았다. 이 사람은 사도의 시대에 매우 가까이 살았다는 순교자 유스티노(Justin Martyr)에 대해서 들은 바가 있는데, 유스티노가 소크라테스의 지혜를 '말씀'에 의해서 영감을 받은 것으로 간주했다는 것이다. 그리고 오리겐과 니사의 그레고리에 대해서도 이 사람은 들었는데, 그들의 가르침이 인류 전체에 관한 것으로서 신의 지도를 받았다는 것이다. 그리고 이 사람은 섭리에 대한 믿음이 모든 종교의 공동 자산이었다는 락탄티우스의 주장도 들었다.
>
> 보다 섬세한 심성의 기독교도는 지난 모든 시대에도 실제로는 다소 이런 정신으로 살아갔다. 사람들은 다른 종족들을 문헌으로나 직접 대면의 방식으로나 접촉하기만 하면, 자신의 종교와 다른 종교들

사이에 이른바 '건널 수 없는 간극'(*impassable gulf*)이 존재한다는 이론이 생명에도 혼에도 거짓이었다는 점을 즉각 깨달을 수 있었다.

1백 개의 다른 이름과 모습을 지닌 종교는 인간의 심성에 하나의 씨앗을 뿌렸고, 마음이 하나의 진리를 영접할 수 있게 되자 그 종교는 그 하나의 진리를 열고 있다.

'J. B.'는 수많은 기독교 기관과 교리가 다른 종교들에 대한 지식에서 유래했다는 점을 지적했다. 수많은 상징도 고대의 유물이다.

이와 관련하여 페르시아의 미트라 신에 대한 고대의 숭배가 얼마나 놀라운 일인가. 쿠몽 씨가 말하듯이 이 지방에서는 '기독교인들처럼 미트라 신의 신도들은 매우 긴밀하게 연합된 사회에서 살면서 상대방을 아버지나 형제라고 불렀다. 그리고 기독교인들처럼 그들은 세례, 공동생활, 견신례도 실행했다고 한다. 이들은 권위 있는 도덕을 가르치고, 절제와 순결 그리고 자기부정을 설교했으며, 혼의 불멸과 죽은 자의 부활도 믿었다.'

위 글의 투고자가 기독교에게 최고의 자리를 주려고 한 것은 놀랄 일이 못된다. 하지만 기독교 저자들과 기독교 출판사들이 이와 같이 관대한 마음을 갖고 있음을 아는 것은 만족할 만한 일이다.

이것은 공동선을 위해서 함께 일하고 있는 유럽인과 인도인에게 특별한 의미가 있다. 고대의 종교를 지닌 인도는 줄 것이 많이 있고, 우리 사이에 존재하는 일치의 유대(紐帶)는 상대방 종교의 모습에 대한 진심어린 공감과 인정에 의해서 가장 잘 길러질 수 있을 것이다. 이렇게 중요한 문제에 대해서 더 큰 관용을 베푸는 것은 일상적인 관계에서는 보다 광범위한 자선을 의미할 수 있다. 그리고 현존하는 오해들은 사라질 것이다. 무슬림과 힌두 사이에 이와 같은 관용이 꼭 필요하다는 것은 사실이 아닌가? 때때로 우리는 관용의 필요성이 동양과 서양 사이에서보다 우리 사이에 더 크다고 생각한다. 불화와 소요가 인도인 자신들 사이의 조화를 깨뜨리지 말도록 하자. 내부에서 분열된 집은 반드시 무너진다. 그래서 인도인 공동체의 모든 분파들 사이에 완전한 일치와 형제애의 필요성에 대해서 강조하는 바이다.

세계의 종교, 〈인디언 오피니언〉, 1905. 8. 26 ; 《전집》 4 : 355

197) 힌두·무슬림의 일치 〔*1919. 4. 8*〕

4월 6일 일요일 겸손과 기도의 날, 소나푸르 마스지드 구역에서 열린 힌두와 무슬림의 거대한 집회에서, 힌두와 무슬림 일치 서약을 하자는 제안이 있었는데, 이는 초우파티 집회에서 제안된 스와데시의 서약과 같았다. 나는 이 두 경우에 대해서 경고하지 않을 수 없었다. 기쁨의 열정이 일시적으로 분출될 때, 우리는 어떤 종류의 행동을 하도록 고무받을 수 있지만 나중에 그것에 대해서 후회할 수밖에 없다. 서약이란 순전히 종교적 행위로서만 가능할 뿐, 열정을 일시적으로 분출하는 가운데서는 할 수 없는 법이다. 마음이 청결하고 고요하며 신이 증언자로서 함께할 경우에만 서약할 수 있다. 내가 스와데시 서약에 대해서 글을 쓸 때 말했던 것 거의 대부분이 여기에도 적용된다. 일상적인 자기부정(*self-denial*)에 의해서는 불가능한 행위들이, 비범한 자기부정을 요구하는 서약의 도움을 받으면 가능해진다. 그래서 사람들은 서약이 우리를 고양시켜 줄 뿐이라고 믿는다. 만일 힌두와 무슬림 집단들이 상호 우정(*mutual-friendship*)이라는 단일한 유대 안에서 단결할 수 있다면, 만일 각자 한 어머니의 자식들같이 상대방에게 대해서 행동할 수 있다면, 그것은 우리가 충심으로 바라는 완성일 것이다. 하지만 이 유대가 하나의 현실이 되기 위해서는 두 집단이 많은 것을 포기해야 하고, 지금까지 가졌던 생각이 근본적으로 달라져야 할 것이다. 한 집단 구성원들이 다른 집단 구성원들에 대해서 얘기할 때, 때때로 너무 저속한 말에 빠지는 바람에 그들은 양 집단의 관계를 악화시키곤 한다.

힌두사회에서 우리는 무슬림에 대해서 말할 때 주저 없이 온당치 않는 말을 내뱉는다. 그 반대도 마찬가지이다. 힌두교도와 이슬람교도 사이에 뿌리 깊은, 도저히 제거할 수 없는 적의가 존재한다고 많은 사람은 믿는다. 우리는 한 집단이 다른 집단에 대해서 불신을 품고 있음을 많은 곳에서 목격하고 있다. 한 집단은 상대 집단을 두려워한다. 비정상적이며 비참한 이와 같은 사태가 나날이 개선되고 있다는 점은 의심 없는 사실이다. 시대정신(*the Time-Spirit*)은 저지할 수 없이 부단히 작동하고 있으며, 우리는 싫든 좋든 함께 살아가야 한다. 그런데 서약의 목표는 시간이 완성되는 경우에만 도래할 것으로 예상되는 사태를 자기부정의 힘으로 신속하게 실현하는 데에 있다. 이것이 어떻게 가능할까? 힌두들, 아니 정통 힌두들 사이에 집회가 소집되어서 이런 질문이 진지하게 고려되어야 한다. 무슬림에 대한 힌두의 현재의 불평은, 무슬림들은 소고기를 먹고 바크-리-이드(또는 이드 알아드하, 犧牲祭) 절(節)에 일부러 소를 희생으로 바친다는 것이다. 힌두들이 한 마리의 소를 보호하기 위해서 무슬림 형제를 죽이기를 주저하지 않는 한, 힌두와 무슬림이 결합하기란 불가능하다. 우리의 폭력이 무슬림으로 하여금 소 도축(屠畜)을 그만두도록 강요할 것이라고 기대하는 것은, 당최 헛된 일이라고 생각하기 때문이다. 나는 우리의 소 보호협회의 노력이 매일 도축당하는 소의 수를 줄이는 데에 전혀 도움이 되지 않았다고 생각한다. 그렇게 생각할 이유가 조금도 없다. 나는 자신을 정통 힌두교도로 믿는다. 하지만 나는 힌두교를 사려 깊게 실행하는 사람이라면 소를 보호하기 위해서 소 도살자를 죽이지는 않을 것이라고 확신한다. 힌두교도에게 소를 보호하는 유일한 방도가 있는데,

그것은 그가 만일 소의 도축을 참을 수 없다면 자신을 희생물로 바치는 것이다. 만일 아주 적은 수의 자각한 힌두교도가 자신들을 희생했다면, 우리의 무슬림 형제들은 소 도축을 중지했을 것이라는 점에 대해서 의심하지 않는다. 이것이 사탸그라하이고 공명정대(*equity*)이다. 내가 형제로 하여금 불만 사항을 시정하기를 원한다면, 나는 그에게 상처를 줌으로써가 아니라 내가 일정 정도의 희생을 감내함으로써 원해야 한다. 나는 그것을 권리로서 요구할 수는 없다. 형제에 대한 유일한 권리는 내가 자신을 희생물로 바칠 수 있는 권리뿐이다.

힌두와 무슬림의 일치를 기대할 수 있기 위해서는 힌두교도가 이런 종류의 순수한 사랑의 감정에 고무되는 것밖에 없다. 힌두교도가 그러하듯이 무슬림 역시 그러해야 한다. 무슬림 지도자들은 서로 만나 힌두교도에 대한 자신들의 의무가 무엇인지를 숙고해야 한다. 쌍방이 희생정신에 고무되고 서로의 권리를 주장하는 대신 상대편에 대한 의무를 이행하기를 노력할 때, 오직 그럴 때에 두 집단들 사이에 존재하는 오래된 차별들이 종식될 것이다. 한편은 다른 편의 종교를 존중해야 하며, 다른 편이 나쁘다고 은밀하게 생각하는 일조차 삼가야 한다. 우리는 양쪽 집단에 소속된 사람들이 반대편에 대해서 못된 말을 사용하지 못하도록 예의 바르게 설득해야 할 것이다. 이런 방향으로 진지하게 노력할 경우에만 우리는 소원한 관계를 해소할 수 있다. 우리의 서약은 힌두와 무슬림 대중이 이런 노력에 동참할 경우에만 가치가 있을 것이다. 나는 이제 이 서약의 심각성과 중요성에 대해서 더할 나위 없이 분명하게 말했다고 생각한다. 이 상서(祥瑞)로운 날, 사탸그라하의 물결이 온 나라를 뒤덮는 때니 분명 상서로운 날이어야 할 오늘, 우리 모두가 일치의 서약을 할 수 있기를 희망한다. 이를 위해서 힌두와 무슬림의 양편 지도자들이 만나서 이 문제를 진지하게 고찰하고,

만장일치의 결의안을 공공 집회에서 통과시켜야 할 필요도 있다. 현재의 우리 노력이 끈질기게 지속되면, 앞에서 말한 완성은 반드시 이뤄질 것이다. 나는 사람들이 지금 당장 개인적으로 서약할 수 있고, 수많은 사람이 매일 서약할 것이라고 생각한다. 나는 대중이 공개적으로 집단 서약하는 일에 대해서 경고하고 싶다. 내 소견으로는 만일 대중이 서약을 한다면 그것은 다음과 같아야 한다.

> 우리 힌두교도와 이슬람교도는 신을 증인으로 모시고 다음과 같은 것을 선언한다. 즉, 우리는 상대방에 대해서 한 부모의 자식들처럼 행동할 것임을, 아무 차별을 하지 않을 것임을, 한편의 슬픔은 다른 편의 슬픔이 될 것이고, 한편은 다른 편이 슬픔을 제거하는 데 도울 것임을. 우리는 상대방의 종교와 종교적 감정을 존중할 것이며, 상대방의 종교적 실천을 방해하지 않을 것임을. 우리는 종교라는 미명하에 상대방에 대해서 결코 폭력을 행사하지 않을 것임을.

힌두·무슬림 일치의 서약, 〈영 인디아〉, 1919. 5. 7 ; 《전집》 17 : 368

198) 형제애의 의미

〔캘커타, *1925. 8. 4*〕

의장님과 친구 여러분, 여러분은 아마도 이것이 인도인 기독교인만을 상대로 한 나의 최초의 연설일 것이라고 말씀하셨습니다. 여러분이 오늘의 방문만을 지칭하셨다면, 조금도 틀리지 않았습니다. 하지만 내가 남아프리카에서 귀국한 이후의 기간 전체를 지칭하셨다면, 나는 그와 같은 특권을 1915년에 누린 바 있음을 말씀드려야 하겠습니다. 하지만 인도의 기독교인과 나의 관계는 1893년까지 거슬러 올라갑니다. 그때 나는 남아프리카로 가서 커다란 인도인 기독교집단에 둘러싸여 있었습니다. 독실한 기독교인이면서도 조국에 대해서도 마찬가지로 헌신적인 수많은 청년 남녀를 보고 놀라기는 했지만 기뻤습니다. 이들 청년 남녀들 태반이 인도를 한 번도 본 적이 없었다는 점을 알고는 더 기뻤습니다. 이들 중 대다수는 나탈에서 태어났습니다. 몇 사람은 모리셔스(Mauritius)[57] 태생이었습니다. 남아프리카로 최초로 이주해온 일단의 자유 인도인들이 모리셔스에서 왔기 때문입니다. 그들은 대부분 고용계약 노동자를 부모로 둔 자식들이었습니다. 고용계약 인도인들(*Indentured Indians*)이란 최소한 5년간 나탈의 사탕수수밭에서 노동하러 간 사람들로 그 계약은 파기될 수 없습니다. 이런 계약 곧 고용계약 아래에서 노동하러 갔으므로 고용계약 인도인이라고 불렀습니다. 고 윌리엄 헌터 경은 살아 있을 때 이 노동자들의 실상을 노예 신분에 매우 근접한 상태라고 묘사한 바 있습니다.

내가 이것을 언급한 것은, 우리의 남녀 동포들이 어떠한 난관과 법적 장애 아래에서 남아프리카에서 노동했는지를, 이 난관을 그들이 어떻게 극복했는지를, 그리고 이런 어려움에 직면하여 그들이 어떻게 스스로 명예로운 직업을 포기했는지를 여러분에게 보여주기 위함이었습니다. 오늘날 이들 중 몇 사람은 영국에서 인문교육을 받기도 했습니다. 일부는 점원이었고 일부는 더 비천한 일을 하기도 했습니다. 이 용감한 청년들은 보어전쟁과 줄루반란기에 정부에 봉사하기도 했습니다. 일부는 내 집에서 성장하기도 했는데, 그들 중 최소한 두 사람은 법정 변호사가 되었습니다. 이제 여러분은 내가 인도인 기독교 집단과 얼마나 밀접한 관계를 누렸는지를 아실 것입니다. 그곳에서 내가 모르거나 나를 알지 못하는 인도인 기독교인은 한 사람도 없었다고 생각합니다. 그렇기 때문에 오늘 저녁 여러분 앞에서 '인류의 형제애'(*Brotherhood of Man*)에 대해서 강연하게 되어서 매우 기쁩니다.

---

57 〔역주〕 인도양의 마다가스카르에서 동쪽으로 약 800㎞ 지점, 마스카렌제도 중앙에 있는 독립된 섬나라.

내가 방금 여러분에게 묘사해 드린 것처럼, 법적 장애 아래에서 노동할 수밖에 없는 우리 동포들과 마찬가지로 법적 장애를 겪어야 하는 사람들은 인류의 형제애가 있을 수 있다는 점을 이해하기 어려울 것입니다. 여러분이 신문의 독자라면, 그리고 여러분이 인도 전역의 외부에서 벌어지는 일에 관심이 있다면, 오늘날 남아프리카에서 그 나라의 정부가 인도인을 몰아내려고 시도하고 있음을 아실 것입니다. 이곳에 있는 영국인 소유의 신문들 중에 하나는 인도인을 굶겨서 남아프리카에서 몰아내자고 말하고 있는데 이것이 더 적나라한 표현입니다. 그 굶길 계획에 내가 여러분에게 묘사한 바 있는 사람들 중 몇 사람이 포함되어 있습니다. 이런 일이 종내 일어날지의 여부, 인도 정부가 종내 이런 일을 금지할지 용납할지의 여부는 두고 봐야 합니다. 이미 여러분에게 말씀드린 대로 이 일을 여러분에게 언급하는 맥락은, 그런 사람들이 형제애의 의미를 깨닫기 어렵다는 것에 있습니다. 하지만 내가 오늘 여러분에게 형제애에 대해서 말씀드리려는 이유는, 형제애 정신이 진실로 검증받는 때가 바로 곤경과 난관의 때이기 때문입니다.

나는 무척 자주 칭찬을 받습니다. 나는 그런 칭찬을 오리 등에 부어진 물처럼 여깁니다. 하지만 여러분! 여러분이 오늘 저녁 나에게 해주신 칭찬을 받아들일까 합니다. 만일 인류의 형제애에 대해서 연설할 권리가 있는 사람이 있다면, 여러분은 적어도 내가 그럴 권리를 가져야 할 것이라고 생각하고 있으며 나도 그렇게 생각합니다. 나는 나를 기소한 검사를 증오할 수 있을지 어쩔지 — 사랑한다고는 말하지 않습니다만 — 를 여러 번 알고 싶었습니다. 그런데 나는 그를 증오할 수는 없었다고 정직하게 하지만 아주 겸손하게 고백하지 않을 수 없습니다. 내가 어떤 한 인간을 미워할 수밖에 없다고 생각해 본 사례는 한 차례도 기억해낼 수가 없습니다. 내가 어떻게 그렇게 했는지, 그건 나도 모릅니다. 나는 그저 여러분에게 평생에 걸친 실천을 말씀드릴 뿐입니다. 그래서 형제애에 대해서 말할 권리를 누가 가진다면, 적어도 나에게 그럴 권리가 있다고 말하는 것은 말 그대로 진실입니다.

형제애란, 보답으로 여러분을 사랑할 사람들에게 우정의 손을 확장하여 그들을 사랑하거나 그들에게 공감함을 의미하는 것이 아닙니다. 그것은 거래입니다. 형제애는 사업상의 일이 아닙니다. 그리고 내 철학과 종교는 형제애가 인간에게만 한정되는 것이 아니라고 가르칩니다. 다시 말하자면, 우리가 진실로 형제애의 정신을 들이마셨다면 그것은 다른 저급한 동물에게까지 확장됩니다. 30년이나 35년쯤 전 위대한 박애주의 단체가 영국에서 간행했던 잡지 중 하나에서, 매우 아름다운 시 서너 줄을 읽은 기억이 납니다. 그 시구의 제목은 '내 형제 소'(*My Brother Ox*)였을 것입니다. 그 시에서 시인은 자신의 동료 인간을 사랑하는 인간이, 동료 동물(*fellow-animals*)까지 — 여기에서 동물은 인간 이하의 종들을 의미하지만 — 사랑하는 것이 의무라는 점을 아름답게 묘사하고 있었습니다. 그 생각이 나를 아주 강하게 후려쳤습니다. 그 당시 나는 힌두교에 대해서 거의 모르고 있었습니다. 내가 알고 있었던 것은 모두 내 주변, 즉 부모나 다른 사람에게서 흡수한 것이었습니다. 그런데 나는 그 시의 힘을 깨달았습니다. 하지만 나는 오늘 이와 같이 아주 포괄적인 의미의 형제애에 대해서 더 이상 생각하지 않으려 합니다. 나는 '인류의 형제애'에 국한하겠습니다. 내가 이 주제를 제시한 것은 우리가 만일 원수까지 사랑할 준비가 되어 있지 않다면, 우리의 형제애란 하나의 조롱거리임을 보여주기 위함입니다. 다시 말해서 형제애의 정신을 흡수한 자라면 자신에게 원수가 있다고 말할 수 없을 것입니다. 사람들은 자신들이 우리의 적이라고 스스로 생각할지도 모릅니다. 하지만 우리는 그런 주장을 거부해야 합니다.

나는 그런 주장을 들은 적이 있습니다. 그래서 내가 '주장'이란 말을 사용하는 것입니다.

그렇게 되면 다음 문제가 발생합니다. 즉, 자신을 우리의 적으로 간주하는 사람을 우리는 어떻게 사랑할 수 있습니까? 나는 거의 매주 힌두교도, 이슬람교도, 때로는 기독교도의 편지를 받습니다만, 그 편지들은 내가 취하고 있는 기본 입장을 공격하고 있습니다. 그 편지를 쓴 이가 힌두교도라면 그는 나에게 묻습니다. "내가 어떻게 소를 도살하는 무슬림을 사랑할 수 있습니까?" 소는 자신에게 내 생명처럼 귀한 것인데 말입니다. 편지를 보낸 이가 기독교도라면 "불가촉천민이라고 부르는 사람들을 저렇게 학대하는 힌두교도를, 자신들의 다섯 번째 계급을 억압하는 힌두교도를 어떻게 사랑합니까?" 이슬람교도는 편지 속에서 다음과 같이 묻습니다. "가축과 돌멩이에게 예배를 드리는 힌두교도에게 어떻게 형제애 또는 우정의 손길을 뻗칩니까?" 나는 이들 세 사람 모두에게 말합니다. "여러분이 묘사하는 상대방을 사랑할 수 없다면, 여러분의 형제애는 나에게는 아무 소용이 없습니다." 그런데 그런 태도가 결국 무엇을 의미합니까? 그것은 비겁한 공포나 불관용을 의미하지 않습니까? 우리 모두가 신의 피조물이라면 왜 상대방을 두려워해야 합니까? 우리가 믿는 바를 믿지 않는다고 왜 그 사람을 미워합니까? 힌두라면 무슬림이 그에게 가장 혐오스런 짓을 하는데 앉아서 보고만 있어야 하느냐라고 물어올 것입니다. 나의 형제애는 "예" 하고 대답합니다. 나는 여기에다 "여러분은 자신을 희생해야 합니다, 여러분이 방금 들었던 말로 표현한다면, 여러분이 십자가를 져야 합니다. 여러분이 여러분에게 귀중한 존재를 보호하고 싶다면 남을 죽이지 않고 여러분이 죽어야 합니다"라고 덧붙일 것입니다. 나는 그런 경우에 대한 개인적 경험이 있습니다.

만약 여러분이 사랑하면서 고통을 받을 용기가 있다면 돌덩이 같은 심장도 녹일 것입니다. 여러분은 깡패로 생각하는 자에게 대항하는 손짓을 할 수 있습니다. 하지만 만일 그가 여러분을 압도한다면 어떻게 하시렵니까? 그 깡패는 여러분에 대한 승리 때문에 더욱 포악해지지 않겠습니까? 역사는 악이 저항을 먹고 자란다는 것을 보여주지 않았습니까? 역사는 만물을 포괄하는 사랑으로 가장 사나운 자들을 길들인 사람들의 예도 보여줍니다. 그러나 그런 무저항(*non-resistance*)이 한 방 맞으면 두 방을 돌려주는 군인의 용기보다 훨씬 더 큰 용기를 요구한다는 점을 나는 인정합니다. 사람이 행악자에 대해서 사랑 대신에 분노가 있다면, 죽기가 두려워서 비겁하게 가만히 앉아 있는 것보다 깨끗하게 한판 싸우는 편이 더 낫다는 점도 나는 인정합니다. 비겁과 형제애는 서로 모순되는 말입니다. 내가 여러분 앞에 제시하려고 하는 기본 입장을 세상이 받아들이지 않을 것이라는 점을 압니다. 기독교 유럽에서 사람들이 비보복(*non-retaliation*)의 원리에 대해서 흥흥 소리를 내며 반대한다는 것을 알고 있습니다.

현재 나는 유럽이나 미국 곳곳에 있는 친구들에게서 귀중한 편지를 받는 영광을 누리고 있습니다. 그들 중 일부는 무저항의 원리를 더 상세히 설명해 달라고 요구합니다. 어떤 사람들은 비웃으며 나에게 말합니다. "당신이 그런 것을 인도에서 말하는 것은 좋다. 하지만 유럽에서는 감히 그런 짓을 못할 것이다." 또 다른 사람들은 말합니다. "우리 기독교는 가식(假飾)이다. 우리는 예수의 메시지를 이해하지 못한다. 기독교는 여태까지 우리에게 전달되지 않았으니, 전달되어야 한다. 그래야 우리가 무저항의 원리를 이해할 수 있다." 이 세 가지 입장 모두 제각각의 입장에서 보면 옳은 점이 있습니다. 하지만 나는 우리가 이런 기본 입장에 도달하기 전에는 이 세상을 위한 평화는 전혀 없고, 형제애라는 이름을 들먹이는 것이 신성모독임을 감히 말씀드리는 바입니다. 저기에 있는 남여성들이 물으실 것입니다. "복수를 하지 않는 것이 인간적일까요?" 하고. 나는 그것이 인간적이라고 말합니다. 우리는 이제까지 인간성(*humanity*)을 실현하지 못했습니다. 우리는 우리의 존엄성을 실현하지 못했습니다. 다윈이 믿을 만한 사람이라면 우리는 원숭이의 후손으로 간주될 것입니다. 나는 우리가 아직 우리의 원초적 상태(*original state*)를 벗어나지 못했음을 우려합니다.

고 안나 킹스퍼드(Anna Kingsford) 박사는 자신의 책에 한번은 "내가 파리의 거리를 걷고 있을 때, 나는 내 앞에 인간의 탈을 쓴 여러 모습의 사자와 뱀을 보는 것 같았다"고 쓴 적이 있습니다. 그녀는 이 동물들이 인피를 쓰고 있을 뿐이라고 했습니다. 인간은 자신의 완전한 크기를 실현하자면 철저하게 두려움이 없어야 합니다. 무외(無畏)라는 것은 머리부터 발끝까지 무장함으로써 얻는 것이 아니고 내면에서 힘을 생성함으로써 얻습니다. 크샤트리아는 위험에서 도망가지 않는 자이고 일격을 당했다고 일격을 날리는 자가 아닙니다. 《마하바라타》 역시 용서가 용감한 자의 특성이라고 말합니다. 고 고든 장군[58]을 기념하여 동상이 건립되었다는 얘기를 들었습니다. 조각가는 그의 손에 검을 쥐어 주지 않고 막대기만을 쥐어 주었다고 합니다. 그 조각은 지금 아름다운 예술품으로 간주되고 있습니다. 내가 만일 조각가로 태어나서 그 주문을 받았다면, 고든 장군 손에 막대기도 쥐어 주지 않았을 것입니다. 나는 그를, 팔짱을 끼고 가슴은 앞으로 내밀고 아주 겸손한 태도로 세상을 향해서 다음과 같이 말하는 사람으

58 〔역주〕 Charles George Gorden(1833~1885) : 영국 군인. 스코틀랜드의 군인 집안 출신. 육군사관학교 졸업 이후 크림전쟁에 참가. 후에 수단지사를 거쳐서 수단총독이 되었다. 수단의 반란토민을 토벌하던 중 전사했다.

로 그릴 것입니다. "창을 던지고 싶은 사람이 있으면 모두 나오시오, 여기에 고든 장군이 조금도 움찔하지 않고 복수 없이 그 창을 받으려고 서 있습니다"라고. 그것이 군인에 대한 나의 이상입니다. 그와 같은 군인들이 지상에 살았던 적도 있습니다.

기독교는 분명 그와 같은 군인들을 만들어냈고, 힌두교와 이슬람교 역시 그랬습니다. 내 생각으로는 이슬람교가 검의 종교라고 말하는 것은 진실이 아닙니다. 역사는 그 사실을 입증하지 못합니다. 나는 여러분에게 개인적 사례를 말씀드리고 있습니다만, 개인에게 진실인 것은 국가나 개인의 집단들에게도 진실일 수 있습니다. 이런 일이 단번에 되는 것이 아니라는 점은 인정합니다. 진화의 과정에서 사람들이 우리의 면전에서 연달아서 이 진리를 삶 속에 실천한다면 그들은 우리에게 영향을 미칠 수밖에 없을 것입니다. 그것이 퀘이커의 역사입니다. 톨스토이가 묘사한 두호보르(Dukhobor)[59]의 역사도 그런 것

59 〔역주〕 러시아어로 '靈의 투사'라는 뜻. 러시아 농민들 중 18세기에 널리 퍼진 한 종파에 속했던 사람들. 이들은 성서를 비롯한 모든 외부의 권위를 거부하고 개인이 직접 신의 계시를 받는 것을 중요하게 여겼다. 때마침 니콘 총대주교의 전례(典禮) 개혁(1652)과 표트르 대제(1682~1721 재위)의 서구화 개방정책에 반대하는 신비주의적 복음주의 종파들이 자꾸 생겨나게 되었는데, 두호보르는 신비주의적인 종파들의 두 가지 경향인 열광적 신비주의와 이성적 신비주의를 결합시켰다. 주로 남부 러시아에 많이 살았던 이들은 교회와 국가의 권위를 거부하며 신이 개인에게 내리는 계시에 의존하고, 입에서 입으로 전해 내려온 성가와 격언들을 계속 덧붙여 자꾸 불어난 책, 이른바 《생명의 책》(*Book of Life*)을 신봉했다. 성직자, 성찬, 세례의식을 모두 폐지하고 빵·소금·물을 차려 놓은 탁자 주위에서 기도하는 모임(*sobraniye*)만을 행했다. 평등주의와 평화주의 교리를 갖고 개종(改宗) 활동을 벌였으며, 징병을 거부했기 때문에 1773년 이후 이따금씩 박해를 받아서 여러 차례 추방되어서 낯선 땅에 다시 정착하곤 했다. 19세기말 두호보르들은 톨스토이가 제안한 도덕과 영적(靈的)인 거듭남에 관한 원칙들을 적극적으로 받아들였고, 톨스토이는 러시아 황제에게 청원하여 이들이 해외로 이주할 수 있도록 했다. 이들은 1886년부터는 '세계 동포 그리스도교 공동체'(Christian Community of Universal

입니다. 나는 두호보르들이 캐나다로 이주한 다음 원래의 결의를 어디까지 구현했는지는 모릅니다만, 하나의 공동체로서 무저항의 삶을 살았다는 점은 사실일 것입니다. 그래서 우리가 인생의 근본적 사실에 의해서 지배받지 않는다면 지배를 받을 때까지, 우리는 인류의 형제애라는 거룩한 이름을 갖고 장난칠 뿐이라고 느낍니다.

내가 지금 비판하는 대상은 유럽의 가장 훌륭한 작가들 중 일부와 심지어 인도의 훌륭한 작가들 중 일부가 취하는 입장입니다. 인간은 하나의 계급으로서 보복 없이 무엇을 할 수 있는 단계에 결코 도달할 수 없을 것이라는 입장 말입니다. 나는 그 입장에 대해서 근본적으로 찬성할 수 없습니다. 그와 반대로 인간이 보복을 삼갈 수 있는 교육을 받을 때까지, 인간은 자신의 완전한 운명과 완전한 존엄성을 실현하지 못할 것임을 나는 말씀드립니다. 우리가 그런 단계를 좋아하든 말든 우리는 거기로 몰려가고 있습니다. 우리가 그 단계로 몰

Brotherhood) 라고 알려졌고, 영국 퀘이커교도가 모은 기금으로 1899년까지 7천 5백 명이 캐나다로 이주해 1만 2천 명이 러시아에 남게 되었다. 캐나다 정부는 그들에게 서스캐처원에 좋은 조건으로 땅을 마련해 주고 징병도 면제해 주었으나, 일부만 정착하고 한 무리는 저항하는 뜻으로 나체 순례여행을 떠났다. 이에 두호보르의 다수파 지도자 표트르 베리긴이 캐나다로 가서 질서 회복에 나섰다. 1908년 베리긴은 브리티시컬럼비아에 6천 명이 살 공동체 마을을 세웠고 이 마을은 1924년 그가 죽을 때까지 번창했으나, 뒤를 이은 아들의 지도력 부족과 1930년대의 대공황으로 공동체 사업들이 파산한 뒤 다시는 일어서지 못했다. 1939년에 두호보르들은 '그리스도의 영적 공동체'(Union of Spiritual Communities of Christ) 라고 이름을 바꾸었다. 캐나다의 토지법 · 세제 · 교육법을 따르지 않아 정부와 충돌했고, '문자는 사람을 죽이고, 학교는 전쟁을 가르친다'는 이유로 학교교육을 반대했다. 제 2차 세계대전 뒤에 더욱 번성했으나 '자유의 아들단'(Sons of Freedom) 이라는 집단 내부의 특이한 극단분자들이 여전히 잔존해서 물질에 대한 경멸을 과시할 셈으로 나체행진을 하고 방화, 다이너마이트 폭파 등 자신들과 이웃 · 정부 재산을 불태우는 일들을 계속했다. 이에 속하지 않은 다른 집단은 캐나다 사회에 동화되었다. 《브리태니커 CD EX 백과사전》, 한국브리태니커, 2002 참조.

려가기보다는 우리 자신을 그 단계로 가져가면 더 나을 것입니다. 내가 오늘 저녁 여러분에게 온 것은 이런 특권의 행사를 권면하기 위해서, 즉 이 이념을 자발적으로 실행에 옮기는 특권의 행사를 권하기 위해서입니다. 내가 이 주제에 대해서 기독교 청중에게 말해야 할 필요는 정말로 없습니다. 내 친구 몇 사람은 내가 비보복에 대해서 얘기할 때 내가 참으로 기독교인이라고 말하기 때문입니다. 내가 힌두교도, 그리고 무슬림 친구들과 겨루어야 하듯이, 기독교인들과도 겨루어야 한다는 점을 그들은 거의 모릅니다.

나는 비보복을 인생의 규칙으로 받아들인 기독교인을 많이 알지는 못합니다. 내가 아는 아주 훌륭한 기독교인들 중에 일부는 비보복이 그리스도의 가르침이란 점을 인정하지 않습니다. 나는 이것이 그리스도의 가르침이라고 참으로 믿습니다. 자신들은 그 가르침의 대상이 12사도이었을 뿐 세상 전체가 아니었다고 말하고, 그들의 주장을 옹호하기 위해서 신약성서에서 어떤 구절을 인용해 오기도 합니다. 비폭력을 인생의 규칙으로서 인정하기를 반대하는 자들은, 그것이 비겁자의 종족을 만들 뿐이며, 만일 인도가 이와 같은 비보복의 메시지를 받아들인다면, 인도는 망하기로 작정한 나라라고 합니다. 그와 반대로 내가 여러분에게 제시하는 기본 입장은, 인도가 그런 입장을 받아들이지 않는다면 인도는 망할 수밖에 없는 나라이며, 인도와 함께 세계에 있는 모든 나라가 망할 것이라는 입장입니다. 인도는 대륙입니다. 유럽이 오늘날 힘의 원리를 받아들인 것처럼 인도가 힘의 원리를 받아들인다면, 인도는 세계의 약한 인종들을 착취하는 무리의 하나가 될 것입니다. 그것이 세계에 무엇을 의미하는지를 상상만이라도 해보십시오.

나는 스스로 내셔널리스트라고 부르고 있으며 그 점에 대해서 자부심이 있습니다. 나의 내셔널리즘은 우주만큼이나 광대합니다. 그 범위 안에는 저급한 동물에서부터, 지상의 모든 나라까지를 포함합니다. 그리고 이 메시지의 진리에 대해서 전 인도를 설득시킬 수만 있다면, 인도는 세상의 온 나라가 동경하는 나라가 될 것입니다. 나의 내셔널리즘은 전 세계의 복지를 포함합니다. 나는 나의 인도가 다른 나라들의 잔해를 밟고 일어서기를 원치 않습니다. 나는 나의 인도가 단 한 사람이라도 착취하기를 원치 않습니다. 나는 인도가 자신의 기운(*strength*)을 다른 나라에도 불어넣을 수 있을 만큼 강성해지기를 원합니다. 나는 다른 나라에 이것을 기대하지 않겠습니다. 오늘날 유럽의 어떤 나라에도 이것을 기대하지는 않겠습니다. 그들은 다른 나라에게 기운을 주지 않습니다. 우리는 어떤 기운도 받고 있지 않습니다. 사태의 성격상 그들이 그럴 수 없기 때문에 나는 물리력을 토대로 삼는 헌법의 공범자가 도저히 될 수 없다는 강경한 입장을 취했던 것입니다.

윌슨 대통령은 아름다운 14개 조항을 언급했습니다. 여러분은 그가 무슨 말로 끝을 맺었는지 아십니까? 그는 "평화에 도달하려는 우리의 노력이 마지막까지 실패한다면, 우리는 다시 무기에 의존해야 할 것입니다"라는 말로 결론을 지었습니다. 나는 그의 입장을 뒤집어서 "우리의 무기는 이미 실패했습니다. 이제 새로운 것을 찾아봅시다. 사랑의 힘과 진리 즉 신으로 한번 해봅시다"라고 말할 것입니다. 우리가 그것을 얻었다면 아무것도 원치 않을 것입니다. 귀의자 프라흘라드의 얘기가 있습니다. 그것이 우화일 수도 있지만 나에게는 우화가 아닙니다. 그는 12세도 채 안 된 소년이었습니다. 그의 부친이 신의 이름을 받아들이지 말라고 요구했습니다. 프라흘라드는 "그것 없이는 저는 아무 일도 할 수 없어요. 그것은 제 생명인걸요." 그러자 부친은 그에게 요구했습니다. "나에게 너의 신을 보여다오." 부친은 벌겋게 달아오른 뜨거운 철 기둥을 그에게 보여주고 그것을 안아 보라고 요구했습니다. 그렇습니다. 그 기둥 안에 신이 계셨습니다. 프라흘라드는 사랑과 신앙 속에 그것을 안았습니다. 그는 조금도 다치지 않았습니다. 우리가 형제애를 실현하고 싶다면, 우리는 우리 안에 프라흘라드의 사랑과 신앙 그리고 그의 진리가 있어야 합니다.

기독교인 집회에서의 연설,
〈암리타 바자르 파트리카〉,
1925. 8. 15 ; 《전집》 32 : 159

199) 관용과 신앙

사바르마티 아슈람, *1926. 4. 1*

사랑하는 친구에게,
당신의 편지를 받았습니다. 다른 신앙에 대해서 관용하기 위해서 자신의 신앙을 잊을 필요는 없다고 생각합니다. 사실을 말하자면, 자신의 신앙을 망각하면 관용은 그 가치를 잃는 법입니다. 내 생각으로 관용이란 우리가 자신의 신앙을 존중하듯이 다른 신앙도 동등하게 존중할 것을 요구하는 것입니다.

나는 아무 중재자 없이도 우리가 신에게 도달할 수 있다고 생각합니다.

귀하의 신실한 친구

Sjt. S. V. Venkatanarasayyan
7, Miller Road
Kilpauk, Madras

벤카타나라사얀에게 보낸 편지,
SN 19407 ; 《전집》 34 : 259

200) 사랑과 상호 의존

사바르마티 아슈람, *1926. 4. 6*

사랑하는 친구에게,

당신의 편지를 받았습니다. 미안하지만 당신이 나에게 보내주신 신조를 인정할 수 없습니다. 그 구독자는 보이지 않는 실재의 최고 현현이 예수 그리스도였다고 믿습니다. 나의 혼신의 노력에도 불구하고, 나는 그 진술에서 진리를 느낄 수가 없었습니다. 나는 예수가 인류의 위대한 스승들 중에 한 분이란 믿음 이상을 넘어설 수 없었습니다. 당신은 종교 간의 일치가 기계적인 수긍과 공통된 교리에 의해서 성취되는 것이 아니라, 모든 사람들이 상대방의 교리를 존중함으로써 성취된다고 생각하지 않으십니까? 내 생각으로는 서로 다른 머리들이 존재하는 한 교리상의 차이가 있을 것입니다. 하지만 모든 머리들이 … 사랑과 호혜적 판단(*mutual judgment*)이라는 공동의 길 위에 있다면 무엇이 문제겠습니까?

나는 당신이 친절하게 보내주신 우표를 반환합니다. 그것은 인도에서는 사용될 수 없습니다.

귀하의 신실한 친구

Milton Newberry Frantz, Esq.
Collegeville

밀튼 뉴베리 프란츠에게 보낸 편지,
SN 12461 ; 《전집》 35 : 35

201) 우의회(友誼會)와 관용

〔*1928. 1. 15* 이전〕

하나의 완전한 우의회(*perfect fellowship*)[60]를 성취하기 위해서는, 국제연맹위원회 회원들의 모든 행위가 종교적·희생적이어야 합니다. 나

60 국제연맹위원회 회원과 친구들이 아슈람에 머물면서, '연대의 근본적인 목적'에 대한 토론회를 개최하고 있었다.

는 기도와 함께 진행된 연구와 공부 그리고 내가 만날 수 있었던 많은 수의 사람과 논의한 후에, 모든 종교가 참이지만 그 속에 어느 정도 오류가 있다는 결론, 그리고 내가 자신의 종교를 신봉하면서도 다른 종교를 힌두교만큼이나 귀중하게 여겨야 한다는 결론에 아주 예전에 도달한 바 있습니다. 이것으로부터, 우리가 만인을 우리에게 가장 가까운 친척이나 친지(親知) 만큼 귀한 존재로 여겨야 하고, 그들 사이에 아무 차별도 하지 말아야 한다는 결론이 논리적으로 도출됩니다. 그래서 우리가 힌두교도라면 기독교도가 힌두교도가 되기를 기도해서는 안 되고, 우리가 이슬람교도라면 힌두교도나 기독교도가 이슬람교도가 되기를 기도해서도 안 되며, 심지어 어떤 사람이 개종해야 한다고 은밀히 기도해서도 안 됩니다. 오히려 우리는 아주 내밀하게 힌두교도는 더 나은 힌두교도가 되기를, 이슬람교도는 더 나은 이슬람교도가 되기를, 기독교도는 더 나은 기독교도가 되기를 기도해야 합니다. 그것이 우의회의 가장 근본적인 진리이고, 놀라운 열정의 의미입니다. 그런 열정에 대한 얘기를 앤드루스가 여러분에게 읽어 주었습니다. 그것이 카레, 샤스트리, 이맘 사헤브가 암송했던 노래와 시의 의미입니다. 만일 앤드루스가 그들의 노래와 시를 초대한 것이 단순한 예절이나 선심성의 관용에서 그랬다면, 그는 우의회에 진실하지 못한 것입니다. 그 경우 그는 그렇게 하지 말았어야 합니다. 하지만 나는 찰리 앤드루스를 너무 잘 압니다. 그는 자신의 종교에 준 그 사랑을 다른 종교에도 주어왔음을, 그래서 나는 그가 자신의 기독교를 넓혀왔음을 압니다. 이는 내가 다른 종교들을 내 것처럼 사랑함으로써 나의 힌두교를 넓혀온 것과 마찬가지입니다.

여러분의 마음속에 오직 하나의 종교만이 참이고 다른 것은 거짓일 것이라는 의심이 조금이라도 있다면, 여러분 앞에 있는 우의회의 원리를 거부해야 합니다. 그렇게 되면 우리는 부단한 배제의 과정을 거쳐야 할 것이고, 우리의 우의회를 배타적인 토대 위에 수립하게 될 것입니다. 나는 무엇보다도 완전한 진실(*truthfulness*)을 간청합니다. 우리가 자신의 종교에 대해서 마음을 쓰는 것만큼 다른 종교들에 대해서 마음을 쓰지 않는다면, 우리 자신을 해산해 버리는 편이 낫습니다. 우리는 알맹이 없는 관용을 원치 않기 때문입니다. 관용에 대한 나의 원리는 악인에 대한 관용을 포함하지만 악에 대한 관용을 포함하지 않습니다. 그것은 여러분이 악한 마음을 가진 사람 모두를 초청해야 한다거나 거짓된 신앙을 관용해야 한다는 것을 의미하지는 않습니다. 참신앙이란 그 전체 에너지가 신도들의 선을 위하는 신앙을 말하며, 거짓된 신앙이란 대체로 거짓인 것을 말합니다. 그래서 여러분이 힌두교의 총합이 힌두교도와 전 세계에 나빴다고 느낀다면, 그것을 거짓된 신앙으로서 거부해야 합니다.

간디지는 우의회의 회원이라면 다른 종교의 신도들이 자신의 종교로 개종하기를 비밀스럽게라도 희구해서는 안 된다는 입장을 강조해서 말했는데, 이 말은 개종의 문제에 대한 일반적 논의로 나아갔다. 간디지는 종전보다 더욱 분명하게 자신의 입장을 재차 정리했다.

나는 그를 개종시키도록 노력하지 않을 뿐만 아니라, 다른 사람이 내 신앙을 받아들이기를 은밀하게라도 기도하지 않을 것입니다. 나는 이맘 사헤브가 보다 나은 무슬림이 되었으면, 아니면 그가 할 수 있는 한도 내에서 최선의 사람이 되었으면 하고 늘 기도합니다. 내 아내가 나에게 이 세상에서 가장 아름다운 여인이듯이 아힘사라는 메시지를 갖고 있는 힌두교는 나에게 이 세상에서 가장 영광된 종교입니다. 하지만 다른 사람들도 자신의 종교에 대해서 같은 것을 느길 것입니다. 진실로 정직한 개종은 분명히 가능한 일입니다. 사람들이 자신의 내적 만족과 성장을 위해서 종교를 바꾼다면 그렇게 하도록 내버려 두십시오. 우리의 메시지를 원주민들(*aborigines*)에게 전달해 주는 일에 대해서 말씀드리자면, 나는 거기로 가서 나의 지혜에서 나온 메시지를 전달해야 한다고 생각하지 않습니다. 혹자는 그것을 전달할 때 겸손으로 하면 된다고들 합니다. 글쎄요, 불행하게도 나는 교만이 흔히 겸손의 옷을 입고 다니는 것을 목격한 바 있습니다. 내가 완전하다면 나의 생각이 다른 사람들에게 도달할 것임을 압니다. 내가 스스로 세운 목표에 도달하자면 모든 시간을 써야 할 것입니다. 원주민과 아셈 고원지방에 사는 사람들에게 다가갈 때, 내가 벌거벗고 나가는 일 이외에 그들에게 뭘 가지고 가야 할까요? 나의 기도에 동참하라고 말하는 대신, 나는 그들의 기도에 동참하겠습니다. 우리는 사람들을 '물활론자'(*animists*) 혹은 '원주민' 등으로는 잘 분류하지 않았습니다만, 그런 분류를 영국 지배자들에게서 배웠습니다. 나는 봉사하려는 욕구를 가져야 하고, 나 자신을 민중과 올바른 관계에 두어야 합니다. 개종과 봉사는 어울리지 않습니다.

그다음 날 아침 일찍 친구들이 간디지와 함께 비공식적인 대화를 가지게 되었는데, 그때 그들 중 많은 사람이 동일한 질문을 했다.

질문 다른 사람을 개종시키려는 욕구를 가진 자는 회원의 자격이 없다고 결정하신 것입니까?

대답 개인적으로 말하자면 자격이 없다고 여깁니다. 나는 그 결의안을 우의회의 논리적 결론으로 간주하고 있으며, 그런 취지로 결의안을 내가 작성했어야 한다고 생각합니다. 결의안은 종교 간의 관계와 접촉을 위해서는 필수적인 것입니다.

"남을 개종하려고 하는 것은 신이 주신 충동(*impulse*)이 아닐까요?"라고 한 친구가 질문을 던졌다.

대답 나는 그 점을 문제 삼습니다. 하지만 일부의 힌두교도가 믿듯이, 신이 일체의 충동들을 주셨다면, 그분은 우리에게 분별심(*discrimination*)도 주셨습니다. 그분은 "내가 여러분에게 수많은 충동들을 주었지만 그것은 유혹을 정면에서 다룰 수 있는 능력을 검증하기 위해서이다"라고 말씀하실 것입니다.

여성 한 분이 "하지만 당신은 경제 질서를 설교하는 일을 믿고 있지 않습니까"라고 물었다.

대답 믿고 있습니다. 건강 법칙을 설교하는 일을 믿고 있듯이 말입니다.

질문 그렇다면 같은 규칙을 종교적 사안에는 왜 적용하지 않습니까?

대답 관계는 있는 질문이군요. 하지만 모든 종교들이 참이라는 근본 원리에서 우리가 시작했다는 점을 당신은 망각해서는 안 됩니다. 다른 집단 안에 우리의 것과는 다르지만 유효하고 진실한 건강 법칙이 있다면, 나는 이것은 참이라 하고 저것은 거짓이라고 설교하는 일을 주저할 것입니다. 상대방의 종교적 믿음을 관용할 준비가 되어 있지 않은 사람들과는 국제적인 우의회가 있을 수 없다는 점에 대해서 나는 확신합니다.

더구나 물질에 대한 비유가 영적인 문제에 적용될 때에는 일정 범위까지만 유효할 것입니다. 당신이 자연에서 얻어온 비유가 있다면, 일정한 정도까지만 확장할 수 있을 것입니다. 자연세계 안의 사례 하나를 들어서 내 말의 뜻이 무엇인지를 설명해 보겠습니다. 내가 당신께 장미꽃 한 송이를 바치기를 원한다면, 나는 분명 운동해야 합니다. 그러나 향기를 전달하려고 하면, 나는 아무 운동 없이도 전달할 수 있습니다. 장미는 운동하지 않고도 자신의 향기를 전달해 줍니다. 한 단계 높이 올라가 봅시다. 그러면 우리는 영적인 경험이 스스로 활동(*self-acting*)한다는 점을 이해할 수 있습니다. 그래서, 위생 등등을 설교한다는 비유는 유효하지 않습니다. 우리에게 영적 진리가 있다면 그 진리는 스스로 전달될 것입니다. 당신은 영적 체험의 기쁨에 대해서 말하고, 그것을 공유할 수밖에 없다고 합니다. 그래요. 그것이 참기쁨이라면, 무한한 기쁨이라면 그것은 어떤 언어의 수단 없이도 스스로 확산될 것입니다. 영적 문제에서는 우리가 그 길을 막지만 않으면 됩니다. 신으로 하여금 그의 일을 하게 합시다. 참견하면 해가 됩니다. 선이란 스스로 활동하는 힘입니다. 악은 그렇지 않습니다. 그것은 부정적인 힘이기 때문입니다. 그것은 앞으로 전진하기 위해서는 도덕의 위장을 요구합니다.

질문　예수 자신이 가르치고 설교하지 않았습니까?

대답　우리는 여기서 또다시 위험한 땅에 들어가는군요. 당신은 예수의 삶에 대한 나의 해석을 요구하고 있습니다. 글쎄요. 나는 복음서 안의 모든 것을 역사적 진리로 수용하지 않는다고 말씀드릴 수 있습니다. 그가 자신의 민족 사이에서 일해왔다는 점과 그는 파괴하기 위해서가 아니라 완성하기 위해서 왔다고 말한 점을 기억해 두어야 할 것입니다. 나는 산상수훈과 바울 편지들 사이에는 아주 큰 차이가 있다고 생각합니다. 그 편지들은 그리스도 가르침의 곁가지이며, 그리스도 자신의 경험과는 동떨어진 곡해입니다.

우의회에 대한 토론, 〈영 인디아〉, 1928. 1. 19 ; 《전집》 41 : 133

202) 개종과 겸손

나는 앞의 편지[61]를 기꺼이 출판했다. … 나는 세계의 주요 종교들을 지칭했던 것이고, 모든 종교들이 다소 진실이며 그러면서도 반드시 불완전한 데가 있음을 내가 주장해왔다는 점이, 국제우의회(the International Fellowship)의 여러 집회에서 분명해졌다. 따라서 이 점에서 의견일치를 보았다. 하지만 어랜드 씨의 편지는 개종에 대해서 그와 나 사이에 근본적 차이점이 있다는 인상을 내 마음에 남기고 있다. 개종을 뭐라고 명명하든 말이다. 비유는 본성상 잘못이 있지만, 향기의 비유를 좀더 확장해 보자. 장미는 자신의 향기를 여러 방식이 아니라 오직 한 가지 방식으로 퍼뜨린다. 후각이 없는 자는 그것을 놓치게 될 것이다. 여러분은 혀, 귀 또는 피부로는 그 향내를 맡을 수 없다. 그와 같이 여러분은 영적 감각(*the spiritual sense*)을 통하지 않고서는 영성을 받을 수 없다. 따라서 모든 종교들은 영적 감각이 깨어나야 할 필요성을 인정했던 것이다. 그것이 두 번째 탄생이다.

강렬한 영성을 지닌 자는, 그가 본 적이 없고 그를 본적이 없는 수백만의 사람들의 심정에 말이나 몸짓 없이 감동을 줄 수 있다. 가장 달변인 설교자라고 해도 자신 안에 영성이 없다면 청중의 심정에 감동을 줄 수가 없을 것이다. 그래서 현대 선교 노력의 대부분이 소용

61 캠브리지 선교회의 어랜드(W. F. Ireland)의 편지인데 여기에는 게재하지 않는다.

없는 짓일 뿐만 아니라 대개 해롭기조차 하다고 나는 감히 생각한다. 선교의 노력의 뿌리에는 나의 신념이 나 자신에게만 참인 것이 아니라 전 세계를 위해서도 참이라는 가정이 있다고 믿는다. 하지만 사실 신은 우리가 이해 못할 수백만 개의 방식으로 우리에게 도달하신다. 따라서 선교의 노력에는 인간의 한계와 신의 무한한 힘을 본능적으로 인정하는 진정한 겸손이 없다. 나는 내가 영적인 관점에서 이른바 미개인보다 반드시 더 우월하다고 느끼지 않는다. 영적 우월감을 느끼는 것은 위험한 일이다. 그것은 우리가 감각기관을 통해서 지각하고 분석하고 증명하는 다른 많은 일과는 다르다. 영적 우월이 존재한다면, 지상의 어떤 힘도 그것을 나에게서 앗아갈 수 없을 것이다. 그것은 적당한 때가 오면 자체의 영향력을 갖게 될 것이다. 하지만 의학과 자연과학 분야에서 내가 타인들에 대해서 우월감을 느끼고, 내가 우월한 일에 대해서 정당하게 자각하게 된다고 해보자. 그리고 만일 내가 동료를 사랑한다면, 나는 자연스레 나의 지식을 그들과 함께 공유할 것이다. 하지만 영혼의 일이라면 나는 신에게 맡겨 둘 것이다. 그래야만 나는 동료들과 나 자신 사이의 유대를 순결하고, 올바르게 그리고 적당한 한도 내에서 유지하게 될 것이다. 하지만 나는 논의를 더 이상 전개하지는 않겠다.

내 첫 느낌은 어랜드 씨의 편지를 출판하지 않고, 그에게 사적으로 짤막한 대답을 주는 일이었다. 하지만 그에 대한 배려에서 나는 더 이상의 설명 없이 그의 소망을 들어주기로 한 것이다. 그러면서 나는 이 주제가 어떤 결정적 논의를 전개할 수 있는 것이 아니라는 점, 특히 내 편에서 그리고 내가 여기에 기술했던 관점에 비춰보아서 어떤 결정적 논의를 할 수 없다는 점을 아주 잘 알고 있다.

차이점을 말하다, 〈영 인디아〉, 1928. 3. 22 ; 《전집》 41 : 355

203) 종교의 변화

사바르마티, 사탸그라하 아슈람, *1928. 9. 1*

친애하는 보이드 씨,

당신의 편지가 며칠 동안 내 파일 위에 있었습니다.

당신이 상당히 정확하게 내 입장을 표현하셨다고 생각합니다. 그 입장을 표현하는 방식이 오해를 야기할 수도 있다는 점을 제외한다면 말입니다. 나는 다른 사람들이 나의 관점(*viewpoint*)을 수용하기를 원치 않는다고 말한 적은 없지만, 다른 사람들이 나의 종교를 수용하기를 원치 않는다고 말한 적은 있습니다. 당신은 관점이란 단어를 종교와 동의어로 사용한 것이 분명해 보입니다. 나는 그런 식으로 사용하지 않습니다. 나는 내 종교를 다른 사람들에게 강요하지는 않을 것이지만, 나의 관점은 다른 사람들에게 밀어붙일 것입니다. 우리 모두가 다 그렇게 해야 하듯이 말입니다. 종교는 느낌(*feeling*)이나 심정(*heart*)의 문제이므로 논쟁의 문제가 아닙니다. 나는 다른 모든 사람들의 느낌을 내 자신의 것만큼 귀하게 생각합니다. 그가 내 느낌을 귀하게 여기기를 기대하기 때문입니다. 관점은 논증의 문제, 마음(*mind*)과 지성의 문제입니다. 그것은 심정을 건드리지 않고 때때로 바뀔 수 있습니다. 종교의 변화는 사람의 상태에 대한 변화입니다. 관점의 변화는 흔히 외부 원인에 따라서 발생하는 우연적인 일입니다.

신의 존재에 대한 나의 느낌은 쉽게 변할 수 없습니다. 신이라는 말의 의미에 대한 내 관점은 때때로 바뀌고 내 이성의 확장과 더불어 확장되기도 합니다. 종교는 설명 이상이고, 누가 다른 사람의 종교를 건드리는 일은 나에게는 주제넘는 일입니다. 하나의 관점은 항상 설명될 수 있어야 합니다. 내가 이렇게 구별하는 이유는 이것이 다른 어떤 방식보다도 종교에 대한 나의 입장을 보다 분명히 설명해 줄 수 있기 때문입니다. 나는 당신이 힌두교도가 되기를 원치 않습니다. 하지만 당신이 힌두교 내부에 있는 좋은 모든 것, 기독교 가르침에는 별로 없거나 전혀 없는 것을 흡수함으로써 보다 훌륭한 기독교인이 되기를 원하는 것은 사실입니다. 나는 왜 내 자신을 힌두교도로 부르는 일, 그리고 힌두교도로 남아 있는 일에 대해서 열락을 느끼는지를, 설명할 수 없습니다. 하지만 내가 힌두교도라는 점이 기독교, 이슬람교, 그리고 세상의 다른 신앙들 안에 있는 선하고 고귀한 모든 것을 흡수하는 일을 방해하지 않습니다.

내가 나의 입장을 당신이 만족하실 만큼 설명했는지 잘 모르겠습니다. 불만이시라면, 다시 물어 주십시오.

바르돌리에 대해서 당신이 말씀하신 것은 모두 정말로 진실입니다.

귀하의 신실한 친구

Rev. B. W. Tucker
Principal, Collins High School
140 Dharmtala Street, Calcutta

터커에게 보낸 편지, SN 13505 ;《전집》42 : 496

204) 종교들의 평등성

화요일 아침, *1930. 9. 23*

종교들의 평등성(*Equality*). 이것은 우리가 여태 관용으로 알아왔던 아슈람 규율에 우리가 주었던 새로운 이름일세. 사히슈누타(*Sahishnuta*)는 영어의 '관용'(*Tolerance*)의 번역어라네. 관용이란 단어를 좋아하지는 않지만 보다 나은 단어를 생각해낼 수가 없었네. 카카사헤브 역시 그 단어를 좋아하지 않았네. 그는 '모든 종교들에 대한 존중(*Respect*)'이란 말을 제안했네. 그 구절도 내 마음에 들지 않았네. 관용이란 자신의 신앙에 비해서 다른 신앙들이 열등하다는 근거 없는 가정을 포함할 수 있다네. 존중이란 말은 생색내는 태도를 드러내고 있네. 이와 달리 아힘사는 우리가 우리 자신의 종교를 존중하듯이 다른 종교를 존중하라고 가르친다네. 그래서 아힘사는 자신의 종교의 불완전성을 인정하는 것이네. 진리의 추구자, 사랑의 법칙을 따르는 자는, 이것을 쉽게 인정할 수 있네. 만일 우리가 진리에 대해서 온전한 비전을 획득했다면, 우리는 더 이상 단순한 추구자가 아니라 신과 하나가 되었을 것이네. 진리가 신이기 때문이지. 우리는 하지만 단지 추구자일 뿐이므로, 우리가 계속 추구하면서도 우리의 불완전함을 자각하고 있지. 그리고 우리 스스로 불완전하다면, 우리가 생각하는 종교 역시 당연히 불완전할 것이네.

우리는 종교를 완전한 경지까지 실현하지 못했듯이, 신을 실현하지 못했다네. 우리가 생각하는 종교가 불완전하므로 종교는 항상 진화와 재해석의 과정을 밟을 수밖에 없네. 진리를 향한, 신을 향한 진보는 그런 진화 덕분에 비로소 가능해지네. 인간이 윤곽을 부여한 모든 신앙들이 불완전하다면, 상대적인 우수성의 문제는 일어나지 않을 것이네. 모든 신앙들이 진리의 한 계시이지만 모든 신앙들은 불완전하고 오류를 범하게 되어 있네. 우리가 다른 신앙들을 공경한다고 해서 그들 신앙이 갖고 있는 오류에 대해서 눈감을 필요는 없네. 우리 자신의 신앙의 결점에 대해서도 날카롭게 자각해야 한다네. 하지만 그 이유로 내 신앙을 저버릴 것이 아니라 결점을 극복하도록 노력해야 하네. 우리는 평등의 눈으로 모든 종교들을 보면서 우리의 신앙에 다른 신앙이 가진 온갖 수용 가능한 면모들을 도입하는 일을 주저해서는 안 되며, 오히려 그런 일을 의무로 생각해야 할 것이네.

그러면 "왜 그렇게 다양한 신앙들이 존재하느냐?"라는 질문이 일어날 것이네. 혼(*the soul*)은 하나지만 혼이 생명을 불어넣는 육신들은 복수라네. 우리는 육신들의 숫자를 줄일 수는 없네. 하지만 우리는 혼의 일치(*unity*)는 인정하네. 하나의 나무에 원줄기는 하나뿐이지만 많은 가지와 잎새가 있듯이, 진실하고 완전한 종교(*Religion*)는 하나뿐이지만, 그것이 인간이 만든 매체를 통과하면서 다수가 된 것이네.

모든 종교들은 신의 영감을 받은 것이지만 인간 마음의 산물이고 인간들이 가르친 것이므로 불완전하네. 저 하나의 종교(*the one Religion*)는 모든 언어 저편에 있네. 불완전한 인간들이 그 종교를 자신들이 부릴 수 있는 언어 속에 집어넣었고, 그들의 말들은 마찬가지로 불완전한 인간들에 의해서 해석되고 있네. 누구의 해석이 올바른 것으로 주장되어야 할까? 각자가 자신의 입장에서는 옳을 수 있지만, 모두가 다 틀릴 수 있는 가능성을 완전히 배제할 수도 없네. 여기에 관용의 필요성이 생기는 것이지. 관용은 자기 자신의 신앙에 대한 무관심을 의미하는 것이 아니라, 그것에 대해서 보다 지적이며 보다 순수한 사랑을 의미한다네. 관용은 우리에게 영적인 통찰력을 주는데, 그것은 북극이 남극에서 아주 멀리 떨어져 있듯이 광신(*fanaticism*)과 아주 멀리 떨어져 있네. 종교에 대한 참된 지식은 신앙과 신앙 사이의 장벽을 부순다네. 다른 신앙들에 대해서 관용을 닦는 일은 우리 자신의 신앙에 대해서 보다 진실된 이해를 얻을 수 있게 해준다네.

관용이 옳음과 그름, 선과 악 사이의 분별을 방해하지 않는 것은 분명하네. 여기에서 내가 쭉 언급한 것은 당연히 세계의 주요 종교들을 지칭한 것이네. 그것들은 모두 공통의 근본적 원리들에 기초하고 있고, 모두 위대한 성인들을 배출했네. 다른 종교에 대한 관용과 그 종교의 신도들에 대한 관용 사이에는 약간의 차이가 있네. 우리는 모든 인간들에 대해서 공평하게 존중해야 할 것이네. 성자와 사악한 자, 경건한 자와 경건하지 못한 자, 이들 모두를 존중해야 하네. 하지만 우리는 결코 반종교(*irreligion*)를 관용할 수는 없네.

이 생각은 상세한 설명이 필요할지도 모르네. 자네가 쉽게 이해할 수 없다면 나에게 다시 물어봐 주게.

바푸로부터 축복을

1930. 9. 30 화요일 아침

지난 편지에서 자네에게 말한 대로 종교 평등론을 영어로 번역했는데, 그것을 여기에 동봉하네. 발지바이가 이미 번역했고 그것이 인쇄되었다면, 그는 내가 보내는 번역을 읽어야 할 것이네. 읽고 싶은 사람이면 누가 읽어도 좋네. 마지막에는 그것을 미라벤에게 건네주게. 만일 발지바이의 번역이 아직 인쇄되지 않았다면, 그는 내 번역을 조심스럽게 읽어 본 다음 그가 원하는 대로 출판하길 바라네. 자네는 그 평등론을 구자라트어로만 출판하길 원하는가, 아니면 영역도 함께 출판하기를 원하는가?

이 주제는 너무 중요해서 좀더 말하고 싶네.

내가 여기에서 내 경험의 일부를 묘사한다면 아마도 나의 뜻이 보다 분명해질 것이네. 우리는 피닉스에서 여기 사바르마티에서처럼 일상의 기도회를 열었는데, 거기에 힌두교도와 함께 이슬람교도와 기독교인들이 참석했다네. 고 세스 루스톰지와 가족분들도 기도회에 참석했네. 그는 '라마의 이름이 나에게 귀하고 귀하네'라는 구자라트어 찬송가를 매우 좋아했네. 내 기억이 옳다면, 마간랄 또는 카시 둘 중에 한 사람이 우리가 이 찬송을 부를 때 우리를 인도했는데, 그때 루스톰지 세스가 "라마라는 이름 대신 호르마즈드라는 이름을 말합시다"라고 환희에 차 고함을 질렀다네. 그의 제안이 즉시 받아들여졌지. 그 이후 세스 가족이 있을 때에는 언제나, 때로는 그가 부재중일 때에도 우리는 라마 이름 자리에 호르마즈드의 이름을 넣어 불렀다네. 다우드세스의 아들인 고 후사인은 이따금씩 피닉스 아슈람에 머물 때가 있었으며, 우리 기도회에 열정적으로 참석했다네. 오르간 반주에 맞춰 그는 아주 달콤한 목소리로 '이 세상의 정원은 오직 한순간만 꽃피네'(하이 바하레 바그)라는 노래를 불렀다네. 그는 우리 모두에게 이 노래를 가르쳐 주었는데, 우리는 이 노래를 기도회에서 불렀다네. 우리의 찬송가집(바자나발리)에 그것을 포함시킨 것은 진리를 사랑하는 후사인에 대한 감사의 표시라네. 나는 후사인만큼 진리를 충심으로 실행하는 젊은이를 본 적이 없네. 조셉 로이펀(Joseph Royeppen)은 피닉스에 자주 오네. 그는 기독교 신자였는데, 그가 가장 좋아하는 찬송가는 바이슈나바 자나(Vaishnava jana)라네. 그는 음악을 좋아하고 한번은 바이슈나바 자리에 '크리스천'이란 말을 넣어 불렀는데, 다른 사람들은 그의 노래를 선뜻 받아들였다네. 그리고 이것이 조셉의 마음을 기쁨으로 채워 주는 것을 나는 보았네.

나는 자신의 만족을 위해서 다른 신앙의 경전들을 뒤적거려 보았으므로, 내 목적에 필요한 만큼은 기독교·이슬람교·조로아스터교·유대교·힌두교에 충분히 익숙해졌네. 이런 경전들을 읽으며 나는 그때에는 의식하지 않았을지 모르지만, 이들 모든 신앙에 대해서 동일한 존경심을 느꼈다고 말할 수 있네. 당시의 나날들을 생각해 보면, 나는 다른 종교들이 내 종교가 아니라는 이유 때문에 그것들 중 어느 하나도 비판하고 싶은 적이 없었다네. 오히려 나는 성전 한 권 한 권을 공경의 정신으로 읽었으며 그 속에 있는 동일한 근본적인 도덕을 찾았다네. 그때 나는 어떤 것들은 이해할 수 없었는데, 그것은 내가 힌두교 경전에서도 이해할 수 없는 것이 있었던 것과 마찬가지네. 나는 지금도 그런 것들을 이해하지 못하네. 하지만 내 경험이 가르쳐 준 바에 따르면, 우리가 이해하지 못하는 것이 반드시 틀렸다고 성급하게 단정하는 것은 과오라네. 내가 첫 순간에는 이해하지 못했던 것들이 나중에는 대낮의 햇빛처럼 분명하게 되는 경우도 있네. 평등심(*equimindedness*)이 수많은 난점을 해결하는 것을 도와주네. 우리는 어떤 것을 비판할 때에도, 겸손과 예절을 지키면서 자신을 표현해야 하며, 배후에 어떤 가시가 남아 있어도 안 되네.

난점 하나가 여전히 남아 있네. 지난번에 말한 대로, 종교 간의 평등의 원리를 수용한다고 해도, 그것이 종교와 반종교 사이의 차별을 폐지하는 것은 아니네. 우리는 반종교에 대한 관용을 닦으라고 제안하는 것은 아니네. 종교와 반종교를 구별해야 할 경우, 무엇이 종교이고 무엇이 반종교인지 각자 결정을 내린다면, 평등심을 위한 여지가 없을 것이라고 반대할 사람이 있을 수 있네. 이런 질문이 제기될 수 있고 종교와 반종교가 무엇인지를 결정하는 데 오류를 범할 수도 있네. 하지만 우리가 사랑의 법칙을 따른다면, 반종교적인 형제에게 어떤 증오심도 품지 않을 것이네. 반대로, 그가 비록 반종교를 따르는 것을 우리가 안다고 해도, 우리는 그를 사랑할 것이네. 그렇게 되면, 우리가 그에게 자신의 길의 과오를 보게 해 주든지, 아니면 그가 우리의 과오에 대해서 확신을 심어 주든지, 그것도 아니면 각자 상대방의 견해의 차이를 관용하게 될 것이네. 상대방이 사랑의 법칙을 준수하지 않고 우리에게 폭력적일 수도 있네. 하지만 우리가 그에 대한 진정한 사랑을 품고 있다면, 그것은 종내 그의 반감을 극복할 것이네. 우리는 우리의 눈으로 봐서 잘못에 빠져 있는 사람들을 참지 못해서는 안 되며, 필요하다면 우리가 몸소 고통을 받을 준비가 되어 있어야 한다는 것은 황금률이라네. 우리가 이것을 준수하기만 하면 우리 앞길에 놓인 온갖 장애물은 사라질 것이네.

이 편지 앞부분에서 내가 말한 대로 스와데시 주제는 생략할 것이네. 다음번에 써야 할 주제에 대해서는 아직 생각해 보아야 하네.

바푸로부터 축복을

나란다스 간디에게 보낸 편지,
MMU / I(마이크로필름) ; 《전집》 50 : 114

205) 모든 종교들의 뿌리

1945. 11. 1

판디트지께,

나는 다른 사람에게 당신 책[62]을 처음부터 끝까지 읽어 달라고 부탁했습니다. 요즈음 읽을 가치가 있다고 여기는 책이 있으면 물레를 돌리는 동안 그것을 나에게 읽어 주는 친구가 있습니다. 나는 당신의 책에 실망했습니다. 당신에게서 예전에 들은 말도 있고 해서 그 책에서 뭔가 새로운 것을 배울 수 있지 않을까, 동시에 힌두·무슬림 문제(*the Hindu-Muslim question*)에 대해서 새로운 빛을 던져 주지 않을까 기대했습니다. 나는 어릴 때부터 이슬람교도와 더불어 살았습니다. 내가 런던에 갔을 때 신의 섭리로 나는 기독교도, 이슬람교도 그리고 파시교도와의 친밀한 관계에 있었습니다. 힌두교도도 역시 있었습니다. 나는 그들 중 지성인들과 만나게 되었고, 그래서 이 네 종교들의 경전을 다 읽을 수가 있었습니다. 나는 우리가 어떤 종교든 그 종교의 성전을 읽고 난 다음에라야 그 종교에 대한 진실을 알 수 있을 것이라는 결론에 도달했습니다. 나는 그 종교들에 대한 비판도 상당히 많이 읽었습니다. 당신이 편지에 언급하신 무슬림인 그 비판자의 글도 읽었다고 말씀드릴 수 있습니다. 나는 남아프리카에서 그런 책들에 대해서 무슬림들과 그리고 무슬림이 된 영국인 한 사람과도 의견

62 〔역주〕 힌두·무슬림 관계에 관한 책. 《전집》 권88, 207면 참조.

을 나눈 적도 있습니다. 여기 온 이래 나는 마울라나 쉬블리의 저작들을 읽었습니다. 그 결과, 나는 모든 종교들이 진리와 허위를 포함하고 있다는 것을 깨달았습니다. 모든 종교들의 뿌리는 하나이며, 그것은 순결하며, 모든 종교들은 동일한 원천에서 생성되었으므로 평등합니다. 모든 종교들의 평등이란 항목을 비노바가 마라티어 슐로카의 11개조 서약에 포함시켰는데, 우리는 기도회에서 매일 암송하고 있습니다.

비폭력, 진리, 불투도, 브라마차르야, 무소유, 육체노동, 미각의 통제, 일체 경우에서의 무외, 모든 종교들에 대한 평등한 존중, 스와데시 그리고 스파르샤바바나(*sparshabhavana*)[63] — 이들 11개조 서약은 겸손의 정신에서 준수되어야 합니다.

나는 이 서약에 따라서 살아가려고 노력하고 있으며, 내 동료 또한 그러합니다.

이렇게 말하다 보니 편지가 꽤 길어졌습니다만, 당신이 너무 수고하면서 당신 책 여러 권을 보내주셨으므로 적어도 나의 입장을 당신께 알려야 한다고 느꼈습니다.

나는 당신과 더불어 논쟁을 벌이고 싶지는 않습니다. 당신이 제안하신 것에 대해서 답변을 갖고 있긴 하지만 여기에서 말씀드릴 필요는 없어 보입니다. 그래서 내가 말한 것으로 충분하다고 여깁니다.

귀하의 신실한 친구

M. K. 간디

마하데브샤스트리 디베카르에게 보낸 편지(H.),
《피아렐랄 페이퍼스》; 《전집》 88 : 520

63 어떤 누구라도 불가촉천민으로 대우하기를 거부하는 것.

4. 기도와 헌신

206) 심정의 열망

한 의학도가 묻는다.

> 기도의 최고 형태는 무엇입니까? 얼마 정도 시간을 써야 합니까? 제 견해로는 정의를 행하는 일이 기도의 최고 형태이며, 모든 이에게 정의를 행하는 일에 진지한 사람은 따로 기도할 필요가 없습니다. 어떤 사람들은 산드야(*sandhya* : 조석기도)에 긴 시간을 사용하기도 하고, 95%의 사람들은 그들이 말하는 것의 의미를 모릅니다. 제 생각으로 기도는 자신의 모국어로 해야 합니다. 그것만이 혼에게 최선의 영향력을 미칠 수 있습니다. 1분간의 진지한 기도면 족할 것이라고 말씀드리고 싶습니다. 신에게 죄를 짓지 않겠다는 약속이면 충분합니다.

기도는 공경의 태도로 신에게 뭔가를 요구하는 것을 의미한다. 하지만 기도는 헌신적 행위(*devotional acts*)를 의미하는 뜻으로도 사용되기도 한다. 투고자가 마음에 둔 것을 위해서는 예배라는 말이 더 잘 어울린다. 기도에 대한 정의 문제는 접어 두고, 수백만 힌두교도·이슬람교도·기독교도·유대교도 등이 하루 가운데 창조주에 대한 예배를 위해서 마련된 시간에 무엇을 하는가? 내가 보기에 그것은 창조주와 하나되기를 바라는 심정의 열망이고 그의 축복을 간청함이다. 이 경우에 중요한 것은 태도이지 입에서 뱉어내는 말이거나 중얼거리는 말이 아니다. 그리고 아주 옛날부터 전래되어온 연결 구절(*the association of words*)은 어떤 특수한 효과를 낳게 되는데, 그 구절을 자신의 모국어로 옮기게 되면 흔히 그 효과를 완전히 잃게 된다. 그러므로 태양신의 찬가 가야트리(*Gayatri*)를 예를 들어서 구자라트어로 번역하여 음송(吟誦)하는 경우, 원어가 갖는 그런 효과가 없을 것이다. 라마라는 단어의 발설은 즉각적으로 수백만의 힌두교도에게 감동을 준다. 하지만 신(*God*)이란 말은 그들이 그 뜻을 이해는 할 것이지만, 그들에게 감동을 줄 수 없을 것이다. 말은 결국 오랜 기간 동안의 사용 그리고 그 사용에 연결된 거룩함(*sacredness*)에 의해서 힘을 얻는다. 그래서 우리는 가장 널리 음송되는 만트라나 운문을 옛 산스크리트어 기도문으로 유지하는 일에 대해서 충분히 찬성할 수 있을 것이다. 물론 그 기도문들의 의미는 제대로 이해해야 할 것이다.

이와 같은 헌신적 행위에 어느 정도의 시간을 바쳐야 할지에 대해서 고정된 규칙이 있는 것은 아니다. 그것은 개인의 기질에 달려 있다. 이런 행위는 우리의 나날의 삶에서 귀한 순간들이다. 이런 행위를 하는 의도는 우리를 진지하게 하고 겸손하게 하며, 그분의 의지 없이는 아무 일도 일어날 수 없다는 점과 우리가 오직 '도공의 손안에 있는 진흙'에 불과하다는 점을 깨달을 수 있게 해 주는 데에 있다. 우리는 이런 행위를 하면서 바로 직전의 과거를 반성하고 약점을 고백하며 용서를 구하고, 존재할 수 있는 힘과 더 잘할 수 있는 힘을 구한다. 어떤 사람에게는 1분이면 족하고 어떤 사람에게는 24시간도 부족할 수 있다. 신의 임재(*the presence of God*)로서 가득 채워진 사람들에게는 노동이 기도이다. 그들의 삶은 하나의 계속적인 기도이고 예배 행위이다. 죄를 짓는 행위만을 골라하는 자들, 스스로 탐닉하는 자들, 자신을 위해서 사는 자들은 아무리 오래 기도해 봐야 소용이 없다. 그들이 인내 · 신앙 · 순수를 향한 의지를 가졌다면, 정결하게 하는 신의 분명한 임재를 자신들 속에 느낄 때까지 기도할 것이다. 우리 같은 보통의 가멸자에겐 두 극단 사이의 중도가 분명 있을 것이다. 우리의 모든 행위들이 전부 헌신이라고 말할 수 있을 만큼 우리는 고귀하지도 않고, 순전히 자기 자신만을 위해서 산다고 할 정도로 그렇게 지나친 사람도 아닌 것 같다. 따라서 모든 종교들은 일반적 헌신을 위해서 시간을 마련해 둔다. 불행하게도 이런 시간들이 요즘에는 위선적인 것이든지, 아니면 그저 기계적이며 형식적인 것이 되고 말았다. 그래서 이 헌신에 동반되는 올바른 태도가 필요하다.

신에게 무엇인가를 요청하는 의미로 개인적인 기도를 하기 위해서는 분명 자기 자신의 언어로 해야 할 것이다. 살아 있는 모든 것들에 대해서 우리가 정당하게 행동할 수 있도록 신에게 간구하는 것보다 더 위대한 것은 없다.

기도란 무엇인가, 〈영 인디아〉, 1926. 6. 10 ; 《전집》 35 : 441

207) 기도를 통한 청결

사바르마티 아슈람, *1928. 5. 11*

나는 오늘 당신의 질문에 대답하고자 노력해야 합니다.
아슈람에서 하는 기도에 대해서 당신이 말씀하신 것은 대체로 사실입니다. 그것은 여전히 형식적인 것이어서 혼이 없습니다. 하지만 나는 기도에 혼이 담기기를 바라면서 기도를 계속합니다. 인간 본성은 동양에서건 서양에서건 마찬가지입니다. 그래서 나는 당신이 동양의 기도에서 아무 특별한 것을 찾지 못했다고 하더라도 놀라지 않을 것입니다. 아슈람 기도는 아마 동양적인 것과 서양적인 것의 뒤범벅일 것입니다. 좋은 것이라면 서양으로부터 받아들이는 일에서나, 동양에서 오는 나쁜 것이라면 뭐든 포기하는 일에 아무 편견이 없으므로, 나에게는 양편의 무의식적 혼합이 있습니다. 집단생활에서는 집단기도(*congregational prayer*)가 필수적인 일이고 따라서 형식 역시 필요합니다. 그 때문에 집단기도가 가식적이거나 해로운 일이라고 간주할 필요는 없습니다. 그와 같은 집단기도의 지도자가 훌륭한 사람이라면, 모임의 일반적 수준 또한 좋을 것입니다. 그와 같은 집단 기도모임에 정직하고 지적인 사람들이 참석한다면, 그들이 미치는 영적 효과가 클 것이라는 점은 의심할 여지가 없습니다. 집단기도가 개인기도(*individual prayer*)를 대체할 수는 없고, 개인기도는 당신이 잘 말씀하신 것처럼 반드시 간절해야 하고 결코 형식적인 것이어서는 안 됩니다. 바로 개인기도에서 당신은 무한자(*the Infinite*)와 일치를 이룹니다. 집단기도는 무한자와 일치를 이루기 위한 도우미입니다. 사회적 존재인 인간은 사회적 의무를 수행하지 않으면 신을 찾을 수가 없습니다. 공동 기도모임에 참여할 의무는 아마 최고로 중요한 의무일 것입니다. 그것은 전체 집단을 청결하게 만드는 과정입니다. 하지만 모든 인간 조직처럼 사람이 유의하지 않는다면, 그런 기도모임은 형식적인 모임이 될 것이고 심지어 위선적 모임이 될 것입니다. 우리는 형식성과 위선을 피할 방도를 강구해야 합니다. 만사에 특히 영적인 문제에 있어서 결국 중요한 것은 개인차(個人差)입니다.

기도모임에서의 출석 점호는 일상적인 출석 점호가 아닙니다. 그것은 매일의 야즈냐, 즉 희생의 결과에 대한 기록입니다. 각자는 자신이 뽑아낸 실로 말합니다. 물레질은 희생제의적 정신으로 창안된 것입니다. 배후에 있는 생각은 수백만 명이 벌이는 봉사를 통해서 신을 본다는 것입니다. 집단에 소속된 모든 사람들은 각자 자신이 한 약속량에 맞춰서 그날의 봉사를 수행했는지 여부를 고백하지 않고서는 그날이 끝나지 않습니다. 출석 점호는 그래서 기도 이후의 일이 아니라 기도의 마지막 손질입니다. 그것은 모임의 시작에 할 수 있는 일이 아닙니다. 늦게 도착한 사람들도 자신들의 봉사를 기록할 기회가 있어야 하기 때문입니다. 이것이 비밀스럽게 수행하기로 한 봉사가 아니라는 점도 기억하십시오. 그것은 공개적으로 하기로 했던 것입니다.

내 의견으로는 기독교 곧 예수의 메시지는 인간의 필요에 대한 반응입니다. 크리슈나·붓다·마호메트·조로아스터의 메시지들도 마찬가지였습니다. 그 메시지들은 비록 각기 서로 다른 장소와 시대에 만들어지고 전달되었다고 해도 보편적 가치를 지닙니다. 어떤 메시지는 시대의 요구에 따라서 어떤 면을 다른 면보다 더 강조했습니다. 종교인은 이들 모든 메시지에서 이익을 얻기를 주저하지 않을 것이며, 자신의 성향에 따라서 다른 것보다 어떤 특정한 것에서 더 큰 위로를 얻을 것입니다.

나는 진정한 예술이란 도덕적 행위와 그 결과에 숨어 있는 아름다움을 보는 데 있다는 점을 정말로 믿습니다. 따라서 예술과 아름다움으로 통용되는 대부분의 것은 아마 예술도 아니고 아름다움도 아닐 것입니다.

나는 이제 당신의 모든 질문에 대해서 답변을 드렸다고 생각합니다. 내가 놓친 것이 있다면 그것을 상기시켜 주시고, 모호(模糊)하거나 무의식적으로라도 회피한 곳이 있다면 주저 없이 편지를 주십시오.

두 분 모두에게 사랑을 보냅니다.

귀하의 신실한 친구

Mrs. E. Bjerrum
United Theological College
Bangalore

E. 브예룸 부인에게 보낸 편지,
SN 13211 and 15365 ; 《전집》 42 : 18

208) 신의 종

어떤 신사가 위의 제목으로 다음 기사를 보내왔다. …[64]

투고자가 마르와리(*Marwari*)[65] 귀의자에 대해서 무엇이라고 말했는지에 대해서 전혀 모른다. 나는 그가 요지를 전달해 준 《시단타 라하스야》(*Siddhanta Rahasya*)[66]에서 따온 세 시구에 익숙하지 않다. 하지만 그가 논의한 종류의 신념이 힌두교 안에 존재한다는 것은 의심할 여지가 없다. 나 스스로 매일 아침 다음 시구를 노래한다.

> 구루가 브라마이고, 구루가 비슈누며, 구루가 시바 신이시다.
> 구루가 진실로 지고의 브라만이시다. 그 구루에게 나는 경배한다.

구루가 위대하다는 힌두교도의 신념에는 충분한 이유가 있을 것이라고 확신한다. 그 때문에 나는 '구루'라는 말의 참의미를 줄곧 추구해왔고, 구루를 찾고 있다고 반복해서 말했던 것이다. 브라마・비슈누・시바 신을 자신 속에 모시고 있는 구루, 스스로 지고의 브라만 자신인 구루, 그와 같은 구루는 체액(*humours*)과 질병을 가진 육신의 인간(*embodied man*)은 아닐 터이다. 그는 브라마・비슈누・시바의 힘을 모두 갖추고 있을 터이다. 다른 말로 하면 그는 이상적인 존재가 될 수밖에 없다. 이 구루, 우리가 소망하는 신은 진리의 화현(*the embodiment of Truth*)인 신일 수밖에 없다. 따라서 그와 같은 구루를 향한 추구는 신을 향한 추구이다. 우리가 그 문제를 이렇게 본다면,

---

64 그것을 여기에선 번역하지 않는다. 투고자는 힌두교 전통에 따르면 구루의 은총을 통해서만 신에게 도달할 수 있다고 지적한 바 있었다.

65 〔역주〕 인도 북서부 소재의 라자스탄 주 출신의 무역업자나 상인들.

66 발라바차르야(Vallabhacharya) 작품.

투고자가 말했던 전체의 의미가 쉽게 이해될 수 있다. 우리에게 신을 보여줄 수 있는 자는 분명히 구루가 될 자격이 있고, 신보다 더 위대하다고 말할 수도 있을 것이다. 우리는 신의 피조물이 여러 방식으로 고통을 당하고 있음을 본다. 우리를 이런 그물에서 해방시켜 주는 자라면 누구라도 신의 지위보다도 더 위대한 지위를 받을 만하다. 이것이 바로 '라마의 종이 라마보다 위대하다'라는 말의 의미이다. 모든 위대한 말씀의 의미는 너무 간단해서 우리가 순수한 심정으로 말씀을 검토하기만 하면 헤매지는 않을 것이다.

그와 같이 위대한 말씀은 모두 거기에 없어서는 안 될 조건이 부가되어 있다. 우리를 욕망과 분노 등에서 해방시켜서 사랑의 종교로 안내하는 분, 우리를 공포에서 해방시키고 단순성을 가르쳐 주는 분, 가난한 자 중에 가장 가난한 자와 일치를 이루게 하는 지성을 줄 뿐만 아니라 그런 일치를 느낄 수 있는 심정까지 주는 분은, 우리에게 분명히 신 이상이시다. 이 말은 그와 같은 신의 종이 그 자체로 신보다 위대하다는 것을 의미하는 것은 아니다. 우리는 바닷속에 빠지면 익사할 것이다. 하지만 우리가 목마를 때 바다로 흘러 들어가는 갠지스강에서, 즉 원천 가까이에서 길어온 물을 한 주전자 마시게 되면, 갠지스 강물은 대해보다 우리에게 더 귀중하게 된다. 하지만 바다를 만나는 지점에서 길어온 갠지스 강물은 같은 갠지스 강물이라고 해도 독과 같다. 구루에 대해서도 같은 말을 할 수 있다. 자만심과 교만으로 그득한 사람, 섬김 받고 싶어서 몸살 난 사람을 구루로 모시는 것은, 온갖 오물을 대해로 운반하는 독이 든 갠지스 강물을 마시는 것과 같다.

오늘날 우리는 다르마의 이름으로 아다르마(*adharma* : 非法)를 실천한다. 우리는 진리의 이름으로 위선을 귀하게 여기고, 영적 진리를 가진 체하며 모든 종류의 예배를 전복함으로써 다른 사람뿐만이 아니라 우리 자신도 타락시킨다. 그런 경우의 다르마는 어떤 사람도 구루로 모시기를 거부하는 일이다. 진실한 구루가 보이지 않을 때 진흙으로 빚은 형상을 세우고 구루로 모시는 것은, 이중으로 죄를 짓는 일이다. 하지만 진실한 구루가 보이지 않는 한, '이분도 아니고, 저분도 아니다'고 하며 계속 부정하는 데에는 장점이 있다. 그렇게 하다 보면 언젠가 우리는 진실한 구루를 찾게 될 것이다.

현재의 시류를 거스르는 데에는 수많은 위험이 도사리고 있다. 나는 이런 일에 대해서 달콤하고 쓰라린 수많은 경험을 해왔으며 지금도 경험하고 있다. 나는 이런 경험에서 한 가지는 배웠다. 즉, 부도덕한(*immoral*) 일이므로 반대해야 할 것이라면 그것은 철저하게 혼자서라도 반대해야 한다는 점을 말이다. 그리고 반대가 진실한 것이면 언젠가는 분명히 열매를 맺을 것임을 믿어야 할 것이다.

찬사나 숭배를 따라가는 귀의자, 명예를 얻지 못하면 마음이 상하는 귀의자는 귀의자가 아니다. 귀의자에게 진정한 봉사는 스스로 귀의자가 되는 일이다. 따라서 나는 가능할 때마다 오늘날 유행하고 있는 인물 숭배, 그것은 항상 반대하며, 다른 사람들도 그렇게 하기를 요구하는 바이다.

신과 구루, 누가 더 위대한가?(G.),
〈나바지반〉, 1928. 6. 10 ; 《전집》 42 : 130

209) 신과 인간 사이의 거룩한 동맹

한 친구가 다음과 같이 쓰고 있다.

> 10월 11일자 〈영 인디아〉지에 실린 '아힘사의 혼란'이란 제목의 기사에서, 당신은 비겁과 아힘사가 일치할 수 없다는 점을 아주 강력하게 말했습니다. 당신의 진술에는 애매한 말이 한 마디도 없었습니다. 하지만 사람의 성격에서 비겁을 어떻게 몰아낼 수 있을지에 대해서 말씀을 좀 해 주시겠습니까? 모든 인격들(*characters*)이란 이미 형성된 습관들의 총합에 불과하다는 점을 알고 있습니다. 우리가 어떻게 우리의 해묵은 습관을 버리고 용기·지성·행동이라는 새로운 습관을 형성할 수 있습니까? 습관은 파괴될 수 있고, 보다 좋고 고상한 습관이 형성되어 사람에게 새로운 인격을 형성할 수 있음을 나는 확신합니다. 당신은 제 2의 탄생을 가져오는 기도·훈련·공부를 아시는 것 같습니다. 그것에 대해서 우리에게 말을 좀 해 주시겠습니까? 당신의 지식과 충고를 〈영 인디아〉지에 실어 주십시오. 자신을 재창조할 수 있는 기도와 노동의 방법에 대해서 설명해 주십시오.

이 질문은 영원한 싸움—《마하바라타》에서 역사의 가장(假裝) 아래 아주 생생하게 묘사된 싸움, 수백만의 가슴속에서 매일 진행되고 있는 영원한 싸움—을 가리키고 있다. 해묵은 습관을 정복하고, 자신 속에 있는 악을 극복하고, 그리고 선을 그 합당한 장소에 회복하는 일은 사람이 실현해야 할 운명적 목표이다. 종교가 우리에게 이런 승리의 전리품을 획득하는 방법을 가르쳐 주지 않는다면, 가르칠 것은 아무것도 없을 것이다. 하지만 인생에서 가장 진실한 사업에 해당하는 종교에서 성공으로 가는 왕도는 없다. 비겁은 우리가 겪고 있는 악 중에서 아마 최대의 악일 것이고 최대의 폭력일 것이다. 그것은 일반적으로 폭력의 이름 아래 진행되고 있는 유혈 등보다 훨씬 큰 폭력일 수 있다. 그것이 신에 대한 신앙의 결핍에서 그리고 신의 속성에 대한 무지에서 발생하는 것이기 때문이다. 하지만 비겁과 다른 악들을 물리치는 방법에 대해서, 투고자가 요구한 '지식과 충고'를 줄 수 있는 능력은 미안하지만 나에게는 없다. 하지만 나는 내 자신의 증언을 해 줄 수 있고, 비겁을 비롯한 다른 모든 해묵은 나쁜 습관을 이기기 위해서 인간의 가장 강력한 도구가 간절한 기도(*heartfelt prayer*)라는 점은 말할 수 있다. 기도는 신이 내 안에 현존하신다는 사실에 대한 살아 있는 신앙이 없다면 불가능한 일이다.

기독교와 이슬람교는 동일한 과정을 신과 사탄의 싸움으로, 외면의 싸움이 아니라 내면의 싸움으로 묘사한다. 조로아스터교는 아후르마즈드와 아흐리만의 싸움이라고 하고, 힌두교는 선의 세력과 악의 세력의 싸움이라고 한다. 우리는 악의 세력과 동맹을 맺어야 할지, 아니면 선의 세력과 동맹을 맺어야 할지 선택해야 한다. 신에게 기도하는 일은 신과 인간 사이의 거룩한 동맹과 다름없는데, 인간은 동맹의 힘을 이용하여 암흑의 왕자의 손아귀로부터 구원을 얻는다. 하지만 간절한 기도는 입술로 하는 낭송이 아니다. 기도는 내부에서 일어나는 갈망인데, 그것 자체는 사람의 모든 말과 모든 행위에, 아니 오히려 모든 생각 안에 드러난다. 사악한 생각이 그를 덮치는 일에 성공할 때 그는 입술 기도만을 해왔다는 점을 알게 될 것이다. 이것은 입술에서 나온 사악한 말, 그가 범한 사악한 행위의 경우에도 마찬가지이다. 진정한 기도는 신구의(身口意)라는 악의 삼위일체에 대한 절대적인 방패이며 보호이다.

그와 같이 진정으로 살아 있는 기도라고 해도 첫 시도에서 우리가 항상 성공을 거두는 것은 아니다. 우리는 자신을 거슬러서 노력해야 하고 자기 의사와 반대로 믿어야 한다. 우리는 한 달을 한 해처럼 견뎌야 하기 때문이다.[67] 그래서 우리가 만일 기도의 효험을 보자면, 무한한 인내를 길러야 한다. 어둠, 실망 그리고 그보다 더 나쁜 것이 존재한다. 하지만 우리는 이들 모든 것들과 싸움할 만한 용기, 비겁함에 굴종하지 않을 만한 용기가 꼭 있어야 한다. 기도하는 사람에게 후퇴와 같은 것은 있을 수 없다.

내가 말하는 것은 동화(童話)가 아니다. 상상의 그림을 그린 것도 아니다. 향상의 길에서 만나는 온갖 난관을 기도로 극복해온 사람들의 증언을 요약해 본 것이다. 그리고 나는 거기에다 나 자신의 하찮은 증언, 즉 내가 나이가 들면 들수록 신앙과 기도—나에게는 둘이 같은 것이지만—에 신세지는 바가 더 많다는 증언을 덧붙인 것이다. 여기에서 나는 단 몇 시간, 며칠, 몇 주일의 경험이 아니라, 40년에 걸친 거의 중단 없는 경험을 말하는 것이다. 나도 나름대로 실망, 칠흑 같은 어둠, 절망의 충고와 경계(警戒)의 충고, 그리고 자만심의 미묘한 공격을 경험했다. 내 신앙이 여전히 약하고, 내가 원하는 만큼 크지 않다는 것도 알지만, 내 신앙이 지금까지는 이 모든 난관 하나하나를 결국 극복해왔다고 말할 수 있다.

우리가 우리 자신에 대한 신앙이 있고 기도하는 심정이 있다면, 우리는 신을 유혹하지 않을 것이고, 그분과 타협하지 않을 것이다. 우리는 자신을 영(零)으로 만들어야 한다. 바로다다(Barodada)[68]는 별세하기 얼마 전 나에게 귀중한 산스크리트어 시 한 수를 보내주셨다. 그것은 귀의자는 자신을 제로로 줄인다는 점을 넌지시 말하고

67 〔역주〕 'because months are as our years'의 번역이다. 이를 암시해 준 존 에퍼제시(John Eperjesi) 경희대 영문과 교수에게 감사드린다.

68 〔역주〕 드위젠드라나트 타고르. 라빈드라나트 타고르의 형. 《전집》 권43, 417면.

있다. 우리는 자신을 무로 줄이기 전에는 우리 내부의 악을 극복할 수 없을 것이다. 신은 우리가 가질 만한 자유, 유일하게 가치가 있는 참자유를 주시는 대가로 요구하시는 것은 바로 완전한 자기 항복이다. 그래서 사람이 자기 자신을 잃게 되면 살아 있는 만물에 대해서 봉사하는 자신을 당장 보게 될 것이다. 그것은 열락이 되고 원기 회복이 될 것이다. 그는 신의 피조물에 대한 봉사에 자신을 사용하는 데 결코 지치지 않는 새사람이 될 것이다.

영원한 싸움, 〈영 인디아〉, 1928. 12. 20 ; 《전집》 43 : 544

210) 내면의 친교(*Inward Communion*) 〔*1930. 1. 17* 또는 그 이후〕

여러분 모두가 기도의 의미와 필요성에 대해서 말해 달라고 하니 기쁩니다. 나는 기도가 종교의 혼 자체이며 알짬이라고 믿습니다. 그러므로 그것은 인생의 고갱이(*core*)가 되어야 합니다. 아무도 종교 없이 살 수 없으니까요. 이성의 독단(*egotism*)에서 자신들은 종교와는 아무 관련이 없다고 선언하는 자들이 있습니다. 하지만 그것은 숨은 쉬지만 코가 없다고 말하는 것과 같습니다. 사람은 이성으로든, 본능으로든 아니면 미신으로든 자신과 신성한 존재(*the divine*) 사이에 모종의 관계가 있음을 인정합니다. 가장 지독한 불가지론자나 무신론자라고 해도 도덕원리의 필요성을 인정하고, 도덕원리의 준수를 뭔가 좋은 것과 연관짓고, 미준수를 나쁜 것과 연관짓는 것이 사실입니다. 무신론으로 잘 알려진 브래들로(Bradlaugh)는 자신의 가장 내밀한 확신을 선포한다는 것을 늘 강조해왔습니다. 그는 이런 식으로 진리를 말한 것 때문에 많은 고통을 겪었습니다. 하지만 그는 진리를 기뻐했고 진리는 그 자체가 보상이라고 말했습니다. 진리의 준수가 가져다주는 기쁨(*joy*)에 그가 무감했다는 것은 아닙니다. 하지만 이러한 기쁨은 전혀 세속적인 것이 아니고 신적인 존재와의 친교에서 생겨나는 것입니다. 바로 이 때문에 종교를 부정하는 사람이라고 해도 종교 없이는 살아갈 수 없고 살아가지도 않는다고 내가 말했던 것입니다.

이제 그다음의 사항, 즉 기도가 종교에서 가장 중요한 부분이듯이 인생의 고갱이 자체라는 사항을 봅시다. 기도는 무엇에 대한 간청이든, 아니면 가장 넓은 의미에서 보아서 내면의 친교입니다. 두 경우 모두 궁극적인 결과는 같습니다. 그것이 뭘 간청한다고 해도, 그 간청은 혼의 청결과 정화를 위한 것, 혼을 감싸고 있는 여러 켜의 무명과 어둠으로부터 혼을 자유롭게 하기 위한 것이어야 합니다. 그래서 자신 안에 있는 신성한 존재를 일깨우는 데 굶주린 사람은 기도에 의존해야 합니다. 하지만 기도는 말이나 귀의 사용에 불과한 것이 아니고, 공허한 기도문의 단순 반복도 아닙니다. 라마 이름(*Ramanama*)을 수없이 반복하는 일도 그것이 혼을 움직이는 데 실패하면 공허한 일입니다. 기도에 있어서 말 없는 심정을 갖는 것이 심정 없이 말만 하는 것보다 낫습니다. 기도는 기도에 굶주린 영혼에 대해서 분명히 대응해야 합니다. 굶주린 사람이 배불리 먹듯이 굶주린 혼은 간절한 기도를 즐겨 먹을 것입니다. 기도의 마법을 경험한 자는 음식 없이 여러 날을 지낼 수 있지만 기도 없이는 한순간도 지낼 수 없습니다. 내가 이런 말을 할 때에는 나 자신과 동료의 경험의 일부를 여러분에게 드리는 것입니다. 기도 없이 내면의 평화가 없기 때문입니다.

이것이 사실이라면, 우리가 삶의 매 순간 기도드려야 할 것이라고 말하는 사람도 있을 것입니다. 그 점에 대해서는 의심의 여지가 없습니다. 하지만 오류를 범하는 가멸자인 우리, 내면의 친교를 위해서 실제의 일로부터 내면으로 단 한순간도 물러나기 어렵다고 보는 우리는, 신성한 존재와 영속적으로 친교하는 것이 불가능하다고 볼 것입니다. 그래서 우리는 일정한 시간을 정해서 세상에 대한 집착을 잠시나마 팽개치려고 노력하고, 이를테면 육신(*the flesh*)에서 빠져나오기 위해서 진지한 노력을 기울이는 것입니다. 여러분은 수르다스(Surdas)의 찬가[69]를 들었습니다. 그 찬가는 신과의 합일을 갈구하는 혼의 열정적인 절규입니다. 우리의 기준에 따르면 그는 성인이었지만, 그 자신의 기준에 따르면 공표된 죄인입니다. 영적으로 보면 그는 우리보다 십 리 앞서가고 있지만, 신과의 분리를 너무도 아프게 느낀 나머지 극단적 혐오와 절망 속에서 고뇌에 찬 절규를 외쳤던 것입니다.

나는 기도의 필요성에 대해서 말씀드렸고 그것을 통해서 기도의 본질도 다루었습니다. 우리는 동료에게 봉사하기 위해서 태어났습니다. 그리고 우리는 활짝 깨어나지 않는다면 올바로 봉사할 수 없습니다. 인간의 가슴에는 어둠의 힘과 빛의 힘 사이에 영원한 싸움이 치열하게 전개되고 있습니다. 의존해야 할 기도라는 마지막 닻이 없는 자는 어둠이 가진 힘의 희생물이 되고 말 것입니다. 기도하는 사람은 자신과도 세상 전체와도 평화를 유지합니다. 간절히 기도하는 심정 없이 세상사를 도모하는 자들은 스스로 불행하고, 세상도 불행하게 만들고 말 것입니다. 기도는 사람의 사후의 상태와도 관련 있는 것이 사실입니다만, 그것과는 별도로 현세에 살아가는 인간에게 무한한 가치를 지닙니다. 기도는 우리의 일상적 행위에 질서·평화·안정을 가져오는 유일한 수단입니다. 진리를 찾고 고수하기 위해서 아슈람에서 살아가는 우리는 기도의 효험에 대해서 믿는다고 고백했습니다. 하지만 여태까지 기도를 중대사로 여기지 않았습니다. 우리는

69 세상에 나보다 더 불쌍한 놈, 역겹고 사악한 놈 있을까! 나는 창조주를 버리고 신앙 없이 살아왔네.

다른 문제들에 대해서는 배려하면서도 기도에 대해서는 그런 배려를 하지 못했습니다. 어느 날 나는 잠에서 깨어나 기도의 의무에 대해서 비참할 정도로 내가 나태했다는 점을 깨달았습니다. 그래서 나는 엄격한 훈련의 수단을 제안했었는데, 그것으로 우리는 더 이상 나빠지지는 않을 것이며 더 잘해나가기를 희망하는 바입니다. 그것은 명명백백한 일이기 때문입니다. 중대한 일을 돌보십시오. 그러면 다른 것들은 저절로 될 것입니다. 사각형의 각 하나만 바로 세우십시오. 그러면 다른 각들은 자동적으로 직각이 될 것입니다.

그러므로 여러분은 기도로 하루를 시작하십시오. 혼신을 다해서 기도를 드려서 저녁까지 그것이 여러분 속에 남아 있도록 하십시오. 하루를 기도로 마감하여 꿈과 악몽에서 해방되어서 평화로운 밤을 갖도록 하십시오. 기도의 형식에 대해서는 걱정하지 마십시오. 그것이 어떤 형식의 것이건, 그것은 우리로 하여금 신과 교감하게 할 수 있는 것이어야 합니다. 형식이 무엇이든 기도의 말이 여러분의 입에서 흘러나오는 동안 혼이 방황하지 않도록 하십시오.

여러분이 내가 한 말을 절절하게 느꼈다면, 여러분이 묵고 있는 처소의 사감들로 하여금 여러분의 기도에 관심을 갖게 하고 기도를 의무로 만들게 하기 전에는, 여러분은 평안을 찾을 수 없을 것입니다. 스스로 부과한 규제는 강제가 아닙니다. 그 규제로부터 풀려나는 길, 즉 자기탐닉의 길을 선택한 자는 정염의 노예가 될 것이지만, 자신을 스스로 규칙과 규제에 묶어 버리는 자는 자신을 해방시킵니다. 태양과 달 그리고 별들을 포함하여 우주에 있는 만물은 일정한 법칙을 준수합니다. 이 법칙들이 갖는 규제의 영향력이 없다면 이 세계는 단 한순간도 지탱해갈 수 없을 것입니다. 여러분은 동료 인간들에 대한 봉사를 인생의 사명으로 삼고 있습니다. 그런 여러분이 일정한 훈련을 스스로 부과하지 않는다면 여러분은 산산조각이 나고 말 것입니다. 기도는 필수적인 영적 훈련입니다. 우리가 짐승과 다른 점은 훈련과 규제가 있다는 점입니다. 우리가 두 손 두 발로 기는 사람이 아니라 머리를 곧추세우고 걷는 사람이 되고 싶다면, 우리 자신들의 자발적인 훈련과 규제를 이해하고, 우리 자신들을 그것들 아래에 두도록 합시다.

사바르마티 아슈람 기도모임에서의 연설,
〈영 인디아〉, 1930. 1. 23 ; 《전집》 48 : 238

211) 신에 대한 일별

아보타바드, 〔*1939. 7. 26* 또는 그전〕

간디지 내가 기도를 드릴 때 내가 하는 일을 충분히 설명하는 것은 어렵습니다. 하지만 당신의 질문[70]에 대해서 대답하도록 해보겠습니다. 신성한 마음(*Divine Mind*)은 불변이지만, 신성(*Divinity*)은 만인 안에 그리고 생물·무생물을 가리지 않고 모든 만물 안에 존재합니다. 기도의 의미는 내 속에 있는 신성을 불러내려는 데 있습니다. 이제 나에게 그와 같은 지적 확신은 있지만 살아 있는 감동은 없습니다. 그래서 내가 스와라즈 곧 인도의 독립을 위해서 기도할 때, 나는 스와라즈를 얻을 수 있는 적절한 힘이나, 스와라즈를 얻는 데 가

70 〔원주〕 파브리(Fabri) 박사는 실뱅 레비(Sylvain Levi) 교수의 제자인데, 유명한 고고학자 우렐 슈타인 경(Sir Aurel Stein)의 조수로서 인도에 왔다. 그는 과거 간디와 편지를 주고받았으며, 동정심에서 간디와 더불어 단식한 적도 있다. 그는 특별히 간디를 만나기 위해서 아보타바드에 왔다. 그는 특히 기도의 형식과 내용에 대해서 관심이 있었다. "기도에 의해서 신성한 마음이 변화될 수 있을까?", "신성한 마음을 기도로 발견할 수 있을까?" 라고 물었다. 〔역주〕 Charles Louis Fabri(1899~1968) : 헝가리 부다페스트 출신 고고학자, 예술사가, 불교도이다. 1934~1938년 인도 고고학 조사에 참여. 1939년 영국국적 취득. 1947~1950년 뉴델리 소재의 인도국립박물관 강사. 뉴델리에서 사망했다.

능한 한 가장 큰 기여를 할 수 있는 적절한 힘을 달라고 기도하거나 그 힘을 바라고 있습니다. 그리고 나는 기도에 대한 응답으로 그 힘을 얻을 수 있다고 주장하는 바입니다.

파브리 그렇다면 당신이 그것을 기도라고 부르는 것은 정당하지 않습니다. 기도란 간청하고 요구하는 일입니다.

간디지 예, 정말로 그렇습니다. 당신은 내가 기도를 자아에게, 나의 높은 자아(*Higher Self*)에게, 참자아(*the Real Self*)에게 간청한다고 말할 수 있을 것입니다. 물론 나는 아직까지 높은 자아와의 완전한 합일, 참자아와의 완전한 합일을 얻지는 못했습니다. 그래서 당신은 만물을 포괄하는 신성 안에 자신을 잃어버리기를 끊임없이 열망하는 일이 기도라고 묘사해도 좋습니다.

파브리 그리고 당신은 이것을 불러내기 위해서 예전의 형식을 사용합니다.

간디지 그렇습니다. 평생의 습관은 지속하는 법이죠. 사람들은 내가 외부의 힘(*outside Power*)에게 기도한다고 말들 하는데, 나는 그런 말은 받아들일 수 있습니다. 나는 그 무한자(*that Infinite*)의 일부입니다. 하지만 나는 그 무한자의 외부에 있는 극미(極微)라고 느낍니다. 내가 지성적 설명을 드립니다만, 나는 신성과의 일치도 느끼지 못하고, 스스로 너무 작다고 느끼며 무라고 여깁니다. 나는 이런저런 일을 한다고 말하자마자 곧 나의 무가치함과 무(無)를 느끼기 시작합니다. 그리고 누군가가, 어떤 높은 힘이 나를 도와주어야 한다고 느낍니다.

파브리 톨스토이도 같은 말을 했습니다. 기도는 실제 완전한 명상이며 높은 자아에의 융몰(融沒, *melting into the Higher Self*) 입니다. 때때로 사람들이 그 높은 자아를 향한 탄원에 빠지기도 합니다만, 어린애가 아버지를 향한 탄원에 빠지듯 말입니다.

간디지 용서해 주십시오. 그것을 '빠짐'(*lapse*) 이라고 부르지는 않을 작정입니다. 구름 위 어디쯤 존재하시는 신에게 내가 기도를 드리고, 그분이 멀리 계시면 계실수록 그에 대한 나의 열망이 더욱 간절해지며, 내 생각 안에 그가 임재하시고 그 임재 안에 나는 내 자신을 본다고 말하는 것이 사태에 더 적합할 것입니다. 그리고 당신이 아시다시피 생각은 빛보다 더 빠릅니다. 그래서 나와 그분 사이의 거리가 한량없이 엄청나다고 해도 그것은 사라집니다. 그는 한없이 멀리 계시지만 아주 가까이도 계십니다.

파브리 그것은 신념의 문제라고 생각합니다. 하지만 나와 같은 사람들은 날카로운 비판력을 부득이 갖게 되었습니다. 나에게는 붓다의 가르침 이상의 것, 그분 이상의 스승이 없습니다. 세계의 스승 가운데 오직 붓다만이 '내가 말한 것을 맹목적으로 믿지 마시오. 어떤 도그마 혹은 어떤 책이라도 무오류인 것으로 수용하지 마시오'라고 말했습니다. 나에게는 이 세상에 무오류의 책은 없습니다. 아무리 영감을 받고 쓴 책이라도 인간이 만든 것이라면 말입니다. 그래서 나는 인격신 개념(*personal idea of God*), 즉 위대한 백색 대좌에 앉아서 우리의 기도를 듣는 대왕(*Maharaja*) 과 같은 인격신 개념을 믿지 못합니다. 당신의 기도가 다른 차원에 있는 것 같아서 기쁩니다.

간디지 당신이 나의 기도가 다른 차원에 있다고 말씀하실 때 오직 **부분적으로만** 진실이라는 점을 당신께 상기시켜 드리고 싶습니다. 내가 보여드린 지성적 확신이 내 안에 영원히 현존하는 것은 아니라고 말씀드렸습니다. 정말로 현존하는 것은 열렬한 신앙이고, 그 열렬함 때문에 나는 내 자신을 불가시(不可視)의 힘(*Invisible Power*) 안에서 잃고 맙니다. 그리고 내가 어떤 일을 했다고 하기보다는 신이 나를 위해서 그 일을 해 주셨다고 말하는 것이 더욱 진실입니다. 그리고 내 인생에는 내가 열망했던 여러 일이 일어났는데, 혼자서는 그 일들을 결코 성취할 수 없었을 것입니다. 그래서 나는 동료들에게 "이것은 내 기도에 대한 응답이네"라고 늘 말해왔습니다. 그것이 내 속의 신성 안에 나 자신을 잃으려는 지성적 노력에 대한 응답이었다고 그들에게 말한 적이 없습니다! 나에게 가장 쉬우면서도 정확한 일은, "신이 나의 난관을 통해서 나를 보셨다"고 말하는 것이었습니다.

파브리 하지만 당신은 그것에 합당한 카르마를 쌓은 것이 아닙니까. 신은 정의이지 자비가 아닙니다. 당신은 선량한 사람이고 그래서 많은 좋은 일이 당신에게 일어난 것입니다.

간디지 어림도 없는 일입니다. 나에게 그런 일들이 일어날 만큼 나는 선량하지 않습니다. 나는 카르마라는 철학적 관념을 다룰 때 흔히 추수하는 사람을 예로 듭니다. 나의 카르마는 나를 돕지 않을 것입니다. 내가 비록 카르마의 철칙을 믿지만, 나는 여러 일을 이루려고 노력합니다. 내 인생의 매 순간 카르마를 더 짓기 위해서—과거를 지우고 현재에 뭔가를 보태기 위해서—끈질기게 노력해왔습니다. 그래서 나의 과거가 착하기 때문에 현재 좋은 일이 생긴다는 말은 틀린 소리입니다. 과거는 금방 다 사라졌으며, 나는 기도로 미래를 건설해야 합니다. 카르마만으로는 무능하다는 점을 말씀드립니다. 나는 '이 성냥에 불을 붙여라'고 내 자신에게 말합니다만, 만일 외부의 협조가 없다면 불을 붙일 수가 없습니다. 내가 그 성냥을 긋기 전 내 손이 마비될 수도 있고, 성냥이 한 개피밖에 없는데 바람이 와서 꺼 버릴 수도 있습니다. 그것은 우연입니까? 아니면 신 또는 보다 높은 힘(*Higher Power*) 입니까? 글쎄요. 나는 조상의 언어나 아이들의 언어를 사용하길 좋아합니다. 나는 아이보다 나을 것이 없습니다. 우리가 유식하게 말할 수도 있고 책에 대해서 말할 수도 있습니다만, 중대한 문제가 닥치면 — 즉 재앙에 직면하게 되면 — 애들같이 행동하고 울음을 터트리고, 기도하게 되고, 우리의 지성적 신념은 아무 만족을 주지 않습니다!

파브리 나는 매우 진보한 사람들을 알고 있는데, 이들은 신에 대한 신앙에서 믿기 어려울 만큼 큰 위안과 인격 형성에 도움을 얻습니다. 하지만 신에 대한 신앙 없이도 그것을 할 수 있는 위대한 혼들도 존재합니다. 그것이 불교가 나에게 가르쳐 준 바입니다.

간디지 하지만 불교는 하나의 긴 기도(*one long prayer*) 인걸요.

파브리 붓다는 모든 이에게 스스로 구원을 찾으라고 요구했습니다. 그는 기도하지 않았으며 선정을 했습니다.

간디지 당신이 그것을 뭐라 부르든 그건 동일한 것입니다. 그의 조상(彫像) 들을 보십시오.

파브리 그것들은 실제 인물과는 다릅니다. 그것들은 그의 죽음 이후 4백 년 이후에 만들어진 것입니다.

간디지 글쎄요. 당신이 발견한 대로 붓다의 역사에 대한 당신의 얘기를 말씀해 보십시오. 그가 기도하는 붓다였다는 사실은 내가 증명할 것입니다. 나는 지성적 관념으로 만족할 수 없습니다. 당신이 당신 자신의 생각을 묘사할 수 없듯이 나도 당신에게 완벽하고 원만(圓滿)한 정의를 줄 수 없었습니다. 묘사하고자 하는 노력, 그것 자체가 한계입니다. 그것은 분석을 거부하고, 당신은 회의주의 이외에 가질 것이 없습니다.

파브리 기도할 수 없는 사람들은 어떻습니까?

간디지 그들에게 "겸손하십시오. 그리고 붓다에 대한 당신의 관념으로 진정한 붓다를 한정하지 마십시오"라고 말하겠습니다. 붓다가 기도할 만큼 겸손한 인물이 아니었다면, 그는 과거에 수백만 사람들의 삶을 지배할 수 없었을 것이고, 현재에도 지배할 수 없을 것입니다. 회의주의자를 비롯한 우리를 지배하는 지성보다 무한히 고귀한 것이 존재합니다. 그들의 회의주의와 철학은 그들의 삶이 위기를 맞는 때에는 아무 도움을 주지 않습니다. 그들의 외부에 있는 것, 그러면서 그들을 지탱해 주는 보다 좋은 것이 필요합니다. 그리고 만일 누군가가 나에게 수수께끼를 내준다면 나는 그에게 다음과 같이 말할 것입니다. "당신이 자신을 영(零)에 이르기까지 줄이지 않는다면, 신의 의미, 그리고 기도의 의미를 알 수 없습니다. 당신의 위대성과 엄청난 지성에도 불구하고 당신이 우주 속의 점 하나에 불과하다는 점을 볼 수 있을 만큼 겸손해야 합니다. 인생사에 대한 지성적 관념만으로는 충분치 않습니다. 지성으로 거머쥘 수 없는 것이 바로 영적인 관념인데, 그것만이 우리에게 만족을 줄 수 있습니다. 돈 많은 사람조차 자신들의 인생에 위기의 순간이 있습니다. 그들이 비록 돈으로 살 수 있고 애정이 줄 수 있는 온갖 것으로 둘러싸여 있다고 해도, 인생의 어느 순간에는 극단적으로 헤맬 때가 있습니다. 바로 그 순간 우리는 인생에서 한 걸음 한 걸음 인도해 주시는 신에 대한 일별, 신에 대한 비전을 얻습니다. 그것이 기도입니다"라고.

파브리 당신은 우리가 진실한 종교 체험이라 부르는 것, 지성적 개념보다 더욱 강력한 경험을 말씀하십니다. 나는 인생에 두 차례 그런 경험이 있었습니다만, 그 이후 그것을 놓쳐 버렸습니다. 하지만 나는 이제 "이기심이 고(苦)의 원인이다. 비구들이여, 만물이 무상함을 기억하라"는 붓다의 한두 마디 말씀에 큰 위안을 얻습니다. 이런 것들을 생각하는 것이 거의 신념의 자리를 차지합니다.

간디지 그것이 기도입니다.

파브리 자신의 생명을 죽이는 인간의 권리에 대해서 뭐라 말씀하시겠습니까? 인생 자체가 별로 중요하지 않다고 생각합니다만.

간디지 나는 인간이 어떤 조건 아래서는 자신의 생명을 죽일 수 있는 완전한 권리를 가진다고 생각합니다. 문둥병을 앓고 있던 동료 한 사람이 자신의 병이 불치라는 것을 알고, 자신의 삶이 자신과 그를 돌봐 주는 사람들에게 엄청난 고뇌임을 알고서, 음식과 물을 금함으로써 자신의 생명을 끝낼 것을 최근 결심했습니다. 나는 이 생각에 축복을 보냈습니다. 나는 그에게 얘기했습니다. "당신이 그 시험을 견딜 수 있다고 진실로 생각한다면 그렇게 해도 좋습니다"라고. 내가 이런 말을 한 이유는 익사나 음독으로 단번에 자살하는 것이 아주 조금씩 죽어가는 것과 얼마나 다른지 알기 때문입니다. 내 경고는 충분히 증명되었습니다. 왜냐하면 어떤 사람이 문둥병을 고칠 수 있는 사람이 있을 수도 있다는 희망으로 그를 유혹했고, 그러자 그가 다시 먹기 시작했고 치료를 받았다는 소식을 방금 들었기 때문입니다.

파브리 위에서 말한 비판을 들으면, 만일 사람의 마음이 고통에 의해서 완전히 흐려진다면, 그에게 최선의 길은 열반(*Nirvana*)을 구하는 일임을 말하는 것으로 보입니다. 사람이 아프지 않을 수는 있지만, 투쟁에 지칠 수는 있습니다.

간디지 아닙니다. 내 마음은 이 자살을 거부합니다. 자살의 기준은 그 사람이 삶에 지쳤다는 것이 아니라, 자신이 타인에게 짐이 된다는 것을 느끼고 세상을 떠나고 싶어한다는 것입니다. 사람이 자신의 고통에서 도망치고 싶은 것이 아니라 타인에게 지독히 무거운 짐이 되는 것에서 도망치고 싶은 것입니다. 그렇지 않다면 사람은 자신의 고뇌에 종지부를 찍기 위한 폭력적 노력에 대해서 더 큰 고통을 느낄 것입니다. 하지만 내가 암에 걸렸고, 죽는 일이 시간문제라고 해봅시다. 나는 의사에게 수면제 한 모금을 달라고 요구할 것입니다. 그렇게 해서 깨어날 줄 모르는 잠을 자도록 말입니다. …

아닙니다. 당신 말에 따르면 내가 과업을 완수했다고 느낀다면, 나는 살아남아야 할 일이 없을 것입니다. 그리고 나는 나의 과업을 완수했다고 생각합니다!

파브리 아닙니다. 당신은 다년간 인류에 대해서 봉사할 수 있습니다. 수백만의 사람들이 당신의 생명을 위해서 기도합니다. 그리고 비록 내가 기도할 수도 없고 아무것도 바랄 수도 없다고 해도….

간디지 그래요. 영어는 상당한 유연성이 있어서 당신은 같은 것을 다른 말로도 표현할 수 있습니다.

파브리 예. 당신이 천수를 누리시기를 나는 진심으로 기원합니다.

간디지 자, 이제 당신은 적절한 표현을 찾으셨군요. 여기에서 다시 한 번 순전히 지적인 관념으로 살아갈 수 없는 사람이 존재한다는 점을 말씀드리고 싶습니다. 그가 살고 싶은 욕망이 없다면 그 이유 하나만으로 육신은 허물어질 것입니다.

찰스 파브리(Charles Fabri) 박사와의 대담
(불교도와의 대담), 〈하리잔〉, 1939. 8. 19 ; 《전집》 76 : 213

212) 심정의 절규

1945. 3. 26

기도는 심정의 절규이다. 기도가 내부에서 나오면 열매를 맺을 수 있다. 물건을 위해서 기도하는 자들은 기도의 의미를 전혀 모르는 자들이다.

바푸로부터 축복을

고페 구르북사니[71]에게 보낸 메모, CN 1332 ; 《전집》 86 : 204

213) 기도의 효험

인도가 정치적 독립이라는 소중한 목표를 바야흐로 이루기 직전이라는 점에 대해서는 의심이 거의 없다. 독립의 시작을 기도로 채우자. 기도는 할머니의 한가한 심심풀이가 아니다. 잘 이해하고 적용하면 기도는 가장 효험 있는 행동의 도구이다.

그렇다면 기도하자. 그런 다음 우리에게 비폭력의 의미가 무엇이었는지를, 그리고 비폭력을 사용함으로써 우리는 어떻게 자유를 획

71 그는 "기도가 무엇이며 그것이 어떻게 열매를 맺을 수 있습니까?"라고 질문했다.

득할 수 있을 것인지 알아보자. 우리의 비폭력이 약자의 것이라면, 그런 비폭력을 통해서는 우리가 결코 자유(*freedom*)를 얻지 못할 것이라는 사실이 도출된다. 하지만 동시에 우리가 상당 기간 동안 무력으로는 여하튼 우리 자신을 방어할 수 없다는 점도 도출된다. 우리는 무기도 없고 무기 사용에 대한 지식도 없다는 단 한 가지 이유에서 그렇다. 우리는 필수적인 훈련조차 없다. 그 결과, 우리는 다른 국가의 도움에 의존해야 한다. 이때 쌍방은 동등한 국가가 아니다. 열등한 국가라는 말이 우리 귀에 거슬린다면 생도가 선생에게 의존하는 것과 같은 식이라고 말할 수 있다.

따라서 우리는 자유를 얻을 때와 마찬가지로 자유를 지키기 위해서도 기대야 할 곳은 비폭력 이외에는 없다. 이것은 우리를 원수로 보고 있는 모든 사람들에 대항하여 비폭력을 행사하는 것을 의미한다. 이것은 거의 30년 동안 비폭력을 익숙하게 사용해왔던 사람들에게는 그리 큰 의미가 없을 것이다. 그것은 '필요하면 사람을 죽여라, 그리고 그렇게 행동하다가 죽어라'고 말하는 대신 '명예와 자유를 위해서 죽어라'는 말로 요약된다. 용감한 군인은 무엇을 하는가? 오직 필요한 경우에만 죽이고, 그 행동에 자신의 목숨을 건다. 비폭력은 그보다 더 큰 용기와 희생을 요구한다. 왜 죽이는 행위에 목숨을 거는 것이 상대적으로 쉽고, 생명을 아끼는 행위에 목숨을 거는 것이 초인적이라고 하는가? 살상의 기술을 배워서 실천한다면 우리가 목숨을 걸 수 있지만, 살상의 기술을 배워서 실천하지 않는다면 목숨을 걸 수 없다고 생각하는 것은 엄청난 자기기만인 것으로 보인다. 하지만 허위의 반복이 야기한 최면이 있다면 모르지만, 우리는 우리 자신을 심하게 속여서는 안 된다.

그러나 비판자 또는 조롱하는 사람은, 당신이 말하듯이 그 문제가 매우 단순하다면 왜 기도를 언급하느냐고 물을 것이다. 그것에 대한 나의 대답은, 인생의 여러 부문에서 고상하고 용감한 자기희생의 길 — 그 최고의 정점은 조국의 자유(*liberty*)와 명예를 지키는 일이지만 — 을 배우는 데에는 기도가 처음이고 마지막 교훈이라는 것이다.

기도가 신에 대한 살아 있는 신앙을 요구한다는 점은 의심할 여지가 없다. 성공적인 사탸그라하는 그런 신앙 없이 생각할 수 없다. 신이라는 말이 생명의 산 법칙을 함축하는 한, 다른 말로 하면 법칙과 법칙 부여자가 하나로 합쳐지는 한, 신은 어떤 이름으로도 불릴 수 있을 것이다.

뉴델리, 1946. 4. 6

기도합시다, 〈하리잔〉, 1946. 4. 14 ; 《전집》 90 : 253

214) 자성(自省)

질문 당신은 집단기도를 믿고 있습니다. 오늘날 실시되고 있는 집단예배(*congregational worship*)가 진실한 기도입니까? 내 생각에 그것은 타락시키는 일이고 그래서 위험합니다. 예수는 말씀하셨습니다. "기도할 때에도 위선자들처럼 하지 말아라. …너는 기도할 때에 골방에 들어가 문을 닫고 보이지 않는 네 아버지께 기도하여라."[72] 대중 속의 사람들은 대부분 주의를 기울이지도 않고 집중할 수도 없습니다. 그렇다면 기도는 위선입니다. 그 요기(*yogi*)는 이를 알고 계셨습니다. 그러므로 대중은 진실한 기도에 해당하는 자성(*self-examination*)을 배워야 하지 않습니까?

답변 나는 내가 주관하는 집단예배가 인간의 집단을 위한 진실한 기도라고 생각합니다. 소집자는 신자이지 위선자가 아닙니다. 그가 위선

---

72 〔역주〕 〈마태오복음〉, 6 : 5~6 참조.

자였다면 기도는 원천에서부터 오염되었을 것입니다. 예배 모임에 참석하는 사람들은 세속적 목적을 달성할 수도 있는 정통의 기도 회당에 가지 않습니다. 그들 대다수는 소집자와 아무 접촉이 없습니다. 따라서 그들은 쇼를 위해서 왔다고 상정할 수 없습니다. 그들은 집단기도(*common prayer*)를 함으로써 일정한 이점을 얻을 수 있다고 믿었으므로 참석한 것입니다. 대부분의 사람들 또는 약간의 사람들이 주의를 기울이지 않거나 집중할 수 없다고 한 것은 참으로 진실입니다. 그것은 그들이 단순히 초심자라는 점을 보일 따름입니다. 부주의하거나 집중할 수 없다는 것, 어느 편도 위선이나 허위의 증거는 되지 못합니다. 그들이 주의를 기울이지도 못했는데 주의를 기울인 체하면 그것은 위선이나 허위가 될 것입니다. 그런데 많은 사람은 집중할 수 없을 때 무엇을 해야 할지에 대해서 나에게 자주 묻습니다.

질문에 인용된 예수의 말씀은 여기에 전혀 적용되지 않습니다. 예수는 개인기도(*individual prayer*)의 배후에 있을 수 있는 위선을 지적하셨습니다. 위의 인용구에는 집단기도를 반대하는 것은 아무것도 없습니다. 나는 개인기도가 없는 집단기도는 거의 소용이 없다고 자주 언급한 바 있습니다. 나는 개인기도가 집단기도의 전주곡이라고 생각합니다. 집단기도가 효험이 있으면 반드시 개인기도로 나갑니다. 다른 말로 하면, 사람은 독실한 기도자의 경지에 이르면 혼자이건 대중 속이건 항상 기도합니다.

나는 질문자가 언급했던 그 요기가 무엇을 하고 무엇을 하지 않는지를 모릅니다. 대중이 무한자와 일치할 때 자연스레 자성하게 된다는 것은 나도 압니다. 모든 진정한 기도는 자성을 목표로 삼아야 합니다.

뉴델리, 1946. 9. 14.

집단기도, 〈하리잔〉, 1946. 9. 22 ; 《전집》 92 : 256

VII

신

215) 신의 무소부재

1924. 9. 19

누가 하느님의 이름을 감히 부를 수 있겠나? 누가 고백할 수 있겠나?
'나는 하느님을 믿습니다'라고!
그리고 감히 누가 마음속으로 느낌을 갖고 있으면서
'나는 하느님을 믿지 않습니다'라고 함부로 잘라서 말할 수 있겠나?
만물을 감싸고 있는 분. 만물의 생명을 지탱하고 있는 분.
그분은 당신, 나 그리고 자기 자신도
감싸고 지탱하고 계시지 않은가?
저 위에는 끝없는 하늘이 펼쳐져 있지 않은가?
발아래는 굳건히 세계를 받치고 있지 않은가?
그리고 하늘에는 영원한 별들이 정답게 빛나면서 떠오르지 않는가?
이렇게 당신의 눈 안을 들여다보고 있으면
모든 것이 당신의 머리와 가슴으로 밀어닥쳐
영원한 신비 속에서 당신을 둘러싸고
보일 듯 보이지 않게 작용하고 있지 않은가?
당신 마음을 그것으로 가득 채우고

괴테 (Johann Wolfgang von Goethe, 1749~1832)
독일의 문학가이자 정치가. 아직까지 '독일문학의 최고봉'이라는 칭송을 듣는 그는 독일문학을 세계적인 수준으로 끌어올렸고 바이마르공화국의 재상으로도 활약했다. 대표작으로는 《젊은 베르테르의 슬픔》, 《빌헬름 마이스터의 수업시대》, 《파우스트》 등이 있다.

그 기분으로 당신이 정말로 축복받은 것처럼 느껴지면
그것을 당신 마음 내키는 대로 이름 붙이도록 하세요.
행복이라 하든 심정이라 하든 사랑이라 하든 하느님이라 하든!
나는 그것을 나타내는 이름을 모릅니다!
느낌만이 전부입니다.
이름은 하늘의 화염을 어렴풋이 감싸는
반향이며 연기입니다.

괴테의 《파우스트》[1]

지난 목요일 저녁, 서너 명의 이슬람교도가 약속대로 나를 방문했다. 그들은 진지하고 성실하게 보였다. 그들은 슈디(*shuddhi*)와 산가탄(*sangathan*)[2]에 반대되는 얘기를 많이 했다. 나는 이 운동들에 대해서

---

1 〔역주〕 한글역은 《파우스트》(박환덕 역, 서울대 출판부, 1998 초판)인데, 역자는 독일어 원문과 영어역을 대조해서 몇 군데 고쳤다. 출전을 확인해 준 부산대 독문과 허영재 교수에게 감사드린다.

2 〔역주〕 슈디는 제의적 청정과 배타성을, 산가탄은 집단주의를 각각 의미한다. 〈용어해설〉을 볼 것.

이미 얘기한 바 있다. 가능한 한 나는 특별 주간에는 논란거리에 대해서는 아무것도 말하고 싶지 않다. 독자들은 그들이 제공하는 해결책에 주목하길 바란다. 그들은 말한다. "우리는 《베다》의 신성(*divinity*)을 믿는다. 우리는 슈리 크리슈나지 마하라자와 라마찬드라지 마하라자를(수식어[3]는 그들의 것이다) 믿는다. 그런데 왜 힌두교도는 《코란》의 신성에 대해서 믿지 못하고, 우리와 이구동성으로 신만이 존재할 뿐이며 마호메트가 그분의 예언자(*His Prophet*)라는 점을 말하지 못하는가? 우리의 종교는 배타적 종교가 아니라 본질적으로 포괄적이다."

나는 해결책이란 것이 그들이 제시한 대로 그리 간단치는 않다고 말했다. 그들이 제안했던 기도문은 교육받은 소수에게는 유효할지 몰라도 거리의 사람들에게는 효험이 없을 것이다. 힌두교도에게는 소 보호와 심지어 사원 부근의 음악 연주가 힌두교의 핵심이었고, 이슬람교도에게는 소의 도축과 음악의 금지가 이슬람교의 핵심이었다. 따라서 힌두교도는 강제로 이슬람교도에게 소 도축을 금지시켜야 하겠다는 생각, 그리고 이슬람교도는 강제로 힌두교도에게 음악을 금지시켜야 하겠다는 생각, 이런 생각을 버리는 일이 필수적이었다. 소 도축과 음악 연주에 대한 규제는 개별 집단들의 선의에 맡겨 두어야 할 것이다. 실행은 관용정신의 성장에 맞춰서 비례할 것이다. 하지만 나는 이 까다로운 문제를 여기에서 상론하지 않겠다.

나는 무슬림 친구들이 제안했던 매력적인 기도문을 검토하고, 내가 받아들일 수 있는 것이 뭔가를 말해 보겠다. 그리고 내가 전적으로 힌두교적 본능을 갖고 있으므로, 내가 말하려고 하는 것이 거대한 힌두교도 대중에 의해서 수용될 것이라는 점을 나는 알고 있다.

---

3 〔역주〕 슈리, ~지, 마하라자를 지칭하는 것으로 보인다.

사실상 일반적인 무슬림은 《베다》와 여타 힌두 경전에 나오는 신성을 수용하지 않을 것이고, 크리슈나 또는 라마를 신(*the Deity*)의 예언자 또는 신의 화신(化身)으로 받아들이지 않을 것이다. 힌두교도가 《코란》과 예언자 마호메트를 욕설하는 것이 새로운 유행이 되었다. 그러나 나는 일단의 힌두교도가 예언자에 대해서 공경의 태도를 취해 왔다는 점을 안다. 이슬람교에 찬사를 바치는 힌두 노래조차 있다.

괴테 기도문의 첫 절반을 보아라. 신은 분명코 한 분이지 두 분이 아니시다. 그는 인류 대다수에게는 불가해하며, 불가지이며 미지의 존재이시다. 그는 무소부재이시다. 그는 눈 없이 보시고, 귀 없이 들으신다. 그는 형상이 없으시고 불가분이시다. 그는 창조되지 않으셨으며 부모도 자식도 없으시다. 하지만 그는 사람들이 자신을 아버지, 어머니, 아내 그리고 아이로 예배하도록 허락하신다. 그는 심지어 가축과 돌멩이 앞에 예배하는 일도 허락하신다. 그가 이것들 중 어느 것도 아니신데도 말이다. 그는 파악하기 가장 어려운 존재이시다. 우리가 그 사실을 알기만 한다면 그는 우리에게 가장 가까이 계신다. 하지만 우리가 그분의 무소부재를 깨닫기를 원치 않을 때는 우리에게서 가장 멀리 계신다. 《베다》에는 수많은 신이 있다. 다른 경전들은 그들을 천사라고 부른다. 하지만 《베다》는 유일신에 대해서만 노래한다.

나는 성경, 《젠드아베스타》, 《그란트 사헤브》(스승의 책) 그리고 다른 순수한 경전들을 계시된 것으로 간주하는 데에 아무 망설임이 없듯이, 《코란》을 계시된 것으로 간주하는 데에도 아무 망설임이 없다. 계시란 어떤 특정 나라, 특정 종족의 전유물이 아니다. 내가 힌두교를 알기만 한다면, 그것은 본질적으로 포괄적이고 늘 성장하고 항상 응답한다. 그것은 상상력에, 사변과 이성에 최대의 자유 공간을 제공한다. 나는 힌두교도 사이에서 《코란》과 예언자에 대해서 공경을 일으키는 일에 있어서 조금도 어려움을 경험한 적이 없었다. 하지만 이슬람교도 사이에서 《베다》나 화신들에 대해서 동일한 공경을 일으키는 데에는 어려움이 있었다. 남아프리카에서 나에게는 아주 훌륭한 무슬림 고객이 있었다. 아, 슬프게도 그분은 돌아가셨다. 고객과 변호사 간의 관계는 아주 친밀한 동료의식과 상호 존중의 관계로 발전했다. 우리는 종종 종교적 논의를 벌였다. 내 친구는 어떤 의미에서도 유식한 사람은 아니었지만, 면도날같이 날카로운 지성이 있었다. 《코란》에 대해서 모르는 것이 없었고, 다른 종교에 대해서도 좀 알고 있었다. 그는 내가 이슬람교를 받아들이는 데에 관심이 있었다. 나는 그에게 다음과 같이 말했다. "나는 《코란》과 예언자에게 완전한 존경을 바칠 수 있는데 왜 당신은 《베다》와 화신들을 부정하라고 나에게 요구합니까. 그것들은 오늘날의 내가 있도록 도와주었습니다. 나는 《바가바드 기타》와 툴시다스의 《라마야나》에서 가장 큰 위로를 얻습니다. 나는 《코란》, 성경 그리고 세계의 다른 경전들을 아주 존중하기는 하지만, 크리슈나의 《기타》와 툴시다스의 《라마야나》와 같이 나에게 감동을 주지 못한다는 점을 솔직하게 고백합니다"라고. 그 친구는 나에 대해서 실망하고, 뭔가 잘못하고 있는 것이라고 주저 없이 말했다. 하지만 그의 사례가 예외는 아니었다. 그 이후 같은 견해를 가진 무슬림 친구들을 많이 만났기 때문이다. 하지만 이런 것은 일시적 단계라고 믿는다.

나는 아미르 알리(Ameer Ali) 판사의 견해, 즉 이슬람교가 하룬 알라시드[4]와 마만(Maman) 시대에는 세계 종교들 중에서 가장 관대한 종

4 〔역주〕 Harun-al-Rashid(766. 2(또는 763. 3) ~809) : 아바스 왕조의 제 5대 칼리프(786~809 재위). 바그다드에서 제국의 전성기에 이슬람을 통치했다. 그의 호화스러움이 《천일야화》(*The Thousand and One Nights*)에 기록되어 있다.

교였다는 견해에 동조한다. 하지만 당대의 스승들이 가진 자유주의(*liberalism*)에 대한 반동이 있었다. 보수 반동주의자들 사이에는 학식 있고, 능력 있고, 영향력 있는 사람이 많았다. 그들은 이슬람교의 자유롭고 관대한 스승들과 철학자들을 압도했다. 인도에 사는 우리는 반동의 결과 때문에 여전히 고통당하고 있다. 하지만 이슬람교가 스스로 반자유주의(*illiberalism*)와 불관용을 털어 버릴 능력이 있다는 점에 대해서 나는 터럭만큼도 의심하지 않는다. 지금 친구들이 제안한 기도문의 수용이 인류 사이에 일상사가 될 날을 향해서 우리는 신속하게 접근하고 있다.

지금 필요한 것은 하나의 종교가 아니라 각기 다른 종교를 믿는 신자들 사이의 상호 존중과 관용이다. 우리는 죽은 상태가 아니라, 다양함 속의 일치에 도달하기를 원한다. 전통, 유산, 기후와 여타 주위 환경들을 뿌리 뽑으려는 어떤 시도도 반드시 실패하기 마련일 뿐만 아니라 동시에 신성모독이다. 종교들의 혼은 하나이지만 다양한 모습들 안에 담겨 있다. 그런 모습들은 시간의 끝까지 유지될 것이다. 현자들은 외피를 무시하고 다양한 외피 아래에 있는 동일한 혼(*the same soul*)을 볼 것이다. 힌두교도가 이슬람교, 기독교 또는 조로아스터교가 인도에서 쫓겨나기를 기대하는 일은, 이슬람교도가 상상의 이슬람교로 하여금 세계를 다스리게 하는 것과 같이 부질없는 꿈이다. 하지만 하나의 신에 대한 믿음과 부단히 이어지는 예언자들의 행진에 대한 믿음이 이슬람교에 충분하다면, 우리 모두는 이슬람교도이다. 하지만 우리는 모두 힌두교도이자 기독교도이기도 하다. 진리는 어떤 특정 경전에만 속하는 배타적 속성이 아니다.

신은 하나, 〈영 인디아〉, 1924. 9. 25 ; 《전집》 29 : 141

216) 정의할 수 없는 것을 정의함

한 친구가 다음과 같이 쓰고 있다.

> 저는 당신의 설명을 듣기 위해서 오랫동안 당신께 가고 싶었던 문제가 하나 있습니다. 그것은 신이란 말에 대한 것입니다. 나라의 일꾼으로서 저는 〈영 인디아〉 지 최신호에 나타난 다음 구절에 반대해서 할 말은 아무것도 없습니다. 즉, "나는 비전이 흐려지지 않았고 신앙이 과도한 학식에 의해서 감퇴되지 않은 독자에게 라마의 이름(*Ramanama*)을 드린다. 학식은 우리를 삶의 여러 단계를 통과하게 하는 것이지만, 위험과 유혹의 시간에 우리를 철저하게 낭패케 하는 것이다. 그렇다면 신앙(*faith*)만이 우리를 구원한다."(〈영 인디아〉, 1925. 1. 22, 27면) 이것은 당신의 개인적 신앙고백입니다. 그리고 찬사할 만한 양심적인 무신론자에 대해서 당신이 찬사의 말을 할 때에도 당신은 틀리지 않았던 것으로 저는 알고 있습니다. 예를 들면 당신이 지은 《니티 다르마》(*Niti Dharma*)에 다음과 같은 문장이 있습니다. "우리는 자신들의 종교성에 대해서 자만하면서도 가장 부도덕한 행위를 범하는 사악한 자들을 많이 만난다. 반면에 지극히 유덕하고 도덕적이면서도 자신들을 무신론자라고 부르는 일에 자부심을 갖고 있는 고(故) 브래들로 씨[5]와 같은 사람들도 있다."[6]

---

5 〔원주〕 Charles Bradlaugh(1833~1891) : 영국의 자유사상가, 정치가. 〔역주〕 가난한 법원 서기의 아들로 태어나 영국군에서 근무했고(1850~1853), 아버지의 직업을 잠시 이어받은 뒤 우상파괴주의자로 자칭하면서 반종교 강연자가 되었다. 1860년 이른바 신성모독과 폭동교사 혐의로 기소된(1868~1869) 정기간행물 〈내셔널 리포머〉(*National Reformer*)의 편집장을 맡았다. 1874~1885년경에 수많은 비정통 교리를 옹호한 애니 베전트와 가깝게 사귀었다. 1876년에 미국의 의사 찰스 놀턴이 만든 산아제한 팸플릿 《철학의 열매들》(*Fruits of Philosophy*)을 펴낸 브리스틀 출판사가 외설작품을 팔았다는 이유로 가벼운 형을 받았다. 브래들로와 베전트는 자신들의 자유 이념을 옹호하기 위해서 그 책을 1877년 런던에서 재발행했고 매우 적극적으로 유포하는 바람에 훨씬 더 심한 기소를 당했다.

'위험과 유혹의 시간에 유일하게 우리를 구원해 주는' 라마나마에 대한 신앙과 관련하여, 저는 1909년 스페인의 바르셀로나에서 일어났던 합리주의자 프란시스코 페레르(Francisco Ferrer)의 순교를 언급할 수 있는데, 그는 예수의 이름 — 그들의 라마나마 — 을 믿는 사람들의 손에 죽었습니다. 저는 성전(聖戰, *Holy Wars*), 이교도의 화형과 사지절단, 희생제물로 바친 동물 그리고 때로는 인간에 대한 고문과 학살 — 이 모든 것들이 '신의 더 위대한 영광을 위해서 그리고 그의 이름으로' 행해진 것인데 — 에 대해서 자세히 말씀드리지 않겠습니다. 이 얘기는 첨언한 것입니다.

하지만 '신을 경외하는' 사람들만이 진실한 비협조자가 될 수 있다고 하는 당신의 말에 대해서, A씨가 자신의 합리주의자 친구를 위해서 반대를 제기했습니다. 저는 나라의 일꾼으로서 그 점을 당신에게 주지시켜 드려야 하고, 당신이 모든 사람들에게 보증해 준 다음과 같은 취지의 말 — 즉, 국민적 사업의 프로그램에 참여하는 사람은 종교적 신조를 공언할 필요는 없다(〈영 인디아〉, 1921. 5. 4, 138~139면을 볼 것) — 을 상기시켜 드려야 한다고 느낍니다. 그때 제기된 반대는 당시보다 지금 더 큰 힘을 발휘하고 있습니다. 국민회의의 자원봉사자들이 '신을 증인으로서, 나는 … '이라고 시작하는 선서와 서약을 할 때 '신'이란 말이 들어 있기 때문입니다. 불교도(미얀마 사람들 … '인도인들', 그리고 당신 친구 다르마난드 코상비 교수)를 비롯해

그러나 그들에 대한 기소는 기술적 난점 때문에 파기되었다. 1880년 급진주의자로서 출마하여 하원의원에 당선되었다. 그러나 국회의 종교 선서를 직접 하는 대신 긍정만 하는 것으로 허용하라고 요구하는 바람에 5년 이상 의석에 앉을 수 없었다. 이 기간 동안 세 차례 당선되었고 나중에는 종교 선서를 하겠다고 제의했으나 거부당했으며, 1886년 1월 겨우 허락을 받고 의석에 앉았다. 그즈음에 여론은 그에게 유리한 쪽으로 바뀌었지만, 브래들로 자신은 사회주의에 반대하고 갈수록 보수적 성향을 보였다. 그는 아일랜드 자치의 지지자였고, 인도에 대해서도 강한 관심을 가지고 있었다. 《브리태니커 CD EX 백과사전》, 한국브리태니커, 2002 참조.

6 〔역주〕 이 대목은 《마하트마 간디의 도덕 · 정치사상》 권 2, 32번 글 5장에 나온다.

브래들로(Charles Bradlaugh, 1833~1891)
영국의 급진주의자 · 무신론자이자 볼테르와 토마스 페인 계열의 자유사상가. 19세기 후반 개인의 자유를 주창한 인물로 명성을 떨쳤다.

고대에 인정되었던 이런 종파들에 소속되지 않는 많은 인도인과 자이나교도가, 신앙의 문제에서 불가지론자들이라는 점을 당신은 지금 반드시 알고 있을 것입니다. 그들이 원하기만 하면, 이들이 양심적으로, 그리고 그들이 무시하고 있는 존재의 이름으로 시작되는 선서에 대한 완전한 이해를 가지고, 국민회의의 자원봉사자로서 등록할 수 있겠습니까? 불가능하다면, 그들의 종교적 신앙이라는 단 하나의 이유를 내세워서 그런 사람들을 국민회의 봉사에서 배제시키는 일이 적절한가요? 제가 제안드리는 바는 이 모든 경우에 적용하기 위해서 양심이란 구절이 보태져야 한다는 것입니다. 그렇게 해서 신의 이름으로 하는 선서(인격신을 믿고 있는 자들 중에서도 이런 선서에 반대하는 경우가 있는데, 퀘이커가 그 예이다) 대신 확약 증언을 허용하면 어떻습니까? 혹은 신이란 말의 사용을 반대하는 모든 양심적 병역거부자들에게 '신'이란 말 대신 '양심'이란 말로 대체하는 것을 허용하면 어떻습니까? 가장 좋은 방법으로는, 신에 대한 언급 없이, '양심'이란 말은 있어도 되고 없어도 되는 확약 증언을 모든 사람들에게 무차별로 요구하면 어떻습니까? 당신이 선서의 저자이고 현재 국민회의 의장이므로 당신에게 묻는 것입니다. 제가 전에 한번 물었습니다만, 그때에는 1922년 사바르마티에서 당신의 역사적 체포가 일어나기 전이었으므로 그 일에 대해서 유의하기에는 적합한 시간이 아니었을 것으로 생각합니다.

양심적 거부(*conscientious objection*)에 관한 한 신에 대한 언급은, 요청이 있다면 국민회의 선서에서 제거해도 무방하다. 내가 국민회의 선서의 저자였다는 점을 생각하면 그것이 자랑스럽긴 하지만 말이다. 당시 그와 같은 반대가 제기되었다면 당장 양보했을 것이다. 나는 인도에서 그런 반대가 있을 것에 대해서 미처 예상하지 못했다. 비록 공식적으로 차르바카[7] 학파가 있지만 그 신봉자가 있는 줄은 몰랐다. 나는 불교도와 자이나교도가 무신론자거나 불가지론자임을 부인한다. 그들은 불가지론자일 수 없다. 육신과 떨어진 혼, 육신의 해체와 그 해체 이후 존재할 수 있는 혼을 믿는 자들이 무신론자가 될 수 없는 법이다. 우리는 모두 '신'에 대해서 다른 정의를 가질 수 있다. 우리 모두가 신에 대한 정의를 내린다면, 이 세상의 남녀의 수만큼이나 많은 정의가 있게 될 것이다. 하지만 이 다양한 정의들 배후에 우리가 놓칠 수 없는 동일성 역시 존재한다. 그 뿌리는 하나이기 때문이다.

신은 우리 모두가 느끼고는 있지만 알지 못하는 정의 불가능한 어떤 존재이시다. 찰스 브래들로는 분명히 자신을 무신론자로 묘사하지만, 많은 기도교도는 그에 대해서 그렇게 생각하기를 거부한다. 그들은 입술만의 기독교도 안에서보다 브래들로 안에서 더 큰 친족의식을 인정한다. 나는 인도인들의 훌륭한 친구였던 그의 장례식에 참석하는 명예를 누린 적이 있었다. 나는 장례식에서 여러 명의 성

7 〔원주〕 고대 유물론 철학자인데 그의 추종자도 같은 이름으로 불린다. 〔역주〕 역자는 원주에 의문이 있다. 차르바카는 보통 순세파(順世派)로 번역되는 학파의 이름이지 개인의 이름은 아닐 것이다.

직자를 보았다. 그리고 서너 명의 이슬람교도와 많은 힌두교도도 분명히 장례 행렬에 있었다. 그들은 모두 신을 믿었다. 브래들로가 신을 부정한 것은 자신에게 묘사되고 알려진 신, 그런 신의 부정이다. 그의 부정은 당시 유행하는 신학 그리고 율법과 실천 사이의 엄청난 괴리에 대항했던 웅변적이며 성난 항의였다.

나에게 신은 진리이며 사랑이시다. 신은 윤리이시며 도덕이시다. 신은 무외(無畏)이시다. 신은 빛과 생명의 근원이시지만, 이것들 모든 것 위에 그리고 그 너머에 계신다. 신은 양심이시다. 그는 무신론자의 무신론이기조차 하시다. 신은 자신의 무한한 사랑 안에서 무신론자가 살아갈 수 있도록 허락하신다. 그는 심정들을 찾는 자이시며, 언어와 이성을 넘어서신다. 그는 우리를 알고 계시고 우리 자신보다 우리 심정을 더 잘 아신다. 그는 우리가 하는 말을 있는 그대로 받아들이지 않으신다. 우리 가운데 어떤 사람은 알면서 어떤 사람은 모르면서 말한 것이, 진심이 아니라는 점을 아시기 때문이다. 그는 그의 인격적 현존을 필요로 하는 자들에게는 인격신이시다. 그는 그의 손길이 필요한 자에게는 육화(肉化)하신다. 그는 가장 순수한 알짬이시다. 신앙을 가진 자들에게 그는 그저 존재하신다(*Is*). 그는 모든 인간들에게 모든 것이시다. 그는 우리 안에 계시지만 우리 위에 그리고 우리 너머에 계신다.

사람이 국민회의로부터 '신'이란 말을 추방할 수는 있지만 그것 자체(*the Thing Itself*)를 추방할 힘은 없다. 확약 증언이 신의 이름으로 선서한 것과 동일한 것이 아니라면 뭐란 말인가? 그리고 양심이란 말은 분명히 세 철자로 이뤄진 '신'(*God*)이란 단어를 풀어쓴 것, 볼품없이 복잡하게 풀어 쓴 것에 불과하다. 극악무도하게 부도덕한 짓이나 비인간적인 야만적 행위들이 당신의 이름으로 저질러지고 있으므로 그는 사라질 수 없으시다. 그는 장기간 고통을 겪으신다. 그는 인내하시지만 동시에 무시무시하시다. 그는 이 세상에서 그리고 장차 올 세상에서 가장 엄격한 분이시다. 우리가 우리의 이웃들, 즉 사람과 짐승에게 할당하는 양만큼 그는 우리에게 할당하신다. 그에 관한 한 무지는 변명할 수 없다. 동시에 언제나 용서하신다. 그가 우리에게 회개할 기회를 늘 주시기 때문이다. 그는 세상이 알고 있는 최고의 민주주의자이시다. 선과 악 사이에서 선택하도록 우리를 강제하지 않으시기 때문이다. 그는 지금껏 알려진 어떤 이보다 절대군주이시다. 그는 이따금 우리의 입술에서 잔을 낚아채 내동댕이치시고, 자유의지라는 핑계로 우리를 아주 불편한 틈바구니에 남겨 두시고 자신의 흥(*mirth*)을 위해서 우리를 희생하신다. 그래서 힌두교는 이 모든 것을 유희(*lila*) 또는 망상(*maya*)이라고 불렀다. 우리는 존재하지 않고 그분만이 존재하신다. 우리가 존재하고자 한다면, 우리는 영원히 그에 대한 찬양을 노래하고 그의 뜻을 실행해야 한다. 반시(*bansi*)로 불리는 그의 현악기 류트에 맞춰 춤추자. 그러면 만사형통할 것이다.

위의 투고자가 윤리와 종교에 관한 나의 소책자를 언급하고 있으므로, 그가 언급하는 번역은 원래는 구자라트어로 쓰였다는 사실에 대해서 독자의 주목을 환기시키지 않을 수 없다. 하지만 서문에서 내가 분명히 밝혔지만, 구자라트어 판 자체도 원저가 아니라 솔터(Salter) 씨의 저서《윤리적 종교》(*Ethical Religion*)란 제목의 미국 책에서 발췌한 것이다.[8] 내가 예라브다 교도소에 있을 때 그 번역을 보았는데, 내가 인용해왔던 자료에 대해서 아무것도 언급하지 않았다는

---

8 〔역주〕 이 책에 대해서는《마하트마 간디의 도덕·정치사상》권 2, 32번을 참고하길 바란다. 간디는 영어책 15장 중에서 8장을 구자라트어로 요약해서 잡지에 출판했다.

점을 후회한다. 번역자 자신이 원래의 구자라트어 판에 의존한 것이 아니고 힌디어 번역판에 의존했던 것으로 나는 이해한다. 그래서 영역은 의역이다. 이 설명에 대해서는 원전의 저자에게 도움을 받았다. 투고자가 그것에 대해서 언급한 것이 내 책무를 상기시켜 주었는데, 그 일을 나는 기쁘게 생각한다.

신과 국민회의, 〈영 인디아〉, 1925. 3. 5 ; 《전집》 30 : 203

217) 카르마의 총합[9]

〈영 인디아〉지 편집자에게

안녕하십니까?

〈신과 국민회의〉라는 당신의 글에 대해서 저는 '차르바카'파가 철저히 유물론적이라는 점을, 그리고 이슈와라 또는 초자연적 실체(신에 상응한다고 말할 수 있지만)의 존재에 대해서 불교는 침묵하고 있고 자이나교는 회의하고 있다는 점을 말씀드리고 싶습니다. 불교와 자이나교는 힌두교와 공동으로 혼의 윤회와 카르마(業)의 법칙을 믿습니다. (이 점에 대해서 내가 언급한 바 있는 당신의 친구 다르마난드 코상비 박사에게 물어볼 수 있을 것입니다.) 붓다와 진나에게는 두 종교에서 행해지는 의식(儀式)에서, 카르마가 신의 자리를 차지하고 있다고 말할 수 있을 것입니다.

현대의 여러 종교운동 중에서 펀자브 지역의 데바 사마즈가 가장 인간주의적이며 하나의 사회봉사단체로서 아힘사를 몹시 중시하는데, 내가 믿기로 이 사마즈는 그 교의의 면에서 보면 정말 무신론적이지만 유물론적이지는 않습니다. 그것이 유일신도 다수의 신도 믿지 않는다고 나는 읽었습니다. 이에 비춰보면 그것의 명칭인 데바

9 〔역주〕 이 번호의 상당 부분은 간디의 글이 아니다. 그의 글은 말미에 일부뿐이다.

(신) 사마즈는 꽤 역설적으로 들립니다. 그것은 어원론적인 모순입니다(*Lucus a non lucendo!*).[10]

신은 브래들로에게 특유의 방식으로 알려지고 묘사되었는데, 브래들로가 부정한 신은 바로 그런 신이었다고 당신은 말했습니다. 앞서 당신은 우리 모두가 신에 대해서 우리 자신이 정의를 내릴 경우, 신에 대한 다양한 정의 배후에 존재하는 '놓칠 수 없는 동일성(*sameness*)'이 있다고 했는데, 브래들로의 부정은 이 동일성을 포함합니까, 아니면 배제합니까? 제가 생각하기로는 후자일 수가 없습니다. 그는 유식하고 충분히 빈틈없는 사람이기 때문입니다. 동일성까지도 포함해서 부정한 것이 사실이라면, 그 '놓칠 수 없는 동일성'의 면에도 불구하고 무엇 때문에 브래들로가 신의 존재를 부정했습니까?

이런 관점에서 나는 당신이 다음 발췌문에 어느 정도 관심이 있을 것이라는 점을 의심치 않습니다.

> 세상을 창조하는 신이든 세상을 어떤 방식으로 다스리는 신이든, 신이라는 개념 자체는 불교 체계 내부에는 전혀 없다. 신은 부정되었다기보다는 알려지지조차 않았다. 사람들은 자신 있게 그리고 일반적으로 무신론자들의 나라는 절대 존재하지 않았다는 견해를 갖고 있었지만, 이런 견해와는 반대로 많은 불교 국가가 본질적으로 무신론적이라는 사실은 더 이상 논란거리가 아니다. 그 국가들은 인간들이 덕성·금욕·학문을 통해서 얻을 수 있는 것 이상의 초자연적 힘을 가진 위대한 존재자들을 모르기 때문이다. 이 놀라운 사실을 분명히 보여주는 표시는, 불교 국가들 중, 어떤 나라들—중국·몽고·티베트—에서는 그들 언어에 신의 관념을 나타내는 단어가 없다는 사정

10 〔원주〕 작은 숲(*lucus*)은 빛나지 않아서(*lucendo*) 그렇게 불린다. 〔역주〕 데바 사마즈가 무신론적 성격을 지닌 단체라면 그 명칭은 의미상 모순이라는 것이다. 왜냐하면 데바가 신을 의미하기 때문이다.

에서 알 수 있다. 그렇다면 불교도의 미래의 상태는 우주의 지배자가 할당하는 것이 아니다. 그가 행하는 행위들의 카르마가 사물들에 내재해 있는 일종의 덕(德)에 의해서 — 원인과 결과의 맹목적이고 무의식적인 연결에 의해서 — 그 미래 상태를 결정한다.

《체임버 백과사전》(*Chamber's Encyclopedia*), 〈불교〉 항목에서

다음 시구로서 제 말을 마치겠습니다.

우리는 신들에게나 천사들에게 경의를 바치네.
하지만 그들마저도 슬픈 운명의 신에게 종속되네.
그렇다면 우리는 예배를 운명의 신에게 바쳐야 하나?
그 역시 우리 행위가 정해 주는 열매만을 산출하네.
그 열매는 우리 자신의 행위에 의존하네.
— 그래서 신들도, 천사들도 운명의 신도 그다지 중요치 않네.
그래서 적든 크든 우리 행동 만세!
그것들을 운명의 신도 다스릴 수 없네!
(바르트리하리의 시를 본인이 한번 자유롭게 번역해 본 것임.)

《니티샤타카》(*Nitishataka*)

그럼 이만
S. D. Nadkarni

Karwar(N. Kanara)
10th March, 1925

나는 나드카르니 씨의 영리한 편지에 지면을 할당하지 않을 수 없었다. 하지만 나는 자이나교와 불교 모두 무신론적이 아니라는 내 견해를 고수한다. 나는 나드카르니 씨에게 신에 대한 다음과 같은 정의를 주고 싶다. 즉, 카르마의 총합이 신이시다. 인간으로 하여금 올바른 일을 하라고 떠미는 것이 신이시다. 살아 있는 일체의 총합

이 신이시다. 인간을 운명의 장난감으로 만드는 것이 신이시다. 브래들로 자신이 겪은 갖가지 시험에도 불구하고 그를 지탱한 것이 신이셨다. 그분 자신이 그 무신론자의 부정(*the Denial*)이시다.

신은 존재하는가?, 〈영 인디아〉,
1925. 4. 30 ; 《전집》 31 : 144

218) 신에 대한 봉사

파시교도 신사 한 분이 페르시아에서 편지를 보냈다. 그는 나에게 상당히 깊은 질문[11]을 던졌는데, 나는 그것을 아래에서 그 사람의 말로 인용한다. 두세 군데에서 그가 영어 단어를 사용했는데, 그것을 나는 구자라트어로 옮겼다.

신의 의지 없이 잎새 하나 살랑거리지 않는다면 인간이 해야 할 일이 뭐가 있을까? 이것은 저 태곳적까지 거슬러 올라가는 질문이고, 미래에도 늘 계속 질문될 것이다. 하지만 대답은 질문 자체 안에 포함되어 있다. 그 질문을 물을 수 있는 능력을 우리에게 부여하신 분이 바로 신 자신이기 때문이다. 우리의 모든 행위는 법칙들이 지배한다. 이 말은 신에 대해서도 진실하다. 우리 법칙들과 우리 지식은 불완전하므로, 우리는 문명화된 방식이든 비문명화된(*uncivil*) 방식으로든 이 법칙들을 범할 수 있다. 신은 전지전능하시므로 자신의 법칙들을 결코 범하지 않으신다. 이 법칙들은 향상될 필요도 뭔가 부가될 필요도 없다. 그것들은 불가변의 것이다.

우리의 자유(*freedom*)는 선과 악 사이에서, 여러 방식으로 생각하고, 분별하고, 선택할 수 있는 능력, 우리에게 부여된 능력에 놓여

---

11 여기에서는 언급하지 않는다.

있다. 이런 자유는 엄격히 제한되어 있다. 그것이 너무 제한되어 있으므로, 어떤 유식한 사람은 자유가 선상의 갑판 위를 걷는 선원이 향유하는 것보다 더 작다고 말했던 것이다. 자유는 아무리 작다고 해도 존재하는 것은 사실이다. 비록 자유가 많지는 않지만 인간이 그것을 통해서 묵티(*mukti*, 해탈)를 얻기에는 충분하다. 운명 그리고 인생의 목표를 달성하기 위한 인간의 노력은, 손에 손을 맞잡고 간다. 하지만 운명은 묵티의 길을 뚜벅뚜벅 걸어가는 그 누구의 목표도 좌절시키지 않는다.

따라서 이제 고려해야 할 모든 문제는, 신을 어떻게 섬기고 예배할지 하는 것이다. 한 가지 방식으로도 신을 섬길 수 있다. 가난한 자를 섬기는 것이 신을 섬기는 것이다. 개미 한 마리를 섬기는 것도 그분을 섬기는 것이다. 개미에게 아주 작은 음식 한 조각을 주고, 코끼리에게 6몬드[12]를 주는 것도 그분이시다. 개미를 밟아 죽이지 않는 것도 개미를 섬기는 일이다. 일부러 개미에게 상해를 입히지 않는 자는 다른 동물에게나 동료 인간에게 상해를 입히지 않을 것이다. 모든 섬김에 관련된 정서는 동일하다고 해도 섬김은 장소마다 시간마다 다른 모습을 띤다. 우리는 고통받는 사람들을 섬길 때 신을 섬기는 것이다. 섬김에는 사리분별이 활용되어야 한다. 배고픈 자에게 곡식을 대주는 일이 반드시 섬기는 일이라고 믿을 이유가 전혀 없다.

음식을 얻기 위해서 전혀 노력을 기울이지 않고 타인에게 의존하는 나태한 자에게 음식을 주는 것은 죄이다. 그에게 직장을 제공하는 것은 가치 있는 일이다. 그가 일하기를 거절한다면, 굶어 죽도록 내버려두는 일이 그를 섬기는 일이다. 신의 이름은 찬양되어야 한다. 그리고 의례(儀禮)로 그에게 예배드리는 것은 꼭 필요한 일이다.

12 〔역주〕 인도·중동 여러 나라의 무게 단위. 인도에서는 2/7파운드에 해당.

그것은 자기정화로 이끌어 주고, 다시 다른 사람으로 하여금 그 자신의 길을 발견하게 해 준다. 하지만 의례적 예배 자체로는 신에 대한 섬김이 되지 못한다. 그것이 섬김 수단의 하나이므로 나라싱 메타는 노래했다. "목욕재계하고 예배하고, 염주를 돌리고, 그의 이름을 찬양해도 얻을 것이 없네"라고.

이 대답에서 우리는 세 번째 질문에 대한 대답을 얻을 수 있다. 그 질문은 다음과 같다. 인생의 목적은 무엇인가? 그것은 자아(*Self*)를 아는 것이다. 나라싱 메타의 말로 하면, "자아의 본질이 실현되지 않는 한, 우리의 모든 노력은 헛된 것이다." 자아의 실현, 또는 자기지식(*Self-knowledge*)은, 우리가 모든 생명체와 일치되기 전까지는—신과 하나되기 전까지는 불가능하다. 그와 같은 일치를 완수하는 일은 타인의 고통을 의도적으로 나누는 것, 그 고통을 제거하는 것을 포함한다.

어떻게 신에게 예배하는가(G.),
〈나바지반〉, 1925. 10. 25 ; 《전집》 33 : 88

219) 신은 무형상이시다

사바르마티 아슈람, *1926. 6. 13* 일요일

바이슈리 카사말리 님께,

편지를 받았습니다. 신은 한 분이십니다. 당신은 그분을 무형상의 존재로 생각하는 일이 어렵다고 하는데, 나는 그 점을 이해하지 못하겠습니다. 형상을 지닌 것은 만물에 두루 퍼져 있지 못합니다. 그분은 최고로 미묘한 존재이셔야 합니다. 그래서 그것은 무형상일 수밖에 없습니다. 모든 사람들은 구루의 필요성을 인정해야 합니다. 하지만 성급하게 누구를 구루로 받아들일 필요는 없습니다. 이런 시대에 구루를 구하는 것은 자신을 믿는 것입니다. 완전한 안내자를 구하기 위해서 우리는 스스로 완전한 자격을 구비해야 하기 때문입니다.

더구나 우리가 모든 신앙을 진실한 것으로 간주한다면, 우리의 신앙을 포기하거나 다른 사람에게 그들의 신앙을 바꾸게 할 필요가 없습니다. 모든 사람들은 각 종교에서 자신들을 만족시키는 것을 전부 받아들일 수 있기 때문입니다.

카사말리에게 보낸 편지(G.),
SN 10932 ; 《전집》 35 : 468

220) 진실한 예배

여기 스리랑카에서, 자연(*Nature*)이 그 가장 풍부한 보물을 풍성하게 제공하는 환경에서 나는 〈영 인디아〉지를 위해서 글을 쓰다가, 시적 성향을 지닌 한 친구가 이와 유사한 경치 아래에서 보낸 편지 한 통이 생각났다. 나는 편지의 한 단락을 독자와 나누고자 한다.

> 아름다운 아침! 서늘하고 흐린 날, 벨벳과 같이 부드러운 빛살을 가진 졸리는 듯한 태양이 떠 있습니다. 기이하게도 고요한 아침, 그 위에 쉬 하는 소리가 살포시 내립니다. 쉬 하는 기도 소리와 같이. 안개는 향과 같이 피어오르고, 나무들은 삼매 속의 예배자와 같습니다. 새와 벌레 순례자들이 와서 찬송을 부릅니다. 아, 사람이 자연으로부터 진실한 내버림을 배울 수 있다면 얼마나 좋을까! 우리는 우리가 좋아하는 장소와 때, 그리고 좋아하는 방식으로 예배할 수 있는 생득권을 망각했던 것으로 보입니다. 엿보는 눈으로부터 예배를 안전하게 지키고, 외부 영향으로부터 멀어지기 위해서 우리는 사원, 모스크와 교회를 지었습니다. 그러나 우리는 그 벽에 눈과 귀가 있음을, 그리고 지붕이 귀신들(*ghosts*)로 북적이고 있음을 잊었던 것입니다. 누가 알리오!
>
> 저런, 저는 곧 설교해야 합니다! 이렇게 사랑스러운 아침에 얼마나 어리석은지. 이웃 정원에 작은 아이가 새처럼 저절로, 즐거이 노

래합니다. 그곳으로 가서 그 귀여운 발에 묻은 흙먼지를 털어 주고 싶습니다. 저 작은 아이처럼 내 심정을 쉽게 소리로 내뱉을 수 없으니, 제 유일한 피난처는 침묵이네요!

영원히 새로워지는 예배당 — 종교의 이름 아래 싸움을 벌임으로써 신의 이름을 모욕하는 대신, 우리 각자를 진정한 예배로 초대하는 저 광대한 푸른 궁창 아래의 예배당 — 을 보는 사람의 눈에, 교회·모스크·사원은 그 안에 엄청난 위선과 사기를 숨기고 있으며, 가장 가난한 자를 쫓아내므로 신과 그분에게 드리는 예배에 대한 조롱으로 보일 것이다.

신의 사원, 〈영 인디아〉, 1927. 12. 8 ; 《전집》 41 : 11

221) 살아 있는 신앙

사바르마티 아슈람에서, *1927. 12. 21*

사랑하는 친구에게,
당신의 편지를 받았습니다. 당신에게 신에 대한 살아 있는 신앙이 없다면, 죄 있는 생각을 제거할 수 없다는 점을, 죄 있는 행동은 더더욱 제거하기 어렵다는 점을 나는 잘 알고 있습니다. 그런 신앙을 갖도록 당신에게 권유하는 유일한 방식은, 인간의 하찮음 그래서 당신 자신의 하찮음을 깨닫는 것이고, 스스로 완전하며, 이 세상이라는 놀라운 현상에 대해서 책임지는 '존재'(*Being*)가 있을 수밖에 없다는 점을 굳건히 믿고 … 또 가정하는 것입니다.

악의 기원에 대해서 당신과 논란을 벌일 능력이 내게는 없습니다. 악을 악으로 겸손하게 인정하고, 그것과 전투하기 위해서 노력하는 것만으로 나는 충분합니다. 내가 믿는 신이 이 전투에서 언제나 나를 도와주신다는 점을 알기 때문입니다. 승리는 분투에 달려 있습니다. 정직하게 구루를 찾는 일과 그러한 분투를 위해서는 청정한 삶이 필요 불가결합니다.

귀하의 신실한 친구

Sjt. Nirmal Chandra Dey
Engineering College Hostel, Shibpur
P. O. Botanical Garden
Howrath

니르말 찬드라 데이에게 보낸 편지,
SN 12653a; 《전집》 41 : 54

222) 신에 대한 신념

사바르마티 아슈람, *1928. 4. 8*

사랑하는 샹카란에게,
오늘 아침 일찍 기도 이후 피아렐랄에게 말을 건넬 때 비로소 나는 자네를 생각했네. 여기에 자네의 편지가 있네.

일단의 고아들이 난파하여 어떤 섬에 상륙했다고 해 보세. 그들은 모두 미혼의 사내애들이고, 부모가 있었다는 사실을 안 적이 없었다고 가정해 보세. 그들이 문자에 대한 지식이 있어서 책을 읽은 덕분에 그들에게 모두 부모가 있었다는 것을 알게 되었다고 가정해 보세. 그들이 독서를 하다 '우리의 자발적 기원'이란 철학 서적을 우연히 읽게 되었다고 해 보세. 그렇다면 그들 모두 자발적 창조라는 점에 대해서 철학적 확신을 갖게 될까? 이른바 철학 서적이란 것이 세련되지 않은 대다수 고아들의 확신을 동요시키지 않듯이, 신의 비존재에 대해서 자네가 읽었다는 책이 신에 대한 자네의 믿음을 동요시키지 않을 걸세. 자네가 부모가 있었다는 사실을 받아들인다면, 제 1원인(*the First Cause*)이라는 근본적 사실에서 자네가 어떻게 도망갈 수 있을까? 나는 근본 사실을 명확하게 밝혔으므로, 자네가 그 제1원인을 신이라고 부르든 다른 무엇으로 부르든 상관이 없네. 그리고 그런 사실에 대해서 확신했으므로, 제 1 원인이 정의(*justice*)를 처리하는 방식을 탐구하는 일, 그리고 우리 주변에 있는 것으로 보이는 부정의에 대해서 탐구하는 일은 전적으로 불필요하네.

이론에는 끝이 없네. 나는 원인과 결과에 대한 이론, 즉 카르마의 법칙에 대한 이론을 믿네. 그것은 인간의 모든 의심에 대해서 대답하는 것으로 보이네. 그것이 자네 질문에 대답하지 않는다면, 자네는 기다리고 예의 주시하고 기도하면, 언젠가는 빛을 볼 것이네. 그러나 만일 자네가 제 1 원인을 믿지 않는다면 희망이 없네. 그렇다면 자네는 누구를 향해서 기도해야 할까? 그러므로 신에 대한 자네 신념을 단단히 고수하고 논증에 대해서는 걱정하지 말게. 자네는 자네 부모의 존재를 논증할 수 있을까? "내가 논증할 수 있든 말든 내 부모의 존재는 나에게는 절대적 사실이야"라고 말하지 않을까? 만일 자네가 자네의 질문자들을 만족시킬 만큼 증명할 수 없다면, "내 논증은 잘못이지만 사실은 잘못이 아니다"라고 말할 것이네. 그리고 자네는 자네 자신에게 "나는 비록 신의 존재를 증명할 수는 없지만, 제 1 원인에 대한 인류의 경험과 신념을 수용해야 한다"고 말해야 할 것이네.

지금도 만족하지 못한다면, 나에게 다시 물어 주게.

귀하의 신실한 친구

샹카란에게 보낸 편지, SN 13175와 13180 ; 《전집》 41 : 447

223) 제 1 원인에 대한 '왜'

사바르마티 아슈람, *1928. 4. 21*

사랑하는 샹카란에게,

자네의 편지를 받았네. 이제 자네는 국민회의의 한 위원회 위원장이 되었네. 이건 매우 좋은 일이네. 그리고 기르다릴랄이 카디(수직의 천)에 대해서 깊은 관심이 있다고 하니 기쁘네.

나는 자네의 편지를 비탈다스 제라자니 씨에게 보여줄 것이네.

카디 조직에 무관심해서도 안 되고 사기 행위가 조금도 있어서는 안 된다는 자네 견해에 진실로 동의하네. 나는 비탈다스에게 어떤 조건이 주어질 것인지를 묻고 있네.

자네가 제 1 원인을 믿는다면, 자네는 제 1원인에 대한 '왜'를 쓸데없는 질문으로 간주해야 할 것이네. 만사를 이성의 영역 아래 가져오는 것은 칭찬할 만하며 정당한 일이지만, 우리는 인간이 불완전한 존재라는 것을 알고 이성 너머에도 뭔가가 반드시 존재해야 한다는 것을 인정할 만큼 겸손해야 하네.

자네가 모든 일에 봉사할 수 있도록 자네 자신을 대비하고 있다는 점을 기쁘게 생각하네. 나는 자네에게 맡겨진 의무에 있어서 자네가 해이할 것이라는 우려는 조금도 없네.

나는 유럽 방문에 대해서 어떤 것도 아직 결정할 수가 없다네.

귀하의 신실한 친구

샹카란에게 보낸 편지,
SN 13200 ;《전집》41 : 493

224) 신구의(身口意)의 융합(*Fusion*)

슈리 자이다얄지 고엔카 덕분에 마르와리협회에서 귀의의 정신을 불러일으키려는 시도가 요즘 행해지고 있다. 이것을 염두에 두고 바잔(찬송가) 그룹이 형성되었고, 바잔 바반(성소)이 역시 운영되고 있다. 고빈드 바반으로 불리는 성소가 캘커타에서 시작되었다. 슈리 자이다얄지의 사례에서처럼 한 남성이 그 모임의 책임을 맡았다. 그러자 그는 귀의라는 이름 아래 방탕에 탐닉하게 되었다. 그는 여성들에게서 공물(供物)을 받았고, 여성들은 그를 신으로 간주하고 숭배했다. 그는 먹다 남은 것을 그들에게 먹으라고 주었고 여성들을 타락시켰다. 단순한 심성의 여성들은 자아실현을 성취한 남성과 육체관계를 갖는 일이 죄가 아니라고 믿었다.

그 사건은 고통스런 일이지만, 나는 그 일로 놀라지는 않았다. 우리 주변 곳곳에 귀의라는 가식 아래 자신의 육욕을 만족시키는 사람들이 있다. 귀의의 본질이 이해되지 않는 한, 강도질이 종교의 이름으로 자행되는 것이 어찌 놀라운 일이겠는가? 거짓 귀의자들이 악을 범하지 않는다면 그것이 놀랄 일일 것이다.

나는 라마나마와 드와다샤만트라(*dwadashamantra*) 신봉자이다. 하지만 내 예배는 맹목적인 것이 아니다. 진실한 사람이면 누구에게든 라마나마는 선박과 같다. 나는 하지만 라마나마를 위선적으로 반복하는 사람이 그것으로 구원을 얻는다고는 믿지 않는다. 아자밀과 다른 사람들의 사례를 들 수 있을 것이다. 그들은 시적 창조물이지만 거기에도 은밀한 의미가 있다. 그들에게 정서의 순결이 부가되었다. 라마나마가 자신의 정염을 잠재워 줄 것이라고 믿는 사람은 그것을 반복함으로써 보답을 얻을 것이고 구원받을 것이다. 자신의 정염을 추구하면서 라마나마를 반복하는 위선자는 구원받지 못하고 망하고 말 것이다. —'사람은 그의 정서에 맞는 운명을 맞이할 것이다.'

귀의자들은 두 가지를 꼭 마음에 새겨야 한다.

첫째, 귀의라고 하는 것은 이름을 반복하는 데만 있는 것이 아니라, 그것과 늘 함께 가야 하는 희생적 행동에 있는 것이다. 세속사가 다르마 또는 귀의와 아무 관련이 없다는 믿음이 요즘 나타나고 있지만 이는 허위이다. 이 세상의 모든 행위들이 다르마〔법〕 또는 아다르마〔비법(非法)〕와 연결되어 있다고 하는 것이 진실이다. 생계를 유지하기 위해서만 장사하는 한 목수가 나무를 훔치고 자신의 일을 오염시킨다면, 그는 아다르마를 행하는 것이다. 다른 목수는 타인의 선을 위해서 장사하고, —예를 들면 환자를 위해서 침대를 만드는 일— 어떤 절도도 범하지 않고 최선을 다해서 일하면서 라마나마를 반복한다. 이것이 다르마를 추구하며 일을 수행하는 것이다. 이 목수가 라마의 진실한 귀의자이다. 세 번째 목수는 의도적이든 무지의 탓이든, 라마나마를 되풀이하기 위해서 장사를 걷어치우고, 자신과 애들을 위해서 구걸한다. 누가 환자를 위해서 무엇을 만들어 달라고 하면, "나에게는 라마뿐이네. 나는 환자도 모르고 행복한 자도 모르네"라고 대답한다. 이러한 목수는 무지의 우물에 빠져 있는 타락한 피조물이다.

사람은 말로만이 아니라 신구의(身口意)를 통해서 신에게 기도한다. 이 세 요소 중 하나라도 없다면 귀의도 없다. 이 셋의 융합은 화합물과 같다. 화합물의 경우 단 하나의 성분이 적절한 비율로 존재하지 않는다면 예상된 결과는 일어나지 않는다. 오늘날의 귀의자는 최고의 귀의가 아름다운 언어를 사용함으로써 달성되는 줄 아는 것 같다. 따라서 귀의자임을 그만두게 되면 간단히 방탕자가 되고 다른 사람들도 타락시킨다.

둘째, 육체적 형상을 지닌 인간이 어떻게 어디에서 신을 예배해야 하는가? 신은 무소부재이시다. 따라서 그가 예배받기에 최선의 장소, 가장 잘 이해되는 장소는 살아 있는 피조물이다. 곤궁에 빠진 자, 불구자 그리고 생명체 중에서 힘없는 자들에 대한 봉사가 신에 대한 예배이다. 라마나마의 반복은 그런 일을 배우는 데에도 우리를 돕는다. 그래서 봉사로 귀결되지 않는 라마나마는 헛된 일이며 일종의 속박이기도 하다. 고빈드 바반의 저 사내가 바로 그 점을 증명해 준다. 이런 사례가 모든 귀의자에게 경고가 되기를 바란다.

여성들에게 몇 마디 말하고 싶다. 사람들에게 자신을 예배하라고 하는 남성은 반드시 타락한 자이다. 그런데 왜 여성이 타락해야 하는가? 만일 그들이 인간을 예배해야 한다면, 그들은 왜 이상적 여성을 예배하지 않는가? 더구나 왜 살아 있는 존재를 예배하는가? 현자 솔론의 말은 우리 가슴에 새길 만하다. '누구도 살아 있는 동안에는 선량하다고 말할 수 없다.' 하루 선량했던 자들이 다음날 간악해진다. 더구나 우리는 위선자를 가려낼 수 없다. 따라서 신만이 예배를 받아야 하는 법이다. 사람이 예배를 받아야 한다면 사후에 비로소 예배를 받을 수 있다. 그 이유는, 사후에는 우리가 그의 육체적 형상이 아니라 덕만을 예배하기 때문이다. 남성들은 반복해서, 강조해서, 그리고 예의를 지키면서 우리의 속기 쉬운 자매들에게 이 점을 반드시 지적해 주어야 한다.

귀의의 미명 아래에 탐닉(G.),
〈나바지반〉, 1928. 5. 6 ; 《전집》 42 : 8

225) 신에게 가까이 접근함

투고자들은 이 난에서 나에게 신에 대한 질문을 던지고 대답하기를 자주 요청한다. 그것은 어떤 영국인 친구가 말하는 대로 〈영 인디아〉지에 나타난 신의 묘기에 대해서 내가 지불해야 하는 벌이다. 내가 지면에서 그런 모든 질문에 주목할 수는 없지만, 다음과 같은 질문에는 대답해야 한다고 느낀다.

> 저는 1927년 5월 12일자 〈영 인디아〉지 149면에 당신이 다음과 같이 쓴 것을 읽어 보았습니다. 나는 "이 세상에서 확실성을 기대하는 것이 잘못이라고 생각한다. 이 세상에는 진리인 신만이 존재하고, 다른 모든 것은 불확실하다."
>
> 〈영 인디아〉지 152면에는 다음과 같은 구절이 있습니다. "신은 오랫동안 고통을 당하며 인내하고 계신다. 그는 정해진 간격으로 심각한 경고만 하시며, 폭군이 자신의 무덤을 파도록 두신다."
>
> 저는 신이 확실성이 아니라고 겸손하게 말씀드리고 싶습니다. 그의 목표는 진리를 온 세상에 펼치는 것이어야 합니다. 그는 왜 이 세상이 갖가지 악인으로 가득 차도록 허용하십니까? 파렴치한 악한들은 온 세상에 번성하여 역병을 퍼뜨리고, 부도덕과 부정직을 후손들에게 물려줍니다.
>
> 신이 전지전능하시다면 왜 전지로써 사악의 행방을 알고 그것을 자신의 전능으로 바로 그 자리에서 당장 죽이지 않고, 온갖 비열을 그 싹에서부터 잘라 버려 악한 자들이 번성치 못하도록 하지 않습니까?
>
> 신은 왜 오랫동안 고통을 당하면서 인내하셔야 합니까? 그분이 그렇다면 스스로 어떤 영향력을 행사하실 수 있습니까? 세상은 모든 비열·부정직·폭정과 함께 계속 진행중입니다.
>
> 신은 폭군이 자신의 무덤을 팔 때까지 기다리시면서, 왜 폭군의 폭정이 가난한 자를 억압하기 전에 그를 솎아내지 않으십니까? 왜

그는 폭정이 갈 때까지 가도록 허락하시고, 폭정이 수천의 사람을 파멸시키고 용기를 꺾은 이후에야 비로소 그 폭군이 무덤으로 가도록 허락하십니까?

세상은 과거에도 나빴고 지금도 계속 그러합니다. 세상을 바꿔 선하고 정의로운 사람들의 세상으로 만들기 위해서 자신의 힘을 사용하지 않으시는 신을 우리는 왜 믿어야 합니까?

저는 사악한 자들이 악덕을 가졌음에도 장수하고 건강한 삶을 살아간 경우를 압니다. 왜 간악한 자들은 그들의 악덕이 낳은 결과로 요절하지 않습니까?

저는 신을 믿고 싶습니다만, 제 신앙에 아무 토대가 없습니다. 〈영 인디아〉지를 통해서 부디 저를 깨우쳐 주시고, 제 불신앙을 신앙으로 바꿔 주십시오.

이런 논의는 아담만큼이나 해묵은 것이다. 나에게 그것에 대한 독창적인 해답은 없다. 하지만 나는 왜 믿는가를 말하고자 하며 그것을 허락해 주길 바란다. 내 견해와 행위에 관심이 있는 청년들이 있는 것을 알기에 나는 그렇게 하게 되었다.[13]

신비롭고 이해할 수 없는 힘(*Power*)이 만물에 두루 퍼져 있다. 나는 그것을 보지는 못하지만 느낄 수 있다. 우리로 하여금 그 자체를 느끼도록 만들면서도 온갖 증명을 거부하는 것은 바로 이 보이지 않는 힘의 작용이다. 그것은 내가 감관들로 지각하는 일체의 것과는 다르기 때문이다. 그것은 그 감관들을 초월한다.

하지만 신의 존재를 한정된 범위 내에서는 논증할 수 있다. 일상

13 〔원주〕 이다음에 나오는 것은 마지막 문장과 뉴먼의 찬송가만을 제외하고는, 간디가 킹슬리 홀에 체재하는 동안 런던의 컬럼비아 방송사에 의해서 1931년 10월 20일 녹음되었다. 〔역주〕 구글(Google)에서 'Mahatma Gandhi Speech'라는 제목의 연설을 쉽게 찾을 수 있다.

간디 방문기념 식수식 (1931)
런던 킹슬리 홀 야외에서 열린 간디 방문기념 식수식에 참여한 간디와 런던 시민들이 환한 표정으로 나무를 심고 있다.

사에서도 민중은 누가, 왜, 어떻게 다스리는지 모른다. 그런데도 그들은 통치하는 힘이 분명히 존재한다는 것을 안다. 작년 나는 마이소르로 여행했을 때 가난한 촌민들을 많이 만났는데, 조사해 보니, 그들은 누가 마이소르를 통치하고 있는지 모른다는 점을 알았다. 그들은 어떤 신이 통치하고 있다고 말했다. 만일 지배자에 대한 이 가난한 자들의 지식이 그렇게 제한되어 있다면, 내가 왕중왕인 신의 현존을 자각하지 못한다고 해도 전혀 놀랄 필요가 없을 것이다. 지배자에 견주어진 촌민들은 작다. 하지만 신에 견주어진 나는 무한히 더 작기 때문이다. 그럼에도 불구하고 가난한 촌민들이 마이소르에 대해서 느꼈듯이 나는 우주에 질서가 존재한다는 점, 존재하거나 살아 있는 만물과 만유를 다스리는 불변의 법칙이 존재한다는 점을 진실로 느끼고 있다. 그것은 맹목적인 법칙이 아니다. 맹목적인 법칙은 살아 있는 존재들의 행위를 지배할 수 없기 때문이다. J. C. 보세 경의 탁월한 연구 덕분으로 물질조차 생명이라는 점을 이제 입증할 수 있게 되었다. 모든 생명을 지배하는 법칙은 신이다. 법칙(*Law*)과 법칙 부여자(*the Law-giver*)는 하나다. 나는 법칙 또는 그 법칙의 부여자를 부인할 수 없다. 내가 그것에 대해서나 그분에 대해서 아는 것이 거의 없기 때문이다. 지상(地上)에 있는 힘의 존재에 대한 나의 부인이나 무지가 아무 소용없듯이, 내가 신과 그의 법칙을 부정한다고 해도 그것이 나를 그 법칙의 작동에서 해방시켜 주지는 않는다. 지상의 통치를 수용하는 것이 그 규칙하의 삶을 편하게 하듯이, 신성한 권위에 대한 겸허하고 담담한 수용이 인생의 여정을 쉽게 한다.

나를 둘러싼 만물이 부단히 변화하고 죽어가더라도, 모든 변화의 바탕에 변하지 않고 만물을 묶어 주고, 창조하고 해체하며 그리고 재창조하는 살아 있는 힘이 존재한다는 것을 나는 희미하게 깨닫는다. 만물에 생명을 불어넣는 힘이나 혼이 신이시다. 내가 감관을 통해서 보는 것들은 어떤 것도 영속할 수 없고 영속하지 않는 것이며, 그분 홀로 존재하신다.

이 힘은 호의적인가 악의에 차 있는가? 나는 그것을 순전히 호의적인 것으로 본다. 죽음 가운데 삶이 존속하고, 허위 가운데 진리가, 어둠 가운데 빛이 존속한다는 것을 내가 알기 때문이다. 따라서 나는 신이 생명 · 진리 · 빛이라는 결론을 내린다. 그는 사랑이시며, 지고(至高)의 선이시다.

신이 인간의 지성을 만족시키는 때가 있다고 해도 단순히 지성을 만족시키는 신은 아니시다. 신이 신이 되기 위해서는 인간의 심정을 다스려야 하고 그것을 변화시켜야 한다. 그는 신자의 가장 작은 행위에서도 자신을 표현하셔야 한다. 이런 일은 오관이 산출할 수 있는 어떤 것보다 진실하고 명확한 자각(*realization*)을 통해서만 가능하다. 지각(*sense-perception*)은 아무리 우리에게 참으로 보인다고 해도, 거짓되고 기만적일 수 있으며 흔히 그렇다. 감관과 별도로 자각이 있는 곳에서 그 자각은 오류가 없다. 그 자각은 외면적 증거로 입증되는 것이 아니고, 내면에서 신의 진정한 임재를 느낀 사람들의 변화된 행위와 인격으로 입증된다.

그와 같은 증언은 모든 나라와 모든 지역에서 부단히 이어지는 예언자와 성자들의 경험 안에서 발견될 수 있다. 이런 증거를 부정하는 것은 자신을 부정하는 것이다.

부동(不動)의 신앙은 이런 자각에 선행한다. 자신의 인격 안에 신의 임재라는 사실을 검증하려는 사람은 살아 있는 신앙으로 검증할 수 있다. 신앙 자체가 외면적 증거로서 입증될 수 없으므로, 가장 안전한 길은 세상의 도덕적 지배를 믿는 일, 그래서 도덕법칙의 주권과 진리와 사랑의 법칙을 믿는 일이다. 진리와 사랑에 반대되는 일체를 즉석에서 거절하는 분명한 결의가 있는 곳에서는 신앙 행위가 가장 안전한 것이 될 것이다.

그러나 이상 말한 것이 투고자의 논의에 대답한 것은 아니다. 나는 이성을 통해서 그를 확신시킬 만한 어떤 논의도 나에게 없음을 고백한다. 신앙은 이성을 초월한다. 내가 그에게 충고할 수 있는 전부는, 불가능한 일은 시도하지 말라는 것이다. 나는 이성적 방법을 통해서는 악의 존재를 설명할 수 없다. 그렇게 설명하기를 원하는 것은 신과 동등하게(*coequal*) 되는 것이다. 나는 그래서 겸손하게 악을 악 자체로 인정할 따름이다. 내가 신이 장기간 고통을 당하시면서 인내하신다고 말한 것은, 그분이 악을 이 세상에 허락하시기 때문이다. 나는 그분 안에 악이 없음을 알고 있다. 그런데도 악이 존재한다면, 그는 그 악을 만든 자이시면서도 그 악에 의해서 오염되지 않는 분이시다.

나는 내가 목숨 걸고라도 악과 씨름하지 않고 악에 대항하지 않는 한, 신을 절대로 알 수 없다는 것도 알고 있다. 겸허하고도 제한된 내 자신의 경험이 믿음을 강화해 주었다. 나는 순수하게 되기를 노력하면 할수록 신에 더욱 가까이 다가감을 느낀다. 내 신앙이 오늘과 같은 변명이 아니고, 히말라야와 같이 부동이고 그 준봉들 위의 눈과 같이 하얗고 밝게 빛난다면, 내가 얼마나 신에게 더 가까이 다가간 것일까? 그러면서 나는 투고자를, 자신의 경험에 근거하여 노래를 불렀던 뉴먼과 더불어 기도하기를 초대한다.

내 갈길 멀고 밤은 깊은데
빛 되신 주
저 본향 집을 향해 가는 길
비추소서.
내 가는 길 다 알지 못하나
한 걸음씩 늘 인도하소서.[14]

신은 존재하신다, 〈영 인디아〉,
1928. 10. 11 ; 《전집》 43 : 103

14 〔역주〕 J. H. 뉴먼의 찬송가. '늘 인도하소서'(*Lead, kindly Light*). 《찬송가》(대한기독교서회, 1973), 287면.

226) 신은 도대체 헤아릴 수 없다

1930. 9. 26

사랑하는 매튜에게,

자네가 나에게 써 보낸 것들은 궁극적으로 신앙에 의해서 결정되네. 이성은 우리를 조금만 데려갈 수 있네. 사람은 인격이지만 신은 그런 의미의 인격은 아니네. 사람은 선과 악에 대한 감각이 있으므로 죄를 범하네. 우리의 작은 자아들(*our little selves*)을 가지고 신을 헤아리려고 할 때 난관이 생기네. 그리고 그분은 도저히 헤아릴 수 없네.

바푸로부터 사랑을

P. 매튜에게 보낸 편지, GN 1553 ; 《전집》 50 : 118

227) 영적인 통찰

1932. 3. 28

허영은 헛것(*emptiness*)이고 자존심(*self-respect*)은 실체입니다. 어느 누구의 자존심도 자신이 아니면 상처를 입힐 수 없습니다. 허영은 언제나 외부로부터 상처를 입습니다.

'신을 직접 대면한다'는 구절에서 '직접 대면한다'는 것을 문자 그대로 받아들여서는 안 됩니다. 그것은 확고한 느낌(*decided feeling*)의 문제입니다. 신은 형상이 없습니다. 그래서 영적인 통찰, 비전을 통해서만 그를 볼 수 있습니다.

틸라캄에게 보낸 편지, 《마하데브바이니의 일기》
권 1, 52면; 《전집》 55 : 197

228) 신의 실현

1932. 4. 8

1, 2 우리가 자신을 믿는다면 신을 믿어야 합니다. 살아 있는 것들이 존재를 가진다면 신은 모든 생명의 총합이고, 내 견해로는 살아 있는 것들이 존재를 가진다는 것이 가장 강력한 증거입니다.

3 신을 부정하는 것은 자신을 부정하는 것과 같이 해롭습니다. 다시 말하자면, 신을 부정하는 것은 자살행위와 같습니다. 신을 믿는다는 것과, 신을 정서적으로(*emotionally*) 실현하고 그분을 실현한 정도에 따라서 행위하는 것은 전연 별개의 일입니다. 진실로 말하자면, 세상의 어느 누구도 무신론자가 아닙니다. 무신론은 단순히 겉치레입니다.

4 우리는 자신에게서 집착과 혐오 등을 철저하게 제거함으로써만 신을 실현할 수 있습니다. 다른 방법이 있을 수 없습니다. 나는 신을 실현했다고 주장하는 자들이 진실로 실현한 것이 아니라고 간주합니다. 그 실현은 경험할 수는 있지만 묘사할 수는 없습니다. 이 점에 대해서 나는 의심이 전혀 없습니다.

5 나는 신에 대한 신앙으로만 살 수 있습니다. 신에 대한 나의 정의(定義)를 항상 명심합시다. 나에게 진리 이외의 신은 없습니다. 진리가 신입니다.

하누만프라사드 포다르(Hanumanprasad Poddar)에게
보낸 편지(H.), 《마하데브바이니의 일기》 권 1, 82면 ; 《전집》 55 : 247

229) 지자(智者)로서의 신

1932. 5. 5

당신의 편지를 받았습니다. 당신이 신의 존재 증명을 이성에게 요구한다고 해도, 신이 이성 자체를 초월하니 이성이 어떤 증명을 제시할

수 있겠습니까? 당신이 이성적 설명을 넘어서는 것은 아무것도 없다고 말씀하신다면, 분명 어떤 난관에 부딪치게 될 것이기 때문입니다. 우리가 이성에 최고의 자리를 넘겨준다면 우리는 심각한 어려움에 직면하게 될 것입니다. 우리 자신의 아트만(*atman*)은 이성을 넘어갑니다. 사람들은 신의 존재를 증명하려고 노력했듯이, 아트만의 존재를 논리적 논의로 증명하려고 힘써 왔습니다. 그러나 신과 아트만을 지성만으로 아는 자는 신과 아트만을 전혀 모릅니다. 이성이 어떤 단계에서는 지식의 유용한 도구일 수 있습니다. 하지만 누구든 거기에서 멈추는 자는 진정한 영적 지식의 이점을 향유하지 못할 것입니다. 그것은 식사의 이점에 대한 지성적 지식이 그것 자체로 그 이점을 향유하는 데 도움을 주지 못하는 것과 같습니다. 신 또는 아트만은 지식의 대상이 아니며 그분 자신이 지자(*Knower*)이십니다. 그 때문에 우리는 그분이 이성 너머에 있다고 말하는 것입니다.

신에 대한 지식에는 두 단계가 있습니다. 첫 단계는 신앙이고 두 번째이면서 마지막 단계는 신앙이 안내해 주는 직접적 경험입니다. 세계의 모든 위대한 스승들은 그런 경험을 했노라고 증언하였습니다. 세상이 보통 바보라고 치부했던 사람들도 자신들의 신앙을 증명했습니다. 우리가 그들의 신앙과 같은 신앙을 갖는다면, 우리도 어느 날 직접적 경험을 할 수 있을 것입니다. 갑이 자신의 눈으로 직접 을을 볼 수 있지만 귀가 멀어 을의 말을 들을 수 없을 경우, 갑이 을의 말을 들은 적이 없었다고 불평하면, 갑은 정당하지 못합니다. 이와 유사하게 이성이 신을 알 수 없다고 말하는 것은 무지를 드러내는 일입니다. 청각이 눈의 기능의 아니듯이 신을 안다는 것은 감관이나 이성의 기능이 아닙니다. 그분을 알기 위해서는 다른 종류의 기관이 필요한데, 그것이 바로 부동의 신앙입니다. 우리는 경험상 이성이란 너무 쉽게 기만당할 수 있다는 점을 압니다. 하지만 아무리 강력한 자라고 해도 진실한 신앙을 속일 수 없었다는 것을 우리는 압니다.

이브라힘지 라즈코트왈라(Ibrahimji Rajkotwala)에게 보낸 편지(G.),
《마하데브바이의 일기》 권 1, 136~137면 ; 《전집》 55 : 402

230) 신을 받아들임

1932. 8. 15

나는 우리를 섬기는 신과 우리가 섬기는 신[15] 모두를 믿습니다. 우리가 섬기기만 하고 어떤 종류의 섬김도 받지 못하는 그런 경우는 있을 수 없습니다. 하지만 양신 모두 우리 상상의 산물입니다. 진실한 신은 오직 한 분이십니다. 진실한 신은 개념을 넘어서십니다. 그는 섬기지도 않고 섬김을 받지도 않습니다. 그는 외면적 힘이 아니고 우리 심정에 거하시므로 어떤 형용사로도 묘사될 수 없으십니다. 우리는 신의 길을 알지 못하므로, 우리의 개념을 넘어서는 힘에 대해서 반드시 생각해야 합니다. 우리가 그 힘에 대해서 생각하는 그 순간, 우리의 상상이 빚어낸 신이 탄생합니다. 신에 대한 믿음은 지성의 기능이 아니라 신앙의 기능입니다. 이것은 사실입니다. 이 문제에서 논증(*reasoning*)은 우리에게 거의 도움이 되지 않습니다. 우리가 신을 받아들이기만 하면 세상의 방식들은 우리를 더 이상 괴롭히지 않습

---

15 "두 분의 신이 존재한다. 한 분은 사람들이 일반적으로 믿는 신이고, 다른 한 분은 매우 세련된 방식으로 — 아마 단순히 평화의 마음을 줌으로써 — 사람들을 때때로 섬기는 신이다. 이런 후자의 신은 존재하지 않는다. 하지만 우리가 반드시 섬겨야 하는 신은 정말로 존재하고, 우리 존재의 제 1 원인이기도 하고, 우리가 지각하는 만물의 제 1 원인이기도 하다." 톨스토이의 이 말을 언급하여, 질문자는 "간디지께서는 이 두 신 가운데 어느 편을 믿습니까? 만일 사람이 두 번째 신을 믿는다면, 그에게 기도는 아무 의미가 없을 것이기 때문입니다" 하고 물어왔다.

니다. 그러므로 우리는 신의 어떤 피조물도 목적이 없을 수 없다는 점을 수용해야 합니다. 이것 이상은 말씀드릴 수 없습니다.

부스쿠테(Bhuskute)에게 보낸 편지(H.),
《마하데브바이니의 일기》 권 1, 364면 ; 《전집》 56 : 361

231) 법칙과 법칙 부여자 *1945. 3. 9*

신은 인격(*a person*)이 아니라 법칙이며 동시에 법칙 부여자이시다. 따라서 그는 인간과 다르다. 그것은 인간이 심은 대로 거둘 것임을 의미한다. 신은 아무 일도 하지 않으시고, 누구로 하여금 어떤 일을 하도록 재촉하지도 않으신다.

고페 구르북사니[16]에게 보낸 메모, GN 1325 ; 《전집》 86 : 47

232) 침묵을 통한 은총 *1946. 4. 7*

마하트마 간디는 오늘 아침 퀘이커의 침묵 예배에 참석했음을 언급하고, 퀘이커 모임 사람들이 30분 동안 절대 침묵을 지키며 앉아 있었다고 말했다. 그들은 신에 대한 예배에 분주했고, 그들 가운데 신의 임재를 깨달았다. 마하트마 간디는 자신이 침묵하는 동안 신의 임재를 느꼈다고 말했다. 그는 침묵이 개인의 삶에 주요한 역할을 담당하므로, 사람들에게 한 주일에 한 번 묵수(默守)하라고 요구했다. 간디지는 자신의 경험이 어떻게 퀘이커교도의 경험과 일치하는지를 묘사했다.

마음에서 사유의 의식적 과정 일체를 비워 버리고, 마음을 미현현의 신의 정신으로 가득 채우는 일은, 사람에게 말로 설명할 수 없는 평화를 가져오고 혼을 무한자(*the infinite*)에게 조율시킵니다.

---

16 그는 "신의 존재에도 불구하고 왜 이 세상에 그렇게 많은 악과 불행이 존재해야 합니까?" 라고 물었다.

하지만 다음과 같은 질문이 제기될 수도 있다. 사람의 일생이 쉼 없는 찬양의 노래이고 조물주에 대한 기도여야 하지 않습니까? 그렇다면 왜 기도를 위한 별도의 시간을 가져야 합니까? 로렌스 형제는 다음과 같이 증언했다. "그에게 있어서 기도를 위해서 할당된 시간은 다른 시간과 다르지 않았다. 그는 윗사람의 지도에 따라서 기도하기 위해서 퇴수했다. 하지만 그는 물러남을 원하지도 않았고 그것을 요청하지도 않았다. 그의 위대한 사업이 그를 신으로부터 떼어내지 않았기 때문이다." 간디지는 이 견해를 문제 삼지 않았다. 그는 다음과 같이 진술했다.

만일 사람이 24시간 내내 신의 임재를 경험할 수 있다면, 별도의 기도 시간이 필요 없을 것이라는 점에 대해서 나는 동의합니다.

마음이 온전히 그분의 영혼으로 가득 찬다면, 사람은 누구에 대해서도 악의 또는 증오를 품지 않을 것이고, 원수는 호혜적으로 앙심을 털어 버리고 친구가 될 것입니다. 원수를 친구로 만드는 일에 내가 늘 성공했다고 주장하는 것은 아닙니다. 하지만 마음이 그분의 평화로 가득 차게 되면, 모든 증오가 중지된다는 것을 많은 경우에 있어서 경험했습니다. 태초 이래 세상에 있었던 스승들의 부단한 계승은 동일한 사실을 증명해 주었습니다. 거기에 대해서 내 공로를 주장하지 않겠습니다. 나는 그것이 전적으로 신의 은총 덕분이란 것을 압니다. 그렇다면 거룩한 주간에 침묵의 유대를 통해서 그의 은총을 구하도록 합시다. 그러면 그 경험이 이후에는 항상 우리에게 남아 있을지도 모릅니다.

뉴델리, 기도모임에서의 말씀, 〈봄베이 크로니컬〉, 1946. 4. 8 ; 〈하리잔〉, 1946.4.28 ; 《전집》 90 : 259

233) 초월과 내재

바로다에서 온 친구 한 분이 영어로 다음과 같이 썼다.

> 남아프리카의 백인들에게 빛을 주고, 거기에 남아 있는 인도인들이 최후까지 꿈쩍하지 않고 견딜 수 있는 힘과 용기를 주실 것을 신에게 기도하라고 당신은 우리에게 요구한다. 이런 종류의 기도는 인격에게만 할 수 있을 것이다. 만일 신이 두루 퍼져 있는 힘이고 전능의 강력한 힘이 있는 분이라면, 그에게 기도해야 할 이유가 어디 있을까? 무슨 일이 일어나든 그는 자신의 일을 계속할 것이다.

나는 이전에 이런 주제에 대해서 글을 쓴 적이 있다. 하지만 사람이 같은 사안이라고 하더라도 말을 바꿔서 자꾸 반복하다 보면, 사용되었던 새로운 말이나 구절이 그 사안을 더 잘 이해하는 데 누군가를 도울 가능성이 높다. 내 견해로는 라마, 라흐만, 오르무즈드, 하느님, 또는 크리슈나, 무엇으로 불리든, 그분은 지고의 힘(*Supreme Power*)인데 사람은 이를 지칭하는 이름을 발견하기 위해서 부단히 노력해오고 있다. 사람은 불완전하면서도 완전을 추구하는데, 그 과정에서 생각의 흐름에 갇히게 되었다. 그렇게 되자 아장아장 걷기를 배우는 아기처럼 때론 넘어지고 때론 일어선다. 그러므로 논증하는 사람을 우주 시간의 광대성에 비춰보아서 생후 몇 개월에 불과한 유아(乳兒)에 불과하다고 말하더라도, 우리는 조금도 과장하는 것이 아니고 단순한 진리를 진술하는 것이 될 것이다. 인간은 언어를 통해서만 자신을 표현할 수 있다. 그러나 신에 해당하는 저 힘은 언어라는 매개체로 표현될 수 없을 것이다. 하지만 인간은 자신의 불완전한 수단에 의해서만 이 무한한 힘을 묘사할 수 있다. 사람이 이 점을 파악한다면 더 이상 질문할 것이 없게 된다. 그러므로 사람이 사람의 언어로 신에게 기도하는 것은 옳을 것이다. 왜냐하면 그분을 우리 자신의 틀 안에 맞춰 넣음으로써 그분을 어느 정도는 이해할 수 있기 때문이다.

우리는 신을 명상하면서 우리 자신이 신에 해당하는 바다의 한 방울, 극미의 피조물에 불과하다는 점을 언제나 기억해야 할 것이다. 우리는 그분 안에 있음으로써 그를 경험할 수는 있겠지만 결코 그를 묘사할 수는 없다. 블라바츠키 부인[17]이 말했듯이, 기도하는 자는 내면에 있는 위대한 힘에게 예배한다. 이것을 아는 자만이 기도할 수 있을 것이다. 모르는 자는 기도할 필요가 없다. 신이 그 때문에 심기를 상하시지는 않을 것이지만, 나는 내 경험에 비춰보아서 그 사람이 기도하지 않음으로써 패배자가 될 것이라는 점은 말할 수 있다. 그래서 어떤 사람은 신을 인격(*a Person*)으로 예배하고 어떤 사람들은 그를 위대한 힘(*a Great Power*)으로 예배한다는 것은 중요하지 않다. 양자 모두 나름대로는 옳다. 하지만 무엇이 본래 옳은 것인지를 아는 사람도 없고, 앞으로도 그런 사람은 없을 것 같다. 이상이 이상이기 위해서는 도달할 수 없는 곳에 있어야 한다. 모든 다른 힘은 정체되어 있지만 신은 내재하면서도 동시에 초월적인 생명력(*the Life Force*)이시다.

세바그람 1946. 8. 8.

신은 인격인가 원리인가?(G.),
〈하리잔〉, 1946. 8. 18 ; 《전집》 91 : 500

17 《신지학의 열쇠》(*The Key to Theosophy*).

간디 연보

1869	출생	10. 2	모한다스 카람찬드 간디는 구자라트 카티아와르 포르반다르의 바이샤 가문에서 출생. 포르반다르, 라즈코트와 바나크네르 주 수상인 카람찬드 간디와 그의 네 번째 처 푸틀리바이 사이에서 세 아들 중 막내로 태어나다.
1876	7세		부모와 함께 라즈코트로 가다. 12살 때까지 그곳에서 초등학교 다님. 고쿨다스 마칸지의 딸 카스투르바이와 약혼하다.
1882	13세		카스투르바이 마칸지와 결혼.
1884	15세		육식과 무신론을 실험.
1888	19세	봄	장남 하릴랄 출생.
		9. 4	소속 카스트 장로들의 반대를 무릅쓰고 유학차 영국으로 향해.
		11. 6	런던 이너템플 법학원 등록.
1889	20세	11	신지학회 소속의 블라바츠키와 애니 베전트를 만나다. 《바가바드 기타》, 《아시아의 빛》, 산상수훈을 읽다.
1890	21세	9. 19	런던 채식주의자협회 집행위원이 되다.
1891	22세	3. 26	런던 신지학회 준회원으로 등록하다.
		6. 10	변호사 자격 취득하다.
		6. 11	런던 고등법원에 등록하다.*
		6. 12	인도로 항해하다.
1892	23세	봄	차남 마니랄 출생.
		5. 14	카티아와르에서 법률사무소 개업을 위한 허가 취득. 성공적으로 업무를 수행하지 못하고, 라즈코트에서 법률문서 작성자로 정착.

* 〔역주〕 영어 원전에는 고등법원 등록일이 6월 10일로 되어 있지만 《전집》의 연보에 따라 6월 11일로 바로잡았다. 연보 3면 참조.

1893	24세	4	다다 압둘라 회사의 법률 고문으로 남아프리카로 항해하다.
		6	프리토리아의 객차에서 쫓겨나다. 인종차별에 대한 비폭력 저항을 결심하다.
		7	크루거 총장 자택 인근의 보도에서 구타당하지만 공격자 고소를 거부하다.
1894	25세	4	종교 서적을 공부하다. 여기에는 성경, 코란, 톨스토이의 《하나님의 나라는 너희 안에 있느니라》가 포함되어 있다.
		8. 22	나탈 인도 국민회의를 조직하다.
		9. 3	유럽인 변호사들의 반대를 무릅쓰고 나탈과 트란스발 고등법원에 변호사로 등록하다.
1895	26세	4	더반 인근의 트라피스트회 수도원을 방문하다.
		5	인도 이민법안 내의 재계약 조항에 반대하며 나탈 의회와 리폰 경에 호소하다.
		12. 6	〈인도인 선거권: 남아프리카 거주의 모든 영국인들에게 보내는 호소문〉을 발행하다.
1896	27세	6. 5	인도로 항해하다. 남아프리카 거주 인도인을 위해 여러 집회에서 연설하다.
		11. 30	가족과 함께 남아프리카로 항해하다.
1897	28세	1. 13	더반에 도착, 폭도의 공격을 받다.
		1. 20	공격자 기소하기를 거부하다.
		5	3남 람다스 출생.
1898	29세		차별법률에 관련하여 지방 당국 및 대영제국 당국자에게 청원서를 제출하다.
1899	30세	12.	보어전쟁에 참전하기 위해 인도인 위생병 부대를 조직하다.
1900	31세	5. 22	4남 데브다스 출생.
1901	32세	10. 18	가족과 함께 인도로 항해하다.
		12. 27	남아프리카에 대한 결의안을 인도 국민회의에 제출하다.
1902	33세	2	캘커타에서 고칼레와 함께 1개월 지내다. 라즈코트에서 변호사업 실패, 봄베이로 옮겨 법률업무에 착수하다.
		11. 20	트란스발의 반아시아인 법안에 대항하는 인도인들의 운동을 지지하라는 부름에 응하여 가족과 함께 남아프리카로 돌아오다.
1903	34세	2	트란스발 대법원 변호사로 등록하다. 요하네스버그 법률사무소를 개소하다.
		6. 4	주간지 〈인디언 오피니언〉을 창간하다.

1904	35세	10	러스킨의 《나중에 온 이 사람에게도》를 읽다.
		12	더반 인근에 피닉스 정착촌을 설립하다.
1905	36세	5	타밀어를 배우기 시작하다.
		8. 9	나탈 인도인들에 대한 인두세 징수 법안의 수정을 요구하다.
		8. 19	벵골 분리에 대한 연합된 반대를 요구하고 영국 제품 불매운동을 지지하다.
1906	37세	5. 12	인도 자치를 주창하다.
		6~7	줄루반란 때 위생병 부대에서 봉사. 브라마차르야 서약을 하다.
		9. 11	요하네스버그 소재 제국극장에서 열린 아시아인 등록 법안의 철회를 요구하는 대규모 집회에서 연설하다.
		10. 3	영국 정부에 탄원하기 위해 영국으로 항해하다.
		11. 7	의회 의원들에게 연설하다
		12	남아프리카로 돌아오다.
1907	38세	1~2	《윤리적 종교》에 대한 8개의 논문을 집필하다
		7. 14	인도인에게 재등록하지 말도록 요청하다.
		7. 31	수동적 저항의 중요성에 대해 설명하다. 총파업이 실시되다.
		12. 28	피켓시위에 대한 재판에서 스스로 변론하고 48시간 이내에 트란스발을 떠날 것을 명령받다. 나중에 정부 광장에서 열린 집회에서 연설하다.
1908	39세	1. 10	'수동적 저항'이란 말 대신에 '사탸그라하'라는 말을 사용하다. 2개월 금고형을 선고받다. 다른 모든 사탸그라히들과 함께 1월 31일 석방되다.
		2. 10	미르 알람 칸(Mir Alam Khan)과 다른 파탄인들의 공격을 받고 거의 목숨을 잃을 뻔하다. 병석에서 그 공격자들을 용서해야 한다고 호소하고, 아시아인들에게 자발적으로 지문날인을 하도록 요구하다.
		8. 16	대규모 집회에서 연설하고 등록증명서의 추가 소각을 부추기다.
		8. 23	요하네스버그에서 대규모 집회가 소집되어 등록증명서를 소각하다. 간디의 공격자였던 미르 알람과 다른 파탄인들이 자신들의 과오를 인정하고 '최후까지 싸우기'로 결의하다.
		10. 7	등록증명서 없이 트란스발에 들어가려다가 폴크스루스트에서 체포되다. 2개월간의 징역형에 처해지고, 12월 12일에 석방되다.
1909	40세	1. 16	등록증명서를 제시하지 못하여 폴크스루스트에서 다시 체포되다. 추방당하자 돌아왔고 다시 체포되었으나 보석으로 풀려나다.
		2. 25	폴크스루스트에서 같은 죄목으로 체포되어 3개월 금고형에 처해지다. 5월 24일 석방되다.

		6. 23	영국으로 항해하다.
		7. 10	런던에 도착하다. 엠프틸 경의 도움으로 유력한 영국인 지도자들을 교육하려 하다.
		11. 13	남아프리카로 돌아오다. 도중에 《힌드 스와라즈》를 집필하고 톨스토이의 〈어느 힌두교도에게 보내는 편지〉를 번역하다.
1910	41세	4. 4	톨스토이에게 《힌드 스와라즈》를 보내다.
		5. 8	톨스토이는 수동적 저항이 인도와 인류에게 아주 중요하다는 대답을 해오다.
		5. 30	헤르만 칼렌바흐가 제공한 1천 1백 에이커의 땅에 톨스토이 농장을 설립하다.
1911	42세	4. 22	스뮈츠는 사탸그라하 운동을 중지한다는 조건으로 인도인들의 요구 사항을 수락하다.
1912	43세	10. 22	고칼레가 케이프타운에 도착하다. 간디는 5주간의 여행 기간 동안 수행하다. 유럽식 복장과 우유를 포기하고 식사를 생과일과 건과로 한정하다.
1913	44세	4	카스투르바이가 사탸그라하 투쟁에 참여하다.
		9. 15	사탸그라하가 재개되다. 12인의 남성과 카스투르바이를 포함한 4인의 여성이 더반을 출발하여 폴크스루스트로 향하다.
		9. 23	카스투르바이가 다른 사탸그라히들과 함께 체포되다. 3개월 징역형을 선고받다.
		10. 28	1,700인의 사탸그라히들을 뉴캐슬로부터의 행진에서 지도하다.
		11. 6	2, 221인의 행군자와 함께 폴크스루스트 국경에서 체포되고, 다른 사람들은 월경하다.
		11. 7	폴크스루스트에서 보석으로 석방되고 2, 037인의 행군자들의 행군에 참여하다.
		11. 8	스탠더튼에서 체포되어 신원 확인 이후 석방되다. 행군 계속되다.
		11. 9	티크위스에서 체포되어, 밸푸어로 이송되다.
		11. 11	파업을 선동했다는 죄목으로 둔디에서 9개월 징역형을 선고받다.
		12. 18	석방되다. 석방부터 타결에 이르기까지 간디는 1일 1식 하고 계약 노동자의 복장을 하다.
1914	45세	1. 13	스뮈츠 장군과 협상 개시, 1월 22일 중재안에 도달하다.
		1. 22	스뮈츠 장군과의 협상타결 이후 사탸그라하를 중지시키다.
		7. 18	인도로 가는 도중 런던으로 항해하다. 남아프리카를 영영 떠나다.
		8. 6	제 1차 세계대전 발발 이틀 후 영국에 도착하다.

		8.8	영국인과 인도인 친지들이 세실 호텔에서 환영회를 열어 주었다. 진나, 랄라 라즈파트 라이, 사로지니 나이두가 참석자 중의 일부였다.
		8.13	런던 거주 인도인 학생들의 위생병을 조직하다.
		12.19	건강 악화로 인도로 항해하다. 벵골어를 배우기 시작하다.
1915	46세	1. 9	봄베이에 도착, 위생병 봉사로 카이저-이-힌드 금메달을 수상하다.
		3. 3	고칼레 죽음을 애도하기 위해 푸나 집회에 참석하다.
		4. 7	리쉬케슈에 가고, 스와르가 아슈람을 방문하다.
		5. 20	아메다바드에 사탸그라하 아슈람(나중에 사바르마티 아슈람으로 알려짐)을 개설하다.
		9	사탸그라하 아슈람에 불가촉천민 가족을 받아들이다.
1916	47세		인도와 미얀마를 여행, 3등 열차를 이용하다.
		2. 6	베나레스 대학에서 연설하다.
		10. 21	아메다바드에서 개최된 봄베이 지역대회에서 간디는 진나를 의장으로 선출하기를 제안하다.
		12. 26	러크나우 인도 국민회의에 참석하다.
		12. 29	러크나우에서 열린 전인도 공용문자와 공용어대회를 주재하다.
1917	48세		물레를 사용하여 수직의 천을 대규모로 생산하려는 생각이 마음에 자리 잡기 시작하다.
		4. 10	참파란에서 인디고 농장 노동자들의 문제를 다루기 시작, 8월 노동자의 결의안을 이끌어내다.
		8. 31	마하데브 데사이에게 "당신 안에서 내가 원하는 사람을 찾았다"고 말하다.
		10. 3	참파란 위원회는 농장주들과 협상에 도달하다.
1918	49세	2. 20	봄베이에서 바기니 사마즈 연례집회의 의장이 되고, 여성교육에 대해 연설하다.
		2. 22	아메다바드 직물공장 노동자를 위해 사탸그라하 운동을 지도하고, 3월 18일 협상을 타결하다.
		3. 22	나디아드에서 케다 사탸그라하를 개시하고, 6월 29일 성공적으로 마무리하다.
		4. 27	델리에서 열린 총독의 전쟁협의회에 참석하고, 그 협의회에서 힌두스티니어로 연설하다. 영국군을 위해 모병을 위한 여행을 하다.
		11. 14	구자라트 스와데시 상점을 개점하다.
1919	50세	2. 24	부왕에게 사탸그라하 선서에 대해 통지하다.
		3	사탸그라하 소책자 제 1호를 발간하고, 거기에 소로를 인용하다.
		3.19	마드라스 노동조합 집회에서 연설하고, 와디아가 의장을 맡다.
		4.6	전인도 사탸그라하 운동, 즉 전국적인 하르탈(파업)을 시작하다.

		4. 7	등록 없이 〈사탸그라히〉 지 제 1호를 발간하다.
		4. 10	델리로 오는 길에 펀자브에 들어오지 말란 명령에 불복, 체포당하다.
		~12	봄베이로 다시 호송되는 도중 여러 마을에서 폭력이 잇따르다.
		4. 13	암리차르에서 대학살이 발생하다.
		4. 14	사흘 동안의 참회를 위한 단식을 시작하다. 롤래트 법안에 반대하는 사탸그라하 운동을 지도하다. 자신의 '히말라야만큼 큰 오산'에 대해 고백하다. 펀자브 지역에 계엄령 선포되다.
		4. 18	사탸그라하운동을 중지시키다.
		9	〈나바지반〉 지 편집인을 맡다.
		10	〈영 인디아〉 지의 편집인을 맡다.
		11. 4	암리차르의 골든 템플에서 영접을 받다.
		11. 24	델리에서 전인도 킬라파트 집회를 주재하다.
1920	51세	4. 2	라빈드라나트 타고르가 사바르마티 아슈람을 방문하다.
		8. 1	부왕에게 편지를 보내고, 카이저-이-힌드 금메달, 줄루반란, 보어전쟁에서 받은 메달을 반납하다.
		8. 31	일평생 카디를 착용하겠다고 선서하다.
		9. 8	인도 국민회의 특별회의가 펀자브와 킬라파트에서의 과오에 대한 수정을 보장하기 위해서 간디가 제안한 비협조 프로그램을 수용하다.
		12	나그푸르 국민회의가 합법적이며 평화적인 방법을 통한 스와라즈 성취를 국민회의의 목표로 선언하는 간디 결의안을 수용하다.
1921	52세	3. 30	간디는 비자야나가람에서 힌디어를 인도 공용어로 삼자고 호소하다.
		4	인도에 2백만 개의 물레를 설치할 프로그램을 개시하다.
		7. 31	외제 천에 대한 전면적 불매운동을 지도하다. 봄베이에서 거대한 외제 천 소각(燒却)을 지도하다.
		10. 31	매일 물레질하기로 서약하다.
		11. 19	집단 간의 폭동에 항의하기 위해 5일간 단식하다.
		12	대규모 사탸그라하 캠페인 시작, 국민회의가 전폭적으로 지지하다. 수많은 국민회의 지도자들이 체포되다.
1922	53세	2. 4	차우리 차우라에서 폭동 발생하다.
		2. 12	폭력에 대한 항의의 표시로서 5일간의 단식을 시작하다. 사탸그라하 운동 계획을 포기하다.
		3. 10	선동 혐의로 사바르마티에서 체포되다. 6년형을 언도받다.
1923	54세	11. 26	교도소에서 《남아프리카에서의 사탸그라하》의 집필을 시작하다.
1924	55세	1. 12	맹장 수술을 받다.

		2. 4	교도소에서의 석방을 명령받다.
		2. 12	자신에게 노벨 평화상을 추천하는 의회 결의안을 제출하지 말도록 마호메드 야쿠브에게 요청하다.
		5. 18	교도소에서의 석방 이후 최초로 대중 앞에 등장하여 봄베이에서 거행된 석가탄신기념식의 의장이 되다.
		9. 17	힌두 · 무슬림 일치를 위해 21일간의 단식을 시작하다. 10월 8일 단식을 중지하다.
1925	56세	2. 15	라즈코트에서 민족학교와 자이나교도 호스텔을 시작하다.
		7. 2	캘커타의 키드포레에 바크르-이-이드 절(節)에 폭동이 발생하다. 간디는 아불 칼람 아자드와 함께 소요 지역을 방문하고 두 집단을 진정시키다.
		9. 22	전인도 직조인연합회를 창립하다.
		11. 7	매들레인 슬레이드(미라벤)가 사바르마티 아슈람에 들어오다.
		11. 24	아슈람 거주자들의 비행 탓에 7일간의 단식을 선언하다.
		11. 29	《나의 진리실험 이야기》의 집필을 시작하다.
1927	58세	1~11	카디를 위해 북부 인도와 남부 인도를 널리 순회하다.
		11	스리랑카를 방문하다.
1928	59세	2. 12	바르돌리 농민들이 사탸그라하 행위로 세금납부를 거부하다. 간디는 8월 6일 성공적 해결에 주도적 역할을 하다.
		12	자치령 지위가 1929년 말까지 부여되지 않는다면, 독립을 선호한다는 결의안을 캘커타 국민회의에 제출하다.
1929	60세	2. 3	《나의 진리실험 이야기》를 완성하다.
		3. 4	외제 천 소각 행위로 체포되었으나 개인적으로 인정되어 석방되다.
		8. 20	국민회의 의장직을 사양하고 대신 자와할랄 네루를 추천하다.
		12. 27	라호르 국민회의에서 인도의 완전독립을 선언하다.
1930	61세	1. 26	자신이 준비한 독립선언이 인도 전역에 선포되다.
		3. 12	사바르마티에서 단디까지 소금행진을 시작하다.
		4. 6	단디 해안에서 소금법을 위반하다. 인도 전역에서 사탸그라하를 개시하다.
		4. 18	치타공에서 폭력이 발생하다.
		5. 5	카라디에서 체포되다. 재판 없이 예라브다에 수감되다. 인도 전역에서 하르탈이 실시되다. 이 해 말까지 10만 명 이상이 수감되다.
1931	62세	1. 26	여타 국민회의 지도자들과 함께 석방되다.
		3. 4	간디 · 어윈 협정이 체결되다.
		4. 8	암리차르에서 집단주의에 대한 해결책을 시크교도와 논의하다.

		8. 2	치누바이 마다브랄의 가족 사원을 아메다바드 거주 불가촉천민에게 개방하다.
		9. 12	원탁회의에 참석하고 영국 지도자들을 만나 인도의 완전 독립의 필요성을 천명하기 위해 런던을 방문하다.
		9. 26	면화 산업의 대표자들과 대담하다.
		9. 27	브래드포드 미취업 노동자들의 대표단을 영접하다.
		10. 9	마담 몬테소리를 만나다.
		10. 23	이튼 대학 집회에서 연설하다.
		10. 24	옥스퍼드 학감들에게 강연하다.
		11. 6	조지 버나드 쇼 부부가 간디를 방문하다.
		12. 14	스위스에서 로맹 롤랑을 방문한 다음 인도로 항해하다.
1932	63세	1. 4	국민회의 운영위원회가 사탸그라하 재개에 대한 간디 결의안을 수용한 뒤 봄베이에서 체포되어, 예라브다 교도소에 수감되다.
		9. 20	불가촉천민을 위해 힌두교도와 불가촉천민을 분리시킨 분리 선거구에 항의하여 죽기를 각오하고 단식을 시작하다.
		9. 24	간디의 면전에서 상층 카스트와 하층 카스트 사이에 예라브다 협정이 체결되다.
		9. 26	단식을 끝내다.
1933	64세	2	수감 중 하리잔봉사회를 창설하고 〈하리잔〉지를 창간하다.
		5. 8	'자신과 동료들의 정화를 위한' 단식을 시작하다. 교도소에서 석방되다.
		5. 9	사탸그라하 운동을 6주간 중단할 것을 선언하고, 정부에 법령을 철회하기를 요청하다.
		5. 29	단식을 시작한 지 21일 이후 중지하다.
		7. 26	아메다바드 사탸그라하 아슈람의 해산을 선언하다. 33인의 동료와 함께 라스로 행진할 채비를 하다.
		8. 1	제한 명령에 대한 불복으로 체포되어 1년간의 금고형을 선고받다.
		8. 16	수감되어 있는 동안 불가촉천민을 위해 일하기를 허용받지 못하자 단식을 시작하다. 나흘 뒤 병원으로 이감되다.
		8. 23	교도소에서 무조건 석방되다.
1933~ 1934	65세	11~ 6	하리잔을 위해 북인도와 남인도를 널리 여행하고, 이 여행의 마지막 1개월은 도보로 여행하다.
		6. 25	자신을 죽이려는 폭탄 세례를 모면하다.
		9. 17	촌락산업의 발전, 하리잔 봉사, 기초기술 교육에 종사하기 위해 10월 1일부터 정치에서 은퇴하겠다는 결정을 선언하다.
		10. 24	전인도 촌락산업협회를 창설하다.

		10. 30	국민회의에서 사임하다.
1936	67세	4. 30	인도 중앙지역 내 와르다 인근의 세바그람에 정주, 본부로 삼다.
1937	68세	10. 22	와르다 교육대회를 주재하다.
1938	69세	2. 3~5	와르다 국민회의 운영위원회에 참석하다.
		10	서북 변경주를 순회하다.
1939	70세	3. 3	지방 통치자가 행정 개혁을 하겠다는 약속의 준수를 보장받기 위해 라즈코트에서 죽기를 각오하고 단식을 시작하다. 부왕의 개입으로 3월 7일 단식을 끝내다.
		7. 23	히틀러에게 편지를 쓰다(전달되지 못하다).
1940	71세		국민회의 운영위원회에 자주 참석하여 적극적 역할을 하다.
		10	사탸그라하 주제에 대해 사전 검열하려는 당국의 요구에 대해서 〈하리잔〉지와 다른 연대 주간지들의 발간을 중지하다.
		10. 17	제2차 세계대전에 인도가 참전을 강요받자 이에 항의하는 부분적 시민불복종운동을 개시하다.
1941	72세	12. 13	《건설적 프로그램: 그 의미와 위상》을 완성하다.
1942	73세	1. 18	〈하리잔〉지와 다른 주간지들을 재개하다.
		3. 27	뉴델리에서 스태퍼드 크립스를 만나다. 후에 크립스의 제안을 '만기가 지난 수표'로 선언하다.
		8. 8	'인도를 떠나시오' 운동을 시작하다.
		8. 9	체포되어 푸나의 아가 칸 궁전에 구금되다.
		8. 15	마하데브 데사이가 아가 칸 궁전에서 심장병으로 별세하다.
1943	74세	2. 10	정의에 호소하기 위해 21일간의 단식을 시작하다.
1944	75세	2. 22	푸나의 교도소에 있을 때 카스투르바이가 별세하다.
		5. 6	건강악화로 교도소에서 석방되다. 건설적 프로그램에 헌신하다.
		9. 9~27	진나와의 회담을 시작했으나 27일 결렬을 선언하다.
1945	76세	3. 17	비노바 바베와 키쇼렐랄 마슈루왈라를 세바그람 아슈람의 자신의 계승자로 지명하다.
		6. 25	심라대회에 참석하다.
		12. 19	샨티니케탄에서 C. F. 앤드루스 기념병원의 기공식을 거행하다.
1945~		12~	벵골과 아삼 지방을 순회하다.
1946	77세	1	
		1~2	불가촉천민제 반대와 힌두스타니어 학습을 위해 남인도를 순회하다.
		2. 10	〈하리잔〉지와 다른 연대지를 다시 발행하기 시작하다.
		4	델리에서 각료사절단과의 정치 회담에 참석하다.
		5. 5~12	심라대회에 참석하다.
		6. 23	부왕이 제의한 잠정 정부에 참여하지 말도록 국민회의에 권고하다.

		6. 24	각료사절단을 만나다.
		6. 29	델리를 떠나서 열차편으로 푸나로 가다. 도중에 열차를 탈선시키려는 시도가 있었다.
		7. 7	봄베이 국민회의 집회에서 연설하다.
		8. 16	무슬림연맹이 요구한 '직접 행동'의 결과로서 캘커타에서 4일간의 폭동이 발생하다.
		8. 27	'벵골의 비극'의 반복 가능성에 대해 경고하는 전문을 영국 정부에게 보내다.
		10. 15	무슬림연맹이 잠정 정부에 참여하다.
		11	폭동이 휩쓸고 간 동벵골을 4개월간 도보로 순회하다.
1947	78세	1. 2	"칠흑 같은 어둠이 내 주위를 감싸고 있다"고 말하다.
		1. 3~29	도보 순회를 위해 스리람푸르를 떠나다. 비하르주에서 폭동의 영향을 받은 지역을 순회하다.
		3. 29	인도 최후의 부왕인 마운트배튼 경이 인도에 도착하다.
		4. 1~2	델리의 아시아교섭대회에서 연설하다.
		4. 15	진나와 함께 집단 간의 평화를 위해 합동호소문을 발표하다.
		5. 5	인도 내부의 분열이 불가피하다는 점을 부인하다.
		6. 2	부왕의 분할정책이 드러나다. 국민회의 운영위원회가 이를 수용하다.
		6. 6	모든 현안들에 대해 국민회의와 우호적으로 해결하도록 진나를 설득해 주도록 요청하는 편지를 마운트배튼에게 보내다.
		6. 12	국민회의 운영위원회에서 연설하다.
		8. 15	영국령 인도가 두 개의 자치령으로 분리되다. 영국 통치에서의 해방을 기뻐하면서도 인도의 분리를 개탄하다. 힌두교도와 이슬람교도의 대규모 이동과 함께 광범위한 폭력이 발생하다.
		9. 1	캘커타에서 죽을 각오로 단식을 시작하다. 나흘 이후 지역 평화가 회복된 이후 단식을 중단하다.
1948	79세	1. 13	집단 간의 일치를 위해 뉴델리에서 단식을 시작하다.
		1. 17	중앙 평화위원회 구성, '평화 선서'를 결정하다.
		1. 18	단식을 종료하다.
		1. 20	비를라 하우스에서 폭탄이 폭발하다.
		1. 30	저녁기도모임으로 가던 중 암살자의 총탄을 맞다. 합장하고 용서의 자세를 보이면서 입술로 '헤이 람, 헤이 람'이라는 말과 함께 이승을 떠나다.

용어해설

abala	약한
abhyasa	지속적인 에너지, 실수(實修)
achara	삶의 방식
achhut	불가촉의
adharma	비도덕적, 부정의
advaita	불이(不二), 일원론
ahimsa	불상해, 비폭력, 무해, 죽이거나 상해하려는 의지의 포기, 일체의 모진 신구의(身口意) 금지, 비강제
ahimsadharma	아힘사를 실천하는 일
akarta	무행위자
akash	공간, 에테르
akhadas	특정 분파의 사두의 센터
akrodha	분노에서의 자유
amanitvam	절제
amrit	감로수
ananda	지복, 환희
anasakti	사심 없음, 사심 없는 행위
anasakti yoga	사심 없는 행위의 요가(훈련)
anekantavada	자이나교의 실재의 다면성 이론
anekantavadi	아네칸타바다를 믿는 자
angarakhun	비교적 엷은 천으로 만든 꼭 끼이는 상의

antyaja	불가촉천민
aparigraha	무소유, 포기
artha	정치, 국가이유, 이익, 물질적 복리
arya	문자대로 하면, '거룩한 자' 또는 '고귀한 자' 원래는 리쉬(聖仙)의 직위명으로서 이들은 아르야마르가, 즉 고상한 길을 걷는 자들이었다.
asan	자리
ashram	영적인 공동체 또는 집단
ashram(a)	인생의 단계
asteya	불투도(不偸盜)
asura	악마
asuri	악마
asvad	미각의 통제
atman	보편적 자아
avatar(a)	문자적으로 '하강' — 신격의 성육화
bahadur	용감한, 강력한, 주권을 가진
bania	상인과 농부 카스트
bansi	크리슈나가 분 것과 같은 대나무로 만든 피리
bapu	글자 그대로는 '아버지', 애정과 존경을 표시하는 말
bhajan	귀의의 찬송 또는 찬가
bhajan bhavan	바잔을 부르기 위해 사람들이 모이는 장소
bhajanavali	귀의의 찬송 또는 찬가집
bhaji	익힌 채소
bhakti	신에 대한 귀의·신앙·숭배
bhakti yoga	신앙·귀의·숭배의 길
bhang	인도 대마, 마취제로 사용됨
bhangi	청소와 동물 사체 처리와 관련된 카스트 일원
bhavan	거주처
bhumi	땅이나 흙
brahmachari	brahmacharya의 수행자, 순결의 모범
brahmacharya	충실, 순결, 인생의 4단계 중 첫째

brahmin	브라만 또는 바라문, 네 카스트 중 처음에 속하는 자 주요 임무는 베다 공부와 희생제사의 수행이다.
buddhi	분별, 도덕적 분별력
chaitanya	보편 의식(意識)
chakra	원, 바퀴
chandala	청소부, 불가촉천민
chapati	밀가루로 만든 얇고 납작한 발효하지 않은 빵
charkha	물레
charpai	끈으로 달아맨 침대
chawl	공동주택
chit	지식, 의식
chitta	마음, 순수지각
dacoit	산적, 강도
daivi sampad	신적 계통
dana	보시, 자선
darshan(a)	글자 그대로는 '관점', 철학사상의 학파
dastur	파시교 사제
daya	자비
deva	어근 div '빛나다'의 파생어, 천상의 존재
dharma	의무, 정의, 도덕법, 사회적 개인적 도덕, 자연법, 자연적 책무
dharmaksetra	정의 곧 다르마의 평원
dhed	청소부 카스트
dhoti	허리둘레를 감는 천 조각, 허리감개
duragraha	비행(非行)을 고수함
duragrahi	비행을 고수하는 자
dwadashamantra	12음절의 만트라
ekadashi	음력의 한 달을 둘로 나눈 것 중의 11일째, 자기정화를 위해 사용됨
fakir	무슬림 고행자, 탁발 수도사
gadi	쿠션

gandharva	천상의 존재
gayatri	《리그 베다》에서 태양신에게 바쳐진 가장 거룩한 노래
gazal	페르시아 기원의 서정시 스타일의 시작(詩作)
ghee	버터기름
goonda	무뢰한, 깡패
goraksha	암소 보호
goseva	암소에 대한 봉사
goshala	우사(牛舍), 외양간
grahasthya[garhasthya]	인생 중 두 번째, 즉 가주기
grihastha	가장, 가정생활
gunas	우주적 에너지의 양상들, 성질 또는 속성, sattva(明性), rajas(動性), tamas(暗性)
guru	영적 스승과 안내자
harijan	글자 그대로는 '신의 아들', 간디가 불가촉천민에게 부여한 이름
hartal	보이콧, 파업, 작업 중지
hathayogi	신체적 고행과 요가 기술을 통해 영적 경지를 성취하려는 자
himsa	상해, 폭력
hundi	어음
id	이슬람교도에게 거룩한 날
itihasa	역사, 사건들의 기록
jatiya sarkar	카스트 권위〔자〕
jehad	이슬람교에서 말하는, 불신자들에 대한 성전
jiva	개인적 영혼
jnana	지혜, 지식
jnana yoga	지식의 길
kaliyuga	암흑기 또는 투쟁기
kalmah(kalama)	이슬람교도의 신앙 고백
kama	욕망, 쾌락, 인간의 연정과 행복
karma	도덕법칙, 윤리적 인과와 도덕적 응보의 법칙, 인과론, 행위
karmabhumi	의무의 땅

karma yoga(karmayoga)	사회적 행위를 통한 영적 자각
karma yogin	karma yoga의 수행자
karta	행위자
khadi(khaddar)	수직의 천
kirpan	시크교도들의 작고 굽은 칼
klesha	고뇌, 번뇌
kosha	용어해설
krodha	분노, 화
kshatriya	두 번째 또는 전사계급의 일원
kutchery	시내, 읍내
lakh(lac)	10만
lathi	경찰이 사용하는 철이 박힌 대나무 막대기
lila	유희, 놀이
lobha	탐욕〔한역불전에서는 주로 탐(貪)으로 번역〕
mada	자만
mahajan	지도자
maharshi	위대한 현자
mahatma	위대한 영혼
mahayajna	큰 희생제사, 큰 희생(제사)
mahavakya	글자 그대로는 '위대한 말씀'
mantra	거룩한 음절 또는 주문
maulana	학식이 있고 존경받는 무슬림
maulvi	유식한 무슬림 성직자
maund	무게 단위
maya	우주적 미망의 베일, 외관, 환(幻)
mircha	푸르거나 붉은 매운 고추
moha	원초적 무지와 미망〔한역불전에서는 주로 치(痴)로 번역〕
moksha	해탈, 해방, 깨달음, 영적인 자유와 구속(救贖), 구원
mukta purusha	해탈한 존재
mukti	해탈
mulla	무슬림 종교 지도자

mumukshu	목샤(즉 현상적 존재로부터의 해탈) 추구자
muni	침묵의 성자
nai talim(na yee talim)	신교육
namasudras	벵골 출신의 하리잔 카스트
neti, neti	글자 그대로는 '이것이 아니다, 이것이 아니다' —상대적 진리를 부정하기 위한 철학적 훈련
nirguna	속성이 없는
nirvana	연생된 존재에서의 해방, 열반
niyamas	yama-niyama를 볼 것
niyoga	남편 이외의 남자에 의한 수태
padarthakosha	용어색인과 해설
panchama	'제5의 카스트', 즉 불가촉천민의 일원
panchayat	5인 촌락위원회
panchayat raj	판차야트에 의한 통치
pandal	연단
papayoni	죄의 소생, 모든 죄인들 가운데 최고 악질
paparaj	외국인에 의한 통치
paradeshi	외래의
paradharma	타인의 의무
Parameshwar(a)	최고의 자아, 유일한 실재
paramatman	최고의 자아
parayan	음송(吟誦), 찬송
paricharya	봉사, 시중
parigraha	취(取), 집착
patel	구자라트 지방의 한 집단 또는 하위 카스트
phoongy	미얀마의 불교승려
pinjrapole	축사 울타리
pir	무슬림 전통 내의 성자
prabhatiyan	신도가 동이 트기 전 하루를 시작하면서 부르는 찬송
prakriti	물질, 자연
prathana	기도, 자기 정화

pravritti	세상에서의 행위의 길, 전진함
prayaschitta	속죄
puja	헌공, 귀의의 대상에게 바치는 숭배와 거룩한 영광
purna swaraj	완전 자치, 전면적 독립
purnavatara	신성의 완전한 성육화, 완벽한 아바타르
purushartha	거룩한 인간의 전형, 인생의 4가지 목표 중의 하나
purushottama	완전한 인간, 보편적 인간
raj	왕국, 통치, 정권
rajas	정염, 동성, gunas를 볼 것
rajya guru	최고의 스승
ramanama(ramanam)	라마 신의 이름을 욈
ramarajya	라마의 통치, 황금기, 이상적 형태의 정부, 지상에서의 신국
ramdhun	라마를 찬미해서 노래함
ratnachintamani	여의주
rattan	지팡이
ravania	심부름꾼
rishi	현자
rotli	발효시키지 않은 납작하며 둥근 빵
rta	우주의 희생제의적 도덕 질서
ryot(raiyat)	인도 농민
ryotwari	토지세 제도
sadhak	진리추구자
sadhana	영적인 훈련
sadhu	고행자, 은둔자
saguna	속성이 있는
samaj	종교적이거나 세속적인 협회
samanaya	종합
samatva	같은 모양, 모든 상황에서의 평정심
samsara	윤회전생
sanatan(a)	영원한

sanatana dharma	영원한 진리
sanatani	베다 전통의 충실한 추종자
sandhya	글자 그대로는 '새벽' 또는 '해질 녘' 하루 중의 그 시점과 관련된 푸자(헌공)
sanghatan	집단주의, 특정 지파나 집단에의 충성
sangh(a)	자발적 집단
sannyasa	포기
sannyasi	세상을 포기한 사람
saptapadi	글자 그대로는 '일곱 발걸음', 7개의 혼인서약
sardar	주로 시크교도에게 사용되는 경칭
sarvodaya	보편적 복지, 사회선, 공공 이익
sat	상주하고 실제적인 옳음, 스스로 존재하는 본질
satsang	종교적 담화〔《전집》에서는 '종교 모임'으로 번역〕
sattva	진리, 선, 순수, gunas를 볼 것
sattvik guna	진리, 선, 순수의 성질, gunas를 볼 것
satya	진리, 참, 존재하는, 타당한, 신실한, 순수한, 효과가 있는
satyagraha	비폭력 저항, 가차 없이 진리를 추구하는 일, 진리의 고수
satyagrahi	사탸그라하를 행하는 사람
satyanarayana	신으로서의 진리, 진리의 형태로 드러난 신
seva(k)	봉사
shastra(s)	힌두교 경전
shastri	신학자, 학자
shatavadhani	동시에 백 가지 일에 주목할 수 있는 사람
shraddha	제사일
shuddhi	의례적 청결, 배타성
shudra(sudra)	하인 또는 비천한 카스트
siddha	영적 깨달음을 얻은 자
sloka(shloka)	시구
smriti	구두로 전수된 전통적 설명, 기억을 의미하는 smriti에서 나왔다. 힌두교도들의 의례집, 천계(天啓)로 여겨지는 sruti보다는 덜 거룩하다.

svadharma	자기가 선택한 운명 또는 책무
swadeshi	자족, 자조, 애국
swaraj(swarajya)	자유, 자치, 정치적 독립
syadvada	오직 상대적 술어부여만 가능하다는 자이나교의 교리
syadvadi	syadvada를 믿는 자
tabligh	종교적 정화
takli	물레
taluk(a)	도시나 시골에서 보통 아주 분명히 구분되는 구역
tamas	타성, 혼돈, 암성, gunas를 볼 것
tamasha	유희, 소극(笑劇)
tapas	고행, 속죄
tapascharya	명상과 고행
tapasya	타파스의 실수(實修)
tapovana	명상을 위한 암자
tasbih	무슬림 염주
thana	읍사무소, 경찰서
thugs	보통 약탈 · 강도 · 살인하던 침입자
til	깨
tilak(a)	이마 위의 상스러운 점
topi(topee)	(차양용) 모자.
tulsi	향신료용 나륵풀
ulema	이슬람교의 학자, 코란 전문가
upas	독성을 지닌 나무
vaid(ya)	의사, 아유르베다의 실수자(實修者)
vairagya	무관심의 태도
vaishnava	비슈누 신 귀의자, 귀의의 모범
vakil	법률인
vaishya	상인 카스트
vanaprastha	인생의 제3단계, 삼림에 거주하는 단계 또는 은둔자의 단계
vanik(vania)	bania를 볼 것
varna	카스트

varnashram(a)	사회를 4계급과 인생의 4단계로 구분하는 것
vedia	사실주의자
vibhuti	영적인 힘
videshi	외래의
vidyapith	교육기관
viman(a)	비행기
vina	현악기의 일종
vanik(vania)	bania를 볼 것
vrata	서약, 엄중한 결의 또는 영적 결정, 신적 의지 또는 명령.
yajna	희생제사, 희생(제사)
yama-niyama, yamas	도덕적 주요 금계(禁戒)로 아힘사(비폭력), 사탸(진리), 아스테야(불투도), 브라마차르야(순결), 아파리그라하(무소유)가 있으며, 니야마(勸戒)로는 샤우차(*shaucha* : 육신의 정결), 산토샤(*santosha* : 만족), 타파(*tapa* : 고행), 스와드야야(*swadhyaya*: 경전공부), 이슈와라프라니다나(*Ishwarapranidhana*: 신의 의지에 순종함)가 있다.
yoga	영적 훈련, 신과의 합일, 방편
yogabuddhi	카르마 요가, 박티 요가, 즈냐나 요가의 종합을 통한 영적 지식
yogi(n)	영적 훈련을 따르는 자
yuga	연대, 시대
yuga dharma	당대의 종교

찾아보기
(용어)

ㄱ

간디주의 59, 150, 154, 155, 681, 691, 692, 696, 703, 705, 712
감정(*emotion*, *feeling* 등) 88, 360, 368, 373, 458, 498, 517, 547, 550, 561, 664, 704, 709, 713, 740, 767, 771, 786, 803, 846, 847
개종 67, 80, 85, 97, 168, 743, 744, 751, 762, 766, 768, 860, 865
건설적 프로그램 685, 686, 688, 694, 711, 717, 719
겸손 55, 71, 83, 102, 105, 106, 121, 125, 127, 133, 137, 140, 192, 234, 237, 240, 363, 470, 474, 528, 552, 568, 601, 604, 635, 655, 660, 677, 744, 765, 781, 801, 802, 803, 809, 812, 820, 844, 849, 853, 862, 865, 925, 929, 933
경멸 12, 59, 164, 735, 764, 787, 793, 824, 855
경외(심) 221, 369, 399, 605, 630, 793, 823, 826, 910
경쟁 411, 419, 438, 509, 558, 686, 698, 705
경전 118, 161, 165, 176, 179, 191, 198, 201, 204, 207, 223, 248, 250, 272, 281, 284, 459, 468, 510, 579, 593, 596, 625, 684, 758, 765, 775, 777, 791, 819, 820, 822, 824, 827, 829, 872, 874, 906~908
경제학 591, 600, 601
경청 177, 448, 460, 642, 662, 821
고대문명 413, 471, 509, 515, 518
고수(*duragraha*, 두라그라하) 161
고통 65, 70, 72, 78, 91, 140, 142, 157, 161, 163, 189, 191, 209, 217, 251, 256, 258, 276, 313, 369, 434, 435, 442, 447, 462, 465, 496, 508, 579, 580, 628, 631, 672, 693, 698, 718, 724, 728, 736, 764, 775, 780, 835, 838, 852, 873, 887, 898, 908
고행 199, 516, 618, 731, 765, 791
공산주의(자) 62, 154, 153, 171, 686, 689
공포(두려움) 61, 86, 87, 90, 94,

122, 125, 142, 150, 235, 248, 258, 262, 264, 360, 369, 376, 390, 391, 420~423, 427, 439, 441, 442, 458, 473, 518, 523, 524, 566, 610, 629, 734, 735, 820, 825, 826, 835, 851, 853, 882
과학 62, 116, 121, 135, 189, 330, 432, 495, 497, 499, 526~532, 535, 549, 592, 638, 681, 690, 697, 700, 701, 746, 814
교육 120, 122, 164, 178, 213, 214, 243, 251, 267, 335, 364, 374, 376, 402, 411, 428, 443~446, 449, 524, 525, 530, 531, 540, 558, 609, 610, 614, 618, 686, 740, 755, 772, 788, 803, 804, 855, 905
구나 182, 195, 196, 284
구도자(*mumukshu*, 무묵슈) 9, 14, 67, 78, 85, 121, 191, 206, 268, 272, 278
구루 178, 230, 253, 261, 273, 343, 785, 881, 883, 920, 923
구약성서 331, 813
국가 21, 22, 44, 64, 65, 73, 135, 216, 217, 252, 337, 339, 340, 367, 369, 377, 379, 399, 420, 421, 431, 435, 462, 481, 488, 502, 522, 535, 544, 548, 549, 576, 585, 597, 600, 601, 607, 611, 647, 649, 650, 656, 657, 665, 667, 670, 676, 738, 740, 774, 854, 900, 916
국민회의 149, 152, 160, 172, 173, 251, 262, 360, 361, 366~368, 371, 404, 447, 500, 645, 646, 652, 653, 655, 656, 657, 659, 661, 663, 665, 673, 674, 686, 687, 691, 693, 694, 704, 706, 718, 720, 721, 724, 795, 838, 840, 911, 913, 925
군인(크샤트리아) 93, 853
권리 64, 69, 124, 146, 149, 184, 220, 237, 241, 255, 360, 420, 424, 434, 441, 519, 545, 566, 593, 614, 616, 617, 624, 648, 693, 694, 747, 748, 757, 776, 786, 787, 803, 839, 846, 849, 850, 897
기계 62, 135, 220, 381, 412, 444, 450, 451, 453~455, 463, 481, 503, 544, 558, 604, 643, 699, 859
기도 59, 68, 71, 84, 105, 127, 130, 206, 207, 220, 241, 332, 337, 347, 348, 351, 352, 375, 419, 515, 518, 575, 609, 636, 638, 642, 727, 730, 746, 750, 753, 755, 761, 794, 795, 802, 812, 816, 820, 844, 859, 861, 876, 877~879, 884, 886, 890, 892, 894. 896, 898, 902, 921, 924, 934, 940~942
기독교 67, 68, 81, 85, 96, 97, 150, 165, 169, 187, 225, 272, 282, 285, 288, 330~332, 337, 339, 388, 389, 509, 538, 539, 542, 554, 558, 599, 644, 730, 731, 734, 740, 742, 743, 745, 751, 759, 761, 766, 768, 769, 770, 778, 805, 808, 813, 817, 831,

834, 836, 841~843, 847, 852, 854, 856, 860, 868, 872, 880, 885, 908
기쁨 75, 127, 251, 275, 287, 332, 355, 555, 631, 661, 702, 725, 747, 749, 799, 818, 821, 826, 840, 844, 864, 872, 888

ㄴ

남아프리카 57, 89, 123, 127, 211, 227, 245, 254~257, 262, 272, 284, 286, 323, 327, 360, 471, 479, 480, 487, 495, 501, 504, 539, 547, 560, 574, 594, 602, 606, 618, 652, 719, 757, 763, 780, 786~788, 806, 825, 839, 847, 849, 874, 907, 941
내셔널리즘 363, 393, 573, 580, 857
느낌 64, 78, 93, 136, 139, 273, 360, 589, 609, 653, 662, 723, 766, 794, 866, 867, 903, 904, 935
니르구나 191
니야마(*niyama*, 勸戒) 240, 792

ㄷ

다르마 69, 71, 92, 145, 160~165, 176, 177, 179, 183, 184, 187, 241, 253, 276~282, 333, 489, 516, 543, 709, 710, 715, 882, 883, 927
단디(행진) 72, 712
단식 192, 195, 317, 592, 773, 820
독일(인) 103, 453, 502, 586~588, 700
동양 96, 133, 150, 465, 501, 502, 538, 547, 552, 553, 844, 878
동양인 502, 808, 837, 838
동인도회사 520, 521
동정(심) 77, 81, 257, 383, 575, 796, 891

ㄹ

라마(*Rama*) 112, 158, 159, 162, 180, 235, 297, 543, 544, 627, 704, 753, 754, 794, 871, 882, 906, 927, 941
라마나마(*Ramanama*) 544, 793, 910, 926~928
라마남(*Ramanam*) 544
러시아(인) 103, 219, 221, 226, 237, 458, 535, 565, 769, 837, 854, 855
롤래트 (입)법 622, 623

ㅁ

마야(*maya*, 幻, 미망) 159, 190, 770, 772, 775, 776
맘몬 597, 811
명상 60, 70, 81, 263, 278, 355, 759, 765, 795, 836, 893, 942
모국어 259, 447, 448, 876
모욕(감) 337, 368, 405, 436, 560, 596, 739, 922
무소유 23, 53, 180, 193, 632, 638, 641, 792, 812, 875, 954, 962
무슬림연맹 173, 174, 839, 841

무신론 166, 170, 231, 450, 887, 913, 915~917, 936
무신론자 69, 170, 171, 252, 754, 781, 813, 887, 909, 912, 918, 936
무외(無畏) 248, 258, 259, 336, 440, 442, 472, 600, 853, 875, 913
무욕(*vairagya*, 바이라그야) 274, 283
무정부주의(자) 480, 487, 495
무집착 69, 79, 84, 197, 198, 200, 489, 714, 728
묵티(*mukti*, 해탈) 92, 919
문명 62, 64, 73, 74, 139, 143, 339, 359, 379, 380, 382, 383, 389, 392, 409~420, 443, 448, 450, 457, 459, 460, 463, 465, 467, 468, 470, 471, 481, 494, 495, 498, 507, 509, 515, 518, 525, 526, 536, 548, 549, 552, 556, 557, 561, 564, 565, 570, 571, 573, 577, 590, 599, 632, 742, 769, 810, 918
문화 240, 265, 267, 615, 632, 708, 716, 733, 734
물리력 124, 424, 429, 437, 442, 478, 559, 566, 568, 613~615, 857
물질주의 63, 494, 495, 502, 528, 554, 558, 577, 597, 600
미(美) 190
미국 96, 97, 103, 113, 130~132, 134, 136, 139, 140, 143, 330, 482, 483, 486, 502, 526, 536, 582, 597, 601, 651, 726, 728, 852, 914
미국인 130, 131, 136, 452, 838
미망 101, 180, 183, 459, 823
미얀마 147, 759, 766, 782, 798, 799, 801, 818, 819, 910
민족학교 160, 163
민주주의 140, 539, 540, 541, 544, 583, 649, 726

ㅂ

바다 66, 171, 233, 241, 265, 424, 478, 492, 502, 572, 653, 750, 882
바르나아슈라마(*varnashrama*) 98, 159
바르돌리 102, 240, 652, 665, 732, 868
바이슈나바(*Vaishnava*, 비슈누 신 귀의자) 157, 158, 543
박티(*bhakti*, 귀의, 信愛) 60, 92, 193, 195, 200, 207, 261
반(反)종교 63, 224, 226, 383, 389, 564, 643, 831, 871, 873
백인 223, 254, 256, 425, 478, 574, 611, 941
베다 159, 162, 178, 185, 187, 232, 355, 542, 543, 758, 765, 774, 790, 792, 798, 806, 826, 906
베단타 189, 282
보시 191, 250, 295, 343
봉사 57, 61, 70, 73, 83, 85~87, 94, 96, 116, 126, 130, 131, 134, 141, 186, 193, 216, 219, 237, 241, 243, 247, 249, 250, 251, 259, 260, 264, 347, 359, 363, 364, 396, 409, 420, 440, 442, 445, 455, 463, 493, 527,

533, 542, 543, 544, 569, 608, 619, 628, 629, 630, 633, 635, 637, 639, 640, 642, 643, 654, 659, 668, 678, 679, 692, 696, 697, 700, 701, 703, 704, 706, 719, 721, 724, 725, 730, 731, 740, 748, 750, 751, 763, 771, 803, 821, 822, 831, 839, 848, 862, 879, 883, 887, 889, 890, 898, 911, 918, 925, 928
분노(격노) 123, 158, 159, 167, 182, 209, 277, 303, 312, 341, 342, 425, 426, 571, 598, 625, 626, 654, 682, 685, 687, 709, 742, 761, 762, 852, 882, 980
불가촉천민제도 143, 146, 163~165, 172, 579, 580
불교 68, 80, 85, 98, 189, 586, 759, 766, 770, 773, 774, 778, 780~783, 796~800, 811, 813, 895, 915~917
불교도 67, 174, 759, 773, 778, 799, 801, 807, 910, 912, 917
불매운동 102, 327, 674
불살생 241, 395, 400
불의(*injustice*) 512, 522, 574, 628, 820
불투도(*asteya*, 不偸盜) 158, 180, 812, 875
불평등 23, 237
브라마차르야(*brahmacharya*, 梵行, 청정행, 순결) 77, 180, 193, 812, 875
브라마차리 189
브라만(*Brahman*, 梵) 80, 181, 186, 297, 333, 450, 542, 765, 770, 780, 790, 881
브라모 사마즈(*Brahmo Samaj*) 729, 732, 769
비관주의 234, 525
비폭력 62, 71, 77, 87, 93, 98, 108, 114, 125, 127, 143, 147, 159, 175, 176, 179~182, 184, 189, 210, 212, 227, 241, 280, 343, 481, 484, 491, 509, 516~518, 582, 585, 644~647, 649, 656, 659, 662, 677, 680, 681, 683~687, 690~692, 694, 695, 699, 701~705, 709, 710, 712~716, 718, 719, 720, 722, 739, 740, 750, 793, 821, 827, 828, 856, 875, 899
비협조 52, 65, 129, 141, 142, 523, 577~578, 588, 684, 706, 788, 823~824, 910
비협조운동 523, 706

ㅅ

사구나(*saguna*) 191
사랑 92, 142, 182, 249, 250, 341, 428, 517, 615, 687, 778, 817
사탸(*satya*, 진리) 60, 193
사탸그라하(*satyagraha*, 진리파지) 11, 16, 25, 34, 38, 44, 65, 100, 107, 212, 223, 226, 228, 254, 291, 323, 328, 431, 434, 473, 479, 480, 551, 567, 571, 572, 577, 590, 604, 625, 656, 658, 671, 681, 706, 724,

818, 839, 846, 867, 901
사회주의 62, 662, 689
사회주의자 171, 662, 666, 686, 689
산상수훈 68, 97, 169, 331, 585, 805, 810, 832, 865
산야사(*sannyasa*, 포기, 遊行期) 264, 828
산야시(*sannyasi*, 포기자, 放棄者) 76, 77, 258, 264. 654
산업주의 533~535
생계를 위한 노동 237, 241
생체해부 409, 461, 527, 537
서약 60, 67, 71, 72, 76, 94, 180, 228, 309, 336, 551, 636, 638, 640, 699, 732, 844~846, 875, 910
서양 101, 104, 106, 131, 138, 143, 218, 232, 239, 240, 501, 502, 547, 553, 577, 597, 758, 805, 808, 809, 837, 844, 878
서양문명 134, 414, 415, 450, 502, 528, 529, 552, 559, 560, 561, 571, 768, 769, 809
성경 67, 169, 170, 187, 207, 208, 219, 282, 286, 310, 320, 329, 378, 596, 734, 740, 751, 804, 813, 828, 906, 907
수동적 저항 212, 429, 432, 436~438, 439~441, 462, 463, 476, 500, 504, 506, 510, 512, 514, 559, 594
수드라 178, 180, 790
수치(심) 110, 143, 166, 256, 363, 403, 560, 697, 772
순결 180, 228, 297, 440~442, 467, 755, 782, 797, 805, 812, 843, 866, 875, 926
술 79, 107, 169, 219, 496, 520, 820
스리랑카 759, 766, 782, 795, 796, 798, 799, 801, 809, 811, 819, 921
스므리티(*smriti*, 기억된 전통) 99, 201, 791
스와데시(스와데시운동) 369, 453, 463, 656, 844, 874, 875
스와라즈(자치) 79, 129, 133, 143, 160, 238, 239, 242, 327, 372, 374, 384, 415, 463, 479, 480, 490, 515, 541, 544, 566, 582, 656, 658, 663, 695, 697, 699, 719, 725, 787, 891
스페인 560, 561, 910
슬픔 498, 675, 749, 847
시민불복종(시민불복종운동) 171, 172, 211, 212, 721, 823
시민적 저항 622, 624
시크교 343, 645, 762, 783, 784
시타(*Sita*) 180, 712, 753, 754
신(*God*, 神) 57, 60, 66~68, 70, 76, 89, 180, 333, 424, 515, 582, 670, 811, 885, 894, 928, 930
신약성서 169, 331, 813, 822, 856
신지학 166, 171, 173
신학 68, 497, 831, 832, 913
심정(*heart*) 22, 50, 92, 119, 129, 133, 141, 147, 153, 161, 162, 164, 169, 171, 172, 175, 195, 215, 229, 231, 235, 236, 247, 251, 253, 256,

265, 267, 280, 287, 288, 303, 341, 402, 429, 501, 573, 581, 590, 639, 641, 643, 687, 706, 714, 732, 738, 740, 748, 753, 754, 772, 773, 775, 781, 782, 792, 793, 798, 800, 801, 803, 804, 805, 808, 819~822, 835, 865, 867, 876, 882, 886, 888, 889, 899, 904, 913, 922, 932, 938

ㅇ

아나사크티(*anasakti*) 61
아다르마(*adharma*, 非法) 160, 161, 709, 882, 927
아드바이타(*advaita*, 不二論) 146
아르야 사마즈 753, 768, 769
아바타르(*Avatar*, 化身) 202, 336
아슈람 89, 95
아유르 베다 202
아트만(*atman*) 89, 201, 240, 269, 270, 275, 282, 524, 702, 735, 937
아파리그라하(*aparigraha*, 무소유) 193
아프리카 144, 538
아흐리만(*Ahriman*) 297, 885
아힘사(*ahimsa*, 불살생) 193, 202, 215, 284, 285, 400, 819, 820, 824, 861, 869, 884, 915
악마(사탄) 76, 122, 288, 297, 333, 383, 424, 471, 503, 515, 516, 534, 552, 577, 739, 741, 885, 954
야마(*yama*, 禁戒) 240, 792, 812
야즈냐(*yajna*, 희생(제사)) 191, 237, 241, 828, 879
양심 240, 911
애타심(애타주의) 15, 569, 570, 695
여성 86, 151, 158, 180, 213, 251, 288, 375, 383, 413, 451, 466~468, 479, 480, 519, 566, 650, 782, 853, 863, 926, 928
역사 56, 81, 183, 256, 257, 311, 323, 333, 338~340, 343, 384, 401, 416, 418, 431, 432, 479, 509, 535, 554, 575, 594, 645, 713, 729, 738, 739, 740, 757, 780, 784, 785, 817, 828, 852, 854, 864, 884, 895, 912
연민 399, 425, 426~429, 431, 432, 575, 765
열반(*Nirvana*) 85, 800, 898
영국인 63, 82, 153, 162, 164, 177, 212, 223, 338, 357, 362~366, 369, 371~375, 378, 379, 383, 384, 386, 387, 390~392, 394, 395, 398, 401~403, 406~408, 412, 416, 417, 419~424, 431, 432, 437, 448, 451, 456, 457, 459~461, 463, 469, 471, 472, 477, 478, 480, 488, 503, 505, 506, 517, 520, 521, 523, 540, 545, 548, 557, 559~561, 566, 567, 576, 580, 581, 589, 611, 621, 634, 640, 647, 649, 651, 652, 726, 757, 771, 813, 823, 840, 841, 849, 874, 9299
영성 64, 70, 81, 332, 511, 569, 629, 865
영혼 97, 138, 188, 247, 251, 268,

272, 279, 288, 332, 478, 512, 535, 548, 553, 584, 614, 643, 708, 732, 760, 816, 834, 835, 866, 940
예술 747, 880
오르무즈드(Ormuzd) 297, 941
외국어 446, 586
외치(外治) 439, 456, 457
우상 338, 547, 762, 767
우상숭배(자) 395, 501, 760, 767
우파니샤드 185, 206, 301, 309, 332, 539, 724, 791, 829
운명 56, 112, 121, 142, 181, 371, 410, 433, 442, 444, 467, 509, 527, 548, 582, 597, 647, 727, 728, 753, 808, 855, 884, 917, 919, 927
원탁회의 655, 675
유대교 761, 766, 872
유대인 174, 466, 876
유럽문명 420, 460, 462, 502, 516, 518, 539, 548, 577, 585
유럽인 63, 128, 130, 131, 359, 381, 383, 410, 447, 466, 468, 469, 502, 504, 505, 548, 558, 758, 764, 788, 793, 838, 843
육체노동 237, 238, 241, 381, 492, 569, 699, 875
윤회전생(윤회, 환생) 98, 188~189, 495, 770, 915
음악 276, 338, 872, 905
의무 57, 61, 69, 72, 84, 87, 91~93, 96, 116, 143, 160, 163, 165, 176, 183, 187, 191, 199~201, 220, 232, 252, 258, 264, 270, 272, 279, 281, 330, 357, 360, 366, 400, 411, 414, 423~426, 436, 437, 445, 458, 462, 505, 510, 519, 541, 545, 573, 575, 616, 617, 646, 649, 654, 660, 662, 666, 702, 744, 764, 771, 776, 778, 788, 792, 801, 811, 825, 827, 838, 846, 869, 879, 890, 915, 925
이기주의 78, 84, 234, 432, 569, 570
이성 69, 161, 162, 184, 187, 190, 202, 208, 352, 416, 517, 645, 731, 746, 775, 777, 814, 867, 887, 906, 913, 925, 933, 935~937
이슈와라 544, 829, 836, 915
이슬람 150, 173, 174, 334, 337, 403
이슬람교 272, 285, 336~338, 388, 399, 402, 403, 644~646, 731, 740, 741, 761, 763, 766~768, 770, 772, 776, 777, 779, 812, 826, 831, 839, 840, 841, 854, 872, 885, 905~908
이탈리아(인) 216, 217, 417~420
인도문명 414, 415, 460, 465, 480, 514, 515, 518, 552
인도인 82, 97, 123, 127, 128, 130, 145, 170, 222, 223, 243, 246, 251, 253, 254, 258, 264, 359, 360, 365, 368, 369, 371, 386, 391, 395, 406, 410, 412, 416, 419, 420, 421, 425, 438, 446, 447, 449, 452, 457, 459, 460, 461, 463, 465, 466, 468, 469, 471, 473, 477, 480, 483, 487, 502, 503, 505, 512, 517, 529, 531, 532,

538, 540, 549, 556, 557, 558, 559, 563, 567, 572, 581, 582, 587, 588, 597, 601, 619, 622, 649, 652, 670, 727, 741, 758, 764, 771, 802, 814, 823, 839, 843, 848, 910, 912, 941
인도하인협회 248, 249, 251, 252, 264, 265, 613, 617, 619
일본(인) 374, 387, 410, 509, 548, 684, 759, 782

ㅈ~ㅊ

자기고통 510, 513
자기부정 757, 758, 843, 844, 845
자기통제 61, 79, 229, 238, 241, 273, 275, 409, 463
자기희생 434, 480, 523, 524, 557, 654, 810, 822, 901
자본주의 22, 62
자비(심) 73, 78, 81, 176, 180, 185, 192, 219, 226, 233, 280, 461, 465, 568, 634, 770, 782, 793, 807, 811, 826, 827, 835, 894
자아 13, 32, 42, 81, 82, 85, 263, 278, 280, 281, 654, 737, 745, 792, 829, 830, 892, 893, 920, 935
자아실현 62, 111, 186, 926
자유 55, 61, 64, 66, 72, 86, 94, 96, 106, 114, 139, 143, 145, 194, 195, 223, 245, 269, 273, 275, 284, 289, 327, 404, 420, 452, 491, 493, 496, 505, 513, 548, 568, 571, 580, 581, 611, 616, 651, 669, 676, 679, 699, 711, 752, 753, 776, 777, 787, 838, 848, 887, 899~901, 906, 914, 918
자이나교 68, 98, 232, 282, 398, 759, 911, 915, 917
잘리안왈라 바그 120, 124
적대감 397, 463, 512, 693
전쟁 73, 89, 120, 125, 139, 142, 181, 183, 202, 219, 221, 235, 331, 343, 385, 398, 419, 427, 432, 462, 471, 515, 571, 575, 585, 587, 599, 606, 728, 828, 835, 837, 848
정서 80, 252, 360, 458, 466, 508, 568, 747, 919, 926, 927, 936
정치 611, 617, 643, 644, 669, 675, 729, 903
조로아스터교 285, 388, 908
종교교육 449, 733
중국(인) 82, 410, 759, 766, 782, 798, 799, 801, 808, 916
즈냐나 193
증오(심) 9, 73, 74, 86, 152, 153, 182, 223, 288, 295, 298, 342, 370, 417, 442, 445, 478, 480, 512, 557, 559, 573~577, 580~582, 622, 625, 693, 735, 849, 873, 940
지복 81, 190, 215, 270, 282, 464, 468, 632, 642, 770
지성 81, 167, 175, 177, 182, 183, 191, 216, 234, 238, 277, 396, 444, 459, 465, 509, 535, 567, 592, 628, 689, 703, 705, 708, 746, 754, 781,

793, 803, 822, 867, 882, 884, 892, 894~896, 897, 907, 932, 937, 938
직선 298, 541
진리 10~14, 16, 18~20, 22~23, 25, 33, 40, 44, 45, 50, 51, 59~62, 65~72, 77, 79, 85~87, 93, 97, 101, 102, 104, 105, 116, 122, 125, 127, 129, 131, 143, 147, 159, 167, 171, 174, 176~180, 182, 184, 188, 189, 193, 201, 215, 222, 225, 232~235, 239, 241, 247, 248, 252, 263, 265, 267, 269, 279, 280, 282, 286, 295, 297, 298, 312, 323, 331, 333, 340~342, 359, 431~433, 440~442, 444, 454, 457, 465, 470, 491, 504, 512, 516~518, 524, 527, 534, 540, 544, 549, 551, 554, 559, 563, 565~568, 571, 588, 597, 600, 616, 625, 626, 628, 629, 659, 677, 681, 683, 694, 701~703, 709, 712, 718, 722, 724, 732~734, 740, 741, 744~746, 749, 750, 755, 764, 770, 773~774, 782, 783, 786, 791~794, 798, 805, 808~810, 812~815, 821, 826, 831, 832, 837, 843, 854, 857~860, 864, 869, 872, 875, 881, 882, 887, 889, 908, 913, 929, 932, 933, 936, 958
진리추구자 131, 180, 826
질투(심) 703, 704, 709, 717, 759, 807, 819
차르카(물레) 533, 588, 699
채식주의 210, 496, 497, 551
채식주의자 169, 497, 551
천문학 444
철도 135, 391, 395, 396, 410, 413, 454, 458, 481, 489, 492, 502, 503, 523, 548, 552, 558, 564, 565, 640
치욕 123, 151, 333, 427, 519

ㅋ~ㅌ

카디 103, 142, 695, 716, 801, 925
카르마 57, 63, 67, 193, 200, 207, 736, 894, 915, 917, 924
카르마 요가 57, 200
카스트 153, 172, 173, 758, 786, 787
카스트제도 762, 765
코란 67, 187, 282, 283, 289, 291, 320, 328, 329, 401, 772, 775, 776, 777, 826, 828, 905, 906, 907
퀘이커(친우회) 501, 549, 854, 911
킬라파트 645, 840
타파스(*tapas*, 고행) 70, 191
타파스야(*tapasya*, 고행) 819
타파스차르야(*tapascharya*, 고행) 61, 67, 79
테러리스트 371, 462
테러리즘 616

ㅍ~ㅎ

팍스 브리태니커 390, 558, 581
평화 15, 42, 51, 81, 85, 86, 93, 95, 100, 104, 120, 130, 139, 140, 142,

194, 219, 256, 261, 273, 275, 329, 348, 350, 351, 355, 390, 391, 421, 422, 427, 433, 456, 466~468, 501, 504, 547, 550, 561, 581, 586~588, 599, 606, 715, 739, 763, 767, 800, 809, 813, 819, 829, 841, 852, 857, 888, 889, 938, 940
평화주의자 549, 550, 827
하르탈(보이콧) 120, 122, 123
한국 15, 16
해탈(목샤) 61, 85, 158, 183, 184, 191, 196, 263, 264, 268, 269, 275, 279, 282~284, 510, 758, 765, 770
행위 187
헌법제정의회 171, 174
현대문명 56, 62, 63, 135, 223, 379, 380, 388, 390, 412, 414, 421, 451, 465, 471, 478, 500, 502, 508, 509, 511, 528, 548, 552, 554, 558, 562, 564, 571, 577, 614, 618, 808, 830
혐오(감) 12, 77, 170, 173, 186, 241, 265, 284, 376, 430, 505, 564, 587, 768, 851, 889, 936
형제애 61, 62, 68, 72, 136, 140, 145, 173, 402, 644, 647, 741, 830, 844, 847, 848, 850~852, 855, 858
혼 57, 60, 62, 63, 65, 66, 68, 70, 72, 82, 83, 85, 86, 89, 90, 111, 120, 122, 124, 136, 138, 139, 143, 190, 204, 215, 222, 225, 250, 251, 252, 254, 256, 257, 260, 281, 286, 288, 293, 297, 332, 339, 429, 431~435, 437, 439, 440, 452, 456, 460, 461, 463, 478, 480, 510, 511, 516, 533, 537, 538, 545, 549, 554, 559, 566, 570, 587, 588, 604, 613, 633, 635, 638, 639, 643, 685, 692, 735, 746, 770, 799, 800, 843, 869, 870, 876, 878, 887, 888, 890, 895, 908, 912
흑인 113, 478, 589
힌두교 68, 75, 96~99, 122, 146, 150, 165, 168, 173, 224, 257, 272, 337, 338, 343, 383, 388, 579, 644, 730, 740~742, 743, 745, 750, 756~760, 762~768, 770, 771, 774, 779, 780, 781, 784, 785, 787, 790~793, 797, 798, 811, 813, 816, 818, 827~831, 837, 850, 854, 860, 868, 872, 881, 885, 905, 906, 914, 915
힘사(폭력) 66, 193, 544

서명

《그란트 사헤브》 784, 906
《기타》 67, 86, 89, 92, 93, 162, 166, 167, 169, 175~177, 181, 183, 185, 186, 188, 193, 194, 196~206, 208, 228, 237, 242, 282, 283, 301, 306, 329, 341, 344, 351, 352, 472, 568, 753, 785, 791, 822, 826, 829, 907
《나중에 온 이 사람에게도》 213, 272, 464, 476, 551
《동방의 빛》 773, 779, 815
《라마야나》 180, 247, 290, 296, 298,

299, 300, 328, 519, 829, 907
《마누법전》 329
《마하바라타》 181, 307, 328, 332, 334, 340, 519, 785, 829, 853, 884
《만두카 우파니샤드》 314
《바가바드 기타》 67, 127, 168, 193, 194, 198, 401, 511, 625, 907
〈예언자 마호메트의 일생〉 320
《윤리적 종교》 914
《인도의 자치》 82, 476, 479, 484
〈인디언 어피니언〉 108, 211, 218, 221, 224, 226, 244, 289, 357, 359, 470, 471, 477~479, 499, 507, 514, 561, 564, 572, 612, 773, 844
《자본론》 490
《탐 브라운의 학창시절》 295, 328
《프라슈나 우파니샤드》 314

ㄱ~ㄷ

가리발디 217, 417~419
간디, 데브다스 108
간디, 람다스 108
간디, 마니랄 108
간디, 하릴랄 107
게디스 310, 329
고칼레 230, 247, 250, 253~256, 258, 259, 261, 361, 364, 617, 623, 730
괴테 325, 904
굽타 103
기번 300, 301, 305, 328, 338~340
기조 322, 323, 329
길희성 167, 251, 279
나낙 597, 762, 767, 784
나라야나 541, 544
나오로지 243~245, 247, 464
나이두 72
네루 494, 652, 653, 672
뉴먼 91, 748, 930, 934
다윈 810, 853
다이어 84, 129, 522
드러먼드 195
딩그라 421

ㄹ~ㅁ

라나데 232, 252, 253, 261, 324, 428, 519
라마누자 191, 311
라바나 162, 235, 297, 567, 568
라즈찬드라 230, 265, 271, 281, 284, 307, 309, 329
러셀 533
러스킨 213~215, 231, 272, 285, 349, 464, 470, 476, 551, 610
레닌 154
로이 729~731, 735, 768
로즈버리 339
록펠러 452, 594
린리스고 148, 149
마다바 191
마르크스 154, 662
마치니 216, 217, 417, 464
마하라자 240

마하비라 780
마호메트 72, 320, 335~337, 395, 396, 495, 539, 554, 597, 647, 760, 762, 766, 809, 810, 827, 880, 905, 906
매콜리 299, 391, 558
매콜립 313, 329, 343
메타 265
모틀리 323, 324, 330, 339, 340
몽테규 516
묄러 309, 466, 495, 543, 617, 758
미라바이 104, 114, 144, 208
민토 500
밀 591

ㅂ~ㅅ

바가트, 아카(아코) 733, 793
바베 91, 199, 319, 698, 699, 875
바울 865
바트 169, 176, 276
박재순 18
발라브바이 94, 664, 685, 720, 732
베른 299, 328, 330
베이컨 296, 328, 458
베전트 170, 173
보세 529, 700, 932
뵈멘 303, 328
붓다 13, 14, 68, 72, 80, 85, 125, 495, 554, 597, 642, 643, 760, 773, 775, 778, 781, 795~801, 809~816, 818~820, 824, 880, 893, 895, 915
브래들로 170
브리얼리 307, 308, 329, 343
블라바츠키 168, 173, 769, 942
사라스와티 768
샹카라 81, 185, 191, 241, 281, 329, 332, 597
소로 208, 210~212, 464, 470
소크라테스 62, 208, 210, 842
솔트 211, 551
쇼, 버나드 675
쇼펜하우어 758
쉬블리 320, 322, 324, 329, 336, 825
스뮈츠 123, 256, 500, 506, 651
스미스 591
스탈린 154
스펜서 313, 314
싱 644, 783, 784

ㅇ

아널드 166~168, 773, 780
아르주나 89, 144, 182, 183, 187, 191, 198, 201, 202, 251, 333, 827
아소카 759, 766
안중근 421
알리 825
앤드루스 227, 314, 349, 640, 860
어빙 322, 328, 761
에드윈 177
에머슨 235, 470
에퍼제시(Eperjesi John) 886
예수(그리스도) 85, 219, 320, 330,

511, 539, 554, 594~597, 602, 642, 742, 748, 751, 778, 803~806, 808, 810, 816, 817, 821~824, 832~837, 852, 859, 864, 880, 901, 902
오로빈도 111, 312, 315, 328, 329
우마르 337, 338
원효 16, 18
월러스 598, 810
웨더번 361, 365, 469
웰스 309, 310, 329
윌슨 857
이사야 739
이재숙 60
이현주 176

ㅈ~ㅋ

제임스 312, 318, 319, 329
조지 447, 621
진나 124, 173~175
체스터턴 560
체임벌린 671
칭기즈칸 565
카네기 594
카비르 302, 597, 762, 767, 768
칼라일 170, 377
커닝햄 329, 343
커전 경 253, 367, 368
커전 와일리 421
컬럼버스 299
켐피스 553
크리슈나 89, 92, 144, 183, 187, 202, 280, 315, 328, 594, 783, 785, 880, 906, 907, 941
키플링 296, 298, 310, 325, 328, 329, 547, 548, 550~553, 556, 557, 559

ㅌ~ㅎ

타고르 309, 320, 731
테니슨 547, 809
톨스토이 62, 125, 213, 220~229, 231~234, 236~239, 241, 242, 272, 285, 289, 317, 329, 464, 470, 474, 513, 810, 854, 892
투키디데스 180, 181, 247, 290, 291, 328, 432, 567, 738, 753, 793, 907
틸락 185, 261
파탄잘리 240, 296, 328, 566
파텔 652, 655
포드 484
프라흘라드 473, 857, 858
플라톤 324, 330, 464, 476
피셔 171, 838
하딩 256, 257
하산 315, 329
한용운(만해) 16, 18
함석헌 86, 100, 166, 266, 331
허드 487
허영재 904
허우성 768
헌터 593

엮은이 _ 라가반 이예르(Raghavan Iyer, 1930~1995)

인도 마드라스 출생이다. 봄베이와 옥스퍼드대학에서 교육받았고, 18세에 최연소 봄베이대학 강사가 되었으며, 1956년 옥스퍼드 맥달런대학에서 박사학위를 취득하였다. 1956년 옥스퍼드에서 8년간 도덕·정치 철학을 가르쳤으며, 옥스퍼드 성 안토니대학에서 정치학 펠로 겸 강사를, 오슬로대학, 가나대학, 시카고대학에서 교환교수를 역임하였다. 그는 1965년 퇴임할 때까지 정치학 교수를 역임하였다. 1971년에서 1982년까지 로마클럽 회원, 미국 법·정치철학회 회원, 국제간디학회와 신플라톤학회 회원 등을 역임하기도 했다. 1975년에서 1989년까지 〈헤르메스〉(*Hermes*) 지 편집장을 역임하면서, 인간성의 영적 재생에 대한 절대적 헌신 그리고 지혜의 스승들의 존재에 대한 불굴의 확신을 전파하였다. 신지학회 운동 그리고 부상하는 '인간의 도시'를 위해 50여 년간 헌신한 다음 1995년 6월 20일 산타바바라에서 영면했다. 저서로는 본 번역의 텍스트를 포함하여 《마하트마 간디의 도덕·정치사상》(*The Moral and Political Thought of Mahatma Gandhi*, 1973), 《초(超)정치학: 인간 도시를 향하여》(*Parapolitics: Toward the City of Man*, 1977), 《미래의 사회》(*The Society of the Future*, 1977), 《신지학회 교과서》(*Theosophical Texts*, 1984) 등이 있고, 이외에도 수많은 단편적인 글을 남겼다.

옮긴이 _ 허우성 (許祐盛, 1953~)

서울대 철학과 및 동 대학원 철학과를 졸업하였다. 미국 하와이대학 대학원에서 철학전공 박사학위를 취득하였으며(1988), 미국 뉴욕주립대학 객원교수(한국연구재단 강의파견 교수, 1998), 일본 교토대학 종교학 세미나 연구원, 도쿄대학 외국인연구원, 미국 UC 버클리대 방문교수, 한국일본사상사학회 회장, 〈불교평론〉 편집위원장, 일본국제문화교류센터 해외연구원을 역임했으며, 현재 경희대부설 비폭력연구소 소장, 경희대 철학과 교수로 재직 중이다. 저서로는《근대 일본의 두 얼굴: 니시다 철학》,《간디의 진리 실험 이야기》등, 논문으로 "니시다 철학의 양이(攘夷)적 성격", "제국에 맞서기: 니시다와 만해", "思惟と知覺-西田幾多郎と朴鍾鴻は身體を持った主體であるのか", "간디, 이토, 안중근: 문명의 충돌", "내셔널리즘은 진리와 화(和)의 적이다", "자유주의의 밖에서: 간디에서 이토를 넘어서 롤즈까지", "붓다는 의분(義憤)을 어떻게 보았는가?", "The Philosophy of History in 'Later' Nishida: A Philosophic Turn", "Gandhi and Manhae", "Empires en conflict: le bouddhisme selon Manhae" 등이 있으며, 역서로는《인도인의 길》,《초기불교의 역동적 심리학》,《분노》등이 있다.